स्टडी गाइड

प्रयास

आवासीय विद्यालय

प्रवेश परीक्षा 2025

कक्षा -9

में प्रवेश हेतु

संजीव दीक्षित
प्रदीप श्रीवास्तव
सुशील सिंह
डॉ. प्रताप सिंह

arihant
SUCCESS AND NOTHING LESS

arihant
SUCCESS AND NOTHING LESS

अरिहन्त पब्लिकेशन्स (इण्डिया) लिमिटेड

रजि. कार्यालय
'रामछाया' 4577/15, अग्रवाल रोड, दरिया गंज, नई दिल्ली- 110002
फोन: 011-47630600, 43518550

मुख्य कार्यालय
कालिन्दी, टी०पी० नगर, मेरठ (यूपी)– 250002
फोन: 0121-7156203, 7156204

शाखा कार्यालय
आगरा, अहमदाबाद, बरेली, बंगलुरु, चेन्नई, दिल्ली, गुवाहाटी, हैदराबाद, जयपुर, झाँसी, कोलकाता, लखनऊ, नागपुर तथा पुणे

मूल्य ₹ 320.00

PO No : TXT-XX-XXXXXXX-X-XX

PUBLISHED BY ARIHANT PUBLICATIONS (INDIA) LTD.

'अरिहन्त' की पुस्तकों के बारे में अधिक जानकारी के लिए हमारी वेबसाइट **www.arihantbooks.com** पर लॉग इन करें या **info@arihantbooks.com** पर सम्पर्क करें।

Follow us on...

विषय–सूची

स्व. राजीव गाँधी बाल भविष्य सुरक्षा प्रयास आवासीय विद्यालय
कक्षा 9वीं में प्रवेश हेतु चयन परीक्षा 2023-2024

परीक्षा का दिनांक 30.04.2023 प्रातः 10.30 से 1.00 बजे तक (2.30 घण्टे)

Examination Date 30.04.2023

विद्यार्थी का अनुक्रमांक
Roll Number

बालक/कन्या/अन्य ....

Gender (Male / Female / TG) ....

संवर्ग (अजजा/विशेष रूप से कमजोर जनजाति समूह/अजा/अपिव/सामान्य) ....

Category (ST / PVTG / SC / OBC / GEN) ....

जिला जहाँ से 8वीं उत्तीर्ण हो ....

District passing class 8th ....

निवास प्रमाण-पत्र में उल्लेखित जिला ....

District Name Regarding Domicile Certificate ....

विद्यार्थी के हस्ताक्षर .... **पर्यवेक्षक के हस्ताक्षर** ....

Signature of the Candidate .... Signature of the Invigilator ....

निर्देश Instructions

1. सभी प्रश्न-हल करना अनिवार्य है। All Questions are compulsory.
2. इरा प्रश्न-पत्र में कुल 100 प्रश्न है। This paper consists 100 Questions.
3. प्रत्येक प्रश्न पर 01 अंक है। Each Question carry 01 Mark.
4. ऋणात्मक मूल्यांकन नहीं है। There's is no negative Marking.
5. प्रत्येक प्रश्न में चार विकल्प दिए गए हैं, जिनमें से एक सही विकल्प चुनकर ओ.एम.आर. शीट में दिए गए स्थान पर गोलों को भरे। Each Question has 4 Options out of which only one is correct. Pick out the correct answer and dark the suitable circle given in OMR sheet.
6. एक से अधिक उत्तर लिखने या काट-छाँट करने पर अंक नहीं दिया जाएगा। More than one answers, cutting and over writing will not be considered.
7. परीक्षा के पश्चात् ओ.एम.आर. शीट पर्यवेक्षक के पास जमा करना होगा। After examination, OMR sheets should be submitted to the invigilator.
8. रफ कार्य हेतु अन्तिम पृष्ठ उपलब्ध है। Please use last page for any rough work.

नोट ओ.एम.आर. शीट (OMR) भरने के लिए काले/नीले रंग के बाल पाइण्ट पेन का उपयोग करें।
Use only Black/Blue ball point pen to fill OMR sheet.

विज्ञान

1. 1 किलो वजन किसके बराबर है?
(a) 98 N (b) 9.8 N
(c) 0.98 N (d) 0.098 N

2. किसी चुम्बक का चुम्बकीय गुण निम्नलिखित में से किस विधि से नष्ट होता है?
(a) हथौड़े पीटने से (b) गर्म करने से
(c) कठोर सतह से गिरने पर (d) ये सभी

3. अमीबा किस समूह में है?
(a) शैवाल (b) कवक
(c) प्रोटोजोआ (d) विषाणु

4. किस लेन्स में हमेशा आभासी प्रतिबिम्ब बनता है?
(a) अवतल (b) उत्तल
(c) समतल (d) बायाँ आलिन्द

5. हृदय के किस भाग में अशुद्ध रक्त सर्वप्रथम आता है?
(a) दायाँ निलय (b) बायाँ निलय
(c) 'a' ओर 'b' दोनों (d) दायाँ आलिन्द

6. पोटेशियम परमैंगनेट को गर्म करने पर निकलने वाली गैस है
(a) N_2 (b) O_2 (c) H_2 (d) He

7. पीतल निम्न धातुओं का मिश्रण है-
(a) ताँबा, जिंक (b) ताँबा, टिन
(c) लोहा, कार्बन (d) ताँबा, निकल

8. मानव की सुनने की आवृत्ति कहाँ-से-कहाँ तक होती है?
(a) 0Hz - 20Hz (b) 0Hz - 2000 Hz
(c) 0Hz - 20000Hz (d) 20Hz - 20000Hz

9. ……… ने कोशिका की खोज की
(a) रॉबर्ट हुक (b) रॉबर्ट ब्राउन
(c) विल्सन (d) हेनरी

10. द्विखण्डन किसमें पाया जाता है?
(a) हाइड्रा (b) अमीबा (c) यीस्ट (d) मनुष्य

11. कृत्रिम रेशम है
(a) नायलॉन (b) पॉलिस्टर (c) रेयॉन (d) एक्रिलिक

12. निम्नलिखित में से किस हैलोजन का उपयोग रोगाणुनाशी में करते हैं?
(a) फ्लोरीन (b) क्लोरीन
(c) ब्रोमीन (d) आयोडीन

13. 60 कार्बन परमाणु वाला अपररूप है
(a) चारकोल (b) ग्रेफाइट
(c) हीरा (d) फुलरीन

14. चने के पौधों की जड़ों में रहता है
(a) जीवाणु (b) विषाणु
(c) प्रोटोजोआ (d) कवक

15. काँच का अपवर्तनांक होता है
(a) 1-5 (b) 1-3 (c) 2.4 (d) 1.0

16. जीवाणुओं एवं विषाणुओं से होने वाला रोग
(a) आनुवंशिक रोग (b) संक्रामक रोग
(c) स्कर्वी (d) असंक्रामक रोग

17. घर्षण से ……… उत्पन्न होता है।
(a) गति (b) सापेक्ष गति
(c) ऊष्मा (d) चिकनापन

18. निम्नलिखित में से विद्युत का सुचालक नहीं है
(a) आसुत जल (b) नींबू का रस
(c) नमक का विलयन (d) नल का जल

19. दहन के समय पदार्थ ऑक्सीजन से जुड़ता है, तो यह क्रिया होगी
(a) अपचयन (b) ऑक्सीकरण
(c) अपघटन (d) विस्थापन

20. निम्न में से कौन सौर परिवार का सदस्य नहीं है?
(a) ग्राहिकाएँ (b) ग्रह
(c) उपग्रह (d) तारामण्डल

गणित

21. एक स्कूल के अध्यापकों की आयु इस प्रकार है 30, 35, 25, 28, 32 अध्यापकों की आयु की मध्य आयु बताइए।
(a) 30 (b) 35
(c) 32 (d) 25

22. 5/4 – 8/3 का मान है
(a) 17/12 (b) –17 / 12
(c) 12/17 (d) –12 / 17

23. 9^2 व 10^2 के मध्य कितनी प्राकृतिक संख्याएँ हैं?
(a) 17 (b) 18
(c) 19 (d) 20

24. यदि दो समानान्तर रेखाओं को एक तिर्यक रेखा प्रतिच्छेदित करती है, तो प्रत्येक संगत कोणों का मान होगा
(a) समान (b) असमान
(c) सम्पूरक (d) पूरक

25. पिता, पुत्र की वर्तमान आयु का अनुपात 7 : 4 है। दोनों की आयु का गुणनफल 6300 है, तो पुत्र की आयु ज्ञात करें।
(a) 70 वर्ष (b) 50 वर्ष (c) 80 वर्ष (d) 60 वर्ष

26. निम्न में से किसके इकाई के स्थान पर 6 होगा?
(a) 19^2 (b) 11^2 (c) 24^2 (d) 13^2

27. अष्टभुज के अन्त:कोणों का योग कितना होता है?
(a) 1080 (b) 1260 (c) 900 (d) 360

28. निम्न का बहुलक क्या होगा?
5, 3, 2, 2, 4, 4, 3, 3, 4, 3, 5, 3
(a) 2 (b) 3 (c) 4 (d) 5

29. छूट हमेशा दी जाती है
(a) अंकित मूल्य (b) लागत मूल्य
(c) विक्रय मूल्य (d) लाभ

30. 55° का पूरक कोण है
(a) 125° (b) 90°
(c) 35° (d) 110°

31. $5^4 \times (-5)^2$ का घातांक क्या होगा?
(a) 7^4 (b) 6^5
(c) 5^6 (d) 8^5

32. एक टोकरी में 10 सेब, 8 अनार और 12 अमरूद है, तो टोकरी में से एक सेब निकालने की प्रायिकता क्या होगी?
(a) 1/3 (b) 1/1 (c) 1/4 (d) 1/5

33. ऐसा चतुर्भुज, जिसमें विकर्ण बराबर होते है तथा प्रतिच्छेद बिन्दु समकोण पर प्रतिच्छेद करते हैं वह चतुर्भुज ········ हैं
(a) आयत (b) वर्ग (c) त्रिकोण (d) वृत्त

34. समान्तर चतुर्भुज, जिसका आधार 15 सेमी शीर्ष लम्ब 1.0 सेमी है, उसका क्षेत्रफल क्या होगा?
(a) 120 सेमी^{2} (b) 100 सेमी^{2}
(c) 150 सेमी^{2} (d) 200 सेमी^{2}

35. किसी भिन्न का अंश उसके हर से 2 अधिक है, यदि भिन्न का अंश 5 हो, तो भिन्न क्या होगी?
(a) 5/7 (b) 7/5 (c) 8/7 (d) 9/6

36. किसी भिन्न का अंश उसके हर से 2 कम है, यदि भिन्न का अंश 5 हो, तो भिन्न क्या होगी?
(a) 5/7 (b) 7/5 (c) 8/7 (d) 9/6

37. एक कार 48 लीटर पेट्रोल से 432 किमी चलती है। 20 लीटर पेट्रोल में वह कितनी दूर चलेगी?
(a) 110 (b) 200 (c) 180 (d) 220

38. रिक्त स्थान भरें
$-\frac{5}{9}+\frac{4}{7}=\frac{4}{7}+\ldots\ldots$
(a) 4/7 (b) −5/9 (c) −9/5 (d) 9/5

39. एक कमरे की लम्बाई, चौड़ाई और ऊँचाई क्रमश: 5 मी, 6 मी तथा 3 मी है। इसमें भरी हवा का आयतन क्या होगा?
(a) 110 मी^{3} (b) 80 मी^{3}
(c) 90 मी^{3} (d) 95 मी^{3}

40. एक बेलन का वक्राकार भाग का क्षेत्रफल 1000 वर्ग सेमी और उसका व्यास 20 सेमी है। उस बेलन की ऊँचाई कितनी होगी?
(a) 50 (b) 65 (c) 55 (d) 60

सामाजिक विज्ञान

41. निम्नलिखित में से वायुमण्डल के किस भाग में ओजोन परत पाई जाती है?
(a) क्षोभ मण्डल (b) समताप मण्डल
(c) मध्य मण्डल (d) ताप मण्डल

42. वर्ष 1966 की कृषि नीति को किस नाम से जाना जाता है?
(a) पीली क्रान्ति (b) श्वेत क्रान्ति
(c) हरित क्रान्ति (d) नीली क्रान्ति

43. तन्जावुर का बृहदेश्वर मन्दिर का निर्माण किसने किया?
(a) चोल (b) चालुक्य
(c) मौर्य (d) पल्लव

44. किसी देश में वास्तविक सत्ता किसके पास होती है?
(a) राष्ट्रपति (b) प्रधानमन्त्री
(c) जनता (d) राज्यपाल

45. विधायक का निर्वाचन किया जाता है
(a) जनता द्वारा (b) संसद सदस्य द्वारा
(c) चयनित प्रतिनिधि द्वारा (d) ये सभी

46. कॉफी का प्रमुख उत्पादक है
(a) ब्राजील (b) भारत
(c) रूस (d) अमेरिका

47. वर्ष 1999 में विश्व की जनसंख्या हो गई
(a) 1 अरब (b) 3 अरब
(c) 6 अरब (d) 8 अरब

48. 'करो या मरो' का नारा दिया
(a) सुभाषचन्द्र बोस ने (b) महात्मा गाँधी ने
(c) बाल गंगाधर तिलक ने (d) इनमें से कोई नहीं

49. छत्तीसगढ़ में लोकसभा की कितने सीटें हैं?
(a) 6 (b) 9
(c) 11 (d) 13

50. संयुक्त राष्ट्र संघ की स्थापना हुई थी
(a) 15 नवम्बर, 1943 (b) 14 अक्टूबर, 1944
(c) 24 अक्टूबर, 1945 (d) 24 अप्रैल, 1946

51. यूरोप से भारत पहुँचने के लिए समुद्री मार्ग की खोज वास्को-डि-गामा ने कब की थी?
(a) 1498 ई. (b) 1598 ई.
(c) 1800 ई. (d) 1600 ई.

52. दिल्ली के अन्तिम मुगल बादशाह थे
(a) अकबर (b) शाहजहाँ
(c) बहादुरशाह जफर (d) औरंगजेब

53. इंग्लैण्ड में औद्योगिक क्रान्ति किस सदी में हुई?
(a) सत्रहवीं (b) अठारहवीं
(c) उन्नीसवीं (d) बीसवीं

54. स्वतन्त्र भारत के प्रथम गवर्नर-जनरल थे
(a) लार्ड माउण्ट बेटन (b) लार्ड एटली
(c) लार्ड कलिंगम (d) लार्ड केनीडी

55. यूरोप से अमेरिका तक समुद्री मार्ग की खोज करने वाला व्यक्ति था?
(a) कॉपरनिकस (b) कोलम्बस
(c) मार्टिन लूथर (d) हेनरी अष्टम

56. सुनहरे रेशा से अभिप्राय है
(a) चाय (b) कपास
(c) पटसन (d) उर्वरक

57. 14 वर्ष से कम आयु के बच्चों से कारखाने में काम करवाना किस अधिकार के अन्तर्गत प्रतिबन्धित है?
(a) समानता का अधिकार (b) शोषण के विरुद्ध अधिकार
(c) सोने का अधिकार (d) स्वतन्त्रता का अधिकार

58. निम्न में से कौन विश्व में ताँबे का अग्रणी उत्पादक देश है?
(a) बोलीविया (b) चिली
(c) घाना (d) जिम्बाब्वे

59. सरकार को ········ से धन प्राप्त होता है।
(a) सम्पत्ति (b) बजट
(c) कर (d) ये सभी

60. संयुक्त राष्ट्र दिवस मनाया जाता है
(a) 24 अक्टूबर (b) 24 नवम्बर
(c) 24 दिसम्बर (d) 24 जनवरी

मानसिक योग्यता

61. यदि A का अर्थ योग है, C का अर्थ गुणा है, F का अर्थ घटाना है और B का अर्थ भाग देना है, तो
3A8B2C4F9
(a) 18 (b) 14 (c) 8 (d) 10

62. शब्दकोश के अनुसार क्रम से रखें
1. TORTOISE 2. TORONTO
3. TORPED 4. TORUS
5. TORSEL
(a) 23514 (b) 23541
(c) 23145 (d) 23154

63. यदि COLOR = 63 और LED = 21 हो, तो LIGHT को क्या लिखा जाएगा?
(a) 53 (b) 56 (c) 46 (d) 62

64. शंकर B का पिता है, परन्तु B शंकर का पुत्र नहीं है, तो B का शंकर से क्या रिश्ता है?
(a) पोती (b) माँ
(c) बेटी (d) पोता

65.

7	51	2
6	40	4
5	28	?

(a) 1 (b) 3
(c) 2 (d) 0

66. नीचे दी गई श्रेणी में अगली संख्या ज्ञात कीजिए।
3, 8, 15, 24, ?
(a) 29 (b) 27
(c) 35 (d) 33

67. प्रश्नवाचक चिह्न के स्थान पर उपयुक्त विकल्प लिखिए
फरवरी : 29 :: अधिवर्ष : ?
(a) 367 (b) 365
(c) 366 (d) इनमें से कोई नहीं

68. यदि कल के एक दिन पहले बुधवार था, तो रविवार किस दिन पड़ेगा?
(a) परसों एक दिन बाद
(b) आज
(c) कल का दिन
(d) आज के बाद तीसरा दिन

69. A, B, C, D और E पाँच नदियाँ हैं, A, B से छोटी है मगर E से लम्बी है। C सबसे लम्बी है। D, B से बहुत छोटी है और A से कुछ लम्बी है, तो सबसे छोटी नदी कौन-सी है?
(a) A (b) B
(c) D (d) E

70. यदि SIR का PSPIRP लिखा जाता है, तब MAN को कैसे लिखा जाएगा?
(a) MAPNP (b) NENP
(c) POLITICS (d) PMPANP

हिन्दी

71. 'जानने की इच्छा' का अर्थ क्या है?
(a) जिज्ञासु (b) कुटिल (c) कहर (d) आफत

72. 'सुगम' का विलोम शब्द है
(a) गम (b) अगम
(c) दुर्गम (d) निगम

73. छत्तीसगढ़ी शब्द 'कोरी' का हिन्दी अर्थ क्या है?
(a) दस (b) बीस
(c) तीस (d) चालीस

74. जिसकी तुलना न की जाए
(a) वाचाल (b) आराम
(c) अतुलनीय (d) तुलनात्मक

75. निम्नांकित में से स्त्रीलिंग शब्द खोजें।
(a) घी (b) हीरा
(c) चावल (d) टोपी

76. जिसकी गहराई न मापी जा सके, के लिए एक शब्द है
(a) अनन्त (b) अथाह
(c) अगम (d) असम

77. निम्नलिखित शब्दों के सही अर्थ लिखिए
'हतप्रभ'
(a) संगत (b) आश्चर्यचकित
(c) सरलत (d) सरलता

78. 'दुर्दशा'
(a) रोबीला (b) हालत
(c) जिद्द (d) अनोखा

79. अपेक्षा
(a) संगत (b) आश्चर्यचकित
(c) इच्छा (d) सरलता

80. गिरी
(a) पर्वत (b) पत्थर
(c) गिट्टी (d) रेत

अंग्रेजी

81. Which of the following sentence is not correct
(a) He beat him with a stick
(b) He fell off the horse
(c) You are prepared for the test
(d) We are engaged on our work

82. I ...... this film several times (choose the correct tense).
(a) Saw
(b) has been seeing
(c) have seen
(d) have been seeing

83. Use the correct relative pronoun Rita and Gita ...... were best friends are meeting after ten years.
(a) That (b) Whom
(c) Who (d) Which

84. He always ...... t prove that the earth revolves around the sun.
(a) Tries (b) Tried
(c) Is trying (d) Was trying

85. .... Eagle can fly high in .... sky.
(a) A, the (b) An, the
(c) The, an (d) None of these

86. I am confident of my ....
(a) ability (b) Abled
(c) able (d) unable.

87. Choose the correct meaning of given words Majestic.
(a) confusion of mess (b) royal, very grand
(c) quick (d) none of these

88. Guilty
(a) a card between 10 and queen
(b) make something fall
(c) a group of people chosen to judge
(d) one who has done something wrong

89. To scrub
(a) to rub hard for cleaning
(b) to wash with water
(c) to move on water
(d) to move noisily through water

90. Brilliant
(a) sudden with to something
(b) picture to sketch
(c) extremely good, highly intelligent
(d) none of these

सामान्य ज्ञान

91. छत्तीसगढ़ की सीमा का अधिकांश भाग किस राज्य की सीमा से लगा हुआ है?
(a) आन्ध्र प्रदेश (b) महाराष्ट्र
(c) ओडिशा (d) मध्य प्रदेश

92. छत्तीसगढ़ के किस जिले में गोमरदा वन्यजीव अभयारण्य स्थित है?
(a) सारंगढ (b) बिलासपुर
(c) सरगुजा (d) जाँजगीर-चाम्पा

93. सोनाखान के जमींदार वीर नारायण सिंह को कब फाँसी दी गई?
(a) 10 दिसम्बर, 1857
(b) 10 दिसम्बर, 1858
(c) 18 दिसम्बर, 1857
(d) 10 फरवरी, 1856

94. छत्तीसगढ़ का गाँधी किसे कहा जाता है?
(a) पं. रविशंकर शुक्ल
(b) पं. सुन्दरलाल शर्मा
(c) ठाकुर प्यारेलाल
(d) माधव राव सप्रे

95. छत्तीसगढ़ का राजकीय गीत 'अपा पैरी के धार' के रचयिता कौन हैं?
(a) सुन्दरलाल शर्मा
(b) हरि ठाकुर
(c) डॉ. नरेन्द्र देव वर्मा
(d) लोचन प्रसाद पाण्डेय

96. छत्तीसगढ़ की सबसे प्राचीन नाट्यशाला स्थित है
(a) बस्तर (b) सरगुजा
(c) अम्बिकापुर (d) नारायणपुर

97. छत्तीसगढ़ का प्रयाग तीर्थ कहलाता है
(a) जाँजगीर (b) शिवरीनारायण
(c) राजिम (d) सिरपुर

98. निम्न में से छत्तीसगढ़ के किस स्थान का गणेश मन्दिर प्रसिद्ध है?
(a) बारसूर (b) भोरमदेव
(c) अम्बिकापुर (d) रतनपुर

99. छत्तीसगढ़ का खजुराहो किसे कहते हैं?
(a) बमलेश्वरी मन्दिर (b) गणेश मन्दिर
(c) भोरमदेव मन्दिर (d) राम मन्दिर

100. छत्तीसगढ़ की सबसे बड़ी नदी जिसे छत्तीसगढ़ की गंगा या जीवन रेखा कहते हैं
(a) शिवनाथ (b) महानदी
(c) अरपा (d) केलो

उत्तरमाला

1. (b)	2. (d)	3. (c)	4. (a)	5. (c)	6. (b)	7. (a)	8. (d)	9. (a)	10. (b)
11. (c)	12. (b)	13. (d)	14. (a)	15. (a)	16. (b)	17. (c)	18. (a)	19. (b)	20. (d)
21. (a)	22. (b)	23. (b)	24. (a)	25. (d)	26. (c)	27. (a)	28. (b)	29. (a)	30. (c)
31. (c)	32. (a)	33. (b)	34. (c)	35. (b)	36. (a)	37. (c)	38. (b)	39. (c)	40. (a)
41. (b)	42. (c)	43. (a)	44. (c)	45. (a)	46. (a)	47. (c)	48. (b)	49. (c)	50. (c)
51. (a)	52. (c)	53. (b)	54. (a)	55. (b)	56. (c)	57. (b)	58. (b)	59. (c)	60. (a)
61. (d)	62. (a)	63. (b)	64. (c)	65. (b)	66. (c)	67. (c)	68. (a)	69. (d)	70. (d)
71. (a)	72. (c)	73. (b)	74. (c)	75. (d)	76. (b)	77. (b)	78. (b)	79. (c)	80. (a)
81. (d)	82. (c)	83. (c)	84. (a)	85. (b)	86. (a)	87. (b)	88. (d)	89. (a)	90. (c)
91. (c)	92. (a)	93. (a)	94. (b)	95. (c)	96. (b)	97. (c)	98. (a)	99. (c)	100. (b)

स्व. राजीव गाँधी बाल भविष्य सुरक्षा प्रयास आवासीय विद्यालय
कक्षा 9वीं में प्रवेश हेतु चयन परीक्षा 2022-2023

परीक्षा का दिनांक 17.04.2022 **प्रातः 10.30 से 1.00 बजे तक (2.30 घण्टे)**

Examination Date 17.04.2022

विद्यार्थी का अनुक्रमांक | | | | | |
Roll Number

बालक/कन्या/अन्य ....

Gender (Male / Female / TG) ....

संवर्ग (अजजा/विशेष रूप से कमजोर जनजाति समूह/अजा/अपिव/सामान्य) ....

Category (ST / PVTG / SC / OBC / GEN) ....

जिला जहाँ से 8वीं उत्तीर्ण हो ....

District passing class 8th ....

निवास प्रमाण-पत्र में उल्लेखित जिला ....

District Name Regarding Domicile Certificate ....

विद्यार्थी के हस्ताक्षर .... **पर्यवेक्षक के हस्ताक्षर** ....

Signature of the Candidate .... Signature of the Invigilator ....

निर्देश Instructions

1. सभी प्रश्न-हल करना अनिवार्य है। All Questions are compulsory.
2. इस प्रश्न-पत्र में कुल 100 प्रश्न हैं। This paper consists 100 Questions.
3. प्रत्येक प्रश्न पर 01 अंक है। Each Question carry 01 Mark.
4. ऋणात्मक मूल्यांकन नहीं है। There's is no negative Marking.
5. प्रत्येक प्रश्न में चार विकल्प दिए गए हैं, जिनमें से एक सही विकल्प चुनकर ओ.एम.आर. शीट में दिए गए स्थान पर गोलों को भरे। Each Question has 4 Options out of which only one is correct. Pick out the correct answer and dark the suitable circle given in OMR sheet.
6. एक से अधिक उत्तर लिखने या काट-छाँट करने पर अंक नहीं दिया जाएगा। More than one answers, cutting and over writing will not be considered.
7. परीक्षा के पश्चात् ओ.एम.आर. शीट पर्यवेक्षक के पास जमा करना होगा। After examination, OMR sheets should be submitted to the invigilator.
8. रफ कार्य हेतु अन्तिम पृष्ठ उपलब्ध है। Please use last page for any rough work.

नोट ओ.एम.आर. शीट (OMR) भरने के लिए काले/नीले रंग के बाल पाइण्ट पेन का उपयोग करें।
Use only Black/Blue ball point pen to fill OMR sheet.

1. 'खटाई में पड़ना' मुहावरे का अर्थ है
(a) धोखे में आ जाना
(b) घबराकर गलती करना
(c) लटक जाना
(d) खरा साबित होना

2. 'इहलोक' का विपरीतार्थक शब्द है
(a) उपकार (b) पाताल (c) आदि (d) परलोक

3. कौन-सा शब्द परिमाणबोधक विशेषण है
(a) सेर भर दूध (b) चार गज
(c) सब धन (d) ये सभी

4. कमल शब्द का पर्यायवाची है
(a) सरोज (b) अम्बु
(c) सोमरस (d) रसाल

5. तीन बेर खाती थी, अब वे तीन बेर खाती है, अलंकार पहचानिए
(a) अनुप्रास अलंकार (b) यमक अलंकार
(c) मानवीकरण अलंकार (d) उपमा अलंकार

6. अवनत का विलोम शब्द है
(a) बढ़ाना (b) उन्नत
(c) अवनति (d) इनमें से कोई नहीं

7. निर्धन का उपसर्ग बताइए
(a) नि (b) निर् (c) निर्ध (d) निर

8. वाक्यों को शुद्ध करो
(a) तुम्हारे दो सन्ताने है (b) तुम्हारें यहाँ दो संतान है
(c) तुम्हारी सन्तान दो हैं (d) दो सन्तान तुम्हारे हैं

9. लम्बोदर का समास विग्रह होगा
(a) लम्बा उदर (b) लम्बा है उदर जिसका
(c) लम्बे उदर वाला (d) लम्बा दर

10. हिन्दी की विशिष्ट बोली ब्रजभाषा किस रूप में सबसे अधिक प्रसिद्ध है?
(a) राजभाषा (b) राष्ट्रभाषा
(c) तकनीकी भाषा (d) काव्यभाषा

(ब) संस्कृत

11. "मोहन गेंद से खेलता है" का संस्कृत में अनुवाद कीजिए
(a) मोहनः कन्दुकान क्रीडति
(b) मोहनः कन्दुकेन क्रीडति
(c) मोहनः कन्दुकं क्रीडति
(d) मोहनः कन्दुकाय क्रीडति

12. अहम् ……… वस्त्राणि ददामि।
(a) निर्धनम् (b) निर्धनाय
(c) निर्धनेषु (d) निर्धनेषाम्

13. गृहे का विभक्ति व वचन है
(a) पंचमी, एकवचन (b) षष्ठी, एकवचन
(c) सप्तमी, एकवचन (d) तृतीया, एकवचन

14. "सा अपि मनसि व्याकुला आसीत्" अस्मिन् वाक्ये सर्वनामपद किम्?
(a) सा (b) मनसि
(c) अपि (d) व्याकुला

15. सः प्रतिदिनं कार्य करोति-रेखांकितपदे समासः विद्यते:
(a) तत्पुरुषः (b) द्विगुः
(c) अव्ययीभावः (d) कर्मधारयः

16. संस्कृते अनुवादनम् कुरुत्-"राम जाता है"
(a) रामः गच्छामि (b) रामः गच्छति
(c) रामः गच्छसि (d) रामः अगच्छत्

17. एषु पदेषु "अव्यय" पदं नास्ति
(a) सुन्दरः (b) बहिः
(c) खलु (d) अपि

18. एतत (स्त्रीलिंग) प्रथमा द्विवचन क्या होगा?
(a) एताभ्याम (b) एतासु
(c) एवाः (d) एते

19. 'भाषा' शब्द संस्कृत की धातु से बनी है
(a) भाश् (b) भास्
(c) भाष् (d) भाष्य्

20. संस्कृत भाषा की लिपि है
(a) गुरुमुखी (b) खरोष्ठी
(c) रोमन (d) देवनागरी

(स) अंग्रेजी

21. …… apple :
(a) A (b) An
(c) The (d) none

22. A female sheep is called a ……
(a) Ewe (b) Mare
(c) Hind (d) Peahen

23. Raj and his family …… here since May 1980.
(a) Is living (b) Have been living
(c) Are living (d) Has been living

24. Give the opposite of transparent
(a) Obvious (b) Distinct
(c) Opaque (d) Consistent

25. Prices have been rising …… than the income.
(a) most fast (b) Faster
(c) Fastest (d) Most fast

26. Dede has an uncle. The son of his uncle is.
(a) Father (b) Nephew
(c) Grandfather (d) Cousin.

27. Fill in the blank with an appropriate preposition to complete the sentence:
Khairagarh is famous …… music and arts.
(a) To (b) For (c) In (d) At.

28. Choose the correct sentence.
(a) Tatpara has black long hair
(b) Tatpara has hair black hair
(c) Tatpara has long black hair
(d) Tatpara has hair ling black

29. What is the type of the sentence given below? Come here.
(a) Imperative sentence
(b) Exclamatory sentence
(c) Interrogative sentence
(d) Optative sentence

30. What is the name of the tense undelined? The children had left the class before the teacher came.
(a) Present indefinite
(b) Past perfect
(c) Future continous
(d) Present perfect continous.

31. What is the past participle verb form of 'hear'?
(a) Hear (b) Heard
(c) Heared (d) Hears

32. What is the indirect speech of the sentence give below? Rahul said to the boy, "What is your name?"
(a) Rahul told the boy, "what is his name?"
(b) Rahul inquired of the boy what is his name
(c) Rahul asked the boy what his name was
(d) Rahul wanted to known of the boy what was his name.

33. One-word substitution :
'Having a strong desire for success, achievement, power, of wealth.
(a) Ambitious (b) Anxious
(c) Indigenous (d) Piteous

34. Find Out the correct spelt word.
(a) Tuition (b) Kilos
(c) Tennise (d) Recieve.

35. What is the synonym of "advance"?
(a) Reduce (b) Halt
(c) Progress (d) Extend.

36. Life story of a person written by someone else.
(a) Autobiography (b) Autocracy
(c) Biography (d) Democracy

37. I ...... up at 6 o' clock every day.
(a) get (b) gets
(c) got (d) getting

38. ...... go out, sir?
(a) Can (b) May
(c) Shall (d) Will

39. Please, stop ...... so many mistakes.
(a) To make (b) Make
(c) Making (d) Make.

40. He saw ...... Ram nor Mohan.
(a) Neither (b) Either
(c) But (d) Between

(द) गणित

41. दशमलव में व्यक्त कीजिए।
$200 + 60 + 5 + \frac{1}{10}$
(a) 266.1 (b) 265.1
(c) 26.61 (d) 26.5

42. एक चतुर्भुज पेटी, जिसकी लम्बाई 40 सेमी और चौड़ाई 10 सेमी है, के ढक्कन को टेप से चारों ओर से सील कर दिया है, तो उसे सील करने के लिए आवश्यक टेप की लम्बाई बताइए।
(a) 400 सेमी (b) 200 सेमी
(c) 100 सेमी (d) 50 सेमी

43. एक कक्षा में 20 लड़कियाँ व 15 लड़के हैं, तो लड़कियों व लड़कों का कक्षा में क्या अनुपात है?
(a) 8 : 6 (b) 2 : 7
(c) 4 : 7 (d) 4 : 3

44. घटते क्रम में लिखे $\frac{2}{9}, \frac{2}{3}, \frac{8}{2}$
(a) $\frac{8}{2}, \frac{2}{9}, \frac{2}{3}$ (b) $\frac{2}{9}, \frac{8}{2}, \frac{2}{3}$ (c) $\frac{8}{2}, \frac{2}{3}, \frac{2}{9}$ (d) $\frac{2}{3}, \frac{8}{2}, \frac{2}{9}$

45. किसी संख्या के आठ गुणा में 4 जोड़ें, तो उसका मान 60 प्राप्त होता है, वह संख्या बताइए
(a) 7 (b) 8 (c) 9 (d) 10

46. वह कोण ज्ञात कीजिए, जो अपने पूरक कोण के बराबर है
(a) 40° (b) 44° (c) 50° (d) 55°

47. 5 के तीन लगातार गुणकों का योग 45 है। निम्न में से कौन–सा गुणक सबसे छोटा है?
(a) 10 (b) 15 (c) 20 (d) 25

48. $\left\{\left(\frac{1}{3}\right)^2\right\}^4$ निम्नलिखित में से किसके बराबर होगा?
(a) $\left(\frac{1}{3}\right)^6$ (b) $\left(\frac{1}{3}\right)^8$ (c) $\left(\frac{1}{3}\right)^{24}$ (d) $\left(\frac{1}{3}\right)^{16}$

49. एक घन का आयतन 729 मी^{3} है। इसकी भुजा की लम्बाई ज्ञात कीजिए।
(a) 3 मी (b) 6 मी
(c) 9 मी (d) 27 मी

50. किसी सामान का अंकित मूल्य ₹ 1050 है। 6% बिक्री कर लगने के बाद उसका मूल्य होगा
(a) ₹ 1056 (b) ₹ 1113
(c) ₹ 1131 (d) ₹ 1311

51. $a(b-c) + b(c-a) + c(a-b)$ बराबर होगा
(a) $ab + bc + ca$ (b) 0
(c) $2(ab + bc + ca)$ (d) इनमें से कोई नहीं

52. यदि $x^2 + y^2 = 9$ और $xy = 8$, तो $x + y$ बराबर है
(a) 25 (b) 5 (c) –5 (d) ±5

53. $z^2 - 4z - 12$ के गुणनखण्ड हैं
(a) $(z+6)(z-2)$ (b) $(z-6)(z+2)$
(c) $(z-6)(z-2)$ (d) $(z+6)(z+2)$

54. 2 से अधिक या उसके बराबर क्रम की घूर्णी समरूपता वाली आकृति के घूर्णन का एक सम्भावित कोण है
(a) 36° (b) 144°
(c) 150° (d) 360°

55. समचतुर्भुज का क्षेत्रफल ज्ञात कीजिए, जिसके विकर्ण 24 सेमी व 20 सेमी हैं
(a) 260 वर्ग सेमी (b) 220 वर्ग सेमी
(c) 240 वर्ग सेमी (d) 280 वर्ग सेमी

56. एक व्यक्ति 20 किमी, 5 घण्टे में चलता है, वह व्यक्ति 32 किमी, कितने घण्टे में चलेगा?
(a) 2 घण्टे (b) 8 घण्टे
(c) 6 घण्टे (d) 9 घण्टे

57. दो पूर्ण संख्याओं का योगफल सदैव ········ संख्या होता है।
(a) अभाज्य (b) भाज्य
(c) पूर्ण (d) इनमें से कोई नहीं

58. प्रथम 10 प्राकृत संख्याओं का समान्तर माध्य होगा
(a) 5.2 (b) 5.3
(c) 5.4 (d) 5.5

59. ताश की गड्डी से ईंट का एक पत्ता खींचने की प्रायिकता क्या होगी?
(a) $\frac{1}{2}$ (b) $\frac{1}{4}$ (c) $\frac{2}{2}$ (d) 0

60. एक मोटर साइकिल का मूल्य ₹ 42000 है। इस पर 4% वेट लगता है, उस मोटर साइकिल पर कितने रुपये का वेट लगेगा?
(a) ₹ 1670 (b) ₹ 1660
(c) ₹ 1690 (d) ₹ 1680

(इ) विज्ञान

61. कोशिका जो अपना आकार बदल सकती है
(a) अमीबा कोशिका (b) पैरामीशियम कोशिका
(c) सफेद रक्त कोशिका (d) 'a' और 'c' दोनों

62. स्पाइरोगाइरा है
(a) कवक (b) प्रोटोजोआ (c) शैवाल (d) विषाणु

63. खरपतवार है
(a) मुख्य फसल
(b) कीट और पेस्ट
(c) अवांछित पौधे जो मुख्य फसल के साथ उग जाते हैं
(d) रासायनिक पदार्थ

64. टैडपोल किस जीव के विकास की अवस्था है?
(a) कुत्ता (b) बिल्ली
(c) मेंढ़क (d) मनुष्य

65. निषेचन के पश्चात् बनने वाली प्रथम कोशिका को कहते हैं
(a) युग्मक (b) ब्लास्टूला
(c) मौरुला (d) गैस्टूला

66. विद्युत अपघटय है
(a) धातु
(b) विलियन
(c) द्रव जिसमें से विद्युत धारा बहती है
(d) उपरोक्त सभी

67. पोलियो और छोटी माता (चिकनपॉक्स) किसके द्वारा होता है?
(a) विषाणु (b) जीवाणु
(c) कवक (d) क्रीमी

68. यदि एक लेंस की शक्ति 2 डी है तो उसकी फोकस दूरी होगी
(a) 5 सेमी (b) 150 सेमी
(c) 50 सेमी (d) 100 सेमी

69. निम्न में से कौन विद्युत का सुचालक है?
(a) एक लोहे की कड़ाही (b) लकड़ी
(c) कड़ाही का हैण्डल (d) प्लास्टिक

70. निम्न में से कौन-सा सम्पर्क बल का उदाहरण है?
(a) चुम्बकीय बल (b) विद्युत बल
(c) पेशीय बल (d) गुरुत्वाकर्षण बल

71. ध्वनि किस माध्यम में यात्रा कर सकती है?
(a) ठोस और गैस (b) गैस और तरल
(c) 'a' और 'b' दोनों (d) इनमें से कोई नहीं

72. पृथ्वी की सबसे बाहरी परत कहलाती है
(a) क्रस्ट (b) बाहरी कोर
(c) मेण्टल (d) अन्दरूनी कोर

73. वाहनों में किस दर्पण का उपयोग होता है?
(a) समतल दर्पण (b) अवतल दर्पण
(c) उत्तल दर्पण (d) इनमें से कोई नहीं

74. इन्द्र धनुष के उत्पन्न होने के लिए प्रकाश का कौन-सा गुण जिम्मेदार है?
(a) परावर्तन (b) अपवर्तन
(c) विक्षेपण (d) ये सभी

75. वायु में नाइट्रोजन ········ होता है।
(a) 78% (b) 21%
(c) 0.03% (d) इनमें से कोई नहीं

76. धातुओं का वह गुण जिसके कारण उन्हें पीटकर पतले शीटों (चादर) में परिवर्तित किया जा सकता है,········ कहलाता है।
(a) तन्यता (b) भंगुरता
(c) आघातवर्धनीयता (d) चालकता

77. रेयॉन को ········ से प्राप्त किया जाता है।
(a) कोयला, जल और तेल (b) काष्ठ-लुगदी
(c) ऐक्रिलिक (d) जानवरों

78. मृत पेड़-पौधे धीरे-धीरे ········ पर कोयले में परिवर्तित हो जाते हैं।
(a) निम्न दाब व उच्च ताप
(b) उच्च दाब व निम्न ताप
(c) उच्च दाब व उच्च ताप
(d) निम्न दाब व निम्न ताप

79. कौन-सा एक अधातु विद्युत चालक है?
(a) ताँबा (b) ब्रोमीन
(c) ग्रेफ़ाइट (d) पारा

80. निम्नलिखित गैसों में से कौन-सी अम्ल वर्षा के लिए जिम्मेवार है?
(a) O_2 (b) CO(*g*)
(c) $CO_2(g)$ (d) $SO_2\ (g)$, $NO_2\ (g)$

(फ) सामाजिक विज्ञान

81. बंगाल विभाजन किस नीति के तहत् किया गया था?
(a) करो या मरो (b) फूट डालो और शासन करो
(c) राज्य का निर्माण (d) लड़ो या उड़ो

82. ब्रिटिश भारत में किस रूप में आए?
(a) समाज सुधारक (b) निवेशक
(c) शासक (d) व्यापारी

83. यूरोप से भारत के लिए समुद्री मार्ग की खोज किसने की?
(a) कोलम्बस (b) बारथोलोम्यू डीयास
(c) वास्को-डी-गामा (d) हेनरी

84. प्लासी का प्रथम युद्ध लड़ा गया
(a) 1775 (b) 1857 (c) 1657 (d) 1757

85. भारत में पहली बार जनगणना कब हुई थी?
(a) 1872 (b) 1885
(c) 1890 (d) 1992

86. महात्मा गाँधी राजद्रोही मिडिल टेम्पले वकील से ज्यादा कुछ नहीं हैं और अधनंगे फकीर का दिखावा कर रहे हैं यह कथन किसने कहा था?
(a) जार्ज पंचम (b) विंस्टन चर्चिल
(c) लॉर्ड डलहौजी (d) बेंजामिन हाइन

87. शिक्षा का अधिकार अधिनियम अस्तित्व में आया
(a) 2009 (b) 2006
(c) 2005 (d) 2008

88. बुद्ध ने अपना पहला उपदेश कहाँ दिया था?
(a) इलाहाबाद (b) वाराणसी
(c) मथुरा (d) सारनाथ

89. किस गुप्त शासक को भारत का नेपोलियन कहा जाता है?
(a) रामगुप्त (b) स्कन्दगुप्त
(c) चन्द्रगुप्त (d) समुद्रगुप्त

90. एलोरा गुफाओं के भित्तिचित्र जो विष्णु को नरसिंह के रूप में दिखाता है, किस काल की कृति है?
(a) गुर्जर-प्रतिहार काल (b) राष्ट्रकूट काल
(c) चालुक्य काल (d) गुप्तकाल

91. मेगस्थनीज किसके दूत थे?
(a) सिकन्दर
(b) बिन्दुसार
(c) विल्सन प्रथम
(d) सेल्यूकस

92. निम्नलिखित में से छत्तीसगढ़ के किस मन्दिर के निर्माण को 'प्रसाद' योजना के तहत स्वीकृत किया जा रहा है?
(a) दन्तेश्वरी मन्दिर (b) बंजारी माता मन्दिर
(c) मध्ययी माता मन्दिर (d) जतमई घटारानी मन्दिर

93. नीति आयोग का गठन कब हुआ था?
(a) 2016 (b) 2014 (c) 2015 (d) 2013

94. बचत ········ का एक फलन है।
(a) निवेश (b) निर्यात
(c) आय (d) व्यय

95. भारत में संघ की कार्यकारिणी में निम्नलिखित में से कौन शामिल है?
(a) राष्ट्रपति (b) उप-राष्ट्रपति
(c) मन्त्रिमण्डल (d) ये सभी

96. स्थायी बन्दोबस्त की व्यवस्था को किसने लागू किया था?
(a) हैदर अली (b) कार्नवालिस
(c) डलहौजी (d) लॉर्ड वेलेजली

97. सूचना का अधिकार अधिनियम अस्तित्व में आया
(a) 2006 में (b) 2005 में
(c) 2000 में (d) 2009 में

98. 1857 के विद्रोह को किस नाम से जाना जाता है?
(a) राष्ट्रीय आन्दोलन (b) सिपाही विद्रोह
(c) स्वतन्त्रता संघर्ष (d) बस्तर विद्रोह

99. विश्व वन दिवस कब मनाया जाता है?
(a) 5 जून (b) 21 मार्च
(c) 23 सितम्बर (d) 1 जुलाई

100. अंग्रेजों ने भारत में प्रारम्भ में अपनी राजधानी कहाँ बनाई थी?
(a) कोलकाता (b) दिल्ली
(c) चेन्नई (d) पटना

उत्तरमाला

1. (c)	**2.** (d)	**3.** (d)	**4.** (a)	**5.** (b)	**6.** (b)	**7.** (b)	**8.** (b)	**9.** (b)	**10.** (d)
11. (d)	**12.** (b)	**13.** (c)	**14.** (a)	**15.** (c)	**16.** (b)	**17.** (a)	**18.** (d)	**19.** (c)	**20.** (d)
21. (b)	**22.** (a)	**23.** (b)	**24.** (c)	**25.** (b)	**26.** (d)	**27.** (b)	**28.** (c)	**29.** (a)	**30.** (b)
31. (b)	**32.** (c)	**33.** (a)	**34.** (a)	**35.** (c)	**36.** (c)	**37.** (a)	**38.** (b)	**39.** (c)	**40.** (a)
41. (b)	**42.** (c)	**43.** (d)	**44.** (c)	**45.** (a)	**46.** (b)	**47.** (a)	**48.** (b)	**49.** (c)	**50.** (b)
51. (b)	**52.** (b)	**53.** (b)	**54.** (d)	**55.** (c)	**56.** (b)	**57.** (c)	**58.** (d)	**59.** (b)	**60.** (d)
61. (d)	**62.** (c)	**63.** (c)	**64.** (c)	**65.** (a)	**66.** (c)	**67.** (a)	**68.** (b)	**69.** (a)	**70.** (b)
71. (c)	**72.** (b)	**73.** (c)	**74.** (d)	**75.** (a)	**76.** (c)	**77.** (b)	**78.** (c)	**79.** (c)	**80.** (d)
81. (b)	**82.** (d)	**83.** (c)	**84.** (d)	**85.** (a)	**86.** (b)	**87.** (a)	**88.** (d)	**89.** (d)	**90.** (b)
91. (d)	**92.** (b)	**93.** (c)	**94.** (d)	**95.** (d)	**96.** (b)	**97.** (b)	**98.** (b)	**99.** (b)	**100.** (a)

स्व. राजीव गाँधी बाल भविष्य सुरक्षा प्रयास आवासीय विद्यालय
कक्षा 9वीं में प्रवेश हेतु चयन परीक्षा 2021-2022

परीक्षा का दिनांक 10.10.2021 प्रातः 10.30 से 1.00 बजे तक (2.30 घण्टे)

Examination Date 10.10.2021

विद्यार्थी का अनुक्रमांक
Roll Number

बालक/कन्या/अन्य ....

Gender (Male / Female / TG) ....

वर्ग (अजजा/विशेष रूप से कमजोर जनजाति समूह/अजा/अपिव/सामान्य) ....

Category (ST / PVTG / SC / OBC / GEN) ....

जिला जहाँ से 8वीं उत्तीर्ण हो ....

District passing class 8th ....

निवास प्रमाण-पत्र में उल्लेखित जिला ....

District Name Regarding Domicile Certificate ....

विद्यार्थी के हस्ताक्षर ....

Signature of the Candidate ....

पर्यवेक्षक के हस्ताक्षर ....

Signature of the Invigilator ....

निर्देश Instructions

1. सभी प्रश्न-हल करना अनिवार्य है। All Questions are compulsory
2. इस प्रश्न-पत्र में कुल 100 प्रश्न हैं। This paper consists 100 Questions.
3. प्रत्येक प्रश्न पर 01 अंक है। Each Question carry 01 Mark.
4. ऋणात्मक मूल्यांकन नहीं है। There's is no negative Marking.
5. प्रत्येक प्रश्न में चार विकल्प दिए गए हैं, जिनमें से एक सही विकल्प चुनकर ओ.एम.आर. शीट में दिए गए स्थान पर गोलों को भरे। Each Question has 4 Options out of which only one is correct. Pick out the correct answer and dark the suitable circle given in OMR sheet.
6. एक से अधिक उत्तर लिखने या काट-छाँट करने पर अंक नहीं दिया जाएगा। More than one answers, cutting and over writing will not be considered.
7. परीक्षा के पश्चात् ओ.एम.आर. शीट पर्यवेक्षक के पास जमा करना होगा। After examination, OMR sheets should be submitted to the invigilator.
8. रफ कार्य हेतु अन्तिम पृष्ठ उपलब्ध है। Please use last page for any rough work.

नोट ओ.एम.आर. शीट (OMR) भरने के लिए काले/नीले रंग के बाल पाइण्ट पेन का उपयोग करें।

Use only Black/Blue ball point pen to fill OMR sheet.

(अ) हिन्दी

1. विश्व हिन्दी दिवस कब मनाया जाता है?
(a) 2 अक्टूबर (b) 14 सितम्बर
(c) 10 जनवरी (d) 10 दिसम्बर

2. स्पर्श व्यंजनों की संख्या कितनी है?
(a) 15 (b) 20
(c) 22 (d) 25

3. 'रेलगाड़ी' कैसा शब्द है?
(a) तत्सम (b) विदेशी
(c) संकर (d) अन्य

4. 'निस्तेज' का सही विकल्प है
(a) निस + तेज (b) निः + तेज
(c) नि + तेज (d) निस् + तेज

5. डिबिया में प्रत्यय जुड़ा है
(a) या (b) ईया
(c) इया (d) आई

6. चक्रपाणि में कौन-सा समास है?
(a) तत्पुरुष (b) बहुब्रीहि
(c) कर्मधारय (d) द्विगु

7. पुत्र का पर्यायवाची नहीं है
(a) बेटा (b) सूत
(c) सुत (d) तनय

8. जनता शब्द सदा किस वचन में प्रयुक्त होता है?
(a) एकवचन (b) बहुवचन
(c) 'a' और 'b' दोनों (d) इनमें से कोई नहीं

9. ''राष्ट्रपति द्वारा उद्घाटन किया गया'' का वाच्य बताइए
(a) कर्तृवाच्य (b) कर्मवाच्य
(c) भाववाच्य (d) इनमें से कोई नहीं

10. 'तुम्हारी गाड़ी चली गई' में रेखांकित अंश क्या है?
(a) उद्देश्य (b) उद्देश्य का विस्तार
(c) विधेय (d) विधेय का विस्तार

(ब) अंग्रेजी

11. Arrange the months in alphabetical order.
January, March, May, June, July
(a) January, July, March, May, June
(b) January, March, May, June, July
(c) January, July, June, March, May
(d) January, May, March, July, June

12. Which of the following is unmatched plural word?
(a) Goose ...... Gooses
(b) Mouse ...... Mice
(c) Man ...... Men
(d) Tooth ...... Teeth

13. He is an ...... cricket player.
(a) Good (b) Better
(c) Best (d) Excellent

14. Write one word that describes the profession.
'One who takes care of a business'.
(a) Businessman (b) Manager
(c) Rag-Picker (d) Webmaster

15. Choose the right match.
(a) Lost ...... Low (b) Ever ...... Broad
(c) High ...... Hell (d) Desert ...... Greenery

16. He fell ...... the horse.
(a) Of (b) At
(c) Against (d) Off.

17. She drives a car. Rewrite the sentence into passive voice.
(a) A car driven her
(b) A car has driven by her
(c) A car is driven by her
(d) A car is being driven by her

18. The teacher said to Ram "When did the bus leave?" Change into indirect speech.
(a) The teacher asked Ram when did the bus leave?
(b) The teacher told Ram when the bus left?
(c) The teacher asked Ram when did the bus leave?
(d) The teacher said that when did the bus leave?

19. They said to me. "Are the apple served". Change the narration.
(a) They told me if the apples were served.
(b) They told me that the apples were served.
(c) They asked me if the apples wre served?
(d) They asked me that the apples were served?

20. He ran away ...... he saw me.
(a) When (b) then
(c) and (d) As

21. Which of the following word is converted into its opposite word by using ''un''?
(a) Mature (b) Possible
(c) Happy (d) Complete

22. "Sita sings song" Choose the right negative of the sentence.
(a) Sita do not sign song (b) Sita does not sing song
(c) Sita did not sing song (d) Sita is not singing son.

23. Wich of the following sentence is a request?
(a) Is the mobile good?
(b) Please close the door.
(c) What a beautiful plainting?
(d) Go to your room.

24. Give one word for "Not believing in the existence of God".
(a) Atheist (b) Hasty
(c) Morsel (d) Genius

25. He put ...... the shirt.
(a) In (b) At
(c) On (d) Of

26. She ...... to Agra yesterday
(a) Will go (b) Went
(c) Shall go (d) Will be going

27. "I/Have/Risk/Taken/Saving/Her/A/In/Great" make meaningful sentence
(a) I taken have a great risk in saving her.
(b) A great risk have I taken in saving her.
(c) Her have taken I a great risk in saving
(d) I have taken a great risk in saving her.

28. Who teaches you Hindi. Change the voice.
(a) Who is taught Hindi to you?
(b) Who is being taught by you Hindi?
(c) By whom are you taught Hindi?
(d) By whom is taught you Hindi?

29. They said to me "Are the mangoes fallen. Change the Narration.
(a) They told me if the mangoes were fallen
(b) They told me that the mangoes were fallen
(c) They asked me if the mangoes were fallen
(d) They asked me that the mangoes were fallen? you work hard.

30. You will not pass ...... you work hard.
(a) Unless (b) And
(c) Until (d) But.

(स) संस्कृत

31. गच्छ का मूल शब्द है
(a) गम् (b) अगच्छ
(c) गमत् (d) गमतः

32. वाक् + ईश में कौन-सी सन्धि है?
(a) स्वर (b) व्यंजन
(c) विसर्ग (d) द्वितीय

33. निम्न में से कौन-सा वाक्य सही है?
(a) बालकः पुस्तकं पठति
(b) अहं पुस्तकं पठति
(c) आवाम् पुस्तकं पठति
(d) बालकौ पुस्तकं पठति

34. कृष्णसर्पः में कौन-सा समास है?
(a) तत्पुरुष समास (b) द्वन्द्व समास
(c) बहुब्रीहि समास (d) कर्मधारय समास

35. 'दो' का कृदन्तीय रूप बताइए
(a) तुमन वाचक कृदन्त
(b) भूतकालिक कृदन्त
(c) वर्तमान कालिक कृदन्त
(d) पूर्वकालिक कृदन्त

36. इदम् स्त्रीलिंग पंचमी एकवचन है
(a) इयम् (b) इमाम्
(c) ऊनया (d) अस्याः

37. निम्न में से कौन-सा शब्द सम्बन्धवाचक सर्वनाम है?
(a) अस्मद् (b) युस्मद्
(c) सर्व (d) यद्

38. अनावश्यकम् में कौन-सा समास है?
(a) तत्पुरुष समास (b) द्वन्द्व समास
(c) बहुब्रीहि समास (d) कर्मधारय समास

39. कृशः का विपरीतार्थक है
(a) अधः (b) स्थूलः
(c) लघुः (d) अलसः

40. 'एकचत्वारिशत' का अर्थ है
(a) 41 (b) 31 (c) 21 (d) 11

(द) विज्ञान

41. 'हेली धूमकेतु' वर्ष 1986 में देखा गया था, अब वह कब देखा जाएगा?
(a) वर्ष 2055 (b) वर्ष 2059
(c) वर्ष 2060 (d) वर्ष 2062

42. किस ग्रह के प्राकृतिक उपग्रह नहीं है?
(a) बुध एवं शुक्र (b) मंगल एवं बुध
(c) बृहस्पति एवं मंगल (d) शुक्र एवं मंगल

43. धुन्ध क्या है?
(a) लकड़ी का धुआँ (b) धुआँ और कोहरा
(c) कोयले का धुआँ (d) ठण्ड में कोहरा

44. कैमरा एवं सामान्य सूक्ष्मदर्शी से बनने वाला प्रतिबिम्ब क्रमशः होता है
(a) वास्तविक और वास्तविक
(b) वास्तविक और अवास्तविक
(c) अवास्तविक और अवास्तविक
(d) अवास्तविक और वास्तविक

45. पानी की उच्च लवण सान्द्रता परिष्कृत की जा सकती है
(a) उबालकर (b) अल्ट्रावायलेट विकिरण
(c) छानकर (d) विपरीत परासरण

46. वायु में पाए जाने वाले ठोस व तरल कणों को कहते हैं
(a) ऑक्साइड्स (b) अम्ल
(c) हाइड्रोकार्बन (d) एयरोसोल

47. गंगा एक्शन प्लान का प्रमोचन कब किया गया?
(a) वर्ष 1980 (b) वर्ष 1984
(c) वर्ष 1982 (d) वर्ष 1985

48. ग्लोबल वॉर्मिंग के लिए किस गैस की मात्रा का बढ़ना उत्तरदायी नहीं है?
(a) सल्फर डाइऑक्साइड (b) नाइट्रोजन
(c) कार्बन डाइऑक्साइड (d) मीथेन

49. कार्बन डाइऑक्साइड किस विकिरण का अवशोषक है?
(a) अल्ट्रारेड विकिरण (b) इन्फ्रारेड विकिरण
(c) अल्ट्रावायलेट विकिरण (d) इनमें से कोई नहीं

50. ब्रेड में पाए जाने वाले छिद्र किस गैस के बुलबुले होते हैं?
(a) ऑक्सीजन (b) नाइट्रोजन डाइऑक्साइड
(c) नाइट्रोजन (d) कार्बन डाइऑक्साइड

51. शक्कर के खमीर द्वारा शराब में परिवर्तित होने की क्रिया है
(a) किण्वन (b) पास्तुरीकरण
(c) मद्यपता (d) ये सभी

52. मोमबत्ती की लौ में आंशिक दहन किस क्षेत्र में होता है?
(a) ब्राह्य क्षेत्र (b) मध्य क्षेत्र
(c) अन्तः क्षेत्र (d) निचला क्षेत्र

53. एडम का एप्पल है
(a) बढ़ा हुआ स्वर यन्त्र (b) स्तन ग्रन्थि
(c) हरा सेब (d) लाल सेब

54. सूर्य की परिक्रमा अत्यधिक अण्डाकार कक्ष में करने वाले खगोलीय पिण्ड कहलाते हैं
(a) धूमकेतु (b) उल्का
(c) क्षुद्र ग्रह (d) ग्रह

55. ध्वनि की पिच किसके द्वारा ज्ञात की जा सकती है?
(a) आवृत्ति (b) चाल
(c) आयाम (d) प्रबलता

56. मृत वनस्पति से कोयला बनने की प्रक्रिया कहलाती है
(a) कार्बनाईजेसन (b) आसवन
(c) संवहन (d) प्राकृतिक गैस

57. भारत में किशोरावस्था की अवधि होती है
(a) 5-10 आयु (b) 13-19 आयु
(c) 10-14 आयु (d) 17-25 आयु

58. प्रकाश के परावर्तन में आपतन कोण (i) व परावर्तन कोण (r) में सम्बन्ध है
(a) $i = r$ (b) $i < r$
(c) $i > r$ (d) कोई निश्चित सम्बन्ध नहीं है

59. एक विद्युत बल्ब चमकता है
(a) रासायनिक प्रभाव (b) चुम्बकीय प्रभाव
(c) तापीय प्रभाव (d) इनमें से कोई नहीं

60. किस पौधे में पत्ती से नए पौधे का विकास हो जाता है?
(a) पथरचट्टा (b) गुलाब
(c) चमेली (d) गन्ना

(इ) सामाजिक विज्ञान

61. कॉफी का प्रमुख उत्पादक देश है?
(a) ब्राजील (b) भारत
(c) रूस (d) चीन

62. भोपाल गैस काण्ड कब हुआ?
(a) 2 दिसम्बर, 1984 (b) 1 दिसम्बर, 1984
(c) 3 दिसम्बर, 1984 (d) 4 दिसम्बर, 1984

63. भारत का सबसे पुराना राष्ट्रीय उद्यान कौन-सा है?
(a) मानस (b) काजीरंगा
(c) दचिगम (d) जिम कॉर्बेट

64. एशिया की सबसे बड़ी मीठे पानी की झील कौन-सी है?
(a) डल (b) पैंगोंग (c) वूलर (d) साम्भर

65. बांग्लादेश की सीमा को भारत के कितने राज्य की सीमा स्पर्श करती है
(a) 5 (b) 4 (c) 3 (d) 2

66. किस राज्य में लोकसभा की सर्वाधिक सीट है?
(a) राजस्थान (b) महाराष्ट्र
(c) मध्य प्रदेश (d) उत्तर प्रदेश

67. नेपाल कब प्रजातान्त्रिक राष्ट्र बना?
(a) वर्ष 2014 (b) वर्ष 2015
(c) वर्ष 2016 (d) वर्ष 2017

68. छत्तीसगढ़ राज्य में वर्तमान में लोकसभा में कितनी महिला सांसद हैं?
(a) 1 (b) 2
(c) 3 (d) 4

69. बनारस में हिन्दू कॉलेज की स्थापना कब हुई?
(a) 1790 ई. (b) 1791 ई.
(c) 1792 ई. (d) 1793 ई.

70. अधिक से अधिक आर्थिक और सामाजिक सुधार सुनिश्चित करने के लिए संविधान में निम्न प्रावधान किए गए
(a) राज्य की राजनीति का प्रत्यक्ष सिद्धान्त
(b) मौलिक अधिकार
(c) न्यायिक अधिकार
(d) कार्यपालक अधिकार

71. छत्तीसगढ़ राज्य में लोकसभा की कितनी सीट है?
(a) 9 (b) 10
(c) 11 (d) 12

72. जम्मू-कश्मीर के किस झील में शिकारा का आनन्द ले सकते हैं?
(a) वूलर झील (b) डल झील
(c) चिल्का झील (d) पैंगोंग

73. भारत में स्थापित प्रथम सूती मिल
(a) मद्रास (b) पश्चिम बंगाल
(c) बॉम्बे (d) गुजरात

74. दिल्ली को ब्रिटिश भारत की राजधानी कब बनाया गया?
(a) वर्ष 1931 (b) वर्ष 1947
(c) वर्ष 1941 (d) वर्ष 1911

75. मेरठ का विद्रोह कब हुआ?
(a) 9 मई, 1863 (b) 10 मई, 1825
(c) 9 मई, 1874 (d) 10 मई, 1857

76. कौन-सी फसल गोल्डन फाइबर कहलाती है?
(a) गेहूँ (b) बाजरा
(c) पटसन (जूट) (d) मक्का

77. जीवन का अधिकार है
(a) मौलिक उत्तरदायित्व (b) मौलिक प्राधिकार
(c) मौलिक कर्त्तव्य (d) मौलिक अधिकार

78. मुख्य न्यायाधीश की सेवानिवृत्ति की आयु होती है
(a) 40 वर्ष (b) 56 वर्ष
(c) 65 वर्ष (d) 58 वर्ष

79. घरेलू हिंसा से बचाव अधिनियम कब से लागू हुआ?
(a) वर्ष 2006 (b) वर्ष 1990
(c) वर्ष 2001 (d) वर्ष 2005

80. न्यायतन्त्र एक महत्त्वपूर्ण भूमिका निभाती है, क्योंकि यह
(a) स्वतन्त्र है (b) वकीलों पर निर्भर ह
(c) सरकार पर निर्भर है (d) मन्त्री पर निर्भर है

(फ) गणित

81. एक समचतुर्भुज क्षेत्रफल 240 सेमी^{2} तथा एक विकर्ण 16 सेमी है, तो दूसरा विकर्ण होगा
(a) 16 सेमी (b) 20 सेमी
(c) 30 सेमी (d) 36 सेमी

82. एक बहुपद में ……… पद होते हैं।
(a) 1 (b) 2
(c) 3 (d) अनेक

83. $\left(\frac{5^7}{6^7}\right)$ का मान होगा
(a) $\left(\frac{5}{6}\right)^7$ (b) $\left(\frac{5}{6}\right)^0$ (c) $\left(\frac{5}{6}\right)^{-7}$ (d) $\left(\frac{6}{5}\right)^{-7}$

84. $\left(\frac{-10}{3}\right)\times\left(\frac{-15}{2}\right)\times\left(\frac{17}{19}\right)\times 0$ का मान होगा
(a) 0 (b) 22.66 (c) 20 (d) 35

85. परिमेय संख्याओं का योज्य तत्समक है
(a) 0 (b) 1
(c) 2 (d) –1

86. $(a+2b)^2-(a+2b)(3a-7b)$ का गुणन होगा
(a) $(a+2b)(9b-2a)$ (b) $a-3b+4ab$
(c) $5b-4a$ (d) इनमें से कोई नहीं

87. एक आर्किटिक्ट द्वारा नक्शे में कमरे की ऊँचाई 33 सेमी दर्शायी गई है। यदि कमरे की वास्तविक ऊँचाई 330 सेमी. है, तो पैमाना होगा
(a) 1 : 11 (b) 1 : 10 (c) 1 : 100 (d) 1 : 3

88. यदि $x:6::50:30$ को x का मूल्य होगा
(a) 20 (b) 30 (c) 10 (d) 50

89. $5y^3+3y^2-300$ व्यंजक का मूल्य होगा? यदि $y=4$
(a) 66 (b) 52 (c) 32 (d) 68

90. मणी ने दो घोड़े ₹ 20000 की दर से क्रय किए। उसने एक घोड़ा 15% लाभ पर विक्रय किया किन्तु दूसरे घोड़े के विक्रय पर हानि हुई। यदि उसे कुल ₹ 1800 की हानि हुई तो दूसरे घोड़े का विक्रय मूल्य होगा?
(a) ₹ 12490 (b) ₹ 13690
(c) ₹ 14560 (d) ₹ 15200

91. (0.1×51.7) का मान होगा
(a) 517 (b) 51.7
(c) 0.517 (d) 5.17

92. $3^2\times 4^2$ का मान होगा
(a) 121 (b) 49
(c) 144 (d) 156

93. $(39\div 0)$ का मान क्या होगा?
(a) अपरिभाषित (b) 39
(c) 0 (d) 0.39

94. $(6xy-4y+6-9x)$ का गुणनखण्ड है
(a) $(3x+2)(2y+3)$ (b) $(3x-2)(2y-3)$
(c) $(3x-2)(2y+3)$ (d) $(3x+2)(2y-3)$

95. गतवर्ष किसी मोटर साईकिल की कीमत ₹ 34,000 थी। जिसकी कीमत में 20% की वृद्धि हुई है, तो वर्तमान कीमत ज्ञात करें?
(a) ₹ 36000 (b) ₹ 38000
(c) ₹ 40800 (d) ₹ 32000

96. यदि दो संख्याओं का अन्तर 66 है तथा अनुपात 5 : 2 है, तो संख्याएँ होगी?
(a) 60 और 6 (b) 100 और 33
(c) 110 और 44 (d) 99 और 33

97. 53240 को पूर्णघन बनाने के लिए किससे विभाजित करना होगा
(a) 5 (b) 10 (c) 15 (d) 20

98. (9^2-1) का मान होगा
(a) 81 (b) 80
(c) 79 (d) इनमें से कोई नहीं

99. किसी घनाभ का शीर्ष दृश्य होगा
(a) वृत्त (b) वर्ग (c) आयत (d) त्रिभुज

100. यदि $\Delta ABC = \Delta PQR$ है, तो $\angle A$ किसके बराबर होगा?
(a) $\angle P$ (b) $\angle Q$ (c) $\angle R$ (d) $\angle P$ or $\angle Q$

उत्तरमाला

1. (c)	**2.** (d)	**3.** (c)	**4.** (b)	**5.** (c)	**6.** (b)	**7.** (b)	**8.** (a)	**9.** (b)	**10.** (d)
11. (b)	**12.** (a)	**13.** (d)	**14.** (a)	**15.** (d)	**16.** (d)	**17.** (c)	**18.** (c)	**19.** (c)	**20.** (a)
21. (c)	**22.** (b)	**23.** (b)	**24.** (a)	**25.** (c)	**26.** (b)	**27.** (d)	**28.** (c)	**29.** (b)	**30.** (a)
31. (a)	**32.** (b)	**33.** (a)	**34.** (d)	**35.** (c)	**36.** (d)	**37.** (d)	**38.** (a)	**39.** (b)	**40.** (a)
41. (c)	**42.** (a)	**43.** (b)	**44.** (c)	**45.** (d)	**46.** (d)	**47.** (d)	**48.** (b)	**49.** (c)	**50.** (b)
51. (a)	**52.** (a)	**53.** (a)	**54.** (a)	**55.** (a)	**56.** (a)	**57.** (b)	**58.** (a)	**59.** (c)	**60.** (a)
61. (a)	**62.** (c)	**63.** (d)	**64.** (c)	**65.** (a)	**66.** (d)	**67.** (d)	**68.** (c)	**69.** (b)	**70.** (c)
71. (c)	**72.** (b)	**73.** (c)	**74.** (d)	**75.** (d)	**76.** (c)	**77.** (d)	**78.** (c)	**79.** (a)	**80.** (a)
81. (c)	**82.** (a)	**83.** (a)	**84.** (a)	**85.** (a)	**86.** (a)	**87.** (b)	**88.** (c)	**89.** (d)	**90.** (d)
91. (d)	**92.** (c)	**93.** (a)	**94.** (b)	**95.** (c)	**96.** (d)	**97.** (a)	**98.** (b)	**99.** (c)	**100.** (a)

स्व. राजीव गाँधी बाल भविष्य सुरक्षा प्रयास आवासीय विद्यालय
कक्षा 9वीं में प्रवेश हेतु चयन परीक्षा 2020-2021

समय : $2\frac{1}{2}$ घण्टे — प्रातः 10.30 से 1.00 बजे तक (2.30 घण्टे)

Time : $2\frac{1}{2}$ Hour

विद्यार्थी का अनुक्रमांक | | | | | |

Roll Number

बालक/कन्या/अन्य ....

Gender (Male / Female / TG) ....

वर्ग (अजजा/विशेष रूप से कमजोर जनजाति समूह/अजा/अपिव/सामान्य) ....

Category (ST / PVTG / SC / OBC / GEN) ....

जिला जहाँ से 8वीं उत्तीर्ण हो ....

District passing class 8th ....

निवास प्रमाण-पत्र में उल्लेखित जिला ....

District Name Regarding Domicile Certificate ....

विद्यार्थी के हस्ताक्षर ....

Signature of the Candidate ....

पर्यवेक्षक के हस्ताक्षर ....

Signature of the Invigilator ....

निर्देश Instructions

1. सभी प्रश्न-हल करना अनिवार्य है। All Questions are compulsory.
2. इस प्रश्न-पत्र में कुल 100 प्रश्न हैं। This paper consists 100 Questions.
3. प्रत्येक प्रश्न पर 01 अंक है। Each Question carry 01 Mark.
4. ऋणात्मक मूल्यांकन नहीं है। There's is no negative Marking.
5. प्रत्येक प्रश्न में चार विकल्प दिए गए हैं, जिनमें से एक सही विकल्प चुनकर ओ.एम.आर. शीट में दिए गए स्थान पर गोलों को भरे। Each Question has 4 Options out of which only one is correct. Pick out the correct answer and dark the suitable circle given in OMR sheet.
6. एक से अधिक उत्तर लिखने या काट-छाँट करने पर अंक नहीं दिया जाएगा। More than one answers, cutting and over writing will not be considered.
7. परीक्षा के पश्चात् ओ.एम.आर. शीट पर्यवेक्षक के पास जमा करना होगा। After examination, OMR sheets should be submitted to the invigilator.
8. रफ कार्य हेतु अन्तिम पृष्ठ उपलब्ध है। Please use last page for any rough work.

नोट ओ.एम.आर. शीट (OMR) भरने के लिए काले/नीले रंग के बाल पाइण्ट पेन का उपयोग करें।

Use only Black/Blue ball point pen to fill OMR sheet.

1. दिए गए समीकरण में 'x' का मान ज्ञात कीजिए।
$x - 41x + 400 = 0$
(a) 16,25 (b) 20,21
(c) 15,26 (d) 40, 1

2. दो स्टेशन A तथा B के बीच की दूरी 690 किमी है। दो कार स्टेशन A तथा B से चलना आरम्भ करती हैं, तो 6 घण्टे बाद उनके बीच की दूरी 30 किमी हो जाती है। यदि एक कार की गति (चाल) दूसरी कार से 10 किमी/घण्टा कम है, तो कारों की गति का मान ज्ञात कीजिए।
(a) 50 किमी/घण्टा और 40 किमी/घण्टा
(b) 60 किमी/घण्टा और 70 किमी/घण्टा
(c) 30 किमी/घण्टा और 40 किमी/घण्टा
(d) 60 किमी/घण्टा और 50 किमी/घण्टा

3. $\left(\frac{1}{5}\right)^{45} \times \left(\frac{1}{5}\right)^{-60} - \left(\frac{1}{5}\right)^{28} \times \left(\frac{1}{5}\right)^{-43}$ बराबर है
(a) $\left(\frac{1}{5}\right)^{2}$ (b) 0 (c) $(5)^2$ (d) $\left(\frac{1}{5}\right)^{15}$

4. यदि $x - 1/x = 7$, तो $x^2 + 1/x^2$ बराबर होगा
(a) 52 (b) 51 (c) 50 (d) 49

5. एक समषट्भुज, त्रिज्या 'a' वाले वृत्त के अन्तर्गत है, इस समषट्भुज का परिमाप ज्ञात कीजिए।
(a) 3a (b) 6a (c) 9a (d) 12a

6. एक आयताकार खेत का क्षेत्रफल, जिसकी लम्बाई उसकी चौड़ाई की दोगुनी है, 2450 मी^{2} है, तो खेत का परिमाप ज्ञात कीजिए।
(a) 200 मी (b) 205 मी
(c) 210 मी (d) 215 मी

7. यदि 24 मी ऊँचे एक पेड़ की छाया 15 मी है, तो ऐसी ही स्थिति में उस स्तम्भ की ऊँचाई, जिसकी छाया 6 मी है, होगी
(a) 9 मी (b) 12 मी
(c) 10.8 मी (d) 9.6 मी

8. x, y के प्रतिलोम समानुपात में है। यदि x में p% की वृद्धि होती है, तो y में कमी होगी
(a) $2p$% (b) $\frac{p}{2}$%
(c) p% (d) $\frac{p}{2}$%

9. यदि $x + 1/x = 2$ है, तो $x^2 + 1/x^2$ का मान ज्ञात कीजिए।
(a) 2 (b) 3 (c) 4 (d) 5

10. यदि $a + b = 5$ तथा $ab = 4$ हो, तो $(a - b)$ का मान ज्ञात कीजिए।
(a) 2 (b) 3 (c) 4 (d) 5

11. एक मशीन, जिसे 8% वैट सहित ₹ 13000 में खरीदा गया। उसके प्रारम्भिक मूल्य का मान ज्ञात कीजिए।
(a) ₹ 12420 (b) ₹ 14580
(c) ₹ 12500 (d) ₹ 13492

12. मान लीजिए कोई धनराशि r% वार्षिक साधारण ब्याज की दर से या R% वार्षिक चक्रवृद्धि ब्याज की दर से 2 वर्ष में दोगुनी हो जाती है, तो हमें प्राप्त है
(a) $r < R$ (b) $R < r$
(c) $R = r$ (d) निर्णय नहीं लिया जा सकता

13. तीन क्रमागत विषम संख्याओं का योग 69 है, इनमें से अभाज्य संख्या होगी
(a) 29 (b) 31 (c) 23 (d) 19

14. एक पासे को फेंकने पर सम संख्या प्राप्त होने की प्रायिकता क्या होगी?
(a) 1/3 (b) 1/2 (c) 1/4 (d) 1

15. प्रथम n विषम संख्याओं का योगफल है
(a) $2n + 1$ (b) n^2 (c) $n^2 - 1$ (d) $n^2 + 1$

16. n भुजाओं वाले एक बहुभुज में विकर्णों की संख्या है
(a) $\frac{n(n+1)}{2}$ (b) $\frac{n(n-2)}{2}$
(c) $\frac{n(n-3)}{2}$ (d) $\frac{n(n-4)}{2}$

17. $\frac{x^4 - 16}{x^3 + 2x^2 + 4x + 8}$ बराबर है
(a) $x - 4$ (b) $x + 4$
(c) $x + 2$ (d) $x - 2$

18. यदि $PQRS$ एक समान्तर चतुर्भुज है, तो $\angle P - \angle R$ है
(a) 60° (b) 90°
(c) 80° (d) 0°

19. यदि $P + Q = 12$ और $PQ = 22$ हो, तो $P^2 + Q^2$ बराबर है
(a) 144 (b) 121
(c) 169 (d) इनमें से कोई नहीं

20. किसी आयत की दो भुजाएँ 100 सेमी तथा 24 सेमी हों, तो उसके विकर्ण की लम्बाई का मान ज्ञात कीजिए।
(a) 25 सेमी (b) 20 सेमी
(c) 26 सेमी (d) 30 सेमी

21. किस ग्रह में तीन वलय पाए जाते हैं?
(a) बृहस्पति (b) बुध
(c) शनि (d) मंगल।

22. फसलीय मौसम में मनाया जाने वाला त्योहार है
(a) दशहरा (b) गणेश चतुर्थी
(c) वैशाखी (d) क्रिसमस

23. निम्न में से किसके अतिरिक्त सभी धातुएँ ठोस हैं?
(a) सोडियम (b) कैल्शियम
(c) पारा (d) हाईड्रोजन

24. वह स्थान जहाँ पर नर व मादा युग्मक आपस में संलयित होते हैं
(a) फैलोपियन नलिका (b) अण्डाशय
(c) गर्भाशय (d) युग्मनज

25. ध्वनि संचरण सम्भव नहीं है
(a) धातु में (b) पानी में
(c) निर्वात में (d) हवा में

26. निम्न में से कौन सर्वाधिक मात्रा में वायु में उपस्थित होता है?
(a) ऑक्सीजन (b) कार्बन डाईऑक्साइड
(c) नाइट्रोजन (d) ऑर्गन

27. फसलों में पानी आपूर्ति को कहते हैं
(a) बोवाई (b) खाद डालना
(c) जोतना (d) सिंचाई

28. मृत पौधों का धीमें प्रक्रम से कोल में परिवर्तन को कहते हैं
(a) वियोजन (b) उत्सर्जन
(c) कार्बोनिफिकेसन (d) कार्बोनीकरण

29. मनुष्य के कोशिका में गुणसूत्र जोड़ों की संख्या होती है
(a) 23 (b) 46
(c) 22 (d) 34

30. निम्न में से कौन-सा पूर्ण प्राकृतिक फाइबर है?
(a) एक्रिलिक (b) पोलिस्टर
(c) नाइलॉन (d) रेयॉन

31. वायुमण्डल में नाइट्रोजन का प्रतिशत है
(a) 21 (b) 78 (c) 12 (d) 87

32. मोमबत्ती की लपटों के मध्य भाग को कहते है
(a) स्वतः भाग (b) रैपिड भाग
(c) आंशिक भाग (d) पूर्ण भाग

33. कोशिका का पावर हाऊस है
(a) राइबोसोम (b) सेन्ट्रोसोम
(c) माइटोकाण्ड्रिया (d) रेटिकुलम

34. दो आवेशित वस्तु के बीच लगने वाला बल कहलाता है
(a) मांसपेशीय बल (b) गुरुत्वाकर्षण बल
(c) चुम्बकीय बल (d) विद्युत् बल।

35. निकट दृष्टि दोष से पीड़ित व्यक्ति उपयोग करता है
(a) उत्तल लेन्स (b) अवतल लेन्स
(c) दर्पण (d) द्विफोकस लेन्स

36. उत्प्लावन बल की दिशा हमेशा
(a) सीधे नीचे की ओर (b) सीधे ऊपर की ओर
(c) सतह की ओर (d) ये सभी

37. जीवाणु जनित रोग
(a) चिकन पॉक्स (b) टाइफाइड
(c) रेबीज (d) सर्दी-खाँसी

38. ध्वनि किसमें संचरण कर सकता है?
(a) केवल गैस में (b) केवल ठोस में
(c) केवल द्रव्य में (d) ठोस, द्रव्य तथा गैस

39. रतौन्धी नामक रोग किसकी कमी से होता है?
(a) विटामिन ए (b) विटामिन बी
(c) विटामिन सी (d) विटामिन डी

40. 'M_1' द्रव्यमान की वस्तु, जिसका त्वरण 10 मी/से² है तथा 'M_2' द्रव्यमान की वस्तु, जिसका त्वरण 20 मी/से² है, इसमें 5N का बल लग रहा है। यदि दोनों वस्तु को एकसाथ जोड़ दिया जाए, तो इसका त्वरण कितना होगा
(a) 6.67 मी/से² (b) 4 मी/से²
(c) 7 मी/से² (d) 10 मी/से²

41. भारत में मुम्बई व ठाणे के बीच चलने वाली पहली रेलगाड़ी कब चली?
(a)1857 (b) 1853 (c) 1953 (d) 1843

42. पाण्डिचेरी के संस्थापक है
(a) फ्रांसीसी मॉरटिन (b) कोलम्बस
(c) कैपलर (d) वास्को-डि-गामा

43. असहयोग आन्दोलन प्रारम्भ हुआ
(a) 1 अगस्त, 1992 (b) 1 सितम्बर, 1920
(c) 1 जुलाई, 1920 (d) 1 अगस्त, 1925

44. छत्तीसगढ़ में पत्रकारिता का जनक किसे माना जाता हैं?
(a) पण्डित माधव राव सप्रे (b) जय नारायण पाण्डेय
(c) पण्डित सुन्दरलाल शर्मा (d) राजा राममोहन राय

45. छत्तीसगढ़ में लोकसभा क्षेत्रों की संख्या है
(a) 10 (b) 12
(c) 11 (d) 13

46. प्रार्थना समाज के संस्थापक हैं
(a) बाल गंगाधर तिलक (b) महादेव गोविन्द रनाडे
(c) रमाबाई सरस्वती (d) दयानन्द सरस्वती

47. सूचना का अधिकार अधिनियम अस्तित्व में आया
(a) वर्ष 2006 में (c) वर्ष 2000 में
(b) वर्ष 2005 में (d) वर्ष 2004 में

48. निम्न में से कौन राष्ट्रपति द्वारा नियुक्त नहीं किया जाता है?
(a) राज्य के राज्यपाल
(b) मुख्य चुनाव आयुक्त
(c) मुख्यमन्त्री
(d) सर्वोच्च न्यायालय के मुख्य न्यायाधीश

49. .... सुनहरा रेशा है
(a) पटसन (b) चाय
(c) कपास (d) पालिस्टर

50. कब और किन राज्यों के बीच पंचशील हस्ताक्षर लिए गए?
(a) 29th May 1954, India and China
(b) 25th May 1954, India and China
(c) 25th May 1954, India and Bangladesh
(d) 29th May 1954, India and Pakistan

51. हैदर अली कहाँ का शासक था?
(a) मैसूर (b) पंजाब
(c) बंगाल (d) हैदराबाद

52. संविधान के किस अधिकार के तहत अल्पसंख्यक अपने धर्म एवं भाषा से सम्बन्धित विद्यालय, महाविद्यालय और विश्वविद्यालय खोल सकते हैं
(a) स्वतन्त्रता का अधिकार
(b) समानता का अधिकार
(c) शोषण का अधिकार
(d) शिक्षा और सांस्कृतिक का अधिकार

53. हजरत महल सम्बन्धित है
(a) सोनाखान (b) कानपुर
(c) लखनऊ (d) झाँसी

54. किसान परिवार की जरूरतों को पूरा करने के लिए किस प्रकार की खेती की जाती है?
(a) गहन कृषि (b) निर्वाह कृषि
(c) व्यावसायिक खेती (d) मिश्रित खेती

55. मुस्लिम लीग की स्थापना हुई
(a) वर्ष 1916 (b) वर्ष 1907
(c) वर्ष 1906 (d) वर्ष 1911

56. आप्रवासन का अर्थ है
(a) जब व्यक्ति देश आता है।
(b) जब व्यक्ति देश को छोड़कर जाता है।
(c) जब व्यक्ति अपने ही देश में रहता है।
(d) उपरोक्त में से कोई नहीं।

57. यू.एन.ओ. में स्थाई सदस्यों की संख्या है
(c) 15 (d) 12 (a) 10 (b) 05

58. उद्योग किसके अन्तर्गत आता है?
(a) प्राथमिक क्षेत्र (c) तृतीयक क्षेत्र
(b) द्वितीयक क्षेत्र (d) इनमें से काई नहीं

59. अंगुर की खेती को कहा जाता है
(a) एग्रीकल्चर (b) सेरिकल्चर
(c) पिसीकल्चर (d) विटिकल्चर

60. कौन-सा कर सरकार को प्रत्यक्ष रुप से दिया जाता है
(a) आयकर (b) उत्पाद कर
(c) वैट (d) सीमा शुल्क

61. She is......... most beautiful girl.
(a) a (b) an
(c) the (d) No article

62. Nilkamal Vaishnav is........ Arijit Singh of Chhattishgarh.
(a) A (b) An (c) The (d) No Article

63. My child enjoys .... candy floss.
(a) Has (b) Have
(c) Had (d) Having

64. Would you please send............ for help?
(a) Anyone (b) Someone
(c) Anybody (d) Anything

65. Find out the 'adverb of manner phrase' according to the sentence.
(a) To school (c) By bus
(b) Every morning (d) At 9 am

66. What is the correct indirect speech of the sentence given below?
The teacher said, 'The sun sets in the west'
(a) The teacher said that the sun setted in the west.
(b) The teacher said that the sun sets in the west
(c) The teacher told that the sun set in the west
(d) The teacher asked if the sun sets in the west.

67. What is the behavior of the word in the bracket according to the sentence? Calla (Rahul) except the Rahul of class 8th
(a) Proper noun (b) Common noun..
(c) Abstract noun (d) Material noun

68. Have you ever .... to Mainpat?
(a) been (b) gone
(c) go (d) went

69. Spot the error. 'My father gifted me a pink small purse on my birthday.'
(a) My father gifted me a (b) Pink small
(c) Purse on my birthday (d) No error

70. Use the correct veR form to complete the sentence. I intend this exam.
(a) Passing we (b) Pass
(d) To pass (c) Passed

71. If you have a heart problem, you face financial problem.
(a) Might (b) Would (c) Used to (d) Should

72. Find out the error.
'Rahul's sister has black long hair.'
(a) Rahul's sister has (b) Black long
(c) Hair (d) No error

73. You have never to my home.
(a) Go (b) Went (c) Gone (d) Been

74. Find out the model mal suggestion'. which expresses' nor
(a) Should (b) Would (c) May (d) Might

75. Choose the correct narration. The scientist said, 'Water boils at 100 degree Celsius'.
(a) The scientist told that water boiled at 100 degree Celsius.
(b) The scientist told that water boils at 100 degree Celsius.
(c) The teacher said that water boils at 100 degree Celsius.
(d) The teacher wanted to know that water boils at 100 degree

76. What is the correct indirect speech of the sentence given below?
Rahul said to me, “What is your name?
(a) Rahul said to me what is my name,
(b) Rahul asked me what was my name.
(c) Rahul asked me what is your name.
(d) Rahul asked me what my name was.

77. What is the meaning of the proverb?
(a) Discuss the matter publicly.
(b) A man without sense can never make correct decisions.
(c) Start reading book buy utilizing the time
(d) Add fuel to fire.

78. Find out the correct spelt word.
(a) Tuition (b) Programm
(c) Government (d) Enyronment

79. What is the synonym of “healthy”?
(a) Ailing (b) Sick
(c) Good (d) Well

80. What is the meaning of the proverb given below
A stitch in time saves nine.
(a) Make a good start and you will complete task easy.
(b) Quick action to solve a small problem saves a great problem
(c) It is wiser to be careful than take risk
(d) Work is quickly and easily done when many people help.

81. वर्तमान में हमारा देश कौन-से संक्रमण से जुझ रहा है?
(a) हैजा (b) जुकाय
(c) कोरोना (d) प्लेग

82. जब पिताजी कहें तब तुम जाना में वाक्य है
(a) सरल (b) मिश्रित
(c) संयुक्त (d) इनमें से कोई नहीं

83. रचना के अनुसार वाक्य के भेद होते हैं
(a) एक (b) दो
(c) तीन (d) चार

84. तिलमिलाहट में कौन-सा प्रत्यय है?
(a) तिल (b) मिल
(c) बाहर (d) आहट

85. 'रास्ते का पत्थर' का शुद्ध रूप होगा
(a) रास्ते के पत्थर (b) रास्ते में पत्थर
(c) रास्ते की पत्थर (d) रास्ते का पत्थर

86. 'राधा चन्द्रमुखी है' में कौन-सा अलंकार है?
(a) उपमा (b) रूपक
(c) उत्प्रेक्षा (d) अनुप्रास

87. क्ष का विग्रह होगा
(a) क् + स (b) क् + छ
(c) क् + ष (d) क् + झ

88. जहाँ प्रियतम की मृत्यु या स्थायी वियोग का वर्णन होता है, वहाँ रस होता है
(a) शांत रस (b) विभत्स रस
(c) करुण रस (d) भयानक रस

89. उत्कृष्ट का विलोम होगा
(a) निकृष्ट (b) अनुत्कृष्ट
(c) अउत्कृष्ट (d) उत्कृष्ट

90. छत्तीसगढ़ की जननी कौन है
(a) उत्तर प्रदेश (b) मध्य प्रदेश
(c) आन्ध्र प्रदेश (d) छत्तीसगढ़

91. आदि कवि कालिदास जी का जन्म स्थान माना जाता है
(a) उज्जयिनी (b) मथुरा
(c) मगहर (d) मगध

92. शिष्टाचारेण का विग्रह होगा
(a) शिष्ट + चारेण (b) शिष्ट + आचरेण
(c) शिष्ट + आचारेण (d) शिष्ट + अचारेण

93. किस ऋषि के अस्थी से वज्र का निर्माण किया गया था, जिससे वृत्तासुर का वध किया गया था?
(a) शिवि (b) महर्षि दधीचि
(c) मारीच (d) वाल्मीकि

94. गुरुवे में कौन-सी विभक्ति है?
(a) प्रथमा (b) द्वितीया
(c) तृतीया (d) चतुर्थी

95. मन्दोदरी में कौन-सा समास है?
(a) तत्पुरुष (b) कर्मधारय
(c) 'a' और 'b' दोनों (d) बहुब्रीहि

96. शिक्षक दिवस किसके जन्म दिवस के उपलक्ष्य में मनाया जाता है
(a) पण्डित जवाहरलाल नेहरू (b) महात्मा गाँधी
(c) इन्दिरा गाँधी (d) डॉ. सर्वपल्ली राधाकृष्णन

97. शक्तिमान में प्रत्यय होगा
(a) मतुप (b) शतृ
(c) मातुप (d) लुमुन

98. बुद्धिमान में प्रत्यय होगा
(a) शतृ (b) शानच्
(c) मातुप (d) लुमुन

99. तुम फल खाते हो का शुद्ध रूप होगा
(a) त्वम् फलं खादति (b) तुभ्यम फलमं खादति
(c) त्वम् फलमं खादसि (d) ययम् फलम खादसि

100. अत्यय शब्द होते हैं
(a) विकारी (b) अविकारी
(c) सविकारी (d) इनमें से कोई नहीं

उत्तरमाला

1. (a)	**2.** (d)	**3.** (b)	**4.** (b)	**5.** (b)	**6.** (c)	**7.** (d)	**8.** (c)	**9.** (a)	**10.** (b)
11. (a)	**12.** (b)	**13.** (c)	**14.** (b)	**15.** (b)	**16.** (c)	**17.** (c)	**18.** (d)	**19.** (d)	**20.** (c)
21. (c)	**22.** (c)	**23.** (c)	**24.** (a)	**25.** (c)	**26.** (c)	**27.** (d)	**28.** (d)	**29.** (a)	**30.** (c)
31. (b)	**32.** (c)	**33.** (c)	**34.** (b)	**35.** (b)	**36.** (b)	**37.** (b)	**38.** (d)	**39.** (a)	**40.** (a)
41. (b)	**42.** (a)	**43.** (a)	**44.** (a)	**45.** (c)	**46.** (b)	**47.** (b)	**48.** (c)	**49.** (a)	**50.** (a)
51. (a)	**52.** (d)	**53.** (c)	**54.** (b)	**55.** (c)	**56.** (b)	**57.** (b)	**58.** (b)	**59.** (d)	**60.** (a)
61. (c)	**62.** (c)	**63.** (d)	**64.** (b)	**65.** (b)	**66.** (b)	**67.** (a)	**68.** (a)	**69.** (d)	**70.** (d)
71. (a)	**72.** (d)	**73.** (d)	**74.** (a)	**75.** (b)	**76.** (b)	**77.** (b)	**78.** (a)	**79.** (d)	**80.** (c)
81. (c)	**82.** (b)	**83.** (c)	**84.** (d)	**85.** (b)	**86.** (a)	**87.** (c)	**88.** (c)	**89.** (a)	**90.** (b)
91. (a)	**92.** (d)	**93.** (b)	**94.** (d)	**95.** (d)	**96.** (d)	**97.** (c)	**98.** (a)	**99.** (c)	**100.** (b)

प्रयास फाउण्डेशन (कक्षा नवमी) प्रवेश परीक्षा-2019 प्रश्न-पत्र (हल सहित)

समय : $2\frac{1}{2}$ घण्टे

Time : $2\frac{1}{2}$ Hour

प्रातः 10.30 से 1.00 बजे तक (2.30 घण्टे)

विद्यार्थी का अनुक्रमांक

Roll Number

बालक/कन्या/अन्य ....

Gender (Male / Female / TG) ....

वर्ग (अजजा/विशेष रूप से कमजोर जनजाति समूह/अजा/अपिव/सामान्य) ....

Category (ST / PVTG / SC / OBC / GEN) ....

जिला जहाँ से 8वीं उत्तीर्ण हो ....

District passing class 8th ....

निवास प्रमाण-पत्र में उल्लेखित जिला ....

District Name Regarding Domicile Certificate ....

विद्यार्थी के हस्ताक्षर ....

Signature of the Candidate ....

पर्यवेक्षक के हस्ताक्षर ....

Signature of the Invigilator ....

निर्देश Instructions

1. सभी प्रश्न-हल करना अनिवार्य है। All Questions are compulsory.
2. इस प्रश्न-पत्र में कुल 100 प्रश्न हैं। This paper consists 100 Questions.
3. प्रत्येक प्रश्न पर 01 अंक है। Each Question carry 01 Mark.
4. ऋणात्मक मूल्यांकन नहीं है। There's is no negative Marking.
5. प्रत्येक प्रश्न में चार विकल्प दिए गए हैं, जिनमें से एक सही विकल्प चुनकर ओ.एम.आर. शीट में दिए गए स्थान पर गोलों को भरे। Each Question has 4 Options out of which only one is correct. Pick out the correct answer and dark the suitable circle given in OMR sheet.
6. एक से अधिक उत्तर लिखने या काट-छाँट करने पर अंक नहीं दिया जाएगा। More than one answers, cutting and over writing will not be considered.
7. परीक्षा के पश्चात् ओ.एम.आर. शीट पर्यवेक्षक के पास जमा करना होगा। After examination, OMR sheets should be submitted to the invigilator.
8. रफ कार्य हेतु अन्तिम पृष्ठ उपलब्ध है। Please use last page for any rough work.

नोट ओ.एम.आर. शीट (OMR) भरने के लिए काले/नीले रंग के बाल पाइण्ट पेन का उपयोग करें।

Use only Black/Blue ball point pen to fill OMR sheet.

1. 9^{201} के मान के इकाई में कौन-सी संख्या होगी?
(a) 9 (b) 1
(c) 3 (d) 7

2. निम्न में से कौन-सी संख्या पूर्ण नहीं है?
(a) 1024 (b) 441
(c) 1681 (d) 1282

3. दो भिन्न का योग $\frac{7}{8}$ है, यदि उसमें से एक भिन्न $\frac{1}{4}$ है, तो दूसरा भिन्न होगा
(a) $\frac{6}{8}$ (b) $\frac{5}{8}$
(c) $\frac{3}{8}$ (d) $\frac{9}{8}$

4. एक स्कूल के विद्यार्थियों की संख्या का $\frac{5}{8}$ छात्र है। उस स्कूल में यदि 270 छात्राएँ हैं, तो छात्रों की संख्या बताइए
(a) 440 (b) 450
(c) 420 (d) 400

5. 7623 में किस संख्या का गुणा करने पर वह पूर्ण वर्ग बन जाएगा।
(a) 3 (b) 7
(c) 11 (d) 13

6. $\left(\frac{64}{125}\right)^{\frac{2}{3}}$ को सरल करो
(a) $\frac{4}{5}$ (b) $\frac{8}{25}$ (c) $\frac{16}{25}$ (d) $\frac{4}{25}$

7. एक दूधवाला दो गाय को ₹ 20000 में बेचता है। यदि उसे एक गाय को बेचने में 5% का लाभ होता है और दूसरे को बेचने में 10% की हानि होती है, तो उसे कुल कितने रुपये की हानि हुई या लाभ।
(a) 1269.84 की हानि (b) 1269.84 का लाभ
(c) 1169.84 की हानि (d) 1169.84 का लाभ

8. यदि $x+\frac{1}{x}=11$ हो, तो $x^2+\frac{1}{x^2}$ का मान ज्ञात करो
(a) 123 (b) 119
(c) 117 (d) 121

9. $\frac{2-7x}{1-5x}=\frac{3+7x}{4+5x}$ में x का मान ज्ञात करो
(a) $\frac{1}{2}$ (b) $-\frac{1}{2}$ (c) 1 (d) −1

10. 8 भुजीय सम बहुभुज के आन्तरिक कोणों का मान कितना होगा?
(a) 20° (b) 30°
(c) 40° (d) 45°

11. यदि एक चतुर्भुज के चारों कोणों का अनुपात क्रमशः 3 : 5 : 7 : 9 है, तो सबसे छोटे कोण का मान होगा
(a) 45° (b) 75°
(c) 105° (d) 135°

12. एक घन के फलक की लम्बाई 10 मी है, तो उसमें कितना पानी भरा जा सकता है?
(a) 5.5 डिग्री (b) 6.5 डिग्री
(c) 7. 5 डिग्री (d) 4.5 डिग्री

13. एक बेलन में कितने सतह होते हैं?
(a) 2 (b) 3
(c) 4 (d) 5

14. एक ट्रेन 72 किमी/घण्टे की रफ्तार से चल रही है, यदि वह एक खम्भे को 25 सेकण्ड में पार करती है, तो ट्रेन की लम्बाई कितनी होगी?
(a) 100 मी (b) 200 मी
(c) 300 मी (d) 500 मी

15. यदि एक वर्ग का कर्ण 10 सेमी है, तो उसका क्षेत्रफल होगा
(a) 50 सेमी वर्ग (b) 75 सेमी वर्ग
(c) 100 सेमी वर्ग (d) 150 सेमी वर्ग

16. यदि एक वृत्त का क्षेत्रफल 154 सेमी वर्ग है, तो उसके त्रिज्या का मान होगा
(a) 7 सेमी (b) 14 सेमी
(c) 9 सेमी (d) 11 सेमी

17. यदि JEANS का मान 49 है और COAT का मान 39 है, तो SHIRT का मान कितना होगा?
(a) 71 (b) 72
(c) 73 (d) 74

18. यदि घड़ी में 9 बजे है और घण्टे का काँटा उत्तर दिशा की ओर है, तो मिनट का काँटा किस दिशा में होगा?
(a) उत्तर (b) दक्षिण
(c) पूर्व (d) पश्चिम

19. 12, 19, 28, 39, 52 ...... अगली संख्या ज्ञात करो
(a) 65 (b) 66
(c) 67 (d) 68

20. दिए गए श्रेणी में कितनी विषम संख्याएँ हैं, जिसके तुरन्त बाद सम संख्या है
5 1 4 7 3 2 5 6 8 9 6 7 3 2 1 5 6 5 4 3 2 7 4
(a) 2 (b) 4
(c) 6 (d) 8

21. पेशीय बल और घर्षण बल ········ कहलाते हैं।
(a) सम्पर्क बल (b) गुरुत्वीय बल
(c) चुम्बकीय बल (d) दूरस्थ बल

22. निम्न में से किस घर्षण का परिणाम न्यूनतम होता है?
(a) स्थितिज घर्षण (b) सर्पीय घर्षण
(c) लुंठन घर्षण (d) सभी समान होते हैं

23. एक वस्तु आपतित प्रकाश के कुछ भाग को अवशोषित करती है और शेष को परावर्तित कर देती है
(a) अपारदर्शी (b) पारदर्शी
(c) चमकीला (d) खुरदरा

24. दोलन करते हुए वस्तु का अधिकतम विस्थापन ········ कहलाता है।
(a) समय काल (b) स्वर मान
(c) आयाम (d) गुणित स्वर

25. निम्न में वह द्रव जिससे विद्युत प्रभावित नहीं होती है
(a) लवण विलयन (b) नल का पानी
(c) आसुत जल (d) HCl विलयन

26. ब्रह्माण्ड में सबसे बड़ा धूमकेतु है
(a) हैली (b) सीरस
(c) ओरियॉन (d) सारपियस

27. वायु के साथ ऊष्मा व विद्युत आवेश का तीव्र प्रवाह कहलाता है
(a) विद्युत मोचन (b) धारा का प्रवाह
(c) विद्युत तरंग (d) लघु परिपथ

28. ताँबे के तार को फेरस सल्फेट में डुबाने से क्या होगा?
(a) कॉपर सल्फेट बनेगा (b) ताँबा बनेगा
(c) लोहा बनेगा (d) कोई अभिक्रिया नहीं होगी

29. अपूर्ण दहन से निम्न में से कौन-सी जहरीली गैस बनती है?
(a) कोल गैस (b) कार्बन डाइऑक्साइड
(c) कार्बन मोनोऑक्साइड (d) नाइट्रिक ऑक्साइड

30. प्राकृतिक गैस का मुख्य घटक है
(a) इथेन (b) हाइड्रोजन
(c) नाइट्रोजन (d) मीथेन

31. पॉलिथीन का एकलक (मोनोमर) है
(a) क्लोरीन (b) मीथेन
(c) इथेन (d) आयोडीन

32. साइटोप्लाज्म व न्यूक्लियस को मिलाकर कहते हैं
(a) हरितलवक (b) प्रोटोप्लाज्म
(c) माइटोकाण्ड्रिया (d) कोशिका

33. कॉर्क के टुकड़े से बने स्लाइड में दिखता है
(a) जीवित कोशिका (b) मृत कोशिका
(c) कोशिका व कोशिका द्रव्य (d) कोई कोशिका नहीं

34. निम्न में से किस आकृति का जीवाणु मृदा की उत्पादकता में वृद्धि करता है?
(a) छड़नुमा (b) गोलाकार
(c) सर्पिलाकार (d) किसी भी आकृति का

35. जुताई क्यों की जाती है?
(a) कटिंग (b) तैयारी
(c) खरपतवार निवारण (d) सिंचाई

36. कार्बेट नेशनल पार्क कहाँ है?
(a) उत्तर प्रदेश (b) उत्तराखण्ड
(c) पश्चिम बंगाल (d) मध्य प्रदेश

37. निम्न में से कौन-सी बीमारी प्रदूषित जल पीने से नहीं होती है?
(a) हैजा (b) पीलिया
(c) टॉयफाइड (d) मलेरिया

38. निम्न में से किस चट्टान को आग्नेय चट्टान कहते हैं?
(a) क्वार्ट्ज (b) स्लेट
(c) ग्रेनाइट (d) मार्बल

39. पाश्चुरीकरण करने से दूध में किसका नाश होता है?
(a) विटामिन (b) प्रोटीन
(c) फैट (d) रोगज़नित जीवाणु

40. निम्न में से कौन-सा हार्मोन थॉयराइड ग्रन्थि से स्रावित होता है?
(a) थायरॉक्सीन (b) ACTH
(c) TSH (d) FSTH

41. निम्न में से कौन-सी जोड़ी गलत है?
(a) पाली-भाषा
(b) काबरा पहाड़ी-रायगढ़
(c) महन्त घासीदास संग्रहालय -रायपुर
(d) लक्ष्मण मन्दिर - बिलासपुर

42. सिन्धु घाटी सभ्यता का बन्दरगाह शहर किसे कहते हैं?
(a) लोथल (b) मोहनजोदड़ो
(c) हड़प्पा (d) कालीबंगा

43. आर्य किस धातु से परिचित थे?
(a) सोना (b) ताँबा
(c) पीतल (d) लोहा

44. महात्मा बुद्ध ने अपना पहला उपदेश कहाँ दिया था?
(a) कुशीनगर (b) सारनाथ
(c) बोधगया (d) काशी

45. दुर्ग जिले के नगपुरा गाँव में ········ वें तीर्थंकर का मन्दिर है।
(a) 21 (b) 22 (c) 23 (d) 24

46. अंकोरवाट मन्दिर किस स्थान में है?
(a) जावा (b) इण्डोनेशिया
(c) कम्बोडिया (d) ईरान

47. हितोपदेश की रचना किसने की?
(a) नारायण पण्डित (b) विष्णु शर्मा
(c) कालिदास (d) भारवि

48. पल्लव राजाओं की राजधानी कहाँ थी?
(a) काँचीपुरम (b) थानेश्वर
(c) जलगाँव (d) कोसल

49. ह्वेनसांग छत्तीसगढ़ के किस स्थान पर आए थे?
(a) डोंगरगढ़ (b) राजिम
(c) पाली (d) सिरपुर

50. ·········दिनांक को समस्त पृथ्वी में दिन व रात की लम्बाई एक समान होती है।
(a) 12 मार्च (b) 23 सितम्बर
(c) 'a' और 'b' दोनों (d) 22 दिसम्बर

51. .... पठार विश्व का सबसे ऊँचा पठार है
(a) तिब्बत (b) दक्षिण
(c) अफ्रीका (d) केन्या

52. निम्न में से कौन-सी नदी बंगाल की खाड़ी में नहीं गिरती है?
(a) महानदी (b) नर्मदा
(c) गोदावरी (d) कृष्णा

53. वह जंगल जो खारे पानी में फैला होता है
(a) उष्णकटिबन्धीय (b) कॉंटेदार
(c) मैंग्रोव (d) पर्वतीय

54. ''तवा मछली संघ'' किस राज्य का संगठन है?
(a) छत्तीसगढ़ (b) मध्य प्रदेश
(c) आन्ध्र प्रदेश (d) केरल

55. जगन्नाथ मन्दिर कहाँ स्थित है?
(a) ओडिशा (b) आन्ध्र प्रदेश
(c) बिहार (d) झारखण्ड

56. दक्षिण अफ्रीका किस वर्ष लोकतान्त्रिक राष्ट्र बना?
(a) 1991 (b) 1992
(c) 1993 (d) 1994

57. पंचायत राज के ········ स्तर होते हैं?
(a) 1 (b) 2
(c) 3 (d) 4

58. बंगाल का विभाजन कब हुआ?
(a) 1880 (b) 1905
(c) 1883 (d) 1885

59. भिलाई स्टील प्लाण्ट की स्थापना कब हुई?
(a) 1952 (b) 1953
(c) 1954 (d) 1955

60. झूम कृषि में बीज बोने की विधि को कहते हैं
(a) बिखेरना (b) भूमि बन्दोबस्त
(c) बुआई (d) उगाई

61. I ...... to my uncle's house in London last month.
(a) Go (b) Went
(c) Going (d) Was going

62. He was a strong and smart ......
(a) Boy (b) Girl
(c) Person (d) Women

63. There is ...... kid in the class.
(a) An (b) The
(c) A (d) Same

64. All ice saw the old women ...... she was crossing the street.
(a) Where (b) Whom
(c) Who (d) When

65. After ...... the book, I realized science is useful for human beings.
(a) Took (b) Reading
(c) Looking (d) Read

66. I was so happy to see a ...... of quails on the country road.
(a) Crowd (b) Archipelago
(c) Bevy (d) None of these

67. Is the cap ......
(a) His (b) Him
(c) My (d) Our

68. Diamond is the ...... Natural substance.
(a) Hard (b) Harder
(c) Hardest (d) None of these

69. My brother won an award for being ...... best speller in our school.
(a) A (b) An
(c) The (d) None of these

70. In some computers there are keys which can have as many as five different functions.
(a) Either (b) Each
(c) None (d) Every

71. The windows are so dirty! I can't see ...... them at all.
(a) Through (b) In
(c) Out (d) None of these

72. After months of studying hard, Meeta ...... cleared IAS examination.
(a) Initially (b) Consequently
(c) Therefore (d) Finally

73. Tom and Carol often have heated arguments, but they always make ...... later.
(a) Down (b) Away
(c) Up (d) Along

74. We can go out now; the danger is over ....
(a) hasn't It (b) isn't it
(c) is it (d) isn't he

75. He will see you as soon as Mr. Brown ......
(a) Leave (b) Will leave
(c) Left (d) None of these

76. The students ...... to submit.
(a) have maked (b) are asked
(c) has asked (d) are asking

77. Mary; I have had three cars- Jill: "Mary said (that) she .... three cars".
(a) Has (b) Has had
(c) Had had (d) None of these

78. Choose the word is correctly spelled.
(a) Gaurantee (b) Guarantee
(c) Garuntee (d) Guaruntee

79. I ...... my shopping at the weekends.
(a) Have (b) Make
(c) Has (d) Made

80. OPPOSITE of the given words-Crowded.
(a) Busy (b) Congested
(c) Queit (d) Deserted

81. सागर का पर्यायवाची कौन-सा शब्द नहीं है?
(a) समुद्र (b) नदीश
(c) पंकधी (d) पय

82. राष्ट्रगीत के रचयिता हैं
(a) रविन्द्रनाथ टैगोर (b) बंकिमचन्द्र
(c) इकबाल (d) हरिवंश राय बच्चन

83. ''वैष्णव जन तो तेणे कहिए'' किसका प्रिय भजन है?
(a) सुभाषचन्द्र बोस (b) विवेकानन्द
(c) महात्मा गाँधी (d) सरोजिनी नायडू

84. ''बाल की खाल निकालना'' का अर्थ है

(a) दोष निकालना (b) प्रलाप करना
(c) प्रताड़ित करना (d) व्यर्थ का दोष निकालना

85. निम्न में से कौन-सा दीर्घ स्वर नहीं है?

(a) आ (b) ई (c) अ (d) ओ

86. 'अमर' किसका एक शब्द है?

(a) जो कभी नहीं मरता
(b) जिसका कोई नहीं है
(c) जिसका कोई सहारा न हो
(d) जो मरे समान हो

87. निम्न में से कौन-सी युग्म सुमेलित नहीं है?

(a) दुर्लभ-सुलभ (b) उदार-अनुदार
(c) उत्कृष्ट-अनुत्कृष्ट (d) प्रश्न-सवाल

88. ''मेरे पास इससे जहरीला साँप नहीं है'' विश्लेषण बताइए

(a) पास (b) इससे
(c) जहरीला (d) साँप

89. ''पाले पौसै सकल अंग'' में कौन-सा अलंकार है?

(a) उत्प्रेक्षा (b) उपमा
(c) अनुप्रास (d) उपमान

90. ''विजयी विश्व तिरंगा प्यारा, झण्डा ऊँचा रहे हमारा'' में कौन-सा रस है?

(a) वात्सल्य (b) वियोग शृंगार
(c) करुण (d) वीर

91. निम्न में से कौन-सा शब्द द्विगु समास का उदाहरण है?

(a) चक्रपाणीः (b) चन्द्रशेखरः
(c) पीताम्बरः (d) त्रिलोकः

92. पितुः इच्छा से निर्मित शब्द है

(a) पितुरिच्छा (b) पितुरइच्छा
(c) पिर्तुच्छा (d) पिताइच्छा

93. निम्न में से कौन-सा युग्म गलत है?

(a) हरि + सुप् = हरिषु
(b) चतुः + पद = चतुष्पद
(c) कर् + न = कन
(d) मनः + तापः = मनस्ताप

94. युद्ध (लड़ाई करना) लट्लकार (वर्तमान काल)-मध्यम पुरुष द्विवचन

(a) युध्येते (b) युध्येथे
(c) युध्यावहे (d) युध्यामहे

95. 'द्वि' षष्ठी एकवचन

(a) द्वौ (b) द्वे
(c) द्वाभ्याम (d) द्वयोः

96. अष्टत्रिंशत्तमः का अर्थ है

(a) 38 (b) 28
(c) 18 (d) 48

97. हेमन्ते जनाः कीदृशानि वस्त्राणि धारयन्ति

(a) लाल (b) पीला
(c) हरा (d) नीला

98. ग्राम्यजीवनं सुखकरं ....।

(a) अभवत् (b) भवेत्
(c) भवेयुः (d) भविष्यति

99. नास्त्यहंकारसमः शत्रु का अर्थ है

(a) अहंकार के समान दूसरा कोई शत्रु नहीं है
(b) सत्य ही अहंकार का शत्रु है
(c) शत्रु से अहंकार नष्ट होता है
(d) अहंकार से ही शत्रु नष्ट होता है

100. विदेशेषु धनं ....।

(a) सत्यमं (b) अहंकारं
(c) विद्या (d) धनं

उत्तरमाला

1. (a)	**2.** (d)	**3.** (b)	**4.** (b)	**5.** (b)	**6.** (c)	**7.** (a)	**8.** (b)	**9.** (b)	**10.** (d)
11. (a)	**12.** (d)	**13.** (a)	**14.** (d)	**15.** (a)	**16.** (a)	**17.** (a)	**18.** (c)	**19.** (c)	**20.** (d)
21. (a)	**22.** (a)	**23.** (d)	**24.** (c)	**25.** (c)	**26.** (c)	**27.** (b)	**28.** (a)	**29.** (c)	**30.** (d)
31. (c)	**32.** (b)	**33.** (b)	**34.** (c)	**35.** (c)	**36.** (b)	**37.** (d)	**38.** (c)	**39.** (d)	**40.** (a)
41. (d)	**42.** (a)	**43.** (d)	**44.** (b)	**45.** (c)	**46.** (c)	**47.** (b)	**48.** (a)	**49.** (d)	**50.** (b)
51. (a)	**52.** (b)	**53.** (c)	**54.** (b)	**55.** (a)	**56.** (d)	**57.** (c)	**58.** (b)	**59.** (d)	**60.** (a)
61. (b)	**62.** (a)	**63.** (c)	**64.** (d)	**65.** (b)	**66.** (*)	**67.** (c)	**68.** (c)	**69.** (c)	**70.** (b)
71. (a)	**72.** (d)	**73.** (a)	**74.** (b)	**75.** (b)	**76.** (b)	**77.** (a)	**78.** (b)	**79.** (d)	**80.** (c)
81. (d)	**82.** (b)	**83.** (c)	**84.** (a)	**85.** (c)	**86.** (a)	**87.** (d)	**88.** (c)	**89.** (c)	**90.** (d)
91. (d)	**92.** (a)	**93.** (c)	**94.** (b)	**95.** (b)	**96.** (a)	**97.** (b)	**98.** (c)	**99.** (a)	**100.** (c)

प्रयास फाउण्डेशन (कक्षा नवमी) प्रवेश परीक्षा–2018 प्रश्न-पत्र (हल सहित)

समय : $2\frac{1}{2}$ घण्टे

Time : $2\frac{1}{2}$ Hour

प्रातः 10.30 से 1.00 बजे तक (2.30 घण्टे)

विद्यार्थी का अनुक्रमांक
Roll Number

बालक/कन्या/अन्य ....

Gender (Male / Female / TG) ....

वर्ग (अजजा/विशेष रूप से कमजोर जनजाति समूह/अजा/अपिव/सामान्य) ....

Category (ST / PVTG / SC / OBC / GEN) ....

जिला जहाँ से 8वीं उत्तीर्ण हो ....

District passing class 8th ....

निवास प्रमाण-पत्र में उल्लेखित जिला ....

District Name Regarding Domicile Certificate ....

विद्यार्थी के हस्ताक्षर ....

Signature of the Candidate ....

पर्यवेक्षक के हस्ताक्षर ....

Signature of the Invigilator ....

निर्देश Instructions

1. सभी प्रश्न-हल करना अनिवार्य है। All Questions are compulsory.
2. इस प्रश्न-पत्र में कुल 100 प्रश्न हैं। This paper consists 100 Questions.
3. प्रत्येक प्रश्न पर 01 अंक है। Each Question carry 01 Mark.
4. ऋणात्मक मूल्यांकन नहीं है। There's is no negative Marking.
5. प्रत्येक प्रश्न में चार विकल्प दिए गए हैं, जिनमें से एक सही विकल्प चुनकर ओ.एम.आर. शीट में दिए गए स्थान पर गोलों को भरे। Each Question has 4 Options out of which only one is correct. Pick out the correct answer and dark the suitable circle given in OMR sheet.
6. एक से अधिक उत्तर लिखने या काट-छाँट करने पर अंक नहीं दिया जाएगा। More than one answers, cutting and over writing will not be considered.
7. परीक्षा के पश्चात् ओ.एम.आर. शीट पर्यवेक्षक के पास जमा करना होगा। After examination, OMR sheets should be submitted to the invigilator.
8. रफ कार्य हेतु अन्तिम पृष्ठ उपलब्ध है। Please use last page for any rough work.

नोट ओ.एम.आर. शीट (OMR) भरने के लिए काले/नीले रंग के बाल पाइण्ट पेन का उपयोग करें।

Use only Black/Blue ball point pen to fill OMR sheet.

1. He ...... Football every day.
(Use Correct form of the verb)
(a) Play (b) Played
(c) Plyaing (d) Plays

2. She is ...... European lady.
(Use correct article)
(a) and (b) an
(c) the (d) None of these

3. The Soldier are not ...... they are brave.
(Fill opposite meaning word)
(a) Coward (b) Covered
(c) Cover (d) Convey

4. I rich ...... then my sister.
(Use word "early")
(a) Earliest (b) Early
(c) Earlier (d) None of these

5. Ashok ...... for Raipur yesterday.
(a) Leave (b) Left
(c) Leaving (d) None of these

6. पाहन शब्द का तत्सम रूप है
(a) पाशन (b) पासन
(c) पाषाण (d) इनमें से कोई नहीं

7. कर्मधारय समास है
(a) चन्द्रमुख (b) रसोईघर
(c) विषभरा (d) चौराहा

8. 'झण्डा ऊँचा रहे हमारा' में कौन-सा रस है?
(a) श्रृंगार रस (b) करुण रस
(c) वीर रस (d) अद्‌भुत रस

9. "तुम कारे सुफलक सुत करो, कारे कुटिल सवारें" में कौन-सा अलंकार है?
(a) अनुप्रास शब्दालंकार (b) यमक शब्दालंकार
(c) श्लेष शब्दालंकार (d) उपमा शब्दालंकार

10. निम्न में से शुद्ध वाक्य है
(a) उन्होंने खाना खा चुका है।
(b) उन्होंने खाना खा लिया है।
(c) उन्होंने खा लिया है खाना।
(d) उन्होंने खाया है खाना।

11. भारत के पश्चिम मैदान की मुख्य नदी है
(a) ब्रह्मपुत्र नदी (b) व्यास नदी
(c) सतलज नदी (d) चिनाब नदी

12. सामान्यत: वायुमण्डल में एक किमी की ऊँचाई चढ़ने पर तापमान में कितनी कमी आती है?
(a) 5.5°C (b) 6.5°C
(c) 7.5°C (d) 4.5°C

13. पानी किस तापमान पर बर्फ में परिवर्तित होता है?
(a) –32°F (b) 10°F
(c) 0°F (d) 32°F

14. गाँधी सागर बाँध किस नदी पर स्थित है?
(a) गंगा नदी (b) चम्बल नदी
(c) सतलज नदी (d) चिनाब नदी

15. कोडार बाँध स्थित है
(a) असम (b) छत्तीसगढ़
(c) मिजोरम (d) तमिलनाडु

16. किसी राष्ट्र के लिए सबसे महत्त्वपूर्ण विषय है
(a) अर्थव्यवस्था (b) स्वास्थ्य
(c) सुरक्षा (d) शिक्षा

17. छत्तीसगढ़ से लोकसभा में सांसदों की संख्या
(a) 6 (b) 9
(c) 11 (d) 13

18. संविधान हमें मूलभूत अधिकार प्रदान करता है
(a) 5 (b) 6
(c) 4 (d) 7

19. विश्व प्रसिद्ध शिव मन्दिर छत्तीसगढ़ में कहाँ स्थित है?
(a) बारसूर (b) रतनपुर
(c) सिरपुर (d) राजपुर

20. 'करो या मरो' का नारा किसने दिया था?
(a) सुभाषचन्द्र बोस (b) बाल गंगाधर तिलक
(c) अब्दुल कलाम आजाद (d) महात्मा गाँधी

21. शुष्क बर्फ होती है
(a) तरल CO_2 (b) गैसीय CO_2
(c) ठोस CO_2 (d) इनमें से कोई नहीं

22. सौर परिवार का सदस्य नहीं है
(a) ग्रह (b) तारामण्डल
(c) तारागुच्छ (d) ग्रहिकाएँ

23. पौधों की वृद्धि के लिए कौन-सी मिट्‌टी उपयुक्त है?
(a) काली मिट्‌टी (b) रेतीली मिट्‌टी
(c) दोमट मिट्‌टी (d) इनमें से कोई नहीं

24. पारे के स्तम्भ का कौन-सा मान, मानक वायुमण्डलीय दाब को दर्शाता है?
(a) 7.6 सेमी (b) 760 सेमी
(c) 0.76 सेमी (d) 76 सेमी

25. उत्कृष्ट धातुएँ होती हैं
(a) सक्रिय (b) निष्क्रिय
(c) घुलनशील (d) इनमें से कोई नहीं

26. अपररूपता पाई जाती है
(a) तत्त्व में (b) यौगिक में
(c) मिश्रण में (d) ये सभी

27. प्रोकैरियोटिक कोशिका का उदाहरण है
(a) यूग्लीना (b) अमीबा
(c) पैरामिशियम (d) नील-हरित शैवाल

28. कोशिका की खोज की थी
(a) रॉबर्ट पेरि (b) रॉबर्ट लुक
(c) रॉबर्ट हुक (d) रॉबर्ट ड्यूक

29. निम्न में से कुकुरमुत्ता है
(a) प्रोटोजावा (b) शैवाल
(c) पुष्प (d) कवक

30. मलेरिया रोग उत्पन्न करने वाला रोगाणु है
(a) जीवाणु (b) विषाणु
(c) प्रोटोजोआ (d) कवक

31. काँच का अपवर्तनांक होता है
(a) 0.15 (b) 1.5
(c) 0.0015 (d) 15

32. उत्तल लेन्स द्वारा बनने वाले प्रतिबिम्ब की स्थिति क्या होगी, जब वस्तु 2F पर हो
(a) 2F
(b) F पर
(c) F और 2F के बीच
(d) F और प्रकाश केन्द्र के बीच

33. प्राकृतिक चुम्बक है
(a) चुम्बकीय सूई (b) छड़ चुम्बक
(c) लोड स्टोन (d) नर्म लोहा

34. स्थाई चुम्बक बनाए जाते हैं
(a) लोहा (b) निकिल
(c) कोबाल्ट (d) एल्निको

35. किसी चुम्बक का चुम्बकत्व
(a) ध्रुवों पर सर्वाधिक होता है
(b) मध्य में सबसे कम होता है
(c) 'a' और 'b' दोनों
(d) सर्वत्र समान होता है

36. सरल वोल्टीय सेल में विद्युत अपघट्य होता है
(a) तनु सल्फ्यूरिक अम्ल (b) तनु हाइड्रोक्लोरिक अम्ल
(c) कॉपर सल्फेट (d) पोटैशियम ऑक्साइड

37. निम्नांकित विद्युत का सुचालक नहीं है
(a) ताँबा (b) पीतल
(c) ग्रेफाइट (d) काँच

38. जनित्र किस सिद्धान्त पर कार्य करता है?
(a) विद्युत लेपन (b) विद्युत के उष्मीय प्रभाव
(c) विद्युत चुम्बकीय प्रेरण (d) विद्युत अपघटन

39. निम्न में से अनवीकरणीय ऊर्जा का स्रोत है
(a) पवन ऊर्जा (b) पेट्रोलियम
(c) ज्वारीय ऊर्जा (d) सौर ऊर्जा

40. सौर सेल बने होते हैं
(a) एल्युमीनियम (b) कार्बन
(c) प्लास्टिक (d) सिलिकॉन

41. बैटरी से प्राप्त होने वाली ऊर्जा है
(a) रासायनिक ऊर्जा (b) ऊष्मीय ऊर्जा
(c) विद्युत ऊर्जा (d) यान्त्रिक ऊर्जा

42. पेट्रोलियम का उत्पादन नहीं है
(a) पेट्रोल (b) बायोडीजल
(c) केरोसीन (d) डीजल

43. पशुओं के मलमूत्र तथा पेड़-पौधों के अपघटन से प्राप्त कार्बनिक पदार्थ कहलाते हैं
(a) उर्वरक (b) खाद
(c) हरी खाद (d) जैव-उर्वरक

44. निम्नलिखित में से किस मशीन का उपयोग फसल कटाई एवं गहराई दोनों कार्यों के लिए किया जाता है?
(a) थ्रेसर (b) ट्रैक्टर
(c) कम्बाईन (d) हैरो

45. बी. सी. जी. के टीके का उपयोग किस रोग के लिए होता है?
(a) पोलियो (b) ट्यूबरकुलोसिस
(c) टायफाइड (d) मलेरिया

46. निम्न में से कौन-सा जीवाणु जनित रोग है?
(a) चिकन पॉक्स (b) टाइफाईड
(c) रेबीज (d) इन्फ्लूएन्जा

47. प्रोटोजोआ से होने वाले संक्रामक रोग हैं
(a) पेचिश (b) मलेरिया
(c) डायरिया (d) ये सभी

48. कौन-सा शैवाल काँच एवं पोर्सलिन बनाने के काम आता है?
(a) क्लोरेला (b) डायटॉम
(c) ग्रीन शैवाल (d) वोलवॉक्स

49. सल्फर के ऑक्साइड (जो आगे ऑक्सीकृत किए जा सकते हैं) जब जल में घुलते हैं, तब देते हैं
(a) H_2S (b) H_2SO_3
(c) H_2SO_4 (d) H_2

50. कॉयर किस पेड़ से प्राप्त किया जाता है
(a) नीम (b) रबर (c) नारियल (d) पाम

51. सेल निम्नांकित ऊर्जा में परिवर्तित करता है
(a) यान्त्रिक (b) रसायन
(c) ऊष्मीय (d) चुम्बकीय

52. निम्नांकित में से कौन-सी विधि भूमि की उर्वरता बनाए रखने की विधि नहीं है?
(a) फसल चक्रण
(b) मिश्रित फसल प्रणाली
(c) निंदाई
(d) भूमि को कुछ समय के लिए परती छोड़ देना

53. निम्न में से ड्यूरॉन है
(a) प्राकृतिक रेशा (b) संश्लेषित रेशा
(c) वनस्पति रेशा (d) कपास

54. मानव शरीर में एच.आई.वी. प्रवेश कर नष्ट करता है
(a) R.N.A. (b) W.B.C
(c) R.B.C. (d) D.N.A

55. ओ.पी.वी. का पूरा नाम क्या है?
(a) ओरिल पोलियो वैक्सीन (b) ओरल पल्स वैक्सीन
(c) ओरल पोलियो वैक्यूम (d) ओरल पलियो वैक्यूम

56. $NaOH + HCl \rightarrow NaCl + H_2O$
(a) अपघटन अभिक्रिया (b) संयोजन अभिक्रिया
(c) उदासीनीकरण अभिक्रिया (d) अवक्षेपण अभिक्रिया

57. किसी तत्त्व का ऑक्सीन से संयोग कहलाता है
(a) अपचयन (b) ऑक्सीकरण
(c) अपघटन (d) विस्थापन

58. कौन-सी संरचना जन्तु तथा वनस्पति कोशिकाओं में पाई जाती है?
(a) कोशिका झिल्ली तथा क्लोरोप्लास्ट
(b) कोशिका झिल्ली तथा केन्द्रक
(c) कोशिका भित्ति तथा क्लोरोप्लास्ट
(d) कोशिका भित्ति तथा केन्द्रक

59. वायु का वास्तविक संघटन है
(a) नाइट्रोजन-78%, ऑक्सीजन-21%, ऑर्गन-0.9%, कार्बन-डाइऑक्साइड-0.03%, जलवाष्प-0.04% एवं गैस व धूल के कण
(b) नाइट्रोजन-78.2%, ऑक्सीजन-21%, ऑर्गन-0.9%, कार्बन-डाइऑक्साइड-0.003%, जलवाष्प-0.04% एवं गैस व धूल के कण
(c) नाइट्रोजन-78.4%, ऑक्सीजन-21%, ऑर्गन-0.9%, कार्बन-डाइऑक्साइड-0.03%, जलवाष्प-0.04% एवं गैस व धूल के कण
(d) नाइट्रोजन-78.6%, ऑक्सीजन-21%, ऑर्गन-0.9%, कार्बन-डाइऑक्साइड-0.04%, जलवाष्प-0.04% एवं गैस व धूल के कण

60. धातुएँ अम्ल से क्रिया करके कौन-सी गैस बनाती है?
(a) H_2 (b) N_2 (c) O_2 (d) NH_3

61. निम्न संख्याओं में से कौन-सी संख्या पूर्ण घन है?
(a) 22000 (b) 2744
(c) 832 (d) 800

62. दी गई श्रेणी 2, 3, 5, 7, 11, 13, 17 में अगली संख्या क्या होगी?
(a) 19 (b) 21
(c) 23 (d) 25

63. 625 का सही विकल्प चुनिए।
(a) 40 (b) 20
(c) 25 (d) 15

64. निम्न का बहुलक क्या होगा?
5, 3, 2, 2, 4, 5, 3, 3, 4, 3, 5, 3
(a) 2 (b) 3 (c) 4 (d) 5

65. समान्तर चतुर्भुज का क्षेत्रफल ज्ञात कीजिए। आधार 15 सेमी एवं ऊँचाई 10 सेमी
(a) 25 सेमी^{2} (b) 150 सेमी^{2}
(c) 300 सेमी^{2} (d) 75 सेमी^{2}

66. वृत्त की सबसे लम्बी जीवा कहलाती है
(a) अर्द्धव्यास (b) व्यास
(c) परिधि (d) इनमें से कोई नहीं

67. अर्द्धवृत्त का क्षेत्रफल होगा
(a) πr^2 (b) $2\pi r^2$
(c) $\frac{\pi r^2}{2}$ (d) $\frac{\pi r^2}{4}$

68. यदि $(a+b)(a^2-ab+b^2)$ बराबर है
(a) a^3+b^3 (b) a^2+b^2
(c) a^3-b^3 (d) a^2-b^2

69. $(a^m \div a^n)$ बराबर है
(a) a^{m+n} (b) $a^{m\times n}$ (c) $a^{m/n}$ (d) a^{m-n}

70. x का $(a+b)$ का गुणनफल होगा
(a) $ax+b$ (b) $a+bx$
(c) $ax+bx$ (d) इनमें से कोई नहीं

71. दिए गए आँकड़ों की माध्यिका होगी
4, 5, 10, 6, 7, 14, 9, 15
(a) 6 (b) 7 (c) 8 (d) 10

72. $20\,a^2b$ और ab^2c का महत्तम समापवर्तक होगा
(a) $4a^2$ (b) ab
(c) (a) और (b) दोनों (d) इनमें से कोई नहीं

73. उस न्यूनतम संख्या को ज्ञात कीजिए, जिसे 200 से गुणा करने पर वह संख्या पूर्ण वर्ग बन जाए।
(a) 2 (b) 5
(c) 9 (d) 3

74. $(18x^2y^2 \div 6xy)$ का मान ज्ञात कीजिए।
(a) $-3xy$ (b) $+3xy$
(c) $3x^2y$ (d) $3x^2y^2$

75. निम्न आँकड़ों का माध्य ज्ञात कीजिए।
81, 74, 69, 73, 91, 55, 61
(a) 89 (b) 72 (c) 92 (d) 83

76. उस समलम्ब चतुर्भुज का क्षेत्रफल ज्ञात कीजिए, जिसका विकर्ण 24 सेमी एवं 10 सेमी हो
(a) 120 किमी^{2} (b) 120 सेमी^{2}
(c) 120 मी^{2} (d) 120 मिमी^{2}

77. दो संख्याओं का योगफल 42 है, यदि दूसरी संख्या पहली की दुगुनी हो, तो वह संख्या ज्ञात कीजिए।
(a) 24 (b) 26
(c) 28 (d) 32

78. ₹4000 का चक्रवृद्धि ब्याज 2 वर्ष के लिए 5% की दर पर ज्ञात कीजिए।
(a) ₹ 320 (b) ₹ 420
(c) ₹ 410 (d) ₹ 520

79. उस समान्तर चतुर्भुज का क्षेत्रफल ज्ञात कीजिए, जिसका आधार 4 सेमी तथा अभिलम्ब 7 सेमी है।
(a) 27 सेमी^{2} (b) 29 सेमी^{2}
(c) 26 सेमी^{2} (d) 28 सेमी^{2}

80. संख्या $\frac{5}{6}$ के हर से क्या घटाई जाए कि 1 प्राप्त हो?
(a) 1 (b) 2
(c) 6 (d) 0.5

81. यदि एक बैग में 6 सफेद, 11 लाल तथा 7 नीली गेंद हो, तब बैग से सफेद गेंद निकालने की प्रायिकता क्या होगी?
(a) $\frac{5}{7}$ (b) $\frac{1}{4}$ (c) $\frac{3}{7}$ (d) $\frac{4}{1}$

82. समानान्तर चतुर्भुज का एक कोण यदि 60° हो, तो उसके सम्मुख कोण का मान क्या होगा?
(a) 60° (b) 120°
(c) 90° (d) 180°

83. यदि $2x = 10$ हो, तब x का मान क्या होगा?
(a) 5 (b) 8
(c) 12 (d) 20

84. यदि किसी भिन्न संख्या का अंश उसके हर से 3 कम हो, तब वह भिन्न संख्या क्या होगी?
(a) $\frac{(x-3)}{x}$ (b) $\frac{(x+3)}{x}$
(c) $\frac{3}{x}$ (d) $\frac{x}{x}$

85. किसी बहुभुज क्षेत्र के समस्त अन्तकोणों का योग का मान कितना होता है?
(a) $(n+2)\times180°$ (b) $(n-2)\times180°$
(c) $(n\times2)\times180°$ (d) $(n\div2)\times180°$

86. किसी बेलन का आधार होता है
(a) त्रिभुजाकार (b) आयताकार
(c) वर्गाकार (d) वृत्ताकार

87. यदि $10a^2 - 12b^2 = 2(\ldots - 6b^2)$
(a) $3a^2$ (b) $5a^2$
(c) $6a^2$ (d) $2a^2$

88. एक ठोस लोहे का सरिया बनाने के लिए कितने लोहे की आवश्यकता होगी, जबकि छड़ का व्यास 1.4 सेमी और उसकी लम्बाई 90 सेमी हो?
(a) 138.20 (b) 138.60
(c) 139.30 (d) 137

89. 8, 5, x, 6, 10, 5 का माध्य मान 7 है, तब x का मान क्या होगा?
(a) 7 (b) 9
(c) 15 (d) 8

90. $\left(\frac{9}{16}\right)^2$ का सरल रूप होगा
(a) $\frac{27}{256}$ (b) $\frac{81}{32}$ (c) $\frac{18}{256}$ (d) $\frac{81}{256}$

91. किसी भिन्न का अंश उसके हर से 3 अधिक है, यदि भिन्न का अंश 8 हो, तो भिन्न क्या होगी?
(a) $\frac{3}{8}$ (b) $\frac{8}{3}$ (c) $\frac{5}{3}$ (d) $\frac{8}{5}$

92. एक घुड़दौड़ प्रतियोगिता में कुल 5 प्रतिभागी है, उनके जीतने की सम्भावना ज्ञात कीजिए।
(a) $\frac{1}{5}$ (b) $\frac{2}{5}$
(c) $\frac{7}{6}$ (d) $\frac{2}{3}$

93. दिए गए समीकरण में m का मान ज्ञात कीजिए।
$(7m+3)/(4m+2) = 2$
(a) $m = 1$ (b) $m = -1$
(c) $m = 2$ (d) $m = -2$

94. $(5^2)^{6-4}$ का मान होगा
(a) 325 (b) 625
(c) 425 (d) 525

95. सरल कीजिए, जब $(x^{-1} + y^{-1})^{-1}$ बराबर है
(a) $x + y$ (b) $\frac{xy}{(x+y)}$
(c) xy (d) $\frac{1}{xy}$

96. $5^{4x}(-5)^2$ का मान कितना होगा?
(a) 5^4 (b) 5^8
(c) 5^7 (d) 5^6

97. बेलन का वक्रपृष्ठ होगा
(a) $2\pi r^2h$ (b) πr^2h
(c) $2\pi rh$ (d) $2\pi rh^2$

98. छूट हमेशा दी जाती है
(a) अंकित मूल्य (b) लागत मूल्य
(c) विक्रय मूल्य (d) लाभ

99. यदि $3^{(x-y)} = 27$ और $3^{(x+y)} = 243$, तब x का मान क्या होगा?
(a) 0 (b) 2
(c) 4 (d) 6

100. अर्द्धवृत्त द्वारा बनाया गया कोण होता है
(a) समकोण (b) अधिक कोण
(c) न्यूनकोण (d) इनमें से कोई नहीं

उत्तरमाला

1. (d)	2. (d)	3. (a)	4. (c)	5. (a)	6. (c)	7. (a)	8. (c)	9. (b)	10. (b)
11. (b)	12. (b)	13. (d)	14. (b)	15. (b)	16. (a)	17. (c)	18. (b)	19. (c)	20. (d)
21. (c)	22. (c)	23. (c)	24. (d)	25. (b)	26. (a)	27. (d)	28. (c)	29. (d)	30. (c)
31. (b)	32. (a)	33. (c)	34. (d)	35. (c)	36. (b)	37. (d)	38. (c)	39. (b)	40. (d)
41. (a)	42. (b)	43. (b)	44. (c)	45. (b)	46. (b)	47. (d)	48. (b)	49. (b)	50. (c)
51. (b)	52. (c)	53. (b)	54. (b)	55. (a)	56. (c)	57. (b)	58. (b)	59. (a)	60. (a)
61. (b)	62. (a)	63. (c)	64. (b)	65. (b)	66. (b)	67. (c)	68. (a)	69. (d)	70. (c)
71. (c)	72. (b)	73. (a)	74. (b)	75. (b)	76. (b)	77. (c)	78. (c)	79. (d)	80. (a)
81. (b)	82. (a)	83. (a)	84. (a)	85. (b)	86. (d)	87. (b)	88. (b)	89. (d)	90. (d)
91. (d)	92. (a)	93. (b)	94. (b)	95. (b)	96. (d)	97. (c)	98. (a)	99. (c)	100. (a)

विज्ञान

01 आकाश दर्शन

- **आकाशगंगा** तारों का विशाल समूह, आकाशगंगा कहलाता है।
- **तारामण्डल** तारों की विशेष व्यवस्थित आकृति को तारामण्डल कहते हैं। जैसे—सप्तऋषि मण्डल, *ओरॉयन, कैसोयोपिया, लिओ मेजर* आदि।
- **सौरमण्डल** सौरमण्डल का निर्माण सूर्य, ग्रहों (बुध, शुक्र, पृथ्वी, मंगल बृहस्पति, शनि, अरुण, वरुण), उपग्रहों, क्षुद्र ग्रहों, उल्काओं और धूमकेतु से मिलकर होता है, जिसकी खोज निकोलस कोपरनिकस द्वारा की गई थी।
- **सूर्य** यह एक तारा है, जो सौरमण्डल का मुखिया है।
- **ग्रह** ऐसे खगोलीय पिण्ड जो बन्द दीर्घवृत्ताकार कक्षाओं में सूर्य की परिक्रमा करते हैं। ग्रह कहलाते हैं। इन्हें परिभाषित करने के लिए वैज्ञानिक संघ द्वारा 24 अगस्त, 2006 को चेकोस्लोवाकिया में बैठक आयोजित की गई।

(i) आन्तरिक ग्रह

- बुध –यह सूर्य का निकटतम ग्रह है, जिसका कोई उपग्रह नहीं है।
- **शुक्र** इसे 'भोर का तारा' तथा 'पृथ्वी का जुड़वा ग्रह' कहा जाता है, जिसका कोई उपग्रह नहीं है।
- **पृथ्वी** एकमात्र ग्रह जिस पर पानी व जीवन मौजूद हैं। जिसका उपग्रह चन्द्रमा है। इसे नीले ग्रह के नाम से भी जाना जाता है।
- **मंगल** इसे लाल ग्रह के नाम से जाना जाता है। जिसके दो प्राकृतिक उपग्रह फोबोस तथा डीमोस हैं। इस पर सबसे बड़ा पर्वत निक्स ओलम्पिया स्थित है।
- इस पर सबसे बड़ा ज्वालामुखी ओलम्पस मोन्स स्थित है।

(ii) बाह्य ग्रह

- **बृहस्पति** यह सबसे बड़ा ग्रह है।
- **शनि** यह रमणीय वलयों से घिरा ग्रह है। इसके सर्वाधिक उपग्रह है।
- **अरुण** यह दूरबीन द्वारा खोजा गया प्रथम ग्रह है।
- **वरुण** यह सौरमण्डल का सबसे बाहरी व ठण्डा ग्रह है।
- **उपग्रह** वह पिण्ड जो किसी ग्रह की परिक्रमा करता है उपग्रह कहलाता है।
- **धूमकेतु** यह चमकीले शिरे तथा लम्बी पूँछ वाले आकाशीय पिण्ड होते हैं।
- हैली नामक धूमकेतु 8 मार्च, 1986 में दिखाई दिया था।

ग्रह तथा उनके उपग्रह

ग्रह	ग्रहों के प्राकृतिक उपग्रह
बुध	0
शुक्र	0
पृथ्वी	1
मंगल ग्रह	2
बृहस्पति	67
शनि ग्रह	62
अरुण ग्रह	27
वरूण ग्रह	14

अभ्यास प्रश्न

1. तारों का विशाल समूह ········ कहलाता है।

(a) तारामण्डल (b) सौरमण्डल
(c) आकाशगंगा (d) क्षुद्र ग्रह

2. तारों की व्यवस्थित आकृति का समूह ········ कहलाता है।

(a) ग्रह (b) उपग्रह (c) तारामण्डल (d) धूमकेतु

3. तारामण्डल जिसकी आकृति एक शिकारी की तरह है

(a) हैली (b) उर्सा माइनर
(c) उर्सा मेजर (d) मृग या ओरिऑन

4. सौरमण्डल का केन्द्र बिन्दु है

(a) पृथ्वी (b) तारामण्डल
(c) आकाशगंगा (d) सूर्य

5. सौरमण्डल की खोज की थी

(a) निकोलस कॉपरनिकस ने (b) गैलीलियों गैलीली ने
(c) अल्बर्ट आइंस्टीन ने (d) जोटान्स केप्लर ने

6. निम्नलिखित में से कौन सौरमण्डल का सदस्य नहीं हैं?

(a) क्षुद्र ग्रह (b) धूमकेतु
(c) ग्रह (d) निहारिका

7. 24 अगस्त, 2006 को अन्तर्राष्ट्रीय खगोल विज्ञान की बैठक कहाँ आयोजित की गई?

(a) भारत में (b) अमेरिका में
(c) चीन में (d) चेकोस्लोवाकिया में

8. प्लूटो (यम) को किस ग्रह का दर्जा दिया गया है?

(a) क्षुद्र ग्रह (b) ठण्डा ग्रह
(c) उपग्रह (d) आकाशीय पिण्ड

9. सूर्य के चारों ओर घूमने वाले ग्रहों की कुल संख्या है

(a) पाँच (b) चार
(c) आठ (d) नौ

10. निम्नलिखित में से कौन-सा ग्रह सूर्य से सबसे दूर है?

(a) शनि (b) यम
(c) अरुण (d) वरुण

11. सूर्य के सबसे निकटतम ग्रह है

(a) पृथ्वी (b) शुक्र
(c) बुध (d) यम

12. सौरमण्डल का सबसे बड़ा ग्रह है

(a) शनि (b) बृहस्पति
(c) पृथ्वी (d) मंगल

13. सौरमण्डल का सर्वाधिक चमकीला ग्रह है

(a) बुध (b) शुक्र
(c) अरुण (d) पृथ्वी

14. निम्नलिखित में से सबसे गर्म ग्रह कौन-सा है?

(a) पृथ्वी (b) बुध
(c) शुक्र (d) बृहस्पति

15. पृथ्वी के सबसे निकट स्थित ग्रह कौन-सा है?

(a) मंगल (b) बुध
(c) शुक्र (d) चन्द्रमा

16. दूरबीन द्वारा खोजा गया प्रथम ग्रह है

(a) बुध (b) मंगल
(c) पृथ्वी (d) अरुण

17. पृथ्वी को ········ के नाम से भी जाना जाता है।

(a) ऑरेंज ग्रह (b) पीला ग्रह
(c) हरा ग्रह (d) नीला ग्रह

18. पृथ्वी का जुड़वाँ ग्रह है

(a) शुक्र (b) मंगल
(c) चन्द्रमा (d) बुध

19. वरुण ग्रह के कितने उपग्रह हैं?

(a) चौदह (b) नौ
(c) आठ (d) अनन्त

20. इनमें से कौन पृथ्वी के आकार की तुलना में छोटे ग्रह हैं?

(a) वरुण और मंगल (b) शुक्र और मंगल
(c) बुध और बृहस्पति (d) अरुण और मंगल

21. निम्नलिखित में से किस ग्रह के उपग्रह नहीं हैं?

(a) मंगल (b) अरुण
(c) वरुण (d) बुध

22. पृथ्वी सूर्य से ········ ग्रह है।

(a) पहला (b) तीसरा
(c) पाँचवाँ (d) सातवाँ

23. वलयों द्वारा घिरा हुआ ग्रह है

(a) पृथ्वी (b) शनि
(c) मंगल (d) वरुण

24. कौन-से ग्रहों की कक्षाओं में क्षुद्र ग्रह पाए जाते हैं?

(a) शनि और बृहस्पति (b) पृथ्वी और मंगल
(c) मंगल और बृहस्पति (d) शुक्र और शनि

25. ग्रह जिस पर जीवन है

(a) मंगल (b) पृथ्वी (c) अरुण (d) वरुण

26. कौन-सा ग्रह 'लाल ग्रह' नाम से जाना जाता है?

(a) मंगल (b) पृथ्वी (c) शुक्र (d) बुध

27. वह पिण्ड जो किसी ग्रह की परिक्रमा करता है

(a) ग्रह (b) तारामण्डल (c) उपग्रह (d) वरुण

28. सर्वाधिक उपग्रह किस ग्रह पर मौजूद है?

(a) शनि (b) बृहस्पति
(c) वरुण (d) नेपच्यून

29. ग्रह, जिनके कोई उपग्रह नहीं है

(a) पृथ्वी और मंगल (b) बुध और शुक्र
(c) अरुण और वरुण (d) शनि और बृहस्पति

30. पृथ्वी अपने अक्ष के चारों ओर किस दिशा में घूमती है?

(a) उत्तर से दक्षिण (b) दक्षिण से उत्तर
(c) पूर्व से पश्चिम (d) पश्चिम से पूर्व

31. सबसे ठण्डा ग्रह है

(a) अरूण (b) वरूण
(c) यम (d) शुक्र

32. निक्स ओलम्पिया नामक पर्वत स्थित है

(a) मंगल ग्रह पर (b) पृथ्वी ग्रह पर
(c) बृहस्पति ग्रह (d) शनि ग्रह पर

33. पृथ्वी का अपनी अक्ष पर घूमना क्या कहलाता है?

(a) झुकाव (b) परिक्रमण
(c) घूर्णन (d) इनमें से कोई नहीं

34. चमकीले और लम्बी पूँछ वाले आकाशीय पिण्ड क्या कहलाते हैं?

(a) क्षुद्र ग्रह (b) उल्का पिण्ड
(c) धूमकेतु (d) तारामण्डल

35. हैली धूमकेतु को देखा गया था

(a) सन् 2011 में (b) सन् 2000 में
(c) सन् 1986 में (d) सन् 1968 में

उत्तरमाला

1. (c)	2. (c)	3. (d)	4. (d)	5. (a)	6. (d)	7. (d)	8. (a)	9. (c)	10. (d)
11. (c)	12. (b)	13. (b)	14 (c)	15 (c)	16. (d)	17. (d)	18. (a)	19. (a)	20. (b)
21. (d)	22. (b)	23. (b)	24. (c)	25. (b)	26. (a)	27. (c)	28. (a)	29. (b)	30. (d)
31. (b)	32. (a)	33. (c)	34. (c)	35. (c)					

02 संश्लेषित रेशे और प्लास्टिक

- रेशे धागे जैसी संरचनाएँ हैं, जो लम्बी पतली और लचीली होती है।
- रेशे दो प्रकार के होते हैं, प्राकृतिक रेशे और संश्लेषित रेशे।
- प्राकृतिक रेशे जन्तुओं और पौधों से प्राप्त किए जाते हैं।
- ऊन, रेशम, कपास आदि प्राकृतिक रेशों के उदाहरण हैं।
- संश्लेषित रेशे मनुष्य द्वारा विभिन्न रासायनिक विधियों द्वारा बनाए जाते हैं।
- संश्लेषित रेशे, रासायनिक पदार्थ की छोटी इकाईयों के जुड़ने से बनते हैं।
- संश्लेषित रेशे प्राकृतिक रेशों की अपेक्षा जल्दी सूखते हैं।
- रेयॉन, नायलॉन पॉलिएस्टर आदि संश्लेषित रेशे हैं।
- संश्लेषित रेशे गर्म करने पर पिघल जाते हैं।
- रेयॉन को काष्ठ लुगदी से प्राप्त किया जाता है।
- टूथ ब्रशों के शूकों, रस्सियाँ, कपड़े, पैराशूट आदि बनाने में रेयॉन का उपयोग किया जाता है।
- प्लास्टिक दो प्रकार के होते हैं–थर्मोप्लास्टिक और थर्मोसेटिंग प्लास्टिक।
- थर्मोप्लास्टिक गर्म करने पर आसानी से विकृत हो जाते हैं।
- **पॉलिथीन** और PVC थर्मोप्लास्टिक के उदाहरण हैं।
- थर्मोसेटिंग को एक बार आकार में ढालने के पश्चात् गर्म करके मुलायम नहीं बनाया जा सकता है।
- प्लास्टिक भी एक संश्लेषित रेशा है।
- प्लास्टिक हल्के, अनअभिकृत और चिर स्थाई होते हैं।
- प्लास्टिक निर्माण के समय मुलायम होते हैं, जिसे किसी भी आकार में ढाला जा सकता है।
- पॉलिथीन का उपयोग खिलौनें, बोतलें, पाइपों, कूड़ादानों को बनाने में किया जाता है।
- प्लास्टिक के अपघटन में कई वर्ष लग जाते हैं।
- प्लास्टिक पर्यावरण प्रदूषण का एक मुख्य कारण है।
- प्लास्टिक का पुनः चक्रण हो सकता है और इसे पुनः प्रयुक्त कर सकते हैं।
- प्लास्टिक को बहुलक (**पॉलिमर**) भी कहा जाता है।
- संश्लेषित रेशे पर्यावरण को प्रदूषित करते हैं।

अभ्यास प्रश्न

1. प्राकृतिक रेशे किससे प्राप्त किए जाते हैं?

(a) पौधों से (b) जन्तुओं से
(c) (a) और (b) दोनों से (d) (a) और (b) दोनों से नहीं

2. निम्नलिखित में से कौन–सा पदार्थ कृत्रिम नहीं है?

(a) फाइब्रोइन (b) लेक्सान (c) निओप्रीन (d) टेफ्लॉन

3. स्वेटर के लिए ऊन निम्नलिखित में से किस रेशे से बनाया जाता है?

(a) छोटे रेशे (b) लम्बे रेशे
(c) (a) और (b) दोनों (d) (a) और (b) दोनों नहीं

4. निम्नलिखित में से कौन एक प्राकृतिक बहुलक नहीं है?

(a) ऊन (b) रेशम
(c) चमड़ा (d) नायलॉन

5. निम्नलिखित में से कौन बहुलक नहीं है?

(a) घी (b) स्टार्च
(c) प्रोटीन (d) रूई (कपास)

6. ड्यूरान है

(a) प्राकृतिक रेशा (b) संश्लेषित रेशा
(c) वनस्पति रेशा (d) कपास

7. निम्नलिखित में से कौन–सा एक गैर सेलुलोजी रेशे का उदाहरण है?

(a) रेयॉन (b) लिनन
(c) जूट (d) नायलॉन

8. निम्नलिखित में से कौन–सा पॉलिमर नहीं है?

(a) नायलॉन (b) टेफ्लॉन
(c) कैप्रोलेक्टम (d) पॉलिस्टाइरीन

9. संश्लेषित रेशे किस प्रकार के रेशे होते हैं?
(a) रासायनिक पदार्थों से निर्मित रेशे
(b) जन्तुओं से प्राप्त रेशे
(c) पौधों से प्राप्त रेशे
(d) उपरोक्त सभी

10. निम्नलिखित में से कौन एक कृत्रिम रेशा है?
(a) बोरा (b) रेयॉन (c) कपास (d) सूती

11. कृत्रिम रेशम है
(a) नायलॉन (b) पॉलिस्टर (c) रेयॉन (d) ऐक्रिलिक

12. निम्न में से कौन-सा पूर्ण कृत्रिम रेशा है?
(a) ऐक्रिलिक (b) पॉलिएस्टर
(c) नायलॉन (d) रेयॉन

13. संश्लेषित रेशों को गर्म करने पर क्या परिवर्तन होता है ?
(a) गर्म नहीं होते हैं (b) जल जाते हैं
(c) पिघल जाते हैं (d) उड़ जाते हैं

14. निम्नलिखित में से कौन-सा नायलॉन रेशे से निर्मित होता है ?
(a) कपड़े (b) खाद
(c) पैराशूट रस्सी (d) बोरा

15. निम्नलिखित में से कौन-सा बहुलक एक थर्मोप्लास्टिक नहीं है?
(a) टेफ्लॉन (b) निओप्रीन
(c) पॉलिस्टाइरीन (d) पॉलिथीन

16. बुलेट-प्रूफ पदार्थ बनाने के लिए निम्नलिखित में से कौन-सा बहुलक प्रयुक्त होता है?
(a) पॉलिविनाइल क्लोराइड (b) पॉलिऐमाइड
(c) पॉलिऐथीलीन (d) पॉलिकार्बोनेट्स

17. टेफ्लॉन का सामान्य नाम है?
(a) पॉलिटेट्राफ्लुओरो एथिलीन
(b) पॉलिविनाइल क्लोराइड
(c) पॉलिविनाइल फ्लुओराइड
(d) डाइक्लोरो डाइफ्लुओरो मेथेन

18. निम्नलिखित में से किसके निर्माण में फीनॉल का प्रयोग किया जाता है?
(a) पी.वी.सी. के (b) नायलॉन के
(c) पॉलिस्टाइरीन के (d) बैकेलाइट के

19. कंघियाँ बनाने में किस प्लास्टिक का उपयोग किया जाता है?
(a) थर्मोप्लास्टिक
(b) थर्मोसेटिंग प्लास्टिक
(c) (a) और (b) दोनों
(d) (a) और (b) दोनों नहीं

20. बैकेलाइट निम्नलिखित के संघनन से बनता है?
(a) यूरिया एवं फॉर्मेल्डिहाइड (b) फीनॉल एवं फॉर्मेल्डिहाइड
(c) फीनॉल एवं ऐसीटैल्डिहाइड (d) मैलामिन एवं फॉर्मेल्डिहाइड

21. विद्युत स्विच किस बहुलक के बनाए जाते हैं?
(a) रेशे से (b) थर्मोसेटिंग प्लास्टिक से
(c) पॉलिमर से (d) प्लास्टिक से

22. किस प्रकार के कपडों में आसानी से सिलवटे नहीं पड़ती है?
(a) पॉलिमर (b) नायलॉन (c) सूती (d) पॉलिएस्टर

23. आग बुझाने वाले कर्मचारियों के कपड़े किससे बने होते हैं?
(a) टेफ्लॉन से (b) मेलामाइन प्लास्टिक से
(c) बैकेलाइट से (d) थर्मोप्लास्टिक से

24. रेयॉन को ······· से प्राप्त किया जाता है।
(a) कोयला, जल और तेल (b) काष्ट-लुगदी
(c) ऐक्रिलिक (d) जानवरों

25. पॉलिथीन का एकलक (मोनोमर) है
(a) क्लोरीन (b) मेथेन (c) एथीन (d) आयोडीन

26. कौन-सा एक थर्मोसेटिंग प्लास्टिक का उदाहरण है?
(a) नायलॉन (b) थर्मोप्लास्टिक
(c) पॉलिएस्टर रेशे (d) बैकेलाइट और मेलामाइन

27. निम्न में से किस पदार्थ का पुन: चक्रण एवं उपयोग किया जा सकता है?
(a) टेफ्लॉन (b) बैकेलाइट
(c) प्लास्टिक (d) थर्मोप्लास्टिक

28. निम्नलिखित में से कौन-सा बहुलक जैव निम्नीकृत नहीं किया जा सकता है?
(a) सेलुलोस (b) स्टार्च (c) प्रोटीन (d) पी.वी.सी

29. पर्यावरण प्रदूषण का प्रमुख कारण है
(a) प्लास्टिक (b) सूती (c) ऊन (d) कपास

उत्तरमाला

1.	(c)	2.	(a)	3.	(b)	4.	(d)	5.	(a)	6.	(b)	7.	(d)	8.	(c)	9.	(a)	10.	(b)
11.	(c)	12.	(c)	13.	(c)	14	(c)	15	(b)	16.	(d)	17.	(a)	18.	(d)	19.	(a)	20.	(b)
21.	(b)	22.	(d)	23.	(b)	24.	(b)	25.	(c)	26.	(d)	27.	(c)	28.	(d)	29.	(a)		

03 | वायु

- **वायुमण्डल** विभिन्न गैसों के मिश्रण से बना अदृश्य क्षेत्र है।
- **वायुमण्डल** पृथ्वी के चारों ओर 1600 किमी की ऊँचाई तक फैला रहता है। इसमें उपस्थित गैसों में मुख्य रूप से 78% नाइट्रोजन (N_2), 21% ऑक्सीजन (O_2), 0.9% ऑर्गन (Ar), 0.04% जलवाष्प, 0.03% कार्बन डाइऑक्साइड (CO_2), हाइड्रोजन (H_2), हीलियम (He) तथा कुछ धूल के कणों का मिश्रण है।
- पृथ्वी की सतह पर वायु भार द्वारा लगाया गया बल वायुमण्डलीय दाब कहलाता है।
- वायुमण्डलीय दाब का मापन एनीरॉयड बैरोमीटर से किया जाता है।
- वायुमण्डलीय दाब का मान 1.013×10^5 पास्कल या 5 न्यूटन/मी^{2} या 76 सेमी पारे के स्तम्भ के दाब के तुल्य होता है।
- **नाइट्रोजन** अक्रिय गैस है, जिसका उपयोग अमोनिया संश्लेषण, उर्वरक, बल्बों की जीवन अवधि बढ़ाने, खाद्य संरक्षक आदि में किया जाता है।
- **ऑक्सीजन** जल से हल्की तथा वायु से भारी गैस होती है।
- इसका उपयोग जलाने में, वैल्डिंग, श्वसन आदि में किया जाता है।
- **ओजोन** (O_3) अत्यधिक क्रियाशील तथा विषैली गैस है।
- **ग्रीन हाउस** गैसें पृथ्वी की सतह का निश्चित तापमान बनाए रखने में सहायक होती है। CO_2, CH_4 व जलवाष्प ग्रीन हाउस गैसें हैं।
- कार्बन डाइऑक्साइड और वायुमण्डल में उपस्थित अन्य ग्रीन हाउस गैसों द्वारा विकिरणों को रोके जाने के कारण पृथ्वी और उसकी वस्तुओं का गर्म होना, ग्रीन हाउस प्रभाव कहलाता है।
- **अम्ल वर्षा** में वर्षा जल का pH मान 5.6 से कम हो जाता है।
- यह नाइट्रिक अम्ल (HNO_3) तथा सल्फ्यूरिक अम्ल (H_2SO_4) का मिश्रण है।
- **वायु प्रदूषण** हानिकारक गैसों (CO, SO_2, NO_2) व निलम्बित कणों का परिणाम होता है।

अभ्यास प्रश्न

1. पृथ्वी का वायुमण्डल है
(a) पृथ्वी के चारों ओर गैसों की परत
(b) पृथ्वी की सतह
(c) (a) और (b) दोनों
(d) उपरोक्त में से कोई नहीं

2. वातावरण किस प्रकार प्रभावित होता है?
(a) ऊँचाई बढ़ने के साथ और अधिक मोटा होता जाता है।
(b) ऊँचाई बढ़ने के साथ और अधिक पतला होता जाता है।
(c) बढ़ती ऊँचाई के साथ समान रहता है।
(d) उपरोक्त में से कोई नहीं

3. वायु का वास्तविक संघटन हैं
(a) N-78%, O-21%, Ar-0.9%, $CO_2 - 0.03\%$ जलवाष्प–0.04% एवं गैस व धूल के कण
(b) N-78.2%, O-21.5%, Ar-0.9%, $CO_2 - 0.003\%$ जलवाष्प–0.04% एवं गैस व धूल के कण
(c) N-78.4%, O-21.7%, Ar-0.9%, $CO_2 - 0.0003\%$ जलवाष्प–0.04% एवं गैस व धूल के कण
(d) N-78.6%, O-21.8%, Ar-0.9%, $CO_2 - 0.04\%$ जलवाष्प–0.04% एवं गैस व धूल के कण

4. निम्न में से कौन सर्वाधिक मात्रा में वायु में उपस्थित होते हैं
(a) ऑक्सीजन
(b) कार्बन डाइऑक्साइड
(c) नाइट्रोजन
(d) ऑर्गन

5. वायुमण्डल में कार्बन डाइऑक्साइड की मात्रा है
(a) 21% (b) 78%
(c) 0.06% (d) 0.03%

6. वायु में नाइट्रोजन .... होता है।
(a) 78% (b) 21%
(c) 0.03% (d) इनमें से कोई नहीं

7. अधिक ऊँचाई पर पर्वतारोहियों की नाक से खून क्यों निकलता है?
(a) वायुमण्डलीय दाब कम होने के कारण
(b) वायुमण्डलीय दाब अधिक होने के कारण
(c) वायुमण्डलीय दाब शून्य होने के कारण
(d) वायुमण्डलीय दाब बराबर रहने के कारण

8. वायुदाब सर्वाधिक किस क्षेत्र में होता है?
(a) ठण्ड तथा शुष्क में
(b) ठण्ड तथा नम में
(c) उष्ण तथा शुष्क में
(d) उष्ण तथा नम में

9. वायुदाब मापा जाता है।
(a) थर्मामीटर द्वारा
(b) किलोमीटर द्वारा
(c) सेण्टीमीटर द्वारा
(d) एनीरॉयड बैरोमीटर द्वारा

10. बैरोमीटर के आविष्कारक है
(a) टॉरिसेली
(b) ए.पी. जे. अब्दुल कलाम
(c) फ्लेमिंग
(d) लुई पाश्चर

11. पारे के स्तम्भ का कौन-सा मान मानक वायुमण्डलीय दाब को दर्शाता है
(a) 913.25 मिलीबार
(b) 1006.25 मिलीबार
(c) 1013.25 मिलीबार
(d) 1032.25 मिलीबार

12. समुद्र तल पर वायु का घनत्व होता है
(a) 1 किग्रा/मी^{3} (b) 1.2 किग्रा/मी^{3}
(c) 1.8 किग्रा/मी^{3} (d) 2 किग्रा/मी^{3}

13. पौधों द्वारा नाइट्रोजन किस रूप में अवशोषित किया जाता है?
(a) अमोनिया (b) नाइट्राइट
(c) नाइट्रेट (d) सभी

14. विद्युत बल्बों में कौन-सी गैस भरी जाती है?
(a) ऑक्सीजन (b) कार्बन डाइऑक्साइड
(c) नाइट्रोजन (d) कार्बन मोनॉक्साइड

15. नाइट्रोजन का उपयोग भण्डारित भोज्य पदार्थों में किया जाता है क्योंकि
(a) यह भोजन को ऑक्सीजन प्रदान करती है।
(b) यह भोजन को प्रोटीन प्रदान करती है।
(c) यह भोजन को ताजा बनाए रखती है।
(d) यह भोजन के पाचन में सहयोग करती है।

16. ऑक्सीजन गैस वायु से
(a) भारी है (b) हल्की है
(c) न हल्की न भारी (d) इनमें से कोई नहीं

17. जीवनदायिनी गैस कहा जाता है
(a) ऑक्सीजन को (b) ओजोन को
(c) कार्बन डाइऑक्साइड को (d) नाइट्रोजन को

18. निम्नलिखित में से किस गैस का उपयोग दहन/जलाने में किया जाता है?
(a) H_2 (b) O_2
(c) N_2 (d) CO_2

19. पेड़-पौधे प्रकाश संश्लेषण में CO_2 ग्रहण करके कौन-सी गैस विमुक्त करते है?
(a) O_2 (b) O_3
(c) CO (d) N_2

20. ओजोन परत पृथ्वी से कितनी ऊँचाई पर स्थित है?
(a) 50 किमी (b) 300 किमी
(c) 2000 किमी (d) 20 किमी

21. ओजोन गैस का रासायनिक सूत्र है
(a) O_2 (b) O_3 (c) O (d) O_4

22. सूर्य से आने वाली पराबैंगनी किरणों से हमारी रक्षा करने वाली गैस है
(a) मेथेन (b) ऑर्गन
(c) ओजोन (d) ऑक्सीजन

23. वातावरण तापन का प्रमुख कारण है
(a) नाइट्रोजन की बढ़ती मात्रा
(b) ऑक्सीजन की बढ़ती मात्रा
(c) कार्बन डाइ ऑक्साइड की बढ़ती मात्रा
(d) ओजोन की बढ़ती मात्रा

24. आग बुझाने में सहायक गैस है
(a) NH_3 (b) CO_2
(c) H_2 (d) F_2

25. ग्लोबल वॉर्मिंग के लिए किस गैस की मात्रा का बढ़ना उत्तरदायी नहीं है?
(a) सल्फर डाइऑक्साइड (b) नाइट्रोजन
(c) कार्बन डाइऑक्साइड (d) मेथेन

26. कार्बन डाइऑक्साइड किस विकिरण का अवशोषक है?
(a) अल्ट्रारेड विकिरण
(b) इन्फ्रारेड विकिरण
(c) अल्ट्रावायलेट विकिरण
(d) उपरोक्त में से कोई नहीं

27. बन्द कमरे में कोयला जलाने से कौन-सी गैस निकलती है?

(a) NO_2 (b) CO_2
(c) CO (d) O_2

28. कौन-सी गैस रुधिर में ऑक्सीजन वाहक क्षमता को घटा देती है?

(a) कार्बन डाइऑक्साइड
(b) कार्बन मोनॉक्साइड
(c) ऑर्गन
(d) मेथेन

29. ग्रीन हाउस प्रभाव हेतु उत्तरदायी गैस है

(a) CO_2 (b) N_2 (c) Ar (d) O_3

30. ग्रीन हाउस प्रभाव में किसे मार्श गैस के नाम से भी जाना जाता है?

(a) कार्बन डाइऑक्साइड
(b) नाइट्रस ऑक्साइड
(c) ओजोन
(d) मेथेन

31. क्लोरोफ्लोरो कार्बन का उपयोग किया जाता है

(a) रेफ्रिजरेटरों में (b) एयर कण्डीशनरों में
(c) एरोसोल फुहार में (d) सभी में

32. निम्नलिखित गैसों में से कौन-सी अम्ल वर्षा के लिए उत्तरदायी है?

(a) O_2 (b) $CO(g)$
(c) $CO_2(g)$ (d) $SO_2(g)$, $NO_2(g)$

33. वायु प्रदूषण के प्राकृतिक स्त्रोत के घटक है

(a) ज्वालामुखी का फटना
(b) धूल मिट्टी
(c) वन में लगी आग से उठा हुआ धुआँ
(d) उपरोक्त सभी

34. वायु में पाए जाने वाले ठोस व तरल कणों को कहते हैं?

(a) ऑक्साइड (b) अम्ल
(c) हाइड्रोकार्बन (d) ऐरोसॉल

उत्तरमाला

1.	(a)	2.	(b)	3.	(b)	4.	(b)	5.	(d)	6.	(a)	7.	(a)	8.	(a)	9.	(d)	10.	(a)
11.	(c)	12.	(b)	13.	(d)	14	(c)	15	(c)	16.	(a)	17.	(a)	18.	(b)	19.	(a)	20.	(d)
21.	(b)	22.	(c)	23.	(c)	24.	(b)	25.	(b)	26.	(c)	27.	(c)	28.	(b)	29.	(a)	30.	(d)
31.	(d)	32.	(d)	33.	(d)	34.	(d)												

04 रासायनिक अभिक्रियाएँ एवं समीकरण

- भौतिक परिवर्तन में केवल पदार्थ की भौतिक अवस्था, आकार एवं भौतिक गुण परिवर्तित होते हैं परन्तु रासायनिक संघटन एवं गुणों पर कोई प्रभाव नहीं पड़ता हैं।
- **रासायनिक परिवर्तन** में पदार्थों के संघटन एवं रासायनिक गुणों में परिवर्तन होता है।
- **रासायनिक अभिक्रिया** में एक या एक से अधिक पदार्थ परस्पर क्रिया करके पुन: व्यवस्थित होकर नए पदार्थ का निर्माण करते हैं।
- रासायनिक अभिक्रिया में भौतिक और रासायनिक दोनों प्रकार के परिवर्तन होते हैं।
- रासायनिक अभिक्रिया में भाग लेने वाले पदार्थ अभिकारक कहलाते हैं।
- रासायनिक अभिक्रिया में नए बनने वाले पदार्थ उत्पाद कहलाते हैं।
- **रासायनिक समीकरण** अभिकारक, उत्पाद एवं प्रतीकात्मक रूप से उनकी भौतिक अवस्था को प्रदर्शित करता है।
- **सन्तुलित रासायनिक समीकरण** ऐसी रासायनिक समीकरण जिसके दोनों पक्षों (बायीं तथा दायीं ओर) में प्रत्येक तत्व के परमाणुओं की संख्या बराबर होती है, सन्तुलित रासायनिक समीकरण कहलाती है।
- **संयोजन अभिक्रियाओं** में दो या दो से अधिक पदार्थ (तत्व या यौगिक) संयोग करके एकल उत्पाद का निर्माण करते हैं।
- वे अभिक्रियाएँ जो बाह्य कारकों के प्रभाव द्वारा लघु यौगिकों में अपघटित हो जाती हैं परन्तु अपघटन के पश्चात् कारकों को हटाने पर भी मूलरूप में प्राप्त नहीं होती, अपघटन अभिक्रियाएँ कहलाती हैं।
- ये अभिक्रियाएँ प्राय: ऊष्मा, प्रकाश या विद्युत अपघटन द्वारा सम्पन्न होती हैं। ये प्राय: अनुत्क्रमणीय होती हैं।
- **विस्थापन (प्रतिस्थापन) अभिक्रियाओं** में अधिक क्रियाशील तत्व कम क्रियाशील तत्व के यौगिक से उस तत्व (या समूह) को विस्थापित कर स्वयं उसका स्थान ग्रहण कर लेता है।
- वे अभिक्रियाएँ जिनमें ऊष्मा निर्मुक्त होती है, ऊष्माक्षेपी अभिक्रियाएँ कहलाती हैं एवं जिनमें ऊष्मा का अवशोषण होता है, **ऊष्माशोषी अभिक्रियाएँ** कहलाती हैं।
- वह अभिक्रिया जिसमें किसी परमाणु, अणु या आयन से इलेक्ट्रॉन पृथक होते हैं अर्थात् उसमें इलेक्ट्रॉनों की कमी होती है, **ऑक्सीकरण अभिक्रिया** कहलाती है।
- वह अभिक्रिया जिसमें परमाणु अणु या आयन इलेक्ट्रॉनों को ग्रहण करता है अर्थात् उसमें इलेक्ट्रॉनों की वृद्धि होती है **अपचयन** अभिक्रिया कहलाती है।
- ऐसी अभिक्रियाएँ, जिनमें ऑक्सीकरण तथा अपचयन प्रक्रम एक साथ ही एक ही समय पर घटित होते हैं, ऑक्सीकरण अपचयन अभिक्रिया, अपचयोपचय अभिक्रिया या रेडॉक्स अभिक्रिया कहलाती है।
- नम वायु के सम्पर्क में आने पर धातु की सतह का क्षरण संक्षारण कहलाता है।
- लोहे में जंग लगना, चाँदी का बदरंग होना आदि संक्षारण के उदाहरण है।
- खाद्य पदार्थों में उपस्थित तेल और वसा के मन्द ऑक्सीकरण से उनके स्वाद तथा गन्ध का बदल जाना विकृतगन्धिता कहलाती है।

अभ्यास प्रश्न

1. मैग्नीशियम धातु का वायु में जलना एक उदाहरण है

(a) भौतिक परिवर्तन का
(b) रासायनिक परिवर्तन का
(c) ऊष्मागतिकी का
(d) उपरोक्त में से कोई नहीं

2. बर्फ का पिघलना किस प्रकार का परिवर्तन है?

(a) रासायनिक (b) भौतिक
(c) ऊष्मीय (d) निष्क्रिय

3. चीनी का पानी में घुलना किस प्रकार का परिवर्तन है?

(a) भौतिक (b) रासायनिक
(c) अपचयन (d) ऑक्सीकरण

4. निम्नलिखित में से कौन-सा एक भौतिक परिवर्तन नहीं है?

(a) बर्फ का पिघलना
(b) जल में लवण घुलना
(c) L.P.G का दहन
(d) जल के क्वथन पर जलवाष्प में बदलना

5. दूध से दही का बनना किस प्रकार का परिवर्तन है?

(a) भौतिक (b) रासायनिक
(c) ऑक्सीकरण (d) अपचयन

6. लोहे पर जंग लगना किस प्रकार का परिवर्तन है?

(a) रासायनिक परिवर्तन का (b) भौतिक परिवर्तन का
(c) ऊष्मागतिकी का (d) अपचयन का

7. यदि उत्पाद अधिक स्थायित्व रखते हैं, तो रासायनिक अभिक्रिया

(a) सम्पन्न होती है
(b) सम्पन्न नहीं होती है
(c) अत्यधिक तीव्र होती है
(d) निम्न गति से होती है

8. $2FeCl_3 + 2H_2O + y \longrightarrow 2FeCl_2 + H_2SO_4 + 2HCl$
रासायनिक अभिक्रिया में y है

(a) S (b) H_2S
(c) SO_2 (d) Cl_2

9. कार्बन मोनॉक्साइड की क्लोरीन के साथ अभिक्रिया द्वारा कार्बोनिल क्लोराइड का बनना उदाहरण है

(a) वियोजन अभिक्रिया का
(b) संयोजन अभिक्रिया का
(c) विस्थापन अभिक्रिया का
(d) अपघटन अभिक्रिया का

10. निम्नलिखित में कौन-सी उभय अपघटन अभिक्रिया नहीं है?

(a) $AgNO_3 + NaCl \longrightarrow AgCl + NaNO_3$
(b) $NH_4Cl \longrightarrow NH_3 + HCl$
(c) $BaCl_2 + Na_2SO_4 \longrightarrow BaSO_4 + 2NaCl$
(d) $CH_3COOH + NaOH \longrightarrow CH_3COONa + H_2O$

11. फेरिक ऑक्साइड, सल्फर डाइऑक्साइड तथा सल्फर ट्राइऑक्साइड निम्न में से किसका वियोजित रूप है?

(a) फेरस सल्फेट (b) फेरिक क्लोराइड
(c) हेमेटाइट (d) फेरिक ऑक्साइड

12. रासायनिक अभिक्रिया का वह प्रकार जिसमें अभिकारक यौगिकों के आयन (Ions) एवं मूलक (Radicals) परस्पर विनिमय कर नए उत्पाद निर्मित करते हैं, कहलाता है

(a) उभय अपघटन अभिक्रिया
(b) अपघटन अभिक्रिया
(c) आयनिक वियोजन अभिक्रिया
(d) अनुत्क्रमणीय अभिक्रिया

13. रासायनिक समीकरण, $BaCl_2$ (जलीय) + H_2SO_4 (जलीय) $\longrightarrow BaSO_4$ (ठोस) + 2HCl (जलीय) है

(a) योगात्मक अभिक्रिया
(b) निराकरण अभिक्रिया
(c) विस्थापन अभिक्रिया
(d) उपरोक्त में से कोई नहीं

14. जब कॉपर सल्फेट विलयन में लोहे का टुकड़ा डालते हैं, तो कॉपर व फेरस सल्फेट बनते हैं। यह अभिक्रिया कहलाती है

(a) प्रतिस्थापन अभिक्रिया
(b) योगात्मक अभिक्रिया
(c) ऊष्मीय वियोजन
(d) ऊष्मीय अपघटन

15. सिल्वर ब्रोमाइड (AgBr) का वियोजन किस ऊर्जा के कारण होता है?

(a) प्रकाश (b) विद्युत
(c) ऊष्मा (d) पवन

16. $Fe_2O_3 + 2Al \longrightarrow Al_2O_3 + 2Fe$
ऊपर दी गयी अभिक्रिया किस प्रकार की है?

(a) संयोजन अभिक्रिया
(b) द्विविस्थापन अभिक्रिया
(c) वियोजन अभिक्रिया
(d) विस्थापन अभिक्रिया

17. लौह चूर्ण पर तनु हाइड्रोक्लोरिक अम्ल डालने से क्या होता है?

(a) हाइड्रोजन गैस एवं आयरन क्लोराइड बनता है।
(b) क्लोरीन गैस एवं आयरन हाइड्रॉक्साइड बनता है।
(c) कोई अभिक्रिया नहीं होती है।
(d) आयरन लवण एवं जल बनता है।

18. अमोनिया (NH_3) और हाइड्रोजन क्लोराइड (HCl) सम्पर्क में आने पर क्रिया करके बनाते हैं

(a) अमोनियम क्लोराइड
(b) अमोनियम सल्फाइड
(c) अमोनियम ऑक्साइड
(d) गन्धक

19. ताँबे के तार को फेरस सल्फेट में डुबाने से क्या होगा?

(a) कॉपर सल्फेट बनेगा
(b) ताँबा बनेगा
(c) लोहा बनेगा
(d) कोई अभिक्रिया नहीं होगी

20. किस अभिक्रिया में आयनों का आदान-प्रदान होता है?

(a) विस्थापन अभिक्रिया
(b) द्विविस्थापन अभिक्रिया
(c) संयोजन अभिक्रिया
(d) वियोजन अभिक्रिया

21. जब कॉपर सल्फेट के विलयन में लोहे की कील या पत्ती डुबोई जाए, तो विलयन किस रंग का हो जाता है?

(a) रंगहीन (b) नीला (c) लाल (d) हरा

22. लेड II नाइट्रेट के विलयन में पोटैशियम आयोडाइड का विलयन मिलाने पर किस रंग का अवक्षेप प्राप्त होता है?

(a) नीला (b) पीला
(c) लाल (d) भूरा

23. कौन-सी रासायनिक अभिक्रियाएँ गर्म करने पर सम्पन्न होती हैं?

(a) ऊष्माक्षेपी अभिक्रिया
(b) ऊष्माशोषी अभिक्रिया
(c) अपचयन अभिक्रिया
(d) उपरोक्त में से कोई नहीं

24. ऊष्माशोषी अभिक्रिया है

(a) $N_2 + O_2 \longrightarrow 2NO$
(b) $H_2 + I_2 \longrightarrow 2HI$
(c) $C + O_2 \longrightarrow 2HI$
(d) $S + O_2 \longrightarrow SO_2$

25. वे अभिक्रियाएँ, जिसमें ऊष्मा मुक्त होती है

(a) ऊष्माक्षेपी अभिक्रियाएँ
(b) ऊष्माशोषी अभिक्रियाएँ
(c) उभयअपघटन अभिक्रियाएँ
(d) विकृतगन्धिता

26. ठोस कैल्सियम ऑक्साइड जल से तीव्रता से अभिक्रिया करके कैल्सियम हाइड्रॉक्साइड निर्मित करता है तथा ऊष्मा भी उत्पन्न करता है। इस प्रक्रिया को चूने का बुझाना (Slaking of lime) कहते हैं। कैल्सियम हाइड्रॉक्साइड जल में विलेय होकर विलयन, जिसे चूने का पानी कहते हैं, बनाता है। चूने के बुझने की क्रिया तथा बनने वाले विलयन के सम्बन्ध में निम्न में से कौन-सा (कौन-से) कथन सत्य है (हैं)?

(i) यह एक ऊष्माशोषी अभिक्रिया है।
(ii) यह एक ऊष्माक्षेपी अभिक्रिया है।
(iii) बनने वाले विलयन का pH मान सात से अधिक है।
(iv) बनने वाले विलयन का pH मान सात से कम है।

(a) (i) तथा (ii) (b) (ii) तथा (iii)
(c) (i) तथा (iv) (d) (iii) तथा (iv)

27. $NaOH + HCl \longrightarrow NaCl + H_2O$ उदाहरण है

(a) अपघटन अभिक्रिया का
(b) संयोजन अभिक्रिया का
(c) उदासीनीकरण अभिक्रिया का
(d) अवक्षेपण अभिक्रिया का

28. किसी तत्व का ऑक्सीजन से संयोग कहलाता है

(a) अपचयन (b) ऑक्सीकरण
(c) अपघटन (d) विस्थापन

29. दहन के समय पदार्थ ऑक्सीजन से जुड़ता है, तो यह क्रिया होगी

(a) अपचयन (b) ऑक्सीकरण
(c) अपघटन (d) विस्थापन

30. मेथेन के दहन से प्राप्त होता है?

(a) CO_2
(b) H_2O
(c) CO_2 और H_2O दोनों
(d) CO और H_2O दोनों

31. सल्फर के ऑक्साइड (जो आगे ऑक्सीकृत किये जा सकते हैं) जब जल में घुलते हैं, तब देते हैं

(a) H_2S (b) H_2SO_3
(c) H_2SO_4 (d) H_2

32. नीचे दी गई अभिक्रिया के सम्बन्ध में कौन-सा कथन असत्य है?

$2PbO(s) + C(s) \longrightarrow 2Pb(s) + CO_2(g)$

(i) सीसा अपचयित हो रहा है।
(ii) कार्बन डाइऑक्साइड उपचयित हो रहा है।
(iii) कार्बन उपचयित हो रहा है।
(iv) लेड ऑक्साइड अपचयित हो रहा है।

(a) (i) एवं (ii)
(b) (i) एवं (iii)
(c) (i), (ii) एवं (iii)
(d) उपरोक्त सभी

33. वसा युक्त खाद्य पदार्थ विकृतगन्धी हो जाते हैं

(a) अपचयन के कारण
(b) ऑक्सीकरण के कारण
(c) संक्षारण के कारण
(d) उपरोक्त में से कोई नहीं

34. विकृतगन्धिता को रोका जा सकता है

(a) प्रति ऑक्सीकारक मिलाकर
(b) सूर्य के प्रकाश से दूर रखकर
(c) भोजन को फ्रिज मे रखकर
(d) उपरोक्त सभी

35. फेरस सल्फेट के क्रिस्टल को गर्म करने पर विशिष्ट गन्ध निकलती है

(a) फेरस सल्फेट के संयोजन के कारण
(b) सल्फर के दहन के कारण
(c) रंग परिवर्तित होने के कारण
(d) फेरस सल्फेट के ऑक्सीकरण के कारण

36. लेड सल्फेट का रासायनिक सूत्र है

(a) $PbSO_4$ (b) Pb_2SO_4 (c) $Pb(SO_4)_2$ (d) $Pb(SO_4)_3$

37. लोहे के ऊपर लगे जंग का रासायनिक सूत्र क्या होता है?

(a) FeO (b) Fe_2O_3
(c) Fe_3O_4 (d) $Fe_2O_3 \cdot H_2O$

उत्तरमाला

1. (b)	2. (b)	3. (a)	4. (c)	5. (b)	6. (a)	7. (a)	8. (b)	9. (b)	10. (b)
11. (a)	12. (a)	13. (c)	14 (a)	15 (a)	16. (d)	17. (a)	18. (a)	19. (a)	20. (b)
21. (d)	22. (b)	23. (b)	24. (a)	25. (a)	26. (b)	27. (c)	28. (b)	29. (b)	30. (c)
31. (b)	32. (b)	33. (b)	34. (d)	35. (b)	36. (a)	37. (d)			

05 | धातुएँ एवं अधातुएँ

- वे सूक्ष्मतम कण जिनसे पदार्थ निर्मित होते हैं, तत्व कहलाते हैं।
- वे तत्व, जो इलेक्ट्रॉन त्याग कर धनायन बनाने की प्रवृत्ति रखते हैं, धातु कहलाते हैं।
- धातुएँ ऊष्मा एवं विद्युत का चालन करती हैं।
- धातुओं में आघातवर्धनीयता तथा तन्यता का गुण पाया जाता है।
- सामान्यतया कमरे के ताप पर ठोस होती हैं। (मर्करी के अतिरिक्त)
- सामान्यतया धातुएँ इनके गलनांक एवं क्वथनांक उच्च होते हैं।
- इनमें भँगुरता नहीं पाई जाती है।
- यह धात्विक ध्वनि उत्पन्न करती हैं।
- धात्विक इलेक्ट्रॉन त्यागकर धनायन बनाने की प्रवृत्ति दर्शाती है अर्थात् विद्युत धनात्मक होती है।
- धातुएँ, अम्लों से क्रिया कर हाइड्रोजन गैस का विस्थापन करती है।
- अधिक सक्रिय धातुएँ अपने से कम अभिक्रियाशील धातुओं को उसके लवण विलयन से विस्थापित कर सकती हैं।
- धातुएँ, वायु में उपस्थित ऑक्सीजन से अभिक्रिया करके क्षारीय ऑक्साइड बनाती हैं।
- धातुएँ, जल के साथ अभिक्रिया करके हाइड्रोजन गैस तथा धातु ऑक्साइड अथवा धातु हाइड्रॉक्साइड बनाती हैं।
- कुछ क्रियाशील धातुएँ हाइड्रोजन से क्रिया करके हाइड्राइड बनाती हैं।
- सान्द्र हाइड्रोक्लोरिक अम्ल तथा सान्द्र नाइट्रिक अम्ल का 3 : 1 अनुपात का मिश्रण अम्ल राज या ऐक्वारेजिया कहलाता है।
- वे तत्व जो ऊष्मा तथा विद्युत का चालन नहीं करते अधातु कहलाते हैं।
- अधातु इलेक्ट्रॉन ग्रहण करके ऋणायन बनाने की प्रवृत्ति दर्शाते हैं।
- अधातुओं में धात्विक चमक विद्युत एवं ऊष्मीय चालकता नहीं पाई जाती है।
- अधातुओं में भँगुरता पाई जाती है तथा ये अतन्य होती हैं।
- अधातुओं के **गलनांक** व **क्वथनांक** निम्न होते हैं।
- अधातुओं का घनत्व सामान्यतया कम होता हैं।
- ये अध्वनिक होते हैं।
- अधातुएँ, ऑक्सीजन से क्रिया करके अम्लीय ऑक्साइड बनाती हैं।
- ये क्लोरीन से क्रिया करके क्लोराइड बनाती हैं।
- इनकी हाइड्रोजन से क्रिया द्वारा हाइड्राइड बनते हैं।
- **धातुओं व अधातुओं के** मध्य इलेक्ट्रॉन के स्थानान्तरण द्वारा बनने वाले बन्ध, आयनिक बन्ध कहलाते हैं।
- कुछ तत्वों में धातु तथा अधातु दोनों के गुण विद्यमान रहते हैं, इन्हें उपधातु कहते हैं।
- दो या दो से अधिक धातुओं को गलित अवस्था में मिश्रित करने पर निर्मित समांगी मिश्रण को मिश्र-धातु कहते है।

अभ्यास प्रश्न

1. धातु वे तत्व हैं, जिनमें
(a) धनायन बनाने की प्रवृत्ति होती है।
(b) ऋणायन बनाने की प्रवृत्ति होती है।
(c) हथौड़े से पीटने पर छोटे-छोटे कणों में टूट जाने का गुण होता है।
(d) विद्युत तथा ऊष्मा के कुचालक होने का गुण होता है।

2. धातुएँ निम्नलिखित में से कौन-सा गुण नहीं दर्शाती है?
(a) विद्युत चालकता (b) ध्वानिक प्रकृति
(c) भंगुरता (d) तन्यता

3. धातुओं का वह गुण, जिसके कारण उन्हें पीटकर पतले शीटों (चादर) में परिवर्तित किया जा सकता है कहलाता है
(a) तन्यता (b) भंगुरता
(c) अघातवर्धनीयता (d) चालकता

4. धातुओं को पतले तारों में खींचने की क्षमता को कहते हैं
(a) तन्यता (b) आघातवर्धनीयता
(c) ध्वनिकता (d) सुचालकता

5. निम्नलिखित धातुओं में से सर्वाधिक आघातवर्धनीय धातु है
(a) Fe (b) Na
(c) Mg (d) Au

6. ऐसी कौन-सी धातु है, जिसके लगभग अदृश्य तार खींचे जा सकते हैं?
(a) लेड (b) सोना
(c) चाँदी (d) टंगस्टन

7. ऐसी कौन-सी धातु है, जिसे पीटकर 0.0001 मिमी से भी कम मोटाई की पतली चादर में परिवर्तित किया जा सकता है?
(a) Cu (b) Hg (c) Au (d) K

8. निम्न में से किसके अलावा सभी धातुएँ ठोस है?
(a) सोडियम (b) कैल्सियम
(c) पारा (d) हाइड्रोजन

9. धातु है
(a) B (b) Li (c) Si (d) C

10. पोटैशियम (K) का गलनांक कितना होता है?
(a) 40° सेल्सियस (b) 50° सेल्सियस
(c) 64° सेल्सियस (d) 68° सेल्सियस

11. मैग्नीशियम धातु का घनत्व कितना होता है?
(a) 1.74 ग्राम-सेमी$^{-3}$ (b) 1.60 ग्राम-सेमी$^{-3}$
(c) 1.52 ग्राम-सेमी$^{-3}$ (d) 1.30 ग्राम-सेमी$^{-3}$

12. धातुएँ अम्ल से क्रिया करके कौन-सी गैस बनाती हैं?
(a) H_2 (b) N_2
(c) O_2 (d) NH_2

13. कॉपर (Cu), ऐलुमिनियम (Al), सिल्वर (Ag), आयरन (Fe) धातुओं में से विद्युत की सर्वश्रेष्ठ सुचालक धातु कौन-सी है?
(a) Al (b) Cu
(c) Ag (d) Fe

14. ...... ठण्डे तनु अम्ल से हाइड्रोजन गैस बनाता है।
(a) सिलिका (b) कॉपर
(c) जिंक (d) कार्बन

15. निम्नलिखित में से कौन-सी धातु जल के साथ सामान्य ताप पर क्रिया करती है?
(a) Cu (b) Na
(c) Al (d) Mg

16. धातुओं के ऑक्साइड सामान्यतया होते हैं
(a) अम्लीय (b) क्षारीय
(c) उभयधर्मी (d) उदासीन

17. निम्नलिखित में से कौन-सी धातु ठण्डे तथा गर्म जल से कोई क्रिया नहीं करती है?
(a) Ca (b) Na
(c) Mg (d) Fe

18. धातुएँ सामान्यतः क्षारीय ऑक्साइड बनाती है। निम्नलिखित में से कौन-सी एक धातु एक उभयधर्मी ऑक्साइड बनाती है?
(a) Na (b) Ca
(c) Al (d) Cu

19. ऐसी कौन-सी धातु है, जिसका प्रयोग बल्ब के फिलामेन्ट (तन्तु) बनाने में किया जाता है?
(a) Mg (मैग्नीशियम) (b) Ag (सिल्वर)
(c) Pt (प्लेटिनम) (d) W (टंगस्टन)

20. सोना (Au) धातु का घनत्व मैग्नीशियम की अपेक्षा होता है
(a) कम (b) अधिक
(c) बराबर (d) इनमें से कोई नहीं

21. पोटैशियम परमैंगनेट को गर्म करने पर निकलने वाली गैस है
(a) N_2 (b) O_2 (c) H_2 (d) He

22. अधातु है
(a) K (b) F
(c) Al (d) Na

23. कौन-सी अधातु है जो चमकीली है?

(a) सल्फर (b) ऑक्सीजन
(c) नाइट्रोजन (d) आयोडीन

24. सामान्यतः अधातु विद्युत के ········ नहीं होते हैं।

(a) अचालक (b) सुचालक
(c) प्रचालक (d) 'a' और 'b' दोनों

25. वह कौन-सी अधातु है, जो द्रव अवस्था में पाई जाती है?

(a) आयोडीन (b) ब्रोमीन
(c) कार्बन (d) सिलेनियम

26. निम्नलिखित में से सबसे कठोर अधातु कौन-सी है?

(a) स्टील (b) हीरा (c) लोहा (d) सोना

27. खाद्य सामग्री को संरक्षित करने के लिए उपयोग की जाने वाली अधातु है?

(a) कार्बन (b) फॉस्फोरस
(c) सल्फर (d) नाइट्रोजन

28. निम्नलिखित विद्युत सुचालक नहीं है

(a) ताँबा (b) पीतल (c) ग्रेफाइट (d) काँच

29. कौन-सा एक अधातु विद्युत चालक है

(a) ताँबा (b) ब्रोमीन
(c) ग्रेफाइट (d) पारा

30. मिश्रधातु काँसा में होते हैं

(a) Cu, Sn (b) Cu, Zn
(c) Al, Zn (d) Zn, Sn

31. पीतल निम्न धातुओं का मिश्रण है

(a) ताँबा, जिंक (b) ताँबा, टिन
(c) लोहा, कार्बन (d) ताँबा, निकेल

32. मुद्रा धातु है

(a) Cu-Sn-Pt मिश्रण (b) Fe-Cr-C मिश्रण
(c) Al-Mg-Cu मिश्रण (d) Cu-Zn-Ni मिश्रण

33. पीतल है

(a) उपधातु (b) मिश्रधातु
(c) यौगिक (d) विषमांगी मिश्रण

34. निम्नलिखित में से कौन-सी मिश्रधातु नहीं है?

(a) स्टील (b) पीतल
(c) ब्रॉन्ज (d) ताँबा

35. टाँका एक मिश्रधातु है

(a) टिन तथा सीसे की
(b) टिन तथा ताँबे की
(c) टिन, ताँबे तथा जस्ते की
(d) टिन, सीसा तथा जस्ते की

36. निम्नलिखित में से कौन-सा तत्व स्टेनलेस स्टील में उपस्थित नहीं होता है?

(a) लोहा (b) टंगस्टन
(c) क्रोमियम (d) निकेल

37. किस मिश्रधातु में निकेल तत्व उपस्थित होता है?

(a) पीतल (b) काँस्य
(c) इन्वार (d) सोल्डर

उत्तरमाला

1. (c)	2. (a)	3. (c)	4. (a)	5. (d)	6. (b)	7. (c)	8. (c)	9. (b)	10. (c)
11. (a)	12. (a)	13. (c)	14 (c)	15 (b)	16. (b)	17. (d)	18. (c)	19. (d)	20. (b)
21. (b)	22. (b)	23. (d)	24. (b)	25. (b)	26. (b)	27. (d)	28. (d)	29. (c)	30. (a)
31. (a)	32. (a)	33. (b)	34. (d)	35. (a)	36. (b)	37. (c)			

06 | कार्बन एवं उसके यौगिक

- कार्बन की चतु:संयोजकता एवं शृंखलन प्रवृत्ति के कारण कार्बन अनेक यौगिक बनाता है।
- कार्बन के अतिरिक्त अन्य परमाणु जैसे–हाइड्रोजन, ऑक्सीजन, नाइट्रोजन और क्लोरीन भी इलेक्ट्रॉनों की साझेदारी से आबन्ध बनाते हैं।
- हीरा, ग्रेफाइट तथा फुलेरीन कार्बन के अपररूप है।
- कार्बन के अपररूप के भौतिक गुण तो भिन्न होते हैं, परन्तु इनके रासायनिक गुण समान होते हैं।
- कार्बन के अतिरिक्त अन्य तत्व, जैसे— S, O, P आदि भी अपररूपता दर्शाते हैं।
- हीरा बेशकीमती रत्न है। इसका उपयोग आभूषण बनाने व काँच काटने में किया जाता है।
- हीरा पृथ्वी पर पाये जाने वाला सर्वाधिक कठोर पदार्थ है।
- ग्रेफाइट मुलायम और चिकना होता है, इसका उपयोग लेड पेन्सिल निर्माण में किया जाता है।
- फुलेरीन में 60 कार्बन परमाणु एक-दूसरे से जुड़े होते हैं, इसलिए इसे C_{60} भी कहते हैं।
- हाइड्रोकार्बन में यौगिक कार्बन तथा हाइड्रोजन से मिलकर बने होते हैं। इनके अतिरिक्त अधिकांश यौगिकों में O, N, S, P या हैलोजन परमाणु भी हो सकते हैं। इन्हें **हाइड्रोकार्बन व्युत्पन्न** कहते हैं।
- वह परिघटना, जिसमें यौगिकों के आणिक सूत्र तो समान होते हैं लेकिन वे भौतिक अथवा रासायनिक गुणधर्म में भिन्नता दर्शाते हैं, **समावयवता** कहलाती है।
- वे समूह, जो किसी कार्बन शृंखला से जुड़कर उसके रासायनिक गुणों का निर्धारण करते हैं, **क्रियात्मक समूह** कहलाते हैं।
- जब कार्बनिक यौगिकों का अणुसूत्र एवं क्रियात्मक समूह समान हों तथा इन्हें अणुभार 14 के अन्तर से घटते हुए या बढ़ते हुए क्रम में व्यवस्थित किया जाए, तो एक श्रेणी का निर्माण होता है, इसे **सजातीय श्रेणी** कहते हैं।
- दहन एक रासायनिक प्रक्रम हैं, जिसमें पदार्थ ऑक्सीजन से अभिक्रिया कर ऊष्मा देता है।
- सभी कार्बनिक यौगिक ऑक्सीजन में दहन पर कार्बन डाइऑक्साइड तथा जलवाष्प बनाते हैं।
- दहन के प्रक्रम में ऊष्मा और प्रकाश उत्पन्न होता है।
- वह न्यूनतम ताप, जिस पर कोई पदार्थ आग पकड़ता है, ज्वलन ताप कहलाता है।
- किसी ईंधन के 1 किलोग्राम के दहन से प्राप्त ऊष्मा की मात्रा उसका ऊष्मीय मान कहलाता है।
- वे कार्बन यौगिक, जिनमें ऊर्जा संचित होती है तथा उष्मा एवं प्रकाश के साथ जलते है, ईंधन कहलाते हैं।
- दहन सामान्यत: 4 प्रकार का होता है। तीव्र, दहन, मन्द दहन, स्वत: दहन, और अपूर्ण दहन।
- ज्वाला वह क्षेत्र है, जहाँ गैसीय पदार्थों का दहन होता है।
- ज्वाला के 3 क्षेत्र होते हैं–अदीप्त क्षेत्र, दीप्त क्षेत्र और ज्योतिहीन क्षेत्र।
- **एथेनॉल** शराब का मुख्य अवयव है, अत: इसे स्प्रिट ऑफ वाइन भी कहते हैं।
- **ऐसीटिक अम्ल** को सिरके का अम्ल भी कहते हैं।

अभ्यास प्रश्न

1. कार्बन की संयोजकता है

(a) 1 (b) 4 (c) 2 (d) 3

2. प्राय: कार्बनिक यौगिकों में उपस्थित बन्धों की प्रकृति होती है

(a) आयनिक (b) सहसंयोजक
(c) वान्डर वाल्स (d) उपसहसंयोजक

3. कार्बन का अपररूप नहीं है

(a) ग्रेफाइट (b) हीरा
(c) फुलेरीन (d) हाइड्रोकार्बन

4. जिनके भौतिक गुण तो भिन्न-भिन्न होते हैं, परन्तु रासायनिक गुण समान होते हैं, ……… कहलाते हैं।

(a) यौगिक (b) मिश्रण
(c) परमाणु (d) अपररूप

5. कार्बन के अपररूप हीरे में कार्बन परमाणु की संख्या कितनी होती है?

(a) 15 (b) 4 (c) 10 (d) 16

6. निम्न में से कौन-सा पदार्थ सबसे अधिक कठोर है?

(a) हीरा (b) पत्थर
(c) ग्रेफाइट (d) चारकोल

7. कार्बन का कौन-सा अपररूप चिकना और मुलायम होता है?

(a) हीरा (b) ग्रेफाइट
(c) कोयला (d) पेट्रोलियम

8. ग्रेफाइट का गलनांक होता है

(a) अतिउच्च (b) शून्य
(c) निम्न (d) उच्च

9. पेंसिल में कार्बन के किस अपररूप का प्रयोग किया जाता है?

(a) हीरा (b) फुलेरीन
(c) ग्रेफाइट (d) ऑक्सीजन

10. ग्रेफाइट का उपयोग किस रूप में किया जाता है?

(a) स्नेहक (b) तार
(c) विद्युत (d) औजार

11. 60 कार्बन परमाणु वाला अपररूप है

(a) चारकोल (b) ग्रेफाइट
(c) हीरा (d) फुलेरीन

12. प्राकृतिक रूप से मिलने वाले कार्बन के अपररूप हैं

(a) कोक और हीरा (b) हीरा और ग्रेफाइट
(c) ग्रेफाइट और रबर (d) प्लास्टिक और कोयला

13. काँच को काटने एवं कठोर पत्थरों में छेद करने वाले औजारों को बनाने में किसका उपयोग किया जाता है?

(a) लोहा (b) स्टील
(c) हीरा (d) ग्रेफाइट

14. प्राचीन काल में ऐल्बुमिन तथा यूरिया को किस पदार्थ की श्रेणी में रखा गया?

(a) जन्तु पदार्थ (b) वनस्पति पदार्थ
(c) खनिज पदार्थ (d) इनमें से कोई नहीं

15. कार्बनिक यौगिकों का मुख्य स्त्रोत है

(a) कोलतार (b) पेट्रोलियम
(c) कोलतार तथा पेट्रोलियम (d) इनमें से कोई नहीं

16. व्होलर द्वारा प्रयोगशाला में निर्मित कार्बनिक पदार्थ था

(a) पेट्रोल (b) वसा
(c) स्टार्च (d) यूरिया

17. संतृप्त हाइड्रोकार्बन में नहीं होता है

(a) एकल आबन्ध
(b) चतुष्फलकीय संरचना
(c) C—C आबन्ध कोण 109°28′ का
(d) C—C

18. ऐसीटिक अम्ल में क्रियात्मक समूह है

(a) $>C=C<$ (b) —OH
(c) —COOH (d) —OR

19. कौन-सा कार्बनिक यौगिक असंतृप्त यौगिक है?

(a) एथेन (b) मेथेन
(c) एथिलीन (d) एथिल ऐल्कोहॉल

20. ब्यूटेनॉन में क्रियात्मक समूह है

(a) —CHO (b) $>C=O$
(c) —OH (d) —COOH

21. वे हाइड्रोकार्बन जिनमें कार्बन तथा हाइड्रोजन के अतिरिक्त N, O या S भी उपस्थित होते हैं, उन्हें कहते हैं

(a) हाइड्रोकार्बन (b) हाइड्रोकार्बन व्युत्पन्न
(c) प्रोपेन (d) पेन्टेन

22. पेट्रोलियम का उत्पाद नहीं है

(a) पेट्रोल (b) बायोडीजल
(c) कैरोसीन (d) डीजल

23. प्राकृतिक गैस का मुख्य घटक है

(a) एथेन (b) हाइड्रोजन
(c) नाइट्रोजन (d) मेथेन

24. मृत पेड़ पौधे धीरे-धीरे ...... पर कोयले में परिवर्तित हो जाते हैं

(a) निम्न दाब व उच्च ताप (b) उच्च दाब व निम्न ताप
(c) उच्च दाब व उच्च ताप (d) निम्न दाब न निम्न ताप

25. मृत वनस्पति से कोयला बनने की प्रक्रिया कहलाती है

(a) कार्बनीकरण (b) आसवन
(c) संवहन (d) प्राकृतिक गैस

26. अपूर्ण दहन में निम्न में से कौन-सी जहरीली गैस बनती है

(a) कोल गैस (b) कार्बन डाइऑक्साइड
(c) कार्बन मोनॉक्साइड (d) नाइट्रिक ऑक्साइड

27. दहन में कौन-सी गैस सहायक होती है?

(a) नाइट्रोजन (b) ऑक्सीजन
(c) क्लोरीन (d) जल

28. मोमबत्ती की ज्वाला के कितने भाग होते हैं?

(a) 3 (b) 2 (c) 4 (d) 6

29. मोमबत्ती की लौ में आंशिक दहन किस क्षेत्र में होता है

(a) बाह्य क्षेत्र (b) मध्य क्षेत्र
(c) अन्त: क्षेत्र (d) निचला क्षेत्र

30. मोमबत्ती का सबसे गर्म क्षेत्र कौन-सा होता है?

(a) नीचला भाग (b) मध्य भाग
(c) बाहरी भाग (d) आन्तरिक भाग

31. मोमबत्ती का कौन-सा भाग चमकीला एवं दीप्त क्षेत्र होता है?

(a) नीचला भाग (b) मध्य भाग
(c) बाहरी भाग (d) भीतरी भाग

32. मोमबत्ती के लपटों में मध्य भाग को कहते हैं

(a) स्वत: भाग (b) रैपिड भाग
(c) आंशिक भाग (d) पूर्ण भाग

33. मोमबत्ती की ज्वाला में सबसे बाहरी क्षेत्र का रंग कौन-सा होता है?

(a) काला (b) लाल
(c) हल्का नीला (d) पीला

34. चारकोल ज्वाला के साथ नहीं जलता है इसका कारण है

(a) गर्म होने पर वाष्पित नहीं होते हैं
(b) गर्म होने पर लौ देते हैं
(c) गर्म करने पर उच्चतम ताप देते हैं
(d) गर्म करने पर प्रकाश देते हैं

35. कौन-सा वाष्पशील द्रव शीघ्रता से आग पकड़ लेता है?

(a) पेट्रोल (b) डीजल
(c) कैरोसीन (d) LPG गैस

36. कार्बन डाइऑक्साइड गैस की प्रकृति होती है?

(a) क्षारीय (b) विद्युतीय
(c) अम्लीय (d) अर्द्धचालक

37. कार्बन-डाइऑक्साइड किस प्रकार की गैस है?

(a) रंगहीन, गंधहीन (b) रंगीन
(c) स्वादहीन (d) वाष्पशील

38. ब्रेड में पाए जाने वाले छिद्र किस गैस के बुलबुले होते हैं?

(a) ऑक्सीजन (b) नाइट्रोजन डाइऑक्साइड
(c) नाइट्रोजन (d) कार्बन डाइऑक्साइड

39. कार्बन डाइऑक्साइड किस विकिरण का अवशोषक है

(a) अल्ट्रारेड विकिरण
(b) इन्फ्रारेड विकिरण
(c) अल्ट्रावायलेट विकिरण
(d) उपरोक्त में से कोई नहीं

40. ग्लोबल वॉर्मिंग के लिए किस गैस की मात्रा का बढ़ना उत्तरदायी है

(a) फ्लोरीन (b) नाइट्रोजन
(c) कार्बन डाइऑक्साइड (d) ऑक्सीजन

41. ठोस CO_2 को क्या कहा जाता है?

(a) नमी बर्फ (b) द्रव बर्फ
(c) शुष्क बर्फ (d) आयनिक बर्फ

42. निम्नलिखित में से किस हैलोजन का उपयोग रोगाणुनाशी में करते हैं?

(a) फ्लोरीन (b) क्लोरीन
(c) ब्रोमीन (d) आयोडीन

उत्तरमाला

1. (b)	2. (b)	3. (d)	4. (d)	5. (b)	6. (a)	7. (b)	8. (d)	9. (c)	10. (a)
11. (d)	12. (b)	13. (c)	14 (a)	15 (c)	16. (d)	17. (c)	18. (c)	19. (c)	20. (b)
21. (b)	22. (b)	23. (d)	24. (c)	25. (a)	26. (c)	27. (b)	28. (a)	29. (b)	30. (c)
31. (b)	32. (c)	33. (c)	34. (a)	35. (a)	36. (c)	37. (a)	38. (d)	39. (c)	40. (c)
41. (c)	42 (b)								

07 कोशिका : जीवन की मौलिक इकाई

- **कोशिका की खोज** कोशिका सजीवों की संरचनात्मक एवं कार्यात्मक इकाई है। सन् 1665 में रॉबर्ट हुक ने सरल सूक्ष्मदर्शी द्वारा कॉर्क के टुकड़े में मधुमक्खी के छत्ते जैसी संरचना देखी, जोकि मृत कोशिकाएँ थी।
- विभिन्न जीवों में उपस्थित कोशिकाओं की संख्या के आधार पर जीव निम्न दो प्रकार के होते हैं
  - **एककोशिकीय जीव** जिनका शरीर केवल एकल कोशिका से बना होता है। यह एकल कोशिका ही समस्त जैविक क्रियाएँ करती है। उदाहरण- *अमीबा, पैरामीशियम।*
  - **बहुकोशिकीय जीव** इनका शरीर एक से अधिक कोशिकाओं से बना होता है तथा इनमें श्रम विभाजन पाया जाता है।

केन्द्रक की रचना के आधार पर कोशिकाएँ दो प्रकार की होती हैं

प्रोकैरियोटिक कोशिका	यूकैरियोटिक कोशिका
प्राथमिक अविकसित कोशिकाएँ	सुविकसित कोशिकाएँ
सुविकसित केन्द्रक व कोशिकांगों का अभाव	सुविकसित केन्द्रक व झिल्ली बद्ध कोशिकांग उपस्थित
उदाहरण-नील-हरित शैवाल, जीवाणु, विषाणु, आदि।	उदाहरण-पादप, जन्तु, आदि।

- कोशिका में जीवन की समस्त जैविक क्रियाएँ सम्पन्न होती हैं। इन क्रियाओं को सम्पन्न करने के लिए कोशिका में आवश्यक आवरण पाए जाते हैं।
- **बाह्य आवरण** मुख्यतः कोशिका के निश्चित आकार एवं सुरक्षा से सम्बन्धित होते हैं
  - **कोशिका झिल्ली** सभी कोशिकाओं में जीवद्रव्य के चारों ओर एक पतली झिल्ली पाई जाती है, जिसे कोशिका झिल्ली कहते हैं।
  - **कोशिका भित्ति** पादप कोशिका में कोशिका झिल्ली के चारों ओर दृढ़ व मृत सेलुलोस का बना आवरण होता है, जिसे कोशिका भित्ति कहते हैं।
- **जीवद्रव्य** सभी कोशिकाओं में एक अर्द्धतरल जैलीनुमा द्रव्य होता है। **हक्सले** के अनुसार, जीवद्रव्य जीवन का भौतिक आधार है। जीवद्रव्य शब्द का सर्वप्रथम प्रयोग **पुरकिन्जे** ने किया एवं इसके लिए सार्कोड शब्द **वॉनमॉल** ने प्रयुक्त किया था।
- **केन्द्रक** में उपस्थित गुणसूत्र पर स्थित जीन्स आनुवंशिक लक्षणों के वाहक होते हैं। इसलिए गुणसूत्र **आनुवंशिक वाहक** कहलाते हैं।
- **कोशिकांग** कोशिकाद्रव्य में उपस्थित झिल्लीनुमा संरचनाएँ होती हैं। कुछ प्रमुख कोशिकांग निम्न हैं
- **DNA** एक आनुवंशिक पदार्थ है, जो सजीवों में आनुवंशिक सूचनाओं को एक पीढ़ी से दूसरी पीढ़ी में पहुँचाता है।
- **RNA** का निर्माण DNA से होता है। यह एकल पॉलीन्यूक्लियोटाइड्स् शृंखला से बना होता है।
  - **माइटोकॉण्ड्रिया** को कोशिका का **शक्तिगृह** या **बिजलीघर** भी कहते हैं, क्योंकि इसमें कोशिकीय श्वसन प्रक्रिया द्वारा ऊर्जा (ATP) का उत्पादन होता है।
  - **हरितलवक** पादपों के हरे रंग का कारण होते हैं तथा सूर्य के प्रकाश की उपस्थिति में प्रकाश-संश्लेषण प्रक्रिया द्वारा भोजन (कार्बनिक पदार्थ) व ऑक्सीजन का निर्माण करते हैं।
  - **अन्त:प्रद्रव्यी जालिका** यह जालिका कोशिकाद्रव्य में फैली नलिकाओं एवं थैलेनुमा संरचनाओं का एक जटिल जाल है, जो केन्द्रक कला से कोशिका झिल्ली तक फैली रहती है।
  - खुरदरी अन्त:प्रद्रव्यी जालिका प्रोटीन-संश्लेषण हेतु स्थल प्रदान करती है।
  - चिकनी अन्त:प्रद्रव्यी जालिका ग्लाइकोजन एवं वसा का संग्रह करती है।
  - **गॉल्जीकाय** उच्च पादपों व जन्तुओं में अन्त:प्रद्रव्यी जालिका से जुड़ी हुई महीन, कणहीन व चिकनी नलिका की संरचना होती है, जिसे लिपोकॉण्ड्रिया या डिक्टियोसोम (पादपों में) भी कहते हैं।
  - **लयनकाय** को आत्मघाती थैली भी कहते हैं, क्योंकि यदि किसी कारणवश यह फट जाए, तो इसमें से निकले एन्जाइम कोशिकांगों का विघटन कर कोशिका को मृत कर सकते हैं।
  - लयनकाय के कार्य समसूत्री कोशिका विभाजन का उत्प्रेरण करना, मृत कोशिकांग, हानिकारक बाहरी तत्व, आदि का पाचन करना है।
  - **रसधानी** (रिक्तिका) पादपों में पाई जाने वाली एकल कला से बनी होती है, जिसे टोनोप्लास्ट व इसमें भरे द्रव को कोशिका रस कहते हैं।
  - रिक्तिका कोशिका को स्फीत (Turgid) बनाए रखती है। इसका कार्य वसा, कॉर्बोहाइड्रेट, प्रोटीन, जल, आदि का संग्रहण करना है।

अभ्यास प्रश्न

1. ········· ने कोशिका की खोज की।
(a) रॉबर्ट हुक (b) रॉबर्ट ब्राउन
(c) विल्सन (d) हेनरी

2. ऐसा जीव जिनका शरीर कोशिकाओं के अलग-अलग समूह में व्यवस्थित रहता है, उसे कहते हैं
(a) एककोशिकीय जीव (b) बहुकोशिकीय जीव
(c) सूक्ष्मजीव (d) कोशिकांग

3. कोशिका जो अपना आकार बदल सकती है
(a) *अमीबा* कोशिका (b) *पैरामीशियम* कोशिका
(c) सफेद रुधिर कोशिका (d) (a) और (c) दोनों

4. जीवन की आधारभूत, सरंचनात्मक एवं कार्यात्मक इकाई है
(a) जीवद्रव्य (b) कोशिका
(c) माइटोकॉण्ड्रिया (d) गॉल्जीकाय

5. कॉर्क के टुकड़े में बनी स्लाइड में दिखती है
(a) जीवित कोशिका
(b) मृत कोशिका
(c) कोशिका व कोशिकाद्रव्य
(d) कोई कोशिका नहीं

6. सबसे छोटी कोशिका होती है
(a) विषाणु की (b) जीवाणु की
(c) माइकोप्लाज्मा की (d) यीस्ट की

7. निम्न में से किस कोशिकांग पर एक कलीय आवरण होता है?
(a) परॉक्सीसोम (b) ग्लाइऑक्सीसोम
(c) लयनकाय (d) ये सभी

8. दोहरी बाहरी झिल्ली युक्त कोशिकांग है
(a) हरितलवक (b) राइबोसोम
(c) तारककाय (d) लयनकाय

9. प्रोकैरियोटिक कोशिका में डी.एन.ए. बिखरे होते हैं
(a) तारककाय में (b) गुणसूत्रों में
(c) कोशिकाद्रव्य में (d) हरितलवक में

10. प्रोकैरियोटिक कोशिका का उदाहरण है
(a) *यूग्लीना* (b) *अमीबा*
(c) *पैरामीशियम* (d) नील-हरित शैवाल

11. पूर्वकेन्द्रकीय कोशिका में नहीं पाया जाता है
(a) माइटोकॉण्ड्रिया (b) DNA
(c) 70S राइबोसोम (d) कोशिका भित्ति

12. कोशिका को निश्चित आकार प्रदान करती है
(a) केन्द्रक (b) प्लाज्मा झिल्ली
(c) क्लोरोप्लास्ट (d) सेलुलोस

13. पादप कोशिका के बाह्य आवरण को कहते हैं
(a) कोशिका भित्ति (b) जीवद्रव्य
(c) सेण्ट्रोसोम (d) केन्द्रक

14. पादप कोशिका की भित्ति बनी होती है
(a) प्रोटीन (b) वसा
(c) सेलुलोस (d) प्रोटीन एवं वसा

15. कौन-सी संरचना जन्तु तथा वनस्पति कोशिकाओं में पायी जाती है?
(a) कोशिका झिल्ली तथा क्लोरोप्लास्ट
(b) कोशिका झिल्ली तथा केन्द्रक
(c) कोशिका भित्ति तथा क्लोरोप्लास्ट
(d) कोशिका भित्ति तथा केन्द्रक

16. किस वैज्ञानिक के अनुसार जीवद्रव्य जीवन का भौतिक आधार है?
(a) हक्सले (b) डुजार्डिन
(c) पुरकिन्जे (d) ह्यूगो वॉन मॉल

17. 'जीवद्रव्य' शब्द का सर्वप्रथम प्रयोग किया था
(a) हक्सले ने (b) डुजार्डिन ने
(c) पुरकिन्जे ने (d) ह्यूगो वॉन मॉल ने

18. जीवद्रव्य के लिए 'सार्कोड' शब्द प्रयुक्त किया था
(a) डुजार्डिन ने (b) पुरकिन्जे ने
(c) वॉन मॉल ने (d) हक्सले ने

19. साइटोप्लाज्मा व न्यूक्लियस को मिलाकर कहते हैं
(a) हरितलवक (b) प्रोटोप्लाज्म
(c) माइटोकॉण्ड्रिया (d) कोशिका

20. आनुवंशिक गुणों के वाहक हैं
(a) क्रोमोसोम (b) क्रोमोप्लास्ट
(c) क्लोरोप्लास्ट (d) डी. एन. ए.

21. गुणसूत्र किसके बने होते हैं?
(a) लिपिड (b) प्रोटीन
(c) विटामिन (d) क्रोमैटिन जालिका

22. आनुवंशिकी की इकाई है
(a) DNA (b) RNA
(c) जीन (d) गुणसूत्र

23. कोशिका का पावर हाउस है
(a) राइबोसोम (b) सेण्ट्रोसोम
(c) माइटोकॉण्ड्रिया (d) अन्त:प्रद्रव्यी जालिका

24. माइटोकॉण्ड्रिया का सम्बन्ध है
(a) श्वसन से (b) उपापचय से
(c) प्रकाश-संश्लेषण से (d) वृद्धि से

25. माइटोकॉण्ड्रिया के मध्य पाई जाने वाली अँगुलिनुमा संरचना है
(a) F_1-कण
(b) क्रिस्टी
(c) माइटोकॉण्ड्रिया DNA
(d) मैट्रिक्स

26. माइटोकॉण्ड्रिया अनुपस्थित होती है
(a) *नॉस्टॉक* में (b) *क्लॉस्ट्रिडियम* में
(c) माइकोप्लाज्मा में (d) इन सभी में

27. रंग के आधार पर लवक कितने प्रकार के होते हैं?
(a) 2 (b) 3 (c) 4 (d) 5

28. ग्रेना रहित हरितलवक कहलाता है
(a) क्रोमोप्लास्ट (b) ल्यूकोप्लास्ट
(c) हरितलवक (d) क्रोमेटोफोर

29. केन्द्रक कला का निर्माण किस कोशिकांग द्वारा होता है?
(a) अन्त:प्रद्रव्यी जालिका से
(b) हरितलवक से
(c) माइटोकॉण्ड्रिया से
(d) गॉल्जीकाय से

30. खुरदरी अन्त:प्रद्रव्यी जालिका का मुख्य कार्य है
(a) प्रोटीन संश्लेषण
(b) केन्द्रक का पोषण
(c) पदार्थों का स्रावण
(d) कोशिका को आकार प्रदान करना

31. गॉल्जीकाय की उत्तल सतह कहलाती है
(a) समपक्ष सतह (b) निर्माणकारी सतह
(c) 'a' व 'b' दोनों (d) परिपक्वन सतह

32. गॉल्जीकाय का मुख्य कार्य क्या है?
(a) रचनात्मक (b) उत्सर्जन
(c) श्वसन (d) रासायनिक पदार्थों का स्राव

33. कोशिका का प्राकृतिक भण्डार ग्रह भी कहते हैं
(a) लयनकाय को (b) गॉल्जीकाय को
(c) रिक्तिका को (d) राइबोसोम को

34. कोशिका में स्रावित होने वाले पदार्थ एवं खाद्य पदार्थों का संचय होता है
(a) कोशिका भित्ति में (b) क्लोरोप्लास्ट में
(c) रसधानी में (d) केन्द्रिका में

35. जीवाणु कोशिका में पाया जाने वाला कोशिकांग है
(a) माइटोकॉण्ड्रिया (b) राइबोसोम
(c) गॉल्जीकाय (d) अन्त:प्रद्रव्यी जालिका

36. RNA का संश्लेषण तथा राइबोसोम का निर्माण होता है
(a) केन्द्रिका द्वारा (b) क्लोरोप्लास्ट द्वारा
(c) कोशिका भित्ति द्वारा (d) राइबोसोम द्वारा

उत्तरमाला

1.	(a)	2.	(b)	3.	(d)	4.	(b)	5	(b)	6.	(c)	7.	(d)	8.	(a)	9.	(c)	10.	(d)
11.	(a)	12.	(b)	13.	(a)	14	(c)	15	(b)	16.	(a)	17.	(c)	18.	(c)	19.	(b)	20.	(d)
21.	(d)	22.	(c)	23.	(c)	24.	(a)	25.	(b)	26.	(d)	27.	(b)	28.	(d)	29.	(a)	30.	(a)
31.	(c)	32.	(d)	33.	(c)	34.	(c)	35.	(b)	36.	(a)								

08 सूक्ष्मजीव एक अद्‌भुत संसार

वे जीव जो इतने अधिक सूक्ष्म होते हैं कि उन्हें सूक्ष्मदर्शी के बिना देख पाना असम्भव होता है, **सूक्ष्मजीव** कहलाते हैं। इनका व्यास mm से μm में मापा जाता है। सूक्ष्मजीवों को पाँच मुख्य वर्गों में बाँटा गया है

सूक्ष्मजीव

जीवाणु	कवक	शैवाल	प्रोटोजोआ	विषाणु
• पूर्वकेन्द्रीय • एककोशिकीय • गोलाकार, अण्डाकार, सर्पिलाकार • उदाहरण–*ई. कोलाई, साल्मोनेला।*	• एककोशिकीय या बहुकोशिकीय • मृतोपजीवी या परजीवी • उदाहरण–यीस्ट एस्पर्जिलस।	• एककोशिकीय या बहुकोशिकीय • स्वपोषी • उदाहरण–क्लोरेला, स्पाइरुलीना।	• एककोशिकीय एवं विषमपोषी या परजीवी • उदाहरण–*प्लाज्मोडियम, अमीबा।*	• न्यूक्लियोप्रोटीन कण • पोषद् की कोशिका में जनन • उदाहरण–राइनो, HIV।

सूक्ष्मजीव मानव के लिए उपयोगी एवं हानिकारक होते हैं।

लाभप्रद सूक्ष्मजीव

- **भोजन में** (In Food) *लैक्टोबैसिलस* जीवाणुओं (LAB) का उपयोग दही, पनीर, चीज, आदि डेयरी उत्पाद बनाने में होता है।
- यीस्ट (*सैकरोमाइसीज सेरेविसी*) कवक का उपयोग ब्रेड, केक, चीज, आदि बनाने में होता है।
- **शराब में** (In Alcohol) यीस्ट का उपयोग किण्वन द्वारा प्राय: सभी प्रकार की शराब निर्माण में किया जाता है।
- शर्करा के एल्कोहॉल में परिवर्तित होने की क्रिया **किण्वन** (Fermentation) कहलाती है।
- **चिकित्सा क्षेत्र में** (In Medical Field) सूक्ष्मजीवों से अनेक एन्जाइम, हॉर्मोन, इण्टरफेरॉन, प्रतिजैविक, आदि का उत्पादन किया जाता है।
- वे औषधियाँ जो रोग उत्पन्न करने वाले सूक्ष्मजीवों को नष्ट कर देती हैं अथवा उनकी वृद्धि को रोक देती हैं **प्रतिजैविक** अथवा **एण्टीबायोटिक** कहलाती है।
- स्ट्रेप्टोमाइसिन, टेट्रासाइक्लिन और एरिथ्रोमाइसिन सामान्य रूप से उपयोग की जाने वाली प्रतिजैविक हैं, जिन्हें कवक एवं जीवाणु से उत्पादित किया जाता है।
- पेनिसिलिन (प्रतिजैविक) की खोज **एलैक्जेण्डर फ्लेमिंग** ने की थी।
- प्रतिरक्षा तन्त्र हमारे शरीर में प्रवेश करने वाले सूक्ष्मजीवों से लड़ता है व उन्हें नष्ट कर देता है। इसे रोग प्रतिरोधक क्षमता कहा जाता है।
- रोग प्रतिरोधक क्षमता कम होने से हमारे शरीर में रोगाणुओ की संख्या बढ़ जाती हैं जिससे रोगों का संक्रमण फैल जाता है।
- सूक्ष्मजीवों का उपयोग इनके द्वारा होने वाले रोगों के प्रति टीका विकसित करने में भी किया जाता है।
  जैसे—DPT, BCG, पोलियो टीका, आदि।
- **कृषि में** (In Agriculture) कुछ सूक्ष्मजीव स्वतन्त्र वायुमण्डलीय नाइट्रोजन का स्थिरीकरण कर फसल का उत्पादन बढ़ाने में सहायक होते हैं। जैसे-*राइजोबियम* जीवाणु।
- कुछ सूक्ष्मजीव जैविक कचरे जैसे कि मृत पौधे एवं जन्तु अपशिष्ट को अपघटित कर सरल पदार्थों में परिवर्तित कर देते हैं तथा वातावरण को स्वच्छ बनाते हैं।

हानिकारक सूक्ष्मजीव

- जीवाणु, विषाणु एवं कवक जैसे सूक्ष्मजीव, पादपों, जन्तुओं तथा मानव में अनेक प्रकार के रोग उत्पन्न करते हैं, इन्हें **रोगजनक** (Pathogens) कहते हैं; उदाहरण प्रोटोजोआ, अतिसार तथा मलेरिया जैसे रोग उत्पन्न करते हैं।
- जन्तुओं में होने वाला रोग एन्थ्रैक्स जीवाणु द्वारा व खुर एवं मुँहपका रोग विषाणु द्वारा होता है।

- पादपों में भी जीवाणु द्वारा सिट्रस कैन्कर रोग, कवक द्वारा गेहूँ का रस्ट रोग व विषाणु द्वारा भिण्डी का पीत रोग होता है।
- कुछ सूक्ष्मजीव हमारे भोजन को विषाक्त कर देते हैं (बोट्यूलिज्म)।

अभ्यास प्रश्न

1. वह कौन-सा सूक्ष्मजीव है, जिसे सूक्ष्मदर्शी से देखा जा सकता है?
(a) जीवाणु (b) विषाणु
(c) शैवाल (d) कवक

2. जो वस्तुएँ दिखाई नहीं देती हैं, वे आकार में होती हैं?
(a) 1 माइक्रॉन से छोटी (b) 10 माइक्रॉन से छोटी
(c) 100 माइक्रॉन से छोटी (d) 1000 माइक्रॉन से छोटी

3. सूक्ष्मजीवों के प्रमुख समूह होते हैं
(a) छः (b) पाँच (c) आठ (d) चार

4. *ई. कोलाई* है
(a) कवक (b) विषाणु
(c) जीवाणु (d) शैवाल

5. दही के निर्माण में प्रयुक्त सूक्ष्मजीव है
(a) यीस्ट (b) *पेनिसिलियम*
(c) *लैक्टोबैसिलस* (d) *स्पाइरुलीना*

6. दूध का दही में परिवर्तन किसके प्रभाव से होता है?
(a) यीस्ट से (b) *ई. कोलाई* से
(c) *पेनिसिलियम* से (d) *लैक्टोबैसिलस* से

7. शरीर के लिए हानिकारक एवं लाभदायक दोनों होते हैं
(a) विषाणु (b) जल
(c) जीवाणु (d) भोजन

8. निम्न में से किस आकृति का जीवाणु मृदा की उत्पादकता में वृद्धि करता है?
(a) छड़नुमा (b) गोलाकार
(c) सर्पिलाकार (d) किसी भी आकृति का

9. शक्कर के खमीर द्वारा शराब में परिवर्तित होने की क्रिया है
(a) किण्वन (b) पाश्चुरीकरण
(c) मधपता (d) सभी

10. किण्वन की प्रक्रिया में भाग लेते हैं
(a) कवक (b) विषाणु
(c) यीस्ट (d) शैवाल

11. चने के पौधों की जड़ों में रहता है
(a) प्रोटोजोआ (b) विषाणु
(c) जीवाणु (d) कवक

12. पाश्चुरीकरण करने से दूध में किसका नाश होता है
(a) विटामिन (b) प्रोटीन
(c) फैट (d) रोगजनित जीवाणु

13. ब्रेड में पाए जाने वाले छिद्र किस गैस के बुलबुले होते हैं?
(a) ऑक्सीजन (b) नाइट्रोजन डाइऑक्साइड
(c) नाइट्रोजन (d) कार्बन डाइऑक्साइड

14. कुकुरमुत्ता (मशरूम) है
(a) प्रोटोजोआ (b) शैवाल
(c) पुष्प (d) कवक

15. कौन अपना भोजन मृत जीवों एवं सड़े-गले पदार्थों से प्राप्त करते हैं?
(a) मनुष्य (b) गाय
(c) शैवाल (d) कवक

16. फसल को नष्ट करने वाले सूक्ष्मजीव है
(a) शैवाल (b) विषाणु
(c) जीवाणु (d) कवक

17. वर्षा के मौसम में चमड़े के जूतों पर लग जाते हैं
(a) जीवाणु (b) परजीवी (c) फफूँद (d) शैवाल

18. एकल कोशिका प्रोटीन का स्रोत है
(a) जीवाणु (b) कवक (c) मृत विषाणु (d) शैवाल

19. *स्पाइरोगायरा* है
(a) कवक (b) प्रोटोजोआ
(c) शैवाल (d) विषाणु

20. निम्न सूचियों का सही मिलान कीजिए।

	सूची I (सूक्ष्मजीव)		**सूची** II (उत्पाद)
A.	*ई. कोलाई*	1.	शराब
B.	*एस्पर्जिलस*	2.	SCP
C.	*सैकरोमाइसीज*	3.	हॉर्मोन
D.	*स्पाइरुलीना*	4.	सिरका

कूट

	A	B	C	D
(a)	3	1	4	2
(b)	3	4	1	2
(c)	4	2	1	3
(d)	2	3	4	1

21. नीचे दिए गए सूची I और सूची II पर विचार कीजिए जिनमें सूची I में सूक्ष्मजीवों के नाम दिए गए हैं तथा सूची II में उन वर्गों के नाम दिए गए हैं जिनसे वे सम्बन्धित हैं।

	सूची I		सूची II
A.	*एस्पर्जिलस*	1.	शैवाल
B.	*लैक्टोबैसिलस*	2.	जीवाणु
C.	*पैरामीशियम*	3.	कवक
D.	*स्पाइरोगायरा*	4.	प्रोटोजोआ
		5.	विषाणु

कूट

	A	B	C	D
(a)	3	2	4	1
(b)	5	3	2	4
(c)	3	2	4	5
(d)	1	3	4	1

22. कौन-सा शैवाल काँच एवं पोर्सलिन बनाने के काम आता है?
(a) *क्लोरेला* (b) डायटाम
(c) ग्रीन शैवाल (d) वॉलवॉक्स

23. *अमीबा* किस समूह में है?
(a) शैवाल (b) कवक
(c) प्रोटोजोआ (d) विषाणु

24. निम्न में से कौन-सा उचित समूह है?
(a) बालू मक्खी-प्लेग (b) जूँ-टायफॉइड
(c) गृह मक्खी-पीत-ज्वर (d) *क्यूलैक्स*-फाइलेरिएसिस

25. सही जोड़े को चुनिए।
(a) *जिआर्डिया*-पेचिश
(b) *प्लाज्मोडियम*-पायरिया
(c) *ट्रिपेनोसोमा*-काला-अजार
(d) *लीशमानिया*- मलेरिया

26. एड्स उत्पन्न होता है
(a) कवक द्वारा (b) विषाणु द्वारा
(c) हेल्मिन्थ द्वारा (d) जीवाणु द्वारा

27. प्रतिजैविक शब्द किसने प्रतिपादित किया?
(a) फ्लेमिंग (b) फ्लोरी
(c) चेन (d) वॉक्समैन

28. पेनिसिलिन की खोज की
(a) पॉल एर्लिक ने
(b) एलैक्जेण्डर फ्लेमिंग ने
(c) सलमान वॉक्समैन ने
(d) रॉबर्ट कोच ने

उत्तरमाला

1. (a)	2. (d)	3. (b)	4. (c)	5. (c)	6. (d)	7. (c)	8. (c)	9. (a)	10. (c)
11. (c)	12. (d)	13. (d)	14 (d)	15 (d)	16. (d)	17. (c)	18. (d)	19. (c)	20. (b)
21. (a)	22. (b)	23. (c)	24. (d)	25. (a)	26. (b)	27. (d)	28. (b)		

09 प्रकाश

- **प्रकाश** वह ऊर्जा है जो हमें देखने में सहायता करती है।
- **दीप्त** वे वस्तुएँ जो स्वयं के प्रकाश से प्रकाशमान होती है।
- **अदीप्त** वे वस्तु जो दूसरे के प्रकाश से प्रकाशमान होती है।
- **अपारदर्शी वस्तुएँ** प्रकाश को अपने में से होकर जाने नहीं देती।
- **पारदर्शी वस्तुएँ** प्रकाश को अपने में से होकरन जाने देती है जिससे इनके दूसरी ओर रखी वस्तुएँ स्पष्ट दिखाई देती हैं।
- **पारभासी वस्तुएँ** प्रकाश के कुछ भाग को ही अपने में से जाने देती हैं।
- **परावर्तन** जब प्रकाश किरण का किसी चिकनी व पॉलिशदार सतह से टकराकर उसी माध्यम में लौटने की घटना परावर्तन कहलाती है।
- यह नियमित तथा विसरित दोनों प्रकार का होता है।
- **परावर्तन के नियम**
  (i) आपतित किरण, परावर्तित किरण तथा आपतन बिन्दु पर डाला गया लम्ब तीनों एक ही तल में स्थित होते हैं।
  (ii) आपतन कोण सदैव परावर्तन कोण के बराबर होता है ($\angle i = \angle r$)
- **दर्पण** दर्पण काँच की तरह होता है जिसकी एक सतह पॉलिशयुक्त होती है, जब इस पर प्रकाश डाला जाता है, तो ये अधिकतम प्रकाश का परावर्तन कर देता है।
- **समतल दर्पण** ऐसा दर्पण जिसकी परावर्तक सतह समतल होती है।
- इसमें प्रतिबिम्ब सदैव आभासी, सीधे तथा पार्श्वत: उल्टे होते हैं।
- **गोलीय दर्पण** ऐसा दर्पण जिसकी परावर्तक सतह गोलीय होती है।
- **अवतल दर्पण** जिसमें परावर्तन दबे हुए पृष्ठ द्वारा होता है।
- अवतल दर्पण द्वारा बने प्रतिबिम्बों का उल्टा, सीधा, आभासी तथा वास्तविक होना वस्तु की स्थिति पर निर्भर करता है।
- **उपयोग** दाढ़ी बनाने में आँख, नाक, एवं कान के डॉक्टर द्वारा गाड़ी के हेड लाइट एवं सर्चलाइट में
- **उत्तल दर्पण** जिसमें परावर्तन उभरे हुए पृष्ठ द्वारा होता है।
- इसमें प्रतिबिम्ब सदैव आभासी, सीधे तथा वस्तु से छोटे बनते हैं।
- **उपयोग** पश्च दर्पण, परावर्तक लैम्पों में
- **लेंस** दो गोलीय पृष्ठों या एक गोलीय तथा एक समतल पृष्ठ द्वारा घिरा हुआ पारदर्शी माध्यम लेंस कहलाता है।
- **उत्तल लेंस** यह बीच में मोटे तथा किनारे से पतले होते हैं।
- इसमें प्रतिबिम्ब वास्तविक, उल्टे, आभासी तथा वास्तविक होना वस्तु की स्थिति पर निर्भर करता हैं।
- **अवतल लेंस** यह बीच में पतले तथा किनारों से मोटे होते हैं।
- इसमें प्रतिबिम्ब सदैव आभासी, सीधे तथा वस्तु से छोटे बनते हैं।
- **मानव नेत्र** यह प्रकाश संवेदी अंग है, जिसके भाग दृढ़पटल, रक्तक पटल, कॉर्निया, आइरिस, पुतली, नेत्र लेंस, रेटिना, पीत बिन्दु आदि होते हैं।
- नेत्र का दूर बिन्दु अनन्त तथा निकट बिन्दु 25 सेमी होता है।
- **निकट दृष्टि दोष** से पीड़ित व्यक्ति को दूर की वस्तुएँ स्पष्ट दिखाई नहीं देती। इसे दूर करने के लिए उचित फोकस दूरी का अवतल लेंस लिया जाता है।
- **दूर दृष्टि दोष** से पीड़ित व्यक्ति को निकट की वस्तुएँ स्पष्ट दिखाई नहीं देती हैं। इस दोष में नेत्र लेंस की फोकस दूरी बढ़ जाती। इस दोष को दूर करने के लिए उचित फोकस दूरी वाले उत्तल लेंस का उपयोग किया जाता है।
- **जरा दृष्टि दोष** से पीड़ित व्यक्ति को दूर अथवा निकट या दोनों ही स्थानों की वस्तुएँ स्पष्ट दिखाई नहीं देती हैं। इसके निवारण के लिए द्विफोक्सी लेंसों का उपयोग किया जाता है।
- **अतिबिन्दुकता** में समान दूरी पर रखा क्षैतिज और ऊर्ध्वाधर वस्तुएँ एकसाथ स्पष्ट दिखाई नहीं देती हैं। इस दोष के निवारण के लिए बेलनाकार लेंसों का प्रयोग किया जाता है।
- **वर्णान्धता** इस दोष से पीड़ित कुछ निश्चित रंगों में अन्तर नहीं कर पातें इस दोष के निवारण का कोई उपचार नहीं है।
- बैल पद्धति का उपयोग करके चाक्षु षपिकृति युक्त व्यक्ति पढ़ और लिख सकता है।
- सूर्य का प्रकाश जो श्वेत प्रकाश कहलाता है, सात रंगों से मिलकर बना होता है।
- प्रकाश के अपने घटकों में विभक्त होने को वर्ण विक्षेपण कहते हैं।

अभ्यास प्रश्न

1. परावर्तन का द्वितीय नियम है

(a) $\angle i = \angle r$ (b) $\angle i \neq \angle r$

(c) $\angle i > \angle r$ (d) $\angle i < \angle r$

2. यदि किसी समतल पृष्ठ पर आपतित किरण अभिलम्ब के साथ 60° का कोण बनाती है, तो परावर्तित किरण अभिलम्ब के साथ कितने डिग्री का कोण बनाएगी ?

(a) 40° (b) 60°

(c) 30° (d) 120°

3. किसी पृष्ठ पर गिरने वाली किरण क्या कहलाती है?

(a) आपतित किरण (b) परावर्तित किरण

(c) अपवर्तित किरण (d) इनमें से कोई नहीं

4. परावर्तन कोण किसे कहते है

(a) परावर्तित किरण

(b) अभिलम्ब

(c) परावर्तित किरण तथा अभिलम्ब के मध्य

(d) आपतित किरण तथा अभिलम्ब के मध्य

5. चिकने पृष्ठ से होने वाला परवर्तन कहलाता है

(a) विसरित परावर्तन (b) नियमित परवर्तन

(c) समतल परावर्तन (d) अनियमित परवर्तन

6. यदि आपतन कोण का मान 30° है, तो परावर्तन कोण का मान होगा

(a) 90° (b) 60°

(c) 30° (d) 180°

7. बहुल परवर्तन पर आधारित उपकरण है

(a) चुम्बक (b) मेगाफोन

(c) कैलाइडोस्कोप (d) माइक्रोस्कोप

8. परावर्तन के कितने नियम है

(a) 6 (b) 7

(c) 5 (d) 2

9. समतल दर्पण द्वारा निर्मित प्रतिबिम्ब होता है

(a) आभासी

(b) वास्तविक

(c) 'a' तथा 'b' दोनों

(d) दोनों में से कोई नहीं

10. दर्पण प्रकाश को ······· करता है।

(a) अपवर्तित (b) परावर्तित

(c) पूर्ण परावर्तन (d) पूर्ण अपवर्तन

11. गोलीय दर्पण, काँच के जिस खोखले गोले का भाग होता है, उस खोखले गोले के केन्द्र को कहते हैं

(a) ध्रुव (b) वक्रता केन्द्र

(c) मुख्य फोकस (d) इनमें से कोई नहीं

12. उत्तल दर्पण द्वारा बना प्रतिबिम्ब होता है

(a) आभासी, सीधा व छोटा

(b) वास्तविक, सीधा व छोटा

(c) आभासी सीधा व बड़ा

(d) वास्तविक, उल्टा व छोटा

13. किसका दृष्टि क्षेत्र सबसे अधिक है?

(a) समतल दर्पण (b) उत्तल दर्पण

(c) अवतल दर्पण (d) उत्तल लेंस

14. बड़ी फोकस दूरी व बड़े द्वारक वाले अवतल दर्पण का उपयोग किया जाता है

(a) कारों की हैडलाइट में

(b) दाढ़ी बनाने में

(c) रेलवे इंजनों में

(d) उपरोक्त में से कोई नहीं

15. सभी वास्तविक प्रतिबिम्ब (जो पर्दे पर बनते हैं) वह होते हैं

(a) सीधा (b) उल्टा

(c) फोकस (d) बराबर

16. मुख्य फोकस और प्रकाश केन्द्र के बीच की दूरी है

(a) लेंस (b) दर्पण

(c) मुख अक्ष (d) फोकस दूरी

17. सिनेमा हॉल के परदे पर दिखाई देने वाले चित्र होते हैं

(a) आभासी (b) उल्टे

(c) सीधे (d) वास्तविक

18. उत्तल दर्पण के सामने रखी किसी वस्तु का प्रतिबिम्ब बनता है

(a) वस्तु की स्थिति पर

(b) दर्पण के सामने वस्तु की स्थिति से दोगुनी दूरी पर

(c) दर्पण के सामने वस्तु की स्थिति से आधी दूरी पर

(d) दर्पण के पीछे

19. उत्तल लेंस के लिए सत्य कथन है

(a) यह बीच में से मोटा होता है

(b) यह किनारों पर से पतला होता है

(c) यह बीच में से पतला होता है

(d) (a) व (b) दोनों

20. निम्न आरेख किस लेंस का है?

(a) उभयोत्तल (b) अवतलोत्तल
(c) समतलोत्तल (d) इनमें से कोई नहीं

21. लेंस कितने प्रकार के होते हैं?

(a) एक (b) तीन
(c) दो (d) चार

22. अवतल लेंस बीच में ······· तथा किनारों पर ······ होते हैं।

(a) पारदर्शी, अपारदर्शी (b) मोटे , पतले
(c) सघन, विरल (d) पतले, मोटे

23. यह लेंस का केन्द्र है जिसमें से प्रकाश बिना मुडे गुजर जाता है

(a) मुख्य अक्ष (b) प्रकाश केन्द्र (c) केन्द्रक (d) विपलन

24. लेंस प्रकाश को ········· करता है

(a) अपवर्तित (b) परावर्तित
(c) पूर्ण परावर्तित (d) बहुल विसरित

25. नेत्र लेंस होता है

(a) अभिसारी (b) अपसारी
(c) उत्तल व अवतल (d) इनमें से कोई नहीं

26. मानव नेत्र में रेटिना पर बनने वाला प्रतिबिम्ब

(a) सीधा होता है परन्तु उल्टा दिखाई देता है
(b) उल्टा होता है परन्तु सीधा दिखाई देता है
(c) सीधा होता है सीधा ही दिखाई देता है
(d) उल्टा होता है उल्टा ही दिखाई देता है

27. पुतली का आकार ······· की सहायता से छोटा व बड़ा होता हैं।

(a) आइरिस (b) कॉर्निया
(c) दृढ पटल (d) नेत्र लेंस

28. मानव नेत्र में प्रतिबिम्ब बनता है

(a) आइरिस में (b) पुतली में
(c) रेटिना में (d) पीत बिन्दु पर

29. निकट दृष्टि दोष को कहते है

(a) मायोपिया (b) हाइपरमेट्रोपिया
(c) अंधापन (d) रतौंधी

30. जरा-दूर दृष्टि के निवारण हेतु प्रयुक्त होते हैं

(a) उत्तल लेंस
(b) अवतल लेंस
(c) द्विफोकसी लेंस
(d) बेलनाकार लेंस

31. नेत्र का निकट बिन्दु होता है–

(a) 25 सेमी (b) 27 सेमी
(c) अनन्त (d) 29 सेमी

32. आँख से दिव्यांग व्यक्ति के लिए कौन-सी लिपी लोकप्रिय है

(a) ब्रेल (b) देवानगरी
(c) रोमन (d) अरबी

33. श्वेत प्रकाश कितने रंगों का मिश्रण होता है

(a) सात (b) पाँच
(c) आठ (d) छः

34. प्रकाश का घटकों में विभक्त होने को घटना कहलाती है।

(a) अपवर्तन (b) परावर्तन
(c) विक्षेपण (d) पूर्ण परावर्तन

उत्तरमाला

1.	(a)	2.	(b)	3.	(a)	4.	(c)	5.	(b)	6.	(c)	7.	(c)	8.	(d)	9.	(a)	10.	(b)
11.	(b)	12.	(a)	13.	(b)	14	(b)	15	(b)	16.	(d)	17.	(d)	18.	(d)	19.	(d)	20.	(b)
21.	(c)	22.	(d)	23.	(b)	24.	(a)	25.	(a)	26.	(b)	27.	(a)	28.	(c)	29.	(a)	30.	(c)
31.	(a)	32.	(a)	33.	(a)	34.	(c)												

10 ध्वनि

- ध्वनि ऊर्जा वह का रूप है, जो सदैव कम्पनों के कारण उत्पन्न होती है।

ध्वनि

- ध्वनि तरंगों के संचरण के लिए माध्यम (ठोस, द्रव, गैस) की अवश्यकता होती है।
- ध्वनि तरंगें निर्वात् में संचरित नहीं होती है।

ध्वनि तरंग सम्बन्धित परिभाषाएँ

- **तरंगदैर्ध्य** किन्हीं दो निकटवर्ती श्रृंगों अथवा दो निकटवर्ती गर्तों के मध्य की दूरी तरंगदैर्ध्य कहलाती है जिसे λ से प्रदर्शित करते है।
- **आवृत्ति** (n या f) एक सेकण्ड में किए गए कम्पनों की संख्या को उस कण की आवृत्ति कहते हैं। इसे Hz में मापा जाता है।
- **आवर्तकाल (T)** एक कम्पन या दोलन पूरा करने में लगा समय आवर्तकाल कहलाता है। $\left(T=\frac{1}{f}\right)$
- **आयाम** किसी कण की साम्यावस्था से अधिकतम विस्थापन की दूरी को आयाम कहते है।
- **चाल** (v) एक सेकण्ड में तय की गई दूरी को ध्वनि की चाल कहते है तथा वायु में ध्वनि की चाल 332 मीटर/ सेकण्ड होती है।

  आवृत्ति (n), चाल (v) तथा तरंगदैर्ध्य (λ) में सम्बन्ध $\Rightarrow$ $v = n\lambda$

ध्वनि के अभिलक्षण

- **तारत्व अथवा पिच** ध्वनि का वह गुण जिसमें ध्वनि का मोटा या पतला होना ज्ञात होता है। यह ध्वनि की आवृत्ति पर निर्भर करता है।
- **प्रबलता** ध्वनि का वह लक्षण जिसके आधार पर ध्वनि धीमी या तेज सुनाई पड़ती है। इसे डेसीबल (db) में मापा जाता है।
- प्रबलता $\propto$ (आयाम)^2
- **गुणता** इस लक्षण के आधार पर दो भिन्न-भिन्न वाद्ययंत्रों द्वारा उत्पन्न समान आवृत्ति और समान तीव्रता की ध्वनियों में अन्तर किया जाता है।

ध्वनि की चाल को प्रभावित करने वाले कारण

- **दाब का प्रभाव** ध्वनि की चाल पर ताप समान होने पर गैस में दाब का कोई प्रभाव नहीं पड़ता।
- **ताप का प्रभाव** ध्वनि की चाल गैस के परम ताप के वर्गमूल के व्युत्क्रमानुपाती होती है।
- **आर्द्रता का प्रभाव** नमीयुक्त वायु का घनत्व, शुष्क वायु के घनत्व से कम होता है जिसके कारण हमें बरसात में ध्वनि तीव्र गति से सुनाई देती है।
- **ध्वनि का परावर्तन** ध्वनि का एक माध्यम से संचरित होकर दूसरे माध्यम के पृष्ठ से टकराने पर पहले माध्यम में वापस लौट आना ध्वनि का परावर्तन कहलाता है।
- **ध्वनि के परावर्तन के उपयोग** मेगाफोन, हॉर्न, स्टेथोस्कोप, ध्वनिबोर्ड तथा समुद्र की गहराई नापने।

शोर तथा संगीत

- **शोर** कानों को अप्रिय ध्वनियाँ शोर कहलाती है। जैसे, हॉन की आवाज।
- **संगीत** कानों को प्रिय ध्वनियाँ संजीत कहलाती है। जैसे, हारमोनियम की ध्वनि।

श्रव्यता का परिसर

- **श्रव्य तरंगें** 20Hz से 20000Hz आवृत्ति की तरंगें, श्रव्य तरंगे कहलाती है इन्हें मनुष्य द्वारा सुना जा सकता है।
- **अवश्रव्य तरंगे** 20Hz से कम आवृत्ति की तरंगे अवश्रव्य तरंगे कहलाती है। व्हेल तथा हाथी ये तरंगे उत्पन्न कर सकते हैं।
- **पराश्रव्य तरंगे** 20000 Hz से अधिक आवृत्ति की तरंगे पराश्रव्य तरंगे कहलाती है चमगादड़, कुत्ते, डॉलफिन ये तरंगे उत्पन्न कर सकते है।

  पराश्रव्य ध्वनि तरंगों के उपयोग $\rightarrow$ इकोकार्डियोग्राफी, अल्ट्रासोनोग्राफी, सोनार
- **मानव कर्ण** यह अति संवेदी युक्ति है, यह तीन भागों बाह्य कर्ण, मध्य कर्ण तथा आन्तरिक कर्ण से मिलकर बना होता है।

अभ्यास प्रश्न

1. ध्वनि है

(a) ऊर्जा का प्रकार
(b) कार्य का प्रकारर्य
(c) बल का प्रकार
(d) उपरोक्त में से कोई नहीं

2. ध्वनि तरंगे उत्पन्न होती है

(a) कम्पनो द्वारा (b) घूर्णन द्वारा
(c) गति द्वारा (d) ये सभी

3. निम्नलिखित में से कौन-सी तरंग विद्युत चुम्बकीय तंरग नहीं है?

(a) ध्वनि तरंगें (b) ऊष्मीय तरंगें
(c) γ – तरंगें (d) X – किरणें

4. ध्वनि किसमे संचरण कर सकती हैं?

(a) केवल गैस में (b) केवल ठोस में
(c) केवल द्रव्य में (d) ठोस, द्रव्य तथा गैस

5. ध्वनि संचरण सम्भव नहीं हैं

(a) धातु में (b) पानी में
(c) निर्वात् में (d) हवा में

6. ध्वनि की चाल अधिकतम होती है

(a) जल में (b) वायु में
(c) ठोस में (d) इनमें से कोई नहीं

7. आवृत्ति का SI मात्रक है

(a) हर्ट्ज (b) मीटर
(c) सेकण्ड (d) मीटर/सेकण्ड

8. दोलन करते हुए वस्तु का अधिकतम विस्थापन ······· कहलाता है।

(a) समय काल (b) स्वर मान
(c) आयाम (d) गुणित स्वर

9. ध्वनि की पिच किसके द्वारा ज्ञात की जा सकती है?

(a) आवृत्ति (b) चाल
(c) आयाम (d) प्रबलता

9. किस सूत्र द्वारा आवृत्ति n तथा तरंगदैर्ध्य λ वाले तरंग की चाल ज्ञात की जाती है ?

(a) $v = n\lambda$ से (b) $v = \dfrac{\lambda}{n}$ से
(c) $v = n/\lambda$ (d) इनमें से कोई नहीं

10. आवृत्ति तथा आवर्तकाल का गुणनफल होता है

(a) 1 (b) 2
(c) 4 (d) 8

11. प्रयोगशाला में एक सरल लोलक 30 दोलन प्रति सेकण्ड कर रहा है। इससे उत्पन्न तरंगे होगी

(a) विद्युत चुम्बकीय तरंगे (b) ध्वनि तरंगे
(c) पराश्रव्य तरंगे (d) अवश्रव्य तरंगे

12. आवृत्ति के बढ़ने से ध्वनि का तारत्व

(a) बढ़ता है (b) घटता है
(c) अचर रहता है (d) दुगना होता है

13. एक कम्पित कण का आवर्तकाल 0.01 सेकण्ड है। इसकी आवृत्ति होती है

(a) 0.01 प्रति सेकण्ड (b) 100 कम्पन प्रति सेकण्ड
(c) 50 कम्पन प्रति सेकण्ड (d) 1 कम्पन प्रति सेकण्ड

14. एक कम्पन करने वाले पिण्ड द्वारा एक सेकण्ड में किए गए कम्पनों की संख्या कहलाती है।

(a) आवृत्ति (b) शारे
(c) प्रबलता (d) तारत्व

15. एक दोलन पूरा करने में लगा समय कहलाता है

(a) प्रबलता (b) आयाम
(c) आवर्तकाल (d) तारत्व

16. दो निकटवर्ती अंगों तथा गर्तों के मध्य दूरी क्या कहलाती है?

(a) आयाम (b) तरंगदैर्ध्य
(c) आवृत्ति (d) चाल

17. 1 हर्ट्ज किसके समान होता है

(a) प्रति मिनट कम्पनों की संख्या
(b) प्रति सेकण्ड कम्पनों की संख्या
(c) प्रति घण्टे कम्पनों की संख्या
(d) उपरोक्त में से कोई नहीं

18. एक तरंग की चाल 330 मी / से तथा तरंगदैर्ध्य 3 मी हो, तो तरंग की आवृत्ति होगी

(a) 100 प्रति सेकण्ड (b) 110 प्रति सेकण्ड
(c) $\dfrac{1}{110}$ प्रति सेकण्ड (d) 990 प्रति सेकण्ड

19. 600 हर्ट्ज आवृत्ति का एक स्रोत वायु में ध्वनि तरंग उत्पन्न कर रहा है जिसका वेग 300 मी/ से है। इस तरंग की तरंगदैर्ध्य होगी

(a) 2 मी (b) 1 मी
(c) 0.5 मी (d) 0.25 मी

20. हवा में ध्वनि की चाल होती है

(a) 332 मीटर/सेकण्ड (b) 100 मीटर/सेकण्ड
(c) 1000 मीटर/सेकण्ड (d) 335 मीटर/सेकण्ड

21. शेर की दहाड़ से मच्छर की ध्वनि अधिक होने का कारण है ?

(a) तारत्व (b) तीव्रता
(c) प्रबलता (d) गुणता

22. एक ध्वनि स्रोत की आवृति 10 किलोहर्ट्ज है। इसके द्वारा पानी में और हवा में उत्पन्न ध्वनि तरंगों की आवृत्तियाँ

(a) वही होगी, जो ध्वनि स्रोत की हैं
(b) माध्यमों में तरंगों की तरंगदैर्ध्य पर निर्भर करेंगी
(c) माध्यम में घनत्व पर निर्भर करेंगी
(d) माध्यमों में तरंगों की चाल पर निर्भर करेंगी

23. ध्वनि की प्रबलता तथा आयाम के मध्य सम्बन्ध होता है

(a) आयाम ∝ $(\text{प्रबलता})^2$
(b) आयाम ∝ $(\text{प्रबलता})^{1/2}$
(c) प्रबलता ∝ $(\text{आयाम})^2$
(d) प्रबलता ∝ $(\text{आयाम})^{1/2}$

24. ध्वनि की चाल अप्रभावित रहती है।

(a) ताप (b) आयतन
(c) आर्द्रता (d) दाब

25. एक स्टैथोस्कोप में, हृदय की धड़कन की ध्वनि स्टैथोस्कोप नली में गमन करती है

(a) एक सरल रेखा में
(b) नली में बार-बार परावर्तन द्वारा
(c) नली के मुड़ जाने के कारण
(d) किसी अन्य कारण से

26. पराध्वनि तरंगों की हृदय के विभिन्न भागों में परावर्तित कराकर हृदय का प्रतिबिम्ब बनाया जाता है, इस तकनीक को कहते हैं

(a) कार्डियोग्राफी
(b) इकोकार्डियोग्राफी
(c) इकोफोटोग्राफी
(d) उपरोक्त में से कोई नहीं

27. प्रिय ध्वनियाँ उत्पन्न होती है?

(a) हारमोनियम से (b) बाँसुरी से
(c) संगीत से (d) ये सभी

28. अप्रिय ध्वनियाँ कहलाती है?

(a) शोर (b) संगीत
(c) अनुरणन (d) प्रतिध्वनि

29. 20,000 Hz से अधिक आवृत्ति की तरंगे कहलाती है?

(a) अवश्रव्य (b) श्रव्य
(c) पराश्रव्य (d) ये सभी

30. समुद्र के जल में छिपी वस्तुओं का पता लगाने मे पराश्रव्य तरंगों का उपयोग किया जाता है, क्योंकि

(a) पराश्रव्य तरंगे निम्न आवृत्ति की होती हैं
(b) पराश्रव्य तरंगे उच्च आवृत्ति की होती हैं
(c) इनकी आवृति दृश्य प्रकाश की आवृत्ति के बराबर होती है
(d) उपरोक्त में से कोई नहा

31. श्रव्यता की परास के अनुसार कम आवृत्ति की तरंगों को कहते हैं

(a) पराश्रव्य (b) अवश्रव्य
(c) सोनार (d) श्रव्य

32. श्रव्य आवृत्ति की परास है

(a) 50Hz से 50kHz
(b) 20Hz से 20kHz
(c) 10Hz से 100kHz
(d) 5Hz से 50kHz

33. श्रव्यता के परास से अधिक आवृत्तियों की तरंगों को कहते हैं

(a) अवश्रव्य
(b) ध्वनि का तरंगदैर्ध्य
(c) पराश्रव्य
(d) उपरोक्त में से कोई नहीं

34. कान के कितने भाग होते हैं

(a) तीन (b) चार (c) आठ (d) छ:

35. श्रवण सहायक युक्ति में विद्युत संकेतों को प्रवर्धित करता है

(a) एम्प्लीफायर
(b) माइक्रोफोन
(c) डायफ्राम
(d) एम्लीफायर व माइक्रोफोन दोनों

उत्तरमाला

1.	(a)	2.	(a)	3.	(a)	4.	(d)	5.	(c)	6.	(c)	7.	(a)	8.	(c)	9.	(a)	10.	(a)
11.	(b)	12.	(a)	13.	(b)	14	(a)	15	(c)	16.	(b)	17.	(b)	18.	(b)	19.	(c)	20.	(a)
21.	(a)	22.	(a)	23.	(c)	24.	(d)	25.	(b)	26.	(b)	27.	(d)	28.	(a)	29.	(c)	30.	(b)
31.	(b)	32.	(b)	33.	(c)	34.	(a)	35.	(a)										

11 विद्युत धारा के प्रभाव

- **विद्युत धारा** किसी चालक में आवेश (q) के प्रवाह की दर (t) को विद्युत धारा (I) कहते हैं।
अर्थात् $I = \frac{q}{t}$ = कूलॉम/सेकण्ड = ऐम्पियर
- **सुचालक** वे पदार्थ जिनमें मुक्त इलेक्ट्रॉनों के माध्यम से विद्युत धारा प्रवाहित होती है। उदाहरण- लोहा, ताँबा, चाँदी इत्यादि।
- **कुचालक** वे पदार्थ जिनसे होकर विद्युत धारा प्रवाहित नहीं होती है। उदाहरण रबड़, आसुत जल, काँच व कागज इत्यादि।
- **रासायनिक प्रभाव** किसी चालक द्रव में विद्युत धारा प्रवाहित होने पर रासायनिक अभिक्रियाएँ होना, विद्युत धारा का रासायनिक प्रभाव कहलाता है।
- जिनमें अधिकांश द्रव, अम्लों क्षारकों तथा लवणों के विलयन होते हैं।
(a) **विद्युत लेपन** विद्युत धारा द्वारा किसी पदार्थ पर अन्य किसी वांछित धातु की परत निक्षेपित करने की प्रक्रिया, विद्युत लेपन कहलाती है।
(b) **विद्युत सेल** वह युक्ति जिसमें रासायनिक ऊर्जा को विद्युत-ऊर्जा में रूपान्तरित किया जाता है।
- **प्राथमिक सेल** वे सेल, जिन्हें पुन: आवेशित नहीं किया जा सकता। जैसे—साधारण या वोल्टीय सेल, लेक्लांशी सेल, डेनियल सेल, शुष्क सेल
- **द्वितीयक सेल** वे सेल, जिन्हें पुन: आवेशित किया जा सकता है। जैसे—सीसा संचायक सेल, मोबाइल बैटरी, निकिल-कैडमियम सेल
- **तापीय प्रभाव** विद्युत धारा प्रवाहित होने पर तार के ताप या ऊष्मा में वृद्धि होना, विद्युत धारा का तापीय प्रभाव कहलाता है। उदाहरण-विद्युत इस्त्री, विद्युत बल्ब, विद्युत फ्यूज आदि।
- **चुम्बकीय प्रभाव** किसी चालक में विद्युत धारा प्रवाहित करने पर चालक के चारों ओर चुम्बकीय क्षेत्र का उत्पन्न होना, विद्युत धारा का चुम्बकीय प्रभाव कहलाता है।
उदाहरण विद्युत चुम्बक विद्युत घण्टी, विद्युत मोटर, लाउड्स्पीकर आदि।

अभ्यास प्रश्न

1. किसी चालक तार में विद्युत धारा का प्रवाह होता है
(a) मुक्त इलेक्ट्रॉनों द्वारा (b) प्रोटॉनों द्वारा
(c) आयनों द्वारा (d) न्यूट्रॉनों द्वारा

2. एक इलेक्ट्रॉन पर आवेश होता है
(a) -9.1×10^{-19} कूलॉम
(b) -1.6×10^{-19} कूलॉम
(c) $+9.1 \times 10^{-19}$ कूलॉम
(d) $+1.6 \times 10^{-19}$ कूलॉम

3. विद्युत धारा का SI मात्रक है
(a) कूलॉम (b) ऐम्पियर
(c) जूल (d) ओम

4. विद्युत आवेश का मात्रक है
(a) जूल (b) कूलॉम
(c) वोल्ट (d) ऐम्पियर

5. वे पदार्थ जो अपने में से होकर विद्युत धारा प्रवाहित होने देते हैं, कहलाते हैं
(a) कुचालक (b) सुचालक
(c) लवणीय (d) विद्युत अपघटनी

6. सर्वाधिक विद्युत चालकता वाला तत्व कौन-सा है?
(a) चाँदी (b) कॉपर
(c) लोहा (d) ऐल्युमीनियम

7. वे पदार्थ जो आसानी से विद्युत धारा प्रवाहित नहीं होने देते, कहलाते हैं
(a) सुचालक (b) कुचालक
(c) अर्द्धचालक (d) लवणीय

8. विद्युत चालन करने वाले अधिकांश द्रव किसके विलयन होते है?
(a) अम्लों (b) क्षारकों
(c) लवणों (d) ये सभी

9. नमक का घोल विद्युत का है
(a) सुचालक (b) कुचालक
(c) अर्द्धचालक (d) विलयन

10. हमें विद्युत उपकरणों का उपयोगक कब नहीं करना चाहिए
(a) गीले हाथो से (b) गीले फर्श पर खड़े होकर
(c) 'a' और 'b' दोनों (d) दोनों में से कोई नहीं

11. कौन-सी धातुएँ विद्युत का चालन करती है
(a) ताँबा (b) चाँदी
(c) एल्युमिनियम (d) ये सभी

12. निम्नलिखित में से विद्युत का सुचालक नहीं है
(a) आसुत जल
(b) नींबू का रस
(c) नमक का विलयन
(d) नल का जल

13. ग्रेफाइट विद्युत का ······· होता है
(a) सुचालक (b) कुचालक
(c) विद्युत अपघट्य (d) विद्युत परावर्तक

14. विद्युत धारा के प्रमुख प्रभाव होते हैं
(a) चार (b) पाँच
(c) तीन (d) दो

15. विद्युत धारा उत्पन्न कर सकती है
(a) तापीय प्रभाव (b) रासायनिक प्रभाव
(c) चुम्बकीय प्रभाव (d) ये सभी

16. किसी विलयन से विद्युत धारा प्रवाहित होने पर उत्पन्न प्रभाव कहलाता है
(a) भौतिक प्रभाव (b) रासायनिक प्रभाव
(c) प्राकृतिक (d) कृत्रिम

17. विद्युत धारा द्वारा किसी पदार्थ पर किसी वांछित धातु की परत विक्षेपित करने की प्रक्रिया कहलाती हैं
(a) विद्युत अपघट्य (b) विद्युत लेपन
(c) रासायनिक अभिक्रिया (d) विद्युत शोधन

18. वह उपकरण जिसमें विद्युत अपघटन की प्रक्रिया होती है
(a) विद्युत सेल (b) अमीटर
(c) वोल्टमीटर (d) चुम्बकीय सूई

19. लोहे को जंग रोधक बनाने के लिए लेप किया जाता है
(a) ताँबे व लोहे का
(b) पीतल तथा जस्ते का
(c) निकिल या क्रोमियम का
(d) निकिल या कैडमियम का

20. ऐसा उपकरण जो रासायनिक ऊर्जा को विद्युत ऊर्जा में रूपान्तरित करता है
(a) सौर सेल (b) मोटर
(c) विद्युत सेल (d) जनरेटर

21. विद्युत लेपन कैसा प्रक्रम है
(a) प्रबल (b) अत्यंत उपयोगी
(c) स्थाई (d) निश्चित

22. बैटरी के लिए कितने सेलों की आवश्यकता होती है?
(a) एक (b) तीन
(c) दो या दो से अधिक (d) इन्में से कोई नहीं

23. पुनः आवेशित होने वाले सेल कहलाते हैं
(a) प्राथमिक सेल (b) द्वितीयक सेल
(c) तृतीयक सेल (d) चतुर्थ सेल

24. प्रकाश ऊर्जा का विद्युत ऊर्जा में रूपान्तरण किया जाता है
(a) सौर सेलों द्वारा (b) डायनेमों द्वारा
(c) जनरेटर द्वारा (d) वोल्टीय सेलों द्वारा

25. विद्युत फ्यूज कैसी युक्ति हैं
(a) सुरक्षा युक्ति (b) तापयन्त्रक
(c) हानिकारक (d) लटम यन्त्र

26. बल्ब के तन्तु का उच्चताप पर गर्म होकर दीप्त होना, किस प्रभाव का कारण है
(a) ऊष्मीय प्रभाव (b) रासायनिक प्रभाव
(c) चुम्बकीय प्रभाव (d) इनमें से कोई नहीं

27. विद्युत -इस्त्री, बल्ब, हीटर विद्युत धारा के किस प्रभाव पर कार्य करते हैं
(a) चुम्बकीय प्रभाव (b) ऊष्मीय प्रभाव
(c) रासायनिक प्रभाव (d) विद्युत सेल

28. इलेक्ट्रिक बल्ब का फिलामेंट बना होता है
(a) लौहा (b) चाँदी
(c) टंगस्टन (d) निकिल

29. जलते हुए बल्ब के फिलामेंट का ताप लगभग होता है
(a) 100°C से 500°C (b) 2000°C से 2500°C
(c) 0°C से 100°C (d) 2500°C से 3500°C

30. विद्युत इस्त्री की आधार प्लेट की बाह्य सतह पर पॉलिश की जाती हैं
(a) क्रॉमियम
(b) बेंजीन
(c) अभ्रक
(d) उपरोक्त में से कोई नहीं

31. हीटर का तार बना होता है
(a) ताँबे का
(b) पीतल का
(c) नाइक्रोम का
(d) लोहे का

32. फ्यूज किस सिद्धान्त पर कार्य करता है?
(a) विद्युत के रासायनिक प्रभाव पर
(b) विद्युत के चुम्बकीय प्रभाव पर
(c) विद्युत के यान्त्रिक प्रभाव पर
(d) विद्युत के ऊष्मीय प्रभाव पर

33. लघुपथन (शॉर्ट सर्किट) से होने वाली क्षति से बचाता है
(a) चुम्बक (b) लकड़ी
(c) प्लास्टिक (d) फ्यूज

34. विद्युत उपकरणों में 'अर्थ' का उपयोग होता है
(a) खर्च को कम करने के लिए
(b) सुरक्षा के लिए
(c) फ्यूज के लिए
(d) क्योंकि उपकरण तीन-फेज में काम करते हैं।

35. लाउड्स्पीकर, विद्युत घण्टी, टेलीफोन, टेलीग्राम में उपयोग किया जाता है
(a) फ्यूज (b) विद्युत-चुम्बक
(c) लकड़ी (d) तार

36. चुम्बकीय क्षेत्र के प्रभाव में विद्युत धारा
(a) ऊष्मा उत्पन्न करती है।
(b) आकर्षण बल उत्पन्न करती है।
(c) चालक पर बल उत्पन्न करती है।
(d) प्रतिकर्षण बल उत्पन्न करती है।

उत्तरमाला

1. (a)	2. (b)	3. (b)	4. (b)	5. (b)	6. (a)	7. (b)	8. (d)	9. (a)	10. (c)
11. (d)	12. (a)	13. (a)	14 (c)	15 (d)	16. (b)	17. (b)	18. (a)	19. (c)	20. (c)
21. (b)	22. (c)	23. (b)	24. (a)	25. (a)	26. (a)	27. (b)	28. (c)	29. (b)	30. (a)
31. (c)	32. (d)	33. (d)	34. (b)	35. (b)	36. (c)				

12 ऊर्जा के स्रोत

- कोई भी निकाय जो निरन्तर एक लम्बे समय तक ऊर्जा प्रदान कर सकता है, **ऊर्जा का स्रोत** कहलाता है।
- **ऊर्जा के परम्परागत स्रोत** प्रकृति द्वारा प्रदत्त होते है। जैसे- जीवाश्म ईंधन, कोयला, पेट्रोलियम, प्राकृतिक गैस तथा विखण्डनीय पदार्थ।
- लाखों वर्ष पूर्व पृथ्वी की सतह के अन्दर पेड़-पौधे तथा पशु-पक्षी के दबने से तथा पृथ्वी के केन्द्र पर अधिक ताप तथा दाब के कारण, जीवाश्म, ईंधन में परिवर्तित हो गए।
- **ताप विद्युत संयंत्र** में जीवाश्म ईंधन द्वारा ऊष्मा उत्पन्न की जाती है। इस ऊष्मा का रूपान्तरण विद्युत ऊर्जा के रूप में किया जाता है।
- **जल विद्युत संयंत्र** में बहते पानी की स्थितिज ऊर्जा का रूपान्तरण विद्युत ऊर्जा में किया जाता है। इनसे उत्सर्जित विद्युत, जल विद्युत कहलाता है।
- **जैव-गैस या बायो-गैस** मीथेन हाइड्रोजन, सल्फाइड, कार्बन-डाईऑक्साइड तथा हाइड्रोजन का मिश्रण होती है।
- यह ऑक्सीजन की अनुपस्थिति में अपशिष्टों के दहन के कारण उत्पन्न होती है।
- **पवन ऊर्जा** बहती वायु की गतिज ऊर्जा, पवन ऊर्जा कहलाती है। यह सौर ऊर्जा से सम्बन्धित होती है।
- **ऊर्जा के गैर-परम्परागत स्रोत** प्रकृति में निरन्तर उत्पन्न होते रहते हैं तथा यह कभी समाप्त नहीं होते हैं। जैसे- सौर ऊर्जा, पवन ऊर्जा, जैव ईंधन इत्यादि।
- जैव ऊर्जा के रूप में बायोडीजल अच्छा स्रोत है।
- **सौर ऊर्जा** सूर्य से प्राप्त ऊर्जा ही सौर ऊर्जा कहलाती है। सौर ऊर्जा से ऊष्मा तथा प्रकाश प्राप्त होता है।
- वह युक्तियाँ जिनके द्वारा सौर ऊर्जा का उपयोग किया जाता है, सौर ऊर्जा युक्तियाँ कहलाती हैं। जैसे-सौर कुकर, सौर पैनल तथा सौर सेल।
- रसोई गैस में ब्यूटेन, प्रोपेन व एथेन होता है, इसे LPG (द्रवित पेट्रोलियम गैस) कहते हैं। प्राकृतिक गैस (CNG) में मेथेन होती है।
- जीवाश्म ईंधन के जलने पर हवा व पानी प्रदूषित होते हैं।
- लकड़ी के लिए पेड़ों की कटाई करने पर वन क्षेत्र में कमी होती है। इस कारण भूमि में कटाव, वन्य जीवों की हानि होती है।
- जल विद्युत संयंत्रों की स्थापना से प्रकृति में असन्तुलन उत्पन्न होता है।

अभ्यास प्रश्न

1. अच्छे ऊर्जा स्रोत की विशेषता है

(a) सरलता से सुलभ हो
(b) भण्डारण व परिवहन में आसान हो
(c) समान मात्रा से अधिक कार्य करने में सक्षम होना चाहिए
(d) उपरोक्त सभी

2. कार्य करने के लिए आवश्यकता होती है

(a) वायु की (b) जल की
(c) ऊर्जा की (d) विद्युत की

3. जीवाश्म ईंधन जलने पर कौन-सी गैस मुक्त होती है?

(a) NO_2 (b) O_2 (c) SO_2 (d) CO_2

4. जीवाश्म ईंधन की हानियाँ हैं

(a) ग्लोबल वार्मिंग (b) यह अनवीकरणीय संसाधन है
(c) वायु प्रदूषण (d) ये सभी

5. घरों मे मुख्यत: ईंधन के रूप में उपयोग में ली जाने वाली गैस है?

(a) मीथेन (b) ब्यूटेन
(c) प्रोपेन (d) 'b' और 'c'

6. भोजन पकाने, विद्युत उत्पन्न करने एवं खाद के रूप में उपयोग में लाया जाता है

(a) जैविक गैस (b) LPG गैस
(c) बायोडीजल (d) बायो गैस

7. मृत जीवों के अवशेष पृथ्वी के नीचे भारी दबाव तथा गर्मी के कारण पेट्रोलियम में बदल जाते हैं, जिसे कहते हैं?
(a) सौर ईंधन (b) गोबर गैस
(c) जीवाश्म ईंधन (d) जैविक खाद

8. प्राकृतिक गैस है?
(a) प्रोपेन (b) सी.एन.जी
(c) मिथेन (d) ब्यूटेन

9. गोबर तथा जल के मिश्रण में एक विशेष संयंत्र में गैस तैयार की जाती है
(a) बायो गैस (b) सोलर कुकर
(c) सौर ऊर्जा (d) तापीय ऊर्जा

10. सोलर कुकर ऊर्जा पर आधारित है
(a) ऊष्मीय ऊर्जा (b) सौर ऊर्जा
(c) विद्युत ऊर्जा (d) पवन ऊर्जा

11. बढ़ती हुई वायु भी एक ऊर्जा का रूप है, जिसे कहते है
(a) तापीय ऊर्जा (b) पवन ऊर्जा
(c) सौर ऊर्जा (d) विद्युत ऊर्जा

12. पवन ऊर्जा प्राप्त की जाती है?
(a) जल से (b) बाँधों से
(c) ज्वार से (d) विण्डफार्म से

13. कोयला ऊर्जा का स्रोत है?
(a) जलीय (b) ज्वारीय
(c) सौर (d) ऊष्मीय (तापीय)

14. पेट्रोलियम का उत्पाद नहीं है?
(a) कैरोसीन (b) बायोडीजल
(c) पेट्रोल (d) डीजल

15. बैटरी से प्राप्त होने वाली ऊर्जा है?
(a) विद्युत ऊर्जा
(b) ऊष्मीय ऊर्जा
(c) रासायनिक ऊर्जा
(d) यान्त्रिक ऊर्जा

16. प्राकृतिक गैस का मुख्य घटक हैं
(a) एथेन (b) हाइड्रोजन
(c) नाइट्रोजन (d) मेथेन

17. सेल निम्नांकित ऊर्जा को परिवर्तित करता है।
(a) यांत्रिक (b) रसायन
(c) ऊष्मीय (d) चुम्बकीय

18. सौर सेल बने होते हैं
(a) ऐलुमिनियम से (b) कार्बन से
(c) प्लास्टिक से (d) सिलिकॉन से

19. कोयला, पेट्रोलियम, डीजल ऊर्जा के स्रोत हैं?
(a) नवीकरणीय (b) अनवीकरणीय
(c) उत्पादक (d) संगृहित

20. निम्न में से अनवीकरणीय ऊर्जा स्त्रोत है
(a) पवन ऊर्जा (b) पैट्रोलियम
(c) ज्वारीय ऊर्जा (d) सौर ऊर्जा

21. निम्न में गैर-परम्परागत ऊर्जा का स्रोत है
(a) सौर ऊर्जा (b) लकड़ी का कोयला
(c) बायो गैस (d) जैव मात्रा

22. निम्नलिखित में से कौन जैव मात्रा ऊर्जा स्रोत का उदाहरण नहीं है?
(a) लकड़ी (b) गोबर गैस
(c) नाभिकीय ऊर्जा (d) कोयला

23. जितने ऊर्जा स्रोत हम उपयोग में लाते हैं, उनमें से अधिकांश सौर ऊर्जा को निरूपित करते हैं। निम्नलिखित में से कौन-सा स्रोत अन्ततः सौर ऊर्जा से व्युत्पन्न नहीं है?
(a) भूतापीय ऊर्जा (b) पवन ऊर्जा
(c) नाभिकीय ऊर्जा (d) जैव मात्रा

24. कोयले में पायी जाती है
(a) नाइट्रोजन (b) हाइड्रोजन
(c) ऑक्सीजन (d) ये सभी

25. सौर सेल है
(a) सौर ऊर्जा को विद्युत ऊर्जा में परिवर्तित करने की युक्ति
(b) विद्युत ऊर्जा को सौर ऊर्जा में परिवर्तित करने की युक्ति
(c) सौर ऊर्जा को जलीय ऊर्जा में परिवर्तित करने की युक्ति
(d) सौर ऊर्जा को तापीय ऊर्जा में परिवर्तित करने की युक्ति

26. समुद्र से उत्पन्न ऊर्जा का प्रारूप है
(a) ज्वारीय ऊर्जा (b) सौर ऊर्जा
(c) नाभिकीय ऊर्जा (d) यांत्रिक ऊर्जा

उत्तरमाला

1. (d)	2. (c)	3. (d)	4. (d)	5. (d)	6. (d)	7. (c)	8. (b)	9. (a)	10. (b)
11. (b)	12. (d)	13. (d)	14 (b)	15 (c)	16. (d)	17. (b)	18. (d)	19. (b)	20. (b)
21. (a)	22. (b)	23. (c)	24. (d)	25. (a)	26. (a)				

13 फसल उत्पादन एवं प्रबन्धन

- बढ़ती जनसंख्या को भोजन प्रदान करने के लिए विशिष्ट कृषि पद्धतियों को अपनाना होता है।
- कृषि विज्ञान के अन्तर्गत विभिन्न फसलों और जन्तुओं का अधिक मात्रा में उत्पादन व प्रबन्धन की तकनीक का अध्ययन किया जाता है।
- किसी स्थान पर उगाए जाने वाले एक ही प्रकार के पादपों को **फसल** कहलाते हैं।
- भारत में ऋतुओं के आधार पर फसलों को दो वर्गों में बाँट सकते हैं-रबी और खरीफ फसल।
- **खरीफ फसल** को वर्षा ऋतु में (जून-सितम्बर) बोया जाता है। उदाहरण – धान, मक्का, सोयाबीन, कपास, मूँगफली, आदि।
- **रबी फसल** को शीत ऋतु में (अक्टूबर-मार्च) उगाया जाता है। उदाहरण- गेहूँ, चना, मटर, सरसों तथा अलसी, आदि।
- कृषि के लिए किए जाने वाले आवश्यक क्रियाकलाप अथवा कार्य कृषि पद्धतियाँ कहलाती हैं-जिसके अन्तर्गत मिट्टी तैयार करना, बुआई, खाद एवं उर्वरक देना, सिंचाई, खरपतवार से सुरक्षा, कटाई व भण्डारण किया जाता है।
- जुताई करके मिट्टी तैयार करना और उसे समतल करना आवश्यक होता है जिसके लिए हल तथा पाटल का उपयोग किया जाता है।
- बीजों को उचित गहराई पर बोना तथा उनके बीच उचित दूरी रखना अच्छी उपज के लिए आवश्यक होता है।
- बीजों की अच्छी किस्म का चयन करके स्वस्थ बीजों को सीड-ड्रिल की सहायता से बोया जाता है।
- मिट्टी में पोषक तत्वों की वृद्धि और पुन: पूर्ति की आवश्यकता होती है, जिसे कार्बनिक खाद तथा उर्वरकों के उपयोग द्वारा पूर्ण किया जाता है।
- उर्वरक मानव निर्मित लवण होते हैं। इसमें नाइट्रोजन, फॉस्फोरस तथा पोटैशियम प्रचुर मात्रा में होते हैं।
- खाद एक प्राकृतिक पदार्थ है, जो गोबर एवं पादपों के अवशेष के विघटन से प्राप्त होता है।
- खाद द्वारा मृदा को ह्यूमस प्रचुर मात्रा में प्राप्त होता है। खाद में आवश्यक पोषक तत्व तुलनात्मक रूप से कम होते हैं।
- निश्चित अन्तराल पर खेत में फसलों को जल देना सिंचाई कहलाता है।
- फसलों के साथ अवांछित व प्राकृतिक रूप से उगे पादपों को खरपतवार कहते हैं तथा खरपतवार हटाने की क्रिया को निराई कहते हैं।
- खरपतवारनाशी जैसे 2, 4-D का प्रयोग कर खरपतवार नियन्त्रण किया जाता है।
- कटाई का अर्थ पकी हुई फसल को हाथों या मशीन से काटना है।
- फसल के दानों को भूसे से अलग करना थ्रेशिंग कहलाता है।
- अनाज के दानों को फटक कर अलग करना विनोइंग कहलाता है।
- फसलों को हानि पहुँचाने वाले जीव-जन्तुओं व कीटों को पीड़क कहते हैं।
- बीजों को पीड़कों एवं सूक्ष्मजीवों से संरक्षित करने के लिए उचित भण्डारण आवश्यक है।
- किसानों द्वारा फसल उत्पाद का भण्डारण जूट के बोरों, धातु के बड़े पात्रों, साइलों और भण्डार गृहों में किया जाता है।
- **फसल पैटर्न** इसके द्वारा भूमि के एक ही टुकड़े से अधिकतम लाभ प्राप्त किया जा सकता है तथा रोग व फसल के नष्ट होने की सम्भावना को कम किया जा सकता है। इसके लिए मिश्रित खेती, अन्तराफसलीकरण तथा फसल चक्रण, आदि विधियाँ अपनाई जाती हैं। अन्तराफसलीकरण व फसल चक्र खरपतवार नियन्त्रण में सहायक है।

संकरण तथा आनुवंशिक रूप से रूपान्तरण फसल की किस्मों में वांछनीय गुणों की प्रवेश कराने की दो विधियाँ हैं

- **पशुपालन** यह पशुओं का वैज्ञानिक प्रबन्धन है। इसके अन्तर्गत मवेशी, बकरी, भेड़, कुक्कुट पालन तथा मत्स्य पालन में आते हैं।
- **कुक्कुट पालन** माँस व अण्डों हेतु कुक्कुट के पालन की विधि है।
- **मत्स्य पालन** से तात्पर्य, मानव के लिए जन्तु प्रोटीन उपलब्ध कराने हेतु मछलियों को पकड़ने व उनके संवर्धन से है।
- **मधुमक्खी पालन** को एपीकल्चर कहा जाता है। यह मधुमक्खियों से शहद, मोम, आदि प्राप्त करने हेतु किया जाता है।

अभ्यास प्रश्न

1. कौन-सी खरीफ की फसल नहीं है?

(a) मक्का (b) धान (c) गेहूँ (d) अरहर

2. निम्न में से कौन-सी फसल तेल युक्त बीजों वाली फसल नहीं है?

(a) तिल (b) अलसी
(c) मसूर (d) सोयाबीन

3. निम्न में से कौन-सी फसल रबी की फसल नहीं है?

(a) गेहूँ (b) चना
(c) मटर (d) मूँगफली

4. ऊर्जा कृषि कहलाने वाली फसलें हैं

(a) ज्वार, केला व आलू
(b) मक्का, आलू व टमाटर
(c) गन्ना, चुकन्दर, मक्का व आलू
(d) गन्ना, धान व जौ

5. जुताई क्यों की जाती है?

(a) कटिंग के लिए
(b) कृषि की तैयारी के लिए
(c) खरपतवार निवारण के लिए
(d) सिंचाई के लिए

6. खरपतवार हैं

(a) मुख्य फसल
(b) कीट और पेस्ट
(c) अवांछित पौधे जो मुख्य सफल के साथ उग जाते हैं
(d) रासायनिक पदार्थ

7. कृषि मित्र कहा जाता है

(a) भैंस को (b) पौधों को
(c) केंचुए को (d) गाय को

8. रासायनिक उर्वरकों के स्थान पर जैव-उर्वरकों का प्रयोग किस कारण से किया जाने लगा है?

(a) रासायनिक उर्वरक प्रदूषण उत्पन्न करते हैं
(b) रासायनिक उर्वरक महँगे होते हैं
(c) रासायनिक उर्वरकों के निर्माण में ऊर्जा की अधिक मात्रा की आवश्यकता होती है
(d) उपरोक्त सभी

9. जैव-उर्वरकों के द्वारा होता है

(a) मृदा पोषकों की प्रचुरता
(b) कार्बनिक पदार्थों की बढ़ोत्तरी
(c) मृदा गठन से परिवर्तन
(d) मृदा में नाइट्रोजन की वृद्धि करते हैं

10. निम्नलिखित में से कौन-सी हरी खाद है?

(a) चावल (b) ज्वार
(c) मक्का (d) ढेचा (सेबेनिया)

11. वह जैव-उर्वरक जो लेग्यूम पादपों की जड़ों में पाया जाता है

(a) *राइजोबियम* (b) *एनाबीना*
(c) *एजोस्पाइरिलम* (d) ये सभी

12. कार्बनिक खेती के विषय में कौन-सा कथन असत्य है?

(a) इसमें रासायनिक उर्वरक, पीड़कनाशी, आदि का उपयोग होता है
(b) इसमें अधिकाधिक कार्बनिक खाद तथा पुनचक्रित कृषि का प्रयोग होता है
(c) कीटनाशी के रूप में पादप उत्पाद प्रयुक्त होते हैं
(d) उपरोक्त में से कोई नहीं

13. पशुओं के मलमूत्र तथा पेड़-पौधों के अपघटन से प्राप्त कार्बनिक पदार्थ कहलाते हैं

(a) उर्वरक (b) खाद
(c) हरी खाद (d) जैव उर्वरक

14. कृत्रिम रूप से तैयार की जाने वाली खाद को कहा जाता है

(a) जैविक खाद (b) गोबर खाद
(c) उर्वरक (d) वर्मी खाद

15. फसलों में जल की आपूर्ति को कहते हैं

(a) बोवाई (b) खाद डालना
(c) जुताई (d) सिंचाई

16. भारत में आधुनिक सिंचाई प्रणाली में सम्मिलित है

(a) वर्षा के पानी का संग्रह
(b) जल विभाजन का उचित प्रबन्ध
(c) बाँध बनाकर जल स्तर बढ़ाना
(d) उपरोक्त सभी

17. निम्नांकित में से कौन-सी विधि भूमि की उर्वरता बनाए रखने की विधि नहीं हैं?

(a) फसल चक्रण
(b) मिश्रित फसल प्रणाली
(c) निराई
(d) भूमि को कुछ समय के लिए परती छोड़ देना

18. निम्नलिखित में से किस मशीन का उपयोग फसल कटाई एवं गहराई दोनों कार्यों के लिए किया जाता है?

(a) थ्रेसर (b) ट्रैक्टर
(c) कंबाईन (d) हैरो

19. **अनाज के दानों को भूसे से अलग करने की क्रिया को कहते हैं**
(a) बुआई (b) सिंचाई
(c) पलटा या सुहाग (d) उडावनी (विनोइंग)

20. **पीड़कनाशी में सम्मिलित होते हैं**
(a) केवल कीटनाशक
(b) अपतृणनाशक तथा कीटनाशक
(c) कीटनाशक, निमेटीसाइड तथा रोडेन्टीसाइड
(d) कीटनाशक, कवकनाशक, निमेटीसाइड, रोडेन्टीसाइड एवं अपतृणनाशक

21. **निम्न में से कौन प्रथम जैव-शाकनाशी था?**
(a) कवक शाकनाशी (b) शैवाल शाकनाशी
(c) निमेटो शाकनाशी (d) जीवाणु शाकनाशी

22. **किन विधियों द्वारा भारत में कृषि से अधिक उत्पादन लिया जा सकता है?**
(a) मिश्रित खेती (b) अन्तराफसलीकरण
(c) संघटित कृषि प्रणालियाँ (d) ये सभी

23. **पादप प्रजनन का मुख्य ध्येय है**
(a) रोग विमुक्त किस्मों का उत्पादन
(b) उच्च उन्नतशील पादप किस्मों का विकास
(c) उच्च उपज एवं पूर्व परिपक्व फसली किस्मों को व्यावसायिक उत्पादन हेतु विकसित करना
(d) उपरोक्त सभी

24. **पादप प्रजनन से वास्तविक जाति के पौधों में**
(a) पौधों की आकारिकी में सुधार होता है
(b) आनुवंशिक सुधार होता है
(c) दोनों (a) व (b)
(d) उपरोक्त में से कोई नहीं

25. **मुर्गीपालन के क्षेत्र में भारतवर्ष में किस राज्य का प्रथम स्थान है?**
(a) केरल का (b) मध्य प्रदेश का
(c) आंध्र प्रदेश का (d) उत्तर प्रदेश का

26. **मुर्गीपालन में भारत का विश्व में कौन-सा स्थान है?**
(a) पाँचवा (b) छठा
(c) दूसरा (d) इनमें से कोई नहीं

27. **पिसीकल्चर निम्न में से किसका संवर्धन होता है?**
(a) जलीय जन्तु का (b) प्रॉन का
(c) मछली का (d) इनमें से कोई नहीं

28. **ताजे पानी में मछली पालन कहलाता है**
(a) एक्वाकल्चर (b) फ्रेश वाटर एक्वाकल्चर
(c) पिसीकल्चर (d) इनमें से कोई नहीं

29. **सर्वाधिक शहद उत्पन्न करने वाली मधुमक्खी है**
(a) *एपिस इण्डिका* (b) *एपिस डॉरसेटा*
(c) *एपिस फ्लोरिया* (d) *एपिस मेलीफेरा*

30. **शहद (Honey) में पाए जाते हैं**
(a) लेव्यूलोस, डैक्स्ट्रोस, ग्लूकोस
(b) लेव्यूलोस, डैक्स्ट्रोस, माल्टोस
(c) डैक्स्ट्रोस, ग्लूकोस, फ्रक्टोस
(d) उपरोक्त में से कोई नहीं

31. **निम्न मधुमक्खियों में से किस को व्यावसायिक स्तर पर उपयोग किया जाता है?**
(a) *एपिस डॉरसेटा* (b) *एपिस इण्डिका*
(c) *एपिस फ्लोरिया* (d) *एपिस मेलीफेरा*

32. **मधुमक्खी पालन से प्राप्त होता है**
(a) मछली (b) शहद (c) अण्डे (d) दूध

उत्तरमाला

1.	(c)	2.	(c)	3.	(d)	4.	(c)	5.	(c)	6.	(c)	7.	(c)	8.	(d)	9.	(a)	10.	(d)
11.	(d)	12.	(a)	13.	(b)	14	(a)	15	(d)	16.	(d)	17.	(c)	18.	(c)	19.	(d)	20.	(d)
21.	(a)	22.	(d)	23.	(d)	24.	(c)	25.	(c)	26.	(b)	27.	(c)	28.	(b)	29.	(b)	30.	(b)
31.	(a)	32.	(b)																

14 | घर्षण

- **घर्षण** घर्षण वह बल है जो दो तलों के बीच सापेक्षिक स्पर्शी गति का विरोध करता है।
- इसका मान दोनों तलों के अभिलम्ब बल तथा पदार्थ की प्रकृति पर निर्भर करता है।
- यह सम्पर्कित सतहों में पाई जाने वाली अनियमितता के कारण उत्पन्न होता है।

घर्षण बल के प्रकार

(i) **स्थैतिक घर्षण** वस्तु की गति प्रारम्भ होने से ठीक पहले लगने वाला घर्षण बल स्थैतिक घर्षण कहलाता है।

- स्थैतिक घर्षण का अधिकतम मान 'सीमान्त घर्षण' कहलाता है।

(ii) **गतिक घर्षण** वस्तुओं में गति प्रारम्भ होने के बाद लगने वाला घर्षण बल को गतिक घर्षण कहलाता है।

(iii) **लोटनिक घर्षण** किसी लुढ़कने वाली वस्तु पर लगने वाला बल रोलिंग/लोटनिक घर्षण कहलाता है।

(iv) **सर्पी घर्षण** किसी आनत तल पर वस्तु के फिसलने के कारण लगने वाला घर्षण बल सर्पी घर्षण कहलाता है।

(v) **कर्षण** तरलों द्वारा लगाया गया घर्षण बल कर्षण कहलाता है।

- **घर्षण के लाभ** हमारा चलना, कागज पर लिखना, लकड़ी काटना, ब्रेक लगाना आदि।
- **घर्षण की हानियाँ** अधिक ऊर्जा क्षय, टायरों का जल्दी घिस जाना, मशीनों की आयु कम होना आदि।
- **घर्षण कम करने के उपाय** स्नेहक (तेल, ग्रीस, पॉलिश) ग्रेफाइट, पहियों में बॉल बियरिंग का उपयोग करना आदि।

अभ्यास प्रश्न

1. निम्नलिखित में से कौन-सा एक सम्पर्क बल है?
(a) गुरुत्वाकर्षण बल (b) चुम्बकीय बल
(c) घर्षण बल (d) विद्युत स्थैतिकी बल

2. घर्षण बल का मान निर्भर नही करता है
(a) पदार्थ की प्रकृति पर
(b) सम्पर्क तल के क्षेत्रफल पर
(c) भार पर
(d) उपरोक्त में से कोई नहीं

3. घर्षण बल की प्रकृति होती है
(a) स्वः समायोजन (b) स्वः समायोजन नहीं
(c) बाह्य समायोजन (d) इनमें से कोई नहीं

4. दो पृष्ठों के मध्य अनियमितताओं के अन्तः बन्धन के कारण उत्पन्न होता है
(a) गति (b) ऊर्जा
(c) घर्षण (d) शक्ति

5. घर्षण बल है
(a) विरोधी बल (b) केन्द्रीय बल
(c) आन्तरिक बल (d) बाह्य बल

6. खुरदुरे पृष्ठ की तुलना में चिकने पृष्ठ पर चलना आसान होता है क्यों?
(a) घर्षण अधिक होता है।
(b) घर्षण कम होता है।
(c) घर्षण अपरिवर्तित होता है।
(d) घर्षण बराबर होता है।

7. घर्षण बल निर्भर करता है
(a) वस्तु की आकृति पर (b) तरल की प्रकृति पर
(c) वस्तु के क्षेत्रफल पर (d) (a) व (b) दोनों पर

8. निम्नलिखित में से कौन-सा घर्षण बल अधिकतम है?
(a) रोलिंग घर्षण (b) बेलन घर्षण
(c) गतिज घर्षण (d) स्थैतिक घर्षण

9. सर्पी घर्षण किस प्रकार का बल है?

(a) सीमान्त बल (b) स्थैतिक बल
(c) गतिज बल (d) इनमें से कोई नहीं

10. स्थैतिक घर्षण, सर्पी घर्षण से ……… होता है।

(a) अधिक (b) कम
(c) बराबर (d) अपरिवर्तित

11. मेजों और पुस्तकों के मध्य कौन-सा घर्षण बल होता है?

(a) असम्पर्क (b) सर्पी
(c) स्थैतिक (d) सम्पर्क

12. द्रवों द्वारा लगाया गया घर्षण बल क्या कहलाता है?

(a) उठाना (b) खींचना
(c) रोलिंग (d) कर्षण

13. रोलिंग घर्षण, सर्पी घर्षण से ……… होता है।

(a) ज्यादा (b) कम
(c) बहुत कम (d) बराबर

14. निम्नलिखित में से कौन-सा सही हैं?

(a) फिसलने की तुलना में लुढ़कना आसान है।
(b) लुढ़कने की तुलना में फिसलना आसान है।
(c) फिसलने की तुलना में खींचना आसान है।
(d) लुढ़कने की तुलना में खींचना आसान है।

15. तरल में कौन गति कर सकता है?

(a) मछलियाँ (b) पक्षी
(c) (a) व (b) दोनों (d) इनमें से कोई नहीं

16. सही कथन चुनें

(a) लोटनिक > स्थैतिक > सर्पी
(b) लोटनिक > सर्पी > स्थैतिक
(c) स्थैतिक > सर्पी > लोटनिक
(d) सर्पी > स्थैतिक > लोटनिक

17. निम्नलिखित में से किस सामग्री में सबसे कम घर्षण की सम्भावना है।

(a) लकड़ी (b) गत्ता (c) काँच (d) कागज

18. कौन-सी प्रक्रिया में ऊर्जा क्षय होती है?

(a) गति में (b) घर्षण बल में
(c) (a) व (b) दोनों (d) इनमें से कोई नहीं

19. निम्नलिखित में से कौन घूमने वाली मशीन में घर्षण को कम करता है?

(a) पहिया (b) रोलर्स
(c) बॉल बियरिंग (d) सम्भालना

20. कैरम बोर्ड पर खेलने से पहले पाउडर क्यों लगया जाता है?

(a) घर्षण बढ़ाने के लिए (b) घर्षण कम करने के लिए
(c) सजावट के लिए (d) खुशबू के लिए

21. घर्षण कम करने वाले पदार्थ क्या कहलाते है?

(a) पानी (b) तेल
(c) ग्रीस (d) स्नेहक

22. घर्षण कम करने हेतु उपयोगी है

(a) तेल (b) ग्रीस
(c) बॉल बियरिंग (d) ये सभी

23. यदि हम दरवाजे पर तेल लगा दे, तो घर्षण

(a) बढ़ जाएगा। (b) कम हो जाएगा।
(c) अपरिवर्तित रहेगा। (d) समाप्त हो जाएगा।

24. बॉल बियरिंग का उपयोग कहाँ किया जाता हैं?

(a) छत के पंखों में (b) साइकिलों में
(c) मशीनों में (d) ये सभा

25. तेलीय सतह पर घर्षण बल ……… होता है

(a) अधिक (b) कम
(c) बिल्कुल नहीं (d) बहुत अधिक

उत्तरमाला

1. (c)	2. (b)	3. (a)	4. (c)	5. (a)	6. (b)	7. (d)	8. (d)	9. (c)	10. (a)
11. (c)	12. (d)	13. (b)	14 (a)	15 (c)	16. (c)	17. (c)	18. (c)	19. (c)	20. (b)
21. (d)	22. (d)	23. (b)	24. (d)	25. (b)					

15 भोजन

- **भोजन** वह पोषक पदार्थ है, जो किसी जीव द्वारा वृद्धि, कार्य, मरम्मत और जीवन क्रियाओं के संचालन हेतु ग्रहण किया जाता है। यह विभिन्न पदार्थों का मिश्रण होता है, जिसकी मात्रा एवं उसके अवयव भिन्न-भिन्न हो सकते हैं।
- भोजन के मुख्य अवयवों के नाम कार्बोहाइड्रेट, प्रोटीन, वसा, विटामिन, खनिज लवण, आहारी रेशो तथा जल हैं।
- **कार्बोहाइड्रेट** हमारे शरीर हेतु ऊर्जा के मुख्य स्रोत हैं। ये ऑक्सीकरण के पश्चात् शरीर में ऊर्जा उत्पन्न करते हैं।
- 1 ग्राम कार्बोहाइड्रेट के ऑक्सीकरण से 17 किलो जूल अथवा 4.1 किलो कैलोरी ऊर्जा निकलती है।
- इसके मुख्य स्रोत आलू, फल (केला, आम), अनाज (चावल, गेहूँ तथा मक्का), शर्करा (शहद, गन्ना, चुकन्दर तथा जैम), रोटी, दूध, आदि हैं।
- **वसा** वसीय अम्लों एवं ग्लिसरॉल से बना यौगिक है।
- इसमें अत्यधिक कैलोरी (ऊर्जा) होती है और ये आवश्यक वसा अम्लों के मुख्य स्रोत हैं।
- घी, मक्खन, बादाम, पनीर, अण्ड योक, माँस, सोयाबीन और सभी वनस्पति तेल वसा के मुख्य स्रोत हैं।
- **प्रोटीन** अमीनो अम्लों (Amino acids) के बहुलक हैं। प्रोटीन के मुख्य स्रोत दालें, मछली, अण्डा, पत्तीदार सब्जियाँ, दूध, फल, सोयाबीन, मटर, सेम, पनीर, दही, आदि हैं।
- खनिज लवण हमारे शरीर का लगभग 6.1% भाग बनाते हैं। जीव द्वारा खनिज लवण, भोजन एवं पेय पदार्थों के रूप में प्राप्त किए जाते हैं।
- ये दूध, अण्डा, माँस, फल, सब्जियाँ एवं नमक, आदि में पाए जाते हैं। कुछ खनिज लवण निम्न है जैसे—लौह, कैल्शियम, आयोडीन, फॉस्फोरस, सोडियम, पौटेशियम इत्यादि खनिज लवण मिलकर हमारे शरीर का निर्माण करते हैं तथा हमें कई रोगों से सुरक्षा प्रदान करते हैं।

खनिज लवण	मुख्य स्रोत	कार्य
आयोडीन	समुद्र से प्राप्त होने वाली खाद्य वस्तुएँ, जल एवं आयोडीन युक्त नमक।	थायरॉइड ग्रन्थि में थायरॉक्सिन हॉर्मोन के निर्माण हेतु।
फॉस्फोरस	दूध, मांस, सब्जियाँ तथा अनाज।	अस्थियों व दाँतों तथा जीवद्रव्य के निर्माण हेतु।
सल्फर	मांस, दूध, अण्डा, मक्खन तथा दही।	प्रोटीन संश्लेषण और को-एन्जाइम के रूप में।
पोटैशियम	सब्जियाँ।	पेशियों की दुर्बलता में, निम्न रुधिर चाप।
क्लोरीन	सब्जियाँ, नमक।	भूख की कमी, पेशियों की ऐंठन।
जस्ता	यकृत, मछली तथा अन्य भोज्य पदार्थ।	जनन क्षमता में उपयोगी रुधिर क्षीणता
ताँबा	मांस, मछली, यकृत तथा अनाज।	संयोजी ऊतक व रुधिर वाहिनियों की दुर्बलता।
कोबाल्ट	मांस, मछली तथा जल।	RBCs तथा विटामिन-B_{12} के संश्लेषण हेतु।
सोडियम	हरी सब्जियाँ तथा नमक।	निम्न रुधिर चाप एवं शरीर के अन्य ऊतकों के निर्माण हेतु।
मैग्नीशियम यौगिक	सब्जियाँ।	पेशी तन्त्र एवं तन्त्रिका की क्रिया हेतु।
लौह	हरी पत्तीदार सब्जियाँ, मांस, यकृत, सलाद, किशमिश इत्यादि।	लाल रुधिर कणिकाओं के निर्माण हेतु।
कैल्शियम	दूध, सब्जी, मांस तथा अनाज।	अस्थियों व दाँतों के निर्माण, रुधिर का थक्का बनने एवं हृदय व तन्त्रिका तन्त्र के विभिन्न कार्यों हेतु।

- **विटामिन** हमारे शरीर को रोगों से बचाने में सहायक है, इसके अतिरिक्त ये हमारे शरीर को सामान्य रूप से विकसित होने और कार्य करने के लिए आवश्यक होते हैं।
- वसा में घुलनशील विटामिन-A, D, E, K तथा जल में घुलनशील विटामिन-B एवं C आदि।

विटामिनों के स्रोत, कार्य एवं कमी के प्रभाव

नाम	स्रोत	कार्यिकी पर प्रभाव	कमी का प्रभाव
वसा में घुलनशील विटामिन			
विटामिन-A (रेटिनॉल)	कैरोटिन वर्णक से, यकृत व आंत्रीय श्लेष्मा की कोशिकाओं में संश्लेषित, दूध, मक्खन, अण्डा, मछली का तेल।	दृष्टि वर्णकों का संश्लेषण, एपिथीलियमी स्तरों की वृद्धि एवं विकास।	कॉर्निया व त्वचा की कोशिकाओं का शल्कीभवन, रतौंधी, कुंठित वृद्धि जीरोपथैल्मिया।
विटामिन-D (कैल्सीफेरॉल)	मक्खन, जिगर, मछली का तेल, गुर्दे, अण्डे, त्वचा और यीस्ट में, सूर्य प्रकाश में संश्लेषण।	कैल्शियम व फॉस्फोरस का उपापचय, हड्डियों और दाँतों की वृद्धि।	सूखा रोग, ऑस्टियोमैलेसिया।
विटामिन-E (टोकोफेरॉल)	तेल, गेहूँ , अण्डों की जर्दी, सोयाबीन।	कोशिका झिल्ली की सुरक्षा, जननिक एपिथीलियम की वृद्धि, पेशियों की क्रियाशीलता।	जनन क्षमता की कमी, जननांग तथा कमजोर पेशियाँ।
विटामिन-K (नैफ्थोक्विनोन)	हरी पत्तियाँ, अण्डा, यकृत, टमाटर, गोभी, सोयाबीन, आँत के बैक्टीरिया।	यकृत में प्रोथ्रॉम्बिन का संश्लेषण।	चोट पर रुधिर का थक्का न जमने से अधिक रुधिर स्राव।
जल में घुलनशील विटामिन			
विटामिन-B_1 (थायमीन)	अनाज, फलियाँ, सोयाबीन, दूध, यीस्ट, अण्डे एवं माँस।	कार्बोहाइड्रेट एवं अमीनो अम्ल उपापचय के लिए आवश्यक एन्जाइमों के सहएन्जाइम के रूप में।	बेरी-बेरी।
विटामिन-B_2 (राइबोफ्लैविन)	पनीर, अण्डे, यीस्ट, हरी पत्तियाँ, माँस एवं जिगर।	उपापचय में महत्वपूर्ण सहएन्जाइमों, FAD तथा FMN का घटक।	कीलोसिस।
विटामिन-B_3 (निकोटिनिक अम्ल)	यीस्ट, मांस, जिगर, मछली, अण्डे, दूध, मटर, मेवा एवं फलियाँ।	उपापचय में महत्त्वपूर्ण सहएन्जाइमों, NAD तथा NADP का घटक।	मानसिक एवं त्वचा विकार (पेलाग्रा)
विटामिन-B_5 (पैन्टोथीनिक अम्ल)	अण्डे, जिगर, मांस, दूध, टमाटर, मूँगफली एवं गन्ना।	अपचय के सहएन्जाइम-A का घटक।	चर्म रोग, वृद्धि कम, बाल सफेद एवं जनन क्षमता कम होना।
विटामिन-B_6 (पाइरीडॉक्सिन)	दूध, यीस्ट, अनाज, मांस, जिगर एवं मछली।	प्रोटीन उपापचय में आवश्यक एन्जाइमों का सहएन्जाइम।	रुधिरक्षीणता, चर्म रोग एवं पेशीय ऐंठन।
विटामिन-B_7 (बायोटिन)	माँस, गेहूँ, अण्डा, मूँगफली, चॉकलेट, सब्जी, फल एवं यीस्ट।	वसीय एवं अमीनो अम्लों सहित कई अन्य पदार्थों की संश्लेषण अभिक्रियाओं के सहएन्जाइम।	चर्म रोग एवं बालों का झड़ना।
विटामिन-B_{10} (फोलिक अम्ल)	हरी पत्तियाँ, जिगर, सोयाबीन, यीस्ट, गुर्दे, फलियाँ एवं आँत के जीवाणु।	वृद्धि, रुधिराणुओं का निर्माण एवं DNA का संश्लेषण।	मेगालोब्लास्टिक एनीमिया एवं कुंठित वृद्धि।
विटामिन-B_{12} (सायनोकोबालेमीन)	मांस, मछली, जिगर, अण्डा, दूध एवं आँत के जीवाणु।	वृद्धि, रुधिराणुओं का निर्माण एवं न्यूक्लिक अम्लों का संश्लेषण।	परनिसियस एनीमिया एवं तन्त्रिका तन्त्र की गड़बड़ियाँ।
विटामिन-C (एस्कॉर्बिक अम्ल)	नींबू-वंश के फल, टमाटर, सब्जियाँ, आलू एवं अन्य फल।	अन्तरकोशिकीय सीमेंट, कोलैजन तन्तुओं, हड्डियों के मैट्रिक्स एवं दाँतों के डेन्टीन का निर्माण।	स्कर्वी रोग।

- सन्तुलित भोजन में कार्बोहाइड्रेट्स, वसा, प्रोटीन, विटामिन तथा खनिज लवण उचित मात्रा में पाए जाते हैं।
- बच्चों, गर्भवती स्त्रियों और दूध पिलाने वाली माताओं को सन्तुलित भोजन की अधिक आवश्यकता होती है।
- जल पाचन, परिवहन एवं उत्सर्जन में सहायक है।
- इसकी कमी से निर्जलीकरण (Dehydration) हो जाता है।
- **आहारी रेशे** कुछ भोज्य पदार्थों में पाया जाने वाला तन्तुमय पदार्थ है। यह शरीर की वृद्धि नहीं करता है, यह कब्ज को रोकने हेतु अधिक मात्रा में भोजन में लिया जाता है। इसका मुख्य स्रोत सलाद, अनाजों की बाह्य परत, सब्जियाँ एवं दलिया हैं।
- भोजन बनाने और खाने से पहले हाथों को अच्छी तरह साबुन से धोकर साफ करना चाहिए।
- अत्यधिक मीठी एवं तली हुई तेज मसालेदार पदार्थों का उपयोग नहीं करना चाहिए। खाद्य पदार्थों को सुरक्षित रखने को परिरक्षण कहते हैं।
- खाद्य पदार्थों के परिरक्षण की विधियाँ हैं— अचार बनाना, मुरब्बा बनाना, ठण्डा रखना, नमक का उपयोग करना, सुखाना, आदि।

अभ्यास प्रश्न

1. भोजन का सर्वप्रथम कार्य क्या है?

(a) ऊर्जा प्रदान करना
(b) शरीर की वृद्धि में सहायक
(c) स्वाद लेना
(d) भूख मिटाना

2. सन्तुलित भोजन में पोषक पदार्थ होने चाहिए

(a) एक ही प्रकार के (b) एक भी नहीं
(c) एक से अधिक (d) सभी प्रकार के

3. जिस भोजन में कार्बोहाइड्रेट्स, वसा, प्रोटीन, विटामिन तथा खनिज लवण उचित मात्रा में पाए जाते हैं, उसे कहते हैं?

(a) रक्ताल्पता (b) सन्तुलित आहार
(c) कुपोषित आहार (d) खनिज लवण

4. कार्बोहाइड्रेट्स की कमी को पूरा करने के लिए क्या खाना चाहिए?

(a) गाजर (b) चना
(c) माँस (d) चावल

5. कार्बोहाइड्रेट्स में कार्बन, हाइड्रोजन, ऑक्सीजन का अनुपात होता है

(a) 2 : 1 : 1 (b) 1 : 1 : 1
(c) 1 : 2 : 1 (d) 1 : 2 : 2

6. हमारे शरीर के लिए ऊर्जा का मुख्य स्रोत है

(a) प्रोटीन (b) वसा
(c) कार्बोहाइड्रेट्स (d) लिपिड

7. वसा क्या है?

(a) फैटी एसिड (b) एस्टर
(c) ग्लिसरॉल (d) ग्लिसरॉल के यौगिक

8. प्रोटीन की सबसे छोटी रचनात्मक इकाई है

(a) कार्बोहाइड्रेट्स (b) प्रोटियोएेज
(c) पेस्टोन (d) अमीनो अम्ल

9. निम्न में से कौन-सा बाल, माँसपेशियाँ तथा त्वचा का मुख्य घटक है?

(a) एन्जाइम
(b) वसाएँ
(c) प्रोटीन
(d) कार्बोहाइड्रेट्स

10. प्रोटीन की कमी से कौन-सा रोग होता है?

(a) टायफॉइड (b) क्वाशियोरकॉर
(c) हेपेटाइटिस (d) मलेरिया

11. शरीर की वृद्धि व नई कोशिकाओं के निर्माण के लिए सबसे आवश्यक तत्व कौन-सा है?

(a) वसा (b) प्रोटीन
(c) लिपिड (d) वसाएँ

12. गाजर-कद्दू, पपीता, आँवला एवं हरी पत्तेदार सब्जियाँ, दूध अण्डे, सन्तरा, नींबू, टमाटर, आदि में होता है

(a) वसा
(b) प्रोटीन
(c) कार्बोहाइड्रेट्स
(d) विटामिन एवं खनिज लवण

13. एनीमिया रोग किस तत्व की कमी से होता है?

(a) लौह तत्व (b) सल्फर
(c) आयोडीन (d) कैल्सियम

14. दूध, अण्डे, हरी सब्जियों, टमाटर एवं गाजर में उपस्थित होता है

(a) विटामिन-D (b) विटामिन-K
(c) विटामिन-C (d) विटामिन-A

15. हमारे शरीर में टूटी हुई हड्डियों की मरम्मत करने के लिए हमें आवश्यकता होती है

(a) विटामिन-A (b) विटामिन-K
(c) विटामिन-D (d) सन्तुलित आहार की

16. विटामिन-D की कमी से कौन-सा रोग होता है?
(a) हाथी पाँव (b) रतौंधी
(c) एड्स (d) रिकेट्स

17. रतौंधी नामक रोग किसकी कमी से होता है?
(a) विटामिन-A (b) विटामिन-B
(c) विटामिन-C (d) विटामिन-D

18. बेरी-बेरी रोग किसकी कमी के कारण होता है?
(a) विटामिन-A (b) विटामिन-D
(c) विटामिन-K (d) विटामिन-B

19. निम्न में से कौन एण्टी-ऑक्सीडेण्ट है?
(a) विटामिन-K (b) विटामिन-C
(c) विटामिन-D (d) विटामिन-B

20. निम्न में से किसमें विटामिन-C पाया जाता है?
(a) चावल (b) बीन्स
(c) नींबू (d) गाजर

21. निम्न में विटामिन-C का रासायनिक नाम है
(a) साइट्रिक अम्ल
(b) हाइड्रोक्लोरिक अम्ल
(c) टार्टरिक एसिड
(d) एस्कॉर्बिक एसिड

22. एक ग्लास जल में कितनी कैलोरी मिलती है?
(a) 1.5 (b) 20
(c) 25 (d) शून्य

23. भोज्य पदार्थों में पाया जाने वाला वह तन्तुमय पदार्थ जिसका पाचन आँतों द्वारा नहीं होता है
(a) वसा (b) आहारी रेशे
(c) प्रोटीन (d) विटामिन

24. फलों व सब्जियों का परिरक्षण किया जाता है
(a) सुखाकर (b) मुरब्बा बनाकर
(c) नमक द्वारा (d) इन सभी द्वारा

उत्तरमाला

1. (a)	2. (d)	3. (b)	4. (d)	5. (c)	6. (c)	7. (d)	8. (d)	9. (c)	10. (b)
11. (b)	12. (d)	13. (a)	14 (d)	15 (c)	16. (d)	17. (a)	18. (d)	19. (b)	20. (c)
21. (d)	22. (d)	23. (b)	24. (d)						

16 मानव में सामान्य रोग

रोग उत्पन्न करने वाले सूक्ष्मजीव रोगोत्पादक सूक्ष्मजीव कहलाते हैं।

- **स्वास्थ्य** वह अवस्था है, जिसके अन्तर्गत शारीरिक, मानसिक तथा सामाजिक कार्य समुचित क्षमता द्वारा उचित प्रकार से किया जा सके।
- शरीर का शारीरिक, मानसिक एवं सामाजिक रूप से ठीक होना ही स्वस्थ होने का पैमाना है।
- **रोग** स्वस्थ शरीर की कार्यिकी में उत्पन्न वह गतिरोध है, जो इसकी कार्य क्षमता को प्रभावित करता है।
- रोग दो प्रकार के होते हैं—**जन्मजात रोग** प्राय: इनका कारण आनुवंशिक विकार या पोषण की कमी होती है तथा **उपार्जित रोग**, प्राय: इनका कारण गलत आदतें, संक्रमण एवं पोषक तत्वों की कमी होती है।

उपार्जित रोग दो प्रकार के होते हैं

- **संक्रामक या संचरणीय रोग** में तात्कालिक कारक सूक्ष्मजीव (जीवाणु, विषाणु, कवक, आदि) होते हैं तथा ये एक रोगी व्यक्ति से स्वस्थ व्यक्ति में संचरित होते हैं। उदाहरण—हैजा, मलेरिया, एड्स, जुकाम, चेचक, प्लेग, खसरा, डिफ्थीरिया आदि।
- **असंक्रामक या असंचरणीय रोग** एक रोगी व्यक्ति से दूसरे स्वस्थ व्यक्ति में संचरित नहीं होते हैं। उदाहरण—उच्च रुधिर चाप, क्वाशियोरकॉर, मैरेस्मस, एनीमिया, कैंसर आदि।
- कुछ कीट व जन्तु ऐसे भी हैं, जो रोगकारक सूक्ष्मजीवों के रोग वाहक का कार्य करते हैं। उदाहरण - घरेलू मक्खी, मादा *एनॉफिलीज* मच्छर।
- मच्छर *प्लाज्मोडियम* (मलेरिया परजीवी) का वाहक है।
- मादा *एडीस* मच्छर डेंगू के वायरस की वाहक है।

मनुष्य में सूक्ष्मजीवों द्वारा होने वाले सामान्य रोग

	मानव रोग	रोगकारक सूक्ष्मजीव	संचरण का तरीका	बचाव के उपाय (सामान्य)
1.	क्षय रोग	*माइकोबैक्टीरियम ट्यूबरकुलोसिस* जीवाणु	वायु	BCG टीका
2.	हैजा	*विब्रियो कोलेरी* जीवाणु	जल/भोजन	व्यक्तिगत स्वच्छता एवं अच्छी आदतों को अपनाना। भली भाँति पके भोजन, उबला पेय जल एवं टीकाकरण।
3.	टायफॉइड	*साल्मोनेला टाइफी* जीवाणु	जल	
4.	खसरा (Measles)	पैरामिक्सो विषाणु	वायु	रोगी व्यक्ति को पूरी तरह से अन्य व्यक्तियों से अलग रखना। रोगी की व्यक्तिगत वस्तुओं को अलग रखना। उचित समय पर टीकाकरण।
5.	चिकनपॉक्स	*वेरीसेला* विषाणु	जल / सीधे सम्पर्क	
6.	पोलियो	एण्ट्रो विषाणु	वायु / जल	
7.	हेपेटाइटिस-A	हेपेटाइटिस-A विषाणु	जल	उबले हुए पेय जल का प्रयोग, टीकाकरण।
8.	मलेरिया	*प्लाज्मोडियम* (प्रोटोजोआ)	मच्छर	मच्छरदानियों का प्रयोग, मच्छर भगाने वाले रसायन का प्रयोग, कीटनाशक का छिड़काव एवं मच्छर के प्रजनन रोकने के लिए जल को किसी भी स्थान पर एकत्र न रहने देना।

- फाइलेरिया रोग *क्यूलेक्स* मच्छर के काटने से होता है।
- हैजा, क्षय, चेचक तथा हेपेटाइटिस जैसी अनेक रोगों को वैक्सीन (टीके) द्वारा रोका जा सकता है।
- एडवर्ड जेनर ने 1798 में चेचक के टीके की खोज की थी।
- पोलियो ड्रॉप बच्चों को दिया जाने वाला एक टीका (वैक्सीन) है।
- भारत में पल्स पोलियो प्रतिरक्षीकरण (PPI) कार्यक्रम की शुरुआत विश्व स्वास्थ्य संगठन (WHO) के वैश्विक पोलियो उन्मूलन प्रस्ताव के तहत 1995 में की गई।
- इस कार्यक्रम के अन्तर्गत पाँच साल तक के बच्चों को दिसम्बर व जनवरी में ओरल पोलियो वैक्सीन (OPV) की दो बूँदें दी जाती हैं।
- WHO द्वारा भारत को वर्ष 2014 में पोलियो मुक्त घोषित कर दिया गया है। यद्यपि यह कार्यक्रम आज भी चल रहा है, जिससे इसके पुन: रोगग्रस्त करने की सम्भावना पूर्णतया समाप्त हो जाए।

अभ्यास प्रश्न

1. स्वास्थ्य वह अवस्था है, जिसके अन्तर्गत ……… कार्य समुचित क्षमता द्वारा उचित प्रकार से किया जा सके।

(a) शारीरिक (b) मानसिक (c) सामाजिक (d) ये सभी

2. अच्छे स्वास्थ्य के लाभ हैं/है

(a) कार्य करने की क्षमता को बढ़ावा देना
(b) सभी कार्यों को कुशलतापूर्वक सम्पन्न करना
(c) व्यक्ति के रख-रखाव को सुधारना
(d) (a) व (b) दोनों

3. संचारी रोग को फैलाने में सहायक कारक है

(a) वायु (b) जल
(c) रोगवाहक (d) ये सभी

4. संक्रामक रोग है

(a) खसरा, हैजा (b) कुष्ठ, एनीमिया
(c) वर्णान्धता, खसरा (d) कुष्ठ, एल्बीनिज्म

5. जीवाणुओं एवं विषाणुओं से होने वाला रोग

(a) आनुवंशिक रोग (b) संक्रामक रोग
(c) स्कर्वी (d) असंक्रामक रोग

6. निम्न में से कौन-सा रोग उपार्जित रोग है?

(a) रतौंधी (b) डायबिटीज
(c) क्वाशियोरकॉर (d) रंजकहीनता

7. '*साल्मोनेला टाइफी*' नामक जीवाणु द्वारा होने वाला रोग है

(a) दाद (b) टी.बी.
(c) पोलियो (d) मियादी बुखार

8. मियादी बुखार के सन्दर्भ में सही कथन है।

(a) ज्वर के साथ छोटे-छोटे मोती के समान दाने निकलते हैं
(b) आँतों में सूजन और आहारनाल सम्बन्धी विकार उत्पन्न हो जाते हैं
(c) रोग की जाँच विडाल टेस्ट द्वारा होती है
(d) उपरोक्त सभी कथन सत्य हैं

9. सही मेल का चयन कीजिए।

(a) हैजा — *डिप्लोकॉकस न्यूमोनी*
(b) टिटेनस — *शाइजेला डिसेन्टरी*
(c) प्लेग — *पाश्च्यूरेला पेस्टिस*
(d) आँतशोथ — *ट्रैपोनेमा पैलीडम*

10. *साल्मोनेला टाइफी* के कारण होता है।

(a) प्लीहा का बड़ा होना व पेट दर्द
(b) आँत में संक्रमण
(c) नेत्र में मोतियाबिन्द
(d) पीलिया

11. विडाल टेस्ट का सम्बन्ध किस रोग से है?

(a) मोतीझरा (b) मलेरिया
(c) पीत ज्वर (d) हैजा

12. निम्न में से कौन-सा जीवाणुजनित रोग है?

(a) चिकनपॉक्स (b) टायफॉइड
(c) रेबीज (d) सर्दी-खाँसी

13. निम्नलिखित में से कौन-सा रोग विषाणुओं द्वारा उत्पन्न नहीं होता है?

(a) पोलियो (b) चेचक (c) एड्स (d) हैजा

14. बी.सी.जी. के टीके का उपयोग किस रोग के लिए होता है?

(a) पोलियो (b) ट्यूबरकुलोसिस
(c) टायफॉइड (d) मलेरिया

15. रेबीज किस सूक्ष्मजीव द्वारा फैलने वाला संक्रामक रोग है?

(a) विषाणु (b) जीवाणु
(c) कवक (d) इनमें से कोई नहीं

16. रेबीज का संचरण किसके द्वारा होता है?
(a) संक्रमित बन्दर द्वारा (b) संक्रमित बिल्ली द्वारा
(c) संक्रमित कुत्ते द्वारा (d) ये सभी

17. निम्नलिखित में से विषाणुजनित संक्रामक रोग है
(a) मियादी बुखार (b) दाद
(c) कैंसर (d) पोलियो

18. यकृतशोथ किस रोग का दूसरा नाम है?
(a) हेपेटाइटिस (b) टायफॉइड
(c) टी.बी. (d) रेबीज

19. खसरा रोग किस विषाणु द्वारा होता है?
(a) पैरामिक्सोविषाणु (b) पिकॉरनाविषाणु
(c) एण्ट्रोविषाणु (d) इनमें से कोई नहीं

20. हेपेटाइटिस-E के विषाणु किसके द्वारा संचरित होते हैं?
(a) वायु द्वारा
(b) जल द्वारा
(c) भोजन द्वारा
(d) लैंगिक सम्पर्क द्वारा

21. यकृत में संक्रमण होने से कौन-सा रोग होता है?
(a) सिरदर्द (b) खाँसी
(c) श्वास लेने में परेशानी (d) पीलिया

22. निम्नलिखित में से कौन-सी बीमारी जीवाणु द्वारा नहीं होती है?
(a) हैजा (b) चेचक
(c) क्षयरोग (d) टायफॉयड

23. पोलियो का रोग किसके द्वारा फैलता है?
(a) पागल कुत्ते के काटने से
(b) वायु द्वारा
(c) संक्रमित भोजन और पेयजल से
(d) मूत्र जनन मार्ग में संक्रमण द्वारा

24. मानव शरीर में HIV प्रवेश कर नष्ट करता है
(a) RNA (b) WBC
(c) RBC (d) DNA

25. पोलियो और छोटी माता (चिकनपॉक्स) किससे द्वारा होता है?
(a) विषाणु (b) जीवाणु
(c) कवक (d) कृमि

26. ओ.पी.वी. का पूरा नाम क्या है?
(a) ओरल पोलियो वैक्सीन (b) ओरल पल्स वैक्सीन
(c) ओरल पोलियो वैक्यूम (d) ओरल पोलियो वैसलीन

27. निम्नलिखित में से कौन एक विषाणुजनित रोग नहीं है?
(a) डेंगू (b) एड्स
(c) मियादी बुखार (d) चेचक

28. मलेरिया रोग का वाहक है
(a) मादा *एनॉफिलीज* (b) *एडीज एजिप्टाई*
(c) घरेलू मक्खी (d) इनमें से कोई नहीं

29. मेलिग्नेण्ट तृतीयक मलेरिया का रोगजनक है
(a) *प्लाज्मोडियम मलेरी*
(b) *प्लाज्मोडियम फैल्सीपेरम*
(c) *प्लाज्मोडियम ओवेल*
(d) *प्लाज्मोडियम वाइवैक्स*

30. निद्रा रोग किस जन्तु के द्वारा होता है?
(a) *यूग्लीना* (b) *प्लाज्मोडियम*
(c) *ट्रिपेनोसोमा* (d) *अमीबा*

31. मलेरिया रोग उत्पन्न करने वाला रोगाणु है
(a) जीवाणु (b) विषाणु
(c) प्रोटोजोआ (d) कवक

32. प्रोटोजोआ से होने वाले संक्रमित रोग है
(a) पेचिश (b) मलेरिया (c) डायरिया (d) ये सभी

33. निम्न में से कौन-सी बीमारी प्रदूषित जल पीने से नहीं होती?
(a) हैजा (b) पीलिया (c) टायफाइड (d) मलेरिया

34 मानव में हेल्मिन्थजनित रोग है
(a) ऐस्कैरिएसिस (b) फाइलेरिएसिस
(c) टिनिएसिस (d) ये सभी

35. पल्स पोलियो कार्यक्रम की शुरुआत की गई थी
(a) सन् 1990 में (b) सन् 1995 में
(c) सन् 1992 में (d) सन् 1991 में

36. निम्न में से असंक्रामक रोग है
(a) हैजा (b) कैंसर
(c) मैरेस्मस (d) (b) व (c) दोनों

उत्तरमाला

1. (d)	2. (d)	3. (d)	4. (a)	5. (b)	6. (a)	7. (d)	8. (a)	9. (c)	10. (b)
11. (a)	12. (b)	13. (d)	14 (b)	15 (a)	16. (d)	17. (d)	18. (a)	19. (a)	20. (b)
21. (d)	22. (b)	23. (c)	24. (b)	25. (a)	26. (a)	27. (c)	28. (a)	29. (b)	30. (c)
31. (c)	32. (d)	33. (d)	34. (d)	35. (b)	36. (d)				

17 किशोरावस्था

- जनन काल की वह अवधि जब शरीर में कुछ ऐसे परिवर्तन होते हैं, जिसके फलस्वरूप जनन परिपक्वता आती है, किशोरावस्था कहलाती है।
- किशोरावस्था में शरीर की सामान्य वृद्धि दर धीमी होती है और जनन ऊतक परिपक्व होना प्रारम्भ हो जाते हैं। इसलिए किशोरावस्था में सन्तुलित आहार लेना तथा व्यक्तिगत स्वच्छता का पालन करना आवश्यक है।
- किसी भी प्राणी के जनन करने योग्य हो जाने को **यौवनारम्भ** (Adolescent) कहते हैं।
- इसकी आयु लड़कों में 15-18 वर्ष तक तथा लड़कियों में 11-14 वर्ष तक होती है।
- इस अवस्था में लड़की एवं लड़कों के लक्षणों में कुछ महत्त्वपूर्ण बदलाव आते हैं, जोकि गौण लैंगिक लक्षणों के कारण होते हैं। यह परिवर्तन यौवनारम्भ का संकेत होता है।

यौवनावस्था के साथ ही लड़कों में निम्नलिखित परिवर्तन होते हैं

- लड़कों के चेहरे पर दाढ़ी मूँछ आने लगते हैं तथा उनके स्वरयन्त्र अथवा लैरिंक्स में वृद्धि होने लगती है, जिसे **एडम्स एप्पल** कहते हैं जिसके कारण इनका स्वर भारी होता है।
- वृषण कोषों तथा शिशन के आकार में वृद्धि हो जाती है।
- शुक्रजनन नलिकाओं में शुक्राणुओं का निर्माण आरम्भ हो जाता है।
- अस्थियाँ व पेशियाँ मजबूत तथा कन्धे चौड़े हो जाते हैं। शरीर की लम्बाई बढ़ने लगती है।
- जननांगों के आस-पास, बगलों आदि स्थानों पर बाल उग जाते हैं।

यौवनारम्भ के पश्चात् लड़कियों में निम्नलिखित परिवर्तन होते हैं

(i) बाह्य जननांगों तथा स्तनों का विकास प्रारम्भ हो जाता है।
(ii) अण्डोत्सर्ग तथा मासिक धर्म या आर्तव चक्र प्रारम्भ हो जाता है।
(iii) श्रोणि मेखला तथा नितम्ब चौड़े हो जाते हैं।
(iv) स्वर मधुर व तीव्र हो जाता है।
(v) बगल, जननांगों, आदि के आस-पास बाल उग जाते हैं।

- पुरुष एवं स्त्रियों के गौण लैंगिक लक्षण लैंगिक हॉर्मोनों द्वारा नियन्त्रित होते हैं। टेस्टोस्टेरॉन प्रमुख नर हॉर्मोन है, जबकि प्रोजेस्टेरॉन एवं एस्ट्रोजन मादा हॉर्मोन हैं।
- मानव में प्राथमिक एवं मुख्य जननांग वृषण तथा सहायक जननांगों अधिवृषण, शुक्रवाहिनियों, शुक्राशय, मूत्रमार्ग, शिश्न एवं सहायक ग्रन्थियों; जैसे-प्रोस्टेट, काउपर एवं पेरीनियल ग्रन्थि से मिलकर बना होता है।
- मानव का मादा जनन तन्त्र एक जोड़ी प्राथमिक जननांग अण्डाशय एवं सहायक जननांगों अण्डवाहिनियाँ, गर्भाशय, योनि, भग तथा सहायक ग्रन्थियों; जैसे-बार्थोलिन एवं पेरीनियल ग्रन्थि द्वारा मिलकर बना होता है।
- मानव में लैंगिक जनन प्रक्रिया में शुक्राणुओं का स्त्री की योनि में स्थानान्तरण होता है तथा निषेचन डिम्बवाहिनी में होता है।
- निषेचन के पश्चात् युग्मनज विकसित होकर भ्रूण में परिवर्धित (Develop) होता है। यह गर्भाशय की दीवार में रोपित होकर विकसित होकर गर्भ का निर्माण करता है, जिसका पूर्ण विकास होने पर नवजात शिशु का जन्म होता है।
  - यदि अण्डाणु का निषेचन नहीं होता है तो गर्भाशय की स्पंजी दीवार की आन्तरिक सतह टूटने लगती है तथा रुधिर स्राव होता है।
  - स्त्रियों में प्रथम बार अण्डोत्सर्ग अथवा ऋतु स्राव होने को रजोदर्शन (Menarche) कहते हैं। यह 12-13 वर्ष की आयु में आरम्भ होता है। ये 28 से 30 दिन के अन्तराल में होता है।
  - रजोनिवृत्ति इसमें अण्डोत्सर्ग तथा मासिक चक्र स्थायी रूप से रुक जाता है। यह 45 या 50 साल की आयु में होता है। इस अवस्था में नारी में जनन की क्षमता नहीं होती है।
- अजन्मे शिशु का लिंग निर्धारण इस बात पर निर्भर करता है कि युग्मनज में XX गुणसूत्र हैं अथवा XY गुणसूत्र।
- गर्भनिरोधक युक्तियाँ अपनाकर गर्भधारण रोका जा सकता है। कण्डोम, गर्भनिरोधक गोलियाँ, कॉपर-T तथा अन्य युक्तियाँ इसके उदाहरण हैं।

अभ्यास प्रश्न

1. निम्न में से कौन-सा आहार किशोर के लिए उचित है?

(a) रोटी, नूडल्स, चॉकलेट
(b) चावल, दाल, सब्जियाँ
(c) सब्जियाँ, चिप्स एवं शीतल पेय
(d) रोटी, दाल, सब्जियाँ

2. 11 से 19 वर्ष की आयु की अवधि कहलाती है

(a) वृद्धावस्था (b) शैशवावस्था
(c) बाल्यावस्था (d) किशोरावस्था

3. ऐसे प्राणी जो सीधे ही शिशुओं को जन्म देते हैं, वह कहलाते हैं

(a) किशोर (b) मादा
(c) जरायुज (d) अण्डज

4. किशोरावस्था में वृद्धि और विकास जल्दी होता है इसलिए आवश्यकता होती है

(a) प्रोटीन की
(b) जल की
(c) सन्तुलित आहार की
(d) कार्बोहाइड्रेट की

5. किशोरों को कहा जाता है

(a) चाइल्डहुड (b) बाल्य
(c) वृद्ध (d) टीनेजर्स

6. भारत में किशोरावस्था की अवधि होती है

(a) 5-10 वर्ष (b) 13-19 वर्ष
(c) 10-14 वर्ष (d) 17-25 वर्ष

7. लड़के व लड़कियों के चेहरे पर मुहाँसे होने का कारण है

(a) लम्बाई में वृद्धि के कारण
(b) स्वेद व तैलीय ग्रन्थियों की सक्रियता के कारण
(c) प्रदूषण के कारण
(d) उपरोक्त सभी

8. एडम का एप्पल है

(a) बढ़ा हुआ स्वर यंत्र (b) स्तन ग्रन्थि
(c) हरा सेब (d) लाल सेब

9. लड़कों में होने वाले परिवर्तनों के लिए उत्तरदायी हॉर्मोन है

(a) टेस्टोस्टेरॉन (b) गुणसूत्र
(c) अण्डाशय (d) एस्ट्रोजन

10. एस्ट्रोजन है

(a) नर हॉर्मोन (b) बाल्य हॉर्मोन
(c) स्त्री हॉर्मोन (d) किशोर हॉर्मोन

11. मानव के शरीर में गुणसूत्र उपस्थित होते हैं

(a) 40 (b) 23
(c) 26 (d) 46

12. स्त्री के द्वितीयक (गौण) लैंगिक लक्षण हैं

(a) स्वर का मधुर होना
(b) अण्डोत्सर्ग तथा मासिक चक्र की शुरुआत होना
(c) स्तनों का विकास
(d) उपरोक्त सभी

13. नर में शुक्राणुजनन किन नलिकाओं में होता है?

(a) अपवाही नलिका में
(b) शुक्रवाहिनी में
(c) शुक्रनलिका में
(d) स्खलन नलिका में

14. नर जनन अंगों से सम्बन्धित ग्रन्थि है

(a) प्रोस्टेट ग्रन्थि (b) स्वेद ग्रन्थि
(c) एड्रीनल ग्रन्थि (d) एपिडिडाइमिस

15. निम्न में से कौन मानव में मादा जनन तन्त्र का भाग नहीं है?

(a) अण्डाशय (b) गर्भाशय
(c) शुक्रवाहिनी (d) योनि

16. नर तथा मादा युग्मक होते हैं

(a) अगुणित (b) द्विगुणित
(c) बहुगुणित (d) इनमें से कोई नहीं

17. जब शुक्राणु और अण्डाणु का संलयन मादा शरीर के अन्दर होता है, तो वह कहलाता है

(a) अपक्षय (b) अपचयन
(c) निक्षेपन (d) निषेचन

18. अण्डजनन के फलस्वरूप निर्माण होता है

(a) अण्डाणु का (b) युग्मनज का
(c) शुक्राणु का (d) बीज का

19. किस संरचना द्वारा गर्भस्थ भ्रूण माता से पोषण प्राप्त करता है

(a) रुधिर वाहिनी (b) ऑवल
(c) आमाशय (d) अण्डवाहिनी

20. निम्न में से किन जन्तुओं में आन्तरिक निषेचन होता है?

(a) सरीसृप में (b) पक्षी में
(c) मनुष्य में (d) इन सभी में

21. मनुष्य में भ्रूण का परिवर्धन होता है
(a) योनि में (b) गर्भाशय में
(c) अण्डाशय में (d) फैलोपियन नलिका में

22. वह स्थान जहाँ पर नर व मादा युग्मक आपस में संलयित होते हैं
(a) फैलोपियन नलिका (b) अण्डाशय
(c) गर्भाशय (d) युग्मनज

23. निषेचन के पश्चात् बनने वाली प्रथम कोशिका को कहते हैं
(a) युग्मनज (b) युग्मक
(c) ब्लास्टूला (d) गैस्ट्रूला

24. ऋतु स्राव चक्र की अवधि होती है
(a) 28 दिन (b) 40 दिन
(c) 20 दिन (d) 30 दिन

25. टैडपोल किस जीव के विकास की अवस्था है?
(a) कुत्ता (b) बिल्ली
(c) मेढ़क (d) मनुष्य

26. निम्न में से कौन-सा हॉर्मोन थायरॉइड ग्रन्थि से स्रावित होता है
(a) थायरॉक्सिन (b) ACTH
(c) TSH (d) FSTH

27. कॉपर 'टी' है
(a) रोग निरोधक (b) गर्भनिरोधक
(c) दन्त उपकरण (d) डिम्ब वर्धक

28. परिवार नियोजन की अस्थाई विधि नहीं है
(a) सुरक्षित काल (b) गर्भनिरोधक गोलियाँ
(c) धैर्य (d) वैसेक्टॉमी

उत्तरमाला

1. (d)	2. (d)	3. (c)	4. (c)	5. (d)	6. (b)	7. (b)	8. (a)	9. (a)	10. (c)
11. (d)	12. (d)	13. (c)	14 (a)	15 (c)	16. (a)	17. (d)	18. (a)	19. (b)	20. (d)
21. (b)	22. (a)	23. (a)	24. (a)	25. (c)	26. (a)	27. (b)	28. (d)		

गणित

01 संख्या पद्धति

संख्या में अंकों के मान

किसी भी संख्या में अंकों के निम्न दो मान होते हैं

1. जातीय मान (अंकित मान)/अंकीय मान

किसी संख्या में किसी अंक का जातीय मान वह मान है, जो उसका अपना मान है चाहे वह अंक संख्या में किसी भी स्थान पर हो। जैसे—24356 में 4 का जातीय मान 4 है।

2. स्थानीय मान

किसी संख्या में किसी अंक का वह मान, जो उसके स्थान की स्थिति के अनुसार बदलता रहता है, उस अंक का स्थानीय मान कहलाता है। जैसे—3015 में प्रत्येक अंक का स्थानीय मान निम्नांकित है

इकाई 5 $\xrightarrow{\text{5 का स्थानीय मान}}$ $5 \times 1 = 5$

दहाई 1 $\xrightarrow{\text{1 का स्थानीय मान}}$ $1 \times 10 = 10$

सैकड़ा 0 $\xrightarrow{\text{0 का स्थानीय मान}}$ $0 \times 100 = 0$

हजार 3 $\xrightarrow{\text{3 का स्थानीय मान}}$ $3 \times 1000 = 3000$

संख्याओं के प्रकार

प्राकृत	वे संख्याएँ जो दैनिक जीवन में गणना करने के काम आती हैं, प्राकृत संख्याएँ कहलाती हैं। इन्हें N से व्यक्त करते हैं। जैसे— $N = 1, 2, 3, 4, 5, 6, \ldots$
पूर्ण	सभी प्राकृत संख्याएँ और उनमें शामिल शून्य (0) पूर्ण संख्याओं का समुच्चय होता है। इन्हें W से व्यक्त करते हैं। जैसे— $W = 0, 1, 2, 3, 4, \ldots$
पूर्णांक	शून्य के साथ सभी धनात्मक और ऋणात्मक संख्याओं का समुच्चय पूर्णांक संख्या कहलाती है। इसे I से व्यक्त करते हैं। जैसे— $I = 3, 2, 1, 0, -1, -2, -3, \ldots$
सम	जो प्राकृत संख्याएँ 2 से पूर्णत: विभाजित हो जाएँ, उन्हें सम संख्याएँ कहते हैं। इन्हें E से व्यक्त करते हैं। जैसे— $E = 2, 4, 6, 8, \ldots$
विषम	वे सभी प्राकृत संख्याएँ जो 2 से पूर्णत: विभाजित न हों, उन्हें विषम संख्याएँ कहते हैं। इन्हें O से व्यक्त करते हैं। जैसे— $O = 1, 3, 5, 7, 9, \ldots$
भाज्य	1 के अलावा, वे सभी प्राकृत संख्याएँ जो अभाज्य नहीं हैं। भाज्य संख्याएँ कहलाती हैं। इन्हें C से व्यक्त करते हैं। जैसे— $C = 4, 6, 8, 9, 10, \ldots$
अभाज्य	वे संख्याएँ जो 1 और स्वयं के अतिरिक्त किसी अन्य संख्या से पूर्णत: विभाजित न हों, अभाज्य संख्याएँ कहलाती हैं। इन्हें P से व्यक्त करते हैं। जैसे— $P = 2, 3, 5, 7, 11, \ldots$
परिमेय	$\frac{P}{Q}$ के रूप वाली संख्याएँ, जहाँ $Q \neq 0$ परिमेय संख्याएँ कहलाती हैं। इन्हें R से व्यक्त किया जाता है। जैसे— $R = 7, -2, \frac{7}{5}, 0, \ldots$
अपरिमेय	जिन संख्याओं को $\frac{P}{Q}$ के रूप में व्यक्त नहीं किया जा सकता, उन्हें परिमेय संख्याएँ कहते हैं। इन्हें lr से व्यक्त कर सकते हैं। जैसे— $lr = \sqrt{2}, \sqrt{3}, \sqrt{5}, \ldots$
वास्तविक	परिमेय और अपरिमेय दोनों प्रकार की संख्याओं को वास्तविक संख्याएँ कहते हैं। इन्हें Re से व्यक्त कर सकते हैं। जैसे— $Re = 0, 7, -2, \sqrt{2}, \frac{1}{2}, \frac{9}{4}, \ldots.$

भाज्यता की जाँच

- **2 से भाज्य** यदि दी गई संख्या के इकाई के स्थान पर शून्य या सम संख्या हो, तो वह संख्या 2 से भाज्य होगी।
- **3 से भाज्य** यदि दी गई संख्या के सभी अंकों का योग 3 से विभाजित हो जाता है, तो वह संख्या 3 से भाज्य होगी।
- **4 से भाज्य** यदि दी गई संख्या के इकाई व दहाई के अंकों द्वारा बनी संख्या 4 से विभाजित है, तो वह संख्या 4 से भाज्य होगी।
- **5 से भाज्य** यदि दी गई संख्या के इकाई के स्थान पर शून्य या 5 हो, तो वह संख्या 5 से भाज्य होगी।
- **6 से भाज्य** यदि दी गई संख्या 2 तथा 3 से पूर्णत: विभाजित हो जाती है, तो वह संख्या 6 से भाज्य होगी।
- **8 से भाज्य** यदि दी गई संख्या के अन्तिम तीन अंकों द्वारा बनी संख्या 8 से विभाजित हो जाती है, तो वह संख्या 8 से भाज्य होगी।
- **9 से भाज्य** यदि दी गई संख्या के सभी अंकों का योग 9 से विभाजित होता है, तो वह संख्या 9 से भाज्य होगी।
- **11 से भाज्य** यदि दी गई संख्या के विषम स्थानों के अंकों तथा सम स्थानों के अंकों के योग का अन्तर या तो शून्य है या 11 से विभाजित हो जाता है, तो वह संख्या 11 से भाज्य होगी।

भिन्न

ऐसी संख्या या राशि जिसे p/q के रूप में व्यक्त किया जा सके, जहाँ $q \neq 0$, भिन्न कहलाती है। p को भिन्न का अंश तथा q को भिन्न का हर कहते हैं। जैसे—3/5 एक भिन्न है, जिसमें 3 भिन्न का अंश तथा 5 भिन्न का हर है।

- भिन्न एक परिमेय संख्या है।
- यदि किसी भिन्न के अंश व हर दोनों में एक ही संख्या से गुणा या भाग किया जाए, तो भिन्न का मान अपरिवर्तित रहता है।

साधारण भिन्न

- ऐसी भिन्न जिसका हर 10 की घात न होकर कोई अन्य संख्या होती है, साधारण भिन्न कहलाती है।
  जैसे—$\frac{3}{7}, \frac{5}{11}, \frac{7}{9}$ आदि।

साधारण भिन्न के प्रकार

साधारण भिन्न के प्रकार निम्नलिखित हैं

- **संक्षिप्त भिन्न** वे भिन्न, जिनके अंश व हर परस्पर अभाज्य हों अर्थात् दोनों में 1 के अतिरिक्त कोई अन्य संख्या उभ्यनिष्ठ न हो, संक्षिप्त भिन्न कहलाती हैं। जैसे—$\frac{3}{7}, \frac{5}{11}$ आदि।
- **उचित भिन्न** वे भिन्न जिनमें अंश, सदैव हर से छोटा हो, उचित भिन्न कहलाती हैं। जैसे—$\frac{2}{5}, \frac{3}{7}$ आदि।
- **अनुचित भिन्न** वे भिन्न जिनमें अंश, हर से अधिक हो, अनुचित भिन्न कहलाती हैं। जैसे—$\frac{7}{4}, \frac{11}{9}$ आदि।
- **मिश्रित भिन्न** वे भिन्न, जो एक पूर्णांक तथा एक भिन्न से मिलकर बनती हैं, मिश्रित भिन्न कहलाती हैं। जैसे—$3\frac{2}{5}, 7\frac{1}{9}$ आदि।

  **मिश्रित भिन्नों को अनुचित भिन्नों में या अनुचित भिन्नों को मिश्रित भिन्नों में परिवर्तित किया जा सकता है।*

  जैसे—$3\frac{1}{4} = \frac{13}{4}$
- **व्युत्क्रम भिन्न** किसी भिन्न के अंश को हर तथा हर को अंश से बदलने पर प्राप्त नई भिन्न, मूल भिन्न की व्युत्क्रम भिन्न कहलाती हैं। जैसे—$\frac{3}{8}$ का व्युत्क्रम भिन्न $\frac{8}{3}$ है।

समान एवं असमान भिन्न

- वे भिन्न, जिनके हर समान होते हैं, समान भिन्न कहलाती हैं। जैसे—$\frac{1}{17}, \frac{2}{17}, \frac{5}{17}$ आदि।
- वे भिन्न, जिनके हर असमान होते हैं अर्थात् जिनके अंश समान होते हैं, असमान भिन्न कहलाती हैं।
  जैसे—$\frac{7}{15}, \frac{7}{19}$ आदि।

दशमलव भिन्न

वह भिन्न, जिसका हर 10 की घात $(10, 10^2$ या $100, 10^3$ या $1000, \ldots)$ के रूप में हों, दशमलव भिन्न या दशमलव संख्या कहलाती है।
जैसे— $0.2, 0.59, \frac{3}{10}, \frac{11}{100}$

दशमलव भिन्न के प्रकार

दशमलव भिन्न के प्रकार निम्नलिखित हैं

पुनरावृत्त दशमलव भिन्न

वे दशमलव भिन्न, जिनमें दशमलव के बाद एक से अधिक अंकों की पुनरावृत्ति हों, पुनरावृत्त दशमलव भिन्न कहलाती हैं। ऐसी भिन्नों को प्रदर्शित करने के लिए पुनरावृत्त अंकों के ऊपर रेखा (या बार) खींचते हैं।

जैसे— $\frac{2}{3} = 0.6666\ldots = 0.\overline{6}$,

$$\frac{22}{7} = 3.142857142857 = 3.\overline{142857}$$

- **शुद्ध पुनरावृत्त दशमलव भिन्न** ऐसी पुनरावृत्त दशमलव भिन्न, जिनमें दशमलव बिन्दु के बाद के सभी अंकों की पुनरावृत्ति हों, शुद्ध पुनरावृत्त दशमलव भिन्न कहलाती हैं।
  जैसे—$0.\overline{7}, 0.\overline{47}$ इत्यादि।
- **मिश्रित पुनरावृत्त दशमलव भिन्न** ऐसी दशमलव भिन्न, जिनमें दशमलव बिन्दु के बाद कुछ अंकों की पुनरावृत्ति होती है तथा कुछ की नहीं होती, मिश्रित पुनरावृत्त दशमलव भिन्न कहलाती हैं। जैसे—$0.1\overline{9}, 3.22\overline{3}$ आदि।

महत्त्वपूर्ण बिन्दु

- दो पूर्ण संख्याओं का योग एक पूर्ण संख्या होती है।
- यदि a, b और c तीन पूर्ण संख्याएँ हैं, तब यह साहचर्य का नियम कहलाता है।
  $$(a + b) + c = a + (b + c)$$
- दो पूर्ण संख्याओं का गुणनफल एवं उनका क्रम बदलकर गुणा करने पर गुणनफल समान रहता है।
  $$a \times b = b \times a$$
- शून्य एक परिमेय संख्या है। शून्य का कोई व्युत्क्रम नहीं होता है।
- प्रत्येक भिन्न एक परिमेय संख्या होती है तथा प्रत्येक पूर्णांक संख्या भी एक परिमेय संख्या होती है।
- **योज्य प्रतिलोम** किसी परिमेय संख्या $\frac{a}{b}$ का योज्य प्रतिलोम $\frac{-a}{b}$ तथा $\frac{-a}{b}$ का योज्य प्रतिलोम $\frac{a}{b}$ होता है।
- **गुणात्मक प्रतिलोम** एक परिमेय संख्या को दूसरी परिमेय संख्या से गुणा करने पर यदि गुणनफल 1 प्राप्त हो, तो दूसरी संख्या को गुणात्मक व्युत्क्रम (गुणात्मक प्रतिलोम) कहते हैं।

अभ्यास प्रश्न

1. शून्य है
(a) प्राकृत संख्या (b) पूर्णांक संख्या
(c) धनात्मक संख्या (d) ऋणात्मक संख्या

2. 7386038 भाज्य है
(a) 3 से (b) 4 से
(c) 9 से (d) 11 से

3. दो अंकों की बड़ी-से-बड़ी अभाज्य संख्या क्या है?
(a) 93 (b) 97 (c) 89 (d) 101

4. $-\frac{3}{5}$ और $\frac{1}{4}$ के मध्य एक परिमेय संख्या है
(a) $\frac{7}{40}$ (b) $-\frac{7}{40}$
(c) $\frac{9}{40}$ (d) इनमें से कोई नहीं

5. $\frac{0}{5}$ का गुणन प्रतिलोम है
(a) 5 (b) – 5
(c) 0 (d) परिभाषित नहीं है

6. 9^{201} के मान के इकाई में कौन-सी संख्या होगी?
(a) 9 (b) 1 (c) 3 (d) 7

7. निम्न में से कौन-सी परिमेय संख्या, परिमेय संख्याओं के लिए योज्य इकाई तत्समक है?
(a) 0 (b) 1 (c) 2 (d) 3

8. भिन्नों को घटते क्रम में लिखें।
$\frac{2}{9}, \frac{2}{3}, \frac{8}{2}$
(a) $\frac{8}{2}, \frac{2}{9}, \frac{2}{3}$ (b) $\frac{2}{9}, \frac{8}{2}, \frac{2}{3}$
(c) $\frac{8}{2}, \frac{2}{3}, \frac{2}{9}$ (d) $\frac{2}{3}, \frac{8}{2}, \frac{2}{9}$

9. दो पूर्ण संख्याओं का योगफल सदैव ………… संख्या होती है।
(a) अभाज्य (b) भाज्य
(c) पूर्ण (d) इनमें से कोई नहीं

10. निम्नलिखित व्यंजक को दशमलव में व्यक्त कीजिए।
$200 + 60 + 5 + \frac{1}{10}$
(a) 266.1 (b) 265.1
(c) 26.61 (d) 26.5

11. निम्न में से कौन-सी संख्या परिमेय है?
(a) $\sqrt{4}$ (b) $\sqrt{3}$
(c) $2 + \sqrt{3}$ (d) $5\sqrt{3}$

12. भिन्नों $\frac{15}{16}, \frac{19}{20}, \frac{24}{25}, \frac{34}{35}$ में सबसे छोटी भिन्न है
(a) $\frac{34}{35}$ (b) $\frac{15}{16}$
(c) $\frac{19}{20}$ (d) $\frac{24}{25}$

13. निम्न में से कौन-सी संख्या अपरिमेय है?
(a) $\frac{22}{7}$ (b) π
(c) 1.333 (d) 3.14

14. निम्न में से उचित भिन्न है
(a) $\frac{15}{4}$ (b) $\frac{7}{3}$ (c) $\frac{4}{5}$ (d) $\frac{18}{5}$

15. निम्न में से अनुचित भिन्न है
(a) $\frac{11}{9}$ (b) $\frac{4}{7}$
(c) $\frac{2}{5}$ (d) $\frac{3}{7}$

16. भिन्न $\frac{79}{9}$ का पूर्ण इकाई का अंक क्या होगा ?
(a) 7 (b) 8 (c) 9 (d) 6

17. भिन्न $\frac{119}{18}$ की मिश्रित भिन्न क्या है?
(a) $6\frac{11}{18}$
(b) $5\frac{11}{18}$
(c) $7\frac{11}{18}$
(d) इनमें से कोई नहीं

18. भिन्न $\frac{5}{9}$ के अंश में क्या जोड़ें, कि यह $\frac{2}{3}$ बन जाए?
(a) 1 (b) 2
(c) 3 (d) 4

19. भिन्न $\frac{4}{9}$ के हर में से क्या घटाया जाए, कि संख्या 2 हो जाए?
(a) 5 (b) 6 (c) 7 (d) 8

20. सबसे छोटी पूर्ण संख्या है
(a) 2 (b) 3 (c) 1 (d) 0

21. दो पूर्ण संख्याओं का गुणनफल होगा
(a) अभाज्य (b) पूर्ण संख्या
(c) पूर्णांक (d) अनन्त

22. निम्न में से कौन-सी संख्या 9 से विभाजित होगी?
(a) 8541 (b) 8549
(c) 7283 (d) इनमें से कोई नहीं

23. निम्न में से कौन-सी संख्या 5 से विभाजित होगी?
(a) 5570 (b) 3248
(c) 9832 (d) 7526

24. यदि दो संख्याओं का गुणनफल 63 है तथा एक संख्या 7 है, तो दूसरी संख्या क्या होगी?
(a) 8 (b) 9
(c) 10 (d) 11

25. किसी भिन्न का अंश हर से 3 अधिक है। यदि भिन्न का हर 7 है, तो भिन्न क्या होगी?
(a) $\frac{10}{7}$ (b) $\frac{7}{10}$
(c) $\frac{9}{7}$ (d) इनमें से कोई नहीं

26. निम्न में से कौन-सी संख्या पूर्णांक है?
(a) –5 (b) $\frac{2}{7}$ (c) 7 (d) सभी

27. भिन्नों को घटते हुए क्रम में लिखें।
$\frac{8}{9}, \frac{6}{9}, \frac{4}{3}, \frac{2}{5}$
(a) $\frac{2}{5}, \frac{6}{9}, \frac{8}{9}, \frac{4}{3}$ (b) $\frac{6}{9}, \frac{8}{9}, \frac{2}{5}, \frac{4}{3}$
(c) $\frac{4}{3}, \frac{8}{9}, \frac{6}{9}, \frac{2}{5}$ (d) $\frac{8}{9}, \frac{6}{9}, \frac{2}{5}, \frac{4}{3}$

28. परिमेय संख्याओं $\frac{4}{5}, \frac{11}{13}$ का योग क्या होगा ?
(a) $\frac{107}{65}$ (b) $\frac{13}{105}$
(c) $\frac{107}{67}$ (d) $\frac{65}{107}$

29. $-\frac{7}{9} + \frac{3}{4}$ का योगफल क्या होगा ?
(a) $\frac{1}{36}$ (b) $\frac{2}{36}$
(c) $\frac{-1}{36}$ (d) इनमें से कोई नहीं

30. $\frac{-1}{7}+\left(\frac{-3}{14}\right)+\left(\frac{-4}{21}\right)$ का हल ज्ञात कीजिए।

(a) −42 (b) $-\frac{4}{23}$ (c) $-\frac{23}{42}$ (d) $-\frac{42}{23}$

31. भिन्न $-\frac{3}{4}$ में क्या जोड़ें कि योगफल 0 प्राप्त हो जाए ?

(a) $\frac{4}{3}$ (b) $\frac{3}{4}$ (c) $-\frac{4}{3}$ (d) −1

32. $\frac{5}{7}\times\square=1$

(a) $\frac{5}{7}$ (b) $\frac{-5}{7}$ (c) $\frac{-7}{5}$ (d) $\frac{7}{5}$

33. $\frac{-a}{b}+\frac{a}{b}=0$ यह नियम क्या कहलाता है?

(a) साहचर्य नियम
(b) योज्य प्रतिलोम
(c) वितरण नियम
(d) क्रम विनिमय नियम

34. भिन्न $\frac{11}{12}$ में से क्या घटाएँ कि भिन्न $\frac{3}{8}$ हो जाए?

(a) $\frac{13}{24}$ (b) $\frac{24}{13}$ (c) $\frac{28}{24}$ (d) $\frac{26}{14}$

35. यदि $x=2$, $y=\frac{4}{3}$ तथा $z=1$ है, तो $x(y+z)=x\times y+x\times z$ का मान ज्ञात कीजिए।

(a) $\frac{3}{14}$ (b) $\frac{14}{3}$
(c) 14 (d) इनमें से कोई नहीं

36. $\frac{5}{2}\times\left(\frac{4}{3}\times\frac{1}{7}\right)$ का हल ज्ञात कीजिए।

(a) $\frac{21}{10}$ (b) $\frac{10}{29}$
(c) $\frac{10}{21}$ (d) इनमें से कोई नहीं

37. $\frac{2}{7}\times\left(\frac{3}{4}+\frac{1}{5}\right)$ का सरलतम रूप ज्ञात कीजिए।

(a) $\frac{19}{70}$ (b) $\frac{70}{19}$ (c) $\frac{-19}{70}$ (d) $\frac{-70}{19}$

38. $\frac{46}{36}\div\frac{23}{12}$ का हल ज्ञात कीजिए।

(a) $\frac{3}{2}$ (b) $\frac{2}{3}$ (c) $\frac{4}{3}$ (d) $\frac{3}{4}$

39. $\left(\frac{54}{48}\div\frac{18}{8}\right)\times\frac{2}{3}$ का हल ज्ञात कीजिए।

(a) $\frac{3}{2}$ (b) 3 (c) $\frac{1}{3}$ (d) $\frac{2}{3}$

40. $-\frac{3}{4}\times1=-\frac{3}{4}$ किस नियम से सम्बन्धित है?

(a) गुणात्मक प्रतिलोम
(b) क्रम विनिमय
(c) गुणन तत्समक
(d) वितरण नियम

41. यदि किसी भिन्न संख्या का अंश उसके हर से 3 कम हो, तब वह भिन्न संख्या क्या होगी?

(a) $\frac{(x-3)}{x}$ (b) $\frac{(x+3)}{x}$
(c) $\frac{3}{x}$ (d) $\frac{x}{x}$

42. प्रथम n विषम संख्याओं का योगफल है

(a) $2n+1$ (b) n^2
(c) $n^2=1$ (d) n^2+1

43. संख्या $\frac{5}{6}$ के हर में से क्या घटाया जाए कि 1 प्राप्त हो?

(a) 1 (b) 2 (c) 6 (d) 0.6

44. किसी भिन्न का अंश उसके हर से 3 अधिक है, यदि भिन्न का अंश 8 हो, तो भिन्न क्या होगी?

(a) $\frac{3}{8}$ (b) $\frac{8}{3}$ (c) $\frac{5}{3}$ (d) $\frac{8}{5}$

45. शून्य और पचास के बीच में अभाज्य संख्याओं की संख्या है

(a) 13 (b) 14 (c) 15 (d) 16

46. यदि संख्या 579683pq, 5 और 8 दोनों से विभाज्य है, तो p और q के सबसे छोटे सम्भावित मान ज्ञात करें।

(a) $p=2, q=0$ (b) $p=4, q=3$
(c) $p=3, q=0$ (d) $p=2, q=2$

47. 42873015 के स्थानीय व जातीय मान का अन्तर है

(a) 67993 (b) 69993
(c) 69939 (d) 69399

48. 3 से आरम्भ होने वाली और 5 पर समाप्त होने वाले 4 अंकों की महत्तम और लघुत्तम संख्याओं के बीच अन्तर है

(a) 900 (b) 909 (c) 999 (d) 990

49. $2.\overline{349}$ का दशमलव भिन्न किसके बराबर है?

(a) $\frac{2326}{999}$ (b) $\frac{2326}{990}$
(c) $\frac{2347}{999}$ (d) $\frac{2347}{990}$

50. वह छोटी-से-छोटी संख्या, जिसे $\frac{12}{5}$ के हर में जोड़ने पर एक उचित भिन्न प्राप्त हो, होगी

(a) 2 (b) 5
(c) 8 (d) 7

51. निम्नलिखित भिन्नों को अवरोही क्रम में व्यवस्थित कीजिए।

$\frac{3}{5},\frac{7}{9},\frac{11}{13}$

(a) $\frac{3}{5},\frac{7}{9},\frac{11}{13}$ (b) $\frac{7}{9},\frac{3}{5},\frac{11}{13}$
(c) $\frac{11}{13},\frac{7}{9},\frac{3}{5}$ (d) $\frac{11}{13},\frac{3}{5},\frac{7}{9}$

52. $\frac{5}{14}$ में से क्या घटाया जाए, कि प्राप्त भिन्न $\frac{7}{42}$ हो?

(a) 21 (b) $\frac{5}{21}$
(c) $\frac{7}{21}$ (d) $\frac{4}{21}$

53. $3\frac{2}{5}+1\frac{3}{7}+1\frac{6}{35}$ का मान है

(a) 5 (b) $7\frac{2}{7}$
(c) $5\frac{11}{35}$ (d) 6

54. दो भिन्नों का गुणनफल $\frac{14}{15}$ तथा उनका भागफल $\frac{35}{24}$ है। इसमें से बड़ी भिन्न है

(a) $\frac{7}{4}$ (b) $\frac{7}{6}$ (c) $\frac{7}{3}$ (d) $\frac{4}{5}$

55. निम्न में सबसे छोटी भिन्न कौन-सी है?

$\frac{8}{15},\frac{14}{33},\frac{7}{13},\frac{11}{13}$

(a) $\frac{8}{15}$ (b) $\frac{7}{13}$
(c) $\frac{11}{13}$ (d) $\frac{14}{33}$

56. भिन्न $\frac{4}{7}$ का कौन-सा भाग उसी में जोड़ा जाए, कि योग $1\frac{1}{14}$ प्राप्त हो?

(a) $\frac{7}{8}$ (b) $\frac{1}{2}$
(c) $\frac{4}{7}$ (d) $\frac{15}{14}$

57. 21×3.6 का मान हैं

(a) $\frac{188}{25}$ (b) $\frac{189}{25}$
(c) $\frac{168}{25}$ (d) $\frac{198}{25}$

उत्तरमाला

1. (b)	2. (d)	3. (b)	4. (b)	5. (d)	6. (a)	7. (a)	8. (c)	9. (c)	10. (b)
11. (a)	12. (b)	13. (b)	14 (c)	15 (a)	16. (b)	17. (a)	18. (a)	19. (c)	20. (d)
21. (b)	22. (a)	23. (a)	24. (b)	25. (a)	26. (d)	27. (c)	28. (a)	29. (c)	30. (c)
31. (b)	32. (d)	33. (b)	34. (a)	35. (b)	36. (c)	37. (a)	38. (b)	39. (c)	40. (c)
41. (a)	42. (b)	43. (a)	44. (d)	45. (c)	46. (a)	47. (b)	48. (d)	49. (b)	50. (c)
51. (c)	52. (d)	53. (d)	54. (b)	55. (d)	56. (a)	57. (b)			

संकेत एवं हल

1. (b) शून्य एक पूर्णांक संख्या है।

2. (d) संख्या 7386038 के लिए, संख्या के विषम तथा सम स्थानों के अंकों के योग का अन्तर

$= (7+8+0+8)-(3+6+3)$

$= 23-12$

$= 11$, जोकि 11 से पूर्णतः भाज्य है।

अतः संख्या 7386038, 11 से पूर्णतः भाज्य है।

3. (b) दो अंकों की बड़ी-से-बड़ी अभाज्य संख्या 97 है।

4. (b) $\therefore$ अभीष्ट परिमेय संख्या

$$= \frac{\text{दो संख्याओं का योग}}{2}$$

$$= \frac{-\frac{3}{5}+\frac{1}{4}}{2} = \frac{-\frac{12+5}{20}}{2}$$

$$= -\frac{7}{40}$$

5. (d) $\therefore \frac{0}{5}$ का गुणन प्रतिलोम

$$= \frac{1}{\frac{0}{5}} = \frac{5}{0} = \infty$$

(परिभाषित नहीं है।)

6. (a) $9^{201} = (9^4)^{50} \times 9^1 = 1 \times 9 = 9$

अतः 9^{201} का इकाई अंक = 9

7. (a) '0' अन्य सभी परिमेय संख्याओं के लिए योज्य इकाई तत्समक है।

8. (c) $\frac{2}{9} = 0.22$

$\frac{2}{3} = 0.66$ तथा $\frac{8}{2} = 4$

अतः घटता क्रम $= \frac{8}{2} > \frac{2}{3} > \frac{2}{9}$

9. (c) दो पूर्ण संख्याओं का योगफल सदैव पूर्ण संख्या होती है।

10. (b) सरल व्यंजक,

$$200+60+5+\frac{1}{10} = 265+\frac{1}{10}$$

$$= \frac{2650+1}{10}$$

$$= \frac{2651}{10} = 265.1$$

11. (a) $\because \sqrt{4} = 2$

अतः $\sqrt{4}$ एक परिमेय संख्या है।

12. (b) $\frac{15}{16} = 0.937, \frac{19}{20} = 0.95,$

$\frac{24}{25} = 0.96$ तथा $\frac{34}{35} = 0.971$

अतः सबसे छोटी भिन्न $\frac{15}{16}$ है।

13. (b) दी गई संख्याओं में π एक अपरिमेय संख्या है।

14. (c) $\frac{4}{5}$

ऐसी भिन्न जिनमें अंश, सदैव हर से छोटा हो, उचित भिन्न कहलाती है।

15. (a) $\frac{11}{9}$

ऐसी भिन्न जिनमें अंश, हर से अधिक हो, अनुचित भिन्न कहलाती है।

16. (b) 9) 79 (8
72
7

अतः पूर्ण इकाई = 8

17. (a) 18) 119 (6
108
11

अतः मिश्रित भिन्न $= 6\frac{11}{18}$

18. (a) माना जोड़ी जाने वाली संख्या $= x$

प्रश्नानुसार,

$$\frac{5+x}{9} = \frac{2}{3}$$

$\Rightarrow \quad 15+3x = 18$

$\Rightarrow \quad 3x = 3$

$\therefore \quad x = 1$

अतः भिन्न $\frac{5}{9}$ के अंश में 1 जोड़ते हैं, तो भिन्न $\frac{2}{3}$ बन जाएगी।

19. (c) माना घटाई जाने वाली संख्या $= x$

प्रश्नानुसार,

$$\frac{4}{9-x} = 2$$

$\Rightarrow \quad 4 = 18-2x$

$\Rightarrow \quad 2x = 14$

$\therefore \quad x = 7$

अतः भिन्न $\frac{4}{9}$ के हर में से 7 घटाते हैं, तो संख्या 2 हो जाएगी।

20. (d) सबसे छोटी पूर्ण संख्या = 0

21. (b) दो पूर्ण संख्याओं का गुणनफल पूर्ण संख्या होती है।

22. (a) विकल्प (a) से,

9) 8541 (949
81
44
36
81
81
×

अतः संख्या 8541, 9 से विभाजित होगी।

23. (a) विकल्प (a) से,

```
5) 5570 (1114
   5
   5
   5
    7
    5
   20
   20
    ×
```

अत: संख्या 5570, 5 से विभाजित होगी।

24. (b) माना दूसरी संख्या $= x$

प्रश्नानुसार,

$$x \times 7 = 63 \Rightarrow x = \frac{63}{7}$$

$$\therefore \quad x = 9$$

अत: दूसरी संख्या 9 है।

25. (a) दिया है,

भिन्न का हर $= 7$

$\therefore$ भिन्न का अंश $= 7 + 3 = 10$

अत: अभीष्ट भिन्न $= \frac{10}{7}$

26. (d) दिए गए विकल्पों में सभी संख्याएँ पूर्णांक हैं।

27. (c) हर समान करने पर,

$$\frac{8}{9} \times \frac{5}{5}, \frac{6}{9} \times \frac{5}{5}, \frac{4}{3} \times \frac{15}{15}, \frac{2}{5} \times \frac{9}{9}$$

$$\frac{40}{45}, \frac{30}{45}, \frac{60}{45}, \frac{18}{45}$$

जब हर समान हों, तो जिस भिन्न का अंश सबसे छोटा होता है, वह भिन्न सबसे छोटी होती है।

$$\frac{60}{45} > \frac{40}{45} > \frac{30}{45} > \frac{18}{45}$$

अत: अभीष्ट क्रम $= \frac{4}{3}, \frac{8}{9}, \frac{6}{9}, \frac{2}{5}$

28. (a) $\frac{4}{5} + \frac{11}{13} = \frac{52 + 55}{65} = \frac{107}{65}$

29. (c) $-\frac{7}{9} + \frac{3}{4} = \frac{-28 + 27}{36} = \frac{-1}{36}$

30. (c) $\frac{-1}{7} + \left(\frac{-3}{14}\right) + \left(\frac{-4}{21}\right)$

$$= -\frac{1}{7} - \frac{3}{14} - \frac{4}{21}$$

$$= \frac{-6 - 9 - 8}{42} = -\frac{23}{42}$$

31. (b) माना जोड़ी जाने वाली संख्या $= x$

$$\therefore \quad \frac{-3}{4} + x = 0$$

$$\therefore \quad x = \frac{3}{4}$$

अत: भिन्न $\frac{-3}{4}$ में भिन्न $\frac{3}{4}$ जोड़ते हैं, तो योगफल 0 प्राप्त होता है।

32. (d) $\frac{5}{7} \times \square = 1$

$$\therefore \quad \square = \frac{7}{5}$$

33. (b) योज्य प्रतिलोम

34. (a) माना घटाई जाने वाली संख्या $= x$

प्रश्नानुसार,

$$\frac{11}{12} - x = \frac{3}{8}$$

$$\Rightarrow \quad x = \frac{11}{12} - \frac{3}{8}$$

$$\therefore \quad x = \frac{22 - 9}{24} = \frac{13}{24}$$

अत: भिन्न $\frac{11}{12}$ में से $\frac{13}{24}$ घटाने पर भिन्न $\frac{3}{8}$ हो जाती है।

35. (b) $x(y + z) = x \times y + x \times z$

प्रश्नानुसार,

$$\Rightarrow x = 2, y = \frac{4}{3}$$

तथा $z = 1$ का मान रखने पर,

$$x(y + z) = 2 \times \frac{4}{3} + 2 \times 1$$

$$\Rightarrow \quad x(y + z) = \frac{8}{3} + 2$$

$$\Rightarrow \quad x(y + z) = \frac{8 + 6}{3}$$

$$\therefore \quad x(y + z) = \frac{14}{3}$$

36. (c) $\frac{5}{2} \times \left(\frac{4}{3} \times \frac{1}{7}\right)$

$$= \frac{5}{2} \times \frac{4}{21} = \frac{20}{42} = \frac{10}{21}$$

37. (a) $\frac{2}{7} \times \left(\frac{3}{4} + \frac{1}{5}\right)$

$$= \frac{2}{7} \times \left(\frac{15 + 4}{20}\right)$$

$$= \frac{2}{7} \times \frac{19}{20}$$

$$= \frac{38}{140} = \frac{19}{70}$$

38. (b) $\frac{46}{36} \div \frac{23}{12} = \frac{\frac{46}{36}}{\frac{23}{12}} = \frac{46 \times 12}{36 \times 23} = \frac{2}{3}$

39. (c) $\left(\frac{54}{48} \div \frac{18}{8}\right) \times \frac{2}{3}$

$$= \left(\frac{54}{48} \times \frac{8}{18}\right) \times \frac{2}{3}$$

$$= \frac{3}{6} \times \frac{2}{3} = \frac{1}{3}$$

40. (c) गुणन तत्समक

41. (a) माना भिन्न संख्या का हर $= x$

तथा भिन्न संख्या का अंश $= x - 3$

$\therefore$ भिन्न संख्या $= \frac{x - 3}{x}$

42. (b) प्रथम n विषम संख्याओं का योगफल $= n^2$

43. (a) माना संख्या $\frac{5}{6}$ के हर से x घटाया जाता है।

प्रश्नानुसार,

$$\frac{5}{6 - x} = 1$$

$$\Rightarrow \quad 5 = 6 - x$$

$$\Rightarrow \quad x = 6 - 5$$

$$\therefore \quad x = 1$$

44. (d) भिन्न का अंश $= 8$

प्रश्नानुसार,

भिन्न का हर $= 8 - 3 = 5$

$$\therefore \quad \text{भिन्न} = \frac{8}{5} \left(\frac{\text{अंश}}{\text{हर}}\right)$$

45. (c) $\because$ 0 और 50 के बीच अभाज्य संख्याएँ 2, 3, 5, 7, 11, 13, 17, 19, 23, 29, 31, 37, 41, 43 तथा 47 हैं।

अत: 0 से 50 के बीच अभाज्य संख्याओं की संख्या $= 15$

46. (a) यदि किसी संख्या का इकाई अंक 0 या 5 है, तो वह संख्या 5 से विभाजित होती है अर्थात्

$$q = 0 \text{ या } 5$$

यदि किसी संख्या के अन्तिम तीन अंकों से बनी संख्या 8 से विभाज्य है, तो वह संख्या 8 से विभाज्य होगी अर्थात् $3p0$, 8 से विभाज्य होगी। यदि $p = 2$

$\because$ 320, 8 से विभाज्य है।

$\therefore$ $p = 2, q = 0$

47. (b) 42873015 में 7 का जातीय मान = 7

तथा 42873015 में 7 का स्थानीय मान = $7 \times 10000 = 70000$

$\therefore$ अभीष्ट अन्तर = $(70000 - 7)$
$= 69993$

48. (d) 3 से आरम्भ होने वाली और 5 से समाप्त होने वाली,

4 अंकों की महत्तम संख्या = 3995

तथा 4 अंकों की लघुत्तम संख्या = 3005

$\therefore$ अभीष्ट अन्तर

$= (3995 - 3005) = 990$

49. (b) $2.3\overline{49} = 2 + \frac{349-3}{990} = 2 + \frac{346}{990}$

$= \frac{1980 + 346}{990}$

$= \frac{2326}{990}$

50. (c) वह भिन्न जिसका अंश, हर से कम होता है उचित भिन्न कहलाती है।

$\therefore$ अभीष्ट न्यूनतम संख्या

$= \frac{12}{5+8} = \frac{12}{13}$ $(\because 13 > 12)$

51. (c) $\frac{3}{5} = 0.6, \frac{7}{9}$

$= 0.777, \frac{11}{13} = 0.846$

$\therefore$ अभीष्ट अवरोही क्रम = $\frac{11}{13} > \frac{7}{9} > \frac{3}{5}$

52. (d) माना x घटाया जाता है, तब प्रश्नानुसार,

$\frac{5}{14} - x = \frac{7}{42}$

$\Rightarrow \quad x = \frac{5}{14} - \frac{7}{42}$

$\Rightarrow \quad x = \frac{15-7}{42}$

$\Rightarrow \quad x = \frac{8}{42} = \frac{4}{21}$

53. (d) सरल व्यंजक, $3\frac{2}{5} + 1\frac{3}{7} + 1\frac{6}{35}$

$= \frac{17}{5} + \frac{10}{7} + \frac{41}{35}$

$= \frac{119 + 50 + 41}{35} = \frac{210}{35} = 6$

54. (b) माना एक भिन्न $\frac{x}{y}$ तथा दूसरी भिन्न $\frac{a}{b}$ है।

प्रश्नानुसार, $\frac{x}{y} \times \frac{a}{b} = \frac{14}{15}$

$\Rightarrow \frac{x}{y} = \frac{14 \times b}{15 \times a}$ ...(i)

$\frac{x/y}{a/b} = \frac{35}{24}$

$\Rightarrow \quad \frac{x \times b}{a \times y} = \frac{35}{24}$

समी (i) से,

$\frac{14 \times b^2}{15 \times a^2} = \frac{35}{24}$

$\Rightarrow \quad \frac{b^2}{a^2} = \frac{35 \times 15}{24 \times 14} = \frac{25}{16}$

$\Rightarrow \quad \frac{b}{a} = \frac{5}{4} \Rightarrow \frac{a}{b} = \frac{4}{5}$

पुनः समी (i) से,

$\frac{x}{y} = \frac{14 \times 5}{15 \times 4} = \frac{7}{6}$

$\therefore$ बड़ी संख्या $\frac{7}{6}$ होगी।

55. (d) यहाँ, $\frac{8}{15} = 0.533, \frac{14}{33} = 0.424$

$\frac{7}{13} = 0.538, \frac{11}{13} = 0.846$

$\therefore$ स्पष्ट है कि सबसे छोटी भिन्न $\frac{14}{33}$ होगी।

56. (a) माना भिन्न का x भाग जोड़ना है।

$\therefore$ प्रश्नानुसार,

$\frac{4}{7} + x\frac{4}{7} = 1\frac{1}{14} \Rightarrow \frac{4}{7}(1 + x) = \frac{15}{14}$

$\Rightarrow 1 + x = \frac{15 \times 7}{14 \times 4} = \frac{15}{8}$

$\Rightarrow \quad x = \frac{15}{8} - 1$

$\therefore \quad x = \frac{15-8}{8} = \frac{7}{8}$

57. (b) सरल व्यंजक, $2.1 \times 3.6 = 7.56$

$= \frac{756}{100} = \frac{189}{25}$

02 वर्ग-वर्गमूल और घन-घनमूल

वर्ग
किसी संख्या को स्वयं से गुणा करने पर प्राप्त संख्या दी गई संख्या का वर्ग कहलाती है।

जैसे—4 का वर्ग $= 4 \times 4 = 16$

वर्गमूल
किसी संख्या का वर्गमूल वह संख्या है, जिसका वर्ग उस दी गई संख्या के बराबर है। इसे '$\sqrt{\ }$' चिह्न से प्रदर्शित करते हैं।

जैसे—$\sqrt{16} = \sqrt{4 \times 4} = 4$

तथा 4 का वर्ग $= 4 \times 4 = 16$

भिन्न के वर्गमूल की गणना करना
भिन्न का वर्गमूल ज्ञात करने के लिए इसके अंश व हर का अलग-अलग वर्गमूल ज्ञात किया जाता है।

जैसे— $\frac{2704}{49}$ का वर्गमूल $= \sqrt{\frac{2704}{49}}$

$= \frac{\sqrt{2704}}{\sqrt{49}}$

$= \frac{52}{7}$

घन
किसी संख्या को स्वयं से दो बार गुणा करने पर, प्राप्त संख्या दी गई संख्या का घन कहलाती है।

जैसे— 5 का घन $= 5 \times 5 \times 5 = 125$

घनमूल
किसी दी गई संख्या का घनमूल वह संख्या होती है, जिसकी तीसरी घात से दी गई संख्या प्राप्त होती है। इसे '$\sqrt[3]{\ }$' से प्रदर्शित करते हैं।

जैसे— $\sqrt[3]{27} = \sqrt[3]{3 \times 3 \times 3} = 3$

महत्त्वपूर्ण बिन्दु
- सम संख्याओं का वर्ग तथा घन सदैव सम संख्या होती है।
- विषम संख्याओं का वर्ग सदैव विषम संख्या होती है।
- जिन संख्याओं के इकाई के स्थान पर 2, 3, 7 तथा 8 आता है, वे पूर्ण वर्ग संख्याएँ नहीं होती हैं।
- एक, दो या तीन अंक वाली संख्या का घनमूल एक अंक वाली संख्या होती है। इसी प्रकार, 4, 5 या 6 अंकों वाली संख्या का घनमूल दो अंक वाली संख्या होती है।
- विषम संख्याओं का घन सदैव विषम संख्या होती है।

अभ्यास प्रश्न

1. 289 का वर्गमूल ज्ञात करें।

(a) 15 (b) 16 (c) 17 (d) 18

2. कौन-सी संख्या पूर्ण वर्ग है?

(a) 127 (b) 225
(c) 325 (d) 264

3. 4913 का घनमूल है

(a) 17 (b) 19
(c) 27 (d) 29

4. निम्नलिखित में से कौन-सी संख्या पूर्ण घन नहीं है?

(a) 343 (b) 512
(c) 729 (d) 625

5. $\sqrt{25}$ का शुद्ध मान होगा

(a) −5 (b) +5
(c) ±5 (d) इनमें से कोई नहीं

6. −6 एक ऋणात्मक पूर्णांक संख्या है, इसका वर्ग है

(a) −36 (b) 36
(c) -5×5 (d) इनमें से कोई नहीं

7. 24 का वर्ग है

(a) 576 (b) 676
(c) 484 (d) 625

8. विषम संख्या का वर्ग एक

(a) विषम संख्या होती है
(b) सम संख्या होती है
(c) अभाज्य संख्या होती है
(d) इनमें से कोई नहीं

9. निम्नलिखित का मान ज्ञात कीजिए।

$\sqrt{156.25} + \sqrt{0.0081} - \sqrt{0.0361}$

(a) 13.4 (b) 15.4
(c) 12.4 (d) 17.4

10. $\sqrt{15612 + \sqrt{154 + \sqrt{225}}}$ बराबर है

(a) 135 (b) 155
(c) 105 (d) 125

11. $\sqrt{\frac{0.289}{0.00121}}$ बराबर है

(a) $\frac{170}{11}$ (b) $\frac{17}{110}$
(c) $\frac{17}{11}$ (d) $\frac{0.17}{11}$

12. 625 का वर्गमूल ज्ञात कीजिए।

(a) 40 (b) 20
(c) 25 (d) 15

13. $\sqrt{\frac{0.081 \times 0.484}{0.0064 \times 6.25}}$ बराबर है

(a) 9 (b) 0.9
(c) 99 (d) 0.99

14. यदि $\sqrt{75.24 + x} = 8.71$ हो, तो x का मान है

(a) 0.6241
(b) 6.241
(c) 62.41
(d) इनमें से कोई नहीं

15. 7623 में किस संख्या की गुणा करने पर वह पूर्ण वर्ग बन जाएगी?

(a) 3 (b) 7
(c) 11 (d) 13

16. 269 में कौन-सी छोटी-से-छोटी संख्या जोड़ी जाए कि इस प्रकार प्राप्त योग एक-पूर्ण वर्ग हो?

(a) 31 (b) 16 (c) 7 (d) 20

17. वह न्यूनतम पूर्ण वर्ग संख्या ज्ञात कीजिए जो 4 और 7 से पूर्णत: विभाजित हो।

(a) 144 (b) 136
(c) 196 (d) 225

18. निम्नलिखित में से कौन-सी संख्याएँ पूर्ण घन हैं?

343, 512, 625, 729, 841

(a) 343, 512, 625
(b) 343, 512, 729
(c) 343, 729, 625
(d) 841, 729, 343

19. निम्नलिखित में से कौन-सी संख्याएँ विषम संख्याओं का वर्ग हैं?

81, 121, 144, 64, 169

(a) 81, 121, 144
(b) 81, 121, 169
(c) 121, 144, 169
(d) 64, 121, 81

20. तीन अंकों की किसी संख्या के वर्ग में अधिक-से अधिक कितने अंक होते हैं?

(a) 3 (b) 2 (c) 4 (d) 6

21. एक वर्गाकार बगीचे का क्षेत्रफल 4096 मी^{2} हो, तो बगीचे की लम्बाई होगी

(a) 48 मी (b) 64 मी
(c) 44 मी (d) 54 मी

22. 6 अंकों की छोटी-से छोटी वह कौन-सी संख्या है, जो एक पूर्ण वर्ग हो?

(a) 100036 (b) 100049
(c) 100489 (d) 100169

23. छात्रों के एक समूह में प्रत्येक छात्र से उतने ही पैसे लिए गए, जितने इस समूह में छात्र थे। यदि कुल धन ₹ 5929 इकट्ठा हुआ हो, तो समूह में कितने छात्र थे?

(a) 6709 (b) 77
(c) 87 (d) 57

24. $(\sqrt{64})^{1/3}$ का मान ज्ञात कीजिए।

(a) 8 (b) 4
(c) 2 (d) 16

25. 7^3 का मान है

(a) 343 (b) 243
(c) 493 (d) 223

26. $(1^3 + 3^3 + 5^3)$ का मान ज्ञात कीजिए।

(a) 123 (b) 133
(c) 143 (d) 153

27. $\sqrt[3]{1+\sqrt[3]{343}}$ का मान क्या होगा?

(a) 2 (b) 6
(c) 7 (d) 8

28. निम्न संख्याओं में गणित से कौन-सी संख्या पूर्ण घन है?

(a) 22000 (b) 2744
(c) 832 (d) 800

29. $\sqrt[3]{5\frac{104}{125}}$ का मान है

(a) $1\frac{3}{5}$ (b) $1\frac{2}{5}$
(c) $1\frac{4}{5}$ (d) $2\frac{2}{5}$

30. $\sqrt[3]{\frac{512}{729}} + \sqrt[3]{\frac{8}{27}} + \sqrt{\frac{25}{81}}$ का मान होगा

(a) $2\frac{1}{8}$ (b) $2\frac{1}{7}$
(c) $2\frac{1}{9}$ (d) $2\frac{1}{11}$

31. 53240 को पूर्ण घन बनाने के लिए किससे विभाजित करना होगा?

(a) 5 (b) 10 (c) 15 (d) 20

32. 972 को किस छोटी-से-छोटी संख्या से गुणा किया जाए कि गुणनफल पूर्ण घन हो?

(a) 5 (b) 6
(c) 7 (d) 8

33. 4 अंकों की बड़ी-से-बड़ी संख्या जो पूर्ण घन होगी

(a) 9999 (b) 9261
(c) 8000 (d) इनमें से कोई नहीं

34. निम्नलिखित का मान ज्ञात कीजिए।

$(2)^3 + (0.6)^2 + (1)^3$

(a) 8.63 (b) 9.36
(c) 3.36 (d) 4.36

35. 841 पौधों को इस प्रकार लगाना है, कि पंक्तियों की संख्या तथा प्रत्येक पंक्ति में पौधों की संख्या बराबर हो, तो प्रत्येक पंक्ति में पौधों की संख्या कितनी होगी?

(a) 19 (b) 29
(c) 39 (d) 49

उत्तरमाला

1. (c)	2. (b)	3. (a)	4. (d)	5. (c)	6. (b)	7. (a)	8. (a)	9. (c)	10. (d)
11. (a)	12. (c)	13. (d)	14. (a)	15. (b)	16. (d)	17. (c)	18. (b)	19. (b)	20. (d)
21. (b)	22. (c)	23. (b)	24. (c)	25. (a)	26. (d)	27. (a)	28. (b)	29. (c)	30. (c)
31. (a)	32. (b)	33. (b)	34. (b)	35. (b)					

संकेत एवं हल

1. (c) $\because \sqrt{289} = \sqrt{17 \times 17} = 17$

2. (b) $(15)^2 = 225$

3. (a) $\sqrt[3]{4913} = \sqrt[3]{17 \times 17 \times 17} = 17$

4. (d) $625 = (25)^2$

5. (c) $\sqrt{25} = \pm 5$

6. (b) $(-6)^2 = 36$

7. (a) $(24)^2 = 24 \times 24 = 576$

8. (a) विषम संख्या का वर्ग एक विषम संख्या होती है।

9. (c) $\sqrt{156.25} + \sqrt{0.0081} - \sqrt{0.0361}$

$= \sqrt{\frac{15625}{100}} + \sqrt{\frac{81}{10000}} - \sqrt{\frac{361}{10000}}$

$= \sqrt{\frac{\underline{5 \times 5} \times \underline{5 \times 5} \times \underline{5 \times 5}}{10 \times 10}}$

$+ \sqrt{\frac{\underline{3 \times 3} \times \underline{3 \times 3}}{10 \times 10 \times 10 \times 10}}$

$- \sqrt{\frac{\underline{19 \times 19}}{10 \times 10 \times 10 \times 10}}$

$= \frac{5 \times 5 \times 5}{10} + \frac{3 \times 3}{10 \times 10} - \frac{19}{10 \times 10}$

$= 12.5 + 0.09 - 0.19$

$= 12.59 - 0.19 = 12.4$

10. (d) $\sqrt{15612 + \sqrt{154 + \sqrt{225}}}$

$= \sqrt{15612 + \sqrt{154 + \sqrt{15 \times 15}}}$

$= \sqrt{15612 + \sqrt{154 + 15}}$

$= \sqrt{15612 + \sqrt{169}}$

$= \sqrt{15612 + 13}$

$= \sqrt{15625}$

$= \sqrt{\underline{5 \times 5} \times \underline{5 \times 5} \times \underline{5 \times 5}}$

$= 5 \times 5 \times 5 = 125$

11. (a) $\sqrt{\frac{0.289}{0.00121}} = \sqrt{\frac{289 \times 100}{121}}$

$= \sqrt{\frac{17 \times 17 \times 10 \times 10}{11 \times 11}}$

$= \frac{170}{11}$

12. (c) $\because \sqrt{625} = \sqrt{\underline{5 \times 5} \times \underline{5 \times 5}}$

$= 5 \times 5 = 25$

13. (d) $\sqrt{\frac{0.081 \times 0.484}{0.0064 \times 6.25}} = \sqrt{\frac{81 \times 484}{64 \times 625}}$

$= \sqrt{\frac{9 \times 9 \times 22 \times 22}{8 \times 8 \times 25 \times 25}}$

$= \frac{9 \times 22}{8 \times 25} = \frac{99}{100} = 0.99$

14. (a) $\sqrt{75.24 + x} = 8.71$

दोनों तरफ वर्ग करने पर,

$\Rightarrow (\sqrt{75.24 + x})^2 = (8.71)^2$

$\Rightarrow \quad 75.24 + x = 75.8641$

$\Rightarrow \quad x = 75.8641 - 75.24$

$\therefore \quad x = 0.6241$

15. (b) 7623 के अभाज्य गुणनखण्ड विधि से गुणनखण्ड करने पर,

3	7623
3	2541
7	847
11	121
11	11
	1

$\therefore 7623 = 3 \times 3 \times 7 \times 11 \times 11$

अत: स्पष्ट है कि संख्या को 7 से गुणा करने पर संख्या पूर्ण वर्ग हो जाएगी।

16. (d) 269 का वर्गमूल करने पर,

	16
1	$\overline{2}\ \overline{69}$
+1	1
26	169
	156
	+13

अत: जोड़ी जाने वाली संख्या

$= (17)^2 - 269 = 289 - 269 = 20$

17. (c) संख्या 196, 14 का वर्ग है तथा 4 और 7 से पूर्णत: विभाजित है।

18. (b) $343 = (7)^3$, $512 = (8)^3$,

$625 = (25)^2$

$729 = (9)^3$, $841 = (29)^2$

अत: संख्याएँ 343, 512 और 729 पूर्ण घन हैं।

19. (b) $81 = 9^2, 121 = 11^2, 144 = 12^2,$ $64 = 8^2$

तथा $169 = 13^2$

अत: 81, 121 तथा 169 विषम संख्याओं के वर्ग हैं।

20. (d) तीन अंकों की संख्या के वर्ग में अधिकतम 6 अंक हो सकते हैं।

जैसे— $999 \times 999 = 998001$

तथा तीन अंकों की संख्या के वर्ग में कम-से-कम 5 अंक हो सकते हैं।

जैसे— $100 \times 100 = 10000$

21. (b) वर्गाकार बगीचे की लम्बाई

$= \sqrt{4096} = 64$ मी

22. (c) 6 अंकों की छोटी-से-छोटी संख्या = 100000

	316
3	$\overline{10}\ \overline{00}\ \overline{00}$
+3	9
61	100
+1	61
626	3900
	3756
	144

$\therefore$ अभीष्ट संख्या $= (317)^2 = 100489$

23. (b) माना समूह में छात्रों की संख्या $= x$

प्रश्नानुसार,

$x \times x = 5929$

$\Rightarrow \quad x^2 = 5929$

$\Rightarrow \quad x = \sqrt{5929}$

$\Rightarrow \quad x = 77$

अत: समूह में छात्रों की संख्या = 77

24. (c) $(\sqrt{64})^{1/3} = \sqrt{8 \times 8} = (8)^{1/3}$

$= (2 \times 2 \times 2)^{1/3}$

$= 2^{3 \times \frac{1}{3}} = 2$

25. (a) $7^3 = 7 \times 7 \times 7 = 343$

26. (d) $(1^3 + 3^3 + 5^3)$

$= 1 + 3 \times 3 \times 3 + 5 \times 5 \times 5$

$= 1 + 27 + 125 = 153$

27. (a) $\sqrt[3]{1+\sqrt[3]{343}}=\sqrt[3]{1+\sqrt[3]{7\times7\times7}}$

$=\sqrt[3]{1+7}=\sqrt[3]{8}=\sqrt[3]{2\times2\times2}=2$

28. (b) विकल्पों से,

$22000=\underline{2\times2\times2}\times2\times\underline{5\times5\times5}\times11$

$2744=\underline{2\times2\times2}\times\underline{7\times7\times7}$

$832=\underline{2\times2\times2}\times\underline{2\times2\times2}\times13$

तथा $800=\underline{2\times2\times2}\times2\times2\times5\times5$

अत: यहाँ अभाज्य गुणनखण्ड के 3-3 का समूह केवल संख्या '2744' का बनता है।

अत: 2744 पूर्ण घन संख्या है।

29. (c) $\sqrt[3]{5\frac{104}{125}}=\sqrt[3]{\frac{729}{125}}$

$=\sqrt[3]{\frac{9\times9\times9}{5\times5\times5}}=\frac{9}{5}=1\frac{4}{5}$

30. (c) $\sqrt[3]{\frac{512}{729}}+\sqrt[3]{\frac{8}{27}}+\sqrt{\frac{25}{81}}$

$=\sqrt[3]{\frac{8\times8\times8}{9\times9\times9}}+\sqrt[3]{\frac{2\times2\times2}{3\times3\times3}}+\sqrt[2]{\frac{5\times5}{9\times9}}$

$=\frac{8}{9}+\frac{2}{3}+\frac{5}{9}=\frac{8+6+5}{9}$

$=\frac{19}{9}=2\frac{1}{9}$

31. (a) 53240 के गुणनखण्ड करने पर,

2	53240
2	26620
2	13310
5	6655
11	1331
11	121
11	11
	1

$\therefore 53240=2\times2\times2\times5\times\underline{11\times11\times11}$

उपरोक्त से स्पष्ट है कि, 53240 को 5 से विभाजित करने पर पूर्ण घन प्राप्त होगा।

32. (b) 972 के गुणनखण्ड करने पर,

2	972
2	486
3	243
3	81
3	27
3	9
3	3
	1

$\because\ 972=2\times2\times3\times3\times\underline{3\times3\times3}$

उपरोक्त से स्पष्ट है कि, यदि 972 को 6 से गुणा किया जाए, तो गुणनफल पूर्ण घन होगा।

33. (b) विकल्प (b) से,

$9261=21\times21\times21$

$\sqrt[3]{9261}=21$

अत: 9261 चार अंकों की वह बड़ी संख्या है, जो पूर्ण घन है।

34. (b) $(2)^3+(0.6)^2+(1)^3$

$=2\times2\times2+0.6\times0.6+1$

$=8+0.36+1$

$=9.36$

35. (b) पंक्ति की संख्या तथा प्रत्येक पंक्ति में पौधों की संख्या समान है।

$\therefore$ प्रत्येक पंक्ति में पौधों की संख्या $=\sqrt{841}$

$=\sqrt{29\times29}$

$=29$

03 | घातांक तथा करणी

घातांक

यदि $a\times a\times a\times$.........m बार को a^m लिखा जाए, तो इसे a की घात m पढ़ा जाता है। a को आधार तथा m को घातांक कहते हैं।

घातांक के नियम

माना a तथा b दो वास्तविक संख्याएँ हैं तथा m और n दो धन पूर्णांक हैं, तब

- $a^m\times a^n=a^{m+n}$
- $(a^m)^n=a^{mn}$
- $(a\cdot b)^m=a^mb^m$
- $\frac{a^m}{a^n}=a^{m-n}$
- $a^{-m}=\frac{1}{a^m}$
- $\left(\frac{a}{b}\right)^m=\frac{a^m}{b^m}$
- $a^0=1$
- $(-1)^{\text{सम संख्या}}=1$
- $(-1)^{\text{विषम संख्या}}=-1$

करणी

यदि किसी संख्या के मूल का निश्चित मान ज्ञात नहीं किया जा सकता है, तो उस मूल को करणी कहते हैं।

जैसे—$\sqrt{3},\sqrt[3]{4},\sqrt[3]{6}$ आदि।

करणी के नियम

माना a एक परिमेय संख्या है तथा m और n दो धन पूर्णांक हैं, तब

- $(\sqrt[m]{a})^n=a$
- $\sqrt[m]{ab}=\sqrt[m]{a}\cdot\sqrt[m]{b}$
- $\sqrt[m]{\frac{a}{b}}=\frac{\sqrt[m]{a}}{\sqrt[m]{b}}$
- $\sqrt[m]{(a)^n}=\sqrt[m]{a^n}$
- $\sqrt[m]{\sqrt[n]{a}}=\sqrt[mn]{a}$
- $\sqrt{a}+\sqrt{b}$ का परिमेयकारी गुणक $=\sqrt{a}-\sqrt{b}$

अभ्यास प्रश्न

1. $(-7)^3$ का सरल रूप है

(a) 25 (b) 49
(c) −343 (d) 343

2. $(-1)^{269}$ का सरल रूप है

(a) +1 (b) −1
(c) 169 (d) 269

3. $(-7)^8 \div (-7)^4$ का सरलतम रूप है

(a) 7^6 (b) 7^2 (c) 7^4 (d) 1

4. $(a^m \div a^n)$ बराबर है

(a) a^{m+n} (b) $a^{m\times n}$
(c) $a^{m/n}$ (d) a^{m-n}

5. $\left(-\frac{1}{512}\right)^{-\frac{2}{3}}$ का मान होगा

(a) $-\frac{1}{64}$ (b) $\frac{1}{64}$
(c) − 64 (d) 64

6. $3^2 \times 4^2$ का मान होगा

(a) 121 (b) 49
(c) 144 (d) 156

7. यदि $\left(\frac{5^7}{6^7}\right)$ का मान होगा

(a) $\left(\frac{5}{6^7}\right)$ (b) $\left(\frac{5}{6}\right)^0$
(c) $\left(\frac{5}{6}\right)^{-7}$ (d) $\left(\frac{6}{5}\right)^{-7}$

8. यदि $(\sqrt{3})^x = 1$ है, तो x का मान है

(a) 1 (b) $\frac{1}{\sqrt{3}}$ (c) $\sqrt{3}$ (d) 0

9. $(-6)^2 \div \left(-\frac{1}{6}\right)^2$ का सरलतम रूप है

(a) 1296 (b) −1296
(c) 36 (d) −36

10. $\left(\frac{3}{5}\right)^5 \times \left(\frac{5}{3}\right)^5 - \left(\frac{2}{17}\right)^2 \times \left(\frac{17}{2}\right)^2$ का हल होगा

(a) 1 (b) 3 (c) 5 (d) 0

11. $\left(\frac{a}{b}\right)^x \times \left(\frac{a}{b}\right)^x \times \left(\frac{b}{a}\right)^x$ का हल होगा

(a) $\left(\frac{b}{a}\right)^{-x}$ (b) $\left(\frac{b}{a}\right)^{+x}$
(c) $\left(\frac{a}{b}\right)^{-x}$ (d) इनमें से कोई नहीं

12. $\frac{(32)^2}{2^5}$ का मान होगा

(a) 32 (b) 36 (c) 64 (d) 30

13. यदि $\frac{9^n \times 3^5 \times (27)^3}{3 \times (81)^4} = 27$ हो, तो n बराबर है

(a) 0 (b) 2 (c) 3 (d) 4

14. निम्न में से सबसे बड़ी संख्या है

(a) $\sqrt[4]{3}$ (b) $\sqrt[6]{10}$
(c) $\sqrt[12]{25}$ (d) $\sqrt[3]{9}$

15. $\left\{\left(\frac{1}{3}\right)^2\right\}^4$ निम्नलिखित में किसके बराबर होगा?

(a) $\left(\frac{1}{3}\right)^6$ (b) $\left(\frac{1}{3}\right)^8$
(c) $\left(\frac{1}{3}\right)^{24}$ (d) $\left(\frac{1}{3}\right)^{16}$

16. यदि $5^a \cdot 7^b = 875$ हो, तो $(a+b)$ का मान क्या होगा?

(a) 3 (b) 4 (c) 5 (d) 6

17. यदि $(64)^{2x-5} = 4 \times 8^{(x-4)}$ हो, तो x का मान है

(a) 2 (b) 11 (c) $\frac{10}{7}$ (d) $\frac{20}{9}$

18. यदि $\sqrt{4^n} = 1024$ हो, तो n का मान है

(a) 5 (b) 8 (c) 10 (d) 12

19. p^{-n} का मान है

(a) $\frac{p^n}{2}$ (b) $p^{\frac{1}{n}}$
(c) $\frac{1}{p^n}$ (d) $-p^n$

20. $\left(\frac{1}{5}\right)^{45} \times \left(\frac{1}{5}\right)^{-60} - \left(\frac{1}{5}\right)^{28} \times \left(\frac{1}{5}\right)^{-43}$ बराबर है

(a) $\left(\frac{1}{5}\right)^2$ (b) 0
(c) $(5)^2$ (d) $\left(\frac{1}{5}\right)^{15}$

21. $\sqrt{5+\sqrt[3]{x}} = 3$ हो, तो x का मान है

(a) 125 (b) 64
(c) 27 (d) 9

22. यदि $3^{x+3} + 7 = 250$ हो, तो x का मान है

(a) 1 (b) 2
(c) 3 (d) 5

23. $x^2y \times xy^2$ का मान है

(a) x^3y^3 (b) x^4y^2
(c) x^3y^3 (d) x^2y^4

24. $(49 \times 7)^4 =$ ....

(a) 7^{12} (b) 7^{14}
(c) 7^8 (d) 7^2

25. $(-a)^{16} \div (-a)^8$ का घातांक रूप होगा

(a) a^8 (b) $(-a)^8$
(c) a^{16} (d) $(-a)^{16}$

26. $10^3 + x^3 = 1^3 + 12^3$ में x का मान है

(a) 13
(b) 17
(c) 9
(d) 11

27. $(14)^5 \div (14)^3 \times (-14)^4$ का मान है

(a) $(14)^6$ (b) $(7)^6$
(c) $(14)^{-6}$ (d) $(14)^{-5}$

28. $\left(\frac{2}{7}\right)^4 \times \left(\frac{2}{7}\right)^{-4} \times \left(\frac{7}{2}\right)^2$ का हल होगा

(a) $\left(\frac{2}{7}\right)^2$ (b) $\left(\frac{2}{7}\right)^{-2}$
(c) $\left(\frac{7}{2}\right)^4$ (d) $\left(\frac{7}{2}\right)^{-2}$

उत्तरमाला

1.	(c)	2.	(b)	3.	(c)	4.	(d)	5.	(d)	6.	(c)	7.	(d)	8.	(d)	9.	(b)	10.	(d)
11.	(a)	12.	(a)	13.	(c)	14.	(d)	15.	(b)	16.	(b)	17.	(d)	18.	(c)	19.	(c)	20.	(b)
21.	(b)	22.	(b)	23.	(a)	24.	(a)	25.	(a)	26.	(c)	27.	(a)	28.	(b)				

संकेत एवं हल

1. (c) $(-7)^3 = (-1\times 7)^3$

$= (-1)^3 \times 7^3$

$= -1\times 7^3 = -343$

2. (b) $(-1)^{269} = -1$

3. (c) $(-7)^8 \div (-7)^4 = \dfrac{(-7)^8}{(-7)^4} = (-7)^{8-4}$

$= (-7)^4 = (-1)^4 \times (7)^4$ $\left[\because \dfrac{a^m}{a^n} = a^{m-n}\right]$

$= 1\times (7)^4 = (7)^4$

4. (d) $a^m \div a^n = \dfrac{a^m}{a^n} = a^{m-n}$

5. (d) $\left(-\dfrac{1}{512}\right)^{-\frac{2}{3}} = (-512)^{2/3}$

$= (-8^3)^{2/3}$

$[\because (a^n)^m = a^{nm}]$

$= (-8)^{3\times\frac{2}{3}}$

$= (-8)^2 = 64$

6. (c) $3^2 \times 4^2 = (3\times 4)^2$

$[\because ((ab)^m) = a^m b^m]$

$= (12)^2 = 144$

7. (d) $\dfrac{5^7}{6^7} = \left(\dfrac{5}{6}\right)^7$ $\left[\because \left(\dfrac{a}{b}\right)^m = \dfrac{a^m}{b^m}\right]$

$= \left(\dfrac{6}{5}\right)^{-7}$

8. (d) $(\sqrt{3})^x = 1 \Rightarrow (\sqrt{3})^x = (\sqrt{3})^0$

$\therefore \quad x = 0$

9. (b) $(-6)^2 \div \left(-\dfrac{1}{6}\right)^2$

$= \dfrac{(-6)^2}{\left(-\dfrac{1}{6}\right)^2} = \dfrac{(-6)^2}{\dfrac{1}{6^2}} = (-6)^2 \times 6^2$

$= -6^{2+2} = -6^4 = -1296$

10. (d) $\left(\dfrac{3}{5}\right)^5 \times \left(\dfrac{5}{3}\right)^5 - \left(\dfrac{2}{17}\right)^2 \times \left(\dfrac{17}{2}\right)^2$

$= \left(\dfrac{5}{3}\right)^5 \times \left(\dfrac{5}{3}\right)^{-5} - \left(\dfrac{2}{17}\right)^2 \times \left(\dfrac{2}{17}\right)^{-2}$

$= \dfrac{5^5}{3^5} \times \dfrac{5^{-5}}{3^{-5}} - \dfrac{2^2}{17^2} \times \dfrac{2^{-2}}{17^{-2}}$

$= \dfrac{5^{5-5}}{3^{5-5}} - \dfrac{2^{2-2}}{17^{2-2}} = \dfrac{5^0}{3^0} - \dfrac{2^0}{17^0}$

$= \dfrac{1}{1} - \dfrac{1}{1} = 1-1$ $[\because a^0 = 1]$

$= 0$

11. (a) $\left(\dfrac{a}{b}\right)^x \times \left(\dfrac{a}{b}\right)^x \times \left(\dfrac{b}{a}\right)^x$

$= \dfrac{a^x}{b^x} \times \dfrac{a^x}{b^x} \times \dfrac{b^x}{a^x} = \dfrac{a^{x+x}}{b^{x+x}} \times \dfrac{b^x}{a^x}$

$= \dfrac{a^{2x} \times b^x}{b^{2x} \times a^x} = \dfrac{b^{-2x} \times b^x}{a^{-2x} \times a^x}$

$= \dfrac{b^{-2x+x}}{a^{-2x+x}} = \dfrac{b^{-x}}{a^{-x}} = \left(\dfrac{b}{a}\right)^{-x}$

12. (a) $\dfrac{(32)^2}{2^5} = \dfrac{(2^5)^2}{2^5}$

$= \dfrac{2^{10}}{2^5} = 2^{10-5} = 2^5 = 32$

13. (c) $\dfrac{9^n \times 3^5 \times (27)^3}{3\times (81)^4} = 27$

$\Rightarrow \quad \dfrac{(3^2)^n \times 3^5 \times (3^3)^3}{3\times (3^4)^4} = 3^3$

$\Rightarrow \quad \dfrac{3^{2n} \times 3^5 \times 3^9}{3^1 \times 3^{16}} = 3^3$

$\Rightarrow \quad \dfrac{3^{2n+5+9}}{3^{17}} = 3^3$

$\Rightarrow \quad 3^{2n+14-17} = 3^3$

$\Rightarrow \quad 3^{2n-3} = 3^3$

घातों की तुलना करने पर,

$2n - 3 = 3 \Rightarrow 2n = 6$

$\therefore n = \dfrac{6}{2} = 3$

अत: n का मान = 3

14. (d) यहाँ करणियों की घात 4, 6, 12 एवं 3 हैं।

4, 6, 12 एवं 3 का ल. स. = 12

$\sqrt[4]{3} = (3)^{\frac{1}{4}} = 3^{\frac{3}{12}}$

$= (3^3)^{\frac{1}{12}} = \sqrt[12]{3^3} = \sqrt[12]{27}$

$\sqrt[6]{10} = \sqrt[12]{10^2} = \sqrt[12]{100}$

तथा $\sqrt[12]{25} = \sqrt[12]{25}$

$\sqrt[3]{9} = \sqrt[12]{9^4} = \sqrt[12]{6561}$

अब अवरोही क्रम में,

$\sqrt[12]{6561} > \sqrt[12]{100} > \sqrt[12]{27} > \sqrt[12]{25}$

$\Rightarrow \sqrt[3]{9} > \sqrt[6]{10} > \sqrt[4]{3} > \sqrt[12]{25}$

अत: सबसे बड़ी संख्या = $\sqrt[3]{9}$

15. (b) $\left\{\left(\dfrac{1}{3}\right)^2\right\}^4$ $[(a^n)^m = a^{n\times m}]$

$= \left(\dfrac{1}{3}\right)^{2\times 4} = \left(\dfrac{1}{3}\right)^8$

16. (b) 875 के गुणनखण्ड करने पर,

5	875
5	175
5	35
7	7
	1

$875 = 5\times 5\times 5\times 7 = 5^3 \times 7^1$

$\Rightarrow 5^a \times 7^b = 875$

$\Rightarrow 5^a \times 7^b = 5^3 \times 7^1$

दोनों तरफ तुलना करने पर,

$a = 3, \quad b = 1$

$\therefore \quad a + b = 3 + 1 = 4$

17. (d) $(64)^{2x-5} = 4 \times 8^{(x-4)}$

$\Rightarrow \quad (2^6)^{2x-5} = 2^2 \times (2^3)^{x-4}$

$\Rightarrow \quad 2^{12x-30} = 2^2 \times 2^{3x-12}$

$\Rightarrow \quad 2^{12x-30} = 2^{3x-10}$

घातों की तुलना करने पर,

$12x - 30 = 3x - 10 \Rightarrow 9x = 20$

$\therefore \quad x = \frac{20}{9}$

18. (c) $\sqrt{4^n} = 1024$

$\Rightarrow \quad (4^n)^{1/2} = 4^5 \Rightarrow 4^{n/2} = 4^5$

दोनों तरफ की तुलना करने पर,

$\frac{n}{2} = 5 \Rightarrow n = 10$

अत: n का मान = 10

19. (c) $p^{-n} = \frac{1}{p^n}$

20. (b) $\left(\frac{1}{5}\right)^{45} \times \left(\frac{1}{5}\right)^{-60} - \left(\frac{1}{5}\right)^{28} \times \left(\frac{1}{5}\right)^{-43}$

$= \left(\frac{1}{5}\right)^{45-60} - \left(\frac{1}{5}\right)^{28-43}$

$[\because a^m \times a^n = a^{m+n}]$

$= \left(\frac{1}{5}\right)^{-15} - \left(\frac{1}{5}\right)^{-15}$

$= (5)^{15} - (5)^{15} = 0$

21. (b) $\sqrt{5 + \sqrt[3]{x}} = 3$

दोनों तरफ का वर्ग करने पर,

$5 + \sqrt[3]{x} = 9$

$\Rightarrow \quad \sqrt[3]{x} = 4$

दोनों तरफ का घन करने पर, $x = 64$

अत: x का मान = 64

22. (b) $3^{x+3} + 7 = 250$

$\Rightarrow \quad 3^{x+3} = 250 - 7$

$\Rightarrow \quad 3^{x+3} = 243$

$\Rightarrow \quad 3^{x+3} = 3^5$

दोनों तरफ तुलना करने पर,

$x + 3 = 5$

$\therefore \quad x = 5 - 3 = 2$

अत: x का मान = 2

23. (a) $x^2y \times xy^2$

$= x \times x \times y \times x \times y \times y = x^3y^3$

24. (a) $(49 \times 7)^4 = (49)^4 \times 7^4$

$= ((7)^2)^4 \times 7^4$

$= 7^8 \times 7^4 = 7^{12}$

25. (a) $(-a)^{16} \div (-a)^8 = \frac{(-a)^{16}}{(-a)^8}$

$= \frac{[(-1) \times a]^{16}}{[(-1) \times a]^8} = \frac{(-1)^{16} \times a^{16}}{(-1)^8 \times a^8}$

$= \frac{1 \times a^{16}}{1 \times a^8} = a^{16-8} = a^8$

26. (c) $10^3 + x^3 = 1^3 + 12^3$

$\Rightarrow 1000 + x^3 = 1 + 1728$

$\Rightarrow \quad x^3 = 1729 - 1000$

$\Rightarrow \quad x^3 = 729$

$\Rightarrow \quad x^3 = (9)^3$

$\therefore \quad x = 9$

27. (a) $(14)^5 \div (14)^3 \times (-14)^4$

$= \frac{(14)^5 \times (-14)^4}{(14)^3}$

$= \frac{(14)^5 \times (-1)^4 \times (14)^4}{(14)^3}$

$= \frac{(14)^5 \times 1 \times (14)^4}{(14)^3} = (14)^{5+4-3}$

$= (14)^6$

28. (b) $\left(\frac{2}{7}\right)^4 \times \left(\frac{2}{7}\right)^{-4} \times \left(\frac{7}{2}\right)^2$

$= \left(\frac{2}{7}\right)^4 \times \left(\frac{2}{7}\right)^{-4} \times \left(\frac{2}{7}\right)^{-2}$

$= \left(\frac{2}{7}\right)^{4-4-2} = \left(\frac{2}{7}\right)^{-2}$

04 महत्तम समापवर्तक तथा लघुत्तम समापवर्त्य

महत्तम समापवर्तक

दो या दो से अधिक संख्याओं का म.स. वह अधिकतम संख्या होती है जो दी गई सभी संख्याओं को पूर्णत: विभाजित करती है।

जैसे—25, 30 तथा 45 का म.स. 5 है,

क्योंकि 5 वह अधिकतम संख्या है,जो इन सभी संख्याओं को पूर्णत: विभाजित करती है।

लघुत्तम समापवर्त्य

वह छोटी-से-छोटी संख्या, जो दो या दो से अधिक संख्याओं में से प्रत्येक से पूर्णतया विभाजित हो जाती है, उन संख्याओं का लघुत्तम समापवर्त्य कहलाती है।

जैसे—3, 5 का ल. स. 15 है।

महत्त्वपूर्ण तथ्य एवं सूत्र

- दशमलव संख्याओं का म. स. तथा ल. स. निकालने के लिए सर्वप्रथम सभी दी गई संख्याओं को समान दशमलव रूप में लिखते हैं। इन संख्याओं को प्राकृतिक संख्या मानकर इनका म. स. या ल. स. निकालते हैं। इसके बाद प्राप्त म. स. या ल. स. में दशमलव समान दशमलव रूप के अनुसार लगाया जाता है।
- यदि किन्हीं संख्याओं में कोई उभयनिष्ठ गुणनखण्ड न हो, तो उनका म.स. 1 तथा ल.स. उनका गुणनफल होता है।
- भिन्नों का ल.स. = $\frac{\text{अंशों का ल. स.}}{\text{हरों का म.स.}}$
- भिन्नों का म. स. = $\frac{\text{अंशों का म. स.}}{\text{हरों का ल.स.}}$
- पहली संख्या × दूसरी संख्या = ल. स. × म. स.

अभ्यास प्रश्न

1. 595 और 252 का म. स. है

(a) 1 (b) 7 (c) 11 (d) 17

2. 26, 56, 104 और 182 का ल.स. है

(a) 456 (b) 728 (c) 748 (d) 1274

3. 1134, 1344 और 1512 का महत्तम समापवर्तक (HCF) है

(a) 24 (b) 42 (c) 44 (d) 64

4. 1.75,5.6 और 7 का म. स. है

(a) 0.07 (b) 0.7
(c) 0.35 (d) 3.5

5. $\frac{5}{6}, \frac{10}{18}, \frac{25}{36}$ का म. स. है

(a) $\frac{5}{36}$ (b) $\frac{25}{6}$ (c) $\frac{25}{36}$ (d) $\frac{5}{18}$

6. $\frac{2}{5}, \frac{6}{25}$ एवं $\frac{8}{35}$ का ल. स. हैं

(a) $\frac{12}{5}$ (b) $\frac{2}{175}$ (c) $\frac{24}{5}$ (d) $\frac{24}{175}$

7. $20a^2b$ और ab^2c का महत्तम समापवर्तक होगा

(a) $4a^2$
(b) ab
(c) 'a' और 'b' दोनों
(d) इनमें से कोई नहीं

8. $6x$ और $5x^2$ का म.स. होगा

(a) $10x$ (b) x (c) x^2 (d) x^3

9. $11ab$ और $55a$ का म.स. होगा

(a) $55a$ (b) $11a$ (c) $11ab$ (d) 1

10. $9a^3b^2$ और $15b^3c^2$ का म.स. तथा ल.स. ज्ञात कीजिए।

(a) $3b^2, 45a^3b^3c^2$
(b) $15b^2, 15a^3b^3c^2$
(c) $5b^2, 45a^2b^3c$
(d) $45b^3c^3, 15a^2b^2c^3$

11. $21xy^2$ और $63x^2y$ का म.स. तथा ल. स. होगा

(a) $21xy, 63x^2y^2$ (b) $7xy, 63x^2y^2$
(c) $21xy^2, 63xy$ (d) $21x^2y^2, 21xy^2$

12. $27pqr$ और $3p^2q^2$ का ल.स. क्या होगा?

(a) $27p^2q^2$ (b) $27pq^2r$
(c) $9p^2q^2r$ (d) $27p^2q^2r$

13. $6xyz$ और $23abc$ का महत्तम समापवर्तक होगा

(a) abc (b) xyz (c) $abcxyz$ (d) 1

14. $21a^3y$, 14 का म.स. होगा

(a) 21 (b) 7 (c) 14 (d) $7x^3y$

15. $11a^2b^2c$ तथा $44x^2y^2z$ का म.स. होगा

(a) 11 (b) 44
(c) $11a^2b^2$ (d) $44a^2b^2c$

16. 65 और $13a^2b$ का ल. स. होगा

(a) $13a^2b$ (b) $65ab$
(c) $65a^2b$ (d) $13ab$

17. $(2^2 \times 3^3 \times 5^5)$, $(2^3 \times 3^2 \times 5^2 \times 7)$ तथा$(2^4 \times 3^4 \times 5 \times 11 \times 7^2)$ का महत्तम समापवर्तक (HCF) है

(a) 180 (b) 360 (c) 540 (d) 1260

18. सबसे छोटी संख्या बताएँ जिसे 8, 9, 12, 15 से विभाजित करने पर प्रत्येक मामले में 1 शेष बचता है?

(a) 179 (b) 181 (c) 359 (d) 361

19. $P = 2^5 \times 3^8$ और $Q = 2^3 \times 3^K$ है। यदि P और Q का महत्तम समापवर्तक (म. स.) $2^3 \times 3^3$ है, तो K का मान ज्ञात कीजिए।

(a) 5 (b) 3 (c) 2 (d) 1

20. 12, 15, 18 और 27 प्रत्येक द्वारा पूर्णतया विभाजित होने वाली चार अंकों की सबसे बड़ी संख्या है

(a) 9690 (b) 9720
(c) 9930 (d) 9960

21. तीन संख्याएँ $\frac{1}{2}:\frac{2}{3}:\frac{3}{4}$ के अनुपात में हैं। यदि सबसे बड़ी संख्या और सबसे छोटी संख्या का अन्तर 33 है, तो तीनों संख्याओं का महत्तम समापवर्तक कितना होगा?

(a) 5 (b) 9 (c) 11 (d) 13

22. पाँच घण्टियाँ 3, 5, 8, 9 और 10 सेकण्ड के अन्तराल पर एकसाथ बजती हैं। यदि सभी घण्टियाँ एक समय पर एकसाथ बजती हैं, तो वे कितने समय के बाद पुनः एकसाथ बजेंगी?

(a) 8 मिनट (b) 9 मिनट
(c) 6 मिनट (d) 4 मिनट

23. वह छोटी-से-छोटी संख्या कौन-सी है, जिसे 15, 25, 35 और 40 से विभाजित किए जाने पर क्रमशः 10, 20, 30 और 35 शेषफल बचता है?

(a) 4205 (b) 4195
(c) 4200 (d) 4210

24. यदि किसी कक्षा के विद्यार्थियों को 6, 8 या 10 के पूरे-पूरे समूहों में रखा जा सके, तो कक्षा के विद्यार्थियों की निम्नतम संख्या होगी

(a) 60 (b) 120
(c) 180 (d) 240

25. तीन टैंकरों में क्रमशः 403 लीटर, 434 लीटर और 465 लीटर डीजल हैं, तो ऐसे पात्र की अधिकतम क्षमता कितनी होगी, जिससे तीनों पात्रों के डीजल को पूर्ण संख्या में मापा जा सके?

(a) 31 लीटर (b) 62 लीटर
(c) 41 लीटर (d) 84 लीटर

26. वह सबसे बड़ी संख्या जिससे 43, 91 तथा 183 को भाग देने पर प्रत्येक दशा में समान शेष रहे, होगी

(a) 9 (b) 8 (c) 4 (d) 3

27. तीन आदमी एक स्थान से एकसाथ चलते हैं उनके कदम क्रमशः 63 सेमी, 70 सेमी और 77 सेमी के हैं। न्यूनतम कितनी दूरी तय की जानी चाहिए कि सभी उस दूरी को पूरे कदमों में तय कर सकें?

(a) 9630 सेमी (b) 9360 सेमी
(c) 6930 सेमी (d) 6950 सेमी

28. दो संख्याओं का म. स. 11 है और उनका ल. स. 7700 है। यदि इनमें से एक संख्या 275 है, तो दूसरी संख्या है

(a) 279 (b) 283
(c) 308 (d) 318

29. दो संख्याओं का लघुत्तम समापवर्त्य (LCM) ज्ञात कीजिए, यदि उनका महत्तम समापवर्तक (HCF) 9 है और उनका अनुपात 14 : 19 है

(a) 3990 (b) 2394
(c) 3192 (d) 1596

उत्तरमाला

1. (b)	2. (b)	3. (b)	4. (c)	5. (a)	6. (c)	7. (b)	8. (b)	9. (b)	10. (a)
11. (a)	12. (d)	13. (d)	14. (b)	15. (a)	16. (c)	17. (a)	18. (d)	19. (b)	20. (b)
21. (c)	22. (c)	23. (b)	24. (b)	25. (a)	26. (c)	27. (c)	28. (c)	29. (b)	

संकेत एवं हल

1. (b) $595 = 5 \times \textcircled{7} \times 17$

$252 = 2 \times 2 \times 3 \times 3 \times \textcircled{7}$

अत: 595 और 252 का म. स. = 7

2. (b) संख्या 26, 56, 104 और 182 का ल. स.

2	26, 56, 104, 182
2	13, 28, 52, 91
2	13, 14, 26, 91
7	13, 7, 13, 91
13	13, 1, 13, 13
	1, 1, 1, 1,

ल. स. $= 2 \times 2 \times 2 \times 7 \times 13 = 728$

3. (b) 1134)1344(1
1134
210)1134(5
1050
84)210(2
168
42)84(2
84
×

पुन: 42)1512(36
126
252
252
×

अत: 1134, 1344 और 1512 का महत्तम समापवर्तक = 42

4. (c) $175 = \frac{175}{100} = \frac{7}{4}$

$5.6 = \frac{56}{10} = \frac{28}{5} \Rightarrow 7 = \frac{7}{1}$

$\frac{7}{4}, \frac{28}{5}$ और $\frac{7}{1}$ का म. स.

$= \frac{7, 28, 7 \text{ का म.स.}}{4, 5, 1 \text{ का ल.स.}}$

$= \frac{7}{20} = 0.35$

5. (a) $\frac{5}{6}, \frac{10}{18}, \frac{25}{36}$ का म. स.

$= \frac{5, 10, 25 \text{ का म.स.}}{6, 18, 36 \text{ का ल.स.}} = \frac{5}{36}$

6. (c) $\frac{2}{5}, \frac{6}{25}$ एवं $\frac{8}{35}$ का ल. स.

$= \frac{2, 6, 8 \text{ का ल.स.}}{5, 25, 35 \text{ का म.स.}} = \frac{24}{5}$

7. (b) $20a^2b = 20a \times \textcircled{ab}$

$ab^2c = \textcircled{ab} \times bc$

अत: $20a^2b$ और ab^2c का म. स. $= ab$

8. (b) $6x$ के गुणनखण्ड $= 2 \times 3 \times x$

$5x^2$ के गुणनखण्ड $= 5 \times x \times x$

$\therefore$ अभीष्ट म.स. $= x$

9. (b) $11ab$ के गुणनखण्ड $= 11 \times a \times b$

$55a$ के गुणनखण्ड $= 11 \times 5 \times a$

$\therefore$ अभीष्ट म. स. $= 11 \times a = 11a$

10. (a) $9a^3b^2$ के गुणनखण्ड

$= 3 \times 3 \times a \times a \times a \times b \times b$

$15b^3c^2$ के गुणनखण्ड

$= 3 \times 5 \times b \times b \times b \times c \times c$

$\therefore$ अभीष्ट म. स. $= 3 \times b \times b = 3b^2$

तथा ल.स.

$= 3 \times 3 \times 5 \times a \times a \times a \times b \times b \times b \times c \times c$

$= 45a^3b^3c^2$

11. (a) $21xy^2$ के गुणनखण्ड

$= 3 \times 7 \times x \times y \times y$

$63x^2y$ के गुणनखण्ड

$= 3 \times 3 \times 7 \times x \times x \times y$

$\therefore$ अभीष्ट म. स.

$= 3 \times 7 \times x \times y = 21xy$

तथा ल.स.

$= 3 \times 3 \times 7 \times x \times x \times y \times y = 63x^2y^2$

12. (d) $27pqr$ के गुणनखण्ड

$= 3 \times 3 \times 3 \times p \times q \times r$

$3p^2q^2$ के गुणनखण्ड

$= 3 \times p \times p \times q \times q$

$\therefore$ अभीष्ट ल.स.

$= 3 \times 3 \times 3 \times p \times p \times q \times q \times r$

$= 27p^2q^2r$

13. (d) $6xyz$ के गुणनखण्ड

$= 1 \times 2 \times 3 \times x \times y \times z$

$23abc$ के गुणनखण्ड

$= 1 \times 23 \times a \times b \times c$

$\therefore$ अभीष्ट म.स. = 1

14. (b) $21a^3y$ के गुणनखण्ड

$= 7 \times 3 \times a \times a \times a \times y$

14 के गुणनखण्ड $= 2 \times 7$

$\therefore$ अभीष्ट म. स. = 7

15. (a) $11a^2b^2c$ का म.स.

$= 11 \times a \times a \times b \times b \times c$

$44x^2y^2z$ का म.स.

$= 11 \times 4 \times x \times x \times y \times y \times z$

$\therefore$ अभीष्ट म. स. = 11

16. (c) 65 के गुणनखण्ड $= 13 \times 5$

$13a^2b$ के गुणनखण्ड $= 13 \times a \times a \times b$

$\therefore$ अभीष्ट ल. स.

$= 13 \times 5 \times a \times a \times b = 65a^2b$

17. (a) $(2^2 \times 3^3 \times 5^5), (2^3 \times 3^2 \times 5^2 \times 7)$ तथा $(2^4 \times 3^4 \times 5 \times 11 \times 7^2)$ का म. स.

$= 2^2 \times 3^2 \times 5$

$= 2 \times 2 \times 3 \times 3 \times 5$

$= 4 \times 9 \times 5 = 180$

18. (d) संख्या 8, 9, 12 तथा 15 का ल. स.

2	8, 9, 12, 15
2	4, 9, 6, 15
3	2, 9, 3, 15
	2, 3, 1, 5

ल. स.
$= 2 \times 2 \times 2 \times 3 \times 5 \times 3 = 360$

अत: अभीष्ट संख्या $= 360 + 1 = 361$

19. (b) दिया है, $P = 2^5 \times 3^8$

$Q = 2^3 \times 3^K$

म. स. $= 2^3 \times 3^3$

इस तरह की संख्याओं का महत्तम समापवर्तक (म. स.) निकालने के लिए संख्या की न्यूनतम घात लेते हैं।

अत: Q के घातों की तुलना म. स. की घातों से करने पर,

$3^K = 3^3 \Rightarrow K = 3$

20. (b) संख्या 12, 15, 18 और 27 का ल. स.

2	12, 15, 18, 27
3	6, 15, 9, 27
3	2, 5, 3, 9
	2, 5, 1, 3

ल. स. $= 2 \times 3 \times 3 \times 2 \times 5 \times 3 = 540$

चार अंकों की सबसे बड़ी संख्या = 9999

540) 9999 (18
540
4599
4320
279

$\therefore$ अभीष्ट संख्या

$= (9999 - 279) = 9720$

21. (c) दिया है,

संख्याओं का अनुपात $= \frac{1}{2} : \frac{2}{3} : \frac{3}{4}$

$= 6 : 8 : 9$

माना तीनों संख्याएँ क्रमश: $6x$, $8x$ और $9x$ हैं।

प्रश्नानुसार, $9x - 6x = 33$

$\Rightarrow \quad 3x = 33$

$\Rightarrow \quad x = 11$

अब, $6x$, $8x$ और $9x$ का म. स. $= x$

$\therefore$ अभीष्ट महत्तम समापवर्तक = 11

22. (c) 3, 5, 8, 9 और 10 का ल. स.

2	3, 5, 8, 9, 10
2	3, 5, 4, 9, 5
2	3, 5, 2, 9, 5
3	3, 5, 1, 9, 5
3	1, 5, 1, 3, 5
5	1, 5, 1, 1, 5
	1, 1, 1, 1, 1

$= 2 \times 2 \times 2 \times 3 \times 3 \times 5 = 360$

सेकण्ड $= \frac{360}{60}$ मिनट

= 6 मिनट

अत: सभी घण्टियाँ पुन: एकसाथ 6 मिनट बाद बजेंगी।

23. (b) दी गई संख्याओं 15, 25, 35, 40 तथा इनके शेषफल 10, 20, 30, 35 का अन्तर,

$15 - 10 = 25 - 20 = 35 - 30$

$= 40 - 35 = 5$

$15 = 3 \times 5$, $25 = 5 \times 5$, $35 = 5 \times 7$

तथा $40 = 2 \times 2 \times 2 \times 5$

$\therefore$ 15, 25, 35 तथा 40 का ल. स.

$= 2 \times 2 \times 2 \times 3 \times 5 \times 5 \times 7 = 4200$

$\therefore$ अभीष्ट संख्या = ल. स. – अन्तर

$= 4200 - 5 = 4195$

24. (b)

2	6, 8, 10
2	3, 4, 5
2	3, 2, 5
3	3, 1, 5
5	1, 1, 5
	1, 1, 1

$\therefore$ विद्यार्थियों की अभीष्ट संख्या = 6, 8 तथा 10 का ल. स.

$= 2 \times 2 \times 2 \times 3 \times 5 = 120$

25. (a) $403 = 13 \times 31$

$434 = 2 \times 31 \times 7$

$465 = 3 \times 31 \times 5$

अभीष्ट उत्तर = 403, 434 और 465 का म. स. = 31 लीटर

26. (c) $(91 - 43) = 48$

$(183 - 91) = 92$

$(183 - 43) = 140$

48, 92 तथा 140 का म. स.

48)92(1
48
44)48(1
44
4)44(11
4
4
4
×

4)140(35
12
20
20
×

म. स. = 4

अत: सबसे बड़ी संख्या = 4

27. (c) न्यूनतम दूरी = (63, 70, 77) का ल. स.

2	63, 70, 77
3	63, 35, 77
3	21, 35, 77
5	7, 35, 77
7	7, 7, 77
11	1, 1, 11
	1, 1, 1

ल. स.
$= 2 \times 3 \times 3 \times 5 \times 7 \times 11 = 6930$ सेमी

अत: वह दूरी 6930 सेमी होगी, जिसे वे पूरे कदमों में तय कर सकते हैं।

28. (c) ल. स. × म. स.

= पहली संख्या × दूसरी संख्या

$\Rightarrow 7700 \times 11 = 275 \times$ दूसरी संख्या

$\therefore$ दूसरी संख्या $= \frac{7700 \times 11}{275} = 308$

अत: दूसरी संख्या = 308

29. (b) माना संख्याएँ $14x$ और $19x$ हैं।

$\therefore$ संख्याओं का म. स. $= x$

$\Rightarrow \quad x = 9$

$\therefore$ संख्याओं का ल. स. $= 14 \times 19 \times x$

$= 14 \times 19 \times 9$

$= 2394$

05 सरलीकरण

किसी गणितीय व्यंजक को साधारण भिन्न या संख्यात्मक रूप में बदलने की प्रक्रिया सरलीकरण कहलाती है।

इसके अन्तर्गत गणितीय संक्रियाओं; जैसे—जोड़, घटाव, गुणा, भाग आदि को BODMAS क्रम के आधार पर हल करते हुए दिए गए व्यंजक का मान प्राप्त किया जाता है।

BODMAS का नियम

उपरोक्त नियम में उपस्थित प्रत्येक अक्षर का अर्थ इस प्रकार है,

- B → कोष्ठक (Bracket)
- O → का (of)
- D → विभाजन/भाग (Division)
- M → गुणन (Multiplication)
- A → योग (Addition)
- S → घटाना (Subtraction)

इस नियम के अनुसार, संक्रियाओं को हटाने (हल करने) का क्रम कोष्ठक (Brackets), का (of), भाग (Division), गुणा (Multiplication), योग (Addition) तथा अन्तर (Subtraction) है।

यदि प्रश्न में एक से अधिक कोष्ठक हैं, तब, प्रश्नों में कोष्ठकों (Brackets) को हटाने का क्रम निम्न प्रकार होता है

दण्ड कोष्ठक (Vinculum bracket) → —

छोटा कोष्ठक (Small bracket) → ( )

पंचम कोष्ठक (Middle bracket) → { }

बड़ा कोष्ठक (Square bracket) → [ ]

महत्त्वपूर्ण सूत्र

- $(a+b)^2 = a^2 + b^2 + 2ab$
- $(a-b)^2 = a^2 + b^2 - 2ab$
- $(a+b)^3 = a^3 + b^3 + 3ab(a+b)$
- $(a-b)^3 = a^3 - b^3 - 3ab(a-b)$
- $a^3 + b^3 = (a+b)\{a^2 + b^2 - ab\}$
- $a^3 - b^3 = (a-b)\{a^2 + b^2 + ab\}$
- $a^2 - b^2 = (a+b)(a-b)$

अभ्यास प्रश्न

1. $(-10/3) \times (-15/2) \times (17/19) \times 0$ का मान होगा

(a) 0 (b) 22.66
(c) 20 (d) 35

2. $(39 \div 0)$ का मान क्या होगा?

(a) अपरिभाषित (b) 39
(c) 0 (d) 0.39

3. (0.1×517) का मान है

(a) 517 (b) 51.7
(c) 0.517 (d) 5.17

4. $(92 \times 92) - (18 \times 18)$ का मान है

(a) 8140 (b) 7400
(c) 8040 (d) 8240

5. $\dfrac{2 \div (2 \times 2)}{(2 \div 2) \times 2}$ का मान है

(a) 2 (b) 1 (c) $\frac{1}{4}$ (d) 4

6. $\left(\dfrac{64}{125}\right)^{\frac{2}{3}}$ को सरल करो।

(a) $\frac{4}{5}$ (b) $\frac{8}{25}$
(c) $\frac{16}{25}$ (d) $\frac{4}{25}$

7. $(9/16)^2$ का सरल रूप होगा

(a) $\frac{27}{256}$ (b) $\frac{81}{32}$
(c) $\frac{18}{256}$ (d) $\frac{81}{256}$

8. $186 \times 186 + 136 \times 136 - 2 \times 186 \times 136$ का मान है

(a) 2500 (b) 6696
(c) 3536 (d) 3500

9. $240 \div 10 \times [2 + \{7 \times 3 + 2(75 - 4 \times \overline{13 + 12 \div 6})\}]$ का सरलीकृत मान है

(a) 1372 (b) 1272
(c) 1200 (d) 1262

10. $5\left(\frac{1}{2}\right) + 6\left(\frac{1}{2}\right) + 8\left(\frac{1}{4}\right)$ का मान है

(a) $\frac{15}{2}$ (b) 15 (c) 16 (d) $\frac{7}{5}$

11. $22 - [9 - \{6 - (10 - \overline{4 - 3})\}]$
(a) 12 (b) 14
(c) 10 (d) 8

12. $4(10 + 15 \div 5 \times 4 - 2 \times 2)$
(a) 72 (b) 70
(c) 62 (d) 88

13. $\left(\frac{-9}{7}\right) \times \left(\frac{14}{2}\right) \times 0 \times \left(\frac{19}{17}\right)$ का मान होगा
(a) 0 (b) $\frac{14}{2}$
(c) 18 (d) 35

14. $24 - 16(5 - 4 - 1)$
(a) 16 (b) 0
(c) 24 (d) 34

15. $\frac{1}{3} + \left[\frac{1}{2} - \left\{\frac{1}{5} + \left(\frac{1}{3} - \frac{1}{5}\right)\right\}\right]$ का सरलीकृत मान होगा
(a) $\frac{1}{2}$ (b) $\frac{5}{2}$
(c) $\frac{3}{2}$ (d) 2

16. $37 - 5 + 28 - (19 - 7)$
(a) 40 (b) 48
(c) 50 (d) 54

17. $81 \times 81 + 68 \times 68 - 2 \times 81 \times 68$ बराबर है
(a) 156 (b) 169
(c) 196 (d) 201

18. $\frac{(998)^2 - (997)^2 - 45}{(98)^2 - (97)^2}$ बराबर है
(a) 1995 (b) 195
(c) 95 (d) 10

19. $\frac{3 + 4 \div 2 \times 3}{4 + 3 \times 2 \div 3}$ का मान कितना है?
(a) $\frac{7}{36}$ (b) $\frac{9}{4}$
(c) $\frac{3}{2}$ (d) $\frac{11}{18}$

20. $792.02 + 101.32 - 306.76$ का मान होगा
(a) 586.58
(b) 893.34
(c) 997.11
(d) 1200.10

21. $1 - \frac{0.00035}{0.007}$ का मान होगा
(a) 0.95 (b) 0.05
(c) 0.5 (d) 0.85

22. $107 \times 65 + 107 \times 26 + 107 \times 9$ का मान है
(a) 10.73 (b) 10.7
(c) 107 (d) 1.07

23. $(0.2)^3 \times 400 \div 2000$ का $(0.2)^2$ का सरलीकृत मान ………… है।
(a) $\frac{1}{25}$ (b) $\frac{2}{25}$
(c) $\frac{1}{50}$ (d) $\frac{3}{25}$

24. $\frac{7}{8} + \frac{8}{11}$ का $\left[\frac{33}{16} - \frac{5}{12} + \left(\frac{6}{11} - \frac{5}{12} + \frac{7}{22}\right)\right]$ का मान ज्ञात कीजिए।
(a) $\frac{6805}{2987}$ (b) $\frac{6961}{2904}$
(c) $\frac{6907}{3971}$ (d) $\frac{6871}{3605}$

25. $\frac{17 - 8 \times 5 + 4 \times 3}{5 \times 3 + 6 + 2 \times 4}$ का मान क्या होगा?
(a) $\frac{-25}{21}$ (b) $\frac{-8}{7}$
(c) $\frac{-5}{6}$ (d) $\frac{-22}{21}$

26. $\left[[25 + 8 \div 2 - \left\{16 + (14 \text{ का } 7 \div 14) - \left(18 \div 12 \text{ का } \frac{1}{2}\right)\right\}\right]$ का मान ज्ञात करें।
(a) 6 (b) 3 (c) 9 (d) 12

27. $8 + [16 - \{7 + 4 - (9$ का $3 + 6 - 4 \times 7)\}] = ?$
(a) 18 (b) 16 (c) 21 (d) 23

28. निम्न व्यंजक का मान ज्ञात कीजिए
$42 \div 7 \times (5 + 7) \div 3$
(a) 32 (b) 3
(c) 24 (d) 1.5

29. निम्न का मान ज्ञात कीजिए।
$178.01 - [86.23 - \{40.22 + (28 - 24)\}]$
(a) 136 (b) 120
(c) 130 (d) 125

30. $(9^2 - 1)$ का मान होगा
(a) 81 (b) 80
(c) 79 (d) इनमें से कोई नहीं

31. $\frac{2.3 \times 2.3 \times 2.3 - 1}{2.3 \times 2.3 + 2.3 + 1}$ का मान होगा
(a) 0.3 (b) 1.3
(c) 2.2 (d) 3.3

उत्तरमाला

1. (a)	2. (a)	3. (d)	4. (a)	5. (c)	6. (c)	7. (d)	8. (a)	9. (b)	10. (a)
11. (c)	12. (a)	13. (a)	14. (c)	15. (a)	16. (b)	17. (b)	18. (d)	19. (c)	20. (a)
21. (a)	22. (c)	23. (a)	24. (b)	25. (d)	26. (c)	27. (a)	28. (c)	29. (a)	30. (b)
31. (b)									

संकेत एवं हल

1. (a) $\left(-\frac{10}{3}\right)\times\left(-\frac{15}{2}\right)\times\left(\frac{17}{19}\right)\times 0 = 0$

2. (a) $(39 \div 0) = \frac{39}{0} = \infty$

(अपरिभाषित)

3. (d) $(0.1 \times 51.7) = 5.17$

4. (a) $(92 \times 92) - (18 \times 18)$

$= (92)^2 - (18)^2$

हम जानते हैं,

$a^2 - b^2 = (a + b)(a - b)$

यहाँ, $a = 92, b = 18$

$\therefore (92)^2 - (18)^2 = (92 + 18)(92 - 18)$

$= 110 \times 74 = 8140$

5. (c) $\frac{2 \div (2 \times 2)}{(2 \div 2) \times 2} = \frac{2 \div 4}{1 \times 2}$

$= \frac{2/4}{2} = \frac{1}{2 \times 2} = \frac{1}{4}$

6. (c) $\left(\frac{64}{125}\right)^{\frac{2}{3}}$

$= \left(\frac{4 \times 4 \times 4}{5 \times 5 \times 5}\right)^{\frac{2}{3}} = \left(\frac{4}{5}\right)^{3 \times \frac{2}{3}}$

$= \left(\frac{4}{5}\right)^2 = \frac{16}{25}$

7. (d) $\left(\frac{9}{16}\right)^2 = \frac{9 \times 9}{16 \times 16} = \frac{81}{256}$

8. (a) $186 \times 186 + 136 \times 136 - 2 \times 186 \times 136$

$= (186)^2 + (136)^2 - 2 \times 186 \times 136$

हम जानते हैं,

$(a - b)^2 = a^2 + b^2 - 2ab$

यहाँ, $a = 186, b = 136$

$\therefore (186)^2 + (136)^2 - 2 \times 186 \times 136$

$= (186 - 136)^2 = (50)^2$

$= 50 \times 50 = 2500$

9. (b) $240 \div 10 \times [2 + \{7 \times 3 + 2 (75 - 4 \times \overline{13 + 12 \div 6})\}]$

$= 240 \div 10 \times [2 + \{7 \times 3 + 2 (75 - 4 \times \overline{13 + 2})\}]$

$= 240 \div 10 \times [2 + \{7 \times 3 + 2 (75 - 4 \times 15)\}]$

$= 240 \div 10 \times [2 + \{7 \times 3 + 2 (75 - 60)\}]$

$= 240 \div 10 \times [2 + \{7 \times 3 + 2 \times 15\}]$

$= 240 \div 10 \times [2 + \{21 + 30\}]$

$= 240 \div 10 \times [2 + 51]$

$= 240 \div 10 \times 53$

$= 24 \times 53$

$= 1272$

10. (a) $5\left(\frac{1}{2}\right) + 6\left(\frac{1}{2}\right) + 8\left(\frac{1}{4}\right)$

$= \frac{5}{2} + \frac{6}{2} + \frac{8}{4} = \frac{5}{2} + 3 + 2$

$= \frac{5 + 6 + 4}{2} = \frac{15}{2}$

11. (c) $22 - [9 - \{6 - (10 - \overline{4 - 3})\}]$

$= 22 - [9 - \{6 - (10 - 1)\}]$

$= 22 - [9 - \{6 - 9\}]$

$= 22 - [9 - \{-3\}]$

$= 22 - [9 + 3]$

$= 22 - 12$

$= 10$

12. (a) $4(10 + 15 \div 5 \times 4 - 2 \times 2)$

$= 4(10 + 15 \div 5 \times 4 - 4)$

$= 4(10 + 3 \times 4 - 4)$

$= 4(10 + 12 - 4)$

$= 4(22 - 4)$

$= 4 \times 18$

$= 72$

13. (a) $\left(\frac{-9}{7}\right) \times \left(\frac{14}{2}\right) \times 0 \times \left(\frac{19}{17}\right) = 0$

14. (c) $24 - 16(5 - 4 - 1)$

$= 24 - 16(5 - 5)$

$= 24 - 16 \times 0$

$= 24 - 0$

$= 24$

15. (a) $\frac{1}{3} + \left[\frac{1}{2} - \left\{\frac{1}{5} + \left(\frac{5 - 3}{15}\right)\right\}\right]$

$= \frac{1}{3} + \left[\frac{1}{2} - \left\{\frac{1}{5} + \frac{2}{15}\right\}\right]$

$= \frac{1}{3} + \left[\frac{1}{2} - \left\{\frac{3 + 2}{15}\right\}\right]$

$= \frac{1}{3} + \left[\frac{1}{2} - \frac{5}{15}\right]$

$= \frac{1}{3} + \left[\frac{1}{2} - \frac{1}{3}\right]$

$= \frac{1}{3} + \left[\frac{3 - 2}{6}\right] = \frac{1}{3} + \frac{1}{6}$

$= \frac{2 + 1}{6} = \frac{3}{6} = \frac{1}{2}$

16. (b) $37 - 5 + 28 - (19 - 7)$

$= 37 - 5 + 28 - 12$

$= 65 - 17$

$= 48$

17. (b) $81 \times 81 + 68 \times 68 - 2 \times 81 \times 68$

$= (81)^2 + (68)^2 - 2 \times 81 \times 68$

$= (81 - 68)^2$

$[\because (a - b)^2 = a^2 + b^2 - 2ab]$

$= (13)^2 = 169$

18. (d) $\frac{(998)^2 - (997)^2 - 45}{(98)^2 - (97)^2}$

$= \frac{[(998 + 997)(998 - 997)] - 45}{(98 - 97)(98 + 97)}$

$= \frac{1995 - 45}{195} = \frac{1950}{195}$

$[\because a^2 - b^2 = (a + b)(a - b)$

$= 10$

19. (c) $\frac{3 + 4 \div 2 \times 3}{4 + 3 \times 2 \div 3}$

$= \frac{3 + 2 \times 3}{4 + 3 \times \frac{2}{3}} = \frac{3 + 6}{4 + 2}$

$= \frac{9}{6} = \frac{3}{2}$

20. (a) $792.02 + 101.32 - 306.76$

$= 893.34 - 306.76 = 586.58$

21. (a) $1 - \frac{0.00035}{0.007} = 1 - 0.05 = 0.95$

22. (c) $107 \times 65 + 107 \times 26 + 107 \times 9$

$= 107(65 + 26 + 9)$

$= 107 \times 100 = 107$

23. (a) $(0.2)^3 \times 400 \div 2000$ का $(0.2)^2$

$= 0.008 \times 400 \div 2000$ का 0.04

$= 0.008 \times 400 \div 80$

$= 0.008 \times \frac{400}{80}$

$= 0.008 \times 5 = 0.04$

$= \frac{4}{100} = \frac{1}{25}$

24. (b) $\frac{7}{8} + \frac{8}{11}$ का $\left[\frac{33}{16} - \frac{5}{12} + \left(\frac{6}{11} - \frac{5}{12} + \frac{7}{22}\right)\right]$

$= \frac{7}{8} + \frac{8}{11}$ का $\left[\frac{33}{16} - \frac{5}{12} + \left(\frac{72 - 55 + 42}{132}\right)\right]$

$= \frac{7}{8} + \frac{8}{11}$ का $\left[\frac{33}{16} - \frac{5}{12} + \frac{59}{132}\right]$

$= \frac{7}{8} + \frac{8}{11}$ का $\left[\frac{1089 - 220 + 236}{528}\right]$

$= \frac{7}{8} + \frac{8}{11}$ का $\frac{1105}{528}$

$= \frac{7}{8} + \frac{1105}{726}$

$= \frac{2541 + 4420}{2904} = \frac{6961}{2904}$

25. (d) $\frac{17 - 8 \times 5 + 4 \times 3}{5 \times 3 \div 6 + 2 \times 4}$

$= \frac{17 - 40 + 12}{5 \times \frac{3}{6} + 8}$

$= \frac{29 - 40}{\frac{5}{2} + 8} = \frac{-11}{\frac{5 + 16}{2}}$

$= \frac{-11 \times 2}{21} = -\frac{22}{21}$

26. (c) $[25 + 8 \div 2 - \{16 +$ $(14$ का $7 \div 14) - \left(18 \div 12 \text{ का } \frac{1}{2}\right)\}]$

$= [25 + 8 \div 2 - \{16 + (98 \div 14) - (18 \div 6)\}]$

$= [25 + 8 \div 2 - \{16 + 7 - 3\}]$

$= [25 + 8 \div 2 - 20]$

$= [25 + 4 - 20]$

$= [29 - 20] = 9$

27. (a) $8 + [16 - \{7 + 4 - (9$ का $3 + 6 - 4 \times 7)\}] = ?$

$? = 8 + [16 - \{7 + 4 - (9$ का $3 + 6 - 4 \times 7)\}]$

$? = 8 + [16 - \{7 + 4 - (27 + 6 - 28)\}]$

$? = 8 + [16 - \{7 + 4 - 5\}]$

$? = 8 + [16 - 6]$

$? = 8 + 10 = 18$

28. (c) $42 \div 7 \times (5 + 7) \div 3$

$= 42 \div 7 \times 12 \div 3$

$= 6 \times 4 = 24$

29. (a) $178.01 - [86.23 - \{40.22 + (28 - 24)\}]$

$= 178.01 - [86.23 - [40.22 + 4\}]$

$= 178.01 - [86.23 - 44.22]$

$= 178.01 - 42.01 = 136$

30. (b) $(9^2 - 1) = 81 - 1 = 80$

31. (b) $\frac{2.3 \times 2.3 \times 2.3 - 1}{2.3 \times 2.3 + 2.3 + 1}$

$= \frac{(2.3)^3 - (1)^3}{(2.3)^2 + 2.3 \times 1 + (1)^2}$

हम जानते हैं,

$a^3 - b^3 = (a - b)(a^2 + ab + b^2)$

यहाँ, $a = 2.3, b = 1$

$\therefore \frac{(2.3)^3 - (1)^3}{(2.3)^2 + 2.3 \times 1 + (1)^2}$

$= \frac{(2.3 - 1)[(2.3)^2 + 2.3 \times 1 + (1)^2]}{(2.3)^2 + 2.3 \times 1 + (1)^2}$

$= (2.3 - 1) = 1.3$

06 | एक चर की रैखिक समीकरण

एक घातीय बहुपद वाली समीकरण को रैखिक समीकरण कहते हैं।

एक चर वाली समीकरण

जिस रैखिक समीकरण में अज्ञात चरों की संख्या एक होती है, उसे एक चर वाली रैखिक समीकरण कहते हैं।

जैसे— (i) $5x + 8 = 9 + x$ (ii) $\frac{2}{3}y + 7 = \frac{y}{2}$

रैखिक समीकरण को हल करने के नियम

(i) एक चर राशि वाले एक घातीय समीकरण में दो पक्ष होते हैं, बायाँ पक्ष तथा दायाँ पक्ष।

(ii) जब बाएँ पक्ष की राशियाँ दाएँ पक्ष में अथवा दाएँ पक्ष की राशियाँ बाएँ पक्ष में स्थानान्तरित होती हैं, तो उनके चिह्न (+) की जगह (–) तथा (–) की जगह (+) हो जाते हैं।

(iii) किसी समीकरण के दोनों पक्षों में कोई राशि जोड़ देने अथवा घटा देने से समीकरण की समानता में कोई परिवर्तन नहीं होता।

(iv) यदि समीकरण के दोनों पक्षों में किसी राशि की गुणा अथवा भाग कर दें, तो समीकरण की समानता पर कोई प्रभाव नहीं पड़ता।

अभ्यास प्रश्न

1. यदि $\frac{x-1}{2x}=\frac{3}{4}$ हो, तो x का मान होगा।

(a) – 1 (b) – 2
(c) – 3 (d) – 4

2. यदि $\frac{2x-3}{3x+2}=-\frac{2}{3}$ हो, तो x का मान होगा।

(a) $-\frac{3}{11}$ (b) $\frac{5}{12}$ (c) $\frac{7}{12}$ (d) $\frac{6}{13}$

3. यदि $2x = 10$ हो, तब x का मान क्या होगा?

(a) 5 (b) 8 (c) 12 (d) 10

4. दिए गए समीकरण में m का मान ज्ञात करो।

$\frac{(7m+3)}{(4m+2)}=2$

(a) $m = 1$ (b) $m = -1$
(c) $m = 2$ (d) $m = -2$

5. यदि $\frac{3y+4}{y-1}=2+\frac{7}{y-1}$ है, तो y का मान होगा।

(a) 3 (b) 2 (c) 1 (d) 0

6. यदि $4x - 7(2-x) = 3x + 2$ है, तो x का मान होगा।

(a) 0 (b) 2 (c) 1 (d) 3

7. दिए गए समीकरण में y का मान ज्ञात करें।

$\frac{5y+2}{2y+3}=\frac{7}{5}$

(a) 3 (b) 2 (c) 1 (d) 4

8. यदि $\frac{m+0.5}{0.1m}=20$, तो m का मान होगा।

(a) 0.1 (b) 0.2 (c) 0.4 (d) 0.5

9. यदि $2(x+2)+5(x+5)=4(x-8)+2(x-2)$ है, तो x का मान ज्ञात करें।

(a) –65 (b) 65 (c) 70 (d) 55

10. यदि $\frac{3+x}{2x-3}=-\frac{1}{2}$ हो, तो x का मान होगा।

(a) $\frac{-3}{4}$ (b) $\frac{5}{2}$ (c) $\frac{3}{2}$ (d) $\frac{7}{4}$

11. क्या समीकरण $\frac{8y+15}{16y+30}=7$ का हल सम्भव है?

(a) नहीं
(b) हाँ
(c) ज्ञात नहीं कर सकते
(d) इनमें से कोई नहीं

12. यदि $\frac{2x-(6-7x)}{9x-(3+4x)}=\frac{2}{3}$, तब y का मान होगा

(a) $\frac{11}{17}$ (b) $\frac{12}{17}$ (c) $\frac{14}{17}$ (d) $\frac{13}{17}$

13. यदि $\frac{m-(7-8m)}{9m-(3+4m)}=\frac{11}{7}$ हो, तो m का मान होगा।

(a) 2 (b) 4 (c) 1 (d) 6

14. दो संख्याओं का योग 65 है तथा दोनों संख्याओं का अनुपात 7 : 6 है, तो वे संख्याएँ होंगी।

(a) 6, 28
(b) 30, 35
(c) 35, 30
(d) इनमें से कोई नहीं

15. समीकरण के मान में कोई अन्तर नहीं आता, यदि समीकरण के दोनों पक्षों में

(a) समान शून्येत्तर संख्या का भाग दें
(b) समान संख्या जोड़ दें
(c) समान संख्या घटा दें
(d) उपरोक्त सभी

16. समीकरण $7x + 2 = 5$ में 8 जोड़ने पर नया समीकरण बनेगा

(a) $7x + 10 = 13$
(b) $7x - 10 = 13$
(c) $7x + 2 = 13$
(d) इनमें से कोई नहीं

17. यदि $(x-2)+(x-3)+(x-9)=0$ हो, तो x का मान होगा

(a) $\frac{14}{3}$ (b) 14 (c) 3 (d) $\frac{3}{14}$

18. यदि $3(2x-3) = 4(2x+4)$ हो, तो x का मान होगा

(a) $\frac{25}{2}$ (b) $-\frac{25}{3}$
(c) $\frac{-25}{2}$ (d) –25

19. 5 के तीन लगातार गुणकों का योग 45 है। निम्न में से कौन-सा गुणक उनमें सबसे छोटा है

(a) 10 (b) 15 (c) 20 (d) 25

20. दो संख्याओं का योगफल 42 है, यदि दूसरी संख्या, पहली की दोगुनी हो, तो वह संख्या ज्ञात करो।

(a) 24 (b) 26
(c) 28 (d) 32

21. एक स्कूल के विद्यार्थियों की संख्या का $\frac{5}{8}$ छात्र हैं। उस स्कूल में यदि 270 छात्राएँ हैं, तो छात्रों की संख्या बताइए।

(a) 440 (b) 450
(c) 420 (d) 400

22. किसी संख्या के आठ गुणा में 4 जोड़े, तो उसका मान 60 प्राप्त होता है, वह संख्या बताइए।

(a) 7 (b) 8
(c) 9 (d) 10

23. दो भिन्न का योग $\frac{7}{8}$ है, यदि उसमें से एक भिन्न $\frac{1}{4}$ है, तो दूसरी भिन्न होंगी।

(a) $\frac{6}{8}$ (b) $\frac{5}{8}$
(c) $\frac{3}{8}$ (d) $\frac{9}{8}$

24. तीन क्रमागत विषम संख्याओं का योग 69 है इनमें से अभाज्य संख्या होगी

(a) 30 (b) 31
(c) 23 (d) 19

25. दो धनात्मक संख्याओं का अन्तर 45 है तथा उनका अनुपात 8 : 3 है, तो संख्याएँ होंगी।

(a) 72, 27 (b) 68, 23
(c) 65, 20 (d) 75, 30

26. तीन क्रमागत धन सम संख्याओं में पहले के $\frac{2}{5}$ तथा दूसरे के आधे का योग तीसरे से 11 कम है, तो तीनों संख्याएँ होंगी।

(a) 80, 82, 84
(b) 80, 81, 84
(c) 80, 82, 86
(d) 80, 81, 88

27. एक व्यक्ति अपनी सम्पत्ति का आधा भाग अपनी पत्नी को, एक-तिहाई अपने पुत्र को तथा शेष अपनी पुत्री के लिए छोड़ता हैं। यदि पुत्री का भाग ₹ 15000 हो, तो उसकी पत्नी व पुत्र को मिला धन है।

(a) ₹ 45000, ₹ 30000
(b) ₹ 10000, ₹ 15000
(c) ₹ 70000, ₹ 80000
(d) ₹ 40000, ₹ 50000

28. 2 वर्ष पहले पिता की आयु, पुत्र की आयु से 6 गुनी थी। 18 वर्ष बाद उसकी आयु, पुत्र की आयु की 2 गुनी होंगी। पिता और पुत्र की वर्तमान आयु है

(a) 32 वर्ष, 7 वर्ष
(b) 30 वर्ष, 5 वर्ष
(c) 48 वर्ष, 23 वर्ष
(d) 40 वर्ष, 20 वर्ष

29. दो अंकों की एक संख्या में दहाई के स्थान का अंक इकाई के स्थान के अंक का छः गुना है। यदि अंकों को बदल दिया जाए, तो नई संख्या व पुरानी संख्या में अन्तर 45 हो जाता है। वह संख्या ज्ञात कीजिए।

(a) 59 (b) 62 (c) 61 (d) 71

30. रमेश और रहीम की आयु का अनुपात 5 : 7 हैं। यदि रमेश की आयु 9 वर्ष अधिक और रहीम की 9 वर्ष कम होती हैं, तो रमेश की आयु रहीम की आयु की दोगुनी होती। उनकी वर्तमान आयु हैं

(a) 15 वर्ष, 21 वर्ष
(b) 24 वर्ष, 26 वर्ष
(c) 21 वर्ष, 23 वर्ष
(d) 19 वर्ष, 25 वर्ष

31. दो संख्याओं का योग 48 है तथा दूसरी संख्या पहली, संख्या की तीन गुनी है, तो संख्याएँ होंगी।

(a) 12,36 (b) 12,48
(c) 24,36 (d) 24,48

32. किसी संख्या को दोगुना करके उसमें 9 जोड़ा जाता है, इस प्रकार प्राप्त संख्या का तीन गुना 75 के बराबर है। वह संख्या कौन-सी है?

(a) 6 (b) 3.5
(c) 8 (d) इनमें से कोई नहीं

33. रमेश के बगीचे की चौड़ाई उसकी लम्बाई की 2/3 है, यदि बगीचे का परिमाप 40 मी है, तो बगीचे की लम्बाई होंगी

(a) 16 मी (b) 14 मी
(c) 18 मी (d) 12 मी

34. राहुल और दीपक की आयु का अनुपात 4 : 3 है, 6 वर्ष बाद राहुल की आयु 26 वर्ष होंगी। दीपक की वर्तमान आयु क्या है?

(a) 14 (b) 15
(c) 20 (d) 22

35. विमल और अरूण की आयु का अनुपात 3 : 5 है। उनकी आयु का योग 80 वर्ष है। 10 वर्ष पश्चात् उनकी आयु होंगी।

(a) 40 वर्ष, 60 वर्ष (b) 10 वर्ष, 20 वर्ष
(c) 30 वर्ष, 20 वर्ष (d) 30 वर्ष, 50 वर्ष

उत्तरमाला

1. (b)	2. (b)	3. (a)	4. (b)	5. (c)	6. (b)	7. (c)	8. (d)	9. (a)	10. (a)
11. (b)	12. (b)	13. (a)	14. (c)	15. (d)	16. (a)	17. (a)	18. (c)	19. (a)	20. (c)
21. (b)	22. (a)	23. (b)	24. (c)	25. (a)	26. (a)	27. (a)	28. (a)	29. (c)	30. (a)
31. (a)	32. (c)	33. (d)	34. (b)	35. (a)					

संकेत एवं हल

1. (b) $\frac{x-1}{2x} = \frac{3}{4}$

$\Rightarrow 4x - 4 = 6x$

$\Rightarrow -4 = 6x - 4x$

$\Rightarrow 2x = -4$

$\therefore x = -2$

2. (b) $\frac{2x-3}{3x+2} = -\frac{2}{3}$

$\Rightarrow 6x - 9 = -6x - 4$

$\Rightarrow 6x + 6x = 9 - 4$

$\Rightarrow 12x = 5$

$\therefore x = \frac{5}{12}$

3. (a) $2x = 10$

$\therefore x = \frac{10}{2} = 5$

4. (b) $\frac{7m+3}{4m+2} = 2$

$\Rightarrow 7m + 3 = 8m + 4$

$\Rightarrow (8m - 7m) = 3 - 4$

$\therefore m = -1$

5. (c) $\frac{3y+4}{y-1} = 2 + \frac{7}{y-1}$

$\Rightarrow \frac{3y+4}{y-1} - \frac{7}{y-1} = 2$

$\Rightarrow \frac{3y+4-7}{y-1} = 2$

$\Rightarrow 3y - 3 = 2y - 2$

$\therefore y = 1$

6. (b) $4x - 7(2 - x) = 3x + 2$

$\Rightarrow 4x - 14 + 7x = 3x + 2$

$\Rightarrow 4x + 7x - 3x = 2 + 14$

$\Rightarrow 8x = 16$

$\therefore x = 2$

7. (c) $\frac{5y+2}{2y+3} = \frac{7}{5}$

$\Rightarrow 25y + 10 = 14y + 21$

$\Rightarrow 11y = 11$

$\therefore y = 1$

8. (d) $\frac{m+0.5}{0.1m} = 20$

$\Rightarrow m + 0.5 = 2m$

$\therefore m = 0.5$

9. (a) $2(x+2) + 5(x+5) = 4$
$(x-8) + 2(x-2)$

$\Rightarrow 2x + 4 + 5x + 25$

$= 4x - 32 + 2x - 4$

$\Rightarrow \; 2x + 5x - 4x - 2x$

$= -32 - 4 - 25 - 4$

$\therefore \quad x = -65$

10. (b) $\frac{3+x}{2x-3} = -\frac{1}{2}$

$\Rightarrow \; 6 + 2x = -2x + 3$

$\Rightarrow \; 4x = -3$

$\therefore \quad x = -\frac{3}{4}$

11. (b) $\frac{8y+15}{16y+30} = 7$

$\Rightarrow \; 8y + 15 = 112y + 210$

$\Rightarrow \; 104y = -195$

$\Rightarrow \; y = \frac{-195}{104}$

$\therefore \quad y = -\frac{15}{8}$

अत: समीकरण का हल सम्भव है।

12. (b) $\frac{2x-(6-7x)}{9x-(3+4x)} = \frac{2}{3}$

$\Rightarrow 6x - 3(6-7x) = 18x - 2(3+4x)$

$\Rightarrow 6x - 18 + 21x = 18x - 6 - 8x$

$\Rightarrow \; 17x = 12$

$\therefore \quad x = \frac{12}{17}$

13. (a) $\frac{m-(7-8m)}{9m-(3+4m)} = \frac{11}{7}$

$\Rightarrow 7m - 7(7-8m)$

$= 99m - 11(3+4m)$

$\Rightarrow 7m - 49 + 56m$

$= 99m - 33 - 44m$

$\Rightarrow \; 63m - 49 = 55m - 33$

$\Rightarrow \; 8m = 16$

$\therefore \quad m = 2$

14. (c) माना पहली संख्या $= 7x$

तथा दूसरी संख्या $= 6x$

प्रश्नानुसार,

$7x + 6x = 65$

$\Rightarrow \; 13x = 65$

$\therefore \quad x = 5$

अत: संख्याएँ $= 7 \times 5, 6 \times 5 = 35, 30$

15. (d) उपरोक्त सभी।

16. (a) दिया है, $7x + 2 = 5$

दोनों तरफ 8 जोड़ने पर,

$\therefore$ अभीष्ट समीकरण,

$7x + 2 + 8 = 5 + 8$

$\Rightarrow \; 7x + 10 = 13$

17. (a) $(x-2) + (x-3) + (x-9) = 0$

$\Rightarrow \; x - 2 + x - 3 + x - 9 = 0$

$\Rightarrow \; 3x - 14 = 0$

$\Rightarrow \; 3x = 14$

$\therefore \quad x = \frac{14}{3}$

18. (c) $3(2x-3) = 4(2x+4)$

$\Rightarrow \; 6x - 9 = 8x + 16$

$\Rightarrow \; 2x = -25$

$\therefore \quad x = \frac{-25}{2}$

19. (a) माना 5 के तीन लगातार गुणकों क्रमश: $5x, 5x+5$ तथा $5x+10$ हैं।

प्रश्नानुसार,

तीन लगातार गुणकों का योग = 42

$\Rightarrow 5x + 5x + 5 + 5x + 10 = 45$

$\Rightarrow \; 15x + 15 = 45$

$\Rightarrow \; 15x = 45 - 15$

$\Rightarrow \; 15x = 30$

$\therefore \quad x = \frac{30}{15} = 2$

अत: इनमें 5 का सबसे छोटा गुणक $= 5x = 5 \times 2 = 10$

20. (c) माना पहली संख्या $= x$

तथा दूसरी संख्या $= 2x$

प्रश्नानुसार,

$x + 2x = 42 \Rightarrow 3x = 42$

$\therefore \quad x = \frac{42}{3} = 14$

$\therefore$ पहली संख्या = 14

तथा दूसरी संख्या $= 2 \times 14 = 28$

21. (b) माना स्कूल में कुल विद्यार्थियों की संख्या $= x$

$\therefore$ छात्र की संख्या $= x \times \frac{5}{8} = \frac{5x}{8}$

प्रश्नानुसार,

$x - \frac{5x}{8} = 270$

$\Rightarrow \; \frac{8x-5x}{8} = 270$

$\frac{3x}{8} = 270$

$\therefore \quad x = \frac{270 \times 8}{3} = 720$

अत: छात्रों की संख्या $= 720 \times \frac{5}{8} = 450$

22. (a) माना संख्या $= x$

प्रश्नानुसार,

$x \times 8 + 4 = 60$

$\Rightarrow \; 8x + 4 = 60$

$\Rightarrow \; 8x = 60 - 4$

$\Rightarrow \; 8x = 56$

$\therefore \quad x = \frac{56}{8} = 7$

अत: संख्या = 7

23. (b) माना दूसरा भिन्न $= x$

प्रश्नानुसार,

$x + \frac{1}{4} = \frac{7}{8} \Rightarrow x = \frac{7}{8} - \frac{1}{4}$

$\therefore \quad x = \frac{7-2}{8} = \frac{5}{8}$

अत: दूसरा भिन्न $= \frac{5}{8}$

24. (c) माना तीन क्रमागत विषम संख्या क्रमश: $x, x+2$ तथा $x+4$ हैं।

प्रश्नानुसार,

$x + x + 2 + x + 4 = 69$

$\Rightarrow \; 3x + 6 = 69$

$\Rightarrow \; 3x = 69 - 6$

$\Rightarrow \; 3x = 63$

$\therefore \quad x = \frac{63}{3} = 21$

अब, तीनों विषम संख्या क्रमश:, 21

$21 + 2 = 23$

$21 + 4 = 25$

अत: इनमें अभाज्य विषम संख्या = 23

25. (a) माना पहली संख्या $= 8x$, तब दूसरी संख्या $= 3x$

प्रश्नानुसार,

$8x - 3x = 45 \Rightarrow 5x = 45$

$\therefore \quad x = 9$

अत: पहली संख्या $= 8 \times 9 = 72$

तथा दूसरी संख्या $= 3 \times 9 = 27$

26. (a) माना तीन क्रमागत सम संख्याएँ $x, x+2$ तथा $x+4$ हैं।

प्रश्नानुसार,

$x \times \frac{2}{5} + \frac{x+2}{2} + 11 = x + 4$

$\Rightarrow \quad \frac{2x}{5} + \frac{x}{2} + 12 = x + 4$

$\Rightarrow \quad 8 = x - \frac{2x}{5} - \frac{x}{2}$

$\Rightarrow \quad 8 = \frac{10x - 4x - 5x}{10}$

$\therefore \quad x = 80$

अत: तीनों संख्याएँ क्रमश: 80, 82 तथा 84 होंगी।

27. (a) माना व्यक्ति की कुल सम्पत्ति = ₹ x

तब, पत्नी का भाग = ₹ $\frac{x}{2}$

पुत्र का भाग = ₹ $\frac{x}{3}$

तथा पुत्री का भाग $= x - \left(\frac{x}{2} + \frac{x}{3}\right)$

$= x - \frac{5x}{6} =$ ₹ $\frac{x}{6}$

प्रश्नानुसार, $\frac{x}{6} =$ ₹ 15000

$\therefore \quad x =$ ₹ 90000

अत: पत्नी का भाग

$= \frac{x}{2} = \frac{90000}{2} =$ ₹ 45000

तथा पुत्र का भाग

$= \frac{x}{3} = \frac{90000}{3} =$ ₹ 30000

28. (a) 2 वर्ष पहले, माना पुत्र की आयु = x वर्ष

तब, पिता की आयु = $6x$ वर्ष

प्रश्नानुसार,

$2(x + 2 + 18) = 6x + 2 + 18$

$\Rightarrow \quad 2x + 40 = 6x + 20$

$\Rightarrow \quad 4x = 20$

$\therefore \quad x = 5$

अत: पिता की वर्तमान आयु

$= 6 \times 5 + 2 = 32$ वर्ष

तथा पुत्र की वर्तमान आयु

$= 5 + 2 = 7$ वर्ष

29. (c) माना इकाई का अंक x है।

तब, दहाई का अंक $6x$ होगा।

$\therefore$ संख्या $= 10x$

(दहाई का अंक + इकाई का अंक)

$= 10 \times 6x + x$

$= 60x + x = 61x$

अंकों को बदलने पर प्राप्त नई संख्या $= 10x + 6x = 16x$

प्रश्नानुसार,

$(61 - 16)x = 45 \Rightarrow 45x = 45$

$\therefore \quad x = 1$

अत: अभीष्ट संख्या = 61

30. (a) माना रमेश व रहीम की आयु क्रमश: $5x$ वर्ष व $7x$ वर्ष हैं।

प्रश्नानुसार,

$(5x + 9) = 2(7x - 9)$

$\Rightarrow \quad 5x + 9 = 14x - 18$

$\Rightarrow \quad 9x = 27$

$\therefore \quad x = 3$

अत: रमेश की आयु

$= 5x = 5 \times 3 = 15$ वर्ष

तथा रहीम की आयु

$= 7x = 7 \times 3 = 21$ वर्ष

31. (a) माना पहली संख्या = x

तथा दूसरी संख्या = $3x$

प्रश्नानुसार,

$x + 3x = 48 \Rightarrow 4x = 48$

$\therefore \quad x = 12$

अत: संख्याएँ $= 12, 12 \times 3 = 12, 36$

32. (c) माना संख्या = x

प्रश्नानुसार,

$3(2x + 9) = 75$

$\Rightarrow \quad 6x + 27 = 75$

$\Rightarrow \quad 6x = 48$

$\therefore \quad x = 8$

33. (d) माना बगीचे की लम्बाई = x मी

बगीचे की चौड़ाई = $\frac{2}{3}x$ मी

प्रश्नानुसार,

बगीचे का परिमाप = 2(लम्बाई + चौड़ाई)

$\Rightarrow \quad 40 = 2\left(x + \frac{2}{3}x\right)$

$\Rightarrow \quad 2x + \frac{4x}{3} = 40$

$\Rightarrow \quad 6x + 4x = 120$

$\Rightarrow \quad x = \frac{120}{10}$

$\therefore \quad x = 12$ मी

34. (b) माना राहुल व दीपक की वर्तमान आयु क्रमश: $4x$ व $3x$ वर्ष हैं।

तब, प्रश्नानुसार,

$4x + 6 = 26$

$\Rightarrow \quad 4x = 26 - 6$

$\Rightarrow \quad 4x = 20$

$\Rightarrow \quad x = 5$

$\therefore$ दीपक की वर्तमान आयु

$= 3x = 3 \times 5$

$= 15$ वर्ष

35. (a) माना विमल की आयु = $3x$ वर्ष

तथा अरुण की आयु = $5x$ वर्ष

प्रश्नानुसार,

$3x + 5x = 80$

$\Rightarrow \quad 8x = 80$

$\Rightarrow \quad x = 10$

$\therefore$ 10 वर्ष पश्चात् विमल की आयु

$= 3x + 10 = 3 \times 10 + 10$

$= 40$ वर्ष

तथा 10 वर्ष पश्चात् अरुण की आयु

$= 5x + 10$

$= 5 \times 10 + 10 = 60$ वर्ष

07 अनुपात और समानुपात

अनुपात

दो समान राशियों के तुलनात्मक अध्ययन को अनुपात कहते हैं। यदि a तथा b दो अशून्य संख्याएँ हैं, तो a तथा b के अनुपात को $a:b$ द्वारा निरूपित करते हैं तथा इसे a अनुपात b पढ़ते हैं।

समानुपात

यदि चार अशून्य संख्याएँ a, b, c तथा d इस प्रकार हैं कि $a:b=c:d$, तो a, b, c तथा d समानुपात में हैं।

यदि $a:b::c:d$ हो, तो $ad=bc$ इसमें a तथा d को बाह्य पद तथा b और c को मध्य पद कहते हैं।

अनुक्रमानुपाती

- जब दो चर राशियाँ इस प्रकार सम्बन्धित हों, कि एक चर का मान बढ़ने या घटने से दूसरे चर का मान भी उसी अनुपात में बढ़ या घट जाता है, तो वह अनुक्रमानुपाती कहलाती है।
- यदि दो राशियाँ अनुक्रमानुपात में हों तथा एक राशि के दो मानों x_1 और x_2 के लिए दूसरी राशि के संगत मान क्रमशः y_1 एवं y_2 हों, तो $\frac{x_1}{y_1}=\frac{x_2}{y_2}$

व्युत्क्रमानुपाती

- जब दो चर राशियाँ इस प्रकार सम्बन्धित हों, कि एक चर का मान बढ़ने या घटने से दूसरे चर का मान भी उसी अनुपात में बढ़ या घट जाता है, तो वह व्युत्क्रमानुपाती कहलाती है।
- जब दो राशियाँ x और y व्युत्क्रमानुपात में हों तथा एक राशि के दो मानों x_1 और x_2 के लिए दूसरी राशि के संगत मान क्रमशः y_1 एवं y_2 हों, तो

$$x_1 \times y_1 = x_2 \times y_2$$

महत्त्वपूर्ण बिन्दु

- यदि $A:B=a:b$ तथा $B:C=m:n$ हो, तो $A:B:C=am:mb:nb$ तथा $A:C=am:bn$
- यदि x को $a:b$ के अनुपात में बाँटे, तो पहला भाग $=\frac{a}{a+b}\times x$, तथा दूसरा भाग $=\frac{b}{a+b}\times x$
- तीन राशियाँ a, b व c वितत्नुपाती होगीं, यदि $a:b=b:c$
- यदि $a:x::x:b$ हो, तो x, a और b का मध्यानुपाती होता है तथा $x=\sqrt{ab}$
- यदि $a:b::b:x$ है, तो x, a और b का तृतीयानुपाती होता है तथा $x=\frac{b^2}{a}$
- यदि $a:b::c:x$ है, तो x, a, b और c का चतुर्थानुपाती होता है तथा $x=\frac{bc}{a}$

अभ्यास प्रश्न

1. यदि $a:b=4:3$ तथा $b:c=3:5$ हो, तो $a:c$ है

(a) 1 : 3 (b) 3 : 2 (c) 2 : 3 (d) 4 : 5

2. 0.12, 0.21, 8 का चतुर्थानुपाती क्या है?

(a) 8.9 (b) 56 (c) 14 (d) 17

3. यदि $\frac{x}{3}=\frac{y}{5}$ हो, तो $(x+3):(y+5)$ का मान है

(a) 5 : 2 (b) 2 : 7 (c) 3 : 5 (d) 5 : 8

4. 15 : 19 के प्रत्येक पद में से क्या घटाया जाए कि नई संख्याएँ 3 : 4 के अनुपात में बन जाएँ?

(a) 3 (b) 5
(c) 6 (d) 9

5. 12 तथा 30 के तृतीयानुपाती तथा 9 व 25 के मध्यानुपाती का अनुपात है

(a) 2 : 1 (b) 5 : 1
(c) 7 : 15 (d) 9 : 14

6. एक कक्षा में 20 लड़कियाँ व 15 लड़के हैं, तो लड़कियों व लड़कों की कक्षा में क्या अनुपात है

(a) 8 : 6 (b) 2 : 7
(c) 4 : 7 (d) 4 : 3

7. यदि दो संख्याओं का अन्तर 66 है तथा अनुपात 5 : 2 है, तो संख्याए होगी

(a) 60 और 6 (b) 100 और 33
(c) 110 और 44 (d) 99 और 33

8. यदि $x : 6 :: 50 : 30$ तो x का मूल्य क्या होगा?

(a) 20 (b) 30
(c) 10 (d) 50

9. एक बाईक 40 लीटर पेट्रोल में 420 किमी चलती है, तब 20 लीटर पेट्रोल में वह कितनी दूरी तय करेगी।

(a) 80 किमी
(b) 180 किमी
(c) 100 किमा
(d) 210 किमी

10. एक कार 38 लीटर पेट्रोल में 342 किमी चलती है, तब 729 किमी की दूरी कितने लीटर पेट्रोल में तय करेगी?

(a) 81 लीटर
(b) 82 लीटर
(c) 71 लीटर
(d) 80 लीटर

11. मंजु एक दिन में 1080 पेज टाइप करती है, तब उसके टाइप करने की दर कितने पेज प्रति घण्टा होगी?

(a) 40 पेज (b) 45 पेज
(c) 50 पेज (d) 55 पेज

12. 40 मजदूर किसी काम को 4 दिन में पूरा करते हैं, तो उसी काम को 4 मजदूर कितने दिनों में पूरा करेंगे।

(a) 40 दिन (b) 45 दिन
(c) 35 दिन (d) 50 दिन

13. विचरण कितने प्रकार के होते हैं?

(a) एक (b) दो
(c) तीन (d) चार

14. व्युत्क्रमानुपाती विचरण से, $x_1 y_1 = x_2$ ....

(a) y_1 (b) y_2 (c) y_3 (d) y_4

15. वे राशियाँ जो निश्चित नहीं होती हैं, तो वह .... कहलाती हैं।

(a) चर राशि (b) अचर राशि
(c) अनुक्रमानुपाती (d) विचरण

16. 10 बोरी गेहूँ का वजन 4.50 क्विण्टल है, ऐसी ही 35 बोरियों का वजन कितना होगा?

(a) 15.75 क्विण्टल
(b) 10.75 क्विण्टल
(c) 20.75 क्विण्टल
(d) 7.75 क्विण्टल

17. एक ट्रेन 6 घण्टे में 600 किमी चलती है, तो 5 घण्टे में कितनी दूरी तय करेगी?

(a) 300 किमी (b) 400 किमी
(c) 600 किमी (d) 500 किमी

18. एक चर राशि का मान बढ़ाने से दूसरी राशि का मान कम हो, तो उसे क्या कहा जाता है?

(a) व्युत्क्रमानुपाती विचरण
(b) उत्क्रमणीय विचरण
(c) अनुक्रमणीय विचरण
(d) व्युत्क्रमणीय विचरण

19. एक बैग में ₹ 1, 50 पैसे और 25 पैसे के सिक्के 2 : 3 : 5 के अनुपात में है। यदि इन सिक्कों का कुल मूल्य ₹ 228 है, तो उस बैग में 50 पैसे के कितने सिक्के थे?

(a) 96 (b) 112
(c) 124 (d) 144

20. एक आर्किटेक्ट द्वारा नक्शे में कमरे की ऊँचाई 33 सेमी दर्शायी गई है। यदि कमरे की वास्तविक ऊँचाई 330 सेमी है, तो पैमाना होगा

(a) 1 : 11 (b) 1 : 10
(c) 1 : 100 (d) 1 : 3

21. जब एक विशेष संख्या 7, 9, 11 तथा 15 में से घटाई जाती है, तो परिणामी संख्याएँ समानुपात में हो जाती हैं। घटाई जाने वाली संख्या है

(a) 1 (b) 2 (c) 3 (d) 5

22. यदि $(a+b):(b+c):(c+a) = 6:7:8$ तथा $a+b+c=14$ हो, तो c का मान है

(a) 6 (b) 7
(c) 8 (d) 14

23. A तथा B की वर्तमान आयु 4 : 5 के अनुपात में है तथा 5 वर्ष बाद वे 5 : 6 के अनुपात में होंगी। A की वर्तमान आयु है

(a) 10 वर्ष (b) 20 वर्ष
(c) 25 वर्ष (d) 40 वर्ष

24. यदि $\frac{a}{2} = \frac{b}{3} = \frac{c}{5}$ हो, तो $\left(\frac{a+b+c}{c}\right)$ का मान है

(a) $\frac{1}{2}$ (b) 7 (c) 2 (d) $\frac{1}{3}$

25. ₹ 750 को A, B तथा C में इस प्रकार बाँटा गया है, कि $A : B = 5 : 2$ तथा $B : C = 7 : 13$ हो, तो A का भाग कितना होगा?

(a) ₹ 350 (b) ₹ 260
(c) ₹ 140 (d) ₹ 250

26. पिता की वर्तमान आयु अपने पुत्र की आयु के तीन गुने से 3 वर्ष अधिक है। तीन वर्ष बाद, पिता की आयु पुत्र की आयु के दोगुने से 10 वर्ष अधिक होगी, तब पिता तथा पुत्र की आयु का अनुपात है

(a) 23 : 10 (b) 33 : 10
(c) 23 : 15 (d) 33 : 15

उत्तरमाला

1. (d)	2. (c)	3. (c)	4. (a)	5. (b)	6. (d)	7. (c)	8. (c)	9. (d)	10. (a)
11. (b)	12. (a)	13. (b)	14. (b)	15. (a)	16. (a)	17. (d)	18. (a)	19. (d)	20. (b)
21. (c)	22. (a)	23. (b)	24. (c)	25. (a)	26. (b)				

संकेत एवं हल

1. (d) $\frac{a}{b}=\frac{4}{3}$ तथा $\frac{b}{c}=\frac{3}{5}$

$\therefore \quad \frac{a}{c}=\frac{a}{b}\times\frac{b}{c}=\frac{4}{3}\times\frac{3}{5}$

$\Rightarrow \quad a:c=4:5$

2. (c) माना 0.12, 0.21 तथा 8 का चतुर्थानुपात x है, तब

$\frac{0.12}{0.21}=\frac{8}{x}\Rightarrow x=\frac{8\times 21}{12}=14$

3. (c) $\frac{x}{3}=\frac{y}{5}\Rightarrow\frac{x}{y}=\frac{3}{5}$

$\Rightarrow \quad \frac{x+3}{y+5}=\frac{3+3}{5+5}=\frac{6}{10}=\frac{3}{5}$

$\therefore \quad x+3:y+5=3:5$

4. (a) माना प्रत्येक पद में से a घटाया जाए।

प्रश्नानुसार, $\frac{15-a}{19-a}=\frac{3}{4}$

$\Rightarrow \quad 60-4a=57-3a$

$\Rightarrow \quad 60-57=4a-3a$

$\Rightarrow \quad a=3$

5. (b) 12 तथा 30 का तृतीयानुपाती

$=\frac{b^2}{a}=\frac{30\times 30}{12}=75$

9 व 25 का मध्यानुपाती

$=\sqrt{9\times 25}=15$

$\therefore$ अभीष्ट अनुपात $=\frac{75}{15}=\frac{5}{1}=5:1$

6. (d) अभीष्ट अनुपात $=\frac{20}{15}=\frac{4}{3}=4:3$

7. (c) माना दो संख्याएँ क्रमश: $5x$ तथा $2x$ हैं।

प्रश्नानुसार,

$5x-2x=66\Rightarrow 3x=66$

$\therefore \quad x=\frac{66}{3}=22$

अत: पहली संख्या $=5x=5\times 22=110$

तथा दूसरी संख्या $=2x=2\times 22=44$

8. (c) दिया है, $x:6::50:30$

$\Rightarrow \quad \frac{x}{6}=\frac{50}{30}$

$\Rightarrow \quad 30x=50\times 6$

$\therefore \quad x=\frac{50\times 6}{30}=10$

9. (d) दिया है,

बाईक 40 लीटर पैट्रोल में 420 किमी चलती है।

माना 20 लीटर पैट्रोल में x किमी चलेगी।

जो अनुपात 40 और 420 में है, वहीं अनुपात 20 और x में होगा।

$\therefore \quad \frac{x_1}{y_1}=\frac{x_2}{y_2}$ से,

$\Rightarrow \quad \frac{40}{420}=\frac{20}{x}$

$\Rightarrow \quad 40x=420\times 20$

$\Rightarrow \quad x=\frac{420\times 20}{40}$

$\therefore \quad x=210$ किमी

अत: बाईक 20 लीटर पैट्रोल में 210 किमी दूरी तय करेगी।

10. (a) दिया है,

कार 38 लीटर पैट्रोल में 342 किमी दूरी तय करती है।

माना 729 किमी दूरी x लीटर पैट्रोल में तय करेगी। जो अनुपात 38 और 342 में है, वहीं अनुपात 729 और x में होगा।

$\therefore \quad \frac{x_1}{y_1}=\frac{x_2}{y_2}$ से,

$\Rightarrow \quad \frac{38}{342}=\frac{x}{729}$

$\Rightarrow \quad 342x=729\times 38$

$\Rightarrow \quad x=\frac{729\times 38}{342}$

$\therefore \quad x=81$ लीटर

अत: 81 लीटर पैट्रोल में 729 किमी दूरी तय करेगी।

11. (b) 1 दिन तथा 1080 पेज में जो अनुपात होगा, वहीं 1 घण्टा तथा x पेज में होगा।

माना एक घण्टे में x पेज टाइप करता है।

$\therefore \quad \frac{x_1}{y_1}=\frac{x_2}{y_2}$ से,

1 दिन = 24 घण्टे तब,

$\Rightarrow \quad \frac{1\times 24}{1080}=\frac{1}{x}\Rightarrow 24x=1080$

$\therefore \quad x=45$ पेज

12. (a) दिया है, 40 मजदूर किसी काम को 4 दिनों में पूरा करते हैं।

माना 4 मजदूर उसी काम को x दिनों में करेंगे।

$\therefore \quad x_1\times y_1=x_2\times y_2$ से,

$\Rightarrow \quad 40\times 4=4\times x\Rightarrow x=\frac{40\times 4}{4}$

$\therefore \quad x=40$ दिन

अत: उसी काम को 4 मजदूर 40 दिनों में पूरा करेंगे।

13. (b) विचरण दो प्रकार के होते हैं।

1. अनुक्रमानुपाती विचरण
2. व्युत्क्रमानुपाती विचरण

14. (b) $x_1y_1=x_2y_2$

15. (a) वे राशियाँ जो निश्चित नहीं होती हैं, वह चर राशियाँ कहलाती हैं।

16. (a) माना 35 बोरियों का वजन x क्विण्टल है।

10 बोरी गेहूँ और 4.50 क्विण्टल में वही अनुपात है, जो 35 बोरियों का x से है।

$\therefore \quad \frac{x_1}{y_1}=\frac{x_2}{y_2}$ से,

$\Rightarrow \quad \frac{10}{4.50}=\frac{35}{x}$

$\Rightarrow \quad 10x=35\times 4.50$

$\Rightarrow \quad 10x=157.5$

$\therefore \quad x=15.75$ क्विण्टल

अत: ऐसी 35 बोरियों का वजन 15.75 क्विण्टल है।

17. (d) माना ट्रेन 5 घण्टों में x किमी चलती है।

6 घण्टे और 600 किमी में वही अनुपात है, जो 5 घण्टे और x किमी में है।

$\therefore \quad \frac{x_1}{y_1}=\frac{x_2}{y_2}$ से,

$\Rightarrow \quad \frac{6}{600}=\frac{5}{x}$

$\Rightarrow \quad 6x=600\times 5$

$\Rightarrow \quad x=\frac{600\times 5}{6}$

$\therefore \quad x=500$ किमी

अतः ट्रेन 5 घण्टे में 500 किमी की दूरी तय करेगी।

18. (a) एक चर राशि का मान बढ़ाने से दूसरी राशि का मान कम हो, तो उसे व्युत्क्रमानुपाती विचरण कहा जाता है।

19. (d) माना बैग में ₹ 1, 50 पैसे और 25 पैसे के सिक्कों की संख्या क्रमशः $2x$, $3x$ और $5x$ थी।

प्रश्नानुसार,

बैग में सिक्कों का कुल मूल्य = ₹ 228

$\therefore\ 2x \times 1 + 3x \times 0.50 + 5x \times 0.25 = 228$

[∵ ₹ 1 = 100 पैसे]

$\Rightarrow 2x + 1.5x + 1.25x = 228$

$\Rightarrow 4.75x = 228$

$\Rightarrow x = \frac{228}{475} \times 100 = 48$

अतः 50 पैसे के सिक्कों की कुल संख्या = 3 × 48 = 144

20. (b) अभीष्ट पैमाना

$= \frac{\text{नक्शे पर कमरे की ऊँचाई}}{\text{कमरे की वास्तविक ऊँचाई}}$

$= \frac{33}{330} = \frac{1}{10} = 1:10$

21. (c) माना घटाई जाने वाली संख्या = x

प्रश्नानुसार,

$(7-x):(9-x)::(11-x):(15-x)$

$\frac{7-x}{9-x} = \frac{11-x}{15-x}$

$(7-x) \times (15-x) = (9-x) \times (11-x)$

$\Rightarrow 105 - 7x - 15x + x^2 = 99 - 9x - 11x + x^2$

$\Rightarrow 105 - 22x = 99 - 20x$

$\Rightarrow 22x - 20x = 105 - 99$

$\Rightarrow 2x = 6$

$\therefore x = \frac{6}{2} = 3$

अतः घटाई जा सकने वाली संख्या = 3

22. (a) प्रश्नानुसार,

$a+b : b+c : c+a = 6:7:8$

माना $a + b = 6k$, $b + c = 7k$

तथा $c + a = 8k$

$\therefore 2(a+b+c) = 6k + 7k + 8k$

$(a+b+c) = \frac{21}{2}k$

$\Rightarrow 14 = \frac{21}{2}k$

$\Rightarrow k = \frac{4}{3}$

अतः $c = (a+b+c) - (a+b)$

$= \frac{21k}{2} - 6k = \left(\frac{21-12}{2}\right)k$

$\therefore = \frac{9}{2} \times \frac{4}{3} = 6$

23. (b) माना A और B की वर्तमान आयु क्रमशः $4x$ वर्ष तथा $5x$ वर्ष हैं।

प्रश्नानुसार,

$\frac{4x+5}{5x+5} = \frac{5}{6}$

$\Rightarrow 24x + 30 = 25x + 25$

$\Rightarrow x = 5$

$\therefore A$ की वर्तमान आयु = 5 × 4 = 20 वर्ष

24. (c) $\frac{a}{2} = \frac{b}{3} = \frac{c}{3} = k$ (माना)

$a = 2k$, $b = 3k$ तथा $c = 5k$

अब, $\frac{a+b+c}{c}$

$= \frac{2k+3k+5k}{5k} = \frac{10k}{5k} = 2$

25. (a) $A:B = 5:2$ तथा $B:C = 7:13$

$\Rightarrow A:B = 7 \times 5 : 7 \times 2$,

तथा $B:C = \frac{14}{7} \times 7 : \frac{14}{7} \times 13$

$\Rightarrow A:B:C = 35:14:26$

$\therefore A$ का भाग $= \frac{35}{35+14+26} \times 750$

$= \frac{35}{75} \times 750 =$ ₹ 350

26. (b) माना पुत्र की वर्तमान आयु = x वर्ष

तब, पिता की वर्तमान आयु = $(3x + 3)$ वर्ष

तीन वर्ष बाद,

$\Rightarrow (3x + 3 + 3) = 2(x+3) + 10$

$\Rightarrow 3x + 6 = 2x + 16$

$\Rightarrow x = 10$

$\therefore$ पिता की वर्तमान आयु = $3x + 3$

= 3 × 10 + 3 = 33 वर्ष

अतः अभीष्ट अनुपात = 33 : 10

08 प्रतिशतता

प्रतिशत का अर्थ है प्रति सैकड़ा।

दूसरे शब्दों में, वह भिन्न, जिसका हर 100 होता है, प्रतिशत कहलाता है तथा भिन्न का अंश प्रतिशत दर कहलाती है। प्रतिशत को चिह्न (%) से व्यक्त करते हैं।

जैसे— $\frac{5}{100}$ का अर्थ है, 5 प्रतिशत = 5%

महत्त्वपूर्ण बिन्दु

- भिन्न तथा दशमलव को प्रतिशत में बदलने के लिए 100 से गुणा किया जाता है।
- प्रतिशत को भिन्न तथा दशमलव में बदलने के लिए 100 से भाग किया जाता है।
- x का y % ज्ञात करना हो, तो तब, $x \times \frac{y}{100}$
- x में y % की वृद्धि होने पर नई संख्या ज्ञात करनी हो, तो तब, $x \times \left(\frac{100+y}{100}\right)$
- x में y % की कमी होने पर नई संख्या ज्ञात करनी हो, तो तब, $x \times \left(\frac{100-y}{100}\right)$
- यदि A की आय, B की आय से x % अधिक हो या x % कम हो, तो B की आय, A की आय से, $\left(\frac{x}{100+x} \times 100\right)$% कम या $\left(\frac{x}{100-x} \times 100\right)$% अधिक होगी।
- यदि किसी वस्तु के मूल्य में r % वृद्धि या r % कमी होती है, तो उसकी माँग में $\left(\frac{r}{100+r} \times 100\right)$% की कमी या $\left(\frac{r}{100-r} \times 100\right)$% की वृद्धि हो जाने पर खर्च समान रहता है।

अभ्यास प्रश्न

1. यदि 24 का x % = 64 हो, तो x का मान है

(a) $133\frac{1}{3}$ (b) $37\frac{1}{2}$

(c) $2\frac{2}{3}$ (d) $266\frac{2}{3}$

2. एक संख्या का तृतीय-पंचम $\left(\frac{3}{5}\text{वाँ}\right)$ भाग, इस संख्या के 40% से 35 अधिक है, तो इस संख्या का 60% क्या होगा?

(a) 87 (b) 105 (c) 125 (d) 150

3. 986 का 40% कितना होगा?

(a) 394.4 (b) 380.2

(c) 460.3 (d) 286.5

4. किसी परीक्षा में 52% विद्यार्थी अंग्रेजी में, 42% विद्यार्थी गणित में तथा 17% विद्यार्थी दोनों विषयों में फेल हुए। दोनों विषयों में पास होने वाले विद्यार्थियों की संख्या (प्रतिशत में) है?

(a) 23 (b) 40 (c) 53 (d) 33

5. एक कार का मूल्य ₹ 500000 है, इस पर 10% की जीएसटी लगती है, तब उस कार पर कितने रूपये की जीएसटी लगेगी?

(a) ₹ 5000 (b) ₹ 60000

(c) ₹ 50000 (d) ₹ 60000

6. महेश ने कुछ सामान खरीदा। उसने दुकानदार को 4% कर सहित ₹ 780 दिए, तो खरीदे गए सामान का मूल दाम क्या होगा?

(a) ₹ 650

(b) ₹ 750

(c) ₹ 320

(d) इनमें से कोई नहीं

7. एक साइकिल का मूल्य ₹ 15625 है, यदि उसका मूल्य प्रति वर्ष 8% घटता है, तो 3 वर्ष बाद उसके मूल्य में कुल कितनी गिरावट आएगी।

(a) ₹ 3485

(b) ₹ 3458

(c) ₹ 4200

(d) ₹ 4000

8. एक व्यक्ति का वेतन ₹ 7200 से बढ़कर ₹ 8100 हो गया।
तब, उसके वेतन में कितने प्रतिशत की वृद्धि हुई?

(a) 25 %

(b) 18 %

(c) $16\frac{2}{3}$%

(d) $12\frac{1}{2}$%

9. एक एलसीडी की कीमत ₹ 28000 है। यदि दीपावली के अवसर पर एलसीडी की कीमत में 20% की कमी हो जाती है, तब एलसीडी का नया मूल्य ज्ञात कीजिए।

(a) ₹ 42200
(b) ₹ 22400
(c) ₹ 21400
(d) ₹ 22500

10. एक व्यक्ति की दैनिक मजदूरी में 15% की वृद्धि की गई। उस व्यक्ति को अब ₹ 230 प्रतिदिन मिलने लगे, तो वृद्धि के पूर्व उसकी दैनिक मजदूरी कितनी थी?

(a) ₹ 202
(b) ₹ 210
(c) ₹ 212
(d) ₹ 200

11. गतवर्ष किसी मोटर साइकिल की कीमत ₹ 34000 थी। जिसकी कीमत में 20% की वृद्धि हुई है, तो वर्तमान कीमत ज्ञात करें।

(a) ₹ 36000
(b) ₹ 38800
(c) ₹ 40800
(d) ₹ 32000

12. एक फल विक्रेता के पास कुछ सेब थे। वह 40% सेब को बेच देता है और अभी भी उसके पास 420 सेब हैं। शुरू-शुरू में उसके पास सेब थे।

(a) 588 (b) 600
(c) 672 (d) 700

13. एक मोटर साइकिल का मूल्य ₹ 42000 है। इस पर 4% वजन लगता है, उस मोटर साइकिल पर कितने रुपये का वजन लगेगा?

(a) ₹ 1670 (b) ₹ 1660
(c) ₹ 1690 (d) ₹ 1680

14. यदि B से A, 40% अधिक हो और C से B, 20% कम हो, तो $A : C$ का मान है।

(a) 3 : 1 (b) 3 : 2
(c) 26 : 25 (d) 28 : 25

15. किसी सामान का अंकित मूल्य ₹1050 है, यदि 6% बिक्री कर लगने के बाद उसका मूल्य होगा।

(a) 1056
(b) 1113
(c) 1131
(d) 1311

16. एक बल्लेबाज ने 110 रन बनाए, जिसमें 3 बाउण्डरी और 8 छक्के शामिल हैं। विकटों के बीच दौड़ लगाते हुए, उसने कुल रनों का कितना प्रतिशत बनाया है?

(a) 45% (b) $45\frac{5}{11}\%$
(c) $54\frac{6}{11}\%$ (d) 55%

17. एक मशीन जिसे 8 % वजन सहित ₹13500 में खरीदा गया। उसका प्रारम्भिक मूल्य (₹ में) है

(a) ₹12420 (b) ₹14580
(c) ₹12500 (d) ₹ 13492

18. एक शहर की कुल जनसंख्या 2100 है, तो संख्या का 19% ज्ञात कीजिए।

(a) 400 (b) 399 (c) 299 (d) 199

19. एक वस्तु का मूल्य 112 से बढ़कर 140 हो गया, तो प्रतिशत वृद्धि ज्ञात कीजिए।

(a) 23% (b) 24%
(c) 26% (d) 25%

20. मोहन की मासिक आय ₹ 1500 है। वह मकान के किराये पर ₹ 200, शिक्षा पर ₹ 500 तथा अन्य वस्तुओं पर ₹ 350 व्यय करता है। वह अपनी आय का कितना प्रतिशत बचाता है?

(a) 10% (b) 12.5%
(c) 27.5% (d) 30%

21. एक पुस्तकालय में 140 पुस्तकें हैं, जिनमें हिन्दी की पुस्तकें 20% हैं, तो हिन्दी की पुस्तकों की संख्या ज्ञात करें।

(a) 28 (b) 38
(c) 18 (d) 48

22. A की आय, B की आय से 10% अधिक है, तो B की आय, A की आय से कितने प्रतिशत कम होगी?

(a) $11\frac{1}{9}\%$ (b) $9\frac{1}{11}\%$
(c) $33\frac{1}{3}\%$ (d) $66\frac{2}{3}\%$

23. टमाटर के भार में 90% पानी होता है। 25 किग्रा टमाटरों में पानी का भार हैं

(a) 24 किग्रा (b) 21 किग्रा
(c) 22.5 किग्रा (d) 19.5 किग्रा

उत्तरमाला

1. (d)	2. (b)	3. (a)	4. (a)	5. (c)	6. (b)	7. (b)	8. (d)	9. (b)	10. (d)
11. (c)	12. (d)	13. (d)	14. (d)	15. (b)	16. (b)	17. (c)	18. (b)	19. (d)	20. (d)
21. (a)	22. (b)	23. (c)							

संकेत एवं हल

1. (d) 24 का $x\% = 64$

$\Rightarrow \quad 24 \times \frac{x}{100} = 64$

$\Rightarrow \quad 24x = 64 \times 100$

$\therefore \quad x = \frac{64 \times 100}{24}$

$= \frac{800}{3} = 266\frac{2}{3}\%$

अत: x का मान $= 266\frac{2}{3}\%$

2. (b) माना वह संख्या x है।

प्रश्नानुसार,

$x \times \frac{3}{5} - x \times \frac{40}{100} = 35$

$\Rightarrow \quad \frac{3x}{5} - \frac{2x}{5} = 35$

$\Rightarrow \quad \frac{3x - 2x}{5} = 35$

$\Rightarrow \quad \frac{x}{5} = 35$

$\therefore \quad x = 175$

अत: संख्या का 60%

$= 175 \times \frac{60}{100} = 105$

3. (a) 986 का 40% $= 986 \times \frac{40}{100}$

$= \frac{3944}{10} = 394.4$

4. (a) अंग्रेजी में फेल = 52%

गणित में फेल = 42%

तथा दोनों विषयों में फेल = 17%

केवल अंग्रेजी में फेल

$= (52 - 17)\% = 35\%$

केवल गणित में फेल

$= (42 - 17)\% = 25\%$

तथा गणित या अंग्रेजी या दोनों में फेल

$= (35 + 25 + 17) = 77\%$

$\therefore$ दोनों विषयों में पास विद्यार्थियों का प्रतिशत $= (100 - 77)\% = 23\%$

5. (c) दिया है,

कार का मूल्य = ₹ 500000

$\therefore$ जीएसटी $= 500000 \times \frac{10}{100}$

= ₹ 50000

अत: कार पर ₹ 50000 की जीएसटी लगेगी।

6. (b) माना सामान का मूल दाम

= ₹ $100x$

कर की दर = 4%

दुकानदार को दिया गया मूल्य

$= (100 + 4)\,x$

= ₹ $104\,x$

प्रश्नानुसार,

समान का मूल दाम $= \frac{780}{104x} \times 100x$

= ₹ 750

अत: खरीदें गए सामान का मूल दाम ₹ 750 हैं।

7. (b) दिया है,

साइकिल का मूल्य = ₹ 15625

3 वर्ष बाद साइकिल का मूल्य

$= 15625 \times \frac{(100 - 8)}{100} \times \frac{(100 - 8)}{100} \times \frac{(100 - 8)}{100}$

$= 15625 \times \frac{92}{100} \times \frac{92}{100} \times \frac{92}{100}$

= ₹ 12167

अत: 3 वर्ष बाद साइकिल के मूल्य में कुल गिरावट $= 15625 - 12167$

= ₹ 3458

8. (d) दिया है,

व्यक्ति का प्रारम्भिक वेतन = ₹ 7200

तथा वृद्धि के पश्चात् वेतन = ₹ 8100

$\therefore$ वृद्धि = 8100 − 7200 = ₹ 900

अत: वेतन में प्रतिशत वृद्धि

$= \frac{\text{वृद्धि}}{\text{प्रारम्भिक वेतन}} \times 100\%$

$= \frac{900}{7200} \times 100\%$

$= \frac{25}{2}\% = 12\frac{1}{2}\%$

अत: उसके वेतन में $12\frac{1}{2}\%$ की वृद्धि होगी।

9. (b) दिया है,

एलसीडी की कीमत = ₹ 28000

20% कमी हो जाने पर एलसीडी का नया मूल्य

= 28000 − 28000 का 20%

$= 28000 - 28000 \times \frac{20}{100}$

= 28000 − 5600 = ₹ 22400

अत: एलसीडी का नया मूल्य ₹ 22400 है।

10. (d) माना वृद्धि से पूर्व व्यक्ति की दैनिक मजदूरी = ₹ x

प्रश्नानुसार,

$x + x$ का 15% = 230

$\Rightarrow \quad x + x \times \frac{15}{100} = 230$

$\Rightarrow \quad \frac{115}{100}x = 230$

$\Rightarrow \quad x = \frac{230 \times 100}{115}$

$\therefore \quad x$ = ₹ 200

अत: वृद्धि के पूर्व उसकी दैनिक मजदूरी ₹ 200 थी।

11. (c) गतवर्ष, मोटर साइकिल की कीमत

= ₹ 34000

$\therefore$ मोटर साइकिल की वर्तमान कीमत

$= 34000 + 34000 \times \frac{20}{100}$

= 34000 + 6800

= ₹ 40800

12. (d) माना विक्रेता के पास शुरू में सेब की संख्या = x

प्रश्नानुसार,

$x - x$ का $\frac{40}{100} = 420$

$\Rightarrow \quad x - \frac{2x}{5} = 420$

$\Rightarrow \quad \frac{5x - 2x}{5} = 420$

$\Rightarrow \quad 3x = 420 \times 5$

$\therefore \quad x = \frac{420 \times 5}{3} = 700$

अत: शुरुआती सेब की संख्या = 700

13. (d) मोटर साइकिल का मूल्य

$= ₹ 42000$

तथा वजन = 4%

∴ मोटर साइकिल पर लगा कुल वजन

$= 42000 \times \frac{4}{100} = ₹ 1680$

14. (d) माना $C = 100$

तब, $B = 100 - 100 \times \frac{20}{100} = 80$

तथा $A = 80 + 80 \times \frac{40}{100}$

$= 80 + 32 = 112$

अतः $A : C = \frac{112}{100} = \frac{28}{25} = 28 : 25$

15. (b) सामान का अंकित मूल्य = ₹ 1050

तथा कुल बिक्री कर मूल्य

$= 1050 \times \frac{6}{100} = ₹ 63$

∴ बिक्री कर लगने के बाद सामान का मूल्य = 1050 + 63 = ₹1113

16. (b) बल्लेबाज के कुल रन = 110

3 बाउण्डरी और 8 छक्के से बनने वाले रन $= 3 \times 4 + 8 \times 6 = 12 + 48 = 60$

∴ दौड़कर बनाए गए रन

$= (110 - 60) = 50$

अतः दौड़कर बनाए गए रनों का प्रतिशत $= \frac{50}{110} \times 100$

$= \frac{500}{11} = 45\frac{5}{11}\%$

17. (c) दिया है,

वजन सहित मशीन का मूल्य = ₹ 13500

वजन % = 8%

माना मशीन का प्रारम्भिक मूल्य = ₹x

∴ $x \times \frac{108}{100} = 13500$

⇒ $x = 13500 \times \frac{100}{108}$

⇒ $x = ₹12500$

18. (b) शहर की जनसंख्या = 2100

अब, शहर की जनसंख्या का 19%

$= 2100 \times \frac{19}{100} = 399$

19. (d) मूल्य में वृद्धि = (140 − 112) = 28

∴ वृद्धि % $= \frac{28}{112} \times 100 = 25\%$

20. (d) मोहन की मासिक आय = ₹ 1500

तथा मोहन का कुल खर्च

$= 200 + 500 + 350$

$= ₹ 1050$

∴ मोहन की कुल बचत

$= 1500 - 1050 = 450$

अतः बचत % $= \frac{450}{1500} \times 100 = 30\%$

21. (a) पुस्तकालय में कुल पुस्तकें = 140

तथा हिन्दी पुस्तक का % = 20%

अतः हिन्दी पुस्तकों की कुल संख्या

$= 140 \times \frac{20}{100} = 28$

22. (b) प्रश्नानुसार, A की आय, B की आय से 10% अधिक है।

∴ B की आय, A की आय से कम

$= \left(\frac{10}{100 + 10} \times 100\right)$

$= \frac{1000}{110} = 9\frac{1}{11}\%$

23. (c) ∵ 1 किग्रा टमाटर में 90% पानी होता है।

∴ 1 किग्रा टमाटर में पानी

$= \frac{1 \times 90}{100} = \frac{9}{10}$ किग्रा

अतः 25 किग्रा टमाटर में पानी

$= 25 \times \frac{9}{10} = \frac{225}{10}$

= 22.5 किग्रा

09 | लाभ और हानि

महत्वपूर्ण बिन्दु

- जिस मूल्य पर कोई वस्तु खरीदी जाती है, वह वस्तु का क्रय मूल्य कहलाता है।
- जिस मूल्य पर कोई वस्तु बेची जाती है, वह वस्तु का विक्रय मूल्य कहलाता है।
- लाभ = विक्रय मूल्य − क्रय मूल्य
- हानि = क्रय मूल्य − विक्रय मूल्य
- प्रतिशत लाभ $= \frac{\text{लाभ}}{\text{क्रय मूल्य}} \times 100$
- प्रतिशत हानि $= \frac{\text{हानि}}{\text{क्रय मूल्य}} \times 100$
- यदि कोई वस्तु r % लाभ पर बेची जाती है, तो वस्तु का विक्रय मूल्य = क्रय मूल्य $\times \left(\frac{100 + r}{100}\right)$
- यदि कोई वस्तु r% हानि पर बेची जाती है, तो वस्तु का विक्रय मूल्य = क्रय मूल्य $\times \left(\frac{100 - r}{100}\right)$
- किसी वस्तु/उत्पाद पर लिखा गया मूल्य, अंकित मूल्य कहलाता है।
- बट्टा = अंकित मूल्य-विक्रय मूल्य
- बट्टा $= \frac{\text{अंकित मूल्य} \times \text{बट्टे की दर}}{100}$
- विक्रय मूल्य = अंकित मूल्य $\times \left(\frac{100 - \text{बट्टा}\%}{100}\right)$

अभ्यास प्रश्न

1. एक दुकानदार ₹ 1300 में एक फ्रिज खरीदकर ₹ 1150 में बेच देता है। बताइए दुकादार को कितने प्रतिशत लाभ या हानि हुई ?

(a) $12\frac{2}{13}\%$ (b) $11\frac{7}{13}\%$

(c) $11\frac{2}{13}\%$ (d) $11\frac{4}{3}\%$

2. एक व्यक्ति एक वस्तु ₹ 960 में बेचता है और 4% हानि सहन करता है। तद्नुसार, उसका क्रय मूल्य कितना था?

(a) ₹ 1000 (b) ₹ 784

(c) ₹ 498.4 (d) ₹ 300

3. एक पेन और एक नोटबुक का क्रय मूल्य क्रमशः ₹ 600 और ₹ 4000 हैं। यदि पेन और नोटबुक क्रमशः 20% तथा 32% हानि से बेचे जाते हैं, तो की गई दो बिक्री से हुई कुल हानि का लगभग प्रतिशत कितना होगा?

(a) 30.43% (b) 21.40%

(c) 26.07% (d) 28.42%

4. किसी वस्तु को ₹ 48 में बेचने पर 20% हानि होती है। इस वस्तु पर 20% लाभ कमाने के लिए विक्रय मूल्य क्या होगा?

(a) ₹ 60 (b) ₹ 65

(c) ₹ 72 (d) ₹ 78

5. एक व्यक्ति, एक वस्तु ₹ 960 में बेचता है और 4% की हानि उठाता है। तद्नुसार, उसका क्रय मूल्य कितना था?

(a) ₹ 1000 (b) ₹ 784

(c) ₹ 498.4 (d) ₹ 300

6. एक वस्तु की क्रय कीमत ₹ 7950 है। यदि इसे 18% लाभ से बेचा जाए, तो इसकी विक्रय कीमत होगी।

(a) ₹ 9431

(b) ₹ 9183

(c) ₹ 9218

(d) ₹ 9381

7. कोई वस्तु, जिसका अंकित मूल्य ₹ 200 है, 10% बट्टे पर उपलब्ध है। उस वस्तु का विक्रय मूल्य क्या होगा?

(a) ₹ 190 (b) ₹ 170

(c) ₹ 180 (d) ₹ 195

8. यदि ₹ 480 पर अंकित एक आइटम को ₹ 400 में बेचा जा रहा है, तो उस आइटम पर प्रभावी छूट क्या है?

(a) 20 % (b) 16.67 %

(c) 25% (d) 15%

9. 12% छूट के बाद, एक खिलौना ₹ 132 में बेचा गया था। खिलौने का अंकित मूल्य क्या था?

(a) ₹ 140 (b) ₹ 175

(c) ₹ 150 (d) ₹ 160

10. किसी वस्तु को उसके अंकित मूल्य पर 14% का बट्टा देकर ₹ 387 में बेचा जाता है। वस्तु का अंकित मूल्य क्या है ?

(a) ₹ 450 (b) ₹ 427

(c) ₹ 500 (d) ₹ 440

11. एक आदमी ने एक कार ₹ 135000 में खरीदी और उसकी मरम्मत पर ₹ 25000 खर्च किए। यदि उसे इस पर 10% की हानि हुई हो, तो उसने कितनी कीमत में कार को बेंचा?

(a) ₹ 176000 (b) ₹ 144000

(c) ₹ 121500 (d) ₹ 150000

12. एक दूधवाला दो गाय को ₹ 20000 प्रति गाय के हिसाब से बेचता है। यदि उसे एक गाय को बेचने में 5% का लाभ होता है और दूसरी को बेचने में 10% की हानि होती है, तो उसे कुल कितने रुपये की हानि हुई या लाभ?

(a) 1269.84 की हानि

(b) 1269.84 का लाभ

(c) 1169.84 की हानि

(d) 1169.84 का लाभ

13. यदि 40 किताबों का क्रय मूल्य 50 किताबों के विक्रय मूल्य के बराबर हैं, तो प्रतिशत लाभ या हानि क्या है?

(a) 12.5% (b) 15%

(c) 20% (d) 25%

14. किसी वस्तु का अंकित मूल्य उसके क्रय मूल्य से कितने प्रतिशत अधिक हैं, कि अंकित मूल्य पर 10% की छूट देने पर 20% का लाभ हो?

(a) 25% (b) 30%

(c) 32% (d) $33\frac{1}{3}\%$

15. किसी वस्तु को ₹ 8000 में बेचने पर क्रय मूल्य के $\frac{1}{5}$ के बराबर हानि होती है। इस वस्तु का क्रय मूल्य है

(a) ₹ 10500 (b) ₹ 12000

(c) ₹ 5000 (d) ₹ 10000

16. मणी ने दो घोड़े ₹ 20000 की दर से क्रय किए। उसने एक घोड़ा 15% लाभ पर विक्रय किया किन्तु दूसरे घोड़े के विक्रय पर हानि हुई। यदि उसे कुल ₹ 1800 की हानि हुई, तो दूसरे घोड़ें का विक्रय मूल्य क्या होगा

(a) ₹ 12490 (b) ₹ 13690

(c) ₹ 14560 (d) ₹ 15200

17. यदि एक फल विक्रेता ₹ 1 में 5 सन्तरे की दर से सन्तरे बेचता है तथा उसको 40% लाभ होता है, तो उसके द्वारा ₹ 1 में खरीदे गए सन्तरों की संख्या हैं

(a) 6 (b) 7 (c) 8 (d) 9

18. एक दुकानदार अपने सामान पर 25% बढ़ाकर मूल्य अंकित करता है। यदि दुकानदार अपने ग्राहक को 10% की कटौती कर दे, तो उसका प्रतिशत लाभ होगा

(a) $12\frac{1}{2}\%$ (b) 12%

(c) $11\frac{1}{2}\%$ (d) $12\frac{1}{3}\%$

19. एक शर्ट 10% लाभ पर बेची गई। यदि उसे ₹ 40 अधिक में बेचा जाता, तो लाभ 15% होता। शर्ट का क्रय मूल्य क्या है ?

(a) ₹ 800 (b) ₹ 700

(c) ₹ 900 (d) ₹ 600

20. 21 बैग का क्रय मूल्य 18 बैग के विक्रय मूल्य के बराबर है। प्रतिशत लाभ है

(a) $\frac{16}{3}\%$ (b) $16\frac{2}{3}\%$

(c) $16\frac{1}{3}\%$ (d) $16\frac{4}{9}\%$

21. एक दुकानदार अपनी सभी वस्तुओं पर 20% लाभ कमाता है। साथ ही वह प्रति किग्रा भार पर 100 ग्राम कम तौलता है। उसका प्रतिशत लाभ होगा

(a) 34% (b) $33\frac{1}{3}\%$

(c) 40% (d) इनमें से कोई नहीं

22. यदि 3 कुर्सियाँ, 4 कुर्सियों के क्रय मूल्य पर बेची जाती है, तो प्रतिशत लाभ होगा

(a) $30\frac{1}{3}\%$ (b) $33\frac{1}{3}\%$

(c) $31\frac{1}{3}\%$ (d) $35\frac{1}{3}\%$

23. राम ने ₹ 9000 में दो स्कूटर खरीदें। उनमें से एक को 25% लाभ पर तथा दूसरे को 20% हानि पर बेचने पर न तो लाभ होता है और न ही हानि। प्रत्येक स्कूटर का क्रय मूल्य है

(a) ₹ 3500, ₹ 5500

(b) ₹ 4500, ₹ 4500

(c) ₹ 4000, ₹ 5000

(d) ₹ 5300, ₹ 3700

24. किसी वस्तु का विक्रय मूल्य इसके क्रय मूल्य का $\frac{3}{2}$ गुना है। लाभ प्रतिशत कितना है?

(a) 50% (b) $20\frac{1}{2}\%$

(c) $25\frac{1}{4}\%$ (d) $33\frac{1}{3}\%$

25. यदि 12 वस्तुओं का क्रय मूल्य 9 वस्तुओं के विक्रय मूल्य के बराबर हो, तो लाभ प्रतिशत ज्ञात कीजिए।

(a) 30% (b) $33\frac{1}{3}\%$

(c) 40% (d) $41\frac{1}{3}\%$

26. दिनेश ने दो रेडियो ₹ 1920 में खरीदें। उसने एक रेडियो 20% के लाभ पर बेचा और दूसरा $6\frac{2}{3}\%$ की हानि पर। यदि दोनों रेडियो का विक्रय मूल्य समान हो, तो दोनों रेडियों के क्रय मूल्य हैं

(a) ₹ 800 और ₹ 1120

(b) ₹ 840 और ₹ 1080

(c) ₹ 860 और ₹ 1060

(d) ₹ 900 और ₹ 1020

उत्तरमाला

1. (b)	2. (a)	3. (a)	4. (c)	5. (a)	6. (d)	7. (c)	8. (b)	9. (c)	10. (a)
11. (b)	12. (a)	13. (c)	14. (d)	15. (d)	16. (d)	17. (b)	18. (a)	19. (a)	20. (b)
21. (b)	22. (b)	23. (c)	24. (a)	25. (b)	26. (b)				

संकेत एवं हल

1. (b) प्रश्नानुसार,

फ्रिज का क्रय मूल्य = ₹ 1300

तथा फ्रिज का विक्रय मूल्य = ₹ 1150

∵ फ्रिज का विक्रय मूल्य < क्रय मूल्य

तब, फ्रिज को बेचने पर हानि होगी।

∴ हानि = क्रय मूल्य – विक्रय मूल्य

$= 1300 - 1150 = ₹ 150$

$\therefore \quad \text{हानि}\ \% = \frac{\text{हानि}}{\text{क्रय मूल्य}} \times 100$

$= \frac{150}{1300} \times 100$

$= \frac{150}{13} = 11\frac{7}{13}\%$

2. (a) वस्तु का क्रय मूल्य

$= 960 \times \frac{100}{(100-4)}$

$\left[\because \text{क्रय मूल्य} = \frac{\text{विक्रय मूल्य}}{(100 - \text{हानि})} \times 100\right]$

$= 960 \times \frac{100}{96} = ₹ 1000$

3. (a) प्रश्नानुसार,

पेन का क्रय मूल्य = ₹ 600

तथा हानि % = 20%

∴ पेन का विक्रय मूल्य

$= 600 \times \frac{80}{100} = ₹ 480$

उसी प्रकार, नोटबुक का क्रय मूल्य = ₹ 4000

तथा हानि % = 32%

∴ नोटबुक का विक्रय मूल्य

$= 4000 \times \frac{68}{100} = ₹ 2720$

अब, संयुक्त क्रय मूल्य

$= 600 + 4000 = ₹ 4600$

संयुक्त विक्रय मूल्य

$= 480 + 2720 = ₹ 3200$

हानि = (4600 – 3200) = ₹ 1400

$\therefore \text{हानि}\ \% = \frac{1400}{4600} \times 100 = 30.43\%$

4. (c) माना वस्तु का क्रय मूल्य = ₹ x

प्रश्नानुसार,

$x - \frac{20x}{100} = 48 \Rightarrow x - \frac{x}{5} = 48$

$\Rightarrow \frac{4x}{5} = 48 \Rightarrow x = \frac{48 \times 5}{4} = 60$

$\therefore \text{नया विक्रय मूल्य} = 60 + \frac{60 \times 20}{100}$

$= 60 + 12 = ₹ 72$

अतः 20% लाभ कमाने के लिए वस्तु को ₹ 72 में बेचा जाता है।

5. (a) दिया है,

विक्रय मूल्य = ₹ 960 तथा हानि प्रतिशत = 4%

∴ वस्तु का क्रय मूल्य

$= \text{विक्रय मूल्य} \times \left(\frac{100}{100 - \text{हानि}\%}\right)$

$= 960 \times \left(\frac{100}{100-4}\right)$

$= \frac{960 \times 100}{96} = ₹ 1000$

6. (d) दिया है,

क्रय मूल्य = ₹ 7950

तथा लाभ = 18%

∴ विक्रय मूल्य

$= \text{क्रय मूल्य} \times \left(\frac{100 + \text{लाभ}\%}{100}\right)$

$= 7950 \times \left(\frac{100+18}{100}\right)$

$= 7950 \times \frac{118}{100}$

$= ₹ 9381$

7. (c) दिया है,

वस्तु का अंकित मूल्य = ₹ 200

बट्टा = 10%

$\therefore$ बट्टा $= \frac{\text{अंकित मूल्य} \times \text{बट्टे की दर}}{100}$

$= \frac{200 \times 10}{100} =$ ₹ 20

$\therefore$ विक्रय मूल्य = अंकित मूल्य − बट्टा

$= 200 - 20 =$ ₹ 180

8. (b) दिया है,

अंकित मूल्य = ₹ 480

तथा विक्रय मूल्य = ₹ 400

$\therefore$ छूट की दर $= \frac{\text{छूट}}{\text{अंकित मूल्य}} \times 100$

$= \frac{480 - 400}{480} \times 100$

$= \frac{80}{480} \times 100$

$= 16.67\%$

9. (c) दिया है,

विक्रय मूल्य = ₹ 132

तथा छूट = 12%

$\therefore$ खिलौने का अंकित मूल्य

$= \frac{\text{विक्रय मूल्य}}{100 - \text{छूट\%}} \times 100$

$= \frac{132}{100 - 12} \times 100$

$= \frac{13200}{88} =$ ₹ 150

10. (a) दिया है,

बट्टा = 14%

माना वस्तु का अंकित मूल्य ₹ x है।

$\therefore$ बट्टे की राशि $= x \times 14\% =$ ₹ $\frac{14x}{100}$

$\because$ वस्तु का विक्रय मूल्य = अंकित मूल्य − बट्टे की राशि

$\Rightarrow \quad 387 = x - \frac{14x}{100}$

$\Rightarrow \quad 387 = x\left(\frac{100 - 14}{100}\right)$

$\therefore \quad x = \frac{387 \times 100}{86} =$ ₹ 450

11. (b) कार का कुल क्रय मूल्य

$= 135000 + 25000 =$ ₹ 160000

$\therefore$ कार का विक्रय मूल्य

$=$ क्रय मूल्य $\times \left(\frac{100 - \text{हानि}}{100}\right)$

$= 160000 \times \frac{(100 - 10)}{100}$

$= 1600 \times 90 =$ ₹ 144000

12. (a) प्रश्नानुसार,

पहले गाय का क्रय मूल्य

$= 20000 \times \frac{100}{105} =$ ₹ 19047.62

तथा दूसरे गाय का क्रय मूल्य

$= 20000 \times \frac{100}{90} =$ ₹ 22222.22

$\therefore$ कुल क्रय मूल्य

$= 22222.22 + 19047.62$

$=$ ₹ 41269.84

तथा कुल विक्रय मूल्य

$= 2 \times 20000 =$ ₹ 40000

अत: कुल हानि

$= 41269.84 - 40000$

$=$ ₹ 1269.84

13. (c) माना एक किताब का क्रय मूल्य = ₹ x

$\therefore$ 40 किताबों का क्रय मूल्य = ₹ $40x$

तब, 50 किताबों का विक्रय मूल्य = ₹ $40x$

$\therefore$ 1 किताब का विक्रय मूल्य $= \frac{40x}{50}$

$=$ ₹ $\frac{4x}{5}$

अत: हानि = क्रय मूल्य − विक्रय मूल्य

$= x - \frac{4x}{5} = \frac{5x - 4x}{5} =$ ₹ $\frac{x}{5}$

$\therefore$ हानि % $= \frac{\text{हानि}}{\text{क्रय मूल्य}} \times 100$

$= \frac{\frac{x}{5}}{x} \times 100$

$= \frac{1}{5} \times 100 = 20\%$

14. (d) माना वस्तु का अंकित मूल्य

$=$ ₹ 100

10% छूट देने पर,

वस्तु का विक्रय मूल्य $= 100 \times \frac{90}{100}$

$=$ ₹ 90

तथा लाभ = 20%

$\therefore$ वस्तु का क्रय मूल्य

$= 90 \times \frac{100}{120} =$ ₹ 75

$\left[\because \text{क्रय मूल्य} = \frac{\text{विक्रय मूल्य}}{(100 + \text{लाभ\%})} \times 100\right]$

क्रय मूल्य के सापेक्ष बढ़ा हुआ अंकित मूल्य = 100 − 75 = ₹ 25

$\therefore$ अभीष्ट प्रतिशत

$= \frac{25}{75} \times 100 = 33\frac{1}{3}\%$

अत: अंकित मूल्य, क्रय मूल्य से $33\frac{1}{3}\%$ अधिक होना चाहिए।

15. (d) माना वस्तु का क्रय मूल्य = ₹ x

तब, हानि = ₹ $\frac{x}{5}$

प्रश्नानुसार, $x - \frac{x}{5} = 8000$

या $\frac{4x}{5} = 8000$

$\therefore \quad x = \frac{8000 \times 5}{4} =$ ₹ 10000

16. (d) प्रश्नानुसार,

पहले घोड़े का विक्रय मूल्य

$= 20000 \times \frac{115}{100} =$ ₹ 23000

$\left[\because \text{विक्रय मूल्य} = \frac{\text{क्रय मूल्य} \times (100 + \text{लाभ\%})}{100}\right]$

तथा दोनों घोड़े का कुल विक्रय मूल्य

$= 2 \times 20000 - 1800$

$= 40000 - 1800 =$ ₹ 38200

$\therefore$ दूसरे घोड़े का विक्रय मूल्य

$= 38200 - 23000 =$ ₹ 15200

17. (b) $\because$ 5 सन्तरों का विक्रय मूल्य = ₹ 1

$\therefore$ 1 सन्तरें का विक्रय मूल्य = ₹ $\frac{1}{5}$

माना 1 सन्तरे का क्रय मूल्य = ₹ x

$\therefore \quad \frac{1}{5} = x + x \times \frac{40}{100}$

$\Rightarrow \quad \frac{1}{5} = x\left(\frac{100 + 40}{100}\right)$

$\Rightarrow \quad \frac{1}{5} = \frac{7x}{5} \Rightarrow x = \frac{1}{7}$

अत: एक सन्तरे का क्रय मूल्य = ₹ $\frac{1}{7}$

अत: ₹ 1 में खरीदे गए सन्तरो की संख्या = 7

18. (a) माना वस्तु का क्रय मूल्य = ₹ 100

तब, वस्तु का अंकित मूल्य

$= 100 \times \left(\frac{100+25}{100}\right)$

$= 100 \times \frac{125}{100} =$ ₹ 125

∴ विक्रय मूल्य

$= 125 \times \left(\frac{100-10}{100}\right) = 125 \times \frac{90}{100}$

= ₹ 112.5

∴ लाभ = 112.5 − 100 = ₹ 12.5

∴ लाभ % = 12.5% या $12\frac{1}{2}\%$

19. (a) माना शर्ट का क्रय मूल्य = ₹ 100

∴ 10% लाभ पर, उसका विक्रय मूल्य

$= 100 \times \left(1+\frac{10}{100}\right) =$ ₹ 110

तथा 15% लाभ पर, उसका विक्रय मूल्य = ₹ 115

∴ दोनों विक्रय मूल्यों का अन्तर

= 115 − 110 = ₹ 5

∵ जब, ₹ 5 विक्रय मूल्य में अन्तर है, तब क्रय मूल्य ₹ 100 है।

∴ जब, ₹ 1 विक्रय मूल्य में अन्तर है, तब क्रय मूल्य = ₹ $\frac{100}{5}$

अब, ₹ 40 विक्रय मूल्य में अन्तर है, तब क्रय मूल्य

$= \frac{100 \times 40}{5} =$ ₹ 800

20. (b) माना 1 बैग का क्रय मूल्य = ₹1

तब, 21 बैग का क्रय मूल्य = ₹21

∴ 18 बैग का विक्रय मूल्य = 21 बैग का क्रय मूल्य

∴ 1 बैग का विक्रय मूल्य $= \frac{21}{18} =$ ₹ $\frac{7}{6}$

∴ लाभ $= \frac{7}{6} - 1 =$ ₹ $\frac{1}{6}$

∴ लाभ % $= \frac{\frac{1}{6}}{1} \times 100 = 16\frac{2}{3}\%$

21. (b) माना 1 किग्रा या 1000 ग्राम वस्तु का क्रय मूल्य = ₹ 100

∴ 900 ग्राम वस्तु का क्रय मूल्य = ₹ 90

अब, ₹ 90 की वस्तु को ₹ 120 में बेचने पर, दुकानदार को लाभ

= 120 − 90 = ₹ 30

लाभ % $= \frac{30}{90} \times 100\% = 33\frac{1}{3}\%$

22. (b) माना एक कुर्सी का क्रय मूल्य = ₹ x

∴ 4 कुर्सियों का क्रय मूल्य = ₹ $4x$

प्रश्नानुसार,

3 कुर्सियों का विक्रय मूल्य = ₹ $4x$

∴ 4 कुर्सियों का विक्रय मूल्य

$= \frac{4x}{3} \times 4 =$ ₹ $\frac{16x}{3}$

अब, लाभ = विक्रय मूल्य − क्रय मूल्य

$= \frac{16x}{3} - 4x$

$= \frac{16x - 12x}{3} =$ ₹ $\frac{4x}{3}$

∴ लाभ % $= \frac{\text{लाभ}}{\text{क्रय मूल्य}} \times 100\%$

$= \frac{\frac{4x}{3}}{4x} \times 100 = \frac{100}{3} = 33\frac{1}{3}\%$

23. (c) माना एक स्कूटर का क्रय मूल्य = ₹ x

तब, दूसरे स्कूटर का क्रय मूल्य

= ₹ $(9000 - x)$

∴ पहले स्कूटर का विक्रय मूल्य

$= x\left(\frac{100+25}{100}\right) =$ ₹ $\frac{5x}{4}$

तथा दूसरे स्कूटर का विक्रय मूल्य

$= (9000 - x)\left(\frac{100-20}{100}\right)$

= ₹ $\left(7200 - \frac{4x}{5}\right)$

प्रश्नानुसार,

दोनों स्कूटरों का विक्रय मूल्य

$= \frac{5x}{4} + 7200 - \frac{4x}{5}$

∴ $9000 - 7200 = \frac{5x}{4} - \frac{4x}{5}$

⇒ $1800 = \frac{25x - 16x}{20}$

⇒ $x = \frac{1800 \times 20}{9} =$ ₹ 4000

∴ पहले स्कूटर का क्रय मूल्य = ₹ 4000

तथा दूसरे स्कूटर का क्रय मूल्य

= 9000 − 4000 = ₹ 5000

24. (a) माना वस्तु का क्रय मूल्य = ₹ x

∴ वस्तु का विक्रय मूल्य = ₹ $\frac{3}{2}x$

लाभ = विक्रय मूल्य − क्रय मूल्य

$= \frac{3}{2}x - x =$ ₹ $\frac{x}{2}$

∴ लाभ % $= \frac{\text{लाभ} \times 100}{\text{क्रय मूल्य}}$

$= \left(\frac{\frac{x}{2} \times 100}{x}\right) = \frac{100}{2} = 50\%$

25. (b) प्रश्नानुसार,

12 वस्तुओं का क्रय मूल्य = 9 वस्तुओं का विक्रय मूल्य

लाभ % $= \frac{a-b}{b} \times 100\%$

(यहाँ, $a = 12, b = 9$)

$= \frac{12-9}{9} \times 100 = 33\frac{1}{3}\%$

26. (b) माना पहले रेडियो का क्रय मूल्य ₹x तथा दूसरे रेडियो का क्रय मूल्य ₹ $(1920 - x)$ है।

प्रश्नानुसार,

$x \times \frac{120}{100} = (1920 - x) \times \frac{280}{300}$

⇒ $360x = (1920 - x) \times 280$

⇒ $x(360 + 280) = 1920 \times 280$

⇒ $x = \frac{1920 \times 280}{640} =$ ₹ 840

∴ दूसरे रेडियो का क्रय मूल्य

= 1920 − 840 = ₹ 1080

10 साधारण तथा चक्रवृद्धि ब्याज

साधारण ब्याज

- वह ब्याज जो केवल मूलधन पर एक निश्चित समय के लिए एक समान दर पर लगाया जाता है, उसे साधारण ब्याज कहते हैं।

साधारण ब्याज (SI) = $\frac{\text{मूलधन } (P) \times \text{दर } (R) \times \text{समय } (T)}{100}$

मिश्रधन (A) = मूलधन $(P) \times$ साधारण ब्याज (SI)

चक्रवृद्धि ब्याज

- जब ब्याज की गणना, मूलधन के साथ-साथ विगत अवधि के ब्याज पर भी की जाती है, तो उसे 'चक्रवृद्धि ब्याज' कहते हैं।

चक्रवृद्धि ब्याज (CI)

$$= P\left[\left(1+\frac{R}{100}\right)^T - 1\right]$$

चक्रवृद्धि मिश्रधन (A)

$$= P \times \left(1+\frac{R}{100}\right)^T$$

- जब ब्याज की गणना अर्द्धवार्षिक हो, तो समय, वार्षिक समय का दोगुना तथा दर, वार्षिक दर की आधी हो जाती है।

अभ्यास प्रश्न

1. 4% वार्षिक साधारण ब्याज की दर से ₹ 2500 का 3 वर्ष का ब्याज होगा।

(a) ₹ 240 (b) ₹ 250
(c) ₹ 288 (d) ₹ 300

2. ₹ 15000 की राशि पर तीन वर्षों में प्राप्त साधारण ब्याज ₹ 5400 है। वार्षिक ब्याज दर ज्ञात कीजिए।

(a) 11.5% (b) 12%
(c) 12.5% (d) 15%

3. ₹ 3000 की राशि पर 12% वार्षिक के साधारण ब्याज दर ₹ 1080 का ब्याज कितने वर्षों में मिलेगा?

(a) 4 वर्ष (b) 3 वर्ष
(c) 5 वर्ष (d) $2\frac{1}{2}$ वर्ष

4. कितनी राशि पर 2 वर्ष का R% पर साधारण ब्याज R होगा?

(a) ₹ $\frac{100}{2R}$ (b) ₹ 50
(c) ₹ $\frac{100}{R}$ (d) ₹ $\frac{200}{R}$

5. एक धनराशि 15% प्रतिवर्ष के साधारण ब्याज पर कितने समय में चार गुनी हो जाएगी?

(a) 30 वर्ष (b) 20 वर्ष
(c) 10 वर्ष (d) 15 वर्ष

6. 10% वार्षिक चक्रवृद्धि ब्याज की दर पर ₹ 1400 का 2 वर्ष का ब्याज क्या होगा?

(a) ₹ 288 (b) ₹ 294
(c) ₹ 302 (d) ₹ 308

7. ₹ 6000 पर 3 वर्ष के लिए 10% वार्षिक ब्याज की दर से मिश्रधन होगा

(a) ₹ 7800 (b) ₹ 7986
(c) ₹ 7886 (d) ₹ 7296

8. ₹ 5120 पर 3 वर्ष के लिए $12\frac{1}{2}$% वार्षिक चक्रवृद्धि ब्याज की दर से मिश्रधन होगा

(a) ₹ 7290
(b) ₹ 8427
(c) ₹ 6480
(d) ₹ 8290

9. दर ज्ञात करने के लिए सूत्र है

(a) $\frac{\text{साधारण ब्याज} \times 100}{\text{मूलधन} \times \text{समय}}$

(b) $\frac{100 \times \text{समय}}{\text{मूलधन} \times \text{साधारण ब्याज}}$

(c) $\frac{\text{मूलधन} \times 100}{\text{साधारण ब्याज} \times \text{समय}}$

(d) $\frac{\text{मूलधन} \times \text{साधारण ब्याज}}{\text{समय} \times 100}$

10. ₹ 4000 की राशि पर 8% वार्षिक दर से 1 वर्ष का चक्रवृद्धि ब्याज ज्ञात कीजिए, यदि ब्याज की गणना प्रति छमाही की जाती है

(a) ₹ 3264 (b) ₹ 324.6
(c) ₹ 326.4 (d) ₹ 3000

11. जब किसी निश्चित अवधि के बाद ब्याज को मूलधन में जोड़कर फिर ब्याज की गणना की जाती है, तो ऐसे ब्याज को .... कहते हैं।

(a) मिश्रधन ब्याज (b) चक्रवृद्धि ब्याज
(c) साधारण ब्याज (d) इनमें से कोई नहीं

12. यदि मूलधन (P) = ₹ 2500, समय (T) = 2 वर्ष, दर (R) = 5% वार्षिक हो, तो मिश्रधन होगा

(a) ₹ 2756.25 (b) ₹ 2756
(c) ₹ 3756.25 (d) ₹ 4000

13. मूलधन के साथ ब्याज पर लगने वाला ब्याज कहलाता है

(a) साधारण ब्याज
(b) चक्रवृद्धि ब्याज
(c) मूलधन
(d) मिश्रधन

14. साधारण ब्याज ज्ञात करने के लिए सूत्र है

(a) $\frac{\text{मूलधन} \times \text{दर}}{\text{समय} \times 100}$
(b) $\frac{100 \times \text{दर}}{\text{मूलधन} \times \text{समय}}$
(c) $\frac{\text{मूलधन} \times \text{दर} \times \text{समय}}{100}$
(d) $\frac{\text{मूलधन} \times \text{समय}}{\text{दर} \times 100}$

15. वह धन ज्ञात करें, जो 8% वार्षिक चक्रवृद्धि ब्याज की दर से 2 वर्ष में ₹ 5832 हो जाता है।

(a) ₹ 4000 (b) ₹ 2000
(c) ₹ 5000 (d) ₹ 3000

16. यदि ₹ 30000 पर 7% प्रतिवर्ष की दर से चक्रवृद्धि ब्याज ₹ 4347 है, तो समय ज्ञात कीजिए।

(a) 3 वर्ष (b) 4 वर्ष
(c) 2 वर्ष (d) 2.5 वर्ष

17. वह धन क्या होगा, जो 10% वार्षिक चक्रवृद्धि की दर से 3 वर्षों में ₹ 13310 हो जाता है?

(a) ₹ 15000 (b) ₹ 3000
(c) ₹ 10000 (d) ₹ 5000

18. ₹ 10000 का 12% वार्षिक ब्याज दर से 2 वर्ष का चक्रवृद्धि ब्याज होगा

(a) ₹ 2544 (b) ₹ 2500
(c) ₹ 1444 (d) ₹ 1484

19. यदि ब्याज की गणना अर्द्धवार्षिक की जाए, तो ₹ 16000 पर 5% प्रतिवर्ष की दर से $1\frac{1}{2}$ वर्षों के अन्त में चक्रवृद्धि ब्याज होगा

(a) ₹ 1215.25
(b) ₹ 1225.25
(c) ₹ 1230.25
(d) ₹ 1210.25

20. यदि ब्याज को अर्द्धवार्षिक जोड़ा जाए, तो ₹ 80000 की राशि 10% वार्षिक चक्रवृद्धि ब्याज दर पर कितने समय में ₹ 92610 हो जाएगी

(a) 2 वर्ष (b) $2\frac{1}{2}$ वर्ष
(c) 3 वर्ष (d) $1\frac{1}{2}$ वर्ष

21. एक निश्चित धन साधारण ब्याज की दर से 2 वर्षों में ₹ 1586 तथा 3 वर्षों में ₹ 1729 हो जाता है। वह धन तथा ब्याज की दर ज्ञात कीजिए।

(a) ₹ 1300, 11% (b) ₹ 1300, 10%
(c) ₹ 1200, 11% (d) ₹ 1200, 10%

22. यदि एक निश्चित राशि पर 4 वर्षों में प्राप्त साधारण ब्याज ₹ 2000 है, तो उसी राशि पर 6 वर्षों में प्राप्त साधारण ब्याज कितना होगा?

(a) ₹ 3500 (b) ₹ 3000
(c) ₹ 2800 (d) ₹ 4000

23. 6% प्रतिवर्ष की दर से ₹ 5000 पर 146 दिनों के लिए साधारण ब्याज ज्ञात कीजिए।

(a) ₹ 150 (b) ₹ 120
(c) ₹ 125 (d) ₹ 130

24. ₹ 900 की धनराशि के लिए 4.5% वार्षिक साधारण ब्याज दर पर कितने समय में (वर्षों में) ₹ 81 का ब्याज प्राप्त होगा?

(a) 5 (b) 4 (c) 3 (d) 2

25. ₹ 4000 का चक्रवृद्धि ब्याज 2 वर्षों के लिए 5% की दर पर ज्ञात करें।

(a) ₹ 320 (b) ₹ 420
(c) ₹ 410 (d) ₹ 520

26. एक राशि किसी दर से साधारण ब्याज पर 2 वर्षों के लिए उधार दी गई थी। यदि उसे 3% अधिक दर पर उधार दिया गया होता, तो उसे ₹ 300 अधिक मिलते। मूल राशि कितनी थी?

(a) ₹ 4000 (b) ₹ 5000
(c) ₹ 6000 (d) ₹ 7000

27. कितने धन का $1\frac{1}{2}$ वर्ष में 4% वार्षिक ब्याज की दर से चक्रवृद्धि मिश्रधन ₹ 132651 हो जाएगा, जबकि ब्याज प्रति छमाही जोड़ा जाता है?

(a) ₹ 110000 (b) ₹ 120000
(c) ₹ 125000 (d) ₹ 135000

28. ₹ 4800 की धनराशि, वार्षिक रूप से चक्रवृद्धि होने वाली किस वार्षिक ब्याज दर पर 2 वर्षों में ₹ 5547 हो जाएगी?

(a) 8% (b) 7.5%
(c) 8.5% (d) 7%

29. यदि 3 वर्षों में ₹ 1200 का ब्याज उतने ही समय में ₹1500 के ब्याज से ₹ 60 कम हो, तो ब्याज की दर बताइए।

(a) $6\frac{2}{3}\%$ (b) $5\frac{1}{2}\%$
(c) $7\frac{1}{3}\%$ (d) $6\frac{1}{2}\%$

30. कितने प्रतिशत वार्षिक चक्रवृद्धि ब्याज दर पर ₹ 7200, 1 वर्ष में ₹ 7938 हो जाएँगे, यदि ब्याज अर्द्धवार्षिक रूप से संयोजित होता है।

(a) 5% (b) 10% (c) 8% (d) 12%

31. कोई धन 5% चक्रवृद्धि ब्याज की दर से 3 वर्षों के लिए लिया गया। यदि तीसरे वर्ष का ब्याज ₹ 441 हो, तो वह धन है

(a) ₹ 10000 (b) ₹ 8000
(c) ₹ 12000 (d) ₹ 15000

32. एक दुकान ने दो साहूकारों से कुल ₹ 25000 उधार लिए। एक भाग पर ब्याज की दर 12% तथा दूसरे भाग पर ब्याज की दर 14% निर्धारित की गई। 1 वर्ष बाद यदि उसने ₹ 3260 ब्याज के रूप में दिए हों, तो प्रत्येक दर पर लिया गया धन है

(a) ₹ 12000, ₹ 13000
(b) ₹ 10000, ₹ 15000
(c) ₹ 14000, ₹ 11000
(d) ₹ 12500, ₹ 12500

33. मान लीजिए कोई धनराशि P% वार्षिक साधारण ब्याज की दर से या R% वार्षिक चक्रवृद्धि ब्याज की दर से 3 वर्षों में दोगुनी हो जाती हैं हमें प्राप्त है

(a) $P < R$
(b) $R < P$
(c) $R = P$
(d) निर्णय नहीं लिया जा सकता।

34. एक महाजन ₹ 400, 2 वर्षों के लिए तथा ₹ 200, 3 वर्षों के लिए साधारण ब्याज पर उधार देता है। यदि ब्याज की दर दोनों दशाओं में एक-सी हो तथा कुल ब्याज ₹ 70 हों, तो ब्याज की वार्षिक दर ज्ञात कीजिए।

(a) 3% (b) 4% (c) 5% (d) 6%

35. किसी धन का 2 वर्ष में 10% वार्षिक ब्याज की दर से चक्रवृद्धि तथा साधारण ब्याज का अन्तर ₹ 40 हैं, तो वह धन है
(a) ₹ 4000
(b) ₹ 5000
(c) ₹ 6000
(d) ₹ 7000

36. एक धन चक्रवृद्धि ब्याज की दर से 2 वर्षों में स्वयं का $\frac{25}{16}$ गुना हो जाता है। वार्षिक ब्याज की दर ज्ञात कीजिए।
(a) 25% (b) 20%
(c) 15% (d) $7\frac{1}{2}$%

37. ₹ 1600 का $7\frac{1}{2}$% वार्षिक साधारण ब्याज की दर से 3 वर्ष 6 माह में ब्याज होगा
(a) ₹ 210 (b) ₹ 420
(c) ₹ 450 (d) ₹ 630

38. ₹ 4000 का 5% चक्रवृद्धि ब्याज की दर से मिश्रधन ₹ 4410 हो, तो समय होगा
(a) 2 वर्ष
(b) 6 वर्ष
(c) 7 वर्ष
(d) इनमें से कोई नहीं

39. रहीम ने एक मोटरसाइकिल की कुल कीमत में से ₹ 10000 तुरन्त भुगतान कर दिया तथा शेष राशि 2 वर्षों के बाद 6% वार्षिक साधारण ब्याज की दर से ब्याज सहित ₹ 15680 भुगतान करके चुकता किया, तो मोटरसाइकिल की कीमत क्या थी?
(a) ₹ 14000 (b) ₹ 24000
(c) ₹ 26000 (d) ₹ 22000

40. यदि ₹ 2000 पर 5% वार्षिक चक्रवृद्धि ब्याज की दर से कोई साहूकार कर्ज देता है, तो 2 वर्षों के बाद उसे कुल कितनी राशि प्राप्त होगी?
(a) ₹ 2225 (b) ₹ 2025
(c) ₹ 2050 (d) ₹ 2205

उत्तरमाला

1. (d)	2. (b)	3. (b)	4. (b)	5. (b)	6. (b)	7. (b)	8. (a)	9. (a)	10. (c)
11. (b)	12. (a)	13. (b)	14. (c)	15. (c)	16. (c)	17. (c)	18. (a)	19. (c)	20. (d)
21. (a)	22. (b)	23. (b)	24. (d)	25. (c)	26. (b)	27. (c)	28. (b)	29. (a)	30. (b)
31. (b)	32. (a)	33. (b)	34. (c)	35. (a)	36. (a)	37. (b)	38. (a)	39. (b)	40. (d)

संकेत एवं हल

1. (d) मूलधन = ₹ 2500, दर = 4% वार्षिक तथा समय = 3 वर्ष
∴ साधारण ब्याज
$$= \frac{\text{मूलधन} \times \text{दर} \times \text{समय}}{100}$$
$$= \frac{2500 \times 4 \times 3}{100} = ₹\ 300$$

2. (b) दिया है,
मूलधन (P) = ₹ 15000, साधारण ब्याज (SI) = ₹ 5400 तथा समय (T) = 3 वर्ष
माना ब्याज दर = r% वार्षिक
∴ साधारण ब्याज (SI) = $\frac{P \times r \times t}{100}$
$$\Rightarrow \quad 5400 = \frac{15000 \times r \times 3}{100}$$
$$\Rightarrow \quad r = \frac{5400 \times 100}{15000 \times 3}$$
$$\Rightarrow \quad r = 12\%$$

3. (b) दिया है,
P = ₹ 3000, $r = 12\%$
तथा SI = ₹ 1080
माना समय = t वर्ष
$$\therefore \quad SI = \frac{Prt}{100}$$
$$\Rightarrow \quad 1080 = \frac{3000 \times 12 \times t}{100}$$
$$\Rightarrow \quad t = \frac{1080 \times 100}{3000 \times 12}$$
$$\Rightarrow \quad t = 3 \text{ वर्ष}$$

4. (b) माना राशि (P) = ₹ x
दिया है, $t = 2$ वर्ष, $r = R\%$
तथा SI = R
$$\therefore \quad SI = \frac{Prt}{100}$$
$$\Rightarrow \quad R = \frac{x \times R \times 2}{100}$$
$$\Rightarrow \quad x = ₹\ 50$$
अत: वह राशि ₹ 50 है।

5. (b) माना मूलधन = ₹ P
तब, मिश्रधन (A) = ₹ $4P$
तथा दर = 15%
∴ साधारण ब्याज = मिश्रधन − मूलधन
$= 4P - P =$ ₹ $3P$
$$\therefore \quad SI = \frac{Prt}{100} \Rightarrow 3P = \frac{P \times 15 \times t}{100}$$
$$\Rightarrow \quad t = \frac{300}{15} \Rightarrow t = 20 \text{ वर्ष}$$

6. (b) दिया है, मूलधन = ₹ 1400, दर = 10% तथा समय = 2 वर्ष
∴ चक्रवृद्धि ब्याज
$$= \text{मूलधन}\left[\left(1+\frac{\text{दर}}{100}\right)^{\text{समय}} - 1\right]$$
$$= 1400\left[\left(1+\frac{10}{100}\right)^2 - 1\right]$$
$$= 1400\left[\frac{11}{10} \times \frac{11}{10} - 1\right]$$
$$= 1400\left[\frac{121}{100} - 1\right] = 1400\left[\frac{121-100}{100}\right]$$
$$= 1400 \times \frac{21}{100}$$
$$= ₹\ 294$$

7. (b) मूलधन = ₹ 6000, दर = 10% तथा समय = 3 वर्ष
$$\therefore \text{ मिश्रधन} = \text{मूलधन}\left(1+\frac{\text{दर}}{100}\right)^{\text{समय}}$$

$= 6000\left(1+\frac{10}{100}\right)^3$

$= 6000\times\frac{11}{10}\times\frac{11}{10}\times\frac{11}{10}$

$= 6\times11\times11\times11 =$ ₹ 7986

8. (a) मूलधन (P) = ₹ 5120, दर $(R) = 12\frac{1}{2}\% = \frac{25}{2}\%$

तथा समय (T) = 3 वर्ष

$\therefore$ मिश्रधन $(A) = P\left(1+\frac{R}{100}\right)^3$

$= 5120\left(1+\frac{25}{200}\right)^3$

$= 5120\times\frac{9}{8}\times\frac{9}{8}\times\frac{9}{8}$

= ₹ 7290

9. (a) दर $= \frac{\text{साधारण ब्याज} \times 100}{\text{मूलधन} \times \text{समय}}$

10. (c) मूलधन (P) = ₹ 4000, दर $(R) = \frac{8}{2}\%$ छमाही = 4% छमाही तथा

समय (T) = 1 वर्ष = 2 छमाही

$\therefore$ चक्रवृद्धि ब्याज

$= P\left[\left(1+\frac{R}{100}\right)^T - 1\right]$

$= 4000\left[\left(1+\frac{4}{100}\right)^2 - 1\right]$

$= 4000\left[\frac{26}{25}\times\frac{26}{25} - 1\right]$

$= 4000\left[\frac{676-625}{625}\right]$

$= 4000\times\frac{51}{625} =$ ₹ 326.4

11. (b) चक्रवृद्धि ब्याज

12. (a) मिश्रधन $(A) = P\left[1+\frac{R}{100}\right]^T$

$= 2500\left[1+\frac{5}{100}\right]^2$

$= 2500\times\frac{105}{100}\times\frac{105}{100}$

= ₹ 2756.25

13. (b) चक्रवृद्धि ब्याज

14. (c) $\frac{\text{मूलधन} \times \text{दर} \times \text{समय}}{100}$

15. (c) दिया है, दर = 8% वार्षिक, समय = 2 वर्ष तथा मिश्रधन = ₹ 5832

$\therefore$ मिश्रधन = मूलधन $\left(1+\frac{\text{दर}}{100}\right)^{\text{समय}}$

$\Rightarrow$ 5832 = मूलधन $\left(1+\frac{8}{100}\right)^2$

$\Rightarrow$ 5832 = मूलधन $\left(\frac{27}{25}\right)^2$

$\Rightarrow$ मूलधन $= 5832\times\frac{625}{729}$

$\Rightarrow$ मूलधन = ₹ 5000

16. (c) दिया है, मूलधन = ₹ 30000, दर = 7% वार्षिक तथा चक्रवृद्धि ब्याज = ₹ 4347

$\therefore$ चक्रवृद्धि ब्याज

= मूलधन $\left[\left(1+\frac{\text{दर}}{100}\right)^{\text{समय}} - 1\right]$

$4347 = 30000\left[\left(1+\frac{7}{100}\right)^T - 1\right]$

$\Rightarrow \frac{4347}{30000} = \left(1+\frac{7}{100}\right)^T - 1$

$\Rightarrow \frac{4347}{30000} + 1 = \left(\frac{107}{100}\right)^T$

$\Rightarrow \frac{34347}{30000} = \left(\frac{107}{100}\right)^T$

$\Rightarrow \frac{11449}{10000} = \left(\frac{107}{100}\right)^T$

$\Rightarrow \left(\frac{107}{100}\right)^2 = \left(\frac{107}{100}\right)^T$

$\therefore T = 2$ वर्ष

अत: समय (T) = 2 वर्ष

17. (c) दिया है, दर = 10% वार्षिक, समय = 3 वर्ष

तथा मिश्रधन = ₹ 13310

$\therefore$ मिश्रधन = मूलधन $\left(1+\frac{\text{दर}}{100}\right)^{\text{समय}}$

13310 = मूलधन $\left(1+\frac{10}{100}\right)^3$

$\Rightarrow$ मूलधन $= 13310\times\frac{10\times10\times10}{11\times11\times11}$

$\Rightarrow$ मूलधन = ₹ 10000

18. (a) दिया है, मूलधन = ₹ 10000, दर = 12% वार्षिक

तथा समय = 2 वर्ष

$\therefore$ चक्रवृद्धि ब्याज

= मूलधन $\left[\left(1+\frac{\text{दर}}{100}\right)^{\text{समय}} - 1\right]$

$= 10000\left[\left(1+\frac{12}{100}\right)^2 - 1\right]$

$= 10000\left[\left(\frac{28}{25}\right)^2 - 1\right]$

$= 10000\left[\frac{784-625}{625}\right]$

$= 10000\times\frac{159}{625} =$ ₹ 2544

19. (c) दिया है,

दर = 5% वार्षिक = 2.5% अर्द्धवार्षिक

समय = $1\frac{1}{2}$ वर्ष = 3 छमाही

तथा मूलधन = ₹ 16000

$\therefore$ मिश्रधन = मूलधन $\left(1+\frac{\text{दर}}{100}\right)^{\text{समय}}$

$= 16000\left(1+\frac{2.5}{100}\right)^3$

$= 16000\left(\frac{102.5}{100}\right)^3$

$= 16000\left(\frac{1025}{1000}\right) = 16000\left(\frac{41}{40}\right)^3$

= ₹ 17230.25

अत: चक्रवृद्धि ब्याज = मिश्रधन – मूलधन = 17230.25 – 16000

= ₹ 1230.25

20. (d) दिया है,

दर = 10% वार्षिक = 5% अर्द्धवार्षिक

मूलधन = ₹ 80000 तथा मिश्रधन = ₹ 92610

$\therefore$ मिश्रधन = मूलधन $\left(1+\frac{\text{दर}}{100}\right)^{\text{समय}}$

$\Rightarrow 92610 = 80000\left(1+\frac{5}{100}\right)^T$

$\Rightarrow \frac{92160}{80000} = \left(\frac{105}{100}\right)^T$

$\Rightarrow \frac{9216}{8000} = \left(\frac{105}{100}\right)^T$

$\Rightarrow \left(\frac{21}{20}\right)^3 = \left(\frac{21}{20}\right)^T$

$\therefore T = 3$ छमाही $= 1\frac{1}{2}$ वर्ष

21. (a) 1 वर्ष का साधारण ब्याज
$= 1729 - 1586 = ₹\,143$

$\therefore$ 2 वर्ष का साधारण ब्याज
$= 143 \times 2 = ₹\,286$

$\because$ मूलधन $= 1586 - 286 = ₹\,1300$

अब, ब्याज दर
$$= \frac{100 \times \text{साधारण ब्याज}}{\text{मूलधन} \times \text{समय}}\%$$
$$= \frac{100 \times 143}{1300 \times 1} = 11\%$$

अतः धन ₹ 1300 तथा ब्याज की दर 11% हैं।

22. (b) $\because$ 4 वर्ष में प्राप्त साधारण ब्याज
$= ₹\,2000$

$\therefore$ 1 वर्ष में प्राप्त साधारण ब्याज
$$= \frac{2000}{4} = ₹\,500$$

अब, 6 वर्ष में प्राप्त कुल साधारण ब्याज $= 6 \times 500 = ₹\,3000$

23. (b) दिया है,
दर $(R) = 6\%$
मूलधन $(P) = ₹\,5000$
तथा समय $(T) = 146$ दिन $= \frac{146}{365}$ वर्ष
$$\therefore \quad SI = \frac{P \times R \times T}{100}$$
$$= \frac{5000 \times 6 \times 146}{100 \times 365} = ₹\,120$$

24. (d) साधारण ब्याज
$$= \frac{\text{मूलधन} \times \text{दर} \times \text{समय}}{100}$$
$$\Rightarrow \quad 81 = \frac{900 \times 4.5 \times \text{समय}}{100}$$
$$\therefore \quad \text{समय} = \frac{81 \times 100}{900 \times 4.5} = 2 \text{ वर्ष}$$

25. (c) दिया है,
मूलधन $(P) = ₹\,4000$
समय $(T) = 2$ वर्ष
तथा दर $(R) = 5\%$
$$\therefore \quad A = P\left(1 + \frac{R}{100}\right)^t$$
$$= 4000\left(1 + \frac{5}{100}\right)^2$$
$$= 4000\left(\frac{100+5}{100}\right)^2$$
$$= 4000 \times \frac{105}{100} \times \frac{105}{100} = ₹\,4410$$
$$\therefore \quad CI = A - P$$
$$= 4410 - 4000 = ₹\,410$$

अतः चक्रवृद्धि ब्याज $= ₹\,410$

26. (b) माना मूल राशि $= P$
तथा प्रारम्भिक दर $= R\%$
प्रश्नानुसार,
$$\frac{P \times (R+3) \times 2}{100} - \frac{P \times R \times 2}{100} = 300$$
$$\Rightarrow \quad \frac{2PR + 6P - 2PR}{100} = 300$$
$$\Rightarrow \quad 6P = 300 \times 100$$
$$\therefore \quad P = \frac{300 \times 100}{6} = ₹\,5000$$

27. (c) यहाँ, $T = 1\frac{1}{2}$ वर्ष
$\Rightarrow n = 3$ छमाही
$R = 4\%$ वार्षिक $= \frac{4}{2} = 2\%$ प्रति छमाही
तथा $A = ₹\,132651$
माना मूलधन ₹ P है।
तब, $132651 = P\left(1 + \frac{2}{100}\right)^3$
$$\therefore \quad P = \frac{132651 \times 50 \times 50 \times 50}{51 \times 51 \times 51}$$
$$= ₹\,125000$$

28. (b) माना वार्षिक ब्याज दर $r\%$ है।
यहाँ, $A = ₹\,5547$, $P = ₹\,4800$ तथा $T = 2$ वर्ष
प्रश्नानुसार,
$$5547 = 4800\left(1 + \frac{r}{100}\right)^2$$
$$\Rightarrow \quad \frac{5547}{4800} = \left(1 + \frac{r}{100}\right)^2$$
$$\Rightarrow \quad \frac{1849}{1600} = \left(1 + \frac{r}{100}\right)^2$$
$$\left(\frac{43}{40}\right)^2 = \left(1 + \frac{r}{100}\right)^2$$
$$\Rightarrow 1 + \frac{r}{100} = \frac{43}{40} \Rightarrow \frac{r}{100} = \frac{43}{40} - 1$$
$$\Rightarrow \quad \frac{r}{100} = \frac{43-40}{40}$$
$$\Rightarrow \quad \frac{r}{100} = \frac{3}{40}$$
$$\therefore \quad r = \frac{3 \times 100}{40} = \frac{15}{2} = 7.5\%$$

29. (a) माना समय $= T$ तथा दर $= R$
तब, ₹ 1200 का 3 वर्ष का ब्याज
$$= \frac{1200 \times R \times 3}{100} = ₹\,36R$$
तथा ₹ 1500 का 3 वर्ष का ब्याज
$$= \frac{1500 \times R \times 3}{100} = ₹\,45R$$
प्रश्नानुसार, $45R - 36R = 60$
$$\Rightarrow \quad 9R = 60$$
$$\therefore \quad R = 6\frac{2}{3}\%$$

अतः ब्याज की दर $= 6\frac{2}{3}\%$ प्रतिवर्ष होगी।

30. (b) माना ब्याज की दर $r\%$ वार्षिक है।
यहाँ, $A = ₹\,7938$, $P = ₹\,7200$ तथा $T = 1$ वर्ष
प्रश्नानुसार,
$$r_1 = \frac{r}{2} \text{ अर्द्धवार्षिक}$$
$$\Rightarrow \quad t = 1 \times 2 = 2 \text{ छमाही}$$
$$\therefore \quad A = P\left(1 + \frac{r}{100}\right)^t$$
$$\Rightarrow 7938 = 7200\left(1 + \frac{r}{200}\right)^2$$
$$\Rightarrow \frac{7938}{7200} = \left(1 + \frac{r}{200}\right)^2$$
$$\Rightarrow \frac{441}{400} = \left(1 + \frac{r}{200}\right)^2$$
$$\Rightarrow \left(\frac{21}{20}\right)^2 = \left(1 + \frac{r}{200}\right)^2$$
$$\Rightarrow \left(1 + \frac{r}{200}\right) = \frac{21}{20}$$
$$\Rightarrow \quad \frac{r}{200} = \frac{21}{20} - 1$$
$$\Rightarrow \quad \frac{r}{200} = \frac{1}{20}$$
$$\Rightarrow \quad r = 10\%$$

31. (b) माना धन ₹ x है।
2 वर्ष बाद मिश्रधन $= x\left(1 + \frac{5}{100}\right)^2$
$$= x\left(\frac{21}{20}\right)^2 = \frac{441}{400}x$$
$\therefore$ तीसरे वर्ष का मूलधन $= \frac{441}{400}x$

प्रश्नानुसार, $\dfrac{\frac{441}{400}x \times 5 \times 1}{100} = 441$

$\dfrac{441x \times 5}{400 \times 100} = 441 \Rightarrow x =$ ₹ 8000

32. (a) माना एक भाग = ₹ x

तब, दूसरा भाग = ₹ $(25000 - x)$

प्रश्नानुसार,

$\dfrac{x \times 12 \times 1}{100} + \dfrac{(25000 - x) \times 14 \times 1}{100} = 3260$

या $\dfrac{12x + 350000 - 14x}{100} = 3260$

या $350000 - 2x = 3260 \times 100$

या $2x = 350000 - 326000$

$\therefore \quad x = \dfrac{24000}{2} =$ ₹ 12000

तथा दूसरा भाग

$= 25000 - 12000 =$ ₹ 13000

33. (b) माना मूलधन = ₹ 100, दर $(r) = P\%$, समय $(t) = 3$

$\therefore$ मिश्रधन $= 2 \times 100 =$ ₹ 200

$\Rightarrow$ ब्याज $= (200 - 100) =$ ₹ 100

$\because$ दर $= \dfrac{\text{ब्याज} \times 100}{\text{मूलधन} \times \text{समय}}$

$\Rightarrow \quad P = \dfrac{100 \times 100}{100 \times 3} = \dfrac{100}{3}\%$

$\Rightarrow \dfrac{P}{100} = \dfrac{100}{3} \times \dfrac{1}{100} = \dfrac{1}{3}$

$\Rightarrow \left(1 + \dfrac{P}{100}\right) = 1 + \dfrac{1}{3}$

$\Rightarrow \left(1 + \dfrac{P}{100}\right)^3 = \left(\dfrac{3+1}{3}\right)^3 = \dfrac{64}{27}$ ...(i)

पुन: $A =$ ₹ 200

$\Rightarrow \quad t = 3$ वर्ष $\Rightarrow r = R\%$

$A = P\left(1 + \dfrac{r}{100}\right)^t$

$\Rightarrow \quad 200 = 100\left(1 + \dfrac{R}{100}\right)^3$

$\Rightarrow \quad \left(1 + \dfrac{R}{100}\right)^3 = 2$

$\Rightarrow \quad \left(1 + \dfrac{R}{100}\right)^3 = \dfrac{2 \times 27}{27}$

$\Rightarrow \quad \left(1 + \dfrac{R}{100}\right)^3 = \dfrac{54}{27}$ ...(ii)

समी (i) तथा (ii) से,

$\dfrac{54}{27} < \dfrac{64}{27}$

$\left(1 + \dfrac{R}{100}\right)^3 < \left(1 + \dfrac{P}{100}\right)^3$

$\therefore \quad R < P$

34. (c) माना ब्याज की दर $r\%$ है।

तब, ₹ 400 पर, 2 वर्ष का ब्याज

$= \dfrac{P \times r \times t}{100} = \dfrac{400 \times r \times 2}{100} =$ ₹ $8r$

तथा ₹ 200 पर, 3 वर्ष का ब्याज

$= \dfrac{P \times r \times t}{100} = \dfrac{200 \times r \times 3}{100} =$ ₹ $6r$

प्रश्नानुसार,

$8r + 6r = 70$ या $14r = 70$

$r = \dfrac{70}{14} = 5\%$

35. (a) $\because$ साधारण ब्याज का अन्तर

$= \text{मूलधन}\left(\dfrac{\text{दर}}{100}\right)^{\text{समय}}$

$\Rightarrow \quad 40 = \text{मूलधन}\left(\dfrac{10}{100}\right)^2$

$\therefore$ मूलधन $= 40 \times 10 \times 10 =$ ₹ 4000

36. (a) माना मूलधन = ₹ x

तथा दर = R %

तब, मिश्रधन = ₹ $\dfrac{25}{16}x$

$\because$ मिश्रधन

$= \text{मूलधन}\left(1 + \dfrac{\text{चक्रवृद्धि दर}}{100}\right)^{\text{समय}}$

$\therefore \quad \dfrac{25}{16}x = x\left(1 + \dfrac{R}{100}\right)^2$

$\left(\dfrac{5}{4}\right)^2 = \left(1 + \dfrac{R}{100}\right)^2$

या $\quad \dfrac{5}{4} = 1 + \dfrac{R}{100}$

या $\quad \dfrac{R}{100} = \dfrac{1}{4}$

$\therefore \quad R = 25\%$

37. (b) यहाँ, $t = 3 + \dfrac{1}{2} = \dfrac{7}{2}$

[$\because$ 1 वर्ष = 12 माह]

$r = \dfrac{15}{2}\%$ तथा $P =$ ₹ 1600

$\because \quad SI = \dfrac{Prt}{100}$

$\Rightarrow \quad SI = \dfrac{1600 \times \frac{15}{2} \times \frac{7}{2}}{100} =$ ₹ 420

38. (a) $A = P\left(1 + \dfrac{R}{100}\right)^T$ या

$4410 = 4000\left(1 + \dfrac{5}{100}\right)^T$

या $\dfrac{441}{400} = \left(\dfrac{21}{20}\right)^T$

या $\left(\dfrac{21}{20}\right)^2 = \left(\dfrac{21}{20}\right)^T$

तुलना करने पर, $T = 2$ वर्ष

39. (b) माना शेष राशि x थी, तो शेष राशि पर साधारण ब्याज,

$\because$ साधारण ब्याज

$= \dfrac{\text{मूलधन} \times \text{दर} \times \text{समय}}{100}$

$\Rightarrow$ साधारण ब्याज $= \dfrac{x \times 2 \times 6}{100} = \dfrac{12x}{100}$

अत: $\quad x + \dfrac{12x}{100} = 15680$

$\Rightarrow x = \dfrac{15680 \times 100}{112} = 14000$

अत: मोटरसाइकिल की कीमत

$= 14000 + 10000 =$ ₹ 24000

40. (d) $\because$ मिश्रधन

$= \text{मूलधन}\left(1 + \dfrac{\text{चक्रवृद्धि दर}}{100}\right)^{\text{समय}}$

$\therefore \quad A = 2000\left(1 + \dfrac{5}{100}\right)^2$

$= 2000\left(\dfrac{21}{20} \times \dfrac{21}{20}\right)$

= ₹ 2205

11 कार्य तथा समय

कार्य और समय से सम्बन्धित महत्त्वपूर्ण बिन्दु

- यदि किसी व्यक्ति द्वारा एक कार्य पूरा करने में x दिन का समय लगे, तो व्यक्ति द्वारा 1 दिन में किया गया कार्य $\frac{1}{x}$ होगा।
- यदि किसी व्यक्ति द्वारा 1 दिन में $\frac{1}{x}$ भाग कार्य किया जाता है, तो व्यक्ति द्वारा पूरा कार्य समाप्त करने में x दिन लगेंगे।
- यदि किसी कार्य को करने के लिए व्यक्तियों की संख्या बढ़ाई जाए, तो कार्य समाप्त होने में उसी अनुपात में समय कम लगता है।
- यदि किसी व्यक्ति A की कार्य करने की क्षमता, किसी अन्य व्यक्ति B की कार्य करने की क्षमता की x गुनी हो, तो किसी कार्य को करने में A को B के समय का $\frac{1}{x}$ गुना समय लगेगा।
- यदि A तथा B किसी कार्य को भिन्न-भिन्न समय में करते हों, तो (A का कार्य) : (B का कार्य)
  = (B द्वारा लिया समय) : (A द्वारा लिया समय)
- व्यक्ति का 1 दिन का वेतन उसके द्वारा 1 दिन में किए गए कार्य के समानुपाती होता है। कार्य की मात्रा को सदैव 1 माना जाता है।
- यदि M_1 व्यक्ति, H_1 घण्टे प्रतिदिन कार्य करके D_1 दिनों में W_1 कार्य करते है तथा M_2 व्यक्ति, H_2 घण्टे प्रतिदिन कार्य करके D_2 दिनों में W_2 कार्य करते हैं, तो

$$M_1D_1H_1W_2 = M_2D_2H_2W_1$$

अभ्यास प्रश्न

1. A और B मिलकर किसी कार्य को 8 दिन में कर सकते हैं। यदि A अकेला इस कार्य को 12 दिन में करें, तो B कितने दिनों में करेगा?

(a) 12 (b) 20
(c) 24 (d) 28

2. A कोई कार्य 6 दिन में कर सकता है। B वही कार्य 12 दिन में कर सकता है। दोनों मिलकर वही कार्य करने में कितना समय लेंगे?

(a) 2 दिन (b) 4 दिन
(c) 6 दिन (d) 8 दिन

3. दो पाइप एक टैंक को क्रमश: 20 मिनट और 30 मिनट में भर सकते हैं। यदि दोनों पाइपों को एकसाथ खोल दिया जाए, तो बताएँ कि टैंक कितने समय में भरेगा?

(a) 10 मिनट
(b) 12 मिनट
(c) 15 मिनट
(d) 25 मिनट

4. एक श्रमिक प्रति $\frac{2}{3}$ घण्टे में एक खिलौना बनाता है। वह यदि $7\frac{1}{2}$ घण्टे कार्य करें, तो बताएँ कि वह कितने खिलौने बनाएगा?

(a) $11\frac{1}{4}$ (b) $11\frac{3}{4}$
(c) $13\frac{1}{4}$ (d) $13\frac{3}{4}$

5. A किसी कार्य को 15 दिनों में एवं B उस कार्य को 20 दिनों में पूरा कर सकता है। यदि वे एकसाथ मिलकर 4 दिन कार्य करें, तो कार्य का कितना हिस्सा अभी शेष रहेगा?

(a) $\frac{1}{4}$ (b) $\frac{1}{10}$ (c) $\frac{7}{15}$ (d) $\frac{8}{15}$

6. 8 व्यक्ति एक कार्य को 40 दिनों में पूरा कर सकते हैं। यदि 2 और व्यक्ति उनसे जुड़ जाएँ, तो कार्य कितने दिनों पूरा हो जाएगा?

(a) 30 (b) 32 (c) 36 (d) 25

7. A एक कार्य को 15 दिनों में कर सकता है और B उसी कार्य को 20 दिनों में पूरा कर सकता है। एक साथ कार्य करते हुए, वे दोनों इस कार्य के 70% भाग को कितने दिनों में पूरा करेंगे?

(a) 7 (b) 6 (c) 8 (d) 5

8. A, 5 मिनट में 10 पृष्ठ टाइप कर सकता है। B, 10 मिनट में 5 पृष्ठ टाइप कर सकता है। एकसाथ कार्य करने पर वे 30 मिनट में कुल कितने पृष्ठ टाइप कर सकते हैं?

(a) 15 (b) 25
(c) 65 (d) 75

9. यदि राम और रीटा, एकसाथ मिलकर अपनी-अपनी स्थिर दरों पर कार्य करके एक कार्य को 4 घण्टों में पूरा करते हैं और राम अकेला उस कार्य को 6 घण्टों में पूरा करता है, तो रीटा अकेली उस कार्य को कितने घण्टों में पूरा करेगी ?

(a) 13 (b) 14
(c) 12 (d) 15

10. किसी कार्य खण्ड को A, 10 दिनों में कर सकता है, जबकि B उसे 15 दिनों में। एकसाथ कार्य करने पर वे कार्य को पूरा करेंगे

(a) 6 दिनों में (b) 8 दिनों में
(c) 12 दिनों में (d) 16 दिनों में

11. A किसी काम को 4 दिन में और B उसे 12 दिन में कर सकता है। यदि वे इस पर 2 दिन तक एक साथ काम करते हैं, तो काम का कितना अंश शेष रह जाएगा?

(a) $\frac{1}{5}$ (b) $\frac{2}{5}$ (c) $\frac{2}{3}$ (d) $\frac{1}{3}$

12. दो पाइप क्रमशः 20 घण्टे और 30 घण्टे में एक टंकी को भर सकते हैं। यदि दोनों पाइप बारी-बारी से 1-1 घण्टे के लिए खोले जाते हैं, तो टंकी भरने में कितना समय लगेगा?

(a) 24 घण्टे (b) 15 घण्टे
(c) 25 घण्टे (d) 50 घण्टे

13. 20 व्यक्ति एक दिन में 12 घण्टे कार्य करते हुए एक कार्य को 60 दिनों में पूरा कर सकते हैं। एक दिन में 8 घण्टे कार्य करते हुए कितने व्यक्ति इस कार्य को 90 दिनों में पूरा कर सकते हैं?

(a) 20 व्यक्ति (b) 21 व्यक्ति
(c) 22 व्यक्ति (d) 23 व्यक्ति

14. 24 मजदूर किसी कार्य को 4 दिन में करते हैं। उसी कार्य को 12 मजदूर कितने दिनों में करेंगे ?

(a) 5 दिन (b) 6 दिन
(c) 8 दिन (d) 10 दिन

15. 12 बन्दर 12 केले 12 मिनट में खा सकते हैं। 4 बन्दर 4 केले कितने मिनट में खा सकते हैं?

(a) 10 (b) 4
(c) 8 (d) 12

16. यदि 90 आदमी प्रतिदिन 12 घण्टे कार्य करके किसी कार्य को 16 दिनों में पूरा कर सकते हैं, तो 70 आदमियों द्वारा 8 घण्टे प्रतिदिन कार्य करके 24 दिनों में उस कार्य का कितना हिस्सा पूरा किया जा सकता है?

(a) $\frac{2}{3}$ (b) $\frac{5}{8}$ (c) $\frac{7}{9}$ (d) $\frac{1}{3}$

17. 9 घण्टे प्रतिदिन कार्य करके मनीष एक पुस्तक को 16 दिन में पढ़ सकता है। यदि वह कार्य 24 दिनों में पूर करना हो, तो उसे प्रतिदिन कितने घण्टे कार्य करना चाहिए?

(a) 5 (b) 7
(c) 8 (d) 6

18. यदि 12 बढ़ई 6 घण्टे प्रतिदिन काम करके 240 दिनों में 460 कुर्सियाँ बना सकते हैं, तो 18 बढ़ई 8 घण्टे प्रतिदिन काम करके 36 दिन में कितनी कुर्सियाँ बनाएँगे?

(a) 92 (b) 132
(c) 138 (d) 126

19. 15 आदमी एक काम को 10 दिन में पूरा कर सकते हैं। इसी काम को 20 आदमी कितने दिन में पूरा कर पाएँगे?

(a) 8.5 दिन (b) 5.5 दिन
(c) 6.5 दिन (d) 7.5 दिन

20. यदि 8 पुरुष किसी कार्य को 14 दिन में कर सकते हैं, तो 7 पुरुष उसी कार्य को कितने दिन में करेंगे?

(a) 16 दिन
(b) 15 दिन
(c) 17 दिन
(d) 18 दिन

21. यदि 10 व्यक्ति प्रतिदिन 7 घण्टे काम करके एक काम को 12 दिनों में समाप्त कर सकते हैं, तो इसी काम को 14 व्यक्ति प्रतिदिन 6 घण्टे काम करके कितने दिनों में समाप्त कर सकते हैं?

(a) 16 (b) 15
(c) 10 (d) 12

22. एक व्यक्ति 8 दिनों में एक कार्य को पूरा कर सकता है, तो 3 व्यक्तियों द्वारा 2 दिनों में कार्य का कितना हिस्सा पूरा हो पाएगा?

(a) $\frac{3}{4}$ (b) $\frac{3}{8}$
(c) $\frac{2}{3}$ (d) $\frac{5}{7}$

23. 25 आदमी एक खेत की कटाई 20 दिनों में कर सकते हैं, बताएँ कि 15 आदमी कब कार्य छोड़े यदि उनके कार्य छोड़ने के बाद पूरे खेत की कटाई $37\frac{1}{2}$ दिनों में की जानी हो ?

(a) 3 दिन बाद
(b) 4 दिन बाद
(c) 5 दिन बाद
(d) 6 दिन बाद

उत्तरमाला

1. (c)	2. (b)	3. (b)	4. (a)	5. (d)	6. (b)	7. (b)	8. (d)	9. (c)	10. (a)
11. (d)	12. (a)	13. (a)	14. (c)	15. (d)	16. (c)	17. (d)	18. (c)	19. (d)	20. (a)
21. (c)	22. (a)	23. (c)							

संकेत एवं हल

1. (c) A और B का 1 दिन का कार्य $= \frac{1}{8}$

तथा A का 1 दिन का कार्य $= \frac{1}{12}$

$\therefore$ B का 1 दिन का कार्य

$= \frac{1}{8} - \frac{1}{12} = \frac{3-2}{24} = \frac{1}{24}$

अत: B अकेला पूरा कार्य करेगा

$= 24$ दिन में

2. (b) A का 1 दिन का कार्य $= \frac{1}{6}$

B का 1 दिन का कार्य $= \frac{1}{12}$

$\therefore$ A और B का मिलाकर 1 दिन का कार्य $= \frac{1}{6} + \frac{1}{12} = \frac{2+1}{12} = \frac{3}{12} = \frac{1}{4}$

$\therefore$ A और B को एकसाथ मिलकर कार्य को पूरा करने में लगा समय $= 4$ दिन

3. (b) पहले पाइप का 1 मिनट का कार्य $= \frac{1}{20}$

दूसरे पाइप का 1 मिनट का कार्य $= \frac{1}{30}$

दोनों पाइपों का एकसाथ मिलकर 1 मिनट का कार्य

$= \frac{1}{20} + \frac{1}{30} = \frac{3+2}{60} = \frac{5}{60} = \frac{1}{12}$

$\therefore$ दोनों पाइप को साथ मिलकर टैंक को भरने में लिया समय

$= 12$ मिनट

4. (a) $\frac{2}{3}$ घण्टे में खिलौने बनाता है $= 1$

1 घण्टे में खिलौने बनाता है $= \frac{3}{2}$

$7\frac{1}{2}$ घण्टे में खिलौने बनाएगा

$= \frac{3}{2} \times \frac{15}{2} = \frac{45}{4} = 11\frac{1}{4}$

5. (d) A एवं B द्वारा 1 दिन में किया गया कार्य $= \frac{1}{15} + \frac{1}{20} = \frac{7}{60}$

$\therefore$ A एवं B द्वारा 4 दिन में किया गया कार्य $= \frac{7}{60} \times 4 = \frac{7}{15}$

$\therefore$ शेष कार्य $= 1 - \frac{7}{15} = \frac{8}{15}$

6. (b) $\because$ 8 व्यक्ति एक कार्य करते हैं $= 40$ दिनों में

$\therefore$ 1 व्यक्ति एक कार्य करते हैं $= 40 \times 8$ दिनों में

$\therefore$ $(8+2)$ व्यक्ति एक कार्य करते हैं

$= \frac{40 \times 8}{10} = 32$ दिनों में

7. (b) A का 1 दिन का कार्य $= \frac{1}{15}$

B का 1 दिन का कार्य $= \frac{1}{20}$

A और B दोनों का 1 दिन का कार्य

$= \frac{1}{15} + \frac{1}{20}$

$= \frac{4+3}{60} = \frac{7}{60}$

A और B दोनों मिलकर कार्य को पूरा करने में लगा समय $= \frac{60}{7}$ दिन

$\therefore$ A और B दोनों मिलकर कार्य के 70% भाग को पूरा करने में लगा समय $= \frac{60}{7} \times \frac{70}{100} = 6$ दिन

8. (d) A, 30 मिनट में पृष्ठ टाइप करेगा

$= \frac{10}{5} \times 30 = 2 \times 30 = 60$

B, 30 मिनट में पृष्ठ टाइप करेगा

$= \frac{5}{10} \times 30 = 15$

$\therefore$ दोनों मिलकर टाइप करेंगे

$= 60 + 15 = 75$ पृष्ठ

9. (c) (राम + रीटा) का 1 घण्टे का कार्य $= \frac{1}{4}$

तथा राम का 1 घण्टे का कार्य $= \frac{1}{6}$

अत: रीटा का 1 घण्टे का कार्य

$= \frac{1}{4} - \frac{1}{6} = \frac{3-2}{12} = \frac{1}{12}$

अत: रीटा अकेले उस कार्य को 12 घण्टों में पूरा करेगी।

10. (a) A का 1 दिन का कार्य $= \frac{1}{10}$

तथा B का 1 दिन का कार्य $= \frac{1}{15}$

$(A+B)$ का 1 दिन का कार्य

$= \frac{1}{10} + \frac{1}{15}$

$= \frac{3+2}{30} = \frac{5}{30} = \frac{1}{6}$

अत: A और B दोनों मिलकर पूरे कार्य को 6 दिनों में पूरा कर लेंगे।

11. (d) A का 1 दिन का कार्य $= \frac{1}{4}$

B का 1 दिन का कार्य $= \frac{1}{12}$

A और B का 1 दिन का कार्य

$= \frac{1}{4} + \frac{1}{12} = \frac{4}{12} = \frac{1}{3}$

A और B का 2 दिन का कार्य

$= \frac{1}{3} \times 2 = \frac{2}{3}$

शेष कार्य $= 1 - \frac{2}{3} = \frac{1}{3}$

12. (a) पहले पाइप द्वारा 1 घण्टे में भरा गया भाग $= \frac{1}{20}$

दूसरे पाइप द्वारा 1 घण्टे में भरा गया भाग $= \frac{1}{30}$

$\therefore$ दोनों पाइपों द्वारा 2 घण्टे में भरा गया भाग

$= \frac{1}{20} + \frac{1}{30} = \frac{3+2}{60}$

$= \frac{5}{60} = \frac{1}{12}$

अत: दोनों पाइप मिलकर पूरी टंकी को 24 घण्टे $(= 12 \times 2)$ में भर देंगे।

13. (a) $\because$ एक कार्य को 12 घण्टे प्रतिदिन करते हुए पूरे कार्य को 60 दिनों में पूरा करते हैं $= 20$ व्यक्ति

$\therefore$ उसी कार्य को 1 घण्टा प्रतिदिन करते हुए एक दिन में पूरा करेंगे $= 20 \times 12 \times 60$ व्यक्ति

$\therefore$ उसी कार्य को 8 घण्टे प्रतिदिन करते हुए 90 दिनों में पूरा करेंगे

$= \frac{20 \times 12 \times 60}{8 \times 90}$

$= 20$ व्यक्ति

14. (c) दिया है, $M_1 = 24$ मजदूर, $M_2 = 12$ मजदूर

$D_1 = 4$ दिन तथा $D_2 = ?$

$\therefore \quad M_1D_1 = M_2D_2$

$\Rightarrow \quad 24 \times 4 = 12 \times D_2$

$\Rightarrow \quad D_2 = \frac{24 \times 4}{12}$

$\Rightarrow \quad D_2 = 8$ दिन

15. (d) यहाँ, $M_1 = 12$

$M_2 = 4, = H_1 = 12$

$H_2 = ?, W_1 = 12$

तथा $W_2 = 4$

$\therefore \quad M_1D_1W_2 = M_2D_2W_1$

$\Rightarrow \quad 12 \times 12 \times 4 = 4 \times H_2 \times 12$

$\Rightarrow \quad H_2 = \frac{12 \times 12 \times 4}{4 \times 12}$

$\Rightarrow \quad H_2 = 12$ मिनट

16. (c) यहाँ,

$M_1 = 90, M_2 = 70, H_1 = 12,$

$H_2 = 8, D_1 = 16, D_2 = 24, W_1 = 1$

तथा $W_2 = ?$

$\therefore M_1D_1H_1W_2 = M_2D_2H_2W_1$

$\Rightarrow \quad 90 \times 16 \times 12 \times w_2$

$= 70 \times 24 \times 8 \times 1$

$\Rightarrow \quad W_2 = \frac{70 \times 24 \times 8 \times 1}{90 \times 16 \times 12}$

$\Rightarrow \quad W_2 = \frac{7}{9}$

अत: 70 आदमी 8 घण्टे प्रतिदिन कार्य करके 24 दिनों में कार्य का $\frac{7}{9}$ भाग पूरा करेंगे।

17. (d) $\because$ मनीष पुस्तक को 16 दिनों में पढ़ने के लिए प्रतिदिन कार्य करता है = 9 घण्टे

$\therefore$ मनीष पुस्तक को 1 दिन में पढ़ने के लिए प्रतिदिन कार्य करेगा $= 9 \times 16$ घण्टे

अत: मनीष पुस्तक को 24 दिनों में पढ़ने के लिए प्रतिदिन कार्य करेगा $= \frac{9 \times 16}{24} = 6$ घण्टे

18. (c) यहाँ, $M_1 = 12, M_2 = 18,$

$H_1 = 6, H_2 = 8, D_1 = 240$

$D_2 = 36, W_1 = 460, W_2 = ?$

$\therefore \quad M_1D_1H_1W_2 = M_2D_2H_2W_1$

$\Rightarrow \quad 12 \times 240 \times 6 \times W_2$

$= 18 \times 36 \times 8 \times 460$

$\Rightarrow \quad W_2 = \frac{18 \times 36 \times 8 \times 460}{12 \times 240 \times 6}$

$\Rightarrow \quad W_2 = 138$ कुर्सियाँ

19. (d) यहाँ $M_1 = 15, D_1 = 10, M_2 = 20$

तथा $D_2 = ?$

$\therefore \quad M_1D_1 = M_2D_2$

$\Rightarrow \quad 15 \times 10 = 20 \times D_2$

$\Rightarrow \quad D_2 = \frac{15 \times 10}{20}$

$\Rightarrow \quad D_2 = 7.5$ दिन

20. (a) यहाँ,

$M_1 = 8, M_2 = 7, D_1 = 14, D_2 = ?$

$\therefore \quad M_1D_1 = M_2D_2$

$\Rightarrow \quad 8 \times 14 = 7 \times D_2$

$\Rightarrow \quad D_2 = \frac{8 \times 14}{7}$

$\Rightarrow \quad D_2 = 16$ दिन

21. (c) $M_1 = 10, D_1 = 12, H_1 = 7$

$M_2 = 14, D_2 = ?, H_2 = 6$

$\therefore \quad M_1D_1H_1 = M_2D_2H_2$

$\Rightarrow \quad 10 \times 12 \times 7 = 14 \times d_2 \times 6$

$\Rightarrow \quad D_2 = \frac{10 \times 12 \times 7}{14 \times 6}$

$\Rightarrow \quad D_2 = 10$ दिन

22. (a) 1 व्यक्ति का 1 दिन का कार्य $= \frac{1}{8}$

3 व्यक्तियों का 1 दिन का कार्य

$= \frac{1}{8} \times 3 = \frac{3}{8}$

3 व्यक्तियों का 2 दिन का कार्य

$= \frac{3}{8} \times 2 = \frac{3}{4}$

23. (c) 25 आदमियों का 1 दिन का कार्य $= \frac{1}{20}$

25 आदमियों का x दिन का कार्य $= \frac{x}{20}$

शेष कार्य $= 1 - \frac{x}{20} = \frac{20 - x}{20}$

शेष कार्य करने के लिए शेष आदमी $= 25 - 15 = 10$

माना 10 आदमियों ने शेष कार्य को x दिनों में पूरा किया।

तब,

$$\frac{25 \times 20}{1} = \frac{10 \times 75/2}{\frac{20 - x}{20}}$$

$\Rightarrow \quad 25 \times 20 = \frac{10 \times 75 \times 20}{(20 - x) \times 2}$

$\Rightarrow \quad x = 5$ दिन

12 चाल, समय एवं दूरी

चाल, समय एवं दूरी से सम्बन्धित महत्त्वपूर्ण सूत्र

$$\text{चाल} = \frac{\text{दूरी}}{\text{समय}}$$

$$\text{दूरी} = \text{चाल} \times \text{समय}$$

तथा $$\text{समय} = \frac{\text{दूरी}}{\text{चाल}}$$

सापेक्ष चाल

- यदि दो वस्तुएँ क्रमश: a किमी/घण्टा व b किमी/घण्टा की चाल से चल रही हैं, तब
  - (i) यदि दोनों एक ही दिशा में गतिमान हैं, तो सापेक्ष चाल $= (a - b)$ किमी/घण्टा
  - (ii) यदि दोनों विपरीत दिशा में गतिमान हैं, तो सापेक्ष चाल $= (a + b)$ किमी/घण्टा

महत्त्वपूर्ण तथ्य एवं सूत्र

- चाल को किमी/घण्टा से मी/से में बदलने के लिए 5/18 से तथा चाल को मी/से से किमी/घण्टा में बदलने के लिए 18/5 से गुणा करते हैं।
- यदि कोई वस्तु किसी निश्चित दूरी को x किमी/घण्टा तथा पुन: उसी दूरी को y किमी/घण्टा की चाल से तय करती हैं, तो पूरी यात्रा के दौरान उसकी औसत चाल $\frac{2xy}{x + y}$ किमी/घण्टा होगी।
- जब कोई रेलगाड़ी किसी लम्बी वस्तु (प्लेटफॉर्म, पुल, अन्य रेलगाड़ी) को पार करती है, तो रेलगाड़ी को अपनी लम्बाई तथा वस्तु की लम्बाई के योग के बराबर दूरी तय करनी पड़ती हैं।
- यदि किसी नाव की चाल शान्त जल में x किमी/घण्टा तथा धारा की चाल y किमी/घण्टा हो, तो
  - (i) धारा की दिशा में नाव की चाल $(x + y)$ किमी/घण्टा होगी।
  - (ii) धारा की दिशा के विपरीत दिशा में नाव की चाल $(x - y)$ किमी/घण्टा होगी।
- यदि धारा की दिशा में नाव की चाल u किमी/घण्टा तथा धारा की दिशा के विपरीत दिशा में नाव की चाल v किमी/घण्टा हो, तो
  - (i) शान्त जल में नाव की चाल $\frac{1}{2}(u + v)$ किमी/घण्टा होगी।
  - (ii) शान्त जल में धारा की चाल $\frac{1}{2}(u - v)$ किमी/घण्टा होगी।

अभ्यास प्रश्न

1. यदि एक गाड़ी की चाल 45 किमी/घण्टा है, तो उसकी चाल मी/से में क्या होगी?

(a) 12.5 मी/से
(b) 14 मी/से
(c) 15 मी/से
(d) 17 मी/से

2. एक धावक 200 मी की दौड़ 24 सेकण्ड में पूरी करता है। उसकी चाल (किमी/घण्टा में) है

(a) 20 (b) 24
(c) 28.5 (d) 30

3. एक मिसाइल 1350 किमी/घण्टा की गति से चलती है। एक सेकण्ड में वह कितनी दूरी तय करती है?

(a) 369 मी (b) 375 मी
(c) 356 मी (d) 337 मी

4. एक व्यक्ति 5 किमी/घण्टा की चाल से चलते हुए किसी पुल को 18 मिनट में पार कर लेता है। पुल की लम्बाई ज्ञात कीजिए।

(a) 1500 मी (b) 1800 मी
(c) 1250 मी (d) 1200 मी

5. यदि किसी कार की चाल 80 किमी/घण्टा है, तब इसकी चाल (मी/से में) होगी

(a) 22 (b) $22\frac{2}{9}$
(c) 25 (d) $25\frac{3}{9}$

6. एक व्यक्ति 200 मी की दूरी 24 सेकण्ड में तय करता है। उसकी चाल (किमी/घण्टा में) है

(a) 20 (b) 24
(c) 28.5 (d) 30

7. 5 मी/से, किमी/घण्टा में होगा
(a) 8 किमी/घण्टा
(b) 12 किमी/घण्टा
(c) 18 किमी/घण्टा
(d) 18 किमी/मिनट

8. एक कार 40 किमी/घण्टा की चाल से 8 घण्टे में एक निश्चित दूरी तय करती है। इसी दूरी को वह कार किस चाल से केवल 4 घण्टों में तय कर लेंगी?
(a) 80 किमी/घण्टा
(b) 40 किमी/घण्टा
(c) 55 किमी/घण्टा
(d) 60 किमी/घण्टा

9. एक कार 20 घण्टों में 630 किमी की दूरी तय करती है। मी/से में उसकी चाल की गणना करें।
(a) 8.25 मी/से (b) 7.75 मी/से
(c) 8.75 मी/से (d) 7.25 मी/से

10. 40 किमी/घण्टा की चाल से चलने वाली बस 10 घण्टों में एक निश्चित दूरी तय करती है। यदि एक अन्य बस 50 किमी/घण्टा की चाल से उतनी ही दूरी तय करें, तो उस दूरी को तय करने में उसे कितना समय लगेगा?
(a) 4 घण्टे (b) 2 घण्टे
(c) 5 घण्टे (d) 8 घण्टे

11. एक जैट स्की 48 किमी/घण्टा की गति से ऊपर की ओर जाती है और 80 किमी/घण्टा की गति से उसी दूरी पर वापस आती है। कुल यात्रा के लिए, उसकी औसत गति की गणना करें।
(a) 64 किमी/घण्टा
(b) 62 किमी/घण्टा
(c) 66 किमी/घण्टा
(d) 60 किमी/घण्टा

12. एक व्यक्ति 5 किमी/घण्टा की चाल से चलते हुए किसी पुल को 18 मिनट में पार कर लेता है। पुल की लम्बाई ज्ञात कीजिए।
(a) 1500 मी (b) 1800 मी
(c) 1250 मी (d) 1200 मी

13. एक रेलगाड़ी 116 किमी/घण्टा की गति से चल रही है। 18 सेकण्ड में रेलगाड़ी द्वारा कितनी दूरी तय की जाएगी?
(a) 900 मी (b) 1160 मी
(c) 508 मी (d) 580 मी

14. 45 किमी/घण्टा की चाल से गतिमान 130 मी लम्बी रेलगाड़ी 245 मी लम्बे किसी प्लेटफॉर्म को पार करने में कितना समय लेगी?
(a) 15 सेकण्ड (b) 20 सेकण्ड
(c) 30 सेकण्ड (d) 35 सेकण्ड

15. एक नौका की गति धारा के साथ और प्रतिकूल दिशा में क्रमशः 14 किमी/घण्टा और 8 किमी/घण्टा है। धारा की गति कितनी है?
(a) 11 किमी/घण्टा
(b) 6 किमी/घण्टा
(c) 5.5 किमी/घण्टा
(d) 3 किमी/घण्टा

16. एक नाव 8 घण्टे में धारा के विपरीत दिशा में 40 किमी चलती है तथा 6 घण्टे में धारा के अनुकूल 36 किमी चलती है। शान्त जल में नाव की चाल है
(a) 6.5 किमी/घण्टा
(b) 5.5 किमी/घण्टा
(c) 6 किमी/घण्टा
(d) 5 किमी/घण्टा

17. एक व्यक्ति किसी पहाड़ी के ऊपर 24 किमी/घण्टा की औसत गति से जाता है तथा नीचे 36 किमी/घण्टा की औसत गति से आता है। दोनों समय दूरी समान है। पूरी यात्रा की औसत गति (किमी/घण्टा में) है
(a) 30 (b) 28.8 (c) 32.6 (d) 30.8

18. एक व्यक्ति 20 किमी 5 घण्टे में चलता है, वह व्यक्ति 32 किमी कितने घण्टे में चलेगा?
(a) 2 घण्टे (b) 8 घण्टे
(c) 6 घण्टे (d) 9 घण्टे

19. एक सिपाही चोर से 114 मी पीछे है। एक मिनट में सिपाही 21 मी और चोर 15 मी दौड़ता है, बताएँ कि कितने समय में सिपाही चोर को पकड़ेगा?
(a) 16 मिनट (b) 17 मिनट
(c) 18 मिनट (d) 19 मिनट

20. एक ट्रेन 72 किमी/घण्टा की रफ्तार से चल रही है। यदि वह एक खम्भे को 25 सेकण्ड में पार करती है, तो ट्रेन की लम्बाई कितनी होगी ?
(a) 100 मी (b) 200 मी
(c) 300 मी (d) 500 मी

21. A के द्वारा 20 सेकण्ड में 10 मी की दूरी तय की जाती है, जबकि B के द्वारा 16 सेकण्ड में यह दूरी तय की जाती है। 320 मी की एक दौड़ में B ने A को हराया
(a) 128 सेकण्ड से (b) 28 सेकण्ड से
(c) 64 सेकण्ड से (d) 52 सेकण्ड से

22. दो स्टेशन A तथा B के बीच की दूरी 690 किमी है। दो कार स्टेशन A तथा B से चलना आरम्भ करती हैं, तो 6 घण्टे बाद उनके बीच की दूरी 30 किमी हो जाती हैं। यदि एक कार की गति (चाल) दूसरी कार से 10 किमी/घण्टा कम है, तो कारों की गति होगी
(a) 50 किमी/घण्टा और 40 किमी/घण्टा
(b) 60 किमी/घण्टा और 70 किमी/घण्टा
(c) 30 किमी/घण्टा और 40 किमी/घण्टा
(d) 60 किमी/घण्टा और 50 किमी/घण्टा

23. एक एक्सप्रेस ट्रेन 100 किमी/घण्टा की औसत चाल से चलती है तथा प्रत्येक 75 किमी के पश्चात् 3 मिनट के लिए रुकती है। आरम्भिक बिन्दु से वह अपने 600 किमी की दूरी पर गन्तव्य तक पहुँचने में कितना समय लेगी?
(a) 6 घण्टे 30 मिनट
(b) 6 घण्टे 49 मिनट
(c) 6 घण्टे 45 मिनट
(d) 6 घण्टे 21 मिनट

24. स्थिर जल में नाव का वेग 15 किमी/घण्टा है एवं धारा का वेग 3 किमी/घण्टा है। धारा के अनुकूल 12 मिनट में तय की गई दूरी है
(a) 1.2 किमी (b) 1.8 किमी
(c) 2.4 किमी (d) 3.6 किमी

25. एक लड़का अपने घर से स्कूल 3 किमी/घण्टा की चाल से जाता है तथा वापस 2 किमी/घण्टा की चाल से लौटता है। यदि आने-जाने में वह कुल 5 घण्टे का समय लेता है, तो स्कूल और उसके घर के बीच की दूरी है
(a) 6 किमी (b) 5 किमी
(c) 5.5 किमी (d) 6.5 किमी

26. यदि 250 मी लम्बी एक ट्रेन किसी खम्भे को 15 सेकण्ड में पार करती है, तो ट्रेन की गति (किमी/घण्टा में) क्या है?
(a) 25 (b) 50
(c) 60 (d) 80

27. 50 किमी/घण्टा की रफ्तार से दौड़ती 100 मी लम्बी एक रेलगाड़ी समानान्तर रेल-पथ पर विपरीत दिशा से आ रही 120 मी लम्बी एक रेलगाड़ी को 6 सेकण्ड में पार करती है। दूसरी रेलगाड़ी की रफ्तार है

(a) 132 किमी/घण्टा
(b) 82 किमी/घण्टा
(c) 60 किमी/घण्टा
(d) 50 किमी/घण्टा

28. रामबाबू गुप्ता पटना से दानापुर तक जाने की यात्रा अपनी साइकिल द्वारा 10 किमी/घण्टा से तय करते हैं और दानापुर से पटना लौटने की यात्रा के दौरान वही दूरी वह 8 किमी/घण्टा से तय करते हैं। यदि वह जाने की ओर लौटने की यात्रा $4\frac{1}{2}$ घण्टे में समाप्त करते हैं, तो सम्पूर्ण यात्रा के दौरान उनके द्वारा तय की गई दूरी है

(a) 30 किमी (b) 40 किमी
(c) 50 किमी (d) 60 किमी

29. एक व्यक्ति नदी के अनुप्रवाह में नाव को 15 किमी चलाने में 3 घण्टे 45 मिनट और ऊर्ध्वप्रवाह में 5 किमी की दूरी तय करने के लिए 2 घण्टे 30 मिनट लेता है, तो नदी की धारा की गति (किमी/घण्टा में) ज्ञात कीजिए।

(a) 1 (b) 2
(c) 1.5 (d) 8

30. सौरभ 15 किमी/घण्टा की औसत चाल से कार्यालय 30 मिनट में पहुँचता है। यदि वह 1.5 मिनट जल्दी कार्यालय पहुँचना चाहता हो, तब उसकी चाल होनी चाहिए।

(a) 30 किमी/घण्टा
(b) 25 किमी/घण्टा
(c) 20 किमी/घण्टा
(d) 35 किमी/घण्टा

31. 150 मी लम्बी एक ट्रेन का वेग 50 किमी/घण्टा है। 600 मी लम्बे एक प्लेटफॉर्म को पार करने में इसे कितना समय लगेगा?

(a) 50 सेकण्ड (b) 54 सेकण्ड
(c) 60 सेकण्ड (d) 64 सेकण्ड

उत्तरमाला

1. (a)	2. (d)	3. (b)	4. (a)	5. (b)	6. (d)	7. (c)	8. (a)	9. (c)	10. (d)
11. (d)	12. (a)	13. (d)	14. (c)	15. (d)	16. (b)	17. (b)	18. (b)	19. (d)	20. (d)
21. (a)	22. (d)	23. (d)	24. (d)	25. (a)	26. (c)	27. (b)	28. (b)	29. (a)	30. (a)
31. (b)									

संकेत एवं हल

1. (a) हम जानते हैं, कि यदि चाल किमी/घण्टा में दी गई है, तो मी/से में बदलने के लिए उसे $\frac{5}{18}$ से गुणा करते हैं।

45 किमी/घण्टा $= 45 \times \frac{5}{18}$ मी/से

$= \frac{25}{2} = 12.5$ मी/से

2. (d) दिया है, एक धावक 200 मी की दौड़ 24 सेकण्ड में पूरी करता है।

तब, धावक की चाल

$= \frac{\text{दूरी}}{\text{समय}} = \frac{200}{24}$ मी/से

$= \frac{200}{24} \times \frac{18}{5}$ किमी/घण्टा

$= 30$ किमी/घण्टा

3. (b) हम जानते हैं, कि किमी/घण्टा को मी/से में बदलने के लिए उसे $\frac{5}{18}$ से गुणा किया जाता है।

$\therefore 1350$ किमी/घण्टा $= 1350 \times \frac{5}{18}$ मी/से $= 375$ मी/से

375 मी/से से तात्पर्य है, कि मिसाइल एक सेकण्ड में 375 मी की दूरी तय करती है।

4. (a) व्यक्ति की चाल $= 5$ किमी/घण्टा

$= 5 \times \frac{5}{18}$ मी/से $= \frac{25}{18}$ मी/से

व्यक्ति द्वारा लिया गया समय $= 18$ मिनट $= 18 \times 60$ सेकण्ड

$\therefore$ पुल की लम्बाई = चाल $\times$ समय

$= \frac{25}{18} \times 18 \times 60 = 1500$ मी

5. (b) चाल $= 80$ किमी/घण्टा

$= 80 \times \frac{5}{18}$ मी/से

$= \frac{200}{9}$ मी/से

$= 22\frac{2}{9}$ मी/से

6. (d) दिया है, दूरी $= 200$ मी

तथा समय $= 24$ सेकण्ड

$\therefore$ व्यक्ति की चाल $= \frac{\text{दूरी}}{\text{समय}}$

$= \frac{200}{24}$ मी/से

$= \frac{200}{24} \times \frac{18}{5}$ किमी/घण्टा

$= 30$ किमी/घण्टा

7. (c) 5 मी/से $= 5 \times \frac{18}{5}$ किमी/घण्टा

$= 18$ किमी/घण्टा

8. (a) चाल $= 40$ किमी/घण्टा, समय $= 8$ घण्टे

दूरी = चाल $\times$ समय

$= 40 \times 8$

$= 320$ किमी

$\therefore$ नई चाल $= \frac{320}{4} = 80$ किमी/घण्टा

9. (c) कार की चाल $= \frac{\text{दूरी}}{\text{समय}}$

$= \frac{630}{20} = 31.5$ किमी/घण्टा

$= 31.5 \times \frac{5}{18}$ मी/से

$= 8.75$ मी/से

10. (d) माना दूसरी बस को दूरी तय करने में लगा समय $= x$ घण्टे

प्रश्नानुसार,

पहली बस द्वारा तय की गई दूरी

= दूसरी बस द्वारा तय की गई दूरी

$40 \times 6 = 50 \times x$

[$\because$ दूरी = चाल $\times$ समय]

$\Rightarrow \quad x = \frac{40 \times 10}{50}$

$\Rightarrow \quad x = 8$ घण्टे

11. (d) यहाँ, $x = 48$ किमी/घण्टा

तथा $\quad y = 80$ किमी/घण्टा

$\therefore$ जैट स्की की औसत गति $= \frac{2xy}{x+y}$

$= \frac{2 \times 48 \times 80}{48 + 80}$

$= \frac{2 \times 48 \times 80}{128}$

$= 60$ किमी/घण्टा

12. (a) व्यक्ति की चाल = 5 किमी/घण्टा

$= 5 \times \frac{5}{18}$ मी/से

$= \frac{25}{18}$ मी/से

व्यक्ति द्वारा लिया गया समय = 18 मिनट

$= 18 \times 60$ सेकण्ड

$\therefore$ पुल की लम्बाई = चाल $\times$ समय

$= \frac{25}{18} \times 18 \times 60$

$= 1500$ मी

13. (d) दिया है,

रेलगाड़ी की चाल = 116 किमी/घण्टा

$= 116 \times \frac{5}{18}$ मी/से

तथा समय = 18 सेकण्ड

$\therefore \quad$ दूरी = चाल $\times$ समय

$= 116 \times \frac{5}{18} \times 18 = 580$ मी

14. (c) प्लेटफॉर्म को पार करने में रेलगाड़ी द्वारा चली गई दूरी

= रेलगाड़ी की लम्बाई + प्लेटफॉर्म की लम्बाई

$= 130 + 245 = 375$ मी

तथा रेलगाड़ी की चाल

$= 45$ किमी/घण्टा

$= 45 \times \frac{5}{18}$ मी/से

$= 12.5$ मी/से

$\therefore$ प्लेटफॉर्म को पार करने में लगा

समय $= \frac{\text{चली गई दूरी}}{\text{रेलगाड़ी की चाल}}$

$= \frac{375}{12.5} = 30$ सेकण्ड

15. (d) दिया है,

धारा के साथ या अनुप्रवाह चाल

$= 14$ किमी/घण्टा

तथा धारा के प्रतिकूल या ऊर्ध्वप्रवाह चाल = 8 किमी/घण्टा

$\therefore$ धारा की गति या चाल

$= \frac{\text{अनुप्रवाह चाल} - \text{ऊर्ध्वप्रवाह चाल}}{2}$

$= \frac{14 - 8}{2} = \frac{6}{2} = 3$ किमी/घण्टा

16. (b) नाव की धारा के विपरीत दिशा में चाल

$= \frac{40}{8} = 5$ किमी/घण्टा

नाव की धारा के अनुकूल चाल

$= \frac{36}{6} = 6$ किमी/घण्टा

$\therefore$ शान्त जल में नाव की चाल

$= \frac{\text{धारा के अनुकूल चाल} + \text{धारा के प्रतिकूल चाल}}{2}$

$= \frac{6 + 5}{2} = 5.5$ किमी/घण्टा

17. (b) औसत गति $= \frac{2xy}{x+y}$ (जब दूरियाँ समान हों)

$= \left(\frac{2 \times 24 \times 36}{24 + 36}\right) = \frac{2 \times 24 \times 36}{60}$

$= 28.8$ किमी/घण्टा

18. (b) व्यक्ति की चाल

$= \frac{20}{5} = 4$ किमी/घण्टा

$\therefore$ अभीष्ट समय $= \frac{32}{4} = 8$ घण्टे

19. (d) माना सिपाही चोर को $(114 + x)$ मी की दूरी पर पकड़ लेगा।

तब प्रश्नानुसार,

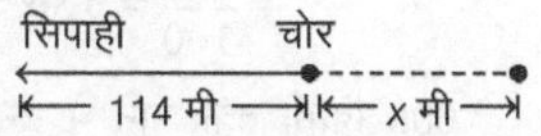

चोर को x मी जाने में लगा समय = सिपाही को

$(114 + x)$ मी जाने में लगा समय

$\frac{x}{15} = \frac{114 + x}{21}$

$21x = 114 \times 15 + 15x$

$\Rightarrow \quad 6x = 114 \times 15$

$\therefore \quad x = 19 \times 15 = 285$ मी

$\because$ चोर 1 मिनट में 15 मी चलता है

$\therefore$ चोर 285 मी चलेगा $= \frac{1}{15} \times 285$

$= 19$ मिनट में

20. (d) दिया है,

ट्रेन की गति = 72 किमी/घण्टा

$= 72 \times \frac{5}{18}$ मी/से $= 20$ मी/से

ट्रेन द्वारा खम्भे को पार करने में लगा समय = 25 सेकण्ड

$\therefore$ ट्रेन की लम्बाई $= 20 \times 25 = 500$ मी

21. (a) 10 मी की दूरी तय करने में A, B को मात देता है

= 4 सेकण्ड से

$\therefore$ 320 मी दूरी तय करने में A, B को मात देगा

$= \frac{4}{10} \times 320 = 128$ सेकण्ड से

22. (d) माना पहली कार की गति

$= x$ किमी/घण्टा

तथा दूसरी कार की गति $= (x + 10)$ किमी/घण्टा

प्रश्नानुसार,

$(x + x + 10) \times 6 = 690 - 30$

$\Rightarrow \quad 12x + 60 = 660$

$\Rightarrow \quad 12x = 600$

$\Rightarrow \quad x = \frac{600}{12} = 50$

पहली कार की गति = 50 किमी/घण्टा

दूसरी कार की गति = (50 + 10)

= 60 किमी/घण्टा

23. (d) बिना रुके ट्रेन द्वारा दूरी तय करने में लिया गया समय

$= \frac{600}{100} = 6$ घण्टे

600 किमी तक जाने में ट्रेन रुकेगी

= 7 बार

∴ अभीष्ट समय = 6 घण्टे + 7 × 3 मिनट = 6 घण्टे 21 मिनट

24. (d) धारा की अनुकूल दिशा में नाव का वेग

= 15 + 3 = 18 किमी/घण्टा

अत: 12 मिनट में नाव द्वारा चली गई दूरी $= 18 \times \frac{12}{60}$ किमी

= 3.6 किमी

25. (a) माना लड़के के घर तथा स्कूल के बीच की दूरी x किमी है।

तब प्रश्नानुसार, $\frac{x}{3} + \frac{x}{2} = 5$

$\left[\because \text{समय} = \frac{\text{दूरी}}{\text{चाल}}\right]$

$\Rightarrow \quad 5x = 5 \times 6$

$\Rightarrow \quad x = 6$ किमी

26. (c) ट्रेन की गति (चाल)

$= \frac{\text{दूरी}}{\text{समय}} = \frac{250}{15}$ मी/से

$= \frac{250}{15} \times \frac{18}{5}$ किमी/घण्टा

= 60 किमी/घण्टा

27. (b) माना दूसरी रेलगाड़ी की चाल x किमी/घण्टा है। तब

प्रश्नानुसार,

$(50 + x) \times \frac{5}{18} = \frac{100 + 120}{6}$

$\left[\because \text{चाल} = \frac{\text{दूरी}}{\text{समय}}\right]$

$\Rightarrow \quad (50 + x) \times \frac{5}{3} = 220$

$\Rightarrow \quad 50 + x = 44 \times 3$

$\therefore \quad x = 132 - 50 = 82$ किमी/घण्टा

28. (b) रामबाबू की औसत चाल

$= \frac{2 \times 10 \times 8}{10 + 8}$

$= \frac{80}{9}$ किमी/घण्टा

∴ अभीष्ट दूरी

$= \frac{80}{9} \times \frac{9}{2} = 40$ किमी

29. (a) अनुप्रवाह में नाव की चाल

$= \frac{15}{3 + \frac{45}{60}} = \frac{15}{3 + \frac{3}{4}} = \frac{15 \times 4}{15}$

= 4 किमी/घण्टा

ऊर्ध्वप्रवाह में नाव की चाल $= \frac{5}{2 + \frac{30}{60}}$

$= \frac{5 \times 2}{5} = 2$ किमी/घण्टा

∴ नाव की चाल

$= \frac{(4 - 2)}{2} = 1$ किमी/घण्टा

30. (a) ∵ कुल दूरी = चाल × समय

$= 15 \times \frac{30}{60}$

$\left[\because 1 \text{ मिनट} = \frac{1}{60} \text{ घण्टे}\right]$

= 7.5 किमी

∴ नई चाल $= \frac{\text{दूरी}}{\text{समय}}$

$= \frac{7.5}{\frac{15}{60}}$

$= \frac{7.5 \times 60}{15} = 30$ किमी/घण्टा

31. (b) ट्रेन की चाल = 50 किमी/घण्टा

$= \frac{50 \times 5}{18}$ मी/से

अत: अभीष्ट समय

$= \frac{150 + 600}{50 \times 5} \times 18$

$= \frac{750 \times 18}{250} = 54$ सेकण्ड

13 बीजगणितीय व्यंजक और गुणनखण्ड

गुणनखण्डन

किसी दिए गए व्यंजक को दो अथवा दो से अधिक अभाज्य गुणनखण्डों को गुणनफल के रूप में व्यक्त करने की क्रिया को गुणनखण्डन कहते हैं।

गुणनखण्ड ज्ञात करने की विधियाँ

सार्वनिष्ठ विधि द्वारा गुणनखण्ड

यदि दिए हुए व्यंजक के प्रत्येक पद में कोई राशि अथवा संख्या उभ्यनिष्ठ हो, तो उसे बाहर लिखकर शेष व्यंजक को कोष्ठक के अन्दर लिख देते हैं।

जैसे $4(3a-2b)^2 - 5(3a-2b)$ के गुणनखण्ड कीजिए।

$\Rightarrow \quad 4(3a-2b)^2 - 5(3a-2b)$

$= (3a-2b)[4(3a-2b)-5]$

$= (3a-2b)(12a-8b-5)$

समूहन विधि द्वारा गुणनखण्ड

दिए हुए व्यंजक को दो-दो अथवा अधिक पदों के समूहों में इस प्रकार बाँट लेते हैं, कि प्रत्येक समूह में कोई गुणनखण्ड उभ्यनिष्ठ हो। इसके बाद सार्वनिष्ठ विधि का प्रयोग करते हैं।

जैसे $xy + yz + xa + za$ के गुणनखण्ड कीजिए।

$\Rightarrow xy + yz + xa + za = y(x+z) + a(x+z) = (x+z)(y+a)$

द्विघातीय व्यंजकों के गुणनखण्ड करने की विधि

माना द्विघातीय व्यंजक $x^2 + bx + c$ है, तब सर्वप्रथम अचर पद c के ऐसे दो गुणनखण्ड ज्ञात करते हैं जिनका योग अथवा अन्तर x के गुणांक b के बराबर हो। माना c के दो अभीष्ट गुणनखण्ड p तथा q हैं।

अर्थात् $c = p \times q, b = p - q$ या $b = p + q$

अब, दिए हुए व्यंजक में b के स्थान पर $(p+q)$ या $(p-q)$ रख देते हैं, जिससे चार पद बन जाते हैं तथा इनके दो-दो पदों के समूह बनाकर गुणनखण्ड कर लेते हैं।

जैसे $x^2 - 7x + 12$ के गुणनखण्ड कीजिए।

$\Rightarrow \quad x^2 - 7x + 12 = x^2 - 4x - 3x + 12$

$= x(x-4) - 3(x-4) = (x-3)(x-4)$

पूर्ण वर्ग विधि द्वारा गुणनखण्ड

इस विधि में दिए गए व्यंजक को $x^2 + bx + c$ के रूप में बनाकर व्यंजक में $\frac{b^2}{4}$ (अर्थात् $\frac{1}{4} \times x$ के गुणांक का वर्ग) जोड़ते तथा घटाते हैं।

जैसे $x^2 + 6x + 5$ के गुणनखण्ड कीजिए।

$\Rightarrow \quad x^2 + 6x + 5$

$= x^2 + 6x + 9 - 9 + 5 \quad [\because a^2 + 2ab + b^2 = (a+b)^2]$

$= (x+3)^2 - 4 = (x+3)^2 - (2)^2$

$= (x+3+2)(x+3-2) \quad [\because a^2 - b^2 = (a+b)(a-b)]$

$= (x+5)(x+1)$

शेषफल प्रमेय द्वारा गुणनखण्ड

यदि घन पूर्णांक घातांकों वाले चर राशि x के किसी व्यंजक को $(x+a)$ अथवा $(x-a)$ से भाग देने पर शेषफल का मान शून्य हो, तो $(x+a)$ अथवा $(x-a)$ इस व्यंजक के गुणनखण्ड है।

जैसे $x^3 - 6x + 5$ के गुणनखण्ड कीजिए।

$x = 1$ रखने पर, व्यंजक $x^3 - 6x + 5$ का शेषफल

$= (1)^3 - 6(1) + 5 = 1 - 6 + 5 = 0$

$(x-1)$ व्यंजक का गुणनखण्ड है

$$
\begin{array}{l}
x-1\overline{)x^3 - 6x + 5}(x^2 + x - 5 \\
\quad\quad\; x^3 - x^2 \\
\quad\quad\; \underline{- \quad +} \\
\quad\quad\; x^2 - 6x + 5 \\
\quad\quad\; x^2 - x \\
\quad\quad\; \underline{- \quad +} \\
\quad\quad\quad -5x + 5 \\
\quad\quad\quad -5x + 5 \\
\quad\quad\quad \underline{+ \; -} \\
\quad\quad\quad\quad 0
\end{array}
$$

$x^3 - 6x + 5 = (x-1)(x^2 + x - 5)$

महत्त्वपूर्ण सर्वसमिका

- $(a^2 - b^2) = (a+b)(a-b)$
- $(a+b)^2 = a^2 + b^2 + 2ab$
- $(a-b)^2 = a^2 + b^2 - 2ab$
- $(a+b+c)^2 = a^2 + b^2 + c^2 + 2ab + 2bc + 2ca$
- $(a-b-c)^2 = a^2 + b^2 + c^2 - 2ab + 2bc - 2ac$
- $(a+b)^3 = a^3 + b^3 + 3ab(a+b) = a^3 + b^3 + 3a^2b + 3ab^2$
- $(a-b)^3 = a^3 - b^3 - 3ab(a-b) = a^3 - b^3 - 3a^2b + 3ab^2$
- $a^3 + b^3 = (a+b)(a^2 - ab + b^2) = (a+b)^3 - 3ab(a+b)$
- $a^3 - b^3 = (a-b)(a^2 + b^2 + ab) = (a-b)^3 + 3ab(a-b)$
- $a^3 + b^3 + c^3 - 2abc = (a+b+c)(a^2 + b^2 + c^2 - ab - bc - ca)$
- यदि $a + b + c = 0$ हो, तो $a^3 + b^3 + c^3 = 3abc$

अभ्यास प्रश्न

1. $(5x-3)(9x+2)$ का गुणनफल होगा
(a) $45x^2-17x-6$
(b) $17x^2+6x-45$
(c) $6x^2+17x-45$
(d) इनमें से कोई नहीं

2. $27x^3y^2 \div 9x^2y$ का मान होगा
(a) $3xy$ (b) $2xy$
(c) $-3xy$ (d) $-2xy$

3. $(7x+2)(3x+2)$ का गुणनफल होगा
(a) $20x^2+21x+4$
(b) $21x^2+20x+4$
(c) $21x^2+20x+8$
(d) उपरोक्त में से कोई नहीं

4. $-15x^3y^2z \div 3x^2y^2z$ का मान होगा
(a) $-5xy$ (b) $-5x^2yz$
(c) $-5x$ (d) $5x^2yz$

5. x^2+5x+6 को $(x+2)$ से भाग देने पर भागफल क्या होगा?
(a) $x+5$ (b) $x+3$
(c) $x+6$ (d) $x+1$

6. x^2-5x-6 को $(x-6)$ से भाग देने पर शेषफल क्या होगा?
(a) 0 (b) 1 (c) 2 (d) 3

7. $\left[2x+\frac{1}{3x}\right]^3$ का विस्तार रूप क्या होगा?
(a) $8x^3+\frac{1}{27x^3}+4x+\frac{2}{3x}$
(b) $8x^3+\frac{1}{27x^3}+4x+\frac{3}{2x}$
(c) $27x^3+\frac{1}{8x^3}+4x+\frac{2}{3x}$
(d) उपरोक्त में से कोई नहीं

8. $(ab-2x)^3$ का विस्तार मान होगा
(a) $a^3b^3+8x^3+6a^2b^2x+12abx^2$
(b) $a^3b^3-8x^3-6a^2b^2x+12abx^2$
(c) $a^3b^3+8x^3-6a^2b^2x-12abx^2$
(d) उपरोक्त में से कोई नहीं

9. निम्नलिखित में से कौन-सा द्विपदीय व्यंजक है
(a) $a+0$
(b) $a+b$
(c) 2
(d) इनमें से कोई नहीं

10. $(a+b)(2b+3a)+(3a+b)(b+2a)$ का संक्षिप्त रूप होगा
(a) $9a^2+10ab+3b^2$
(b) $10a^2+9ab+3b^2$
(c) $9a^3+10ab+3b$
(d) इनमें से कोई नहीं

11. $(103)^2$ का मान होगा
(a) 10609 (b) 11201
(c) 10906 (d) 10201

12. $\left(2a+\frac{1}{2}\right)\left(2a-\frac{1}{2}\right)$ का मान होगा
(a) $4a^2+2a-\frac{1}{4}$ (b) $4a^2-2a+\frac{1}{4}$
(c) $4a^2-\frac{1}{4}$ (d) $\frac{1}{4}-4a^2$

13. $(98)^2$ का मान होगा
(a) 9604 (b) 9406
(c) 9409 (d) इनमें से कोई नहीं

14. 94×86 का मान होगा
(a) 8096 (b) 8084
(c) 9288 (d) 8024

15. x^2-36y^2 का मान होगा
(a) $(6x+y)(x-6y)$
(b) $(x+6y)(x-6y)$
(c) $(x+y)(x-y)$ (d) इनमें से कोई नहीं

16. यदि $(x+y)^2 = x^2 + \ldots\ldots + y^2$ होगा।
(a) $2y$ (b) y^2 (c) $2xy$ (d) $2x$

17. $4x=(34)^2-(24)^2$ में x का मान होगा
(a) 155 (b) 145
(c) 140 (d) 142

18. $z^2-4z-12$ के गुणनखण्ड है
(a) $(z+6)(z-2)$ (b) $(z-6)(z+2)$
(c) $(z-6)(z-2)$ (d) $(z+6)(z+2)$

19. x का $(a+b)$ का गुणनफल होगा
(a) $ax+b$ (b) $a+bx$
(c) $ax+bx$ (d) इनमें से कोई नहीं।

20. सरल कीजिए, जब $(x^{-1}+y^{-1})^{-1}$ बराबर है
(a) $x+y$ (b) $\frac{xy}{(x+y)}$
(c) xy (d) $\frac{1}{xy}$

21. यदि $a+b=5$ तथा $ab=4$ हो, तो $[a-b]$ का मान
(a) 2 (b) 3 (c) 4 (d) 5

22. $x^2+3x-10$ का गुणनखण्ड होगा
(a) $(x-5)(x+2)$ (b) $(x+2)(x+5)$
(c) $(x+5)(x-2)$ (d) इनमें से कोई नहीं

23. $9a^2+6a+1$ का गुणनखण्ड होगा
(a) $(3a+1)(3a+1)$
(b) $(3a-1)(3a-1)$
(c) $(3a+1)(3a-1)$
(d) इनमें से कोई नहीं

24. $x^2-32x+256$ का गुणनखण्ड है
(a) $(x+16)(x-16)$
(b) $(x-16)(x-16)$
(c) $(x+16)(x+16)$
(d) इनमें से कोई नहीं

25. $(4a-3b)^2-100$ का गुणनखण्ड है
(a) $(4a-3b+10)(4a-3b-10)$
(b) $(4a+3b+10)(4a+3b+10)$
(c) $(4a-3b-10)(4a-3b-10)$
(d) उपरोक्त में से कोई नहीं

26. $\left(\frac{x}{2}+\frac{y}{3}\right)\left(\frac{x}{2}-\frac{y}{3}\right)$ का मान होगा
(a) $\frac{x^2}{4}-\frac{y^2}{9}$ (b) $\frac{x^2}{4}-\frac{y}{9}$
(c) $\frac{x}{2}+\frac{y}{3}$ (d) इनमें से कोई नहीं

27. $13x=(28)^2-(15)^2$ में x का मान होगा
(a) 13 (b) 43 (c) 28 (d) 15

28. यदि $x+\frac{1}{x}=6$ है, तो $x^2+\frac{1}{x^2}$ का मान होगा
(a) 28 (b) 30 (c) 32 (d) 34

29. $6xy^2+9x^2y^3+12x^2y^2$ का गुणनखण्ड होगा
(a) $3xy^2(2+3xy+4x)$
(b) $3xy(3xy+2x+4)$
(c) $xy(2+3xy+4x)$
(d) $3(x+2x+3xy)$

30. $\frac{2(x-2)}{x-2}-\frac{3}{x+2}=2$ का हल होगा
(a) $x=2$ (b) $x=1$
(c) $x=4$ (d) $x=6$

31. $a^5 + a^4b - ab^4 - b^5$ के गुणनखण्ड हैं
(a) $(a - b)(a + b)^2(a^2 + b^2)$
(b) $(a^3 + b^3)(a^2 + b^2 + ab)$
(c) $(a^4 - b^4)(a - b)$
(d) $(a^2 - b^2)(a^3 - b^3)$

32. यदि $x = 5$, $y = 3$ तथा $z = 1$ हो, तो $x^2 + y^2 + z^2 + 2xy + 2yz + 2x$ का मान है
(a) 80 (b) 81 (c) 82 (d) 83

33. $-13x^2y^2 + 15x^2y^2 - 12x^2y^2 = ?$
(a) $-18x^2y^2$ (b) $18x^2y^2$
(c) $-20x^2y^2$ (d) $20x^2y^2$

34. $(b - c) + b(c - a) + c(a - b)$ बराबर होगा
(a) $ab + bc + ca$
(b) $b - c - ab + ac$
(c) $2(ab + bc + ca)$
(d) इनमें से कोई नहीं

35. एक बहुपद में .... पद होते हैं।
(a) 1 (b) 2 (c) 3 (d) अनेक

36. $(18x^2y^2 \div 6xy)$ का मान ज्ञात कीजिए।
(a) $-3xy$ (b) $3xy$
(c) $3x^2y$ (d) $3x^2y^2$

37. यदि $x^2 + y^2 = 9$ और $xy = 8$, तो $x + y$ बराबर हैं
(a) 25 (b) 5 (c) -5 (d) ± 5

38. यदि $y = 4$ हो, तो $5y^3 + 3y^2 - 300$ व्यंजक का मूल्य क्या होगा?
(a) 66 (b) 52 (c) 32 (d) 68

39. यदि $x + \frac{1}{x} = 11$ हो, तो $x^2 + \frac{1}{x^2}$ का मान ज्ञात करो।
(a) 123 (b) 119 (c) 117 (d) 121

40. $x^3 - y^3 - 9xy - 27$ के गुणनखण्ड है
(a) $(x - y - 3)(x^2 + y^2 + 9 - xy - 3y + 3x)$
(b) $(x + y + 3)(x^2 + y^2 + 9 - xy - 3y - 3x)$
(c) $(x - y - 3)(x^2 + y^2 + 9 + xy - 3y + 3x)$
(d) $(x + y + 3)(x^2 + y^2 + 9 + xy - 3y - 3x)$

41. यदि $a = 2x - 1$, $b = 2x - 2$ तथा $c = 3 - 4x$ हो, तो $a^3 + b^3 + c^3$ का मान है
(a) $6(3 - 13x + 18x^2 - 8x^3)$
(b) $6(3 + 13x - 18x^2 + 8x^3)$
(c) $6(3 + 13x + 18x^2 - 8x^3)$
(d) $6(3 - 13x - 18x^2 - 8x^3)$

42. यदि $(a + b)(a^2 - ab + b^2)$ बराबर है
(a) $a^3 + b^3$ (b) $a^2 + b^2$
(c) $a^3 - b^3$ (d) $a^2 - b^2$

43. यदि $10a^2 - 12b^2 = 2(\ldots\ldots - 6b^2)$
(a) $3a^2$ (b) $5a^2$
(c) $6a^2$ (d) $2a^2$

44. $\frac{2 - 7x}{1 - 5x} = \frac{3 + 7x}{4 + 5x}$ में x का मान ज्ञात कीजिए।
(a) $\frac{1}{2}$ (b) $-\frac{1}{2}$
(c) 1 (d) -1

45. यदि $a = \sqrt{3}$ हो, तो $a^4 + 2 + \frac{1}{a^4}$ का मान होगा
(a) $11\frac{1}{9}$ (b) 100
(c) 130 (d) $44\frac{1}{2}$

46. $a^2 + \frac{1}{a^2} + 8\left(a + \frac{1}{a}\right) + 14$ के गुणनखण्ड हैं
(a) $\left(a + \frac{1}{a} + 2\right)\left(a + \frac{1}{a} + 7\right)$
(b) $\left(a + \frac{1}{a} + 1\right)\left(a + \frac{1}{a} + 12\right)$
(c) $\left(a + \frac{1}{a} + 2\right)\left(a + \frac{1}{a} + 6\right)$
(d) $\left(a + \frac{1}{a} + 4\right)\left(a + \frac{1}{a} + 10\right)$

47. निम्न में से कौन-सा एक सर्वसमिका है?
(a) $(a - b)^2 = a^2 + b^2$
(b) $a^2 - b^2 = (a + b)^2$
(c) $(a - b)^2 = a^2 + 2ab - b^2$
(d) $(a - b)^2 = a^2 - 2ab + b^2$

48. यदि $x - \frac{1}{x} = 7$, हो, तो $x^2 + \frac{1}{x^2}$ बराबर होगा
(a) 52 (b) 51 (c) 50 (d) 49

49. $8 - 4x - 2x^3 + x^4$ के गुणनखण्ड हैं
(a) $(2 - x)(4 - x^3)$(b) $(2 + x)(4 - x^3)$
(c) $(2 + x)(3 - x^3)$(d) $(2 - x)(x^3 - 4)$

50. यदि $x + \frac{1}{x} = 2$ है, तो $\frac{x^4 + 1}{x^2}$ का मान है
(a) 2 (b) 3 (c) 4 (d) 5

51. दिए गए समीकरण में 'x' का मान ज्ञात कीजिए।
$x^2 - 41x + 400 = 0$
(a) 16, 25 (b) 20, 21
(c) 15, 26 (d) 40, 1

52. बहुपद $f(x) = ax^3 + 9x^2 + 4x - 8$ को जब $(x + 3)$ से भाग किया जाता है, तो (-20) शेष बचता है। a का मान ज्ञात कीजिए।
(a) 1 (b) 2 (c) 3 (d) 5

53. एक आयत का क्षेत्रफल $5(x + 3)(x^2 - 16)$ है। इसकी एक भुजा $5(x^2 - x - 12)$ हैं, तो इसकी दूसरी भुजा क्या होगी ?
(a) $x - 12$ (b) $x - 15$
(c) $x - 4$ (d) $x + 4$

उत्तरमाला

1. (a)	2. (a)	3. (b)	4. (c)	5. (b)	6. (a)	7. (a)	8. (b)	9. (b)	10. (a)
11. (a)	12. (c)	13. (a)	14. (b)	15. (b)	16. (c)	17. (b)	18. (b)	19. (c)	20. (b)
21. (b)	22. (c)	23. (a)	24. (b)	25. (a)	26. (a)	27 (b)	28. (d)	29. (a)	30. (a)
31. (a)	32. (b)	33. (c)	34. (b)	35. (d)	36. (b)	37 (d)	38. (d)	39. (b)	40. (c)
41. (a)	42. (a)	43. (b)	44. (a)	45. (a)	46. (c)	47 (d)	48. (b)	49. (a)	50. (a)
51. (a)	52. (c)	53. (d)							

संकेत एवं हल

1. (a) $(5x-3)(9x+2)$
$=5x(9x+2)-3(9x+2)$
$=45x^2+10x-27x-6$
$=45x^2-17x-6$

2. (a) $27x^3y^2 \div 9x^2y$
$\Rightarrow \dfrac{27x^3y^2}{9x^2y}=\dfrac{27\times x\times x\times x\times y\times y}{9\times x\times x\times y}$
$=3xy$

3. (b) $(7x+2)(3x+2)$
$=7x(3x+2)+2(3x+2)$
$=21x^2+14x+6x+4$
$=21x^2+20x+4$

4. (c) $-15x^3y^2z \div 3x^2y^2z$
$=\dfrac{-15x^3y^2z}{3x^2y^2z}=-5x$

5. (b) $x+2$) x^2+5x+6 ($x+3$
x^2+2x
$-\ -$
$3x+6$
$3x+6$
$-\ -$
0

अत: अभीष्ट भगफल $=x+3$

6. (a) $x-6$) x^2-5x-6 ($x+1$
x^2-6x
$-\ +$
$x-6$
$x-6$
$-\ +$
0

अत: अभीष्ट शेषफल $=0$

7. (a) $\left[2x+\dfrac{1}{3x}\right]^3=8x^3+\dfrac{1}{27x^3}$
$+3\times 2x\times\dfrac{1}{3x}\left(2x+\dfrac{1}{3x}\right)$
$=8x^3+\dfrac{1}{27x^3}+2\left(2x+\dfrac{1}{3x}\right)$
$=8x^3+\dfrac{1}{27x^3}+4x+\dfrac{2}{3x}$

8. (b) $(ab-2x)^3=a^3b^3-8x^3-3ab\times 2x(ab-2x)$
$=a^3b^3-8x^3-6a^2b^2x+12abx^2$

9. (b) $(a+b)$ द्विपदीय व्यंजक है।

10. (a) $(a+b)(2b+3a)+(3a+b)(b+2a)$
$=a(2b+3a)+b(2b+3a)+3a(b+2a)+b(b+2a)$
$=2ab+3a^2+2b^2+3ab+3ab+6a^2+b^2+2ab$
$=9a^2+3b^2+10ab$
$=9a^2+10ab+3b^2$

11. (a) $(103)^2=(100+3)^2$ $[\because (a+b)^2=a^2+b^2+2ab]$
$=(100)^2+(3)^2+2\times 100\times 3$
$=10000+9+600=10609$

12. (c) $\left(2a+\dfrac{1}{2}\right)\left(2a-\dfrac{1}{2}\right)$
$=(2a)^2-\left(\dfrac{1}{2}\right)^2$
$[\because a^2-b^2=(a+b)(a-b)]$
$=4a^2-\dfrac{1}{4}$

13. (a) $(98)^2=(100-2)^2$
$=(100)^2+(2)^2-2\times 100\times 2$
$[\because (a-b)^2=a^2+b^2-2ab]$
$=10000+4-400=9604$

14. (b) $94\times 86=(90+4)(90-4)$
$=(90)^2-(4)^2$
$[\because a^2-b^2=(a+b)(a-b)]$
$=8100-16=8084$

15. (b) $x^2-36y^2=x^2-(6y)^2$
$=(x+6y)(x-6y)$
$[\because a^2-b^2=(a+b)(a-b)]$

16. (c) $(x+y)^2=x^2+2xy+y^2$

17. (b) $4x=(34)^2-(24)^2$
$\Rightarrow 4x=1156-576$
$\Rightarrow 4x=580 \Rightarrow x=145$

18. (b) $z^2-4z-12$
$=z^2-6z+2z-12$
$=z(z-6)+2(z-6)$
$=(z+2)(z-6)$

19. (c) $x\times(a+b)=ax+bx$

20. (b) $(x^{-1}+y^{-1})^{-1}$
$=\left(\dfrac{1}{x}+\dfrac{1}{y}\right)^{-1}=\left(\dfrac{y+x}{xy}\right)^{-1}=\dfrac{xy}{x+y}$

21. (b) दिया है,
$a+b=5 \Rightarrow ab=4$
$(a+b)^2=a^2+b^2+2ab$
$\Rightarrow (5)^2=a^2+b^2+2\times 4$
$\Rightarrow 25=a^2+b^2+8$
$\therefore a^2+b^2=25-8=17$
अब, $(a-b)^2=a^2+b^2-2ab$
$\Rightarrow (a-b)^2=17-2\times 4$
$\Rightarrow (a-b)^2=17-8$
$\therefore a-b=\sqrt{9}=3$

22. (c) $x^2+3x-10$
$=x^2+5x-2x-10$
$=x(x+5)-2(x+5)$
$=(x+5)(x-2)$

23. (a) $9a^2+6a+1$
$=(3a)^2+2\times 3a\times 1+(1)^2$
$[\because (a+b)^2=a^2+2ab+b^2]$
$=(3a+1)^2=(3a+1)(3a+1)$

24. (b) $x^2-32x+256$
$=(x)^2-2\times 16\times x+(16)^2$
$[\because (a-b)^2=a^2-2ab+b^2]$
$=(x-16)^2=(x-16)(x-16)$

25. (a) $(4a-3b)^2-100$
$=(4a-3b)^2-(10)^2$
$=(4a-3b+10)(4a-3b-10)$
$[\because a^2-b^2=(a+b)(a-b)]$

26. (a) $\left(\dfrac{x}{2}+\dfrac{y}{3}\right)\left(\dfrac{x}{2}-\dfrac{y}{3}\right)=\left(\dfrac{x}{2}\right)^2-\left(\dfrac{y}{3}\right)^2$
$[\because (a+b)(a-b)=a^2-b^2]$
$=\dfrac{x^2}{4}-\dfrac{y^2}{9}$

27. (b) $13x=(28)^2-(15)^2$
$\Rightarrow 13x=(28+15)(28-15)$ $[\because a^2-b^2=(a+b)(a-b)]$
$\Rightarrow x=\dfrac{43\times 13}{13} \Rightarrow x=43$

28. (d) $x+\dfrac{1}{x}=6$
दोनों पक्षों का वर्ग करने पर,
$x^2+\dfrac{1}{x^2}+2=36 \Rightarrow x^2+\dfrac{1}{x^2}=34$

29. (a) $6xy^2+9x^2y^3+12x^2y^2$
$=2\times 3xy^2+3xy^2\times 3xy+4x\times 3xy^2$
$=3xy^2(2+3xy+4x)$

30. (a) $\frac{2(x-2)}{x-2} - \frac{3}{x+2} = 2$

$\Rightarrow \frac{2(x-2)(x+2) - 3(x-2)}{(x-2)(x+2)} = 2$

$\Rightarrow \frac{2(x^2-2^2) - 3(x-2)}{x^2-2^2} = 2$

$\Rightarrow 2x^2 - 8 - 3x + 6 = 2x^2 - 8$

$\Rightarrow 3x = 6 \Rightarrow x = 2$

31. (a) $a^5 + a^4b - ab^4 - b^5$

$= a^4(a+b) - b^4(a+b)$

$= (a+b)(a^4 - b^4)$

$= (a+b)[(a^2)^2 - (b^2)^2]$

$= (a+b)[(a^2+b^2)(a^2-b^2)]$

$= (a+b)(a^2+b^2)(a+b)(a-b)$

$= (a-b)(a+b)^2(a^2+b^2)$

32. (b) $x^2 + y^2 + z^2 + 2xy + 2yz + 2zx$

$= (x+y+z)^2$

[$\because x = 5, y = 3$ तथा $z = 1$]

$= (5+3+1)^2 = 9^2 = 81$

33. (c) $-13x^2y^2 + 5x^2y^2 - 12x^2y^2$

$= x^2y^2(-13+5-12) = -20x^2y^2$

34. (b) $(b-c) + b(c-a) + c(a-b)$

$= b - c + bc - ab + ac - bc$

$= b - c - ab + ac$

35. (d) एक बहुपद में अनेक पद होते हैं।

36. (b) $18x^2y^2 \div 6xy = \frac{18x^2y^2}{6xy} = 3xy$

37. (d) दिया है,

$x^2 + y^2 = 9$

और $xy = 8$

$\because (x+y)^2 = x^2 + y^2 + 2xy$

$\Rightarrow (x+y)^2 = 9 + 2 \times 8$

$\Rightarrow (x+y)^2 = 9 + 16$

$\Rightarrow (x+y)^2 = 25$

$\therefore x + y = \sqrt{25} = \pm 5$

38. (d) $5y^3 + 3y^2 - 300$ ...(i)

$y = 4$ समी (i) में रखने पर,

$= 5(4)^3 + 3(4)^2 - 300$

$= 5 \times 64 + 3 \times 16 - 300$

$= 320 + 48 - 300$

$= 368 - 300 = 68$

39. (b) $\left(x + \frac{1}{x}\right) = 11$

दोनों पक्षों का वर्ग करने पर,

$\left(x + \frac{1}{x}\right)^2 = (11)^2$

$\Rightarrow x^2 + \frac{1}{x^2} + 2.x.\frac{1}{x} = 121$

$\Rightarrow x^2 + \frac{1}{x^2} = 121 - 2$

$\therefore x^2 + \frac{1}{x^2} = 119$

40. (c) $x^3 - y^3 - 9xy - 27$

$= (x)^3 + (-y)^3 + (-3)^3 - 3(x)(-y)(-3)$

$= (x - y - 3)(x^2 + y^2 + 9 + xy - 3y + 3x)$

41. (a) $\because a + b + c$

$= (2x-1) + (2x-2) + (3-4x)$

$= 4x - 3 + 3 - 4x = 0$

$\because a^3 + b^3 + c^3 = 3abc$

$= 3(2x-1)(2x-2)(3-4x)$

$= 3(4x^2 - 4x - 2x + 2)(3-4x)$

$= 3(4x^2 - 6x + 2)(3-4x)$

$= 6(2x^2 - 3x + 1)(3-4x)$

$= 6(3 - 13x + 18x^2 - 8x^3)$

42. (a) $(a+b)(a^2 - ab + b^2)$

$= a^3 - a^2b + b^2a + a^2b - b^2a + b^3$

$= a^3 + b^3$

43. (b) $10a^2 - 12b^2 = 2(5a^2 - 6b^2)$

44. (a) $\frac{2-7x}{1-5x} = \frac{3+7x}{4+5x}$

$\Rightarrow (2-7x)(4+5x) = (1-5x)(3+7x)$

$\Rightarrow 8 + 10x - 28x - 35x^2 = 3 + 7x - 15x - 35x^2$

$\Rightarrow 8 - 18x = 3 - 8x$

$\Rightarrow -8x + 18x = 8 - 3$

$\Rightarrow 10x = 5 \Rightarrow x = \frac{5}{10} = \frac{1}{2}$

अत: x का मान $= \frac{1}{2}$

45. (a) $a^4 + 2 + \frac{1}{a^4} = \left(a^2 + \frac{1}{a^2}\right)^2$

जब, $a = \sqrt{3}$

$= \left((\sqrt{3})^2 + \frac{1}{(\sqrt{3})^2}\right)^2$

$= \left(3 + \frac{1}{3}\right)^2 = \left(\frac{10}{3}\right)^2 = \frac{100}{9} = 11\frac{1}{9}$

46. (c) $a^2 + \frac{1}{a^2} + 8\left(a + \frac{1}{a}\right) + 14$

$= \left(a + \frac{1}{a}\right)^2 - 2 \times a \times \frac{1}{a} + 8\left(a + \frac{1}{a}\right) + 14$

$= \left(a + \frac{1}{a}\right)^2 + 8\left(a + \frac{1}{a}\right) + 14 - 2$

$= \left(a + \frac{1}{a}\right)^2 + 2\left(a + \frac{1}{a}\right) + 6\left(a + \frac{1}{a}\right) + 12$

$= \left(a + \frac{1}{a}\right)\left(a + \frac{1}{a} + 2\right) + 6\left(a + \frac{1}{a} + 2\right)$

$= \left(a + \frac{1}{a} + 2\right)\left(a + \frac{1}{a} + 6\right)$

47. (d) $(a-b)^2 = a^2 - 2ab + b^2$

अत: विकल्प (d) एक सर्वसमिका है।

48. (b) $x - \frac{1}{x} = 7$

दोनों पक्षों का वर्ग करने पर,

$\left(x - \frac{1}{x}\right)^2 = (7)^2$

$\Rightarrow x^2 + \frac{1}{x^2} - 2.x.\frac{1}{x} = 49$

$\Rightarrow x^2 + \frac{1}{x^2} = 49 + 2$

$\therefore x^2 + \frac{1}{x^2} = 51$

49. (a) $8 - 4x - 2x^3 - x^4$

$= 4(2-x) - x^3(2-x)$

$= (2-x)(4-x^3)$

50. (a) $x + \frac{1}{x} = 2$

दोनों पक्षों का वर्ग करने पर,

$\left(x + \frac{1}{x}\right)^2 = (2)^2$

$\Rightarrow x^2 + \frac{1}{x^2} + 2.x.\frac{1}{x} = 4$

$\Rightarrow x^2 + \frac{1}{x^2} + 2 = 4$

$x^2 + \frac{1}{x^2} = 4 - 2$

$\therefore \quad x^2 + \frac{1}{x^2} = 2 \Rightarrow \frac{x^4 + 1}{x^2} = 2$

51. (a) $x^2 - 41x + 400 = 0$

$\Rightarrow \quad x^2 - 25x - 16x + 400 = 0$

$\Rightarrow x(x - 25) - 16(x - 25) = 0$

$\Rightarrow \quad (x - 25)(x - 16) = 0$

$\therefore \quad x = 16, 25$

52. (c) दिया है,

$f(x) = ax^3 + 9x^2 + 4x - 8$

$x = -3$ रखने पर,

$f(-3) = a(-3)^3 + 9(-3)^2 + 4(-3) - 8 = -20$

$\Rightarrow \; -27a + 81 - 12 - 8 = -20$

$\Rightarrow -27a = -81 \Rightarrow a = \frac{81}{27}$

$\therefore \quad a = 3$

53. (d) दिया है,

आयत का क्षेत्रफल

$= 5(x + 3)(x^2 - 16)$

$= 5(x + 3)[(x)^2 - (4)^2]$

$= 5(x + 3)(x + 4)(x - 4)$

$[\because a^2 - b^2 = (a + b)(a - b)]$

एक भुजा $= 5(x^2 - x - 12)$

$= 5(x^2 - 4x + 3x - 12)$

$= 5[x(x - 4) + 3(x - 4)]$

$= 5(x - 4)(x + 3)$

$\because$ आयत का क्षेत्रफल

= एक भुजा $\times$ दूसरी भुजा

$\therefore$ दूसरी भुजा

$= \frac{5(x + 3)(x + 4)(x - 4)}{5(x - 4)(x + 3)} = x + 4$

14 | ज्यामिति

बिन्दु

बिन्दु की कोई लम्बाई या चौड़ाई नहीं होती है। यह मात्र सही स्थिति को दर्शाने का कार्य करता है। **जैसे**—वृत्त के बीचों-बीच स्थिति को दर्शाने वाला उसका केन्द्र एक बिन्दु होता है।

रेखा

रेखा बिन्दुओं के मेल से बनती हैं। रेखा का कोई अन्त बिन्दु नहीं होता।

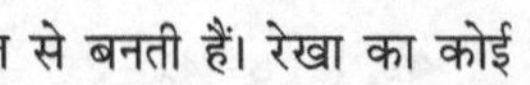

रेखाखण्ड

दो बिन्दुओं के मध्य रेखा का वह निश्चित भाग जिसका मापन सम्भव हो तथा अन्य प्रकार के रेखाखण्ड की तुलना की जा सके, रेखाखण्ड कहलाता है।

चित्र में, रेखा AB में PQ एक रेखाखण्ड है। जिसके दोनों सिरों के मध्य की दूरी 5 सेमी हैं अर्थात् यह रेखाखण्ड 5 सेमी लम्बा है।

किरण

किरण का केवल एक बिन्दु निश्चित होता है तथा कोई अन्त नहीं होता है।

कोण

दो सरल रेखाओं के एक बिन्दु पर मिल जाने पर कोण बनता है। चित्र में, AB एवं BC के मिलान बिन्दु B पर अन्तरित θ, कोण कहलाता है।

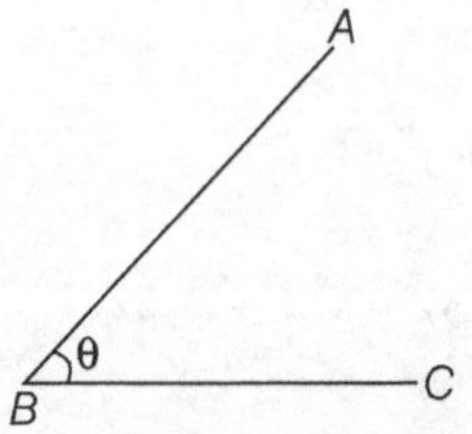

न्यून कोण

90° से कम के कोण न्यून कोण कहलाते हैं। जैसे— 23°, 35°, 40°, 60° के कोण न्यून कोण है।

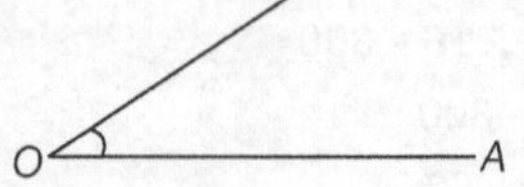

समकोण

90° का कोण समकोण कहलाता है।

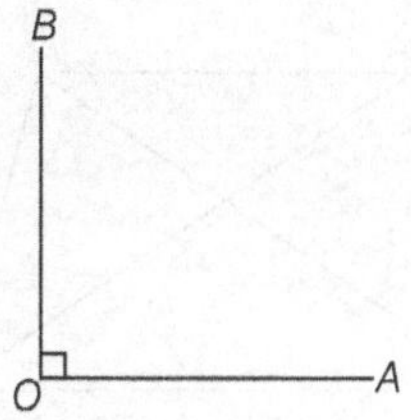

अधिक कोण

90° से अधिक और 180° से कम के कोण अधिक कोण कहलाते हैं। **जैसे** 98°, 130°, 145°, 178° के कोण अधिक कोण है।

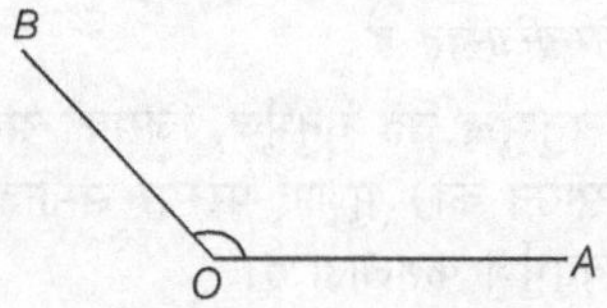

सरल कोण

180° का कोण सरल कोण कहलाता है। 1 सरल कोण = 2 समकोण

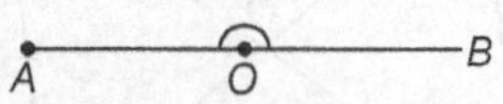

दो कोणों के बीच का सम्बन्ध

पूरक कोण

जिन दो कोणों का योग 90° होता है, उनको एक-दूसरे के पूरक कोण कहते हैं।

जैसे 60° का पूरक कोण 30° और 45° का पूरक कोण 45° हैं।

सम्पूरक कोण

जिन दो कोणों का योग 180° होता है, उनको एक-दूसरे का सम्पूरक कोण कहते हैं।

जैसे 100° का कोण और 80° का कोण एक-दूसरे के सम्पूरक कोण है।

रैखिक युग्म कोण

एक सरल रेखा के एक ही और बने कोणों को रैखिक युग्म कोण कहते हैं।

- रैखिक युग्म के सभी कोणों का योग 180° होता हैं।

महत्त्वपूर्ण बिन्दु

- दो समान्तर रेखाओं के बीच की लम्बवत् दूरी सदैव समान रहती है।
- किसी रेखा के समान्तर खींची गई सभी रेखाएँ आपस में समान्तर होती है।
- एक रेखा के विभिन्न बिन्दुओं के लम्बवत् खींची गई सभी रेखाएँ परस्पर समान्तर होती है।
- जब सरल रेखाओं को तिर्यक रेखा काटती है, तो तिर्यक रेखा का सरल रेखाओं के बीच कटा हुआ भाग अन्त: खण्ड कहलाता है।

त्रिभुज

तीन रेखाखण्डों से घिरी हुई समतलीय आकृति त्रिभुज कहलाती है। त्रिभुज को Δ से निरूपित करते हैं तथा इसमें तीन भुजाएँ और तीन कोण होते हैं।

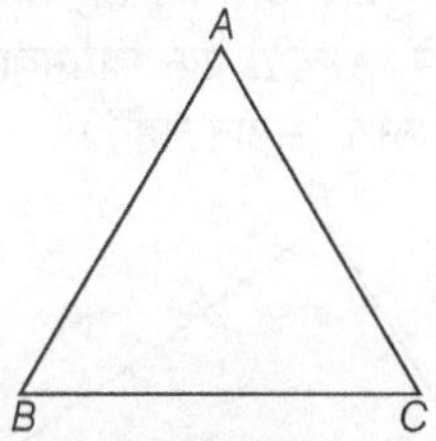

(i) त्रिभुज के तीनों कोणों का योग 180° होता हैं।

$\angle A + \angle B + \angle C = 180°$

(ii) त्रिभुज की किन्हीं दो भुजाओं का योग तीसरी भुजा से अधिक होता है। $(AC + BC)$ का मान AB से अधिक होगा।

त्रिभुजों का वर्गीकरण

हम त्रिभुजों का वर्गीकरण दो प्रकार से कर सकते हैं

1. भुजाओं के आधार पर   2. कोणों के आधार पर

भुजाओं के आधार पर

भुजाओं के आधार पर त्रिभुज तीन प्रकार के होते हैं

1. समबाहु त्रिभुज

वह त्रिभुज जिसकी सभी भुजाएँ समान हों, समबाहु त्रिभुज कहलाता है। निम्न चित्र में, ΔABC एक समबाहु त्रिभुज है, क्योंकि $AB = BC = CA$

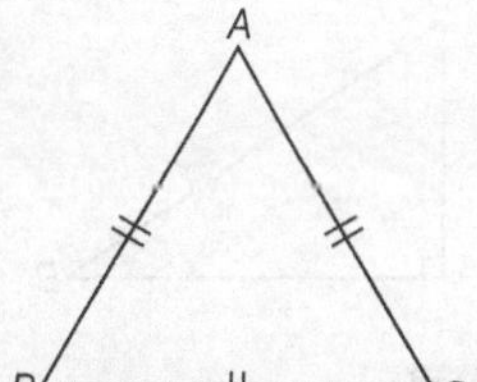

- समबाहु त्रिभुज के प्रत्येक कोण की माप 60° होती हैं।

2. समद्विबाहु त्रिभुज

वह त्रिभुज जिसकी दो भुजाएँ समान हों, समद्विबाहु त्रिभुज कहलाता है। निम्न चित्र में, ΔABC एक समद्विबाहु त्रिभुज है क्योंकि इसकी दो भुजाएँ AB और AC समान हैं।

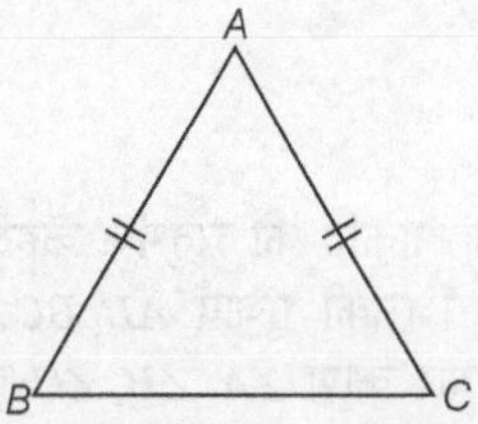

- समान भुजाओं के सामने के कोण भी समान होते हैं।

  जैसे $\angle ABC = \angle ACB$

3. विषमबाहु त्रिभुज

वह त्रिभुज जिसकी सभी भुजाएँ असमान हों, विषमबाहु त्रिभुज कहलाता है। निम्न चित्र में, ΔPQR एक विषमबाहु त्रिभुज है क्योंकि $PQ \neq QR \neq RP$ ($\neq$ का अर्थ 'समान नहीं')

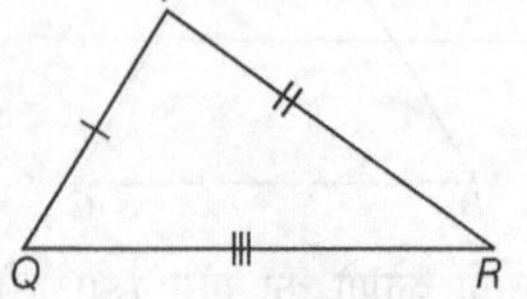

कोणों के आधार पर

कोणों के आधार पर त्रिभुज तीन प्रकार के होते हैं।

1. न्यून कोण त्रिभुज

वह त्रिभुज जिसमें सभी कोण 90° से कम हों, न्यून कोण त्रिभुज कहलाता है।

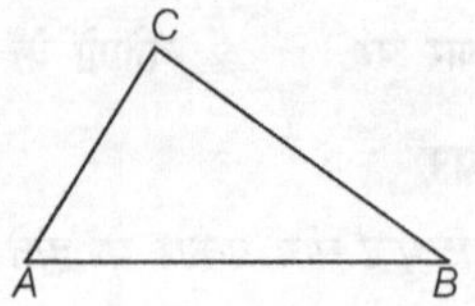

2. समकोण त्रिभुज

वह त्रिभुज जिसमें एक कोण 90° का हो, समकोण त्रिभुज कहलाता है।

पाइथागोरस प्रमेय से, $(\text{कर्ण})^2 = (\text{आधार})^2 + (\text{लम्ब})^2$

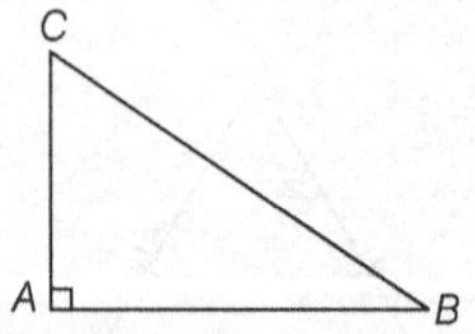

3. अधिक कोण त्रिभुज

वह त्रिभुज जिसमें एक कोण 90° से अधिक हो, अधिक कोण त्रिभुज कहलाता है।

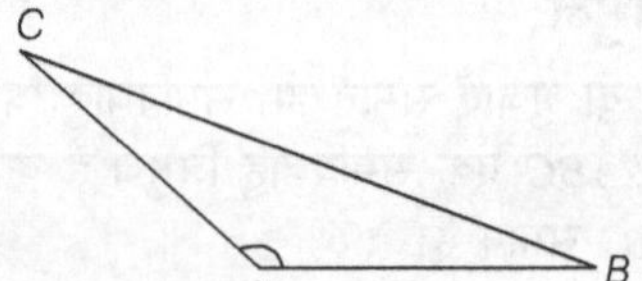

चतुर्भुज

चार रेखाखण्डों से घिरी आकृति को चतुर्भुज कहते हैं। चित्र में, $ABCD$ एक चतुर्भुज है जिसकी भुजाएँ AB, BC, CD व DA तथा विकर्ण AC, BD तथा चार कोण $\angle A, \angle B, \angle C$ व $\angle D$ हैं।

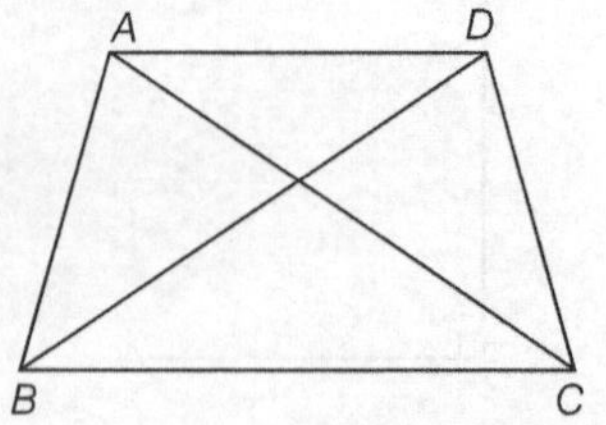

- चतुर्भुज के चारों अन्तः कोणों का योग 360° होता है।

चतुर्भुज के प्रकार

चतुर्भुज के प्रकार निम्नलिखित है

(i) समान्तर चतुर्भुज वह चतुर्भुज, जिसकी सम्मुख (आमने-सामने की) भुजाएँ परस्पर समान्तर होती हैं, समान्तर चतुर्भुज कहलाता है।

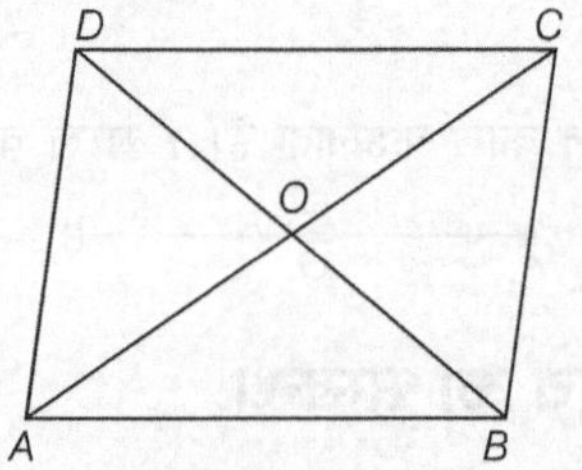

चित्र में, $AB \parallel CD$ तथा $AD \parallel BC$

- सम्मुख भुजाएँ तथा सम्मुख कोण बराबर होते हैं।
- विकर्ण बराबर नहीं होते हैं।
- दोनों विकर्ण एक-दूसरे को समद्विभाजित करते हैं।
- समान्तर चतुर्भुज के किन्हीं दो क्रमागत कोणों के समद्विभाजक एक-दूसरे को समकोण पर काटते हैं।

(ii) आयत वह समान्तर चतुर्भुज, जिसका प्रत्येक कोण समकोण होता है, आयत कहलाता है।

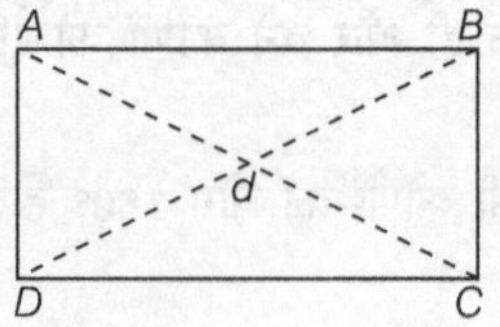

- सभी कोण समकोणीय होते हैं।
- विपरीत भुजाएँ समान होती हैं।
- विकर्ण बराबर होते हैं।
- सभी आयत समान्तर चतुर्भुज होते हैं, परन्तु सभी समान्तर चतुर्भुज आयत नहीं होते हैं।

(iii) समचतुर्भुज वह समान्तर चतुर्भुज, जिसकी प्रत्येक भुजा की लम्बाई समान होती है, समचतुर्भुज कहलाता है।

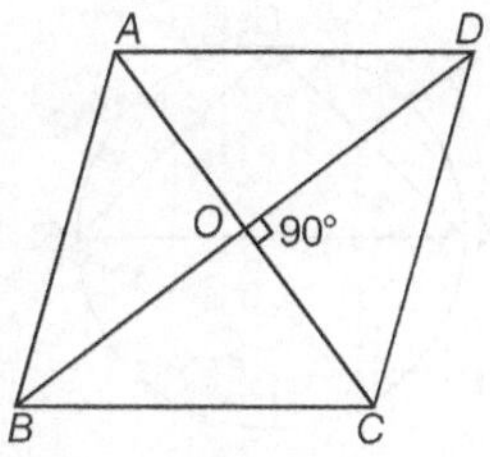

- विकर्ण एक-दूसरे को 90° पर काटते हैं।
- विकर्ण बराबर नहीं होते हैं।
- भुजाओं के वर्गों का योग विकर्णों के योग के बराबर होता हैं।

(iv) वर्ग वह समचतुर्भुज होता है जिसका प्रत्येक कोण समकोण होता है, वर्ग कहलाता है।

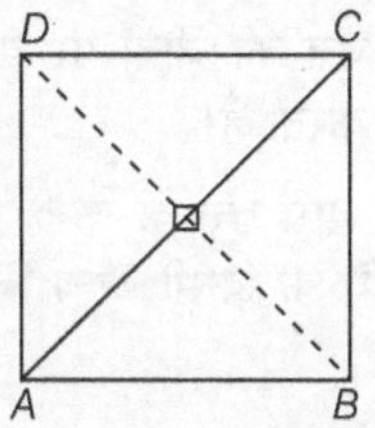

- प्रत्येक अन्त:कोण का मान 90° होता है।
- चारों भुजाएँ बराबर होती हैं।
- विकर्ण बराबर और एक-दूसरे को लम्बवत् समद्विभाजित करते हैं।
- विकर्णों की लम्बाई समान होती है।

(v) समलम्ब चतुर्भुज वह चतुर्भुज, जिसकी दो भुजाएँ परस्पर समान्तर होती हैं तथा शेष दो भुजाएँ परस्पर असमान्तर होती हैं, समलम्ब चतुर्भुज कहलाता है।

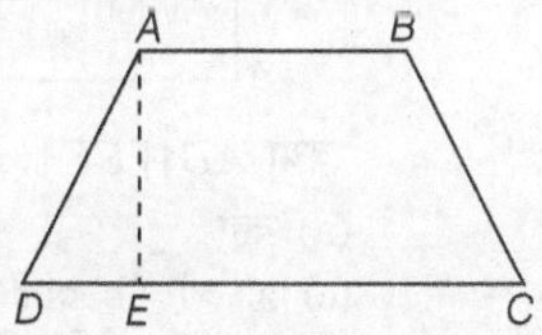

चित्र में, $AB \parallel DC$

बहुभुज

तीन या तीन से अधिक भुजाओं से घिरी आकृति को बहुभुज कहते हैं।

बहुभुजों के प्रकार

बहुभुज दो प्रकार के होते हैं

उत्तल बहुभुज

यदि बहुभुज के सभी अन्त: कोणों की माप 180° से कम है, तो इस प्रकार के बहुभुज को उत्तल बहुभुज कहते हैं।

- उत्तल बहुभुज के सभी अन्त: कोणों का योग $= (n-2) \times 180°$
- सभी बाह्य कोणों का योग $= 360°$

अवतल बहुभुज

यदि बहुभुज के कम-से-कम एक अन्त: कोण की माप 180° से अधिक है, तो बहुभुज, अवतल बहुभुज कहलाता है।

महत्त्वपूर्ण बिन्दु

- त्रिभुज में एक भुजा के समान्तर खींची गई रेखा अन्य भुजाओं को समान अनुपात में विभाजित करती है।
- त्रिभुज की दो भुजाओं के मध्य बिन्दुओं को मिलाने वाली रेखा तीसरी भुजा के समान्तर होती है।
- यदि किसी बहुभुज में भुजाओं की संख्या n है, तो किसी एक शीर्ष से सभी विपरीत शीर्षों को मिलाने पर $(n-2)$ त्रिभुजों में बँट जाता है।
- जिस बहुभुज में भुजाओं की लम्बाई भिन्न-भिन्न होती है, उसे अनियमित बहुभुज कहते हैं।
- समबहुभुज के प्रत्येक कोण की माप बराबर होती है।

समबहुभुज

वह बहुभुज जिसकी सभी भुजाएँ व सभी आन्तरिक कोण आपस में बराबर होते हैं, समबहुभुज कहलाता है।

n भुजाओं वाले समबहुभुज के लिए,

(i) अन्त: कोण का योग $= (n-2) \times 180°$

(ii) प्रत्येक अन्त:कोण $= \dfrac{(n-2) \times 180°}{n}$

(iii) सभी बाह्य कोण का योग $= 360°$

(iv) प्रत्येक बाह्य कोण $= \dfrac{360°}{n}$

(v) अन्त:कोण + बाह्य कोण $= 180°$

(vi) विकर्णों की संख्या $= \left[\dfrac{n(n-1)}{2} - n\right]$

वृत्त

किसी समतल में स्थित उन बिन्दुओं का बिन्दुपथ, जो समतल में दिए गए एक स्थिर बिन्दु से दी गई स्थिर दूरी पर होते हैं, वृत्त कहलाता है।

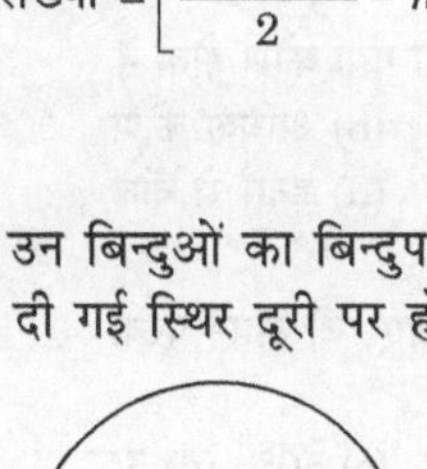

स्थिर बिन्दु को वृत्त का केन्द्र तथा इससे वृत्त के प्रत्येक बिन्दु की स्थिर दूरी को वृत्त की त्रिज्या कहते हैं। त्रिज्या को 'r' से निरूपित करते हैं।

वृत्त का व्यास वृत्त के केन्द्र से होकर जाने वाली वह रेखा जो वृत्त को दो बिन्दुओं पर मिलती है, वृत्त का व्यास कहते हैं।

∴ वृत्त का व्यास, $d = 2 \times$ वृत्त की त्रिज्या (r)

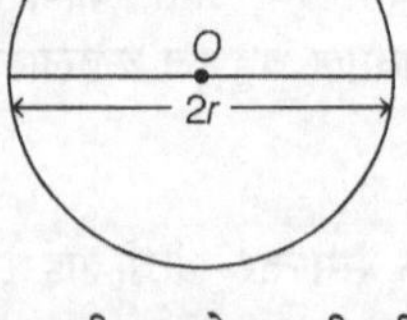

- वृत्त का व्यास उस वृत्त की सबसे लम्बी जीवा होती है।
- वृत्त का व्यास, वृत्त को दो बराबर भागों में बाँटता है, जिनमें से प्रत्येक को अर्द्धवृत्त कहते हैं।

वृत्त की परिधि वृत्त के परिमाप को वृत्त की परिधि कहते हैं।

∴ वृत्त की परिधि $= 2\pi r$

जहाँ, $r =$ वृत्त की त्रिज्या

- अर्द्धवृत्त में बना कोण समकोण होता है।

∴ $\angle ACB = 90°$

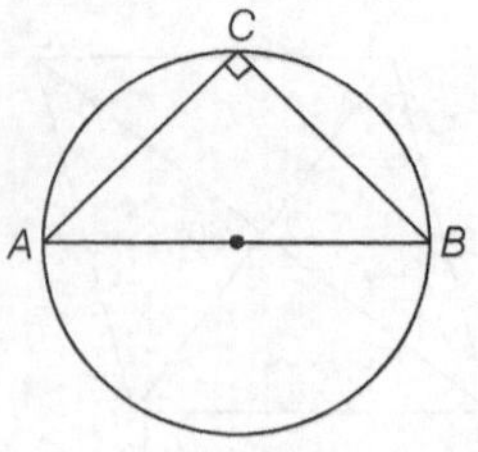

महत्त्वपूर्ण बिन्दु

- वृत्त के किसी चाप द्वारा शेष वृत्त खण्ड पर बने सभी कोण समान होते हैं।
- किसी जीवा के दोनों ओर वृत्त खण्डों में बनने वाले कोणों का योगफल 180° होता है।
- एक ही वृत्त में समान लम्बाई के चाप केन्द्र पर समान कोण बनाते हैं।
- किसी वृत्त के केन्द्र से वृत्त की जीवा पर डाला गया लम्ब उस जीवा को समद्विभाजित करता है।
- किसी वृत्त में एक चाप द्वारा वृत्त के केन्द्र पर अन्तरित कोण, उस चाप द्वारा वृत्त की परिधि के किसी अन्य बिन्दु पर अन्तरित कोण का दोगुना होता है।

अभ्यास प्रश्न

1. निम्नलिखित में से किसमें कोई लम्बाई, चौड़ाई तथा ऊँचाई नहीं होती है

(a) रेखा में (b) बिन्दु में
(c) रेखाखण्ड में (d) त्रिभुज में

2. वृत्त की सबसे लम्बी जीवा कहलाती है

(a) अर्द्धव्यास (b) व्यास
(c) परिधि (d) इनमें से कोई नहीं

3. अर्द्धवृत्त द्वारा बनाया गया कोण होता है

(a) समकोण (b) अधिक कोण
(c) न्यूनकोण (d) इनमें से कोई नहीं

4. वह कोण ज्ञात कीजिए, जो अपने पूरक कोण के बराबर है

(a) 40° (b) 45° (c) 50° (d) 55°

5. $\angle DBC$ का मान क्या होगा?

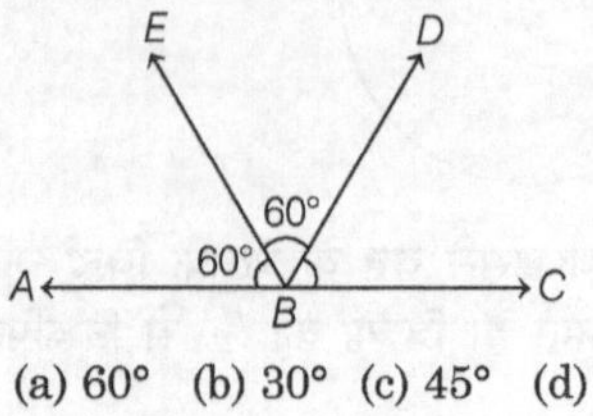

(a) 60° (b) 30° (c) 45° (d) 90°

6. दिए गए चित्र के आधार पर x का मान ज्ञात करें।

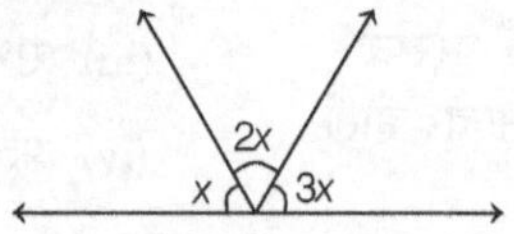

(a) 15° (b) 30° (c) 60° (d) 45°

7. निम्नांकित चित्र में PR का मान होगा

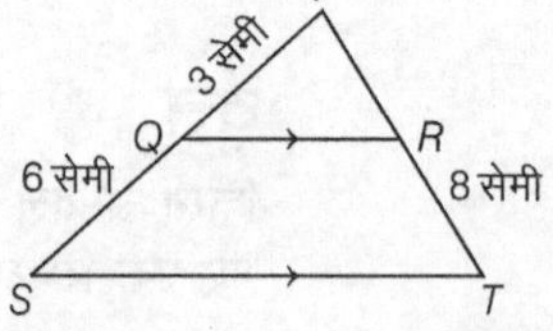

(a) 1 सेमी (b) 2 सेमी
(c) 3 सेमी (d) 4 सेमी

8. त्रिभुज की दो भुजाओं के मध्य बिन्दुओं को मिलाने वाली रेखा तीसरी भुजा के ...... होती है।

(a) तिर्यक
(b) समान्तर
(c) लम्बवत्
(d) उपरोक्त में से कोई नहीं

9. दी गई आकृति में $AB \parallel DC$, $EF \parallel AB$ और E रेखाखण्ड AD का मध्य-बिन्दु है, तब

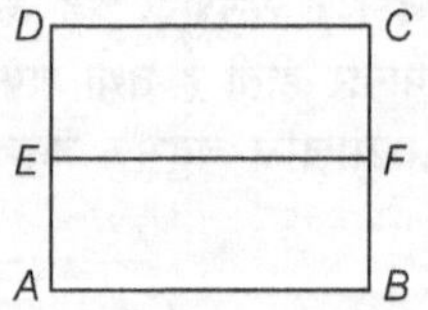

क्या $AB \parallel EF \parallel DC$ है?

(a) नहीं (b) हाँ
(c) 'a' और 'b' दोनों नहीं
(d) इनमें से कोई नहीं

10. कितनी समान्तर भुजाओं के बीच की लम्बवत् दूरी सदैव समान रहती है?

(a) 2 (b) 3 (c) 4 (d) 1

11. कितनी समान्तर रेखाओं पर दो तिर्यक रेखाओं के अन्त:खण्डों का अनुपात समान होता है?

(a) 5 (b) 2 (c) 4 (d) 3

12. समान्तर चतुर्भुज का एक कोण यदि 60° हो, तो उसके सम्मुख कोण का मान होगा

(a) 20° (b) 120°
(c) 60° (d) 180°

13. वह चतुर्भुज जिसमें केवल एक सम्मुख भुजा समान्तर हो चतुर्भुज होगा
(a) आयत (b) समलम्ब
(c) समान्तर चतुर्भुज (d) वर्ग

14. यदि किसी बहुभुज में भुजाओं की संख्या 10 है, तो किसी एक शीर्ष से सभी विपरीत शीर्षों को मिलाने पर बनने वाले त्रिभुजों की संख्या होगी
(a) 6 (b) 7 (c) 8 (d) 10

15. एक बहुभुज में भुजाओं की संख्या 12 हो, तो उसके अन्त:कोणो का योग होगा
(a) 1500° (b) 1600°
(c) 1700° (d) 1800°

16. एक समान्तर चतुर्भुज के दो कोणों का अनुपात 5 : 4 है तब, समान्तर चतुर्भुज के प्रथम कोण का मान ज्ञात कीजिए।
(a) 100° (b) 80° (c) 45° (d) 90°

17. यदि किसी चतुर्भुज के तीन कोण समान हैं तथा चौथा कोण 105° है, तो समान कोण की माप होगी
(a) 90° (b) 85° (c) 45° (d) 60°

18. षट्भुज में अन्त: कोणों का योग होगा
(a) 540° (b) 720°
(c) 240° (d) इनमें से कोई नहीं

19. एक त्रिभुज के दो कोण 50° और 50° हैं, तो त्रिभुज का तीसरा कोण ज्ञात कीजिए।
(a) 80° (b) 50° (c) 60° (d) 70°

20. 60° के सम्पूरक एवं कोटिपूरक कोणों का अन्तर क्या है?
(a) 120° (b) 100° (c) 90° (d) 45°

21. एक वृत्त का व्यास 12 सेमी है, वृत्त की त्रिज्या क्या होगी ?
(a) 12 सेमी (b) 6 सेमी
(c) 8 सेमी (d) 5 सेमी

22. 8 भुजीय समबहुभुज के बाह्य कोणों का मान कितना होगा?
(a) 20° (b) 30°
(c) 40° (d) 45°

23. यदि एक चतुर्भुज के चारों कोणों का अनुपात क्रमश: 3 : 5 : 7 : 9 हैं, तो सबसे छोटे कोण का मान होगा
(a) 45° (b) 75°
(c) 105° (d) 135°

24. यदि $\Delta ABC \cong \Delta PQR$ है, तो $\angle A$ किसके बराबर होगा?
(a) $\angle P$ (b) $\angle Q$
(c) $\angle R$ (d) $\angle P$ और $\angle Q$

25. एक वर्गाकार कागज के चारों ओर शीर्षों को कैंची से काटने पर बनी आकृति कौन-सा बहुभुज बनाती है?
(a) अष्टभुज (b) षट्भुज
(c) सप्तभुज (d) पंचभुज

26. सभी वर्ग आयत होते हैं
(a) हाँ (b) नहीं
(c) 'a' और 'b' दोनों नहीं
(d) इनमें से कोई नहीं

27. दीर्घ वृत्त खण्ड का कोण होता है
(a) समकोण (b) अधिक कोण
(c) न्यूनकोण (d) इनमें से कोई नहीं

28. दी गई आकृति में, वृत्तखण्ड $ABCD$ में $\angle DAC = 70°$ तथा $\angle DBC = 30°$ है, तो $\angle ADB$ तथा $\angle ACB$ के माप ज्ञात कीजिए।

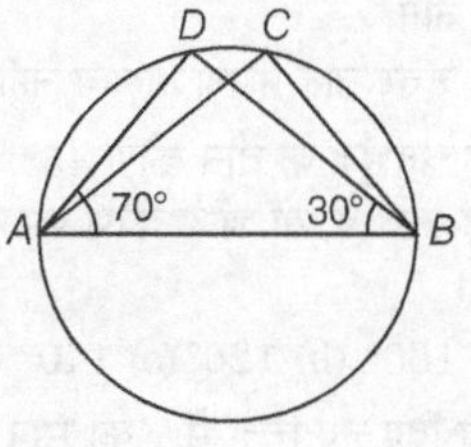

(a) 80°, 80° (b) 40°, 50°
(c) 60°, 70° (d) 80°, 90°

29. दी गई आकृति में, यदि $\angle AOC = 140°$, जहाँ O वृत्त का केन्द्र बिन्दु है, तो $\angle ABC$ किसके बराबर होगा?

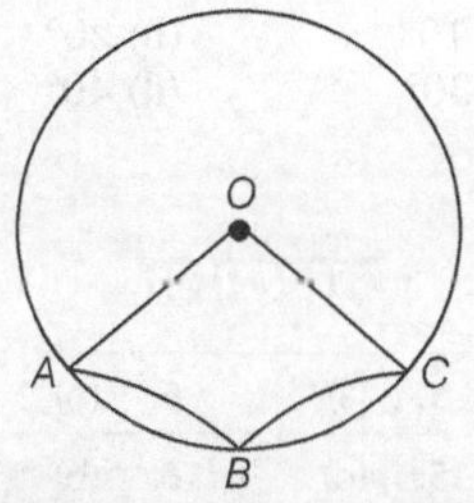

(a) 40° (b) 90° (c) 100° (d) 110°

30. दी गई आकृति में, $AB = BC$ तथा $\angle ACB = 55°$ है। $\angle ADC$ की माप ज्ञात कीजिए।

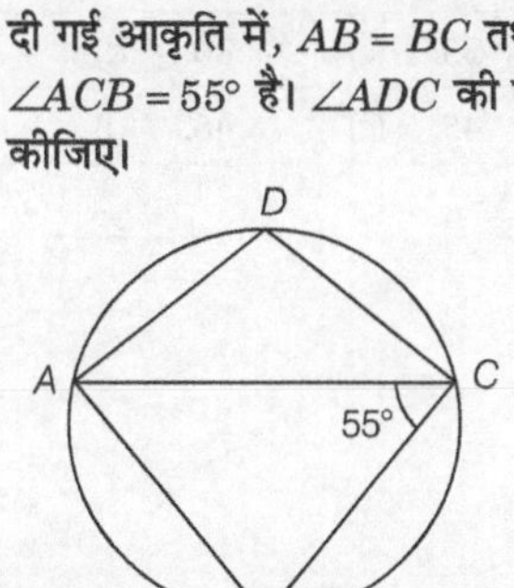

(a) 35° (b) 40° (c) 70° (d) 55°

31. दी गई आकृति में $OM \perp PQ$ यदि $PM = 4$ सेमी हो, तो PQ का मान ज्ञात कीजिए।

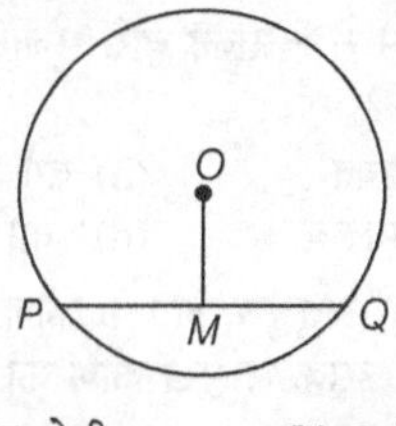

(a) 5 सेमी (b) 6 सेमी
(c) 8 सेमी (d) 9 सेमी

32. निम्न आकृति में y का मान ज्ञात कीजिए।

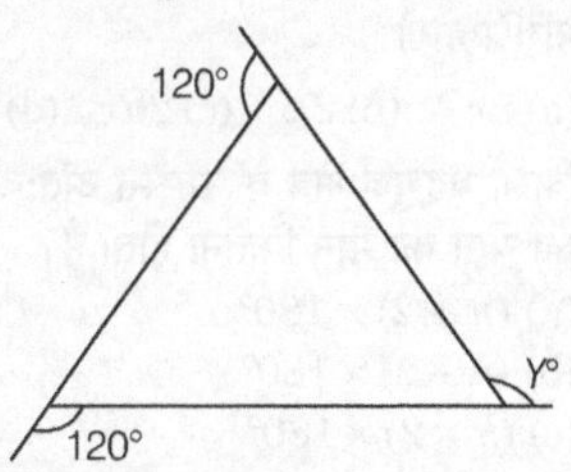

(a) 60° (b) 30° (c) 120° (d) 45°

33. समान्तर चतुर्भुज के गुण होते हैं
(a) विकर्ण एक-दूसरे को समद्विभाजित करते हैं
(b) सम्मुख भुजाएँ समान होती हैं
(c) 'a' और 'b' दोनों
(d) इनमें से कोई नहीं

34. दी गई आकृति में $\angle D$ के मान ज्ञात कीजिए।

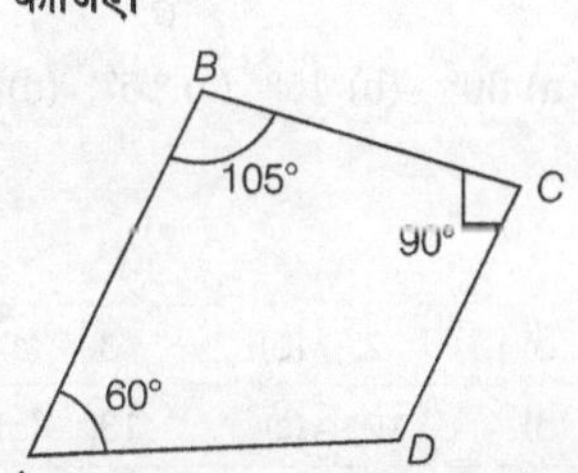

(a) 105° (b) 120°
(c) 130° (d) 115°

35. n-भुजाओं वाले एक बहुभुज में विकर्णों की संख्या है
(a) $\frac{n(n+1)}{2}$ (b) $\frac{n(n-2)}{2}$
(c) $\frac{n(n-3)}{2}$ (d) $\frac{n(n-4)}{2}$

36. यदि $PQRS$ एक समान्तर चतुर्भुज है, तो $\angle P - \angle R$ है
(a) 60° (b) 90°
(c) 80° (d) 0°

37. आयत का प्रत्येक कोण कितने डिग्री का होता है?

(a) 60° (b) 90° (c) 70° (d) 80°

38. निम्न में से किसकी चारों भुजाएँ बराबर होती हैं?

(a) आयत (b) वर्ग
(c) समलम्ब (d) इनमें से कोई नहीं

39. समान्तर चतुर्भुज का एक कोण यदि 60° हो, तो उसके सम्मुख कोण का मान क्या होगा?

(a) 60° (b) 120° (c) 90° (d) 180°

40. यदि किसी वृत्त की त्रिज्या r है, तो उसकी परिधि होगी

(a) $2r$ (b) 2π (c) $2\pi r$ (d) πr

41. किसी बहुभुज क्षेत्र के समस्त अंत:कोणों का योग का मान कितना होता है?

(a) $(n+2)\times 180°$
(b) $(n-2)\times 180°$
(c) $(n\times 2)\times 180°$
(d) $(n\div 2)\times 180°$

42. दिए गए समकोण त्रिभुज में $\angle BAC$ का मान क्या होगा?

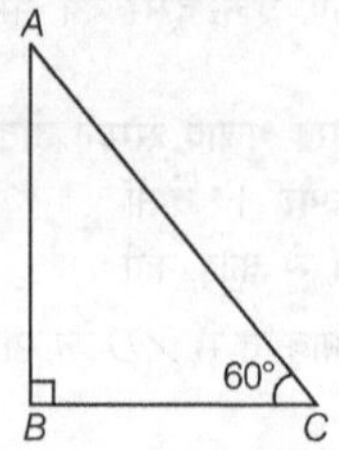

(a) 30° (b) 45° (c) 15° (d) 50°

43. एक कोण का पूरक उसका दोगुना है। कोण ज्ञात कीजिए।

(a) 40° (b) 30°
(c) 60° (d) 90°

44. दिए हुए चित्र में x का मान क्या होगा?

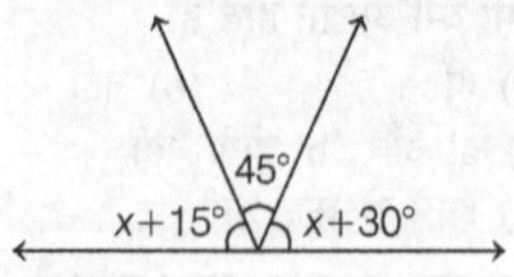

(a) 45° (b) 50°
(c) 35° (d) 90°

45. एक त्रिभुज में अधिक-से-अधिक कितने न्यूनकोण हो सकते हैं?

(a) एक
(b) दो
(c) तीन
(d) उत्तर ज्ञात करना सम्भव नहीं है

46. एक चतुर्भुज के तीन कोण 45°, 110° तथा 75° हैं, तो चौथे कोण का मान ज्ञात करें।

(a) 160° (b) 120° (c) 140° (d) 130°

47. नीचे दिए गए चित्र में x का मान ज्ञात करें।

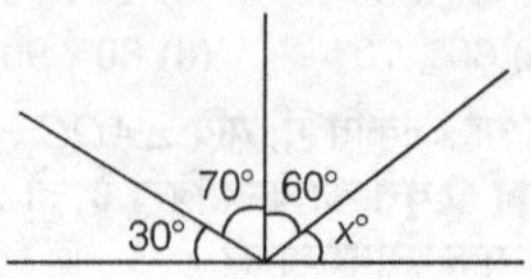

(a) 10° (b) 20°
(c) 30° (d) 40°

48. दो पूरक कोणों में 10° का अन्तर हैं। दोनों कोणों की माप अलग-अलग कितनी होगी?

(a) 60°, 70°
(b) 80°, 70°
(c) 50°, 40°
(d) 40°, 30°

49. एक त्रिभुज के कोई दो कोण A और B क्रमश: 50° व 70° हैं, तो तीसरा कोण C कितने डिग्री होगा?

(a) 90° (b) 50°
(c) 70° (d) 60°

50. एक त्रिभुज में कोण 2 : 3 : 5 के अनुपात में है, तो सबसे छोटे कोण की माप क्या होगी?

(a) 24° (b) 36°
(c) 54° (d) 40°

51. एक विद्यार्थी को माचिस की चार समान लम्बाई की तिल्लियाँ दी जाती हैं और चारों को एक-दूसरे से 90° के कोण पर जोड़ते हुए एक ज्यामिति आकृति बनाने को कहा जाता है। वह कौन-सी आकृति बनाएगा?

(a) आयत
(b) वर्ग
(c) समान्तर चतुर्भुज
(d) उपरोक्त में से कोई नहीं

52. एक त्रिभुज के तीनों कोण समान हैं, तो प्रत्येक कोण का मान ज्ञात कीजिए।

(a) 70° (b) 50°
(c) 60° (d) 80°

उत्तरमाला

1. (b)	2. (b)	3. (a)	4. (b)	5. (a)	6. (b)	7. (d)	8. (b)	9. (b)	10. (a)
11. (d)	12. (c)	13. (b)	14. (c)	15. (d)	16. (b)	17. (b)	18. (b)	19. (a)	20. (c)
21. (b)	22. (d)	23. (a)	24. (a)	25. (a)	26. (a)	27. (b)	28. (a)	29. (d)	30. (c)
31. (c)	32. (c)	33. (c)	34. (a)	35. (c)	36. (d)	37. (b)	38. (b)	39. (a)	40. (c)
41. (b)	42. (a)	43. (b)	44. (a)	45. (c)	46. (d)	47. (b)	48. (c)	49. (d)	50. (b)
51. (b)	52. (c)								

संकेत एवं हल

1. (b) बिन्दु में कोई लम्बाई, चौड़ाई तथा ऊँचाई नहीं होती है।

2. (b) वृत्त की सबसे लम्बी जीवा व्यास कहलाती है।

3. (a) अर्द्धवृत्त द्वारा बनाया कोण समकोण होता है।

4. (b) माना अभीष्ट कोण $= x°$

$\therefore$ इसका पूरक कोण $= (90° - x°)$

प्रश्नानुसार,

$90° - x° = x° \Rightarrow 2x° = 90°$

$\therefore \quad x° = \frac{90°}{2} = 45°$

5. (a) प्रश्नानुसार,

$60° + 60° + \angle DBC = 180°$

[$\because$ रैखिक युग्म कोणों का योग 180° होता है]

$\angle DBC = 180° - 120°$

$\angle DBC = 60°$

6. (b) प्रश्नानुसार,

$x + 2x + 3x = 180°$

[$\because$ रैखिक युग्म कोणों का योग 180° होता है]

$\Rightarrow 6x = 180° \Rightarrow x = 30°$

7. (d) ΔPST में, $QR \| ST$

$$\frac{PQ}{QS} = \frac{PR}{RT} \quad ...(i)$$

जहाँ, $PQ = 3$ सेमी, $QS = 6$ सेमी तथा $RT = 8$ सेमी

समी (i) में मान रखने पर,

$\frac{3}{6} = \frac{PR}{8} \Rightarrow PR = \frac{3 \times 8}{6}$

$\Rightarrow \quad PR = 4$ सेमी

8. (b) समान्तर

9. (b) दिया है, $AB \| DC$ ...(i)

तथा $EF \| AB$ ...(ii)

समी (i) तथा (ii) से,

$AB \| EF \| DC$

अतः हाँ $AB \| EF \| DC$ है।

10. (a) दो समान्तर भुजाओं के बीच की लम्बवत् दूरी सदैव समान रहती है।

11. (d) तीन समान्तर रेखाओं पर दो तिर्यक रेखाओं के अन्तःखण्डों का अनुपात समान होता है।

12. (c) $\because$ समान्तर चतुर्भुज के विपरीत कोण एक-दूसरे के समान होते हैं।

$\therefore$ समान्तर चतुर्भुज का एक कोण यदि 60° है, तो उसका विपरीत कोण भी 60° होगा।

13. (b) समलम्ब

14. (c) दिया है, बहुभुज में भुजाओं की संख्या $(n) = 10$

$\therefore$ त्रिभुजों की संख्या $= n - 2$

$= 10 - 2 = 8$

15. (d) बहुभुज के अन्तःकोणों का योग

$= (n - 2) \times 180° = (12 - 2) \times 180$

$= 10 \times 180 = 1800°$

16. (b) $\because$ समान्तर चतुर्भुज के विपरीत कोण बराबर होते हैं।

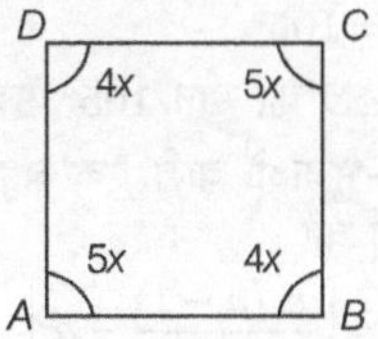

समान्तर चतुर्भुज के कोणों का योग $= 360°$

$\Rightarrow \quad \angle A + \angle B + \angle C + \angle D = 360°$

$\Rightarrow \quad 5x + 4x + 5x + 4x = 360°$

$\Rightarrow \quad 18x = 360° \Rightarrow x = 20°$

अतः प्रथम कोण $= 4 \times 20 = 80°$

17. (a) माना $ABCD$ एक चतुर्भुज है।

तथा समान कोण $= x°$

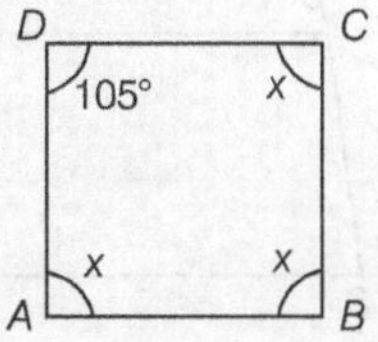

$\therefore \quad \angle A + \angle B + \angle C + \angle D = 360°$

$\Rightarrow \quad x + x + x + 105° = 360°$

$\Rightarrow \quad 3x = 360° - 105°$

$\Rightarrow \quad x = \frac{255}{3} \Rightarrow x = 85°$

अतः चतुर्भज के समान कोण की माप $= 85°$

18. (b) दिया है, $n = 6$

$\therefore$ अन्तः कोणों का योग$= (n - 2) \times 180°$

$= (6 - 2) \times 180° = 4 \times 180° = 720°$

19. (a) $\therefore$ त्रिभुज का तीसरा कोण

$= 180° - (50° + 50°)$

[$\because$ तीनों कोणों का योग 180° होता है]

$= 180° - 100° = 80°$

20. (c) 60° का सम्पूरक कोण

$= 180° - 60° = 120°$

तथा 60° का कोटिपूरक कोण

$= 90° - 60° = 30°$

$\therefore$ अभीष्ट अन्तर $= 120° - 30° = 90°$

21. (b) हम जानते हैं कि,

वृत्त की त्रिज्या $= \frac{\text{वृत्त का व्यास}}{2}$

$\therefore$ वृत्त की त्रिज्या $= \frac{12}{2} = 6$ सेमी

22. (d) समबहुभुज के प्रत्येक आन्तरिक कोण की

माप $= \frac{(n-2) \times 180°}{n}$

यहाँ, $\quad n = 8$

$\therefore$ 8 भुजीय समबहुभुज के आन्तरिक कोण की माप

$= \frac{(8-2) \times 180°}{8} = \frac{6 \times 180°}{8} = 135°$

अतः इसके बाह्य कोण की माप

$= (180° - 135°) = 45°$

23. (a) माना चतुर्भुज के चारों कोण क्रमशः $3x, 5x, 7x$ तथा $9x$ हैं।

प्रश्नानुसार,

चतुर्भुज के चारों कोण का माप $= 360°$

$\Rightarrow \quad 3x + 5x + 7x + 9x = 360°$

$\Rightarrow \quad 24x = 360°$

$\therefore \quad x = \frac{360°}{24} = 15°$

अतः चतुर्भुज के सबसे छोटे कोण की माप

$= 3x = 3 \times 15° = 45°$

24. (a)

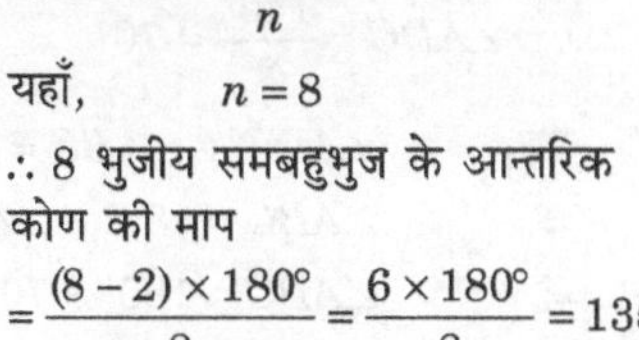

$\Delta ABC \cong \Delta PQR$

$\therefore \quad \angle A = \angle P$

25. (a) अष्टभुज

26. (a) हाँ, सभी वर्ग आयत होते हैं।

27. (b) अधिक कोण

28. (a) $\because$ एक ही चाप के द्वारा बने कोण बराबर होते हैं।

$\therefore \quad \angle ADB = \angle ACB$

ΔADB में,

$\angle DAB + \angle ADB + \angle ABD = 180°$

$\Rightarrow \quad 70° + \angle ADB + 30° = 180°$

$\Rightarrow \quad \angle ADB = 80°$

$\therefore \angle ACB = \angle ADB = 80°$

अत: $\angle ADB$ तथा $\angle ACB$ के माप क्रमश: 80° व 80° है।

29. (d) दिया है, $\angle AOC = 140°$

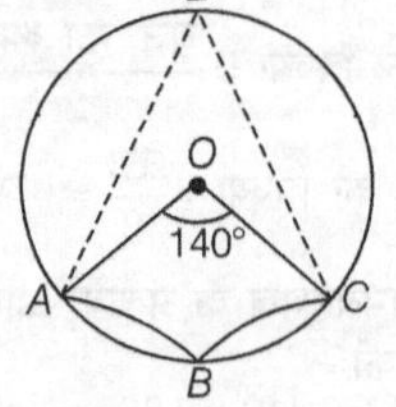

$\therefore \quad \angle ADC = \frac{140°}{2} = 70°$

अब, $\quad \angle ADC + \angle ABC = 180°$

$\Rightarrow \quad \angle ABC = 180° - \angle ADC$

$\Rightarrow \quad \angle ABC = 180° - 70°$

$\Rightarrow \quad \angle ABC = 110°$

अत: $\angle ABC$ की माप 110° के बराबर है।

30. (c) दिया है, ΔABC में, $AB = BC$

$\therefore$ सम्मुख कोण

$\angle ABC = \angle ACB = 55°$

ΔABC में,

$\angle ABC + \angle BAC + \angle BCA = 180°$

$\Rightarrow \angle ABC + 55° + 55° = 180°$

$\Rightarrow \quad \angle ABC = 180° - 110°$

$\Rightarrow \quad \angle ABC = 70°$

$\because$ चक्रीय चतुर्भुज में विपरीत कोण बराबर होते हैं।

$\therefore \quad \angle ABC = \angle ADC = 70°$

अत: $\angle ADC$ की माप 70° के बराबर है।

31. (c) वृत्त के केन्द्र से जीवा पर खींचा गया लम्ब जीवा को समद्विभाजित करता है।

$\therefore \quad PM = MQ$

$PM = 4$ सेमी (दिया है)

$MQ = 4$ सेमी

$\because \quad PQ = PM + MQ$

$= 4 + 4 = 8$ सेमी

अत: PQ का मान 8 सेमी है।

32. (b) $y° + 120° + 120° = 360°$

[$\because$ बहुभुज के बाह्य कोणों का योग 360° होता है]

$y = 360° - 240°$

$y = 120°$

अत: y का मान 120° है।

33. (c) 'a' और 'b' दोनों

34. (a) $\angle A + \angle B + \angle C + \angle D = 360°$

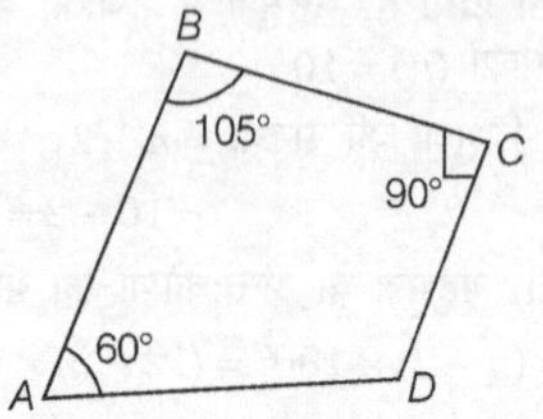

$\Rightarrow 105° + 90° + 60° + \angle D = 360°$

$\Rightarrow \quad \angle D = 360° - 255°$

$\therefore \angle D = 105°$

अत: $\angle D$ का मान 105° है।

35. (c) n-भुजाओं वाले एक बहुभुज में विकर्णों की

संख्या $= \left[\frac{n(n-1)}{2} - n\right]$

$= \frac{n^2 - n - 2n}{2} = \frac{n^2 - 3n}{2}$

$= \frac{n(n-3)}{2}$

36. (d) $PQRS$ एक समान्तर चतुर्भुज है। समान्तर चतुर्भुज के सम्मुख कोण बराबर होते हैं।

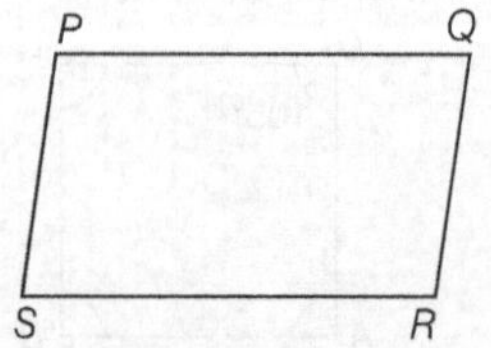

$\therefore \quad \angle P = \angle R, \angle S = \angle Q$

अत: $\quad \angle P - \angle R = 0°$

37. (b) आयत के प्रत्येक कोण 90° के होते हैं।

38. (b) एक वर्ग की चारों भुजाएँ बराबर होती है।

39. (a) समान्तर चतुर्भुज का एक कोण 60° हो, तो उसके सम्मुख कोण का मान 60° होगा क्योंकि समान्तर चतुर्भुज के सम्मुख कोण बराबर होते हैं।

40. (c) वृत्त की त्रिज्या $= r$

$\therefore$ वृत्त की परिधि $= 2\pi r$

41. (b) किसी बहुभुज क्षेत्र के समस्त अत: कोणों का योग

$= (n-2) \times 180°$

42. (a) ΔABC से,

$\angle A + \angle B + \angle C = 180°$

$\Rightarrow \quad \angle A + 90° + 60° = 180°$

$\Rightarrow \quad \angle A + 150° = 180°$

$\Rightarrow \quad \angle A = 180° - 150°$

$\therefore \quad \angle BAC = 30°$

43. (b) कोण $= x$, पूरक कोण $= 90° - x$

प्रश्नानुसार,

$2x = (90° - x)$

$2x + x = 90°$

$\Rightarrow \quad x = \frac{90°}{3} = 30°$

$\therefore$ अभीष्ट कोण $= 30°$

44. (a) प्रश्नानुसार,

$x + 15° + 45° + x + 30° = 180°$

[$\because$ रैखिक युग्म कोणों का योग 180° होता है]

$\Rightarrow \quad 2x + 90° = 180°$

$\Rightarrow \quad 2x = 180° - 90°$

$\Rightarrow \quad 2x = 90°$

$\therefore \quad x = \frac{90°}{2} = 45°$

45. (c) त्रिभुज में अधिक-से-अधिक तीन न्यूनकोण हो सकते हैं।

46. (d) चतुर्भुज के तीन कोण क्रमश: 45°, 110° तथा 75° हैं।

माना चौथा कोण $= x$

$45° + 110° + 75° + x = 360°$

[$\because$ चतुर्भुज के चारों कोणों का योग 360° होता है]

$\Rightarrow \quad 230° + x = 360°$

$\therefore \quad x = 360° - 230° = 130°$

अत: चौथा कोण 130° है।

47. (b) हम जानते हैं कि, रैखिक युग्म कोणों का योग 180° का होता है।

$\therefore \quad 30° + 70° + 60° + x = 180°$

$\Rightarrow \quad 160° + x = 180°$

$\therefore \quad x = 180° - 160° = 20°$

48. (c) माना एक कोण x है, तो दूसरा कोण $90° - x$ होगा।

प्रश्नानुसार, $\quad x - (90° - x) = 10°$

$\Rightarrow \quad x - 90° + x = 10°$

$\Rightarrow \quad 2x = 10° + 90°$

$x = \frac{100°}{2} \Rightarrow x = 50°$

अत: कोण 50° एवं 40° होंगे।

49. (d) $\because$ त्रिभुज के तीनों कोणों का योग $= 180°$

$A + B + C = 180°$

$\Rightarrow \quad 50° + 70° + C = 180°$

$\Rightarrow \quad C = 180° - (50° + 70°)$

$\Rightarrow \quad C = 180° - 120° = 60°$

अत: त्रिभुज का तीसरा कोण $C = 60°$ होगा।

50. (b) माना त्रिभुज के कोण $2x, 3x$ और $5x$ हैं।

$2x + 3x + 5x = 180° \Rightarrow 10x = 180°$

$\Rightarrow x = \frac{180°}{10} = 18°$

तब, तीनों कोण 36°, 54° और 90° होंगे।

अत: त्रिभुज का सबसे छोटा कोण 36° होगा।

51. (b) माचिस की चार तिल्लियों को जोड़ने पर तिल्लियों की लम्बाई समान हैं अत: एक वर्ग की आकृति बनेगी, क्योंकि वर्ग की भुजाएँ समान होती हैं तथा प्रत्येक कोण 90° होता है।

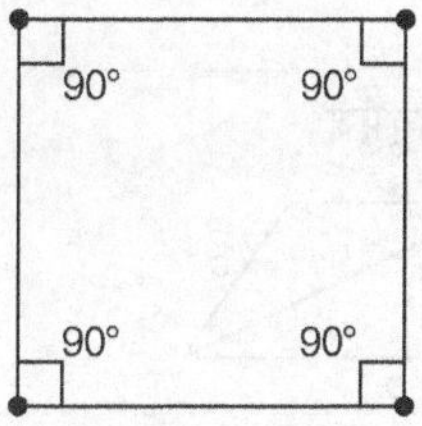

52. (c) माना प्रत्येक कोण $= x$

$\Rightarrow \quad x + x + x = 180°$

[$\because$ तीनों कोणों का योगफल 180° होता है]

$\Rightarrow \quad 3x = 180°$

$\Rightarrow \quad x = \frac{180°}{3} = 60°$

अत: प्रत्येक कोण 60° का है।

15 | क्षेत्रमिति

द्वि-आयामी आकृतियों के क्षेत्रफल एवं परिमाप

आकृति	क्षेत्रफल	परिमाप	संक्षेपण
आयत 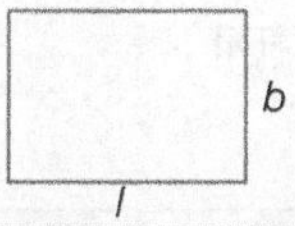	$l \times b$	$2(l + b)$	$l =$ लम्बाई $b =$ चौड़ाई
वर्ग 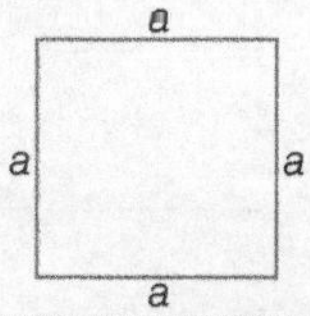	a^2	$4a$	$a =$ भुजा
समान्तर चतुर्भुज 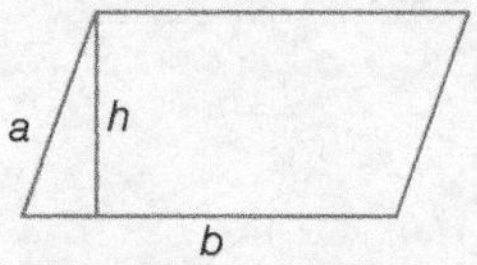	$b \times h$	$2(a + b)$	$b =$ आधार $h =$ ऊँचाई
समचतुर्भुज 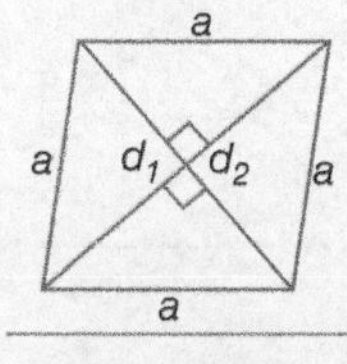	$\frac{1}{2} \times d_1 \times d_2$	$4a$	$a =$ भुजा d_1 तथा $d_2 =$ विकर्ण

आकृति	क्षेत्रफल	परिमाप	संक्षेपण
समलम्ब चतुर्भुज 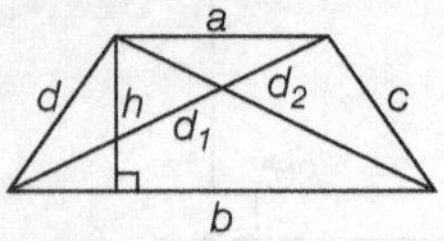	$\frac{1}{2}(a+b)\times h$	$a+b+c+d$	a, b = समान्तर भुजाएँ c, d = असमान्तर भुजाएँ h = ऊँचाई
वृत्त 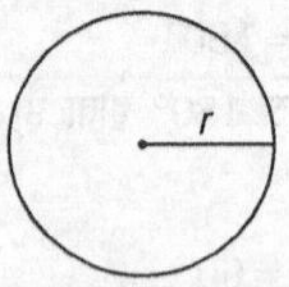	πr^2	$2\pi r$	r = त्रिज्या
विषमबाहु त्रिभुज 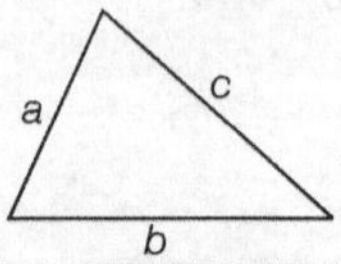	$\sqrt{s(s-a)(s-b)(s-c)}$ यहाँ, $s=\frac{a+b+c}{2}$	$a+b+c$	a, b और c = त्रिभुज की भुजाएँ
समबाहु त्रिभुज 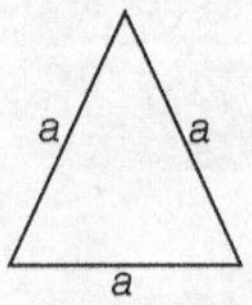	$\frac{\sqrt{3}}{4}a^2$	$3a$	a = भुजा
समद्विबाहु त्रिभुज 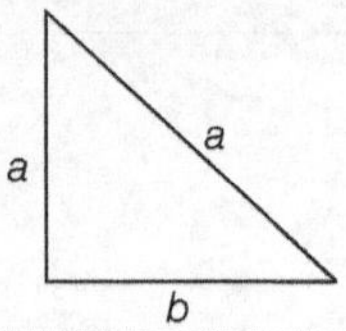	$\frac{b}{4}\sqrt{4a^2-b^2}$	$2a+b$	a = त्रिभुज की समान भुजा b = त्रिभुज की असमान भुजा
समकोण त्रिभुज 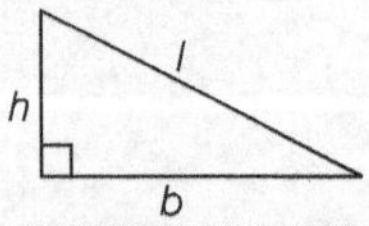	$\frac{1}{2}\times b\times h$	$l+b+h$	b = आधार h = ऊँचाई l = कर्ण

त्रि-आयामी आकृतियों के क्षेत्रफल एवं आयतन

आकृति	वक्र पृष्ठीय क्षेत्रफल	सम्पूर्ण पृष्ठीय क्षेत्रफल	आयतन	संक्षेपण
घन 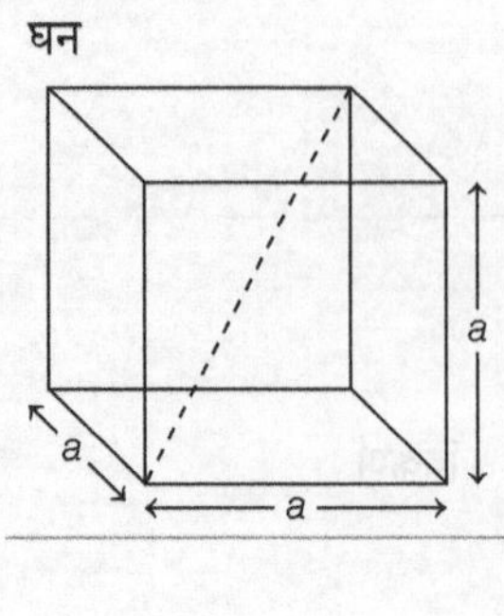	$4a^2$	$6a^2$	a^3 [विकर्ण $= a\sqrt{3}$]	a = भुजा

आकृति	वक्र पृष्ठीय क्षेत्रफल	सम्पूर्ण पृष्ठीय क्षेत्रफल	आयतन	संक्षेपण
घनाभ 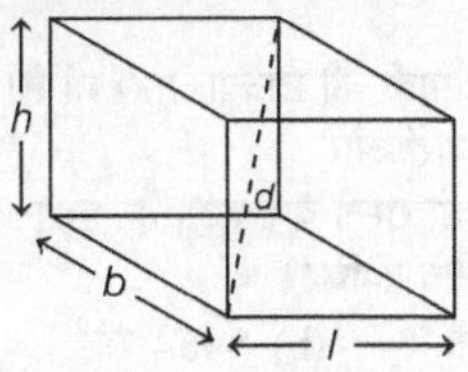	$2(l+b)h$	$2(lb+bh+hl)$	$l \times b \times h$ विकर्ण $=\sqrt{l^2+b^2+h^2}$	$l=$ लम्बाई $b=$ चौड़ाई $h=$ ऊँचाई
बेलन 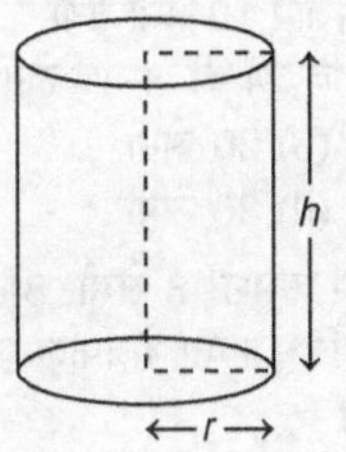	$2\pi rh$	$2\pi r(r+h)$	$\pi r^2 h$	$r=$ त्रिज्या $h=$ ऊँचाई
शंकु 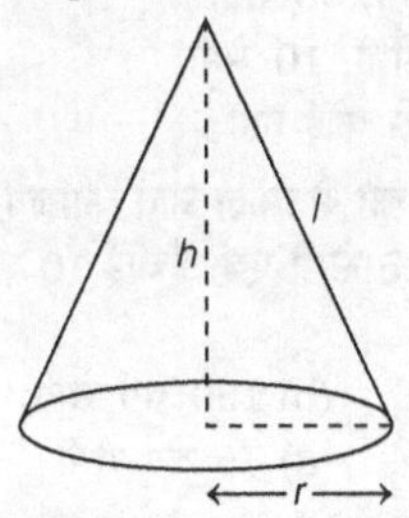	πrl	$\pi r(l+r)$	$\frac{1}{3}\pi r^2 h$ [तिरछी ऊँचाई (l) $=\sqrt{h^2+r^2}$]	$r=$ त्रिज्या $h=$ ऊँचाई $l=$ तिरछी ऊँचाई
गोला 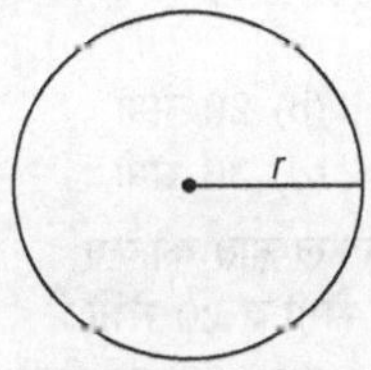	—	$4\pi r^2$	$\frac{4}{3}\pi r^3$	$r=$ त्रिज्या
अर्द्धगोला 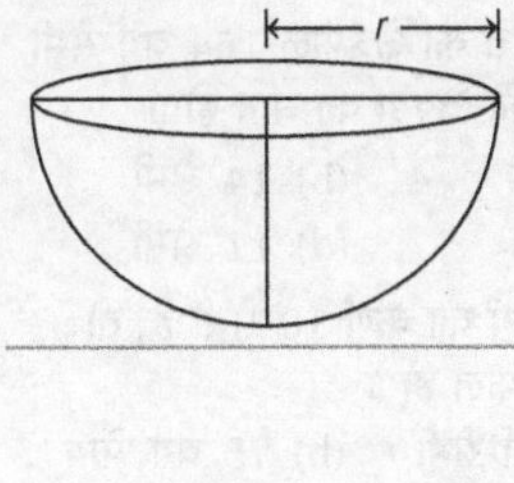	$2\pi r^2$	$3\pi r^2$	$\frac{2}{3}\pi r^3$	$r=$ त्रिज्या

अभ्यास प्रश्न

1. एक समलम्ब चतुर्भुज की समान्तर भुजाएँ 25 मी व 20 मी हैं। तथा भुजाओं के बीच की दूरी 12 मी है, तब इसका क्षेत्रफल ज्ञात कीजिए।
(a) 330 मी^{2} (b) 300 मी^{2}
(c) 320 मी^{2} (d) 310 मी^{2}

2. समचतुर्भुज के क्षेत्रफल का सूत्र है
(a) $\frac{1}{2}\times$ पहला विकर्ण $\times$ दूसरा विकर्ण
(b) $\frac{3}{2}\times$ पहला विकर्ण $\times$ दूसरा विकर्ण
(c) $\frac{5}{2}\times$ पहला विकर्ण $\times$ दूसरा विकर्ण
(d) उपरोक्त में से कोई नहीं

3. यदि एक समबाहु त्रिभुज का परिमाप 42 सेमी है, तो उसका क्षेत्रफल कितना होगा?
(a) $24\sqrt{3}$ सेमी^{2} (b) $49\sqrt{3}$ सेमी^{2}
(c) $7\sqrt{3}$ सेमी^{2} (d) $14\sqrt{3}$ सेमी^{2}

4. दो वृत्तों की त्रिज्याओं का अनुपात 2 : 3 है, तब इनके क्षेत्रफल का अनुपात ज्ञात कीजिए।
(a) 4 : 9 (b) 9 : 2
(c) 9 : 4 (d) 4 : 5

5. π का मान होता है
(a) $\frac{22}{7}$ (b) $\frac{7}{22}$
(c) $\frac{7}{2}$ (d) $\frac{7}{20}$

6. समबाहु त्रिभुज के क्षेत्रफल का सूत्र है
(a) $\frac{\sqrt{3}}{4}\times$ भुजा (b) आधार $\times$ ऊँचाई
(c) $\frac{4}{3}$ (भुजा)^2 (d) $\frac{\sqrt{3}}{4}$ (भुजा)^2

7. एक आयताकार बगीचा 100 मी लम्बा तथा 80 मी चौड़ा हैं। उसके बाहर, उसके साथ बना एक रास्ता भी है। उस रास्ते की चौड़ाई 10 मी है। तद्नुसार, उस रास्ते का क्षेत्रफल कितना होगा?
(a) 1900 मी^{2} (b) 2400 मी^{2}
(c) 3600 मी^{2} (d) 8000 मी^{2}

8. एक समचतुर्भुज का एक विकर्ण 12 सेमी तथा क्षेत्रफल 84 सेमी^{2} है, तब दूसरा विकर्ण का मान ज्ञात कीजिए।
(a) 18 सेमी (b) 10 सेमी
(c) 14 सेमी (d) 16 सेमी

9. एक समचतुर्भुज की एक भुजा 7.5 सेमी और शीर्ष लम्ब 4 सेमी है, तो उसका क्षेत्रफल का मान ज्ञात कीजिए।
(a) 80 सेमी^{2} (b) 60 सेमी^{2}
(c) 40 सेमी^{2} (d) 30 सेमी^{2}

10. साइकिल के पहिए की परिधि तथा क्षेत्रफल क्या होगी, यदि त्रिज्या 28 सेमी हैं?
(a) 124 सेमी, 441 सेमी^{2}
(b) 176 सेमी, 2464 सेमी^{2}
(c) 132 सेमी, 1386 सेमी^{2}
(d) उपरोक्त में से कोई नहीं

11. दो संकेन्द्रित वृत्तों की त्रिज्याएँ 12 सेमी व 15 सेमी हैं, तब दोनों वृत्तों के बीच बनने वाले वृत्ताकार मार्ग का क्षेत्रफल ज्ञात कीजिए।
(a) 63 सेमी^{2} (b) 200 सेमी^{2}
(c) 254.5 सेमी^{2} (d) 245.5 सेमी^{2}

12. वृत्त का क्षेत्रफल = ...
(a) πr^2 (b) $2\pi r^2$ (c) $2\pi r$ (d) $2r$

13. यदि आधार 16 सेमी और ऊँचाई 8 सेमी हैं, तो त्रिभुज का क्षेत्रफल ज्ञात कीजिए।
(a) 32 सेमी^{2} (b) 128 सेमी
(c) 64 सेमी^{2} (d) इनमें से कोई नहीं

14. समलम्ब चतुर्भुज का क्षेत्रफल का सूत्र है
(a) $\frac{1}{2}$ (समान्तर भुजाओं का योग) $\times$ ऊँचाई
(b) समान्तर भुजाओं का योग $\times$ ऊँचाई
(c) आधार $\times$ ऊँचाई
(d) उपरोक्त में से कोई नहीं

15. समान्तर चतुर्भुज का आधार क्या होगा, यदि क्षेत्रफल 490 वर्ग सेमी तथा ऊँचाई 7 सेमी हों?
(a) 20 सेमी (b) 75 सेमी
(c) 70 सेमी (d) इनमें से कोई नहीं

16. उस समान्तर चतुर्भुज का क्षेत्रफल क्या होगा, जिसकी ऊँचाई 26 सेमी तथा आधार 15 सेमी है।
(a) 250 सेमी^{2} (b) 200 सेमी^{2}
(c) 390 सेमी^{2} (d) 150 सेमी^{2}

17. 3 मी व्यास का 14 मी गहरा कुआँ ₹ 40 प्रति घन मी की दर से खोदने में कितने रुपये खर्च होगे।
(a) ₹ 3250 (b) ₹ 3960
(c) ₹ 7029 (d) ₹ 2970

18. एक वृत्ताकार पार्क की त्रिज्या 200 मी है। इसके बाहर चारों ओर 7 मी चौड़ाई का रास्ता बना हुआ है, रास्ते का क्षेत्रफल ज्ञात कीजिए।
(a) 4000 मी^{2} (b) 8954 मी^{2}
(c) 9000 मी^{2} (d) 5489 मी^{2}

19. किसी आयत की दो भुजाएँ 10 सेमी तथा 24 सेमी हो, तो उसके विकर्ण की लम्बाई होगी
(a) 25 सेमी (b) 20 सेमी
(c) 26 सेमी (d) 30 सेमी

20. एक त्रिभुज की भुजाएँ क्रमशः 6 सेमी, 8 सेमी व 10 सेमी हैं। त्रिभुज का क्षेत्रफल व परिमाप ज्ञात कीजिए।
(a) 24 वर्ग सेमी, 24 सेमी
(b) $2\sqrt{2}$ वर्ग सेमी, 30 सेमी
(c) $10\sqrt{3}$ वर्ग सेमी, 10 सेमी
(d) उपरोक्त में से कोई नहीं

21. समान्तर चतुर्भुज का क्षेत्रफल ज्ञात कीजिए, जिसका आधार 15 सेमी एवं ऊँचाई 10 सेमी है।
(a) 25 वर्ग सेमी (b) 150 वर्ग सेमी
(c) 300 वर्ग सेमी (d) 75 वर्ग सेमी

22. एक समचतुर्भुज का क्षेत्रफल 240 सेमी तथा एक विकर्ण 16 सेमी है, तो दूसरा विकर्ण होगा
(a) 16 सेमी (b) 20 सेमी
(c) 30 सेमी (d) 36 सेमी

23. समचतुर्भुज का क्षेत्रफल ज्ञात कीजिए, जिसका विकर्ण 24 सेमी व 20 सेमी है
(a) 260 वर्ग सेमी (b) 220 वर्ग सेमी
(c) 240 वर्ग सेमी (d) 280 वर्ग सेमी

24. यदि एक वृत्त का क्षेत्रफल 154 वर्ग सेमी है, तो उसकी त्रिज्या का मान होगा
(a) 7 सेमी (b) 14 सेमी
(c) 9 सेमी (d) 11 सेमी

25. यदि एक वर्ग का कर्ण 10 सेमी है, तो उसका क्षेत्रफल होगा
(a) 50 वर्ग सेमी (b) 75 वर्ग सेमी
(c) 100 वर्ग सेमी (d) 150 वर्ग सेमी

26. एक समकोण त्रिभुज का कर्ण 13 सेमी तथा आधार 5 सेमी है, तो उस त्रिभुज का परिमाप क्या होगा?
(a) 10 सेमी (b) 15 सेमी
(c) 20 सेमी (d) 30 सेमी

27. एक चतुर्भुज पेटी जिसकी लम्बाई 40 सेमी और चौड़ाई 10 सेमी है, के ढक्कन को टेप से चारों ओर से सिल किया गया है, तो उसे सिल करने के लिए आवश्यक टेप की लम्बाई बताइए
(a) 400 सेमी (b) 200 सेमी
(c) 100 सेमी (d) 50 सेमी

28. उस समचतुर्भुज का क्षेत्रफल ज्ञात करो, जिसका विकर्ण 24 सेमी एवं 10 सेमी हो
(a) 128 वर्ग सेमी^{2} (b) 121 वर्ग सेमी
(c) 120 वर्ग मी (d) 129 वर्ग मिमी

29. एक आयताकार खेत का क्षेत्रफल जिसकी लम्बाई उसकी चौड़ाई की दोगुनी है, 2450 मी^{2} है, तो खेत का परिमाप होगा
(a) 200 मी (b) 205 मी
(c) 210 मी (d) 215 मी

30. एक आयताकार बगीचे की माप 400 मी $\times$ 360 मी है तथा इसके बाहर चारों तरफ बने रास्ते की चौड़ाई 15 मी है, तो रास्ते के क्षेत्रफल का मान ज्ञात कीजिए।
(a) 24000 मी^{2} (b) 23700 मी^{2}
(c) 33000 मी^{2} (d) 23200 मी^{2}

31. अर्द्धवृत्त का क्षेत्रफल होगा
(a) πr^2 (b) $2\pi^3$ (c) $\frac{\pi r^2}{2}$ (d) $\frac{\pi r^3}{4}$

32. उस समान्तर चतुर्भुज का क्षेत्रफल ज्ञात करो, जिसका आधार 4 सेमी तथा शीषलम्ब 7 सेमी है
(a) 27 सेमी^{2} (b) 29 सेमी^{2}
(c) 26 सेमी^{2} (d) 28 सेमी^{2}

33. यदि एक वृत्ताकार बाग का व्यास 252 मी है, तब इसका क्षेत्रफल कितना होगा?
(a) 49896 वर्ग मी (b) 34420 वर्ग मी
(c) 64250 वर्ग मी (d) 56650 वर्ग मी

34. 7 सेमी त्रिज्या वाले एक अर्द्धवृत्त का परिमाप (सेमी में) ज्ञात करें।
(a) 36 (b) 72 (c) 44 (d) 88

35. एक बगीचे की लम्बाई व चौड़ाई का अनुपात 2 : 1 है। यदि इस बगीचे का परिमाप 60 मी है, तो इस बगीचे की लम्बाई होगी
(a) 20 मी (b) 25 मी
(c) 30 मी (d) 40 मी

36. यदि 40 मी लम्बे व 30 मी चौड़े एक आयताकार मैदान के चारों ओर 2.5 मी चौड़ा रास्ता है, तब ₹ 3.50 प्रति मी^{2} की दर से रास्ते पर घास लगवाने का खर्च क्या होगा?
(a) ₹ 1312.50 (b) ₹ 1000
(c) ₹ 1012.50 (d) ₹ 1300

37. बेलन के वक्रपृष्ठ का क्षेत्रफल क्या होगा, यदि त्रिज्या 21 मी तथा ऊँचाई = 2 मी है?
(a) 264 मी^{2} (b) 364 मी^{2}
(c) 164 मी^{2} (d) 366 मी^{2}

38. बेलन का सम्पूर्ण पृष्ठीय क्षेत्रफल क्या होता है?
(a) $2\pi rh$ (b) $\pi r^2 h$
(c) $2\pi r(r+h)$ (d) इनमें से कोई नहीं

39. बेलन के आयतन का सूत्र बताइए।
(a) $\frac{1}{3}\pi r^2 h$ (b) $\frac{1}{2}\pi r^2 h$
(c) $\pi r^2 h$ (d) $2\pi r$

40. किसी घनाभ का शीर्ष दृश्य होगा
(a) वृत्त (b) वर्ग
(c) आयत (d) त्रिभुज

41. बेलन का वक्रपृष्ठ होगा
(a) $2\pi r^2 h$ (b) $\pi r^2 h$
(c) $2\pi rh$ (d) $2\pi rh^2$

42. बेलन के आधार की परिधि 6 मी है तथा ऊँचाई 44 मी है, तब उसका आयतन ज्ञात कीजिए।
(a) 462 मी^{2} (b) 264 मी^{3}
(c) 201 मी^{2} (d) 200 मी^{3}

43. यदि एक गोलार्द्ध का कुल पृष्ठीय क्षेत्रफल 1039.5 सेमी^{2} है, तब गोलार्द्ध के आधार पर व्यास का मान ज्ञात कीजिए।
(a) 21 सेमी (b) 10.5 सेमी
(c) 42 सेमी (d) 31.5 सेमी

44. यदि गोले का अर्द्धव्यास 7 सेमी है, तो उसका आयतन कितना होगा?
(a) $\frac{4012}{3}$ घन सेमी (b) $\frac{4322}{3}$ घन सेमी
(c) $\frac{441}{3}$ घन सेमी (d) $\frac{4312}{3}$ घन सेमी

45. एक लम्बवृत्ताकार बेलन के वक्र सतह का क्षेत्रफल और ऊँचाई क्रमशः, 660 वर्ग सेमी और 10 सेमी हैं, तब उसका व्यास (सेमी में) ज्ञात कीजिए।
(a) 14 (b) 10.5 (c) 21 (d) 17.5

46. एक लम्बवृत्तीय शंकु के आधार पर परिमाप 8 सेमी है, यदि उस शंकु की ऊँचाई 21 सेमी है, तो उसका आयतन कितना होगा?
(a) 108π सेमी^{3} (b) $\frac{112}{\pi}$ सेमी^{3}
(c) 112π सेमी^{3} (d) $\frac{108}{\pi}$ सेमी^{3}

47. यदि एक घन का कुल पृष्ठीय क्षेत्रफल 96 सेमी^{2} है, तो उसके आयतन का मान ज्ञात कीजिए।
(a) 56 सेमी^{3} (b) 16 सेमी^{3}
(c) 64 सेमी^{3} (d) 36 सेमी^{3}

48. यदि एक घनाभ की कोरें क्रमशः 4 सेमी, 5 सेमी तथा 6 सेमी हैं, तो उस घनाभ का आयतन व सम्पूर्ण पृष्ठीय क्षेत्रफल का मान ज्ञात कीजिए।
(a) 120 घन सेमी, 148 वर्ग सेमी
(b) 140 घन सेमी, 136 वर्ग सेमी
(c) 150 घन सेमी, 144 वर्ग सेमी
(d) 160 घन सेमी, 126 वर्ग सेमी

49. घनाभ का पृष्ठीय क्षेत्रफल =..........
(a) $2(lb+bh+hl)$
(b) $2(lb\times bh\times hl)$
(c) $l\times b\times h$ (d) $\sqrt{l^2+b^2+h^2}$

50. यदि एक आयताकार डिब्बा 90 सेमी लम्बा, 50 सेमी चौड़ा तथा 1 मी ऊँचा है, तो उसका आयतन क्या होगा?
(a) 4.5 मी^{3} (b) 0.45 मी^{3}
(c) 4500 मी^{3} (d) 20 मी^{3}

51. एक पिरामिड में कुल कितनी कोरें होती हैं?
(a) 8 (b) 4
(c) 5 (d) 3

52. यदि किसी शंकु की ऊँचाई h आधार की त्रिज्या r तथा तिर्यक ऊँचाई l हों, तो
(a) $l^2=h^2+r^2$ (b) $h^2=l^2+r^2$
(c) $r^2=l^2+h^2$ (d) $l=h+r$

53. घन के आयतन का सूत्र बताइए।
(a) a (b) a^2
(c) $6a^2$ (d) a^3

54. घन में कुल कितने शीर्ष होते हैं?
(a) 2 (b) 4 (c) 6 (d) 8

55. घनाभ में कितनें कुल शीर्ष होते हैं?
(a) 4 (b) 8
(c) 6 (d) 10

56. एक प्रिज्म में कुल फलकों की संख्या कितनी होती हैं?
(a) 4 (b) 2
(c) 3 (d) 5

57. एक घनाभ में कुल कितनी कोरें होती हैं?
(a) 12 (b) 6 (c) 8 (d) 14

58. एक शंकु में कुल कितने शीर्ष होते हैं?
(a) 1 (b) 2
(c) 3 (d) 4

59. 12 सेमी लम्बे, 8 सेमी चौड़े तथा 6 सेमी ऊँचे गत्ते के डिब्बे को बनाने के लिए कितने सेमी^{2} गत्ते की आवश्यकता होगी?
(a) 576 सेमी^{2} (b) 216 सेमी^{2}
(c) 432 सेमी^{2} (d) इनमें से कोई नहीं

60. यदि एक घनाभ की लम्बाई, चौड़ाई और विकर्ण क्रमशः 60 सेमी, 20 सेमी और 65 सेमी हैं, तो घनाभ के आयतन का मान ज्ञात कीजिए।
(a) 16000 सेमी^{3}
(b) 18000 सेमी^{3}
(c) 15000 सेमी^{3}
(d) उपरोक्त में से कोई नहीं

61. एक कमरा 3 मी भुजा वाले एक घन के आकार का है, तो कमरे में रखी जाने वाली सबसे लम्बी छड़ की लम्बाई का मान ज्ञात कीजिए।
(a) $3\sqrt{2}$ मी (b) $3\sqrt{3}$ मी
(c) 3 मी (d) 9/2 मी

62. किसी घनाभ की भुजाओं का अनुपात 1:2:3 है तथा इसका पृष्ठीय क्षेत्रफल 88 सेमी^{2} है, तब घनाभ आयतन का मान बताइए।
(a) 120 सेमी^{3} (b) 64 सेमी^{3}
(c) 48 सेमी^{3} (d) 24 सेमी^{3}

63. एक कमरा 12 मी लम्बा, 9 मी चौड़ा और 8 मी ऊँचा है, तो इसके विकर्ण की लम्बाई कितनी होगी?
(a) 17 मी (b) $6\sqrt{3}$ मी
(c) $4\sqrt{6}$ मी (d) 12 मी

64. घनाभ के सम्मुख फलकों का क्षेत्रफल कितना होता है?
(a) बराबर (b) दुगुना
(c) असमान (d) इनमें से कोई नहीं

65. किसी बेलन का आधार होता है
(a) त्रिभुजाकार (b) आयताकार
(c) वर्गाकार (d) वृत्ताकार

66. एक घन का आयतन 729 मी^{3} है। इसकी भुजा की लम्बाई ज्ञात कीजिए
(a) 3 मी (b) 6 मी
(c) 9 मी (d) 27 मी

67. एक घन की भुजा की लम्बाई 10 सेमी है, तो उसमें कितना पानी भरा जा सकता है ?
(a) 1 लीटर (b) 1.5 लीटर
(c) 2 लीटर (d) 2.5 लीटर

68. एक बेलन में कितने सतह होते हैं ?
(a) 2 (b) 3
(c) 4 (d) 5

69. एक ठोस लोहे का सरिया बनाने के लिए कितने लोहे की आवश्यकता होगी, जबकि छड़ का व्यास 1.4 सेमी और उसकी लम्बाई 90 सेमी हो
(a) 138.20 (b) 138.60
(c) 139.30 (d) 137

70. एक समषट्भुज त्रिज्या 'a' वाले वृत्त के अन्तर्गत है।
इस समषट्भुज का परिमाप ज्ञात कीजिए।
(a) $3a$ (b) $6a$
(c) $9a$ (d) $12a$

71. दी गई आकृति में, $ABCD$ तथा $BEFG$ क्रमशः 8 सेमी तथा 6 सेमी भुजा वाले वर्ग हैं। आच्छादित भाग का क्षेत्रफल क्या है?

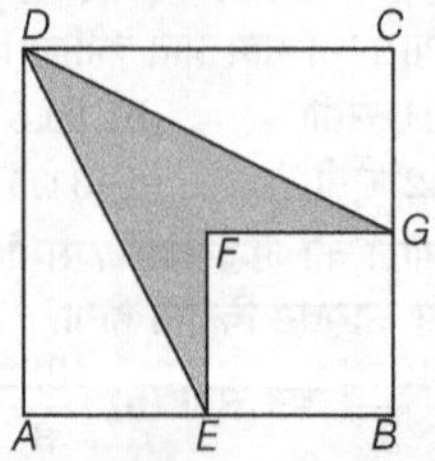

(a) 14 वर्ग सेमी (b) 12 वर्ग सेमी
(c) 8 वर्ग सेमी (d) 16 वर्ग सेमी

72. निम्नलिखित त्रिभुज का क्षेत्रफल क्या होगा?

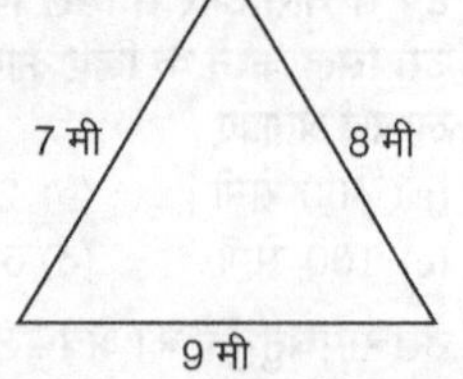

(a) $7\sqrt{2}$ मी^{2} (b) 9 मी^{2}
(c) $12\sqrt{5}$ मी^{2} (d) इनमें से कोई नहीं

73. एक लम्बवृत्तीय शंकु के आधार का परिमाप 8 सेमी है। यदि उस शंकु की ऊँचाई 21 हो, तो उसका आयतन कितना होगा?
(a) 108π सेमी^{3} (b) $\frac{112}{\pi}$ सेमी^{3}
(c) 112π सेमी^{3} (d) $\frac{108}{\pi}$ सेमी^{3}

74. यदि एक गोलार्द्ध का कुल पृष्ठीय क्षेत्रफल 1039.5 सेमी^{2} है, तब गोलार्द्ध के आधार का व्यास क्या होगा?
(a) 21 सेमी (b) 10.5 सेमी
(c) 42 सेमी (d) 31.5 सेमी

75. यदि एक गोले का अर्द्धव्यास 7 सेमी है, तो उसका आयतन कितना होगा?
(a) $\frac{4012}{3}$ घन सेमी (b) $\frac{4322}{3}$ घन सेमी
(c) $\frac{441}{3}$ घन सेमी (d) $\frac{4312}{3}$ घन सेमी

76. एक कमरे की लम्बाई तथा चौड़ाई में क्रमशः 3 : 2 का अनुपात है। कमरे की ऊँचाई, लम्बाई से आधी है। यदि ₹ 4 प्रति वर्ग मी की दर से कमरे में कालीन बिछाने पर ₹ 216 का खर्च होता है, तो कमरे का आयतन (घन मी में) क्या होगा?
(a) 160 (b) 180 (c) 243 (d) 253

उत्तरमाला

1. (a)	2. (a)	3. (b)	4. (a)	5. (a)	6. (d)	7. (d)	8. (c)	9. (d)	10. (b)
11. (c)	12. (a)	13. (c)	14. (a)	15. (c)	16. (c)	17. (b)	18. (b)	19. (c)	20. (a)
21. (b)	22. (c)	23. (c)	24. (a)	25. (c)	26. (d)	27. (c)	28. (c)	29. (c)	30. (b)
31. (c)	32. (d)	33. (a)	34. (a)	35. (a)	36. (a)	37. (a)	38. (c)	39. (c)	40. (c)
41. (c)	42. (b)	43. (a)	44. (d)	45. (c)	46. (b)	47. (c)	48. (a)	49. (a)	50. (b)
51. (a)	52. (a)	53. (d)	54. (d)	55. (b)	56. (d)	57. (a)	58. (a)	59. (c)	60. (b)
61. (b)	62. (c)	63. (a)	64. (a)	65. (d)	66. (c)	67. (a)	68. (b)	69. (b)	70. (b)
71. (b)	72. (c)	73. (b)	74. (a)	75. (d)	76. (c)				

संकेत एवं हल

1. (a) समलम्ब चतुर्भुज का क्षेत्रफल

$= \frac{1}{2}$ (समान्तर भुजाओं का योग × ऊँचाई

$= \frac{1}{2} \times (25 + 20) \times 12 = 330$ मी^{2}

2. (a) समचतुर्भुज का क्षेत्रफल $= \frac{1}{2} \times$ पहला विकर्ण × दूसरा विकर्ण

3. (b) समबाहु त्रिभुज का परिमाप = 3 × भुजा

⇒ 42 = 3 × भुजा

⇒ भुजा = 14 सेमी

∴ समबाहु त्रिभुज का क्षेत्रफल

$= \frac{\sqrt{3}}{4} \times$ (भुजा)^2

$= \frac{\sqrt{3}}{4} \times 14 \times 14 = 49\sqrt{3}$ सेमी^{2}

4. (a) माना पहले वृत्त की त्रिज्या $= 2x$

तथा दूसरे वृत्त की त्रिज्या $= 3x$

पहले वृत्त का क्षेत्रफल $= \pi(2x)^2$

$= \pi \times 4x^2$

दूसरे वृत्त का क्षेत्रफल $= \pi(3x)^2$

$= \pi(9x^2)$

∴ अभीष्ट अनुपात $= \frac{\pi \times 4x^2}{\pi \times 9x^2} = \frac{4}{9} = 4:9$

5. (a) $\pi = \frac{22}{7}$

अत: π का मान $\frac{22}{7}$ होता है।

6. (d) समबाहु त्रिभुज का क्षेत्रफल

$= \frac{\sqrt{3}}{4} \times$ (भुजा)^2

7. (d) ∵ मैदान का क्षेत्रफल

= लम्बाई × चौड़ाई

$= 100 \times 80 = 8000$ मी^{2}

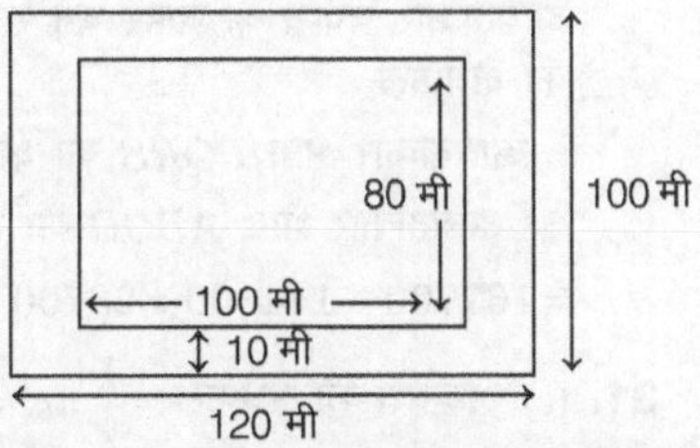

अत: उस रास्ते का क्षेत्रफल 8000 मी^{2} होगा।

8. (c) पहला विकर्ण = 12 सेमी

क्षेत्रफल = 84 सेमी^{2}

समचतुर्भुज का क्षेत्रफल $= \frac{1}{2} \times$ पहला विकर्ण × दूसरा विकर्ण

⇒ $84 = \frac{1}{2} \times 12 \times$ दूसरा विकर्ण

⇒ $84 \times 2 = 12 \times$ दूसरा विकर्ण

⇒ दूसरा विकर्ण $= \frac{84 \times 2}{12}$

∴ दूसरा विकर्ण = 14 सेमी

अत: समचतुर्भुज का दूसरा विकर्ण 14 सेमी है।

9. (d) समचतुर्भुज का क्षेत्रफल

= आधार × ऊँचाई

$= 7.5 \times 4 = 30$ सेमी^{2}

10. (b) पहिए की परिधि $= 2\pi r$

$= 2 \times \frac{22}{7} \times 28 = 176$ सेमी

पहिए का क्षेत्रफल $= \pi r^2$

$= \frac{22}{7} \times 28 \times 28 = 2464$ सेमी^{2}

अत: साइकिल के पहिए की परिधि तथा क्षेत्रफल क्रमश:
176 सेमी तथा 2464 सेमी^{2} है।

11. (c) प्रश्नानुसार,

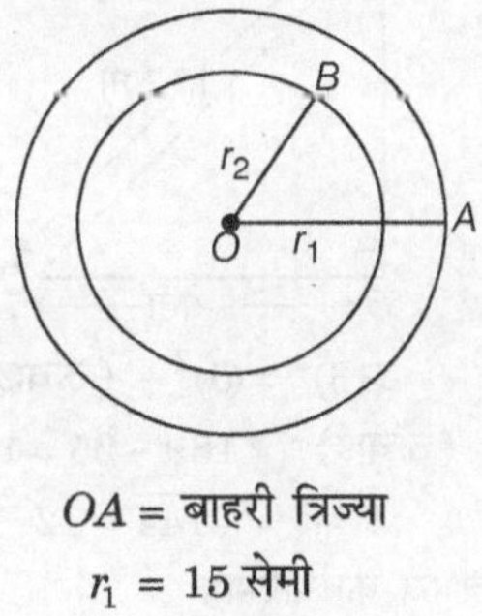

OA = बाहरी त्रिज्या

$r_1 = 15$ सेमी

तथा OB = आन्तरिक त्रिज्या

$r_2 = 12$ सेमी

∴ वृत्ताकार मार्ग का क्षेत्रफल = बड़े वृत्त का क्षेत्रफल – छोटे वृत्त का क्षेत्रफल

$= \pi(r_1^2 - r_2^2) = \pi(15^2 - 12^2)$

$= \pi(225 - 144)$

$= \frac{22}{7} \times 81 = 254.5$ सेमी^{2}

अत: दोनों वत्तों के बीच बनने वाले वृत्ताकार मार्ग का क्षेत्रफल 254.5 सेमी^{2} है।

12. (a) वृत्त का क्षेत्रफल $= \pi r^2$

13. (c) दिया है, आधार = 16 सेमी

ऊँचाई = 8 सेमी

∴ त्रिभुज का क्षेत्रफल

$= \frac{1}{2} \times$ आधार × ऊँचाई

$= \frac{1}{2} \times 16 \times 8$

$= 64$ सेमी^{2}

अत: त्रिभुज क्षेत्रफल 64 सेमी^{2} है।

14. (a) समलम्ब चतुर्भुज का क्षेत्रफल $= \frac{1}{2}$ (समान्तर भुजाओं का योग) × ऊँचाई

15. (c) दिया है, क्षेत्रफल = 490 वर्ग सेमी

तथा ऊँचाई = 7 सेमी

∴ समान्तर चतुर्भुज का क्षेत्रफल

= आधार × ऊँचाई

⇒ 490 = आधार × 7

⇒ आधार $= \frac{490}{7}$

∴ आधार = 70 सेमी

अत: समान्तर चतुर्भुज का आधार 70 सेमी है।

16. (c) दिया है, आधार = 15 सेमी

ऊँचाई = 26 सेमी

∴ समान्तर चतुर्भुज का क्षेत्रफल

= आधार × ऊँचाई

$= 15 \times 26$

$= 390$ सेमी^{2}

अत: समान्तर चतुर्भुज का क्षेत्रफल 390 सेमी^{2} है।

17. (b) कुआँ का क्षेत्रफल $= \pi r^2 h$

$= \frac{22}{7} \times \frac{3}{2} \times \frac{3}{2} \times 14$ $\left[\because \text{त्रिज्या} = \frac{\text{व्यास}}{2}\right]$

$= 99$ मी^{3}

∴ कुआँ खोदने में हुआ खर्च $= 99 \times 40$

= ₹ 3960

18. (b) छोटे वृत्त की त्रिज्या $(r) = 200$ मी
बड़े वृत्त की त्रिज्या
$(R) = 200 + 7 = 207$ मी

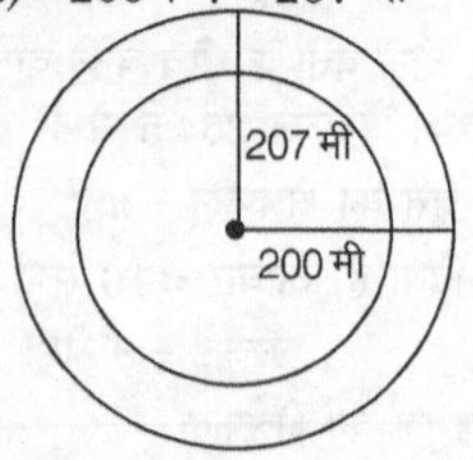

वृत्ताकार पार्क का क्षेत्रफल $= \pi R^2 - \pi r^2$
$= \pi [(207)^2 - (200)^2]$
$= \frac{22}{7} [(207 + 200)(207 - 200)]$
$[\because a^2 - b^2 = (a+b)(a-b)]$
$= \frac{22}{7} \times 407 \times 7 = 8954$ मी^{2}
अत: रास्ते का क्षेत्रफल 8954 मी^{2} है।

19. (c) आयत की दो भुजाएँ 10 सेमी तथा 24 सेमी हैं।

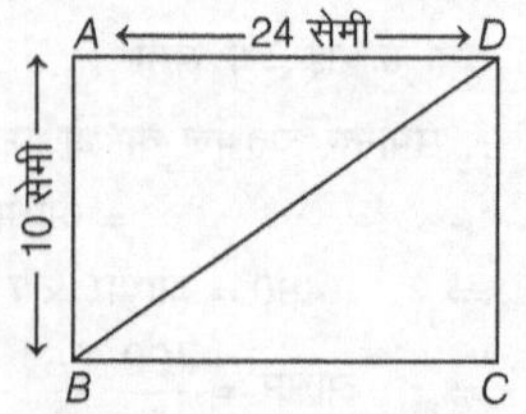

$\therefore$ आयत का विकर्ण $= \sqrt{10^2 + 24^2}$
$= \sqrt{100 + 576} = \sqrt{676} = 26$ सेमी

20. (a) यहाँ, $a = 6$ सेमी, $b = 8$ सेमी तथा $c = 10$ सेमी
$\because \quad s = \frac{a+b+c}{2} = \frac{6+8+10}{2}$
$= \frac{24}{2} = 12$
$\therefore$ त्रिभुज का क्षेत्रफल
$= \sqrt{s(s-a)(s-b)(s-c)}$
$= \sqrt{12(12-6)(12-8)(12-10)}$
$= \sqrt{12 \times 6 \times 4 \times 2}$
$= \sqrt{12 \times 12 \times 2 \times 2}$
$= 12 \times 2 = 24$ वर्ग सेमी
तथा परिमाप
$= a + b + c = 6 + 8 + 10 = 24$ सेमी

21. (b) $\because$ समान्तर चतुर्भुज का आधार $= 15$ सेमी
तथा समान्तर चतुर्भुज की ऊँचाई $= 10$ सेमी
$\therefore$ समान्तर चतुर्भुज का क्षेत्रफल
$=$ आधार $\times$ ऊँचाई
$= 15 \times 10 = 150$ वर्ग सेमी

22. (c) समचतुर्भुज का क्षेत्रफल
$= \frac{1}{2} \times d_1 \times d_2$
प्रश्नानुसार,
$\Rightarrow \frac{1}{2} \times 16 \times d_2 = 240 \Rightarrow 8d_2 = 240$
$\therefore \quad d_2 = \frac{240}{8} = 30$ सेमी
अत: समचतुर्भुज के दूसरे विकर्ण की लम्बाई $= 30$ सेमी

23. (c) समचतुर्भुज का क्षेत्रफल
$= \frac{1}{2} \times d_1 \times d_2$
$= \frac{1}{2} \times 24 \times 20 = 240$ वर्ग सेमी

24. (a) वृत्त का क्षेत्रफल $= \pi r^2$
प्रश्नानुसार, $\quad \pi r^2 = 154$
$\Rightarrow \quad \frac{22}{7} \times r^2 = 154$
$\Rightarrow \quad r^2 = \frac{154 \times 7}{22} \Rightarrow r = \sqrt{7 \times 7}$
$\therefore \quad r = 7$
अत: वृत्त की त्रिज्या $= 7$ सेमी

25. (c) वर्ग की भुजा की लम्बाई $= 10$ सेमी
$\therefore$ वर्ग का क्षेत्रफल $=$ (भुजा)^2
$= (10)^2 = 100$ वर्ग सेमी

26. (d) यहाँ, कर्ण $= 13$ सेमी तथा आधार $= 5$ सेमी
$\because$(कर्ण)^2 = (आधार)^2 + (ऊँचाई)^2

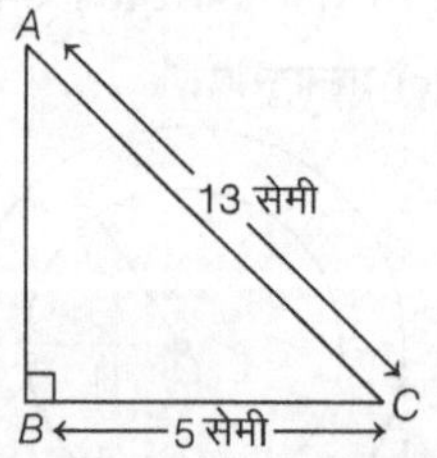

$\Rightarrow \quad (13)^2 = (5)^2 +$ (ऊँचाई)^2
$\Rightarrow$ (ऊँचाई)$^2 = 169 - 25 = 144$
$\Rightarrow \quad$ ऊँचाई $= \sqrt{144} = 12$ सेमी
$\therefore$ त्रिभुज का परिमाप
$=$ कर्ण $+$ आधार $+$ ऊँचाई
$= 13 + 5 + 12 = 30$ सेमी

27. (c) $\because$ चतुर्भुज पेटी की लम्बाई $= 40$ सेमी
तथा चतुर्भुज पेटी की चौड़ाई $= 10$ सेमी
$\therefore$ ढक्कन के टेप से सिल करने के लिए आवश्यक टेप की लम्बाई $= 2(40 + 10)$
$= 2 \times 50 = 100$ सेमी

28. (c) $\because$ समचतुर्भुज का क्षेत्रफल
$= \frac{1}{2} \times d_1 \times d_2$
$= \frac{1}{2} \times 24 \times 10 = 120$ वर्ग मी

29. (c) माना आयताकार खेत की चौड़ाई $= x$ मी
तथा आयताकार खेत की लम्बाई $= 2x$ मी
प्रश्नानुसार,
$\Rightarrow$ आयताकार खेत का क्षेत्रफल = लम्बाई $\times$ चौड़ाई
$\Rightarrow \quad 2x \times x = 2450 \quad \Rightarrow \quad 2x^2 = 2450$
$\Rightarrow \quad x^2 = 1225$
$\therefore \quad x = \sqrt{1225} = 35$ मी
खेत की चौड़ाई $= 35$ मी
तथा खेत की लम्बाई $= 2 \times 35 = 70$ मी
$\therefore$ खेत का परिमाप $= 2(35 + 70)$
$= 2 \times 105 = 210$ मी

30. (b) माना एक आयताकार बगीचा $ABCD$ है, जिसकी लम्बाई 400 मी तथा चौड़ाई 360 मी है।
प्रश्नानुसार, बगीचे के चारों ओर 15 मी चौड़ा रास्ता बनाने पर प्राप्त आयताकार भाग $PQRS$ की लम्बाई
$= 400 + 15 + 15 = 430$ मी
तथा चौड़ाई $= 360 + 15 + 15 = 390$ मी
अब, आयताकार भाग $ABCD$ का क्षेत्रफल = लम्बाई $\times$ चौड़ाई
$= 400 \times 360 = 144000$ मी^{2}

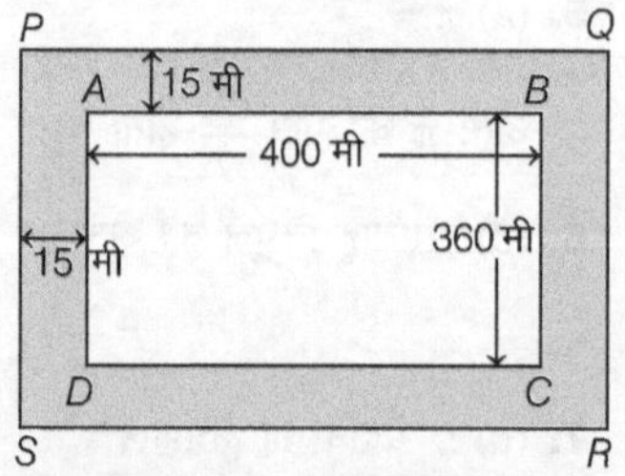

तथा आयताकार भाग $PQRS$ का क्षेत्रफल
$= 430 \times 390 = 167700$ मी^{2}
आयताकार बगीचे के बाहर बने रास्ते D का क्षेत्रफल
$=$ आयताकार भाग $PQRS$ का क्षेत्रफल $-$ आयताकार भाग $ABCD$ का क्षेत्रफल
$= 167700 - 144000 = 23700$ मी^{2}

31. (c) अर्द्धवृत्त का क्षेत्रफल $= \frac{1}{2} \pi r^2 = \frac{\pi r^2}{2}$

32. (d) $\because$ समान्तर चतुर्भुज का क्षेत्रफल
$=$ आधार $\times$ ऊँचाई $= 4 \times 7 = 28$ सेमी^{2}

33. (a) दिया है, वृत्ताकार बाग का व्यास $= 252$ मी

$\therefore$ वृत्ताकार बाग की त्रिज्या

$= \frac{252}{2} = 126$ मी

अत: वृत्ताकार बाग का क्षेत्रफल

$= \pi \times$ (त्रिज्या)$^2 = \pi \times (126)^2$

$= \frac{22}{7} \times (126 \times 126) = 49896$ वर्ग मी

34. (a) दिया है, वृत्त की त्रिज्या $(r) = 7$ सेमी

$\therefore$ अर्द्धवृत्त का परिमाप

$= \pi r + 2r = \frac{22}{7} \times 7 + 2 \times 7$

$= 22 + 14 = 36$ सेमी

35. (a) माना बगीचे की लम्बाई $= 2x$

तथा बगीचे की चौड़ाई $= x$

$\therefore$ बगीचे का परिमाप

$= 2$ (लम्बाई + चौड़ाई)

$\Rightarrow 60 = 2\,(2x + x) \Rightarrow x = 10$ मी

$\therefore$ बगीचे की लम्बाई

$= 2x = 2 \times 10 = 20$ मी

36. (a) $\because$ मैदान का क्षेत्रफल $= 40 \times 30$ $= 1200$ मी^{2}

तथा रास्ते सहित मैदान का क्षेत्रफल

$= 45 \times 35 = 1575$ मी^{2}

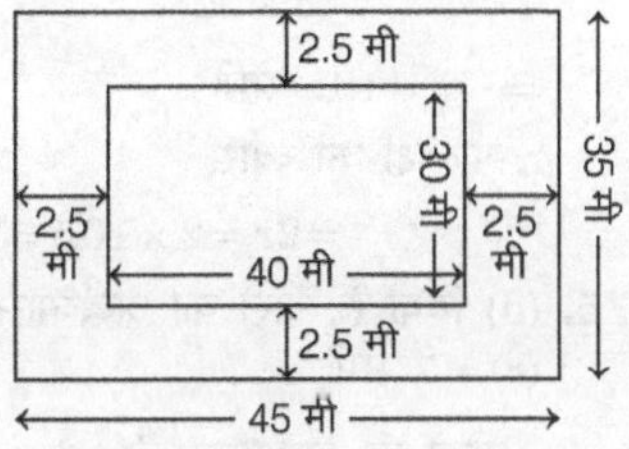

$\Rightarrow$ रास्ते का क्षेत्रफल

$= 1575 - 1200 = 375$ मी^{2}

$\therefore$ रास्ते पर घास लगवाने का खर्च

$= 375 \times 3.50 =$ ₹ 1312.50

37. (a) बेलन का वक्रपृष्ठीय क्षेत्रफल

$= 2\pi rh$

$= 2 \times \frac{22}{7} \times 21 \times 2 = 264$ मी^{2}

अत: बेलन के वक्रपृष्ठ का क्षेत्रफल 264 मी^{2} है।

38. (c) बेलन का सम्पूर्ण पृष्ठीय क्षेत्रफल

$= 2\pi r(r + h)$

39. (c) बेलन का आयतन $= \pi r^2 h$

40. (c) किसी घनाभ का शीर्ष दृश्य आयत होगा।

41. (c) बेलन का वक्रपृष्ठ $= 2\pi rh$

42. (b) दिया है,

बेलन के आधार की परिधि $= 6$ मी

ऊँचाई $= 44$ मी

बेलन का आयतन

$=$ आधार की परिधि $\times$ ऊँचाई

$= 6 \times 44 = 264$ मी^{3}

अत: बेलन का आयतन 264 मी^{3} है।

43. (a) माना गोलार्द्ध की त्रिज्या r सेमी है।

$\therefore$ गोलार्द्ध का कुल पृष्ठीय क्षेत्रफल

$= 3\pi r^2$

$\Rightarrow 1039.5 = 3 \times \frac{22}{7} \times r^2$

$\Rightarrow r^2 = \frac{1039.5 \times 7}{3 \times 22} = 110.25$

$\Rightarrow r = 10.5$ सेमी

$\therefore$ गोलार्द्ध का व्यास $= 2r = 2 \times 10.5$

$= 21$ सेमी

44. (d) दिया है, गोले का अर्द्धव्यास $(r) = 7$ सेमी

$\therefore$ गोले का आयतन

$= \frac{4}{3}\pi r^3 = \frac{4}{3} \times \frac{22}{7} \times 7 \times 7 \times 7$

$= \frac{4312}{3}$ घन सेमी

45. (c) दिया है,

बेलन के वक्र सतह का क्षेत्रफल $= 660$ वर्ग सेमी

तथा बेलन की ऊँचाई $(h) = 10$ सेमी

माना बेलन की त्रिज्या $= r$ सेमी

$\therefore$ बेलन के वक्र सतह का क्षेत्रफल

$= 2\pi rh$

$\Rightarrow \quad 660 = 2 \times \frac{22}{7} \times r \times 10$

$\Rightarrow \quad r = \frac{660 \times 7}{2 \times 22 \times 10} = \frac{21}{2}$

$\therefore$ बेलन का व्यास

$= 2r = 2 \times \frac{21}{2} = 21$ सेमी

46. (b) दिया है, लम्बवृत्तीय शंकु के आधार का परिमाप $= 8$ सेमी

तथा ऊँचाई $(h) = 21$ सेमी

माना शंकु की त्रिज्या $= r$ सेमी

$\therefore$ शंकु के आधार का परिमाप $= 2\pi r$

$\Rightarrow 8 = 2\pi r \Rightarrow r = \frac{8}{2\pi} = \frac{4}{\pi}$

अब, शंकु का आयतन

$= \frac{1}{3}\pi r^2 h = \frac{1}{3}\pi \times \left(\frac{4}{\pi}\right)^2 \times 21$

$= \frac{\pi}{3} \times \frac{16}{r^2} \times 21 = \frac{112}{\pi}$ सेमी^{3}

अत: शंकु का आयतन $\frac{112}{\pi}$ सेमी^{3} है।

47. (c) माना घन की भुजा $= a$ सेमी

$\therefore$ घन का कुल पृष्ठीय क्षेत्रफल $= 6a^2$

$\Rightarrow 96 = 6a^2 \Rightarrow a^2 = 16 \Rightarrow a = 4$

$\therefore$ घन का आयतन $= a^3 = (4)^3 = 64$ सेमी^{3}

48. (a) यहाँ, $l = 4$ सेमी, $b = 5$ सेमी तथा $h = 6$ सेमी

$\therefore$ घनाभ का आयतन $= l \times b \times h$

$= 4 \times 5 \times 6 = 120$ घन सेमी

तथा घनाभ का सम्पूर्ण पृष्ठीय क्षेत्रफल

$= 2(lb + bh + hl)$

$= 2(4 \times 5 + 5 \times 6 + 6 \times 4)$

$= 2(20 + 30 + 24)$

$= 2 \times 74 = 148$ वर्ग सेमी

अत: उस घनाभ का आयतन व सम्पूर्ण पृष्ठीय क्षेत्रफल क्रमश: 120 घन सेमी तथा 148 वर्ग संमी हैं।

49. (a) घनाभ का पृष्ठीय क्षेत्रफल

$= 2(lb + bh + hl)$

50. (b) $\because$ लम्बाई $(l) = 90$ सेमी

चौड़ाई $(b) = 50$ सेमी

तथा ऊँचाई $(h) = 1$ मी $= 100$ सेमी [$\because$ 1 मी $= 100$ सेमी]

$\therefore$ डिब्बे का आयतन $= l \times b \times h$

$= 90 \times 50 \times 100$

$= 450000$ सेमी^{3} $= 0.45$ मी^{3}

अत: आयताकार डिब्बे का आयतन 0.45 मी^{3} है।

51. (a) अत: एक पिरामिड में कुल 8 कोरें होती हैं।

52. (a) $l^2 = h^2 + r^2$

53. (d) अत: घन के आयतन का सूत्र a^3 है।

54. (d) अत: घन में कुल 8 शीर्ष होते हैं।

55. (b) अत: घनाभ में कुल 8 शीर्ष होते हैं।

56. (d) अत: एक प्रिज्म में कुल फलकों की संख्या 5 होती हैं।

57. (a) अत: एक घनाभ में कुल 12 कोरें होती हैं।

58. (a) अत: एक शंकु में कुल 1 शीर्ष होता है।

59. (c) दिया है, $l = 12$ सेमी, $b = 8$ सेमी तथा $h = 6$ सेमी

$\therefore$ आवश्यक गत्ता

$= 2(lb + bh + hl)$
$= 2(12 \times 8 + 8 \times 6 + 12 \times 6)$
$= 2 \times 216 = 432$ सेमी^{2}
अत: गत्ते के डिब्बे को बनाने के लिए 432 सेमी^{2} गत्ते की आवश्यकता पड़ेगी।

60. (b) दिया है, घनाभ की लम्बाई $(l) = 60$ सेमी
घनाभ की चौड़ाई $(b) = 20$ सेमी
तथा विकर्ण की लम्बाई $(d) = 65$ सेमी
$\because \quad d^2 = l^2 + b^2 + h^2$
$\Rightarrow \quad (65)^2 = (60)^2 + (20)^2 + h^2$
$\Rightarrow \quad 4225 - 3600 - 400 = h^2$
$\Rightarrow \quad h = \sqrt{225} = 15$
$\therefore$ घनाभ का आयतन
$= l \times b \times h = 60 \times 20 \times 15$
$= 18000$ सेमी^{3}

61. (b) घनाकार कमरे में रखी जाने वाली सबसे लम्बी छड़ की लम्बाई = घनाकार कमरे के विकर्ण की लम्बाई $= a\sqrt{3}$
[जहाँ, a घनाकार कमरे की भुजा है]
$= 3\sqrt{3}$ मी
अत: सबसे लम्बी छड़ की लम्बाई $3\sqrt{3}$ मी है।

62. (c) माना घनाभ की लम्बाई, चौड़ाई व ऊँचाई क्रमश: x सेमी, $2x$ सेमी व $3x$ सेमी हैं।
$\because$ घनाभ का सम्पूर्ण पृष्ठीय क्षेत्रफल
$= 2(lb + bh + hl)$
$\Rightarrow 2(x \times 2x + 2x \times 3x + 3x \times x) = 88$
$\Rightarrow 2x^2 + 6x^2 + 3x^2 = \frac{88}{2} = 44$
$\Rightarrow 11x^2 = 44 \Rightarrow x = 2$
$\therefore$ घनाभ का आयतन $= l \times b \times h$
$= x \times 2x \times 3x = 6x^3$
$= 6 \times 2^3$ सेमी^{3} = 48 सेमी^{3}

63. (a) दिया है, कमरे की लम्बाई = 12 मी
कमरे की चौड़ाई = 9 मी
तथा कमरे की ऊँचाई = 8 मी
$\therefore$ विकर्ण की लम्बाई
$= \sqrt{(\text{लम्बाई})^2 + (\text{चौड़ाई})^2 + (\text{ऊँचाई})^2}$
$= \sqrt{(12)^2 + (9)^2 + (8)^2}$
$= \sqrt{144 + 81 + 64} = \sqrt{289} = 17$ मी

64. (a) घनाभ के सम्मुख फलकों का क्षेत्रफल बराबर होता है।

65. (d) किसी बेलन का आधार वृत्ताकार होता है।

66. (c) $\because$ घन का आयतन = (भुजा)^3
$\Rightarrow$ (भुजा)$^3 = 729$
$\therefore$ भुजा $= \sqrt[3]{729} = 9$ मी
अत: घन की भुजा की लम्बाई = 9 मी

67. (a) $\because$ घन के भुजा की लम्बाई = 10 सेमी
$\because$ घन का आयतन = (भुजा)^3
$= (10)^3 = 1000$ सेमी^{3}
= 1 लीटर ($\because$ 1000 सेमी^{3} = 1 लीटर)
अत: घन में कुल 1 लीटर पानी भरा जा सकता है।

68. (b) एक बेलन में 3 सतह होती हैं।

69. (b) $\because$ छड़ की त्रिज्या
$= \frac{\text{व्यास}}{2} = \frac{1.4}{2} = 0.7$ सेमी
तथा छड़ की लम्बाई = 90 सेमी
$\therefore$ बेलन का आयतन $= \pi r^2 h$
$= \frac{22}{7} \times 0.7 \times 0.7 \times 90 = 138.6$
अत: कुल लोहे की मात्रा = 138.60

70. (b) प्रश्नानुसार,

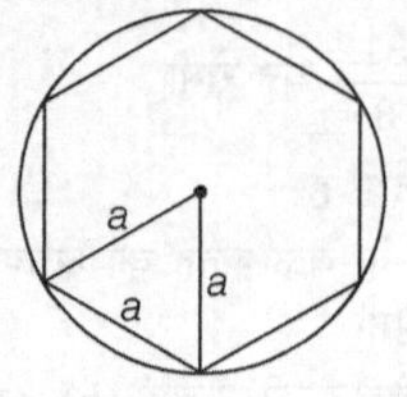

वृत्त की त्रिज्या $= a$
$\therefore$ वृत्त के अन्दर बनाए गए समषट्भुज की प्रत्येक भुजा $= a$
$\therefore$ समषट्भुज का परिमाप = 6 × भुजा
$= 6a$

71. (b) यहाँ, वर्ग $ABCD$ की भुजा = 8 सेमी
$\therefore$ वर्ग $ABCD$ का क्षेत्रफल $= (8)^2 = 64$ वर्ग सेमी
तथा वर्ग $BEFG$ का क्षेत्रफल
$= (6)^2 = 36$ वर्ग सेमी
$\therefore$ छायांकित भाग का क्षेत्रफल = वर्ग $ABCD$ का क्षेत्रफल − वर्ग $BEFG$ का क्षेत्रफल − $2 \times \Delta ADE$ (या ΔDCG का क्षेत्रफल)
$= 64 - 36 - 2 \times \frac{1}{2} \times 2 \times 8$
$= 64 - 36 - 16 = 12$ वर्ग सेमी

72. (c) यहाँ, $a = 7$ मी, $b = 8$ मी तथा $c = 9$ मी
$\because \quad s = \frac{a+b+c}{2} = \frac{7+8+9}{2}$
$= \frac{24}{2} = 12$ मी
$\therefore$ त्रिभुज का क्षेत्रफल
$= \sqrt{s(s-a)(s-b)(s-c)}$
$= \sqrt{12(12-7)(12-8)(12-9)}$
$= \sqrt{12 \times 5 \times 4 \times 3} = 12\sqrt{5}$ मी^{2}

73. (b) दिया है, लम्बवृत्तीय शंकु के आधार का परिमाप = 8 सेमी
तथा ऊँचाई $(h) = 21$ सेमी
माना शंकु की त्रिज्या r है।
$\therefore$ शंकु के आधार का परिमाप $= 2\pi r$
$\Rightarrow \quad 8 = 2\pi r \Rightarrow r = \frac{8}{2\pi} = \frac{4}{\pi}$
अब, शंकु का आयतन
$= \frac{1}{3}\pi r^2 h = \frac{1}{3}\pi \times \left(\frac{4}{\pi}\right)^2 \times 21$
$= \frac{\pi}{3} \times \frac{16}{\pi^2} \times 21 = \frac{112}{\pi}$ सेमी^{3}

74. (a) माना गोलार्द्ध की त्रिज्या r सेमी है।
$\therefore$ गोलार्द्ध का कुल पृष्ठीय क्षेत्रफल $= 3\pi r^2$
$\Rightarrow \quad 1039.5 = 3 \times \frac{22}{7} \times r^2$
$\Rightarrow \quad r^2 = \frac{1039.5 \times 7}{3 \times 22} = 110.25$
$\Rightarrow \quad r = 10.5$ सेमी
$\therefore$ गोलार्द्ध का व्यास
$= 2r = 2 \times 10.5 = 21$ सेमी

75. (d) दिया है, गोले का अर्द्धव्यास $(r) = 7$ सेमी
$\therefore$ गोले का आयतन $= \frac{4}{3}\pi r^3$
$= \frac{4}{3} \times \frac{22}{7} \times 7 \times 7 \times 7$
$= \frac{4312}{3}$ घन सेमी

76. (c) माना कमरे की लम्बाई और चौड़ाई क्रमश: $3x$ और $2x$ हैं।
$\therefore$ कमरे की ऊँचाई $= \frac{3x}{2}$
प्रश्नानुसार, $3x \times 2x = \frac{216}{4}$
$\Rightarrow 6x^2 = 54 \Rightarrow x^2 = 9 \Rightarrow x = 3$
$\therefore$ कमरे का आयतन $= 3x \times 2x \times \frac{3x}{2}$
$= 9x^3 = 9 \times (3)^3$
$= 9 \times 27 = 243$ घन मी

16 प्रायिकता

यादृच्छिक परीक्षण

ऐसे परीक्षण जिन्हें करने पर कुछ विशेष परिणामों में से एक परिणाम आए, परन्तु वह परिणाम कौन-सा होगा यह ज्ञात न हो, यादृच्छिक परीक्षण कहलाता है। जैसे—किसी पासे को उछालने पर 1, 2, 3, 4, 5 या 6 में से किसी एक अंक का आना।

प्रतिदर्श समष्टि

किसी प्रयोग के सभी सम्भव परिणामों का समुच्चय, प्रतिदर्श समष्टि कहलाता है। इसे S तथा इसके अवयवों की संख्या को $n(S)$ से प्रदर्शित किया जाता है। जैसे—किसी पासे को उछालने पर, $S = \{1, 2, 3, 4, 5, 6\}$ तथा $n(S) = 6$

घटना

यादृच्छिक प्रयोग का प्रतिफल, घटना कहलाती है, जैसे—किसी पासे को फेंकने पर 6 अंकों में से किसी एक अंक का आना घटना कहलाती है।

प्रायिकता

किसी घटना के घटित होने की सम्भावना के गणितीय परिणाम को उस घटना की **प्रायिकता** कहा जाता है।

घटना E के घटित होने की प्रायिकता,

$$P(E) = \frac{\text{घटना के अनुकूल प्रकार}}{\text{घटना के कुल प्रकार}} = \frac{n(E)}{n(S)}$$

- घटना E के घटित न होने की प्रायिकता, $P(\bar{E}) = 1 - P(E)$
- यदि $P(E) = 0$, तब घटना, असम्भव घटना कहलाती है।
- यदि $P(E) = 1$, तब घटना, निश्चित घटना कहलाती है।

$0 \le P(E) \le 1 \Rightarrow P(E) + P(E) = 1$

सिक्कें का विवरण निम्न प्रकार है,

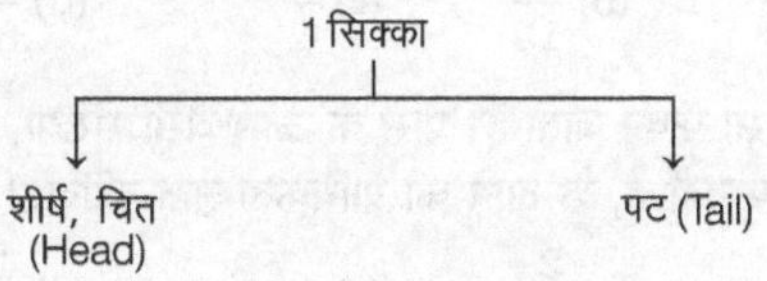

- ताश की गड्डी का विवरण निम्न प्रकार है,

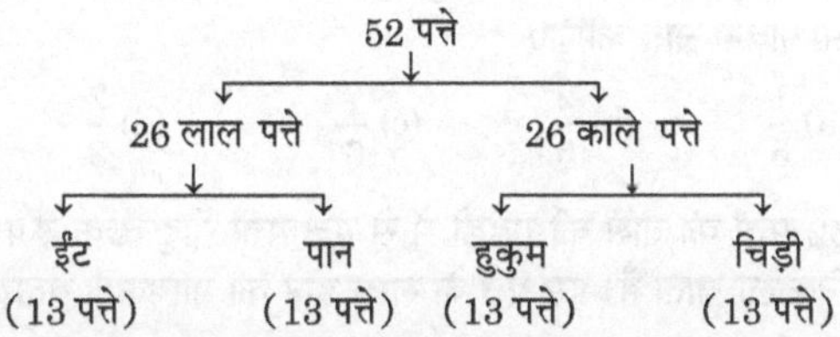

इन चार प्रकार के पत्तों में से प्रत्येक में 2 से 10 अंक वाले 9-9 पत्ते होते हैं। इनके अतिरिक्त एक-एक पत्ता इक्का, बादशाह, बेगम और गुलाम का भी होता है तथा इनमें बादशाह, बेगम और गुलाम 'फेस कार्ड' कहलाते हैं।

अभ्यास प्रश्न

1. दो सिक्कों को एकसाथ उछालने पर दो पट आने की क्या प्रायिकता है?

(a) $\frac{1}{2}$ (b) $\frac{1}{4}$ (c) $\frac{3}{4}$ (d) $\frac{1}{3}$

2. एक पासे को फेंकने पर सम संख्या प्राप्त होने की प्रायिकता

(a) $\frac{1}{3}$ (b) $\frac{1}{2}$ (c) $\frac{1}{4}$ (d) 1

3. ताश की गड्डी से ईंट का एक पता खींचने की प्रायिकता क्या होगी?

(a) $\frac{1}{2}$ (b) $\frac{1}{4}$ (c) $\frac{2}{2}$ (d) 0

4. ताशों की एक अच्छी तरह फैटी हुई गड्डी में से एक ताश निकाला जाता है। वह प्रायिकता क्या है कि यह हुकुम की रानी है?

(a) $\frac{1}{52}$ (b) $\frac{1}{13}$ (c) $\frac{1}{4}$ (d) $\frac{1}{8}$

5. एक पासा फेंका जाता है। पासे के ऊपर वैसी संख्या, जो तीन से विभाज्य नहीं है, के आने की प्रायिकता ज्ञात कीजिए।

(a) $\frac{1}{2}$ (b) $\frac{2}{3}$ (c) 1 (d) $\frac{4}{5}$

6. एक घुड़दौड़ प्रतियोगिता में कुल 5 प्रतिभागी है, उनके जीतने की सम्भावना ज्ञात कीजिए

(a) $\frac{1}{5}$ (b) $\frac{2}{5}$ (c) $\frac{7}{6}$ (d) $\frac{2}{3}$

7. 52 पत्तों की ताश की गड्डी में से एक पत्ता यादृच्छिक रूप से निकाला जाता है। इस पत्ते के लाल होने की प्रायिकता बताइए।

(a) $\frac{2}{3}$ (b) $\frac{1}{4}$

(c) $\frac{1}{3}$ (d) $\frac{1}{2}$

8. यदि तीन सिक्के एकसाथ उछाले जाते हैं, तो कोई भी शीर्ष न आने की प्रायिकता क्या है?

(a) $\frac{3}{8}$ (b) $\frac{1}{8}$

(c) $\frac{4}{8}$ (d) इनमें से कोई नहीं

9. यदि एक बैग में 6 सफेद, 11 लाल तथा 7 नीले गेंद हो, तब बैग से सफेद गेंद निकालने की प्रायिकता क्या होगी?

(a) $\frac{5}{7}$ (b) $\frac{1}{4}$ (c) $\frac{3}{7}$ (d) $\frac{4}{1}$

10. 1 से 20 तक के नम्बर वाले टिकटों को थैले में डालकर अच्छी प्रकार मिलाया जाता है। फिर उसमें से एक टिकट निकाला जाता है। इसके 3 का गुणक होने की प्रायिकता बताइए।

(a) $\frac{1}{20}$ (b) $\frac{1}{10}$ (c) $\frac{3}{20}$ (d) $\frac{3}{10}$

11. दो पासों को फेंका जाता है। पासों के ऊपर के फलक पर अंक का योग 9 होने की प्रायिकता ज्ञात कीजिए, जबकि पहले पासे पर ऊपर के फलक पर 5 अंक प्राप्त हों।

(a) $\frac{1}{9}$ (b) $\frac{1}{36}$ (c) $\frac{1}{216}$ (d) $\frac{5}{6}$

12. एक साधारण पासे को फेंका जाता हैं, सम्भावना मालूम कीजिए कि चार का अंक ऊपर आए।

(a) $\frac{1}{2}$ (b) $\frac{2}{3}$ (c) $\frac{1}{4}$ (d) $\frac{1}{6}$

13. 20 हरी और 15 नीली गेंद एक बर्तन में डाली जाती हैं एक हरी गेंद को चुनने की सम्भावना कितनी हो सकती है?

(a) $\frac{1}{7}$ (b) $\frac{2}{7}$ (c) $\frac{3}{7}$ (d) $\frac{4}{7}$

14. तीन सिक्के उछाले जाते हैं, कम-से-कम एक चित्त आने की क्या सम्भावना है?

(a) $\frac{1}{4}$ (b) $\frac{3}{8}$

(c) $\frac{7}{8}$ (d) $\frac{1}{8}$

15. एक पर्स में 5 चाँदी के एवं 10 सोने के सिक्के हैं। पर्स से एक सिक्का निकाला गया इसे चाँदी का सिक्के होने की क्या प्रायिकता है?

(a) $\frac{1}{3}$ (b) $\frac{1}{5}$

(c) $\frac{1}{2}$ (d) $\frac{2}{3}$

उत्तरमाला

1. (b)	2. (b)	3. (b)	4. (a)	5. (b)	6. (a)	7. (d)	8. (b)	9. (b)	10. (d)
11. (b)	12. (d)	13. (d)	14. (c)	15. (a)					

संकेत एवं हल

1. (b) प्रतिदर्श समष्टि $(S) = [HH, HT, TH, TT]$

$\therefore \quad n(S) = 4$ तथा $n(E) = 1$

$\Rightarrow \quad P(E) = \dfrac{n(E)}{n(S)} = \dfrac{1}{4}$

2. (b) यहाँ, प्रतिदर्श समष्टि,

$S = \{1, 2, 3, 4, 5, 6\}$

$\Rightarrow \quad n(S) = 6$

E (अनुकूल प्रकार) $= \{2, 4, 6\} \Rightarrow n(E) = 3$

$\therefore \quad P(E) = \dfrac{n(E)}{n(S)} = \dfrac{3}{6} = \dfrac{1}{2}$

3. (b) यहाँ, $n(S) = 52$ ($\because$ कुल पत्तों की संख्या $= 52$)

तथा $n(E) =$ ईंट के पत्तों की संख्या $= 13$

$\therefore \quad P(E) = \dfrac{n(E)}{n(S)} = \dfrac{13}{52} = \dfrac{1}{4}$

4. (a) यहाँ, $n(S) = 52$ [$\because$ कुल पत्तों की संख्या 52 है]

तथा $n(E) = 1$ [$\because$ हुकुम की रानी एक होती है]

$\therefore$ अभीष्ट प्रायिकता $P(E) = \dfrac{n(E)}{n(S)} = \dfrac{1}{52}$

5. (b) यहाँ, $S = \{1, 2, 3, 4, 5, 6\}$

$\Rightarrow \quad n(S) = 6$

और E (अनुकूल प्रकार)$= \{1, 2, 4, 5\}$

$\Rightarrow \quad n(E) = 4$

$\therefore$ अभीष्ट प्रायिकता, $P(E) = \dfrac{n(E)}{n(S)} = \dfrac{4}{6} = \dfrac{2}{3}$

6. (a) $n(S) =$ प्रतियोगिता में कुल प्रतिभागी की संख्या $= 5$

चूँकि जीतेगा कोई एक व्यक्ति

$\therefore \quad n(E) = 1$

अतः $\quad P(E) = \dfrac{n(E)}{n(S)} = \dfrac{1}{5}$

7. (d) यहाँ, $n(S) = 52$ ($\because$ कुल पत्तों की संख्या $= 52$ है)

तथा $\quad n(E) =$ लाल पत्तों की संख्या $= 26$

$P(E) = \dfrac{n(E)}{n(S)} = \dfrac{26}{52} = \dfrac{1}{2}$

8. (b) प्रतिदर्श समष्टि

$(S) = (HHH, HHT, HTH, HTT,$

$THT, TTH, THH, TTT)$

अर्थात् $n(S) = 8$

कोई भी शीर्ष न हो, इसके अनुकूल प्रकार, $n(E) = 1$

$\therefore \quad P(E) = \dfrac{n(E)}{n(S)} = \dfrac{1}{8}$

9. (b) यहाँ, $n(S) =$ कुल गेंदो की संख्या $= 6 + 11 + 7 = 24$

$n(E) =$ सफेद गेंद की संख्या $= 6$

$\therefore$ निकाली गई गेंद के सफेद होने की प्रायिकता $P(E)$

$= \dfrac{n(E)}{n(S)} = \dfrac{6}{24} = \dfrac{1}{4}$

10. (d) प्रश्नानुसार, $n(S) = 20$ और

$E = \{3, 6, 9, 12, 15, 18\} \quad \Rightarrow n(E) = 6$

अतः $\quad P(E) = \dfrac{n(E)}{n(S)} = \dfrac{6}{20} = \dfrac{3}{10}$

11. (b) यहाँ, $n(S) = 6 \times 6 = 36$ तथा $E = (5, 4)$

$\Rightarrow \quad n(E) = 1 \Rightarrow P(E) = \dfrac{1}{36}$

12. (d) प्रश्नानुसार,

$S = \{1, 2, 3, 4, 5, 6\} \quad \Rightarrow \quad n(S) = 6$

$E = \{$4 का अंक ऊपर आने की घटना$\} \Rightarrow n(E) = 1$

$\therefore \quad P(E) = \dfrac{n(E)}{n(S)} = \dfrac{1}{6}$

13. (d) प्रश्नानुसार, $n(S) =$ कुल गेंद की संख्या $= (20 + 15) = 35$

$n(E) =$ हरी गेंद की संख्या $= 20$

$\therefore \quad P(E) = \dfrac{n(E)}{n(S)} = \dfrac{20}{35} = \dfrac{4}{7}$

14. (c) प्रश्नानुसार,

$n(S) =$ तीनों सिक्के उछाले जाने पर कुल घटनाएँ $= 2^3 = 8$

तथा $n(E) =$ कम से कम 1 चित्त आने की कुल संख्या $= (HTT, THT, TTH, HTH, THH,$

$HHT, HHH\} = 7$

$\therefore \quad P(E) = \dfrac{n(E)}{n(S)} = \dfrac{7}{8}$

15. (a) यहाँ,

$n(S) =$ पर्स में कुल सिक्कों की संख्या $= 5 + 10 = 15$

$n(E) =$ पर्स में कुल चाँदी के सिक्कों की संख्या $= 5$

$\therefore$ चाँदी के सिक्के होने की प्रायिकता $P(E)$

$= \dfrac{n(E)}{n(S)} = \dfrac{5}{15} = \dfrac{1}{3}$

17 सांख्यिकी

माध्य

एक ही प्रकार के प्रेक्षणों के योगफल को उन प्रेक्षणों की संख्या से विभाजित करने पर प्राप्त परिणाम ही उन प्रेक्षणों का माध्य कहलाता है।

$$\text{माध्य} = \frac{\text{सभी प्रेक्षणों का योग}}{\text{प्रेक्षणों की संख्या}}$$

जैसे— 5, 7 और 15 का माध्य $= \frac{5+7+15}{3} = \frac{27}{3} = 9$

माध्यिका

यदि आँकड़ों को आरोही या अवरोही क्रम से व्यवस्थित किया जाए, तो ठीक मध्य में पड़ने वाला आँकड़ा, माध्यिका कहलाता है।

आँकड़ों को बढ़ते हुए या घटते हुए क्रम में व्यवस्थित करने पर, माना पदों की कुल संख्या n है।

स्थिति I यदि n विषम है, तब $\left(\frac{n+1}{2}\right)$ वें पद का मान माध्यिका है।

स्थिति II यदि n सम है, तब $\left(\frac{n}{2}\right)$ वें तथा $\left(\frac{n}{2}+1\right)$ वें पदों का औसत ही माध्यिका है।

जैसे— 2, 5, 7, 9, 11, 13 की माध्यिका

यहाँ, $n = 6$ (सम)

$$\text{तब, माध्यिका} = \frac{\frac{6}{2}\text{वाँ} + \left(\frac{6}{2}+1\right)}{2} \text{ वाँ पद} = \frac{7+9}{2} = 8$$

बहुलक

दिए गए सांख्यिकीय आँकड़ों में जिस पद की बारम्बारता सबसे अधिक हो, वह पद बहुलक कहलाता हैं।

जैसे— 3, 3, 2, 2, 4, 4, 5, 5, 5 का बहुलक

यहाँ, 5 की पुनरावृत्ति सबसे अधिक बार हुई है।

अतः बहुलक $= 5$ होगा।

माध्य, माध्यिका और बहुलक में सम्बन्ध

किसी दिए गए बंटन के लिए माध्य, माध्यिका और बहुलक में निम्न सम्बन्ध होता है

बहुलक $= 3 \times$ माध्यिका $- 2 \times$ माध्य

अभ्यास प्रश्न

1. दिए गए आँकड़ों का माध्यिका होगा

4, 5, 10, 7, 14, 9, 15

(a) 6 (b) 9 (c) 8 (d) 10

2. निम्न आँकड़ों का माध्य ज्ञात करों

81, 74, 69, 73, 91, 55, 61

(a) 89 (b) 72
(c) 92 (d) 83

3. 8, 5, x, 6, 10, 5 का माध्य 7 है, तब x का मान का होगा

(a) 7 (b) 9 (c) 15 (d) 8

4. प्रथम 10 प्राकृत संख्याओं का समान्तर माध्य होगा

(a) 5.2 (b) 5.3 (c) 5.4 (d) 5.5

5. निम्न का बहुलक क्या होगा?

5, 3, 2, 2, 4, 5, 3, 3, 4, 3, 5, 3

(a) 2 (b) 3 (c) 4 (d) 5

6. नीचे दिए गए पदों को बढ़ते हुए क्रम में व्यवस्थित करने पर पदों की माध्यिका 24 है। x का मान होगा।

11, 12, 14, 18, $x+2$, $x+4$, 30, 32, 35, 41

(a) 21 (b) 22 (c) 23 (d) 25

7. 4, 1, 1, 4, 11, 7, 11, 5, 11, 30, 28 का बहुलक है।

(a) 4 (b) 7
(c) 5 (d) 11

8. 6, 9, 11, 14, 18, 22, 28, 31, 34 और 43 की माध्यिका ज्ञात कीजिए।

(a) 18 (b) 20
(c) 22 (d) 16

9. आँकड़ों 75, 68, 64, 75, 69, 68, 75, 63 का बहुलक ज्ञात कीजिए।

(a) 75 (b) 68
(c) 64 (d) 69

10. यदि किसी दिए गए डाटा का माध्य 40 तथा बहुलक 25 हो, तो माध्यिका ज्ञात कीजिए।

(a) 36 (b) 32
(c) 35 (d) 33

11. यदि पाँच संख्याओं $x+1, x+2, x+3, x+4$ और $x+5$ का माध्य 15 हो, तो प्रथम तीन संख्याओं का माध्य क्या होगा?

(a) 12 (b) 13
(c) 14 (d) 15

12. 11 प्रेक्षणों का समान्तर माध्य 11 है। प्रारम्भिक (पहले) 6 प्रेक्षणों का समान्तर माध्य 10.5 है और अन्तिम 6 प्रेक्षणों का समान्तर माध्य 11.5 है। छठा प्रेक्षण क्या है?

(a) 10.0 (b) 10.5
(c) 11.0 (d) 11.5

13. 2, 4, 6 ...... 100 की माध्यिका क्या है?

(a) 48 (b) 49
(c) 50 (d) 51

14. दिए गए आँकड़ों की माध्यिका ज्ञात कीजिए।
20, 28, 32, 48, 20, 18, 16, 2, 30, 14

(a) 20 (b) 48
(c) 22 (d) 24

15. आँकड़े 21, 24, 29, 30, 32, 27, 29, 35, 45, 42, 38, 33 की माध्यिका ज्ञात कीजिए।

(a) 32.5 (b) 31
(c) 29.4 (d) 34

16. 1991 की जनगणना के अनुसार, 10 शहरों की जनसंख्या (हजारों में) हैं 2000, 1180, 1785, 1500, 560, 782, 1200, 385, 1123, 222, तो माध्यिका है

(a) 1123 (b) 1151.5
(c) 560 (d) 1210.6

17. निम्नलिखित बंटन का बहुलक होगा।

पद	20	30	35	38	45
बारम्बारता	8	4	10	11	9

(a) 30 (b) 35
(c) 38 (d) 20

18. निम्नलिखित बारम्बारता बंटन का बहुलक होगा।

पद	41	42	43	44	45
बारम्बारता	6	5	2	3	8

(a) 45 (b) 44
(c) 43 (d) 41

निर्देश (प्र. सं 19-22) *निम्नलिखित बारम्बारता सारणी में P, Q, R और S के स्थान पर क्या आएगा?*

वर्ग-अन्तराल	बारम्बारता	संचयी बारम्बारता
0-5	5	5
5-10	7	R
10-15	6	18
15-20	P	20
20-25	5	S
25-30	Q	35

19. P के स्थान पर बारम्बारता कितनी होगी?

(a) 10 (b) 25
(c) 2 (d) 12

20. S के स्थान पर संचयी बारम्बारता कितनी होगी?

(a) 25 (b) 10
(c) 2 (d) 16

21. Q के स्थान पर बारम्बारता कितनी होगी?

(a) 12 (b) 2
(c) 25 (d) 10

22. R के स्थान पर संचयी बारम्बारता कितनी होगी?

(a) 2 (b) 12
(c) 25 (d) 10

23. दिए गए आँकड़ों में सबसे अधिक बार आने वाले पद को क्या कहते है?

(a) माध्यिका (b) समान्तर माध्य
(c) बहुलक (d) इनमें से कोई नहीं

उत्तरमाला

1. (b)	2. (b)	3. (d)	4. (d)	5. (b)	6. (a)	7. (d)	8. (b)	9. (a)	10. (c)
11. (c)	12. (c)	13. (d)	14. (a)	15. (b)	16. (b)	17. (c)	18. (a)	19. (c)	20. (a)
21. (d)	22. (b)	23. (c)							

संकेत एवं हल

1. (b) आँकड़ों को बढ़ते क्रम में

4, 5, 7, 9, 10, 14, 15

$n = 7$ (विषम)

$\therefore$ माध्यिका $= \left(\frac{n+1}{2}\right)$ वें पद का मान

$= \left(\frac{7+1}{2}\right)$ वें पद का मान

$= 4$ वें पद का मान $= 9$

2. (b) माध्य $= \frac{81+74+69+73+91+55+61}{7}$

$= \frac{507}{7} = 72$

3. (d) माध्य $= \frac{8+5+x+6+10+5}{6}$

प्रश्नानुसार,

$\Rightarrow \quad 7 = \frac{34+x}{6}$

$\Rightarrow \quad 34 + x = 42$

$\therefore \quad x = 42 - 34 = 8$

4. (d) प्रथम n प्राकृत संख्याओं का समान्तर माध्य $= \frac{(n+1)}{2}$

यहाँ, $x = 10$

$\therefore$ प्रथम 10 प्राकृत संख्याओं का समान्तर माध्य

$= \frac{10+1}{2} = \frac{11}{2} = 5.5$

5. (b) दिए गए आँकड़ों का बहुलक 3 है, क्योंकि 3 की बारम्बारता सबसे अधिक है।

6. (a) पद 11, 12, 14, 18, $x+2$, $x+4$, 30, 32, 35 व 41 हैं।

यहाँ, $n = 10$

$\therefore$ माध्यिका $= \frac{1}{2}\left[\left(\frac{n}{2}\right)\text{वें} + \left(\frac{n}{2}+1\right)\text{वें पद का मान}\right]$

$24 = \frac{(x+2)+(x+4)}{2}$

$\Rightarrow \quad 2x + 6 = 48$

$\Rightarrow \quad 2x = 42$

$\therefore \quad x = \frac{42}{2} = 21$

अत: x का मान $= 21$

7. (d) दिए गए आँकड़ों का बहुलक 11 है, क्योंकि 11 की बारम्बारता सबसे अधिक है।

8. (b) दी गई संख्याओं को आरोही क्रम में लिखने पर, 6, 9, 11, 14, 18, 22, 28, 31, 34 और 43

यहाँ, पदों की संख्या, $(n) = 10$ (सम)

$\therefore$ माध्यिका

$= \left[\frac{\left(\frac{n}{2}\right)\text{वें पद का मान} + \left(\frac{n}{2}+1\right)\text{वें पद का मान}}{2}\right]$

$= \frac{\left(\frac{10}{2}\right)\text{वें पद का मान} + \left(\frac{10}{2}+1\right)\text{वें पद का मान}}{2}$

$= \frac{5\text{वें पद का मान} + 6\text{वें पद का मान}}{2}$

$= \frac{18+22}{2} = \frac{40}{2} = 20$

9. (a) दिए गए आँकड़ों में 75 की पुनरावृत्ति सर्वाधिक हुई है। अत: दिए गए आँकड़ों का बहुलक 75 है।

10. (c) दिया है, माध्य $= 40$ तथा बहुलक $= 25$

हम जानते हैं,

बहुलक $= 3$ (माध्यिका) $- 2$ (माध्य)

$\Rightarrow \quad 25 = 3$ (माध्यिका) $- 2 \times 40$

$\Rightarrow 3$ (माध्यिका) $= 25 + 80$

$\Rightarrow \quad$ माध्यिका $= \frac{105}{3} = 35$

11. (c) दी गई पाँच संख्याओं का माध्य = 15

$= \frac{x+1+x+2+x+3+x+4+x+5}{5} = 15$

$\Rightarrow \quad 5x + 15 = 75$

$\Rightarrow \quad 5x = 60 \Rightarrow x = 12$

$\therefore$ प्रथम तीन संख्याएँ = 13, 14, 15

अब, प्रथम तीन संख्याओं का माध्य

$= \frac{13+14+15}{3} = \frac{42}{3} = 14$

12. (c) प्रश्नानुसार,

11 प्रेक्षणों का योग $= 11 \times 11 = 121$

प्रथम 6 एवं अन्तिम 6 प्रेक्षणों का योग

$= 6 \times 10.5 + 6 \times 11.5 = 63 + 69 = 132$

$\therefore$ छठा प्रेक्षण $= 132 - 121 = 11$

13. (d) दिए गए आँकड़ें है

2, 4, 6, ..., 100

$\therefore \quad a_n = a + (n-1)d$

$\Rightarrow \quad 100 = 2 + (n-1) \times 2$

$\Rightarrow \quad 100 = 2n$

$\Rightarrow \quad n = 50$

अत: आँकड़ों की कुल संख्या = 50

$\therefore$ माध्यिका $= \frac{\left(\frac{n}{2}\right)\text{वाँ आँकड़ा} + \left(\frac{n}{2}+1\right)\text{वाँ आँकड़ा}}{2}$

$= \frac{25\text{वाँ आँकड़ा} + 26\text{वाँ आँकड़ा}}{2}$

$= \frac{a_{25} + a_{26}}{2}$

$= \frac{(a+24d) + (a+25d)}{2}$

$= \frac{(2 + 24 \times 2) + (2 + 25 \times 2)}{2}$

$= \frac{50+52}{2} = \frac{102}{2} = 51$

14. (a) दिए गए आँकड़ों को आरोही क्रम लिखने पर,

2, 14, 16, 18, 20, 20, 28, 30, 32, 48

यहाँ, $n = 10$ (सम)

$\therefore$ माध्यिका $= \frac{\left(\frac{n}{2}\right)\text{वें पद का मान} + \left(\frac{n}{2}+1\right)\text{वें पद का मान}}{2}$

$= \frac{\left(\frac{10}{2}\right)\text{वें पद का मान} + \left(\frac{10}{2}+1\right)\text{वें पद का मान}}{2}$

$= \frac{5\text{वें पद का मान} + 6\text{वें पद का मान}}{2}$

$= \frac{20+20}{2} = 20$

15. (b) दिए गए आँकड़ों को आरोही क्रम में लिखने पर,

21, 24, 27, 29, 29, 30, 32, 33, 35, 38, 42, 45

यहाँ, पदों की संख्या = 12 (सम)

$\therefore$ माध्यिका $= \frac{\frac{12}{2}\text{वें पद का मान} + \left(\frac{12}{2}+1\right)\text{वें पद का मान}}{2}$

$= \frac{6\text{वें पद का मान} + 7\text{वें पद का मान}}{2}$

$= \frac{30+32}{2} = \frac{62}{2} = 31$

16. (b) दिए गए आँकड़ों को आरोही क्रम में लिखने पर,

222, 385, 560, 782, 1123, 1180, 1200, 1500, 1785 और 2000

यहाँ, $n = 10$ (सम)

$\therefore$ माध्यिका $= \frac{\left(\frac{10}{2}\right)\text{वें पद का मान} + \left(\frac{10}{2}+1\right)\text{वें पद का मान}}{2}$

$= \frac{5\text{वें पद का मान} + 6\text{वें पद का मान}}{2}$

$= \frac{1123+1180}{2}$

$= \frac{2303}{2} = 1151.5$

17. (c) यहाँ, अंक 38 सर्वाधिक 11 बार आया है।

अत: बहुलक = 38

18. (a) यहाँ, अंक 45 सर्वाधिक 8 बार आया है।

अत: बहुलक = 45

19. (c) $P + 18 = 20$

$\therefore \quad P = 20 - 18 = 2$

20. (a) $S = 20 + 5$

$\therefore \quad S = 25$

21. (d) $S + Q = 35$

$\Rightarrow 25 + Q = 35$

$\therefore \quad Q = 10$

22. (b) $R = 5 + 7$

$\therefore \quad R = 12$

23. (c) दिए गए आँकड़ो में सबसे अधिक बार आने वाले पद को बहुलक कहते है।

सामाजिक विज्ञान

01 आधुनिक यूरोप का उदय

- 16वीं एवं 17वीं शताब्दियों के मध्य आधुनिक युग का प्रारम्भ हुआ।
- पन्द्रहवीं शताब्दी तक यूरोप के सामाजिक जीवन पर **सामन्तों तथा धर्म गुरुओं** का प्रभुत्व था।
- ईसाइयों के धर्म गुरु **पोप को** ईश्वर का प्रतिनिधि माना जाता था।
- पन्द्रहवीं शताब्दी में **यूरोप में पुनर्जागरण** का प्रारम्भ **इटली** के फ्लोरेन्स नगर से माना जाता है।
- प्रसिद्ध खगोल वैज्ञानिकों एवं विद्वानों जैसे कॉपरनिकस एवं गैलीलियो ने ब्रह्माण्ड के विषय में तत्कालीन प्रचलित मान्यताओं एवं सिद्धान्तों का खण्डन कर नवीन सिद्धान्तों (पृथ्वी सूर्य के चारों ओर चक्कर लगाती है।) का प्रतिपादन किया।
- केल्विन, जॉन विकलिफ एवं इरास्मस आदि विचारकों ने धार्मिक संस्थाओं में फैले भ्रष्टाचार के प्रति आवाज उठाई तथा इन्हें दूर करने हेतु प्रयास किए।
- ईसाई धर्म के प्रमुख प्रतिनिधि पोप की निरंकुशवादी सत्ता के विरुद्ध आवाज उठाई गई तथा धार्मिक संस्थाओं में व्याप्त कमियों का विरोध कर इनके उन्मूलन हेतु प्रयास किए गए।
- 16वीं शताब्दी में यूरोप में सामन्तों की सत्ता के बँटवारे हेतु वेनिस एवं जेनेवा प्रमुख व्यापारिक केन्द्र के रूप में उभरे।
- यूरोप में सामन्तवादी सत्ता का पतन प्रारम्भ हुआ तथा पूँजीवादी व्यवस्था अस्तित्व में आई।
- इंग्लैण्ड में औद्योगिक क्रान्ति की शुरुआत 18वीं शताब्दी में हुई थी।
- विभिन्न नवीन तकनीकों एवं मशीनों जैसे सूत कताई की मशीन, नीवन किस्म के करघों एवं भाप के इन्जन के आविष्कार से इंग्लैण्ड में सूती वस्त्रों के उत्पादन में वृद्धि हुई।

अभ्यास प्रश्न

1. पन्द्रहवीं शताब्दी तक यूरोप के सामाजिक जीवन पर किसका प्रभुत्व था?

(a) सामन्तों का (b) ईश्वर का
(c) दैवीय शक्तियों का (d) विद्वानों का

2. ईश्वर का प्रतिनिधि किसे माना जाता था?

(a) राजाओं को (b) धर्म गुरु पोप को
(c) सामन्तों को (d) व्यापारियों को

3. यूरोप में पुनर्जागरण कब प्रारम्भ हुआ?

(a) 15वीं शताब्दी (b) 16वीं शताब्दी
(c) 17वीं शताब्दी (d) 18वीं शताब्दी

4. पुनर्जागरण का प्रारम्भ किस नगर से माना जाता है?

(a) कस्तूरबा नगर (b) फ्लोरेन्स नगर
(c) जकार्ता (d) डबलिन

5. गैलीलियो कौन थे?

(a) इतिहासकार (b) खगोल वैज्ञानिक
(c) भूगोलवेत्ता (d) अर्थशास्त्री

6. पृथ्वी सूर्य के चारों ओर चक्कर लगाती है, यह सिद्धान्त किसने प्रतिपादित किया?

(a) गैलीलियो (h) निकोलस कॉपरनिकस
(c) 'a' और 'b' दोनों (d) अल्बर्ट आइन्स्टीन

7. यूरोपीय धर्म संस्थाओं में किसका प्रसार था?

(a) अशिक्षा (b) धार्मिक आस्था
(c) भ्रष्टाचार (d) वैज्ञानिक दृष्टिकोण

8. धार्मिक संस्थाओं में व्याप्त भ्रष्टाचार के प्रति किसने आवाज उठाई?

(a) केल्विन (b) वायलिफ
(c) इटेस्मस (d) ये सभी

9. 16वीं शताब्दी में यूरोप में प्रमुख व्यापारिक केन्द्र थे

(a) वॉशिंगटन डी.सी. (b) न्यूयॉर्क
(c) द हेग (d) जेनेवा

10. यूरोप में सामन्तवादी सत्ता के पतन के पश्चात् कौन-सी व्यवस्था अस्तित्व में आई?

(a) समाजवादी (b) साम्यवादी
(c) पूँजीवादी (d) मिश्रित

11. इंग्लैण्ड में औद्योगिक क्रान्ति की शुरुआत कब हुई?
(a) 15वीं शताब्दी (b) 16वीं शताब्दी
(c) 17वीं शताब्दी (d) 18वीं शताब्दी

12. इंग्लैण्ड में हुई औद्योगिक क्रान्ति का परिणाम था
(a) नवीन तकनीकों व मशीनों का विकास
(b) भाप के इंजन का आविष्कार
(c) सूती वस्त्र उत्पादन में वृद्धि
(d) उपरोक्त सभी

13. मशीनों का प्रयोग सर्वप्रथम किस देश में हुआ था?
(a) चीन (b) फ्रांस
(c) इंग्लैण्ड (d) जापान

14. यूरोप में 'आधुनिक सामाजिक व्यवस्था की रीढ़' किसे माना जाता था?
(a) निम्न वर्ग (b) मध्यम वर्ग
(c) उच्च वर्ग (d) मध्यम उच्च वर्ग

15. मार्टिन लूथर किस देश से सम्बन्धित थे?
(a) अमेरिका (b) इंग्लैण्ड (c) जर्मनी (d) भारत

16. 1453 ई. में किस शहर में ऑटोमन तुर्कों ने विजय प्राप्त की थी?
(a) वेनिस (b) रोम
(c) पेरिस (d) कॉन्स्टेटिनोपल

17. औद्योगिक क्रान्ति की शुरुआत कहाँ से हुई?
(a) इंग्लैण्ड (b) फ्रांस
(c) इटली (d) पुर्तगाली

18. ईसाई धार्मिक ग्रन्थ बाइबिल किस भाषा में लिखा गया है?
(a) लैटिन (b) स्पेनिश
(c) अंग्रेजी (d) फ्रेंच

19. "आप लोगों को धर्म गुरुओं के कथन को ही सत्य न मानकर स्वयं बाइबिल पढ़ना चाहिए और धर्म के तत्त्वों को समझना चाहिए।" यह कथन किसका है?
(a) इरास्मस (b) कॉपरनिकस
(c) मार्टिन लूथर (d) कोलम्बस

20. कोलम्बस ने अमेरिका से यूरोप पहुँचने वाले समुद्री मार्ग की खोज की थी। कोलम्बस किस देश का निवासी था?
(a) पुर्तगाल (b) इटली (c) अमेरिका (d) फ्रांस

21. कुतुबनुमा यन्त्र किस प्रकार यात्रा के दौरान नाविकों की सहायता करता था?
(a) दिशाओं का ज्ञान करने में
(b) खतरे की चेतावनी देकर
(c) समुद्र का जलस्तर कम करने में
(d) प्रकाश उत्पन्न करके

उत्तरमाला

1.	(a)	2.	(b)	3.	(a)	4.	(b)	5.	(b)	6.	(c)	7.	(c)	8.	(d)	9.	(d)	10.	(c)
11.	(d)	12.	(d)	13.	(c)	14.	(b)	15.	(c)	16.	(d)	17.	(a)	18.	(a)	19.	(c)	20.	(b)
21.	(a)																		

02 भारत में यूरोपियन कम्पनियों का आगमन

भारत में यूरोपीय कम्पनियों के आगमन का क्रम इस प्रकार है—पुर्तगाली-डच-अंग्रेज-डेनिश-फ्रांसीसी।

पुर्तगाली

- यूरोप से भारत पहुँचने के लिए समुद्र मार्ग की खोज पुर्तगाली नाविक **वास्को-डी-गामा** ने की थी, जो 1498 ई. में **कालीकट** के समुद्र तट पर उतरा।
- पुर्तगालियों का भारत में प्रथम गवर्नर **फ्रांसिस्को द अल्मेडा** (1505-1509 ई.) था।
- पुर्तगालियों ने भारत में तम्बाकू की खेती तथा प्रिण्टिंग प्रेस का प्रारम्भ किया।
- पुर्तगालियों ने पहली व्यापारिक कोठी **कोचीन** में खोली।

डच

- 1596 ई. में भारत में आने वाला प्रथम डच नागरिक **कॉर्नेलिस-डी-हाऊटमैन** था। वह भारत से पहले सुमात्रा पहुँचा था।
- 1605 ई. में डच कम्पनी ने **मसूलीपट्टनम** में अपनी प्रथम फैक्ट्री की स्थापना की।

अंग्रेज (ईस्ट इण्डिया कम्पनी की स्थापना)

- ब्रिटिश, व्यापारियों के रूप में भारत आए। प्रथम अंग्रेज कैप्टन हॉकिन्स, जेम्स प्रथम का राजदूत बनकर जहाँगीर के दरबार (1608-11 ई.) में भारत आया।
- अंग्रेजों ने 1611 ई. में दक्षिण-पश्चिम समुद्र तट पर सर्वप्रथम मसूलीपट्टनम में व्यापारिक कोठी की स्थापना की।
- अंग्रेजों ने अपनी पहली फैक्ट्री 1608 ई. में सूरत में स्थापित की।
- 1757 ई. में बंगाल के नवाब सिराजुद्दौला को प्लासी के युद्ध में पराजित कर अंग्रेजों ने राजनीतिक शक्ति के रूप में अपना वर्चस्व स्थापित किया।
- 1764 ई. में बक्सर के युद्ध के पश्चात् हुई इलाहाबाद की सन्धि के तहत अंग्रेजों को बंगाल, बिहार तथा उड़ीसा की दीवानी प्राप्त हुई।
- अंग्रेजों ने भारत में अपनी राजधानी कोलकाता को बनाया, जबकि वर्ष 1911 में दिल्ली को राजधानी बनाया गया।
- बंगाल के गवर्नर-जनरल लॉर्ड कॉर्नवालिस ने 1793 ई. में स्थायी बन्दोबस्त व्यवस्था लागू की। 1857 के विद्रोह के पश्चात् 1858 ई. में ईस्ट इण्डिया कम्पनी के शासन को भारत से समाप्त कर, ब्रिटिश क्राउन का प्रत्यक्ष शासन प्रारम्भ किया गया।

डेनिश

- डेनिश व्यापारिक कम्पनी का गठन 1616 ई. में हुआ था।
- इस कम्पनी ने त्रावणकोर (तमिलनाडु) तथा सेरामपुर (बंगाल) में अपनी फैक्ट्रियों की स्थापना की।

फ्रांसीसी

- लुई चौदहवें के समय में 1664 ई. में फ्रेंच ईस्ट इण्डिया कम्पनी की स्थापना हुई।
- 1674 ई. में फ्रांसिस मार्टिन ने पॉण्डिचेरी की स्थापना की।
- 22 जनवरी, 1760 को हुए वाण्डिवाश के युद्ध में फ्रांसीसी, अंग्रेजों से पराजित हुए।

अभ्यास प्रश्न

1. यूरोप से भारत के लिए समुद्री मार्ग की खोज किसने की?
(a) कोलम्बस (b) बारथोलोम्यू डीयास
(c) वास्को-डी-गामा (d) हेनरी

2. पुर्तगाली नाविक वास्को-डी-गामा भारत कब आया?
(a) 1398 ई. (b) 1426 ई. (c) 1498 ई. (d) 1521 ई.

3. 1498 ई. में वास्को-डी-गामा ········ समुद्र तट पर उतरा।
(a) कालीकट (केरल)
(b) गंगा तट (कलकत्ता)
(c) मंगलौर (कर्नाटक)
(d) मोर्मुगाओ (गोवा)

4. पुर्तगालियों का भारत में प्रथम गवर्नर कौन था?
(a) फ्रांसिस्को द अल्मेडा (b) अल्बुकर्क
(c) लाली (d) आय्यर कूट

5. भारत में प्रिण्टिंग प्रेस का शुभारम्भ किसने किया?
(a) डच (b) ब्रिटिश
(c) पुर्तगाली (d) फ्रांसीसी

6. भारत में तम्बाकू की खेती किसके शासनकाल में प्रारम्भ हुई?
(a) अकबर (b) जहाँगीर
(c) हुमायूँ (d) शाहजहाँ

7. पुर्तगालियों ने पहली व्यापारिक कोठी कहाँ खोली थी?
(a) सूरत (b) कोचीन
(c) मसूलीपट्टनम (d) कलकत्ता

8. भारत में डचों का आगमन कब हुआ?
(a) 1505 ई. (b) 1509 ई.
(c) 1585 ई. (d) 1596 ई.

9. भारत आने वाला प्रथम डच यात्री कौन था?
(a) अल्बुकर्क (b) दुर्र-ए-दुर्रानी
(c) कॉर्नेलिस-डी-हाऊटमैन (d) डूप्ले

10. डचों ने अपनी प्रथम फैक्ट्री कहाँ खोली?
(a) सूरत (b) कोलकाता
(c) मसूलीपट्टनम (d) कोचीन

11. ब्रिटिश भारत में किस रूप में आए?
(a) समाज सुधारक (b) निवेशक
(c) शासक (d) व्यापारी

12. भारत आने वाला प्रथम अंग्रेज कैप्टन कौन था?
(a) कैप्टन हॉकिन्स (b) कैप्टन मिण्डेनहॉल
(c) थॉमस स्टीफन्स (d) गोडेहू

13. कैप्टन हॉकिन्स किस मुगल शासक के दरबार में आया था?
(a) अकबर (b) शाहजहाँ (c) औरंगजेब (d) जहाँगीर

14. अंग्रेजों ने भारत में पहली व्यापारिक कोठी कब खोली?
(a) 1608 ई. (b) 1609 ई. (c) 1611 ई. (d) 1615 ई.

15. अंग्रेजों ने अपनी पहली फैक्ट्री की स्थापना कहाँ की?
(a) सूरत (b) बंगाल
(c) मसूलीपट्टनम (d) गोवा

16. प्लासी का युद्ध कब हुआ था?
(a) 1726 ई. (b) 1757 ई. (c) 1769 ई. (d) 1779 ई.

17. बक्सर के युद्ध का अन्त किस सन्धि के साथ हुआ?
(a) पेरिस की सन्धि (b) इलाहाबाद की सन्धि
(c) सालबाई की सन्धि (d) कर्नाटक की सन्धि

18. बक्सर का युद्ध कब हुआ?
(a) 1762 ई. (b) 1764 ई.
(c) 1765 ई. (d) 1767 ई.

19. अंग्रेजों ने भारत में प्रारम्भ में अपनी राजधानी कहाँ बनाई थी?
(a) कोलकाता (b) दिल्ली
(c) चेन्नई (d) पटना

20. दिल्ली को ब्रिटिश भारत की राजधानी कब बनाया गया?
(a) वर्ष 1931 (b) वर्ष 1947
(c) वर्ष 1941 (d) वर्ष 1911

21. स्थायी बन्दोबस्त की व्यवस्था किसने लागू की थी?
(a) हैदर अली
(b) लॉर्ड कॉर्नवालिस
(c) डलहौजी
(d) लॉर्ड वेलेजली

22. किस वर्ष ईस्ट इण्डिया कम्पनी के स्थान पर भारत में ब्रिटिश क्राउन का प्रत्यक्ष शासन प्रारम्भ हुआ?
(a) 1855 ई. (b) 1856 ई.
(c) 1851ई. (d) 1858 ई.

23. डेनिश व्यापारिक कम्पनी का गठन कब हुआ?
(a) 1514 ई. (b) 1616 ई.
(c) 1516 ई. (d) 1614 ई.

24. डेनिशों ने भारत में अपनी फैक्ट्रियों की स्थापना कहाँ की?
(a) त्रावणकोर (b) सेरामपुर
(c) 'a' और 'b' दोनों (d) इनमें से कोई नहीं

25. पॉण्डिचेरी के संस्थापक हैं
(a) फ्रांसीसी मार्टिन (b) कोलम्बस
(c) कैपलर (d) वास्को-डी-गामा

26. फ्रांसीसी व अंग्रेजों के मध्य वाण्डिवाश का युद्ध कब हुआ?
(a) 1746 ई. (b) 1749 ई.
(c) 1756 ई. (d) 1760 ई.

27. दक्षिण भारत के पूर्वी तट पर स्थित कौन-सा व्यापारिक केन्द्र अंग्रेजों का प्रमुख व्यापारिक केन्द्र था?
(a) मद्रास (b) मसूलीपट्टनम
(c) चेन्नई (d) कालीकट

28. बंगाल के नवाब अली वर्दी खाँ की मृत्यु कब हुई?
(a) 1755 (b) 1756
(c) 1757 (d) 1758

29. रेग्युलेटिंग एक्ट कब पास हुआ?
(a) 1772 (b) 1773 (c) 1775 (d) 1779

30. सहायक सन्धि किस गनर्वर-जनरल द्वारा प्रारम्भ की गई?
(a) वॉरेन हेस्टिंग्स (b) कॉर्नवालिस
(c) रॉबर्ट क्लाइव (d) लॉर्ड वेलेजली

31. लॉर्ड डलहौजी की हड़प नीति के अन्तर्गत किस राज्य को सर्वप्रथम अंग्रेजी साम्राज्य में मिलाया गया?
(a) नागपुर (b) सतारा
(c) जैतपुर (d) झाँसी

उत्तरमाला

1. (c)	2. (c)	3. (a)	4. (a)	5. (c)	6. (b)	7. (b)	8. (d)	9. (c)	10. (c)
11. (d)	12. (a)	13. (d)	14. (c)	15. (a)	16. (b)	17. (b)	18. (b)	19. (a)	20. (d)
21. (b)	22. (d)	23. (b)	24. (c)	25. (a)	26. (d)	27. (a)	28. (b)	29. (b)	30. (d)
31. (b)									

03 भारतीय जनजीवन पर ब्रिटिश शासन का प्रभाव
(सामाजिक तथा आर्थिक नीतियाँ)

सामाजिक नीतियाँ

- विलियम बैण्टिक ने दिसम्बर, 1929 को नियम XVII के अनुसार, सती प्रथा को अवैध घोषित किया।
- लॉर्ड एलनबरो ने 1843 ई. में अधिनियम V के तहत दास प्रथा के उन्मूलन की घोषणा की।
- 1872 ई. में पारित सिविल मैरिज एक्ट में 18 वर्ष से कम आयु के लड़कों तथा 14 वर्ष से कम आयु की लड़कियों का विवाह वर्जित किया गया।
- छत्तीसगढ़ का प्रथम जंगल सत्याग्रह वर्ष 1922 में पण्डित सुन्दरलाल शर्मा, नारायण राव मेघावाले, बाबू छोटेलाल श्रीवास्तव द्वारा शुरू किया गया था।

आर्थिक नीतियाँ

- लॉर्ड कॉर्नवालिस ने 1790 के दशक में स्थायी बन्दोबस्त (भू-राजस्व) शुरू किया।
- स्थायी बन्दोबस्त को इस्तमरारी बन्दोबस्त अथवा जमींदारी प्रथा के रूप में भी जाना जाता है।
- 1792 ई. में टॉमस मुनरो ने मद्रास प्रेसीडेन्सी में नई भू-राजस्व व्यवस्था लागू की, जिसे रैयतवाड़ी बन्दोबस्त कहा गया।
- उत्तर भारत में अंग्रेजों द्वारा महालवाड़ी प्रणाली (भू-राजस्व) लागू की गई थी।

शिक्षा

- 1835 ई. में लॉर्ड मैकाले द्वारा दिए गए प्रस्ताव में अधोमुखी निस्पन्दन सिद्धान्त को मान्यता दी गई थी।
- प्राथमिक क्षेत्र में शिक्षा के सुधार के लिए 1854 ई. में वुड्स डिस्पैच आया।
- वर्ष 1917 में सर फिलिप हार्टोग की अध्यक्षता में हार्टोग आयोग गठित किया गया।

अभ्यास प्रश्न

1. महालवाड़ी प्रथा में किसके साथ राजस्व का बन्दोबस्त हुआ था?
(a) कृषकों के साथ
(b) जमींदारों के साथ
(c) जमींदारों व कृषकों के साथ
(d) ग्राम समुदाय के साथ समग्र रूप से

2. 'सहायक सन्धि' के सिद्धान्त का सम्बन्ध किससे था?
(a) वॉरेन हेस्टिंग्स
(b) लॉर्ड कॉर्नवालिस
(c) लॉर्ड बैण्टिक
(d) लॉर्ड वेलेजली

3. अंग्रेजों ने रैयतवाड़ी बन्दोबस्त कहाँ लागू किया था?
(a) बंगाल प्रेसीडेन्सी में
(b) मद्रास प्रेसीडेन्सी में
(c) बम्बई प्रेसीडेन्सी में
(d) मद्रास प्रेसीडेन्सी और बम्बई प्रेसीडेन्सी दोनों में

4. रैयतवाड़ी प्रथा प्रारम्भ की थी
(a) टॉमस मुनरो ने (b) मार्टिन बर्ड ने
(c) कॉर्नवालिस ने (d) लॉर्ड डलहौजी ने

5. निम्नलिखित में से किसके साथ 1793 ई. में लॉर्ड कॉर्नवालिस ने बंगाल का स्थायी बन्दोबस्त किया?
(a) जमींदारों के साथ (b) कृषकों के साथ
(c) 'a' और 'b' दोनों (d) भारतीय प्रतिनिधियों के साथ

6. भारत के निम्नलिखित में से किस अंग्रेजी शासन विरोधी नेता को, जनता में भय फैलाने हेतु, उसकी मृत्यु हो जाने के बाद भी सार्वजनिक रूप से फाँसी दी गई थी?
(a) अल्लूरी सीताराम राजू (b) बिरसा मुण्डा
(c) चन्द्रशेखर आजाद (d) दीवान वेलू थम्पी

7. भारत में लोक शिक्षा की सामान्य समिति का गठन कब किया गया?
(a) 1810 ई. (b) 1813 ई. (c) 1815 ई. (d) 1818 ई.

8. भारत के वुड्स डिस्पैच का सम्बन्ध किससे है?
(a) प्राथमिक शिक्षा (b) ग्रामोद्योग शिक्षा
(c) व्यापारिक शिक्षा (d) उच्च शिक्षा

9. वर्ष 1930 में पारित शारदा एक्ट में विवाह के लिए कन्या की आयु कितनी निर्धारित की गई?
(a) 12 वर्ष (b) 14 वर्ष
(c) 16 वर्ष (d) 18 वर्ष

10. लॉर्ड कर्जन ने किसकी अध्यक्षता में रैले कमीशन गठित किया था?
(a) थॉमस रैले (b) फिलिप रैले
(c) एण्ड्रयू रैले (d) विलियम रैले

11. भारत में बुनियादी शिक्षा की बात किसके द्वारा की गई?
(a) पण्डित जवाहरलाल नेहरू (b) महात्मा गाँधी
(c) लाल बहादुर शास्त्री (d) लाला लाजपत राय

12. लॉर्ड एलनबरो ने किस वर्ष दास प्रथा का उन्मूलन किया था?
(a) 1940 (b) 1942
(c) 1843 (d) 1944

13. सती प्रथा का अन्त किसके द्वारा किया गया था?
(a) विलियम बैण्टिक (b) लॉर्ड कर्जन
(c) लॉर्ड डलहौजी (d) लॉर्ड विलियम

14. स्थायी बन्दोबस्त को अन्य किस नाम से जाना जाता था?
(a) इस्तमरारी बन्दोबस्त (b) जमींदारी प्रथा
(c) 'a' और 'b' दोनों (d) इनमें से कोई नहीं

15. रैयतवाड़ी प्रणाली में किसानों को अपनी उपज का कितना प्रतिशत अंग्रेजों को देना पड़ता था?
(a) 25% (b) 30%
(c) 40% (d) 45%

16. ईस्ट इण्डिया कम्पनी द्वारा अधिकृत भारतीय भू-भाग के कितने प्रतिशत भू-भाग पर रैयतवाड़ी बन्दोबस्त लागू किया गया था?
(a) 31% (b) 41%
(c) 51% (d) 55%

17. वर्ष 1929 में गठित सर फिलिप हार्टोग का सम्बन्ध किससे था?
(a) व्यावहारिक शिक्षा (b) औद्योगिक शिक्षा
(c) माध्यमिक शिक्षा (d) प्राथमिक शिक्षा

18. किस विद्रोही नेता को 'छत्तीसगढ़ का मंगल पाण्डे' कहा जाता है?
(a) हनुमान सिंह (b) करतार सिंह
(c) प्यारेलाल सिंह (d) झाड़ा सिरहा

19. छत्तीसगढ़ में गुण्डाधुर के नेतृत्व में किए गए विद्रोह का क्या नाम था?
(a) प्रथम मजदूर आन्दोलन
(b) भूमकाल विद्रोह
(c) सोहागपुर विद्रोह
(d) उपरोक्त सभी

20. छत्तीसगढ़ का विद्यासागर किसे कहा जाता है?
(a) महादेव देसाई (b) ठाकुर प्यारेलाल सिंह
(c) रविशंकर शक्ल (d) रामदयाल तिवारी

21. भारत में वास्तविक रूप में प्रकाशित पहला समाचार-पत्र कौन-सा था?
(a) बम्बई गजट (b) कोलकाता गजट
(c) बंगाल गजट (d) सूरत गजट

22. भारत में उच्च पदों पर यूरोपीय लोगों की नियुक्ति आरम्भ की थी
(a) लॉर्ड कर्जन (b) विलियम बैण्टिक
(c) लॉर्ड कॉर्नवालिस (d) लॉर्ड रिपन

उत्तरमाला

1. (d)	2. (d)	3. (d)	4. (a)	5. (a)	6. (d)	7. (b)	8. (a)	9. (b)	10. (a)
11. (a)	12. (c)	13. (a)	14. (c)	15. (b)	16. (c)	17. (a)	18. (a)	19. (b)	20. (d)
21. (c)	22. (c)								

04 भारत का प्रथम स्वतन्त्रता संग्राम (1857 का विद्रोह)

- 1857 का विद्रोह भारतीय इतिहास का प्रमुख विद्रोह है, जिसने भारत में ईस्ट इण्डिया कम्पनी की जड़ों को हिलाकर रख दिया।
- 1857 के विद्रोह के सामाजिक, राजनैतिक, आर्थिक एवं धार्मिक कारण थे, किन्तु इसका तत्कालीन कारण 'एनफील्ड रायफल' के 'चर्बीयुक्त कारतूस' को मुँह से खोलकर प्रयोग करने से सैनिकों में आक्रोश होना था, जिससे हिन्दू एवं मुस्लिमों की धार्मिक भावनाएँ आहत हुईं।
- 29 मार्च, 1857 को मंगल पाण्डे ने बैरकपुर छावनी में विद्रोह किया।
- 10 मई, 1857 को मेरठ के सिपाहियों ने विद्रोह किया, इसलिए 1857 के विद्रोह को 'सिपाही विद्रोह' के नाम से जाना जाता है।
- मेरठ के विद्रोही सैनिकों ने दिल्ली पहुँचकर मुगल शासक बहादुरशाह जफर को विद्रोह का नेता घोषित किया। अंग्रेजों ने बहादुरशाह जफर को कैद कर रंगून भेज दिया, जहाँ उसकी मृत्यु हो गई।
- इस विद्रोह में दिल्ली के सैनिकों का नेतृत्व बख्त खाँ ने, लखनऊ में बेगम हजरत महल ने, कानपुर में नाना साहेब ने, झाँसी में रानी लक्ष्मीबाई ने, जगदीशपुर में कुँवर सिंह ने एवं इलाहाबाद में लियाकत अली ने किया।
- इस विद्रोह में छत्तीसगढ़ के सोनाखान के जमींदार वीर नारायण सिंह की महत्त्वपूर्ण भूमिका थी।
- नेतृत्व की कमी, संगठन तथा एकता के अभाव में 1857 का विद्रोह असफल रहा।
- 1857 के विद्रोह के बाद भारत में कम्पनी का शासन प्रत्यक्ष रूप से अब 'ब्रिटिश क्राउन' के अधीन आ गया।

अभ्यास प्रश्न

1. 1857 के विद्रोह का तत्कालीन कारण क्या था?

(a) चर्बीयुक्त कारतूस का प्रयोग
(b) राज्य हड़प नीति
(c) कराधान में बढ़ोतरी
(d) धार्मिक प्रतिबन्ध

2. 29 मार्च, 1857 में बैरकपुर छावनी में विद्रोह का प्रारम्भ किसने किया?

(a) बहादुरशाह जफर (b) लियाकत अली
(c) मंगल पाण्डे (d) हसन खाँ

3. मेरठ का विद्रोह कब हुआ?

(a) 9 मई, 1863 (b) 10 मई, 1825
(c) 9 मई, 1874 (d) 10 मई, 1857

4. 1857 के विद्रोह को किस नाम से जाना जाता है?

(a) राष्ट्रीय आन्दोलन
(b) सिपाही विद्रोह
(c) स्वतन्त्रता संघर्ष
(d) बस्तर विद्रोह

5. 1857 की क्रान्ति के दौरान भारत का बादशाह किसे घोषित किया गया?

(a) जहाँगीर (b) अकबर द्वितीय
(c) शाहआलम (d) बहादुरशाह जफर

6. अंग्रेजों ने बहादुरशाह जफर को कैद कर कहाँ भेजा?

(a) लाहौर (b) रंगून
(c) काठमाण्डू (d) लक्षद्वीप

7. दिल्ली के अन्तिम मुगल बादशाह थे

(a) अकबर द्वितीय (b) शाहजहाँ
(c) बहादुरशाह जफर (d) औरंगजेब

8. हजरत महल सम्बन्धित है

(a) सोनाखान (b) कानपुर
(c) लखनऊ (d) झाँसी

9. दिल्ली के सैनिकों का नेतृत्व किसने किया?

(a) नाना साहेब (b) तात्याँ टोपे
(c) ऊषा मेहता (d) बख्त खाँ

10. 1857 की क्रान्ति के समय भारत के गवर्नर-जनरल कौन थे?
(a) लॉर्ड डलहौजी (b) लॉर्ड विलियम बैण्टिक
(c) लॉर्ड कैनिंग (d) लॉर्ड लिटन

11. रानी लक्ष्मीबाई ने 1857 की क्रान्ति का नेतृत्व कहाँ से किया था?
(a) सतारा (b) झाँसी
(c) अवध (d) मुरैना

12. कानपुर में 1857 की क्रान्ति का नेतृत्व किसने किया?
(a) अहमदुल्ला (b) मौलाना अबुल कलाम आजाद
(c) नाना साहेब (d) राजेश सिंह

13. 1857 की क्रान्ति में इलाहाबाद से किसने नेतृत्व किया था?
(a) तात्याँ टोपे (b) बेगम हजरत महल
(c) नाना साहेब (d) लियाकत अली

14. रुहेलखण्ड से 1857 की क्रान्ति का नेतृत्व किसने किया था?
(a) बहादुरशाह जफर (b) अहमदुल्ला
(c) तात्याँ टोपे (d) नाना साहेब

15. 1857 की क्रान्ति में छत्तीसगढ़ से किसकी भूमिका अति महत्त्वपूर्ण रही?
(a) वीर नारायण सिंह (b) जगत नारायण सिंह
(c) भानू प्रताप सिंह (d) अमर सिंह

16. 1857 के विद्रोह की असफलता के प्रमुख कारण क्या थे?
(a) नेतृत्व की कमी (b) संगठन का अभाव
(c) एकता का अभाव (d) ये सभी

17. 1857 के विद्रोह का क्या परिणाम हुआ?
(a) भारत में कम्पनी के शासन का अन्त
(b) ब्रिटिश क्राउन के हाथों में सत्ता का हस्तान्तरण
(c) पील आयोग का गठन
(d) उपरोक्त सभी

18. 1857 की क्रान्ति का सबसे महत्त्वपूर्ण तत्त्व क्या था?
(a) नाना साहेब का नेतृत्व (b) बहादुरशाह का सहयोग
(c) हिन्दू-मुस्लिम एकता (d) रानी लक्ष्मीबाई का नेतृत्व

19. प्रथम स्वतन्त्रता विद्रोह के पश्चात् कौन-सा अधिनियम पारित हुआ?
(a) ब्रिटिश शासन अधिनियम, 1857
(b) कम्पनी शासन अधिनियम, 1857
(c) भारत शासन अधिनियम, 1858
(d) ब्रिटिश शासन अधिनियम, 1858

20. भारत के प्रथम वायसराय कौन थे?
(a) लॉर्ड डलहौजी (b) लॉर्ड विलियम बैण्टिक
(c) लॉर्ड कर्जन (d) लॉर्ड कैनिंग

21. 1857 की क्रान्ति में शिक्षित मध्यम वर्ग ने
(a) विद्रोह का समर्थन किया (b) विद्रोह के प्रति तटस्थ रहे
(c) अंग्रेजों का साथ दिया (d) इनमें से कोई नहीं

22. 1857 की क्रान्ति में भारतीय सैनिकों एवं ब्रिटिश सैनिकों का सेना में अनुपात क्या था?
(a) 1 : 4 (b) 1 : 5 (c) 4 : 1 (d) 5 : 1

उत्तरमाला

1.	(a)	2.	(c)	3.	(d)	4.	(b)	5.	(d)	6.	(b)	7.	(c)	8.	(c)	9.	(d)	10.	(c)
11.	(b)	12.	(c)	13.	(d)	14.	(b)	15.	(a)	16.	(d)	17.	(d)	18.	(c)	19.	(c)	20.	(d)
21.	(b)	22.	(b)																

05 भारतीय समाज में नए विचार (सुधार आन्दोलन)

- ब्रह्म समाज की स्थापना 20 अगस्त, 1828 को राजा राममोहन राय ने कलकत्ता में की थी, जिसका उद्देश्य तत्कालीन हिन्दू समाज में व्याप्त बुराइयों को समाप्त करना था।
- इन्होंने 1814 ई. में 'आत्मीय सभा' की स्थापना की तथा 1829 ई. में सती प्रथा के विरुद्ध आन्दोलन चलाए। लॉर्ड विलियम बैण्टिक ने इनके सहयोग से सती प्रथा उन्मूलन हेतु कानून बनाए।
- पाश्चात्य शिक्षा को बढ़ावा देने हेतु 1825 ई. में वेदान्त कॉलेज की स्थापना की।
- राजा राममोहन राय को 'पुनर्जागरण का अग्रदूत' (जनक) माना जाता है। इन्होंने 1817 ई. में डेविड हेयर की सहायता से 'हिन्दू कॉलेज' की स्थापना की।
- आर्य समाज की स्थापना स्वामी दयानन्द सरस्वती ने 1875 ई. में बम्बई में की।
- स्वामी दयानन्द सरस्वती ने 'वेदों की ओर लौटो' का नारा दिया तथा शुद्धि आन्दोलन चलाया।
- 1857 ई. में लॉर्ड कैनिंग के समय में विधवा पुनर्विवाह कानून पारित हुआ।
- 1897 ई. में स्वामी विवेकानन्द ने रामकृष्ण मिशन की स्थापना की। इन्होंने 1893 ई. में शिकागो में आयोजित 'धर्म संसद' में भारत का प्रतिनिधित्व करते हुए भारतीय संस्कृति एवं दर्शन से लोगों को अवगत कराया।
- ईश्वरचन्द्र विद्यासागर ने बालिकाओं की शिक्षा को प्रोत्साहन दिया। इनके प्रयास से 1849 ई. में कलकत्ता का बेथन विद्यालय खुला, जो बालिकाओं का प्रथम विद्यालय था।
- थियोसोफिकल सोसायटी की स्थापना 1875 ई. में मैडम ब्लावात्स्की एवं कर्नल अल्काट द्वारा न्यूयॉर्क (अमेरिका) में की गई।
- भारत में थियोसोफिकल सोसायटी की गतिविधियों के प्रसार का श्रेय ऐनी बेसेण्ट को जाता है।
- भारत में यंग बंगाल आन्दोलन (1828 ई.) प्रारम्भ करने का श्रेय हेनरी विवियन डेरोजियो को जाता है।
- प्रार्थना समाज की स्थापना आत्माराम पाण्डुरंग ने 1867 ई. में की थी।
- राज्य में गुरु घासीदास ने सतनाम पन्थ चलाया। इनका जन्म 18 दिसम्बर, 1756 में रायपुर में हुआ था।
- प्राचीन संस्कृत ग्रन्थों के अध्ययन को प्रोत्साहित करने के उद्देश्य से 1791 ई. में बनारस में हिन्दू कॉलेज की स्थापना की गई।
- अलीगढ़ आन्दोलन का नेतृत्व सर सैयद अहमद खाँ द्वारा किया गया। इन्होंने 1875 ई. में 'आंग्ल-मुस्लिम स्कूल' की स्थापना की, जो वर्ष 1920 में मुस्लिम यूनिवर्सिटी के रूप में सामने आया।
- वर्ष 1929 में शारदा अधिनियम लागू किया गया, जिसके तहत बाल विवाह हेतु लड़कियों एवं लड़कों की न्यूनतम आयु क्रमशः 14 और 18 वर्ष निश्चित की गई।
- देश की स्वतन्त्रता के पश्चात् लड़कियों एवं लड़कों के विवाह हेतु न्यूनतम आयु क्रमशः 18 और 21 वर्ष कर दी गई।
- सत्यशोधक समाज की स्थापना 1873 ई. में ज्योतिबा फुले द्वारा की गई।

अभ्यास प्रश्न

1. ब्रह्म समाज की स्थापना कब हुई?
(a) 1857 ई. (b) 1817 ई. (c) 1828 ई. (d) 1814 ई.

2. ब्रह्म समाज की स्थापना राजा राममोहन राय ने निम्न में से किस स्थान पर की थी?
(a) कलकत्ता (b) बम्बई (c) उज्जैन (d) पटना

3. सती प्रथा का सर्वप्रथम विरोध करने वाले थे
(a) महात्मा गाँधी (b) राजा राममोहन राय
(c) मदनमोहन मालवीय (d) रामकृष्ण परमहंस

4. आत्मीय सभा की स्थापना कब हुई?
(a) 1814 ई. (b) 1829 ई. (c) 1876 ई. (d) 1889 ई.

5. आत्मीय सभा की स्थापना किसके द्वारा की गई थी?
(a) स्वामी दयानन्द सरस्वती (b) राजा राममोहन राय
(c) रामकृष्ण परमहंस (d) स्वामी विवेकानन्द

6. किस गवर्नर-जनरल ने सती प्रथा के उन्मूलन हेतु कानून बनाए?
(a) वॉरेन हेस्टिंग्स (b) लॉर्ड कॉर्नवालिस
(c) लॉर्ड विलियम बैण्टिक (d) लॉर्ड कैनिंग

7. लॉर्ड विलियम बैण्टिक के समय किस वर्ष सती प्रथा को प्रतिबन्धित किया गया था?
(a) 1828 (b) 1829
(c) 1830 (d) 1831

8. पुनर्जागरण का अग्रदूत किसे माना जाता है?
(a) राजा राममोहन राय (b) मदनमोहन मालवीय
(c) रामकृष्ण परमहंस (d) स्वामी विवेकानन्द

9. आर्य समाज की स्थापना किसने की थी?
(a) मैडम भीकाजी कामा (b) स्वामी दयानन्द सरस्वती
(c) रवीन्द्रनाथ टैगोर (d) जे. बी. कृपलानी

10. विधवा पुनर्विवाह अधिनियम कब पारित हुआ?
(a) 1759 ई. (b) 1790 ई. (c) 1824 ई. (d) 1857 ई.

11. विधवा पुनर्विवाह अधिनियम (1856 ई.) किस गवर्नर-जनरल के समय पारित किया गया था?
(a) लॉर्ड विलियम बैण्टिक (b) लॉर्ड कैनिंग
(c) लॉर्ड रिपन (d) लॉर्ड लिटन

12. 1893 ई. में धर्म संसद का आयोजन कहाँ हुआ था?
(a) द हेग (नीदरलैण्ड) (b) पेरिस (फ्रांस)
(c) टोकियो (जापान) (d) शिकागो (अमेरिका)

13. 1893 ई. में शिकागो में हुई धर्म संसद को किस भारतीय ने सम्बोधित किया था?
(a) पण्डित जवाहरलाल नेहरू (b) सरदार पटेल
(c) स्वामी विवेकानन्द (d) दयानन्द सरस्वती

14. ईश्वरचन्द्र विद्यासागर ने कलकत्ता में बेथन स्कूल कब खोला था?
(a) 1846 ई. (b) 1847 ई. (c) 1848 ई. (d) 1849 ई.

15. भारत में यंग बंगाल आन्दोलन किसने शुरू किया था?
(a) कर्नल अल्काट (b) हेनरी विवियन डेरोजियो
(c) दयानन्द सरस्वती (d) महादेव गोविन्द रानाडे

16. थियोसोफिकल सोसायटी की स्थापना किस वर्ष हुई थी?
(a) 1865 (b) 1875
(c) 1876 (d) 1885

17. थियोसोफिकल सोसायटी के प्रसार का श्रेय किसे जाता है?
(a) बाल गंगाधर तिलक (b) ब्लावत्स्की
(c) कर्नल अल्काट (d) ईश्वरचन्द्र विद्यासागर

18. आधुनिक भारत का प्रथम राष्ट्रकवि किसे माना जाता है?
(a) रमाबाई (b) हेनरी विवियन डेरोजियो
(c) सुन्दरलाल शर्मा (d) महात्मा गाँधी

19. प्रार्थना समाज के संस्थापक थे
(a) बाल गंगाधर तिलक (b) आत्माराम पाण्डुरंग
(c) रमाबाई सरस्वती (d) दयानन्द सरस्वती

20. प्रार्थना समाज की स्थापना कब हुई थी?
(a) 1866 (b) 1867 (c) 1877 (d) 1881

21. गुरु घासीदास जयन्ती कब मनाई जाती है?
(a) 29 जनवरी (b) 14 जुलाई (c) 4 अक्टूबर (d) 18 दिसम्बर

22. गुरु घासीदास ने कौन-सा पन्थ चलाया?
(a) दादू (b) शैव (c) सतनामी (d) ये सभी

23. 1791 ई. में हिन्दू कॉलेज कहाँ स्थापित हुआ था?
(a) पटना (b) बनारस (c) उज्जैन (d) बम्बई

24. अलीगढ़ आन्दोलन का नेतृत्व किसने किया?
(a) अब्दुल बहाव (b) रशीद अहमद
(c) सर सैयद अहमद खाँ (d) नजर अहमद

25. आंग्ल मुस्लिम स्कूल की स्थापना 1875 ई. में किसके द्वारा की गई?
(a) सर सैयद अहमद खाँ (b) हेनरी विवियन
(c) ईश्वरचन्द्र विद्यासागर (d) राजा राममोहन राय

26. शारदा अधिनियम सम्बन्धित है
(a) विवाह हेतु न्यूनतम आयु (b) विवाह पुनर्विवाह
(c) सती प्रथा उन्मूलन (d) स्त्री शिक्षा प्रसार

27. शारदा अधिनियम कब लागू हुआ?
(a) वर्ष 1928 (b) वर्ष 1929 (c) वर्ष 1930 (d) वर्ष 1931

28. शारदा अधिनियम के तहत लड़कियों की न्यूनतम विवाह आयु निर्धारित की गई थी
(a) 12 वर्ष (b) 14 वर्ष (c) 16 वर्ष (d) 18 वर्ष

29. शारदा अधिनियम के समय गवर्नर-जनरल कौन था?
(a) लॉर्ड विलियम बैण्टिक (b) लॉर्ड इरविन
(c) लॉर्ड डलहौजी (d) लॉर्ड लिटन

30. सत्यशोधक समाज के संस्थापक हैं
(a) ज्योतिबा फुले (b) पण्डिता रमाबाई
(c) मदनमोहन मालवीय (d) गोविन्द वल्लभ पन्त

31. सत्यशोधक समाज की स्थापना कब हुई थी?
(a) 1871 ई. (b) 1873 ई. (c) 1875 ई. (d) 1877 ई.

32. छत्तीसगढ़ में निम्न जातियों के उद्धार हेतु किसने विशेष प्रयास किए?
(a) रामचन्द्र शुक्ल (b) महावीर प्रसाद सिन्हा
(c) पण्डित सुन्दरलाल शर्मा (d) मूल शंकर प्रसाद

उत्तरमाला

1. (c)	2. (a)	3. (b)	4. (a)	5. (b)	6. (c)	7. (b)	8. (a)	9. (b)	10. (d)
11. (b)	12. (d)	13. (c)	14. (d)	15. (b)	16. (b)	17. (b)	18. (b)	19. (b)	20. (b)
21. (d)	22. (c)	23. (b)	24. (c)	25. (a)	26. (a)	27. (b)	28. (b)	29. (b)	30. (a)
31. (b)	32. (c)								

06 भारतीय राष्ट्रीय आन्दोलन

- भारतीय राष्ट्रीय आन्दोलन मुख्यत: ब्रिटिश शक्ति, विस्तार एवं आधिपत्य के विरुद्ध एक संघर्ष था।
- 1851 ई. में ब्रिटिश इण्डियन एसोसिएशन की स्थापना कलकत्ता में की गई थी।
- 20 अगस्त, 1852 में मुम्बई एसोसिएशन का गठन जगन्नाथ शंकरसेठ द्वारा किया गया था।
- भारतीय राष्ट्रीय कांग्रेस की स्थापना ब्रिटिश सेवानिवृत्त अधिकारी **ए.ओ. ह्यूम** ने की।
- कांग्रेस के प्रथम अध्यक्ष **व्योमेशचन्द्र बनर्जी** थे।
- 20 जुलाई, 1905 को तत्कालीन वायसराय लॉर्ड कर्जन ने बंगाल विभाजन की घोषणा की।
- बंगाल विभाजन का मुख्य उद्देश्य राष्ट्रीय चेतना को समाप्त करना था। यह विभाजन अंग्रेजों ने 'फूट डालो शासन करो' की नीति के तहत किया। वर्ष 1911 में जॉर्ज पंचम के भारत आगमन पर दिल्ली दरबार में आयोजित बंगाल विभाजन को रद्द कर दिया गया।
- वर्ष 1906 में दादाभाई नौरोजी की अध्यक्षता में हुई कांग्रेस के कलकत्ता अधिवेशन में स्वराज की माँग रखी गई।
- वर्ष 1906 में सलीमुल्ला खाँ एवं आगा खाँ के नेतृत्व में ढाका में मुस्लिम लीग की स्थापना हुई।
- भारत में होमरूल लीग की स्थापना 28 अप्रैल, 1916 को बाल गंगाधर तिलक ने की, जबकि सितम्बर, 1916 में एेनी बेसेण्ट ने अखिल भारतीय होमरूल लीग का गठन किया।
- वर्ष 1917 में गाँधीजी ने नील किसानों की ओर से 'तिनकठिया' पद्धति के विरुद्ध भारत में प्रथम बार सत्याग्रह का प्रयोग किया। यह गाँधीजी का प्रथम 'सत्याग्रह' आन्दोलन था।
- चम्पारण सत्याग्रह की सफलता पर रवीन्द्रनाथ टैगोर ने गाँधीजी को 'महात्मा' की उपाधि प्रदान की।
- वर्ष 1919 में रॉलेट अधिनियम पारित हुआ, जिसे काला कानून कहा गया। इसके विरोध में 6 अप्रैल, 1919 को देशभर में हड़ताल की गई।
- 13 अप्रैल, 1919 को अमृतसर के जलियाँवाला बाग में एक जनसभा पर जनरल ओ.डायर ने गोलियाँ चलवाईं, जिससे सैंकड़ों लोग मारे गए।
- 1 अगस्त, 1920 को गाँधीजी के नेतृत्व में असहयोग आन्दोलन शुरू हुआ। गाँधीजी ने इस दौरान बहिष्कार की घोषणा की।
- 5 फरवरी, 1922 को चौरी-चौरा काण्ड के बाद गाँधीजी ने असहयोग आन्दोलन स्थगित करने की घोषणा की।
- असहयोग आन्दोलन के स्थान के पश्चात् मोतीलाल नेहरू सी.आर.दास एवं एन.सी. केलकर ने वर्ष 1923 में इलाहाबाद में स्वराज पार्टी (कांग्रेस खिलाफत पार्टी) का गठन किया।
- वर्ष 1924 में चन्द्रशेखर आजाद की अध्यक्षता में 'हिन्दुस्तान रिपब्लिक एसोसिएशन' की स्थापना हुई।
- 3 फरवरी, 1928 को साइमन कमीशन मुम्बई (भारत) आया।
- 12 मार्च, 1930 को गाँधीजी ने अपने 78 अनुयायियों के साथ साबरमती आश्रम से दाण्डी तट की पैदल यात्रा कर 6 अप्रैल, 1930 को नमक कानून तोड़कर सविनय अवज्ञा आन्दोलन की शुरुआत की।
- गाँधीजी के नेतृत्व में वर्ष 1972 में भारत छोड़ो आन्दोलन प्रारम्भ हुआ। इस आन्दोलन के दौरान 8 अगस्त, 1942 को गाँधीजी ने 'करो या मरो' का नारा दिया।

अभ्यास प्रश्न

1. ब्रिटिश इण्डियन एसोसिएशन की स्थापना कब हुई थी ?
(a) 1851 ई. (b) 1855 ई.
(c) 1857 ई. (d) 1859 ई.

2. 1851 ई. में ब्रिटिश इण्डियन एसोसिएशन की स्थापना कहाँ की गई थी ?
(a) बम्बई (b) कलकत्ता (c) मद्रास (d) इलाहाबाद

3. अंग्रेजों ने भारत पर कितने वर्ष शासन किया था?
(a) 100 वर्ष (b) 140 वर्ष
(c) 200 वर्ष (d) इनमें से कोई नहीं

4. भारतीय राष्ट्रीय कांग्रेस की स्थापना किसने की?
(a) महात्मा गाँधी (b) मोतीलाल नेहरू
(c) ए.ओ. ह्यूम (d) लाला लाजपत राय

5. 'सुभाषचन्द्र बोस के राजनीतिक गुरु' कौन थे?
(a) एमजी रानाडे (b) महात्मा गाँधी
(c) गोपालकृष्ण गोखले (d) चितरंजन दास

6. निम्नलिखित में से किसने 'पावर्टी एण्ड अनब्रिटिश रूल इन इण्डिया' नामक पुस्तक लिखी?
(a) जवाहरलाल नेहरू (b) महात्मा गाँधी
(c) रवीन्द्रनाथ टैगोर (d) दादाभाई नौरोजी

7. कांग्रेस का प्रथम अधिवेशन कहाँ हुआ?
(a) पुणे (b) नागपुर (c) लखनऊ (d) बम्बई

8. बंगाल का विभाजन कब हुआ?
(a) 1880 ई. (b) 1905 ई. (c) 1883 ई. (d) 1885 ई.

9. बंगाल विभाजन किस नीति के तहत किया गया था?
(a) करो या मरो (b) फूट डालो और शासन करो
(c) राज्य का निर्माण (d) लड़ो या मरो

10. बंगाल विभाजन को रद्द करने की घोषणा कब की गई?
(a) वर्ष 1907 (b) वर्ष 1909
(c) वर्ष 1911 (d) वर्ष 1915

11. वर्ष 1906 के कलकत्ता अधिवेशन में 'स्वराज' की माँग किसकी अध्यक्षता में की गई थी?
(a) गोपालकृष्ण गोखले (b) दादाभाई नौरोजी
(c) व्योमेशचन्द्र बनर्जी (d) सत्येन्द्रनाथ टैगोर

12. कांग्रेस के किस अधिवेशन में सर्वप्रथम 'स्वराज' की माँग की गई थी?
(a) बनारस अधिवेशन (b) कलकत्ता अधिवेशन
(c) लाहौर अधिवेशन (d) लखनऊ अधिवेशन

13. निम्नलिखित में से कौन-सा समाचार-पत्र वर्ष 1919 में मोतीलाल नेहरू द्वारा शुरू किया गया था?
(a) यंग इण्डिया (b) द इण्डिपेण्डेण्ट
(c) वॉयस ऑफ इण्डिया (d) नेत

14. ऐनी बेसेण्ट किससे सम्बन्धित थी?
(a) खिलाफत आन्दोलन (b) असहयोग आन्दोलन
(c) सविनय अवज्ञा आन्दोलन (d) होमरूल आन्दोलन

15. निम्नलिखित में से किसे अंग्रेजों ने 'भारतीय अशान्ति का जनक' कहा था?
(a) लाला लाजपत राय (b) गोपालकृष्ण गोखले
(c) लोकमान्य तिलक (d) मदनमोहन मालवीय

16. मुस्लिम लीग की स्थापना कब हुई?
(a) वर्ष 1916 (b) वर्ष 1907
(c) वर्ष 1906 (d) वर्ष 1911

17. आदिवासियों का प्रथम ऐसा आन्दोलन कौन-सा था, जिसमें सत्याग्रह को महत्त्व दिया गया ?
(a) सन्थाल आन्दोलन (b) भूमिज आन्दोलन
(c) ताना भगत आन्दोलन (d) पाबना आन्दोलन

18. गाँधीजी दक्षिण अफ्रीका से भारत कब आए?
(a) वर्ष 1915 (b) वर्ष 1919
(c) वर्ष 1917 (d) वर्ष 1912

19. अखिल भारतीय होमरूल लीग का गठन किसने किया?
(a) बाल गंगाधर तिलक (b) गोपालकृष्ण गोखले
(c) ऐनी बेसेण्ट (d) चारुलता शर्मा

20. चम्पारण सत्याग्रह कब हुआ?
(a) वर्ष 1917 (b) वर्ष 1918 (c) वर्ष 1928 (d) वर्ष 1919

21. गाँधीजी को 'महात्मा' की उपाधि किसने प्रदान की?
(a) सरदार वल्लभभाई पटेल (b) मोतीलाल नेहरू
(c) डब्ल्यू. सी. बनर्जी (d) रवीन्द्रनाथ टैगोर

22. वर्ष 1916 का प्रसिद्ध लखनऊ समझौता किसके मध्य हुआ था?
(a) महात्मा गाँधी और आगा खान
(b) बाल गंगाधर तिलक और जिन्ना
(c) महात्मा गाँधी और जिन्ना
(d) बाल गंगाधर तिलक और आगा खान

23. किस अधिनियम को 'काला कानून' की संज्ञा दी गई?
(a) रॉलेट एक्ट (1919)
(b) चार्टर एक्ट (1813)
(c) पिट्स इण्डिया एक्ट (1784)
(d) इण्डियन इण्डिपेण्डेण्ट एक्ट (1947)

24. किसके आदेश पर जलियाँवाला बाग में आयोजित जनसभा पर गोलियाँ चलाई गईं?
(a) एडवर्ड हिल (b) जनरल ओ. डायर
(c) हेक्टर मुनरो (d) कर्जन वाइली

25. किस आयोग के द्वारा जलियाँवाला बाग हत्याकाण्ड की जाँच की गई थी?
(a) हण्टर (b) साइमन (c) मार्ले (d) सुलिमन

26. जलियाँवाला बाग हत्याकाण्ड कहाँ हुआ था?
(a) अमृतसर, पंजाब (b) भटिण्डा, पंजाब
(c) जालन्धर, पंजाब (d) चण्डीगढ़, पंजाब

27. असहयोग आन्दोलन प्रारम्भ हुआ
(a) 1 अगस्त, 1920 में (b) 1 सितम्बर, 1920 में
(c) 1 जुलाई, 1920 में (d) 1 अगस्त, 1925 में

28. किसकी मृत्यु वर्ष 1920 में असहयोग आन्दोलन की शुरुआत के साथ हुई थी?
(a) जी. के. गोखले (b) मोतीलाल नेहरू
(c) दादाभाई नौरोजी (d) लोकमान्य तिलक

29. किस घटना के पश्चात् गाँधीजी ने असहयोग आन्दोलन स्थगित कर दिया?
(a) काकोरी काण्ड (b) चौरी-चौरा काण्ड
(c) जनरल डायर की हत्या (d) बहिष्कार की घोषणा

30. चन्द्रशेखर आजाद की अध्यक्षता में 'हिन्दुस्तान रिपब्लिक एसोसिएशन' की स्थापना किस वर्ष की गई थी?
(a) वर्ष 1924 (b) वर्ष 1925 (c) वर्ष 1926 (d) वर्ष 1923

31. वर्ष 1923 में स्वराज पार्टी का गठन किसने किया था?
(a) जवाहरलाल नेहरू (b) दादाभाई नौरोजी
(c) मोतीलाल नेहरू (d) राजेन्द्र प्रसाद

32. साइमन कमीशन मुम्बई (भारत) कब आया?
(a) 9 नवम्बर, 1927 (b) 3 फरवरी, 1928
(c) 9 नवम्बर, 1928 (d) 3 फरवरी, 1927

33. साइमन कमीशन के विरोध प्रदर्शन के दौरान किस राजनेता की लाठी प्रहार के कारण मृत्यु हुई?
(a) बाल गंगाधर तिलक (b) अरुणा आसफ अली
(c) खुदीराम बोस (d) लाला लाजपत राय

34. फॉरवर्ड ब्लॉक की स्थापना किसने की थी?
(a) सुभाषचन्द्र बोस (b) रासबिहारी बोस
(c) जादुगोपाल मुखोपाध्याय (d) हेमचन्द्र घोष

35. उस ब्रिटिश अधिकारी का नाम क्या था, जिसे उधमसिंह ने गोली मारी थी?
(a) एडवर्ड हैरी डायर (b) जॉन सॉण्डर्स
(c) माइकल ओ डायर (d) इनमें से कोई नहीं

36. नमक कानून तोड़कर 'सविनय अवज्ञा आन्दोलन' की शुरुआत किसने की?
(a) गाँधीजी (b) नेहरू जी
(c) विपिनचन्द्र पाल (d) राजेन्द्र लाहिड़ी

37. सम्पूर्ण भारत में प्रतिरक्षा दिवस कब मनाया गया?
(a) 26 जनवरी, 1929 (b) 26 नवम्बर, 1929
(c) 26 जनवरी, 1930 (d) 26 जनवरी, 1930

38. भारत छोड़ो आन्दोलन कब प्रारम्भ हुआ?
(a) वर्ष 1937 (b) वर्ष 1939
(c) वर्ष 1940 (d) वर्ष 1942

39. भारत की स्वतन्त्रता के लिए भारतीय राष्ट्रीय सेना का निर्माण किसने किया था?
(a) भगत सिंह
(b) मंगल पाण्डेय
(c) सुभाषचन्द्र बोस
(d) चन्द्रशेखर आजाद

40. आजाद हिन्द रेडियो सेवा किस वर्ष शुरू की गई थी?
(a) 1942 (b) 1945 (c) 1939 (d) 1940

41. 'करो या मरो' का नारा किसने दिया था?
(a) सुभाषचन्द्र बोस (b) बाल गंगाधर तिलक
(c) अबुल कलाम आजाद (d) महात्मा गाँधी

42. "महात्मा गाँधी राजद्रोही मिडिल टेम्पल वकील से ज्यादा कुछ नहीं है और अधनंगे फकीर का दिखावा कर रहे हैं।" यह कथन किसने कहा था?
(a) जॉर्ज पंचम (b) विंस्टन चर्चिल
(c) लॉर्ड डलहौजी (d) बेंजामिन हाइन

43. किस भारतीय जन आन्दोलन की शुरुआत महात्मा गाँधी की प्रसिद्ध 'दाण्डी यात्रा' से हुई?
(a) खिलाफत आन्दोलन (b) असहयोग आन्दोलन
(c) सविनय अवज्ञा आन्दोलन (d) भारत छोड़ो आन्दोलन

44. बंगाल विभाजन किस तत्कालीन वायसराय के कार्यकाल में हुआ?
(a) लॉर्ड हार्डिंग (b) लॉर्ड कर्जन
(c) लॉर्ड लैन्सडाउन (d) लॉर्ड मिण्टो द्वितीय

45. हिन्दुस्तान रिपब्लिक एसोसिएशन की स्थापना कब हुई?
(a) 1922 (b) 1924
(c) 1928 (d) 1930

46. वर्ष 1906 में दादाभाई नौरोजी द्वारा स्वराज की माँग कांग्रेस के किस अधिवेशन में रखी गई?
(a) बनारस (b) दिल्ली (c) कलकत्ता (d) सूरत

47. दिल्ली दरबार का आयोजन किस वर्ष किया गया?
(a) 1907 (b) 1911 (c) 1912 (d) 1916

उत्तरमाला

1. (a)	2. (b)	3. (c)	4. (c)	5. (d)	6. (d)	7. (d)	8. (b)	9. (b)	10. (c)
11. (b)	12. (b)	13. (b)	14. (d)	15. (c)	16. (c)	17. (c)	18. (a)	19. (c)	20. (a)
21. (d)	22. (b)	23. (a)	24. (b)	25. (a)	26. (a)	27. (a)	28. (d)	29. (a)	30. (a)
31. (c)	32. (b)	33. (d)	34. (a)	35. (c)	36. (a)	37. (c)	38. (d)	39. (c)	40. (a)
41. (d)	42. (b)	43. (c)	44. (b)	45. (b)	46. (c)	47. (b)			

07 भारतीय गणतन्त्र की स्थापना

- 20 फरवरी, 1947 को ब्रिटिश प्रधानमन्त्री एटली के द्वारा जून, 1948 तक भारत को स्वतन्त्र करने की घोषणा की गई।
- 3 जुलाई, 1947 को माउण्टबेटन प्लान पर आधारित 'भारतीय स्वतन्त्रता विधेयक' ब्रिटिश संसद में पेश किया गया, जो 18 जुलाई, 1947 को पारित हुआ।
- स्वतन्त्र भारत के प्रथम प्रधानमन्त्री पण्डित जवाहरलाल नेहरू एवं प्रथम राष्ट्रपति डॉ. राजेन्द्र प्रसाद बने।
- वर्ष 1946 में संविधान सभा का गठन हुआ, इसके स्थायी अध्यक्ष डॉ. राजेन्द्र प्रसाद थे।
- संविधान सभा की प्रारूप समिति के अध्यक्ष डॉ. बी. आर. अम्बेडकर थे।
- 26 नवम्बर, 1949 को संविधान सभा द्वारा संविधान पारित किया गया था।
- 26 जनवरी, 1950 को भारत का संविधान लागू हुआ।
- भारतीय संविधान में स्वतन्त्रता, समानता एवं बन्धुत्व लोकतन्त्र के राष्ट्रीय मूल्यों को स्वीकार किया गया।
- भारत एक प्रभुत्व सम्पन्न, समाजवादी, पन्थनिरपेक्ष, लोकतन्त्रात्मक गणराज्य बन गया।

अभ्यास प्रश्न

1. भारत की आजादी के समय ब्रिटिश प्रधानमन्त्री कौन थे?
(a) अब्राहम लिंकन (b) रूजवेल्ट
(c) एटली (d) चर्चिल

2. ब्रिटिश प्रधानमन्त्री एटली ने भारत छोड़ने की घोषणा कब की?
(a) वर्ष 1945 (b) वर्ष 1946
(c) वर्ष 1947 (d) वर्ष 1942

3. भारतीय स्वतन्त्रता विधेयक ब्रिटिश संसद में कब पारित किया गया?
(a) 3 जुलाई, 1947 (b) 18 जुलाई, 1947
(c) 19 जून, 1947 (d) 15 जून, 1947

4. माउण्टबेटन प्लान कब पेश किया गया?
(a) वर्ष 1941 (b) वर्ष 1945
(c) वर्ष 1946 (d) वर्ष 1947

5. माउण्टबेटन प्लान किस विषय पर आधारित था?
(a) कानून निर्माण
(b) ब्रिटिश शासन की पुनःस्थापना
(c) भारतीय स्वतन्त्रता
(d) देश का विभाजन

6. भारत कब स्वतन्त्र हुआ?
(a) 26 नवम्बर, 1947 (b) 15 अगस्त, 1947
(c) 26 जनवरी, 1950 (d) 14 अगस्त, 1950

7. स्वतन्त्र भारत के प्रथम प्रधानमन्त्री कौन थे?
(a) सर्वपल्ली राधाकृष्णन
(b) गाँधीजी
(c) पण्डित जवाहरलाल नेहरू
(d) मौलाना अबुल कलाम आजाद

8. भारत के प्रथम राष्ट्रपति कौन थे?
(a) सरदार वल्लभभाई पटेल (b) सुभाषचन्द्र बोस
(c) लाल बहादुर शास्त्री (d) डॉ. राजेन्द्र प्रसाद

9. भारतीय संविधान सभा के गठन का प्रस्ताव किसके तहत किया गया?
(a) साइमन कमीशन (b) कैबिनेट मिशन
(c) नेहरू रिपोर्ट (d) इनमें से कोई नहीं

10. कैबिनेट मिशन के तहत संविधान सभा में कुल सदस्य थे
(a) 210 (b) 255
(c) 310 (d) 389

11. संविधान सभा की प्रथम बैठक कहाँ हुई?
(a) आगरा (b) नई दिल्ली
(c) ग्वालियर (d) पटना

12. संविधान सभा के अध्यक्ष कौन थे?
(a) एच. सी. मुखर्जी (b) डॉ. राजेन्द्र प्रसाद
(c) वी. एन. राव (d) बी. आर. अम्बेडकर

13. संविधान सभा का उद्देश्य प्रस्ताव किसने पेश किया?
(a) जवाहरलाल नेहरू (b) सरदार वल्लभभाई पटेल
(c) महात्मा गाँधी (d) सुभाषचन्द्र बोस

14. प्रारूप समिति के अध्यक्ष कौन थे?
(a) बलदेव सिंह (b) जगजीवन राम
(c) डॉ. बी. आर. अम्बेडकर (d) लियाकत अली

15. संविधान सभा के संवैधानिक सलाहकार कौन थे?
(a) एन. गोपालस्वामी आयंगर
(b) डॉ. के. एम. मुंशी
(c) वी. एन. राव
(d) टी. टी. कृष्णामाचारी

16. किसके नेतृत्व में अन्तरिम सरकार का गठन हुआ?
(a) डॉ. राजेन्द्र प्रसाद (b) पं. जवाहरलाल नेहरू
(c) लाल बहादुर शास्त्री (d) महात्मा गाँधी

17. भारतीय संविधान में मौलिक कर्त्तव्यों का प्रावधान किस देश से लिया गया था?
(a) कनाडा (b) सोवियत संघ
(c) जर्मनी (d) दक्षिण अफ्रीका

18. देश में रियासतों के एकीकरण में महत्त्वपूर्ण भूमिका किसकी थी?
(a) आसफ अली
(b) लियाकत अली
(c) सरदार वल्लभभाई पटेल
(d) सी. राजगोपालाचारी

19. छत्तीसगढ़ में कुल कितनी रियासतें थीं ?
(a) 12 (b) 13 (c) 14 (d) 15

20. जूनागढ़ का भारत में विलय हुआ
(a) जन आन्दोलन से (b) सैन्य कार्यवाही से
(c) स्वेच्छा से (d) हस्ताक्षरित पत्र से

21. हैदराबाद का भारतीय गणतन्त्र में विलय हुआ
(a) जन आन्दोलन से (b) सैन्य कार्यवाही से
(c) स्वेच्छा से (d) हस्ताक्षरित पत्र से

22. कश्मीर रियासत के शासक कौन थे?
(a) पन्ना सिंह (b) बहादुर सिंह
(c) हरि सिंह (d) राघव राज

23. स्वतन्त्र भारत के प्रथम ब्रिटिश गवर्नर-जनरल कौन थे?
(a) लॉर्ड कैनिंग (b) लॉर्ड वेवेल
(c) लॉर्ड माउण्टबेटन (d) वॉरिन हेस्टिंग्स

24. प्रथम भारतीय गवर्नर-जनरल कौन थे?
(a) सी. राजगोपालाचारी
(b) मौलाना अबुल कलाम आजाद
(c) मुहम्मद हिदायतुल्ला
(d) तेजबहादुर सप्रु

25. भारतीय संविधान कब पारित हुआ?
(a) 9 दिसम्बर, 1947 (b) 11 जनवरी, 1950
(c) 26 नवम्बर, 1949 (d) 29 दिसम्बर, 1950

26. भारतीय संविधान पूर्णत: कब लागू हुआ?
(a) 26 नवम्बर, 1947
(b) 26 जनवरी, 1950
(c) 24 अक्टूबर, 1949
(d) 15 जुलाई, 1951

उत्तरमाला

1. (c)	2. (c)	3. (b)	4. (d)	5. (c)	6. (b)	7. (c)	8. (d)	9. (b)	10. (d)
11. (b)	12. (b)	13. (a)	14. (c)	15. (c)	16. (b)	17. (b)	18. (c)	19. (c)	20. (a)
21. (b)	22. (c)	23. (c)	24. (a)	25. (c)	26. (b)				

01 संसाधन

भूगोल

- पृथ्वी पर उपलब्ध पदार्थ, जो मानव की आवश्यकताओं की पूर्ति में सहायक हो, **संसाधन** कहलाते हैं।
- संसाधन शब्द हमारे परिवेश की किसी भी चीज को सन्दर्भित करता है, जो हमारी इच्छाओं और आवश्यकताओं को पूरा करने में हमारी मदद करता है। संसाधन दो प्रकार के होते हैं-प्राकृतिक संसाधन एवं मानव निर्मित संसाधन।
- प्राकृतिक संसाधन पर्यावरण से व्युत्पन्न होते हैं। इनमें से कुछ **संसाधन जीवित** रहने के लिए अनिवार्य हैं।
- किसी भी अर्थव्यवस्था में प्रत्येक मानव निर्मित उत्पाद कुछ हद तक प्राकृतिक संसाधनों से बना होता है। प्राकृतिक संसाधन प्रकृति द्वारा प्रदत्त सामग्री हैं, जिनका प्रयोग कर मनुष्य अनेक जटिल उत्पाद तैयार करता है, जिन्हें मानव निर्मित उत्पाद की संज्ञा दी जाती है।
- उत्पत्ति के आधार पर संसाधनों को जैव एवं अजैव संसाधनों में वर्गीकृत किया जा सकता है।
- अनवीनीकृत संसाधनों का भण्डार सीमित होता है। एक बार समाप्त होने के बाद पुनः बनने में हजारों वर्ष लग जाते हैं।
- नवीकरणीय संसाधन शीघ्रता से नवीकृत अथवा पुनः पूरित हो जाते हैं।
- प्राकृतिक संसाधनों का वितरण भू-भाग, जलवायु, ऊँचाई आदि जैसे भौतिक कारकों पर निर्भर करता है।
- जो संसाधन सभी जगह पाए जाते हैं, उसे सर्वसुलभ संसाधन कहा जाता है।
- संसाधनों का संरक्षण अनेक तरीकों से किया जा सकता है; जैसे-पुनःचक्रण अथवा पुनःउपयोग।

अभ्यास प्रश्न

1. इनमें से कौन-सा मानव निर्मित संसाधन नहीं है?
(a) मकान (b) वायु (c) सड़क (d) कपड़ा

2. इनमें से कौन-सा प्राकृतिक संसाधन नहीं है?
(a) खनिज (b) वायु
(c) मृदा (d) यातायात साधन

3. इनमें से कौन-सा जैव संसाधन है?
(a) खनिज (b) मृदा (c) पौधे (d) कोयला

4. लौह-अयस्क किस प्रकार का संसाधन है?
(a) कृत्रिम संसाधन (b) प्राकृतिक संसाधन
(c) मानव निर्मित संसाधन (d) जैव संसाधन

5. संसाधन कितने प्रकार के होते हैं?
(a) 1 (b) 2 (c) 3 (d) 4

6. इनमें से कौन-सा नवीकरणीय संसाधन नहीं है?
(a) वायु (b) जल
(c) सौर ऊर्जा (d) खनिज

7. इनमें से कौन-सा संसाधन अचक्रीय है?
(a) लौह-अयस्क (b) सोना
(c) कोयला (d) ताँबा

8. उत्पत्ति के आधार पर संसाधनों को कितने भाग में वर्गीकृत किया जा सकता है?
(a) 2 (b) 5 (c) 7 (d) 9

9. भारत के किस क्षेत्र में खनिज संसाधन के भण्डार हैं?
(a) मैदान (b) पर्वत (c) पठार (d) रेगिस्तान

10. इनमें से कौन-सा जैविक संसाधनों का उदाहरण है?
(a) चट्टान (b) लोहा (c) सोना (d) पशु

11. किस प्रकार के संसाधनों का भण्डार सीमित है?
(a) नवीकरणीय (b) अनवीकरणीय
(c) 'a' और 'b' दोनों (d) इनमें से कोई नहीं

12. संसाधनों की विशेषता है
(a) मूल्य (b) उपयोगिता
(c) आवश्यकताओं की पूर्ति (d) ये सभी

13. किन कारणों से प्राकृतिक संसाधन नष्ट हो रहे हैं?
(a) प्रदूषण (b) वृक्षारोपण
(c) जैविक खेती (d) नवीकरणीय ऊर्जा का प्रयोग

14. प्राकृतिक संसाधनों का कैसा प्रयोग होना चाहिए?
(a) प्रचुर (b) अत्यल्प
(c) लाभकारी (d) विवेकपूर्ण

15. कोयला एवं पेट्रोलियम महत्त्वपूर्ण संसाधन हैं
(a) वनस्पति ईंधन (b) जलीय चक्रण
(c) जीवाश्म ईंधन (d) ये सभी

16. यूरेनियम किस प्रकार के संसाधन का रूप है?
(a) जैव संसाधन (b) मानव निर्मित संसाधन
(c) नवीकरणीय संसाधन (d) सम्भाव्य संसाधन

17. प्राकृतिक गैस किस प्रकार के संसाधन का उदाहरण है?
(a) अप्राकृतिक संसाधन (b) जैव संसाधन
(c) अनवीकरणीय संसाधन (d) नवीकरणीय संसाधन

18. प्रौद्योगिकी किस प्रकार का संसाधन है?
(a) नवीकरणीय (b) अनवीकरणीय
(c) प्राकृतिक (d) मानव निर्मित

19. कौन-से संसाधन को सतत पोषणीय कहा जाता है?
(a) मानव निर्मित (b) प्राकृतिक
(c) सम्भाव्य (d) नवीकरणीय

20. संसाधनों को नवीकरण के लिए समय देना और उनका सतर्कतापूर्वक उपयोग करना क्या कहलाता है?
(a) संसाधन संरक्षण (b) नवीकरण
(c) दोहन (d) संसाधन विकास

21. संसाधनों के निर्माण में समर्थ होने के लिए लोगों के कौशल में सुधार को क्या कहते हैं?
(a) कौशल विकास
(b) संसाधन विकास
(c) प्रशिक्षण
(d) मानव संसाधन विकास

उत्तरमाला

1. (b)	2. (d)	3. (c)	4. (b)	5. (b)	6. (d)	7. (c)	8. (a)	9. (c)	10. (d)
11. (b)	12. (d)	13. (a)	14. (d)	15. (c)	16. (d)	17. (c)	18. (d)	19. (d)	20. (a)
21. (b)									

02 भूमि, मृदा जल, प्राकृतिक वनस्पति और वन्य जीवन संसाधन

- सभी महत्त्वपूर्ण प्राकृतिक संसाधनों में भूमि भी शामिल है।
- भू पृष्ठ के कुल क्षेत्रफल का लगभग 30% भाग भूमि है।
- भूमि का उपयोग विभिन्न कार्यों के लिए किया जाता है; जैसे—कृषि वानिकी, खनन, सड़कों और उद्योगों की स्थापना।
- पृथ्वी के पृष्ठ पर दानेदार कणों के आवरण की पतली परत मृदा कहलाती है।
- मृदा निर्माण के मुख्य कारक जनक शैल का स्वरूप और जलवायविक कारक हैं।
- जल एक महत्त्वपूर्ण नवीकरणीय प्राकृतिक संसाधन है। भू-पृष्ठ का तीन-चौथाई भाग जल से ढका है, इसलिए इसे 'जल ग्रह' कहा जाता है।
- प्राकृतिक वनस्पति और वन्यजीव केवल स्थलमण्डल, जलमण्डल और वायुमण्डल के बीच जुड़े एक संकरे क्षेत्र में ही पाए जाते हैं, जिसे जैवमण्डल कहते हैं। वनस्पति की वृद्धि मुख्य रूप से तापमान और आर्द्रता पर निर्भर करती है।
- राष्ट्रीय उद्यान, वन्यजीव अभयारण्य, जैवमण्डल निचय, हमारी प्राकृतिक वनस्पति और वन्य जीवन को सुरक्षित रखने के लिए बनाए जाते हैं।

अभ्यास प्रश्न

1. 'पेडोलॉजी' किसका विज्ञान है?
(a) मिट्टी (b) बाल्यावस्था रुग्णता
(c) त्वचा रोग (d) भू-जल

2. मिट्टी के किस भाग में ह्यूमस होता है?
(a) A-क्षितिज (b) C-क्षितिज
(c) आधारशिला (d) B-क्षितिज

3. मिट्टी की किस परत में ह्यूमस की सान्द्रता सर्वाधिक होती है?
(a) मूल चट्टान (b) अपक्षयित चट्टान पदार्थ
(c) ऊपरी मृदा (d) उपमृदा

4. निम्न में से कौन-सा कारक मृदा निर्माण के लिए उत्तरदायी नहीं है?
(a) मवेशी चराई (b) बायोटिक एजेण्ट
(c) स्थलाकृति (d) मूल सामग्री

5. निम्नलिखित में से कौन-सा घटक मिट्टी के निर्माण को प्रभावित नहीं करता है?
(a) जलवायु (b) मूल सामग्री
(c) भूस्खलन (d) स्थलाकृति

6. मृदा निर्माण को प्रभावित करने वाला कारक है
(a) वनोन्मूलन (b) अतिचारण
(c) भूस्खलन (d) समय

7. मृदा के निम्नीकरण का कारक नहीं है
(a) वनोन्मूलन (b) अतिचारण
(c) भूस्खलन (d) मौसम परिवर्तन

8. मृदा संरक्षण की विधि है
(a) मल्च बनाना (b) समोच्चरेखीय रोधिकाएँ
(c) चट्टान बाँध (d) ये सभी

9. भू-पृष्ठ के कुल क्षेत्रफल का लगभग कितना प्रतिशत भाग भूमि है?
(a) 20% (b) 30% (c) 35% (d) 40%

10. जलग्रह के नाम से कौन-सा जाना जाता है?
(a) शुक्र (b) सूर्य
(c) चन्द्रमा (d) पृथ्वी

11. भू-पृष्ठ का कितना भाग जल से ढका है?
(a) एक-चौथाई (b) दो-चौथाई
(c) तीन-चौथाई (d) एक-तिहाई

12. भूस्खलन को रोकने का सबसे प्रभावी तरीका है
(a) विस्फोटन में वृद्धि (b) वनस्पति आवरण में वृद्धि
(c) उर्वरकों में वृद्धि (d) इनमें से कोई नहीं

13. जल प्राप्ति का सामान्य स्रोत क्या है?
(a) हिमखण्ड (b) पृष्ठीय जल
(c) वर्षा (d) वाष्प

14. किस भूमि को साझा सम्पत्ति संसाधन कहते हैं?
(a) सामुदायिक भूमि (b) स्वामित्व भूमि
(c) निर्जन भूमि (d) निजी भूमि

15. घर की छत से वर्षा के जल को एकत्र कर फिर उपयोग में लाना क्या कहलाता है?
(a) वर्षा जल संग्रहण (b) जलचक्र
(c) जलग्रह (d) अपक्षय

16. देश के सर्वाधिक क्षेत्रफल पर किस प्रकार के वन पाए जाते हैं?
(a) पर्वतीय वन (b) उष्णार्द्र सदाबहार वन
(c) आर्द्र मानसूनी वन (d) उष्णार्द्र पतझड़ वन

17. दलदली अथवा ज्वार-भाटा क्षेत्रों में पाए जाने वाले वन को क्या कहा जाता है?
(a) मैंग्रोव वन (b) शोला वन
(c) मानसूनी वन (d) पतझड़ वन

18. भारत में मैंग्रोव वनस्पति का सर्वाधिक विस्तार किस राज्य में पाया जाता है?
(a) गोवा (b) पश्चिम बंगाल
(c) आन्ध्र प्रदेश (d) ओडिशा

19. भारत में चन्दन की लकड़ी के वन सबसे अधिक कहाँ पाए जाते हैं?
(a) असम की पहाड़ियों में
(b) शिवालिक की पहाड़ियों में
(c) नीलगिरि की पहाड़ियों में
(d) सतपुड़ा की पहाड़ियों में

20. 'साइलेण्ट वेली' (Silent Valley) के चर्चित होने का कारण है
(a) जनसंख्या विस्फोट
(b) परमाणु केन्द्र की स्थापना
(c) अधिक जल संचयन
(d) जैव विविधता एवं सदाबहार वन का संरक्षण

21. 'फूलों की घाटी' स्थित है
(a) केरल में (b) जम्मू-कश्मीर में
(c) उत्तराखण्ड में (d) हिमाचल प्रदेश में

22. शान्त-घाटी अवस्थित है
(a) केरल में (b) कर्नाटक में
(c) उत्तराखण्ड में (d) तमिलनाडु में

23. 'उष्णकटिबन्धीय आर्द्र सदाबहार वन' पाए जाते हैं
(a) अरावली पर्वतमाला पर (b) शिलांग पठार पर
(c) शिवालिक श्रेणी पर (d) प्रायद्वीपीय पठार पर

24. पश्चिमी घाट पर पाई जाने वाली वनस्पति का प्रकार है
(a) सदाहरित (b) अल्पाइन
(c) सवाना (d) पर्णपाती

25. गंगा-ब्रह्मपुत्र के डेल्टाई क्षेत्रों में किस वृक्ष की अधिकता के कारण इसे 'सुन्दरवन' कहा जाता है?
(a) चन्दन (b) शीशम (c) सुन्दरी (d) ये सभी

26. भारत में चन्दन की लकड़ी के लिए प्रसिद्ध राज्य है
(a) असम (b) केरल
(c) कर्नाटक (d) पश्चिम बंगाल

27. भारत के वनों में उष्णकटिबन्धीय और शीतोष्ण कटिबन्धीय वन का योगदान क्रमशः है
(a) 90% व 10% (b) 93% व 7%
(c) 95% व 5% (d) 97% व 3%

28. भारत में प्रमुख वनस्पति कौन-सी है?
(a) पतझड़ वन (b) वर्षा वन
(c) काँटेदार झाड़ियाँ (d) सवाना

29. निम्नलिखित में से कौन-सा राज्य तेन्दु पत्ते का मुख्य उत्पादक है?
(a) ओडिशा (b) महाराष्ट्र
(c) मध्य प्रदेश (d) उत्तर प्रदेश

30. भारत का सबसे पुराना राष्ट्रीय पार्क कौन-सा है?
(a) काजीरंगा राष्ट्रीय पार्क (b) हैमिस राष्ट्रीय पार्क
(c) राजाजी राष्ट्रीय पार्क (d) जिम कार्बेट राष्ट्रीय पार्क

31. 'सुल्तानपुर बर्ड अभयारण्य' कहाँ स्थित है?
(a) चण्डीगढ़ में (b) भरतपुर में
(c) गुड़गाँव में (d) गाँधीनगर में

32. 'दुधवा राष्ट्रीय उद्यान' कहाँ स्थित है?
(a) मध्य प्रदेश (b) उत्तर प्रदेश
(c) तमिलनाडु (d) ओडिशा

33. निम्नलिखित में से कौन-सा अभयारण्य जंगली हाथियों के लिए प्रसिद्ध है?
(a) चन्द्रप्रभा (b) बाँदीपुर (c) मानस (d) पेरियार

34. 'साइलेण्ट वैली नेशनल पार्क' .... भारतीय राज्य में स्थित है।
(a) पश्चिम बंगाल (b) उत्तराखण्ड
(c) मध्य प्रदेश (d) केरल

35. निम्न राज्यों में से भारत के किस राज्य में 'मानस राष्ट्रीय उद्यान' स्थित है?
(a) पश्चिम बंगाल (b) ओडिशा
(c) असम (d) सिक्किम

36. अभयारण्य राइनों के लिए जाना जाता है
(a) काजीरंगा (b) गिर
(c) रणथम्भौर (d) कॉर्बेट

37. शान्त घाटी राष्ट्रीय उद्यान पलक्कड़ में सबसे ऊँची चोटी कौन-सी है?
(a) अनामुड़ी (b) देविमाला
(c) पेरुमल (d) एंजिंडा

38. गिर का वन शेरों के लिए प्रसिद्ध है। यह किस राज्य में अवस्थित है?
(a) झारखण्ड (b) छत्तीसगढ़
(c) गुजरात (d) असम

39. 'सरिस्का पक्षी विहार' कहाँ अवस्थित है?
(a) हरियाणा (b) गुजरात
(c) राजस्थान (d) मध्य प्रदेश

40. 'राष्ट्रीय चम्बल अभयारण्य' निम्नलिखित में से किस राज्य का हिस्सा नहीं है?
(a) उत्तर प्रदेश (b) मध्य प्रदेश
(c) हरियाणा (d) राजस्थान

41. इन्द्रावती राष्ट्रीय उद्यान किस राज्य में स्थित है?
(a) उड़ीसा (b) केरल
(c) छत्तीसगढ़ (d) राजस्थान

42. 'दाचिगाम राष्ट्रीय उद्यान' में मुख्य रूप से पाया जाता है
(a) बाघ (b) कोबरा
(c) तेन्दुआ (d) हाथी

43. हाथी किस राष्ट्रीय उद्यान में पाया जाता है?
(a) नागरहोल राष्ट्रीय उद्यान (b) बोरीविली राष्ट्रीय उद्यान
(c) काजीरंगा राष्ट्रीय उद्यान (d) दुधवा राष्ट्रीय उद्यान

44. नामीबिया से लाए गए चीतों को भारत के निम्नलिखित में से किस राष्ट्रीय उद्यान में छोड़ा गया ?
(a) काजीरंगा राष्ट्रीय उद्यान
(b) केवलादेव घाना राष्ट्रीय उद्यान
(c) कीबुल लामजाओ राष्ट्रीय उद्यान
(d) कूनो राष्ट्रीय उद्यान

45. भारत में 'प्रोजेक्ट टाइगर' किस वर्ष में शुरू किया गया था?
(a) 1982 (b) 1992
(c) 1979 (d) 1973

46. 'कान्हा राष्ट्रीय उद्यान' किसके लिए प्रसिद्ध है?
(a) शेर (b) गाय (c) हाथी (d) बाघ

उत्तरमाला

1. (a)	2. (a)	3. (c)	4. (a)	5. (c)	6. (d)	7. (d)	8. (d)	9. (b)	10. (d)
11. (c)	12. (b)	13. (b)	14. (a)	15. (a)	16. (d)	17. (a)	18. (b)	19. (c)	20. (d)
21. (c)	22. (a)	23. (d)	24. (a)	25. (c)	26. (c)	27. (b)	28. (a)	29. (c)	30. (d)
31. (c)	32. (b)	33. (d)	34. (d)	35. (c)	36. (a)	37. (d)	38. (c)	39. (c)	40. (b)
41. (c)	42. (c)	43. (a)	44. (d)	45. (d)	46. (d)				

03 भारत का आर्थिक भूगोल
(कृषि, उद्योग एवं खनिज तथा शक्ति)

कृषि

- भारत कृषि योग्य भूमि की अत्यधिक उपलब्धता है, जो कुल क्षेत्रफल का 46.5% है।
- कुल कृषित भूमि के लगभग 75% भाग पर खाद्यान्न फसलें उगाई जाती हैं तथा शेष 25% भाग पर वाणिज्यिक फसलें उगाई जाती हैं।
- झूम कृषि में बीज बोने की विधि को, **बिखेरना** कहते हैं।
- खेतों की जुताई खरपतवार निवारण हेतु की जाती है।
- पटसन की फसल को **गोल्डन फाइबर** कहा जाता है। इसका रेशा सुनहरा होता है।
- ब्राजील कॉफी का प्रमुख उत्पादक देश है।
- भारत दुनिया में कॉफी का छठा सबसे बड़ा उत्पादक देश है।
- भारत का कर्नाटक राज्य कॉफी उत्पादन में अग्रणी है।
- पशुओं के मल-मूत्र तथा पेड़-पौधों के अपघटन से प्राप्त कार्बनिक पदार्थ जैव-उर्वरक कहलाते हैं।
- अंगूर की खेती को विटिकल्चर कहा जाता है। रेशम की खेती को सेरीकल्चर तथा मत्स्यपालन को पिसीकल्चर कहते हैं।
- पाश्चुरीकरण करने से दूध में रोगजनित जीवाणुओं का नाश होता है।
- रबी (अक्टूबर से मार्च) की फसलें, गेहूँ, चना, तोरई, सरसों एवं जौ आदि हैं।
- खरीफ (जून से सितम्बर) की फसलें चावल, कपास, बाजरा, मक्का, ज्वार एवं अरहर (तूर) आदि हैं।
- जायद (अप्रैल से जून) की फसलें वनस्पतियाँ, सब्जियाँ, फल तथा चारा फसलें आदि हैं।

उद्योग

- उद्योग द्वितीयक क्षेत्र के अन्तर्गत आता है।
- श्रम के आधार पर उद्योगों को तीन भागों में बाँटा जा सकता है—वृहद उद्योग (पटसन, सूती कपड़ा, मशीनरी), मध्यम उद्योग (साइकिल, रेडियो, टेलीविजन) एवं लघु उद्योग (व्यक्तिगत परिवारों तक सीमित) है।
- स्वामित्व के आधार पर भी उद्योगों को तीन प्रकार से समझा जा सकता है—सार्वजनिक उद्योग, निजी उद्योग एवं संयुक्त अथवा सहकारी उद्योग।
- भारत में प्रथम सूती मिल बॉम्बे (1854 ई.) में कावसजी नानाभाई दावर द्वारा लगाई गई थी।
- भिलाई स्टील प्लाण्ट की स्थापना वर्ष 1955 को हुई थी। भिलाई छत्तीसगढ़ के दुर्ग जिले में स्थित है। इसे रूस की सहायता से स्थापित किया गया था।
- देश का पहला साइकिल कारखाना वर्ष 1940 में मुम्बई में स्थापित किया गया था।
- भारत में प्रतिव्यक्ति कागज की उपलब्धता 3 किग्रा है।

खनिज एवं शक्ति संसाधन

- भारत में खनिजों के सर्वेक्षण एवं विकास का कार्य भारतीय भू-वैज्ञानिक सर्वेक्षण (कोलकाता) तथा भारतीय खान ब्यूरो (नागपुर) द्वारा किया जाता है।
- भारत में सर्वाधिक खनिज ओडिशा, राजस्थान, आन्ध्र प्रदेश, छत्तीसगढ़ व झारखण्ड राज्यों में पाए जाते हैं।
- संरचना के आधार पर खनिजों को दो भागों में बाँटा जाता है—धात्विक खनिज एवं अधात्विक खनिज।
- धात्विक खनिज को पुन: दो भागों में बाँटा जाता है-लौह तथा अलौह।
- लौह खनिज के अन्तर्गत लोहा, कोबाल्ट और मैंगनीज आदि आते हैं।
- अलौह खनिज के अन्तर्गत ताँबा, सोना, चाँदी, टिन, सीसा एवं बॉक्साइट आदि आते हैं।
- पेट्रोलियम और इससे बने उत्पादों को **काला सोना** कहा जाता है।
- ऊर्जा, आर्थिक विकास तथा जीवन का स्तर बेहतर बनाने के लिए अनिवार्य संसाधन है।
- 1898 ई. में पहली बार दार्जिलिंग में बिजली की आपूर्ति शुरू हुई।
- भारत सरकार की पहली बहुउद्देशीय नदी घाटी परियोजना दामोदर घाटी निगम की स्थापना (झारखण्ड) वर्ष 1948 को की गई।
- ताप विद्युत, ऊर्जा का प्रमुख स्रोत है, इसमें बिजली बनाने के लिए कोयला, डीजल एवं प्राकृतिक गैस का उपयोग किया जाता है।
- जैविक पदार्थों और कचरे से बायोगैस बनाई जाती है। इसमें जानवरों का गोबर तथा कूड़ा-कचरा प्रयुक्त होता है। यह एक प्रदूषण मुक्त घरेलू ईंधन है।
- जल विद्युत जलशक्ति नदी पर बाँध बनाकर तथा ऊँचाई से पानी गिराकर बिजली उत्पन्न की जाती है।
- भूमि से प्राप्त की जाने वाली ऊर्जा को भू-तापीय ऊर्जा कहते हैं।
- धातुओं के पुनर्चक्रण से खनिज संसाधन प्राप्त किया जा सकता है।

अभ्यास प्रश्न

कृषि

1. झूम है
(a) एक प्रकार का लोकनृत्य (b) एक नदी का नाम
(c) पूर्वोत्तर की एक जनजाति (d) कृषि (खेती) की एक पद्धति

2. भारत के किस राज्य में स्थानान्तरी खेती को ब्रिन्गा (Bringa) के नाम से जाना जाता है?
(a) ओडिशा (b) मणिपुर
(c) आन्ध्र प्रदेश (d) मध्य प्रदेश

3. कर्तन एवं दहन कृषि प्रणाली को भारत के किस राज्य में बेबर के रूप में जाना जाता है?
(a) मध्य प्रदेश (b) झारखण्ड
(c) आन्ध्र प्रदेश (d) राजस्थान

4. भेड़ की त्वचा की एक पतली परत के साथ ऊन निकालने की प्रक्रिया को क्या कहा जाता है?
(a) बेल्लन (b) कर्तन (c) रेचन (d) छँटाई

5. झारखण्ड राज्य में स्थानान्तरी कृषि को किस नाम से जाना जाता है?
(a) कोमान (b) खिल (c) कुरुवा (d) कुमारी

6. इनमें से कौन-सी रोपण फसल नहीं है?
(a) चाय (b) कॉफी (c) काजू (d) बाजरा

7. .... एक बागानी फसल है।
(a) चाय (b) गेहूँ
(c) चावल (d) मूँगफली

8. 'मूँगा रेशम' का उत्पादन मुख्यतः होता है
(a) असम में (b) पश्चिम बंगाल में
(c) कर्नाटक में (d) इनमें से कोई नहीं

9. भारत में 'हरित क्रान्ति का जनक' किसे कहा जाता है?
(a) एम.एस. स्वामीनाथन (b) अजित सिंह
(c) राधामोहन सिंह (d) चतुरानन मिश्रा

10. .... मेघालय की प्रमुख फसल है।
(a) अखरोट (b) सेब (c) अनन्नास (d) नारंगी

11. अल्फान्सो किस फल की किस्म है?
(a) केले (b) आम (c) सेब (d) अंगूर

12. जलोढ़ मिट्टी .... का उत्पादन करने के लिए सबसे उपयुक्त है।
(a) चावल (b) चाय (c) कपास (d) मक्का

13. अन्यों की तुलना में निम्नलिखित में से कौन-सी मिट्टी काजू की वृद्धि के लिए अधिक उपयुक्त है?
(a) लाल लैटेराइट मिट्टी (b) काली कपास मिट्टी
(c) जलोढ़ मिट्टी (d) शुष्क मिट्टी

14. निम्न में से कौन-सी फसल रबी की फसल का उदाहरण है?
(a) धान (b) गेहूँ (c) रागी (d) बाजरा

15. शीत ऋतु में किस प्रकार की फसल उगाई जाती है?
(a) रबी फसलें (b) खरीफ फसलें
(c) मौसमी फसलें (d) व्यावसायिक फसलें

16. भारत में निम्न में से कौन-सी रबी फसल है?
(a) चावल (b) जौ (c) मक्का (d) ज्वार

17. रबी की फसल .... के अन्त में बोई जाती है।
(a) अक्टूबर (b) नवम्बर (c) दिसम्बर (d) जनवरी

18. निम्नलिखित में से कौन-सी खरीफ की फसल नहीं है?
(a) बाजरा (b) धान (c) ज्वार (d) गेहूँ

19. खरीफ की फसल को .... के महीने में बोया जाता है।
(a) बरसात से पहले (b) बरसात के बाद
(c) गर्मियों के मौसम के दौरान (d) सर्दियों के मौसम में

20. भारत का प्रमुख गेहूँ उत्पादक क्षेत्र निम्नलिखित में से कौन-सा है?
(a) सुन्दरवन डेल्टा
(b) पूर्वी घाट
(c) पश्चिमी तट
(d) पंजाब-हरियाणा का मैदानी भाग

21. निम्नलिखित में से किस एक राज्य में पटसन (जूट) की खेती सार्थक रूप से नहीं की जाती है?
(a) असम (b) पश्चिम बंगाल
(c) ओडिशा (d) आन्ध्र प्रदेश

22. वह नीति जिसमें भूमि सुधार के अन्तर्गत, प्रत्येक कृषि भू रबागी की सीमा का निर्धारण किया जाता है, क्या कहलाती है?
(a) भू-सीलिंग (b) भू-मापन
(c) भू-जैमिंग (d) भू-कैपिंग

23. निम्न में से कौन-सी एक फसल व्यापारिक नहीं है?
(a) गन्ना (b) कपास (c) केला (d) बाजरा

24. नीचे दी गई फसलों में से कौन-सी खरीफ फसलों में आती है?
(a) धान और मक्का (b) गेहूँ और मटर
(c) जौ और सरसों (d) इनमें से कोई नहीं

25. निम्न में से किस फसल के लिए काली मिट्टी सर्वाधिक उपयुक्त है?
(a) बाजरा (b) कपास
(c) मक्का (d) कॉफी

26. निम्नलिखित में से कौन-सी एक बागानी (Plantation) फसल नहीं है?
(a) कॉफी (b) गेहूँ
(c) रबड़ (d) चाय

27. भारत में नीली क्रान्ति का सम्बन्ध निम्न में से किससे है?
(a) दुग्ध उत्पादन (b) रेशम उत्पादन
(c) कृषि (d) मत्स्यायन

28. भारत में 'श्वेत क्रान्ति' का जनक किसे माना जाता है?
(a) एम.एस. स्वामीनाथन (b) वर्गीज कुरियन
(c) इन्दिरा गाँधी (d) अरुण कृष्णन

उद्योग

29. रिशरा में पहली जूट मिल की स्थापना ………… में हुई थी।
(a) कोलकाता (b) दिल्ली
(c) चेन्नई (d) मुम्बई

30. छत्तीसगढ़ स्थित अमरकण्टक पठार में निम्नलिखित में से किस खनिज का प्रचुर भण्डार उपलब्ध है?
(a) बॉक्साइट (b) कोयला
(c) कच्चा लोहा (d) अभ्रक

31. उद्योग किस क्षेत्र के अन्तर्गत आता है?
(a) प्राथमिक (b) द्वितीयक
(c) तृतीयक (d) चतुर्थ

32. कुद्रेमुख लौह-अयस्क खदान कहाँ स्थित है?
(a) आन्ध्र प्रदेश (b) कर्नाटक
(c) बिहार (d) ओडिशा

33. …………… को 'मैनचेस्टर ऑफ इण्डिया' कहा जाता है।
(a) मुम्बई (b) अहमदाबाद
(c) कोलकाता (d) सूरत

34. वर्ष 1941 में जहाज निर्माण उद्योग निम्नलिखित में से किस स्थान पर शुरू हुआ था?
(a) दामोदर (b) कुरनूल
(c) एलुरु (d) विशाखापट्टनम

35. निम्नांकित में से कौन-सा उद्योग चूना-पत्थर को मुख्य कच्चा माल के रूप में उपयोग करता है?
(a) एल्युमीनियम (b) सीमेण्ट
(c) उर्वरक (d) फेरो मैंगनीज

36. भारत में प्रथम सूती मिल 1854 ई. में कावसजी नानाभाई दावर द्वारा किस स्थान पर लगाई गई?
(a) पूना (b) सूरत
(c) कानपुर (d) बॉम्बे

37. नेपानगर जिस उद्योग के लिए जाना जाता है, वह है
(a) सीमेण्ट (b) उर्वरक
(c) हथकरघा (d) अखबारी कागज

38. भारत के किस राज्य में सबसे अधिक सूती वस्त्र मिल हैं?
(a) मध्य प्रदेश (b) महाराष्ट्र
(c) गुजरात (d) पश्चिम बंगाल

39. देश का पहला साइकिल कारखाना कब स्थापित किया गया?
(a) वर्ष 1935 (b) वर्ष 1940
(c) वर्ष 1945 (d) वर्ष 1950

40. भारत का पिट्सबर्ग है
(a) भागलपुर (b) वाराणसी
(c) सिन्दरी (d) जमशेदपुर

41. …………… में भारत के तत्कालीन राष्ट्रपति द्वारा पहली वात्या भट्टी का उद्घाटन व राउरकेला स्टील प्लाण्ट का शुभारम्भ किया गया।
(a) वर्ष 1958 (b) वर्ष 1968
(c) वर्ष 1959 (d) वर्ष 1969

42. निम्नलिखित में से कौन-सा एक केन्द्र लौह और इस्पात उद्योग के लिए नहीं जाना जाता है?
(a) भद्रावती (b) सलेम
(c) विशाखापट्टनम (d) रेणुकूट

43. 'इण्डियन आयरन एण्ड स्टील कम्पनी' (IISCO) का पहला कारखाना कहाँ स्थापित किया गया था?
(a) दुर्गापुर (b) हीरापुर
(c) जमशेदपुर (d) जबलपुर

44. 'ब्रास सिटी' मचुला के नजदीक कुपी पर …………… उत्तराखण्ड में स्थापित की गई है।
(a) मुरादाबाद (b) नैनीताल
(c) अल्मोड़ा (d) रानीखेत

45. 'बोकारो स्टील प्लाण्ट' ………… में है।
(a) झारखण्ड (b) असम
(c) पश्चिम बंगाल (d) बिहार

46. 'सलेम स्टील प्लाण्ट' ………… में स्थित है।
(a) आन्ध्र प्रदेश (b) ओडिशा
(c) तमिलनाडु (d) पश्चिम बंगाल

47. 'टाटा आयरन एण्ड स्टील कम्पनी लिमिटेड' (TISCO) की शुरुआत वर्ष ……… में झारखण्ड राज्य के साकची में हुई थी।
(a) 1951 (b) 1975
(c) 1989 (d) 1907

48. वर्ष 1907 में टाटा आयरन एण्ड स्टील प्लाण्ट की स्थापना कहाँ की गई?
(a) बोकारो (b) जमशेदपुर
(c) भिलाई (d) जामनगर

खनिज संसाधन

49. निम्नलिखित में से किस पदार्थ का ओडिशा की बादाम पहाड़ खानों में खनन किया जा रहा है?
(a) ऐयूराइट (b) डोलोमाइट
(c) हेमेटाइट (d) बॉक्साइट

50. भारत में लौह-अयस्क भण्डार निम्नलिखित में से किस शैल समूह से सम्बन्धित है?
(a) धारवाड़ (b) कड़प्पा (c) विन्ध्यन (d) गोण्डवाना

51. केसीटेराइट अयस्क छत्तीसगढ़ राज्य में कहाँ पाया जाता है?
(a) दन्तेवाड़ा (b) गरियाबन्द (c) कांकेर (d) कबीरधाम

52. भारत में मैंगनीज का अग्रणी उत्पादक राज्य है
(a) पश्चिम बंगाल (b) झारखण्ड
(c) ओडिशा (d) इनमें से कोई नहीं

53. निम्न में से कौन-सा मैंगनीज उत्पादक क्षेत्र कर्नाटक में स्थित नहीं है?
(a) बेल्लारी (b) चिकमगलूर (c) शिमोगा (d) श्रीकाकुलम

54. भारत का कौन-सा राज्य चूना-पत्थर, जिप्सम, नमक और जस्ता के भण्डारण के लिए प्रसिद्ध है?
(a) हरियाणा (b) राजस्थान (c) गुजरात (d) पंजाब

55. भारत में हेमेटाइट अयस्क का सबसे बड़ा भण्डार निम्नलिखित में से किस राज्य में है?
(a) राजस्थान (b) तमिलनाडु (c) महाराष्ट्र (d) ओडिशा

56. छत्तीसगढ़ के किस जिले में बॉक्साइट खनिज उपलब्ध है?
(a) रायपुर (b) दुर्ग (c) कोण्डागाँव (d) धमतरी

57. भारत में जिप्सम और चाँदी के अयस्क का एक बड़ा हिस्सा ………… में निकाला जाता है।
(a) झारखण्ड (b) ओडिशा (c) बिहार (d) राजस्थान

58. कोलार गोल्ड फील्ड्स भारत के किस राज्य में स्थित है?
(a) कर्नाटक (b) झारखण्ड (c) केरल (d) आन्ध्र प्रदेश

59. गुआ (Gua) और नोआमुण्डी (Noamundi) खदानें भारत के किस राज्य में स्थित हैं?
(a) हरियाणा (b) झारखण्ड (c) राजस्थान (d) असम

60. कर्नाटक का कोलार क्षेत्र निम्नलिखित में से किस खनिज के लिए प्रसिद्ध है?
(a) ताँबा (b) कोयला (c) सोना (d) पेट्रोलियम

61. निम्न खनिजों में से किस खनिज के उत्पादन में भारत विश्व में अग्रणी है?
(a) अभ्रक (b) ताँबा
(c) जिप्सम (d) लौह-अयस्क

62. अधात्विक खनिज है
(a) संगमरमर (b) मैंगनीज (c) चाँदी (d) सीसा

63. विन्ध्यन शैलों में जिसके वृहद् भण्डार पाए जाते हैं, वह है
(a) चूना-पत्थर (b) बेसाल्ट
(c) लिग्नाइट (d) लौह-अयस्क

64. मैलाकाइट ………… का एक अयस्क है।
(a) मैग्नीशियम (b) ताँबा (c) पारा (d) मैंगनीज

65. निम्नलिखित स्थानों में से कौन-सा ताँबे की खान के लिए प्रसिद्ध है?
(a) गया (b) खेतड़ी (c) क्योंझर (d) सतना

66. बॉम्बे हाई निम्नलिखित में से किस खनिज के लिए प्रसिद्ध है?
(a) पेट्रोलियम (b) कोयला (c) हीरा (d) बॉक्साइट

67. …………… के भण्डार मुख्यत: तमिलनाडु के नेवेली में स्थित हैं।
(a) बॉक्साइट (b) लौह-अयस्क
(c) ताँबा (d) लिग्नाइट

68. निम्न में से कौन-सा खनिज छोटानागपुर बेल्ट में नहीं पाया जाता है?
(a) सोना (b) लौह-अयस्क
(c) क्रोमाइट (d) कोयला

उत्तरमाला

1.	(d)	2.	(a)	3.	(a)	4.	(b)	5.	(c)	6.	(d)	7.	(a)	8.	(a)	9.	(a)	10.	(c)
11.	(b)	12.	(a)	13.	(a)	14.	(b)	15.	(a)	16.	(b)	17.	(a)	18.	(d)	19.	(c)	20.	(d)
21.	(a)	22.	(c)	23.	(d)	24.	(a)	25.	(b)	26.	(b)	27.	(d)	28.	(b)	29.	(a)	30.	(a)
31.	(b)	32.	(b)	33.	(b)	34.	(d)	35.	(b)	36.	(d)	37.	(d)	38.	(b)	39.	(b)	40.	(d)
41.	(c)	42.	(d)	43.	(b)	44.	(c)	45.	(a)	46.	(c)	47.	(d)	48.	(b)	49.	(c)	50.	(a)
51.	(a)	52.	(c)	53.	(d)	54.	(b)	55.	(d)	56.	(c)	57.	(d)	58.	(a)	59.	(b)	60.	(c)
61.	(a)	62.	(a)	63.	(a)	64.	(b)	65.	(b)	66.	(a)	67.	(d)	68.	(a)				

04 | मानव संसाधन

- 26 सितम्बर, 1985 को भारत सरकार ने मानव संसाधन विकास मन्त्रालय की स्थापना की।
- 'राष्ट्रीय शिक्षा नीति, 2020' की घोषणा के समय प्रधानमन्त्री नरेन्द्र मोदी ने इसका नाम बदलकर शिक्षा मन्त्रालय कर दिया।
- मानव संसाधन उसकी जनसंख्या में पाई जाने वाली योग्यता, क्षमता, कौशल एवं ज्ञान है, जो इस देश के लिए मानव पूँजी का निर्माण करता है।
- जो लोग किसी-न-किसी आर्थिक क्रिया में लगे रहते हैं, वे सभी मानव संसाधन कहलाते हैं।
- विश्व का जनसंख्या घनत्व 51^2 किमी है।
- भारत का जनसंख्या घनत्व 381^2 किमी है।
- विश्व की सर्वाधिक जनसंख्या एशिया में निवास करती है।
- विश्व के लगभग 60% लोग केवल 10 देशों में निवास करते हैं।
- गंगा का मैदान विश्व का सबसे घना बसा क्षेत्र है।
- जन्म, मृत्यु और प्रवास जनसंख्या में वितरण को प्रभावित करने वाले मुख्य कारक हैं।
- किसी व्यक्ति के जीवित रहने की अनुमानित आयु को जीवन-प्रत्याशा कहते हैं। प्रति एक हजार जन्म लेने वाले बच्चों पर जीवित रहने वाले बच्चों की संख्या को जन्मदर कहते हैं।

अभ्यास प्रश्न

1. मानव को बहुमूल्य संसाधन बनाने में मदद करता है
(a) शिक्षा (b) स्वास्थ्य
(c) 'a' और 'b' दोनों (d) धन

2. मानव संसाधन में शामिल है
(a) लोगों की संख्या (b) लोगों का स्वास्थ्य
(c) लोगों का ज्ञान (d) ये सभी

3. भारत में मानव संसाधन मन्त्रालय का गठन कब किया गया?
(a) 1975 में (b) 1875 में (c) 1985 में (d) 1950 में

4. भारत का जनसंख्या घनत्व कितना है?
(a) 385 (b) 370 (c) 382 (d) 273

5. विश्व का जनसंख्या घनत्व कितना है?
(a) 51 (b) 107 (c) 243 (d) 123

6. विश्व की सर्वाधिक जनसंख्या का निवास-स्थान है
(a) उत्तरी अमेरिका (b) अफ्रीका
(c) एशिया (d) ऑस्ट्रेलिया

7. विश्व में सर्वाधिक जनसंख्या घनत्व कहाँ है?
(a) दक्षिण मध्य एशिया (b) दक्षिण पूर्व एशिया
(c) पूर्वी एशिया (d) पश्चिमी एशिया

8. जन्मदर और मृत्युदर के बीच के अन्तर को क्या कहते हैं?
(a) जनसंख्या (b) जनसंख्या संघटन
(c) प्राकृतिक वृद्धि दर (d) जनसंख्या घनत्व

9. विश्व में जनसंख्या किस रूप से वितरित है?
(a) सामान्य (b) असमान (c) बराबर (d) समान

10. जनसंख्या वितरण को कौन-से भौगोलिक कारक प्रभावित करते हैं?
(a) मिट्टी (b) जलवायु (c) स्थलाकृति (d) ये सभी

11. किसी व्यक्ति का एक देश छोड़ना क्या कहलाता है?
(a) उत्प्रवास (b) आप्रवास
(c) प्रवास (d) इनमें से कोई नहीं

12. प्रति एक हजार पर जन्म लेने वाले जीवित बच्चों की संख्या को क्या कहते हैं?
(a) जन्मदर (b) मृत्युदर
(c) जनघनत्व (d) प्राकृतिक वृद्धि दर

13. किसी देश में विभिन्न देशों से आने वाली जनसंख्या कहलाती है
(a) प्रवास (b) उत्प्रवास (c) आप्रवास (d) पिरामिड

14. जनसंख्या में वितरण को प्रभावित करने वाले कारक कौन-कौन से हैं?
(a) जन्म, मृत्यु और प्रवास
(b) जन्म, जीवन प्रत्याशा और विवाह
(c) जन्म, मृत्यु और विवाह
(d) जन्म, मृत्यु और जीवन प्रत्याशा

15. किस वर्ष मानव संसाधन विकास मन्त्रालय का नाम बदलकर शिक्षा मन्त्रालय कर दिया गया?
(a) 2018 (b) 2019 (c) 2020 (d) 2021

उत्तरमाला

1. (c)	2. (d)	3. (c)	4. (c)	5. (a)	6. (c)	7. (a)	8. (c)	9. (b)	10. (d)
11. (a)	12. (a)	13. (c)	14. (a)	15. (c)					

01 अब मीता जानती है

नागरिक शास्त्र

- मीता को उनके भैय्या द्वारा यह ज्ञान कराया गया कि शरीर के किस अंग को छूना, बुरा छूना माना जाता है।
- **विश्व बाल शोषण मुक्ति दिवस 19 नवम्बर** को मनाया जाता है।
- **14 नवम्बर** को **बाल दिवस** मनाया जाता है।
- आपत्तिजनक व्यवहार की शिकायत अपने माता-पिता अथवा शिक्षक से करनी चाहिए।
- **चाइल्ड हेल्पलाइन** का **नम्बर 1098** है, जो आवश्यकता पड़ने पर डायल करना चाहिए।
- गन्दा व्यवहार करने वाले आदमी की जानकारी पुलिस को देनी चाहिए।
- किसी व्यक्ति के द्वारा दी गई धमकी की शिकायत पुलिस से करनी चाहिए।
- बच्चों को किसी व्यक्ति के द्वारा दिए गए लालच में नहीं आना चाहिए।
- आपत्तिजनक व्यवहार की शिकायत बच्चों को चाइल्ड हेल्पलाइन पर करनी चाहिए।

अभ्यास प्रश्न

1. विश्व बाल शोषण मुक्ति दिवस कब मनाया जाता है?
(a) 19 दिसम्बर (b) 19 नवम्बर
(c) 19 जनवरी (d) 19 अगस्त

2. आपत्तिजनक व्यवहार की शिकायत किससे की जानी चाहिए?
(a) माता (b) पिता
(c) शिक्षक (d) ये सभी

3. चाइल्ड हेल्पलाइन नम्बर क्या है?
(a) 1098 (b) 1091 (c) 1198 (d) 1090

4. किसी व्यक्ति द्वारा दी गई धमकी की शिकायत किससे करनी चाहिए?
(a) किसी से भी
(b) पुलिस से
(c) किसी से नहीं
(d) उपरोक्त में से कोई नहीं

5. गन्दा व्यवहार करने वाले की जानकारी किसको देनी चाहिए?
(a) मीडिया को
(b) पुलिस को
(c) घरवालों को
(d) उपरोक्त में से कोई नहीं

6. 14 नवम्बर को कौन-सा दिवस मनाया जाता है?
(a) युवा दिवस (b) महिला दिवस
(c) बाल दिवस (d) वृद्धा दिवस

7. क्या बच्चों को किसी व्यक्ति के द्वारा दिए गए लालच में आना चाहिए ?
(a) हाँ, आना चाहिए
(b) नहीं, नहीं आना चाहिए
(c) लालच बुरी आदत है
(d) 'a' और 'c' दोनों

उत्तरमाला

1. (b) 2. (d) 3. (a) 4. (b) 5. (b) 6. (c) 7. (b)

02 हमारा संविधान

- संविधान वह होता है, जिसमें सभी नियम/प्रावधान लिखित रूप में होते हैं और उन्हीं नियमों के आधार पर सम्पूर्ण देश में शासन का संचालन किया जाता है।
- हमारा संविधान **26 जनवरी, 1950** को लागू हुआ था।
- हमारे संविधान को बनने में **2 वर्ष 11 माह 18 दिन** का समय लगा।
- संविधान सभा के **299** सदस्यों में से **284** सदस्यों ने अन्तिम रूप से पारित संविधान पर हस्ताक्षर किए थे।
- हमारा संविधान नागरिकों के अधिकार का रक्षक है। मूल अधिकारों में नागरिकों के अधिकार की व्यवस्था की गई है।
- संविधान में एकता, अखण्डता और बन्धुत्व की बात **उद्देशिका** में की गई है।
- हमारे मूल संविधान में **22 भाग, 8 अनुसूचियाँ** तथा **395 अनुच्छेद** हैं। संविधान में मौलिक अधिकार की व्यवस्था **अनुच्छेद 12-35** तक की गई है।
- हमारे संविधान में तीन प्रकार के आपातकाल की व्यवस्था की गई है।
- व्यक्ति को अपने अधिकार व कर्त्तव्यों का बोध कानून कराता है।
- अधिक-से-अधिक और सामाजिक सुधार सुनिश्चित करने के लिए संविधान में न्यायिक अधिकार का प्रावधान किया गया है।

अभ्यास प्रश्न

1. भारतीय संविधान कब लागू किया गया?
(a) 26 दिसम्बर, 1950 (b) 26 जनवरी, 1950
(c) 15 अगस्त, 1947 (d) 26 नवम्बर, 1949

2. संविधान बनाने में कितना समय लगा था?
(a) 2 वर्ष 11 माह 18 दिन (b) 2 वर्ष 10 माह 18 दिन
(c) 2 वर्ष (d) 3 वर्ष

3. संविधान सभा में कुल कितने सदस्य थे?
(a) 290 (b) 295 (c) 297 (d) 299

4. संविधान पर अन्तिम रूप से कितने सदस्यों ने हस्ताक्षर किए थे?
(a) 299 (b) 290 (c) 284 (d) 294

5. मूल संविधान में कितने भाग थे?
(a) 22 (b) 20 (c) 18 (d) 21

6. मूल संविधान में कितनी अनुसूचियाँ थीं?
(a) 10 अनुसूचियाँ (b) 8 अनुसूचियाँ
(c) 12 अनुसूचियाँ (d) 13 अनुसूचियाँ

7. संविधान के किस भाग को 'संविधान का दर्पण' कहते हैं?
(a) मूल कर्त्तव्य (b) प्रस्तावना/उद्देशिका
(c) नीति-निदेशक तत्त्व (d) मूल अधिकार

8. संविधान में मौलिक अधिकारों की व्यवस्था किस अनुच्छेद में की गई है?
(a) अनुच्छेद 12 से 35 (b) अनुच्छेद 1 से 35
(c) अनुच्छेद 15 से 35 (d) अनुच्छेद 20 से 35

9. हमारे संविधान में कितने प्रकार की आपातकाल की व्यवस्था की गई है?
(a) चार प्रकार (b) तीन प्रकार
(c) दो प्रकार (d) पाँच प्रकार

10. एकता, अखण्डता और बन्धुत्व की बात संविधान में कहाँ की गई है?
(a) उद्देशिका में
(b) मौलिक अधिकार में
(c) मौलिक कर्त्तव्य में
(d) राज्य के नीति-निदेशक तत्त्व में

11. नागरिकों के अधिकारों का रक्षक कौन है?
(a) न्यायालय (b) संविधान
(c) न्यायाधीश (d) इनमें से कोई नहीं

12. अधिक-से-अधिक आर्थिक और सामाजिक सुधार सुनिश्चित करने के लिए संविधान ने निम्न प्रावधान किए
(a) राज्य की राजनीति का प्रत्यक्ष सिद्धान्त
(b) मौलिक अधिकार
(c) न्यायिक अधिकार
(d) कार्यपालक अधिकार

13. संविधान का निर्माण करने के लिए चुने गए विद्वानों के समूह को किस नाम से जानते हैं?
(a) विधानसभा (b) संविधान सभा
(c) कानून सभा (d) न्यायाधीश सभा

14. किस अधिवेशन में भारतीय राष्ट्रीय कांग्रेस ने 31 दिसम्बर, 1929 को पूर्ण स्वराज का संकल्प लिया था?
(a) लाहौर (b) कलकत्ता (c) बम्बई (d) सूरत

15. संविधान में किस आयु वर्ग के बच्चों को निःशुल्क और अनिवार्य शिक्षा देने का प्रयास किया गया?
(a) 4 से 10 वर्ष (b) 6 से 14 वर्ष
(c) 8 से 14 वर्ष (d) 8 से 16 वर्ष

16. सरकार की मनमानी पर किसके द्वारा अंकुश लगाया जाता है?
(a) न्यायालय (b) विधायिका
(c) कार्यपालिका (d) संसद

उत्तरमाला

1. (b)	2. (a)	3. (d)	4. (c)	5. (a)	6. (b)	7. (b)	8. (a)	9. (b)	10. (a)
11. (b)	12. (c)	13. (b)	14. (a)	15. (b)	16. (a)				

03 | मौलिक अधिकार एवं कर्त्तव्य

- मौलिक अधिकारों को संविधान का **मैग्नाकार्टा** कहा जाता है। ये विधायिका और कार्यपालिका की शक्तियों को मर्यादित करते हैं।
- मौलिक अधिकारों को हमारे संविधान में संयुक्त राज्य अमेरिका के संविधान से लिया गया है।
- यदि किसी व्यक्ति के मौलिक अधिकारों का हनन होता है, तो वह न्यायालय की शरण ले सकता है।
- मौलिक अधिकार भारतीय संविधान के **भाग-3** में **अनुच्छेद 12 से 35** तक वर्णित हैं।
- हमारे संविधान में **छः प्रकार** के मूल अधिकार हैं।
- **अनुच्छेद 19** में सभी भारतीय नागरिकों को विविध प्रकार की विचार अभिव्यक्ति की स्वतन्त्रता का अधिकार प्रदान किया गया है।
- भारतीय संविधान का **अनुच्छेद 32** सर्वोच्च न्यायालय को भारतीय नागरिकों के मौलिक अधिकारों का संरक्षक निर्धारित करता है।
- इसे संवैधानिक उपचार का अधिकार भी कहा जाता है।
- मूल भारतीय संविधान में मौलिक कर्त्तव्यों का प्रावधान नहीं था। यह संकल्पना पूर्व **सोवियत संघ** (रूस) से ली गई है।
- भारतीय संविधान में, मौलिक कर्त्तव्यों को सरदार स्वर्ण सिंह समिति की सिफारिश के आधार पर **42वें संविधान संशोधन अधिनियम** (1976) के तहत समाहित किया गया।
- जीवन के अधिकार को भारतीय संविधान के **अनुच्छेद 21** के अन्तर्गत रखा गया है। भारतीय संविधान के **अनुच्छेद 25 से 28** तक धार्मिक स्वतन्त्रता का प्रावधान किया गया है।
- भारतीय संविधान के समानता के अधिकार के अन्तर्गत अल्पसंख्यक अपने धर्म एवं भाषा से सम्बन्धित विद्यालय, महाविद्यालय और विश्वविद्यालय खोल सकते हैं।
- शिक्षा का अधिकार **वर्ष 2009** में अस्तित्व में आया था, जो 1 अप्रैल, 2010 से लागू हुआ।
- सूचना का अधिकार अधिनियम **वर्ष 2005** में अस्तित्व में आया।
- व्यक्ति को उनकी संस्कृति, भाषा और लिपि से संरक्षित करने का अधिकार संविधान के **अनुच्छेद 29-30** में दिया गया है।
- संविधान में ग्यारह मौलिक कर्त्तव्यों का प्रावधान किया गया है।
- मौलिक कर्त्तव्य न्यायालय के माध्यम से प्रवृत्त (लागू) नहीं कराए जा सकते हैं।

अभ्यास प्रश्न

1. मौलिक अधिकारों को संविधान का क्या कहा जाता है?
(a) मैग्नाकार्टा (b) संविधान की आत्मा
(c) 'a' और 'b' दोनों (d) इनमें से कोई नहीं

2. मौलिक अधिकारों को किस देश के संविधान से लिया गया है?
(a) संयुक्त राज्य अमेरिका (b) कनाडा
(c) आयरलैण्ड (d) ब्रिटेन

3. यदि मौलिक अधिकारों का हनन होता है, तो व्यक्ति किसकी शरण ले सकता है?
(a) संसद की (b) न्यायालय की
(c) जिला न्यायालय की (d) इनमें से कोई नहीं

4. भारतीय संविधान के भाग-3 में अनुच्छेद 12 से 35 तक किसका वर्णन है?
(a) मौलिक कर्त्तव्य (b) मौलिक अधिकार
(c) राज्य के नीति-निदेशक तत्त्व (d) समानता का अधिकार

5. हमारे संविधान में कितने प्रकार के मौलिक अधिकार हैं?
(a) पाँच प्रकार (b) छः प्रकार
(c) सात प्रकार (d) आठ प्रकार

6. अनुच्छेद 19 में कौन-सा मौलिक अधिकार दिया गया है?
(a) समानता (b) स्वतन्त्रता
(c) बन्धुत्व (d) इनमें से कोई नहीं

7. संविधान के अन्तर्गत अनुच्छेद 25-28 किससे सम्बन्धित है?
(a) संस्कृति और शिक्षा सम्बन्धी अधिकार
(b) धार्मिक स्वतन्त्रता का अधिकार
(c) शोषण के विरुद्ध अधिकार
(d) समानता का अधिकार

8. वर्तमान में कुल कितने मौलिक कर्त्तव्य हैं?
(a) 8 (b) 10
(c) 11 (d) 12

9. जीवन का अधिकार है
(a) मौलिक उत्तरदायित्व (b) मौलिक प्राधिकार
(c) मौलिक कर्त्तव्य (d) मौलिक अधिकार

10. संविधान के किस अधिकार के तहत अल्पसंख्यक अपने धर्म एवं भाषा से सम्बन्धित विद्यालय, महाविद्यालय और विश्वविद्यालय खोल सकते हैं?
(a) स्वतन्त्रता का अधिकार
(b) समानता का अधिकार
(c) शोषण के विरुद्ध अधिकार
(d) शिक्षा और सांस्कृतिक अधिकार

11. शिक्षा का अधिकार अधिनियम अस्तित्व में आया
(a) वर्ष 2009 (b) वर्ष 2006
(c) वर्ष 2005 (d) वर्ष 2008

12. शिक्षा का अधिकार कब से लागू हुआ?
(a) अप्रैल, 2009 (b) अप्रैल, 2010
(c) मई, 2011 (d) अगस्त, 2012

13. सूचना का अधिकार अधिनियम अस्तित्व में आया
(a) वर्ष 2006 (b) वर्ष 2005
(c) वर्ष 2000 (d) वर्ष 2009

14. भारतीय संविधान का कौन-सा अनुच्छेद सर्वोच्च न्यायालय को भारत के नागरिकों का संरक्षक निर्धारित करता है?
(a) अनुच्छेद 19 (b) अनुच्छेद 32
(c) अनुच्छेद 15 (d) अनुच्छेद 29

15. किस समिति की सिफारिश पर भारतीय संविधान में संशोधन करके मौलिक कर्त्तव्यों को संविधान में जोड़ा गया था?
(a) केलकर समिति (b) शर्मा समिति
(c) सरदार स्वर्ण सिंह समिति (d) सरकारिया आयोग

16. मौलिक कर्त्तव्यों की संकल्पना संविधान में कहाँ से ली गई है?
(a) ब्रिटेन (b) फ्रांस (c) रूस (d) जर्मनी

17. भारतीय संविधान में 11वें मौलिक कर्त्तव्य को किस संविधान संशोधन द्वारा वर्ष 2002 में भारतीय संविधान में जोड़ा गया?
(a) 42वाँ संशोधन (b) 68वाँ संशोधन
(c) 76वाँ संशोधन (d) 86वाँ संशोधन

18. जीवन का अधिकार संविधान के किस अनुच्छेद में निहित है?
(a) अनुच्छेद 20 (b) अनुच्छेद 21
(c) अनुच्छेद 19 (d) अनुच्छेद 22

19. मौलिक अधिकारों का प्रावधान संविधान के किस भाग में किया गया है?
(a) भाग-3 (b) भाग-4 (c) भाग-2 (d) भाग-5

उत्तरमाला

1. (a)	2. (a)	3. (b)	4. (b)	5. (b)	6. (b)	7. (b)	8. (c)	9. (d)	10. (b)
11. (a)	12. (b)	13. (b)	14. (b)	15. (c)	16. (c)	17. (d)	18. (b)	19. (a)	

04 संघीय (केन्द्रीय) सरकार

- भारत में केन्द्रीय व्यवस्थापिका को संसद के नाम से सम्बोधित किया जाता है।
- भारत की संसद का गठन राष्ट्रपति, लोकसभा एवं राज्यसभा को मिलाकर होता है।
- संविधान के अनुच्छेद 80 में राज्यसभा तथा अनुच्छेद 81 में लोकसभा का वर्णन है।
- राज्यसभा में अधिकतम सदस्यों की संख्या 250 तथा लोकसभा में अधिकतम सदस्यो की संख्या 550 होती है।
- पहले लोकसभा में अधिकतम सदस्यों की संख्या 552 थी, परन्तु वर्ष 2019 में 2 एंग्लो इण्डियन की व्यवस्था को समाप्त कर दिया गया है।
- राज्यसभा के सदस्यों का कार्यकाल 6 वर्ष एवं लोकसभा के सदस्यों का कार्यकाल 5 वर्ष का होता है।
- राज्यसभा व राष्ट्रपति के साथ मिलकर लोकसभा कानून का निर्माण करती है
- राज्यसभा के एक-तिहाई सदस्य प्रति दूसरे वर्ष अवकाश ग्रहण करते हैं।
- लोकसभा का सदस्य चुने जाने के लिए न्यूनतम आयु 25 वर्ष तथा राज्यसभा का सदस्य चुने जाने के लिए न्यूनतम आयु 30 वर्ष है।
- भारत में संघ कार्यकारिणी में राष्ट्रपति, उपराष्ट्रपति एवं मन्त्रिमण्डल सभी शामिल होते हैं।
- राज्यपाल, मुख्य चुनाव आयुक्त एवं सर्वोच्च न्यायालय के मुख्य न्यायाधीश की नियुक्ति राष्ट्रपति द्वारा की जाती है।
- उत्तर प्रदेश में सर्वाधिक लोकसभा सीट (80 सीट) हैं। राष्ट्रपति की स्वीकृति के बिना कोई भी विधेयक कानून नहीं बन सकता है।
- धन विधेयक केवल लोकसभा में तथा राष्ट्रपति की संस्तुति पर प्रस्तावित किया जा सकता है।
- कोई विधेयक धन विधेयक है अथवा नहीं, इस सम्बन्ध में लोकसभा अध्यक्ष का निर्णय अन्तिम होता है।
- छत्तीसगढ़ में 11 लोकसभा चुनाव क्षेत्र तथा 5 राज्यसभा चुनाव क्षेत्र हैं।
- देश की वर्तमान राष्ट्रपति 'द्रोपदी मुर्मू' हैं।
- देश का सर्वोच्च न्यायालय दिल्ली में स्थित है।
- राज्य की कार्यपालिका का प्रमुख राज्यपाल होता है।

अभ्यास प्रश्न

1. केन्द्रीय व्यवस्थापिका को क्या कहते हैं?
(a) संसद (b) विधानमण्डल
(c) विधानसभा (d) विधानपरिषद्

2. भारतीय संसद के गठन में कौन शामिल नहीं है?
(a) राष्ट्रपति (b) लोकसभा
(c) राज्यसभा (d) विधानसभा

3. भारतीय संविधान के किस अनुच्छेद में राज्यसभा का उल्लेख है?
(a) अनुच्छेद 80 (b) अनुच्छेद 81
(c) अनुच्छेद 85 (d) अनुच्छेद 82

4. भारतीय संविधान के किस अनुच्छेद में लोकसभा का उल्लेख है?
(a) अनुच्छेद 85 (b) अनुच्छेद 81
(c) अनुच्छेद 80 (d) अनुच्छेद 79

5. राज्यसभा में अधिकतम सदस्यों की संख्या कितनी है?
(a) 250 (b) 255 (c) 225 (d) 240

6. लोकसभा में वर्तमान सदस्यों की अधिकतम संख्या कितनी है?
(a) 545 (b) 550 (c) 544 (d) 551

7. राज्यसभा के सदस्यों का कार्यकाल कितने वर्ष का है?
(a) 5 (b) 6 (c) 7 (d) 8

8. लोकसभा सदस्यों का कार्यकाल कितने वर्ष का होता है?
(a) 6 (b) 5 (c) 4 (d) 7

9. कोई विधेयक धन विधेयक है अथवा नहीं, इसका फैसला कौन करता है?
(a) राज्यसभा का सभापति (b) विधानसभा अध्यक्ष
(c) लोकसभा अध्यक्ष (d) राष्ट्रपति

10. राज्यसभा के एक-तिहाई सदस्य कितने वर्षों के अन्तराल पर अवकाश ग्रहण करते हैं?
(a) 4 वर्ष (b) 2 वर्ष
(c) 6 वर्ष (d) 3 वर्ष

11. भारत में संघ की कार्यकारिणी में निम्नलिखित में से कौन शामिल है?
(a) राष्ट्रपति (b) उपराष्ट्रपति
(c) मन्त्रिमण्डल (d) ये सभी

12. निम्न में से कौन राष्ट्रपति द्वारा नियुक्त नहीं किया जाता?
(a) राज्य के राज्यपाल
(b) मुख्य चुनाव आयुक्त
(c) मुख्यमन्त्री
(d) सर्वोच्च न्यायालय के मुख्य न्यायाधीश

13. किस राज्य में लोकसभा की सर्वाधिक सीट हैं?
(a) राजस्थान (b) महाराष्ट्र
(c) मध्य प्रदेश (d) उत्तर प्रदेश

14. लोकसभा का सदस्य चुने जाने हेतु न्यूनतम आयु है
(a) 25 वर्ष (b) 30 वर्ष
(c) 28 वर्ष (d) 29 वर्ष

15. राज्यसभा के सदस्य चुने जाने के लिए न्यूनतम आयु क्या है?
(a) 25 वर्ष (b) 28 वर्ष
(c) 30 वर्ष (d) 32 वर्ष

16. राज्यपाल की नियुक्ति किसके द्वारा की जाती है?
(a) महाधिवक्ता द्वारा (b) राष्ट्रपति द्वारा
(c) मुख्य न्यायाधीश द्वारा (d) मुख्य सचिव द्वारा

17. छत्तीसगढ़ में कितनी लोकसभा सीट हैं?
(a) 15 (b) 20 (c) 11 (d) 18

18. भारत के किसी राज्य का राज्यपाल बनने हेतु न्यूनतम आयु सीमा क्या है?
(a) 25 वर्ष (b) 30 वर्ष
(c) 32 वर्ष (d) 35 वर्ष

19. देश का सर्वोच्च न्यायालय कहाँ स्थित है?
(a) दिल्ली (b) रायपुर
(c) राँची (d) कोलकाता

20. राज्य की कार्यपालिका का प्रमुख कौन होता है?
(a) मुख्यमन्त्री (b) राज्यपाल
(c) राष्ट्रपति (d) मुख्य न्यायाधीश

21. किस वर्ष से लोकसभा में 2 एंग्लो-इण्डियन सदस्यों की व्यवस्था को समाप्त कर दिया गया?
(a) 2017 (b) 2018 (c) 2019 (d) 2020

22. राष्ट्रपति किसके साथ मिलकर लोकसभा के कानून का निर्माण करता है?
(a) राज्यसभा (b) राज्यपाल (c) प्रधानमन्त्री (d) संसद

23. लोकसभा में सर्वाधिक संख्या में सीट वाला राज्य उत्तर प्रदेश है। वर्तमान में इसकी संख्या कितनी है?
(a) 70 (b) 75 (c) 80 (d) 85

24. छत्तीसगढ़ में कितने राज्यसभा चुनाव क्षेत्र हैं?
(a) 3 (b) 5 (c) 8 (d) 10

25. भारत की वर्तमान राष्ट्रपति कौन हैं?
(a) स्मृति ईरानी (b) निर्मला सीतारमण
(c) ममता बनर्जी (d) द्रौपदी मुर्मू

26. राष्ट्रपति का कार्यकाल कितने वर्ष का होता है?
(a) 5 (b) 6 (c) 8 (d) 10

27. राज्य सरकार की प्रतिनिधि सभा को क्या कहते हैं?
(a) राज्यसभा (b) लोकसभा
(c) विधानसभा (d) विधानपरिषद्

28. भारत सरकार संघीय कार्यपालिका का प्रमुख कौन होता है?
(a) राष्ट्रपति (b) प्रधानमन्त्री
(c) मुख्यमन्त्री (d) मुख्य न्यायाधीश

29. राज्यसभा का पदेन सभापति कौन होता है?
(a) राष्ट्रपति (b) उपराष्ट्रपति
(c) प्रधानमन्त्री (d) महान्यायवादी

30. भारत के प्रधानमन्त्री के रूप में नियुक्त होने के लिए न्यूनतम आयु सीमा कितनी है?
(a) 18 वर्ष (b) 22 वर्ष
(c) 25 वर्ष (d) 30 वर्ष

31. भारत की सेनाओं का सर्वोच्च सेनापति होता है
(a) प्रधानमन्त्री (b) राष्ट्रपति
(c) मुख्यमन्त्री (d) राज्यपाल

32. उच्चतम न्यायालय के क्षेत्राधिकार कितने प्रकार के हैं?
(a) दो (b) तीन
(c) चार (d) पाँच

33. मूल अधिकारों का संरक्षक कौन होता है?
(a) सर्वोच्च न्यायालय (b) महाधिवक्ता
(c) महान्यायवादी (d) राष्ट्रपति

उत्तरमाला

1. (a)	2. (d)	3. (a)	4. (b)	5. (a)	6. (b)	7. (b)	8. (b)	9. (c)	10. (b)
11. (d)	12. (c)	13. (d)	14. (a)	15. (c)	16. (b)	17. (c)	18. (d)	19. (a)	20. (b)
21. (c)	22. (a)	23. (c)	24. (b)	25. (d)	26. (a)	27. (a)	28. (a)	29. (b)	30. (c)
31. (b)	32. (b)	33. (a)							

05 हमारी न्याय व्यवस्था

- भारतीय संविधान में न्याय की पूर्ण एकीकृत प्रक्रिया को अपनाया गया है, जिसमें उच्चतम स्तर पर सर्वोच्च न्यायालय, मध्य स्तर पर उच्च न्यायालय एवं निम्न स्तर पर अधीनस्थ न्यायालय है।
- इसके अन्तर्गत अधीनस्थ न्यायालय के निर्णयों की अपील उच्च न्यायालय में और उच्च न्यायालयों के निर्णय की अपील सर्वोच्च न्यायालय में की जा सकती है।
- थाने में थानेदार जिस रजिस्टर पर प्रथम सूचना रिपोर्ट (FIR) दर्ज करता है, उसे **रोजनामचा** कहते हैं।
- किसी भी अभियुक्त (आरोपी) को 24 घण्टे के भीतर न्यायालय (मजिस्ट्रेट) के समक्ष प्रस्तुत किया जाता है।
- छत्तीसगढ़ राज्य का उच्च न्यायालय बिलासपुर में स्थित है।
- जमीन-जायदाद सम्बन्धित झगड़े दीवानी मुकदमों के अन्तर्गत आते हैं।
- मारपीट, रिश्वत, चोरी, हत्या आदि जैसे अपराध फौजदारी मुकदमे के अन्तर्गत आते हैं।
- भारतीय संविधान के **भाग 5** में अनुच्छेद 124 से 147 तक में सर्वोच्च न्यायालय के सम्बन्ध में उल्लेख किया गया है।
- सर्वोच्च न्यायालय की स्थापना वर्ष **1950** में की गई थी।
- सर्वोच्च न्यायालय में न्यायाधीशों की संख्या **34** है, जिनमें एक मुख्य न्यायाधीश तथा 33 अन्य न्यायाधीश होते हैं।
- भारत के प्रथम (सर्वोच्च न्यायालय) मुख्य न्यायाधीश हरिलाल जे.कानिया थे।
- प्रत्येक राज्य के लिए एक उच्च न्यायालय होता है। वर्तमान में देश में उच्च न्यायालयों की संख्या **25** है।
- संविधान की व्याख्या में सर्वोच्च न्यायालय का निर्णय अन्तिम होता है, जो हमारे मौलिक अधिकारों का अभिरक्षक भी है।
- वकील का कार्य अपने पक्षकार के पक्ष में बहस करना तथा मुकदमा जीताना होता है।
- मजिस्ट्रेट, मामले से जुड़े दोनों पक्षों को सुनकर अपना फैसला सुनाता है।
- न्यायालय का फैसला तथ्यों तथा संविधान पर आधारित होता है।
- मुख्य न्यायाधीश की सेवानिवृत्ति की आयु **65** वर्ष होती है।
- न्यायालय एक स्वतन्त्र निकाय है, जो स्वतन्त्र होकर न्याय करता है।

अभ्यास प्रश्न

1. अधीनस्थ न्यायालयों के निर्णय की अपील कहाँ की जा सकती है?

(a) उच्च न्यायालय (b) उच्चतम न्यायालय
(c) 'a' और 'b' दोनों में (d) इनमें से कोई नहीं

2. थाने में जिस रजिस्टर पर प्रथम सूचना रिपोर्ट दर्ज होती है, उसे क्या कहते हैं?

(a) रोजनामचा (b) प्राथमिकी रजिस्टर
(c) बहीखाता (d) इनमें से कोई नहीं

3. किसी अभियुक्त को न्यायालय के समक्ष कितने घण्टे के अन्दर प्रस्तुत करना होता है?

(a) 12 घण्टे (b) 24 घण्टे (c) 10 घण्टे (d) 20 घण्टे

4. छत्तीसगढ़ राज्य उच्च न्यायालय कहाँ स्थित है?

(a) रायपुर (b) अम्बिकापुर
(c) बिलासपुर (d) दन्तेवाड़ा

5. जमीन-जायदाद से सम्बन्धित मामले किसके अन्तर्गत आते हैं?

(a) दीवानी (b) फौजदारी
(c) स्थनीय (d) इनमें से कोई नहीं

6. मारपीट, हत्या, रिश्वत तथा चोरी से सम्बन्धित अपराध किसके अन्तर्गत आते हैं?

(a) झगड़े (b) फौजदारी (c) दीवानी (d) स्थानीय

7. सर्वोच्च न्यायालय के प्रथम न्यायाधीश कौन थे?

(a) हरिलाल जे. कानिया (b) वाई.बी. चन्द्रचूड़
(c) रंजन गगोई (d) एन. वी. टमन्ना

8. सर्वोच्च न्यायालय की स्थापना किस वर्ष की गई?

(a) 1952 (b) 1950
(c) 1954 (d) 1956

9. सर्वोच्च न्यायालय में न्यायाधीशों की संख्या कितनी है?

(a) 35 (b) 32
(c) 34 (d) 30

10. न्यायतन्त्र एक महत्त्वपूर्ण भूमिका निभाता है, क्योंकि यह

(a) स्वतन्त्र है (b) वकीलों पर निर्भर है
(c) सरकार पर निर्भर है (d) मन्त्री पर निर्भर है

11. मुख्य न्यायाधीश की सेवानिवृत्ति की आयु होती है
(a) 40 वर्ष (b) 56 वर्ष
(c) 65 वर्ष (d) 58 वर्ष

12. वकील का क्या कार्य होता है?
(a) अपने पक्षकार के पक्ष में बहस करना
(b) अपने पक्षकार के विरुद्ध बहस करना
(c) दोनों ओर से बहस करना
(d) न्याय करना

13. भारतीय संविधान के किस भाग में सर्वोच्च न्यायालय का उल्लेख है?
(a) भाग 3 (b) भाग 5
(c) भाग 7 (d) भाग 9

14. वर्तमान में सर्वोच्च न्यायालय के मुख्य न्यायाधीश कौन हैं?
(a) डी. वाई चन्द्रचूड़
(b) उदय यू ललित
(c) एन. वी. रमण
(d) शरद अरविन्द

15. भारत में वर्तमान में कुल कितने उच्च न्यायालय हैं?
(a) 20 (b) 23 (c) 25 (d) 27

16. भारत के मुख्य न्यायाधीश की नियुक्ति निम्न में से कौन करता है?
(a) भारत का महान्यायवादी
(b) भारत के उच्च न्यायालय के मुख्य न्यायाधीश
(c) भारत का राष्ट्रपति
(d) भारत का प्रधानमन्त्री

17. वर्तमान में छत्तीसगढ़ उच्च न्यायालय के मुख्य न्यायाधीश कौन हैं?
(a) श्री रमेश सिन्हा
(b) श्री गौतम भादुड़ी
(c) श्री संजय अग्रवाल
(d) श्री नरेन्द्र कुमार व्यास

18. जिला जज की नियुक्ति किसके द्वारा की जाती है?
(a) राष्ट्रपति (b) राज्यपाल (c) प्रधानमन्त्री (d) महाधिवक्ता

19. भारतीय संविधान का संरक्षक कौन होता है?
(a) राष्ट्रपति (b) राज्यसभा
(c) लोकसभा (d) सर्वोच्च न्यायालय

20. भारत के उच्चतम न्यायालय की प्रथम महिला न्यायाधीश कौन थीं?
(a) इन्दिरा बनर्जी (b) एम. फातिमा बीबी
(c) आर भानुमती (d) सुजाता वी. मनोहर

उत्तरमाला

1. (a)	2. (a)	3. (b)	4. (c)	5. (a)	6. (b)	7. (a)	8. (b)	9. (c)	10. (a)
11. (c)	12. (a)	13. (b)	14. (a)	15. (c)	16. (c)	17. (a)	18. (b)	19. (d)	20. (b)

06 | कर प्रणाली

बजट

- सरकार को कर या टैक्स के रूप में आय (आमदनी) प्राप्त होती है। इन करों से प्राप्त धन को यह किन मदों पर खर्च करेगी, यह तय किया जाता है। इस आय के लेखा-जोखा को बजट कहते हैं।
- भारत में कर मुख्य रूप से दो प्रकार के होते हैं
  - प्रत्यक्ष कर
  - अप्रत्यक्ष कर

प्रत्यक्ष कर

प्रत्यक्ष कर वह कर है, जो जिस व्यक्ति पर लगाया जाता है वही व्यक्ति इसका भुगतान करता है; जैसे—आयकर, सम्पत्ति कर आदि।

अप्रत्यक्ष कर

यह कर किसी एक व्यक्ति पर लगाया जाता है, परन्तु इसका भुगतान कोई दूसरा व्यक्ति करता है; जैसे—केन्द्रीय उत्पाद शुल्क, बिक्री कर, सेवा कर, मनोरंजन कर आदि।

गुड्स एण्ड सर्विस टैक्स (GST)

जीएसटी एक अप्रत्यक्ष एकल कर प्रणाली है, जिसे देश में 1 जुलाई, 2017 से लागू कर दिया गया। जीएसटी के स्वरूप को अपनाने हेतु केन्द्र सरकार द्वारा 101वाँ संशोधन द्वारा जीएसटी संविधान संशोधन अधिनियम, 2016 के माध्यम से संवैधानिक प्रावधान किया गया है।

अभ्यास प्रश्न

1. निम्न में से कौन-सा प्रत्यक्ष कर है?
(a) कस्टम ड्यूटी (b) उत्पाद शुल्क
(c) कॉर्पोरेट टैक्स (d) मनोरंजन कर

2. इनमें कौन-सा अप्रत्यक्ष कर नहीं है?
(a) कैपिटल गेन टैक्स (b) उत्पाद शुल्क
(c) सेवाकर (d) GST

3. कौन-सा कर सरकार को प्रत्यक्ष रूप से दिया जाता है?
(a) आयकर (b) उत्पाद कर
(c) वैट (d) सीमा शुल्क

4. किसी राष्ट्र के लिए सबसे महत्त्वपूर्ण विषय है
(a) अर्थव्यवस्था (b) स्वास्थ्य
(c) सुरक्षा (d) शिक्षा

5. बचत ········ का एक फलन है।
(a) निवेश (b) निर्यात
(c) उत्पादकता में सुधार (d) आय

6. भारत की राष्ट्रीय आय की गणना कौन करता है?
(a) CSO
(b) NSSO
(c) NSO
(d) उपरोक्त में से कोई नहीं

7. निम्नलिखित में से कौन-सा अप्रत्यक्ष कर है?
(a) आयकर (b) सम्पत्ति कर
(c) निगम कर (d) बिक्री कर

8. जीएसटी (वस्तु और सेवा कर) किन करों को समाप्त करता है?
(a) सम्पत्ति कर
(b) निगम कर
(c) वैट
(d) उपरोक्त सभी

9. भारत में जीएसटी कर किन दरों पर लगाया जाता है?
(a) 12% (b) 18%
(c) 28% (d) ये सभी

10. जीएसटी को सामान्य रूप से कितने भागों में विभाजित किया गया है?
(a) 2 (b) 3 (c) 4 (d) 5

11. भारत में कर मुख्यतः कितने प्रकार के हैं?
(a) 2 (b) 3
(c) 4 (d) 5

12. निम्न में से कौन-सा कर केन्द्र सरकार द्वारा लगाया जाता है तथा राज्य सरकार द्वारा वसूला जाता है?
(a) वैट (b) आयकर
(c) निगम कर (d) स्टाम्प ड्यूटी

13. निम्न में से कौन-सा कर केन्द्र सरकार द्वारा नहीं लगाया जाता है?
(a) कृषि कर (b) निगम कर
(c) सीमा कर (d) बिक्री कर

14. जीएसटी किस प्रकार का कर है?
(a) प्रत्यक्ष (b) अप्रत्यक्ष
(c) 'a' और 'b' दोनों (d) इनमें से कोई नहीं

15. गुड्स और सर्विस टैक्स किस वर्ष लाया गया था?
(a) 2016 (b) 2017
(c) 2018 (d) 2019

16. प्रत्यक्ष कर के अन्तर्गत कौन-सा कर आता है?
(a) आयकर (b) सम्पत्ति कर
(c) निगम कर (d) ये सभी

17. अप्रत्यक्ष कर के अन्तर्गत कौन-सा कर नहीं आता है?
(a) सेवा कर (b) मनोरंजन कर
(c) उपहार कर (d) बिक्री कर

उत्तरमाला

1. (c)	2. (a)	3. (a)	4. (a)	5. (d)	6. (a)	7. (d)	8. (d)	9. (d)	10. (c)
11. (a)	12. (d)	13. (a)	14. (b)	15. (b)	16. (d)	17. (c)			

07 भारत में कृषि का विकास

- देश की लगभग 49% जनसंख्या प्रत्यक्ष या अप्रत्यक्ष रूप से कृषि व्यवसाय से सम्बन्धित है तथा देश के कुल निर्यात में कृषि व सम्बद्ध क्षेत्र का हिस्सा लगभग 14% है।
- वर्ष 1950 से 1966 के बीच भारत सरकार ने सिंचाई और बिजली परियोजनाओं में बहुत धन लगाया।
- सिंचाई और बिजली की पैदावार बढ़ाने के लिए भाखडा-नांगल (पंजाब), दामोदर घाटी (पश्चिम बंगाल), हीराकुड (ओडिशा), नागार्जुन सागर (आन्ध्र प्रदेश), गाँधीनगर (मध्य प्रदेश), पं. रविशंकर शुक्ल जलाशय (छत्तीसगढ़) इत्यादि बाँध बनाए गए।
- आजादी के पश्चात् भारत की पहली पंचवर्षीय योजना कृषि के विकास से सम्बन्धित है।
- भारत में अधिकतर अनाजों की MSP का निर्धारण कृषि लागत और मूल्य आयोग द्वारा किया जाता है।
- भारत में कृषि के अन्तर्गत तीन प्रकार (रबी, खरीफ तथा जायद) की फसलें उगाई जाती हैं।
- हरित क्रान्ति का अर्थ आधुनिक कृषि तकनीक, उन्नत बीजों, खाद, सिंचाई तथा जैवकीय प्रबन्ध का कृषि क्षेत्र में प्रयोग करने से है।
- भारत में हरित क्रान्ति पंजाब, हरियाणा, पश्चिमी उत्तर प्रदेश तथा तमिलनाडु के कुछ जिलों में **सघन जिला कृषि कार्यक्रम** के नाम से लागू की गई।
- इसकी शुरुआत वर्ष 1966 में हुई। हरित क्रान्ति का विचार नॉर्मन बोरलॉग ने दिया था। भारत में हरित क्रान्ति (1966-67) को **डॉ. एम. एस. स्वामीनाथन** ने सफल बनाया था।

अभ्यास प्रश्न

1. भारत में निम्न में से कौन-सा/सी वाणिज्यिक फसल है?
(a) गन्ना (b) तम्बाकू (c) जूट (d) ये सभी

2. कौन-सा भारतीय राज्य दालों का सबसे बड़ा उत्पादक है?
(a) महाराष्ट्र (b) उत्तर प्रदेश
(c) मध्य प्रदेश (d) राजस्थान

3. गन्ने के उचित एवं लाभकारी मूल्य को कौन मंजूरी देता है?
(a) आर्थिक मामलों की मन्त्रिमण्डलीय समिति
(b) कृषि लागत एवं मूल्य आयोग
(c) विपणन और निरीक्षण निदेशालय
(d) कृषि उपज मण्डी समिति

4. भारत में कृषि किस क्षेत्र के अन्तर्गत आती है?
(a) प्राथमिक (b) द्वितीयक
(c) तृतीयक (d) चतुर्थ

5. भारत में सर्वाधिक रोजगार किस क्षेत्र में है?
(a) उद्योग (b) कृषि
(c) सेवा (d) ये सभी

6. हरित क्रान्ति का सम्बन्ध किन खाद्यान्न फसलों से है?
(a) गेहूँ (b) चावल
(c) 'a' और 'b' दोनों (d) इनमें से कोई नहीं

7. डॉ. स्वामीनाथन का सम्बन्ध किस क्षेत्र से है?
(a) शिक्षा (b) स्वास्थ्य
(c) कृषि (d) खनन

8. भारत में हरित क्रान्ति से सम्बन्धित राज्य है
(a) पंजाब (b) हरियाणा
(c) पश्चिमी उत्तर प्रदेश (d) ये सभी

9. छत्तीसगढ़ में हरित क्रान्ति कब प्रारम्भ हुई?
(a) वर्ष 1950 (b) वर्ष 1955
(c) वर्ष 1966 (d) वर्ष 1965

10. निम्नलिखित में से कौन-सी खरीफ की फसल नहीं है?
(a) बाजरा (b) धान (c) ज्वार (d) गेहूँ

11. इनमें से कौन-सी रोपण की फसल नहीं है?
(a) चाय (b) कॉफी
(c) काजू (d) बाजरा

12. निम्नलिखित में से कौन-सा सही सुमेलित नहीं है?
(a) रबी फसल - सरसों, ककड़ी
(b) खरीफ फसल - मक्का
(c) जायद फसल - खीरा, तरबूज
(d) नकदी फसल - कपास

13. निम्नलिखित में से कौन-सी रबी की फसलें हैं?
(a) मक्का और मटर (b) जौ और चना
(c) धान और कपास (d) गेहूँ और ज्वार

14. उद्यान कृषि का अर्थ है
(a) गेहूँ उगाना
(b) आदिम कृषि
(c) फलों एवं सब्जियों को उगाना
(d) पटसन उगाना

15. हरित क्रान्ति का प्रभाव है
(a) पैदावार में बढ़ोतरी
(b) समर्थन मूल्य एवं अनाज का भण्डार
(c) किसानों की आय में वृद्धि
(d) उपरोक्त सभी

16. हरित क्रान्ति का नकारात्मक पक्ष है
(a) पानी की समस्या
(b) मिट्टी के उपजाऊपन की कमी
(c) रासायनिक कीटनाशकों का अत्यधिक उपयोग
(d) उपरोक्त सभी

17. छत्तीसगढ़ के किन क्षेत्रों में कुएँ, नलकूल लिफ्ट इरिगेशन और छोटे तालाब का अधिक उपयोग कर जल को संरक्षित किया जा सकता है?
(a) छत्तीसगढ़ का पठारी क्षेत्र (b) छत्तीसगढ़ का पहाड़ी क्षेत्र
(c) 'a' और 'b' दोनों (d) इनमें से कोई नहीं

18. भारत सरकार ने किसानों से अनाज खरीदने के लिए किसका गठन किया?
(a) भारतीय खाद्य निगम (b) खाद्य मन्त्रालय
(c) भारतीय खाद्य आपूर्ति निगम (d) उपरोक्त सभी

उत्तरमाला

1. (d)	2. (c)	3. (a)	4. (a)	5. (b)	6. (c)	7. (c)	8. (d)	9. (c)	10. (d)
11. (d)	12. (a)	13. (b)	14. (c)	15. (d)	16. (d)	17. (c)	18. (a)		

08 | विदेश नीति एवं संयुक्त राष्ट्र संघ

भारत की विदेश नीति

- किसी देश द्वारा दूसरे देश के साथ सम्बन्ध स्थापित करने के लिए, जो नियम बनाए जाते हैं, उसे **विदेश नीति** कहते हैं।
- भारत की विदेश नीति का उद्देश्य अन्तर्राष्ट्रीय शान्ति एवं सुरक्षा बनाए रखना तथा साम्राज्यवाद का विरोध, अन्तर्राष्ट्रीय विवादों का शान्तिपूर्वक समाधान, शान्तिपूर्ण सह-अस्तित्त्व को प्रोत्साहन एवं गुटनिरपेक्षता है।
- भारत की प्रथम विदेश नीति का प्रथम चरण वर्ष 1947 में प्रारम्भ होकर वर्ष 1962 तक चला।
- पंचशील समझौता 29 अप्रैल, 1954 को भारत एवं चीन के बीच तिब्बत से सम्बन्धित मुद्दे पर एक सन्धि के रूप में हुआ।

संयुक्त राष्ट्र संघ (UNO)

- संयुक्त राष्ट्र संघ की स्थापना 24 अक्टूबर, 1945 को द्वितीय विश्वयुद्ध (वर्ष 1939-1945) की समाप्ति के पश्चात् की गई। प्रत्येक वर्ष 24 अक्टूबर को 'संयुक्त राष्ट्र दिवस' मनाया जाता है।
- संयुक्त राष्ट्र का मुख्यालय न्यूयॉर्क (संयुक्त राज्य अमेरिका) में स्थित है।
- संयुक्त राष्ट्र संघ के पाँच स्थायी सदस्य संयुक्त राज्य अमेरिका, ब्रिटेन, रूस, फ्रांस एवं चीन हैं। संयुक्त राष्ट्र संघ के सदस्य देशों को वीटो (veto) का अधिकार प्राप्त है।
- वर्तमान में संयुक्त राष्ट्र संघ के सदस्य देशों की संख्या 193 हैं। (193वाँ सदस्य देश दक्षिण सूडान (वर्ष 2011) है)
- संयुक्त राष्ट्र संघ के छः अंग हैं
  (i) महासभा (ii) सुरक्षा परिषद्
  (iii) आर्थिक एवं सामाजिक परिषद्
  (iv) न्यास परिषद्
  (v) अन्तर्राष्ट्रीय न्यायालय
  (vi) सचिवालय
- अन्तर्राष्ट्रीय न्यायालय का मुख्यालय द हेग (नीदरलैण्ड्स) में स्थित है। इसके अतिरिक्त अन्य पाँचों अंगों के मुख्यालय न्यूयॉर्क में स्थित हैं।
- संयुक्त राष्ट्र संघ की कुछ विशेष संस्थाएँ निम्न हैं
  (i) अन्तर्राष्ट्रीय श्रम संगठन (ii) खाद्य एवं कृषि परिषद्
  (iii) अन्तर्राष्ट्रीय मुद्रा कोष (iv) विश्व स्वास्थ्य संगठन

(v) यूनिसेफ (vi) यूनेस्को

- विश्व स्वास्थ्य संगठन विश्व के समस्त लोगों के स्वास्थ्य सुरक्षा के सुनिश्चितीकरण से सम्बन्धित वैश्विक संस्था है, जिसकी स्थापना 7 अप्रैल, 1948 को की गई थी। इसका मुख्यालय जेनेवा (स्विट्जरलैण्ड) में है।
- यूनेस्को सम्पूर्ण विश्व में शान्ति की स्थापना, शिक्षा के प्रसार, विज्ञान एवं संस्कृति के क्षेत्र में कार्यरत् संगठन है, जिसकी स्थापना 16 नवम्बर, 1946 को की गई थी। इसका मुख्यालय पेरिस (फ्रांस) में स्थित है।
- वर्तमान में यूनेस्को में 195 सदस्य और 8 सहयोगी सदस्य हैं।

अभ्यास प्रश्न

1. **भारत की विदेश नीति का आधार रहा है**
(a) अन्तर्राष्ट्रीय शान्ति (b) साम्राज्यवाद का विरोध
(c) गुटनिरपेक्षता (d) ये सभी

2. **भारत की विदेश नीति का प्रथम चरण था**
(a) वर्ष 1947-1950 (b) वर्ष 1950-1962
(c) वर्ष 1947-1962 (d) वर्ष 1950-1965

3. **भारत के किसी अन्य देश की यात्रा हेतु आवश्यक विशिष्ट पहचान-पत्र कहलाता है**
(a) वीजा (b) पासपोर्ट
(c) आधारकार्ड (d) लाइसेन्स

4. **कब और किन राज्यों के बीच पंचशील हस्ताक्षर किए गए ?**
(a) 29 अप्रैल, 1954 — भारत और चीन
(b) 25 मई, 1954 — भारत और चीन
(c) 25 मई, 1954 — भारत और बांग्लादेश
(d) 29 मई, 1954 — भारत और पाकिस्तान

5. **भारत-चीन युद्ध कब हुआ था?**
(a) वर्ष 1950 (b) वर्ष 1954
(c) वर्ष 1960 (d) वर्ष 1962

6. **भारत-चीन युद्ध वर्ष 1962 के पश्चात् भारत ने किस विदेश नीति को अपनाया?**
(a) पंचशील (b) गुटनिरपेक्ष
(c) सौहार्दवादी (d) इनमें से कोई नहीं

7. **संयुक्त राष्ट्र संघ की स्थापना कब हुई?**
(a) 24 अक्टूबर, 1945 (b) 15 नवम्बर, 1942
(c) 19 नवम्बर, 1945 (d) 14 जुलाई, 1942

8. **प्रतिवर्ष संयुक्त राष्ट्र दिवस कब मनाया जाता है?**
(a) 2 नवम्बर (b) 4 जुलाई
(c) 24 अक्टूबर (d) 5 जून

9. **संयुक्त राष्ट्र संघ का मुख्यालय कहाँ है?**
(a) वॉशिंगटन डी.सी. (b) न्यूयॉर्क
(c) पेरिस (d) जेनेवा

10. **यू.एन.ओ. में स्थाई सदस्यों की संख्या है**
(a) 10 (b) 5
(c) 15 (d) 12

11. **संयुक्त राष्ट्र संघ के सदस्य देशों की संख्या कितनी है?**
(a) 155 (b) 164 (c) 185 (d) 193

12. **संयुक्त राष्ट्र संघ का नवीनतम सदस्य देश है**
(a) दक्षिण सूडान (2011 से) (b) दक्षिण कोरिया (2009 से)
(c) वेनेजुएला (2009 से) (d) बुरुण्डी (2011 से)

13. **निम्न में से कौन-सा संयुक्त राष्ट्र का अंग नहीं है?**
(a) महासभा (b) अन्तर्राष्ट्रीय न्यायालय
(c) यूरोपियन कमीशन (d) सुरक्षा परिषद्

14. **अन्तर्राष्ट्रीय न्यायालय का मुख्यालय कहाँ है?**
(a) पेरिस (फ्रांस) (b) न्यूयॉर्क (यू.एस.ए)
(c) बीजिंग (चीन) (d) द हेग (नीदरलैण्ड)

15. **विश्व स्वास्थ्य संगठन की स्थापना कब हुई?**
(a) 24 अक्टूबर, 1948 (b) 7 अप्रैल, 1948
(c) 5 अप्रैल, 1948 (d) 14 सितम्बर, 1948

16. **अन्तर्राष्ट्रीय संगठन यूनेस्को का कार्यक्षेत्र है**
(a) विश्व शान्ति की स्थापना
(b) शिक्षा का प्रसार
(c) विज्ञान, संस्कृति, प्रसार व संरक्षण
(d) उपरोक्त सभी

17. **भारत के पहले विदेश मन्त्री कौन थे?**
(a) लाल बहादुर शास्त्री (b) जवाहरलाल नेहरू
(c) इन्दिरा गाँधी (d) वल्लभभाई पटेल

18. **आजादी के पश्चात् भारत ने किसके अन्तर्गत विदेश नीति का पालन किया?**
(a) गुटनिरपेक्ष नीति (b) सहयोग नीति
(c) सैन्य नीति (d) ऊर्जा नीति

19. **UNEP का पूर्ण रूप है**
(a) यूनाइटेड नेशन एजुकेशनल प्रोग्राम
(b) यूनाइटेड नेशन इकोनॉमिक्स प्रोग्राम
(c) यूनाइटेड नेशन एन्वायरमेण्ट परियोजना
(d) यूनाइटेड नेशन एन्वायरमेण्ट प्रोग्राम

20. **वर्ष 2006 में संयुक्त राष्ट्र मानवाधिकार आयोग का नाम बदल दिया गया और इसका नाम बदलकर निम्नलिखित में से क्या कर दिया गया?**

(a) मानवाधिकार परिषद् (b) मानवतावादी परिषद्
(c) मानव अधिकार आयोग (d) मानवतावादी आयोग

21. संयुक्त राष्ट्र के प्रमुख अंग हैं
(a) महासभा
(b) आर्थिक एवं सामाजिक परिषद्
(c) अन्तर्राष्ट्रीय न्यायालय
(d) उपरोक्त सभी

22. संयुक्त राष्ट्र संघ की आधिकारिक भाषा है
(a) अंग्रेजी (b) अरबी (c) स्पेनिश (d) ये सभी

23. संयुक्त राष्ट्र की सुरक्षा परिषद् में अस्थायी सदस्य कितने हैं?
(a) 10 (b) 15 (c) 20 (d) 25

24. अन्तर्राष्ट्रीय न्यायालय का मुख्यालय है
(a) लन्दन (b) द हेग
(c) वॉशिंगटन (d) न्यूयॉर्क

25. यूनेस्को किन क्षेत्रों में कार्यरत् है?
(a) शान्ति की स्थापना (b) शिक्षा के प्रसार
(c) विज्ञान एवं संस्कृति (d) ये सभी

26. भारत में विश्व स्वास्थ्य संगठन और यूनिसेफ मिलकर कौन-से टीकाकरण कार्यक्रम चला रहे हैं।
(a) छोटे बच्चों को पोलियो (b) टिटनेस
(c) कुकुर खाँसी (d) ये सभी

27. संयुक्त राष्ट्र के स्थाई सदस्य हैं
(a) चीन (b) फ्रांस
(c) संयुक्त राज्य अमेरिका (d) ये सभी

28. भारत ने संयुक्त राष्ट्र का सहयोग किन मुद्दों पर किया?
(a) लोकतन्त्र की बहाली
(b) रंग-भेद दूर करना
(c) शान्ति व्यवस्था बनाने के लिए सैन्य कार्यवाही
(d) उपरोक्त सभी

29. संयुक्त राष्ट्र संघ का उद्देश्य नहीं है
(a) विश्व में शान्ति और सुरक्षा बनाए रखना
(b) देशों के मध्य बराबरी एवं मित्रतापूर्ण सम्बन्ध विकसित करना
(c) युद्ध की नीति निर्माण में सहायता
(d) मानव अधिकार प्रदान करने में सहायता

उत्तरमाला

1. (d)	2. (c)	3. (b)	4. (a)	5. (d)	6. (a)	7. (a)	8. (c)	9. (b)	10. (b)
11. (d)	12. (c)	13. (c)	14. (d)	15. (b)	16. (d)	17. (b)	18. (a)	19. (d)	20. (a)
21. (d)	22. (d)	23. (a)	24. (b)	25. (d)	26. (d)	27. (d)	28. (d)	29. (c)	

09 सूचना का अधिकार

- सूचना का अधिकार (RTI) अधिनियम, 2005 भारत सरकार का एक अधिनियम है।
- इस अधिनियम के प्रावधानों के तहत भारत का कोई भी नागरिक किसी भी सरकारी प्राधिकरण से सूचना प्राप्त करने हेतु अनुरोध कर सकता है।
- यह सूचना 30 दिनों के अन्दर उपलब्ध कराई जाने की व्यवस्था की गई है।
- इसके अन्तर्गत सभी संवैधानिक निकाय, संसद अथवा राज्य विधानमण्डल के अधिनियम द्वारा गठित संस्थान और निकाय शामिल हैं।

RTI अधिनियम के उद्देश्य

1. पारदर्शिता लाना।
2. जवाबदेही तय करना।
3. नागरिकों को सशक्त बनाना।
4. भ्रष्टाचार पर रोक लगाना।
5. लोकतन्त्र की प्रकिया में नागरिकों की भागीदारी सुनिश्चित करना।

अभ्यास प्रश्न

1. भारत में सूचना का अधिकार अधिनियम किस वर्ष पारित किया गया?

(a) वर्ष 2003 (b) वर्ष 2004
(c) वर्ष 2005 (d) वर्ष 2006

2. सूचना के अधिकार अधिनियम के अन्तर्गत सूचना कितने दिनों में उपलब्ध कराई जाती है।

(a) 10 (b) 20
(c) 30 (d) 40

3. सूचना के अधिकार के अन्तर्गत सूचना यदि जीवन और व्यक्तिगत स्वतन्त्रता से सम्बन्धित है, तो सूचना कितने घण्टे के अन्दर उपलब्ध कराए जाने का प्रावधान है?

(a) 12 घण्टे (b) 24 घण्टे
(c) 48 घण्टे (d) 96 घण्टे

4. सूचना अधिकार का मूल उद्देश्य है

(a) नागरिकों को सशक्त बनाना
(b) पारदर्शिता सुनिश्चित करना
(c) जवाबदेही को बढ़ाना
(d) उपरोक्त सभी

5. आरटीआई आवेदन ······· को सम्बोधित करते हैं।

(a) मुख्यमन्त्री
(b) प्रधानमन्त्री
(c) राष्ट्रपति
(d) जनसूचना अधिकारी

6. RTI कौन दायर कर सकता है?

(a) भारतीय नागरिक
(b) विदेशी नागरिक
(c) 'a' और 'b' दोनों
(d) उपरोक्त में से कोई नहीं

7. आरटीआई आवेदन दायर करने के लिए आयु मापदण्ड क्या है?

(a) 18 वर्ष (b) 45 वर्ष
(c) 60 वर्ष (d) कोई सीमा नहीं

8. देश के प्रथम मुख्य सूचना आयुक्त कौन थे?

(a) वाई. वी. रेड्डी
(b) सुकुमार सेन
(c) न्यायमूर्ति ए. एस. आनन्द
(d) मॉण्टेकसिंह अहलूवालिया

9. सूचना का अधिकार अधिनियम पारित करने वाला पहला देश कौन–सा था?

(a) चीन (b) रूस
(c) अमेरिका (d) स्वीडन

10. सूचना के अधिकार अधिनियम, 2005 को किसके द्वारा स्वीकृति दी गई थी?

(a) प्रतिभा पाटिल (b) भैरव सिंह शेखावत
(c) ए.पी.जे. अब्दुल कलाम (d) मनमोहन सिंह

11. सूचना के अधिकार अधिनियम, 2005 के तहत् किसी कार्यालय से सूचना माँगने से सम्बन्धित आवेदन करने के साथ कितने रुपये जमा करने होते हैं?

(a) ₹ 10 (b) ₹ 100
(c) ₹ 500 (d) ₹ 1000

12. RTI में जानकारी गलत देने के सन्दर्भ में कितने रुपये प्रतिदिन के हिसाब से राज्य सूचना कार्यालय आवेदक को देता है?

(a) ₹ 150 (b) ₹ 250
(c) ₹ 350 (d) ₹ 450

13. RTI Act 2005 के अन्तर्गत सूचना किस रूप में माँगी जाती है?

(a) मौखिक (b) लिखित
(c) 'a' और 'b' दोनों (d) इनमें से कोई नहीं

उत्तरमाला

1. (c)	2. (c)	3. (c)	4. (d)	5. (d)	6. (a)	7. (d)	8. (c)	9. (d)	10. (c)
11. (a)	12. (b)	13. (b)							

10 ट्रांसजेण्डर

- ट्रांसजेण्डर वह व्यक्ति है, जो अपने जन्म से निर्धारित लिंग के विपरीत लिंगी की तरह जीवन व्यतीत करता है।
- जब किसी व्यक्ति के जननांगों और मस्तिष्क का विकास उसके जन्म से निर्धारित लिंग के अनुरूप नहीं होता है, तब महिला यह महसूस करने लगती है कि वह पुरुष है और पुरुष यह महसूस करने लगता है कि वह महिला है।
- समलैंगिकों को सामान्य बोल-चाल की भाषा में LGBT (लेस्बियन, गे, वाईसेक्सुअल, ट्रांसजेण्डर) कहा जाता है।

अभ्यास प्रश्न

1. भारत में ट्रांसजेण्डर के साथ किन क्षेत्रों में भेदभाव किया जाता है?

(a) आवास (b) स्वास्थ्य
(c) शिक्षा (d) ये सभी

2. ट्रांसजेण्डर व्यक्ति के अधिकारों के संरक्षण से सम्बन्धित अधिनियम कब पारित किया गया?

(a) वर्ष 2016 (b) वर्ष 2017
(c) वर्ष 2018 (d) वर्ष 2019

3. ट्रांसजेण्डर व्यक्ति किस रूप में सक्षम है?

(a) शारीरिक रूप (b) मानसिक रूप
(c) 'a' और 'b' दोनों (d) इनमें से कोई नहीं

4. जिनकी लिंग पहचान उस लिंग से भिन्न होती है, वह क्या कहलाते हैं?

(a) थर्ड जेण्डर
(b) ट्रांसजेण्डर
(c) 'a' और 'b' दोनों
(d) उपरोक्त में से कोई नहीं

5. समलैंगिकता का सम्बन्ध किस वर्ग से है?

(a) महिला
(b) पुरुष
(c) ट्रांसजेण्डर
(d) उपरोक्त में से कोई नहीं

उत्तरमाला

1. (d) 2. (d) 3. (c) 4. (c) 5. (c)

मानसिक योग्यता परीक्षा

01 | शृंखला

किसी विशेष समूह में स्थित अक्षरों/संख्याओं के सुव्यवस्थित क्रम को शृंखला या श्रेणी कहते हैं।

शृंखला निम्न प्रकार की होती है :-

1. संख्या शृंखला

संख्या शृंखला, संख्याओं से सम्बद्ध होती है। यह शृंखला संख्याओं के मध्य जोड़, घटाव, गुणा, भाग, वर्ग, वर्गमूल, घन, घनमूल आदि के सम्बन्ध पर आधारित होती हैं। शृंखला में एक या दो संख्या लुप्त होती है, आपको विकल्पों में से उस संख्या/संख्याओं को ढूँढ़ना है।

उदाहरण 1. श्रेणी में लुप्त पद (?) ज्ञात कीजिए।

1, 5, 9, 13, 17, ?

(a) 21
(b) 12
(c) 19
(d) 22

हल (a) दी गई श्रेणी निम्न प्रकार है

$1 \xrightarrow{+4} 5 \xrightarrow{+4} 9 \xrightarrow{+4} 13 \xrightarrow{+4} 17 \xrightarrow{+4} \boxed{21}$

2. वर्णमाला शृंखला

अक्षर-शृंखला साधारणत: अंग्रेजी वर्णमाला के अक्षरों से सम्बद्ध होती है। अंग्रेजी वर्णमाला में कुल छब्बीस अक्षर होते हैं, जिसमें A का स्थान पहला और Z का स्थान छब्बीसवाँ होता है। इस शृंखला में एक या दो अक्षर लुप्त होते हैं या उनके स्थान पर प्रश्नवाचक चिह्न होता है, आपको प्रश्न चिह्न (?) के स्थान पर आने वाला अक्षर ज्ञात करना है।

उदाहरण 2. उस पद का चयन करें जो निम्नलिखित अक्षर शृंखला को पूरा करेगा।

AC, CE, EG, GI, ?

(a) KI (b) IK (c) JK (d) IL

हल (b) दी गई शृंखला का क्रम निम्न प्रकार है

$A \xrightarrow{+2} C \xrightarrow{+2} E \xrightarrow{+2} G \xrightarrow{+2} \boxed{I}$

$C \xrightarrow{+2} E \xrightarrow{+2} G \xrightarrow{+2} I \xrightarrow{+2} \boxed{K}$

3. अंकों/अक्षरों की सतत् (बारम्बारता) शृंखला

इस शृंखला में, अंकों या अक्षरों की पुनरावृत्ति एक निश्चित क्रमानुसार बार-बार होती है। इस शृंखला में बीच के या अन्त के कुछ अंक या अक्षर लुप्त होते हैं। आपको अक्षरों या अंकों की पुनरावृत्ति का क्रम ज्ञात कर इन लुप्त अंक/अक्षर को ज्ञात करना होता है।

उदाहरण 3. abcdabcd ab .... cd

(a) cabd (b) cdda (c) cdab (d) cdba

हल (c) दी गई शृंखला निम्न प्रकार है

abcd/abcd/abc̲ d̲ / a̲ b̲ c d

उदाहरण 4. 22257422257 2574

(a) 427 (b) 423
(c) 425 (d) 422

हल (d) दी गई शृंखला निम्न प्रकार है

222574/222574/222574

अभ्यास प्रश्न

निर्देश (प्र.सं. 1-12) *निम्न दिए गए विकल्पों में से उस एक उचित विकल्प का चयन करें, जो निम्न श्रेणी में प्रश्नवाचक चिह्न (?) या रिक्त स्थान पर होगा।*

1. 1, 7, 13, 19, ?

(a) 25 (b) 40
(c) 23 (d) 29

2. 1, 4, 9, 16, 25,?

(a) 29 (b) 34
(c) 36 (d) 27

3. 5, 7, 10, 14, 19, 25, ?

(a) 22 (b) 26 (c) 28 (d) 32

4. 6, 13, 27, 55, ?

(a) 101 (b) 111 (c) 116 (d) 90

5. 27, 64, 125, ..., 343, 512

(a) 216 (b) 196
(c) 169 (d) 210

6. 124, 62, 31, ...,7.75
(a) 16 (b) 15
(c) 15.5 (d) 16.5

7. 720, 720, 360, 120, 30, 6, ?
(a) 3 (b) 5 (c) 2 (d) 1

8. A, D, G, J, ?
(a) K (b) M (c) L (d) P

9. BY, DW, FU, HS, ?
(a) JP (b) JR (c) QJ (d) JQ

10. SHG, RIF, QJE, PKD
(a) OLC (b) NLB
(c) NME (d) OLE

11. GJM, KLN, ONO, ?
(a) SPP (b) SRS (c) SQQ (d) SOP

12. 4E, 8I, 13N, 19T, ?
(a) 26U (b) 26A (c) 26Z (d) 25Y

निर्देश (प्र.सं. 13-19) *अक्षरों/संख्याओं का कौन-सा समूह खाली स्थानों में क्रमवार रखने से दी गई श्रृंखला को पूरा करेगा?*

13. _ ml _ nl _ mlm _ l _ mlmn _
(a) mnlnlm (b) nmnnnl
(c) nnmmll (d) hmmttlm

14. ABCDDABCDDA ....
(a) ABCD (b) BCDB
(c) BCDD (d) ABDC

15. bc_bca_cab_ab_a_ca
(a) abcab (b) andaa
(c) abccb (d) cabca

16. 1214812148 12 812148
(a) 14 (b) 81 (c) 12 (d) 18

17. 99887_9887_ _88_
(a) 9998 (b) 8998
(c) 7998 (d) 9997

18. _ab_b_aba_ _abab
(a) abaab (b) abbaa
(c) aaaba (d) bbaab

19. 1000011000 _ _ _ _ 0001
(a) 0110 (b) 1110
(c) 1101 (d) 0001

20. 12, 19, 28, 39, 52 ... अगली संख्या ज्ञात करो।
(a) 65 (b) 66
(c) 67 (d) 68

निर्देश (प्र.सं. 21-30) *दिए गए विकल्पों में से एक उचित विकल्प का चयन करें, जो निम्न श्रेणी में प्रश्नवाचक चिह्न के स्थान पर होगा।*

21. 31, 37, 46, 60, 81, ?
(a) 117 (b) 106
(c) 122 (d) 111

22. 2, 10, 40, 120, 240, ?
(a) 480 (b) 300
(c) 360 (d) 240

23. 208, 104, 52, 26, ?, 6.5
(a) 20 (b) 13
(c) 18 (d) 24

24. 27, 30, 35, 38, 43, 46, 51, ?
(a) 30 (b) 54
(c) 56 (d) 48

25. 17, 19, 23, 29, 31, ?
(a) 30 (b) 47 (c) 40 (d) 37

26. 5, 10, 30, 60, 180, 360, 1080, ?
(a) 2160 (b) 2400
(c) 2610 (d) 3240

27. 2, 6, 14, 30, 62, ?
(a) 130 (b) 126 (c) 128 (d) 131

28. 2, 5, 14, 41, 122, ?
(a) 370 (b) 365
(c) 380 (d) 368

29. 46, 63, 80, 97, 114, ?
(a) 126 (b) 131
(c) 113 (d) 128

30. 1, 4, 27, 16, 125, ?
(a) 216 (b) 36
(c) 343 (d) 49

उत्तरमाला

1. (a)	2. (c)	3. (d)	4. (b)	5. (a)	6. (c)	7. (d)	8. (b)	9. (d)	10. (a)
11. (a)	12. (b)	13. (b)	14. (c)	15. (c)	16. (a)	17. (d)	18. (c)	19. (a)	20. (c)
21. (d)	22. (d)	23. (b)	24. (b)	25. (d)	26. (a)	27. (b)	28. (b)	29. (b)	30. (b)

संकेत एवं हल

1. (a) दी गई श्रृंखला निम्न प्रकार है

$1 \xrightarrow{+6} 7 \xrightarrow{+6} 13 \xrightarrow{+6} 19 \xrightarrow{+6} \boxed{25}$

2. (c) दी गई श्रृंखला निम्न प्रकार है

$$\begin{array}{cccccc} 1^2 & 2^2 & 3^2 & 4^2 & 5^2 & 6^2 \\ \downarrow & \downarrow & \downarrow & \downarrow & \downarrow & \downarrow \\ 1 & 4 & 9 & 16 & 25 & \boxed{36} \end{array}$$

3. (d) दी गई श्रृंखला निम्न प्रकार है

$5 \xrightarrow{+2} 7 \xrightarrow{+3} 10 \xrightarrow{+4} 14 \xrightarrow{+5} 19 \xrightarrow{+6} 25 \xrightarrow{+7} \boxed{32}$

(अंतरों का अंतर: +1, +1, +1, +1, +1)

4. (b) दी गई श्रृंखला निम्न प्रकार है

$6 \xrightarrow{\times 2+1} 13 \xrightarrow{\times 2+1} 27 \xrightarrow{\times 2+1} 55 \xrightarrow{\times 2+1} \boxed{111}$

$12+1 \quad 26+1 \quad 54+1 \quad 110+1$

5. (a) दी गई श्रृंखला निम्न प्रकार है

$$\begin{array}{cccccc} 3^3 & 4^3 & 5^3 & 6^3 & 7^3 & 8^3 \\ \downarrow & \downarrow & \downarrow & \downarrow & \downarrow & \downarrow \\ 27 & 64 & 125 & \boxed{216} & 343 & 512 \end{array}$$

6. (c) दी गई श्रृंखला निम्न प्रकार है

$124 \xrightarrow{\div 2} 62 \xrightarrow{\div 2} 31 \xrightarrow{\div 2} \boxed{15.5} \xrightarrow{\div 2} 7.75$

7. (d) दी गई श्रृंखला निम्न प्रकार है

$720 \xrightarrow{\div 1} 720 \xrightarrow{\div 2} 360 \xrightarrow{\div 3} 120 \xrightarrow{\div 4} 30 \xrightarrow{\div 5} 6 \xrightarrow{\div 6} \boxed{1}$

8. (b) दी गई श्रृंखला निम्न प्रकार है

$A \xrightarrow{+3} D \xrightarrow{+3} G \xrightarrow{+3} J \xrightarrow{+3} \boxed{M}$

9. (d) दी गई श्रृंखला निम्न प्रकार है

$B \xrightarrow{+2} D \xrightarrow{+2} F \xrightarrow{+2} H \xrightarrow{+2} J$

$Y \xrightarrow{-2} W \xrightarrow{-2} U \xrightarrow{-2} S \xrightarrow{-2} Q$

10. (a) दी गई श्रृंखला निम्न प्रकार है

$S \xrightarrow{-1} R \xrightarrow{-1} Q \xrightarrow{-1} P \xrightarrow{-1} O$

$H \xrightarrow{+1} I \xrightarrow{+1} J \xrightarrow{+1} K \xrightarrow{+1} L$

$G \xrightarrow{-1} F \xrightarrow{-1} E \xrightarrow{-1} D \xrightarrow{-1} C$

11. (a) दी गई श्रृंखला निम्न प्रकार है

$G \xrightarrow{+4} K \xrightarrow{+4} O \xrightarrow{+4} S$

$J \xrightarrow{+2} L \xrightarrow{+2} N \xrightarrow{+2} P$

$M \xrightarrow{+1} N \xrightarrow{+1} O \xrightarrow{+1} P$

12. (b) दी गई श्रृंखला निम्न प्रकार है

$4 \xrightarrow{+4} 8 \xrightarrow{+5} 13 \xrightarrow{+6} 19 \xrightarrow{+7} 26$

$E \xrightarrow{+4} I \xrightarrow{+5} N \xrightarrow{+6} T \xrightarrow{+7} A$

13. (b) दी गई श्रृंखला निम्न प्रकार है

n ml/mnl/nml/mnl/nml/mnl

अत: अभीष्ट समूह = nmnnnl

14. (c) दी गई श्रृंखला निम्न प्रकार है

ABCDD/ABCDD/A B C D D

अत: अभीष्ट समूह = BCDD

15. (c) दी गई श्रृंखला निम्न प्रकार है

bca/bca/bca/bca/bca/bca

अत: अभीष्ट समूह = a b c c b

16. (a) दी गई श्रृंखला निम्न प्रकार है

1 2 1 4 8 / 1 2 1 4 8/1 2 1 4 8 / 1 2 1 4 8

अत: अभीष्ट समूह = 14

17. (d) दी गई श्रृंखला निम्न प्रकार है

99887/99887/9 9887

अत: अभीष्ट समूह = 9997

18. (c) दी गई श्रृंखला निम्न प्रकार है

a ab a b/a aba b/a a b a b

अत: अभीष्ट समूह = a a a b a

19. (a) दी गई श्रृंखला निम्न प्रकार है

100001/10000 1/1 00001

अत: अभीष्ट समूह = 0110

20. (c) दी गई श्रृंखला निम्न प्रकार है

$12 \xrightarrow{+7} 19 \xrightarrow{+9} 28 \xrightarrow{+11} 39 \xrightarrow{+13} 52 \xrightarrow{+15} \boxed{67}$

(अंतरों का अंतर: +2, +2, +2, +2)

21. (d) श्रृंखला का क्रम निम्न प्रकार है,

$$\begin{array}{cccccc} 31 & 37 & 46 & 60 & 81 & \boxed{111} \\ & +6 & +9 & +14 & +21 & +30 \\ & & +3 & +5 & +7 & +9 \\ & & & +2 & +2 & +2 \end{array}$$

अत: प्रश्नवाचक चिह्न के स्थान पर 111 आएगा।

22. (d) श्रृंखला का क्रम निम्न प्रकार है,

2 → 10 → 40 → 120 → 240 → [240]

×5, ×4, ×3, ×2, ×1

अत: प्रश्नवाचक चिह्न के स्थान पर 240 आएगा।

23. (b) श्रृंखला का क्रम निम्न प्रकार है,

208 → 104 → 52 → 26 → [13] → 6.5

÷2, ÷2, ÷2, ÷2, ÷2

अत: प्रश्नवाचक चिह्न के स्थान पर 13 आएगा।

24. (b) श्रृंखला का क्रम निम्न प्रकार है,

27 → 30 → 35 → 38 → 43 → 46 → 51 → [54]

+3, +5, +3, +5, +3, +5, +3

अत: प्रश्नवाचक चिह्न के स्थान पर 54 आएगा।

25. (d) श्रृंखला का क्रम निम्न प्रकार है,

17 → 19 → 23 → 29 → 31 → [37]

ये क्रमागत अभाज्य संख्या है।
अत: प्रश्नवाचक चिह्न के स्थान पर 37 आएगा।

26. (a) श्रृंखला का क्रम निम्न प्रकार है,

5 → 10 → 30 → 60 → 180 → 360 → 1080 → [2160]

×2, ×3, ×2, ×3, ×2, ×3, ×2

अत: प्रश्नवाचक चिह्न के स्थान पर 2160 आएगा।

27. (b) श्रृंखला का क्रम निम्न प्रकार है,

2 → 6 → 14 → 30 → 62 → [126]

×2+2, ×2+2, ×2+2, ×2+2, ×2+2

अत: प्रश्नवाचक चिह्न के स्थान पर 126 आएगा।

28. (b) श्रृंखला का क्रम निम्न प्रकार है,

2 → 5 → 14 → 41 → 122 → [365]

×3–1, ×3–1, ×3–1, ×3–1, ×3–1

अत: प्रश्नवाचक चिह्न के स्थान पर 365 आएगा।

29. (b) श्रृंखला का क्रम निम्न प्रकार है,

46 → 63 → 80 → 97 → 114 → [131]

+17, +17, +17, +17, +17

अत: प्रश्नवाचक चिह्न के स्थान पर 131 आएगा।

30. (b) श्रृंखला का क्रम निम्न प्रकार है,

1, 4, 27, 16, 125, [36]

↓ ↓ ↓ ↓ ↓ ↓

1^3, 2^2, 3^3, 4^2, 5^3, 6^2

अत: प्रश्नवाचक चिह्न के स्थान पर 36 आएगा।

02 | वर्गीकरण

किसी अक्षर-समूह/शब्द/संख्या को उनके सामान्य गुण, प्रकृति, आकार, प्रकार, रंग, रूप, लक्षण एवं अन्य गुणों के आधार पर किसी समूह में वर्गीकृत करने की प्रक्रिया को वर्गीकरण कहते हैं।

सामान्यत: वर्गीकरण को निम्न प्रकारों में विभाजित किया जा सकता है

1. शब्दों पर आधारित वर्गीकरण

इसके अन्तर्गत पूछे जाने वाले प्रश्न सामान्यत: गुण, जाति, धर्म, नाम, व्यवसाय, स्थान आदि पर आधारित होते हैं। शब्द वर्गीकरण पर आधारित प्रश्न में चार शब्द समूह दिए गए होते हैं, जिनमें से तीन किसी प्रकार से एकसमान होते हैं। अभ्यार्थियों को इनमें से एक ऐसे शब्द या शब्द समूह को चुनना होता है, जो अन्य सभी शब्दों या शब्द समूह से भिन्न हो।

उदाहरण 1. दिए गए विकल्पों में से भिन्न को चुने

(a) केला (b) सेब
(c) आम (d) फूलगोभी

हल (d) फूलगोभी को छोड़कर शेष सभी फल है, जबकि फूलगोभी एक सब्जी है।

2. अक्षरों/वर्ण पर आधारित वर्गीकरण

इसके अन्तर्गत पूछे जाने वाले प्रश्न अंग्रेजी वर्णमाला पर आधारित होते हैं। अक्षर वर्गीकरण पर आधारित प्रश्न में चार अक्षर-समूह दिए गए होते हैं, जिनमें से तीन किसी प्रकार से एक समान होते हैं। अभ्यर्थियों को इनमें से एक ऐसे अक्षर या अक्षर-समूह को चुनना होता है, जो अन्य सभी अक्षर या अक्षर-समूह से भिन्न हो।

उदाहरण 2. दिए गए अक्षर-समूहों में से भिन्न को चुने।

(a) ACD (b) SUV
(c) PQR (d) HJK

हल (c) विकल्पों का क्रमवार परीक्षण करने पर,

$$A \xrightarrow{+2} C \xrightarrow{+1} D,\ S \xrightarrow{+2} U \xrightarrow{+1} V,\ H \xrightarrow{+2} J \xrightarrow{+1} K$$

परन्तु,

$$P \xrightarrow{+1} Q \xrightarrow{+1} R$$

अत: PQR भिन्न अक्षर-समूह है।

3. संख्याओं पर आधारित वर्गीकरण

इसके अन्तर्गत पूछे जाने वाले प्रश्न, संख्याओं के एक विशेष समुच्चय पर आधारित होते हैं। संख्या वर्गीकरण पर आधारित प्रश्न में चार संख्या समूह दिए गए होते हैं, जिनमें से तीन किसी प्रकार से एक समान होते हैं। अभ्यार्थियों को इनमें से एक ऐसे संख्या या संख्या-समूह को चुनना होता है, जो अन्य सभी संख्या या संख्या-समूह से भिन्न हो।

उदाहरण 3. दिए गए विकल्पों में से भिन्न को चुने

(a) 81 (b) 125 (c) 100 (d) 36

हल (b) $(9)^2 \rightarrow 81$, $(10)^2 = 100$, $(6)^2 = 36$

परन्तु, $(5)^3 \rightarrow 125$

अत: 125 अन्य से भिन्न है।

अभ्यास प्रश्न

निर्देश (प्र.सं. 1-15) *नीचे चार शब्द/संख्या/अक्षर-समूह दिए गए है, जिनमें से तीन किसी प्रकार से संगत है और उनमे से एक असंगत है। उस असंगत शब्द/संख्या/अक्षर-समूह का चयन करें।*

1. (a) पटना (b) राँची
(c) जयपुर (d) केरल

2. (a) नाक
(b) यकृत
(c) फेफड़े
(d) हृदय

3. (a) कार (b) बस
(c) पेट्रोल (d) हवाई जहाज

4. (a) दूरी (b) लीटर
(c) मिनट (d) किलोग्राम

5. (a) भय
(b) आक्रोश
(c) शान्त
(d) आनन्द

6. (a) पनीर (b) शराब (c) दूध (d) दही

7. (a) जनवरी (b) फरवरी (c) जुलाई (d) दिसम्बर

8. (a) A (b) E (c) H (d) I

9. (a) AZ (b) GT (c) MN (d) DF

10. (a) ADL (b) NRW (c) LPU (d) PTY

11. (a) ZGH (b) TGH (c) LSZ (d) OUD

12. (a) 5 : 35 (b) 13 : 195 (c) 19 : 324 (d) 7 : 63

13. (a) 2379 (b) 2197 (c) 1331 (d) 4913

14. (a) 4 : 52 (b) 7 : 294 (c) 5 : 100 (d) 6 : 180

15. (a) 53 (b) 43 (c) 73 (d) 63

उत्तरमाला

1.	(d)	2.	(a)	3.	(c)	4.	(a)	5.	(c)	6.	(b)	7.	(b)	8.	(c)	9.	(d)	10.	(a)
11.	(d)	12.	(c)	13.	(a)	14.	(a)	15.	(d)										

संकेत एवं हल

1. (d) 'केरल' भारत का एक राज्य है, शेष अन्य किसी-न-किसी राज्य की राजधानी/शहर है।

2. (a) 'नाक' शरीर का बाहरी अंग है, शेष अन्य सभी शरीर के आन्तरिक अंग है।

3. (c) कार, बस तथा हवाई जहाज विभिन्न प्रकर के वाहन है जबकि 'पेट्रोल' एक ईंधन है।

4. (a) 'दूरी' को छोड़कर शेष अन्य सभी मापक इकाई है।

5. (c) 'शान्त' के अलावा भय, आक्रोश तथा आनन्द ये सभी मनुष्य के द्वारा दर्शाए जाने वाली क्रियाएँ है।

6. (b) 'शराब' को छोड़कर शेष, अन्य दूध या दूध से बनने वाले पदार्थ है तथा नॉन-अलकोहॉलिक है।

7. (b) फरवरी माह में 28 या 29 दिन होते हैं, शेष अन्य तीनों माह में 31 दिन के होते हैं।

8. (c) H को छोड़कर शेष अन्य तीनों स्वर अक्षर है।
A, E, I, O तथा U स्वर है।

9. (d) $A \xleftrightarrow{\text{विपरीत}} Z$ $G \xleftrightarrow{\text{विपरीत}} T$, $M \xleftrightarrow{\text{विपरीत}} N$

परन्तु, $D \xrightarrow{+2} F$

10. (a) जिस प्रकार, $N \xrightarrow{+4} R \xrightarrow{+5} W$

$L \xrightarrow{+4} P \xrightarrow{+5} U$

तथा $P \xrightarrow{+4} T \xrightarrow{+5} Y$

परन्तु, $A \xrightarrow{+3} D \xrightarrow{+8} L$

11. (d) OUD में दो स्वर अक्षर हैं तथा अन्य तीनों समूह में कोई स्वर अक्षर नहीं है।

12. (c) जिस प्रकार,

$(5)^2 + 5 \times 2 = 25 + 10 = 35,$

$(13)^2 + 13 \times 2 = 169 + 26 = 195$

तथा $(7)^2 + 7 \times 2 = 49 + 14 = 63$

परन्तु, $(19)^2 + 19 \times 2 = 399 \neq 324$

अत: 19 : 324 अन्य से भिन्न है।

13. (a) जिस प्रकार, $(13)^3 = 2197$

$(11)^3 = 1331$

$(17)^3 = 4913$

अत: 2379 अन्य से भिन्न है।

14. (a) $\frac{52}{4} = 13$ (विषम संख्या)

$\frac{294}{7} = 42$ (सम संख्या)

$\frac{100}{5} = 20$ (सम संख्या)

$\frac{180}{6} = 30$ (सम संख्या)

अत: 4 : 52 अन्य से भिन्न है।

15. (d) 63 को छोड़कर शेष अन्य तीनों अभाज्य संख्याएँ हैं।

03 | सादृश्यता

किसी वस्तु/शब्द/अक्षर/संख्या के किसी अन्य वस्तु/शब्द/अक्षर/संख्या से गुण/रूप/आकार/प्रकार/लक्षण आदि में किसी प्रकार से निहित समानता को सादृश्यता कहते है।

सादृश्यता के अन्तर्गत आने वाले प्रश्न निम्न प्रकारों पर आधारित होते हैं :-

1. शब्द सादृश्यता

इसके अन्तर्गत प्रश्न में हिन्दी के कुछ शब्द या वस्तुएँ दी गई होती हैं, जो किसी न किसी प्रकार से एक-दूसरे से सम्बन्धित होते हैं। आपको दिए गए सम्बन्ध का पता लगाकर विकल्पों में से उस पद का पता लगाना होता है, जो समान प्रकार से सम्बन्धित होता है।

उदाहरण 1. उस विकल्प का चयन करें, जो तीसरे शब्द से उसी प्रकार सम्बन्धित है, जिस प्रकार दूसरा शब्द पहले शब्द से सम्बन्धित है।

भारतः नई दिल्ली :: नेपाल : ?

(a) काठमाण्डू (b) चीन
(c) बिहार (d) श्रीलंका

हल (a) जिस प्रकार, भारत की राजधानी नई दिल्ली है। उसी प्रकार, नेपाल की राजधानी 'काठमाण्डू' है।

2. अक्षर सादृश्यता

इसके अन्तर्गत आने वाले प्रश्न अंग्रेजी वर्णमाला के अक्षरों या अक्षर-समूहों पर आधारित होते हैं। आपको अक्षर-समूह के बीच सम्बन्ध का पता लगाना है और इसी सम्बन्ध के आधार पर दिए गए विकल्पों में से उस अक्षर/अक्षर-समूह को चुनना है, जो दूसरे युग्म को पूरा करे।

उदाहरण 2. उस विकल्प का चयन करें, जो तीसरे अक्षर-समूह से उसी प्रकार सम्बन्धित है, जिस प्रकार दूसरा अक्षर-समूह पहले अक्षर-समूह से सम्बन्धित है।

AHI : CKM :: STV : ?

(a) UZW (b) UWZ
(c) VXQ (d) WVZ

हल (b) जिस प्रकार, A $\xrightarrow{+2}$ C, H $\xrightarrow{+3}$ K, I $\xrightarrow{+4}$ M

उसी प्रकार, S $\xrightarrow{+2}$ U, T $\xrightarrow{+3}$ W, V $\xrightarrow{+4}$ Z

$\boxed{\text{U W Z}}$

3. संख्या सादृश्यता

संख्या सादृश्यता में संख्याओं के बीच निहित सम्बन्धों के आधार पर प्रश्न पूछे जाते हैं। ये सम्बन्ध संख्याओं के क्रम, उनके वर्गों या घनों के क्रम, अभाज्य संख्याओं के क्रम आदि गणितीय संक्रियाओं पर आधारित होते हैं। आपको संख्या समूह के बीच सम्बन्ध का पता लगाना है और इसी सम्बन्ध के आधार पर दिए गए विकल्पों में से उस संख्या/संख्या-समूह को चुनना है जो दूसरे युग्म को पूरा करे।

उदाहरण 3. दिए गए विकल्पों में से सम्बन्धित संख्या चुनिए।

16 : 64 :: 21 : ?

(a) 70 (b) 63
(c) 84 (d) 96

हल (c) जिस प्रकार, $16 \times 4 = 64$

उसी प्रकार, $21 \times 4 = \boxed{84}$

अभ्यास प्रश्न

निर्देश (प्र. सं. 1-15) *दिए गए विकल्पों में से सम्बन्धित शब्द/संख्या/अक्षर-समूह को चुनिए।*

1. मोची : चमड़ा :: दर्जी : ?

(a) धागा (b) कपड़ा
(c) कमीज (d) बजाज

2. घड़ी : समय :: तापमापी : ?

(a) ऊष्मा (b) ज्वर
(c) ताप (d) दूरी

3. विद्यालय : अध्यापक :: बैंक : ?

(a) प्रबन्धक (b) बैंकर
(c) चपरासी (d) गार्ड

4. कंगाल : दौलतमन्द :: पहला : ?

(a) प्रथम (b) अन्तिम
(c) स्थायी (d) आरम्भ

5. किसानः खेत :: कलाकार : ?

(a) अभिनेता
(b) थिएटर
(c) विद्यालय
(d) नायक

6. AT : ZG :: HK : ?

(a) JL (b) PS (c) KP (d) SP

7. CK : JF :: GT :?

(a) SJ (b) JS
(c) KJ (d) PS

8. BAD : DDH :: CUT : ?

(a) DVU (b) XEX (c) EXX (d) EXY

9. BDAC : FHEG :: NPMO : ?

(a) RTQS (b) QTRS
(c) RQTS (d) SQRT

10. CAFD : IGLJ :: OMRD : ?

(a) ZYXW (b) USXV
(c) UTSR (d) PONM

11. 6 : 18 :: 4 : ?

(a) 8 (b) 16
(c) 6 (d) 2

12. 11 : 121 :: 13 : ?

(a) 169 (b) 196
(c) 65 (d) 130

13. 49 : 56 :: 36 : ?

(a) 52 (b) 43
(c) 42 (d) 44

14. CAT : 3120 : : MAT : ?

(a) 1312 (b) 10120
(c) 12120 (d) 13120

15. F : 216 :: L : ?

(a) 1700 (b) 1600
(c) 1728 (d) 1723

उत्तरमाला

1. (b)	2. (c)	3. (b)	4. (b)	5. (b)	6. (d)	7. (a)	8. (c)	9. (a)	10. (b)
11. (a)	12. (a)	13. (c)	14. (d)	15. (c)					

संकेत एवं हल

1. (b) जिस प्रकार, मोची चमड़े पर काम करता है तथा उससे जूते बनाता है। उसी प्रकार, दर्जी कपड़े से अनेक प्रकार के वस्त्र बनाता है।

2. (c) जिस प्रकार, घड़ी का इस्तेमाल समय ज्ञात करने के लिए किया जाता है। उसी प्रकार, तापमापी का इस्तेमाल ताप मापने के लिए किया जाता है।

3. (b) जिस प्रकार, अध्यापक विद्यालय में अध्यापन कार्य करता है। उसी प्रकार, बैंकर बैंक का कामकाज देखता है।

4. (b) जिस प्रकार, कंगाल का विपरीत दौलतमन्द होता है। उसी प्रकार, पहला का विपरीत अन्तिम होगा।

5. (b) जिस प्रकार, किसान खेत में कार्य करते हैं। उसी प्रकार, कलाकार थिएटर में कार्य करते हैं।

6. (d) जिस प्रकार, A → Z, T → G (विपरीत अक्षर)

उसी प्रकार, H → S, K → P; SP (विपरीत अक्षर)

7. (a) जिस प्रकार,

C +3 → F, K −1 → J (CK → JF)

उसी प्रकार,

G +3 → J, T −1 → S (GT → SJ)

8. (c) जिस प्रकार,

B +2 → D, A +3 → D, D +4 → H

उसी प्रकार, C +2 → E, U +3 → X, T +4 → X; EXX

9. (a) जिस प्रकार, B +4 → F, D +4 → H, A +4 → E, C +4 → G

उसी प्रकार, N +4 → R, P +4 → T, M +4 → Q, O +4 → S; RTQS

10. (b) जिस प्रकार,

C +6 → I, A +6 → G, F +6 → L, D +6 → J

उसी प्रकार,

O +6 → U, M +6 → S, R +6 → X, P +6 → V; USXV

11. (a) जिस प्रकार, $(6)^2 = 36 \Rightarrow \frac{36}{2} = 18$

उसी प्रकार, $? = \frac{4^2}{2} = \frac{16}{2} = \boxed{8}$

12. (a) जिस प्रकार, $(11)^2 = 121$

उसी प्रकार, $(13)^2 = \boxed{169}$

13. (c) जिस प्रकार,

$$\sqrt{49} = 7$$

$$\Rightarrow \quad 49 + 7 = 56$$

उसी प्रकार,

$$\sqrt{36} = 6$$

$$? = 36 + 6 = \boxed{42}$$

14. (d) जिस प्रकार,

C → 3, A → 1, T → 20 (वर्णमाला क्रम)

उसी प्रकार,

M → 13, A → 1, T → 20; 13 1 20 (वर्णमाला क्रम)

15. (c) जिस प्रकार,

$$F \Rightarrow 6 \Rightarrow 6^3 = 216$$

उसी प्रकार,

$$L \Rightarrow 12 \Rightarrow (12)^3 = 1728$$

04 कूटलेखन-कूटवाचन

कोडिंग (कूटलेखन)

किसी अक्षर/शब्द/ वाक्य को किसी सांकेतिक भाषा में लिखने की प्रक्रिया को संकेतबद्धता या कूटलेखन या कोडिंग कहते हैं।

जैसे—SANTOSH → TZMGLHS/TBOUPTI/RZMSNRG

डिकोडिंग (कूटवाचन)

किसी सांकेतिक भाषा के लिखे अक्षर/शब्द/वाक्य को उसके मूल या वास्तविक अर्थ में परिवर्तित करने की प्रक्रिया को कूटवाचन या डिकोडिंग कहते हैं।

जैसे—WFITVHS → DURGESH

कूटलेखन-कूटवाचन में किसी सन्देश/सूचना को किसी विशेष कोड द्वारा अर्थविहीन करके कोडिंग की जाती है तथा दूसरा व्यक्ति इसी आधार पर सन्देश/सूचना को डिकोड करता है अर्थात् सूचना/सन्देश को अर्थपूर्ण बनाता है।

कोडिंग तथा डिकोडिंग के प्रश्नों को हल करते समय निम्न तथ्यों का ज्ञात होना अति आवश्यक है

क्रमांकिक मान (बाएँ से दाएँ)	1	2	3	4	5	6	7	8	9	10	11	12	13
अक्षर	A	B	C	D	E	F	G	H	I	J	K	L	M
क्रमांकिक मान (दाएँ से बाएँ)	26	25	24	23	22	21	20	19	18	17	16	15	14
क्रमांकिक मान (बाएँ से दाएँ)	14	15	16	17	18	19	20	21	22	23	24	25	26
अक्षर	N	O	P	Q	R	S	T	U	V	W	X	Y	Z
क्रमांकिक मान (दाएँ से बाएँ)	13	12	11	10	9	8	7	6	5	4	3	2	1

विपरीत अक्षर

कोडिंग तथा डिकोडिंग के प्रश्नों को हल करते समय प्रत्येक अक्षर के विपरीत अक्षर की आवश्यकता होती है, जो निम्नलिखित दिए गए हैं

A ⇌ Z F ⇌ U K ⇌ P B ⇌ Y
G ⇌ T L ⇌ O C ⇌ X H ⇌ S
M ⇌ N D ⇌ W I ⇌ R E ⇌ V
J ⇌ Q

अंग्रेजी वर्णमाला के प्रत्येक अक्षर के विपरीत अक्षर को योग विधि द्वारा भी ज्ञात किया जा सकता है।

यदि अंग्रेजी वर्णमाला के कोई भी दो अक्षर, जिनके क्रमांकिक मान का योग 27 हो, तो वे दोनों अक्षर आपस में एक-दूसरे के विपरीत अक्षर होते हैं।

जैसे—$A = 1, Z = 26 \Rightarrow A + Z = 1 + 26 = 27$

इसलिए, A एवं Z आपस में एक-दूसरे के विपरीत अक्षर है।

सामान्यतः इस अध्याय से निम्नलिखित प्रकार के प्रश्न पूछे जाते हैं

उदाहरण 1. **यदि 'MOTHER' को 'TOMREH' के रूप में कोडित किया जाता है, तो 'NEPHEW' शब्द के लिए क्या कोड होना चाहिए?**

(a) ENHPWE (b) PENWEH
(c) WEHPEN (d) HPENWE

हल (b) जिस प्रकार,

उसी प्रकार,

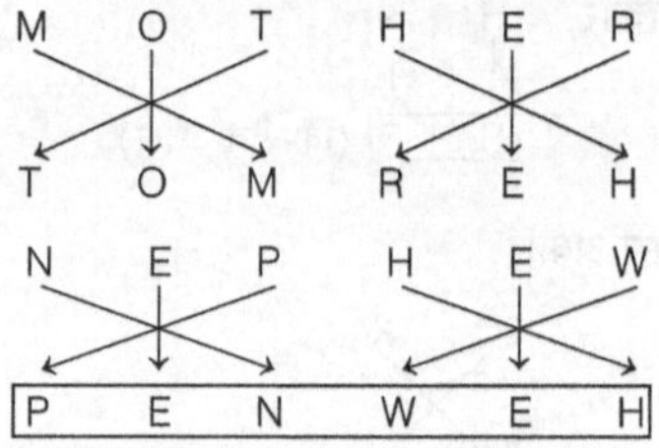

उदाहरण 2. **यदि एक विशिष्ट कूट भाषा में 'ENTRY' को '12345' और 'STEADY' को '931785' लिखा जाता है, तो 'ARREST' का सही कूट क्या होगा?**

(a) 744589 (b) 744193 (c) 166479 (d) 745194

हल (b) जिस प्रकार,

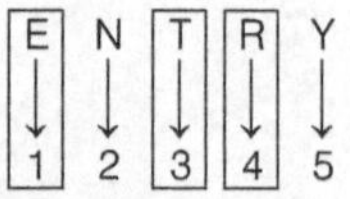

तथा

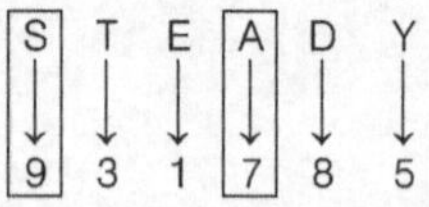

उसी प्रकार, ARREST ⇒ 744193

उदाहरण 3. **यदि चाँद को समुद्र कहा जाता है, समुद्र को पानी कहा जाता है, पानी को हवा कहा जाता है, हवा को सूरज कहा जाता है और सूरज को नदी कहा जाता है, तो हमें प्रकाश और गर्मी कौन देता है?**

(a) समुद्र (b) पानी (c) सूर्य (d) नदी

हल (d) हमें प्रकाश और गर्मी सूरज देता है। अतः प्रश्न में सूरज को नदी कहा गया है। अतः हमें प्रकाश और गर्मी नदी देती है।

अभ्यास प्रश्न

1. यदि किसी कूटभाषा में 'TAMIL' को 'WZPHO' के रूप में लिखा जाता है, तो उसी कूटभाषा में 'MATHS' को कैसे लिखा जाएगा?

(a) PZHWV (b) ZWGVP
(c) LBSHV (d) PZWGV

2. यदि 'LANE' को 'KZOF' के रूप में कूटबद्ध किया जाता है, तो 'MASK' को .... रूप में कूटबद्ध किया जाएगा।

(a) NZTM (b) LZSK
(c) LZTL (d) NBTL

3. यदि 'EARTH' शब्द को 'QPMZS' के रूप में कोडित किया जाता है, तो उसी कोड में 'HEART' को कैसे लिखा जाएगा?

(a) SQMPZ (b) SQPMZ
(c) SMZ (d) SPQZM

4. एक कूटभाषा में 'ROBIN' को 'TRFNT' के रूप में लिखा जाता है। उसी कूटभाषा में 'PETER' को किस प्रकार से लिखा जाएगा?

(a) RGXJW (b) SHYJZ
(c) RHVKX (d) RHXJX

5. एक निश्चित कूटभाषा में 'ABOVE' को 'ABEOV' के रूप में लिखा जाता है। उसी कूटभाषा में 'QUESTION' को कैसे लिखा जाएगा?

(a) EINQOSTU (b) EINOQTSU
(c) EINOQSTU (d) USINVSIN

6. यदि 'PORTER' शब्द को 'MBNZQN' के रूप में कोडित किया जाता है, तो 'REPORT' को कैसे लिखा जाएगा?

(a) NQMBNZ (b) NQBMNZ
(c) NBQMNZ (d) NQMNBZ

7. एक विशिष्ट कोड भाषा में, 'MODERN' को 'JLABOK' लिखा जाता है। इस कोड भाषा में 'NUMBER' का कोड क्या है?

(a) LTKZCP (b) LSKZCP
(c) KRJYBO (d) KRKYBO

8. किसी विशिष्ट कूटभाषा में 'TRAVEL' को 'SUWBMF' के रूप में लिखा जाता है, तो उसी कूटभाषा में 'FROZEN' को कैसे लिखा जाएगा?

(a) SGAPOF (b) SGAQPF
(c) TGBPOF (d) SGBPOG

9. यदि 'ABLE' को '6493' लिखा जाता है तथा 'BINGO' को '47518' लिखा जाता है, तो 'BANGLE' को लिखा जा सकता है।

(a) 465193 (b) 931546
(c) 546139 (d) 139465

10. यदि AN = 14 है और CAT = 60 है, तो BEG = ?

(a) 74 (b) 70
(c) 72 (d) 68

11. यदि सफेद को नीला, नीले को लाल, लाल को पीला, पीले को हरा, हरे को काला, काले को बैंगनी और बैंगनी को नारंगी कहा जाता है, तो मानव खून का रंग क्या होगा?

(a) लाल (b) हरा
(c) पीला (d) बैंगनी

12. यदि 'DIG' को 25 के रूप में और 'CUT' को 49 के रूप में कूटबद्ध किया जाता है, तो KICK को कैसे कूटबद्ध किया जाएगा?

(a) 31 (b) 43 (c) 39 (d) 41

13. यदि 'RAM' का मान 3 है तथा 'RAVAN' का मान 5 है, तो 'ROHAN' का मान कितना होगा?

(a) 5 (b) 7 (c) 25 (d) 15

14. किसी कोड भाषा में, C को 5 और 'CEAT' को 37 लिखा जाता है, तो 'JAPAN' को कैसे लिखा जाएगा?

(a) 56 (b) 47 (c) 52 (d) 42

15. यदि 'JEANS' का मान 49 है, 'COAT' का मान 39 है, तो SHIRT का मान कितना होगा?

(a) 71 (b) 72 (c) 73 (d) 74

उत्तरमाला

1. (d)	2. (c)	3. (b)	4. (d)	5. (c)	6. (a)	7. (c)	8. (a)	9. (a)	10. (b)
11. (c)	12. (c)	13. (a)	14. (c)	15. (d)					

संकेत एवं हल

1. (d) जिस प्रकार,
T A M I L
+3 −1 +3 −1 +3
W Z P H O

उसी प्रकार,
M A T H S
+3 −1 +3 −1 +3
P Z W G V

2. (c) जिस प्रकार,
L A N E
−1 −1 +1 +1
K Z O F

उसी प्रकार,
M A S K
−1 −1 +1 +1
L Z T L

3. (b) EARTH का कूट अर्थ
E A R T H
Q P M Z S

∴ कूट का मान रखने पर,
H E A R T
S Q P M Z

अर्थात् HEART का कूट SQPMZ होगा।

4. (d) जिस प्रकार,
R O B I N
+2 +3 +4 +5 +6
T R F N T

उसी प्रकार,
P E T E R
+2 +3 +4 +5 +6
R H X J X

5. (c) जिस प्रकार,
ABOVE —(अंग्रेजी वर्णमाला क्रम में रखने पर)→ ABEOV

उसी प्रकार,
QUESTION —(अंग्रेजी वर्णमाला क्रम में रखने पर)→ EINOQSTU

6. (a) जिस प्रकार,
P O R T E R
M B N Z Q N

उसी प्रकार,
R E P O R T
N Q M B N Z

∴ REPORT का कूट NQMBNZ होगा।

7. (c) जिस प्रकार,
M O D E R N
−3 −3 −3 −3 −3 −3
J L A B O K

उसी प्रकार,
N U M B E R
−3 −3 −3 −3 −3 −3
K R J Y B O

8. (a) जिस प्रकार,
T R A V E L
+1 +1 +1 +1 +1 +1
S U W B M F

उसी प्रकार,
F R O Z E N
+1 +1 +1 +1 +1 +1
S G A P O F

9. (a) जिस प्रकार,
A B L E
6 4 9 3

तथा
B I N G O
4 7 5 1 8

उसी प्रकार,
B A N G L E
4 6 5 1 9 3

10. (b) जिस प्रकार,
A N (वर्णमाला क्रमांक)
$1 \times 14 = 14$

तथा
C A T (वर्णमाला क्रमांक)
$3 \times 1 \times 20 = 60$

उसी प्रकार,
B E G (वर्णमाला क्रमांक)
$2 \times 5 \times 7 = 70$

11. (c) हम जानते हैं मानव के खून का रंग लाल होता है और प्रश्न में लाल को पीला से कोडित किया गया है। अत: मानव के खून का रंग पीला होगा।

12. (c) जिस प्रकार, D I G

↓ ↓ ↓

$4 + 9 + 7 = 20$

$\Rightarrow \quad 20 + 5 = 25$

तथा C U T

↓ ↓ ↓

$3 + 21 + 20 = 44$

$\Rightarrow \quad 44 + 5 = 49$

उसी प्रकार, K I C K

↓ ↓ ↓ ↓

$11 + 9 + 3 + 11 = 34$

$\Rightarrow \quad 34 + 5 = \boxed{39}$

13. (a) जिस प्रकार,

RAM = 3 (अक्षरों की संख्या)

तथा

RAVAN = 5 (अक्षरों की संख्या)

उसी प्रकार,

ROHAN = 5 (अक्षरों की संख्या)

14. (c) जिस प्रकार,

$C \longrightarrow 3 \Rightarrow 3 + 2 = 5$

तथा

C E A T

(3) (5) (1) (20)

↓+2 ↓+2 ↓+2 ↓+2

$5 + 7 + 3 + 22 = 37$

उसी प्रकार,

J A P A N

(10) (1) (16) (1) (14)

↓+2 ↓+2 ↓+2 ↓+2 ↓+2

$12 + 3 + 18 + 3 + 16 = \boxed{52}$

15. (d) जिस प्रकार,

J E A N S

↓ ↓ ↓ ↓ ↓

$10 + 5 + 1 + 14 + 19 = 49$

तथा

C O A T

↓ ↓ ↓ ↓

$3 + 15 + 1 + 20 = 39$

उसी प्रकार,

S H I R T

↓ ↓ ↓ ↓ ↓

$19 + 8 + 9 + 18 + 20 = \boxed{74}$

05 | अंग्रेजी वर्णमाला परीक्षण

अंग्रेजी वर्णमाला (English Alphabet) में कुल 26 अक्षर होते हैं। ये अक्षर दो वर्गों में विभाजित होते हैं—स्वर तथा व्यंजन।

अंग्रेजी वर्णमाला में कुल 5 स्वर (A, E, I, O, U) तथा शेष 21 व्यंजन अक्षर होते हैं। वर्णमाला परीक्षण के अन्तर्गत अंग्रेजी वर्णमाला में स्थित अक्षरों के स्थानीय मान के आधार पर अक्षरों की स्थिति की समीक्षा की जाती है।

- अंग्रेजी वर्णमाला में $A \rightarrow Z$ की ओर अक्षरों के बढ़ते क्रम को अंग्रेजी वर्णमाला का क्रम कहते हैं।
- अंग्रेजी वर्णमाला में $Z \rightarrow A$ की ओर अक्षरों के बढ़ते क्रम को अंग्रेजी वर्णमाला का विपरीत क्रम कहते हैं।
- अंग्रेजी वर्णमाला में 'आपके बाएँ से' का अर्थ है—
  आपके बाएँ से दाएँ की ओर अर्थात् $A \rightarrow Z$ की ओर।
- अंग्रेजी वर्णमाला में 'आपके दाएँ से' का अर्थ है—
  आपके दाएँ से बाएँ की ओर अर्थात् $Z \rightarrow A$ की ओर।
- अंग्रेजी वर्णमाला में 'आपके बाएँ ओर' का अर्थ है—आपके दाएँ से बाएँ की ओर अर्थात् $Z \rightarrow A$ की ओर।
- अंग्रेजी वर्णमाला में 'आपके दाएँ ओर' का अर्थ है—आपके बाएँ से दाएँ की ओर अर्थात् $A \rightarrow Z$ की ओर।
- अंग्रेजी वर्णमाला में $A \rightarrow M$ तक के अक्षरों को प्रथम अर्द्धांश तथा $N \rightarrow Z$ तक के अक्षरों को द्वितीय अर्द्धांश कहा जाता है।
- अंग्रेजी वर्णमाला के अक्षरों का स्थान याद करने के लिए 'EJOTY' शब्द का उपयोग करते हैं।
  $E \rightarrow 5, J \rightarrow 10, O \rightarrow 15, T \rightarrow 20, Y \rightarrow 25$
  (जब वर्णमाला सीधे क्रम में हो)
- यदि विपरीत दिशा से प्रश्न पूछा जाए, तो बाईं ओर से वर्णों का स्थान = 27 − (दाईं ओर से वर्णों का स्थान)

अंग्रेजी वर्णमाला में बाईं/दाईं ओर के अक्षर ज्ञात करने के लिए महत्त्वपूर्ण सूत्र

(i) दाईं ओर से m वें अक्षर के बाएँ nवाँ अक्षर = दाएँ से $(m+n)$ वाँ अक्षर

(ii) दाईं ओर से m वें अक्षर के दाएँ nवाँ अक्षर = दाएँ से $(m-n)$ वाँ अक्षर

(iii) बाईं ओर से m वें अक्षर के दाएँ nवाँ अक्षर = बाएँ से $(m+n)$ वाँ अक्षर

(iv) बाईं ओर से m वें अक्षर के बाएँ nवाँ अक्षर = बाएँ से $(m-n)$ वाँ अक्षर

परीक्षाओं में अंग्रेजी वर्णमाला परीक्षण पर आधारित निम्न प्रकार के प्रश्न पूछे जाते हैं

1. दिशा और स्थान पर आधारित प्रश्न

दिशा और स्थान से सम्बन्धित प्रश्नों में अंग्रेजी वर्णमाला का कोई अक्षर दिया गया होता है तथा उस अक्षर के सन्दर्भ में दायाँ या बायाँ अक्षर ज्ञात करना होता है।

उदाहरण 1. **अंग्रेजी वर्णमाला में दाएँ से 16वें अक्षर के दाएँ 5वाँ अक्षर क्या होगा?**

(a) K (b) P (c) R (d) M

हल (b)

के दाएँ 5वाँ

A B C D E F G H I J K L M N O [P] Q R S T U V W X Y Z

दाएँ से 16वाँ

अतः दाएँ से 16वें अक्षर K के दाएँ 5वाँ अक्षर P है।

2. विपरीत क्रम पर आधारित प्रश्न

इसके अन्तर्गत अंग्रेजी वर्णमाला के सभी अक्षरों को विपरीत क्रम में लिखा जाता है तथा उसी आधार पर दायाँ या बायाँ अक्षर ज्ञात करना होता है। अंग्रेजी वर्णमाला में Z से A तक के क्रम को अंग्रेजी वर्णमाला का विपरीत क्रम कहते हैं।

उदाहरण 2. **यदि अंग्रेजी वर्णमाला के बाएँ से प्रत्येक चौथे अक्षर को हटा दिया जाए, तो नई शृंखला में बाएँ से 7वाँ अक्षर क्या होगा?**

(a) I (b) H
(c) G (d) J

हल (a) अंग्रेजी वर्णमाला

A B C D E F G H I J K L M N O P Q R S T U V W X Y Z

प्रश्नानुसार, बाएँ से प्रत्येक चौथे अक्षर को हटाने पर,

A B C E F G [I] J K M N O Q R S U V W Y Z

बाएँ से 7वाँ

बाएँ से 7वाँ अक्षर = I

3. शर्त और अक्षर पर आधारित प्रश्न

इसके अन्तर्गत अंग्रेजी वर्णमाला के क्रम में दी गई शर्त के अनुसार कुछ अक्षरों को लुप्त करके नयी शृंखला में उनकी स्थिति के अनुसार किसी अक्षर का बायाँ एवं दायाँ अक्षर पूछा जाता है।

उदाहरण 3. यदि अंग्रेजी वर्णमाला को विपरीत क्रम में लिखा जाए, तो बाएँ से 9 वें अक्षर के दाएँ 5वाँ अक्षर क्या होगा?

(a) S (b) Q (c) N (d) M

हल (d) प्रश्नानुसार,

5वाँ

Z Y X W V U T S R Q P O N [M] L K J I H G F E D C B A

बाएँ से 9वाँ

अत: बाएँ से 9वाँ अक्षर R है तथा R के दाएँ 5वाँ अक्षर M है।

अभ्यास प्रश्न

1. निम्न अनुक्रम में बाएँ से 18वें अक्षर के दाईं ओर छठा अक्षर है
ABCDEFGHIJKLMNOPQRSTUVWXYZ

(a) Z (b) X (c) W (d) Y

2. अंग्रेजी वर्णमाला में बाएँ से 19वें अक्षर के बाएँ 11वाँ अक्षर क्या होगा?

(a) G (b) H (c) I (d) R

3. अंग्रेजी वर्णमाला में दाएँ से 19वें अक्षर के दाएँ 12वाँ अक्षर क्या होगा?

(a) G (b) T (c) K (d) S

निर्देश (प्र. सं. 4-6) *यदि अंग्रेजी वर्णमाला को विपरीत क्रम में लिख दिया जाए, तो इस पर आधारित निम्न प्रश्नों के उत्तर दीजिए।*

4. बाएँ से 22वें अक्षर के बाएँ 12वाँ अक्षर क्या होगा?

(a) Q (b) O
(c) J (d) R

5. दाएँ से 24वें अक्षर के दाएँ 9वाँ अक्षर क्या होगा?

(a) X (b) O
(c) L (d) P

6. दाएँ से 12वें अक्षर के दाएँ 5वाँ अक्षर क्या होगा?

(a) T (b) G (c) V (d) H

7. यदि अंग्रेजी वर्णमाला के बाएँ से प्रत्येक दूसरा अक्षर हटा दिया जाए, तो नई शृंखला में बाएँ से 11वाँ अक्षर क्या होगा?

(a) U (b) B (c) S (d) Q

8. यदि अंग्रेजी वर्णमाला के दाएँ से प्रत्येक तीसरे अक्षर को हटा दिया जाए, तो नई शृंखला में दाएँ से 8वाँ अक्षर क्या होगा?

(a) M
(b) R
(c) T
(d) P

उत्तरमाला

1. (b) 2. (b) 3. (b) 4. (a) 5. (b) 6. (b) 7. (a) 8. (d)

संकेत एवं हल

1. (b) प्रश्नानुसार,

1 2 3 4 5 6 7 8 9 10 11 12 13 14 15 16 17 18 19 20 21 22 23 24 25 26
A B C D E F G H I J K L M N O P Q R S T U V W [X] Y Z

बाएँ से 18वाँ, दाएँ 6वाँ

अत: बाएँ से 18वाँ अक्षर R है तथा इसके दाएँ छठा अक्षर X है।

2. (b) प्रश्नानुसार,

के बाएँ 11वाँ

A B C D E F G [H] I J K L M N O P Q R S T U V W X Y Z

बाएँ से 19वाँ

अत: बाएँ से 19वें अक्षर S के दाएँ 11वाँ अक्षर H है।

3. (b) प्रश्नानुसार,

के दाएँ 12वाँ

A B C D E F G H I J K L M N O P Q R S [T] U V W X Y Z

दाएँ से 19वाँ

अत: दाएँ से 19वें अक्षर H के दाएँ 12वाँ अक्षर T है।

4. (a) वर्णमाला का विपरीत क्रम

के बाएँ 12वाँ

Z Y X W V U T S R [Q] P O N M L K J I H G F E D C B A

बाएँ से 22वाँ

अत: बाएँ से 22वाँ अक्षर E के बाएँ 12वाँ अक्षर Q है।

5. (b) वर्णमाला का विपरीत क्रम

के दाएँ 9वाँ

Z Y X W V U T S R Q P [O] N M L K J I H G F E D C B A

दाएँ से 24वाँ

दाएँ से 24वें अक्षर X के दाएँ 9वाँ अक्षर O है।

6. (b) वर्णमाला का विपरीत क्रम

के दाएँ 5वाँ

Z Y X W V U T S R Q P O N M L K J I H [G] F E D C B A

दाएँ से 12वाँ

अत: दाएँ से 12वें अक्षर L के दाएँ 5वाँ अक्षर G है।

7. (a) प्रश्नानुसार,

A C E G I K M O Q S [U] W Y

बाएँ से 11वाँ

अत: बाएँ से 11वाँ अक्षर U होगा।

8. (d) प्रश्नानुसार,

A B D E G H J K M N [P] Q S T V W Y Z

दाएँ से 8वाँ

अत: दाएँ से 8वाँ अक्षर P है।

06 रक्त सम्बन्ध

दो या दो से अधिक व्यक्तियों के बीच अपने पूर्वजों द्वारा किए गए सन्तानोत्पत्ति के आधार पर सम्बन्ध निर्धारित करने की व्यवस्था को रक्त सम्बन्ध कहा जाता है। इस तरह के प्रश्नों में किन्हीं दो या दो से अधिक व्यक्तियों के सम्बन्ध दिए गए होते हैं। इन्हीं सम्बन्धों के आधार पर किसी अन्य व्यक्ति का सम्बन्ध ज्ञात करना होता है।

रक्त सम्बन्ध पर आधारित प्रश्नों को चरणबद्ध तरीके से रिश्ता निकालते हुए हल करना चाहिए।

रक्त सम्बन्ध से सम्बन्धित प्रश्नों को हल करने से पूर्व रिश्ते सम्बन्धी निम्नलिखित तथ्यों की जानकारी होना अत्यन्त आवश्यक है

पीढ़ी	पुरुष	महिला
तीन पीढ़ी ऊपर	परदादा, परनाना, परदादा/परनाना ससुर	परदादी, परनानी, परदादी/परनानी सास
दो पीढ़ी ऊपर	दादा, नाना, दादा/नाना ससुर	दादी, नानी, दादी/नानी सास
एक पीढ़ी ऊपर	पिता, चाचा, फूफा, मौसा, ससुर	माँ, चाची, बुआ, मौसी, सास
स्वयं की पीढ़ी	पति, भाई, चचेरा भाई, ममेरा भाई, मौसेरा, भाई, फूफेरा भाई, बहनोई, साला, देवर, जेठ, साली का पति, ननदोई	पत्नी, बहन, चचेरी बहन, ममेरी बहन, मौसेरी बहन, फूफेरी बहन, ननद, सलहज, देवरानी, जेठानी, भाभी, साली
एक पीढ़ी नीचे	पुत्र, भतीजा, भान्जा, दामाद	पुत्री, भतीजी, भान्जी, पुत्रवधू
दो पीढ़ी नीचे	पोता, नाती, पोती या नातिन का पति	पोती, नातिन, पोता या नाती की पत्नी
तीन पीढ़ी नीचे	परपोता, परनाती, परपोती या परनातिन का पति	परपोती, परनातिन, परपोता या परनाती की पत्नी

रक्त सम्बन्ध पर आधारित प्रश्नों को हल करने से पूर्व निम्नलिखित संकेतों की जानकारी होना आवश्यक है

A और B भाई हैं, $A^+ \xrightarrow{\text{भाई}} B^+$

A, B का भाई है, $A^+ \xleftarrow{\text{भाई}} B$

A, B की बहन है, $A^- \xleftarrow{\text{बहन}} B$

A, B का पति है, $A^+ \xleftarrow[\text{(पति-पत्नी)}]{\text{विवाहित}} B^-$

+ = पुरुष
– = महिला

परीक्षाओं में रक्त सम्बन्ध पर आधारित निम्न प्रकार के प्रश्न पूछे जाते हैं

1. तथ्य पर आधारित

इस प्रकार के प्रश्नों में सामान्यत: एक या दो पीढ़ियों के बीच सम्बन्ध पर आधारित कुछ जानकारियाँ दी गई होती हैं, जो आपस में पीढ़ियों के सम्बन्धों को प्रत्यक्ष या परोक्ष रूप से घुमा फिरा कर प्रस्तुत करती हैं।

उदाहरण 1. विनीत, अन्तिमा का पति है। देव, कुशा का भाई है। शालिनी, कुशा की माँ की माँ है। देव, विनीत का पुत्र है। अन्तिमा का शालिनी से सम्बन्ध हैं

(a) बेटी (b) मामी (c) माँ (d) बहन

हल (a) प्रश्नानुसार,

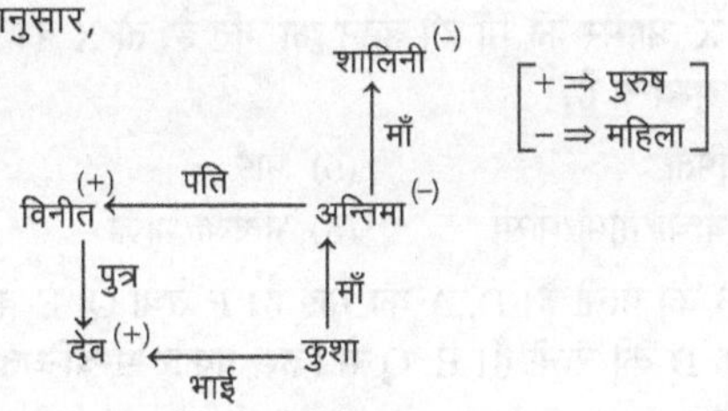

अतः उपरोक्त चित्र से स्पष्ट है कि अन्तिमा, शालिनी की बेटी है।

2. कथन/वार्तालाप पर आधारित

इस प्रकार के प्रश्नों में कोई व्यक्ति किसी अन्य व्यक्ति या किसी तस्वीर को दिखाते हुए व्यक्ति के परिचय को कथन के द्वारा उसके राश सम्बन्धों को घुमा फिरा कर प्रस्तुत करता है। जिसके आधार पर परीक्षार्थियों को किसी व्यक्ति का सम्बन्ध दूसरे व्यक्ति के सापेक्ष ज्ञात करना होता है।

उदाहरण 2. एक महिला की ओर इशारा करते हुए रोहन ने कहा, "उसकी पुत्री का पुत्र मेरी पत्नी की पुत्री का भाई है।" वह महिला रोहन से किस प्रकार सम्बन्धित है?

(a) बहन (b) सास (c) पुत्री (d) माता

हल (b) प्रश्नानुसार,

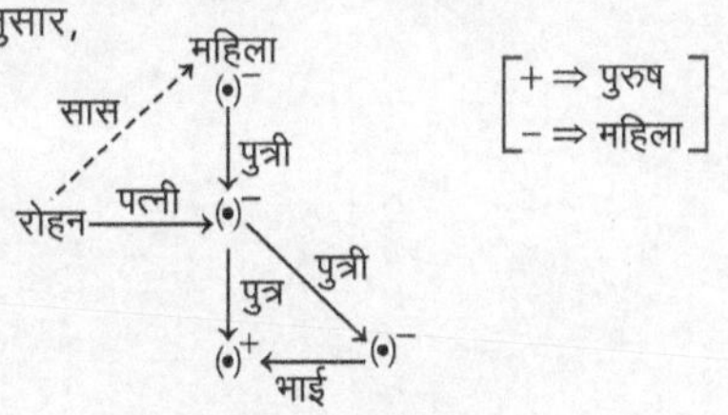

अतः उपरोक्त से स्पष्ट है कि महिला, रोहन की सास है।

अभ्यास प्रश्न

1. राहुल की माँ, मोनिका के पति की इकलौती बेटी है। मोनिका के पति का राहुल से क्या रिश्ता है?

(a) चाचा (b) पिता
(c) दादा/नाना (d) भाई

2. श्री ने राम की ओर संकेत करते हुए कहा, "वह मेरी बेटी की माँ के पिता का बेटा है" राम का श्री से क्या सम्बन्ध है?

(a) भाई (b) मामा/चाचा
(c) चचेरा भाई (d) साला/बहनोई

3. एक महिला को इंगित करते हुए खान ने कहा, 'वह मेरे भाई के बेटे की पत्नी की बेटी है।' महिला का खान से क्या सम्बन्ध है?

(a) भाई (b) चचेरा भाई
(c) दादा (d) बहू

4. यदि X आमिर की माँ की बहन का पति है, तो X का आमिर से क्या सम्बन्ध है?

(a) पिता (b) भाई
(c) चाचा/मामा/मौसा (d) भतीजा/भांजा

5. A, B की पत्नी है। D, A का भाई है। P तथा Q, E के बच्चे हैं, जोकि D की पत्नी है। B, Q से किस प्रकार सम्बन्धित है?

(a) पिता (b) दादी माँ
(c) अंकल (d) ससु

6. X की माँ, Z के पिता की सास है। Z, Y का भाई है जबकि X, M के पिता है। X, Z से किस प्रकार सम्बन्धित है?

(a) मामा (b) चाचा
(c) कजिन (d) दादा

7. P, Q और R का भाई है। S, R की माँ है। T, P का पिता है। निम्नलिखित में से कौन-सा कथन निश्चित रूप से सत्य नहीं हो सकता है?

(a) T, Q का पिता है
(b) Q, T का पति है
(c) S, P की माँ है
(d) T, S का पति है

8. अतिथियों को आशा का परिचय कराते हुए, भास्कर ने कहा, "उसके पिता मेरे पिता के इकलौते पुत्र हैं।" आशा, भास्कर से किस प्रकार सम्बन्धित है?

(a) भतीजी (b) पौत्री
(c) माता (d) पुत्री

9. एक चित्र में किसी लड़के की ओर संकेत करते हुए सुरेश ने कहा, 'वह मेरी माँ के एकमात्र बेटे का बेटा है।' उस लड़के से सुरेश का रिश्ता क्या है?

(a) भाई (b) चाचा
(c) चचेरा भाई (d) पिता

10. एक महिला की ओर इंगित करते हुए एक पुरुष ने कहा, "उसके पिता मेरे पिता के एकमात्र पुत्र हैं।" वह पुरुष उस महिला से कैसे सम्बन्धित है?

(a) महिला का पिता
(b) महिला का भाई
(c) महिला का ब्रदर-इन-लॉ
(d) महिला का ससुर

उत्तरमाला

1. (c)	2. (d)	3. (c)	4. (c)	5. (c)	6. (a)	7. (b)	8. (d)	9. (d)	10. (a)

संकेत एवं हल

1. (c) प्रश्नानुसार,

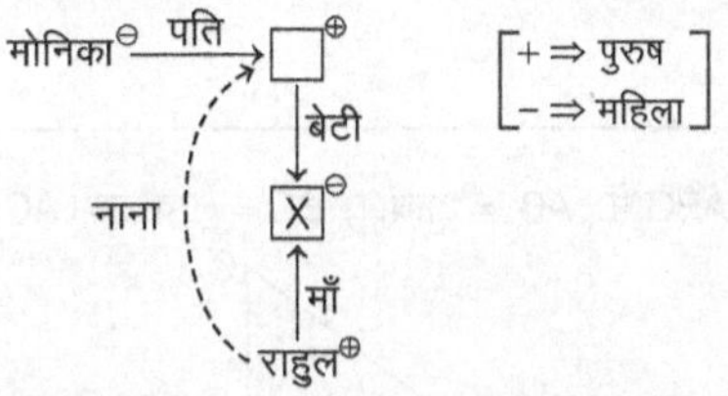

अत: मोनिका का पति राहुल का नाना है।

2. (d) प्रश्नानुसार,

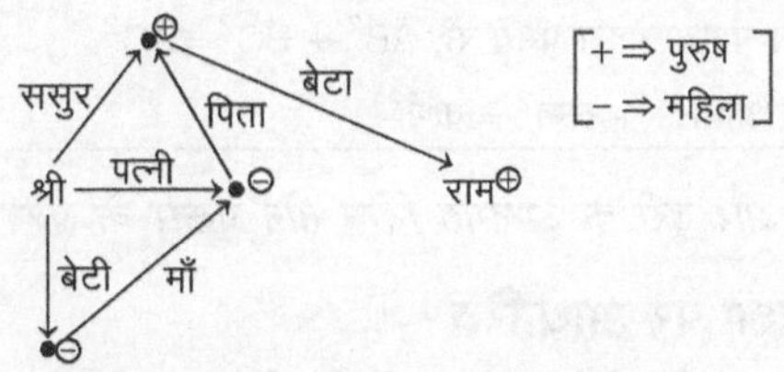

अत: राम श्री का साला है।

3. (c) प्रश्नानुसार,

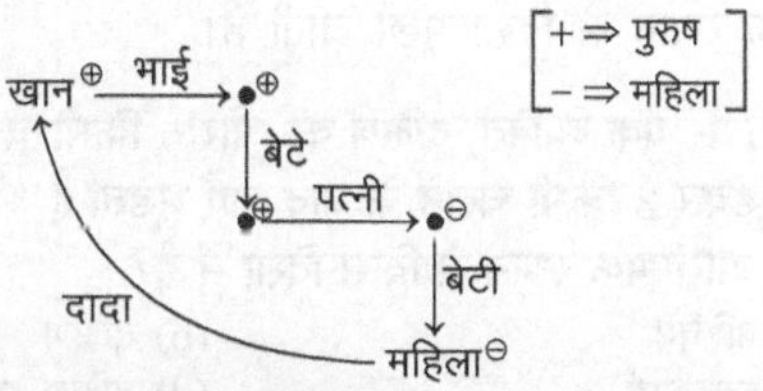

अत: खान उस महिला का दादा है।

4. (c) प्रश्नानुसार,

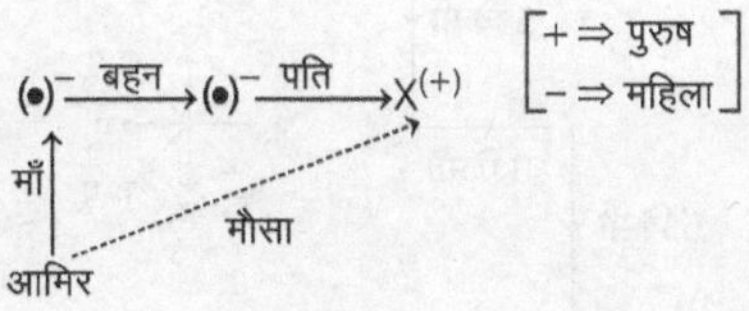

अत: X, आमिर का मौसा है।

5. (c) दी गई जानकारी के अनुसार सम्बन्ध आरेख निम्न है

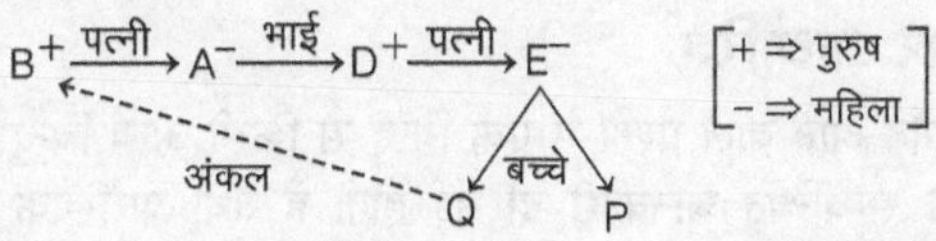

सम्बन्ध आरेख से स्पष्ट है, कि B, Q का अंकल है।

6. (a) दी गई जानकारी से सम्बन्ध आरेख बनाने पर,

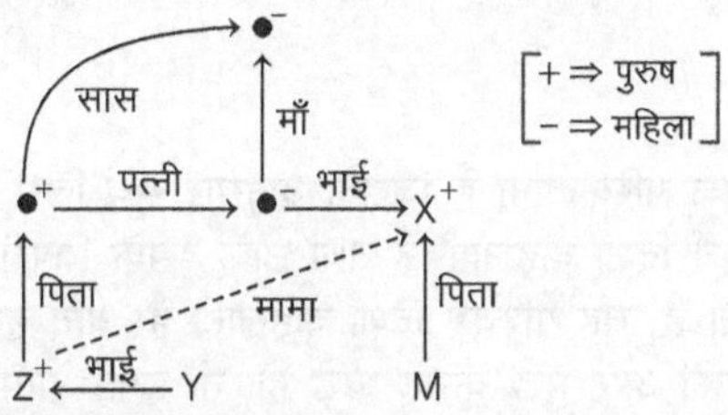

सम्बन्ध आरेख से स्पष्ट है कि X, Z के मामा है।

7. (b) प्रश्नानुसार,

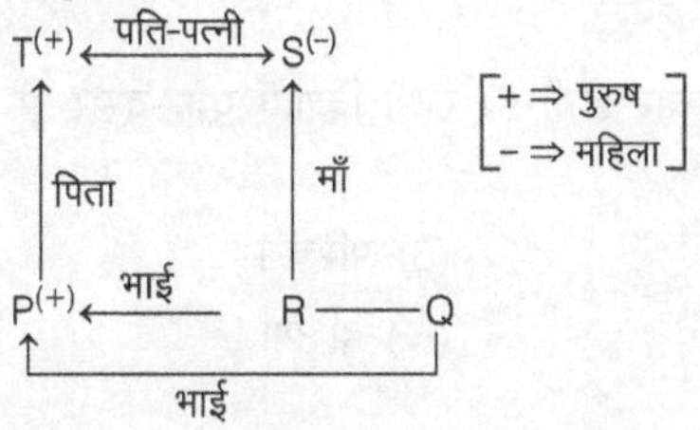

Q, T का पति है, सत्य नहीं हो सकता क्योंकि आरेख से स्पष्ट है कि T, Q का पिता है।

8. (d) भास्कर के पिता का इकलौता पुत्र स्वयं भास्कर होगा। इसलिए आशा के पिता भास्कर होंगे। अत: आशा, भास्कर की पुत्री है।

9. (d) प्रश्नानुसार,

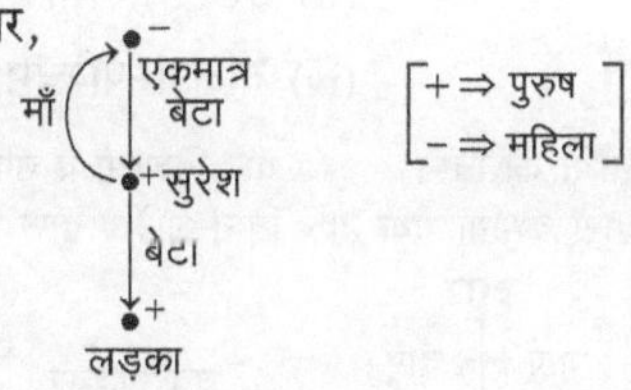

अत: सुरेश उस लड़के का पिता है।

10. (a) प्रश्नानुसार,

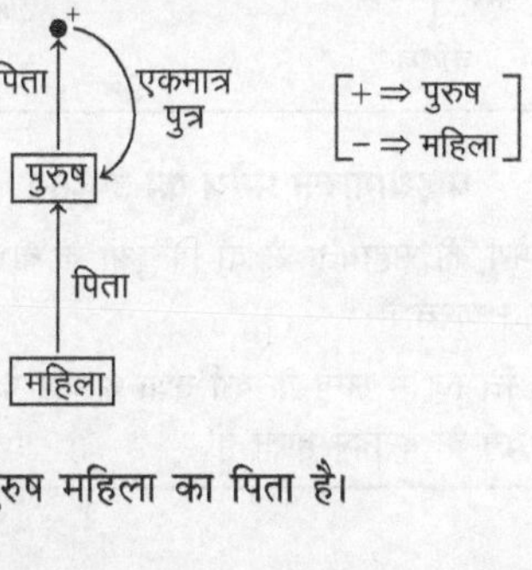

अत: वह पुरुष महिला का पिता है।

07 दिशा एवं दूरी

दिशा एक मानक परिकल्पना है जिसके अनुसार सूर्य जिस ओर उदय होता है, वह पूर्व दिशा कहलाती है तथा ठीक इसके विपरीत सूर्य जिस ओर अस्त होता है, वह पश्चिम दिशा कहलाती है। यदि हम सूर्योदय के समय सूर्य की ओर मुख करके खड़े हों, तो हमारे सामने की दिशा पूर्व, पीछे की दिशा पश्चिम तथा बाईं ओर उत्तर एवं दाईं ओर दक्षिण दिशा होगी।

दिशाएँ

दिशाएँ मुख्यत: चार होती हैं। सभी दिशाएँ एक-दूसरे से 90° के कोण पर होती हैं।

(i) पूर्व (ii) पश्चिम

(iii) उत्तर (iv) दक्षिण

उपदिशाएँ

इन चार दिशाओं के अतिरिक्त दो दिशाओं के बीच में उनके नामों के योग से बनी दिशाएँ, उपदिशाएँ कहलाती हैं तथा ये दिशाओं से 45° कोण पर बनी होती हैं।

उपदिशाएँ निम्न चार होती हैं

(i) उत्तर-पूर्व (ii) उत्तर-पश्चिम

(iii) दक्षिण-पूर्व (iv) दक्षिण-पश्चिम

चार दिशाओं को निम्न आरेख द्वारा दर्शाया गया है।

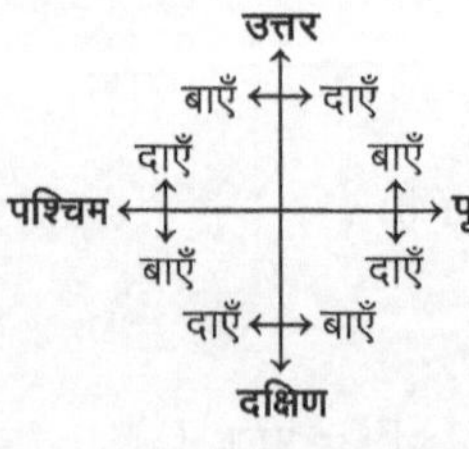

चार दिशाओं व उपदिशाओं को निम्न आरेख द्वारा दर्शाया गया है।

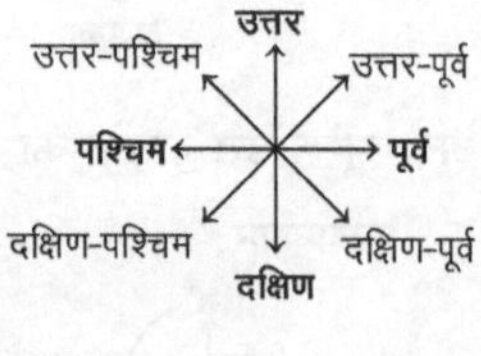

पाइथागोरस प्रमेय का उपयोग

पाइथागोरस प्रमेय की सहायता से दो बिन्दुओं के बीच न्यूनतम दूरी निम्न प्रकार ज्ञात करते हैं-

किसी समकोण त्रिभुज में लम्ब के वर्ग तथा आधार के वर्ग का योग उसके कर्ण के वर्ग के बराबर होता है।

संलग्न चित्र ΔABC में, AB = आधार, BC = लम्ब तथा AC = कर्ण

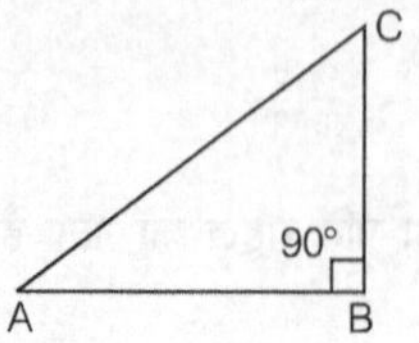

तब पाइथागोरस प्रमेय से, $AB^2 + BC^2 = AC^2$

या $\text{आधार}^2 + \text{लम्ब}^2 = \text{कर्ण}^2$

दिशा और दूरी के अन्तर्गत निम्न तीन प्रकार के प्रश्न पूछे जाते हैं

1. दिशा पर आधारित

इसके अन्तर्गत आने वाले प्रश्नों में कोई निश्चित बिन्दु दिया गया होता है तथा इस निश्चित बिन्दु या किसी निश्चित दिशा से अलग-अलग दूरियों एवं दिशाओं में भ्रमण करते हुए किसी निश्चित बिन्दु की प्रारम्भिक स्थान से दिशा पूछी जाती है।

उदाहरण 1. एक व्यक्ति, दक्षिण की ओर 5 किमी चलता है और फिर वह दाहिने मुड़कर 3 किमी चलने के बाद बाएँ मुड़ता है और 5 किमी चलता है। अब वह आरम्भिक स्थान से किस दिशा में है?

(a) पश्चिम (b) दक्षिण

(c) उत्तर-पूर्व (d) दक्षिण-पश्चिम

हल (d) प्रश्नानुसार,

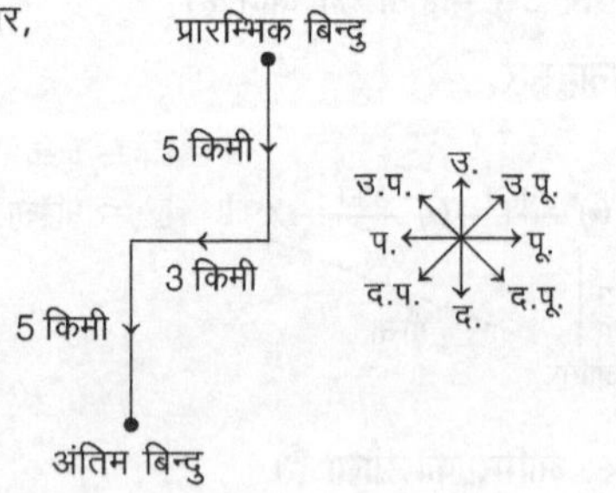

स्पष्ट है कि व्यक्ति आरम्भिक बिन्दु से दक्षिण-पश्चिम दिशा में है।

2. दूरी पर आधारित

इसके अन्तर्गत आने वाले प्रश्नों में एक बिन्दु से किसी अन्य बिन्दु की दिशा एवं दूरी से सम्बन्धित जानकारी दी गई होती है तथा प्रारम्भिक स्थान से अलग-अलग दिशाओं व दूरियों में भ्रमण करते हुए किसी निश्चित बिन्दु पर पहुँचकर प्रारम्भिक स्थान से दूरी (न्यूनतम दूरी) पूछी जाती है।

उदाहरण 2. A और B विपरीत दिशाओं में चलना आरम्भ करते हैं। A, 3 किमी और B, 4 किमी दूरी तय करता है। फिर A दाएँ ओर घूम जाता है और 4 किसी चलता है जबकि B बाएँ ओर घूम जाता है और 3 किमी चलता है। दोनों आरम्भिक बिन्दु से कितनी दूरी पर हैं?

(a) 10 किमी (b) 8 किमी (c) 5 किमी (d) 4 किमी

हल (c) प्रश्नानुसार,

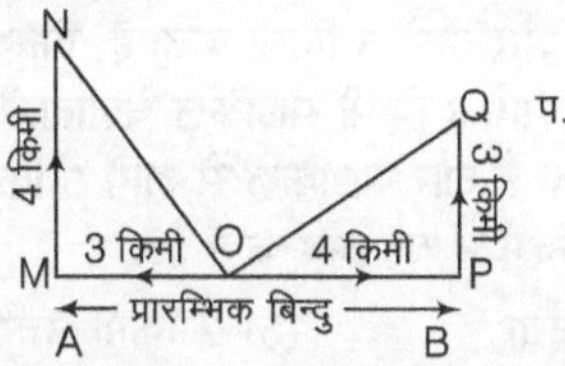

माना, A और B, बिन्दु O से चलना आरम्भ करते हैं। A पश्चिम की ओर और B पूर्व की ओर चलता है तथा अन्त में वे दोनों क्रमशः बिन्दु N और बिन्दु Q पर पहुँचते हैं।

अतः अभीष्ट दूरी $= ON = OQ = \sqrt{4^2 + 3^2} = 5$ किमी

3. दिशा और दूरी दोनों पर आधारित

इसके अन्तर्गत आने वाले प्रश्नों में निश्चित बिन्दु तथा दूरी दोनों दिए गए होते हैं तथा दिशा और दूरी दोनों से सम्बन्धित प्रश्न पूछे जाते हैं।

उदाहरण 3. एक ग्रामीण महिला पानी की खोज के लिए अपने घर से 2.5 किमी दक्षिण दिशा में जाती है। वह फिर पश्चिम की ओर मुड़ती है और 1.5 किमी जाती है। तब, वह दक्षिण की ओर मुड़ती है और 0.5 किमी चलती है। फिर वह अपने बाएँ ओर मुड़ जाती है और 1.5 किमी चलती है वह अब अपने घर के सन्दर्भ में कहाँ स्थित है?

(a) 2 किमी दक्षिण
(b) 3 किमी उत्तर
(c) 3 किमी दक्षिण
(d) 2 किमी उत्तर

हल (c) प्रश्नानुसार,

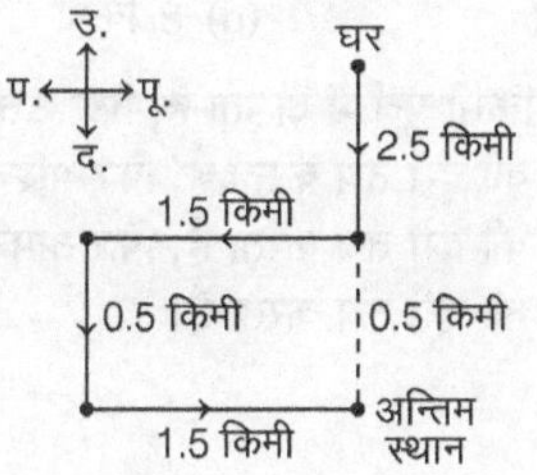

अतः महिला अपने घर के सन्दर्भ में (2.5 + 0.5) = 3 किमी दूर दक्षिण दिशा में है।

अभ्यास प्रश्न

1. एक दिन प्रिया घर से निकलकर 10 किमी साइकिल से दक्षिण की ओर गई, दाएँ मुड़कर 5 किमी चली, फिर दाएँ मुड़कर 10 किमी चली और फिर बाएँ मुड़कर 10 किमी चली। अब वह अपने घर से किस दिशा में है?

(a) पूर्व (b) पश्चिम (c) उत्तर (d) दक्षिण

2. Y, X के पूर्व में है, जो Z के उत्तर में है। यदि P, Z के दक्षिण में है, तो P, Y की किस दिशा में है?

(a) उत्तर (b) दक्षिण
(c) दक्षिण-पूर्व (d) इनमें से कोई नहीं

3. गाँव A, गाँव B के पश्चिम में है, जो गाँव C के दक्षिण में है, जो गाँव D के पश्चिम में है। गाँव D के सापेक्ष गाँव A किस दिशा में है?

(a) उत्तर-पूर्व (b) दक्षिण-पूर्व
(c) उत्तर-पश्चिम (d) दक्षिण-पश्चिम

4. यदि एक घड़ी की मिनट वाली सुई पूर्वाह्न 12 : 00 बजे दक्षिण की ओर है, तो उसी घड़ी की मिनट वाली सुईं पूर्वाह्न 3 : 00 बजे किस दिशा में होगी?

(a) दक्षिण (b) पूर्व
(c) उत्तर (d) पश्चिम

5. V, X, Y और Z ताश खेल रहे हैं। X, Y के बाएँ है और V, Z के दाएँ है। अगर X पश्चिम की ओर मुँह करके बैठा है, तो V किस दिशा में मुँह करके बैठा है?

(a) पश्चिम (b) उत्तर
(c) दक्षिण (d) पूर्व

6. केदार अपने घर से निकला और साइकिल से दक्षिण की ओर 25 किमी गया और बस स्टैण्ड पहुँचा। फिर वह बाईं ओर मुड़ा और 15 किमी गया, फिर से वह बाईं ओर मुड़ा और 25 किमी गया। वह अपने मूल स्थान से कितनी दूर है?

(a) 10 किमी
(b) 20 किमी
(c) 15 किमी
(d) 25 किमी

7. रचेल उत्तर की ओर चलना आरम्भ करती है। 15 मी चलने के बाद, वह दक्षिण दिशा में मुड़कर 20 मी चलती है। इसके बाद वह पूर्व की ओर मुड़कर 10 मी चलती है। तद्नुसार, वह अपने मूलबिन्दु से कितनी दूरी पर है?

(a) 10 मी (b) 15 मी
(c) 5 मी (d) $5\sqrt{5}$ मी

8. विजय दक्षिण की ओर 12 किमी यात्रा करता है, फिर दाएँ ओर मुड़कर 10 किमी यात्रा करता है, फिर दाएँ ओर मुड़कर 12 किमी यात्रा करता है। विजय प्रारम्भिक स्थान से कितनी दूरी पर है?

(a) 22 किमी (b) 44 किमी
(c) 12 किमी (d) 10 किमी

9. प्रकाश ने 6 किमी की यात्रा उत्तर दिशा में की। फिर बाएँ मुड़कर 4 किमी और पुनः बाएँ मुड़कर 6 किमी की यात्राएँ की। तद्नुसार, अपने प्रस्थान-बिन्दु से प्रकाश कितनी दूर पहुँच गया?

(a) 6 किमी (b) 4 किमी
(c) 10 किमी (d) 8 किमी

10. एक जॉगर 1 किमी पूर्व में दौड़ता है, फिर उत्तर की ओर मुड़ता है और 4 किमी की दूरी तय करता है, फिर पश्चिम की ओर मुड़ता है और 6 किमी की दूरी तय करता है, फिर अपनी बाईं ओर मुड़ता है और 4 किमी की दूरी तय करता है। अब वह अपनी प्रारम्भिक स्थिति के सन्दर्भ में कहाँ है?

(a) 5 किमी पश्चिम (b) 7 किमी पश्चिम
(c) 5 किमी पूर्व (d) 7 किमी पूर्व

11. एक पोस्टमैन अपने डाकघर से साइकिल पर निकलता है। वह साइकिल से दक्षिण की ओर 7 किमी जाता है, फिर पश्चिम की ओर मुड़ता है और आगे 5 किमी जाता है, फिर उत्तर की ओर मुड़ता है और आगे 6 किमी साइकिल चलाता है, फिर वह अपने दाएँ ओर मुड़ता है और साइकिल से आगे 5 किमी जाता है। अपने डाकघर के सन्दर्भ में वह अब कहाँ है?

(a) 1 किमी उत्तर (b) 2 किमी उत्तर
(c) 1 किमी दक्षिण (d) 2 किमी दक्षिण

12. यदि घड़ी में 9 बजे है और घण्टे का काँटा उत्तर दिशा की ओर है, तो मिनट का काँटा किस दिशा में होगा?

(a) उत्तर (b) दक्षिण (c) पूर्व (d) पश्चिम

उत्तरमाला

1. (b)	2. (d)	3. (d)	4. (a)	5. (b)	6. (c)	7. (d)	8. (d)	9. (b)	10. (a)
11. (c)	12. (c)								

संकेत एवं हल

1. (b) प्रश्नानुसार,

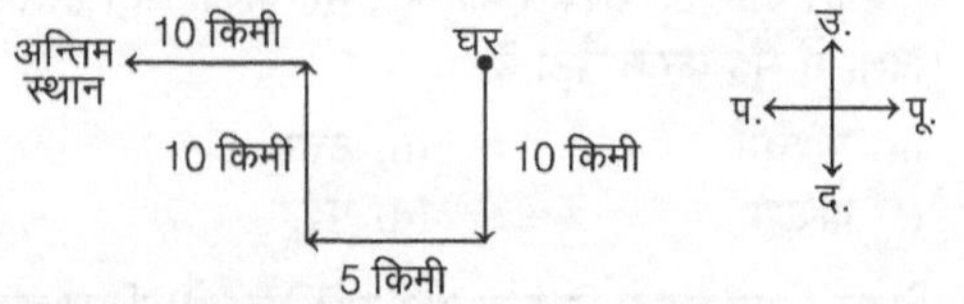

अतः प्रिया अपने घर से पश्चिम दिशा में है।

2. (d) दी गई जानकारी से,

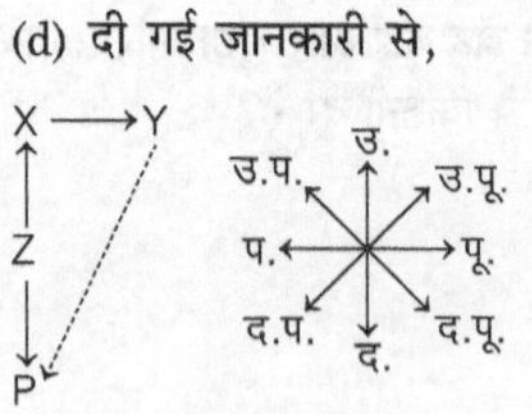

अतः P, Y के दक्षिण-पश्चिम में है।

3. (d) प्रश्नानुसार,

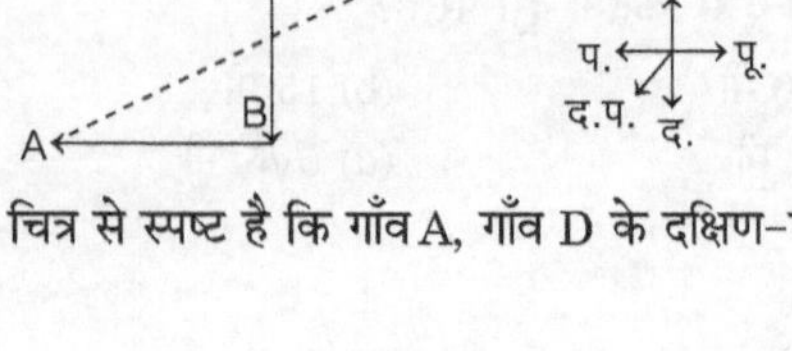

अतः चित्र से स्पष्ट है कि गाँव A, गाँव D के दक्षिण-पश्चिम में है।

4. (a) प्रश्नानुसार, पूर्वाह्न 12 : 00 बजे

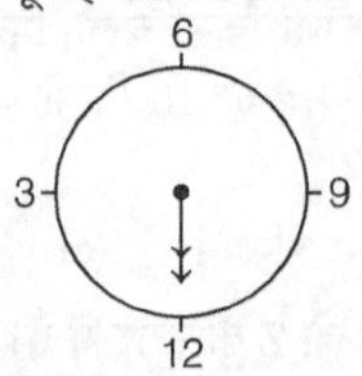

पूर्वाह्न 3 : 00 बजे

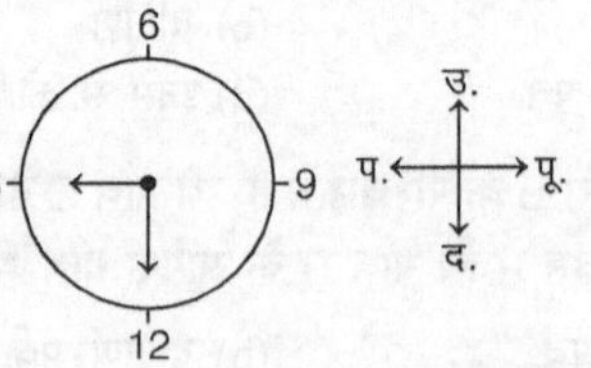

अतः पूर्वाह्न 3 : 00 बजे मिनट वाली सुईं दक्षिण दिशा में होगी।

5. (b) प्रश्नानुसार,

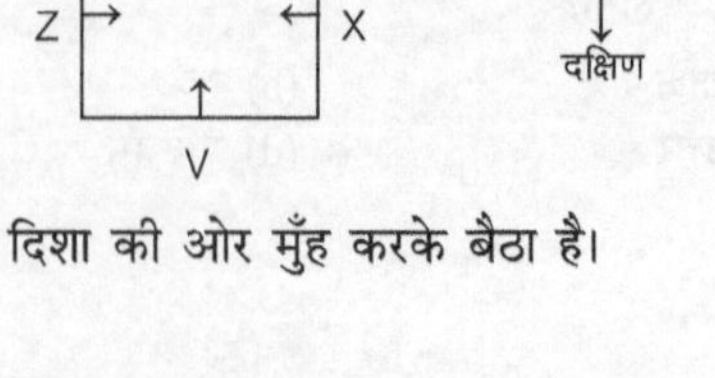

∴ V उत्तर दिशा की ओर मुँह करके बैठा है।

6. (c) प्रश्नानुसार,

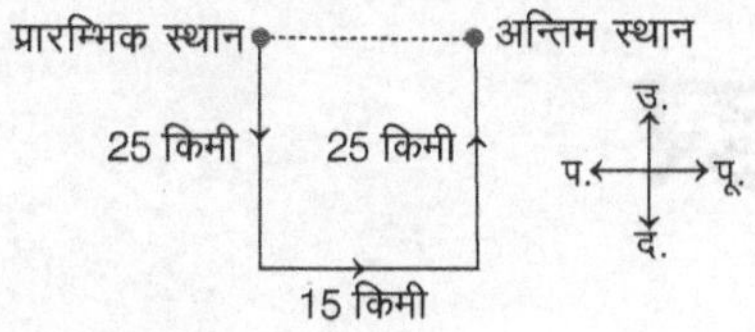

अतः मूल स्थान से वह 15 किमी दूर है।

7. (d) रचेल के चलने का क्रम निम्नानुसार है

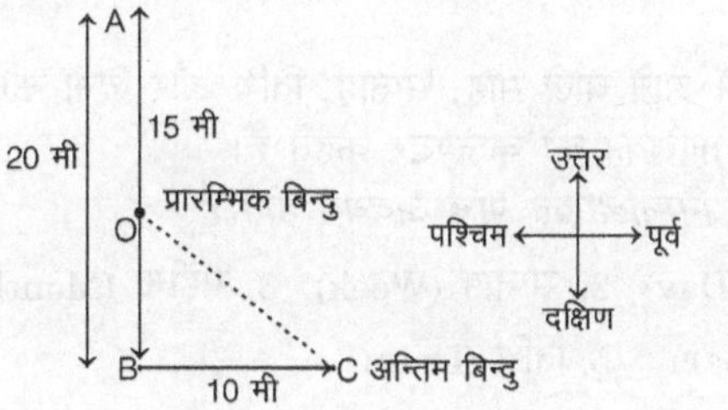

$$OB = AB - AO$$

$$\therefore \quad OB = 20 - 15 = 5 \text{ मी}$$

मूल बिन्दु से दूरी (OC) $= \sqrt{OB^2 + BC^2} = \sqrt{10^2 + 5^2}$

$= \sqrt{100 + 25} = \sqrt{125} = 5\sqrt{5}$ मी

8. (d) विजय के चलने का क्रम निम्न है

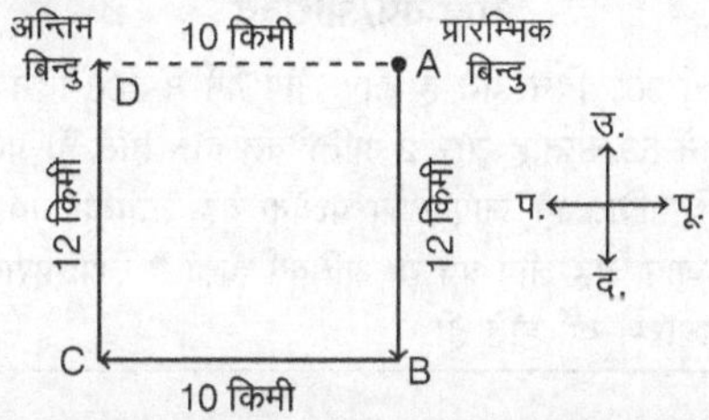

बिन्दु A विजय के चलने का प्रारम्भिक बिन्दु तथा D अन्तिम बिन्दु है। प्रारम्भिक स्थान से विजय की दूरी = AD = BC = 10 किमी

9. (b) प्रश्नानुसार,

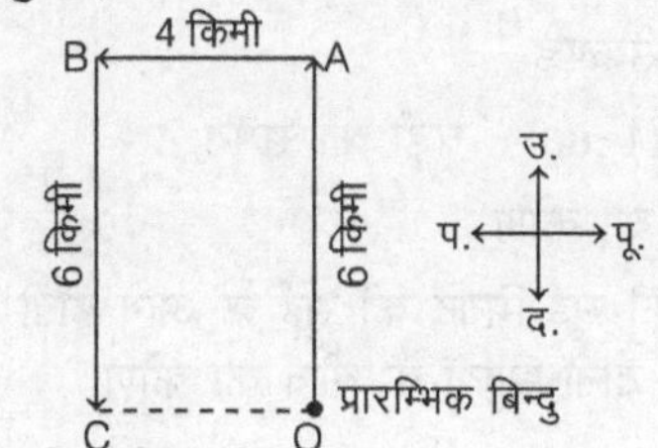

$\therefore$ चित्र से, AB = OC

= 4 किमी

अतः प्रकाश प्रारम्भिक बिन्दु से 4 किमी की दूरी पर है।

10. (a) प्रश्नानुसार,

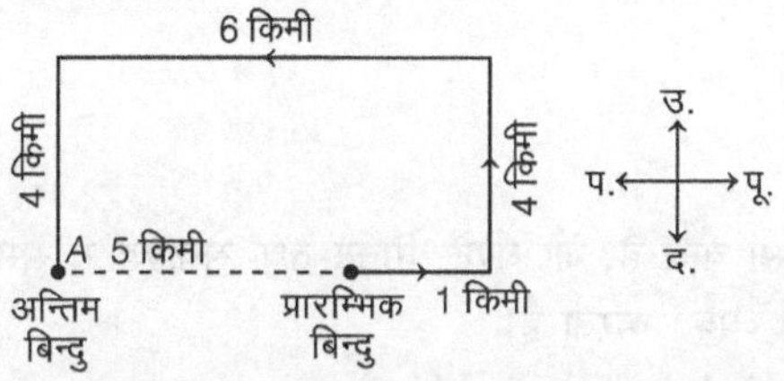

अतः अब वह अपनी प्रारम्भिक स्थिति से 5 किमी पश्चिम में है।

11. (c) प्रश्नानुसार,

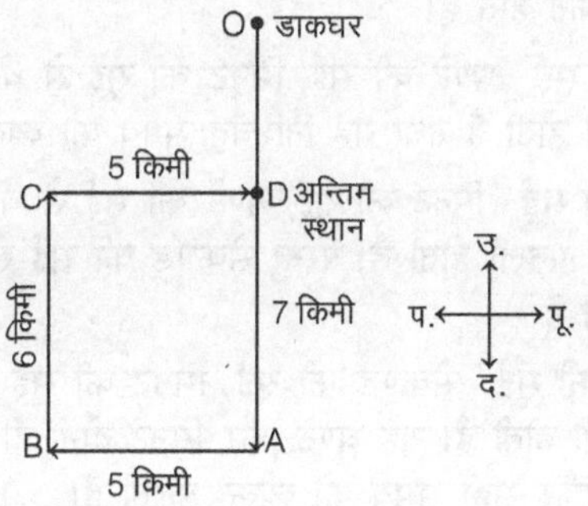

OD = OA − AD

= 7 − 6

= 1 किमी

अतः वह अपने डाकघर से 1 किमी दक्षिण में है।

12. (c) प्रश्नानुसार,

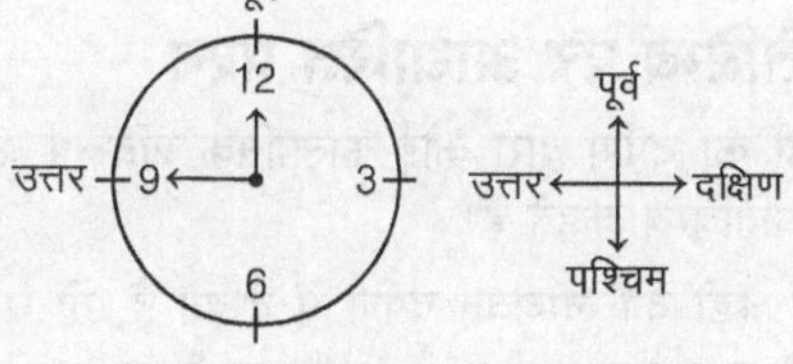

अतः मिनट का काँटा पूर्व दिशा में होगा।

08 घड़ी एवं कैलेण्डर

घड़ी

घड़ी एक ऐसा यन्त्र है, जो घण्टे, मिनट तथा सेकण्ड में समय के अन्तराल को व्यक्त करता है।

सामान्यत: घड़ी में चार अवयव होते हैं:-

1. **डायल** (घड़ी का मुख) यह गोलाकार अथवा चौकोर आकार की पट्टिका होती है, जिस पर 1 से 12 तक के अंक अथवा बिन्दु अंकित होते हैं।
2. **घण्टे की सूई** घण्टे की सूई, मिनट की सूई से थोड़ी छोटी तथा कुछ मोटी होती है तथा यह निश्चित समय को व्यक्त करती है।
3. **मिनट की सूई** मिनट की सूई, घण्टे की सूई से थोड़ी बड़ी तथा आकार में पतली होती है, परन्तु सेकण्ड की सूई से छोटी व मोटी होती है।
4. **सेकण्ड की सूई** सेकण्ड की सूई, मिनट की सूई से थोड़ी बड़ी तथा पतली होती है। यह घण्टे और मिनट दोनों ही सूइयों के साथ मिलकर सही समय को व्यक्त करती है।

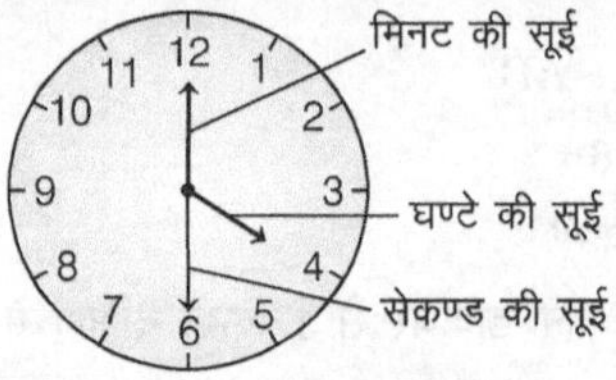

सामान्यत: इस अध्याय में घड़ी से सम्बन्धित निम्न प्रकार के प्रश्न पूछे जाते हैं

घड़ी के प्रतिबिम्ब पर आधारित प्रश्न

जब किसी घड़ी का दर्पण द्वारा कोई काल्पनिक प्रतिरूप बनता है, तो उसे घड़ी का प्रतिबिम्ब कहते हैं।

जब हम किसी घड़ी को लम्बवत् दर्पण में देखते हैं, तो घड़ी का प्रतिबिम्ब पलटा हुआ प्रतीत होता है अर्थात् घड़ी का बायाँ भाग दाईं तरफ और दायाँ भाग बाईं तरफ प्रतीत होता है।

घड़ी में समय	1	2	3	4	5	6	7	8	9	10	11	12
प्रतिबिम्ब में समय	11	10	9	8	7	6	5	4	3	2	1	12

घड़ी में समय = 12 − प्रतिबिम्ब में समय

या प्रतिबिम्ब में समय = 12 − घड़ी में समय

कैलेण्डर

किसी वर्ष में आने वाले माह, सप्ताह, तिथि और दिनों को प्रदर्शित करने वाली तालिका को कैलेण्डर कहते हैं।

कैलेण्डर में निम्नलिखित पाँच अवयव होते हैं

1. दिन (Day) 2. सप्ताह (Week) 3. महीना (Month)
4. वर्ष (Year) 5. तिथि (Date)

सामान्य एवं सौर वर्ष

एक दिन की समयावधि पृथ्वी की अपनी धुरी पर लगाए गए एक सम्पूर्ण चक्कर में व्यतीत किए गए समय के बराबर होती है एवं जब पृथ्वी सूर्य का एक पूर्ण चक्कर लगा लेती है, तो इसमें लगा समय एक सौर वर्ष या सामान्य वर्ष कहलाता है। 1 सामान्य वर्ष में 365 दिन (52 सप्ताह + 1 दिन) होता है।

लीप वर्ष/अधिवर्ष

साधारण वर्ष में 365 दिन होते हैं और लीप वर्ष में 366 दिन होते हैं तथा एक लीप वर्ष में 52 सप्ताह और 2 अतिरिक्त दिन होते हैं। प्रत्येक वह वर्ष जो चार से विभाजित हो जाए तथा प्रत्येक वह शताब्दी वर्ष जो 400 से विभाजित हो जाए, वह लीप वर्ष या अधिवर्ष होता है तथा इसके अतिरिक्त अन्य सभी साधारण वर्ष होते हैं।

महत्त्वपूर्ण तथ्य

- 1 दिन = 24 घण्टे
- 1 घण्टा = 60 मिनट
- 1 मिनट = 60 सेकण्ड
- दर्पण समय = 11 : 60 − घड़ी का समय
- सूईयों के बीच का कोण

(i) जब घण्टे की सूई मिनट की सूई के आगे होती है, तो t बजकर x मिनट पर दोनों सूइयों के बीच का कोण

$$=\left[30\left(t-\frac{x}{5}\right)+\frac{x}{2}\right]^\circ$$

(ii) जब घण्टे की सूई मिनट की सूई से पीछे होती है, तो t बजकर x मिनट पर दोनों सूइयों के बीच का कोण

$$=\left[30\left(\frac{x}{5}-t\right)-\frac{x}{2}\right]^\circ$$

- एक सामान्य वर्ष $= 365$ दिन $= 52$ सप्ताह $+ 1$ दिन $= 1$ विषम दिन
- एक लीप वर्ष $= 366$ दिन $= 52$ सप्ताह $+ 2$ दिन $= 2$ विषम दिन
- 100 वर्ष $= 76$ साधारण वर्ष $+ 24$ लीप वर्ष $= (76 + 24 \times 2)$
  विषम दिन $= 124$ विषम दिन $= 17$ सप्ताह $+ 5$ दिन $= 5$ विषम दिन
- 200 वर्षों में विषम दिनों की संख्या $= \frac{2 \times 5}{7} = 1$ पूर्ण 3 शेष
  $= 3$ विषम दिन
- 300 वर्षों में विषम दिनों की संख्या $= \frac{3 \times 5}{7} = 2$ पूर्ण 1 शेष
  $= 1$ विषम दिन
- 400 वर्षों में विषम दिनों की संख्या $= 4 \times 5 = 20$ दिन, क्योंकि चौथी शताब्दी लीप वर्ष होती है। अतः विषम दिनों की संख्या में 1 और जोड़ना पड़ेगा।

$\therefore$ 400 वर्षों में विषम दिनों की संख्या

$= \frac{20+1}{7} = 3$ पूर्ण 0 शेष $= 0$ विषम दिन

अतः 400 वर्षों में कोई विषम दिन नहीं होता है।

- 31 दिन वाले महीनों में विषम दिनों की संख्या
  $= \frac{31}{7} = 4$ पूर्ण तथा 3 शेष $= 3$ विषम दिन
- किसी साधारण वर्ष में निम्न माह के प्रथम दिन समान होते हैं
  जनवरी ↔ अक्टूबर
  फरवरी ↔ मार्च ↔ नवम्बर
  अप्रैल ↔ जुलाई
  सितम्बर ↔ दिसम्बर
- किसी अधिवर्ष में निम्न माह के प्रथम दिन समान होते हैं
  जनवरी ↔ अप्रैल ↔ जुलाई
  फरवरी ↔ अगस्त
  मार्च ↔ नवम्बर
  सितम्बर ↔ दिसम्बर
- साधारण वर्ष का पहला और अन्तिम दिन समान होता है।
- अधिवर्ष का पहला और अन्तिम दिन असमान होता है अर्थात् अन्तिम दिन, पहले दिन से एक दिन आगे बढ़ जाता है।

अभ्यास प्रश्न

1. एक दर्पण में घड़ी के प्रतिबिम्ब में समय 3 : 45 दिखाई दे रहा है। वास्तव में घड़ी में कितने बजे हैं?
(a) 8 : 00 (b) 8 : 10
(c) 8 : 15 (d) 8 : 30

2. एक दर्पण में देखने पर, एक घड़ी 8 घण्टे 30 मिनट का समय बताती है। सही समय है
(a) 2 : 30 (b) 3 : 30
(c) 4 : 30 (d) 5 : 30

3. किसी घड़ी में 3 : 40 पर सूइयों के बीच का कोण क्या होगा?
(a) 130° का (b) 150° का
(c) 140° का (d) 125° का

4. 7 : 35 बजे घड़ी की सूइयाँ आपस में कितने अंश का कोण बनाती हैं?
(a) $7\frac{1}{2}°$ (b) $17\frac{1°}{2}$ (c) $27\frac{1°}{2}$ (d) $37\frac{1°}{2}$

5. किसी दीवार घड़ी में घण्टे वाली सूई को एक चक्कर पूरा करने में कितना समय लगता है?
(a) 60 मिनट (b) 720 मिनट
(c) 1440 मिनट (d) 1 दिन

6. 8 : 30 बजे घड़ी की सूइयाँ आपस में कितने अंश का कोण बनाती हैं?
(a) 15° (b) 30°
(c) 45° (d) 75°

7. अपराह्न 1 बजे से रात्रि 10 बजे तक चलते हुए एक घड़ी की घण्टे की सूई तथा मिनट की सूई कितनी बार समकोण पर स्थित होंगी?
(a) 9 (b) 10
(c) 16 (d) 20

8. 30 दिन के एक माह में पाँच शनिवार हैं। माह का प्रथम दिन कौन-सा होगा?
(a) रविवार (b) सोमवार
(c) बुधवार (d) शुक्रवार

9. यदि महीने का चौथा शनिवार 22वाँ दिन है, तो महीने का 13वाँ दिन कौन-सा होगा?
(a) मंगलवार (b) बुधवार
(c) बृहस्पतिवार (d) शुक्रवार

10. निम्नलिखित में से कौन-सा लीप-वर्ष है
(a) 1800 (b) 2000
(c) 1900 (d) 2200

11. यदि किसी माह के 11वें दिन शनिवार हो, तो उसी माह की 27वीं तारीख को कौन-सा दिन आएगा?
(a) सोमवार
(b) शनिवार
(c) शुक्रवार
(d) रविवार

12. यदि 25 सितम्बर को गुरुवार है, तो उसी वर्ष में 25 अक्टूबर का दिन होगा
(a) रविवार
(b) सोमवार
(c) शुक्रवार
(d) शनिवार

13. 11 जनवरी, 2018 को गुरुवार था, तो 11 जून, 2019 को कौन-सा दिन होगा?
(a) रविवार (b) बुधवार
(c) मंगलवार (d) सोमवार

14. यदि 15 सितम्बर, 2008 को शुक्रवार था, तो 15 सितम्बर, 2009 को कौन-सा दिन था?
(a) शुक्रवार (b) शनिवार
(c) बृहस्पतिवार (d) रविवार

15. यदि 5 जनवरी, 2012 को सोमवार था, तो 31 मार्च, 2013 को कौन-सा दिन था?
(a) रविवार (b) सोमवार
(c) मंगलवार (d) इनमें से कोई नहीं

उत्तरमाला

1. (c)	2. (b)	3. (a)	4. (b)	5. (b)	6. (d)	7. (c)	8. (d)	9. (c)	10. (b)
11. (a)	12. (d)	13. (c)	14 (b)	15 (d)					

संकेत एवं हल

1. (c) $\because$ वास्तविक समय = 11:60 − दर्पण समय

$$\begin{array}{r} 11:60 \\ -3:45 \\ \hline \end{array}$$

$\therefore$ वास्तविक समय = 8 : 15

2. (b) $\because$ वास्तविक समय = 11:60 − दर्पण समय

$$\begin{array}{r} 11:60 \\ -8:30 \\ \hline \end{array}$$

$\therefore$ सही समय = 3 : 30

3. (a) दिया है, $t = 3$ तथा $x = 40$

चूँकि घण्टे की सूईं मिनट की सूईं से पीछे है।

अत: अभीष्ट कोण

$$= \left[30\left(\frac{x}{5} - t\right) - \frac{x}{2}\right]^\circ = \left[30\left(\frac{40}{5} - 3\right) - \frac{40}{2}\right]^\circ$$

$$= [30 \times 5 - 20]^\circ = [150 - 20]^\circ = 130^\circ$$

4. (b) दिया है, $t = 7$ तथा $x = 35$

यहाँ घण्टे की सूई मिनट की सूई से आगे है।

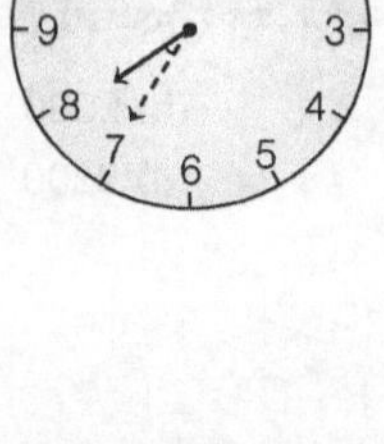

$\therefore$ अभीष्ट कोण $= \left[30\left(t - \frac{x}{5}\right) + \frac{x}{2}\right]^\circ$

$$= \left[30\left(7 - \frac{35}{5}\right) + \frac{35}{2}\right]^\circ$$

$$= [30(7 - 7) + 17.5]^\circ = 17\frac{1}{2}^\circ$$

5. (b) दीवार घड़ी में घण्टे वाली सूई 12 घण्टे में एक चक्कर पूरा करती है।

$\therefore$ 12 घण्टे = (12 × 60) मिनट
= 720 मिनट

6. (d) समय → 8:30 बजे

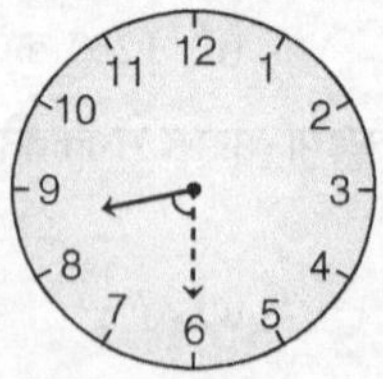

यहाँ $t = 8$ तथा $x = 30$

यहाँ घण्टे की सूई मिनट की सूई से आगे है।

$\therefore$ अभीष्ट कोण $= \left[30\left(t - \frac{x}{5}\right) + \frac{x}{2}\right]^\circ$

$$= \left[30\left(8-\frac{30}{5}\right)+\frac{30}{2}\right]$$
$$= [30\times(8-6)+15]^\circ$$
$$= [60+15]^\circ = 75^\circ$$

7. (c) अपराह्न 1 बजे से रात्रि 10 बजे तक $= 10 - 1 = 9$ घण्टे

$\because$ घड़ी की घण्टे की सूईं और मिनट की सूईं समकोण पर प्रत्येक 33वें मिनट में होती है।

$\therefore$ 9 घण्टे में घड़ी की घण्टे की सूईं ओर मिनट की सूई $\frac{9\times60}{33} = 16$ बार समकोण पर होंगी।

8. (d) प्रश्नानुसार, माना 30 तारीख = शनिवार

$30 - 7 = 23$ तारीख = शनिवार

$23 - 7 = 16$ तारीख = शनिवार

$16 - 7 = 9$ तारीख = शनिवार

$9 - 7 = 2$ तारीख = शनिवार

$\therefore$ 1 तारीख = शनिवार − 1 दिन = शुक्रवार

अत: माह का प्रथम दिन शुक्रवार होगा।

9. (c) प्रश्नानुसार, 22 तारीख = शनिवार

$22 - 7 = 15$ तारीख शनिवार

$15 - 2 = 13$ तारीख = शनिवार − 2 = बृहस्पतिवार

अत: महीने का 13वाँ दिन बृहस्पतिवार होगा।

10. (b) शताब्दी वर्ष जो 400 से पूर्णत: विभक्त हो वह लीप वर्ष है।

$$\frac{2000}{400} = 5$$

अत: 2000 लीप वर्ष है।

11. (a) 11 तारीख = शनिवार

$11 + 7 = 18$ तारीख = शनिवार

$18 + 7 = 25$ तारीख = शनिवार

$\therefore$ $25 + 2 = 27$ तारीख = शनिवार + 2 = सोमवार

12. (d) हम जानते हैं कि सितम्बर माह में 30 दिन होते हैं, तब 25 सितम्बर से 25 अक्टूबर तक विषम दिन $= 30 = 4$ सप्ताह 2 दिन

अत: 25 अक्टूबर का दिन = गुरुवार + 2 = शनिवार

13. (c) 11 जनवरी, 2018, से 11 जनवरी, 2019 तक के दिनों की संख्या $= 365$

11 जनवरी से 31 जनवरी तक कुल दिन $= 20$

फरवरी माह के दिनों की संख्या $= 28$

मार्च माह के दिनों की संख्या $= 31$

अप्रैल माह के दिनों की संख्या $= 30$

मई माह के दिनों की संख्या $= 31$

1 जून से 11 जून तक दिनों की संख्या $= 11$

अब कुल दिनों की संख्या

$$= 365 + 20 + 28 + 31 + 30 + 31 + 11$$
$$= 516$$

विषम दिनों की संख्या $= 516 \div 7 = 5$ दिन

$\therefore$ अभीष्ट दिन = गुरुवार + 5 दिन = मंगलवार

14. (b) प्रश्नानुसार, 15 सितम्बर, 2008 ⇒ शुक्रवार

15 सितम्बर, 2008 से 15 सितम्बर, 2009 तक = 1 वर्ष

$\therefore$ विषम दिनों की संख्या $= 1$

अब, 15 सितम्बर, 2008 का दिन = शुक्रवार + 1
= शनिवार

अत: 15 सितम्बर, 2009 को शनिवार था।

15. (d) 5 जनवरी, 2012 से 31 मार्च, 2013 तक विषम दिन = 5 जनवरी, 2012 से 5 जनवरी, 2013 तक + 5 जनवरी, 2013 से 31 मार्च, 2013 तक विषम दिन

$= 2 + 26 + 28 + 31 = 87$ विषम दिन $= 3$ विषम दिन

अत: 31 मार्च, 2013 का दिन = सोमवार + 3 = गुरुवार

09 | गणितीय संक्रियाएँ

गणितीय संक्रियाएँ (Mathematical Operations) के अन्तर्गत आने वाले प्रश्नों में '+', '−', '×', '÷' चिन्ह या 'P', 'Q' या ऐसे ही किन्हीं अन्य संकेतों / प्रतीकों से युक्त गणितीय व्यंजक दिए जाते हैं तथा चिन्हों के अर्थ भिन्न-भिन्न दिए गए होते हैं। अभ्यर्थियों को प्रश्न में दिए गए निर्देशानुसार चिन्हों को परिवर्तित करके बदले हुए व्यंजक को हल करना होता है।

इस प्रकार के प्रश्नों को हल करने के लिए BODMAS *नियम* का *प्रयोग किया जाता है, जो निम्न है*

(i) B ⟶ Bracket (कोष्ठक)

(ii) O ⟶ Of (का)

(iii) D ⟶ Division (भाग)

(iv) M ⟶ Multiplication (गुणन)

(v) A ⟶ Addition (योग)

(vi) S ⟶ Subtraction (घटाव)

इस नियमानुसार, किसी गणितीय समीकरण का सरलीकरण करने के लिए सबसे पहले 'Bracket' (कोष्ठक) को फिर 'Of' (का) को फिर 'Division' (÷) को फिर 'Multiplication' (×) को, फिर 'Addition' (+) को और अन्त में 'Subtraction' (−) को हल करते हैं।

अभ्यास प्रश्न

1. यदि M का अर्थ '+', N का अर्थ '−' और P का अर्थ '×' हो, तो 15 N 10 P 3 M 5 P 4 = ?

(a) 15 (b) 5 (c) 10 (d) 60

2. यदि P, '÷' का सूचक है, Q, '×' का सूचक है, R, '+' का सूचक है और S, '−' का सूचक है, तो 16Q12P6R5S4 = ?

(a) 31 (b) 32 (c) 33 (d) 30

3. यदि × का अर्थ 'योग', ÷ का अर्थ 'घटाव', + का अर्थ 'गुणा' है और − का अर्थ 'विभाजन' है, तो

$20 \times 16 - 2 + 2 \div 8 = ?$

(a) 28 (b) 30 (c) 36 (d) 25

4. यदि + का अर्थ '×', − का अर्थ '÷', × का अर्थ '−' और ÷ का अर्थ '+' है, तो

$4 \div 8 - 2 \times 2 + 4 = ?$

(a) 4 (b) 0 (c) 8 (d) 6

5. यदि × को '−' और ÷ को '+' के रूप में माना जाता है, तो $[(55 \times 50) \div 25] \div 125$ का मान ज्ञात कीजिए।

(a) 125 (b) 145 (c) 150 (d) 155

6. यदि '÷' का अर्थ जोड़ है, '+' का अर्थ 'घटाव' है, '−' का अर्थ 'गुणा' है और '×' का अर्थ 'भाग' है, तो निम्नलिखित समीकरण का मान क्या होगा?

$49 \times 7 - 3 \div 9 + 4 = ?$

(a) 35 (b) 39 (c) 26 (d) 31

7. यदि + का अर्थ '÷' है, − का अर्थ '+' है, × का अर्थ '−' है और ÷ का अर्थ '×' है, तो निम्नलिखित समीकरण का मान क्या होगा?

$18 \div 6 - 27 + 3 \times 12 = ?$

(a) 92 (b) 105 (c) 107 (d) 95

8. यदि A का अर्थ '+' है, B का अर्थ '×' है, C का अर्थ '−' है और D का अर्थ '÷' है, तो निम्नलिखित व्यंजक का मान क्या होगा?

144 C 8 B 20 A 81 D 3 = ?

(a) 23 (b) 21 (c) 11 (d) 45

9. यदि '–' का अर्थ '+' है, '×' का अर्थ '÷' है, '+' का अर्थ '×' है, '÷' का अर्थ '–' है, तो प्रश्न चिह्न (?) के स्थान पर क्या आएगा?

76 × 4 + 13 ÷ 8 – 3 = ?

(a) 236 (b) 212
(c) 108 (d) 242

10. यदि A का अर्थ '+' है, B का अर्थ '×' है, C का अर्थ '–' हैं और D का अर्थ '÷' है, तो निम्नलिखित व्यंजक का मान क्या होगा?

35 A 68 D 34 C 16 B 1

(a) 41 (b) 51
(c) 21 (d) 31

11. यदि A का अर्थ '+' है, 'B' का अर्थ '×' है, 'C' का अर्थ '–' है, और 'D' का अर्थ '÷' है, तो निम्नलिखित समीकरण में (?) के स्थान पर क्या आएगा?

16 D 2 B 9 C 15 A 32 = ?

(a) 89 (b) 99 (c) 97 (d) 93

12. यदि A का अर्थ '+' है, B का अर्थ '×' है, C का अर्थ '–' हैं और D का अर्थ '÷' है, तो निम्नलिखित समीकरण में (?) के स्थान पर क्या आएगा?

140 D 7 A 30 = 25 B ? D 8

(a) 5 (b) 16 (c) 14 (d) 32

13. यदि '+' का अर्थ '–' है, – का अर्थ '×' है, '×' का अर्थ '÷' है और ÷ का अर्थ '+' है, तो दिए गए समीकरण में प्रश्नवाचक चिह्न (?) के स्थान पर क्या आएगा?

7 ÷ 20 – 5 × 20 + 2 = ?

(a) 15 (b) 10
(c) 30 (d) 20

14. यदि + तथा – को परस्पर बदल दिया जाता है, तो निम्नलिखित समीकरण का मान क्या होगा?

72 – 91 ÷ 13 × 12 + 6 = ?

(a) 144 (b) 150
(c) 140 (d) 156

15. '+' तथा '×' दो चिह्नों को आपस में बदलने के पश्चात् नीचे दिए गए समीकरण का मान क्या होगा?

6 × 8 ÷ 32 + 64 – 11 = ?

(a) 13 (b) 11
(c) 14 (d) 10

16. यदि '+' का अर्थ '–', '–' का अर्थ '×', '×' का अर्थ '÷' और '÷' का अर्थ '+' है, तो निम्नलिखित व्यंजक का मान क्या होगा?

27 – 2 + 24 × 8 ÷ 4

(a) 45 (b) 55
(c) 50 (d) 51

17. यदि P का अर्थ '÷' है, Q का अर्थ '+' है, R का अर्थ '×' है और S का अर्थ '–' है, तो नीचे दिए गए समीकरण का मान क्या है?

100 S 12 P 72 R 6 Q 5 = ?

(a) 140 (b) 134
(c) 105 (d) 104

18. यदि '+' का अर्थ '–', '–' का अर्थ '×', '×' का अर्थ '÷' तथा ÷ का अर्थ '+' है, तो निम्न समीकरण का मान क्या होगा?

25 – 2 ÷ 10 × 5 + 2 = ?

(a) 50 (b) 10
(c) 26 (d) 58

उत्तरमाला

1. (b)	2. (c)	3. (a)	4. (b)	5. (d)	6. (c)	7. (b)	8. (c)	9. (d)	10. (c)
11. (a)	12. (b)	13. (b)	14. (b)	15. (b)	16. (b)	17. (d)	18. (a)		

संकेत एवं हल

1. (b) दिया गया व्यंजक

$? = 15\,N\,10\,P\,3\,M\,5\,P\,4$

प्रश्नानुसार प्रतीकों का मान रखने पर,

$\Rightarrow \quad ? = 15 - 10 \times 3 + 5 \times 4$

$\Rightarrow \quad ? = 15 - 30 + 20$

[BODMAS की सहायता से हल करने पर]

$\Rightarrow \quad ? = 35 - 30$

$\therefore \quad ? = 5$

2. (c) 16 Q 12 P 6 R 5 S 4 में P के स्थान पर ÷, Q के स्थान पर ×, R के स्थान पर + और S के स्थान पर − रखने पर,

$? = 16 \times 12 \div 6 + 5 - 4$

$\Rightarrow \quad ? = 16 \times 2 + 5 - 4$

[BODMAS की सहायता से हल करने पर]

$\Rightarrow \quad ? = 32 + 5 - 4$

$\Rightarrow \quad ? = 37 - 4 = 33$

3. (a) दिया है, $20 \times 16 - 2 + 2 \div 8 = ?$

प्रश्नानुसार चिह्नों को परिवर्तित करने पर,

$= 20 + 16 \div 2 \times 2 - 8$

$= 20 + 8 \times 2 - 8$

$= 20 + 16 - 8$

[BODMAS की सहायता से हल करने पर]

$= 36 - 8 = 28$

4. (b) दिया है, $4 \div 8 - 2 \times 2 + 4 = ?$

प्रश्नानुसार चिह्नों को बदलने पर,

$? = 4 + 8 \div 2 - 2 \times 4$

$= 4 + 4 - 8$

[BODMAS की सहायता से हल करने पर]

$= 0$

5. (d) दिया है, $[(55 \times 50) \div 25] \div 125$

प्रश्नानुसार चिह्नों को परिवर्तित करने पर,

$[(55 - 50) + 25] + 125$

$= (5 + 25) + 125$

[BODMAS की सहायता से हल करने पर]

$= 30 + 125 = 155$

6. (c) दी गई समीकरण

$49 \times 7 - 3 \div 9 + 4 = ?$

प्रश्नानुसार चिह्नों को परिवर्तित करने पर,

$\div \Rightarrow + \,;\, + \Rightarrow -$

$- \Rightarrow \times ; \times \Rightarrow \div$

$49 \div 7 \times 3 + 9 - 4 = ?$

$\Rightarrow \quad ? = 7 \times 3 + 9 - 4$

[BODMAS की सहायता से हल करने पर]

$\Rightarrow \quad ? = 21 + 9 - 4$

$\therefore \quad ? = 30 - 4 = 26$

7. (b) दिया गया व्यंजक है,

$18 \div 6 - 27 + 3 \times 12 = ?$

प्रश्नानुसार चिह्न बदलने पर,

$? = 18 \times 6 + 27 \div 3 - 12$

$\Rightarrow \quad ? = 18 \times 6 + 9 - 12$

[BODMAS की सहायता से हल करने पर]

$\Rightarrow \quad ? = 108 + 9 - 12$

$\therefore \quad ? = 117 - 12 = 105$

8. (c) दिया गया व्यंजक है,

$144\ C\ 8\ B\ 20\ A\ 81\ D\ 3 = ?$

प्रश्नानुसार चिह्न रखने पर,

$144 - 8 \times 20 + 81 \div 3 = ?$

$\Rightarrow \quad ? = 144 - 8 \times 20 + 27$

[BODMAS की सहायता से हल करने पर]

$\Rightarrow \quad ? = 144 - 160 + 27$

$\therefore \quad ? = 171 - 160 = 11$

9. (d) दिया गया व्यंजक है,

$76 \times 4 + 13 \div 8 - 3 = ?$

प्रश्नानुसार चिह्न बदलने पर,

$? = 76 \div 4 \times 13 - 8 + 3$

$\Rightarrow \quad ? = 19 \times 13 - 8 + 3$

$\Rightarrow \quad ? = 247 - 8 + 3$

$\therefore \quad ? = 250 - 8 = 242$

10. (c) दिया गया व्यंजक है,

35 A 68 D 34 C 16 B 1

प्रश्नानुसार चिह्न बदलने पर,

$35 + 68 \div 34 - 16 \times 1$

$= 35 + 2 - 16$

$= 37 - 16$

$= 21$

11. (a) दिया है,

16 D 2 B 9 C 15 A 32 = ?

प्रश्नानुसार कूट का उपयोग करने पर,

$16 \div 2 \times 9 - 15 + 32 = ?$

$\Rightarrow \quad ? = 8 \times 9 - 15 + 32$

$\Rightarrow \quad ? = 72 + 32 - 15$

$\Rightarrow \quad ? = 104 - 15 = 89$

12. (b) दी गई समीकरण,

140 D 7 A 30 = 25 B ? D 8

प्रश्नानुसार अक्षरों का मान रखने पर,

$140 \div 7 + 30 = 25 \times ? \div 8$

$\Rightarrow \quad 20 + 30 = 25 \times \frac{?}{8}$

$\Rightarrow \quad 50 = \frac{25 \times ?}{8}$

$\therefore \quad ? = \frac{50 \times 8}{25}$

$= 16$

13. (b) दी गई समीकरण,

$7 \div 20 - 5 \times 20 + 2 = ?$

प्रश्नानुसार चिह्न परिवर्तित करने पर,

$? = 7 + 20 \times 5 \div 20 - 2$

$\Rightarrow \quad ? = 7 + 20 \times \frac{5}{20} - 2$

$\Rightarrow \quad ? = 7 + 5 - 2$

$\Rightarrow \quad ? = 12 - 2$

$\therefore \quad ? = 10$

14. (b) दिया है,

$? = 72 - 91 \div 13 \times 12 + 6$

प्रश्नानुसार चिह्नों को बदलने पर,

$? = 72 + 91 \div 13 \times 12 - 6$

$\Rightarrow \quad ? = 72 + \frac{91}{13} \times 12 - 6$

$\Rightarrow \quad ? = 66 + 84$

$\therefore \quad ? = 150$

15. (b) दिया है, $? = 6 \times 8 \div 32 + 64 - 11$

प्रश्नानुसार चिह्नों को बदलने पर,

$? = 6 + 8 \div 32 \times 64 - 11$

$\Rightarrow \quad ? = 6 + \frac{8}{32} \times 64 - 11$

$\Rightarrow \quad ? = 6 + 16 - 11$

$\therefore \quad ? = 22 - 11 = 11$

16. (b) दिया है,

$27 - 2 + 24 \times 8 + 4$

प्रश्नानुसार चिह्नों को बदलने पर,

$27 \times 2 - 24 \div 8 + 4$

$= 54 - 3 + 4 = 58 - 3 = 55$

17. (d) दिया है,

? = 100 S 12 P 72 R 6 Q 5

प्रश्नानुसार चिह्नों को बदलने पर,

$? = 100 - 12 \div 72 \times 6 + 5$

$\Rightarrow \quad ? = 100 - \frac{1}{6} \times 6 + 5$

$\Rightarrow \quad ? = 100 - 1 + 5 \Rightarrow ? = 99 + 5$

$\therefore \quad ? = 104$

18. (a) दिया है,

$25 - 2 \div 10 \times 5 + 2 = ?$

प्रश्नानुसार चिह्नों को बदलने पर,

$? = 25 \times 2 + 10 \div 5 - 2$

$= 25 \times 2 + 2 - 2 = 50$

10 | लुप्त पदों को भरना

इस अध्याय के अन्तर्गत पूछे गए प्रश्नों में एक या एक से अधिक आकृतियों में संख्याएँ दी गई होती है तथा एक स्थान पर प्रश्नचिह्न या लुप्त पद होता है। सर्वप्रथम अभ्यर्थियों को संख्याओं के व्यवस्थिकरण के नियम को ज्ञात करना होता है तथा इसके पश्चात् उसी नियम के आधार पर लुप्त पद अर्थात् प्रश्नवाचक चिह्न (?) के स्थान पर उपयुक्त संख्या को दिए गए विकल्पों में से ज्ञात करना होता है।

इस प्रकार के प्रश्नों में कुछ संख्याओं को तार्किक एवं गणितीय संक्रियाओं (जैसे-योग, घटाव, गुणन, भाग, वर्ग, वर्गमूल, घन, घनमूल आदि) के आधार पर एक या एक से अधिक आरेखों या ज्यामितीय आकृतियों में व्यवस्थित किया जाता है।

निर्देश (उदा. 1 और 2) *दिए गए पैटर्न का ध्यानपूर्वक अध्ययन करें और उस संख्या का चयन करें जो इसमें प्रश्नवाचक चिह्न (?) के स्थान पर आ सकती है।*

उदाहरण 1.

3	43	4
6	241	5
2	?	11

(a) 137 (b) 129 (c) 173 (d) 192

हल (b) पहली पंक्ति में,

$3^3 + 4^2 = 27 + 16 = 43$

दूसरी पंक्ति में,

$6^3 + 5^2 = 216 + 25 = 241$

उसी प्रकार, तीसरी पंक्ति में,

$2^3 + 11^2 = 8 + 121 = \boxed{129}$

उदाहरण 2.

121	64	144
27	?	8
14	12	14

(a) 56 (b) 64
(c) 49 (d) 72

हल (b) पहले स्तम्भ में, $\sqrt{121} + \sqrt[3]{27} = 11 + 3 = 14$

तीसरे स्तम्भ में, $\sqrt{144} + \sqrt[3]{8} = 12 + 2 = 14$

उसी प्रकार से, दूसरे स्तम्भ में, $\sqrt{64} + \sqrt[3]{?} = 12 - 8$

$\Rightarrow \quad ? = (4)^3 = \boxed{64}$

अभ्यास प्रश्न

निर्देश (प्र.सं. 1-15) *दिए गए पैटर्न का ध्यानपूर्वक अध्ययन करें और उस संख्या का चयन करें जो इसमें प्रश्नवाचक चिह्न (?) के स्थान पर आ सकती है।*

1.

7	51	2
6	40	4
5	28	?

(a) 1 (b) 3 (c) 2 (d) 0

2.

14	16	13
18	6	?
12	21	17

(a) 6 (b) 7 (c) 8 (d) 5

3.

6	216	180
8	512	448
10	1000	?

(a) 800 (b) 1100
(c) 900 (d) 1300

4.

73	52	75
64	41	63
68	47	?

(a) 71 (b) 69
(c) 63 (d) 65

5.

14	4	31
38	10	79
30	8	?

(a) 78 (b) 73
(c) 63 (d) 68

6.

7	9	39
4	8	28
6	7	?

(a) 32 (b) 38
(c) 40 (d) 37

7.

6	39	124
8	53	?
11	74	229

(a) 111 (b) 161
(c) 116 (d) 166

8.

243	162	9
108	72	6
48	?	4

(a) 12 (b) 21
(c) 32 (d) 23

9.

5	7	9
6	8	2
48	?	20

(a) 94 (b) 88
(c) 84 (d) 98

10.

6	12	78
6	15	99
3	13	?

(a) 49 (b) 45 (c) 54 (d) 50

11.

6	8	34
3	2	10
11	18	?

(a) 47 (b) 84 (c) 74 (d) 48

12.

36	52	86
28	40	12
32	46	?

(a) 43 (b) 53 (c) 49 (d) 51

13.

14	16	60
11	17	?
15	18	99

(a) 78 (b) 168 (c) 89 (d) 144

14.

19	81	30
42	57	107
23	45	?

(a) 75 (b) 82 (c) 54 (d) 66

15.

25	24	122
31	27	143
35	29	?

(a) 197 (b) 157 (c) 144 (d) 222

उत्तरमाला

1. (b)	2. (d)	3. (c)	4. (b)	5. (c)	6. (a)	7. (d)	8. (c)	9. (b)	10. (a)
11. (c)	12. (c)	13. (b)	14. (c)	15. (b)					

संकेत एवं हल

1. (b) जिस प्रकार, पहली पंक्ति में,

$$7^2 + 2 = 49 + 2 = 51$$

दूसरी पंक्ति में, $6^2 + 4 = 36 + 4 = 40$

उसी प्रकार, तीसरी पंक्ति में, $5^2 + x = 28$

$\Rightarrow \quad 25 + x = 28$

$\Rightarrow \quad x = 28 - 25 = \boxed{3}$

2. (d) जिस प्रकार,

पहली पंक्ति में, $16 - \frac{14}{2} + (1 \times 4) = 13$

दूसरी पंक्ति में, $21 - \frac{12}{2} + (1 \times 2) = 17$

उसी प्रकार, तीसरी पंक्ति में, $6 - \frac{18}{2} + (1 \times 8) = \boxed{5}$

3. (c) जिस प्रकार, पहली पंक्ति : (6, 216, 180)

$\Rightarrow \quad (6)^3 = 216, (216) - (6)^2 = 180$

दूसरी पंक्ति : (8, 512, 448)

$\Rightarrow \quad (8)^3 = 512, (512) - (8)^2 = 448$

उसी प्रकार,

तीसरी पंक्ति : (10, 1000, ?)

$\Rightarrow \quad (10)^3 = 1000, (1000) - (10)^2 = \boxed{900}$

4. (b) जिस प्रकार,

पहली पंक्ति में $\Rightarrow \frac{73 + 52}{5} \times 3 = \frac{125}{5} \times 3 = 75$

दूसरी पंक्ति में $\Rightarrow \frac{64 + 41}{5} \times 3 = \frac{105}{5} \times 3 = 63$

उसी प्रकार,

तीसरी पंक्ति में $\Rightarrow \frac{68 + 47}{5} \times 3 = \frac{115}{5} \times 3 = \boxed{69}$

5. (c) जिस प्रकार,

पहली पंक्ति में $\Rightarrow 14 + (4 \times 4) + 1 = 31$

दूसरी पंक्ति में

$\Rightarrow \quad 38 + (10 \times 4) + 1 = 79$

उसी प्रकार,

तीसरी पंक्ति में $\Rightarrow 30 + (8 \times 4) + 1 = \boxed{63}$

6. (a) जिस प्रकार,

पहली पंक्ति में $\Rightarrow (7 + 9) \times 2 \Rightarrow 32 + 7 = 39$

दूसरी पंक्ति में $\Rightarrow (4 + 8) \times 2 \Rightarrow 24 + 4 = 28$

उसी प्रकार, तीसरी पंक्ति में

$\Rightarrow (6 + 7) \times 2$

$\Rightarrow 26 + 6 = \boxed{32}$

अत: प्रश्नचिह्न के स्थान पर 32 आएगा।

7. (d) जिस प्रकार,

$(6 \times 14) + (39 + 1) = 124$

उसी प्रकार,

$(8 \times 14) + (53 + 1) = \boxed{166}$

$(11 \times 14) + (74 + 1) = 229$

अत: प्रश्नचिह्न के स्थान पर 166 आएगा।

8. (c) जिस प्रकार, पहली पंक्ति में,

$(243, 162, 9) \Rightarrow (9^2 \times 3 : 9^2 \times 2 : 9)$

दूसरी पंक्ति में, $(108, 72, 6) \Rightarrow (6^2 \times 3 : 6^2 \times 2 : 6)$

उसी प्रकार, तीसरी पंक्ति में, 48, $\boxed{32}$, 4

$\Rightarrow \quad (4^2 \times 3 : 4^2 \times 2 : 4)$

9. (b) जिस प्रकार, पहले स्तम्भ में,

$5 \times 6 + 6 \times \frac{6}{2} = 30 + 18 = 48$

तथा दूसरे स्तम्भ में, $9 \times 2 + 2 \times \frac{2}{2} = 18 + 2 = 20$

उसी प्रकार, तीसरे स्तम्भ में, $7 \times 8 + 8 \times \frac{8}{2} = 56 + 32 = \boxed{88}$

10. (a) जिस प्रकार,

पहली पंक्ति में, $(6 \times 12) + (12 - 6) = 78$

दूसरी पंक्ति में, $(6 \times 15) + (15 - 6) = 99$

उसी प्रकार,

तीसरी पंक्ति में, $(3 \times 13) + (13 - 3) = \boxed{49}$

11. (c) जिस प्रकार,

पहली पंक्ति में, $\{(6 \times 2) + (8 \times 3) - 2 = (12 + 24) - 2\}$

$= 36 - 2 = 34$

दूसरी पंक्ति में,

$\{(3 \times 2) + (2 \times 3)\} - 2 = (6 + 6) - 2$

$= 12 - 2 = 10$

उसी प्रकार,

तीसरी पंक्ति में, $\{(11 \times 2) + (18 \times 3)\} - 2 = (22 + 54) - 2$

$= 76 - 2 = \boxed{74}$

12. (c) प्रश्नानुसार,

यहाँ पर, पहली और दूसरी संख्या के बीच का अन्तर दूसरे और तीसरी संख्या के बीच के अन्तर से दोगुना है।

जिस प्रकार पहले स्तम्भ में,

$\Rightarrow 36-28=8$

$\Rightarrow 32-28=4\ (8=2\times 4)$

दूसरे स्तम्भ में,

$52-40=12$

$46-40=6\ (12=2\times 6)$

उसी प्रकार, तीसरे स्तम्भ में,

$86-12=74$

$\boxed{49}-12=37\ (74=2\times 37)$

13. (b) जिस प्रकार, पहली पंक्ति में,

$\Rightarrow 16^2-14^2=256-196=60$

तथा तीसरी पंक्ति में

$\Rightarrow 18^2-15^2=324-225=99$

उसी प्रकार, दूसरी पंक्ति में $=17^2-11^2=289-121=\boxed{168}$

14. (c) जिस प्रकार, पहली पंक्ति में,

$\Rightarrow \quad (19\times 3)-\left(\frac{81}{3}\right)=30$

दूसरी पंक्ति में,

$\Rightarrow \quad (42\times 3)-\left(\frac{57}{3}\right)=107$

उसी प्रकार, तीसरी पंक्ति में,

$\Rightarrow \quad (23\times 3)-\left(\frac{45}{3}\right)=\boxed{54}$

15. (b) जिस प्रकार,

पहली पंक्ति में,

$(25+24)\times 2+24=98+24=122$

दूसरी पंक्ति में,

$(31+27)\times 2+27=116+27=143$

उसी प्रकार,

तीसरी पंक्ति में,

$(35+29)\times 2+29=128+29=\boxed{157}$

11 क्रम परीक्षण

कुछ व्यक्तियों, वस्तुओं, स्थानों के समूह में एक से अधिक व्यक्ति, वस्तु या स्थान को उनके गुण, आकार, स्थिति इत्यादि के सापेक्ष तुलना करते हुए इन्हें सार्थक क्रम (आरोही या अवरोही क्रम) में व्यवस्थित करने की प्रक्रिया को क्रम परीक्षण कहा जाता है।

व्यक्तियों या वस्तुओं को एक क्रम में व्यवस्थित करने के अतिरिक्त इसके अन्तर्गत पूछे गए प्रश्नों में किसी पंक्ति, वर्ग या समूह में कुछ व्यक्तियों, वस्तुओं या स्थानों की सापेक्षिक स्थिति या क्रम भी दिया गया होता है।

आरोही या अवरोही क्रम व्यवस्था

इसके अन्तर्गत आने वाले प्रश्नों में सामान्यत: कुछ व्यक्तियों या वस्तुओं की आयु, लम्बाई, ऊँचाई, वजन, बुद्धिमत्ता, योग्यता आदि से सम्बन्धित तुलनात्मक विवरण दिए गए होते हैं और इसी आधार पर किसी व्यक्ति या वस्तु विशेष की आयु, लम्बाई, ऊँचाई, वजन, बुद्धिमत्ता, योग्यता आदि से सम्बन्धित प्रश्न पूछे जाते है।

उदाहरण 1. **अनुष्का का छोटा भाई सोहन, सीता से आयु में बड़ा है। श्वेता, दीप्ति से छोटी है किन्तु अनुष्का से बड़ी है। आयु में सबसे बड़ी कौन है?**

(a) अनुष्का (b) श्वेता
(c) सीता (d) दीप्ति

हल (d) आयु के अनुसार क्रम निम्नलिखित है,
दीप्ति > श्वेता > अनुष्का > सोहन > सीता
अतः आयु में दीप्ति सबसे बड़ी है।

उदाहरण 2. पाँच मित्रों में A, B की तुलना में भारी है। C, D की तुलना में हल्का है, लेकिन D सबसे भारी नहीं है। B, D की तुलना में हल्का है, लेकिन E से भारी है। इन सभी में सर्वाधिक भारी कौन है?

(a) B (b) D
(c) C (d) A

हल (d) प्रश्नानुसार, A > B, D > C, D > B > E
तीनों को मिलाने पर, A > D > C/B > E या A > D > B > E/C
अतः A सबसे भारी है।

अभ्यास प्रश्न

1. विवेक, लक्ष्मण, कमल, मोहन और रमेश नाम की पाँच कारों की चाल की तुलना की जाती हैं। विवेक की चाल केवल एक कार से अधिक है। रमेश की चाल, चार कारों से अधिक है। मोहन की चाल विवेक से अधिक लेकिन कमल और रमेश से कम है। कितनी कारों की चाल मोहन की चाल से कम है?

(a) 0
(b) 1
(c) 2
(d) 3

2. रश्मि, मोनिका से कद में छोटी है, जो प्रेरणा से कद में छोटी है। सना, रश्मि से कद में छोटी है। हर्षिता, प्रेरणा से लम्बी है। उमा, निकिता से कद में छोटी है और हर्षिता से लम्बी है। इनमें से किसका कद सबसे छोटा है?

(a) उमा (b) सना
(c) रश्मि (d) प्रेरणा

3. पाँच लड़कों अमन, बमन, चमन, दमन और फरहान की आयु अलग-अलग हैं। फरहान केवल अमन और बमन से बड़ा है। दमन केवल चमन से छोटा है। अमन सबसे छोटा नहीं है। कितने लड़के अमन से बड़े हैं?

(a) 1 (b) 2
(c) 3 (d) 4

4. प्रतीक, किरण, रोहित, सूरज और टोनी पाँच मित्र हैं जिन्होंने एक परीक्षा में अलग-अलग अंक प्राप्त किए हैं। केवल दो मित्रों ने प्रतीक और सूरज के बीच अंक प्राप्त किए गए हैं। किरण ने सर्वाधिक अंक प्राप्त किए हैं। टोनी ने रोहित से अधिक अंक प्राप्त किए हैं। चौथे स्थान पर सबसे अधिक अंक किसने प्राप्त किए हैं?

(a) किरण
(b) रोहित
(c) सूरज
(d) प्रतीक

5. पाँच लड़कियों अंजली, बीना, चिंटू, दीक्षा और श्रुति की आयु अलग-अलग हैं। अंजली केवल दीक्षा और श्रुति से छोटी है। श्रुति, दीक्षा से छोटी है। चिंटू सबसे छोटी है। समूह में चौथी सबसे बड़ी कौन है?

(a) बीना (b) चिंटू
(c) दीक्षा (d) श्रुति

6. पाँच लड़कियों अनीता, बबीता, चम्मा, डायना और एरिका की उम्र अलग-अलग है, अनीता केवल डायना और एरिका से छोटी है। एरिका, डायना से छोटी है। चम्मा सबसे छोटी है। समूह में चौथी सबसे बड़ी कौन है?

(a) डायना (b) एरिका
(c) चम्मा (d) बबीता

7. छः भाइयों अमन, बन्टी, चन्दू, दीपक, इमाद और फैजल, प्रत्येक का कद अलग-अलग है। बन्टी केवल तीन भाइयों से लम्बा है। फैजल केवल दीपक से लम्बा है। चन्दू केवल अमन से छोटा है। सभी भाइयों में चौथा सबसे लम्बा कौन है?

(a) दीपक (b) इमाद
(c) चन्दू (d) बन्टी

8. R, M से लम्बा है। M, P से लम्बा है। S, R से लम्बा है। H, P से कद में छोटा है। U, N से लम्बा है और H से कद में छोटा है। इनमें से सबसे लम्बा कौन है?

(a) S (b) M
(c) U (d) R

9. पाँच लड़कियों मानसी, काजल, रीतू, टीना और रिया के अंकों की तुलना की गई। रिया के अंक मानसी से कम लेकिन टीना से अधिक है। रीतू के अंक टीना, रिया और मानसी से कम हैं। काजल के अंक रीतू से कम है। कितनी लड़कियों के अंक रिया के अंक से कम है?

(a) 2 (b) 1
(c) 0 (d) 3

10. पाँच कारों B, M, J, N और U की कीमतों की तुलना की गई है। J की कीमत U, M और N से कम है। B की कीमत सबसे कम है। किसी भी दो कारों की कीमत एक समान नहीं है। U की कीमत M से कम है। न तो U और न ही M की कीमत सबसे अधिक है। कितनी कारों की कीमत U की कीमत से कम है?

(a) 1 (b) 3
(c) 2 (d) 0

11. पाँच मित्रों पीयूष, निखिल, राहुल, सक्षम और तरुण के कद अलग-अलग हैं। तरुण केवल तीन अन्य मित्रों से लम्बा है। राहुल सभी मित्रों में सबसे लम्बा है। निखिल केवल एक मित्र से लम्बा है। पीयूष से केवल दो मित्र लम्बे है। सभी मित्रों में किसका कद सबसे कम है?

(a) सक्षम (b) निखिल
(c) पीयूष (d) तरुण

12. सात भाईयों शुभम, सौरव, सहवाग, सचिन, सैम, शोएब और सूर्या की उम्र अलग-अलग है। सुभम सबसे बड़ा भाई है। सूर्या केवल दो भाइयों से बड़ा है। सौरव, सैम से बड़ा है, लेकिन शोएब से छोटा है। सहवाग केवल सचिन से बड़ा है। कितने भाई सौरव से छोटे हैं?

(a) 2 (b) 3
(c) 5 (d) 4

13. पाँच परीक्षाओं E1, E2, E3, E4 और E5 के अधिकतम अंकों की तुलना की जाती है। प्रत्येक परीक्षा के अधिकतम अंक अलग-अलग है। E5 के अधिकतम अंक E3 से अधिक हैं और E3 के अधिकतम अंक E1 से अधिक हैं। E1 के अधिकतम अंक E4 और E2 से अधिक हैं। E2 के अधिकतम अंक सबसे कम नहीं हैं। यदि E2 के अधिकतम अंक 180 हैं, तो E4 के अधिकतम अंक क्या हो सकते हैं?

(a) 185 (b) 188
(c) 178 (d) 190

14. पाँच कारों A, L, J, M और T के मूल्यों की तुलना की जाती है। A का मूल्य सबसे कम है। कोई भी दो कारों का मूल्य समान नहीं है। J का मूल्य T, L और M से कम है। न तो T और न ही L का मूल्य सबसे अधिक है। T का मूल्य L से कम है। कितनी कारों का मूल्य T के मूल्य से अधिक है?

(a) 1 (b) 3
(c) 2 (d) 0

15. सात व्यक्ति A, B, C, D, E, F और G अपने कद की तुलना कर रहे हैं। कोई भी दो व्यक्तियों का कद समान नहीं है। F, A से लम्बा है, जो D और C से लम्बा है। केवल दो व्यक्ति E से कद में छोटे हैं, लेकिन उनमें से कोई भी C नहीं है। D सबसे छोटे कद वाला व्यक्ति नहीं है। G का कद केवल एक व्यक्ति, F से छोटा है। सबसे छोटे कद वाला व्यकित कौन है?

(a) E (b) A
(c) B (d) C

उत्तरमाला

1. (c)	2. (b)	3. (c)	4. (b)	5. (a)	6. (d)	7. (b)	8. (a)	9. (d)	10. (c)
11. (a)	12. (d)	13. (c)	14. (c)	15. (c)					

संकेत एवं हल

1. (c) प्रश्नानुसार,

रमेश > कमल > मोहन > विवेक > लक्ष्मण

अत: दो कारों की गति मोहन की कार से कम है।

2. (b) प्रश्नानुसार,

निकिता > उमा > हर्षिता > प्रेरणा > मोनिका > रश्मि > सना

अत: सना सबसे छोटी है।

3. (c) प्रश्नानुसार,

चमन > दमन > फरहान > अमन > बमन

अत: अमन से तीन लड़के बड़े हैं।

4. (b) प्रश्नानुसार,

किरण > प्रतीक/सूरज > टोनी > रोहित > प्रतीक/सूरज

अत: रोहित को चौथे सबसे ज्यादा अंक मिले।

5. (a) प्रश्नानुसार,

दीक्षा > श्रुति > अंजलि > बीना > चिटू

अत: बीना चौथी सबसे बड़ी है।

6. (d) प्रश्नानुसार,

डायना > एरिका > अनीता > बबीता > चम्मा

अत: बबीता चौथी सबसे बड़ी है।

7. (b) प्रश्नानुसार,

अमन > चन्दू > बन्टी > इमाद > फैजत > दीपक

अत: इमाद चौथा सबसे लम्बा है।

8. (a) प्रश्नानुसार,

S > R > M > P > H > U > N

अत: S सबसे लम्बा है।

9. (d) प्रश्नानुसार,

मानसी > रिया > टीना > रीतू > काजल

अत: तीन लड़कियों के अंक रिया से कम है।

10. (c) प्रश्नानुसार,

N > M > U > J > B

अत: दो कारों की कीमत U से कम है।

11. (a) प्रश्नानुसार,

राहुल > तरुण > पीयूष > निखिल > सक्षम

अत: सक्षम सभी में सबसे छोटा है।

12. (d) प्रश्नानुसार,

शुभम > शोएब > सौरव > सैम > सूर्या > सहवाग > सचिन

अत: सौरव से छोटे चार भाई है।

13. (c) प्रश्नानुसार,

E5 > E3 > E1 > E2 > E4

अत: यदि E2 के अंक 180 है, तो E4 के अंक 178 हो सकते है।

14. (c) प्रश्नानुसार,

M > L > T > J > A

अत: दो कारों की कीमत T से अधिक है।

15. (c) प्रश्नानुसार,

F > G > A > C > E > D > B

अत: B सबसे छोटा है।

12 शब्दों का तार्किक क्रम

शब्दों का ऐसा व्यवस्थित या सार्थक क्रम, जो सर्वमान्य मान्यताओं तथा प्रकृति के नियमों एवं सिद्धान्तों के अनुरूप हो, शब्दों का तार्किक क्रम कहलाता है। ये शब्द वास्तविकता एवं सत्यता पर आधारित होते हैं।

अंग्रेजी भाषा के शब्दों को वर्णमाला या शब्दकोश के क्रम में व्यवस्थित करने की प्रक्रिया को अंग्रेजी शब्दों का व्यवस्थिकरण कहते हैं।

इसके अन्तर्गत आने वाले प्रश्नों में चार या पाँच अंग्रेजी के शब्द दिए गए होते हैं, जो अंग्रेजी शब्दकोश या वर्णमाला के क्रम में नहीं होते हैं। इन्हीं शब्दों को अंग्रेजी शब्दकोश या वर्णमाला के क्रम में व्यवस्थित करते हुए निर्देशानुसार उत्तर ज्ञात करना होता है।

उदाहरण 1. नीचे दिए गए शब्दों के विकल्पों में से कौन-सा विकल्प शब्दकोश के क्रमानुसार है?

1. Giant 2. Gall
3. Gale 4. Genus
5. Genius

(a) 5, 4, 3, 2, 1
(b) 1, 2, 3, 4, 5
(c) 3, 2, 5, 4, 1
(d) 3, 4, 5, 2, 1

हल (c) अंग्रेजी शब्दकोश के अनुसार शब्दों का क्रम निम्नवत् होगा

3. Gale $\rightarrow$ 2. Gall $\rightarrow$ 5. Genius $\rightarrow$ 4. Genus $\rightarrow$ 1. Giant

अतः क्रम = 3, 2, 5, 4, 1

उदाहरण 2. नीचे दिए गए शब्दों के विकल्पों में से कौन-सा विकल्प शब्दकोश के क्रमानुसार है?

1. Doom 2. Down 3. Drone
4. Drape 5. Ding

(a) 5, 1, 2, 4, 3 (b) 1, 2, 3, 4, 5
(c) 3, 2, 5, 4, 1 (d) 3, 4, 5, 2, 1

हल (a) दिए गए शब्दों का अंग्रेजी शब्दकोश के अनुसार क्रम निम्नवत् है,

5. Ding $\rightarrow$ 1. Doom $\rightarrow$ 2. Down $\rightarrow$ 4. Drape $\rightarrow$ 3. Drone

$\Rightarrow$ 5, 1, 2, 4, 3

अभ्यास प्रश्न

निर्देश (प्र. सं. 1-10) *निम्नलिखित प्रश्नों में दिए गए शब्दों को अंग्रेजी शब्दकोश के अनुसार व्यवस्थित कीजिए और उचित विकल्प को चुनिए।*

1. 1. Modest 2. Monkey
3. Modern 4. Modular
5. Monger
(a) 3, 4, 1, 2, 5 (b) 3, 1, 4, 2, 5
(c) 3, 4, 1, 5, 2 (d) 3, 1, 4, 5, 2

2. 1. Regulate 2. Remedy
3. Ressemble 4. Research
(a) 3, 1, 2, 4 (b) 1, 2, 4, 3
(c) 4, 2, 1, 3 (d) 1, 3, 4, 2

3. 1. Mobile 2. Mandate
3. Mandarin 4. Monkey
5. Master
(a) 3, 2, 5, 1, 4 (b) 3, 1, 2, 5, 4
(c) 5, 3, 2, 4, 1 (d) 3, 5, 2, 1, 4

4. 1. Philosopher 2. Pharmacy
3. Piercing 4. Salesman
5. Saleswoman
(a) 2, 1, 3, 4, 5 (b) 5, 3, 2, 1, 4
(c) 3, 4, 2, 1, 5 (d) 2, 4, 5, 1, 3

5. 1. Reputation 2. Reptile
3. Republic 4. Replicate
5. Repository
(a) 4, 2, 5, 3, 1 (b) 4, 3, 2, 5, 1
(c) 4, 5, 3, 1, 2 (d) 4, 5, 2, 3, 1

6. 1. Joke 2. Jockey
3. Jocular 4. Jocund
(a) 4, 2, 1, 3
(b) 2, 3, 4, 1
(c) 2, 3, 1, 4
(d) 4, 2, 3, 1

7. 1. Pearl 2. Peasant
3. Pea 4. Peanut
(a) 3, 1, 4, 2 (b) 3, 4, 1, 2
(c) 1, 3, 2, 4 (d) 1, 2, 3, 4

8. 1. Lively 2. Longer
3. Lasted 4. Lamp
5. Lost
(a) 4, 3, 1, 2, 5 (b) 4, 1, 3, 2, 5
(c) 4, 3, 1, 5, 2
(d) 4, 1, 3, 5, 2

9. 1. Kite 2. Kangaroo
3. Krypton 4. Kaizen
5. Karma
(a) 4, 2, 5, 1, 3 (b) 4, 5, 2, 1, 3
(c) 2, 4, 5, 1, 3 (d) 2, 5, 4, 1, 3

10. 1. Hale 2. Hake
3. Halt 4. Hamlet
5. Ham
(a) 1, 4, 3, 5, 2 (b) 2, 1, 3, 5, 4
(c) 4, 1, 5, 3, 2 (d) 2, 1, 5, 4, 3

उत्तरमाला

1.	2.	3.	4.	5.	6.	7.	8.	9.	10.
(d)	(b)	(a)	(a)	(d)	(b)	(b)	(a)	(a)	(b)

संकेत एवं हल

1. (d) दिए गए शब्दों का अंग्रेजी शब्दकोश के अनुसार क्रम निम्न है,

3. Modern → 1. Modest → 4. Modular → 5. Monger → 2. Monkey

⇒ 3, 1, 4, 5, 2

2. (b) दिए गए शब्दों का अंग्रेजी शब्दकोश के अनुसार क्रम निम्न है,

1. Regulate → 2. Remedy → 4. Research → 3. Ressemble

⇒ 1, 2, 4, 3

3. (a) दिए गए शब्दों का अंग्रेजी शब्दकोश के अनुसार क्रम निम्न है,

3. Mandarin → 2. Mandate → 5. Master

1. Mobile → 4. Monkey

⇒ 3, 2, 5, 1, 4

4. (a) दिए गए शब्दों का अंग्रेजी शब्दकोश के अनुसार क्रम निम्न है,

2. Pharmacy → 1. Philosopher → 3. Piercing → 4. Salesman → 5. Saleswoman

⇒ 2, 1, 3, 4, 5

5. (d) दिए गए शब्दों का अंग्रेजी शब्दकोश के अनुसार क्रम निम्न है,

4. Replicate → 5. Repository → 2. Reptile → 3. Republic → 1. Reputation

⇒ 4, 5, 2, 3, 1

6. (b) दिए गए शब्दों का अंग्रेजी शब्दकोश के अनुसार क्रम निम्न है,

2. Jockey → 3. Jocular → 4. Jocund → 1. Joke

⇒ 2, 3, 4, 1

7. (b) दिए गए शब्दों का अंग्रेजी शब्दकोश के अनुसार क्रम निम्न है,

3. Pea → 4. Peanut → 1. Pearl → 2. Peasent

⇒ 3, 4, 1, 2

8. (a) दिए गए शब्दों का अंग्रेजी शब्दकोश के अनुसार क्रम निम्न है,

4. Lamp → 3. Lasted → 1. Lively → 2. Longer → 5. Lost

⇒ 4, 3, 1, 2, 5

9. (a) दिए गए शब्दों का अंग्रेजी शब्दकोश के अनुसार क्रम निम्न है,

4. Kaizen → 2. Kangaroo → 5. Karma → 1. Kite → 3. Krypton

⇒ 4, 2, 5, 1, 3

10. (b) दिए गए शब्दों का अंग्रेजी शब्दकोश के अनुसार क्रम निम्न है,

2. Hake → 1. Hale → 3. Halt → 5. Ham → 4. Hamlet

⇒ 2, 1, 3, 5, 4

13 आकृति श्रृंखला

'श्रृंखला' शब्द का अर्थ है, क्रमबद्ध रूप से सजाना। श्रृंखला के अन्तर्गत आने वाले प्रश्नों में आकृतियों को एक निश्चित क्रम के अनुसार रखा जाता है। इन आकृतियों के बीच कुछ सम्बन्ध होता है, जिसके आधार पर श्रृंखला का निर्माण होता है। श्रृंखला के अन्तर्गत दी गई आकृतियों को निम्नलिखित आधार पर सजाया जाता है।

1. रेखाओं या भुजाओं की संख्या पर आधारित

जब दी गई आकृतियों में परिवर्तन संख्या के आधार पर होता है, तो आकृतियों के अवयवों की संख्या में वृद्धि या कमी होती है लेकिन कभी-कभी जब आकृति भुजायुक्त हो, तो उसकी भुजाओं की संख्या में भी वृद्धि या कमी होती है।

उदाहरण 1. कौन-सा विकल्प प्रश्न चिह्न के स्थान पर आएगा और दी गई श्रृंखला को पूरा करेगा?

प्रश्न आकृतियाँ

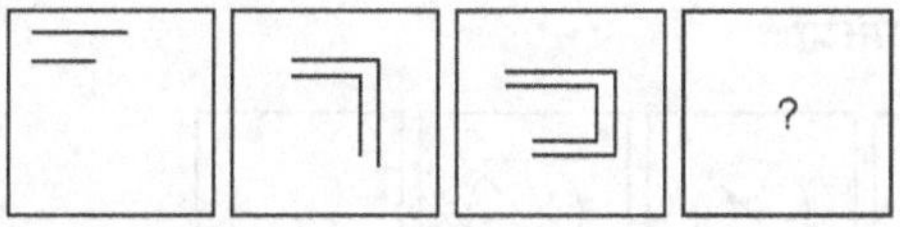

उत्तर आकृतियाँ

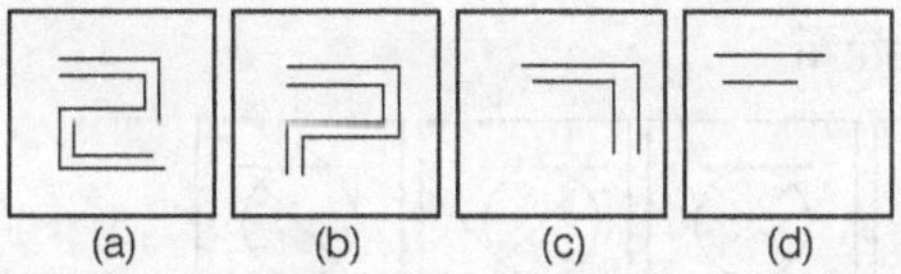

हल (b) दी गई श्रृंखला में प्रत्येक अगली आकृति में दो रेखाओं की वृद्धि हो जाती है।

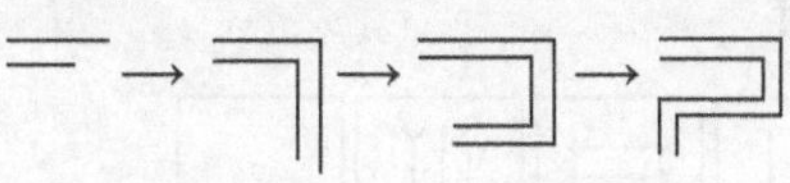

2. आकृतियों के घूर्णन पर आधारित

इस प्रकार पर आधारित प्रश्नों में दी गई प्रत्येक आकृति या आकृति के अवयवों को एक निश्चित क्रमानुसार घुमाने पर अगली आकृति बनती है। अभ्यर्थियों को इस परिवर्तन के क्रम को पहचानकर प्रश्नवाचक चिह्न के स्थान पर आने वाली उत्तर आकृति को दी गई उत्तर आकृतियों में से ज्ञात करना होता है।

उदाहरण 2. कौन-सी आकृति नीचे दी गई श्रृंखला में प्रश्न चिह्न के स्थान पर आएगी?

प्रश्न आकृतियाँ

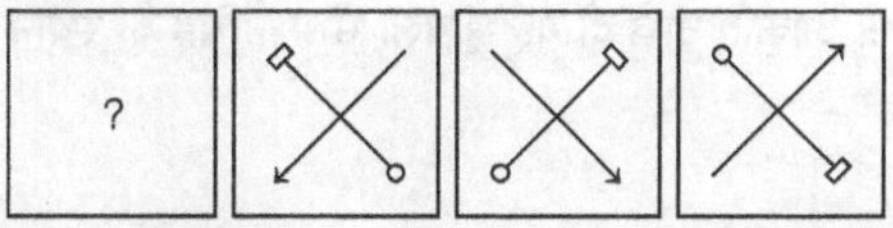

उत्तर आकृतियाँ

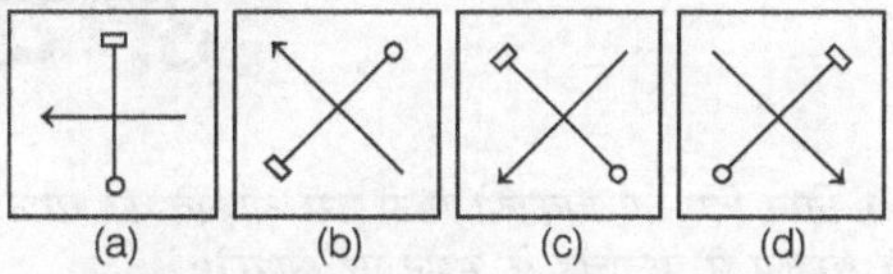

हल (b) आकृति में दो रेखाएँ हैं—एक तीर वाली रेखा, दूसरी वृत्त तथा आयत वाली रेखा। तीर वाली रेखा वामावर्त दिशा में 90° पर घूम रही है। वृत्त तथा आयत वाली रेखा दक्षिणावर्त दिशा में 90° पर घूम रही है।

3. आकृतियों की स्थिति में परिवर्तन पर आधारित

इस प्रकार पर आधारित प्रश्नों में दी गई आकृति के अवयवों की स्थितियाँ एक निश्चित क्रमानुसार पलट जाती हैं। ये वामावर्त या दक्षिणावर्त या क्रमिक रूप से वामावर्त और दक्षिणावर्त घूर्णन करते हुए पलट सकती है। इस प्रकार एक श्रृंखला का निर्माण होता है। अभ्यर्थियों को प्रश्न में निहित परिवर्तन के क्रम को पहचानकर प्रश्नवाचक चिह्न के स्थान पर आने वाली उत्तर आकृति को दी गई उत्तर आकृतियों में से चुनना होता है।

उदाहरण 3. कौन-सी आकृति नीचे दी गई श्रृंखला में प्रश्नचिह्न के स्थान पर आएगी?

प्रश्न आकृतियाँ

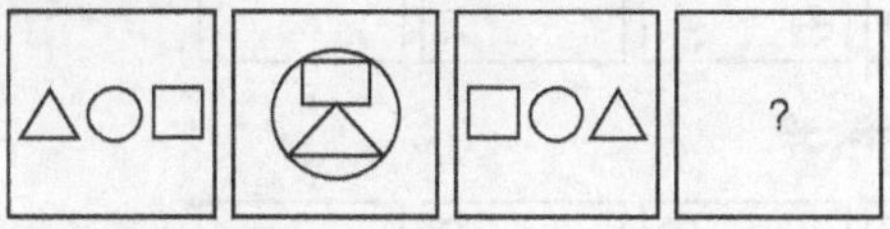

उत्तर आकृतियाँ

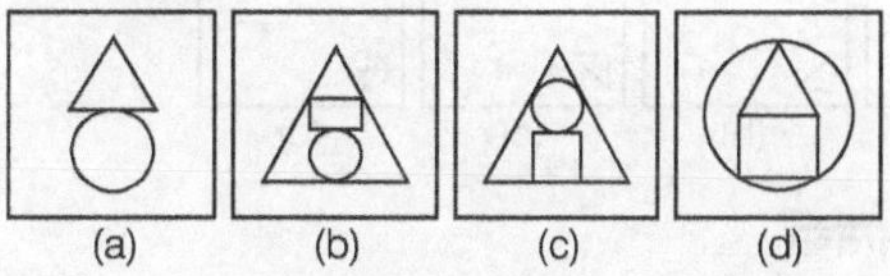

हल (d) प्रश्न आकृतियों में पहली आकृति से दूसरी आकृति में पहला और तीसरा डिजाइन दूसरे डिजाइन में अन्दर की ओर चले जाते हैं।
इस प्रकार तीसरी प्रश्न आकृति से उत्तर आकृति (d) प्राप्त होगी।

4. रूप एवं आकार के परिवर्तन पर आधारित

इस प्रकार पर आधारित प्रश्नों में आकृतियों में उनके रूप और आकार के आधार पर एक निश्चित क्रम में परिवर्तन होता है। जैसे—सफेद आकृति छायांकित हो जाती है या फिर छायांकित आकृति सफेद हो जाती है। एक निश्चित स्थान पर स्थित आकृति के स्थान पर नयी आकृति आ जाती है।

अभ्यर्थियों को प्रश्न आकृतियों में होने वाले परिवर्तनों को पहचानकर प्रश्नवाचक चिह्न के स्थान पर आने वाली उत्तर आकृति को दी गई उत्तर आकृतियों में से ज्ञात करना होता है।

उदाहरण 4. कौन-सी आकृति नीचे दी गई श्रृंखला में प्रश्नचिह्न के स्थान पर आएगी?

प्रश्न आकृतियाँ

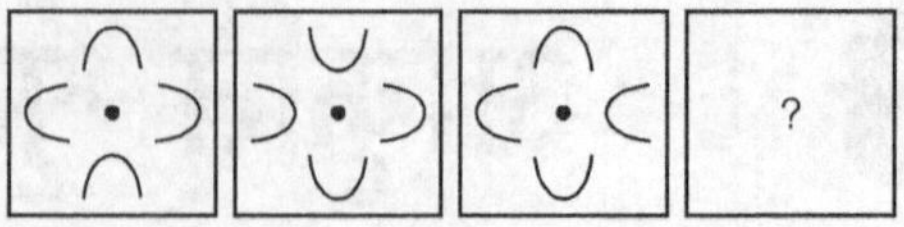

उत्तर आकृतियाँ

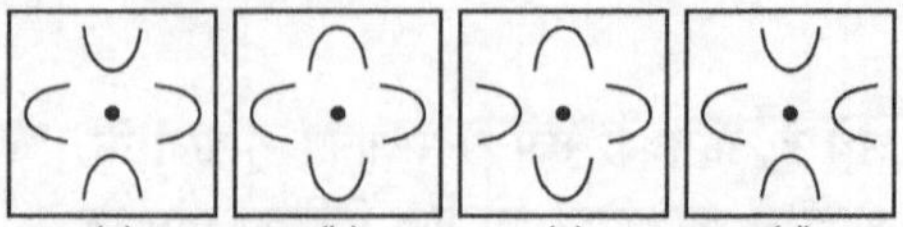

(a) (b) (c) (d)

हल (a) प्रश्न आकृति की प्रत्येक अगली आकृति में दक्षिणावर्त दिशा में क्रमशः तीन डिजाइन पलट जाते हैं। अतः सही उत्तर विकल्प (a) होगा।

अभ्यास प्रश्न

निर्देश (प्र. सं. 1-10) *निम्न दिए गए विकल्पों में से उस आकृति का चयन करें, जो निम्न आकृति श्रृंखला में प्रश्नचिह्न के स्थान पर आएगी।*

1. प्रश्न आकृतियाँ

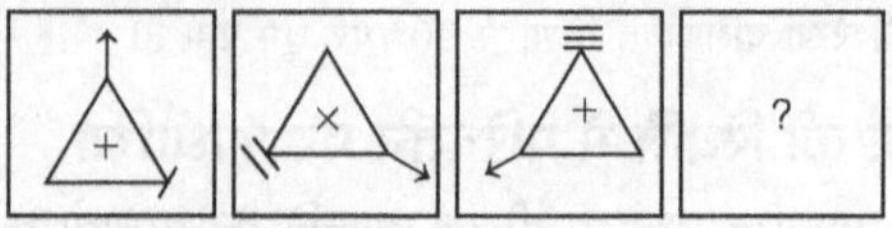

उत्तर आकृतियाँ

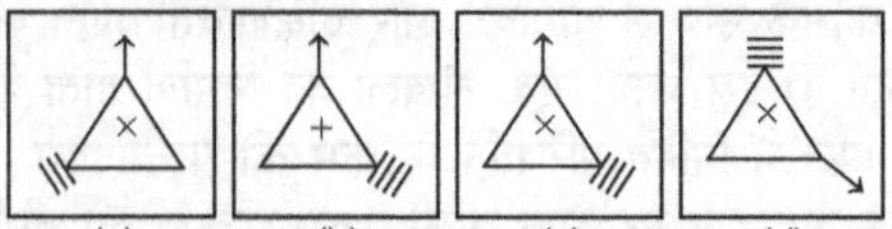

(a) (b) (c) (d)

2. प्रश्न आकृतियाँ

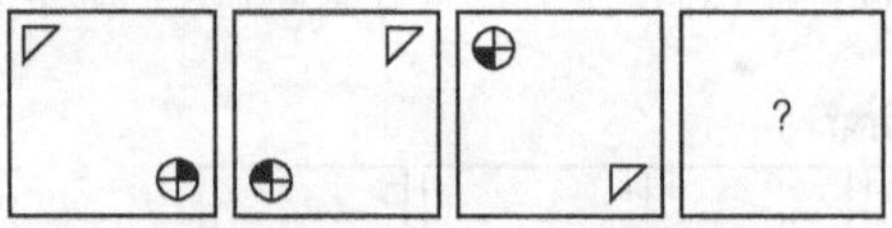

उत्तर आकृतियाँ

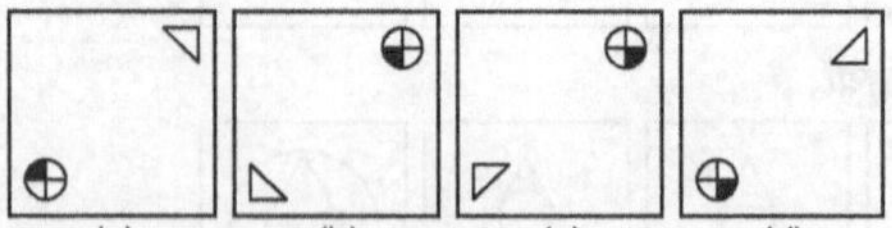

(a) (b) (c) (d)

3. प्रश्न आकृतियाँ

उत्तर आकृतियाँ

(a) (b) (c) (d)

4. प्रश्न आकृतियाँ

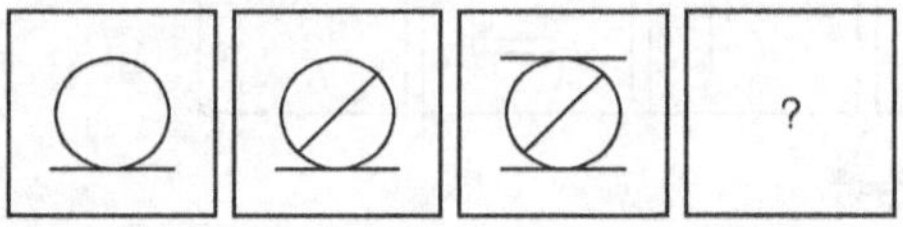

उत्तर आकृतियाँ

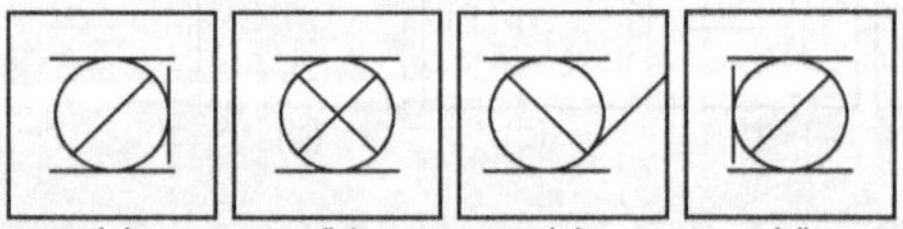

(a) (b) (c) (d)

5. प्रश्न आकृतियाँ

उत्तर आकृतियाँ

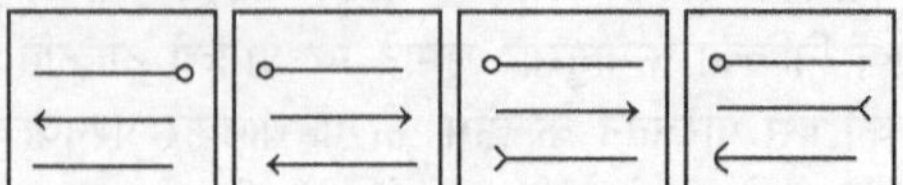

(a) (b) (c) (d)

6. प्रश्न आकृतियाँ

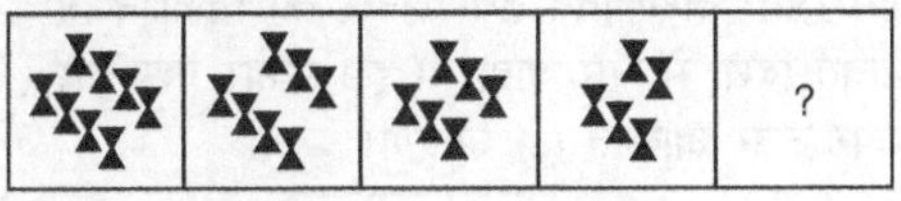

उत्तर आकृतियाँ

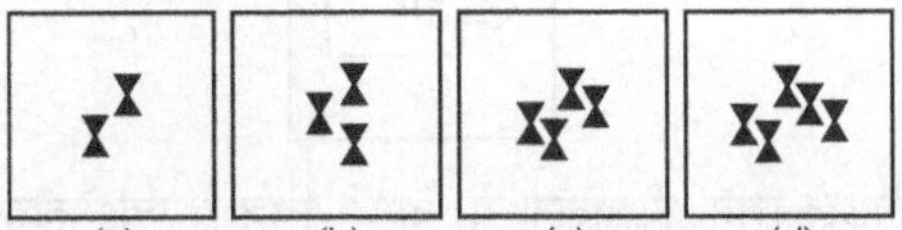

(a) (b) (c) (d)

7. प्रश्न आकृतियाँ

उत्तर आकृतियाँ

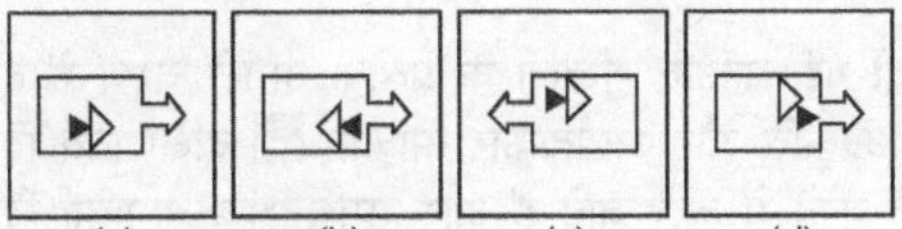

(a) (b) (c) (d)

8. प्रश्न आकृतियाँ

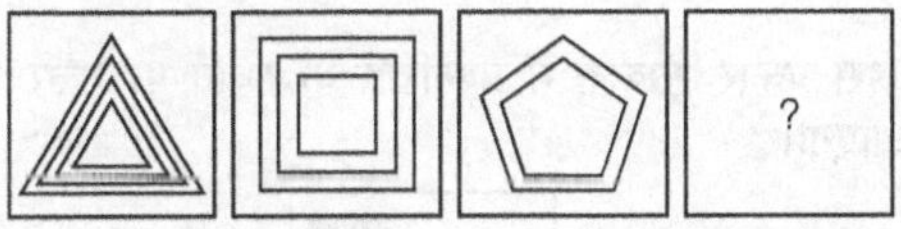

उत्तर आकृतियाँ

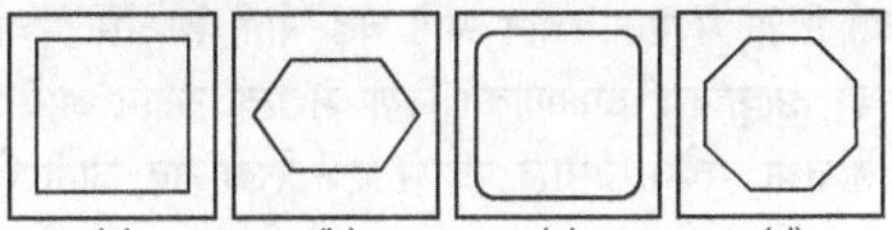

(a) (b) (c) (d)

9. प्रश्न आकृतियाँ

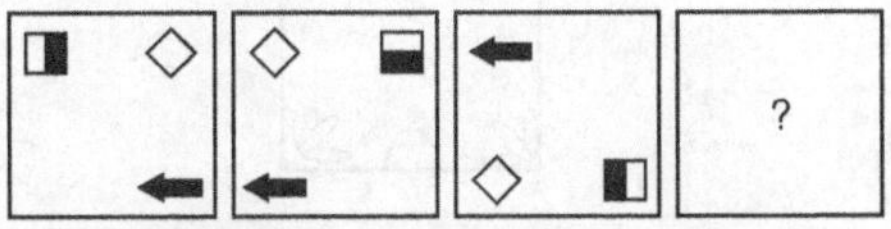

उत्तर आकृतियाँ

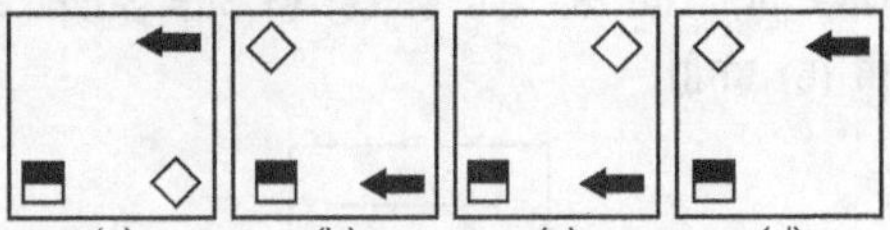

(a) (b) (c) (d)

10. प्रश्न आकृतियाँ

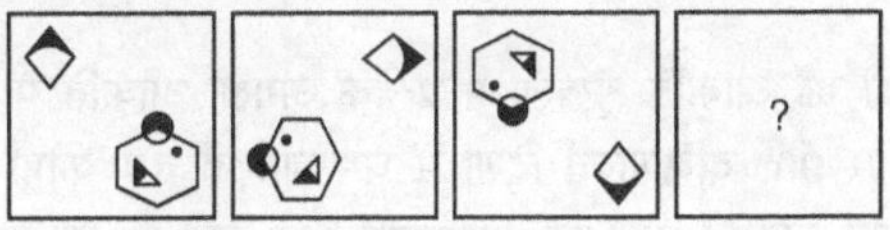

उत्तर आकृतियाँ

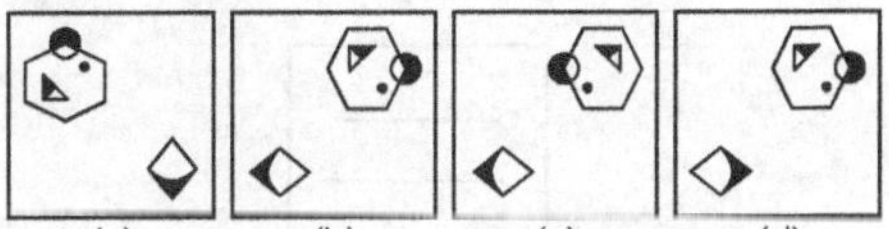

(a) (b) (c) (d)

उत्तरमाला

1. (c)	2. (c)	3. (d)	4. (b)	5. (b)	6. (c)	7. (c)	8. (b)	9. (a)	10. (b)

संकेत एवं हल

1. (c) दी गई श्रृंखला की प्रत्येक अगली आकृति में, सम्पूर्ण आकृति क्रमश: 135° तथा 90° दक्षिणावर्त घूम रही है तथा त्रिभुज के अन्दर एकान्तर क्रम में '+' तथा '×' आ रहा है। साथ ही त्रिभुज के कोने पर स्थित रेखाखण्ड में एक की वृद्धि हो रही है।

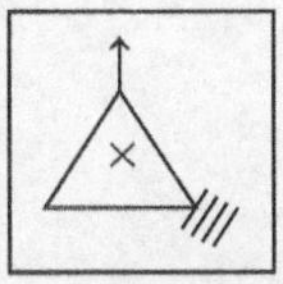

2. (c) प्रत्येक अगली आकृति में दोनों डिजाइन दक्षिणावर्त दिशा में एक स्थान आगे बढ़ जाते हैं, साथ ही डिजाइन '⊕' का कालांकित भाग, एक स्थान वामावर्त दिशा में आगे बढ़ जाता है। इसी क्रम में उत्तर आकृति (c) अभीष्ट आकृति होगी।

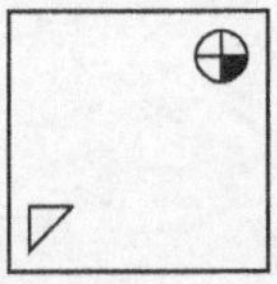

3. (d) दी गई प्रश्न आकृतियों में क्रमश: कोने वाली आकृतियाँ वामावर्त दिशा में एक स्थान आगे बढ़ जाती हैं और भुजाओं के मध्य की आकृतियाँ दक्षिणावर्त दिशा में एक स्थान आगे बढ़ जाती हैं तथा प्रत्येक अगले पद में एक रेखा बढ़ जाती है। इस प्रकार प्रश्नचिह्न के स्थान पर उत्तर आकृति (d) आएगी।

4. (b) प्रत्येक अगली आकृति में एकान्तर क्रम में वृत्त के अन्दर तथा बाहर एक रेखा की वृद्धि हो रही है। अत: अगली उत्तर आकृति (b) होगी।

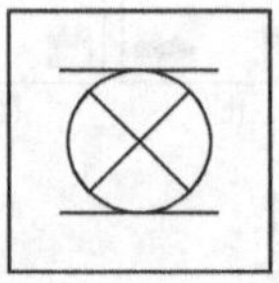

5. (b) दी गई आकृति शृंखला में प्रत्येक अगली आकृति में दिए गए तीर 90° दक्षिणावर्त दिशा में घूम जाते है तथा शीर्षों पर बने डिजाइन विपरीत शीर्ष पर स्थानान्तरित हो जाते हैं। इस प्रकार अगली आकृति उत्तर आकृति (b) है।

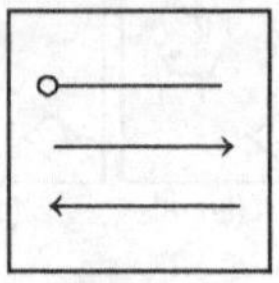

6. (c) प्रश्न आकृतियों की प्रत्येक अगली आकृति में अन्दर दी गई एक डिजाइन या अवयव () कम हो जाता है। आगे यही क्रम जारी रहता है, तो प्रश्नचिह्न के स्थान पर उत्तर आकृति (c) आएगी।

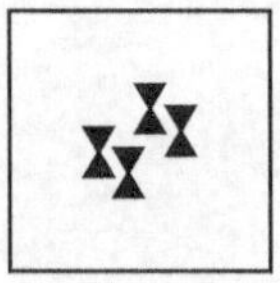

7. (c) दी गई प्रश्न आकृतियों की प्रत्येक अगली आकृति में बाहरी डिजाइन 180° दक्षिणावर्त तथा अन्दर का डिजाइन 90° दक्षिणावर्त दिशा में घूम जाता है। इस प्रकार प्रश्नचिह्न (?) के स्थान पर उत्तर आकृति (c) आएगी।

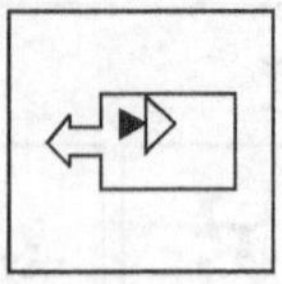

8. (b) पिछले चित्र की तुलना में, अगले चित्र में ज्यामितीय आकृति की भुजाओं की संख्या में एक की वृद्धि हो जाती है, जबकि आकृति की संख्या एक कम हो जाती है, तो उत्तर आकृति (b) प्राप्त होगी।

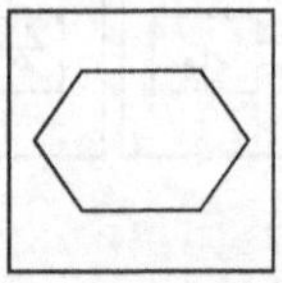

9. (a) दी गई आकृति शृंखला के प्रत्येक अगले चरण में तीरनुमा आकृति और आयताकार आकृति  दक्षिणावर्त दिशा में अगले कोने में चले जाते हैं और समचतुर्भुज वामावर्त दिशा में अगले कोने पर चला जाता है। आयताकार आकृति प्रत्येक अगले चरण में अपने स्थान पर ही दक्षिणावर्त दिशा में 90° घूम जाती है।

अत: इस प्रकार शृंखला में प्रश्नचिह्न के स्थान पर उत्तर आकृति (a) आएगी।

10. (b) दी गई आकृति शृंखला में समचतुर्भुज आकार की आकृति प्रत्येक अगली आकृति में 90° दक्षिणावर्त घूमने के साथ उसी दिशा में एक स्थान आगे प्रतिस्थापित हो जाती है तथा बड़ी आकृति 90° वामावर्त घूमने के साथ दक्षिणावर्त दिशा में एक स्थान आगे प्रतिस्थापित हो जाती है। अत: विकल्प आकृति (b) प्रश्न चिह्न को प्रतिस्थापित करेगी।

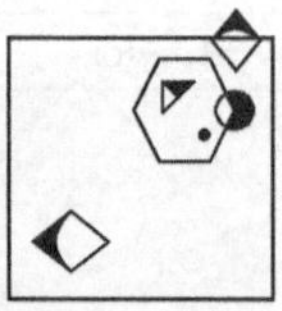

14 | आकृति सादृश्यता

इस अध्याय के अन्तर्गत आने वाले प्रश्नों में आकृतियों के मध्य अन्तर्निहित समानता पर कोई सम्बन्ध उनके आकार, रूप, घूर्णन, रेखाओं की संख्या इत्यादि गुणों पर आधारित होता है। इस प्रकार के प्रश्न दो भागों में दिए गए होते हैं, यथा प्रश्न आकृतियाँ तथा उत्तर आकृतियाँ। प्रश्न आकृतियाँ दो भागों में बँटी होती हैं।

प्रश्न आकृतियों के प्रथम भाग में दो आकृतियाँ होती हैं तथा दोनों आकृतियों के बीच एक निश्चित सम्बन्ध रहता है। परन्तु द्वितीय भाग में केवल एक आकृति दी गई होती है और एक प्रश्नवाचक चिह्न (?) दिया रहता है। प्रश्न आकृतियों के पहले भाग का सम्बन्ध प्रश्न आकृतियों के दूसरे भाग की दोनों आकृतियों में स्थापित करते हुए विकल्पों में से उस उत्तर आकृति का चयन करना होता है, जो प्रश्नवाचक चिह्न (?) के स्थान पर आएगी।

अभ्यास प्रश्न

निर्देश (प्र.सं 1-10) *नीचे दिए गए प्रश्नों में प्रश्न आकृति में दो युग्म आकृतियाँ दी गई है। पहला समूह प्रश्न आकृतियों का तथा दूसरा समूह उत्तर आकृतियों का है जिनमें प्रथम युग्म की आकृतियाँ जिस प्रकार एक-दूसरे से सम्बन्धित हैं, उसी सम्बन्ध के आधार पर द्वितीय युग्म की दूसरी आकृति ज्ञात कीजिए।*

1. प्रश्न आकृतियाँ

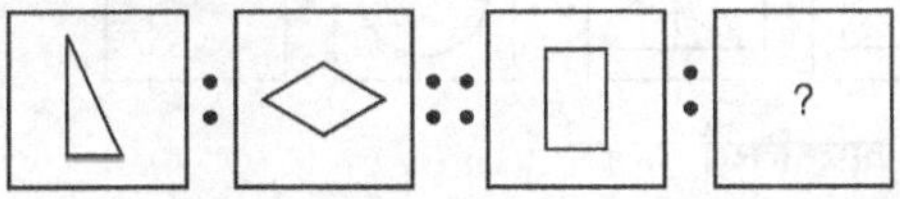

उत्तर आकृतियाँ

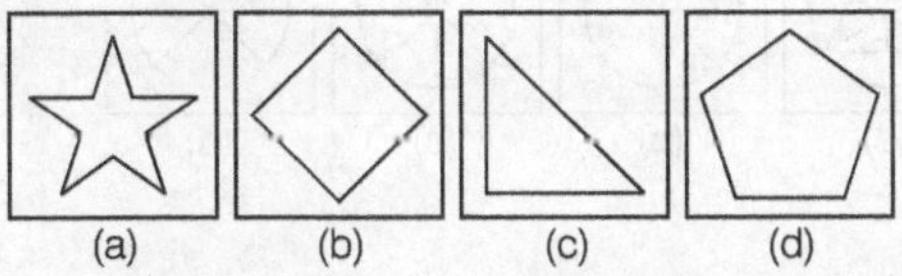

2. प्रश्न आकृतियाँ

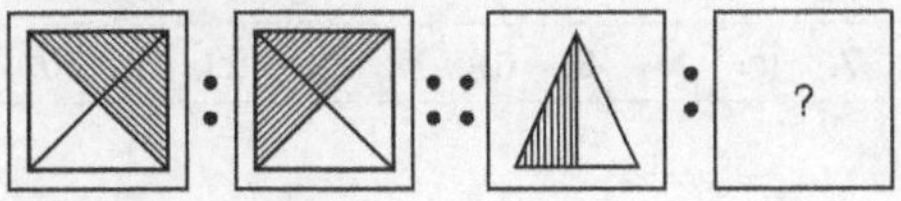

उत्तर आकृतियाँ

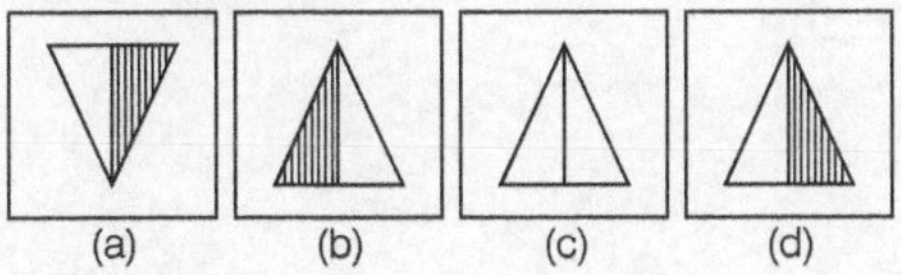

3. प्रश्न आकृतियाँ

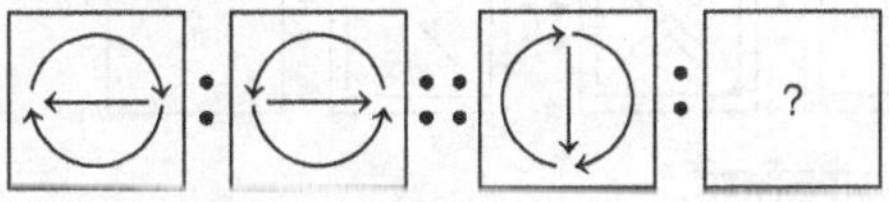

उत्तर आकृतियाँ

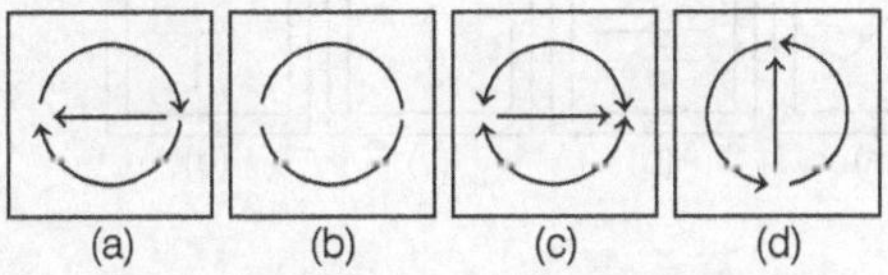

4. प्रश्न आकृतियाँ

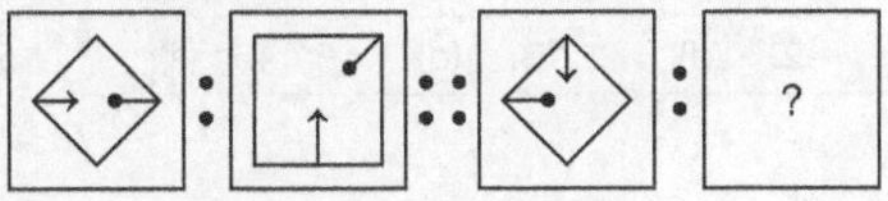

उत्तर आकृतियाँ

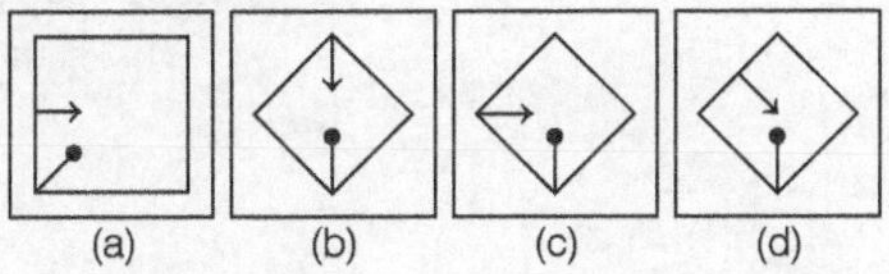

5. प्रश्न आकृतियाँ

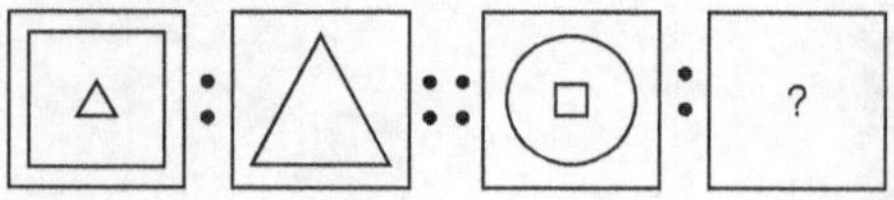

उत्तर आकृतियाँ

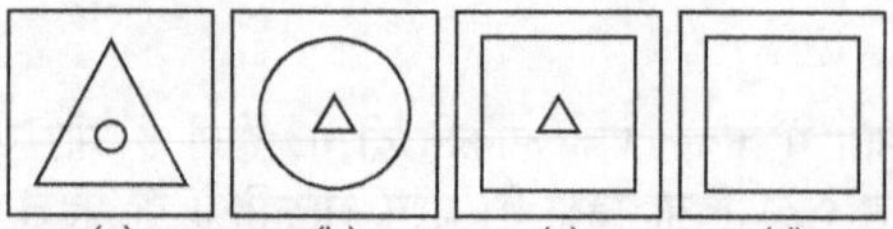

(a) (b) (c) (d)

6. प्रश्न आकृतियाँ

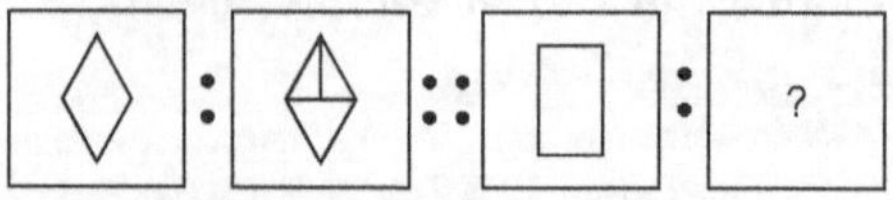

उत्तर आकृतियाँ

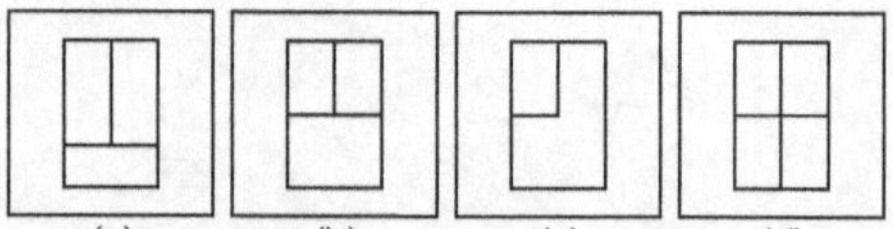

(a) (b) (c) (d)

7. प्रश्न आकृतियाँ

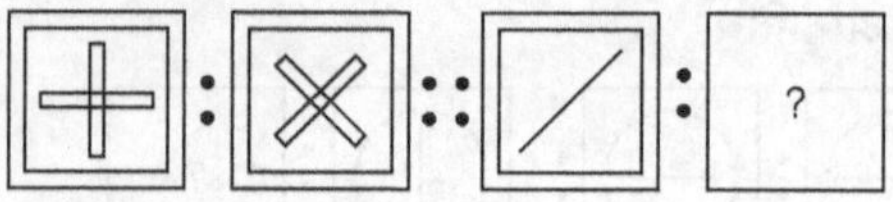

उत्तर आकृतियाँ

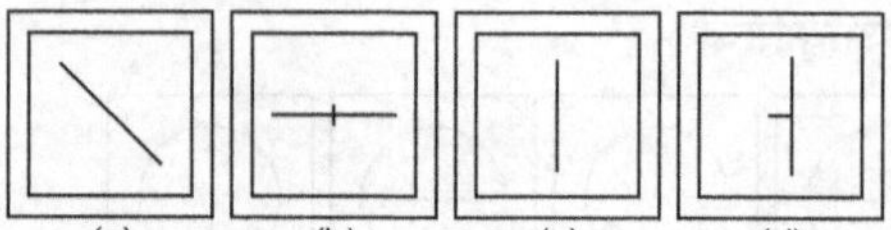

(a) (b) (c) (d)

8. प्रश्न आकृतियाँ

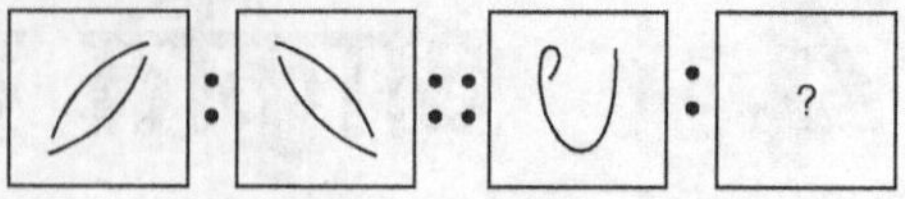

उत्तर आकृतियाँ

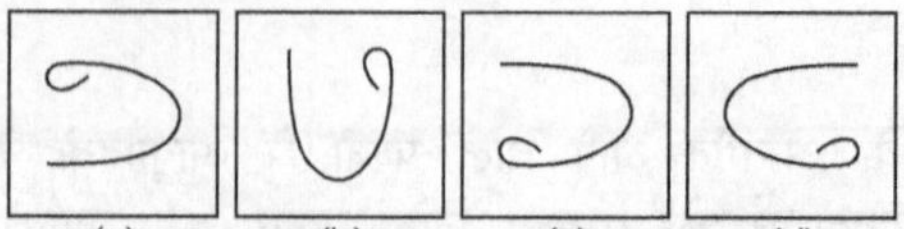

(a) (b) (c) (d)

9. प्रश्न आकृतियाँ

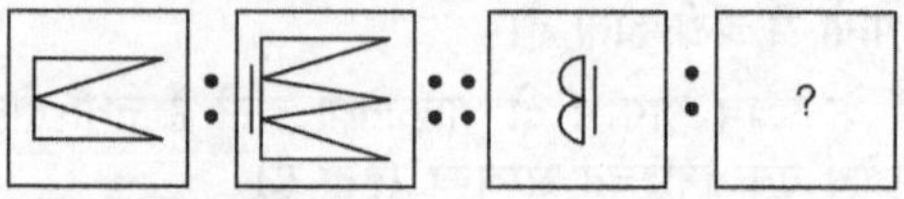

उत्तर आकृतियाँ

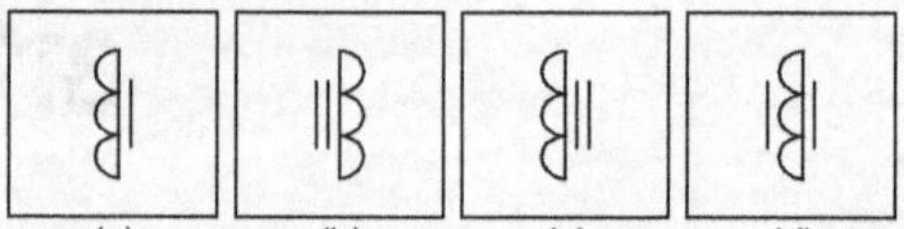

(a) (b) (c) (d)

10. प्रश्न आकृतियाँ

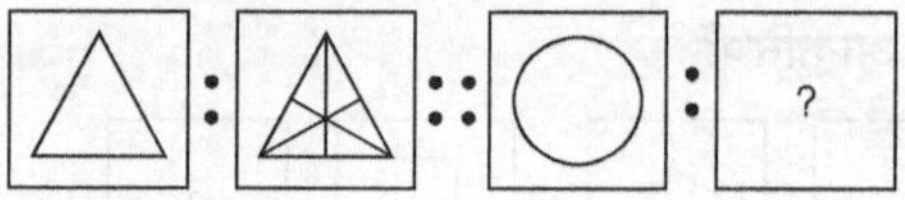

उत्तर आकृतियाँ

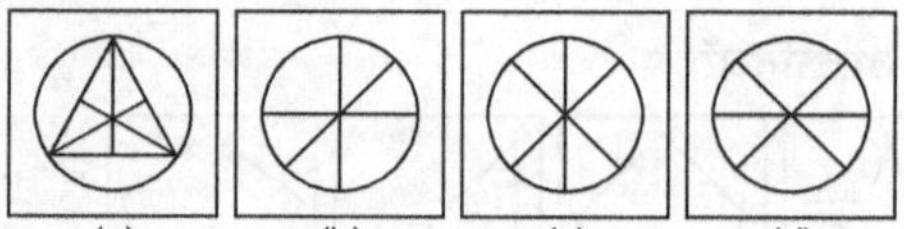

(a) (b) (c) (d)

उत्तरमाला

1. (d)	2. (d)	3. (d)	4. (a)	5. (d)	6. (b)	7. (c)	8. (b)	9. (c)	10. (c)

संकेत एवं हल

1. (d) जिस प्रकार, पहले युग्म की प्रथम आकृति में '3' भुजाएँ व द्वितीय आकृति में '4' भुजाएँ हैं। उसी प्रकार, दूसरे युग्म की प्रथम आकृति में '4' भुजाएँ हैं, तो उत्तर आकृति में '5' भुजाएँ होगी।

अतः विकल्प आकृति (d) सही उत्तर आकृति होगी।

2. (d) जिस प्रकार, पहली आकृति दूसरी आकृति का दर्पण प्रतिबिम्ब है। उसी प्रकार, चौथी आकृति, तीसरी आकृति का दर्पण प्रतिबिम्ब होगी।

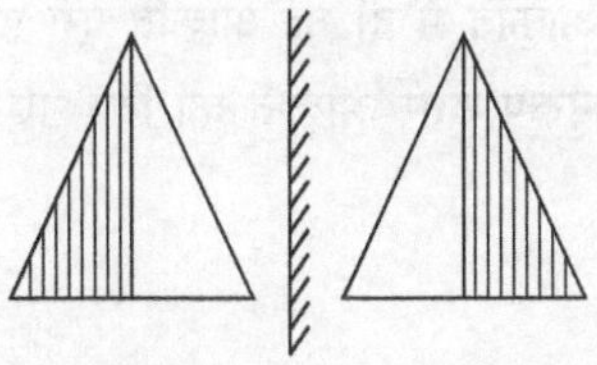

अतः विकल्प आकृति (d) सही उत्तर आकृति है।

3. (d) दी गई पहली आकृति से दूसरी आकृति में प्रथमतः रेखीय तीर को दक्षिणावर्त 180° घुमाया गया है तथा वक्रीय तीरों के तीक्ष्ण भाग की घूर्णन दिशा विपरीत हो जाती है।

अतः विकल्प (d) सर्वाधिक उपयुक्त उत्तर आकृति होगी।

4. (a) पहली आकृति से दूसरी आकृति में तीर का चिह्न आधा स्थान वामावर्त बढ़ता है और मुख्य आकृति 45° वामावर्त घूम रही है।
अतः विकल्प आकृति (a) सही उत्तर आकृति होगी।

5. (d) दी गई प्रश्न आकृतियों में, पहली से दूसरी आकृति में अन्दर की आकृति बड़ी हो जाती है और बाहरी आकृति लुप्त हो जाती है। इसी प्रकार तीसरे से चौथी आकृति में बाहरी वृत्त लुप्त हो जाएगा व आन्तरिक चतुर्भुज का आकार बड़ा हो जाएगा।
अतः उत्तर आकृति (d) सही विकल्प होगी।

6. (b) जिस प्रकार, पहली आकृति से दूसरी आकृति में आकृति क्षैतिज रेखा से समविभाजित होती है तथा ऊपर वाला भाग ऊर्ध्वाधर रेखा से समविभाजित होता है। यही परिवर्तन तीसरी से चौथी आकृति में होगा।

अतः विकल्प आकृति (b) सही उत्तर आकृति है।

7. (c) जिस प्रकार, पहली आकृति को 45° वामावर्त घुमाने से दूसरी आकृति प्राप्त होती है, उसी प्रकार तीसरी आकृति को 45° वामावर्त घुमाने से चौथी आकृति विकल्प (c) की आकृति प्राप्त होती है।
अतः विकल्प (c) सही उत्तर आकृति है।

8. (b) जिस प्रकार, पहली आकृति से दूसरी आकृति में पहली आकृति का दर्पण प्रतिबिम्ब दूसरी आकृति के समान है। उसी प्रकार, तीसरी आकृति का दर्पण प्रतिबिम्ब चौथी आकृति में विकल्प (b) के समान होगा।
अतः विकल्प (b) सही उत्तर आकृति है।

9. (c) प्रथम युग्म की पहली आकृति से दूसरी आकृति में डिजाइनों की संख्या में एक की वृद्धि हो जाती है और एक रेखाखण्ड आधार की ओर जुड़ जाता है। इसी प्रकार, द्वितीय युग्म की पहली से दूसरी आकृति में अर्द्धवृत्तों की संख्या तीन हो जाएगी और आधार की ओर दो रेखाखण्ड हो जाएँगे।
अतः विकल्प (c) सही उत्तर आकृति है।

10. (c) जिस प्रकार, पहली आकृति में तीन रेखाएँ '∗' रूप में जोड़ने पर दूसरी आकृति प्राप्त होती है। उसी प्रकार, तीसरी आकृति में तीन रेखाएँ '∗' रूप से जोड़ने पर उत्तर आकृति (c) प्राप्त होगी।

15 | आकृति पूर्ति

इस अध्याय के अन्तर्गत आने वाले प्रश्न प्राय: दो भागों प्रश्न आकृति तथा उत्तर आकृति में विभक्त रहते हैं। प्रश्न आकृति में एक आकृति दी गई होती है जिसका सामान्यत: एक-चौथाई भाग लुप्त रहता है। इस रिक्त एक-चौथाई भाग के स्थान पर प्रश्नवाचक चिह्न (?) दिया गया होता है।

दी गई आकृति को पूर्ण करने के लिए उत्तर विकल्पों के रूप में चार आकृतियाँ दी गई होती हैं। अभ्यर्थी को यह ज्ञात करना होता है कि उत्तर आकृतियों में दिए गए चारों विकल्पों में से किस विकल्प की आकृति को रिक्त स्थान पर रखने से प्रश्न आकृति में दी गई आकृति पूरी हो जाएगी।

रिक्त स्थान की आकृति ज्ञात करने के लिए अभ्यर्थियों को रिक्त स्थान की विपरीत दिशा के अनुरूप उत्तर आकृति को दिए गए विकल्पों में से ज्ञात करना चाहिए।

अभ्यास प्रश्न

निर्देश (प्र. सं. 1-10) *नीचे दी गई उत्तर आकृतियों में से वह आकृति चुनिए, जो दी गई प्रश्न आकृति को बिना दिशा परिवर्तन के पूरा करती हो।*

1. प्रश्न आकृति

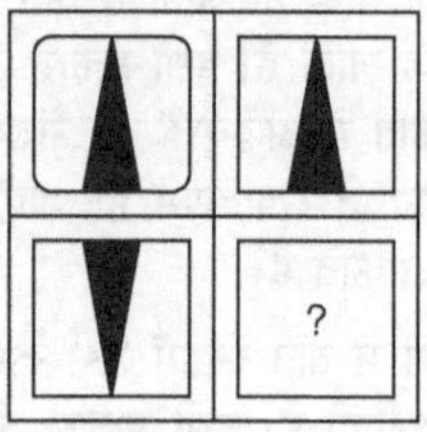

उत्तर आकृतियाँ

(a) (b) (c) (d)

2. प्रश्न आकृति

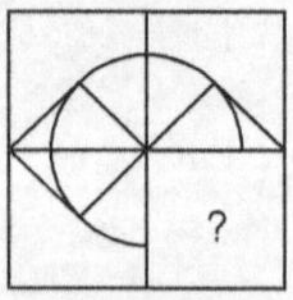

उत्तर आकृतियाँ

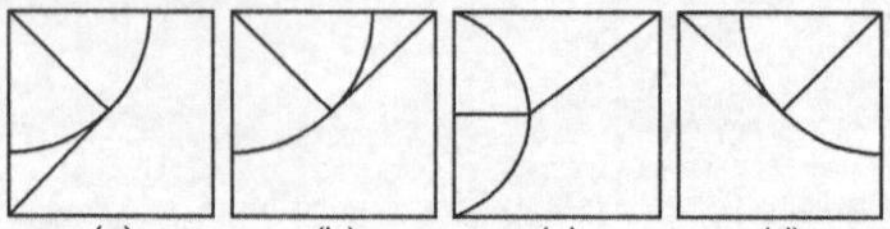

(a) (b) (c) (d)

3. प्रश्न आकृति

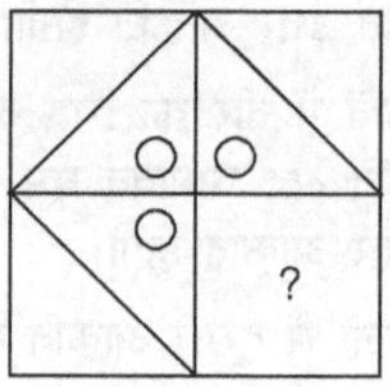

उत्तर आकृतियाँ

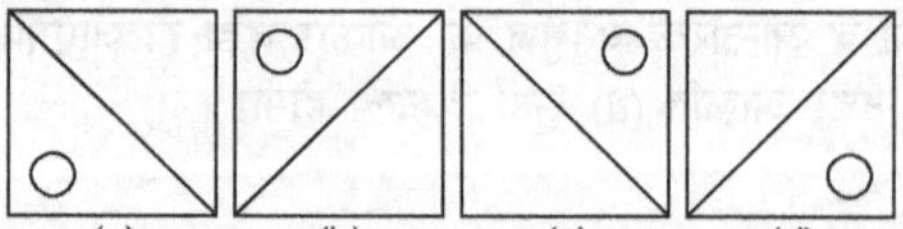

(a) (b) (c) (d)

4. प्रश्न आकृति

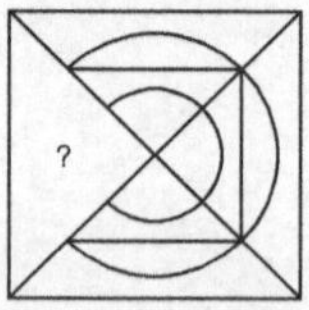

उत्तर आकृतियाँ

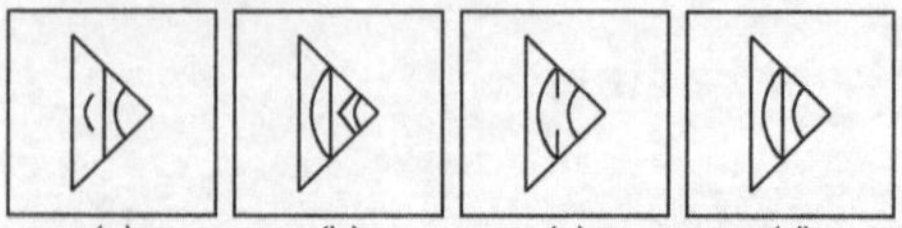

(a) (b) (c) (d)

5. प्रश्न आकृति

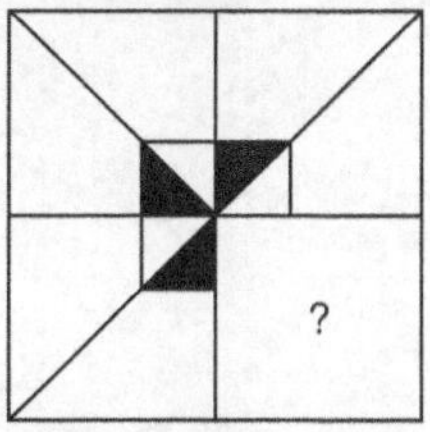

उत्तर आकृतियाँ

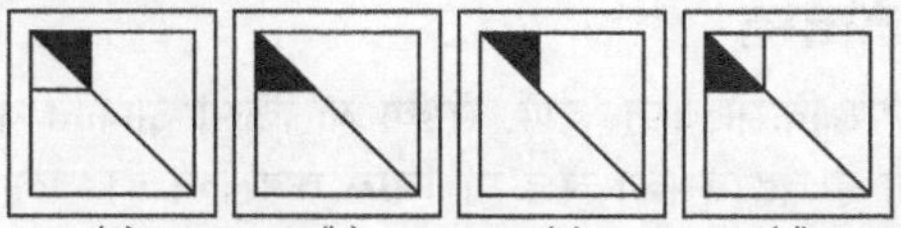

(a) (b) (c) (d)

6. प्रश्न आकृति

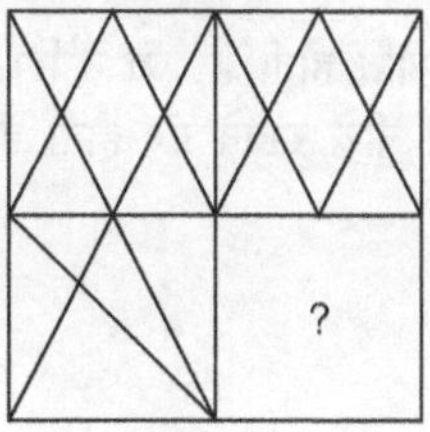

उत्तर आकृतियाँ

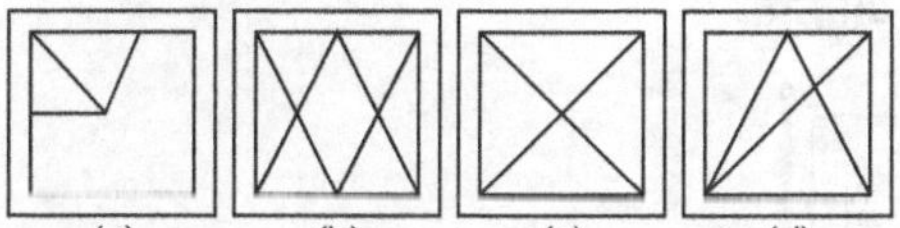

(a) (b) (c) (d)

7. प्रश्न आकृति

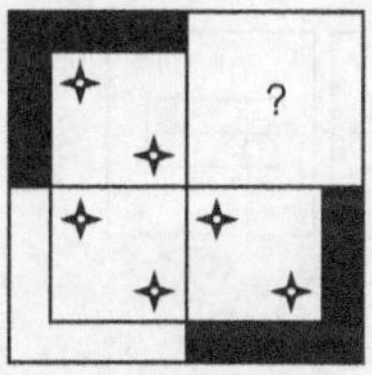

उत्तर आकृतियाँ

(a) (b) (c) (d)

8. प्रश्न आकृति

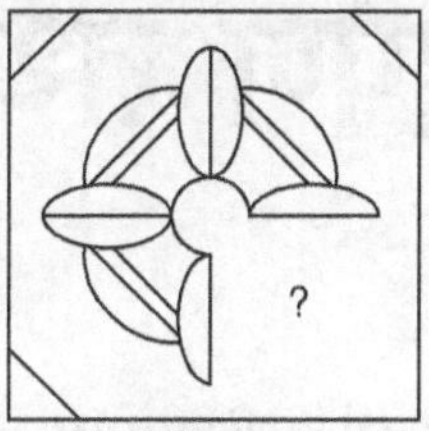

उत्तर आकृतियाँ

(a) (b) (c) (d)

9. प्रश्न आकृति

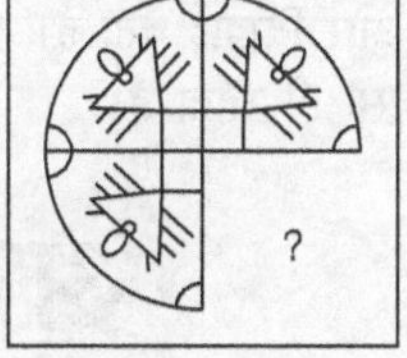

उत्तर आकृतियाँ

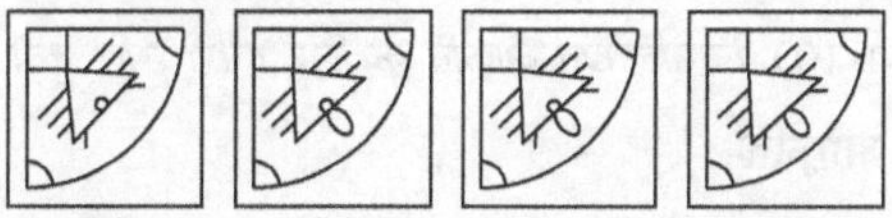

(a) (b) (c) (d)

10. प्रश्न आकृति

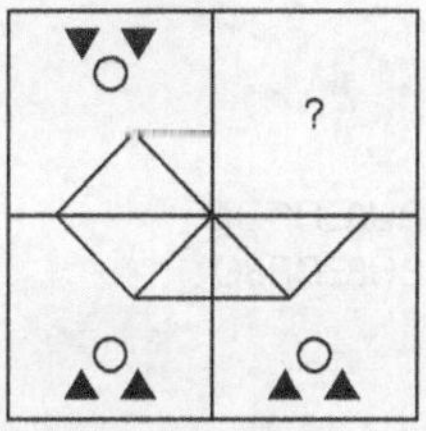

उत्तर आकृतियाँ

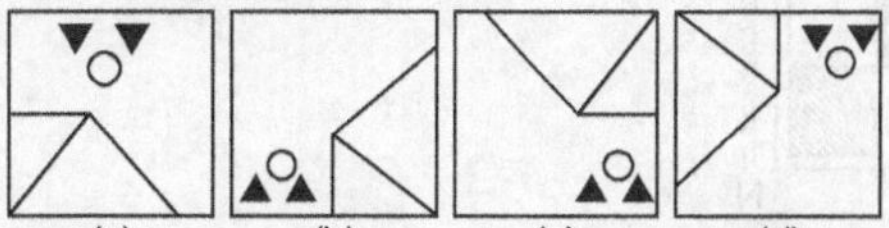

(a) (b) (c) (d)

उत्तरमाला

1. (d) **2.** (b) **3.** (b) **4.** (d) **5.** (a) **6.** (d) **7.** (d) **8.** (c) **9.** (c) **10.** (a)

16 दर्पण तथा जल प्रतिबिम्ब

प्रतिबिम्ब सामान्यत: दो प्रकार के होते हैं दर्पण प्रतिबिम्ब (Mirror Image) एवं जल प्रतिबिम्ब (Water Image)

1. दर्पण प्रतिबिम्ब

जब दर्पण में किसी वस्तु, वर्ण, संख्या या किसी आकृति को देखने पर उसके समान जो आकृति दिखाई देती है, उसे ही उस वस्तु का दर्पण प्रतिबिम्ब कहते हैं।

जब दर्पण ऊर्ध्वाधर रखा हो, तब आकृति का प्रतिबिम्ब पार्श्विक रूप से उल्टा बनता है अर्थात् वस्तु, वर्ण, संख्या या किसी आकृति का बायाँ भाग दाईं ओर तथा दायाँ भाग बाईं ओर दिखाई देता है। जबकि ऊपर तथा नीचे का भाग समान रूप से वैसा ही रहता है।

2. जल प्रतिबिम्ब

जल में देखने पर किसी वस्तु, वर्ण, संख्या या किसी आकृति का जो प्रतिबिम्ब बनता है वह उसका जल प्रतिबिम्ब कहलाता है। जल प्रतिबिम्ब का यह गुण है कि जल प्रतिबिम्ब में वस्तु, वर्ण, संख्या या किसी आकृति का ऊपर का भाग नीचे तथा नीचे का भाग ऊपर दिखाई देता है, जबकि दायाँ या बायाँ भाग अपरिवर्तित रहता है। जल प्रतिबिम्ब में वस्तु की ठीक वही स्थिति होती है, जो दर्पण प्रतिबिम्ब में दर्पण को वस्तु के ऊपर या नीचे रखने पर होती है।

अभ्यास प्रश्न

निर्देश (प्र. सं. 1-10) *निम्नलिखित आकृति के लिए दर्पण छवि चुनें।*

1. प्रश्न आकृति

उत्तर आकृतियाँ

(a) SUOƎGЯOG (b) SU8ƎGЯOG
(c) SUOƎGЯ8G (d) SU8ƎGЯ8G

2. प्रश्न आकृति

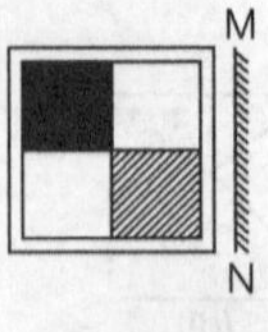

उत्तर आकृतियाँ

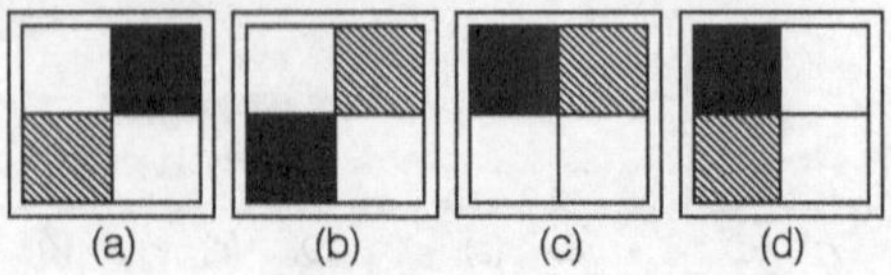

3. प्रश्न आकृति

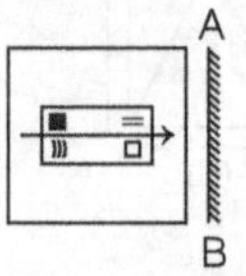

उत्तर आकृतियाँ

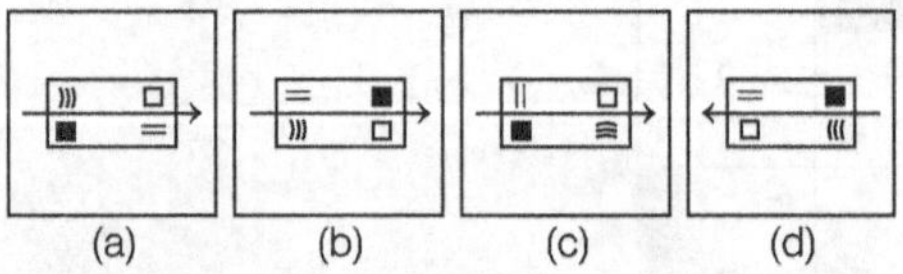

4. प्रश्न आकृति

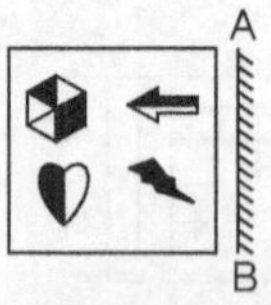

उत्तर आकृतियाँ

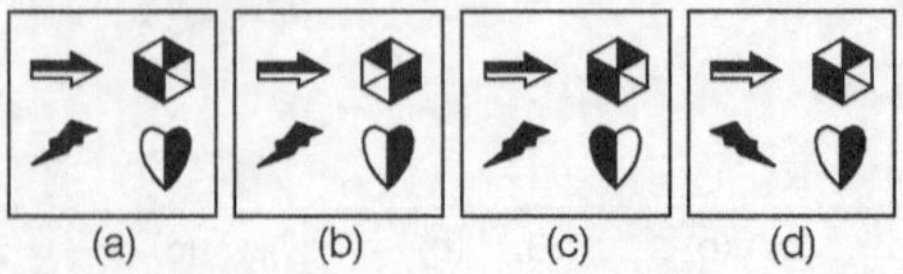

5. प्रश्न आकृति

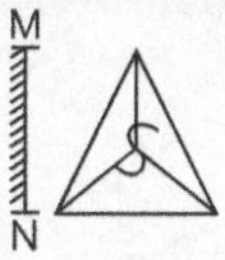

उत्तर आकृतियाँ

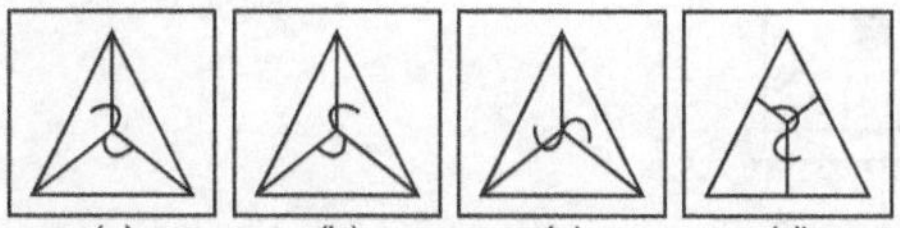

(a) (b) (c) (d)

6. प्रश्न आकृति

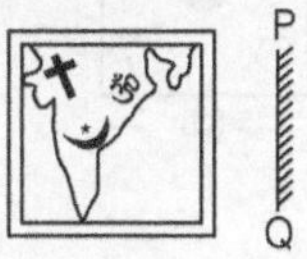

उत्तर आकृतियाँ

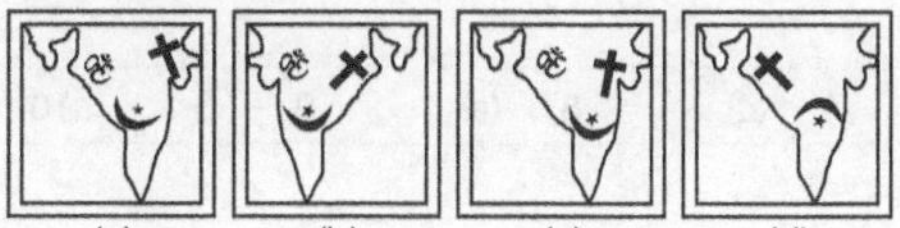

(a) (b) (c) (d)

7. प्रश्न आकृति

उत्तर आकृतियाँ

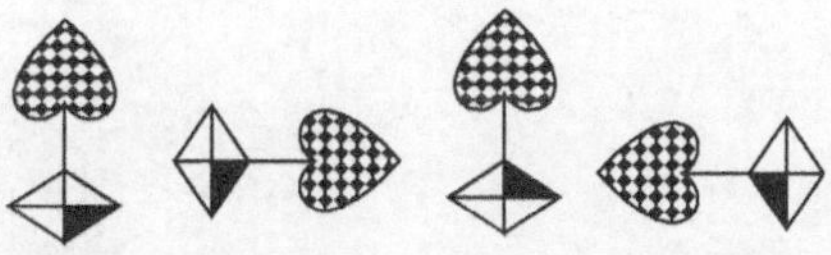

(a) (b) (c) (d)

8. प्रश्न आकृति

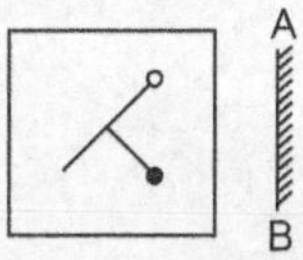

उत्तर आकृतियाँ

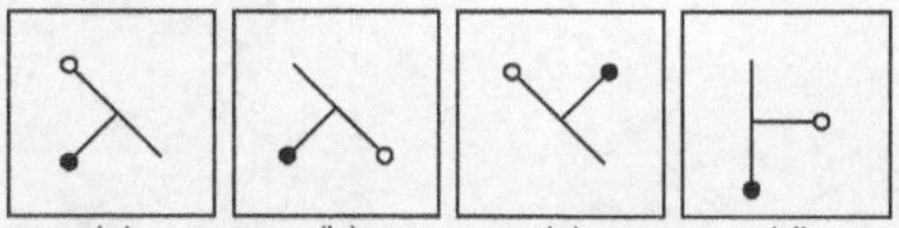

(a) (b) (c) (d)

9. प्रश्न आकृति

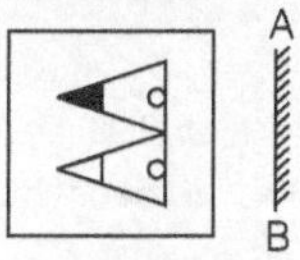

उत्तर आकृतियाँ

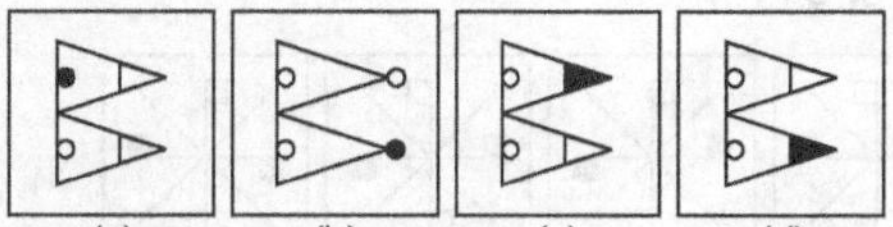

(a) (b) (c) (d)

10. प्रश्न आकृति

A1B2C3 

उत्तर आकृतियाँ

(a) ƐƆ2B1A (b) 3Ɔ2B1∀

(c) ∀1B2ƆƐ (d) 32B1AC

निर्देश (प्र. सं. 11-15) *दिए गए प्रश्नों में एक आकृति दी गई है। उस आकृति का जल प्रतिबिम्ब क्या होगा?*

11. प्रश्न आकृति

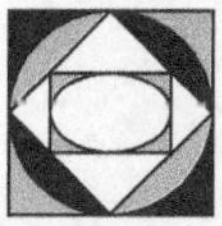

(X)

उत्तर आकृतियाँ

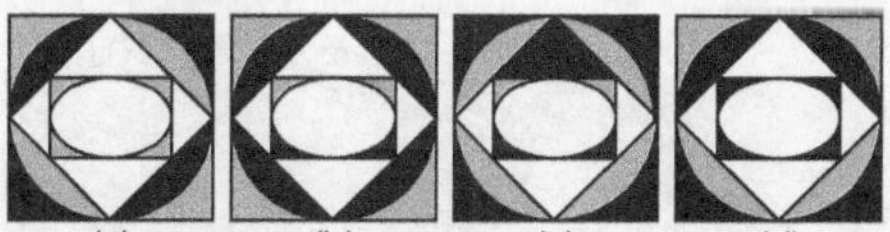

(a) (b) (c) (d)

12. प्रश्न आकृति

(X)

उत्तर आकृतियाँ

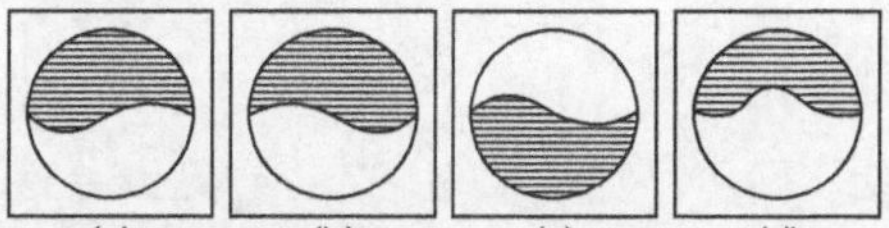

(a) (b) (c) (d)

13. प्रश्न आकृति

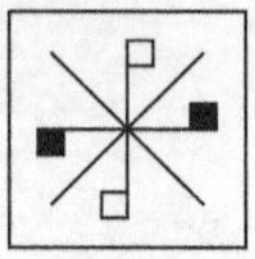

(X)

उत्तर आकृतियाँ

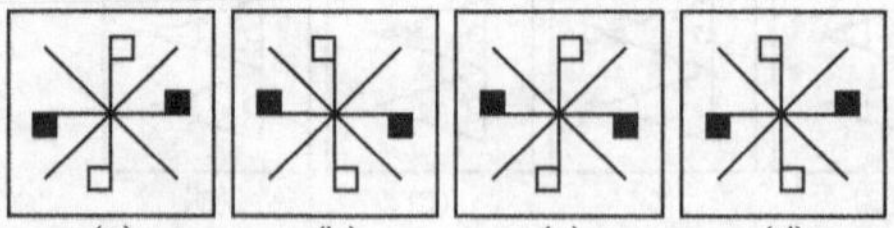

(a) (b) (c) (d)

14. प्रश्न आकृति

ANMOL

उत्तर आकृतियाँ

(a) ∀NWOL (b) ∀ИWOL

(c) ⅃OMИA (d) ∀ИMOL

15. प्रश्न आकृति

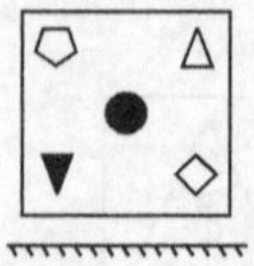

उत्तर आकृतियाँ

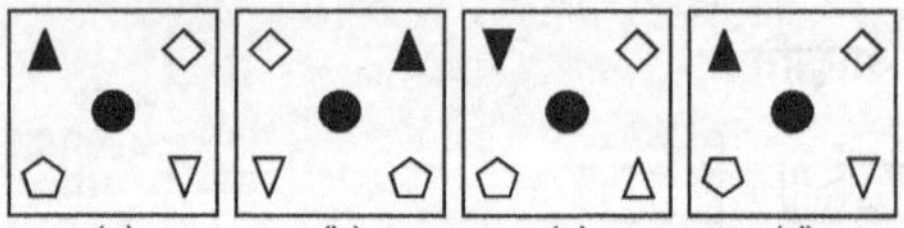

(a) (b) (c) (d)

उत्तरमाला

1. (b)	2. (a)	3. (d)	4. (a)	5. (a)	6. (c)	7. (c)	8. (a)	9. (c)	10. (a)
11. (a)	12. (b)	13. (b)	14. (b)	15. (a)					

17 | आकृति मिलान

जब कोई दी गई आकृति अपने रूप, गुण या स्थिति के आधार पर उत्तर आकृतियों में से दी गई किसी एक आकृति के समरूप या समान होती है, तो उत्तर आकृति में दी गई उस आकृति को, प्रश्न में दी गई आकृति की समान आकृति कहते हैं।

इस अध्याय के अन्तर्गत पूछे जाने वाले प्रश्न दो भागों में बँटे रहते हैं। प्रश्न आकृति के रूप में एक समस्या आकृति या मूल आकृति, दी गई होती है। इसके बाद चार उत्तर आकृतियाँ दी गई होती हैं।

अभ्यर्थियों को प्रश्न आकृति में दी गई मूल आकृति के समान आकृति को, दी गई उत्तर आकृतियों में से ज्ञात करना होता है।

अभ्यास प्रश्न

निर्देश (प्र. सं. 1-10) *नीचे दिए गए प्रश्नों में ऊपर एक आकृति दी गई है तथा नीचे चार उत्तर आकृतियाँ दी गई हैं। इनमें से एक आकृति बिल्कुल प्रश्न आकृति जैसी है, आपको इसी आकृति को ढूँढ़ना है।*

1. प्रश्न आकृति

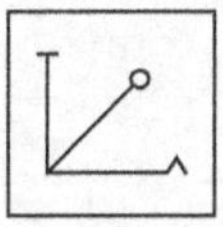

उत्तर आकृतियाँ

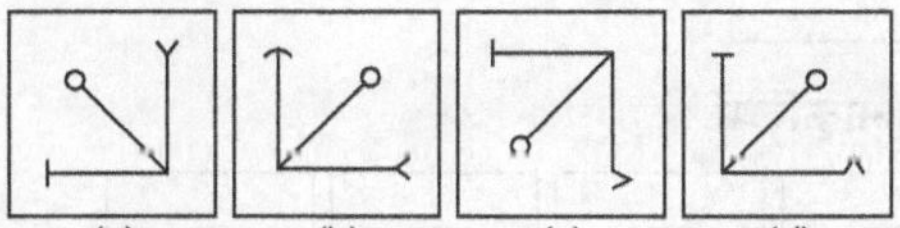

(a) (b) (c) (d)

2. प्रश्न आकृति

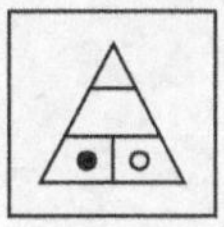

उत्तर आकृतियाँ

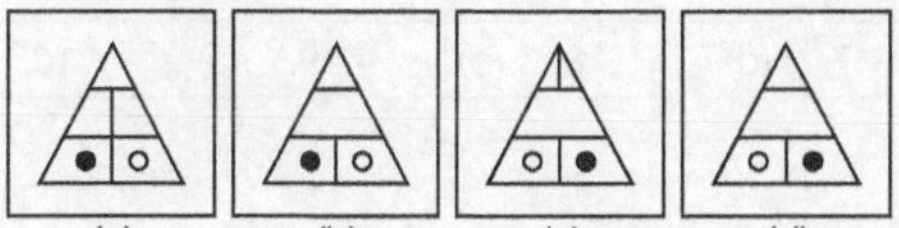

(a) (b) (c) (d)

3. प्रश्न आकृति

उत्तर आकृतियाँ

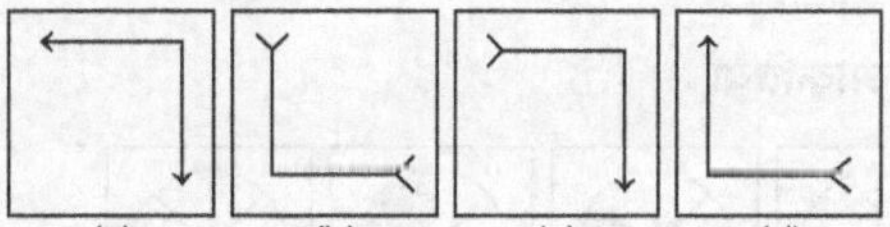

(a) (b) (c) (d)

4. प्रश्न आकृति

उत्तर आकृतियाँ

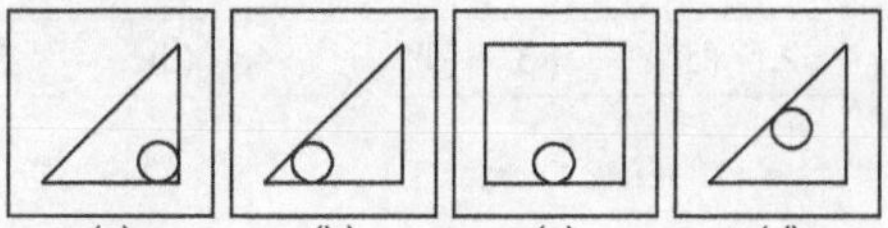

(a) (b) (c) (d)

5. प्रश्न आकृति

उत्तर आकृतियाँ

(a) (b) (c) (d)

6. प्रश्न आकृति

उत्तर आकृतियाँ

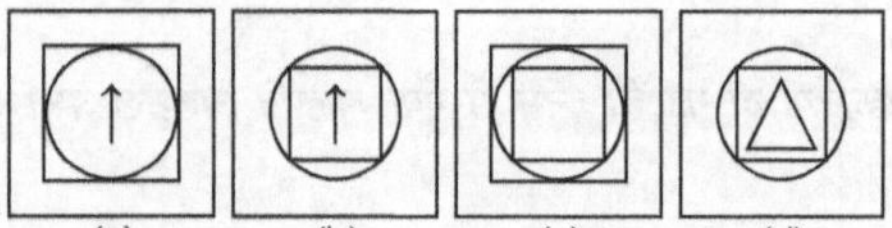

(a) (b) (c) (d)

7. प्रश्न आकृति

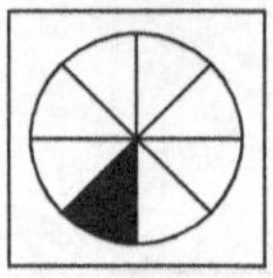

उत्तर आकृतियाँ

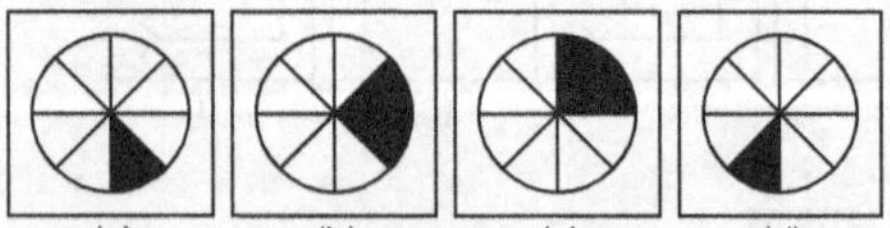

(a) (b) (c) (d)

8. प्रश्न आकृति

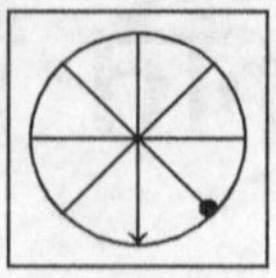

उत्तर आकृतियाँ

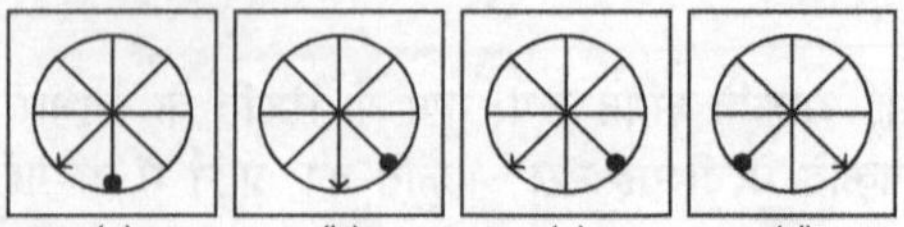

(a) (b) (c) (d)

9. प्रश्न आकृति

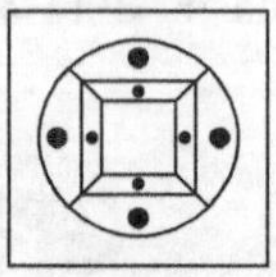

उत्तर आकृतियाँ

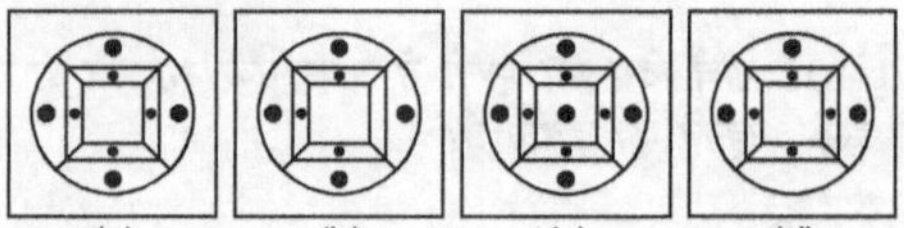

(a) (b) (c) (d)

10. प्रश्न आकृति

उत्तर आकृतियाँ

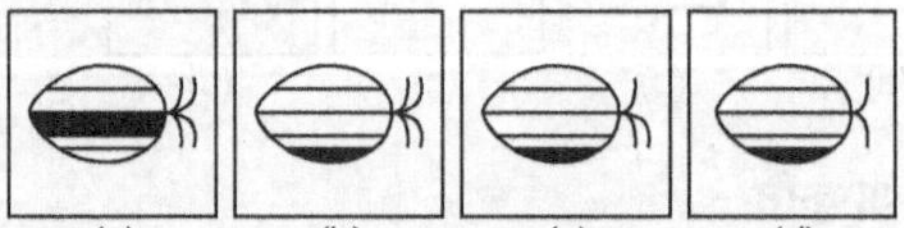

(a) (b) (c) (d)

उत्तरमाला

1. (d)	2. (b)	3. (d)	4. (d)	5. (c)	6. (d)	7. (d)	8. (b)	9. (a)	10. (b)

18 आकृति वर्गीकरण

वर्गीकरण के अन्तर्गत दी गई प्रश्नाकृतियों में से विषम आकृतियों को चुना जाता है। प्रश्न में चार आकृतियाँ दी गई होती हैं, जिनमें से तीन आकृतियाँ किसी-न-किसी प्रकार से समान होती हैं और एक आकृति अन्य सभी से भिन्न होती हैं। अभ्यर्थियों को इसी भिन्न आकृति को ज्ञात करना होता है।

इस प्रकार के प्रश्नों में आकृतियाँ अनेक प्रकार से एक-दूसरे से सम्बन्धित हो सकती हैं जिनमें प्रमुख हैं—आकृतियों की शृंखला, आकृतियों की भुजाएँ, आकृतियों का विभाजन, परिवर्तित आकृतियाँ, आकृतियों का आकार, स्थिति या आकृतियों का घूर्णन, आकृतियों के साधकों की संख्या, परिमाण, प्रकार या रोधकों के बीच सम्बन्ध या लिखने की विधि से सम्बन्धित।

अभ्यास प्रश्न

निर्देश (प्र.सं. 1-10) *नीचे दिए गए प्रश्नों की आकृतियों में से विषम आकृति चुनिए।*

1.

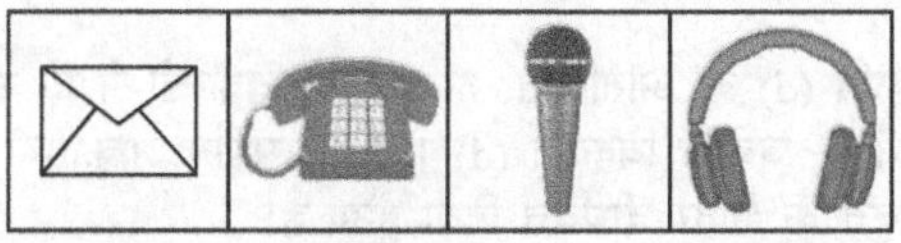

(a) (b) (c) (d)

2.

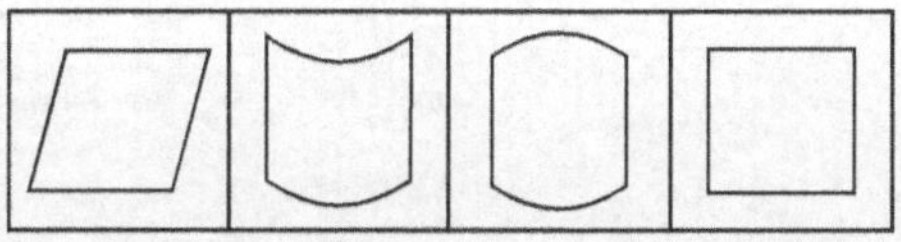

(a) (b) (c) (d)

3.

(a) (b) (c) (d)

4.

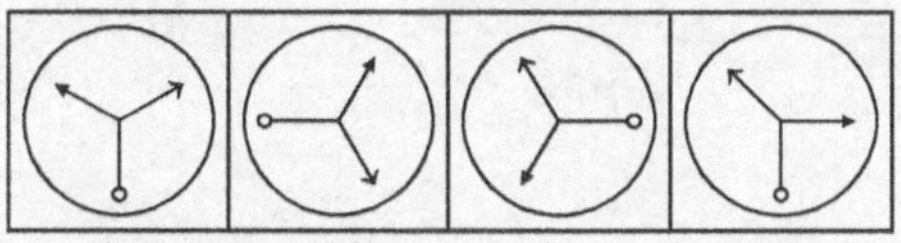

(a) (b) (c) (d)

5.

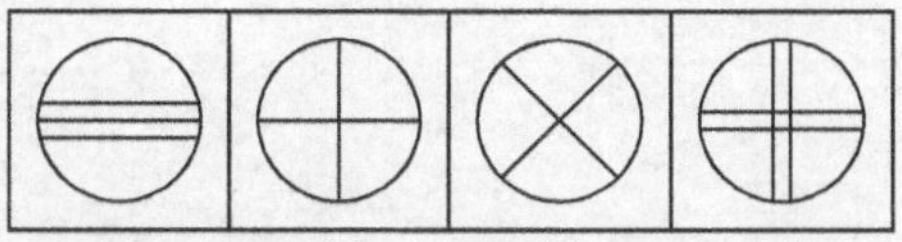

(a) (b) (c) (d)

6.

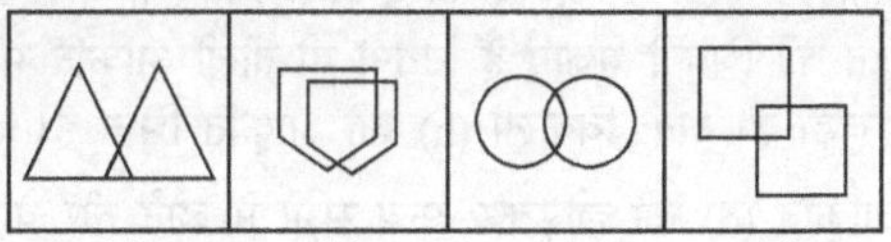

(a) (b) (c) (d)

7.

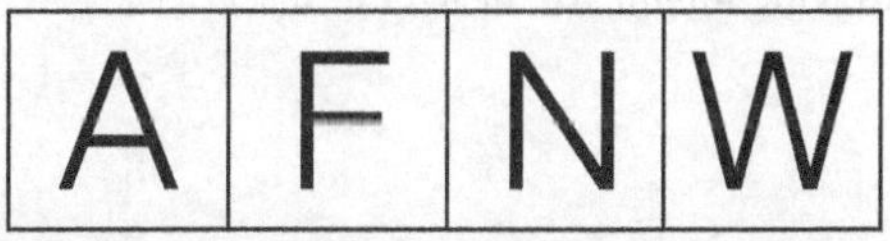

(a) (b) (c) (d)

8.

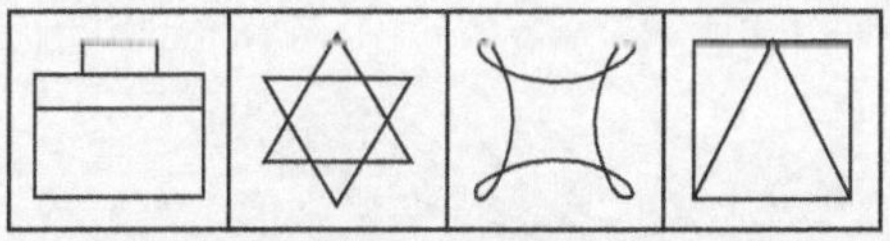

(a) (b) (c) (d)

9.

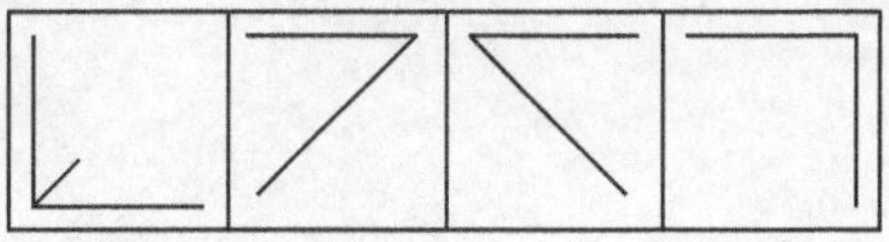

(a) (b) (c) (d)

10.

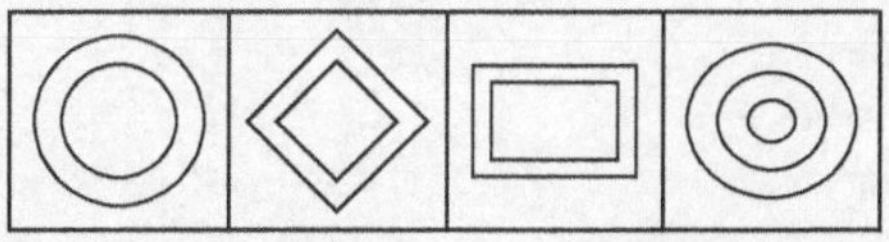

(a) (b) (c) (d)

उत्तरमाला

1. (d)	2. (c)	3. (b)	4. (d)	5. (a)	6. (c)	7. (d)	8. (c)	9. (a)	10. (d)

संकेत एवं हल

1. (d) हेडफोन को छोड़कर अन्य सभी सूचना को सम्प्रेक्षित करने वाले माध्यम हैं, जबकि हेडफोन द्वारा सूचना को ग्रहण किया जाता है। अत: विकल्प (d) की आकृति अन्य तीनों से विषम है।

2. (c) विकल्प (a), (b) तथा (d) की आमने-सामने की भुजाएँ (दिशा) समान हैं लेकिन विकल्प (c) की भुजाओं की दिशाएँ एक-दूसरे के विपरीत हैं।

अत: विकल्प (c) अन्य तीनों से भिन्न है।

3. (b) विकल्प (b) की आकृति में छ: भुजाओं के ऊपर केवल पाँच तीलियाँ लगी हैं, जबकि अन्य सभी विकल्पों में दिए गए डिजाइन की जितनी भुजाएँ हैं, उतनी ही तीली आकृति में ऊपर जुड़ी हैं। अत: विकल्प (b) की आकृति भिन्न है।

4. (d) आकृति (d) को छोड़कर अन्य सभी में छोटे तीर के दाएँ बड़ा तीर है, जबकि आकृति (d) में छोटे तीर के बाएँ बड़ा तीर है। अत: आकृति (d) अन्य तीनों से भिन्न है।

5. (a) आकृति (a) को छोड़कर, अन्य सभी वृत्त को चार बराबर भागों में बाँटा गया है। अत: विकल्प (a) की आकृति अन्य तीनों से भिन्न है।

6. (c) विकल्प (c) को छोड़कर, अन्य सभी आकृतियों में दो आकृतियों से बनने वाला मध्य भाग आकृति के जैसा ही हैं।

7. (d) विकल्प आकृति (d) के अतिरिक्त, शेष सभी आकृति तीन सरल रेखाओं से मिलकर बनी हैं, जबकि आकृति (d) में 4 रेखाएँ हैं।

8. (c) आकृति (c) के अतिरिक्त, अन्य सभी सरल रेखाओं से निर्मित आकृतियाँ हैं, जबकि विकल्प (c) वक्र रेखा से निर्मित आकृति हैं।

9. (a) आकृति (a) को छोड़कर, अन्य सभी आकृतियाँ दो रेखाओं से बनी है।

10. (d) आकृति (d) के अतिरिक्त, अन्य सभी विकल्पों में दो समान आकृतियाँ हैं, जबकि विकल्प (d) में दो असमान आकृतियाँ हैं, क्योंकि वृत्त के भीतर दीर्घवृत्त दिया हुआ है।

अंग्रेजी

01 | Water's for

English

Exercise

Choose the correct answer from the given options

1. What do you think water is made for?

(a) Washing (b) Drinking
(c) Making tea (d) All of these

2. What is the mean of 'paddle'?

(a) Playing in shallow water
(b) Going on vacation
(c) Swimming
(d) Surfing

3. In what way does the speaker involve the dog in water game?

(a) Spraying the dog with water
(b) By giving treat
(c) To give him some toys
(d) All of the above

4. What are some feelings that speaker feels in water game?

(a) Sorrow (b) Love
(c) Excitement, joy and playfulness
(d) None of the above

5. What is the meaning of 'splash'?

(a) Small waves in water
(b) Small drops
(c) Hot water
(d) None of the above

6. What is the mean of sleets ?

(a) Water drops (b) Ice pellets
(c) Hot water (d) Fog

7. What is the mean of 'rinsing the shirt'?

(a) Cleaning the shirt (b) Burning the shirt
(c) Tearing the shirt (d) None of these

8. What is the mean of 'wellies'?

(a) A pond
(b) Waterproof boots
(c) Shoes
(d) None of the above

9. How does the speaker compare puddles and the sea?

(a) He finds the sea is more enjoyable than puddles
(b) Both are similar
(c) Puddles are enjoyable than the sea
(d) None of the above

10. What is the mean of squirting?

(a) To tell our secret
(b) To sink
(c) To find water
(d) Spraying water at someone

Answers

1. (d)	2. (a)	3. (a)	4. (c)	5. (a)	6. (b)	7. (a)	8. (b)	9. (a)	10. (d)

02 The Shoemaker and the Elves

Exercise

Choose the correct answer from the given options

1. Who are the main characters in the story "The shoemaker and the Elves"?
(a) The shoemaker and his wife
(b) The shoemaker and the Elves
(c) The Elves only
(d) None of the above

2. Where did the shoemaker live in ?
(a) Garden
(b) Flat
(c) An imaginary castle
(d) A little house on the edge of a wood

3. Why did the shoemaker became poorer day by day?
(a) In lack of customers and leather material
(b) Less interest in his business
(c) Because of his illness
(d) None of the above

4. What happend when the shoe maker cut out the last pair of shoes?
(a) The shoes damaged totally
(b) The shoemaker finds the last pair of shoes well completed
(c) He found one shoe was missing
(d) None of the above

5. How did the shoemaker's fortune shine after first mysterious appearance of shoe?
(a) His sales going down day by day
(b) He got popular for his work
(c) He got treasure
(d) All of the above

6. How did the Elves look like?
(a) The Elves wear pointed caps and rags
(b) The Elves wear skirt
(c) The Elves wear uniform like an army
(d) None of the above

7. What did the shoemaker and his wife observe secretly?
(a) Some little rat were chewing their shoes
(b) Some Elves were making shoes for his shop
(c) Some Elves were doing meeting
(d) None of the above

8. How did the Elves work ?
(a) With lots of mistake
(b) Magically
(c) Informally
(d) By doing hardwork beautifully

9. What did the shoemaker and his wife decide to do for Elves?
(a) They decide to made a complete attire including shoe
(b) They made some sweets for the Elves
(c) They made some dolls for the Elves
(d) All of the above

10. How did the elves react to the surprise?
(a) They were very happy and clapping for the gift
(b) They felt 'is this a trap'
(c) They immediately disappeared
(d) None of the above

11. What happened to the Elves in the end?
(a) The elves putted on their new cloth and left from the window
(b) They were died
(c) They were disappeared
(d) None of the above

12. What is the meaning of rags?
(a) Old and torned cloths (b) Neat and clean clothes
(c) Coat (d) Trousers

Answers

1. (b)	2. (d)	3. (a)	4. (b)	5. (b)	6. (a)	7. (b)	8. (d)	9. (a)	10. (a)
11. (a)	12. (a)								

03 | Measure for Measure

Exercise

Choose the correct answer from the given options

1. Who was the King in this story?
(a) Raja Verma (b) Krishna Devaraya
(c) Tenali Raman (d) None of the above

2. Why did Krishna Devaraya invite Raja Verma to his court?
(a)Because the artistic talent of Raja Verma
(b)He wanted to meet Raja Verma
(c) He wanted to teach lesson
(d) He wanted to see him

3. Who was Krishna Devaraya?
(a) A famous warrior
(b) A patron of poets and scholars
(c) A legendry poet
(d) A doctor

4. What did Krishna Devaraya ask Raja Verma to draw?
(a) His picture (b) A landscape
(c) A historical scene (d) None of these

5. How did the king feel about his picture by Raja Verma?
(a) Displeased (b) Pleased
(c) Angry (d) Indifferent

6. What type of characters did Raja Verma draw images of ?
(a) Famous historical figures
(b) Characters from Paranas
(c) Mythological beings
(d) All of the above

7. How did Raja Verma become well-known?
(a) Through his skills as an artist
(b) Through his poetry
(c) Through his music
(d) None of the above

8. What did Krishna Devaraya offer Raja Verma out of joy?
(a) A position as Chief Minister
(b) A bag of gold
(c) A palace
(d) None of the above

9. Why did Krishna Devaraya offer Raja Verma a reward?
(a) Because he was pleased with his work
(b) Because Raja Verma asked for it
(c) Because he wanted to impress others
(d) None of the above

10. What does the phrase "on the spur of a generous impulse" suggest about Krishna Devaraya's decision?
(a) It was premeditated (b) It was spontaneous
(c) It was hesitant (d) It was calculated

11. What was Raja Verma's reaction when the king asked him what he wanted?
(a) He remained silent (b) He asked for money
(c) He requested a position (d) None of these

12. How did Raja Verma become dear to the king?
(a) Through his artwork
(b) Through his poetry
(c) Through his political skills
(d) None of the above

13. What was the outcome of Raja Verma's visit to the court?
(a) He was rewarded with a position
(b) He was not rewarded
(c) He was banished
(d) None of the above

14. What qualities of Raja Verma impressed Krishna Devaraya?
(a) His humility (b) His artistic skills
(c) His intelligence (d) All of these

15. How did Raja Verma's relationship with the king change after drawing his portrait?
(a) They became enemies (b) They became close
(c) They remained indifferent (d) None of these

16. What does the phrase "majestic and handsome king seemed to have come alive within the frame" imply about Raja Verma's skill?
(a) He was able to capture the king's essence in the portrait
(b) He painted a realistic portrait
(c) He used magical techniques
(d) None of the above

17. What is the significance of Krishna Devaraya's patronage of poets and scholars?
(a) It shows his appreciation for literature and knowledge
(b) It demonstrates his power over intellectuals
(c) It was a political strategy
(d) None of the above

18. Why did Raja Verma become famous?
(a) Because of his friendship with Krishna Devaraya
(b) Because of his skills as an artist
(c) Because of his wealth
(d) None of the above

Answers

1. (b)	2. (a)	3. (b)	4. (a)	5. (b)	6. (d)	7. (a)	8. (a)	9. (a)	10. (b)
11. (a)	12. (a)	13. (a)	14. (d)	15. (b)	16. (a)	17. (a)	18. (b)		

04 The Tree that Never Stopped Giving

Exercise

Choose the correct answer from the given options

1. Why did the boy visit the tree when he was young?
(a) To sell mangoes
(b) To make a crown and declare himself the king of the forest
(c) To rest under its shade
(d) To collect firewood

2. What did the tree offer the boy to help him get married?
(a) Its leaves (b) Its trunk
(c) Its mangoes (d) Its branches

3. Why did the boy stop visiting the tree for a while?
(a) He didn't like the tree anymore
(b) He moved to another village
(c) He grew up and became busy with his life
(d) The tree stopped bearing fruit

4. What did the boy need when he came back to the tree after getting married?
(a) Money for a new business
(b) A house to live in
(c) Food for his family
(d) Medicine for his illness

5. How did the tree help the boy build a house?
(a) By giving him its mangoes to sell
(b) By offering its branches for building material
(c) By providing shelter under its trunk
(d) By guiding him to another tree

6. What did the boy ask for when he wanted to travel?
(a) A map of the world
(b) Money to buy a ticket
(c) The tree's trunk to make a boat
(d) The tree's leaves to make a sail

7. How did the boy feel when he became an old man?
(a) Happy and content (b) Regretful and lonely
(c) Angry and bitter (d) Excited and adventurous

8. What did the boy do with the mangoes he took from the tree?
(a) He ate them all
(b) He shared them with the villagers
(c) He sold them to get money for his wedding
(d) He planted them to grow more mango trees

9. How did the tree feel after the boy took its branches?
(a) Happy and fulfilled (b) Angry and resentful
(c) Lonely and sad (d) Indifferent and detached

10. What was the boy's attitude towards the tree when he took its trunk?
(a) Grateful and appreciative
(b) Thoughtless and selfish
(c) Apologetic and remorseful
(d) Indifferent and detached

11. What did the boy become when he grew old?
(a) A wealthy man (b) A traveler
(c) A tired old man (d) A king

12. What message does the story convey about the relationship between the boy and the tree?
(a) The tree and the boy both benefit equally
(b) The boy takes from the tree without giving anything back
(c) The boy and the tree share a mutual, balanced relationship
(d) The tree harms the boy by giving too much

13. Why was the tree happy at the end of the story?
(a) Because it had all its branches back
(b) Because the boy built a new treehouse
(c) Because the boy sat on its stump and they could be together
(d) Because the boy planted a new tree next to it

Answers

1. (b)	2. (c)	3. (c)	4. (b)	5. (b)	6. (c)	7. (b)	8. (c)	9. (c)	10. (b)
11. (c)	12. (b)	13. (c)							

05 Alice in Wonderland

Exercise

Select the correct answer from the given options

1. What did the Queen of Hearts make?
(a) Pies (b) Tarts
(c) Cakes (d) Cookies

2. Who stole the tarts made by the Queen of Hearts?
(a) The King of Hearts (b) The Knave of Hearts
(c) The White Rabbit (d) Alice

3. Why was the Knave of Hearts taken as a prisoner?
(a) He was caught by the King (b) He stole the tarts
(c) He disobeyed the Queen (d) He damaged the jury box

4. Who read out the song during the trial?
(a) The Queen (b) Alice
(c) The White Rabbit (d) The King

5. What role did the King of Hearts play in the trial?
(a) He was a witness (b) He was a juror
(c) He was the judge (d) He was the prosecutor

6. Why was Alice called as a witness?
(a) She saw the knave steal the tarts
(b) She knew something important about the trial
(c) She made the tarts with the Queen
(d) She was friends with the Knave

7. What happened when Alice jumped up in a hurry?
(a) She broke the King's crown
(b) She knocked over the jury box
(c) She spilled the tarts
(d) She caught the Knave

8. How did the Queen react to Alice's behaviour?
(a) She laughed
(b) She forgave Alice
(c) She said, "Off with her head"
(d) She asked Alice to leave

9. What did Alice say to the Queen that made everyone angry?
(a) "I didn't do anything."
(b) "You are nothing but a pack of cards!"
(c) "The Knave is innocent."
(d) "The King is wrong."

10. What did Alice discover when she woke up from her dream?
(a) The tarts were real
(b) The cards were leaves
(c) The Queen was beside her
(d) The King was angry

Answers

1. (b)	2. (b)	3. (b)	4. (c)	5. (c)	6. (b)	7. (b)	8. (c)	9. (b)	10. (b)

06 From a Railway Carriage

Exercise

Choose the correct answer from the given options

1. What is faster than fairies and witches in the passage?
(a) Birds (b) Horses
(c) A train (d) A car

2. What are charging along like troops in a battle?
(a) Fairies and witches (b) Bridges and houses
(c) Horses and cattle (d) Children and tramps

3. What do the sights of the hill and plain fly as thick as?
(a) Snowflakes (b) Driving rain
(c) Falling leaves (d) Dust

4. What happens in the wink of an eye?
(a) The train stops
(b) The train whistle blows
(c) Painted stations whistle by
(d) The horses charge

5. What is the child doing in the passage?
(a) Running away
(b) Clambering and scrambling
(c) Riding a horse
(d) Sleeping

6. What is the tramp doing?
(a) Walking along the road
(b) Standing and gazing
(c) Picking daisies
(d) Running after a cart

7. What is lumping along with man and load?
(a) A horse (b) A train
(c) A cart (d) A river

8. What do you catch a glimpse of and then it is gone forever?
(a) A mill and a river
(b) A train and a bridge
(c) A child and a tramp
(d) Fairies and witches

9. Where is the child gathering brambles?
(a) In a forest
(b) In a meadow
(c) By the river
(d) All by himself

10. What is seen stringing the daisies?
(a) A child (b) A tramp
(c) The green (d) The fairies

11. What flies as thick as driving rain?
(a) Bridges and houses
(b) Hedges and ditches
(c) The sights of the hill and the plain
(d) The horses and cattle

12. What do you see 'in the wink of an eye'?
(a) Painted stations
(b) Bridges and houses
(c) Meadows and fields
(d) Mills and rivers

Answers

1. (c)	2. (c)	3. (b)	4. (c)	5. (b)	6. (b)	7. (c)	8. (a)	9. (d)	10. (b)
11. (c)	12. (a)								

07 Everyday Heroes

Exercise

Choose the correct answer from the given options

1. **What does Naranbhai Karangia do when he learns of a sick or injured peacock within 200 kilometres of his village?**
(a) Reports it to authorities
(b) Rides his motorcycle to treat it
(c) Sends someone else to help
(d) Calls a veterinarian

2. **What does Karangia do if the peacock he has treated can't be left in the wild?**
(a) Leaves it in a safe place
(b) Releases it in a different location
(c) Brings it home
(d) Asks a neighbour to take care of it

3. **During a flood, what did Karangia do for the peacocks?**
(a) Built shelters for them
(b) Found and rescued peacocks on treetops
(c) Fed them special food
(d) Released them in safe areas

4. **What did Abhijeet Bhattacharya do when he saw a man lying in a pool of blood?**
(a) Called the police
(b) Drove him to the hospital himself
(c) Asked his chauffeur to drive the couple and the injured man to the hospital
(d) Ignored the situation

5. **What was Abhijeet's biggest challenge at the hospital?**
(a) Finding a doctor
(b) Convincing doctors to treat the injured man
(c) Getting the man's relatives to the hospital
(d) Parking the car

6. **Why did Vasant Kalbag start kindness unlimited?**
(a) To make money
(b) To encourage people to be kind
(c) To start a business
(d) To help injured animals

7. **How does Vasant Kalbag keep in touch with KU members?**
(a) By phone and email
(b) Through letters
(c) By meeting them in person
(d) Through social media

8. **What did Rajkumar Sharma implement in his street?**
(a) A security system
(b) Advanced locality management programme
(c) A neighbourhood watch
(d) A recycling programme

9. **What problem did Sharma's lane face before the beautification programme?**
(a) Noise pollution
(b) Overflowing garbage bins
(c) Lack of water supply
(d) Traffic congestion

10. **What did Amala Mary do when she saw the landslide covering the rail tracks?**
(a) Called the railway authorities
(b) Ran towards the train to warn the driver
(c) Tried to clear the debris herself
(d) Asked her neighbours for help

11. **What was Amala wearing that helped her in warning the train driver?**
(a) A blue sari
(b) A red sari
(c) A yellow dress
(d) A green shirt

Answers

1. (b)	2. (c)	3. (b)	4. (c)	5. (b)	6. (b)	7. (a)	8. (b)	9. (b)	10. (b)
11. (b)									

08 | At School

Exercise

Choose the correct answers from the given options

1. **What kind of student was Gandhiji in his early school years?**
   (a) A top-performing student
   (b) A mediocre student
   (c) A struggling student
   (d) A frequently absent student
2. **What did Gandhiji think about physical training during his school years?**
   (a) He believed it was essential for education
   (b) He thought it was unrelated to education
   (c) He loved participating in sports
   (d) He felt indifferent about it
3. **Which two plays had a profound impact on Gandhiji during his childhood?**
   (a) Ramayana and Mahabharata
   (b) Shravana Pitribhakti Nataka and Harischandra
   (c) Shakuntala and Meghaduta
   (d) Panchatantra and Hitopadesha
4. **Why did Gandhiji avoid talking to his classmates and preferred to be alone?**
   (a) He was very shy and afraid of being made fun of
   (b) He didn't like his classmates
   (c) He was too focused on his studies
   (d) He was not interested in making friends
5. **What realisation did Gandhiji come to regarding handwriting later in life?**
   (a) It was not necessary for education
   (b) It should be regarded as a sign of an imperfect education
   (c) It was more important than physical training
   (d) It was only important for official documents
6. **What was Gandhiji's attitude towards lying during his school days?**
   (a) He frequently lied to his teachers and classmates
   (b) He never told a lie to anyone
   (c) He only lied to his teachers
   (d) He occasionally lied to avoid trouble
7. **How did Gandhiji feel about reading beyond his school books during his childhood?**
   (a) He enjoyed reading other books
   (b) He disliked reading anything other than his school books
   (c) He read extensively beyond his school curriculum
   (d) He didn't have time for reading other books
8. **What was Gandhiji's primary companions during his childhood?**
   (a) His classmates (b) His books and lessons
   (c) His siblings (d) His toys
9. **What inspired Gandhiji to become more truthful during his childhood?**
   (a) The teachings of his parents
   (b) The stories of Shravana and Harischandra
   (c) The influence of his teachers
   (d) The pressure from his classmates
10. **What did Gandhiji do with a concertina his father had bought for him?**
   (a) He played it at school events (b) He sold it for money
   (c) He never used it
   (d) He played a tune from a book that left an impression on him
11. **Who was Gandhiji's headmaster during his seventh standard?**
   (a) Dorabji Edulji Gimi (b) Mahatma Gandhi
   (c) Jawaharlal Nehru (d) Sardar Vallabhbhai Patel

Answers

1. (b)	2. (d)	3. (b)	4. (a)	5. (b)	6. (b)	7. (b)	8. (b)	9. (a)	10. (d)
11. (a)									

09 Beats in Memoir

Exercise

Choose the correct answer from the given options

1. What was the primary reason for Devdas Banjare's shift from Kabaddi to Panthi dance?
(a) He lost interest in Kabaddi
(b) He sustained an injury while playing Kabaddi
(c) He was banned from playing Kabaddi
(d) He wanted to explore a new hobby

2. Which community does the Panthi dance form belong to in Chhattisgarh?
(a) Gond community
(b) Satnami community
(c) Bhil community
(d) Oraon community

3. What is the significance of the 'Ghungroo' in Panthi dance?
(a) It represents the dancer's energy
(b) It is a traditional headgear
(c) It symbolises the dancer's connection with nature
(d) It signifies the dancer's respect for Guru Ghasidasji

4. Which instruments accompany the artists during a Panthi dance performance?
(a) Flute and tabla
(b) Harmonium and dholak
(c) Mandar (Dhol)
(d) Sitar and drums

5. In which film did Devdas Banjare receive critical acclaim for his role?
(a) Charandas Chor (b) Lagaan
(c) Swades (d) Pather Panchali

6. What accolade did Devdas Banjare receive in 1972 from the Chief Minister?
(a) Silver medal (b) Bronze medal
(c) Gold medal (d) Platinum medal

7. How many countries did Devdas Banjare tour during his career?
(a) 30 countries (b) 45 countries
(c) Over 60 countries (d) Less than 10 countries

8. When did Devdas Banjare pass away?
(a) 2000 (b) 2005 (c) 2010 (d) 2015

9. What continues Devdas Banjare's legacy after his passing?
(a) Panthi dance schools in Chhattisgarh
(b) His disciples staging Panthi performances
(c) A museum dedicated to his achievements
(d) A biography written about him

10. What was Devdas Banjare's birthplace?
(a) Durg (b) Raipur
(c) Sakra Village (d) Bhilai

11. Who raised Devdas Banjare?
(a) His father (b) His uncle
(c) Phool Singh Banjare (d) His grandmother

12. What was Devdas Banjare's occupation at Bhilai Steel Plant?
(a) Engineer (b) Dance teacher
(c) Doctor (d) Accountant

13. What inspired Devdas Banjare to focus on Panthi dance?
(a) A dream he had
(b) A recommendation from a friend
(c) An injury from Kabaddi
(d) A documentary he watched

14. Which garment is essential in the costume of a Panthi dancer?
(a) Shawl (b) Kurta and Dhoti
(c) Jeans and T-shirt (d) Saree

Answers

1. (b)	2. (b)	3. (a)	4. (c)	5. (a)	6. (c)	7. (c)	8. (b)	9. (b)	10. (c)
11. (c)	12. (b)	13. (c)	14. (b)						

10 A Place Fit for Gods to Marry

Exercise

Choose the correct answer from the given options

1. What is Madurai also known as according to legend?
(a) The City of Snakes (b) The City of Nectar
(c) The City of Kings (d) The City of Legends

2. According to mythology, how is Madurai protected from attackers?
(a) By a magical shield (b) By Lord Shiva's snake
(c) By a powerful sorcerer (d) By an army of gods

3. What is celebrated in Madurai during the month of Chaitra (April-May)?
(a) Diwali
(b) New Year
(c) The wedding festival of Goddess Meenakshi and Lord Sundareswara
(d) Harvest festival

4. What are some of the elements used in the grand wedding ceremony of Meenakshi and Lord Sundareswara?
(a) Swords and shields (b) Roses and lilies
(c) Umbrellas, fans, pipers, drummers
(d) Flags and banners

5. How are the idols of Meenakshi and Lord Sundareswara paraded after the wedding?
(a) On chariots (b) On elephants
(c) On horses (d) On palanquins

6. What architectural features are present in the Meenakshi temple?
(a) Gothic arches (b) Musical pillars
(c) Stained glass windows (d) Spiral staircases

7. What is Madurai filled with according to the passage?
(a) Flowers and gardens
(b) Sweet-smelling jasmine strands
(c) Skyscrapers and malls
(d) Mountains and rivers

8. What aspect of Madurai is particularly charming to you?
(a) Its rich history and legends
(b) Its vibrant festivals and celebrations
(c) Its architectural wonders
(d) Its cultural heritage and traditions

9. According to legend, what did Lord Shiva do to neutralise the poison that fell on Madurai?
(a) He drank it
(b) He sprinkled holy water
(c) He summoned his snake
(d) He used nectar from his crescent moon

10. Which month is the wedding festival of Meenakshi and Lord Sundareswara celebrated in?
(a) Chaitra (April-May)
(b) Shravana (July-August)
(c) Kartika (October-November)
(d) Magha (January-February)

11. What special feature does the Meenakshi temple have?
(a) It has a golden dome (b) It has a thousand pillars
(c) It has a marble facade (d) It has a rooftop garden

12. Which animal carries the idol of Lord Sundareswara during the wedding procession?
(a) Horse (b) Elephant
(c) Camel (d) Lion

13. What is one adjective that describes Madurai according to the passage?
(a) Mysterious (b) Splendid
(c) Busy (d) Desolate

Answers

1. (b)	2. (b)	3. (c)	4. (c)	5. (b)	6. (b)	7. (b)	8. (d)	9. (d)	10. (a)
11. (b)	12. (b)	13 (b)							

11 | Sympathy

Exercise

Choose the correct answer from the given options

1. What is the setting of the poem?
(a) A meadow (b) A forest
(c) A beach (d) A mountain

2. How does the little girl describe the bird?
(a) Plump and happy
(b) Thin and cold
(c) Large and colourful
(d) Loud and chirpy

3. How does the bird describe the little girl?
(a) Plump and friendly (b) Thin and warm
(c) Small and agile (d) Large and intimidating

4. What do both the girl and the bird feel sorry for?
(a) Each other's appearance
(b) Each other's lack of companionship
(c) Each other's hunger
(d) Each other's coldness

5. What is the weather like in the poem?
(a) Rainy (b) Sunny (c) Snowy (d) Cloudy

6. What is the main concern of the little girl?
(a) Her own warmth
(b) The bird's feathers
(c) The bird's hunger
(d) The bird's appearance

7. What does the bird observe about the little girl?
(a) She is wearing a warm coat
(b) She is plump and happy
(c) She lacks feathers
(d) She is dancing in the meadow

8. What do both the girl and the bird do despite the weather?
(a) Sing (b) Dance
(c) Shiver (d) Fly

9. What does the little girl compare the bird's lack of clothes to?
(a) A blanket (b) A scarf
(c) Her own clothes (d) A hat

10. What is the mood of the poem? (Sympathy)
(a) Joyful (b) Sad
(c) Playful (d) Compassionate

11. What is the little girl's reaction to seeing the bird?
(a) Fear (b) Pity
(c) Excitement (d) Indifference

12. What aspect of the bird does the little girl comment on?
(a) Its size (b) Its chirping
(c) Its lack of feathers (d) Its colour

13. What do both the girl and the bird experience despite the sunny weather?
(a) Warmth (b) Hunger
(c) Coldness (d) Loneliness

14. What emotion do both the girl and the bird share?
(a) Happiness (b) Fear
(c) Sympathy (d) Anger

15. What does the little girl assume about the bird's comfort?
(a) It is well-fed (b) It is warm
(c) It is happy (d) It is cold

Answers

1. (a)	2. (b)	3. (a)	4. (d)	5. (b)	6. (b)	7. (c)	8. (c)	9. (c)	10. (d)
11. (b)	12. (c)	13. (c)	14. (c)	15. (d)					

12 Children Ask Kalam

Exercise

Choose the correct answer from the given options

1. **Who was Dr. APJ Abdul Kalam's best friend in school?**

(a) Pakshi Ramanatha Sastry
(b) Joshi Bhoomi
(c) Umang Dave
(d) Shri Sivasubramania Iyer

2. **According to Dr. Kalam, what comes first before the favour of fortune?**

(a) Luck
(b) Hard work
(c) Intelligence
(d) Connections

3. **Who does Dr. Kalam consider as the first scientist in the world?**

(a) Parents (b) Teachers
(c) Children (d) Researchers

4. **What is Dr. Kalam's advice for remembering various formulas of science and maths?**

(a) By constant application
(b) By attending extra classes
(c) By reading textbooks only
(d) By memorising them overnight

5. **What incident brought tears of joy to Dr. Kalam's eyes?**

(a) Winning a prestigious award
(b) Seeing children fitted with light-weight FROs
(c) Meeting his childhood teacher
(d) Witnessing a scientific experiment

6. **What did Dr. Kalam's class V teacher teach him about?**

(a) How birds fly (b) Mathematics
(c) History (d) Music

7. **What, according to Dr. Kalam, will make one a good human being?**

(a) Hard work, scientific temper and spirituality
(b) Wealth and fame
(c) Intelligence and talent
(d) Physical strength and courage

8. **What does Dr. Kalam define as courage?**

(a) Fighting in battles
(b) Saving others from disaster without minding about your own safety
(c) Climbing mountains
(d) Performing in front of a large audience

9. **What message does Dr. Kalam give to the citizens of India?**

(a) To strive for excellence in their fields
(b) To become honest and corruption-free
(c) To help those in need and celebrate the success of the country
(d) All of the above

10. **What is one of the points in the 10-point Oath administered by Dr. Kalam?**

(a) To support religious, caste and language differentiation
(b) To work only for personal gain
(c) To disregard the mentally and physically challenged
(d) To celebrate the success of other countries

Answers

1. (a)	2. (b)	3. (c)	4. (a)	5. (b)	6. (a)	7. (a)	8. (b)	9. (d)	10. (c)

13 | Syani

Exercise

Choose the correct answer from the given options

1. Look at the first advertisement. What has the prize been given for?
(a) Product quality (b) Customer service
(c) Innovation (d) Social responsibility

2. What is the ISI mark used for?
(a) Ensuring product quality
(b) Promoting brands
(c) Ensuring fair trade
(d) Enhancing packaging

3. Why should we buy packaged spice?
(a) Longer shelf life (b) Lower cost
(c) Better taste (d) Higher nutritional value

4. How can you know that the gold you are buying is pure?
(a) By its colour
(b) By its weight
(c) By the ISI mark
(d) By its purity hallmark

5. What punishment is given to manufacturers who use ISI mark?
(a) Fine
(b) Imprisonment
(c) Product recall
(d) Community service

6. Why is the slogan 'Jago Grahak Jago' used?
(a) To promote patriotism
(b) To raise consumer awareness
(c) To encourage environmental conservation
(d) To advocate for worker rights

7. What are the benefits of purchasing 'ISI' mark?
(a) Higher cost-effectiveness
(b) Greater durability
(c) Enhanced safety
(d) Increased aesthetic appeal

8. What does the term "ISI" stand for?
(a) Indian Standards Institute
(b) International Safety Initiative
(c) Industrial Standards Index
(d) Inclusive Sustainability Initiative

9. How does the ISI mark benefit consumers?
(a) By guaranteeing product authenticity
(b) By reducing product variety
(c) By increasing product prices
(d) By limiting product availability

10. What role does 'Jago Grahak Jago' play in consumer protection?
(a) It promotes government regulations
(b) It empowers consumers through education
(c) It encourages consumers to boycott products
(d) It facilitates legal action against manufacturers

Answers

1. (b)	2. (a)	3. (a)	4. (d)	5. (b)	6. (b)	7. (c)	8. (a)	9. (a)	10. (b)

14 | Craze

Exercise

Choose the correct answers from the given options

1. **What is the modern-day disease discussed in the passage?**
   (a) Wanderlust (b) Travelia (c) Globetrot (d) Jetsetitis
2. **Who is particularly susceptible to Travelia?**
   (a) Nomads (b) Working-class individuals
   (c) Wealthy people (d) Homebodies
3. **When do symptoms of Travelia typically manifest?**
   (a) Late summer
   (b) Early autumn
   (c) Early spring and just after winter
   (d) Midwinter
4. **What triggers the final seasonal outburst of Travelia?**
   (a) Spring cleaning (b) Tax season
   (c) Summer vacation (d) Winter solstice
5. **What are Americans fond of doing when they travel?**
   (a) Trying local cuisine
   (b) Immersing in local culture
   (c) Taking pictures at historical sites
   (d) Learning the language
6. **What are Germans eager to do while traveling?**
   (a) Taste local delicacies
   (b) Validate details in guidebooks
   (c) Engage with locals
   (d) Participate in adventure sports
7. **What is a common way for the urban population to catch Travelia?**
   (a) Watching travel documentaries
   (b) Reading travel blogs
   (c) Through colleagues at the office
   (d) Attending travel expos
8. **How do many Indians prefer to travel?**
   (a) Solo backpacking
   (b) In tour groups or joint families
   (c) Luxury cruises
   (d) Adventure trekking
9. **What do Indians do to feel at home while traveling?**
   (a) Stay in luxury resorts
   (b) Avoid interacting with locals
   (c) Eat regional dishes and sometimes cook themselves
   (d) Stick to familiar places
10. **What is observed about people's behaviour when they meet familiar faces in distant places?**
    (a) They ignore them
    (b) They act distant
    (c) They become particularly affectionate
    (d) They avoid contact
11. **According to the passage, what could potentially cure Travelia?**
    (a) Discovering new places
    (b) Realising the value of home
    (c) Finding interesting neighbours
    (d) Traveling extensively
12. **What does the passage suggest as a potential treatment for Travelia?**
    (a) Meeting new people
    (b) Traveling with friends
    (c) Realising the value of local exploration
    (d) Booking expensive vacations

Answers

1. (b)	2. (c)	3. (c)	4. (c)	5. (c)	6. (b)	7. (c)	8. (b)	9. (c)	10. (c)
11. (b)	12. (c)								

15 | The Birdman of India

Exercise

Choose the correct answers from the given options

1. What is one reason why people worship nature?
(a) Tradition (b) Entertainment
(c) Science (d) Economics

2. Which of the following is a characteristic of birds mentioned in the passage?
(a) They have fur (b) They lay eggs
(c) They have gills (d) They have four legs

3. What is the main food source for birds?
(a) Seeds (b) Leaves
(c) Roots (d) Berries

4. Who is Salim Ali affectionately known as?
(a) The Bird Whisperer (b) The Birdman of India
(c) The Avian Expert (d) The Ornithology Guru

5. What is one award Salim Ali received for his service?
(a) Nobel Prize (b) Grammy Award
(c) Padma Vibhushan (d) Pulitzer Prize

6. Which of the following did Salim Ali save through his intervention?
(a) Great Barrier Reef (b) Amazon Rainforest
(c) Bharatpur Bird Sanctuary
(d) Sahara Desert

7. What incident changed Salim Ali's life?
(a) Meeting a famous ornithologist
(b) Reading a book about birds
(c) Shooting a bird and seeking identification
(d) Winning a bird-watching competition

8. What aspect of birds did Salim Ali like to observe?
(a) Their flight patterns
(b) Their mating rituals
(c) Their life history under natural conditions
(d) Their interactions with other species

9. What age did Salim Ali pass away?
(a) 75 (b) 82 (c) 91 (d) 105

10. Which book authored by Salim Ali is considered a bible for budding ornithologists?
(a) The Art of Birdwatching
(b) The Book of Indian Birds
(c) Birds of India: A Field Guide
(d) Ornithology Essentials

11. What aspect of birds senses is particularly weak?
(a) Sight
(b) Hearing
(c) Smell
(d) Taste

Answers

1. (a)	2. (b)	3. (a)	4. (b)	5. (c)	6. (c)	7. (c)	8. (c)	9. (c)	10. (b)
11. (c)									

16 The Mountain and the Squirrel

Exercise

Choose the correct answer from the given options

1. According to the poem, what did the mountain call the squirrel?

(a) Little squirrel (b) Tiny creature
(c) Little prig (d) Mighty squirrel

2. What is the squirrel's response to the mountain's insult?

(a) It challenges the mountain to a duel
(b) It insults the mountain back
(c) It defends its own worth and place in the world
(d) It ignores the mountain's insult

3. How does the squirrel describe its own size compared to the mountain?

(a) Smaller (b) Larger
(c) Equal (d) Irrelevant

4. What does the squirrel claim must be considered to understand the entirety of life?

(a) Only the size of oneself
(b) Various perspectives and experiences
(c) The superiority of larger beings
(d) Ignoring others opinions

5. What does the squirrel suggest is necessary to make up a year and a sphere?

(a) Mountains
(b) Squirrels
(c) Different elements and weather
(d) Nothing

6. According to the poem, what is the squirrel's attitude towards its own place in the world?

(a) Proud (b) Arrogant
(c) Humble (d) Indifferent

7. How does the squirrel justify its role in the world?

(a) By comparing itself to other creatures
(b) By boasting about its abilities
(c) By criticising the mountain
(d) By acknowledging the diversity and balance of nature

8. What does the squirrel say about talents in the poem?

(a) They are all equal
(b) They are irrelevant
(c) They differ, but all have value
(d) Only large talents matter

9. According to the squirrel, what does the mountain lack the ability to do?

(a) Crack nuts (b) Carry forests on its back
(c) Fly like a bird (d) Swim like a fish

10. What does the squirrel suggest about the mountain's abilities?

(a) They are greater than its own
(b) They are lesser than its own
(c) They are equally matched
(d) They are non-existent

11. What analogy does the squirrel use to illustrate the difference between itself and the mountain?

(a) Flying and swimming
(b) Cracking nuts and carrying forests
(c) Climbing and digging
(d) Singing and dancing

12. How does the poem conclude?

(a) With the mountain admitting defeat
(b) With the squirrel and the mountain making amends
(c) With the squirrel asserting its own worth and capabilities
(d) With the squirrel fleeing from the mountain

Answers

1. (c)	2. (c)	3. (a)	4. (b)	5. (c)	6. (c)	7. (d)	8. (c)	9. (b)	10. (a)
11. (b)	12. (c)								

17 Nothing but the Target

Exercise

Choose the correct answer from the given options

1. What sport did Rajyavardhan Singh Rathore compete in during the 28th Olympic Games in Athens?
(a) Swimming (b) Shooting
(c) Archery (d) Gymnastics

2. When did Rajyavardhan Singh Rathore win the silver medal?
(a) 17th August, 2002
(b) 17th August, 2004
(c) 17th August, 2006
(d) 17th August, 2008

3. How did Rajyavardhan Singh Rathore describe his feelings upon receiving the medal?
(a) Overwhelmed and nervous
(b) Proud and accomplished
(c) Disappointed and frustrated
(d) Indifferent and apathetic

4. What was significant about Rajyavardhan Singh Rathore's silver medal win for India?
(a) It was India's first gold medal in Olympic history
(b) It was India's first individual silver medal in Olympic history in a shooting event
(c) It was India's first bronze medal in Olympic history
(d) It was India's first medal in the Olympic Games

5. How did Rajyavardhan Singh Rathore prepare in the last few days before the event?
(a) By intensively practicing shooting techniques
(b) By focusing solely on mental preparation
(c) By balancing relaxation and focus
(d) By participating in other sports for cross-training

6. What did Rajyavardhan Singh Rathore feel while draped in the country's flag during the presentation?
(a) A sense of embarrassment
(b) A sense of pressure
(c) A sense of relief and pride
(d) A sense of disappointment

7. What realisation did Rajyavardhan Singh Rathore have during the competition?
(a) He needed to improve his shooting technique
(b) He needed to relax more during the event
(c) He needed to regain his aggression to shoot better
(d) He needed to focus on the crowd's cheers

8. How did Rajyavardhan Singh Rathore regain his focus during the competition?
(a) By meditating between rounds
(b) By cracking jokes and lightening the atmosphere
(c) By listening to music
(d) By visualising his game plan and the target

9. What event did Rajyavardhan Singh Rathore compete in during the 28th Olympic Games in Athens?
(a) Men's double trap shooting
(b) Archery
(c) Weightlifting
(d) Marathon

10. How did Rajyavardhan Singh Rathore manage his anxiety during preparation?
(a) By avoiding any social interaction
(b) By intensifying his training
(c) By balancing relaxation and focus
(d) By ignoring his emotions

11. Why did Rajyavardhan Singh Rathore feel he was missing shots during the competition?
(a) Due to lack of skill
(b) Due to excessive aggression
(c) Due to losing his natural shooting style
(d) Due to poor equipment

Answers

1. (b)	2. (b)	3. (b)	4. (b)	5. (c)	6. (c)	7. (c)	8. (d)	9. (a)	10. (c)
11. (c)									

18 | Dancing On

Exercise

Choose the correct answer from the given options

1. What art form did Sudha Chandran excel in?
(a) Bharatanatyam (b) Kathak
(c) Odissi (d) Kuchipudi

2. Where did Sudha Chandran suffer the life-altering injury?
(a) Tiruchirapalli (b) Mumbai
(c) Chennai (d) Hyderabad

3. Who developed the 'Jaipur Foot' that helped Sudha Chandran in her journey back to dance?
(a) Dr. Pramod Sethi (b) Dr. Devi Shetty
(c) Dr. APJ Abdul Kalam (d) Dr. Naresh Trehan

4. What material was the 'Jaipur Foot' made from?
(a) Vulcanised rubber (b) Steel
(c) Titanium (d) Plastic

5. When did Sudha Chandran give her Gurudakshina?
(a) 27th October, 1982 (b) 28th January, 1984
(c) 15th March, 1983 (d) 1st May, 1985

6. In which city did Sudha Chandran make her historic comeback performance?
(a) Bombay (Mumbai) (b) Delhi
(c) Kolkata (d) Chennai

7. What was the Telugu film based on Sudha Chandran's life called?
(a) Mayuri (b) Nache Mayuri
(c) Kalabhiman (d) Jhansi Ki Rani

8. How many languages was the Telugu film 'Mayuri' dubbed into and remade in?
(a) 1 (b) 2
(c) 3 (d) 4

9. Who was the deaf artist Sudha Chandran produced a Kannada film about?
(a) Balanna (b) KD Chandran
(c) Dr. Pramod Sethi (d) Helen Keller

10. What similarity does Sudha Chandran draw between herself and Helen Keller?
(a) Both were film stars
(b) Both overcame physical handicaps
(c) Both were dancers
(d) Both won the Magsaysay Award

11. What message does Sudha Chandran want to convey through her story?
(a) Success comes from luck
(b) Persistence overcomes obstacles
(c) Handicaps are insurmountable
(d) Talent is innate

12. How did Sudha Chandran respond to her fans who wrote to her after the release of her films?
(a) Ignored them (b) Felt indifferent
(c) Inspired and thrilled (d) Felt overwhelmed and shy

13. According to Sudha Chandran, where does the seed of achievement lie?
(a) In external circumstances
(b) In talent alone
(c) In the human mind
(d) In societal support

14. What did Sudha Chandran decide would not stop her from dancing?
(a) Her fame (b) Her injuries
(c) Her age (d) Her family's expectations

Answers

1. (a)	2. (a)	3. (a)	4. (a)	5. (a)	6. (a)	7. (a)	8. (c)	9. (a)	10. (b)
11. (b)	12. (c)	13. (c)	14. (b)						

19 | Dear Daddy : Long Legs

Exercise

Choose the correct answer from the given options

1. Why is it important for Jerusha to pass her exams well?

(a) She wants to impress her friends
(b) She needs to maintain her scholarship
(c) She wants to avoid punishment
(d) She hopes to get a job

2. What specific question does Jerusha ask Daddy Long Legs repeatedly?

(a) His age (b) His favourite colour
(c) If he is bald (d) If he likes her letters

3. How does Jerusha describe Daddy Long Legs' mouth in her imagined portrait?

(a) Smiling
(b) A straight line with a tendency to turn down at the corners
(c) Frowning
(d) Curved upward

4. What physical feature of Daddy Long Legs does Jerusha feel uncertain about?

(a) His height
(b) The colour of his eyes
(c) The colour and presence of his hair
(d) The shape of his nose

5. How does Jerusha feel about going to the farm?

(a) Nervous (b) Indifferent
(c) Excited and thrilled (d) Afraid

6. What is Jerusha looking forward to the most about being on the farm?

(a) Learning about agriculture
(b) Meeting new people
(c) Being free from the John Grier Home
(d) Having new adventures

7. How does Jerusha describe her feelings when she thinks about leaving the John Grier Home?

(a) Nervous and scared
(b) Excited little thrills
(c) Sad and nostalgic
(d) Calm and relaxed

8. What exam did Jerusha just finish before writing about going to the farm?

(a) Math (b) English
(c) Physiology (d) History

9. Who is Mrs. Lippett in relation to Jerusha?

(a) A friend
(b) A teacher
(c) A guardian or authority figure at the John Grier Home
(d) A fellow student

Answers

1. (b) 2. (c) 3. (b) 4. (c) 5. (c) 6. (c) 7. (b) 8. (c) 9. (c)

20 | Fog

Exercise

Choose the correct answer from the given options

1. What is the main idea of the passage?
(a) Blind people are always at a disadvantage
(b) There are situations where blind people may have an advantage
(c) Tall men always appear as giants
(d) Fog is dangerous

2. How does the speaker describe the fog?
(a) As a light mist
(b) As a clear sky
(c) As something that thickens and blinds
(d) As a gentle breeze

3. What effect does the fog have on the speaker's vision?
(a) It enhances it
(b) It makes him see more clearly
(c) It blinds him
(d) It has no effect

4. What happens to the speaker's perception of boys and tall men in the fog?
(a) Boys look like tall men. (b) Tall men look like giants.
(c) Both a and b (d) Neither a nor b

5. What physical symptoms does the speaker experience because of the fog?
(a) Headache and dizziness
(b) Coughing and heavy eyes
(c) Nausea and fatigue
(d) Sweating and chills

6. What does the speaker lose in the dense fog?
(a) His sense of time (b) His sense of direction
(c) His ability to speak (d) His ability to hear

7. How does the speaker describe the street lamps and car lights in the fog?
(a) Bright and clear
(b) Dim and distant
(c) As either being on Earth or in the heavens
(d) As being extinguished

8. Who helps the speaker find his way home?
(a) A policeman (b) A child
(c) A blind man (d) A passerby

9. How does the speaker follow the man who helps him?
(a) By holding his hand
(b) By listening to his voice
(c) By following the sound of his cane tapping the stones
(d) By walking beside him

10. How does the speaker feel about following the blind man?
(a) Hesitant and fearful (b) Trustful and childlike
(c) Angry and resentful (d) Indifferent and bored

11. What does the fog symbolise in the poem?
(a) A clear path ahead
(b) Confusion and disorientation
(c) Happiness and joy
(d) A sunny day

12. What lesson does the speaker learn by the end of the poem?
(a) That he is always better off than a blind person
(b) That he should never go out in the fog
(c) That sometimes, those who seem disadvantaged can provide valuable guidance
(d) That fog can make ordinary objects look extraordinary

Answers

1. (b)	2. (c)	3. (c)	4. (c)	5. (b)	6. (b)	7. (c)	8. (c)	9. (c)	10. (b)
11. (b)	12. (c)								

21 Thailand
(The Flavours of Thailand)

Exercise

Choose the correct answers from the given options

1. **What is the standard Thai gesture of greeting called?**
   (a) Namaste (b) Bow
   (c) Wai (d) Salaam
2. **What is the meaning of the word 'Thai' in the Thai language?**
   (a) Peace (b) Freedom
   (c) Unity (d) Harmony
3. **When did Thailand change its official name from Siam?**
   (a) 11th May, 1945 (b) 11th May, 1947
   (c) 11th May, 1949 (d) 11th May, 1951
4. **Which calendar is the Thai official calendar based on?**
   (a) Gregorian calendar (b) Julian calendar
   (c) Islamic calendar (d) Buddhist calendar
5. **What is Thailand's highest peak called?**
   (a) Khorat Plateau (b) Chao Praya
   (c) Doi Inthanon (d) Mekong River
6. **Which river runs into the Gulf of Thailand?**
   (a) Mekong River (b) Chao Praya River
   (c) Kra Isthmus (d) River Kwai
7. **Which of the following is an important ingredient in Thai cuisine?**
   (a) Soy sauce (b) Nampla
   (c) Ketchup (d) Miso
8. **What festival is held in November where candle-lit floats are cast into running water?**
   (a) Songkran Festival (b) Loy Krathong Festival
   (c) Yi Peng Festival (d) Visakha Bucha Day
9. **Which country borders Thailand to the South?**
   (a) Vietnam (b) Myanmar
   (c) Malaysia (d) Laos
10. **What sport did the pachyderms play in the 'Elephant Round Up' festival in Surin?**
    (a) Basketball (b) Soccer
    (c) Rugby (d) Volleyball

Answers

1. (c)	2. (b)	3. (c)	4. (d)	5. (c)	6. (b)	7. (b)	8. (b)	9. (c)	10. (b)

22 The Photograph

Exercise

Choose the correct options from the given options

1. **Whose photograph was discovered by the narrator?**
(a) The narrator's father
(b) The narrator's grandfather
(c) A mysterious girl
(d) The narrator's grandmother

2. **What was the setting of the story when the photograph was found?**
(a) A classroom (b) Under a mango tree
(c) In the drawing room (d) At a cricket field

3. **What was the narrator doing before finding the photograph?**
(a) Knitting (b) Playing cricket
(c) Reading a book (d) Gardening

4. **How did the grandmother react when the narrator interrupted her knitting?**
(a) She hugged him (b) She scolded him
(c) She laughed (d) She ignored him

5. **What did the grandmother threaten to make the narrator do?**
(a) Finish knitting the scarf
(b) Plant more sunflowers
(c) Climb the mango tree
(d) Learn how to cook

6. **How did the narrator feel about learning how to knit?**
(a) Excited (b) Indifferent
(c) Embarrassed (d) Angry

7. **What did the grandmother make the narrator do when he tore the curtains?**
(a) Stitch the curtains together
(b) Water the plants
(c) Cook dinner
(d) Write an apology letter

8. **Where was the photograph taken?**
(a) In the narrator's garden
(b) In the grandmother's house
(c) In the grandfather's house
(d) In the town square

9. **Whose hands did the grandmother speculate might be in the photograph?**
(a) The narrator's grandfather's
(b) The narrator's
(c) The sweeper boy's
(d) The narrator's father's

10. **What settled on the end of the grandmother's knitting needle?**
(a) A butterfly (b) A sunflower seed
(c) A cricket ball (d) A mango

Answers

1. (d)	2. (b)	3. (b)	4. (b)	5. (a)	6. (c)	7. (a)	8. (c)	9. (c)	10. (a)

23 Where the Mind is Without Fear

Exercise

Choose the correct answers from the given options

1. What is the author's perspective on freedom?
(a) It is defined by physical boundaries
(b) It is a state of fearlessness and confidence
(c) It is achieved through material wealth
(d) It is only for the privileged

2. According to the passage, what is the state of knowledge in a free society?
(a) Controlled and restricted
(b) Expensive and inaccessible
(c) Available and unrestricted
(d) Limited and regulated

3. How does the author describe the world in a free society?
(a) Broken up into fragments
(b) Unified by narrow domestic walls
(c) Controlled by a single authority
(d) Unified and undivided

4. What characterises the speech in a society with true freedom?
(a) Words that are deceitful
(b) Words that come from the depth of truth
(c) Words that are controlled by the government
(d) Words that are superficial

5. How does the author describe the striving for perfection in a free society?
(a) Lazy and uninspired
(b) Aimless and directionless
(c) Tireless and stretching towards perfection
(d) Hindered and discouraged

6. What has not lost its way in a free society, according to the passage?
(a) The clear stream of reason
(b) The desert sand of dead habit
(c) The narrow domestic walls
(d) The boundaries of knowledge

7. What is the author's desire for his country?
(a) To remain stagnant
(b) To fall into darkness
(c) To awaken to freedom
(d) To submit to external control

8. Who does the author address in the passage?
(a) His mother (b) His father
(c) His teacher (d) His friend

9. What does the author hope his country will awaken into?
(a) A nightmare
(b) A dream
(c) A state of confusion
(d) A state of slavery

10. According to the passage, where does freedom lead the mind?
(a) Into darkness
(b) Into narrow thoughts
(c) Into ever-widening thought and action
(d) Into ignorance

Answers

1. (b)	2. (c)	3. (d)	4. (b)	5. (c)	6. (a)	7. (c)	8. (b)	9. (b)	10. (c)

01 | Noun

Grammar

A noun is a word that names a person, place, thing, or idea.

Kinds of Noun

- **Proper Noun** Specific names of people, places, or things (e.g., Raj, London, Red Fort).
- **Common Noun** General names for people, places, or things (e.g., boy, city, tower).
- **Abstract Noun** Names of ideas, qualities, or states (e.g., happiness, strength, freedom).
- **Concrete Noun**
  Names of things you can see, touch, taste, hear, or smell (e.g., apple, music, perfume).
- **Collective Noun**
  Names of a group of people or things (e.g., team, flock, bunch).
- **Countable Noun**
  Nouns that can be counted (e.g., book/books, car/cars).
- **Uncountable Noun**
  Nouns that cannot be counted (e.g., milk, sugar, information).
- **Material Noun**

Gender of Noun

Masculine Gender Nouns that refer to male beings (e.g., man, boy, king).

Feminine Gender

Nouns that refer to female beings (e.g., woman, girl, queen).

Common Gender

Nouns that can refer to either male or female (e.g., teacher, student, doctor).

Neuter Gender

Nouns that refer to non-living things (e.g., book, car, tree).

Number of Noun

Singular Noun It refers to one person, place, thing, or idea (e.g., cat, city, idea).

Plural Noun It refers to more than one person, place, thing, or idea (e.g., cats, cities, ideas).

Rules for Number of Noun

Singular to Plural

1. Add -s to most nouns (e.g., cat - cats).
2. Add -es to nouns ending in -s, -sh, -ch, -x, -z (e.g., bus - buses, box - boxes).
3. Change -y to -ies if preceded by a consonant (e.g., baby - babies).
4. Add -s if -y is preceded by a vowel (e.g., day - days).
5. Change -f or -fe to -ves (e.g., leaf - leaves, wife - wives).
6. Some irregular plurals change vowels or add-en (e.g., man - men, child - children.

Exercise

1. He was a strong and smart ....
(a) boy (b) girl (c) person (d) women

2. I was so happy to see a .... of quails on the country road.
(a) crowd (b) archipelago
(c) bevy (d) None of these

3. What is the behaviour of the word in the bracket according to the sentence?
A pod of (dolphins) followed our boat.
(a) Proper noun (b) Common noun
(c) Abstract noun (d) Material noun

4. Which of the following is unmatched plural word?
(a) Goose .... Gooses (b) Mouse .... Mice
(c) Man .... Men (d) Tooth .... Teeth

5. A female sheep is called a ....
(a) ewe (b) mare (c) hind (d) peahen

6. Which of the following is a proper noun?
(a) Crocodile (b) Monkey (c) Silver (d) Aryan

7. The .... of directors uses this room for its meetings.
(a) panel (b) jury (c) board (d) group

8. My favourite earring is made of ....
(a) wood (b) iron (c) gold (d) plastic

9. .... is common gender noun for man and woman.
(a) Cow (b) Male (c) Female (d) Person

10. Which of the following is an abstract noun?
(a) Beauty (b) People (c) Army (d) Horse

11. .... is the feminine gender of milkman.
(a) Milkgirl (b) Milkmaid
(c) Milkperson (d) Milklady

12. Which of the following is the correct plural form of 'Deer'?
(a) Deer (b) Deers (c) Doors (d) Doers

13. Determine the gender of the noun in the sentence: "The teacher explained the lesson clearly."
(a) Masculine (b) Feminine
(c) Common Gender (d) Neuter Gender

14. What is the gender of the noun 'Queen'?
(a) Masculine (b) Feminine
(c) Common Gender (d) Neuter Gender

15. Convert the following singular noun to its plural form:
'Story'.
(a) Storys (b) Stories
(c) Storyies (d) Storis

16. What is the plural form of 'Child'?
(a) Childs (b) Children
(c) Childes (d) Childrens

17. Is 'Freedom' a concrete or abstract noun? Explain your answer.
(a) Concrete, because it is a physical object.
(b) Abstract, because it is an idea.
(c) Concrete, because it can be touched.
(d) Abstract, because it is a specific place.

Answers

1. (a)	2. (c)	3. (b)	4. (a)	5. (a)	6. (d)	7. (c)	8. (c)	9. (d)	10. (a)
11. (b)	12. (a)	13. (c)	14. (b)	15. (b)	16. (b)	17. (b)			

02 | Pronoun

Pronoun is a word which is used in place of noun.

Kinds of Pronoun

1. **Personal Pronoun** I, you, he, she, it, we, they.
   There are three types:
   (a) **First Person** Refers to the speaker or speakers. e.g., 'I', 'we'.
   (b) **Second Person** Refers to the person or people being spoken to e.g., 'you'.
   (c) **Third Person** Refers to someone or something being spoken about. e.g., 'he', 'she', 'it', 'they'.
2. **Reflexive Pronoun** Myself, yourself, himself, herself, itself, ourselves, yourselves, themselves.
3. **Demonstrative Pronoun** This, that, these, those.
4. **Relative Pronoun** Who, whom, whose, which, that.
5. **Indefinite Pronoun** All, any, some, someone, something, none, nobody, everybody, etc.
6. **Interrogative Pronoun** Who, whom, whose, which, what.
7. **Possessive Pronoun** Mine, yours, his, hers, its, ours, theirs.
8. **Reciprocal Pronoun** Each other, one another.
9. **Distributive Pronoun** Each, either, neither.

Exercise

1. Which of the following is a personal pronoun?
(a) This (b) He
(c) Each (d) Who

2. What type of pronoun is 'myself'?
(a) Reflexive (b) Demonstrative
(c) Relative (d) Indefinite

3. Which pronoun is used to introduce relative clauses?
(a) Who (b) Mine
(c) Both (d) They

4. Which of the following is an distributive pronoun?
(a) Him (b) Either
(c) Herself (d) That

5. What type of pronoun is 'anybody'?
(a) Demonstrative
(b) Interrogative
(c) Indefinite
(d) Possessive

6. What is the possessive pronoun for 'it'?
(a) My (b) Your
(c) Its (d) Their

7. Which pronoun is used to ask questions about people?
(a) Interrogative (b) Distributive
(c) Demonstrative (d) Reciprocal

8. Which pronoun indicates ownership?
(a) Him (b) His (c) It (d) Her

9. What type of pronoun is 'one another'?
(a) Reflexive (b) Possessive
(c) Reciprocal (d) Distributive

10. Which of the following is a reflexive pronoun?
(a) Who (b) Yourself
(c) Somebody (d) Each other

11. What pronoun is used for emphasis in a sentence?
(a) They (b) Themselves
(c) We (d) Ourselves

12. Which pronoun points to specific things or people?
(a) Who
(b) That
(c) Something
(d) Nobody

13. Which is the interrogative pronoun?
(a) Who (b) They (c) Those (d) Mine

14. Which pronoun refers to non-specific persons or things?
(a) You (b) Anybody (c) Mine (d) He

15. What type of pronoun is 'yours'?
(a) Reflexive (b) Possessive
(c) Intensive (d) Demonstrative

16. Which pronoun indicates that an action or feeling is reciprocated?
(a) Whose (b) Anybody (c) Both (d) Each other

17. What is the possessive pronoun for 'they'?
(a) Their (b) His (c) Her (d) Its

18. Which pronoun emphasises a preceding noun or pronoun in a sentence?
(a) Somebody (b) They
(c) Myself (d) She

19. What pronoun is used to refer back to the subject of the sentence?
(a) Myself (b) Him (c) Each other (d) Its

20. Which pronoun is used to refer to a group of people or things separately?
(a) Any (b) They (c) Which (d) Neither

Answers

1. (b)	2. (a)	3. (a)	4. (b)	5. (c)	6. (c)	7. (a)	8. (b)	9. (c)	10. (b)
11. (d)	12. (b)	13. (a)	14. (b)	15. (b)	16. (d)	17. (a)	18. (c)	19. (d)	20. (b)

03 Adjective

An adjective is a word which is use to qualify a noun.

Kinds of Adjective

1. **Descriptive Adjective** These adjectives describe the qualities or characteristics of a noun or pronoun. e.g., 'beautiful', 'blue', 'tall'.
2. **Quantitative Adjective** These adjectives indicate the quantity or amount of the noun they modify. e.g., 'many', 'few', 'several'.
3. **Demonstrative Adjective** These adjectives point out or identify a particular noun or pronoun. e.g., 'this', 'that', 'these', 'those'.
4. **Possessive Adjective** These adjectives show ownership or possession of the noun. e.g., 'my', 'your', 'his', 'her', 'its', 'our', 'their'.
5. **Interrogative Adjective** These adjectives are used to ask questions about the noun they modify. e.g., 'which', 'what', 'whose'.
6. **Indefinite Adjective** These adjectives give an indefinite or general idea about the noun. e.g., 'some', 'any', 'several', 'many', 'few'.
7. **Proper Adjective** These adjectives are derived from proper nouns and are used to describe specific people, places, or things. e.g., 'American', 'Canadian', 'Chinese'.

Degrees of Adjective

Adjective can also express different degrees of comparison.

1. **Positive Degree** This is the basic form of the adjective, without any comparison. e.g., 'big', 'fast', 'happy'.
2. **Comparative Degree** This form is used when comparing two things. It usually ends in '-er' or is preceded by 'more.' e.g., 'bigger', 'faster', 'more beautiful'.
3. **Superlative Degree** This form is used when comparing three or more things. It usually ends in '-est' or is preceded by 'most'. e.g., 'biggest', 'fastest', 'most beautiful'.

Exercise

1. I reach .... than my sister.
(a) earliest (b) early
(c) earlier (d) None of these

2. Diamond is the .... natural substance.
(a) hard (b) harder
(c) hardest (d) None of these

3. Is the cap ....?
(a) his (b) him (c) my (d) our

4. Spot the error.
My father gifted me a pink small purse on my birthday.
(a) My father gifted me a (b) pink small
(c) purse on my birthday (d) No error

5. Find out the error.
Rahul's sister has black long hair.
(a) Rahul's sister has (b) black long
(c) hair (d) No error

6. He is an .... cricket player.
(a) good (b) better (c) best (d) excellent

7. The .... intervention of the policeman saved his life.
(a) timed (b) timely (c) time (d) timeliness

8. My sister, Pratika's closet is .... than my closet.
(a) organised (b) more organised
(c) most organised (d) None of these

9. Which of the following is the correct comparative degree of 'Fore'?
(a) More fore (b) First
(c) Foremost (d) Former

10. The .... nobles stood in solitude with him.
(a) Rome (b) Roman (c) Of Rome (d) Romans

11. Which of the following is a possessive adjective?
(a) Mine (b) Your (c) Hers (d) Ours

12. It is said that in ……… China, doctors were paid when their patients were well.
(a) ancient (b) newly (c) modern (d) today's

13. Which of the following is the superlative form of the word 'Less'?
(a) Lesser (b) Lessest (c) Less (d) Least

14. The ……… neighbourhood came to know about the missing girl from today's newspaper.
(a) full (b) general (c) complete (d) few

15. Have you seen ……… coat that was kept in the hanger?
(a) my long blue cotton (b) my cotton blue long
(c) my blue cotton long (d) my long cotton blue

16. What is the comparative form of the adjective 'beautiful'?
(a) Beauty (b) Beautifuler
(c) More beautiful (d) Beautifuller

17. Choose the superlative form of the adjective 'intelligent'.
(a) Intelligenter (b) Intelligentest
(c) Most intelligent (d) Intelligenterest

18. Which adjective best describes someone who is very skilled at speaking?
(a) Talky (b) Speaky
(c) Eloquent (d) Speaksome

19. Select the correct adjective to complete the sentence.
"The weather was …… today than yesterday."
(a) more hot (b) hotter
(c) most hot (d) hotest

20. What is the comparative form of the adjective 'famous'?
(a) More famous (b) famouser
(c) Fameful (d) Famousiest

Answers

1.	(c)	2.	(c)	3.	(a)	4.	(b)	5.	(b)	6.	(d)	7.	(b)	8.	(b)	9.	(d)	10.	(b)
11.	(b)	12.	(a)	13.	(d)	14.	(c)	15.	(a)	16.	(c)	17.	(c)	18.	(c)	19.	(b)	20.	(a)

04 | Verb

A verb denotes an action.

Types of Verb

1. **Transitive Verb** Verbs that require an object to complete their meaning.
e.g., eat (She eats lunch), build (He builds houses).
2. **Intransitive Verb** Verbs that do not require an object to complete their meaning.
e.g., arrive (The train arrives), sleep (She sleeps).
3. **Auxiliary Verb** These verbs are used to help form the various tenses, moods and voices of other verbs.
e.g., have, be, do.
4. **Modal Verb** These verbs express necessity, possibility, permission, or ability.
e.g., can, may, must.
5. **Finite Verb** Verbs that show tense, person and number, and can function as the main verb in a sentence.
e.g., talks, walked, is.
6. **Non-finite Verb** Verbs that do not show tense, person, or number, and cannot function as the main verb in a sentence.
e.g., to walk, walking, walked.

Exercise

1. After .... the book, I realised science is useful for human beings.
(a) took (b) reading
(c) looking (d) read

2. I .... my shopping at the weekends.
(a) have (b) make
(c) has (d) do

3. My child enjoys .... candy floss.
(a) has (b) have (c) had (d) having

4. Have you ever .... to Mainpat?
(a) been (b) gone (c) go (d) went

5. Use the correct verb form to complete the sentence.
I intend .... this exam.
(a) passing (b) pass
(c) passed (d) to pass

6. You have never .... to my home.
(a) go (b) went
(c) gone (d) been

7. What is the past participle verb form of 'Hear'?
(a) Hear (b) Heard
(c) Heared (d) Hears

8. Please, stop .... so many mistakes.
(a) to make (b) make
(c) making (d) makes

9. .... a car is not allowed here.
(a) Play (b) Playing
(c) To play (d) Played

10. He usually .... his homework in his room.
(a) do (b) does
(c) has (d) have

11. I lock the door every night .... theft.
(a) prevent (b) preventing
(c) to prevent (d) prevented

12. He hated .... in the backseat of the car.
(a) sit (b) to sit
(c) sat (d) sitting

13. My .... beans come from an old recipe.
(a) bake (b) to bake
(c) baked (d) baking

14. What is the past participle form of 'Put'?
(a) Put (b) Putted
(c) Pat (d) Having put

15. It .... a lot of hard work .... any sport.
(a) take; play
(b) took; played
(c) takes; to play
(d) is taking; to playing

16. Which option correctly completes the sentence with the appropriate verb form?
The students .... to the museum last weekend.
(a) go (b) goes
(c) went (d) going

17. Choose the correct form of the verb to complete the sentence.
Every morning, Maria .... her dog for a walk.
(a) take (b) takes
(c) taking (d) took

18. Which option provides the correct verb form for the blank in the sentence?
Sarah .... her homework when the phone rang.
(a) doing (b) do
(c) does (d) did

19. Select the appropriate verb form to complete the sentence.
The cat .... on the windowsill right now.
(a) sleep (b) sleeps
(c) sleeping (d) slept

20. Which option correctly fill in the blank with the appropriate verb?
My brother and I .... the cake for the party last night.
(a) bake (b) bakes
(c) baked (d) baking

Answers

1. (b)	2. (d)	3. (d)	4. (a)	5. (d)	6. (d)	7. (b)	8. (c)	9. (c)	10. (b)
11. (c)	12. (d)	13. (c)	14. (a)	15. (c)	16. (c)	17. (b)	18. (d)	19. (b)	20. (c)

05 Adverb

An adverb is a word that modifies or describes a verb, an adjective, or another adverb.

Kinds of Adverb

1. **Adverb of Manners** These adverbs describe how an action is performed.
e.g., She sings beautifully.
2. **Adverb of Time** These adverbs indicate when an action takes place.
e.g., They arrived late.
3. **Adverb of Place** These adverbs indicate where an action takes place.
e.g., He looked everywhere.
4. **Adverb of Frequency** These adverbs indicate how often an action is performed.
e.g., I always go to the gym,
(usually, normally, seldom).
5. **Adverb of Degree** These adverbs modify adjectives or other adverbs to show the intensity or degree of something.
e.g., She is very happy.
6. **Adverb of Certainty** These adverbs indicate the degree of certainty or doubt.
e.g., Perhaps it will rain tomorrow.
(possibly, certainly, surely).
7. **Interrogative Adverb** These adverbs are used to ask questions.
e.g., Where is the nearest gas station?
8. **Relative Adverb** introduces an adjective clause while modifying the preceding verb.
e.g., I wonder **why** she didn't tell me about it.
I saw them and questioned **where** they were going at that hour.

Exercise

1. All eyes saw the old woman ……… she was crossing the street.
(a) where (b) whom (c) who (d) when

2. After months of studying hard, Meeta ……… cleared IAS examination.
(a) initially (b) consequently
(c) therefore (d) finally

3. Is she angry with me? She didn't say hello in a very ……… way.
(a) early (b) friendly (c) silly (d) suddenly

4. Prices have been rising ……… than the incomes.
(a)more fast (b) faster (c) fastest (d) most fast

5. His attention shifted to the place ……… he was sleeping.
(a) when (b) why (c) where (d) who

6. The principal gave a speech ……… the function ended.
(a) after (b) since (c) because (d) as

7. She growled so ……… that the men and boys ……… were frightened.
(a) loud, out (b) loudly, outside
(c) outside, loudly (d) out, loud

8. Which of the following is an adverb of frequency?
(a) Often (b) Extremely
(c) Surely (d) Completely

9. I ……… know the girl I met.
(a) hard (b) hardly (c) fast (d) fastly

10. My parents ……… watch movies on weekdays.
(a) almost (b) extreme (c) seldom (d) quickly

Answers

1. (d)	2. (d)	3. (b)	4. (b)	5. (c)	6. (a)	7. (b)	8. (a)	9. (b)	10. (c)

06 Preposition

Preposition is a word that is used in a sentence to join the noun, pronoun or phrases to other words.

Common Preposition and Their Uses

Common Prepositions	Their Uses	Examples
On	• To specify days and dates • To refer to a surface • To refer to devices	• I will come back from my trip on Tuesday. • My notebook is lying on the dining table. • I will watch a movie on my laptop tonight.
At	• To refer to a particular time • To indicate a place	• My brother called and said that he'll be home at eight o'clock. • I am waiting for my family at home.
In	• To specify day, month, season, year • To indicate a location • To be used while doing something	• The winter vacations will start in December. • My little sister hid my phone in her bag. • We went to the museum in a cab.
To	• To refer to a period • To indicate direction	• I will be home from Friday to Sunday. • We are going to the New Delhi Railway Station.
For	• To indicate the duration or time • To indicate the receiver of something or to get the benefit of it	• He has been ill for quite some time now. • I've brought a cup of tea for you.
Of	• To indicate relating to, belonging to • To indicate being part of something • To indicate measurement	• A friend of mine is coming today. • The lid of the box is not closed. • 2 kilograms of potatoes cost ₹ 30.
With	• To indicate agent • To indicate being together	• I wrote the letter with a pen. • I ordered a sandwich with a drink.

Common Prepositions	Their Uses	Examples
By	• To indicate before the given time • To indicate proximity • To show means	• The meeting should have finished by 4:30 pm. • I live by the old building on the main street. • Little children go to school by bus.
Into	• To show a position in or inside something • To show the direction of something	• The thieves broke into the house. • He jumped into the river to save the little boy.
From	• To show the time period of action • To show how far apart two places are	• The doctor said, "I will see you from 12 to 1 pm tomorrow." • His house is around a kilometre from my house.
Before	• To refer to timed events • To refer to a place	• I will go for my coaching classes before the match. • Please drop me at the bus stop before the railway station.
After	• To refer to a 'later' time • To show 'next to' a place	• He will meet me day after tomorrow. • What do those letters after your name mean?
During	• To denote the length of time in which something happens.	• During summer vacations, we went to the beach.
Above	• To show that something is on the top of another thing	• The plane is flying above the clouds.

Common Prepositions	Their Uses	Examples
Below	• To show that something is on the lower level than another thing	• She lives on the floor below mine.
Over	• To show that something is in direct contact with or is covering another	• They made her comfortable and put a blanket over her.
Under	• To show that something is on the lower level	• The cat is hiding under the table.
Between	• To show the position of a thing in the middle of two things	• The hotel is between the temple and the school.
Across	• To show something on the other side	• You can go on a ride across the country.
Along	• To show that something is moving in a constant direction on a horizontal surface	• The path is along the river.
Around	• To show a movement taking place in a circular fashion	• The girls danced around the bonfire.
Beside	• To tell the location of something in relation. It means 'next to'.	• The person sitting beside me is wearing a yellow hat.
Besides	• In addition to	• Besides these clothes, I don't own anything.

Exercise

1. The windows are so dirty! I can't see .... them at all.
(a) through (b) in
(c) out (d) None of these

2. Tom and Carol often have heated arguments but they always make .... later.
(a) down (b) away
(c) up (d) long

3. He fell .... the horse.
(a) of (b) at
(c) against (d) off

4. He put .... the shirt.
(a) in (b) at (c) on (d) of

5. Fill in the blank with an appropriate preposition to complete the sentence.
Khairagarh is famous .... music and arts.
(a) to (b) for (c) in (d) at

6. She sat down on the couch and folded her legs .... her.
(a) below (b) beneath
(c) over (d) None of these

7. I do not agree .... my brother regarding the current situation.
(a) to (b) with (c) at (d) by

8. I left my car keys under the bed table.
In the above sentence, the word 'under' is
(a) Adjective (b) Pronoun
(c) Preposition (d) Conjunction

9. The dog picked .... the scent on some traces of blood.
(a) on (b) at (c) up (d) in

10. Education has been a problem in our country .... long.
(a) for (b) since
(c) from (d) All of these

11. The RTE Act 2009, which came .... effect in April this year, is meant to transform the education sector.
(a) with (b) for (c) in (d) into

12. Admission to the new academic session is just .... the corner.
(a) across (b) around
(c) near (d) about

13. At least twice .... my lifetime, I have seen the English-speaking nations raised from despair.
(a) through (b) when
(c) in (d) during

14. He is leaning .... the fence and thinking about something.
(a) at (b) towards (c) against (d) on

15. Minal travelled halfway .... the world before coming back home.
(a) around (b) over (c) across (d) about

16. Which of the following is a preposition?
(a) Jump (b) Under
(c) Run (d) Laugh

17. Choose the correct preposition to complete the sentence.
The book is .... the table.
(a) on (b) between (c) behind (d) inside

18. Identify the preposition in the following sentence:
She walked across the bridge.
(a) walked (b) across
(c) she (d) bridge

19. Select the appropriate preposition to complete the sentence:
The cat jumped .... the fence.
(a) up (b) with
(c) over (d) to

20. Which of the following is not a preposition?
(a) Above (b) During
(c) Happy (d) Below

Answers

1.	(a)	2.	(c)	3.	(d)	4.	(c)	5.	(b)	6.	(b)	7.	(b)	8.	(c)	9.	(c)	10.	(a)
11.	(d)	12.	(b)	13.	(d)	14.	(c)	15.	(c)	16.	(b)	17.	(a)	18.	(b)	19.	(c)	20.	(c)

07 | Conjunction

It joins two words, phrases, clauses or sentences.

Types of Conjunction

1. **Coordinating Conjunction** Join similar parts of a sentence.
e.g., 'I like tea and coffee.'
2. **Subordinating Conjunction** Connect independent and dependent clauses.
e.g., 'I'll go out if it stops raining.'
3. **Correlative Conjunction** Work in pairs to connect elements.
e.g., 'She is both smart and funny.'

Exercise

1. He ran away .... he saw me.
(a) when (b) then (c) and (d) as

2. You will not pass .... you work hard.
(a) unless (b) and
(c) until (d) but

3. We saw .... Ram nor Mohan.
(a) neither (b) either
(c) but (d) between

4. Should we stay in a hotel .... in a youth hostel?
(a) otherwise (b) but
(c) however (d) or

5. .... you uprooted a weed .... it grows back.
(a) Not only, but also (b) Such, that
(c) No sooner had, than (d) No sooner did, than

6. The country requires a minimum wage .... workers paid below the poverty line have an added cost on society.
(a) when (b) because
(c) though (d) None of these

7. I had no money .... I got admission in the college.
(a) and (b) so (c) yet (d) or

8. We waited for you to arrive .... you did not turn up.
(a) for (b) but (c) so (d) and

9. .... Jenny .... her sisters are quite friendly.
(a) Either, or (b) Both, and
(c) Both, as well as (d) No sooner, than

10. We were walking to the other side of the island .... we found a small stream.
(a) when (b) where
(c) after (d) since

11. Identify the conjunction that indicates a condition in the sentence.
"...... you finish your homework, you can go out and play".
(a) if (b) since
(c) until (d) therefore

12. Which conjunction correctly connects the clauses in the sentence.
"He had never been to Paris before, ... he knew the city well?"
(a) so (b) yet
(c) but (d) although

13. Select the conjunction that introduces a concession or contrast in the sentence.
"She wanted to go out ...... it was ruining heavily."
(a) because (b) so
(c) although (d) thus

14. In the sentence I would like to go for a walk, ... I have too much work to do, which conjunction best completes the sentence?
(a) but (b) because
(c) since (d) however

15. Which conjunction is used to express a purpose or intention in the sentence.
"He went to the gym early, he could finish his workout before lunch"?
(a) so (b) so that
(c) yet (d) nor

16. In the sentence "She was tired; ...... she continued working late into the night," which conjunction best completes the sentence?
(a) for (b) thus
(c) nevertheless (d) therefore

17. Which conjunction correctly joins the clauses in the sentence.
"He wanted to go to the party, ... his car broke down"?
(a) but (b) and
(c) so (d) while

18. Which conjunction is used to express a result or consequence in the sentence.
"She studied hard, ... she passed the exam with flying colours"?
(a) because (b) although
(c) hence (d) therefore

19. Select the conjunction that introduces an alternative or choice in the sentence.
"You can have tea, ... coffee, if you prefer."
(a) and (b) but
(c) or (d) so

20. Which conjunction best connects the sentences.
"The weather was cold ......, we decided to stay indoors"?
(a) so (b) yet
(c) because (d) while

Answers

1. (a)	2. (a)	3. (a)	4. (d)	5. (c)	6. (b)	7. (c)	8. (b)	9. (b)	10. (a)
11. (a)	12. (b)	13. (c)	14. (a)	15. (b)	16. (c)	17. (a)	18. (d)	19. (c)	20. (a)

08 Articles

Articles are words that are placed before a noun to indicate whether it is specific or general.

There are three articles – A, An, The.

Kinds of Article

1. The indefinite articles 'a' and 'an' refer to any non-specific singular noun.
2. The definite article 'the' is used to denote a specific noun, or a noun that has already been referred to.

Uses of Articles

Uses of 'A' and 'An'

- 'A' and 'An' are used with singular countable nouns.
  e.g.,
  I took **an** apple from the basket.
- 'A' is used before a noun that starts with a consonant sound.
  e.g.,
  She is **a** basketball player.
- 'An' is used before a noun that starts with a vowel sound.
  e.g.,
  I have been waiting for more than **an** hour.

Uses of 'The'

'The' is used

- Before both countable and uncountable noun (e.g., the ocean).
  e.g.,
  Please, pass me **the** salt.
  I did not buy **the** book she wanted.
- Before a noun that has already been referred to before.
  e.g.,
  Ritika drove me in her car. **The** car is very fast.
- When a singular noun represents a whole class.
  e.g.,
  The blue whale is the largest creature in the world.
- Some proper nouns, such as

Proper Nouns	Examples
Name of oceans and seas	The Indian Ocean, The Mediterranean Sea
Name of rivers	The Ganga, The Thames
Name of canals	The Suez Canal,
Name of deserts	The Thar Desert, The Sahara Desert
Name of group of Islands	The West Indies,
Name of mountain ranges	The Himalayas, The Appalachians
Name of some countries	The Netherlands, The United States of America
Name of some famous monuments	The Qutub Minar, The India Gate
Name of holy and classical books	The Quran, The Iliad
Name of newspapers	The Times of India, The Hindustan Times
Name of organisations	The United Nations, The Red Cross Society
Name of geographical areas	The Middle East, The West Pacific
Name of unique things	The Sun, The Moon, The Earth

Exercise

1. She is .... European lady.
(a) and (b) an
(c) the (d) None of these

2. There is .... kid in the class.
(a) an (b) the
(c) a (d) same

3. My brother won an award for being .... best speller in our school.
(a) a (b) an
(c) the (d) None of these

4. She is .... most beautiful girl.
(a) a (b) an
(c) the (d) No article

5. Nilkamal Vaishnav is ...... Arijit Singh of Chhattisgarh.
(a) a (b) an
(c) the (d) No article

6. .... apple a day keeps the doctor away.
(a) A (b) An
(c) The (d) None of these

7. While two dogs fought over the bone, ... third took it away.
(a) a (b) an (c) the (d) None of these

8. Mike is .... man whose name is written on this courier.
(a) a
(b) this
(c) the
(d) None of the above

9. The two brothers were .... identical twins.
(a) a (b) an
(c) the (d) None of these

10. The elephant's trumpet echoed throughout .... forest.
(a) a (b) an
(c) the (d) None of these

11. .... pair of sparrows flew into the field.
(a) A (b) An
(c) The (d) None of these

12. Kalian fancied himself .... great singer.
(a) a (b) an
(c) the (d) None of these

13. He took a dip in .... river Ganga and prayed.
(a) a (b) an
(c) the (d) None of these

14. His brother gave him .... excellent idea.
(a) a (b) an
(c) the (d) None of these

15. The Queen gave birth to .... heir.
(a) a (b) an
(c) the (d) None of these

16. Which article should be used before a singular noun starting with a vowel sound?
(a) A (b) An
(c) The (d) None of these

17. Select the correct article.
"I saw .... interesting movie yesterday."
(a) a (b) an (c) the (d) no article

18. Which sentence correctly uses the definite article?
(a) A Sun rises in the East.
(b) An Sun rises in the East.
(c) The Sun rises in the East.
(d) Sun rises in the East.

19. Choose the correct article for the following sentence:
"......... university is where she studies."
(a) A (b) An
(c) The (d) No article

20. Identify the correct article usage:
"She is .... best student in the class."
(a) a (b) an (c) the (d) no article

Answers

1. (d)	2. (c)	3. (c)	4. (c)	5. (c)	6. (b)	7. (c)	8. (c)	9. (d)	10. (c)
11. (a)	12. (a)	13. (c)	14. (b)	15. (b)	16. (b)	17. (b)	18. (c)	19. (a)	20. (c)

09 Modals

Modals are auxiliary verbs used with the main verb to convey certain ideas such as permission, duty, warning, obligation, promise, request etc. e.g.,

- I **can** try to talk to her.
- I **might** not be able to visit him.

Use of Modals

Modals	Uses	Examples
1. Will	• It expresses a time in the future. • It expresses willingness promise and determination. • It tells about the characteristic, assumption. • It makes an invitation or request.	• He will meet me in the park tomorrow. • I will complete my assignment tonight. • She will be here by the end of the day. • Will you please come to my birthday party tomorrow?
2. Would	• It expresses past habits, polite request or an imaginary condition.	• I would like to meet your parents. • I would stay awake till late at night. • I would fly in the sky if I had the power.
3. Shall	• It is used to ask for advice, suggestions, requests etc. • It is used to express command, threat, warning, promise, assurance, determination, etc.	• Shall I bring you a glass of milk? • You shall not go out with your friends tomorrow.
4. Should	• It is used to express duty, obligation, advisability or desirability. • It is used to express logical interference, supposition, assumption, possibility or probability. • It is used after 'lest' in a sentence to express a purpose.	• You should respect your parents. • She should be reaching any time now. • Pick up your keys, lest you should lose them.
5. May	• It is used to express possibility, wish, hope or to make request and to seek permission.	• It may be warmer this year compared to the last. • May I read, Ma'am?
6. Might	• It is used to express less possibility of something happening. • It is also used to express a guess or ask permission.	• It might be useful to learn to play ukulele. • I might stay up all night studying today.
7. Can	• It is used to express ability, possibility or permission.	• I can write with both hands. • You can get skin disease if you don't bathe everyday. • Can I invite Rohit to my birthday party?
8. Could	• 'Could' is used to express past ability or capacity. • It is also used to express polite request or a possibility in certain situations.	• I could read by the age of three. • Could you please make some space for me?
9. Must	• It is used to express necessity, prohibition or obligation and a strong probability.	• We must learn to sing our national anthem. • You must come stay with us in the cabin. • You must be so exhausted after a twelve hour flight.
10. Have to	• It is used to express a sense of importance or urgency.	• I have to cook the meal before 9:30 pm.

Modals	Uses	Examples
11. Need	• It is used to express the absence of necessity in negative and interrogative sentences.	• Need I repeat what I just said?
12. Ought to	• It is used to express obligation and duty.	• You ought to believe in your team. • You ought to complete your homework on time.
13. Dare	• It is generally used in negative and interrogative sense. • It is used at places where we have to refer to courage.	• Rani dare not cross me again. • Dare I cross my dad?
14. Used to	• It is used to express past habits and existence.	• Aadar used to be fond of the beatles. • I used to study with my cousin sister.

Exercise

1. If you have a heart problem, you .... face financial problem.

(a) might (b) would (c) used to (d) should

2. Find out the modal which expresses 'normal suggestion'.

(a) Should (b) Would
(c) May (d) Might

3. .... I go out, sir?

(a) Can (b) May
(c) Shall (d) Will

4. Accidents .... happen anywhere and anytime.

(a) might (b) should
(c) can (d) will

5. Extreme rain .... cause the river to flood the village.

(a) would (b) had to
(c) could (d) might not

6. When I lived in Italy, we .... often eat in the restaurant next to my flat.

(a) should (b) might
(c) had (d) would

7. I .... buy tomatoes as there is enough in the fridge.

(a) cannot
(b) had better not
(c) need not
(d) could not

8. You .... get a reward for your achievement.

(a) shall
(b) could
(c) must
(d) need to

9. .... you stand on your head for more than a minute? No, I ....

(a) Might, may not
(b) Would, shouldn't
(c) Can, cannot
(d) Must, couldn't

10. He decided it .... a good idea to tell his friends that his birthday was actually the following day, but he was not sure how to say it tactfully.

(a) will be (b) would be
(c) should be (d) may be

Answers

1.	2.	3.	4.	5.	6.	7.	8.	9.	10.
(a)	(a)	(b)	(c)	(c)	(d)	(c)	(a)	(c)	(b)

10 Tense

1. Present Tense

Simple Present

Form [base form / base form + s/ es]

Usage General truths, habits.

e.g., I read.
She reads.

Present Continuous

Form [am/is/are + verb+ing]

Usage Actions happening now, future plans.

e.g., I am reading.
They are playing.

Present Perfect

Form [have/has + past participle]

Usage Past actions affecting the present.

e.g., I have read.
She has lived.

Present Perfect Continuous

Form [have/has been + verb+ing]

Usage Actions continuing from the past to now.

e.g., I have been reading.
She has been working.

2. Past Tense

Simple Past

Form [base form + ed (for regular verbs)]

Usage Completed past actions.

e.g., I read.
She visited.

Past Continuous

Form [was/were verb + ing]

Usage Actions happening at a past time.

e.g., I was reading.
They were playing.

Past Perfect

Form had + past participle]

Usage Actions before another past action.

e.g., I had read.
She had left.

Past Perfect Continuous

Form [had been + verb+ing]

Usage Ongoing past actions before another past action.

e.g., I had been reading.
They had been living.

3. Future Tense

Simple Future

Form [will + base form] or [am/is/are going to + base form]

Usage Future actions.

e.g., I will read.
She is going to visit.

Future Continuous

Form [will be + verb+ing]

Usage Actions happening at a future time.

e.g., I will be reading.
They will be playing.

Future Perfect

Form [will have + past participle]

Usage Actions completed before a future time.

e.g., I will have read.
She will have finished.

Future Perfect Continuous

Form [will have been + verb+ing]

Usage Ongoing actions until a future time.

e.g., I will have been reading.
They will have been living.

Exercise

1. He ……… Football everyday.
(a) play (b) played
(c) playing (d) plays

2. Ashok ……… for Raipur yesterday.
(a) leave (b) left
(c) leaving (d) None of these

3. I ……… to my uncle's house in London last month.
(a) go (b) went
(c) going (d) was going

4. He will see you as soon as Mr. Brown ……… .
(a) leave (b) will leave
(c) left (d) None of these

5. The students ……… to submit their homework.
(a) have maked (b) are asked
(c) has asked (d) are asking

6. Mary, I have had three cars
Jill "Mary said (that) she ……… three cars."
(a) has (b) has had
(c) had had (d) None of these

7. She ……… to Agra yesterday.
(a) will go (b) went
(c) shall go (d) will be going

8. Raj and his family ……… here since May, 1980.
(a) is living (b) have been living
(c) are living (d) has been living

9. What is the name of the tense underlined?
The children <u>had left</u> the class before the teacher came.
(a) Present Indefinite
(b) Past Perfect
(c) Future Continuous
(d) Present Perfect Continuous

10. ……… up at 6 o'clock every day.
(a) Get (b) Gets (c) Got (d) Getting

11. I ……… in my journal since morning today.
(a) will have written (b) was writing
(c) have been writing (d) has been writing

12. They ……… from Bangalore to Kolkata.
(a) have gone (b) have went
(c) has gone (d) has went

13. India ……… a superpower by 2025.
(a) shall have become (b) became
(c) will have become (d) has become

14. Abhay……… a novel since 9 o'clock in the morning.
(a) has been reading (b) will be reading
(c) reads (d) read

15. Their plane ……… at 4 pm at the London airport.
(a) shall be landing (b) was landing
(c) is landing (d) will be landing

16. The angry mob ……… the palace in the square gardens.
(a) are attacking (b) was been attacking
(c) is attacking (d) have been attacking

17. Mary ……… her hair and is going to sleep now.
(a) have combed (b) has combed
(c) have comb (d) has comb

18. They ……… coffee when I arrived yesterday.
(a) are drinking (b) was drinking
(c) were drinking (d) asre drunk

19. ……… they ……… earlier, they could have caught the train.
(a) Had, started (b) Did, start
(c) Had, start (d) Did, started

20. ……… she ……… a book for the next three months?
(a) Will, have been writing
(b) Shall, have writing
(c) Will, have writing
(d) Shall, have been writing

Answers

1. (d)	2. (b)	3. (b)	4. (d)	5. (b)	6. (b)	7. (b)	8. (b)	9. (b)	10. (a)
11. (c)	12. (a)	13. (c)	14. (a)	15. (d)	16. (c)	17. (b)	18. (c)	19. (a)	20. (a)

11 Sentence

A sentence is a group of words which have a complete sense.

There are four types of sentence

1. **Declarative Sentence** These are simple statements that provide information or make a statement.They can be affirmative or negative.
   (a) **Affirmative** "The sun rises in the East."
   (b) **Negative** "I do not like spicy food."
2. **Interrogative Sentence** These are questions that seek information.
   e.g., "Where is the nearest bookstore?"
3. **Imperative Sentence** These types of sentences gives a command or instruction.
   e.g., "Please close the door."
4. **Exclamatory Sentence** These sentences express strong emotion or excitement.
   e.g., "What a beautiful Sunset!"

Exercise

1. We can go out now; the danger is over, ... ?
(a) hasn't it (b) isn't it
(c) is it (d) isn't he

2. "Sita sings song." Choose the right negative of the sentence.
(a) Sita do not sing song.
(b) Sita does not sing song.
(c) Sita did not sing song.
(d) Sita is not singing song.

3. Which of the following sentences is a request?
(a) Is the mobile good?
(b) Please close the door.
(c) What a beautiful painting!
(d) Go to your room.

4. What is the type of the sentence given below? "Come here".
(a) Imperative sentence (b) Interrogative sentence
(c) Exclamatory sentence (d) Optative sentence

5. Which of the following is an optative sentence?
(a) A friend in need is a friend indeed.
(b) What an ugly duck it is!
(c) God save the world!
(d) Abhishek is not weak.

6. You still haven't done your homework, ... ?
(a) has you (b) hasn't you
(c) haven't you (d) have you

7. What is the type of the sentence given below?
What an exciting match it was!
(a) Imperative sentence (b) Interrogative sentence
(c) Exclamatory sentence (d) Optative sentence

8. Which of the following is an imperative sentence?
(a) May the Sun always shine upon you.
(b) That woman is not a doctor.
(c) You should go trekking very early in the morning.
(d) Simran is polite to everyone.

9. What is the type of the sentence given below?
Rimi was called to the clinic yesterday.
(a) Optative sentence (b) Declarative sentence
(c) Interrogative sentence (d) Exclamatory sentence

10. The man ran after his dog, ...?
(a) does he (b) do he
(c) ran he (d) didn't he

Answers

1. (b)	2. (b)	3. (b)	4. (a)	5. (c)	6. (d)	7. (c)	8. (c)	9. (b)	10. (d)

12 Direct and Indirect Speech

Direct Speech

- **Format** Enclose the speaker's exact words in quotation marks (" ").
- **Punctuation** Place punctuation marks inside the quotation marks.
- **Capitalisation** Start the quoted speech with a capital letter.

e.g.,

1. Rohan said, "I am going to the market."
2. Seema asked, "What time is it?"
3. She exclaimed, "I love icecream."

Indirect Speech

- **Format** Do not use quotation marks.
- **Pronouns and Tenses** Change pronouns and tenses to match the reported speech.
- **Reporting** Verbs Use verbs like said, asked, exclaimed.

e.g.,

1. Rohan said that he was going to the market.
2. Seema asked what time it was.
3. She exclaimed that she loved icecream.

Tense Changes in Indirect Speech

- Simple Present - Simple past
- Present Continuous - Past Continuous
- Present Perfect - Past Perfect
- Will - Would

Practice Examples

Direct to Indirect Speech

1. Ram said, "1 play football." Ram said that he played football.
2. Anu said, "1 am watching TV." Anu said that she was watching TV.

Indirect to Direct Speech

She said that she was happy. (–) She said, "I am happy."

He told me that he would call me later. – He told me, "I will call you later."

Exercise

1. What is the correct indirect speech of the sentence given below ?

The teacher said, "The Sun sets in the West."

(a) The teacher said that the Sun settled in the West.
(b) The teacher said that the Sun sets in the West.
(c) The teacher told that the Sun set in the West.
(d) The teacher asked if the Sun sets in the West.

2. Choose the correct narration.

The scientist said, "Water boils at 100 degree Celsius."

(a) The scientist told that water boiled at 100 degree Celsius.
(b) The scientist said that water boils at 100 degree Celsius.
(c) The scientist said that water boiled at 100 degree Celsius.
(d) The scientist wanted to know that water boiled at 100 degree.

3. What is the correct indirect speech of the sentence given below?

Rahul said to me, "What is your name?"

(a) Rahul said to me what is my name.
(b) Rahul asked me what was my name.
(c) Rahul asked me what is your name.
(d) Rahul asked me what my name was.

4. The teacher said to Ram, "When did the bus leave?" Change into indirect speech.

(a) The teacher asked Ram when did the bus left?
(b) The teacher told Ram when the bus leave?
(c) The teacher said that when did the bus left.
(d) The teacher asked Ram when the bus had left.

5. They said to me, "Are the apples served?" Change the narration.

(a) They told me if the apples were served.
(b) They told me that the apples were served.

(c) They asked me if the apples were served.
(d) They asked me that the apples were served.

6. They said to me, "Are the mangoes fallen?"
Change the narration.
(a) They told me if the mangoes were fallen.
(b) They told me that the mangoes were fallen.
(c) They asked me if the mangoes were fallen.
(d) They asked me the mangoes were fallen.

7. What is the correct indirect speech of the sentence given below?
Rahul said to the boy, "What is your name?"
(a) Rahul told the boy what is his name.
(b) Rahul inquired the boy what is his name.
(c) Rahul asked the boy what his name was.
(d) Rahul wanted to know of the boy what was his name.

8. Nupur said to me, "Did you see my cat?"
Change the narration.
(a) Nupur asked me if I have seen my cat.
(b) Nupur asked me if I had seen her cat.
(c) Nupur told me if I have seen her cat.
(d) Nupur said to me if I had seen her cat.

9. The teacher said to her, "Do not go out."
Change the narration.
(a) The teacher advised him not to go out.
(b) The teacher commanded him that he should not go out.
(c) The teacher told him do not go out.
(d) The teacher ordered him to not go out.

10. She said, "I haven't seen them since last week."
Change the narration.
(a) She said that she hadn't seen them since the previous week.
(b) She says that she hadn't seen them since the previous week.
(c) She said that she hadn't seen them since last week.
(d) She said that has she seen them since last week.

11. He said to her, "Don't read so fast."
Change the narration.
(a) He requested her not to read so fast.
(b) He ordered her not to read so fast.
(c) He advised her not to read so fast.
(d) He told her not to read so fast.

12. The old man said, "Please always speak the truth."
Change the narration.
(a) The old man says to them to always speak the truth.
(b) The old man requests them to always speak the truth.
(c) The old man requested them to always speak the truth.
(d) The old man told them to always speak the truth.

13. Gokul said to Sumit, "Why did you not attend the meeting yesterday?"
Change the narration.
(a) Gokul said to Sumit why he did not attended the meeting the day before.
(b) Gokul asked Sumit why he had not attended the meeting the day before.
(c) Gokul told Sumit why he had not attended the meeting yesterday.
(d) Gokul asked Sumit why he did not attended the meeting yesterday.

14. My friend told me, "This is not a good book to read."
Change the narration.
(a) My friend told me that will not be a good book to read.
(b) My friend told me that this was not a good book to read.
(c) My friend told me that that was not a good book to read.
(d) My friend told me that that is not a good book to read.

15. The officer said to the man, "You must show me the papers tomorrow."
Change the narration.
(a) The officer demanded that the man show him the papers the next day.
(b) The officer wanted to see the papers tomorrow.
(c) The officer told the man he had seen the papers yesterday.
(d) The officer ordered the man to show the papers.

16. His father said, "Go to your room and study."
Change the narration.
(a) His father requested him to go to his room and study.
(b) His father ordered him to gone to his room and study.
(c) His father ordered him to go to his room and study.
(d) His father forbad him to go to his room and study.

17. He said to his friends, "Let us play some country-music and dance."
Change the narration.
(a) He asked his friends to let him have some country-music and dance.
(b) He suggested to his friends that some country-music be played as they danced.
(c) He suggested to his friends that they should play some country-music and dance.
(d) He said to his friends that they should be allowed to play some country-music and dance.

Answers

1. (b)	2. (b)	3. (d)	4. (d)	5. (c)	6. (c)	7. (c)	8. (b)	9. (a)	10. (a)
11. (c)	12. (c)	13. (b)	14. (c)	15. (a)	16. (c)	17. (c)			

13 Active and Passive Voice

Active Voice

Subject does the action.

Structure Subject + Verb + Object.

Passive Voice

Action is done to the subject.

Structure Object of the action + Verb (in past participle form) + Agent (optional).

Rules for Changing from Active to Passive

1. Interchange the Subject and object.
2. Use by before Object in Passive form.
3. Use always 3rd form of the verb while changing
4. Change the tense according to rule as follows

Present Simple	is/are + past participle
Present Continuous	is/are being + past participle
Present Perfect	has/have been + past participle
Past Simple	was/were + past participle
Past Continuous	was/were being + past participle
Past Perfect	had been + past participle
Future Simple	will be + past participle
Future Perfect	will have been + past participle

Exercise

1. She drives a car.
Rewrite the above sentence into Passive Voice.
(a) A car drives her.
(b) A car has driven by her.
(c) A car is driven by her.
(d) A car is being driven by her.

2. Who teaches you Hindi?
Change the voice of the above sentence.
(a) Who is taught Hindi to you?
(b) Who is being taught by you Hindi?
(c) By whom are you taught Hindi?
(d) By whom is taught you Hindi?

Directions (Q. Nos. 3-16) *Rewrite the sentence into passive voice and choose the correct option.*

3. She begins her day with a cup of coffee.
(a) Her day is being begun with a cup of coffee.
(b) Her day is begun with a cup of coffee.
(c) A cup of coffee is beginning her day.
(d) A cup of coffee has begun her day.

4. Let him see the picture.
(a) Let the picture be seen by him.
(b) The picture is seen by him.
(c) Let him the picture be seen.
(d) The picture is seen by him.

5. We found the lock broken last night.
(a) The lock was found by us breaking last night.
(b) The lock was found by us broken last night.
(c) The lock was broken by us last night.
(d) The broken lock we found last night.

6. None likes him.
(a) He is liked by none.
(b) He was not liked by anyone.
(c) He has not been liked by anyone.
(d) He is not liked by anyone.

7. Paint the windows.
(a) Windows should be painted.
(b) Let the windows be painted.
(c) Let be the windows painted.
(d) Windows are let to be painted.

8. How did you manage to scale the high wall?
(a) How was the high wall managed to be scaled by you?
(b) How was the high wall managed by you?
(c) How was the high wall scaled?
(d) How was scaling the high wall managed?

9. Most people bore the shock bravely.
(a) The shock was bore bravely by most people.
(b) The shock was born bravely by most people.
(c) The shock was to be borne bravely by most people.
(d) The shock was borne bravely by most people.

10. The strict judge punished his corrupt clerk.
(a) His corrupt clerk is punished by the strict judge.
(b) His corrupt clerk is being punished by the strict judge.
(c) His corrupt clerk was punished by the strict judge.
(d) His corrupt clerk was being punished by the strict judge.

11. Why didn't you bring the matter to my notice?
(a) Why isn't the matter brought by you to my notice?
(b) Why wasn't the matter brought by you to my notice?
(c) Why isn't the matter brought to my notice?
(d) Why wasn't the matter brought to my notice?

12. The beavers have built a perfect dam across the stream.
(a) A perfect dam had been built by the beavers across the stream.
(b) A perfect dam has been built by the beavers across the stream.
(c) A perfect dam have been built by the beavers across the stream.
(d) A perfect dam was being built by the beavers across the stream.

13. Did ten students from Jammu join the online batch today?
(a) Was the online batch joined by ten students from Jammu today?
(b) Was the online batch join by ten students from Jammu today?
(c) Was the online batch joined by ten students in Jammu today?
(d) Has the online batch joined by ten students from Jammu today?

14. People believed that witches communicated with the devil.
(a) That witches communicated with the devil is being believed.
(b) It was believed that the witches have communicated with the devil.
(c) It was believed that witches communicated with the devil.
(d) That witches communicated with the devil has been widely believed.

15. These days most of the students do their assignments with the help of the internet.
(a) These days the assignments are being done with the help of the internet by most of the students.
(b) These days the assignments were being done with the help of the internet.
(c) These days most of the assignments are done with the help of the internet by the students.
(d) These days most of the students are doing their assignments with the help of the internet.

16. Smoke and flames engulfed the area and made rescue operations difficult.
(a) The area was engulfed in smoke and flames and made rescue operations difficult.
(b) The area was engulfed in smoke and flames making rescue operations difficult.
(c) The area had been engulfed in smoke and flames and made rescue operations difficult.
(d) The area was engulfed in smoke and flames and rescue operations were made difficult.

Answers

1.	(c)	2.	(c)	3.	(b)	4.	(a)	5.	(b)	6.	(d)	7.	(b)	8.	(a)	9.	(d)	10.	(c)
11.	(b)	12.	(b)	13.	(a)	14.	(c)	15.	(c)	16.	(d)								

14 Synonym and Antonym

Synonyms are words that have similar or nearly the same meaning.
e.g.,
Opaque – Cloudy, Dingy, Blurred
Antonyms are words that have opposite meaning.
e.g., – Honest – Insincere, Biased

Exercise

Directions (Q. Nos. 1-10) *Select the synonym for the given words.*

1. Healthy
(a) Alling (b) Sick
(c) Good (d) Well

2. Advance
(a) Reduce (b) Halt
(c) Progress (d) Extend

3. Quicken
(a) Accelerate (b) Delay
(c) Hinder (d) Stop

4. Brutal
(a) Humane (b) Savage
(c) Sympathetic (d) Compassionate

5. Radiant
(a) Insignificant (b) Rage
(c) Brilliant (d) Fleshy

6. Confess
(a) Admit (b) Affinity
(c) Moving (d) Sincere

7. Augment
(a) Contracted (b) Amplified
(c) Declined (d) Decimated

8. Vindictive
(a) Imaginative (b) Accusative
(c) Spiteful (d) Aggressive

9. Dilate
(a) Spin (b) Weaken
(c) Widen (d) Push

10. Consort
(a) Protect (b) Partner
(c) Convoy (d) Guide

Directions (Q. Nos. 11-18) *Select the antonym for the given words.*

11. Brave
(a) Coward (b) Covered
(c) Cover (d) Convey

12. Crowded
(a) Busy (b) Congested
(c) Quiet (d) Deserted

13. Transparent
(a) Obvious (b) Distinct
(c) Opaque (d) Consistent

14. Sterile
(a) Fertile (b) Infertile (c) Dense (d) Barren

15. Gloomy
(a) Radiant (b) Fragrant
(c) Melodious (d) Illusory

16. Retain
(a) Remember (b) Release
(c) Unfurl (d) Engage

17. Bleak
(a) Cull (b) Dark (c) Bright (d) Exposure

18. Prominent
(a) Unknown (b) Eminent
(c) Renowned (d) Important

19. Choose the right match of oposite words.
(a) Lost.....Low (b) Ever....Broad
(c) High...Hell (d) Desert....Greenery

20. Which of the following word is converted into its opposite word by using 'Un'?
(a) Mature (b) Possible
(c) Happy (d) Complete

Directions (Q. Nos. 21-36) *Select the synonym for the given words.*

21. Obedient
(a) Defiant (b) Rebellious
(c) Compliant (d) Unruly

22. Polite
(a) Rude (b) Impolite
(c) Courteous (d) Disrespectful

23. Quiet
(a) Loud (b) Noisy
(c) Silent (d) Clamorous

24. Rapid
(a) Slow (b) Sluggish (c) Fast (d) Delayed

25. Sincere
(a) Fake (b) Honest (c) Dishonest (d) Insincere

26. Tidy
(a) Messy (b) Disorganised
(c) Neat (d) Untidy

27. Urgent
(a) Optional (b) Non-essential
(c) Vital (d) Casual

28. Vast
(a) Tiny (b) Small (c) Enormous (d) Limited

29. Weary
(a) Energetic (b) Lively (c) Tired (d) Fresh

30. Yield
(a) Resist (b) Oppose
(c) Surrender (d) Withstand

31. Zest
(a) Indifference (b) Apathy
(c) Enthusiasm (d) Disinterest

32. Abandon
(a) Keep (b) Desert (c) Continue (d) Maintain

33. Brief
(a) Long (b) Short (c) Extended (d) Lengthy

34. Confident
(a) Timid (b) Shy
(c) Assured (d) Uncertain

35. Dangerous
(a) Safe (b) Harmless
(c) Risky (d) Secure

36. Eager
(a) Reluctant (b) Unwilling
(c) Keen (d) Hesitant

Directions (Q. Nos. 37-46) *Select the antonym for the given words.*

37. Agree
(a) Concur (b) Approve
(c) Disagree (d) Consent

38. Begin
(a) Start (b) Commence
(c) End (d) Initiate

39. Brave
(a) Bold (b) Fearless
(c) Cowardly (d) Courageous

40. Complex
(a) Simple (b) Complicated
(c) Intricate (d) Easy

41. Defend
(a) Protect (b) Guard
(c) Attack (d) Support

42. Empty
(a) Vacant (b) Hollow (c) Full (d) Filled

43. Famous
(a) Popular (b) Renowned
(c) Unknown (d) Celebrated

44. Generous
(a) Giving (b) Kind
(c) Selfish (d) Stingy

45. Happy
(a) Joyful (b) Cheerful
(c) Sad (d) Unhappy

46. Increase
(a) Add (b) Grow (c) Decrease (d) Expand

Answers

1. (d)	2. (c)	3. (a)	4. (b)	5. (c)	6. (a)	7. (b)	8. (c)	9. (c)	10. (b)
11. (a)	12. (d)	13. (c)	14. (a)	15. (a)	16. (b)	17. (c)	18. (a)	19. (d)	20. (c)
21. (c)	22. (c)	23. (c)	24. (c)	25. (b)	26. (c)	27. (c)	28. (c)	29. (c)	30. (c)
31. (c)	32. (b)	33. (b)	34. (b)	35. (c)	36. (c)	37. (c)	38. (c)	39. (c)	40. (a)
41. (c)	42. (d)	43. (c)	44. (c)	45. (c)	46. (c)				

15 Spelling

In these questions, four options are given. The candidate is required to identify the option that contains the correctly spelt word.

Exercise

1. Choose the word that is correctly spelt.
(a) Gaurantee (b) Guarantee
(c) Geruntee (d) Guaruntee

2. Find the correctly spelt word.
(a) Tuition
(b) Programm
(c) Goverment
(d) Enyronment

3. Find the correctly spelt word.
(a) Insight (b) Respyte
(c) Tennise (d) Recieve

4. Choose the correctly spelt word.
(a) Plaigarise (b) Plagiarise
(c) Plaigiarise (d) Plagarise

5. Choose the correctly spelt word.
(a) Qiete (b) Queit
(c) Quiete (d) Quiet

6. Choose the correctly spelt word.
(a) Restaurant (b) Resturant
(c) Reastaurant (d) Restuarant

7. Choose the correctly spelt word.
(a) Necessary (b) Beggining
(c) Irrevelant (d) Locaition

8. Choose the correctly spelt word.
(a) Robery (b) Robberry
(c) Robbery (d) Roberry

9. Choose the correctly spelt word.
(a) Dimolich (b) Dimoleesh
(c) Demolish (d) Deemolish

10. Choose the correctly spelt word.
(a) Dishcusion (b) Discusion
(c) Discushion (d) Discussion

11. Choose the correctly spelt word.
(a) Erroneous (b) Erronous
(c) Eroneous (d) Erroneaus

12. Choose the correctly spelt word.
(a) Acomodoate (b) Accomodate
(c) Accommodate (d) Acommodate

13. Choose the correct spelling.
(a) Recieve (b) Receive
(c) Recive (d) Receeve

14. Choose the correct spelling.
(a) Tikwondo
(b) Tykondo
(c) Taikwondo
(d) Taekwondo

15. Choose the correct spelling.
(a) Definately (b) Definately
(c) Definitely (d) Definitly

16. Choose the correct spelling.
(a) Febuary (b) Febrary
(c) February (d) Febuary

17. Choose the correct spelling.
(a) Goverment (b) Government
(c) Govermant (d) Govenment

18. Choose the correct spelling.
(a) Seperate
(b) Sepperate
(c) Seperete
(d) Separate

19. Choose the correct spelling.
(a) Occurrence
(b) Ocurrence
(c) Occurence
(d) Ocurrence

20. Choose the correct spelling.
(a) Wierd (b) Weard
(c) Weired (d) Weird

21. Choose the correct spelling.
(a) Persue (b) Pursue
(c) Pursu (d) Persu

22. Choose the correct spelling.
(a) Treshold (b) Threshhold
(c) Threshold (d) Treshhold

23. Choose the correct spelling.
(a) Agreable (b) Agreeable
(c) Agriable (d) Agreible

24. Choose the correct spelling.
(a) Noticeble (b) Noticable
(c) Noticeable (d) Noticible

25. Choose the correct spelling.
(a) Embarras (b) Embarrass
(c) Embaras (d) Embarass

26. Choose the correct spelling.
(a) Resistence (b) Resistance
(c) Resitance (d) Resistence

27. Choose the correct spelling.
(a) Maintainance
(b) Maintainence
(c) Maintenance
(d) Maintanence

28. Choose the correct spelling.
(a) Recommend (b) Reccomend
(c) Recomend (d) Recammend

29. Choose the correct spelling.
(a) Acquaintence
(b) Acquantance
(c) Acquaintance
(d) Acquintance

30. Choose the correct spelling.
(a) Refference (b) Reference
(c) Referrence (d) Referance

Answers

1. (b)	2. (a)	3. (a)	4. (b)	5. (d)	6. (a)	7. (a)	8. (c)	9. (c)	10. (d)
11. (a)	12. (c)	13. (b)	14. (d)	15. (c)	16. (c)	17. (b)	18. (d)	19. (a)	20. (d)
21. (b)	22. (c)	23. (b)	24. (c)	25. (b)	26. (b)	27. (c)	28. (a)	29. (c)	30. (b)

16 One Word Substitution

Sometimes, one word is used in place of a long phrase to improve the sentence structure and make our writing more effective. This replacement is known as one word substitution.

e.g., A person who has escaped from captivity of the judicial system – Fugitive

Fear of spiders – Arachnophobia

Study of rocks and soil – Geology

Exercise

1. Write one word that describes the profession One who deals in flowers
(a) Florist (b) Manager
(c) Rag-picker (d) Webmaster

2. Not believing in the existence of God
(a) Atheist (b) Hasty
(c) Morsel (d) Genius

3. Having a strong desire for success, achievement, power of wealth
(a) Ambitious (b) Anxious
(c) Indigenous (d) Piteous

4. Life story of a person written by someone else
(a) Autobiography (b) Autocracy
(c) Biography (d) Democracy

5. A house where children with no parent are taken care of
(a) Creche (b) Hospital
(c) Nursery (d) Orphanage

6. A humorous drawing dealing with current events or politics
(a) Sketch (b) Illustration
(c) Cartoon (d) Skit

7. Act of mercy killing
(a) Suicide (b) Euthanasia
(c) Immolation (d) Asphyxiation

8. Bare minimum needed for survival
(a) Sustenance (b) Subsistence
(c) Sustainable (d) Supplement

9. An uneducated person
(a) Joker (b) Clown
(c) Instructor (d) Illiterate

10. A person learning a trade under someone
(a) Assistant (b) Secretary
(c) Clerk (d) Apprentice

11. That which is unlawful
(a) Legal (b) Court
(c) Bail (d) Illicit

12. Made or done without previous preparation
(a) Immediate (b) Impromptu
(c) Urgent (d) Prompt

13. A person who studies the stars and planets
(a) Biologist (b) Astronomer
(c) Geologist (d) Zoologist

14. A person who writes poems
(a) Novelist (b) Poet
(c) Playwright (d) Essayist

15. A person who repairs vehicles
(a) Mechanic (b) Carpenter
(c) Plumber (d) Electrician

16. A place where books are kept
(a) Museum (b) Library
(c) Store (d) Archive

17. A person who travels to unknown places
(a) Tourist (b) Nomad
(c) Explorer (d) Settler

18. An instrument for measuring temperature
(a) Barometer (b) Thermometer
(c) Altimeter (d) Hydrometer

19. A large group of ships
(a) Crew (b) Fleet
(c) Pack (d) Swarm

20. A person who collects coins
(a) Philatelist (b) Numismatist
(c) Archaeologist (d) Ornithologist

21. An animal that eats plants
(a) Carnivore
(b) Herbivore
(c) Omnivore
(d) Insectivore

22. A building where animals are kept
(a) Aviary (b) Zoo
(c) Aquarium (d) Kennel

23. A person who treats sick animals
(a) Physician
(b) Veterinarian
(c) Pharmacist
(d) Dentist

24. A speech given at a funeral
(a) Soliloquy (b) Monologue
(c) Eulogy (d) Dialogue

25. A person who walks on foot
(a) Passenger (b) Pedestrian
(c) Pilot (d) Cyclist

26. A person who composes music
(a) Author (b) Composer
(c) Artist (d) Director

27. A government ruled by a king or queen
(a) Democracy (b) Oligarchy
(c) Monarchy (d) Republic

28. A place where dead bodies are kept
(a) Cemetery (b) Morgue
(c) Clinic (d) Shrine

29. A person who looks at the bright side of things
(a) Pessimist (b) Optimist
(d) Realist (d) Skeptic

30. A sound that cannot be heard
(a) Audible (b) Silent
(c) Inaudible (d) Noisy

Answers

1. (a)	2. (a)	3. (a)	4. (c)	5. (d)	6. (c)	7. (b)	8. (b)	9. (d)	10. (d)
11. (d)	12. (b)	13. (b)	14. (b)	15. (a)	16. (b)	17. (c)	18. (b)	19. (b)	20. (b)
21. (b)	22. (b)	23. (b)	24. (c)	25. (b)	26. (b)	27. (c)	28. (b)	29. (b)	30. (c)

17 Miscellaneous

Exercise

1. **What is the meaning of the proverb given below?**
A blind man has no judgement of colours.
(a) Discuss the matter publicly
(b) A man without sense can never make correct decisions
(c) Start reading book my utilising the time
(d) Add fuel to fire

2. **What is the meaning of the proverb given below?**
A stitch in time saves nine.
(a) Make a good start and you will complete task easy
(b) Quick action to solve a small problem saves a great problem
(c) It is wiser to be careful than take risk
(d) Work is quickly and easily done when many people help

3. **Arrange the months in alphabetical order.**
January, March, May, June, July
(a) January, July, March, May, June
(b) January, July, June, March, May
(c) January, March, May, June, July
(d) January, May, March, July, June

4. **I/have/risk/taken/saving/her/a/in/great**
Unjumble the given words to form a meaningful sentence.
(a) I taken have a great risk in saving her.
(b) A great risk have I taken in saving her.
(c) Her have taken I a great risk in saving.
(d) I have taken a great risk in saving her.

5. **Choose the correct sentence.**
(a) Tatpara has black long hair.
(b) Tatpara has hair long black.
(c) Tatpara has long black hair.
(d) Tatpara has hair long black.

6. **Dede has an uncle. The son of his uncle is**
(a) father
(b) nephew
(c) grandfather
(d) cousin

Answers

1. (b)	2. (b)	3. (b)	4. (d)	5. (c)	6. (d)

हिन्दी

01 नई ऊषा

- प्रस्तुत कविता के माध्यम से कवि कहता है कि पहले हम गुलाम थे, लेकिन अब हम आजाद हो चुके हैं, इसलिए अब हमारे उत्तरदायित्व अधिक हैं।
- कवि के अनुसार, अब देश की प्रगति और विकास की जिम्मेदारी युवा वर्ग के कन्धों पर है।
- अब हमें विभिन्न संकीर्णताओं से ऊपर उठना होगा और अशिक्षा, अज्ञान और अन्याय के प्रति लोगों को सतर्क करना होगा।
- नई ऊषा कविता के माध्यम से कवि कहना चाहता है कि परतन्त्रता अर्थात् गुलामी की रात्रि का अन्त हो चुका है और स्वतन्त्रता प्राप्ति के पश्चात् अर्थात् आजादी मिलने के बाद हमें विकास के नए अवसर तलाश करने होंगे।
- कवि ने नई ऊषा को स्वतन्त्रता प्राप्ति के बाद के प्रात:काल से इंगित किया है।
- कविता में सभी मनुष्यों में विवेक, ज्ञान, दया, सत्य, सहानुभूति, मैत्री भाव एवं आपसी प्रेम भाव आदि गुणों का विकास अनिवार्य माना है।
- समाज के लोगों को अच्छे कार्य करते हुए आपसी कलह एवं द्वेष को मिटाकर परस्पर सहयोग एवं प्रेम की भावना को जाग्रत कर समाज को स्वावलम्बी बनाया जा सकता है।
- 'नई ऊषा' कविता में कवि ने आजादी के बाद भारतीय नागरिकों में अज्ञानता को दूर करने व शिक्षा के अधिकार, अपनी क्षमता के अनुसार कार्य करने का अधिकार एवं अपनी उन्नति के लिए प्रयास करने और आगे बढ़ने की ओर संकेत किया है।

अभ्यास प्रश्न

1. नई ऊषा कविता के रचयिता कौन है?
(a) जयशंकर अवस्थी (b) सत्यनारायण लाल
(c) लखनलाल गुप्ता (d) जीवन यदु

2. नई ऊषा सन्देश दे रही है
(a) बच्चों को (b) बूढ़ों को
(c) नवयुवकों को (d) महिलाओं को

3. दासता की बेड़ियों को काटने के लिए किसने कुर्बानियाँ दी हैं?
(a) महिलाओं ने (b) देश के नवयुवाओं ने
(c) बच्चों ने (d) बूढ़ों ने

4. नई ऊषा से कवि का अभिप्राय क्या है?
(a) पराधीनता से (b) स्वतन्त्रता से
(c) स्वावलम्बन से (d) परावलम्बन से

5. कवि ने स्वतन्त्र भारत की युवा पीढ़ी से क्या कहा है?
(a) परिश्रम करना होगा (b) आलस्य करना होगा
(c) भटकना होगा (d) रहना होगा

6. 'नई ऊषा' कविता के माध्यम से कवि क्या कहना चाहता है?
(a) अन्धकार हो गया
(b) गुलामी की रात्रि का अन्त हो गया
(c) अन्धकार में जीना
(d) उजाला आ चुका है

7. नई ऊषा शीर्षक कविता में कवि ने किन परिवर्तन की ओर संकेत किया है?
(a) अज्ञानता को दूर करना (b) शिक्षा का अधिकार
(c) अन्याय का प्रतिकार (d) ये सभी

8. शस्य श्यामला कौन बनी रहे?
(a) सागर (b) आसमान (c) वट वृक्ष (d) वसुन्धरा

9. सभी मनुष्यों में किन गुणों का विकास होना चाहिए?
(a) सहानभूति (b) सत्य
(c) मैत्री भाव (d) ये सभी

10. नई किरण क्या लेकर जगा रही है?
(a) दिशा-दिशा (b) साज
(c) नई ऊषा (d) प्रशस्त पथ

11. धरती माता को उपजाऊ कैसे बनाया जा सकता है?
(a) पसीने से (b) खाद से
(c) सुस्ताकर (d) खेलकर

12. समाज को स्वावलम्बी कैसे बनाया जा सकता है?
(a) प्रेम भावना को जाग्रत कर
(b) परस्पर सहयोग कर
(c) आपसी कलह एवं द्वेष मिटाकर
(d) उपरोक्त सभी

13. कवि के अनुसार, मनुष्य के कर्म कैसे होने चाहिए?
(a) मध्यम
(b) अच्छे
(c) अवगुणों की ओर ध्यान देना
(d) उपरोक्त में से कोई नहीं

14. 'प्रमाद की महानिशा' बीतने से आशय है
(a) गुलामी का अँधेरा बीत गया है
(b) गुलामी का अँधेरा छा गया है
(c) स्वतन्त्रता को बहुत समय हो गया है
(d) अँधेरा गायब हो गया है

15. कविता के माध्यम से नवयुवकों में किन-किन भावों का संचार हो रहा है?
(a) प्रेम और दया का भाव
(b) अन्याय के विरुद्ध आवाज उठाने का भाव
(c) ज्ञान की ज्योत जलाने का भाव
(d) उपरोक्त सभी

16. 'स्वोश्रयी' का अर्थ है
(a) आत्मनिर्भर होना (b) आजाद होना
(c) दूसरों पर निर्भर होना (d) अज्ञानता

उत्तरमाला

1. (b)	2. (c)	3. (b)	4. (b)	5. (a)	6. (b)	7. (d)	8. (d)	9. (d)	10. (c)
11. (a)	12. (d)	13. (b)	14. (a)	15. (d)	16. (a)				

02 | एक नई शुरुआत

- मनोवैज्ञानिकों व शिक्षाशास्त्रियों का कहना है कि विद्रोही बच्चों के प्रति उपेक्षा का भाव या दण्डात्मक कार्यवाही उन्हें और अधिक उग्र बना देती हैं।
- यदि उन्हें प्रोत्साहन मिले और उनको उत्तरदायित्वक पूर्ण काम सौंपा जाए, तो वे सामान्य बालकों से अधिक अच्छा कार्य कर सकते हैं।
- कहानीकार ने इसी सिद्धान्त पर प्रस्तुत कहानी की रचना की है।
- प्रस्तुत कहानी में प्रोत्साहन पाकर और उत्तरदायित्वक का भार पड़ने पर सुधीर के चरित्र में ज़ो बदलाव लाया, वही इस कहानी का मुख्य तथ्य है, बाल मनोविज्ञान पर आधारित यह कहानी बहुत महत्त्वपूर्ण भूमिका अदा करती है।
- श्रीकान्त को कक्षा का मॉनीटर इसलिए बनाया, क्योंकि 85% लड़कों ने उसके नाम का समर्थन किया था।
- कक्षा अध्यापक द्वारा श्रीकान्त को मॉनीटर बनाए जाने की घोषणा करने के बाद सुधीर एक ऐसा बालक था, जो उसे तिरछी आँखों से घूर रहा था व कक्षा के सभी लड़के तालियाँ बजा रहे थे।
- सुधीर स्वभाव से ही गुस्सैल, अक्खड़ और शरारती था। वह मन-ही-मन श्रीकान्त से ईर्ष्या भी करता था। अतः इस प्रकार के मनुष्य के साथ मिल-जुलकर रहना अत्यन्त ही कठिन है।
- सभी बच्चों ने सुधीर से बातचीत करना इसलिए बन्द कर दिया था, क्योंकि वह बहुत शरारती व गलत संगत में रहने वाला लड़का था।
- श्रीकान्त को मॉनीटर का काम सम्भालने में परेशानी, इसलिए होती क्योंकि जब भी श्रीकान्त ब्लैक बोर्ड साफ करके जाता तो सुधीर ब्लैक बोर्ड पर हस्यस्पद कार्टून बना देता तथा अध्यापक के आने पर शोर मचाने लगता जिस कारण से अध्यापकों से श्रीकान्त को डाँट सुननी पड़ती थी।
- श्रीकान्त सुधीर के व्यवहार व व्यक्तित्व में परिवर्तन लाया। श्रीकान्त ने सुधीर को विद्यालय तथा कक्षा के कुछ महत्त्वपूर्ण कार्य सौंपे जिससे उसे अपनी जिम्मेदारी का एहसास हो तथा उसके स्वभाव में अक्खड़ता के स्थान पर सौम्यता जैसे भावों का उदय होने लगा।

अभ्यास प्रश्न

1. 'एक नई शुरुआत' कहानी के कहानीकार कौन है?
(a) सुश्री कमलावती
(b) सुश्री कमलादेवी
(c) सुश्री कमला चमोला
(d) सुश्री कमला प्रसाद

2. श्रीकान्त को कक्षा का मॉनीटर बनाने में कितने प्रतिशत लड़कों का समर्थन था?
(a) 75% (b) 85%
(c) 95% (d) 65%

3. किसको कक्षा का मॉनीटर बनाया गया?
(a) श्रीकान्त (b) सुधीर
(c) आकाश (d) नीरज

4. सुधीर मन-ही-मन किससे ईर्ष्या करता था?
(a) श्रीकान्त से (b) आकाश से
(c) मोहन से (d) कमल से

5. सुधीर को सजा के रूप में खड़ा रखा गया
(a) स्टेज पर (b) प्राचार्य कक्ष में
(c) कक्षा में (d) कक्षा के बाहर

6. सभी दोस्त जन्मदिन मनाने गए
(a) गीता का (b) श्रीकान्त का
(c) सुधीर का (d) सुप्रिया का

7. वार्षिक उत्सव में सुधीर को भूमिका दी
(a) भगतसिंह (b) शक्ति सिंह
(c) डाकू (d) फूलनदेवी

8. सुधीर का स्वभाव था
(a) अक्खड़ (b) शरारती
(c) गुस्सैल (d) ये सभी

9. किस घटना के बाद सबने सुधीर से बात करना कम कर दिया था?
(a) कक्षा में शोर मचाने पर
(b) मॉनीटर बनाने पर
(c) अध्यापक द्वारा स्टेज पर खड़ा करने पर
(d) उपरोक्त सभी

10. श्रीकान्त ने विद्यालय तथा कक्षा के महत्त्वपूर्ण कार्यों की जिम्मेदारी किसे सौंपी?
(a) गीता (b) आकाश
(c) कमल (d) सुधीर को

11. सुधीर घर तक छोड़ने गया
(a) राधा को
(b) सीता और गीता को
(c) गीता व सुप्रिया को
(d) श्रीकान्त को

12. सुधीर की गिरावट के लिए जिम्मेदार थे
(a) लड़के (b) लड़कियाँ
(c) अध्यापक (d) ये सभी

13. आँखों में नमी उत्तर आई थी
(a) श्रीकान्त की (b) आकाश की
(c) सुधीर की (d) सुप्रिया की

14. श्रीकान्त शहर में आया था
(a) दो महीने पहले (b) छः महीने पहले
(c) चार महीने पहले (d) तीन महीने पहले

15. सुधीर से सभी दूरी बनाकर क्यों रखते थे?
(a) वह स्वभाव से गुस्सैल लड़का था
(b) वह स्वभाव से शान्त था
(c) वह गरीब घर से था
(d) उपरोक्त में से कोई नहीं

16. श्रीकान्त के अनुसार, सुधीर के बिगड़ने का कारण था
(a) सुधीर से लड़कों द्वारा बात न करना
(b) सुधीर को सार्वजनिक रूप से अपमानित करना
(c) सुधीर को अध्यापकों द्वारा पीटना
(d) उपरोक्त में से कोई नहीं

17. सुधीर को सुधारने के लिए श्रीकान्त ने क्या किया?
(a) उसे समझाने का प्रयास किया
(b) उसके माता-पिता से बात की
(c) उसे दण्डित करने के बारे में सोचा
(d) उसे विद्यालय के जरुरी काम सम्भालने के लिए दिए

उत्तरमाला

1.	(c)	2.	(b)	3.	(a)	4.	(a)	5.	(a)	6.	(c)	7.	(b)	8.	(d)	9.	(c)	10.	(d)
11.	(c)	12.	(d)	13.	(c)	14.	(b)	15.	(a)	16.	(b)	17.	(d)						

03 अब्राहम लिंकन का पत्र

- जीवन के विविध अनुभवों की कसौटी पर खरा उतरने का गुण विद्यार्थियों को विद्यालयी शिक्षा और शिक्षक के द्वारा प्राप्त होता है।
- इसी सोच को प्रथम अश्वेत अमेरिकी राष्ट्रपति अब्राहम लिंकन ने अपने पुत्र के शिक्षक को अपने चर्चित पत्र में लिखा है।
- उनकी अपेक्षा है कि उनका पुत्र उस विद्यालयी शिक्षा के द्वारा जीतने के साथ हार का बोध कर सकें, किताबों की मनमोहक दुनिया के साथ-साथ वह प्राकृतिक सौन्दर्य का बोध भी करें, वह अपने विचारों के प्रति अडिग और विश्वस्त रहे।
- अन्त में लिंकन की दृढ़ आस्था है कि स्कूल उसे यह सिखाए कि नकल करके पास होने से बेहतर हैं फेल हो जाना।
- लिंकन का यह पत्र शिक्षा के सन्दर्भ में किसी राजनेता की समझ का एक ऐतिहासिक दस्तावेज है।
- अब्राहम लिंकन तत्कालीन अमेरिका के राष्ट्रपति थे। उन्होंने अपने पुत्र के शिक्षक को पत्र लिखा था, जो एक ऐतिहासिक दस्तावेज बन गया है।
- अब्राहम लिंकन ने अपने पत्र में खुशामद करने वालो तथा स्वार्थी लोगों से सावधान रहने के बारे में लिखा है और यह भी लिखा है, कि दुनिया में अच्छे व बुरे दोनों प्रकार के व्यक्ति रहते हैं।
- उन्होंने किताबों की मनमोहक दुनिया के साथ-साथ प्रकृति की सुन्दरता को निहारने की सलाह इसलिए दी है, जिससे की उनका पुत्र यह जान सके कि सच्चे सुख की अनुभूति क्या होती है।
- अमेरिकी राष्ट्रपति की स्कूल से अपेक्षा है, कि विद्यालय में उनके पुत्र को जीवन के दोनों पक्षों से अवगत कराया जाए।
- जीवन में सुख व दु:ख में समान व्यवहार करना और उसके मन-मस्तिष्क में यह अवश्य शामिल हो कि नकल करके पास होने से अच्छा है कि वह फेल हो जाए, क्योंकि जीवन में जो सीख हमें सफलता नहीं दे पाती वह असफलता सीखा देती है।

अभ्यास प्रश्न

1. अब्राहम लिंकन ने किसे पत्र लिखा?
(a) कलि को (b) पुलिस को
(c) मित्र को (d) शिक्षक को

2. अब्राहम लिंकन ने किसके शिक्षक को पत्र लिखा?
(a) पुत्र के (b) पुत्री के
(c) पिता के (d) बहन के

3. मनमोहक दुनिया किसकी है?
(a) प्रकृति की (b) किताबों की
(c) मनुष्यों की (d) बच्चों की

4. राष्ट्रपति की स्कूल से क्या अपेक्षा है?
(a) वह पुत्र को घमण्डी बनाए
(b) वह पुत्र को जीवन के दोनों पक्षों से अवगत कराए
(c) वह बच्चे को असफलता की सीख दे
(d) पुत्र को चुपचाप बैठना सिखाएँ

5. लिंकन के पत्र में किस तरह के व्यक्तियों के बारे में लिखा है?
(a) कठोर (b) अच्छे
(c) बुरे (d) (b) व (c) दोनों

6. प्रकृति की सुन्दरता का चित्रण अब्राहम लिंकन ने किस प्रकार किया है?
(a) नीले आसमान में उड़ते आजाद पक्षी
(b) सुनहरी धूप में गुनगुनाती मधुमक्खियाँ
(c) पहाड़ के ढ़लान पर खिलखिलाते जंगली फूलों की हँसी
(d) उपरोक्त सभी

7. मेहनत से कमाया हुआ पैसा कैसा होता है?
(a) महत्त्वहीन (b) तुच्छ (c) चिरस्थायी (d) मूल्यवान

8. अब्राहम लिंकन का स्वभाव था
(a) मेहनती (b) सरल (c) बुद्धिमान (d) ये सभी

9. हमें सीखना चाहिए
(a) हारने से (b) दौड़ने से (c) भागने से (d) जीतने से

10. हमें सावधान रहना चाहिए
(a) शिक्षक से (b) वकील से
(c) चाटुकारों से (d) डॉक्टर से

11. लिंकन किसे सब कुछ सिखाना चाहते हैं?
(a) बेटे को (b) पत्नी को (c) भाई को (d) बेटी को

12. पैसा होना चाहिए
(a) हराम का (b) छल का (c) मेहनत का (d) कपट का

13. गुलामों का मुक्तिदाता कहा जाता है
(a) भगत को (b) अब्राहम लिंकन को
(c) रामचरण को (d) शक्तिसिंह को

14. अमेरिकी राष्ट्रपति का नाम क्या था?
(a) अब्राहम लिंकन (b) शेरसिंह
(c) इब्राहिम गार्दी (d) अब्दाली

15. लिंकन ने नकल करके पास होने से बेहतर किसे बताया?
(a) परीक्षा न देना (b) फेल होना
(c) कोई भी तरीका अपनाना (d) ये सभी

16. लिंकन ने अपने पुत्र को सलाह दी
(a) प्रकृति से दूर रहने की (b) शहर में बसने की
(c) प्रकृति को निहारने की (d) गाँव में रहने की

17. लिंकन शिक्षक के माध्यम में पुत्र को क्या सिखाना चाहते थे?
(a) नेक इंसान बनाना
(b) जनता का हितैषी बनाना
(c) भीड़ से अलग चलने की हिम्मत रखना
(d) उपरोक्त सभी

18. अब्राहम लिंकन ने प्रकृति की सुन्दरता का चित्रण कैसे किया है?
(a) नीले आकाश में उड़ते आजाद पक्षी के रूप में
(b) सुनहरी धूप में गुनगुनाती मधुमक्खियों के रूप में
(c) जंगली फूलों की हँसी के रूप में
(d) उपरोक्त सभी

19. अब्राहम लिंकन का क्या मानना था?
(a) शिक्षक बच्चों को बिगड़ता है
(b) शिक्षक छात्रों को आदर्श नागरिक बना सकता है
(c) शिक्षक केवल पढ़ाता है
(d) उपरोक्त में से कोई नहीं

20. लिंकन के अनुसार, हमें बदमाशों को कैसे जवाब देना चाहिए?
(a) मुँहतोड़ (b) स्नेह युक्त
(c) क्रोध युक्त (d) विनम्रता युक्त

उत्तरमाला

1. (d)	2. (a)	3. (b)	4. (b)	5. (d)	6. (d)	7. (c)	8. (d)	9. (a)	10. (c)
11. (a)	12. (c)	13. (b)	14. (a)	15. (b)	16. (c)	17. (d)	18. (d)	19. (b)	20. (a)

04 | पचराही

- पचराही का अर्थ वहाँ के बुजुर्गों के व्याख्यानों के अनुसार, यहाँ से पाँच राह मतलब रास्ता-रतनपुर, मण्डला, सहसपुर, भोरमदेव चौरागढ़ और लंजिकाके के लिए निकले जिस कारण इसका नाम पचराही पड़ा है।
- पचराही में वैष्णव, शाक्त और जैन धर्म से सम्बन्धित मन्दिर के अवशेष मिले हैं। पचराही में मोलुस्का (घोंघा) और पाईला (सीप) जलीय प्राणी के अवशेष मिले हैं।
- राजिम, शिवरीनारायण, सिरपुर, मल्हार, ताला, रतनपुर डीपीडीह, भोरमदेव, घटियारी, बारसूर, दन्तेवाडा छत्तीसगढ़ कला संस्कृति के आकाशदीप कहे जाते हैं।
- पचराही की खुदाई से मिलने वाले चिह्नों की सूची है
  (i) कुम्हार और लौहार के उपयोग वस्तुओं के चिह्न
  (ii) मिट्टी की बनी मालाएँ
  (iii) बच्चों के खिलौने
  (vi) लोहा, ताँबा के औजार व गहना आदि।
- पचराही एक छोटा-सा गाँव है, जहाँ उत्खनन में प्रागैतिहासिक काल से मुगल काल तक के पुरातात्विक अवशेष प्राप्त हुए हैं।
- यह कबीरधाम जिला मुख्यालय से उत्तर दिशा की ओर लगभग 45 किमी की दूरी पर हॉप नदी के किनारे मैकाल पर्वत की श्रेणी हैं।
- यह स्थान प्राचीनकाल में व्यापार का एक बड़ा केन्द्र था। इस स्थान पर संस्कृति एवं पुरातत्व विभाग द्वारा वर्ष 2007 से उत्खनन का कार्य किया जा रहा है।
- उत्खनन से यहाँ प्राचीन नगर के खण्डहर के साथ-साथ वैष्णव शाक्त और जैन धर्म के मन्दिर एवं देवी-देवताओं की प्रतिमाएँ प्राप्त हुई हैं।
- खुदाई से लगभग 13 करोड़ वर्ष पहले दो जलीय प्राणी के जीवाश्म मिले हैं। जिसमें से एक मोलुस्का परिवार का है और दूसरा पाईला परिवार का है। पचराही आदिमनाव का वास स्थल रहा है।
- यहाँ उत्तरपाषाण काल और मेसोलिथिक काल के औजार मिले हैं।
- पचराही प्राचीनकाल में स्थापत्य और शिल्पकला का बहुत बड़ा केन्द्र था, जो राजनीतिक स्थायित्व और धार्मिक समरसता का प्रतीक माना जा सकता है। प्राचीनकाल में छत्तीसगढ़ को दक्षिण कोसल के नाम से जाना जाता था।
- पचराही की खुदाई में मिले प्रमाण छत्तीसगढ़ के इतिहास, सभ्यता और संस्कृति को प्राचीन सिद्ध करते हैं।

अभ्यास प्रश्न

1. पचराहों में रहते हैं
(a) सात मार्ग (b) दो मार्ग
(c) पाँच मार्ग (d) आठ मार्ग

2. पचराही के पास स्थित है
(a) भोरमदेव मन्दिर (b) बम्लेश्वरी मन्दिर
(c) कुआँ (d) गणेश मन्दिर

3. 'नानकुन' का हिन्दी में क्या अर्थ है?
(a) छोटा सा/लघु (b) दीर्घ
(c) ऊपर (d) लगातार

4. पचराही में कौन-से धर्म से सम्बन्धित मन्दिर के अवशेष मिले हैं?
(a) वैष्णव (b) शाक्त
(c) जैन (d) ये सभी

5. हजारों वर्षों से मिट्टी में दबे प्राणियों अथवा वनस्पतियों के अंश को कहते हैं
(a) परकोटा (b) मोलुस्का
(c) कीप (d) जीवाश्म

6. पचराही में किस जलीय प्राणी के जीवाश्म मिले हैं?
(a) मछली व घोंघा (b) घोंघा व सीप
(c) सीप व मछली (d) मछली व कछुआ

7. छत्तीसगढ़ की कला संस्कृति के आकाशदीप कितने हैं?
(a) 8 (b) 7
(c) 10 (d) 9

8. छत्तीसगढ़ के कला संस्कृति के आकाशदीप कहेंगे
(a) राजिम (b) शिवरीनारायण
(c) सिरपुरा (d) ये सभी

9. पचराही से मिलने वाले चिह्न थे
(a) कुम्हार, लौहार, बच्चों के खिलौनों के चिह्न
(b) लकड़ी, पत्थर, नक्काशी, मालाओं के चिह्न
(c) लोहा, ताँबा, गहना, कपड़ों के चिह्न
(d) मिट्टी के बर्तन, मिट्टी की माला, कागज के चिह्न

10. पचराही गाँव हैं
(a) बड़ा (b) छोटा-सा
(c) गरीब (d) ये सभी

11. पचराही किस जिले में स्थित है?
(a) रायपुर (b) बिलासपुर
(c) धमतरी (d) कबीरधाम

12. पचराही में कौन-से काल के पुरातन अवशेष मिले हैं?
(a) कल्चुरी काल (b) सोमवंशी काल
(c) पौराणिक काल (d) प्रागैतिहासिक काल

13. पचराही छत्तीसगढ़ के कबीरधाम जिला मुख्यालय से कितने किमी दूर हैं?
(a) 50 किमी (b) 45 किमी
(c) 30 किमी (d) 35 किमी

14. पचराही किस नदी के किनारे स्थित है?
(a) पैरी नदी (b) जोक नदी
(c) हॉप नदी (d) सोन नदी

15. जलीय प्राणी के जीवाश्म मिले हैं
(a) राजिम में (b) बस्तर में
(c) दुर्ग में (d) पचराही में

16. पचराही किसका वास स्थल रहा है?
(a) देवताओं का (b) राक्षसों का
(c) आदिमानव का (d) इनमें से कोई नहीं

17. प्राचीन काल में छत्तीसगढ़ को किस नाम से जाना जाता था?
(a) पूर्वी कोसल (b) उत्तर कोसल
(c) पश्चिमी कोसल (d) दक्षिण कोसल

18. यहाँ किस काल के औजार मिले हैं?
(a) उत्तर पाषाण काल (b) मध्यपाषण काल
(c) 'a' व 'b' दोनों (d) इनमें से कोई नहीं

19. पचराही में किस धर्म के अवशेष नहीं मिले हैं?
(a) बौद्ध धर्म (b) जैन धर्म
(c) वैष्णव धर्म (d) इनमें से कोई नहीं

20. पचराही प्राचीनकाल में था
(a) एक बन्दरगाह
(b) एक धार्मिक स्थल
(c) एक व्यापारिक केन्द्र
(d) मनोरंजन स्थल

उत्तरमाला

1. (c)	2. (a)	3. (a)	4. (d)	5. (d)	6. (b)	7. (c)	8. (d)	9. (a)	10. (b)
11. (d)	12. (d)	13. (d)	14. (c)	15. (d)	16. (c)	17. (d)	18. (c)	19. (a)	20. (c)

05 | इब्राहिम गार्दी

- इतिहास के सन्दर्भ से साहित्य को सरलता के साथ प्रस्तुत करने वाले प्रसिद्ध साहित्यकार श्री वृन्दावन लाल वर्मा की यह कहानी अपने सन्दर्भ में व्यापक और मानवीय जीवन मूल्यों को लेकर बेहद प्रासंगिक है।
- मराठा सेनापति इब्राहिम गार्दी घायल अवस्था में शत्रुओं के कैद में रहने के बाद भी अपने प्राणों का भय छोड़कर उन मूल्यों और मान्यताओं पर प्रश्न खड़ा करता है, जो किसी भी मजहब और जबान को संकीर्णता के दायरे में बाँध कर देखने के आदी है।
- शरीर के टुकड़े-टुकड़े होते रहे पर इब्राहिम का यह बेखौफ जवाब ''तौबा करें वे लोग जो कैदियों, घायलों और निहत्थों का कत्ल करते हैं'' ये उनके इंसानी जज्बे हो दर्शाता है।
- इब्राहिम गार्दी मराठों का सेनापति था। उसने पानीपत के युद्ध में भाग लिया था।
- इब्राहिम गार्दी मुसलमान होकर मराठों का सेनापति बना और मुसलमानों के विरुद्ध लड़ा, इसलिए अहमदशाह अब्दाली इब्राहिम से घृणा करता था।
- पानीपत का युद्ध 1761 ई. में हुआ। यह युद्ध अहमदशाह अब्दाली और मराठों के बीच हुआ।
- सदाशिव राव और विश्वास राव के मारे जाने पर इब्राहिम गार्दी दुःखी हुआ।
- इब्राहिम गार्दी के नजरिए में मुसलमान वह है, जो अपने मुल्क के साथ गद्दारी न करें, जो ईमान का पक्का एवं सच्चा हो।
- इब्राहिम ने घावों की पीड़ा दबाते हुए कहा ''खुदा अरबी, फारसी या पश्तो जबान को ही समझता है क्या? वह मराठी या फ्रान्सीसी नहीं जानता? क्या खुदा राम नहीं है और राम और रहीम अलग-अलग है?''

अभ्यास प्रश्न

1. इब्राहिम के अनुसार, तौबा किन्हें करनी चाहिए?

(a) जो सभी की मदद करते हैं
(b) जो कैदियों घायलों और निहत्थों का कत्ल करते हैं
(c) जो ईमान का पक्का व सच्चा हो
(d) उपरोक्त सभी

2. इब्राहिम गार्दी कौन था?

(a) बंगाल का गर्वनर (b) मुगलों का सेनापति
(c) गवर्नर जनरल (d) मराठों का सेनापति

3. अहमदशाह अब्दाली किससे घृणा करता था?

(a) बहादुर शाह (b) अकबर शाह
(c) जफर आलम (d) इब्राहिम गार्दी

4. इब्राहिम गार्दी ने किस युद्ध में भाग लिया?

(a) पानीपत के युद्ध (b) तासी की युद्ध
(c) प्रथम विश्व युद्ध (d) द्वितीय विश्व युद्ध

5. पानीपत का युद्ध कब हुआ?

(a) 1771 ई. (b) 1775 ई.
(c) 1761 ई. (d) 1780 ई.

6. पानीपत का युद्ध अहमदशाह अब्दाली और·······के बीच हुआ।

(a) सैनिकों (b) मराठों (c) प्रान्तों (d) शाहजाद

7. किसके मारे जाने पर इब्राहिम गार्दी दुःखी हुआ?

(a) सदाशिव राव (b) विश्वास राव
(c) 'a' और 'b' दोनों (d) इनमें से कोई नहीं

8. बुतपरस्त का अर्थ है

(a) ढाँचा (b) लाश (c) मूर्तिपूजक (d) निर्जीव

9. सदाशिव के मारे जाने का दुःख किसे हुआ?

(a) ज्योतिबा (b) शेखर (c) इब्राहिम (d) अब्दाली

10. अब्दाली ने इब्राहिम गार्दी को क्या सजा दी?

(a) टुकड़े-टुकड़े करने की (b) फाँसी की
(c) जेल की (d) भूखे मारने की

11. इब्राहिम गार्दी के नजरिए में मुसलमान कौन था?

(a) मुल्क के साथ गद्दारी न करें
(b) जो ईमान का पक्का हो
(c) सच्चा हो
(d) उपरोक्त सभी

12. इब्राहिम गार्दी नौकर थे
(a) मुगलों के (b) मराठों के
(c) घर के (d) फ्रान्सीसियों के

13. धर्म बीज नहीं बोता
(a) नफरत के (b) खुशियों के (c) मुल्कों के (d) विदेशों के

14. इब्राहिम गार्दी में थी
(a) देशभक्ति (b) ईमानदारी
(c) कर्त्तव्यपरायणता (d) ये सभी

15. इब्राहिम गार्दी को कैदी बनाकर कहाँ रखा गया था?
(a) सदशिव राव के टीले में
(b) अहमदशाह अब्दाली के टीले मे
(c) शुजाउदौला के टीले में
(d) उपरोक्त सभी

16. अहमदशाह की कैद से छूटने के बाद इब्राहिम अपनी पलटन कहाँ तैयार करता था?
(a) पूना (b) कन्नौज (c) पानीपत (d) लाहौर

17. अहमदशाह अब्दाली इब्राहिम से घृणा क्यों करता था?
(a) वह सच्चा मुसलमान था
(b) वह मुसलमान होकर मराठों की तरफ से लड़ा
(c) वह अधिक शक्तिशाली था
(d) उपरोक्त में से कोई नहीं

18. अब्दाली ने गार्दी को क्या सजा दी?
(a) फाँसी पर लटकाने की (b) गर्दन काटने की
(c) टुकड़े-टुकड़े करने की (d) डुबोकर मारने की

19. इब्राहिम गार्दी के तौबा करने पर क्या सिद्ध होता है?
(a) वह देशभक्त है
(b) वह गद्दार व बुजदिल है
(c) वह सच्चा मुसलमान है
(d) वह अच्छा इंसान है

20. धर्म और मजहब किसमें बाधक नहीं बनते?
(a) राष्ट्र प्रेम में (b) गद्दारी में
(c) मातृ प्रेम में (d) राजद्रोह में

उत्तरमाला

1. (b)	2. (d)	3. (d)	4. (a)	5. (c)	6. (b)	7. (c)	8. (c)	9. (c)	10. (a)
11. (d)	12. (d)	13. (a)	14. (a)	15. (c)	16. (a)	17. (b)	18. (c)	19. (b)	20. (a)

06 | जो मैं नहीं बन सका

- एक किशोर मन में उम्मीदों की असीम उड़ान होती है।
- वह अपने परिवेश में जो कुछ होते हुए देखता है बिना किसी विशेष तर्क के उसकी और आकर्षित होती है।
- उसे अधिक जानना, समझना और सहेजना चाहता है, उन कार्यों या घटनाओं के अनुभव प्रक्रिया से गुजरना चाहता है या कहें कि उसकी अनुभूति प्राप्त करना चाहता है।
- यह पाठ 'जो मैं नहीं बन सका' इन्हीं तरह की अनुभूतियों से गुजरने की ललक और उससे बनती समझ को रखती हुई एक व्यंग्य रचना है।
- लेखक ने अपने किशोर जीवन की कई घटनाओं का उल्लेख किया है हास्य तो अवश्य पैदा होता है पर उन पेशों की विवशताओं या दायरों का संकेत करते हुए जिससे उन पेशों के प्रति अपने लगाव के टूटने का सत्य भी बयान करते चलता है। 'जो मैं नहीं बन सका' शीर्षक पाठ में लेखक की इच्छा पेण्टर, गेट कीपर, हेड मास्टर, चपरासी, पहलवान, जादूगर और इसके अति रिक्त बस ड्राइवर, हलवाई, नौटंकी का डांसर, सर्कस का जोकर, आइसक्रीम बेचने वाला आदि बनने की थी।
- पेण्टर को 10 रुपए एडवान्स के लिए गिड़गिड़ाते हुए देखा लेखक का पेण्टर बनने का भ्रम टूट गया, उसने तय किया कि वह पेण्टर नहीं बनेगा।
- सिनेमाघर का गेटकीपर बनने को लेखक ईश्वरीय वरदान की भाँति समझता था, क्योंकि तीनों शो मुफ्त में रोज देखने को मिलेंगे। इसका परिणाम यह हुआ की पढ़ाई तो खराब हो ही रही थी, लेखक को अपने पिता से मार भी पड़ी।
- पेण्टर को देखकर लेखक के मन में यह बात आई की पेण्टर का काम कितना अच्छा है, बोर्ड बनाओं और दिनभर टॉकीज पर रहो।
- घण्टी बजाने वाले की नौकरी से इसलिए निकाला गया, क्योंकि उसकी नौकरी बीस वर्ष बाद भी पक्की नहीं थी, इसलिए उसे निकाल दिया गया।
- लेखक ने जब जादूगर को रुपए के लिए रोता देखा तो उसकी दुर्दशा को देखकर लेखक को गहरा धक्का पहुँचा और उसका जादूगर बनने का सपना टूट गया।

अभ्यास प्रश्न

1. 'जो मैं नहीं बन सका क्या हैं?
(a) कहानी (b) व्यंग्य
(c) उपन्यास (d) निबन्ध

2. इस व्यंग्य के लेखक कौन है?
(a) पन्त जी (b) श्यामसुन्दर दास
(c) दीनदयाल श्रीवास्तव (d) डॉ. ज्ञान चतुर्वेदी

3. लेखक की इच्छा बनने की थी
(a) गेटकीपर (b) हेडमास्टर
(c) चपरासी (d) ये सभी

4. लेखक सबसे पहले किससे प्रभावित हुआ?
(a) दरबान (b) हेडमास्टर
(c) जादूगर (d) पेण्टर

5. पेण्टर कितने पैसों के लिए गिड़गिड़ा रहा था
(a) 100 (b) 1000
(c) 10 (d) 50

6. लेखक ने पेण्टर को 10 रुपए एडवान्स के लिए गिड़गिड़ाते देखकर क्या सोचा?
(a) वह पेण्टर बनेगा (b) वह सब कार्य करेगा
(c) पेण्टर नहीं बनेगा (d) वह कुछ और काम करेगा

7. लेखक क्या बनने को ईश्वरीय वरदान के समान मानता था?
(a) घण्टी बजाने वाला (b) जादूगर
(c) गेटकीपर (d) सर्कस का जोकर

8. लेखक किसमें फेल हो गए?
(a) अर्द्धवार्षिक परीक्षा (b) वार्षिक परीक्षा
(c) त्रैमासिक परीक्षा (d) इनमें से कोई नहीं

9. लेखक को किसने पीटा?
(a) पिताजी ने (b) गेटकीपर ने
(c) मालिक ने (d) पड़ोसी ने

10. लेखक ने जिस व्यक्ति का टिकट पहले फाड़ा वे कौन थे
(a) हेडमास्टर (b) पिताजी (c) चपरासी (d) पेण्टर

11. घण्टी बजाने वाले की नौकरी कितने साल बाद तक पक्की नहीं थी?
(a) 10 (b) 15 (c) 20 (d) 25

12. 'जो शख्स कागज से रुपए तथा हवा से मिठाई बना लेता हो, उसकी यह दुर्दशा।' यह किसके लिए कहा गया है?
(a) जादूगर (b) पहलवान (c) चपरासी (d) चौकीदार

13. रुपयों के लिए कौन रो रहा था?
(a) जादूगर (b) पहलवान (c) चपरासी (d) पेण्टर

14. सोचने-समझने की शक्ति कम हो जाती है
(a) धूम्रपान से (b) शराब पीने से
(c) बीमारी से (d) आलसी होने से

15. जादूगर ने क्या बोलकर कागज के नोट बनाए?
(a) आबरा-डाबरा (b) बम-बम
(c) फुस-फुस (d) चुररेट

16. चपरासी को निकाल दिया गया क्योंकि
(a) ईमानदार था (b) पागल था
(c) बच्चा था (d) बेकार था

17. लेखक को किसकी दुर्दशा देखकर गहरा धक्का लगा?
(a) गेटकीपर (b) जादूगर
(c) हलवाई (d) पहलवान

18. लेखक किसे ईश्वरीय वरदान समझता था?
(a) सिनेमाघर का गेटकीपर बनना
(b) अध्यापक बनना
(c) जादूगर बनना
(d) चपरासी बनना

19. लेखक किस कक्षा की अर्द्धवार्षिक परीक्षा में फेल हो गया?
(a) 7th (b) 8th (c) 5th (d) 6th

20. लेखक ने जादूगर के कौन-से करतब देखें?
(a) चुररेट बोलकर कागज से नोट बनाना
(b) लड़की को हवा में उड़ाना
(c) खाली हाथ में लड्डू पैदा करना
(d) उपरोक्त सभी

21. लेखक के अनुसार, किस धन्धे में बीड़ी पीने से कोई नहीं रोकेगा?
(a) चपरासी के (b) जादूगर के
(c) पहलवान के (d) चौकीदार के

उत्तरमाला

1. (b)	2. (d)	3. (d)	4. (d)	5. (c)	6. (c)	7. (c)	8. (a)	9. (a)	10. (b)
11. (c)	12. (a)	13. (a)	14. (a)	15. (d)	16. (c)	17. (b)	18. (a)	19. (d)	20. (d)
21. (a)									

07 दीदी की डायरी

- डायरी का सामान्य-सा अर्थ अपने दैनिक क्रियाकलापों को डायरी में अंकित करना है।
- डायरी के पढ़ने से उक्त व्यक्ति की सोच-समझ, रुचियों, मनोवृत्तियों उसके परिवेश और सन्दर्भ का पता चल पाता है।
- साहित्यकारों और इतिहास प्रसिद्ध व्यक्तित्व की डायरियाँ अपने उल्लेखनीय विषय-वस्तु के कारण इतिहास की महत्त्वपूर्ण स्रोत और जानकारी के आधार बने हैं।
- प्रस्तुत पाठ में डायरी, साहित्य की अन्य विधाओं की तरह एक विधा है।
- डायरी के विषय-वस्तु पाठक के लिए कैसे महत्त्व रखते हैं? इसकी समझ को रखना इस पर चर्चा करना और विद्यार्थियों में डायरी लेखन के प्रति चाहत पैदा करना जैसे विविध उद्देश्य अपेक्षित हैं।
- सन्जू डायरी लिखना चाहती थी पर उसे समझ नहीं आ रहा था कि वह डायरी लिखने की शुरुआत कैसे करें, इसलिए उसने अपनी दीदी से कहकर उनकी डायरी पढ़ी।
- सन्जू की दीदी चुटकले को पढ़कर लोट-पोट हो गई खरीददार (मालिक से) इस भैंस की तो एक आँख खराब है, फिर इस भैंस के सात हजार क्यों माँग रहे हो?
- मालिक —भैंस से दूध लेना है या कशीदाकारी करवाना है।
- सन्जू की दीदी ने अपने करतब से जिसने जो फल चाहा उसे फल की खुशबू सुंघा दी, जो मिठाई मांगी वह चखा दी।
- लड़कियों को पढ़ने का अवसर मिलना चाहिए। दुनिया में लड़कियाँ बड़े-बड़े कार्य कर रही हैं। ऐसे में कुछ पुरानी सोच के लोग उन्हें केवल चुल्हे-चौके से ऊपर उठने नहीं देते हैं और लड़कियों को अपनी इच्छा मारनी पड़ती है, इसका विरोध सन्जू की दीदी के मन में उठ रहा था।
- सन्जू ने गाँधी साहित्य की पुस्तक पढ़ी और वह पुस्तक उसे इसलिए पसन्द आई, क्योंकि वह सत्य के प्रयोग पर आधारित थी।
- रिक्शावाले की छींक की सन्जू ने परवाह नहीं की वह विद्यालय गया और उसे अभिनय के लिए पुरस्कार व शाबाशी भी मिली।
- नन्हीं सन्जू को अपनी सहेली पर इसलिए गुस्सा आया, क्योंकि उसकी पढ़ाई छुड़वाकर उसके माता-पिता उसे गाँव ले जाकर उसकी शादी करवाना चाहते थे।

अभ्यास प्रश्न

1. सन्जू को किसका शौक था?

(a) लिखने का (b) खेलने का
(c) पढ़ने का (d) खाना पकाने का

2. सन्जू ने किसकी डायरी पढ़ी ?

(a) दीदी की (b) पिता की
(c) माता की (d) भाई की

3. सन्जू की दीदी ने पिकनिक में क्या-क्या करतब दिखाए?

(a) जिसने फल चाहा उसे फल की खुशबू सुंघा दी।
(b) जिसने मिठाई माँगी उसे मिठाई चखा दी।
(c) (a) और (b) दोनों
(d) उपरोक्त में से कोई नहीं

4. लड़कियों को कैसा अवसर मिलना चाहिए?

(a) खेलने का (b) पढ़ने का
(c) गृह कार्य का (d) विवाह का

5. सन्जू ने साहित्य की कौन-सी पुस्तक पढ़ी?

(a) निबन्ध (b) लेखन
(c) हिन्दी (d) गाँधी

6. सन्जू को पुस्तक क्यों पसन्द आई?

(a) क्योंकि वह चुटकुलों पर आधारित थी।
(b) क्योंकि वह सत्य के प्रयोग पर आधारित थी।
(c) क्योंकि वह परियों की कहानी पर आधारित थी।
(d) क्योंकि वह पौराणिक कथाओं पर आधारित थी।

7. सन्जू को शौक हो गया
(a) पढ़ने का (b) खेलने का
(c) डायरी लिखने का (d) घूमने का

8. महापुरुष उपयोग करते थे
(a) कापी (b) किताबें
(c) डायरी (d) कागजें

9. स्कूल जाते समय किसने छींका?
(a) रिक्शेवाला (b) दादी
(c) दीदी (d) पिताजी

10. नन्हीं सन्जू की तुलना किस फूल से की गई?
(a) चमेली (b) गुलाब
(c) गुड़हल (d) सेवन्ती

11. सन्जू ने साहित्य की कौन-सी पुस्तक पढ़ी?
(a) डायरी (b) रामायण
(c) गीता (d) तोतोचान

12. तोतोचान कैसी लड़की की कहानी थी?
(a) जापानी (b) बांग्लादेशी
(c) नेपाली (d) चीनी

13. किसकी शादी हो रही थी?
(a) सन्जू की दीदी (b) संजू की सहेली
(c) पड़ोसी की (d) इनमें से कोई नहीं

14. किसके पढ़ने से पूरा राष्ट्र बढ़ेगा?
(a) सन्जू के (b) दादी के
(c) लड़के के (d) लड़कियों के

15. किसका दिन उदासी में बिता?
(a) दीदी का (b) सन्जू का
(c) माँ का (d) सहेली का

16. डायरी लिखना चाहिए
(a) एक हफ्ते (b) महीने में
(c) प्रतिदिन (d) वर्षों में

17. सन्जू को कौन-सी पुस्तक पसन्द आई?
(a) बापू की सत्य में प्रयोग
(b) महाभारत
(c) रामायण
(d) उपरोक्त में से कोई नहीं

18. सन्जू की दीदी पर किसका कोई असर नहीं पड़ा?
(a) बिल्ली के रास्ता काटने का
(b) रिक्शा वाले की छींक का
(c) संजू की छींक का
(d) माँ के रोकने का

19. नन्हीं सन्जू को अपनी सहेली पर गुस्सा आया, क्योंकि
(a) वह आगे पढ़ना चाहती थी।
(b) वह स्कूल का कार्य नहीं करती थी।
(c) उसके माता-पिता उसकी शादी करना चाहते थे।
(d) उपरोक्त में से कोई नहीं

20. सन्जू की दीदी की उदासी का कारण था
(a) उसकी सहेली नीलू का कल से पढ़ने न जाना
(b) उसकी सहेली की शादी होना
(c) उसका गृह कार्य पूरा न होना
(d) सन्जू द्वारा उसकी डायरी पढ़ना

उत्तरमाला

1. (a)	2. (a)	3. (c)	4. (b)	5. (d)	6. (b)	7. (c)	8. (c)	9. (a)	10. (b)
11. (d)	12. (a)	13. (b)	14. (d)	15. (b)	16. (c)	17. (a)	18. (b)	19. (c)	20. (a)

08 एक साँस आजादी के

- मनुष्य के जीवन में आजादी का बड़ा महत्त्व है।
- आजादी की एक साँस सौ जन्मों के बराबर होती है।
- संसार में गुलामी में जकड़े चापलूस मनखे की बदनामी होती है।
- परतन्त्र मनुष्य को जीवन में अपयश ही मिलता है।
- सम्भवत: संसार के सभी प्राणी स्वतन्त्रतापूर्वक जीना पसन्द करते हैं।
- स्वतन्त्र मनुष्य ही अपना लक्ष्य प्राप्त कर सकता है, क्योंकि आजादी सभी तरह के मार्ग को प्रशस्त करती है।

अभ्यास प्रश्न

1. एक साँस आजादी के किस विधा से सम्बन्धित है?

(a) निबन्ध (b) कहानी (c) कविता (d) आत्मकथा

2. आजादी का बड़ा महत्त्व किसके जीवन में है?

(a) मनुष्य के (b) बेरोजगारों के
(c) धनी का (d) निर्धनों के

3. आजादी की एक साँस किसके बराबर होती है?

(a) सौ जन्म के (b) दो सौ जन्म के
(c) 50 जन्म के (d) 1000 जन्म के

4. संसार में किसकी बदनामी होती है?

(a) चालाकों की (b) सीधे लोगों की
(c) चापलूसों की (d) धुरन्धरों की

5. परतन्त्र मनुष्य को जीवन में क्या मिलता है?

(a) घृणा (b) अपयश
(c) स्वतन्त्रता (d) तरक्की

6. संसार के सभी प्रणाली कैसे जीना पसन्द करते हैं?

(a) घमण्डी की तरह (b) गुलामी पूर्वक
(c) कामचोरों की तरह (d) स्वतन्त्रतापूर्वक

7. स्वतन्त्रता से पूर्व देशवासियों का क्या लक्ष्य था?

(a) भाषण देना
(b) देश को आजाद करना
(c) कुर्सी प्राप्त करना
(d) उपदेश देना

8. 'जियत जागत मनखे' का मतलब है

(a) बुद्धिवाला (b) लबरा
(c) कामचोर (d) घमण्डी

9. जीवन में महत्त्व है

(a) गुलामी का (b) आजादी का
(c) आरोग्य का (d) काम का

10. लहू के तालाब से कौन निकलता है?

(a) पुरुष (b) महिला
(c) वीर (d) गुलाम

11. जब हम परतन्त्र होते हैं, तो हम दूसरों के क्या बन जाते हैं?

(a) मित्र (b) दुश्मन
(c) गुलाम (d) बन्धु

उत्तरमाला

1. (c)	2. (a)	3. (a)	4. (c)	5. (b)	6. (d)	7. (b)	8. (a)	9. (b)	10. (c)
11. (c)									

09 साहस के पैर

- हमारी शारीरिक संरचना व रंग आदि प्रकृति की अनुपम देना है।
- हर शारीरिक बनावट की अपनी पहचान है, अपनी खासियत है।
- हमारी शारीरिक बनावट हमारे भावों की अभिव्यक्ति और सृजनात्मक क्षमता में आड़े नहीं आती, बल्कि हमें अपने कार्यों के प्रति और अधिक उत्साही बनाती है।
- इस पाठ कास प्रतिनिधि चरित्र 'अचल' असावधानी के चलते रेल दुर्घटना का शिकार हो जाता है।
- अपनी प्रसिद्ध पहल से वह कक्षा को एक नई दृष्टि एक नया सबक देने में सफल होता है।

अभ्यास प्रश्न

1. अचल कौन था?
(a) विकलांग छात्र (b) अमीर छात्र
(c) गरीब छात्र (d) मूर्ख छात्र

2. कहानी का प्रधान चरित्र था
(a) दोस्त (b) मम्मी-पापा
(c) भाई-बहन (d) अचल

3. अचल था
(a) साहसी (b) निडर
(c) अडिग (d) ये सभी

4. अचल किससे गिर गया था?
(a) ट्रेन से (b) बस से
(c) गाड़ी से (d) घर से

5. अचल ने गँवाया था
(a) हाथ (b) आँखें
(c) पैर (d) किडनी

6. खतरनाक होता है
(a) चलती ट्रेन में चढ़ना (b) ट्रेन में बैठना
(c) ट्रेन में खड़े होना (d) ट्रेन में सोना

7. 'पानी अगले स्टेशन पर लेंगे' यह किसने कहा था?
(a) शिक्षक (b) पिताजी
(c) माता ने (d) भाई ने

8. विपत्ति पड़ने पर क्या मारी जाती है?
(a) हाथ (b) पैर
(c) सिर (d) अक्ल

9. कक्षा के बच्चे किसे तैमुर लंग कहकर चिढ़ाते थे?
(a) तुकमान (b) हिनेश
(c) अचल (d) महेश

10. भूगोल के मास्टर जी अपने साथ क्या लाते हैं?
(a) चॉक (b) नक्शा
(c) स्केल (d) डस्टर

11. "क्यों बे, तुझे तैमुर लंग नाम पसन्द आया क्या"? यह वाक्य किसने किससे कहा?
(a) अध्यापक ने अचल से (b) अचल ने मोटे लड़के से
(c) यात्री ने अचल से (d) मोटे लड़के ने अचल से

12. अचल ने कक्षा के साथियों द्वारा उसकी हँसी उड़ाने की प्रवृत्ति का विरोध कैसे किया?
(a) अमीरी से (b) साहस से
(c) अक्ल से (d) मूर्खता से

13. "बैठो बेटे। बैठे रहो। यह सब कैसे हो गया? (–) यह वाक्य अचल से किसने कहा?
(a) पिताजी ने (b) माताजी ने
(c) अध्यापिका ने (d) मास्टर जी ने

उत्तरमाला

1. (a)	2. (d)	3. (d)	4. (a)	5. (c)	6. (a)	7. (b)	8. (d)	9. (c)	10. (b)
11. (d)	12. (b)	13. (d)							

10 प्रवास

- जहाँ कही भी पक्षियों के अध्ययन और अवलोकन की बात चले डॉ. सालीम की चर्चा न हो, यह सम्भव ही नहीं है।
- डॉ. सालीम अली एक विश्व प्रसिद्ध भारतीय पक्षी विज्ञानी थे।
- सालीम अली को भारत के 'बर्डमैन' के रूप में जाना जाता है।
- वे भारत के ऐसे प्रथम व्यक्ति थे, जिन्होंने भारत भर में व्यवस्थित रूप में पक्षी सर्वेक्षण का आयोजन किया।
- पक्षियों पर लिखी उनकी किताबों ने भारत में पक्षी-विज्ञान के विकास में काफी मदद की है।
- एक दस वर्ष के बालक की 'बया' पक्षी के प्रति साधारण सी जिज्ञासा ने ही बालक सालीम को पक्षी शास्त्री बना दिया।
- पक्षियों के सर्वेक्षण में 65 साल गुजार देने वाले इस शख्सियत को परिंदों का चलता फिरता विश्वकोष कहा जाता था।
- इस पाठ में स्वाभाविक रूप से प्रवासी पक्षियों के जीवन, उनके प्रवास की चुनौतियों और रोमांच को सहज रूप में प्रस्तुत किया गया है।

अभ्यास प्रश्न

1. विश्व प्रसिद्ध भारतीय पक्षी विज्ञानी थे

(a) डॉ. अहमद अली (b) डॉ. अब्दुल कलाम
(c) डॉ. सालीम अली (d) इनमें से कोई नहीं

2. 'बर्डमैन' के नाम से जाना जाता है

(a) अनिल काकोडकर (b) होमी जहाँगीर भाभा
(c) डॉ. सालीम अली (d) ये सभी

3. डॉ. सालीम अली को किस उम्र में पक्षी शास्त्री बना दिया?

(a) 5 वर्ष (b) 10 वर्ष (c) 8 वर्ष (d) 15 वर्ष

4. प्रवासी चिड़ियाँ किन्हें कहते हैं?

(a) जिन चिड़ियों की प्रजातियाँ वर्ष में एक या दो बार एक स्थान से दूसरे स्थान की यात्रा करती है।
(b) चिड़िया के प्रवास सम्बन्धित की विशिष्टता है प्रवास निश्चित होता है।
(c) चिड़िया के आने-जाने का रास्ता एक ही होता है।
(d) उनकी यात्राओं की भविष्यवाणी तक की जा सकती है।

5. प्रवासी पक्षियों को पहनाया जाता है

(a) माइक (b) छल्ला (c) कैमरा (d) घण्टी

6. प्रवासी पक्षियों के बारे में जानकारी इकट्ठी करने के लिए उनकी टाँगों में कैसे छल्ले पहनाएँ जाते हैं?

(a) चाँदी के (b) काँसे के
(c) ताँबे के (d) एल्युमीनियम के

7. मुम्बई के पीलक और पतरिंगे प्रवास के लिए चिड़ियाँ किस माह में जाती हैं?

(a) जनवरी से मई (b) फरवरी से जून
(c) मई से सितम्बर (d) जून से अक्टूबर

8. चिड़िया को यात्रा के दौरान कहाँ फस जाने का खतरा रहता है?

(a) घरों में (b) खराब आँधी अंधड़ में
(c) पहाड़ों में (d) नदी तालाबों में

9. मुम्बई के पीलक और पतरिंगे प्रवास के लिए कहाँ जाते हैं?

(a) शहर (b) गाँव
(c) दक्षिण के पठार (d) विदेश

10. चिड़िया मार्ग कैसे निर्धारित करती है?

(a) तारों द्वारा (b) चाँद द्वारा
(c) रात्रि के समय (d) सूर्य के कोण द्वारा

11. चिड़ियों को यात्रा के दौरान किन बातों का खतरा रहता है?

(a) धुँध (b) मार्ग से भटकने का
(c) बुरे मौसम का (d) ये सभी

उत्तरमाला

1. (c)	2. (c)	3. (b)	4. (a)	5. (b)	6. (d)	7. (c)	8. (b)	9. (c)	10. (d)
11. (d)									

11 हमारा छत्तीसगढ़

- छत्तीसगढ़ राज्य की अपनी ऐतिहासिक और सांस्कृतिक पहचान की ओजमयी गौरव गाथा रही है।
- भारतीय भू-भाग की यह धरती अपनी प्राकृतिक सम्पदा, विविध पन्थों की धार्मिक सद्भावना, प्रकृति के नयनाभिराम छटाओं, सुन्दर सरल भोली-भाली जीवन शैली के लिए अपनी विशिष्ट पहचान रखती है।
- किसानों के मेहनतकश जीवन का प्रतीक 'धान का कटोरा' के रूप में प्रसिद्ध यह राज्य जिन विविधताओं से पूरित और सुशोभित हो रहा है, उसे कवि ने अपनी कविता में सरस रूप में प्रस्तुत किया है।

अभ्यास प्रश्न

1. गोण्ड कहाँ के निवासी हैं?
(a) मध्य प्रदेश (b) केरल (c) बिहार (d) छत्तीसगढ़

2. किन-किन नदियों के कलकल नाद से छत्तीसगढ़ अभिराम बनता है?
(a) नर्मदा (b) महानदी (c) शिवनाथ (d) ये सभी

3. प्रसिद्ध तीर्थ स्थल रतनपुर में किस देवी का मन्दिर है?
(a) लक्ष्मी (b) महामाया (c) पार्वती (d) सरस्वती

4. छत्तीसगढ़ का प्रसिद्ध तीर्थ-स्थल कौन-सा है?
(a) अमरकण्टक (b) राजिम
(c) हरिद्वार (d) पुरी

5. महानदी का तट क्यों प्रसिद्ध है?
(a) भगवान राजीव लोचन (b) माता शबरी
(c) (a) एवं (b) दोनों (d) इनमें से कोई नहीं

6. शिवरीनारायण कौन-सी नदी के तट पर स्थित है?
(a) पैरी (b) गंगा (c) सोंढूर (d) महानदी

7. छत्तीसगढ़ किन-किन सम्पदाओं से परिपूर्ण है?
(a) जंगल (b) वन्यजीवों
(c) प्राकृतिक सौन्दर्य (d) ये सभी

8. 'कृपादृग' का अर्थ है
(a) दया दृष्टि (b) सुकीर्ति (c) ह्रास (d) आनन्ददायक

9. "धान का कटोरा" कहलाता है
(a) आजमगढ़ (b) छत्तीसगढ़ (c) भानगढ़ (d) राजगढ़

10. भारत देश की प्रगति में किस राज्य का योगदान है?
(a) छत्तीसगढ़ (b) केरल
(c) महाराष्ट्र (d) कर्नाटक

11. छत्तीसगढ़ की जननी कौन है?
(a) उत्तर प्रदेश (b) मध्य प्रदेश
(c) आन्ध्र प्रदेश (d) बिहार

12. छत्तीसगढ़ की गंगा किस नदी को कहते हैं?
(a) महानदी (b) सतलज (c) यमुना (d) शिवनाथ

13. गोण्ड किसका नाम है?
(a) एक जाति का (b) भगवान का
(c) राक्षस का (d) तीर्थों का

14. पुराने समय में छत्तीसगढ़ का क्या नाम था?
(a) दक्षिण कोसल (b) पूर्व कोसल
(c) पश्चिम कोसल (d) उत्तर कोसल

उत्तरमाला

1. (d)	2. (d)	3. (b)	4. (b)	5. (c)	6. (d)	7. (d)	8. (a)	9. (b)	10. (a)
11. (b)	12. (a)	13. (a)	14. (a)						

12 अपन चीज के पीरा

- परसराम अक्खड़ एवं अड़ियल स्वभाव वाला घमण्डी व्यक्ति था।
- गोदावरी रूपऊ के बाड़ी में जाकर चरती थी।
- रूपऊ ने कुदाली से अपनी बाड़ी के दरवाजे के सामने गड्ढा खोद दिया और उसे डाली-पत्री से ढक दिया, जिससे गोदावरी उसके बाड़ी में चरने आए तो उस गड्ढे में गिर जाए।
- रूपऊ यह सोच के डरने लगा कि गाय का पैर टूट गया तो मेरी मुसीबत हो जाएगी। यदि गाय मर गई तो गौ-हत्या का पाप मुझे लगेगा।
- गाँवा वालों ने परसराम को दो सौ रुपये का दण्ड दिया और उसे चेतावनी देते हुए कहा "आज तुम किसी के खेत, बाड़ी को नहीं चुराओगे तथा गाय को खुला नहीं छोड़ोगे" समझ गए।
- रमेसर का अपने माता-पिता से गोदावरी गाय को खुला छोड़कर दूसरे की बाड़ी चरवाने के नाम पर बहस होती थी।
- रमेसर अपने माँ-बाप को सबक सिखाना चाहता था इसलिए वह नाच देखने नहीं गया।
- परसराम अपनी गाय को रोजाना रात को स्वतन्त्र छोड़ना अच्छी बात नहीं है। क्योंकि उसकी गाय रोज रातभर में दूसरे की खेती-बाड़ी को चरकर नुकसान पहुँचाती थी। दूसरों की वस्तु को नुकसान पहुँचाना अच्छी बात नहीं है।

अभ्यास प्रश्न

1. परसराम का स्वभाव कैसा था?
(a) अक्खड़ व अड़ियल (b) घमण्डी व चालू
(c) कामचोर व निकक्मा (d) लोभी व मूर्ख

2. परसराम की गाय का क्या नाम था?
(a) पार्वती (b) गायत्री (c) गोदावरी (d) निर्मला

3. गोदावरी किसकी बाड़ी में चरती थी?
(a) परसराम की (b) रूपऊ की
(c) महेश की (d) धनश्याम की

4. किसने अपनी बाड़ी के दरवाजे के सामने गड्ढा खोदा?
(a) रूपेश ने (b) पंचकाका ने
(c) रमेसर ने (d) रूपऊ ने

5. रूपऊ ने गड्ढा किससे ढक दिया?
(a) पत्थर से (b) डाली-पत्री से
(c) कपड़े से (d) मिट्टी से

6. गाँव के लोगों ने परसराम के ऊपर कितना जुर्माना लगाया?
(a) ₹ 100 (b) ₹ 500 (c) ₹ 200 (d) ₹ 1000

7. रमेसर किससे लड़ता था?
(a) भाई-बहन (b) दोस्त
(c) माता-पिता (d) सरपंच से

8. रमेसर के माता-पिता क्या देखने गए?
(a) शहर (b) जंगल
(c) फिल्म (d) नाच

9. परसराम करा कतका गाय गरुवा रिहिस
(a) कोरी भर (b) दू कोरी
(c) तीन कोरी (d) चार कोरी

10. एक साल में कितने दिन होते हैं?
(a) 365 (b) 364
(c) 366 (d) 360

उत्तरमाला

1.	2.	3.	4.	5.	6.	7.	8.	9.	10.
(a)	(c)	(b)	(d)	(b)	(c)	(c)	(d)	(a)	(a)

13 विजय बेला

- 1857 की क्रान्ति भारतवासियों में एक आत्मबल का संचार करती है।
- यह आत्मबल 80 वर्ष के सेनानी वीर कुँवर सिंह जैसे योद्धाओं के कारण हो पाता है।
- जगदीशपुर के महाराजा कुंवर सिंह की पराक्रम कथा इस रूप में वर्णित है कि अंग्रेजों से लड़ते हुए उनके एक बाँह में गोली लग गई और वे युद्ध करते रहे।
- अन्त में पीड़ा की अधिकता के कारण अपनी घायल बाँह को स्वयं काटकर उन्होंने गंगा को भेंट चढ़ा दिया।
- यह कथन कि रैयत, मल्लाह, किसान यही वे शक्ति हैं जिसके बल पर कुंवर सिंह भोजपुर का राजा है, जन के प्रति कुँवर सिंह के नेह भाव को व्यक्त करती है।
- ऐतिहासिक एकांकीकार श्री जगदीश चन्द्र माथुर ने कुँवर सिंह की इसी रूप छवि को एकांकी में प्रस्तुत किया है।

अभ्यास प्रश्न

1. 1857 की क्रान्ति भारतवासियों में किसका संचार करती है?
(a) ईर्ष्याभाव (b) अराजकता
(c) आत्मबल (d) मित्रता

2. विजय बेला की घटना किस समय की है?
(a) 1858 ई. (b) 1850 ई. (c) 1857 ई. (d) 1950 ई.

3. सन् 1857 की क्रान्ति में भाग लिया था
(a) कुँवर सिंह (b) तात्याँ टोपे
(c) पेशवा (d) ये सभी

4. कुँवर सिंह की शक्ति कौन है?
(a) धन (b) राता (c) सत्ता (d) प्रजा

5. कुँवर सिंह कहाँ जाने के लिए बेताब थे?
(a) जशपुर (b) जगदीशपुर
(c) जयपुर (d) जमशेदपुर

6. कुँवर सिंह ने कौन-सी शक्ति बताई, जिससे वे भोजपुर के राजा बने थे?
(a) गरीब रैयत किसान (b) मल्लाह
(c) ग्वाल (d) ये सभी

7. अंग्रेजों की गोली किसकी बाँह पर लगी थी?
(a) कुँवर सिंह (b) भीमा सिंह
(c) विश्वनाथ सिंह (d) जगदीश सिंह

8. किसकी बदौलत कुँवर सिंह किनारे पर आ सके?
(a) बच्चों के (b) अंग्रेज
(c) हरकिशनु (d) राजा

9. अनोखी भेंट क्या थी?
(a) भुजा (b) पैसे
(c) खेत (d) मकान

10. कुँवर सिंह किस पर नाराज हुए?
(a) वीर कुँवर (b) विश्वनाथ सिंह
(c) भीमा (d) शक्ति सिंह

11. कुँवर सिंह की पराक्रम कथा को किसने एकांकी में प्रस्तुत किया है?
(a) श्री भदन्त आनन्द कौशल्यायन
(b) जगदीश चन्द्र माथुर
(c) सुमित्रानन्दन पन्त
(d) उपरोक्त में से कोई नहीं

उत्तरमाला

1. (c)	2. (c)	3. (d)	4. (d)	5. (b)	6. (d)	7. (a)	8. (c)	9. (a)	10. (b)
11. (b)									

14 आतिथ्य

- भारतीय संस्कृति में अतिथि सत्कार की परम्परा को पारिवारिक जीवन के अटूट हिस्से के रूप में देखा जाता है।
- प्रस्तुत आत्मकथा में भदन्त आनन्द कौशल्यायन ने एक भ्रमणशील व्यक्ति के रूप में एक अपरिचित से गाँव में अपने कटु-मधुर भावानुभूतियों को सहज भाषा में रखा है।
- एक थका माँदा व्यक्ति साँझ ढलने से पूर्व अपरिचित से भू-भाग में रहने का आश्रय ढूँढने की जल्दबाजी में होता है ऐसा ही कुछ भाव लेखक की यात्रा में पड़ाव को पाने की अपेक्षा और उत्साह टूटने को लेकर है।
- एक तिरस्कार की चेतना उसके मन में है, लेकिन उसी गाँव में सराय में एक निर्बल से व्यक्ति की आत्मीयता और सेवा भाव ने लेखक का मानवीय अनुभूतियों को समझाने के लिए एक नया नजरिया दिया है।

अभ्यास प्रश्न

1. 'आतिथ्य' निम्न में से क्या है?
(a) कहानी (b) निबन्ध (c) आत्मकथा (d) नाटक

2. 'आतिथ्य' आत्मकथा के आत्मकथाकार कौन हैं?
(a) श्री भदन्त आनन्द वाजपयी
(b) श्री भदन्त आनन्द माथुर
(c) श्री भदन्त आनन्द दुबे
(d) श्री भदन्त आनन्द कौशल्यायन

3. लेखक के द्वारा की गई पदयात्रा का क्या कारण था?
(a) अपने चलने की सामर्थ्य की परीक्षा करना
(b) भारत देखना
(c) अपनी मन्नत पूरी होने के कारण
(d) उपरोक्त में से कोई नहीं

4. भ्रमणशील व्यक्ति के जीवन में होते हैं
(a) मधुर अनुभव (b) कटु अनुभव
(c) रोमांचक (d) ये सभी

5. रात्रि के समय लेखक ने किसका दरवाजा खटखटाया?
(a) सरपंच (b) क्लर्क
(c) शिक्षक (d) हेडमास्टर

6. लेखक ने हेडमास्टर को दिखाया
(a) परिचय पत्र (b) डण्डा (c) चाकू (d) पिस्तौल

7. लेखक क्या नहीं थे?
(a) नैक इंसान (b) चोर
(c) भिक्षुक के दोस्त (d) इनमें से कोई नहीं

8. लेखक यात्रा कर रहे थे
(a) रेल में (b) साइकिल में
(c) पैदल (d) बैलगाड़ी में

9. धर्मशाला में लेखक के साथ कौन था?
(a) दूसरे यात्री (b) हेडमास्टर
(c) भिखारी (d) गाँव वाले

10. लेखक की पूरी बात किसने सुनी?
(a) अन्धे भिखारी (b) गाँव वालों ने
(c) मन्त्री ने (d) सरपंच ने

11. हेडमास्टर जी ने लेखक को अपने घर पर न ठहरने की क्या वजह बताई?
(a) चोरियाँ (b) शोर
(c) अपरिचितों से दूरी (d) अजनबियों का प्रवेश वर्जित

उत्तरमाला

1. (c)	2. (d)	3. (a)	4. (d)	5. (d)	6. (c)	7. (d)	8. (a)	9. (c)	10. (a)
11. (a)									

15 मनुज को खोज निकालो

- श्री सुमित्रानन्दन पन्त हिन्दी काव्य जगत में प्रकृति के सुकुमार कवि नाम से प्रसिद्ध हैं।
- प्रकृति से मानवता की खोज उनकी कविता का मुख्य विषय है।
- आज मनुष्य ने अपने बीच अनेक दीवारें खड़ी करके मनुष्य को बहुत सारे वर्गों में बाँट दिया है।
- इन विभिन्न वर्गों में बँटे हुए मनुष्यों में से कवि सच्चे मनुष्यों की खोज करना चाह रहा है।
- कवि के अनुसार, मनुष्य ऐसे हों जो धर्म, जाति, देश भाषा आदि के भेद से ऊपर उठे हों।

अभ्यास प्रश्न

1. 'मनुज को खोज निकालो' कविता के कवि कौन हैं?
(a) श्री रामेश्वर दयाल दुबे
(b) श्री सुमित्रानन्दन पन्त
(c) श्री सुमित्रानन्दन मण्डल
(d) श्री आलम शाह खान

2. इस कविता का मुख्य विषय है
(a) परोपकार करते रहना
(b) प्रकृति से मानवता की खोज करना
(c) सहानुभूति दिखाना
(d) जाति व्यवस्थित करना

3. विभिन्न वर्गों में बँटा हुआ है
(a) मनुष्य (b) जानवर
(c) जाति (d) देश

4. वर्गों में बँटा हुआ मनुष्य बन सकता है
(a) स्वतन्त्र (b) गुलाम
(c) पूर्ण मनुष्य (d) अमीर

5. कवि ने किस समाज में फैली विविधताओं का वर्णन किया है?
(a) सज्जन (b) संस्कृति
(c) मानवता (d) मानव समाज

6. कवि ने किसे खोज निकालने को कहा?
(a) मनुज (b) जानवर
(c) शायर (d) लेखक

7. किस मनुष्य को खोज निकालने की बात कही गई है?
(a) सच्चे मनुष्य (b) बुरे
(c) स्वाभिमानी (d) बुतपरस्त

8. हमारे देश में दुराग्रह है
(a) वर्ण का (b) जाति का
(c) भाषा का (d) नस्ल का

9. जो व्यक्ति गरीब, सज्जन, दुर्जन आदि में भेदभाव न करता हो वह कहलाता है
(a) दुर्जन व्यक्ति (b) मूल व्यक्ति
(c) साहसी व्यक्ति (d) लोभी

10. हमारे समाज में क्या फैला हुआ है?
(a) ऊँच-नीच (b) भेद-भाव
(c) अमीरी-गरीबी (d) ये सभी

11. मानवता का निर्माण होता है
(a) गाँव से (b) मनुष्य से
(c) देश से (d) जाति से

उत्तरमाला

1. (b)	2. (b)	3. (a)	4. (c)	5. (d)	6. (a)	7. (a)	8. (c)	9. (b)	10. (d)
11. (b)									

16 बरसात के पानी ले भू-जल संरक्षण

- वर्षा का पानी जो बहकर धरती के अन्दर चट्टानों में समाकर सूख जाता है या जिसे चट्टान सोख लेती है, भू-जल कहलाता है।
- हमारे शहर एवं गाँव की आबादी बहुत बढ़ जाने के कारण भू-जल का उपयोग भी बढ़ गया है।
- बिजली मिलने के कारण शहर और गाँव में बहुत ज्यादा नलकूप लगे हैं। खेती-किसानी और कल कारखानों में इसके पानी का उपयोग होता है।
- इसका परिणाम यह हुआ कि बरसात का जितना पानी जमीन सोखता है, उससे ज्यादा पानी हम उपयोग करने हेतु बाहर निकालते हैं।
- हम सभी के द्वारा पानी के दुरुपयोग के कारण भू-जल भण्डार कम होता जा रहा है।
- वनों की अन्धाधुन्ध कटाई और गहन कृषि के कारण बारहमासी नदी एवं नाले कम होते जा रहे हैं।
- बरसाती नदी-नालों के पानी को रोकने के लिए उसके किनारे जमीन के भीतर बाँध बना देना चाहिए। इससे वर्षा का बहने वाला जल उसमें संग्रहित रहेगा।

अभ्यास प्रश्न

1. जमीन के खाल्हें म जमा होथे वो पानी ल का कहिथे?

(a) भू-जल (b) कुण्ड जल
(c) सागर जल (d) बरसात जल

2. भू-जल कम होने के कारण हैं

(a) अधिक उपयोग (b) अल्पवर्षा
(c) नलकूप के प्रयोग (d) कुआँ के प्रयोग

3. पानी कम होने का कारण है

(a) अतिवृष्टि (b) अल्पवर्षा
(c) खनन (d) जंगल के कटाव

4. किसका संग्रहण अति जरूरी है?

(a) अन्न (b) जल (c) रोजगार (d) गाँव

5. वर्षा का बहने वाला जल कैसे संग्रहित होता है?

(a) जमीन के भीतर किनारे पर बाँध बनाकर
(b) गड्ढे खोदकर
(c) टंकियाँ व नदी नाले भरकर
(d) वर्षा के पानी को संचित करके

6. बारहमासी नदी वे नाले कैसे कम होते जा रहे हैं?

(a) वनों की अन्धाधुन्ध कटाई
(b) गहन कृषि के कारण
(c) (a) और (b) दोनों
(d) उपरोक्त में से कोई नहीं

7. भू-जल भण्डार को कैसे बढ़ाया जा सकता है?

(a) जल का संचय करके (b) जल की आपूर्ति करके
(c) जल को इकट्ठा करके (d) भू-जल का संग्रहण करके

8. 'कल-कारखाना' में कौन-सा समास है?

(a) द्विगु समास (b) द्वन्द्व समास
(c) कर्मधारय समास (d) तत्पुरुष समास

9. भू-जल में कौन-सा समास है?

(a) तत्पुरुष (b) द्वन्द्व
(c) द्विगु (d) कर्मधारय

10. निम्नलिखित में से कौन-सा शब्द विशेषण है?

(a) ठोस (b) ओखर (c) चट्टान (d) होथे

उत्तरमाला

1. (a)	2. (c)	3. (d)	4. (b)	5. (a)	6. (c)	7. (d)	8. (b)	9. (a)	10. (a)

17 तृतीय लिंग का बोध

- तृतीय लिंग के लोगों को किन्नर, टीजी आदि नामों से भी जाना जाता है। तृतीय लिंग के लोगों ने कार्पोरेट, समाज सेवा, राजनीति, फैशन, संगीत आदि क्षेत्रों में प्रसिद्धि प्राप्त की है।
- दैहार एक प्रकार का किन्नरों का आश्रम होता है, जिसमें इनकी शिक्षा-दीक्षा, नृत्य आदि का प्रशिक्षण दिया जाता है और इसमें (दैहारो) इनका पोषण भी होता है।
- श्रीराम ने वन से लौटते हुए किन्नरों को वरदान दिया कि कलयुग में उनका राज्य होगा और किन्नरों का आशीर्वाद बहुत प्रभावी होगा, जिससे लोगों का कल्याण हो सकेगा।
- शिखण्डी महाराज द्रुपद के पुत्र और द्रोपदी के भाई थे। इन्हें सती अवतार भी कहा जाता है।
- शिखण्डी ने अपनी शिक्षा-दीक्षा विधिवत् पूर्ण की थी और वे युद्ध कला में भी कुशल थे।
- शिखण्डी ने पाण्डवों की सेना का नेतृत्व भी किया था और वे महारथी भी थे।
- धर्म की रक्षा के लिए महाभारत युद्ध में उन्होंने महत्त्वपूर्ण योगदान दिया था।

अभ्यास प्रश्न

1. 'तृतीय लिंग का बोध' निम्न में से क्या है?
(a) कहानी (b) निबन्ध (c) व्यंग्य (d) साहित्य

2. तृतीय लिंग के लोगों को किस नाम से जाना जाता है?
(a) किन्नर (b) बुजुर्ग (c) विकलांग (d) अनाथ

3. तृतीय लिंग के लोगों ने किन क्षेत्रों में प्रसिद्धि प्राप्त की है?
(a) राजनीति (b) फैशन
(c) कार्पोरेट (d) ये सभी

4. दैहार किसका आश्रम कहलाता है?
(a) अनाथों का (b) बुजुर्गों का
(c) विकलांगों का (d) किन्नरों का

5. हिन्दू मान्यताओं के अनुसार कितने युग हैं?
(a) चार (b) पाँच (c) छः (d) आठ

6. वन किसे भेजा गया?
(a) राम को (b) लक्ष्मण को
(c) भरत को (d) शत्रुघ्न को

7. वनवास के समय राम को कौन-सी नदी तक अयोध्यावासी छोड़ने गए?
(a) गंगा (b) सरयू
(c) गोदावरी (d) कृष्णा

8. राम ने किसे नदी तट पर छोड़ दिया था?
(a) लड़के को (b) लड़की को
(c) गाँव वालों को (d) तृतीय लिंग व्यक्ति को

9. राम कितने वर्षों के बाद अयोध्या लौटे?
(a) 13 (b) 12
(c) 14 (d) 15

10. महाभारत में शिखण्डी क्या थे?
(a) सेनापति (b) सारथी
(c) सैनिक (d) गुप्तचर

11. सती अवतार किसे कहा जाता है?
(a) राम (b) द्रुपद
(c) शिखण्डी (d) किन्नर

उत्तरमाला

1. (b)	2. (a)	3. (d)	4. (d)	5. (a)	6. (a)	7. (b)	8. (d)	9. (c)	10. (a)
11. (c)									

18 ब्रज माधुरी

- ब्रजभाषा मूलतः ब्रज क्षेत्र की भाषा है।
- यह विक्रम की 13वीं शताब्दी से लेकर 20वीं शताब्दी तक भारत में साहित्यिक भाषा के रूप में प्रतिष्ठित रही।
- आज भी यह भाषा मथुरा, आगरा और अलीगढ़ जिलों में बोली जाती है। इसे हम केन्द्रीय ब्रजभाषा भी कहते हैं।
- प्रारम्भ में ब्रजभाषा में ही काव्य रचना हुई।
- भक्तिकाल, रीतिकाल और आधुनिककाल तथा आरम्भिक वर्षों में प्रचुर मात्रा में साहित्य सृजन इस भाषा में हुआ, जिसमें सूरदास रहीम, रसखान, बिहारी केशव, घनानन्द, भारतेन्दु, जयशंकर प्रसाद आदि कवि प्रमुख हैं।
- प्रस्तुत पद में भक्ति और श्रृंगार के भाव सामर्थ्य और प्रवाह को देखा जा सकता है।

अभ्यास प्रशन

1. ब्रज माधुरी कविता में किस कवि की कविता है?
(a) पद्माकर (b) हरिश्चन्द्र
(c) बेनी (d) ये सभी

2. 'चितै-चितै चारों ओर चौंकि-चौंकि परै त्योंहि' इस पंक्ति में अलंकार है?
(a) रूपक अलंकार (b) उपमा अलंकार
(c) अनुप्रास अलंकार (d) वक्रोक्ति अलंकार

3. दही व माखन की चोरी करते थे
(a) राम (b) कृष्ण (c) भीम (d) लक्ष्मण

4. कृष्ण के सखा थे
(a) शेष (b) महेश
(c) सुरेश (d) ये सभी

5. कमल के फूल में कौन बन्द हो गया?
(a) तितली (b) टिड्डा
(c) भौंरा (d) मक्खी

6. फूलों का परागकण इकट्ठा करता है
(a) भौंरा (b) तितली
(c) टिड्डा (d) मक्खी

7. कमल कोश में फँसे भौंरे के माध्यम से कवि क्या बताना चाहते हैं?
(a) परोपकार
(b) जीवन की नश्वरता
(c) ईर्ष्या भाव
(d) आर्थिक स्थिति

8. गोपियों के मन में किसकी छवि बसी हुई है?
(a) गायों की (b) वनों की
(c) कृष्ण की (d) गहनों की

9. 'सुमिरन वही ध्यान उनको ही मुख में उनको नाम। दूजी और नांहि गति मेरी बिनु मोहन धनश्याम।'
इस पद्यांश के कवि कौन हैं?
(a) भारतेन्दु हरिश्चन्द्र
(b) पद्माकर
(c) बेनी
(d) धनश्याम मूरली

10. हिन्दी साहित्य को विभाजित किया गया है
(a) पाँच (b) दो
(c) चार (d) तीन

उत्तरमाला

1. (d)	2. (c)	3. (b)	4. (d)	5. (c)	6. (a)	7. (b)	8. (c)	9. (a)	10. (c)

19 कटु वचन मत बोल

- वाणी की मिठास पर भक्तिकालीन कवियों ने बार-बार बल दिया है।
- प्रस्तुत पाठ में वाणी की मृदुलता को अथवा बात कहने के अन्दाज को कई उदाहरणों के द्वारा स्पष्ट किया गया है।
- वाणी सबके पास है उसका समुचित प्रयोग हर किसी को नहीं आता।
- समय और सन्दर्भ के अनुरूप हम वाणी का कैसे प्रयोग करें यह हम अपने परिवेश से सीखते और अपने अनुभवों से मानते हैं।
- चीनी दार्शनिक कन्फ्यूशियस द्वारा जीभ और दाँत के उदाहरण के द्वारा लेखक ने मीठी वाणी के सत्कार और कटु वचन के अस्वीकार को स्पष्ट किया है।

अभ्यास प्रश्न

1. इस निबन्ध के निबन्धकार कौन हैं?

(a) लेखक मण्डल
(b) श्री रामेश्वर दयाल दुबे
(c) श्री रामेश्वर दयाल सक्सेना
(d) श्री जगदीश माथुर

2. 'कटु वचन मत बोल' निम्न में से क्या है?

(a) निबन्ध (b) कहानी
(c) काव्य (d) कविता

3. ईश्वर ने सबको क्या दी है?

(a) वाणी (b) जीभ (c) दाँत (d) गला

4. हमें क्या नहीं कहना चाहिए?

(a) भाषण (b) गाने
(c) भजन (d) कटु वचन

5. लुकमान ने बकरे के शरीर के सबसे अच्छे और बुरे हिस्से में किसे चुना?

(a) पैर (b) कान (c) जीभ (d) हाथ

6. जीभ कितने इंच की होती है?

(a) तीन (b) चार (c) पाँच (d) छः

7. लोकप्रिय बनने के लिए हमें लाना होगा

(a) विकास
(b) लोकप्रियता
(c) क्रोध
(d) मधुरता

8. लेखक ने मीठी वाणी को किस रूप में स्पष्ट किया है?

(a) सत्कार (b) नफरत
(c) घृणा (d) तलवार

9. लेखक ने कटु वचन को किस रूप में स्पष्ट किया है?

(a) दाँत (b) जीभ
(c) तिरस्कार (d) मृदु

10. कठोर वचन शरीर में किसके समान चुभते हैं?

(a) जीभ (b) तीर
(c) दाँत (d) तलवार

11. हम अपने परिवेश से सीखते हैं

(a) एक-दूसरे से मनमुटाव रखना
(b) अहंकार करना
(c) वाणी का प्रयोग
(d) उपरोक्त में से कोई नहीं

उत्तरमाला

1. (b)	2. (a)	3. (a)	4. (d)	5. (c)	6. (a)	7. (d)	8. (a)	9. (c)	10. (b)
11. (c)									

20 मिनी महात्मा

- गाँधी जी के इस कथन "अत्याचार को सहना अत्याचार को बढ़ावा देना है" को आत्मसात करती इस कहानी का मुख्य पात्र मोहन पुलिस अधिकारी की ज्यादती का शान्तिपूर्ण, परन्तु दृढ़ विरोध करता है।
- अपने निश्चल पर अटल मोहन के प्रतिकार के समक्ष पुलिस अधिकारी को अपनी गलती सार्वजनिक रूप से स्वीकार करते हुए खेद व्यक्त करना पड़ता है।
- प्रस्तुत कहानी न सिर्फ किशोरवय बालक की दृढ़ता और प्रतिकार की शक्ति को अभिव्यक्त करती है, बल्कि यह कहानी सम्बन्धों के सौहार्द को भी बनाए रखने का प्रयास करती है।

अभ्यास प्रश्न

1. 'मिनी महात्मा' निम्न में से क्या है?
(a) निबन्ध (b) व्यंग्य (c) उपन्यास (d) कहानी

2. पुलिस अंकल का नाम क्या था?
(a) राम नारायण (b) शमशेर सिंह
(c) शेरसिंह (d) रौनक सिंह

3. पुलिस अंकल ने क्या किया?
(a) चपत लगाया (b) घर बनाया
(c) मिठाई खिलाया (d) दूध लिया

4. पुलिस वाले के क्या भाव थे?
(a) घमण्ड (b) क्रोध
(c) घृणा (d) लापरवाही

5. पुलिस अंकल को किसने समझाया?
(a) पत्नी ने (b) मोहन ने
(c) मोहन की माँ ने (d) फरीद बाबा ने

6. लोग मोहन को क्या समझ रहे थे?
(a) समझदार (b) बचपना
(c) जिद्दी (d) बदमाश

7. मोहन किसके दरवाजे पर कसूर पूछने चला गया था?
(a) रामशेर सिंह के (b) राम नारायण के
(c) शेरसिंह के (d) रौनक के

8. शेर सिंह की पत्नी ने लोगों से क्या कहा?
(a) चले जाने को (b) अन्दर आने को
(c) कल आने को (d) भाग जाने को

9. "बात मान भी जा बेटे। मैं उनसे कह दूँगी, आगे से ऐसा सुलूक न करें बच्चों के साथ"। यह वाक्य किसने कहा?
(a) पिताजी ने (b) माँ ने
(c) बहन ने (d) ताई ने

10. 'टस से मस न होना' मुहावरे का अर्थ है
(a) घर से बाहर न जाना
(b) साफ मना करना
(c) बहाना बनाना
(d) कुछ असर न पड़ना

11. 'इमानदान' शब्द का भाववाचक संज्ञा शब्द क्या होगा?
(a) ईमानदारी (b) ईमान
(c) असलियत (d) व्यवहार

उत्तरमाला

1. (d)	2. (c)	3. (a)	4. (b)	5. (d)	6. (c)	7. (c)	8. (a)	9. (b)	10. (d)
11. (a)									

21 सिखावन (दोहा)

- सिखावन का अर्थ है-सीखने की बात या शिक्षा।
- इस पाठ में नौ दोहे संकलित हैं, जिसमें कवि ने नौ शिक्षा दी हैं।
- पहले के जो बुजुर्ग होते थे वे अपनी जिन्दगी के अनुभवों को अपनी आने वाली पीढ़ी को सौंप देते थे। इसी प्रकार ज्ञान का भण्डार उनकी आने वाली पीढ़ी को मिलता रहता था।
- यही ज्ञान व अनुभव की जो बात होती थी, उसे ही 'सिखावन' अर्थात् सीखने की बात कहा गया।

अभ्यास प्रश्न

1. 'सिखावन' का अर्थ है
(a) सीखने की बात (b) शिक्षा
(c) (a) और (b) दोनों (d) इनमें से कोई नहीं

2. मनुष्य का एक अवगुण पलक झपकते ही कितने गुणों पर भारी पड़ जाता है?
(a) सौ (b) दो सौ
(c) ढाई सौ (d) डेढ़ सौ

3. 'मीठ लबारी बोलना' मुहावरे का अर्थ है
(a) मीठा बोलना (b) चीनी खाकर बोलना
(c) चापलूसी करना (d) पिछलग्गू बनना

4. किसे दानी कहा गया है?
(a) जल (b) आसमान
(c) पेड़ (d) धरती

5. हमें छाया, फल-फूल, औषधि कौन देता है?
(a) नदी (b) पेड़
(c) डॉक्टर (d) बैगा

6. कवि ने किससे मित्रता करने को कहा है?
(a) पेड़ से (b) किताबों से
(c) मनुष्य से (d) पड़ोसी से

7. हमें किससे मेहनत करना सीखना चाहिए?
(a) मनुष्य (b) पेड़ (c) जल (d) चींटी

8. व्यक्ति को किससे बचकर रहना चाहिए?
(a) बुराई (b) लालच
(c) (a) और (b) दोनों (d) ज्ञानी व्यक्ति

9. 'महर-महर' शब्द में कौन सा अलंकार है?
(a) अनुप्रास अलंकार
(b) उत्प्रेक्षा अलंकार
(c) वक्रोक्ति अलंकार
(d) वीभत्स अलंकार

10. 'अँधियारा' का विलोम शब्द क्या है?
(a) उजियाला (b) निराशा
(c) धाम (d) अँधेरा

उत्तरमाला

1. (c) 2. (a) 3. (c) 4. (c) 5. (b) 6. (b) 7. (d) 8. (d) 9. (a) 10. (a)

22 हिरोशिमा की पीड़ा

- किसी एक देश में हुआ नरसंहार समस्त मानव जाति की चेतना को झिंझोड़ सकता है।
- ऐसी स्थिति में हमारा क्या उत्तरदायित्व है, पाठ में यही बताने का प्रयास किया गया है।
- इस पाठ में मानवतावादी दृष्टिकोण, मानवीय संवेदना, करुणा एवं विज्ञान के सदुपयोग आदि के बारे में बताया गया है।

अभ्यास प्रश्न

1. कवि की नींद क्यों उचट जाती है?

(a) माता-पिता की याद के कारण
(b) भीषण नरसंहार के कारण
(c) अकेलेपन के कारण
(d) हत्याकाण्ड के कारण

2. कवि का स्वभाव कैसा है?

(a) आत्मविश्वासी (b) दयालु
(c) संवेदनशील (d) कठोर

3. हिरोशिमा और नागासाकी स्थान कहाँ स्थित है?

(a) जापान (b) नेपाल
(c) जर्मनी (d) बर्लिन

4. जापान के हिरोशिमा और नागासाकी शहर में बम विस्फोट में कितने लोगों की मृत्यु हुई?

(a) एक लाख से ज्यादा (b) दो लाख से ज्यादा
(c) तीन लाख से ज्यादा (d) सवा सौ करोड़

5. दु:ख के कारण मनुष्य की रातें कैसी निकलती हैं?

(a) मुस्कुराहट के साथ
(b) अच्छे सपने देखकर
(c) करवटें बदलकर
(d) अच्छी नींद में सोकर

6. कविता में कालरात्रि किस दिन को कहा गया है?

(a) 6 अगस्त, 1945
(b) 5 अगस्त, 1944
(c) 7 अगस्त, 1942
(d) 15 अगस्त, 1947

7. जापान के हिरोशिमा शहर पर कौन-सा परमाणु बम गिरा था?

(a) लिटिल बॉय
(b) फॅट मैन
(c) (a) और (b) दोनों
(d) उपरोक्त में से कोई नहीं

उत्तरमाला

1. (b) 2. (c) 3. (a) 4. (b) 5. (c) 6. (a) 7. (a)

23 व्याकरण

सन्धि

सन्धि परिभाषा

सन्धि शब्द का अर्थ होता है– 'मिलन' या 'मेल। भाषा में कुछ शब्दों को बोलते समय किसी शब्द में आने वाली निकटतम ध्वनियाँ परस्पर मिलकर जब एक हो जाती हैं, तो ध्वनियों के ऐसे मेल को 'सन्धि' कहते हैं।

सन्धि के कुछ उदाहरण

रमा + ईश = रमेश (आ + ई = ए)
देव + आलय = देवालय (अ + आ = आ)
सत् + मित्र = सन्मित्र (त् + म = न्म)
तमः + गुण = तमोगुण (अः + ग = ओ)

सन्धिः भेद-प्रभेद

सन्धि तीन प्रकार की होती हैं

1. **स्वर सन्धि** दो स्वरों के मेल से किसी एक स्वर या दोनों स्वरों में जो परिवर्तन होता है, वह स्वर सन्धि कहलाती है।

उदाहरण

शिक्षा + अर्थी = शिक्षार्थी (आ + अ = आ)
राज + ऋषि = राजर्षि (अ + ऋ = अर्)
देव + इन्द्र = देवेन्द्र (अ + इ = ए)
भौ + उक = भावुक (औ + उ = आव)

स्वर सन्धि पाँच प्रकार की होती हैं

(i) **दीर्घ सन्धि** जब ह्रस्व स्वर 'अ, इ, उ' या दीर्घ स्वर 'आ, ई, ऊ' के बाद ह्रस्व 'अ, इ, उ' या दीर्घ आ, ई, ऊ आते हैं, तो वे परस्पर मिलकर दीर्घ स्वर **आ, ई, ऊ** में बदल जाते हैं। इस प्रकार की सन्धि को दीर्घ सन्धि कहते हैं।

उदाहरण

शास्त्र + अर्थ = शास्त्रार्थ (अ + अ = आ)
अधिक + अंश = अधिकांश (अ + अ = आ)
धर्म + आत्मा = धर्मात्मा (अ + आ = आ)
देव + आलय = देवालय (अ + आ = आ)
शिक्षा + अर्थी = शिक्षार्थी (आ + अ = आ)
सीमा + अन्त = सीमान्त (आ + अ = आ)
महा + आत्मा = महात्मा (आ + आ = आ)
दया + आनन्द = दयानन्द (आ + आ = आ)
अति + इव = अतीव (इ + इ = ई)
कपि + इन्द्र = कपीन्द्र (इ + इ = ई)
रवि + ईश = रवीश (इ + ई = ई)
मुनि + ईश = मुनीश (इ + ई = ई)
शची + इन्द्र = शचीन्द्र (ई + इ = ई)
लक्ष्मी + इच्छा = लक्ष्मीच्छा (ई + इ = ई)
नदी + ईश = नदीश (ई + ई = ई)
पत्नी + ईश्वर = पत्नीश्वर (ई + ई = ई)
भानु + उदय = भानूदय (उ + उ = ऊ)
सु + उक्ति = सूक्ति (उ + उ = ऊ)
लघु + ऊर्मि = लघूर्मि (उ + ऊ = ऊ)
सिन्धु + ऊर्मि = सिन्धूर्मि (उ + ऊ = ऊ)
वधू + उत्सव = वधूत्सव (ऊ + उ = ऊ)
भू + उन्नति = भून्नति (ऊ + उ = ऊ)
वधू + ऊर्मि = वधूर्मि (ऊ + ऊ = ऊ)
भू + ऊर्जा = भूर्जा (ऊ + ऊ = ऊ)

(ii) **गुण सन्धि** 'अ/आ' स्वर के बाद यदि ह्रस्व या दीर्घ 'इ' 'उ' तथा 'ऋ' स्वर आते हैं, तो उनके स्थान पर क्रमशः ए, ओ तथा अर् हो जाता है। इसे गुण सन्धि कहते हैं।

उदाहरण

सुर + इन्द्र = सुरेन्द्र (अ + इ = ए)
देव + ईश = देवेश (अ + ई = ए)
यथा + इष्ट = यथेष्ट (आ + इ = ए
लंका + ईश = लंकेश (आ + ई = ए)
पूर्व + उदय = पूर्वोदय (अ + उ = ओ)
मुख + ऊर्जा = मुखोर्जा (अ + ऊ = ओ)
यथा + उचित = यथोचित (आ + उ = ओ)
महा + ऊष्मा = महोष्मा (आ + ऊ = ओ)
सप्त + ऋषि = सप्तर्षि (अ + ऋ = अर)
पिता + ऋण = पितर्ण (आ + ऋ = अर्)

(iii) **वृद्धि सन्धि** जब 'अ' या 'आ' के बाद 'ए, 'ऐ' स्वर आते हैं, तो दोनों को मिलाकर 'ऐ' हो जाता है और यदि 'ओ', 'औ' स्वर आते हैं, तो 'औ' हो जाता है। इस प्रकार सन्धि को वृद्धि सन्धि कहते हैं।

उदाहरण

एक + एक = एकैक (अ + ए= ऐ)
मत + ऐक्य = मतैक्य (अ + ऐ= ऐ)
तथा + एव = तथैव (आ + ए= ऐ)
महा + ऐश्वर्य = महैश्वर्य (आ + ऐ= ऐ)
परम + ओज = परमौज (अ + ओ = औ)
महा + ओज + महौज (आ+ ओ = औ)
जल + ओध = जलौध (अ + औ = औ)
महा + औघ = महौघ (आ + औ = औ)

(iv) **यण् सन्धि** 'इ, ई, उ, ऊ और ऋ' के बाद इन दोनों से भिन्न कोई भी स्वर हो तो 'इ, ई' का 'य' हो जाता है। 'उ, ऊ, के बाद इनसे भिन्न कोई भी स्वर हो, तो 'उ, 'ऊ' का 'व' हो जाता है तथा 'ऋ' के बाद इससे भिन्न कोई स्वर हो, तो 'ऋ' का 'र' हो जाता है।

उदाहरण

यदि + अपि = यद्यपि (इ + अ = य)
अति + आचार = अत्याचार (इ + आ = या)
प्रति + उपकार = प्रत्युपकार (इ + उ = यु)
वि + ऊह = व्यूह (इ + ऊ= यू)
अधि + एता = अध्येता (इ + ए= ये)
नदी + अर्पण = नद्यर्पण (ई + अ= य)
सखी + आगमन= सख्यागमन (ई + आ= या)
सखी + उचित = सख्युचित (ई+ उ= यु)
नदी + ऊर्मि = नद्यूर्मि (ई + ऊ= यू)
सु + अल्प = स्वल्प (उ + अ= व)
सु + आगत = स्वागत (उ + आ= वा)
अनु + इत = अन्वित (उ + इ= वि)
अनु + ईक्षण = अन्वीक्षण (उ + ई= वी)
अनु + एषक = अन्वेषक (उ + ए= वे)
वधु + आगमन= वध्वागमन (ऊ + आ= वा)
पितृ + अनुमति = पित्रनुमति (ऋ + अ = र)
मातृ + आज्ञा = मात्राज्ञा (ऋ+ आ = रा)
पितृ + इच्छा = पित्रिच्छा (ऋ +इ = रि)
भ्रातृ + उपदेश = भ्रात्रुपदेश (ऋ + उ= रू)

(v) **अयादि सन्धि** 'ए, ऐ' तथा 'ओ, औ' के बाद यदि इनसे भिन्न कोई स्वर आता है, तो 'ए' का 'अय', 'ऐ' का 'आय', 'ओ' का 'अव' तथा 'औ' का 'आव' हो जाता है।

उदाहरण

ने + अन = नयन (ए + अ = अय)
गै + अक = गायक (ऐ + अ = आय)
पो + अन = पवन (ओ + अ = अव)
पौ + अक = पावक (ओ + अ = आव)
भो + इष्य = भविष्य (ओ + इ = अवि)
नौ + इक = नाविक (औ + इ = आवि)
भौ + उक = भावुक (औ + उ = आवु)

2. **व्यंजन सन्धि** जब किसी भी व्यंजन ध्वनि के बाद कोई स्वर या व्यंजन आता है और दोनों के मेल से जो परिवर्तन होता है, उसे व्यंजन सन्धि कहते हैं।

उदाहरण

जगत् + अम्बा = जगदम्बा
सत् + मार्ग = सन्मार्ग
वाक् + ईश = वागीश
अच् + अन्त = अजन्त
पट् + आनन = षडानन
जगत + ईश = जगदीश
अप् + ज = अब्ज
वाक् + मय = वाड्मय
पट् + मुख = षणमुख
उत् + चारण = उच्चारण
उत् + छिन्न = उच्छिन्न
जगत् + जननी = जगज्जननी
तत् + टीका = तट्टीका
उत् + लेख = उल्लेख
उत् + हार = उद्धार
सन्धि + छेद = सन्धिच्छेद
सम् + भव = सम्भव
सम् + योग = संयोग
सम् + मान = सम्मान
वि + सम = विषम
पूर् + न = पूर्ण
परि + नाम = परिणाम
विष् + नु = विष्णु
कृष् + न = कृष्ण

(3) **विसर्ग सन्धि** विसर्ग के बाद स्वर या व्यंजन ध्वनि आने से विसर्ग में जो परिवर्तन होता है, उसे विसर्ग सन्धि कहते हैं।

उदाहरण

मन:	+	बल	=	मनोबल
नम:	+	कार	=	नमस्कार
तप:	+	बल	=	तपोबल
मन	+	योग	=	मनोयोग
नि:	+	धन	=	निर्धन
मन:	+	ताप	=	मनस्ताप
दु:	+	शासन	=	दु:शासन
नि:	+	रोग	=	नीरोग
रज:	+	कण	=	रज:कण
दु:	+	कर	=	दुष्कर
अत:	+	एव	=	अतएव
दु:	+	कर्म	=	दुष्कर्म
प्रात:	+	काल	=	प्रात:काल
नि:	+	रव	=	नीरव
नि:	+	संग	=	निस्संग
नि:	+	चिंत	=	निश्चिंत
आशी	+	वाद	=	आशीर्वाद
पुन:	+	मिलन	=	पुनर्मिलन

अभ्यास प्रश्न

1. दो वर्णों के मेल से होने वाले विकार या परिवर्तन को कहते हैं
(a) सन्धि (b) समास (c) उपसर्ग (d) प्रत्यय

2. स्वर सन्धि के भेद हैं
(a) चार (b) तीन (c) पाँच (d) छ:

3. 'निस्तेज' का सही विकल्प है
(a) निस + तेज (b) नि: + तेज
(c) नि + तेज (d) निस् + तेज

4. स्पर्श व्यंजनों की संख्या कितनी है?
(a) 15 (b) 20 (c) 22 (d) 25

5. 'क्ष' का विग्रह होगा
(a) क् + स (b) क + छ (c) क् + ष (d) क + झ

6. निम्न में से कौन-सा दीर्घ स्वर नहीं है?
(a) आ (b) ई (c) अ (d) औ

7. निम्नांकित में से कौन-सा उदाहरण 'अयादि सन्धि' का नहीं है?
(a) गायक (b) पावक (c) गंगोदक (d) शयन

8. 'पवित्र' शब्द कौन-सी सन्धि का उदाहरण है?
(a) दीर्घ सन्धि (b) गुण सन्धि
(c) अयादि सन्धि (d) यण् सन्धि

9. 'भावुक' शब्द में सन्धि है
(a) दीर्घ सन्धि (b) गुण सन्धि
(c) अयादि सन्धि (d) यण् सन्धि

10. निम्नलिखित शब्दों में किसमें व्यंजन सन्धि है?
(a) हिमालय (b) दुर्बल
(c) सदैव (d) उन्नति

11. 'देव्युक्ति' शब्द में कौन-सी सन्धि है?
(a) गुण सन्धि (b) यण् सन्धि
(c) दीर्घ सन्धि (d) वृद्धि सन्धि

12. 'नयन' शब्द में सन्धि है
(a) अयादि स्वर सन्धि (b) व्यंजन सन्धि
(c) विसर्ग सन्धि (d) दीर्घ स्वर सन्धि

13. 'सदाशय' शब्द में सन्धि है
(a) स्वर सन्धि (b) व्यंजन सन्धि
(c) हिन्दी सन्धि (d) विसर्ग सन्धि

14. 'कवीश्वर' शब्द में सन्धि है?
(a) वृद्धि स्वर सन्धि (b) दीर्घ स्वर सन्धि
(c) विसर्ग सन्धि (d) यण् सन्धि

15. 'स्वेच्छा' शब्द में सन्धि है
(a) दीर्घ सन्धि (b) गुण सन्धि
(c) अयादि सन्धि (d) वृद्धि सन्धि

16. 'वनौषधि' शब्द में सन्धि है
(a) विसर्ग सन्धि (b) गुण स्वर सन्धि
(c) वृद्धि स्वर सन्धि (d) व्यंजन सन्धि

17. 'विद्या + आलय' का शब्द बनेगा
(a) विद्यालय (b) विद्याआलय
(c) विद्यालय (d) विद्योलय

18. 'महोत्सव' शब्द में सन्धि है
(a) दीर्घ सन्धि (b) गुण सन्धि
(c) वृद्धि सन्धि (d) यण् सन्धि

19. स्वर सन्धि का उदाहरण है
(a) संयोग (b) मनोहर
(c) नमस्कार (d) पवन

20. 'गिरीश' शब्द में सन्धि है
(a) गुण सन्धि (b) वृद्धि सन्धि
(c) दीर्घ सन्धि (d) अयादि सन्धि

21. 'अन्वेषण' शब्द में कौन-सी सन्धि है?
(a) गुण सन्धि (b) यण् सन्धि
(c) अयादि सन्धि (d) दीर्घ सन्धि

22. 'सदाचारी' शब्द में सन्धि है
(a) यण् स्वर सन्धि (b) विसर्ग सन्धि
(c) व्यंजन सन्धि (d) अयादि स्वर सन्धि

23. अ या आ के बाद इ, ई आने पर क्रमशः ए, ओ होता है, वहाँ सन्धि है
(a) गुण स्वर सन्धि (b) दीर्घ स्वर सन्धि
(c) वृद्धि स्वर सन्धि (d) अयादि स्वर सन्धि

24. 'स्वार्थी' शब्द में कौन-सी सन्धि है?
(a) गुण सन्धि (b) दीर्घ सन्धि
(c) विसर्ग सन्धि (d) वृद्धि सन्धि

25. 'अभ्युदय' शब्द में शब्द सन्धि है
(a) गुण सन्धि (b) अयादि सन्धि
(c) यण् सन्धि (d) दीर्घ सन्धि

26. 'रीत्यानुसार' शब्द में कौन-सी सन्धि है?
(a) गुण सन्धि (b) यण् सन्धि
(c) दीर्घ सन्धि (d) वृद्धि सन्धि

27. विसर्ग का चिह्न है
(a) ( ) (b) ÷
(c) = (d) :

28. 'सदैव' शब्द में कौन-सी सन्धि का प्रयोग हुआ है?
(a) वृद्धि सन्धि (b) दीर्घ सन्धि
(c) विसर्ग सन्धि (d) यण् सन्धि

29. निम्नलिखित शब्दों में से किसमें विसर्ग सन्धि है?
(a) उज्ज्वल (b) निश्चल
(c) राजेन्द्र (d) इत्यादि

30. 'निर्विकार' शब्द में कौन-सी सन्धि है?
(a) गुण सन्धि (b) दीर्घ सन्धि
(c) विसर्ग सन्धि (d) यण् सन्धि

31. 'अध्ययन' शब्द में कौन-सी सन्धि है?
(a) दीर्घ सन्धि (b) गुण सन्धि
(c) यण् सन्धि (d) वृद्धि सन्धि

32. अत्यधिक में सन्धि है
(a) वृद्धि स्वर सन्धि (b) यण् स्वर सन्धि
(c) गुण स्वर सन्धि (d) व्यंजन सन्धि

33. सन्धि के भेद हैं
(a) तीन (b) चार
(c) पाँच (d) दो

34. 'चरणामृत' शब्द में कौन-सी सन्धि है?
(a) दीर्घ सन्धि (b) वृद्धि सन्धि
(c) यण् सन्धि (d) गुण सन्धि

35. 'गायन' शब्द में कौन-सी सन्धि है?
(a) दीर्घ सन्धि (b) गुण् सन्धि
(c) वृद्धि सन्धि (d) अयादि सन्धि

36. 'व्याघात' शब्द में सन्धि है
(a) दीर्घ सन्धि (b) यण सन्धि
(c) वृद्धि सन्धि (d) अयादि सन्धि

37. 'ई + आ = या' निम्न में से किस सन्धि में इस प्रकार का परिवर्तन हुआ है?
(a) गुण सन्धि (b) व्यंजन सन्धि
(c) यण् सन्धि (d) दीर्घ सन्धि

38. 'देवालय' शब्द में कौन-सी सन्धि है?
(a) दीर्घ सन्धि (b) व्यंजन सन्धि
(c) विसर्ग सन्धि (d) अयादि स्वर सन्धि

39. 'शिक्षार्थी' शब्द में कौन-सी सन्धि है?
(a) दीर्घ स्वर सन्धि (b) वृद्धि स्वर सन्धि
(c) यण् स्वर सन्धि (d) अयादि सन्धि

40. 'निरोग' शब्द में सन्धि है
(a) यण् स्वर सन्धि (b) व्यंजन सन्धि
(c) दीर्घ स्वर सन्धि (d) विसर्ग सन्धि

उत्तरमाला

1.	(a)	2.	(c)	3.	(b)	4.	(d)	5.	(c)	6.	(c)	7.	(c)	8.	(c)	9.	(c)	10.	(d)
11.	(b)	12.	(a)	13.	(b)	14.	(b)	15.	(b)	16.	(c)	17.	(c)	18.	(b)	19.	(d)	20.	(c)
21.	(b)	22.	(c)	23.	(a)	24.	(b)	25.	(c)	26.	(b)	27.	(d)	28.	(a)	29.	(b)	30.	(c)
31.	(c)	32.	(b)	33.	(a)	34.	(a)	35.	(d)	36.	(b)	37.	(c)	38.	(a)	39.	(a)	40.	(d)

अलंकार

अलंकार की परिभाषा वाक्य में चमत्कार, सौन्दर्य और आकर्षण उत्पन्न करने वाले शब्द अलंकार कहलाते हैं।

अलंकार : भेद-प्रभेद

अलंकार के मुख्यतः दो भेद होते हैं

1. **शब्दालंकार** जहाँ किसी कविता में शब्दों के प्रयोग के कारण कोई चमत्कार या सौन्दर्य उत्पन्न होता है, वहाँ शब्दालंकार होता है।

   शब्दालंकार के प्रमुख भेद हैं

   (i) **अनुप्रास अलंकार** जब किसी वर्ण की बार-बार आवृत्ति के कारण चमत्कार उत्पन्न हो, वहाँ अनुप्रास अलंकार होता है।

   उदाहरण मुदित महीपति मन्दिर आए।
   सेवक सचिव सुमन्त बुलाए।।

   (ii) **यमक अलंकार** जब एक ही शब्द एक से अधिक बार प्रयोग हो, पर हर बार उसका अर्थ अलग हो, तो वहाँ यमक अलंकार होता है।

   उदाहरण खग कुल-कुल-सा बोल रहा।

   (iii) **श्लेष अलंकार** जहाँ एक शब्द एक ही बार प्रयुक्त होने पर दो अर्थ दे, वहाँ श्लेष अलंकार होता है।

   उदाहरण मंगन को देखि पट देता बार-बार है।

2. **अर्थालंकार जहाँ** अर्थ के द्वारा काव्य-सौन्दर्य में वृद्धि होती है, वहाँ अर्थालंकार होता है।

   अर्थालंकार के प्रमुख भेद हैं

   (i) **उपमा अलंकार** सादृश्य के कारण जब किसी वस्तु या प्राणी की तुलना किसी अन्य प्रसिद्ध वस्तु या प्राणी से की जाए, तो वहाँ उपमा अलंकार होता है।

   उदाहरण हरि पद कोमल कमल से।

   (ii) **रूपक अलंकार** जहाँ उपमेय और उपमान में कोई अन्तर नहीं होता है, वहाँ रूपक अलंकार होता है।

   उदाहरण चरण कमल बंदौ हरि राई।

   (iii) **उत्प्रेक्षा अलंकार** जहाँ उपमेय में उपमान की सम्भावना अथवा कल्पना की जाए, वहाँ उत्प्रेक्षा अलंकार होता है।

   उदाहरण फूले कांस सकल महि छाई।
   जनु बरसा रितु प्रकट बुढ़ाई।।

   (iv) **अतिशयोक्ति अलंकार** जब किसी वस्तु या व्यक्ति का बढ़ा-चढ़ाकर वर्णन किया जाए, वहाँ अतिशयोक्ति अलंकार होगा।

   उदाहरण सन्देह सनि मधुवन कूप करे।

   (v) **अन्योक्ति अलंकार** जहाँ किसी उक्ति के माध्यम से किसी अन्य को कोई बात कही जाए। वहाँ अन्योक्ति अलंकार होता है।

   उदाहरण अवअलि रहि गुलाब में, अपत कटीली डार।

अभ्यास प्रश्न

1. "तीन बेर खाती थी वे तीन बेर खाती है" अलंकार पहचानिए
(a) अनुप्रास अलंकार (b) यमक अलंकार
(c) मानवीकरण अलंकार (d) उपमा अलंकार

2. 'राधा चन्द्रमुखी है', में कौन-सा अलंकार है?
(a) उपमा (b) रूपक (c) उत्प्रेक्षा (d) अनुप्रास

3. 'पाले पौसे सकल अंग' में कौन-सा अलंकार है?
(a) उत्प्रेक्षा (b) उपमा (c) अनुप्रास (d) उपमान

4. 'तुम कारे सुफलक सुत कारे, कुटिल सवारें' में कौन-सा अलंकार है ?
(a) अनुप्रास शब्दालंकार (b) यमक शब्दालंकार
(c) श्लेष शब्दालंकार (d) उपमा शब्दालंकार

5. 'शशि-मुख पर घूँघट डाले' में अलंकार है
(a) उपमा (b) श्लेष (c) यमक (d) रूपक

6. जहाँ किसी वस्तु का वर्णन बढ़ा-चढ़ाकर दिया जाए, वहाँ कौन-सा अलंकार होता है?
(a) अतिशयोक्ति (b) वक्रोक्ति (c) उपमा (d) श्लेष

7. 'चरण कमल बंदौ हरि राई' में अलंकार है
(a) रूपक (b) उभया (c) उत्प्रेक्षा (d) अनुप्रास

8. 'चारु चन्द्र की चंचल किरणें' पंक्ति में कौन-सा अलंकार है?
(a) अनुप्रास (b) यमक (c) उपमा (d) श्लेष

9. जहाँ उपमेय में उपमान की सम्भावना की जाती है, वहाँ अलंकार होता है
(a) उत्प्रेक्षा (b) उपमा (c) रूपक (d) सन्देह

10. 'मुदित महीपति मन्दिर आए' में कौन-सा अलंकार है?
(a) रूपक अलंकार (b) उपमा अलंकार
(c) यमक अलंकार (d) अनुप्रास अलंकार

11. 'हरि पद कोमल कमल से' में कौन-सा अलंकार है?
(a) अनुप्रास (b) उपमा (c) यमक (d) रूपक

12. सुबरन को खोजत फिरत; कवि, व्यभिचारी 'चोरठ' में अलंकार है
(a) श्लेष (b) उपमा (c) उत्प्रेक्षा (d) उभयालंकार

13. 'मंगन को देख पट देत बार-बार है' में अलंकार है
(a) उपमा (b) उत्प्रेक्षा (c) श्लेष (d) यमक

14. 'ठोकर लगकर ठेल कर' में कौन-सा अंलकार है?
(a) उत्प्रेक्षा (b) उपमा (c) श्लेष (d) अनुप्रास

15. 'छोरटी है गोरटी या चोरटी अहीर की' में अलंकार है
(a) अनुप्रास (b) उत्प्रेक्षा (c) उपमा (d) श्लेष

16. जहाँ एक शब्द के एक से अधिक अर्थ होते हैं, वहाँ कौन-सा अलंकार होता है?
(a) श्लेष (b) वक्रोक्ति (c) रूपक (d) उत्प्रेक्षा

17. उपमा अलंकार के कितने अंग है?
(a) तीन (b) चार
(c) दो (d) पाँच

18. जहाँ उपमेय पर उपमान का आरोपण हो, वहाँ कौन-सा अलंकार होता है?
(a) यमक (b) रूपक
(c) वक्रोक्ति (d) श्लेष

उत्तरमाला

1. (b)	2. (a)	3. (c)	4. (c)	5. (d)	6. (a)	7. (a)	8. (a)	9. (a)	10. (d)
11. (b)	12. (a)	13. (c)	14. (d)	15. (a)	16. (a)	17. (b)	18. (b)		

छन्द

छन्द की परिभाषा जिन रचनाओं में वर्ण, मात्रा, यति, गति, तुक आदि पर बल दिया जाता है, वे छन्द कहलाते हैं।

छन्द : भेद-प्रभेद

छन्द के निम्नलिखित प्रकार होते हैं

1. **वार्णिक छन्द** जिन छन्दों की रचना वर्णों की गणना और क्रम के आधार पर की जाती है, उन्हें वार्णिक छन्द कहते हैं।
2. **मात्रिक छन्द** जिन छन्दों की पहचान केवल मात्राओं के आधार पर की जाती है, वे मात्रिक छन्द होते हैं।

(i) **दोहा** यह अर्द्धसम मात्रिक छन्द है। जिस छन्द के पहले व तीसरे चरण में 13-13 मात्राएँ तथा दूसरे और चौथे में 11-11 मात्राएँ होती हैं, विषम चरणों के अन्त में जगण (।ऽ।) नहीं होना चाहिए, उसे दोहा कहते हैं।

उदाहरण

। । । । ऽ ऽ ऽ । ऽ । । ऽ ऽ । । ऽ ।
रहिमन पानी राखिए, बिन पानी सब सून।
ऽ ऽ । ऽ । ऽ । ऽ ऽ ऽ ऽ । ऽ ।
पानी गए न ऊबरे, मोती मानुष चून ।।

(ii) **चौपाई** यह सम मात्रिक छन्द है। जहाँ प्रत्येक चरण में 16 मात्राएँ होती हैं तथा चरण के अन्त में जगण और तगण का प्रयोग नहीं होता, वहाँ चौपाई छन्द होता है।

उदाहरण

। । । । ऽ । । । । । । ऽ ऽ
इहि विधि राम सबहिं समुझावा,
। । । । । । । । । । । । ऽ ऽ
गुरु पद पदुम हरषि सिर नावा।

(iii) **सोरठा** यह अर्द्धसम मात्रिक छन्द है। यह दोहे का विपरीत होता है। पहले और तीसरे चरण में 11-11 तथा दूसरे और चौथे चरण में 13-13 मात्राएँ होती हैं। विषम चरणों के अन्त में एक गुरु तथा एक लघु होता है।

उदाहरण

। ऽ । ऽ ऽ ऽ । । ऽ । । ऽ ऽ । । ऽ
कहो जु पावै कौन, विद्या धन उधम बिना।
। ऽ । ऽ ऽ ऽ । ऽ ऽ ऽ ऽ । ऽ ऽ ।
ज्यों पंखे की पौन, बिना डुलाए ना मिले।।

(iv) **रोला** यह एक सम मात्रिक छन्द होता है। इसमें चार चरण तथा प्रत्येक चरण में 11 से 13 के क्रम में 24 मात्राएँ होती हैं। इसके अन्त में दो लघु व दो गुरु वर्ण होते हैं।

उदाहरण

ऽ । । । । । । ऽ । । ऽ । । ऽ । । ऽ ऽ
जो जगहित पर प्राण, निछावर है कर पाता।
। । ऽ । । ऽ । ऽ ऽ । । । ऽ । । ऽ ऽ
जिसका तन है किसी, लोकहित में लग पाता।।

(v) **हरिगीतिका** यह सम मात्रिक छन्द है, प्रत्येक चरण में 16-12 के विराम के साथ 28 मात्राएँ होती हैं तथा अन्त में लघु-गुरु का प्रयोग होता है।

उदाहरण

ऽ ऽ । । । । । ऽ । ऽ । ऽ । । । ऽ ऽ ऽ ऽ ऽ । ऽ
अन्याय सहकर बैठे रहना, यह महा दुष्कर्म है।
ऽ ऽ । । ऽ ऽ । ऽ ऽ । । । ऽ ऽ । ऽ ऽ
न्यायार्थ अपने बन्धु को भी, दण्ड देना धर्म है।

3. **मुक्त छन्द** मुक्त छन्द आधुनिक युग की देन है, जिन छन्दों में वर्णों और मात्राओं का बन्धन नहीं होता, उन्हें मुक्तक छन्द कहते हैं।

उदाहरण

"वह आता
दो टूक कलेजे के करता पछताता।
पथ पर आता।
पेट पीठ दोनों मिलकर हैं एक
चल रहा लकुटिया टेक।'

अभ्यास प्रश्न

1. वर्ण, मात्रा, गति, यति आदि से नियन्त्रित रचना को क्या कहते हैं?
(a) छन्द (b) दोहा (c) अलंकार (d) रस

2. छन्द के प्रकार हैं
(a) चार (b) तीन (c) सात (d) आठ

3. दोहा ········ मात्रिक छन्द है।
(a) सम (b) अर्द्धसम (c) विषम (d) एक

4. दोहा छन्द के विषम चरणों में कितनी-कितनी मात्राएँ होती हैं?
(a) 11-11 (b) 13-13 (c) 10-10 (d) 26-26

5. दोहा का उल्टा होता है
(a) दोहा (b) रोला (c) सोरठा (d) चौपाई

6. चौपाई छन्द में चरण होते हैं
(a) चार (b) तीन (c) पाँच (d) दो

7. 'मंगल भवन अमंगल हारी' में कौन-सा छन्द है?
(a) सोरठा (b) सवैया (c) चौपाई (d) दोहा

8. कंकन किंकन नूपुर धुनि सुनि ।। में छन्द है
(a) सवैया (b) राधिका (c) चौपाई (d) छप्पय

9. चौपाई छन्द में मात्रा होती है
(a) 13-13 (b) 16-16
(c) 12-12 (d) 11-11

10. हरिगीतिका छन्द में चरण होते हैं
(a) 3 (b) 2 (c) 4 (d) 1

11. रहिमन पानी राखिए, बिन पानी सब सून।। में कौन-सा छन्द है?
(a) दोहा (b) मंजरी (c) चौपाई (d) काकली

12. विषम मात्रिक छन्द है
(a) चौपाई छन्द (b) दोहा (c) छप्पय छन्द (d) सोरठा

13. छन्द बँधा होता है
(a) गति में (b) यति में
(c) लय/गण में (d) इन सभी में

14. 'धाय-धाय काम सब त्यागी' में कौन-सा छन्द है?
(a) चौपाई (b) बरवै (c) सोरठा (d) दोहा

15. आल्हा किस तरह का छन्द है
(a) रोला (b) मुक्त छन्द (c) वर्णिक (d) मात्रिक

उत्तरमाला

1. (a)	2. (b)	3. (b)	4. (b)	5. (c)	6. (a)	7. (c)	8. (c)	9. (b)	10. (c)
11. (a)	12. (c)	13. (d)	14. (a)	15. (d)					

रस

रस की परिभाषा रस का शाब्दिक अर्थ 'आनन्द' होता है। किसी काव्य को पढ़ने अथवा सुनने से जिस आनन्द की अनुभूति होती है, उसे रस कहा जाता है। रस को काव्य की आत्मा भी कहते हैं।

हिन्दी साहित्य तथा व्याकरण की दृष्टि से रस ग्यारह माने गए हैं, जो इस प्रकार हैं

	रस	स्थायी भाव (प्रधान भाव)
1.	श्रृंगार रस	रति
2.	हास्य रस	हास
3.	करुण रस	शोक
4.	वीर रस	उत्साह
5.	रौद्र रस	क्रोध
6.	भयानक रस	भय
7.	वीभत्स रस	घृणा, जुगुप्सा
8.	अद्भुत रस	विस्मय, आश्चर्य
9.	शान्त रस	निर्वेद
10.	वात्सल्य रस	वात्सल्य रति
11.	भक्ति रस	भगवद् विषयक रति/अनुराग

1. **श्रृंगार रस** जब विभाव, अनुभाव तथा संचारी भाव के संयोग से रति नामक स्थायी भाव उत्पन्न होता है, तो वहाँ पर श्रृंगार रस होता है।

उदाहरण मेरे तो गिरिधर गोपाल दूसरो न कोई जाके सिर मोर मुकुट मेरो पति सोई।।

श्रृंगार रस के दो भेद हैं

(i) **संयोग श्रृंगार रस** जहाँ पर नायक तथा नायिका का मिलन होता है और संयोगावस्था का वर्णन होता है, वहाँ संयोग श्रृंगार होता है।

उदाहरण बतरस लालच लाल की मुरली धरी लुकाय।

(ii) **वियोग श्रृंगार रस** जहाँ पर नायक तथा नायिका का वियोग होता है और वियोगावस्था का वर्णन होता है, वहाँ वियोग श्रृंगार रस होता है।

उदाहरण निसिदिन बरसत नयन हमारे।

2. **हास्य रस** जहाँ पर वाणी, वेश, विकृति, आकार, चेष्टा आदि का वर्णन होता है, वहाँ हास्य रस होता है। इसका स्थायी भाव हास होता है।

उदाहरण हाथी जैसी देह, गैण्डे जैसी खाल।
तरबूजे-सी खोपड़ी, खरबूजे-से बाल।।

3. **करुण रस** जिस प्रसंग में सहृदय में शोक भाव के साथ करुणा की उत्पत्ति होती है, वहाँ करुण रस होता है।

उदाहरण मैं नीर भरी दु:ख की बदली।

4. **वीर रस** जहाँ वीरता का वर्णन किया जाता है, वहाँ वीर रस होता है, इसका स्थायी भाव उत्साह है।

उदाहरण सामने टिकते नहीं वनराज, पर्वत डोलते हैं।

5. **रौद्र रस** जब किसी व्यक्ति के द्वारा क्रोध में किए गए अपमान आदि के जिस भाव की परिपक्वता होती है, वहाँ रौद्र रस, होता है।

उदाहरण सुनत बचन फिरि अनत निहारे।
देखे चाप खण्ड महि डारे।।

6. **भयानक रस** जब किसी भयानक दृश्य को देखकर भय उत्पन्न होता है, तो भयानक रस होता है। इसका स्थायी भाव भय है।

उदाहरण बालधी विशाल विकराल, ज्वाल जाल मानौ।

7. **वीभत्स रस** वीभत्स रस का स्थायी भाव जुगुप्सा/घृणा है। जब जुगुप्सा नामक स्थायी भाव, विभाव आदि भावों की परिपक्वता होती है, तब यह रस उत्पन्न होता है।

उदाहरण जहँ-तहँ मज्जा माँस रुचिर लखि परत बगारे।

8. **अद्‌भुत रस** जब किसी काव्य में आश्चर्यजनक वर्णन उत्पन्न होता है, वहाँ अद्‌भुत रस होता है। इसका स्थायी भाव विस्मय/आश्चर्य होता है।

उदाहरण अखिल भुवन चर-अचर सब, हरि मुख में लखि मातु।

9. **शान्त रस** जहाँ सहज भाव एवं सरल आचरण के कारण सहृदय के हृदय में निर्वेद भाव की उत्पत्ति होती है, वहाँ शान्त रस होता है।

उदाहरण मन रे तन कागद का पुतला।

10. **वात्सल्य रस** जब छोटे बच्चों के बाल-सुलभ क्रिया-कलापों का वर्णन किया जाता है, तो वहाँ वात्सल्य रस होता है। इसका स्थायी भाव वात्सल्य है।

उदाहरण किलकत कान्हा घुटरुवन आवत।

11. भक्ति रस यह रस तब उत्पन्न होता है, जब ईश्वर के सानिध्य में उनके गुणगान के लिए ओत-प्रोत हो जाने की स्थिति उत्पन्न होती है। इसका स्थायी भाव 'भगवद् विषयक रति अनुराग' है।

उदाहरण राम जपु, राम जपु, राम जपु बावरे।
घोर भव नीर-निधि, नाम निज नाव रे।।

अभ्यास प्रश्न

1. जहाँ प्रियतम की मृत्यु या स्थायी वियोग का वर्णन होता है, वहाँ रस होता है
(a) शान्त रस (b) वीभत्स
(c) करुण रस (d) भयानक रस

2. विजयी विश्व तिरंगा प्यारा, झण्डा ऊँचा रहे हमारा' में कौन-सा रस है?
(a) वात्सल्य (b) वियोग श्रृंगार
(c) करुण (d) वीर

3. 'भए प्रकट कपाला दीन दयाला कौसल्या हितकारी' में कौन-सा रस है?
(a) श्रृंगार रस (b) करुण रस
(c) वीर रस (d) अद्‌भुत रस

4. रस के प्रकार हैं
(a) 11 (b) 8 (c) 6 (d) 5

5. काव्य की आत्मा कहते हैं
(a) छन्द (b) अनुवाद (c) अलंकार (d) रस

6. भयानक रस का स्थायी भाव है
(a) भय (b) हास (c) निर्वेद (d) जुगुप्सा

7. वीभत्स रस का स्थायी भाव है
(a) भय (b) घृणा (c) निर्वेद (d) क्रोध

8. 'क्रोध' स्थायी भाव का रस है
(a) रौद्र रस (b) वीर रस (c) भयानक रस (d) शान्त रस

9. श्रृंगार रस का स्थायी भाव है
(a) प्रेम (b) वीभत्स (c) रति (d) उत्साह

10. सन्तान प्रेम कौन-से रस में दिखता है?
(a) शान्त (b) करुण (c) रौद्र (d) वात्सल्य

11. शान्त रस का स्थायी भाव है
(a) उत्साह (b) प्रेम (c) भय (d) निर्वेद

12. वीर रस का स्थायी भाव है
(a) शोक (b) भय
(c) उत्साह (d) जुगुप्सा

13. 'एक ओर अजगर हि लखि, एक ओर मृगराय' में रस है
(a) वीर (b) भयानक
(c) वीर (d) श्रृंगार

14. 'मन रे तन कागद का पुतला' इन पंक्तियों में कौन-सा रस है?
(a) भक्ति रस (b) श्रृंगार रस
(c) करुण रस (d) शान्त रस

15. 'वीर तुम बढ़े चलो धीर तुम बढ़े चलो' में कौन-सा रस है?
(a) वीर रस (b) वात्सल्य रस
(c) शान्त रस (d) करुण रस

16. 'अंखिया हरि दरसन की भूखी।' इन पंक्तियों में कौन-सा रस है?
(a) वीर रस (b) वियोग श्रृंगार रस
(c) शान्त रस (d) संयोग श्रृंगार रस

17. 'बुन्देले हर बोलो के मुँह, हमने सुनी कहानी थी' में रस है
(a) वीभत्स (b) शान्त (c) वीर (d) श्रृंगार

18. 'मेरे तो गिरिधर गोपाल दूसरो न कोई' इस पंक्ति में कौन-सा रस है?
(a) शान्त (b) श्रृंगार (c) करुण (d) हास्य

19. रस सूत्र के जनक माने जाते हैं
(a) भरतमुनि (b) अभिनवगुप्त (c) तुलसीदास (d) भट्टनायक

उत्तरमाला

1. (c)	2. (d)	3. (d)	4. (a)	5. (d)	6. (a)	7. (b)	8. (a)	9. (c)	10. (d)
11. (d)	12. (c)	13. (b)	14. (d)	15. (a)	16. (b)	17. (c)	18. (b)	19. (a)	

वर्तनी तथा वाक्य शुद्धि

वर्तनी की परिभाषा ''किसी भाषा का कोई सार्थक शब्द किसी वर्णमाला में जिस रूप में लिखा जाता है, उसे वर्तनी कहते हैं।''

शुद्ध-अशुद्ध वर्तनी के कुछ उदाहरण निम्न हैं

अशुद्ध रूप	शुद्ध रूप	अशुद्ध रूप	शुद्ध रूप
उद्योगिक	औद्योगिक	नदान	नादान
अँकन	अंकन	बलीदान	बलिदान
अपकर्ति	अपकीर्ति	कुटीया	कुटिया
आयुवैदिक	आयुर्वेदिक	पुत्रि	पुत्री
अध्यन	अध्ययन	रितिकाल	रीतिकाल
अगरगन्य	अग्रगण्य	कवित्री	कवयित्री
अनुषंगिक	आनुषंगिक	कलस	कलश
पूज्यनिय	पूजनीय	रचियता	रचयिता
जल्दि	जल्दी	उचारण	उच्चारण
ऊत्थान	उत्थान	सनदर्भ	सन्दर्भ
देहिक	दैहिक	तामृ	ताम्र
सुई	सूई	संगितज्ञ	संगीतज्ञ
सुस्य	सूर्य	नीहारने	निहारने
जिनगी	जिन्दगी	मुसिबत	मुसीबत
बारी	बाड़ी	परवरिस	परवरिश
पुरुसारथ	पुरुषार्थ	दसा	दशा
न्यायप्रीय	न्यायप्रिय	निमल	निर्मल
सिख	सीख	विद्वान	विद्वान

वाक्य शुद्धि

वाक्यों की शुद्धता के बिना भाषा की शुद्धता की कल्पना नहीं की जा सकती। वाक्य में व्याकरण सम्बन्धी (संज्ञा, सर्वनाम, लिंग, वचन आदि की अशुद्धियाँ), पदक्रम अनावश्यक शब्द प्रयोग आदि अशुद्धियाँ हो जाती हैं।

कुछ वाक्य अशुद्धियाँ

	अशुद्ध वाक्य	शुद्ध वाक्य
1.	राहुल मेरा अग्रज/अनुज भाई है।	राहुल मेरा अग्रज/अनुज है।
2.	मनु तथा अनु घोर मित्र हैं।	मनु तथा अनु घनिष्ठ मित्र हैं।
3.	दूध में कौन गिर गया है?	दूध में कुछ गिर गया है?
4.	तुम तुम्हारी पुस्तक ले आओ।	तुम अपनी पुस्तक ले आओ।
5.	मैने निबन्ध लिखना है।	मुझे निबन्ध लिखना है।
6.	राम और राम का पुत्र बाजार गया।	राम और उसका पुत्र बाजार गया।
7.	यह हमारा वाला घर है।	यह हमारा घर है।
8.	अनुज ने नई कपड़ा खरीदी।	अनुज ने नया कपड़ा खरीदी।
9.	मंगल सिंह विख्यात डाकू था।	मंगल सिंह कुख्यात डाकू था।
10.	वह कई बार मनाली जा आया है।	वह कई बार मनाली हो आया है।
11.	मेले में बच्चे खो गया।	मेले में बच्चे खो गए।
12.	कमल का फूल सुन्दर होते हैं।	कमल के फूल सुन्दर होते हैं।
13.	उसने एक फूलों की माला खरीदी।	उसने फूलों की एक माला खरीदी।

अभ्यास प्रश्न

1. निम्न वाक्यों में से शुद्ध वाक्य है
(a) तुम्हारो दो सन्ताने है (b) तुम्हारे यहाँ दो सन्तान हैं
(c) तुम्हारी सन्तान दो हैं (d) दो सन्तान तुम्हारे हैं

2. 'रास्ते का पत्थर' का शुद्ध रूप होगा
(a) रास्ते के पत्थर (b) रास्ते में पत्थर
(c) रास्ते की पत्थर (d) रास्ते का पत्थर

3. शुद्ध वाक्य है
(a) उन्होंने खाना खा चुका है (b) उन्होंने खाना खा लिया है
(c) उन्होंने खा लिया है खाना (d) उन्होंने खाया है खाना

4. निम्नलिखित में से शुद्ध वर्तनी वाला शब्द कौन-सा है?
(a) अध्यन (b) अधयन
(c) अध्ययन (d) आध्यन

5. गाधी का शुद्ध रूप होगा
(a) गांधि (b) गाँधि (c) गाँधी (d) गानधि

6. पुरुसारथ का शुद्ध रूप होगा
(a) पुरशार्थ (b) पुरुषार्थ (c) पुरूषार्थ (d) पुरुषारथ

7. निम्न में शुद्ध शब्द बताइए
(a) उज्ज्वलन (b) उज्वलन (c) उज्झलन (d) उजलन

8. शुद्ध वर्तनी वाला शब्द चुनिए
(a) आशीवाद (b) आर्शीवाद
(c) आशिर्वाद (d) आर्शिवाद

9. सिख का शुद्ध रूप होगा
(a) सिक्ख (b) सीक्ख
(c) सिक (d) सीख

10. शुद्ध वर्तनी वाला शब्द है
(a) समसान (b) शमशान (c) श्मशान (d) स्मशान

11. निरमल का शुद्ध रूप होगा
(a) निमर्ल (b) र्निमल (c) निर्मल (d) निमृल

12. वर्तनी की दृष्टि से निम्न में शुद्ध शब्द है
(a) रचियता (b) रचयिता (c) रचईता (d) रचियिता

13. निम्नलिखित में से सही वर्तनी का चयन कीजिए
(a) प्रकृति (b) पृक्रति (c) पृक्रती (d) प्रकृती

14. निम्नलिखित में से सही वर्तनी का चयन कीजिए
(a) कृत्रिम (b) क्रत्रीम (c) कृत्रीम (d) क्रत्रिम

15. विदवान का शुद्ध रूप होगा
(a) विद्यवान् (b) विद्वन (c) विद्यावन (d) विद्वान

उत्तरमाला

1. (b)	2. (b)	3. (b)	4. (c)	5. (c)	6. (b)	7. (a)	8. (a)	9. (d)	10. (c)
11. (c)	12. (b)	13. (a)	14. (a)	15. (d)					

पर्यायवाची

पर्यायवाची की परिभाषा समान अर्थ में प्रयोग होने वाले शब्द पर्यायवाची शब्द कहलाते हैं।

शब्द	पर्यायवाची शब्द
अपराधी	मुजरिम, दोषी, कसूरवार
अम्बर	व्योम, गगन, अन्तरिक्ष, आकाश
अनिल	वायु, समीर, हवा, मारुत
अतीत	पूर्वकाल, भूतकाल, विगत, गता
अज्ञानी	अबोध, अनजान, मूर्ख, अनभिज्ञ
अनल	आग, अग्नि, पावक, हुताशन
ईमानदार	सच्चा, निष्कपट, सत्यनिष्ठ, सत्यपरायण
उपासना	पूजा, आराधना, अर्चना, सेवा

शब्द	पर्यायवाची शब्द
कलंक	धब्बा, दोष, दाग, लांछन
खोज	अनुसंधान, शोध, अन्वेषण, आविष्कार
कमल	नीरज, पंकज, सरोज, राजीव, शतदल
पुत्र	तनय, सुत, वत्स, अनुज
सूर्य	रवि, दिनकर, दिवाकर, आदित्य
संसार	जग, जगत, विश्व, दुनिया
माँ	अम्मा, जननी, माता, जीवनदायिनी, जन्मदात्री
बादल	मेघ, जलद, नीरद, वारिद
मोर	मयूर, नीलकण्ठ, सारंग
महादेव	शिव, शंकर, त्रिपुरारी, हर

शब्द	पर्यायवाची शब्द
बगीचा	उपवन, वाटिका, उद्यान, बाग
लक्ष्मी	श्री, कमला, रमा, मन्दिरा, चपला
आँख	नयन, लोचन, नेत्र, चक्ष, विलोचन
अमृत	सुधा, अमित, पियूष
नदी	सरिता, तरिनी, तरंगिनी
राजा	नृप, नरेश, महीप
समुद्र	सागर, सिन्धु, रत्नाकर, वारीश
सोना	कंचन, स्वर्ण, कनक, हेम
हाथी	गज, सारंग, मतंग, कुंजर
दिन	दिवस, वार, दिवा
पवन	वायु, समीर, वात, अनिल
पक्षी	खग, विहंग

शब्द	पर्यायवाची शब्द
जंगल	कानन, वन, अरण्य, विपिन
तालाब	सरोवर, तड़ाग, पुष्कर, जलाशय
पृथ्वी	धरा, धरती, वसुन्धरा, वसुधा
चरण	पैर, पद, पग, पाद
वृक्ष	तरु, पेड़, पादप
फूल	पुष्प, सुमन, कुसुम
घर	सदन, आलय, आवास, धाम
चन्द्रमा	शशि, सुधांशु, इन्दु, सुधाकर
घोड़ा	अश्व, तुरंग, हय, वजि
धनवान	अमीर, धनिक, रईस
मनुष्य	मानव, नर, मनुज
निर्धन	गरीब, विपन्न

अभ्यास प्रश्न

1. 'कमल' शब्द का पर्यायवाची है
(a) सरोज (b) अम्बु (c) सोमरस (d) रसाल

2. 'पुत्र' का पर्यायवाची नहीं है
(a) बेटा (b) सूत (c) सुत (d) तनय

3. सागर का पर्यायवाची कौन-सा शब्द नहीं है?
(a) समुद्र (b) नदीश (c) पंकधी (d) पय

4. 'देवबाला' का पर्यायवाची शब्द क्या है?
(a) देवांगना (b) अप्सरा (c) देववधू (d) ये सभी

5. 'सांत्वना' का पर्यायवाची शब्द क्या है?
(a) ढंग (b) ढिलाई (c) ढाढस (d) आशा

6. निम्न में से 'तालमेल' का पर्यायवाची शब्द क्या है?
(a) सामञ्जस्य (b) समन्वय (c) सामरस्य (d) ये सभी

7. 'उजाड़' का पर्यायवाची शब्द क्या है?
(a) बियाबान (b) निर्वाण (c) मेहरबान (d) जंगल

8. 'औघट' का पर्यायवाची शब्द है
(a) ध्यान (b) धरती (c) धैर्य (d) दुर्गम

9. 'अमर्त्य' का पर्यायवाची होगा
(a) देवता (b) दैत्य (c) गन्धर्व (d) यक्ष

10. 'पक्षी' का पर्यायवाची है
(a) भूधर (b) मीन (c) वृन्द (d) विहग

11. 'आडम्बर' का पर्यायवाची शब्द क्या है?
(a) नुक्ताचीनी (b) पाखण्ड (c) प्रतिरूप (d) प्रत्याख्यान

12. 'सारंग' का पर्यायवाची शब्द क्या है?
(a) नमक (b) सारथी (c) मोर (d) घोड़ा

13. 'वारीश' का पर्यायवाची शब्द है
(a) वृष्टि (b) सारथी (c) वारिद (d) वारिधि

14. 'मनीषी' का पर्यायवाची क्या है?
(a) प्राज्ञ (b) विभूति (c) चिड़िया (d) मत्स्य

15. 'टीका' का पर्यायवाची शब्द क्या है?
(a) भाषांतर (b) भाष्य (c) विवृत्ति (d) ये सभी

16. 'तृप्ति' का पर्यायवाची शब्द है
(a) प्रेम (b) प्यास (c) तोष (d) घृणा

17. 'चंचरीक' का पर्यायवाची क्या है?
(a) हवा (b) चंचल (c) भ्रमर (d) मित्र

18. 'अक्षि' का पर्यायवाची शब्द क्या होगा?
(a) अंग (b) कल्पवृक्ष (c) आँख (d) अधर

19. 'मारुत' का पर्यायवाची शब्द क्या है?
(a) वायु (b) पृथ्वी (c) तालाब (d) देवता

20. 'निग्रह' का पर्यायवाची शब्द है?
(a) विवेक (b) दमन (c) विस्तार (d) दशा

21. निम्न में से 'कुबेर' का पर्यायवाची शब्द क्या है?
(a) जनेश्वर (b) धनिय (c) पुरन्दर (d) यक्षराज

22. 'उत्साह' का पर्यायवाची शब्द क्या है?
(a) पर्व (b) हौसला (c) जलसा (d) बेकरारी

23. 'आकाश' का पर्यायवाची नहीं है
(a) व्योम (b) गनन (c) रसाल (d) नभ

24. 'तिमिर' का पर्यायवाची शब्द क्या है?
(a) रात (b) शब्द (c) वितिहोत्र (d) अन्धकार

25. 'कमल' का पर्यायवाची शब्द क्या है?
(a) पुष्प (b) कुसुम (c) पुण्डरीक (d) प्रसून

26. 'उत्कण्ठ' का पर्यायवाची शब्द क्या है?
(a) लालसा (b) उत्पन्न (c) उपेक्षा (d) उलाहना

27. 'उद्धार' का पर्यायवाची शब्द क्या है?
(a) विकास (b) दया (c) विवेक (d) विराजमान

28. कौन-सा शब्द 'अंधकार' का पर्यायवाची नहीं है?
(a) तम (b) अँधेरा (c) अमावस्या (d) तिमिर

29. 'कपड़ा' का पर्याय बताइए।
(a) चलन (b) वसन (c) गगन (d) जंगल

30. निम्न में से 'दिव्य' का पर्यायवाची शब्द क्या है?
(a) स्वर्गिक (b) अलौकिक (c) लोकातीत (d) ये सभी

31. निम्न में से विनायक का पर्यायवाची शब्द क्या है?
(a) सुर (b) पुत्र (c) शुद्ध (d) गणेश

32. निम्न में से 'ठगी' का पर्यायवाची शब्द है
(a) प्रतारणा (b) उपासना (c) दुष्टता (d) दबोचना

उत्तरमाला

1. (a)	2. (b)	3. (d)	4. (d)	5. (c)	6. (d)	7. (a)	8. (d)	9. (a)	10. (d)
11. (b)	12. (c)	13. (d)	14. (a)	15. (d)	16. (c)	17. (c)	18. (c)	19. (a)	20. (b)
21. (d)	22. (b)	23. (c)	24. (d)	25. (c)	26. (a)	27. (b)	28. (c)	29. (b)	30. (d)
31. (d)	32. (a)								

अनेक शब्दों के लिए एक शब्द

परिभाषा अधिक से अधिक विचारों या शब्दों की अभिव्यक्ति के लिए एक समानार्थक या भावपूर्ण शब्द का प्रयोग ही वाक्यांश के लिए एक शब्द कहलाता है।

अनेक शब्द (वाक्यांश)	**एक शब्द**
जिसकी सीमा न हो	असीम
जो दिखाई न दे	अदृश्य
बिना वेतन काम करने वाला	अवैतनिक
जो कुँवारा है	अविवाहित
जिसका कोई पार न हो	अपार
जो ईश्वर को मानता है	आस्तिक
जिसका शत्रु न हो	अजातशत्रु
जिसे भेदा न जा सके	अभेद्य
जिसे जीता न जा सके	अजेय
जो कम बोलता हो	मितभाषी
जो पढ़ा-लिखा न हो	निरक्षर
जल में चलने वाली सवारी	जलयान
वायु में चलने वाली सवारी	वायुयान
नीति ज्ञान रखने वाला	नीतिज्ञ

अनेक शब्द (वाक्यांश)	**एक शब्द**
शिव का उपासक	शैव
नाटक का एक भाग	अंक
जल में रहने वाला प्राणी	जलचर
जल में पैदा होने वाला	जलज
जो पूजा के योग्य हो	पूजनीय
जिनका जन्म बाद में हुआ है	अनुज
स्त्री जो कविता रचती है	कवयित्री
साथ पढ़ने वाला	सहपाठी
साथ जाने वाला	सहगामी
सौ वर्ष का समय	शताब्दी
जो सब कुछ जानता है	सर्वज्ञ
जो किसी के अधीन हो	पराधीन
जो पूर्वजों से प्राप्त हुआ हो	विरासत
प्रतिदिन होने वाला	दैनिक
शरण में आया हुआ	शरणागत
जो दूसरों का उपकार करे	परोपकारी

अनेक शब्द (वाक्यांश)	एक शब्द
जो विद्या प्राप्त करता है	विद्यार्थी
जिसका विवाह हो चुका है	विवाहित
जो दूसरों से ईर्ष्या करे	ईर्ष्यालु

अनेक शब्द (वाक्यांश)	एक शब्द
जो दूसरों पर दया करे	दयालु
जो बहुत कठिनाई से मिले	दुर्लभ
रात्रि में घूमने वाला	निशाचर

अभ्यास प्रश्न

1. 'अमर' किसका एक शब्द है
(a) जो कभी नहीं मरता (b) जिसका कोई नहीं है
(c) जिसका कोई सहारा न हो (d) जो मेरे समान हो

2. 'जिसका नाश कभी नहीं होता' के लिए एक शब्द होगा
(a) स्थायी (b) अविनाशी (c) अनश्वर (d) चिरंजीवी

3. 'जो किसी का हित चाहता हो' के लिए एक शब्द होगा
(a) हितकारी (b) अहितकारी (c) हितैषी (d) हितभाषी

4. 'जिसे यह समझ न आए कि क्या करूँ और क्या न करूँ' के लिए एक शब्द होगा
(a) असमंजस (b) कर्त्तव्यविमुख
(c) किंकर्तव्यविमूढ़ (d) कर्त्तव्यनिष्ठ

5. 'किसी से मिलने के लिए उसकी ओर बढ़ना' के लिए एक शब्द होगा
(a) अभिसरण (b) अपसरण (c) संसरण (d) अनुसरण

6. 'पत्र या प्रश्नादि के उत्तर की अपेक्षा करने वाला' के लिए एक शब्द होगा
(a) उत्तरीय (b) उत्तरायणी (c) उत्तराधिकारी (d) उत्तरापेक्षी

7. 'जानने की इच्छा रखने वाला' के लिए एक शब्द है
(a) विज्ञ (b) जिज्ञासु (c) ज्ञानी (d) ऋषि

8. 'स्वयं पैदा होने वाला' के लिए एक शब्द होगा
(a) स्वदेज (b) स्वयंभू (c) जंगम (d) स्थावर

9. गुरु के समीप रहने वाला के लिए एक शब्द होगा
(a) शिष्य (b) छात्र (c) अन्तेवासी (d) उपगुरु

10. 'जो सदा दूसरों पर सन्देह करता है' के लिए एक शब्द होगा
(a) झगड़ालू (b) दयालु (c) ईर्ष्यालु (d) शंकालु

11. 'किसी के प्रति उदारतापूर्वक एवं कृपापूर्वक किया जाने वाला व्यवहार' के लिए एक शब्द होगा
(a) विग्रह (b) निग्रह (c) अवग्रह (d) अनुग्रह

12. 'विधानमण्डल द्वारा पारित या स्वीकृत विधि' के लिए एक शब्द है
(a) अधिनियम (b) नियम (c) विनिमय (d) अध्यादेश

13. 'जल में/समुद्र में लगने वाली आग' के लिए एक शब्द होगा
(a) दावानल (b) जलविद्युत (c) जलप्रपात (d) बड़वाग्नि

14. 'पुरुष एवं स्त्री का जोड़ा' के लिए एक शब्द होगा
(a) पति-पत्नी (b) युग्म (c) युगल (d) दम्पत्ति

15. 'जो आभूषण सिर पर धारण किया जाए' के लिए एक शब्द होगा
(a) सिरमौर (b) शिरीष (c) शिशिर (d) शीर्षस्थ

16. 'शरण पाने की इच्छा रखने वाला' के लिए एक शब्द होगा
(a) शरणागत (b) शरणदाता (c) शरणार्थी (d) शरणास्थल

17. 'भले-बुरे की पहचान रखने वाला' के लिए एक शब्द होगा
(a) ज्ञानी (b) विद्वान (c) विवेकी (d) पण्डित

18. 'निश्चित समय के भीतर पत्र का उत्तर न प्राप्त होने की दशा में अनुबोधक के रूप में भेजा जाने वाला पत्र' के लिए एक शब्द होगा
(a) प्रतिवेदन (b) ज्ञापन (c) परिपत्र (d) अनुस्मारक

19. 'अतिरिक्त लिया जाने वाला शुल्क' के लिए एक शब्द होगा
(a) लगान (b) अधिभार (c) टैक्स (d) कर

20. 'जो बाद में अधिकारी बना हो' के लिए एक शब्द क्या होगा?
(a) अनाधिकारी (b) उच्चाधिकारी
(c) उत्तराधिकारी (d) उभयाधिकारी

21. 'जो आँखों के सामने घटित न हो' के लिए एक शब्द होगा
(a) अभिज्ञात (b) अज्ञात (c) परोक्ष (d) अपरोक्ष

22. 'सफलता न मिलने पर दुःखी होना' को क्या कहते हैं?
(a) क्षोभ (b) दया (c) दुःख (d) कृपा

23. 'हिसाब-किताब करना' के लिए उचित शब्द होगा
(a) गणना (b) लेखापाल (c) प्रक्षेपण (d) अंकेक्षण

24. 'वह वस्तु जो नाशवान हो' के लिए एक शब्द होगा
(a) नश्वर (b) शाश्वत (c) अमर (d) अलौकिक

25. 'जिस तक पहुँचा न जा सके' के लिए एक शब्द होगा
(a) अगम्य (b) अधिगम्य (c) गम्य (d) अनुगम्य

उत्तरमाला

1. (a)	2. (b)	3. (c)	4. (c)	5. (a)	6. (d)	7. (b)	8. (b)	9. (c)	10. (d)
11. (d)	12. (a)	13. (d)	14. (d)	15. (a)	16. (c)	17. (c)	18. (a)	19. (b)	20. (c)
21. (d)	22. (a)	23. (d)	24. (a)	25. (a)					

समरूपी भिन्नार्थक शब्द

परिभाषा जो शब्द उच्चारण में लगभग समान परन्तु अर्थ में भिन्नार्थक होते हैं, वे श्रुतिसम/भिन्नार्थक शब्द कहलाते हैं।

	शब्द	अर्थ
1.	अनु,	एक उपसर्ग
	अणु	कण
2.	अंबर	आसमान
	अंबार	ढेर
3.	अश्म	पत्थर
	अश्व	घोड़ा
4.	अभिनव	नवीन
	अभिनय	चेष्टा, किसी के कार्य
5.	अभिज्ञ	जानने वाला
	अनभिज्ञ	अनजान
6.	अनिष्ट	बुरा, अहित
	अनिष्ठ	जिसमें निष्ठा न हो
7.	इस्त्री	प्रेस
	स्त्री	महिला
8.	कृपण	कंजूस
	कृपाण	कटार
9.	कटीली	तीक्ष्ण, धारदार
	कँटीली	काँटेदार
10.	खाना	भोजन
	खाना	अलमारी या रैक

	शब्द	अर्थ
11.	चिर	दीर्घ, लम्बी
	चीर	वस्त्र
12.	अनल	आग
	अनिल	वायु
13.	अलि	भौंरा
	अली	सखी
14.	आसन	बैठने का स्थान
	आसन्न	निकट होना
15.	अचल	पहाड़
	अचला	पृथ्वी
16.	उपयुक्त	सही, उचित
	उपर्युक्त	ऊपर कहा गया
17.	कर्म	काम
	क्रम	सिलसिला
18.	परिणाम	नतीजा
	परिमाण	तौल
19.	चरम	अन्तिम
	चर्म	चमड़ा
20.	तुरंग	घोड़ा
	तरंग	लहर

अभ्यास प्रश्न

1. 'अनल-अनिल' शब्द युग्म का सही अर्थ कौन-सा है?
(a) पानी-आग (b) वायु-समुद्र (c) वायु-आग (d) आग-वायु

2. 'अजर-अजिर' शब्द युग्म का अर्थ है
(a) मृत्यु-अमरत्व
(b) जो बूढ़ा न हो-आँगन
(c) अनश्वर-आगन्तुक
(d) जो डरे नहीं-जो जीता न जा सके

3. शब्द युग्म 'अवलम्ब-अविलम्ब' का सही अर्थ है
(a) सहारा-बिना विलम्ब के
(b) सीधा-ठहरना
(c) स्थायी-आवश्यक
(d) बिना विलम्ब के-सहयोग

4. शब्द युग्म 'अवधि-अवधी' का सही अर्थ कौन-सा है?
(a) बढ़ना-गीत (b) सीमा-भाषा
(c) समय-अवध की भाषा (d) समझदार-वृद्धि

5. समरूपी शब्द युग्म' 'कृपण-कृपाण' का सही अर्थ है
(a) धनी-सिख (b) कंजूस-तलवार
(c) अन्धा-बलवान (d) सीधा-मूर्ख

6. समरूपी शब्द युग्म 'उपेक्षा-अपेक्षा' का सही अर्थ है
(a) इज्जत-इजाजत (b) अनादर-तुलना में
(c) मुकाबले में-जरूरत (d) स्वेच्छ-जिद

7. 'कुल-कूल' शब्द युग्म का सही अर्थ है
(a) सम्पूर्ण-ठण्डा (b) किनारा-तट
(c) परिवार-किनारा (d) पक्षी-तट

8. समरूपी शब्द युग्म 'नीरज-नीरद' का सही अर्थ व्यक्त करता है
(a) बादल-जल (b) कमल-बादल
(c) समुद्र-बादल (d) समुद्र-कमल

9. 'दीन-दिन' समरूपी शब्द युग्म कौन-सा अर्थ प्रकट करता है?
(a) गरीब-दिवस (b) सम्पन्न-गरीब
(c) दया-दिवस (d) दाता-दिवस

10. शब्द युग्म 'तुरंग-तरंग' का अर्थ भेद है
(a) अश्व-उर्मि (b) गज-अश्व
(c) लहर-गधा (d) वृषभ-हय

11. 'निधन-निर्धन' शब्द युग्म में अर्थ भेद का चयन कीजिए
(a) मृत्यु-मोक्ष (b) जन्म-मृत्यु
(c) मृत्यु-धनहीन (d) धनवान-धनहीन

12. समरूपी शब्द युग्म 'अपकार-उपकार' का सही अर्थ है
(a) भलाई-बुराई (b) बुराई-भलाई
(c) सम्मान-अपमान (d) अपमान-सम्मान

13. 'परिमाण-परिणाम' शब्द युग्म का सही अर्थ-भेद है
(a) सबूत-नतीजा (b) नतीजा-मात्रा
(c) नाप-तौल-नतीजा (d) नतीजा-सबूत

14. 'अनु-अणु' का सही अर्थ-भेद होगा
(a) एक उपसर्ग-कण (b) अंक-आज
(c) देर-कण (d) पत्थर-रात

15. समरूपी शब्द युग्म 'इस्त्री-स्त्री' का सही अर्थ है
(a) महिला-स्त्री (b) प्रेस-महिला
(c) महिला-प्रेस (d) कंजूस-प्रेस

16. 'कर्म-क्रम' समरूपी शब्द युग्म कौन-सा अर्थ प्रकट करता है?
(a) क्रमवार-काम (b) कार्य-काम
(c) काम-लाइन (d) काम-सिलसिला

17. 'धान-धान्य' का समरूपी शब्द युग्म का सही अर्थ क्या होगा?
(a) चमड़ा-अन्तिम
(b) टूटना-शाश्वत
(c) चावल-कोई भी अनाज
(d) घोड़ा-हृदय

18. 'दशा-दिशा' का समरूपी शब्द युग्म कौन-सा अर्थ प्रकट करता है?
(a) हालत-पूर्व, पश्चिम (b) गाय-धनुष
(c) धनुष-गाय (d) पूर्व-हालत

19. 'शर-सर' का समरूपी शब्द युग्म कौन-सा अर्थ प्रकट करता है?
(a) तालाब-बाण (b) बाण-तालाब
(c) जल-हाथ (d) हाथ-जल

20. 'चिर-चीर' शब्द युग्म का सही अर्थ होगा
(a) प्राचीन-वस्त्र (b) वस्त्र-प्राचीन
(c) निश्चित-भाग्य (d) दिवस-गरीब

उत्तरमाला

1. (d)	2. (b)	3. (a)	4. (c)	5. (b)	6. (b)	7. (c)	8. (b)	9. (a)	10. (a)
11. (c)	12. (b)	13. (c)	14. (a)	15. (b)	16. (d)	17. (c)	18. (a)	19. (b)	20. (a)

विलोम शब्द

परिभाषा विलोम का अर्थ होता है—उल्टा अर्थात् जो शब्द किसी शब्द का उल्टा या विपरीत प्रकट करे, वे विलोम शब्द कहलाते हैं। इन्हें विपरीतार्थक शब्द भी कहते हैं।

शब्द	विलोम	शब्द	विलोम
आस्तिक	नास्तिक	स्वच्छ	अस्वच्छ
अमृत	विष	आकाश	पाताल
स्वतन्त्र	परतन्त्र	अन्धेरा	उजाला
औपचारिक	अनौपचारिक	अतिवृष्टि	अल्पवृष्टि
आरम्भ	अन्त	आयात	निर्यात
आशा	निराशा	कृतज्ञ	कृतघ्न
कोमल	कठोर	आय	व्यय
अर्पण	ग्रहण	अर्थ	अनर्थ
अल्प	बहुत	अनुकूल	प्रतिकूल

शब्द	विलोम	शब्द	विलोम
उपयोग	अनुपयोग	कायर	शूर
कृत्रिम	स्वाभाविक	अकाल	सुकाल
अन्धकार	प्रकाश	अनुराग	विरोग
तरल	ठोस	आदर	अनादर
आकर्षण	विकर्षण	ऊँचा	नीचा
उग्र	सौम्य	स्वार्थ	परमार्थ
ज्ञान	अज्ञान	दण्ड	पुरस्कार
गुण	दोष	ताना	बाना
कनिष्ठ	ज्येष्ठ	कम	अधिक
जटिल	सरल	नैतिक	अनैतिक
बुराई	भलाई	अनुज	अग्रज
विरक्ति	आसक्ति	अस्त	उदय

शब्द	विलोम	शब्द	विलोम	शब्द	विलोम	शब्द	विलोम
सज्जन	दुर्जन	स्वर्ग	नर्क	उन्नत	अवनत	मित्रता	शत्रुता
हित	अहित	मान	अपमान	न्याय	अन्याय	विश्वास	अविश्वास
दुर्बल	सबल	इहलोक	परलोक	मानव	असुर		

अभ्यास प्रश्न

1. अवनत का विलोम शब्द है
(a) बढ़ना (b) उन्नत
(c) अवनति (d) इनमें से कोई नहीं

2. 'इहलोक' का विपरीतार्थक शब्द है
(a) उपकार (b) पाताल (c) आदि (d) परलोक

3. उत्कृष्ट का विलोम शब्द क्या होगा?
(a) निष्कृष्ट (b) अनुकृष्ट (c) अउत्कृष्ट (d) उत्कृष्ट

4. निम्न में से कौन-सा सुमेलित नहीं है?
(a) दुर्लभ-सुलभ (b) उदार-अनुदार
(c) गौरव-लाघव (d) प्रश्न-सवाल

5. 'आकर्षण' का विलोम होगा
(a) कर्षण (b) विकर्षण (c) घर्षण (d) अपमान

6. 'पृथ्वी' का विलोम बताइए
(a) आकाश (b) पाताल (c) गोचर (d) लौकिक

7. 'जड़' का विलोम है
(a) जल (b) मूर्ख (c) विद्वान (d) चेतन

8. 'हर्ष' का विलोम बताइए
(a) खुशी (b) विषाद (c) उल्लास (d) आनन्द

9. 'अवनि' का विलोम शब्द है
(a) धरा (b) शशांक (c) अम्बर (d) सितारा

10. 'अनुरूप' का विलोम शब्द है
(a) विरूप (b) प्रतिरूप (c) अपरूप (d) व्यतिरूप

11. 'खल' का विलोम शब्द क्या है?
(a) साधु (b) सन्त (c) मित्र (d) सज्जन

12. अनुलोम का विलोम शब्द क्या होगा?
(a) विलोम (b) प्रतिलोम (c) सुलोम (d) लोमहर्षक

13. 'अकर्मक' का विलोम शब्द है
(a) कर्मठ (b) अकर्मण्य (c) सकर्मक (d) सुकर्मक

14. 'अक्षत' का विलोम शब्द क्या होगा?
(a) क्षत (b) विक्षत (c) अक्षय (d) क्षय

15. 'अकाल' का विलोम होगा।
(a) काल (b) सुकाल (c) दुकाल (d) विकाल

16. 'आनन्द' का विलोम शब्द क्या होगा?
(a) प्रेम (b) विषाद (c) घृणा (d) तिरस्कार

17. 'अनुकूल' का विलोम शब्द क्या है?
(a) आकुल (b) प्रतिकूल (c) व्याकुल (d) अनुरूप

18. 'साध्य' का विलोम शब्द क्या होगा?
(a) साध्य (b) दुराध्य (c) असाध्य (d) दु:साध्य

19. 'आहूत' का विलोम शब्द क्या होगा?
(a) निमन्त्रित (b) अनिमन्त्रित (c) अवधूत (d) अनाहूत

20. 'अग्र' का विलोम शब्द है
(a) व्यग्र (b) उदग्र (c) समग्र (d) पश्च

21. 'आग्रह' का विलोम शब्द क्या होगा?
(a) दुराग्रह (b) विग्रह (c) परिग्रह (d) विग्रह

22. आमिष का विलोम शब्द क्या होगा?
(a) फलाहारी (b) शाकाहारी (c) निरामिष (d) सामिष

23. 'आलसी' का विलोम शब्द का क्या होगा?
(a) निकम्मा (c) परिश्रमी (c) कर्मठ (d) निर्दयी

24. 'आविर्भाव' का विलोम शब्द क्या होगा?
(a) उदय (b) अस्त (c) विभाव (d) तिरोभाव

25. आवृत्त का विलोम शब्द क्या होगा?
(a) ब्रह्म (b) बैकुण्ड (c) अनावृत्त (d) वृत्त

26. 'आतुर' का विलोम शब्द क्या होगा?
(a) चंचल (b) शान्त (c) अनातुर (d) चतुर

27. 'आशीष' का विलोम शब्द क्या होगा?
(a) वरदान (b) अभिशाप (c) शीर्ष (d) श्राप

28. 'आकीर्ण' का विलोम शब्द क्या होगा?
(a) संकीर्ण (b) विकीर्ण (c) प्रकीर्ण (d) विस्तृत

29. 'अवर' का विलोम शब्द क्या होगा?
(a) प्रवर (b) विवर
(c) नगर (d) शहर

30. 'अवध' का विलोम शब्द क्या होगा?
(a) अधर्म (b) नराधम
(c) उत्तम (d) धर्म

उत्तरमाला

1. (b)	2. (d)	3. (a)	4. (d)	5. (b)	6. (a)	7. (d)	8. (b)	9. (c)	10. (b)
11. (d)	12. (b)	13. (c)	14. (b)	15. (b)	16. (b)	17. (b)	18. (d)	19. (d)	20. (d)
21. (a)	22. (c)	23. (b)	24. (d)	25. (c)	26. (c)	27. (b)	28. (b)	29. (a)	30. (c)

मुहावरे और लोकोक्तियाँ

परिभाषा मुहावरा शब्द अरबी भाषा का शब्द है, जिसका अर्थ है बीतचीत करना। वे वाक्यांश जो सामान्य अर्थ से भिन्न एक विशेष अर्थ देते हैं, मुहावरे कहलाते हैं।

नीचे कुछ मुहावरे और उनके वाक्य प्रयोग हैं

1. **अमल करना (ध्यान देना)** अगर तुमने अध्यापक की बात पर अमल किया होता, तो आज परीक्षा का परिणाम इतना बुरा न आया होता।
2. **आग-बबूला (बहुत क्रोध करना)** मेरा दोस्त दो माह से फीस जमा न कर पाया था। इस बात की सूचना पाते ही प्रधानाचार्य आग-बबूला हो गए।
3. **आँखों में धूल झोंकना (धोखा देना)** चोर पुलिसवाले की आँखों में धूल झोंककर गायब हो गया।
4. **अँधियारा मिटना (अज्ञान समाप्त होना)** जब सच्चा ज्ञान मिलता है, तभी मन का अँधियारा मिटता है।
5. **आपा खोना (मानसिक सन्तुलन बिगड़ना)** शेर को देख-कर सन्तोष ने अपना आपा खो दिया।
6. **आँखें भर आना (बहुत दुःख होना)** इतने कठिन परिश्रम के बाद भी जब मेरे भाई को मेडिकल में प्रवेश न मिला, तो मेरी आँख भर आई।
7. **आहें भरना (विलाप करना)** पहले तो तुमने पढ़ाई नहीं की, अब जब परिणाम अच्छा नहीं आया, तो आहें क्यों भर रहे हो।
8. **इशारे पर नाचना (वश में हो जाना)** मोहन पहाड़ी वाले बाबा के, वह अपने माँ-बाप की कहाँ सुनेगा।
9. **ईंट का जवाब पत्थर से देना (दुष्ट के साथ दुष्टता का व्यवहार करना)** यदि शत्रु ने हमारे देश पर हमला किया, तो हम ईंट का जवाब पत्थर से देंगे।
10. **ईद का चाँद होना (बहुत दिनों के बाद दिखाई देना)** इतने दिनों से तुम कहाँ ईद के चाँद हो गए थे? दिखाई ही नहीं दिए।
11. **उल्लू बनाना (मूर्ख बनाना)** करीम बिगड़ चुका है। उसका तो एक ही काम रह गया है, दूसरों को उल्लू बनाकर पैसे ऐंठना।
12. **ऊँट के मुँह में जीरा (अधिक आवश्यकता वाले को कम मिलना)** इतनी भूख में सिर्फ एक कटोरी चावल। यह तो ऊँट के मुँह में जीरे के समान है।
13. **एक आँख न भाना (जरा भी अच्छा न लगना)** जो व्यक्ति मुझे एक आँख नहीं भाता, उसके साथ मैं एक घर में कैसे रह सकता हूँ।
14. **एक और एक ग्यारह (संगठन में शक्ति)** एक और एक ग्यारह होते हैं। यदि हम सभी मिलकर रहेंगे तो शत्रु हमारा कुछ भी नहीं बिगाड़ सकता।
15. **कँपकँपी छूटना (डर से शरीर काँपना)** थानेदार को देखकर चोर की कँपकँपी छूट गई।
16. **कमर कसना (किसी काम के लिए उद्धत होना)** परीक्षा निकट है, अतः कमर कस लो। सफलता जरूर मिलेगी।
17. **कलेजा ठण्डा होना (सन्तोष प्राप्त होना)** जब मैं उससे बदला ले लूँगा, तभी मेरा कलेजा ठण्डा होगा।
18. **काना-फूसी करना (चुपके-चुपके बातें करना)** दोनों लड़कियाँ पता नहीं घण्टों तक क्या काना-फूसी करती रहती हैं।
19. **खरी-खोटी सुनाना (भला-बुरा कहना)** मेरा कोई कसूर नहीं है, जाकर बॉस से मिलो। मुझे खरी-खोटी सुनाने से क्या मिलेगा?
20. **खिचड़ी पकाना (साजिश करना)** मुझे ऐसा लगा कि वे लोग खिचड़ी पका रहे हैं। जरूर कोई लम्बा हाथ मारने की तैयारी में हैं।
21. **गंगा नहाना (कर्त्तव्यों से छुटकारा पाना)** बेटी का विवाह करके रामेश्वर तो गंगा नहा लिया।
22. **गले पड़ना (किसी की इच्छा के विरुद्ध उसके साथ रहना)** मेरे गले मत पड़ो, मैं तुम्हारी कोई मदद नहीं कर सकता।
23. **घी के दीपक जलाना (खुशी मनाना)** राम जब वनवास से अयोध्या वापिस लौटे, तो उनके आने की खुशी में अयोध्यावासियों ने घी के दीपक जलाए।
24. **धाक जमाना (रोब या दबदबा जमाना)** वह जहाँ भी जाता है, वहीं अपनी धाक जमा लेता है।
25. **नौ दो ग्यारह होना (भाग जाना)** पुलिस को देखकर चोर नौ दो ग्यारह हो गए।
26. **पगड़ी उछालना (अपमान करना)** इस तरह की बातें करके आप बेचारे शर्मा जी की पगड़ी क्यों उछाल रहे हैं?
27. **पेट में चूहे कूदना (बहुत भूख लगना)** सुबह से कुछ नहीं खाया है, इसलिए मेरे तो पेट में चूहे कूद रहे हैं।
28. **फटे हाल होना (बहुत गरीब होना)** जो बेचारा खुद फटे हाल है, वह दूसरों की क्या मदद करेगा।
29. **बाज न आना (बुरी आदत न छोड़ना)** सब लोगों ने इतना समझाया, फिर भी वह अपनी आदतों से बाज नहीं आता।

लोकोक्ति की परिभाषा लोकोक्ति का अर्थ है—लोक (लोग) + उक्ति (बात) अर्थात् लोगों के मुख से निकली बात जो किसी विशेष अर्थ में कही गई हो। लोकोक्ति का भी शाब्दिक अर्थ नहीं होता है, बल्कि इसमें एक विशेष अर्थ छिपा होता है और यह लोगों के अनुभवों के आधार पर बनती है। लोकोक्ति को कहावत भी कहते हैं। सरल शब्दों में—अनुभवों पर आधारित लोगों के बीच प्रचलित बात लोकोक्ति कहलाती है।

लोकोक्तियाँ उनके अर्थ व वाक्य प्रयोग

1. **अन्धा क्या चाहे दो आँखें (मनचाही वस्तु प्राप्त करने की लालसा)** अब तो मुझे अच्छी-सी नौकरी मिल जाए, बस। अन्धा क्या चाहे दो आँखें।
2. **खोदा पहाड़ निकली चुहियाँ (अधिक परिश्रम करने पर भी कम लाभ)** गोपाल ने बारहवीं कक्षा में अत्यधिक परिश्रम किया था, किन्तु उसे तृतीय स्थान ही प्राप्त हुआ। यह तो वही बात हुई; खोदा पहाड़ निकली चुहियाँ।
3. **जैसी करनी वैसी भरनी (कार्य के अनुसार फल मिलना)** सीमा और मीना साथ-साथ रहती थीं। सीमा ने साल भर पढ़ाई की और सफल हुई। मीना ने साल भर टी.वी. देखा और असफल हो गई। सच ही है, जैसी करनी वैसी भरनी।
4. **एक अनार सौ बीमार (वस्तु एक और माँगने वाले अनेक)** विद्यालय में अध्यापक के एक पद के लिए एक सौ पचास लोगों ने आवेदन किया है। यह तो वही बात हुई, एक अनार सौ बीमार।
5. **एक पन्थ दो काज (एक काम से दो लाभ)** हम विवाह में शामिल होने उदयपुर गए थे। वहाँ हम ऐतिहासिक किले भी देख आए। इस प्रकार एक पन्थ दो काज हो गए।
6. **नाच न आवे आँगन टेढ़ा (खुद को काम न आने पर दूसरों को दोष देना)** सुनील को गाना तो आता नहीं है, परन्तु वह बहाना बना रहा है कि मेरा गला खराब है। यह तो नाच न आवे आँगन टेढ़ा वाली बात हो गई।
7. **काला अक्षर भैंस बराबर (अनपढ़ व्यक्ति)** नेहा बहुत ही समझदार और शालीन लड़की है मगर उसे अपना नाम लिखना नहीं आता। काला अक्षर भैंस बराबर है।
8. **थोथा चना बाजै घना (वास्तविकता से अधिक दिखावा करना)** नेताजी जी ने स्वतन्त्र दिवस के आयोजन से पहले बड़ी-बड़ी बातें की; पर वे मंच भी ठीक तरह न बनवा सके। इसे कहते हैं, थोथा चना बाजै घना।
9. **जो गरजते हैं वे बरसते नहीं (अधिक बोलने वाले काम नहीं करते)** चुनाव से पहले नेता बड़े-बड़े वायदे करते हैं, पर जीतने पर सब कुछ भूल जाते हैं, ठीक ही कहा गया है, जो गरजते हैं वे बरसते नहीं।
10. **दीपक तले अँधेरा (अपना दोष दिखाई न देना)** नीरज जी हिन्दी के विद्वान हैं, पर उनके पुत्र को हिन्दी का जरा भी ज्ञान नहीं है। इसे कहते हैं, दीपक तले अँधेरा।
11. **जहाँ चाह, वहाँ राह (इच्छा होने पर काम बन जाना)** घबराओ मत, लगन से पढ़ाई करो, तुम्हें सफलता अवश्य मिलेगी। जानते नहीं जहाँ चाह होती है वहाँ राह भी निकल आती है।
12. **काठ की हाँडी बार-बार नहीं चढ़ती (छल-कपट से एक ही बार कार्य निकल सकता है)** एक बार मैंने तुम्हारी बात पर विश्वास करके रुपए उधार दे दिए, अब नहीं दूँगा। काठ की हाँडी बार-बार नहीं चढ़ती।
13. **मान-न-मान मैं तेरा मेहमान (जबरदस्ती गले पड़ना)** मैं इस आदमी को जानता तक नहीं और यह है कि सुबह से पीछे पड़ा है कि वह मुझे अच्छी तरह जानता है। यह तो वही बात हो गई, मान-न-मान मैं तेरा मेहमान।
14. **उल्टा चोर कोतवाल को डाँटे (दोषी व्यक्ति निर्दोश पर आरोप लगाए)** एक तो तुमने मेरा चश्मा तोड़ दिया, ऊपर से मुझे ही दोष दे रहे हो। इसे कहते हैं, उल्टा चोर कोतवाल को डाँटे।
15. **कुत्ते की दुम टेढ़ी-की-टेढ़ी (दुष्ट लोग कभी नहीं सुधरते हैं)** बिल्लू पिछले महीने ही जेल की सजा काटकर आया है, पर कल फिर चोरी करते हुए पकड़ा गया। यह तो वही बात हुई, कुत्ते की दुम टेढ़ी की टेढ़ी।
16. **ऊँची दुकान फीका पकवान (ऊपरी दिखावा)** बड़ी-बड़ी दुकानों में सजावट तो शानदार होती है, पर सामान घटिया किस्म का मिलता है। ठीक ही कहा है, ऊँची दुकान फीके पकवान।
17. **साँच को आँच नहीं (सच्चे व्यक्ति को डरने की आवश्यकता नहीं)** थानेदार ने गोविन्द को सट्टेबाजी के झूठे मुकदमे में फँसा दिया, पर न्यायालय ने उसे निर्दोष मानते हुए बाइज्जत बरी कर दिया। इसे कहते हैं, साँच को आँच नहीं।
18. **एक तो करेला दूजे नीम चढ़ा (बुरे में और बुराई बढ़ना)** अंकित गुण्डागर्दी तो करता ही था, अब उसने दुकानदारों से हफ्तावसूली भी शुरू कर दी है। एक तो करेला दूजे नीम चढ़ा।
19. **का वर्षा जब कृषि सुखानी (समय निकल जाने पर काम का होना व्यर्थ है)** घायल व्यक्ति के उपचार के लिए डॉक्टर दो घण्टे बाद अस्पताल पहुँचा, तब तक रोगी की मृत्यु हो चुकी थी। सच ही है, का वर्षा जब कृषि सुखानी।
20. **जैसा देश वैसा भेष (अवसर और स्थान के अनुरूप ढलना)** यह ठीक है कि विनय बचपन से ही बड़े-बड़े शहरों में रहा है, लेकिन जब वह अपने गाँव आता है, तो ग्रामीण वेशभूषा में रहता है। उसका कहना है-जैसा देश वैसा भेष।

अभ्यास प्रश्न

1. 'खटाई में पड़ना' मुहावरे का अर्थ है
(a) धोखे में, आ जाना
(b) घबराकर गलती करना
(c) झमेले में पड़ना (लटक जाना)
(d) खरा साबित होना

2. ''बाल की खाल निकालना'' का अर्थ है
(a) दोष निकालना (b) प्रलाप करना
(c) प्रताड़ित करना (d) व्यर्थ का दोष निकालना

3. 'माथे पर बल पड़ना' मुहावरे का सही अर्थ है
(a) सिर दर्द होना (b) पसन्द करना
(c) गुस्सा करना (d) असन्तोष प्रकट करना

4. 'हिसाब बैठना' मुहावरे का अर्थ वाला विकल्प है
(a) सही लगना (b) ध्यान देना
(c) पूछना (d) सुभीता (सुविधा) होना

5. 'रास्ता देखना' मुहावरे का अर्थ है
(a) समय नष्ट करना (b) पता लगाना
(c) निराश होना (d) प्रतीक्षा करना

6. 'गाँठ का पूरा' मुहावरे का अभिप्राय है
(a) विध्न आना (b) बेफिक्र होना
(c) शक्तिहीन (d) मालदार

7. 'आसमान फट जाना' मुहावरे का सही अर्थ है
(a) असम्भव काम होना (b) बहुत शोर करना
(c) चुगली करना (d) अचानक आफत आ पड़ना

8. 'शोक करना' के लिए मुहावरा है
(a) सिर भारी होना (b) सिर चढ़ाना
(c) सिर पीटना (d) सिर पर सवार होना

9. 'अंगारों पर पैर रखना' मुहावरे का सही अर्थ क्या है?
(a) मुर्ख होना (b) समझदार होना
(c) नुकसान होना (d) जोखिम मोल लेना

10. 'होनहार बिरवान के होत चीकने पात' लोकोक्ति का सही अर्थ है
(a) होनहार बालक सुन्दर होता है
(b) सुन्दर बालक होनहार होता है
(c) होनहार बालक के गुण बचपन से ही दिखाई देने लगते हैं
(d) होनहार बालक सुन्दर नहीं होता है

11. 'एक से बढ़कर दूसरे' का अर्थ व्यक्त करने के लिए सही लोकोक्ति है
(a) समरथ को नहि दोष गोसाई
(b) सेर को सवा सेर
(c) सइया भये कोतवाल अब डर काहे का
(d) सखी न सहेली, भली अकेली

12. 'अन्धों में काना राजा' लोकोक्ति का अर्थ है
(a) गुणहीनों के बीच एक गुणवान व्यक्ति होना
(b) ओछे व्यक्ति में ऐंठन होती है
(c) बहुत ही लालची
(d) अकेला आदमी मजबूर होता है

13. 'आँखों में धूल झोंकना' मुहावरे का अर्थ है
(a) धोखा खाना (b) धोखा देना
(c) होली खेलना (d) आँख में धूल डालना

14. 'अक्ल का दुश्मन' मुहावरे का अर्थ है
(a) मित्र (b) महापण्डित
(c) महामूर्ख (d) शत्रु

15. 'आँख एक नहीं कजरौटा दस-दस' लोकोक्ति का क्या अर्थ है?
(a) व्यर्थ आडम्बर (b) आँख में काजल लगाना
(c) आँख की देखभाल करना (d) लाइलाज बीमारी

16. 'दाँतों तले उँगली दबाना' मुहावरे का अर्थ है
(a) ईर्ष्या से जल उठना (b) खुश होना
(c) क्रोधित होना (d) आश्चर्य होना

17. 'ईंट से ईंट बजाना' मुहावरे का अर्थ है
(a) नष्ट कर देना (b) अभिनन्दन करना
(c) सन्तोष होना (d) काम करना

18. 'उँगली पर नचाना' मुहावरे का सही अर्थ है
(a) वश में होना (b) इशारे करना
(c) वश में रखना (d) नाचने का अभ्यास करना

19. 'काला नाग' मुहावरे का सही अर्थ क्या है?
(a) विषधर सर्प (b) घातक व्यक्ति
(c) तेज बुद्धि वाला व्यक्ति (d) काला धन रखने वाला

20. 'घी-खिचड़ी होना' मुहावरे का अर्थ है
(a) खूब घुलना-मिलना (b) स्वाद बढ़ाना
(c) ताकत बढ़ाना (d) मकर संक्रान्ति पर्व मनाना

21. 'बहुत ही मूर्ख होना' किस मुहावरे का अर्थ है?
(a) अक्ल चरने वाला (b) बात का धनी
(c) बगुला भगत (d) मिट्टी का माधो

22. 'ऊँट के मुँह में जीरा'-लोकोक्ति का अर्थ है
(a) बहुत थोड़ा
(b) ऊँट को जीरा खिलाना
(c) ऊँट के मुँह में बीमारी होना
(d) पेट भरना

23. 'गूलर का फूल होना' का अर्थ है
(a) लाल पीला होना (b) सुन्दर होना
(c) विवरण होना (d) दुर्लभ होना

24. 'गूंगे का गुड़' मुहावरे का अर्थ है
(a) बहुत मीठा
(b) भूख लगना
(c) बात बिगड़ना
(d) अव्यक्त अनुभव

25. 'थोथा चना बाजै घना' लोकोक्ति का अर्थ है
(a) अलगाव की स्थिति
(b) व्यर्थ आडम्बर
(c) बुरे काम का बुरा फल
(d) अकर्मण्य या अधिक बात करने वाला

उत्तरमाला

1. (c)	2. (a)	3. (d)	4. (d)	5. (d)	6. (d)	7. (d)	8. (c)	9. (d)	10. (c)
11. (b)	12. (a)	13. (b)	14. (c)	15. (a)	16. (d)	17. (a)	18. (c)	19. (b)	20. (a)
21. (d)	22. (a)	23. (d)	24. (d)	25. (d)					

वर्ण विचार

परिभाषा मनुष्य के मुख से निकलने वाली ध्वनि वर्ण कहलाती है। यह भाषा की सबसे छोटी इकाई होती है; जैसे–अ, आ, क, ख आदि।

- वर्णों का व्यवस्थित समूह वर्णमाला कहलाता है।
- वर्णों के दो प्रकार होते हैं

1. **स्वर** स्वरों का उच्चारण बिना किसी रुकावट के स्वतन्त्र रूप से किया जाता है। हिन्दी भाषा में 11 स्वर होते हैं।

- उच्चारण में लगने वाले समय के आधार पर स्वर तीन प्रकार के होते हैं
(i) ह्रस्व स्वर (ii) दीर्घ स्वर (iii) प्लुत स्वर

2. **व्यंजन** व्यंजन का उच्चारण स्वतन्त्र रूप से नहीं किया जाता है। इनके उच्चारण में स्वर (अ) की सहायता लेनी पड़ती है। हिन्दी वर्णमाला में 33 मूल व्यंजन हैं।

व्यंजन के मुख्यतया तीन भेद होते हैं

- **स्पर्श व्यंजन** जिन व्यंजनों के उच्चारण में जिह्वा का कोई न कोई भाग मुख से किसी-न-किसी भाग को स्पर्श करता है, स्पर्श व्यंजन कहलाता है। इनकी संख्या 25 होती है; जैसे–
'क' वर्ग क् ख् ग् घ् ङ्
'च' वर्ग च् छ् ज् झ् ञ्
'ट' वर्ग ट् ठ् ड् ढ् ण
'त' वर्ग त् थ् द् ध् न्
'प' वर्ग प् फ् ब् भ् म्
- **अन्तःस्थ व्यंजन** जिन व्यंजनों के उच्चारण में मुख बहुत संकुचित हो जाता है, फिर भी वायु स्वरों की तरह बीच से निकल जाती है, उन्हें अन्तःस्थ व्यंजन कहते हैं। ये चार होते हैं– य्, र्, ल, व्।
- **ऊष्म व्यंजन** जिन व्यंजनों के उच्चारण में मुख से एक तरफ की गरमाहट या गर्म वायु बाहर निकलती है, उन्हें ऊष्म व्यंजन कहते हैं, ये भी संख्या में चार होते हैं– श, ष, स, ह।
- **संयुक्त व्यंजन** इनकी संख्या चार हैं। ये दो अलग-अलग व्यंजनों से मिलकर बनते हैं, जो अपने मूल रूप से भिन्न होते हैं।
जैसे– क् + ष = क्ष, त् + र = त्र
ज् + ञ = ज्ञ, श् + र = श्र
- **द्वित्व व्यंजन** दो समान व्यंजनों के योग से बने व्यंजन द्वित्व व्यंजन कहलाते हैं; जैसे–च्च = बच्चा।
- **संयुक्ताक्षर** दो अलग-अलग व्यंजनों के मेल से बने अक्षर संयुक्ताक्षर कहलाते हैं; जैसे–
क्ख = मक्खन।
- **मात्राएँ** व्यंजन के साथ जुड़ने पर स्वर का रूप बदल जाता है। यह परिवर्तित रूप ही मात्रा है। हिन्दी में 10 मात्राएँ होती हैं।
'अ' की कोई मात्रा नहीं होती।
उच्चारण स्थान के आधार पर व्यंजन
कण्ठ्य —क, ख, ग, घ, ङ
तालव्य — च, छ, ज, झ, ञ, श, य
मूर्धन्य — ट, ठ, ड, ढ, ण, ष
दन्त्य — त, थ, द, ध, न, स
ओष्ठ्य — य, फ, ब, भ, म
दन्त्योष्ठ्य - व

कुछ अन्य व्यंजन

- **महाप्राण व्यंजन** इनके उच्चारण में मुख से अधिक वायु निकलती है। प्रत्येक वर्ग का दूसरा, चौथा व्यंजन तथा ऊष्म व्यंजन महाप्राण होते हैं।
- **अल्पप्राण व्यंजन** इनके उच्चारण में मुख से कम वायु निकलती है। प्रत्येक वर्ग का पहला, तीसरा, पाँचवाँ व्यंजन तथा अन्तःस्थ व्यंजन महाप्राण होते हैं।
- **अघोष व्यंजन** इनके उच्चारण में स्वरतन्त्रियों में कम्पन नहीं होता। प्रत्येक वर्ग का पहला, दूसरा व्यंजन तथा श, ष, स अघोष होते हैं।
- **सघोष व्यंजन** इनके उच्चारण में स्वरतन्त्रियों में कम्पन होता है। प्रत्येक वर्ग का तीसरा, चौथा, पाँचवाँ व्यंजन तथा य, र, ल, व, ह सघोष होते हैं।

अभ्यास प्रश्न

1. किस शब्द में द्वित्व व्यंजन है?
(a) मक्का (b) उत्साह (c) पुनरुक्ति (d) निर्बाध

2. स्पर्श व्यंजनों की संख्या कितनी है?
(a) 15 (b) 20 (c) 22 (d) 25

3. निम्न में से कौन-सा दीर्घ स्वर नहीं है?
(a) आ (b) ई (c) अ (d) आ

4. क, ख, ग, फ़ में कौन-सा अक्षर उर्दू भाषा से आया है?
(a) क (b) ख (c) ग (d) फ़

5. वर्ण के दूसरे व चौथे वर्ण कहलाते हैं
(a) अन्तःस्थ (b) उष्म (c) अल्पप्राण (d) महाप्राण

6. हिन्दी में स्वरों एवं व्यंजनों की अलग-अलग संख्या है
(a) 13, 33 (b) 11, 33 (c) 10, 34 (d) 12, 35

7. दूसरी ध्वनियों की सहायता से उच्चारित ध्वनि कहलाती है
(a) स्वर (b) व्यंजन (c) अक्षर (d) शब्द

8. 'च' वर्ण का उच्चारण मुँह के किस भाग से होता है?
(a) ओष्ठ (b) मूर्धा (c) तालु (d) कण्ठ

9. नवीन विकसित ध्वनियाँ हैं
(a) ख, ग (b) उ, ऊ (c) श, स (d) र, व

10. अल्पप्राण ध्वनियाँ हैं
(a) च, छ (b) ग, क (c) य, र (d) स, श

11. संयुक्त स्वर कहते हैं
(a) अ, आ (b) ई,इ
(c) उ, ऊ (d) ऐ, औ

12. स्पर्शी ध्वनियाँ कौन-सी होती हैं?
(a) संयुक्त स्वर (b) संयुक्त व्यंजन
(c) पाँचों वर्गों के वर्ण (d) व्यंजन

13. क, ग, ज, फ ध्वनियाँ हैं
(a) अंग्रेजी (b) अरबी-फारसी
(c) हिन्दी (d) द्रविड़

14. 'क्ष' का विग्रह होगा
(a) क् + स (b) क्. + छ
(c) क् + ष (d) क् + झ

15. महाप्राण वर्ण है
(a) क, च (b) र, ल (c) ख, घ (d) द, ध

16. किसी व्यंजन वर्ग का पहला, तीसरा एवं पाँचवाँ वर्ण कहलाता है?
(a) ऊष्म (b) घोष
(c) अल्पप्राण (d) महाप्राण

17. हिन्दी शब्द कोश में 'क्ष' का क्रम किस वर्ण के बाद आता है?
(a) क (b) त्र (c) ज्ञ (d) श्र

18. अनुनासिक व्यंजन होते हैं
(a) वर्ग के प्रथम वर्ण (b) वर्ग के पंचम वर्ण
(c) वर्ग के चतुर्थ वर्ण (d) वर्ग के तृतीय वर्ण

19. 'ज्ञ' वर्ण बना है
(a) ज् + य (b) ज् + ञ (c) ग + ञ (d) ज + य

20. अघोष वर्ण है
(a) स (b) य (c) फ (d) न

21. स्वर एवं व्यंजनों का मध्यवर्ती वर्ण किसे माना गया है?
(a) अन्तःस्थ (b) उष्म (c) अयोगवाह (d) तालव्य

22. कौन-सा वर्ण दन्त्य नहीं है?
(a) त (b) द (c) ट् (d) ध

23. संयुक्त व्यंजन है
(a) ढ़ (b) ड़ (c) ज्ञ् (d) ङ

24. कौन-सा वर्ण मूर्धन्य है?
(a) स (b) श (c) ष् (d) ह

25. 'अ' अन्त वाले शब्दों को कहते हैं
(a) उकारान्त (b) अनुस्वार (c) अकारान्त (d) उष्म

26. कौन-सा मानक वर्ण है?
(a) त (b) च (c) म (d) झ

27. निम्न में से संयुक्त व्यंजन का उदाहरण है
(a) वक्ता (b) गन्ना (c) रस्या (d) मुन्ना

28. किस व्यंजन का उच्चारण स्थान तालव्य है?
(a) ग (b) झ (c) न (d) म

29. स्वर तन्त्रियों के आधार पर व्यंजनों को कितने वर्गों में बाँटा गया है?
(a) एक (b) दो (c) तीन (d) चार

उत्तरमाला

1.	(a)	2.	(d)	3.	(c)	4.	(d)	5.	(d)	6.	(b)	7.	(b)	8.	(c)	9.	(c)	10.	(b)
11.	(d)	12.	(c)	13.	(b)	14.	(c)	15.	(c)	16.	(c)	17.	(a)	18.	(b)	19.	(b)	20.	(a)
21.	(a)	22.	(c)	23.	(c)	24.	(c)	25.	(c)	26.	(d)	27.	(a)	28.	(b)	29.	(b)		

वाक्य एवं वाक्य भेद

वाक्य की परिभाषा सार्थक शब्दों का वह व्यवस्थित समूह जिससे अपेक्षित अर्थ प्रकट हो, वाक्य कहलाता है।

वाक्य के अंग

वाक्य के दो अंग हैं

1. **उद्देश्य वाक्य** में जिसके विषय में बताया जाता है, उसे उद्देश्य कहते हैं।

   उदाहरण राधा हँसती है। इसमें राधा के विषय में बताया गया है अत: राधा उद्देश्य है।

2. **विधेय वाक्य** में उद्देश्य के विषय में जो कुछ कहा जाता है, उसे 'विधेय' कहते हैं।

   उदाहरण आराध्या पढ़ती है। इस वाक्य में 'पढ़ती है' विधेय है।

वाक्य के प्रकार

वाक्य का विभाजन दो आधार पर किया जाता है

1. अर्थ की दृष्टि से   2. रचना की दृष्टि से

1. अर्थ की दृष्टि से वाक्य आठ प्रकार के होते हैं

(i) **विधिवाचक** जिस वाक्य में किसी कार्य के होने का बोध हो, उसे विधिवाचक वाक्य कहते हैं; जैसे- दिनेश पढ़ता है।

(ii) **प्रश्नवाचक** जिस वाक्य में प्रश्न पूछे जाने का बोध हो, उसे प्रश्नवाचक वाक्य कहते हैं; जैसे-आप क्या कर रहे हैं?

(iii) **निषेधवाचक** जिस वाक्य में किसी कार्य के न होने का भाव व्यक्त हो, उसे निषेधवाचक वाक्य कहते है; जैसे- सुरेश ने यह पुस्तक नहीं पढ़ी है।

(iv) **आज्ञावाचक** जिस वाक्य से किसी प्रकार की आज्ञा का बोध हो, उसे आज्ञावाचक वाक्य कहते हैं; जैसे- तुम उसके साथ जाओ।

(v) **सन्देहवाचक** जिस वाक्य से कार्य के होने में सन्देह प्रकट हो, उसे सन्देहवाचक वाक्य कहते हैं; जैसे- वह शायद ही स्कूल आए।

(vi) **इच्छावाचक** जिस वाक्य से इच्छा, आशीर्वाद, शुभकामना आदि का भाव व्यक्त हो, उसे इच्छावाचक वाक्य कहते हैं; जैसे- भगवान तुम्हें दीर्घायु करे।

(vii) **संकेतवाचक** जिस वाक्य में एक बात के होने को दूसरी बात के होने पर निर्भर किया गया हो, उसे संकेतवाचक वाक्य कहते हैं; जैसे- यदि तुम कल दुकान पर जाते, तो पुस्तक मिल जाती।

(viii) **विस्मयादिवाचक** जिस वाक्य से घृणा, शोक, हर्ष, विस्मय आदि का बोध हो, उसे विस्मयादिवाचक वाक्य कहते हैं; जैसे-वाह ! तुम बहुत अच्छे अंको से पास हुए।

2. रचना की दृष्टि से वाक्य तीन प्रकार के होते हैं

(i) **साधारण वाक्य** जिन वाक्यों में एक मुख्य क्रिया हो, उसे साधारण (सरल) वाक्य कहते हैं; जैसे-लड़के कक्षा में पढ़ रहे हैं।

(ii) **मिश्र वाक्य** वे वाक्य जिसमें साधारण वाक्य के साथ एक या एक से अधिक उपवाक्य हो, उन्हें मिश्र वाक्य कहते हैं। परस्पर योजकों जैसे कि, यदि, जो वह, जितना ... उतना, जैसे— वैसे ..., जब तब जहाँ वहाँ, अगर, आदि होते हैं। जैसे-उसके पास जो कुछ या वह खो गया है।

(iii) **संयुक्त वाक्य** समान स्तर के एक से अधिक साधारण वाक्य जिस वाक्य में जुड़े होते हैं, उसे 'संयुक्त वाक्य' कहते हैं। जोड़ने वाले शब्द और, एवं, तथा, या अथवा, इसलिए, फिर, भी, किन्तु, परन्तु लेकिन, पर, अत: नहीं तो आदि; जैसे-वर्षा हो रही है और धूप निकली हुई है।

अभ्यास प्रश्न

1. 'तुम्हारी गाड़ी चली गई', में रेखांकित अंश क्या है?

(a) उद्देश्य (b) उद्देश्य का विस्तार
(c) विधेय (d) विधेय का विस्तार

2. जब पिताजी कहे तब तुम जाना में वाक्य है

(a) सरल (b) मिश्रित
(c) संयुक्त (d) इनमें से कोई नहीं

3. 'पुस्तक बाजार में बहुत महँगी थी, इसलिए पुस्तकालय से ले ली'। इसमें वाक्य का अगर, आदि कौन-सा भेद है?

(a) विधानवाचक वाक्य (b) सरल वाक्य
(c) मिश्र वाक्य (d) संयुक्त वाक्य

4. माँ ने कहा था कि उन्हें बाजार जाना है। इस वाक्य में सही वाक्य का भेद होगा।

(a) मिश्र वाक्य
(b) संयुक्त वाक्य
(c) निषेधवाचक वाक्य
(d) संकेतवाचक वाक्य

5. निम्न में से संकेतवाचक वाक्य है?

(a) यदि वर्षा अच्छी हुई तो फसल भी अच्छी होगी
(b) क्या इस बार अच्छी वर्षा होगी
(c) फसल अच्छी हो तो अच्छा है
(d) वाह! क्या अच्छी फसल है

6. जिस वाक्य में साधारण और मिश्र वाक्य का मेल संयोजक अव्ययों द्वारा होता है, उसे कहते हैं
(a) मिश्र वाक्य (b) संयुक्त वाक्य
(c) सरल वाक्य (d) प्रश्नवाचक वाक्य

7. रचना के अनुसार वाक्य के भेद होते हैं?
(a) एक (b) दो (c) तीन (d) चार

8. निम्न में से कौन-सा वाक्य मिश्र वाक्य है?
(a) विद्वान सब जगह पूजा जाता है।
(b) अच्छा लड़का माता-पिता की आज्ञा मानता है।
(c) वह पुस्तक राम की थी।
(d) जब सवेरा हुआ, तब हम लोग बाहर गए।

9. बच्चे खेल रहे हैं। अर्थ के आधार पर वाक्य का प्रकार बताइए।
(a) प्रश्नवाचक (b) विधानवाक्य
(c) निषेधात्मक वाक्य (d) आज्ञावाचक वाक्य

10. मुझे बताओ तो तुम्हारा जन्म कब और कहाँ हुआ था? वाक्य का भेद बताइए
(a) सरल वाक्य (b) आश्रित वाक्य
(c) संयुक्त वाक्य (d) मिश्र वाक्य

11. एक ही विधेय हो जिसमें वह है
(a) मिश्र वाक्य (b) कर्मपूरक वाक्य
(c) सरल वाक्य (d) संयुक्त वाक्य

12. तुम कहाँ जा रहे हो? वाक्य का प्रकार स्पष्ट कीजिए।
(a) विधिवाचक वाक्य (b) प्रश्नवाचक वाक्य
(c) निषेधवाचक वाक्य (d) विस्मयवाचक वाक्य

13. वाक्यों का वर्गीकरण मुख्यतः कितने प्रकार से होता है?
(a) 2 (b) 3 (c) 6 (d) 8

14. 'सदा सच बोलना चाहिए' यह किस प्रकार का वाक्य-भेद है?
(a) सन्देहवाचक (b) इच्छावाचक
(c) आज्ञावाचक (d) संकेतवाचक

15. धिक्कार है, उस स्त्री को जो अपने पति को धोखा दे। वाक्य भेद है
(a) विधिवाचक (b) विस्मयवाचक
(c) निषेधार्थक (d) आज्ञार्थक

16. पिताजी ने शादी के लिए दबाव डाला, अतः मुझे हाँ करनी पड़ी
(a) सरल वाक्य (b) संयुक्त वाक्य
(c) मिश्र वाक्य (d) इनमें से कोई नहीं

17. कहा जाता है कि औरत शक्ति स्वरूप हैं। वाक्य भेद है
(a) सरल वाक्य (b) मिश्र वाक्य
(c) संयुक्त वाक्य (d) उपवाक्य

18. उस गाँव की वह सबसे सुन्दर लड़की थी। वाक्य भेद है
(a) विधिवाचक
(b) संकेतवाचक
(c) इच्छावाचक
(d) आज्ञार्थक

19. तुम हमारे बारे में कितनी जानकारी रखते हो? वाक्य-भेद है
(a) विस्मयवाचक (b) प्रश्नवाचक
(c) विधिवाचक (d) मिश्र वाक्य

20. जो झूठ बोलता है, उसे कोई पसन्द नहीं करता वाक्य-भेद है
(a) सरल वाक्य (b) मिश्र वाक्य
(c) संयुक्त वाक्य (d) इनमें से कोई नहीं

21. ऐसा काम करो कि तुम पर गर्व हो वाक्य-भेद है
(a) विधिवाचक (b) संकेतवाचक
(c) निषेधार्थक (d) इच्छावाचक

उत्तरमाला

1.	(b)	2.	(b)	3.	(d)	4.	(a)	5.	(a)	6.	(b)	7.	(c)	8.	(d)	9.	(b)	10.	(d)
11.	(c)	12.	(b)	13.	(a)	14.	(b)	15.	(b)	16.	(b)	17.	(b)	18.	(a)	19.	(b)	20.	(b)
21.	(d)																		

संज्ञा

परिभाषा जिन शब्दों से किसी स्थान, प्राणी, वस्तु एवं भाव का बोध होता है, उन्हें संज्ञा कहते हैं।

जैसे- अमन, मेज, शिमला, बुढ़ापा आदि।
संज्ञा के तीन भेद होते हैं

1. **व्यक्तिवाचक संज्ञा** कुछ शब्द किसी विशेष व्यक्ति, वस्तु तथा स्थान के नाम के बारे में बताते हैं, उन्हें व्यक्तिवाचक संज्ञा कहते हैं, जैसे-नरेन्द्र मोदी, तिरंगा, लालकिला आदि।
2. **जातिवाचक संज्ञा** जो शब्द किसी प्राणी, स्थान अथवा वस्तु की जाति या समूह का बोध कराते हैं, उन्हें जातिवाचक संज्ञा कहते हैं; जैसे—गाँव, घर, गाय आदि।
3. **भाववाचक संज्ञा** जो शब्द किसी भाव, गुण, दोष, स्वभाव, आदि का बोध कराते हैं, उन्हें भाववाचक संज्ञा कहते हैं; जैसे- बचपन, मित्रता, शत्रुता, यौवन आदि।
कुछ विद्वानों के अनुसार संज्ञा के दो अन्य भेद और माने जाते हैं

(i) **समूहवाचक संज्ञा** एक ही जाति की वस्तुओं या व्यक्तियों के समूह का बोध कराने वाले संज्ञा शब्द, समूहवाचक संज्ञा कहलाते हैं; जैसे— दल, झुण्ड, सेना, ढेर, गुच्छा आदि।

(ii) **द्रव्यवाचक संज्ञा** किसी ऐसे पदार्थ का बोध कराने वाले शब्द, जिन्हें हम नाप-तौल सकते हैं, द्रव्यवाचक संज्ञा कहलाते हैं; जैसे—दूध, तेल, पानी, लोहा, सोना, चाँदी आदि।

अभ्यास प्रश्न

1. कौन-सी भाववाचक संज्ञा अव्यय से निर्मित है?
(a) लड़ाई (b) बुराई (c) शाबासी (d) सच्चाई

2. 'हरियाली' है
(a) व्यक्तिवाचक संज्ञा (b) जातिवाचक संज्ञा
(c) भाववाचक संज्ञा (d) इनमें से कोई नहीं

3. संज्ञा शब्द बताइए
(a) क्रुद्ध (b) क्रोध (c) क्रोधी (d) क्रोधित

4. नदियों के नाम किस प्रकार की संज्ञा में रखे जाते हैं?
(a) जातिवाचक (b) व्यक्तिवाचक
(c) भाववाचक (d) समूहवाचक

5. जातिवाचक लड़का से भाववाचक बना है
(a) लड़कापन (b) लड़काई
(c) लड़कपन (d) इनमें से कोई नहीं

6. 'सच्चरित्रता' में मूल शब्द क्या है?
(a) सत् चरित्र (b) चरित्र (c) सच्चरित्र (d) चरित्रता

7. 'उत्तर दिशा' किस संज्ञा का रूप है?
(a) जातिवाचक (b) दिशावाचक
(c) लिंग वाचक (d) व्यक्तिवाचक

8. व्यक्ति, वस्तु या भाव के नाम को कहते हैं
(a) विशेषण (b) संज्ञा
(c) क्रिया (d) सहायक क्रिया

9. किस शब्द से भाववाचक 'शत्रुता' बनती है?
(a) क्रिया (b) क्रिया विशेषण
(c) जातिवाचक संज्ञा (d) व्यक्तिवाचक संज्ञा

10. 'बुढ़ापा' में कौन-सी संज्ञा है?
(a) भाववाचक (b) जातिवाचक
(c) गुणवाचक (d) व्यक्तिवाचक

11. 'स्त्रीत्व' शब्द में कौन-सी संज्ञा है?
(a) जातिवाचक (b) गुणवाचक
(c) भाववाचक (d) इनमें से कोई नहीं

12. अर्थ के विचार से संज्ञा के भेद हैं
(a) पाँच (b) चार
(c) तीन (d) छः

13. घी में कौन-सी संज्ञा है?
(a) भाववाचक (b) व्यक्तिवाचक
(c) द्रव्यवाचक (d) जातिवाचक

14. इनमें से कौन-सा शब्द भाववाचक संज्ञा नहीं है?
(a) मनाही (b) विद्वता (c) सोना (d) खुशी

15. 'हिमालय' किस प्रकार की संज्ञा है?
(a) व्यक्तिवाचक (b) जातिवाचक
(c) भाववाचक (d) समूहवाचक

16. 'लड़का' कौन-सी संज्ञा है?
(a) व्यक्तिवाचक (b) जातिवाचक
(c) भाववाचक (d) समूहवाचक

17. 'गाय' कौन-सी संज्ञा है?
(a) व्यक्तिवाचक (b) जातिवाचक
(c) भाववाचक (d) द्रव्यवाचक

18. निम्न में कौन-सी भाववाचक संज्ञा है?
(a) दिल्ली (b) लड़का (c) मोहन (d) बीमारी

19. निम्नलिखित में से कौन-सा शब्द समूहवाचक संज्ञा नहीं है?
(a) सभा (b) कक्षा (c) भीड़ (d) दौड़

20. निम्नलिखित में से द्रव्यवाचक संज्ञा है
(a) खटाई (b) मिठाई (c) दूध (d) ठण्ड

21. निम्न में संज्ञा शब्द है
(a) हरा (b) पतला (c) सभा (d) गहरा

22. बाप का सम्बन्धवाचक संज्ञा रूप होगा
(a) बापा (b) बापती (c) बपौता (d) बपौती

23. पशु चर रहे हैं। रेखांकित पद है
(a) व्यक्तिवाचक संज्ञा (b) जातिवाचक संज्ञा
(c) भाववाचक संज्ञा (d) द्रव्यवाचक संज्ञा

24. निम्न में संज्ञा शब्द है
(a) गंगा (b) पुराना (c) नीला (d) मोटा

25. जिन संज्ञाओं से एक ही प्रकार की वस्तुओं अथवा व्यक्तियों का बोध हो, उन्हें कहते हैं
(a) व्यक्तिवाचक संज्ञा (b) जातिवाचक संज्ञा
(c) भाववाचक संज्ञा (d) द्रव्यवाचक संज्ञा

उत्तरमाला

1. (c)	2. (c)	3. (b)	4. (b)	5. (c)	6. (b)	7. (d)	8. (b)	9. (c)	10. (a)
11. (c)	12. (a)	13. (c)	14. (c)	15. (a)	16. (b)	17. (b)	18. (d)	19. (d)	20. (c)
21. (c)	22. (d)	23. (b)	24. (a)	25. (b)					

सर्वनाम

परिभाषा जो शब्द संज्ञा के स्थान पर प्रयोग किए जाते हैं, वे सर्वनाम कहलाते हैं; जैसे- मैं, तुम, वह, यह, इसे, उसे, हम, आप, वे, ये, इन्हें, उन्हें आदि। सर्वनाम के छः भेद होते हैं।

1. **पुरुषवाचक सर्वनाम** बोलने वाले, सुनने वाले या अन्य व्यक्ति के लिए प्रयोग किए जाने वाले सर्वनाम, पुरुषवाचक सर्वनाम कहलाते हैं।

   इनके तीन भेद हैं

   पुरुषवाचक → उत्तम पुरुष, मध्यम पुरुष, अन्य पुरुष

   उत्तम पुरुष जब व्यक्ति स्वयं अपने बारे में-मैं, मेरा, हम, हमारा, मुझको आदि शब्दों का प्रयोग करता है, तो ये शब्द पुरुषवाचक सर्वनाम कहलाते हैं; जैसे-मैं, हम।

   मध्यम पुरुष जब व्यक्ति सामने उपस्थित व्यक्ति को सम्बोधित करने के लिए तुम, तुम्हारा, आप, आपका शब्दों का प्रयोग करता है, तो वे शब्द मध्यम पुरुषवाचक सर्वनाम कहलाते हैं; जैसे-तुम, आप, तू

   अन्य पुरुष जब व्यक्ति मैं अथवा तुम के अतिरिक्त किसी अन्य वस्तु, व्यक्ति या स्थान को सम्बोधित करने के लिए वह, वे, उसे, उसका, उन्हें, उनका, यह, ये आदि शब्दों का प्रयोग करता है, तो ये शब्द अन्य पुरुषवाचक सर्वनाम कहलाते हैं; जैसे-वह, वे।

2. **निश्चयवाचक सर्वनाम** वे सर्वनाम जो किसी व्यक्ति या वस्तु की ओर सुनिश्चित संकेत करते हैं, वे निश्चयवाचक सर्वनाम कहलाते हैं; जैसे-यह, वह।
3. **अनिश्चयवाचक सर्वनाम** वे सर्वनाम जो किसी निश्चित व्यक्ति या वस्तु का बोध नहीं कराते, वे अनिश्चयवाचक सर्वनाम कहलाते हैं; जैसे-कोई, कुछ।
4. **प्रश्नवाचक सर्वनाम** जिस सर्वनाम का प्रयोग प्रश्न करने के लिए किया जाता है, उन्हें प्रश्नवाचक सर्वनाम कहते हैं; जैसे-कहाँ, कौन।
5. **सम्बन्धवाचक सर्वनाम** किसी वाक्य के संज्ञा या अन्य सर्वनाम से सम्बन्ध दर्शाने वाले सर्वनाम, सम्बन्धवाचक सर्वनाम कहलाते हैं; जैसे-जो, वह, जैसा-वैसा।
6. **निजवाचक सर्वनाम** व्यक्ति द्वारा अपने लिए प्रयुक्त किए जाने वाले सर्वनाम निजवाचक सर्वनाम कहलाते हैं; जैसे-स्वयं, अपना।

अभ्यास प्रश्न

1. 'वह जा रहा है' में 'वह' क्या है?
(a) संज्ञा (b) सर्वनाम (c) अव्यय (d) क्रिया

2. सर्वनाम का अशुद्ध प्रयोग है
(a) वह स्वयं यहाँ आना नहीं चाहती।
(b) आपके आग्रह पर मैं दिल्ली जा सकता हूँ।
(c) मैं तेरे को एक घड़ी दूँगा।
(d) मुझे इस बैठक की सूचना नहीं थी।

3. सम्बन्धवाचक सर्वनाम है
(a) कोई (b) कौन (c) जो (d) वह

4. निश्चयवाचक सर्वनाम है
(a) यह (b) कौन (c) किसे (d) क्या

5. जो-सो कौन-सा सर्वनाम है?
(a) प्रश्नवाचक (b) निश्चयवाचक
(c) अनिश्चयवाचक (d) सम्बन्धवाचक

6. अनिश्चयवाचक सर्वनाम है
(a) वह (b) जो (c) कोई (d) कौन

7. अन्य पुरुष सर्वनाम है
(a) वह (b) मैं (c) हम (d) तुम

8. निम्न में प्रश्नवाचक सर्वनाम कौन-सा है?
(a) जो (b) सो (c) कोई (d) कौन

9. हिन्दी में कुल कितने सर्वनाम हैं?
(a) 9 (b) 10 (c) 11 (d) 12

10. सर्वनाम के कुल कितने भेद होते हैं?
(a) 5 (b) 6 (c) 7 (d) 8

11. 'वह आप ही चला गया।' इस रेखांकित शब्द में सर्वनाम का कौन-सा भेद है?
(a) पुरुषवाचक (b) निजवाचक
(c) निश्चयवाचक (d) सम्बन्धवाचक

12. निम्न में सर्वनाम शब्द है
(a) नींद (b) रोग (c) सफाई (d) कौन

13. अनिश्चयवाचक सर्वनाम का करण कारण बहुवचन रूप होगा
(a) किन्हीं को (b) किन्हीं की
(c) किन्हीं से (d) किन्हीं का

14. कौन-सा सर्वनाम का भेद नहीं है?
(a) पुरुषवाचक (b) गुणवाचक
(c) निजवाचक (d) प्रश्नवाचक

15. निम्न में सर्वनाम शब्द है
(a) दान (b) भजन
(c) कुछ (d) पढ़ना

उत्तरमाला

1. (b)	2. (c)	3. (c)	4. (a)	5. (d)	6. (c)	7. (a)	8. (d)	9. (c)	10. (b)
11. (b)	12. (d)	13. (c)	14. (b)	15. (c)					

विशेषण

विशेषण की परिभाषा जो शब्द संज्ञा अथवा सर्वनाम की विशेषता बताते हैं, विशेषण कहलाते हैं; जैसे—सुन्दर, मीठे, बड़ी-बड़ी, हरे-भरे आदि।

विशेष्य विशेषण शब्द जिन संज्ञा या सर्वनाम शब्दों की विशेषता बताते हैं, उन्हें विशेष्य कहते है; जैसे– 'सुन्दर झील' में 'सुन्दर' विशेषण तथा 'झील' विशेष्य है।

विशेषण के भेद

विशेषण के चार भेद होते हैं

1. **गुणवाचक विशेषण** जो शब्द संज्ञा अथवा सर्वनाम के गुण-दोष का बोध कराते हैं, गुणवाचक विशेषण कहलाते हैं; जैसे—दयालु, झूठा, गोरा, लम्बा, चटपटा, नया, कठोर, शहरी आदि।
2. **संख्यावाचक विशेषण** जो शब्द संज्ञा अथवा सर्वनाम की संख्या का बोध कराते हैं, संख्यावाचक विशेषण कहलाते हैं; जैसे— चार, सात, दोनों, सभी आदि।

   संख्यावाचक विशेषण के दो भेद होते हैं

   (i) **निश्चित संख्यावाचक विशेषण** जिस विशेषण से किसी निश्चित संख्या का बोध हो, उसे निश्चित संख्यावाचक विशेषण कहते हैं; जैसे—चार लड़के।

   (ii) **अनिश्चित संख्यावाचक विशेषण** जिन विशेषणों से विशेषणों से विशेष्य की अनिश्चित संख्या का बोध होता है; जैसे— कुल, कई, काफी आदि।
3. **परिमाणवाचक विशेषण** वे शब्द जो संज्ञा अथवा सर्वनाम के परिमाण (माप, तोल) का बोध कराते हैं, परिमाणवाचक विशेषण कहलाते हैं; जैसे—एक किलो, दो मीटर, पाँच लीटर आदि।
   परिमाणवाचक विशेषण के दो भेद होते हैं

   (i) **निश्चित परिमाणवाचक विशेषण** जिन विशेषण शब्दों से वस्तु की निश्चित मात्रा का ज्ञान हो; जैसे—एक लीटर दूध।

   (ii) **अनिश्चित परिमाणवाचक विशेषण** जिन विशेषण शब्दों से अनिश्चित मात्रा का ज्ञान हो; जैसे— थोड़ा जल, इतनी चीनी।
4. **संकेतवाचक विशेषण** जो सर्वनाम शब्द विशेषण के रूप में प्रयोग किए जाते हैं या किसी की ओर संकेत करते हैं, संकेतवाचक विशेषण कहलाते हैं;
   जैसे—वह, ये, यह आदि।

विशेषणों की तुलनावस्था

विशेषणों का प्रयोग तीन अवस्थाओं में होता है

1. **मूलावस्था** इस अवस्था में किसी से तुलना नहीं होती है, केवल सामान्य रूप से किसी की विशेषता बताई जाती है;
   जैसे— गोपाल होशियार है।
   अंजू सुन्दर है।
2. **उत्तरावस्था** इस अवस्था में दो वस्तुओं, व्यक्तियों या स्थानों की तुलना करके उनमें से किसी एक को अच्छा या बुरा, अधिक या कम बताया जाता है;
   जैसे- त्रिलोक राज से अधिक होशियार है।
   माधुरी मंजू से अधिक सुन्दर है।
3. **उत्तमावस्था** इस अवस्था में दो या दो से अधिक वस्तुओं, व्यक्तियों या स्थानों की तुलना करके उनमें से किसी एक को सबसे अच्छा या बुरा बताया जाता है;
   जैसे- राधिका बच्चों में सबसे होशियार है।
   मृणालिनी सभी लड़कियों में सुन्दरतम है।

अभ्यास प्रश्न

1. कौन-सा शब्द परिमाणबोधक विशेषण है
(a) सेर भर दूध (b) चार गज
(c) सब धन (d) ये सभी

2. 'मेरे पास इससे जहरीला साँप नहीं है' दिए गए वाक्य में विशेषण बताइए
(a) पास (b) इससे (c) जहरीला (d) साँप

3. उत्कर्ष का विशेषण है
(a) अपकर्ष (b) अवकर्ष (c) उत्कृष्ट (d) उत्कीर्ण

4. इनमें से गुणवाचक विशेषण है
(a) दुगुना (b) नया
(c) कुछ (d) तिगुना

5. संस्कृति का विशेषण है
(a) संस्कृत (b) संस्कृति
(c) सांस्कृतिक (d) संस्कृतक

6. 'राधिका सबसे सुन्दर है' इस वाक्य में विशेषण की अवस्था है
(a) मूलावस्था (b) उत्तमावस्था
(c) उत्तरावस्था (d) प्रथमावस्था

(c) उत्तरावस्था (d) प्रथमावस्था

7. इन शब्दों में विशेषण है
(a) झूठा (b) मिठास
(c) विनम्रता (d) उष्णता

8. विशेषण की अवस्थाओं को यह भी कहा जाता है
(a) मूलावस्था (b) भेदावस्था
(c) दीर्घावस्था (d) तुलनावस्था

9. दिए गए विकल्पों में से विशेषण बताइए
(a) मात्र (b) खर्च (c) निपट (d) चुपचाप

10. आदर शब्द, से विशेषण बनेगा
(a) आदरणीय (b) आदरनीय
(c) आदरपूर्वक (d) आदरकारी

11. निम्न में से कौन-सा संख्यावाचक विशेषण है?
(a) कुछ (b) कैसा (c) गरीब (d) सफेद

12. 'यह घोड़ा अच्छा है।' वाक्य में 'यह' क्या है?
(a) गुणवाचक विशेषण
(b) सार्वनामिक विशेषण
(c) संख्यावाचक विशेषण
(d) प्रविशेषण

13. 'पर्वतीय' कौन-सा विशेषण है?
(a) गुणवाचक विशेषण (b) संख्यावाचक विशेषण
(c) परिमाणवाचक विशेषण (d) सार्वनामिक विशेषण

14. निम्न में से कौन-सा शब्द विशेषण है?
(a) आगरा (b) चमकीला
(c) क्रोध (d) लिखना

15. जो शब्द संज्ञा की विशेषता बताते हैं, उन्हें क्या कहते हैं?
(a) सर्वनाम (b) विशेषण
(c) क्रिया (d) क्रिया-विशेषण

16. 'गिलास में थोड़ा दूध है।' वाक्य में रेखांकित शब्द विशेषण के किस भेद के अन्तर्गत आएगा?
(a) परिमाणवाचक (b) संख्यावाचक
(c) संकेतवाचक (d) गुणवाचक

17. निम्न में से विशेषण शब्द है
(a) लड़कपन (b) उचित
(c) कठोरता (d) घबराहट

18. निम्नलिखित विशेषणों में से संज्ञा को पहचानिए
(a) आसमनी (b) नियमित
(c) पाश्चात्य (d) अनुशासन

19. स्त्री शब्द का विशेषण है
(a) स्त्री (b) स्त्रीय (c) स्तैण (d) स्त्रैण

20. 'बड़ा घर', 'छोटा आदमी', 'नीला वस्त्र' में विशेष्य कौन-कौन-से हैं?
(a) नीला, छोटा (b) बड़ा छोटा
(c) घर, आदमी, वस्त्र (d) छोटा, नीला, आदमी

21. 'चार गज मलमल' में कौन-सा विशेषण है?
(a) संख्यावाचक (b) गुणवाचक
(c) परिमाणबोधक (d) सार्वनामिक

22. निम्न में से किस वाक्य में विशेषण का प्रयोग हुआ है?
(a) राम जाता है। (b) सीता फल खाती है।
(c) मेरी गाय काली है। (d) जल्दी उठना

23. 'पापी' में कौन-सा विशेषण है?
(a) संख्यावाचक (b) सार्वनामिक
(c) गुणवाचक (d) परिमाणवाचक

24. गुणवाचक, परिमाणबोधक, सार्वनामिक, संख्यावाचक ये सभी निम्न में से किसके उदाहरण हैं?
(a) संज्ञा (b) सर्वनाम
(c) विशेषण (d) इनमें से कोई नहीं

25. कौन-सा शब्द संज्ञा से बना हुआ विशेषण नहीं है?
(a) भयंकर (b) शुभंकर
(c) रुचिकर (d) लाभंकर

26. निम्नलिखितत में से कौन-सा शब्द विशेषण है?
(a) तालव्य (b) परिष्कार
(c) पुरुष (d) कुटुम्ब

27. इनमें से गुणवाचक विशेषण कौन-सा नहीं है?
(a) मोटा (b) काला
(c) नया (d) बीस

28. इनमें से विशेषण है
(a) मोटा (b) मोहन
(c) भारत (d) कमाई

29. नीचे दिए गए शब्द का विशेषण बताइए
(a) दयालु (b) दयासहीन
(c) दयान (d) दयापन

30. नीचे दिए गए शब्द का विशेषण बनाइए
(a) नमकिन (b) नमकन
(c) नमकीन (d) नमकीन

उत्तरमाला

1. (d)	2. (c)	3. (c)	4. (b)	5. (c)	6. (b)	7. (a)	8. (d)	9. (c)	10. (a)
11. (a)	12. (b)	13. (a)	14. (b)	15. (b)	16. (a)	17. (b)	18. (d)	19. (d)	20. (c)
21. (c)	22. (c)	23. (c)	24. (c)	25. (b)	26. (a)	27. (d)	28. (a)	29. (a)	30. (c)

शब्द भेद

परिभाषा दो या दो से अधिक सार्थक वर्णों के समूह को शब्द कहते हैं।

शब्द का वर्गीकरण चार आधारों पर किया गया है

1. उत्पत्ति के आधार पर
2. रचना के आधार पर
3. प्रयोग के आधार पर
4. अर्थ के आधार पर

1. उत्पत्ति के आधार पर शब्दों के चार भेद हैं

(i) **तत्सम** वे शब्द जो संस्कृत भाषा से बिना किसी परिवर्तन के हिन्दी में आ गए हैं, तत्सम शब्द कहलाते है; जैसे—अग्नि, सूर्य, पुस्तक, क्षेत्र, रात्रि, वर्ष आदि।

(ii) **तद्भव** वे शब्द जो संस्कृत भाषा से कुछ परिवर्तन के साथ हिन्दी में आ गए हैं, तदभव शब्द कहलाते हैं; जैसे— आग, सूरज, खेत, रात, बरस आदि

(iii) **देशज** वे शब्द जो क्षेत्रीय (स्थानीय) प्रभाव के कारण हिन्दी में आ गए है, देशज शब्द कहलाते हैं; जैसे—पेड़, चूहा, खटपट, थैला, फावड़ा, पगड़ी आदि।

(iv) **विदेशी** दूसरी भाषाओं के जो शब्द हिन्दी में आ गए हैं, विदेशी शब्द कहलाते हैं। इन्हें आगत शब्द भी कहते हैं; जैसे—स्कूल, कमीज, बटन आदि।

विदेशी शब्दों को उनकी जाति के (स्थान) आधार पर निम्नलिखित प्रकार से वर्गीकृत किया जा सकता है

- **अंग्रेजी शब्द** स्टेशन, पेन, स्कूल, रेडियो, कॉलेज आदि।
- **फारसी शब्द** कागज, हजार, दुकान, चश्मा, दरबार आदि।
- **तुर्की शब्द** चाकू, कैंची, तोप, कुरपा, लाश, बारूद आदि।
- **फ्रांसीसी शब्द** कर्फ्यू, पुलिस, कार्टून आदि।
- **अरबी शब्द** औलाद, अमीर, रिश्वत, मकान, वकील आदि।

तत्सम	तद्भव	तत्सम	तद्भव
अगम्य	अगम	छिद्र	छेद
अमृत	अमिय	छाया	छाँह
अनशन	अनसन	षष्ठ	छठा
अर्पण	अरपन	जामाता	दामाद
अज्ञान	अजान	योगी	जोगी
अन्न	अनाज	यंत्र	जंतर
अंगुष्ठ	अंगूठा	जंघा	जाँघ
आलस्य	आलस	ज्वलन	जलना
अग्नि	आग	युवा	जवान
आम्र	आम	यौवन	जोबन
अष्ट	आठ	यव	जौ
अंध	अन्धा	जटा	जड़
अंश	अंस	यदा	जब
अम्ब	अम्मा	यमुना	जमुना
अणि	अनी	युक्त	जोड़ा
आकाश	आसमान	तीक्ष्ण	तीखा
अष्ट	आठ	ताम्र	ताँबा
इंधन	ईंधन	तृण	तिनका
इष्टिका	ईंट	तैल	तेल
उपवास	उपास	ताप	ताव
उत्थान	उठान	तव	तेरा
उपर्युक्त	उपरोक्त	स्तन	थन
खनि	खान	स्नान	नहान
खर्पर	खप्पर	पत्र	पत्ता
खर्जू	खुजली	परीक्षा	परिच्छा
गलन	गलना	पुत्रवधु	पतोहू
ग्रीष्म	गर्मी	पुष्प	फूल
गणन	गिनना	वधू	बहु
ग्राम	गाँव	वानर	बन्दर
गर्दभ	गधा	वर्ष	बरस
गौर	गोरा	वार्ता	बात
गो	गाय	वत्स	बच्चा
घोटक	घोड़ा	विवाह	ब्याह
घट	घड़ा	भिक्षा	भीख
घृत	घी	भक्त	भगत
गृह	घर	मरण	मरना
चक्र	चाक	मृत्यु	मौत
चरण	चरन	माता	माँ
चटिका	चिड़िया	शिष्य	सिष्य
चक्षु	चख	सर्प	साँप

2. रचना के आधार पर शब्दों के तीन भेद हैं

(i) **रूढ़ शब्द** जिन शब्दों के टुकड़े नहीं किए जा सकते, वे रूढ़ शब्द कहलाते हैं; जैसे— बैल, मेज, चादर, गुलाब, कुत्ता आदि।

(ii) **यौगिक शब्द** दो शब्दों के योग से बने सार्थक शब्द यौगिक शब्द कहलाते हैं; जैसे—
विद्या + आलय = विद्यालय
वि + ज्ञान = विज्ञान
महा + नगर = महानगर
पाठ + शाला = पाठशाला आदि।

(iii) **योगरूढ़ शब्द** वे शब्द जो यौगिक होकर भी किसी विशेष अर्थ में प्रयोग किए जाते हैं, योगरूढ़ शब्द कहलाते हैं;
जैस—पीत + अम्बर = पीताम्बर (पीले आवरण वाला), जलज (बादल), दशानन (रावण), नीलकण्ठ (शिव) आदि।

3. प्रयोग के आधार पर शब्द दो प्रकार के होते हैं

(i) **विकारी शब्द** वे शब्द जो वाक्य में प्रयोग के स्तर पर लिंग, वचन, कारक तथा काल के कारण परिवर्तित या विकृत हो जाते हैं, विकारी शब्द कहलाते हैं। संज्ञा, सर्वनाम, विशेषण तथा क्रिया-चार प्रकार के विकारी शब्द होते हैं;
जैसे—लड़का (संज्ञा) - लड़के, लड़की, लड़कों
मैं (सर्वनाम) - मेरा, मुझे, मुझको
छोटा (विशेषण) - छोटे, छोटों, छोटी
हँस (क्रिया) - हँसती, हँसता, हँसते

(ii) **अविकारी शब्द** वे शब्द जो वाक्य में प्रयोग के स्तर पर लिंग, वचन, कारक, काल आदि के कारण परिवर्तित या विकृत नहीं होते, अविकारी शब्द कहलाते हैं। हिन्दी में चार प्रकार के अविकारी शब्द हैं
जैसे—क्रिया-विशेषण (तेज, धीरे-धीरे)
सम्बन्धबोधक (के भीतर, के ऊपर, के लिए, नीचे)
समुच्चबोधक (मगर, और, तथा, लेकिन)
विस्मयोदिबोधक (हे! अरे!, वाह!, छि: छि:!)

4. **अर्थ के आधार** पर शब्द निम्नलिखित प्रकार के होते हैं
(i) पर्यायवाची शब्द
(ii) विलोम शब्द
(iii) अनेकार्थी शब्द
(iv) श्रुतिसम भिन्नार्थक शब्द

अभ्यास प्रश्न

1. 'रेलगाड़ी' कैसा शब्द है?
(a) तत्सम (b) विदेशी (c) संकर (d) अन्य

2. पाहन शब्द का तत्सम रूप है
(a) पाश्न (b) पासन
(c) पाषाण (d) इनमें से कोई नहीं

3. निम्नलिखित में से कौन-सा शब्द तत्सम है?
(a) साँप (b) दूध (c) खार (d) विस्मय

4. निम्नलिखित में से कौन-सा शब्द तत्सम है?
(a) मुमुक्षु (b) पलंग (c) अँगूठा (d) मेज

5. पलंग शब्द का तत्सम रूप है
(a) पलँगा (b) पल्वंग (c) पर्यंक (d) पटल

6. इनमें से एक शब्द तद्भव है
(a) दिवस (b) अँधकार (c) स्कन्ध (d) कपास

7. 'अखरोट' शब्द का तत्सम रूप है
(a) अक्षवाट (b) अक्षोट (c) अक्षरोट (d) अषरोट

8. 'अकार्य' शब्द का तद्भव रूप है
(a) अकाम (b) अकाज
(c) अकारथ (d) इनमें से कोई नहीं

9. 'टकसाल' का तत्सम रूप है
(a) टंकशाला (b) टंकशाल
(c) टकशाल (d) टकशाला

10. इनमें से तत्सम रूप है
(a) भैंस (b) बाहर (c) सच (d) पाद

11. 'गोबर' का तत्सम रूप है
(a) गुर्बर (b) गोमय (c) गहर (d) गुब्बर

12. 'देवर' का तत्सम शब्द है
(a) देववर (b) द्विवर (c) दुर्वर (d) द्वितीयवर

13. निम्नलिखित शब्दों में से एक तद्भव शब्द नहीं है
(a) तुरन्त (b) आज (c) धीरज (d) खर्पर

14. निम्नलिखित में से तत्सम शब्द है
(a) गरम (b) नरक (c) नरम (d) तीर्थ

15. निम्नलिखित में से कौन तद्भव शब्द है?
(a) सूर्य (b) सूचिका (c) कुक्कुर (d) सूरज

16. 'गेहूँ' शब्द का तत्सम है
(a) गोधूम (b) गोहूँ (c) गोहुम (d) गोधुम

17. कौन-सा तत्सम शब्द नहीं है?
(a) इन्दु (b) दिनेश (c) मनोज (d) रात

18. 'सींग' शब्द का तत्सम रूप है
(a) श्रृंग (b) शिंग (c) शृंग (d) सिंग

19. निम्न में कौन-सा शब्द विदेशी है?
(a) मयूर (b) मील
(c) वचन (d) मध्य

20. निम्न में से कौन-सा शब्द विदेशज है?
(a) रिक्शा (b) जूता (c) तेन्दुआ (d) नव

21. निम्न में से योगरूढ़ शब्द है
(a) पीला (b) जलज (c) पर (d) दूधवाला

22. निम्न में से कौन-सा शब्द देशज है?
(a) गोबर (b) घोड़ा (c) हल्दी (d) कटोरा

23. निम्न में कौन-सा शब्द विदेशी है?
(a) टिकट (b) मध्य (c) आश्चर्य (d) वचन

24. निम्नलिखित शब्दों में से विदेशी शब्द को पहचानिए
(a) ग्लास (b) पैमाना (c) आश्चर्य (d) छाता

25. कौन-सा फारसी शब्द नहीं है?
(a) मलीदा (b) पैमाना (c) इस्तीफा (d) तनख्वाह

26. निम्नलिखित में से रूढ़ शब्द है
(a) दूधवाला (b) घुड़सवार (c) नाक (d) लम्बोदर

27. देशज शब्द छाँटिए
(a) तारीख (b) डिबिया (c) सूरज (d) जन्म

28. निम्न में विदेशी शब्द कौन-सा है?
(a) उष्ट्र (b) अमीर (ग) प्रिय (d) भक्त

29. निम्नलिखित शब्दों में से विदेशी शब्द को पहचानिए
(a) निद्रा (b) अचरज
(c) आलमारी (d) चबूतरा

30. जिन शब्दों की उत्पत्ति का पता नहीं चलता है, उन्हें कहा जाता है
(a) विदेशज (b) देशज
(c) तत्सम (d) तद्भव

उत्तरमाला

1. (c)	2. (c)	3. (d)	4. (a)	5. (c)	6. (d)	7. (b)	8. (b)	9. (a)	10. (d)
11. (b)	12. (b)	13. (d)	14. (d)	15. (d)	16. (a)	17. (d)	18. (c)	19. (b)	20. (a)
21. (b)	22. (d)	23. (a)	24. (a)	25. (c)	26. (c)	27. (b)	28. (b)	29. (c)	30. (b)

उपसर्ग-प्रत्यय

उपसर्ग की परिभाषा वे शब्दांश, जो किसी शब्द के आरम्भ में जुड़कर उसके अर्थ में विशेषता या परिवर्तन ला देते हैं, उपसर्ग कहलाते हैं।

हिन्दी भाषा में चार प्रकार के उपसर्ग प्रयोग किए जाते हैं

1. संस्कृत के उपसर्ग
2. हिन्दी के उपसर्ग
3. उर्दू के उपसर्ग
4. उपसर्ग की भाँति प्रयोग किए जाने वाले संस्कृत के अव्यय

1. **संस्कृत के उपसर्ग** सामान्य व्यवहार में संस्कृत के अति, अधि, अनु, अप, अभि, अव, आ, उत्, उप, परा, प्र, वि, सम्, सु आदि उपसर्गों का प्रयोग किया जाता है।

उपसर्ग	अर्थ	निर्मित शब्द
अति	बहुत, सीमा से परे	अत्यधिक, अत्याचार
अधि	ऊपर	अध्ययन, अधिकार
अनु	पीछें	अनुज, अनुग्रह
अप	बुरा, उल्टा	अपमान, अपशब्द
अभि	सामने, की ओर	अभिमुख, अभ्यागत
अव	नीचे, की ओर	अवमान, अवगुण
आ	सब तरफ से	अमूल, आकर्षण
उत्	अधिक, ऊपर	उत्तम, उत्कर्ष
एव	छोटा/सहायक	उपनाम, उपसर्ग
परा	परे	परामुख, पराजय
प्र	अधिक बड़ा	प्रबल, प्रख्यात
वि	रहित/विशेष	विवर्ण, विजय
सम्	मिलकर/साथ	सम्पूर्ण, सन्तोष
सु	अच्छा	सुविचार, सुलेख

2. **हिन्दी के उपसर्ग** हिन्दी भाषा के अपने उपसर्ग बहुत कम हैं। कुछ हिन्दी के उपसर्ग नीचे दिए जा रहे हैं।

उपसर्ग	अर्थ	निर्मित शब्द
अ	नहीं	अपूर्ण, अलग
अन	नहीं	अनबन, अनाड़ी
अध	आधा	अधपढ़ा, अधमरा
उन	एक कम	उनसठ, उनतीस
औ	विपरीत	औगुण, औघट
चौ	चार	चौसर, चौराहा

उपसर्ग	अर्थ	निर्मित शब्द
दु	बुरा	दुबला, दुर्मुख
नि	बिना	निडर, निहत्था
पर	दूसरा	परवेश, परस्त्री
भर	पूरा	भरपेट, भरपूर

3. **उर्दू के उपसर्ग** इनकी संख्या काफी अधिक है। उर्दू के कुछ प्रमुख उपसर्ग इस प्रकार हैं

उपसर्ग	अर्थ	निर्मित शब्द
कम	कम	कमबख्त, कमसमझ
खुश	श्रेष्ठ	खुशकिस्मत, खुशदिल
ला	नकार	लापता, लाजवाब
ना	नकार	नाखुश, नालायक
बद	बुरा	बदनाम, बदशक्ल
बे	बिना	बेतुला, बेसुरा
बिला	नकार (बिना)	बिलाबात, बिलानागा
हर	प्रत्येक	हरएक, हररोज, हरवक्त
गैर	नकार	गैरवाजिब, गैरजमानत

प्रत्यय

वे शब्दांश, जो किसी शब्द के अन्त में जुड़कर उसके अर्थ में परिवर्तन या विशेषता लाए, प्रत्यय कहलाते हैं; जैसे-जल + ज= जलज (कमल)

प्रत्यय के भेद

प्रत्यय के दो भेद होते ह

1. **कृत् प्रत्यय** जो प्रत्यय धातुओं (क्रिया शब्दों) के अन्त में लगते हैं, कृत् प्रत्यय कहलाते हैं। इन्हें (कृत् + अन्त) कृदन्त भी कहा जाता है;
   जैसे– सज + आवट = सजावट
   राखन + हारा = राखनहारा
   नीचे कुछ कृत् प्रत्यय के उदाहरण इस प्रकार हैं

प्रत्य	शब्द-रूप
अक्कड़	भुलक्कड़, पियक्कड़
आका	उड़ाका, लड़ाका
आक	तैराक
आड़ी	खिलाड़ी, अनाड़ी
इयल	मरियल, अड़ियल
एरा	लुटेरा, कमेरा
औना	खिलौना, बिछौना
नी	ओढ़नी, सूँघनी
वाला	रखवाला, पीनेवाला
हारा	लकड़हारा, पालनहारा
ऊ	बिकाऊ, चलाऊ
आलू	झगड़ालू, बिगड़ालू
इया	बढ़िया, घटिया
ऐया	नचैया, रखैया
आ	भटका, अटका
ऊ	झाड़ू
न	बेलन, मंजन

2. **तद्धित प्रत्यय** संज्ञा, सर्वनाम अथवा विशेषण शब्दों के अन्त में लगने वाले प्रत्यय तद्धित प्रत्यय कहलाते हैं। नीचे कुछ तद्धित प्रत्यय के कुछ उदाहरण इस प्रकार हैं

प्रत्यय	शब्द-रूप
आर	लुहार, कहार
इया	मुखिया, दुखिया
ई	खेती, तेली
वाला	पानवाला, गाड़ीवाला
हारा	पानिहारा, घासियारा
ची	मशालची, डोलची
आई	भलाई, चतुराई
आस	खटास, मिठास
आपा	बुढ़ापा, मोटापा
आहट	कड़वाहट, हकलाहट
रा	दूसरा, , तीसरा
ला	पहला, लाड़ला
वाँ	पाँचवाँ, सातवाँ
हरा	दोहरा, तिहरा
सा	नीला-सा, काला-सा
हरा	इकहरा, सुनेहरा

अभ्यास प्रश्न

1. 'निर्धन' का उपसर्ग बताइए
(a) नि (b) निर् (c) निर्ध (d) निर

2. 'डिबिया' में प्रत्यय जुड़ा है
(a) या (b) ईया (c) इया (d) आई

3. 'तिलमिलाहट' में कौन-सा प्रत्यय है?
(a) तिल (b) मिल (c) बाहर (d) आहट

4. अथाह में कौन-सा उपसर्ग है?
(a) अ (b) अथ (c) अप (d) अव

5. खटिया शब्द में प्रत्यय है
(a) इया (b) आ (c) ऊ (d) उन

6. खौफनाक में प्रत्यय है
(a) नवीस (b) वाँ (c) नाक (d) नापा

7. कुम्हार शब्द में प्रत्यय है
(a) इया (b) आर (c) अनीय (d) आप

8. रोंगटा शब्द में प्रत्यय है
(a) औटा (b) आटा (c) टा (d) अन

9. उपहार में उपसर्ग है
(a) अप (b) उप (c) उ (d) हार

10. अधिकतम में प्रत्यय है
(a) तर (b) तम (c) दरा (d) इया

11. मुखौटा में प्रत्यय है
(a) औटा (b) टा (c) अटा (d) अट

12. बटुवा में प्रत्यय है
(a) इया (b) उवा (c) आ (d) आई

13. मटमैला में प्रत्यय है
(a) उ (b) ऐल (c) ऐला (d) ला

14. अपयश में किस उपसर्ग का उपयोग है?
(a) अव (b) अप (c) अ (d) अन्

15. 'दुकाल' शब्द में कैसा उपसर्ग है?
(a) उर्दू (b) फारसी (c) हिन्दी (d) अरबी

16. धातु के अन्त में जोड़े जाने वाले प्रत्यय हैं
(a) कृत प्रत्यय (b) तद्धित प्रत्यय
(c) क्रिया द्योतक प्रत्यय (d) भाव द्योतक प्रत्यय

17. उपसर्ग का प्रयोग होता है
(a) शब्द के आदि में (b) शब्द के मध्य में
(c) शब्द के अन्त में (d) इनमें से कोई नहीं

18. प्रत्यय का प्रयोग कहाँ होता है?
(a) शब्द के प्रारम्भ में (b) मध्य में
(c) अन्त में (d) मध्य और अन्त दोनों में

19. भुलक्कड़ में प्रत्यय है
(a) आऊ (b) अक (c) आक (d) अक्कड़

20. नवोढ़ा शब्द में किस प्रत्यय का उपयोग किया गया है?
(a) अ (b) आ (c) ऊढ़ा (d) ओड़ा

21. निस्तेज शब्द में निम्न में से कौन-सा उपसर्ग है?
(a) निर (b) नि (c) नी (d) निस्

22. नादान शब्द में उपसर्ग है
(a) ना (b) दा (c) नाद् (d) नय्

23. भरसक शब्द में उपसर्ग है
(a) भा (b) भर (c) भाव् (d) भव्

24. प्रत्यक्ष शब्द में निम्न में से कौन-सा उपसर्ग है?
(a) प्र (b) प्रत् (c) प्रति (d) क्ष्

25. मँगनी शब्द में किस प्रत्यय का उपयोग किया गया है?
(a) ई (b) ऊ (c) अक (d) आ

26. निपटारा शब्द में प्रत्यय है
(a) आऊ (b) आड़ी (c) अक (d) आ

27. जलाऊ में प्रत्यय है
(a) अक (b) अक्कड़ (c) आड़ी (d) आऊ

28. समझौता शब्द में किस प्रत्यय का उपयोग किया गया है?
(a) औती (b) औता (c) आवट (d) आव

29. विधाता शब्द में प्रत्यय है
(a) आ (b) आऊ (c) ता (d) ऐया

30. कर्त्तव्य शब्द में प्रत्यय है
(a) त (b) तव्य (c) इया (d) ति

31. उद्घोष शब्द में उपसर्ग है
(a) उत् (b) उद् (c) उन (d) उ

32. निमग्न शब्द में निम्न में से कौन-सा उपसर्ग है?
(a) निम् (b) नी (c) नय (d) नि

33. आरक्त शब्द में कौन-सा उपसर्ग है?
(a) अ (b) आ (c) आर (d) आव

34. प्रचुर शब्द में उपसर्ग है
(a) पर (b) प्र (c) परा (d) परि

उत्तरमाला

1. (b)	2. (c)	3. (d)	4. (a)	5. (a)	6. (c)	7. (b)	8. (c)	9. (b)	10. (b)
11. (a)	12. (b)	13. (c)	14. (b)	15. (c)	16. (a)	17. (a)	18. (c)	19. (d)	20. (c)
21. (d)	22. (a)	23. (b)	24. (c)	25. (a)	26. (d)	27. (d)	28. (b)	29. (c)	30. (b)
31. (a)	32. (d)	33. (b)	34. (b)						

लिंग

परिभाषा व्यक्ति, वस्तु अथवा स्थान के पुरुष या स्त्री जाति का बोध कराने वाले शब्द लिंग कहलाते हैं।

लिंग के दो प्रकार होते हैं

1. **स्त्रीलिंग** जो शब्द स्त्री जाति का बोध कराते हैं, वे स्त्रीलिंग कहलाते हैं; जैसे—बिल्ली, कुतिया, बकरी आदि।
2. **पुल्लिंग** जो शब्द पुरुष जाति का बोध कराते हैं, वे पुल्लिंग कहलाते हैं; जैसे—दादाजी, हाथी, घोड़ा, कुत्ता आदि।

नीचे कुछ पुल्लिंग व स्त्रीलिंग शब्द देखें

पुल्लिंग	स्त्रीलिंग	पुल्लिंग	स्त्रीलिंग
बाल	बाला	देवर	देवरानी
प्रिय	प्रिया	नौकर	नौकरानी
महोदय	महोदया	पण्डित	पण्डिताइन
वृद्ध	वृद्धा	इन्द्र	इन्द्राणी
छात्र	छात्रा	बुद्धिमान	बुद्धिमती
प्राचार्य	प्राचार्या	शक्तिमान	शक्तिमती
नाना	नानी	चूहा	चूहिया
चाचा	चाची	बेटा	बेटी
मामा	मामी	बन्दर	बन्दरिया
काला	काली	बछड़ा	बछिया
मौसा	मौसी	अध्यापक	अध्यापिका
लड़का	लड़की	सेवक	सेविका
घाड़ी	घोड़ी	बालक	बालिका
बेटा	बेटी	लेखक	लेखिका
धोबी	धोबिन	पाठक	पाठिका
नाई	नाइन	शेर	शेरनी
माली	मालिन	हंस	हंसनी
सुनार	सुनारिन	हाथी	हथिनी
दर्जी	दर्जिन	मोर	मोरनी
ग्वाला	ग्वालिन	गुणवान	गुणवती
जुलाहा	जुलाहिन	भाग्यवान	भाग्यवती
लुहार	लुहारिन	शीलवान	शीलवती
प्रचारक	प्रचारिका	बलवान	बलवती
बाबू	बबुआइन	भगवान	भगवती
हलवाई	हलवाइन	दयावान	दयावती
ठाकुर	ठकुराइन	श्रीमान	श्रीमती
जेठ	जेठानी	आयुष्मान	आयुष्मती
सेठ	सेठानी		

अभ्यास प्रश्न

1. **देवर का स्त्रीलिंग है**

(a) देवरी (b) देवरिज
(c) देवराइन (d) देवरानी

2. **'अनुज' का स्त्रीलिंग होता है**

(a) अनुजी
(b) अनुजा
(c) अनुजनी
(d) उपरोक्त में से कोई नहीं

3. **कौन-सा शब्द स्त्रीलिंग का है?**

(a) रियासत (b) राज्य
(c) राष्ट्र (d) दिन

4. **स्त्रीलिंग शब्द है**

(a) शील (b) शक (c) शहद (d) शराब

5. **निम्न में से कौन-सा शब्द स्त्रीलिंग है?**

(a) प्रभाव (b) भाषा
(c) निर्माण (d) विवाह

6. निम्न में कौन-सा शब्द पुल्लिंग है?
(a) दया (b) माया (c) भाषा (d) आभार

7. निम्न में से कौन-सा शब्द पुल्लिंग है?
(a) आशा (b) कष्ट (c) क्षमा (d) सेना

8. निम्न में से कौन-सा शब्द स्त्रीलिंग है?
(a) विवाद (b) सार (c) रूप (d) आय

9. निम्न में से कौन-सा शब्द स्त्रीलिंग है?
(a) गृह (b) चन्दन
(c) पत्ता (d) सभा

10. निम्न में से पुल्लिंग शब्द कौन-सा है?
(a) क्षमा (b) घटना
(c) क्षेत्र (d) रीति

11. पुल्लिंग वाचक शब्द छाँटिए
(a) कैमरा (b) पायल (c) प्लेट (d) तलवार

12. स्त्रीलिंग शब्द अलग कीजिए
(a) हुलास (b) हरकत (c) हमला (d) हवाला

13. स्त्रीलिंग-पुल्लिंग का कौन-सा जोड़ा सही नहीं है?
(a) देव-देवी (b) मामा-मामी
(c) कान्त-कान्ती (d) गधा-गधी

14. लिंग बताइए-मनगढ़न्त
(a) पुल्लिंग (b) स्त्रीलिंग
(c) उभयलिंग (d) नपुसकलिंग

15. 'सम्राट' शब्द का स्त्रीलिंग रूप
(a) सम्राट (b) सम्राटी (c) सम्राटिन (d) सम्राज्ञी

उत्तरमाला

1. (d)	2. (b)	3. (a)	4. (d)	5. (b)	6. (d)	7. (b)	8. (d)	9. (d)	10. (c)
11. (a)	12. (b)	13. (c)	14. (c)	15. (d)					

वचन

परिभाषा शब्द के जिस रूप से यह ज्ञात होता है कि वह एक के लिए प्रयुक्त हुआ है अथवा एक से अधिक के लिए, उसे वचन कहते हैं। वचन से संज्ञा की संख्या का बोध होता है।

वचन के भेद

वचन के दो भेद होते हैं

1. **एकवचन** संज्ञा अथवा सर्वनाम के जिस रूप से किसी एक वस्तु, व्यक्ति या पदार्थ के एक होने का बोध हो, उसे एकवचन कहते हैं।
   जैसे—तोता, गाय, डाली, लड़का, झूला आदि।
2. **बहुवचन** संज्ञा अथवा सर्वनाम के जिस रूप से वस्तुओं, व्यक्तियों या पदार्थों के एक से अधिक होने का बोध हो, उसे बहुवचन कहते हैं।
   जैसे— तोते, गायें, डालियाँ, लड़के, झूले आदि।

नीचे कुछ एकवचन व बहुवचन इस प्रकार है

एकवचन	**बहुवचन**	**एकवचन**	**बहुवचन**
चना	चने	वधू	वधुएँ
चूहा	चूहे	धेनू	धेनुएँ
कपड़ा	कपड़े	बुढ़िया	बुढ़ियाँ
बछड़ा	बछड़े	डिबिया	डिबियाँ

एकवचन	**बहुवचन**	**एकवचन**	**बहुवचन**
घोड़ा	घोड़े	कुतिया	कुतियाँ
भाला	भाले	चुहिया	चुहियाँ
चीता	चीते	सखी	सखियाँ
बात	बातें	लड़की	लड़कियाँ
भैंस	भैंसें	पगडण्डी	पगडण्डियाँ
सड़क	सड़के	टोपी	टोपियाँ
फौज	फौजें	क्यारी	क्यारियाँ
अध्यापिका	अध्यापिकाएँ	चींटी	चींटियाँ
लता	लताएँ	घाटी	घाटियाँ
सभा	सभाएँ	चाबी	चाबियाँ
कथा	कथाएँ	कली	कलियाँ
पत्ती	पत्तियाँ	कॉपी	कॉपियाँ
नदी	नदियाँ	बाधा	बाधाएँ
डाली	डालियाँ	कन्या	कन्याएँ
दासी	दासियाँ	माला	मालाएँ

जनता, माल, सामान आदि शब्द सदा एकवचन होते हैं।
आँसू, दर्शन, हस्ताक्षर आदि शब्द सदा बहुवचन होते हैं।

अभ्यास प्रश्न

1. जनता शब्द सदा किस वचन में प्रयुक्त होता है?
(a) एकववचन (b) बहुवचन
(c) 'a' और 'b' दोनों (d) इनमें से कोई नहीं

2. निम्न में से कौन-सा शब्द दोनों वचनों में प्रयोग होता है?
(a) घण्टा (b) लता (c) क्षमा (d) सैंकड़ा

3. निम्न में से कौन-सा शब्द सदैव एकवचन रहता है?
(a) सत्य (b) दर्शन (c) लोग (d) आँसू

4. कौन-सा शब्द हमेशा बहुवचन में प्रयुक्त होता है?
(a) शिशु (b) प्राण
(c) भक्ति (d) इनमें से कोई नहीं

5. बहुवचन चुनिए
(a) सदी (b) महीना (c) हस्ताक्षर (d) धनिक

6. 'कथा' का बहुवचन होगा
(a) कथें (b) कथों (c) कथानक (d) कथाएँ

7. निम्नलिखित विकल्पों में से एकवचन शब्द कौन-सा है?
(a) दर्शन (b) नदी (c) घरों (d) लताओं

8. निम्नलिखित में से कौन-सा शब्द दोनों वचनों के समान रहता है?
(a) कथा (b) सरसों (c) लता (d) कुटी

9. किसका प्रयोग सदा बहुवचन में होता है?
(a) दर्शन (b) नारी (c) लता (d) गाय

10. मध्यम पुरुष 'तू' का सही बहुवचन होगा
(a) आप लोग (b) तुम लोग (c) हम (d) ये लोग

11. 'पति' शब्द का अविभक्तिक बहुवचन होता है
(a) पतियों (b) पतिएँ
(c) पति (d) इनमें से कोई नहीं

12. किसका प्रयोग सदैव एकवचन में होता है?
(a) नदी (b) प्रत्येक
(c) साधु (d) घर

13. हिन्दी में वचन होते हैं
(a) 3 (b) 5 (c) 2 (d) 4

14. 'वधु' का बहुवचन रूप होगा
(a) वधु (b) वधुओं
(c) वधुएँ (d) वधुऐं

15. 'कहानी' शब्द का बहुवचन रूप
(a) कहानीयाँ (b) कहानियाँ
(c) कहनियाँ (d) कहानी

उत्तरमाला

1. (a)	2. (c)	3. (a)	4. (b)	5. (c)	6. (d)	7. (b)	8. (b)	9. (a)	10. (b)
11. (c)	12. (b)	13. (c)	14. (c)	15. (b)					

भाषा

मनुष्य अपने विचारों व भावों को बोलकर या लिखकर अभिव्यक्त करता है। अभिव्यक्ति का यही साधन ही भाषा है।

भाषा शब्द 'भाष्' धातु से लिया गया है। इसका अर्थ 'बोलना' होता है। हमारे भावों व विचारों की अभिव्यक्ति के लिए रूढ़ अर्थों में जो ध्वनि संकेतों की व्यवस्था प्रयोग में लाई जाती है, उसे भाषा कहते हैं।

भाषा के दो भेद होते हैं

लिखित भाषा

लिखकर व्यक्त करने वाली भाषा लिखित भाषा कहलाती है। पुस्तकें, अखबार, पत्र लिखना, कम्प्यूटर लिखित भाषा के उदाहरण हैं।

मौखिक भाषा

यह भाषा का प्राचीनतम व अस्थायी रूप होता है। इसके द्वारा विचारों को बोलकर या सुनकर व्यक्त किया जाता है। नाटक, समाचार, टेलीफोन, वार्तालाप आदि मौखिक भाषा के उदाहरण हैं।

मातृभाषा

जिस भाषा को बालक बचपन में अपने माता-पिता से सीखता है, उसे मातृभाषा कहते हैं।

राजभाषा

जब किसी देश में सरकारी काम जिस भाषा में होता है, उसे उस देश की राजभाषा कहते हैं। हिन्दी भारत की राजभाषा है।

राष्ट्रभाषा

भारत में किसी एक भाषा को राष्ट्रभाषा नहीं कहा जा सकता, क्योंकि यहाँ विभिन्न भाषाएँ बोली जाती हैं। 'हिन्दी' यहाँ सम्पर्क भाषा का कार्य करती है।

भारतीय संविधान ने 22 भाषाओं को मान्यता प्रदान की है—संस्कृत, अंग्रेजी, हिन्दी, उर्दू, असमिया, पंजाबी, नेपाली, तमिल, तेलुगू, कन्नड़, गुजराती, बांग्ला, उड़िया, कश्मीरी, कोंकणी, मणिपुरी, मराठी, मलयालम, मैथिली, डोंगरी, बोडो, सन्थाली तथा सिन्धी।

भाषा और बोली

सीमित क्षेत्रों में बोली जाने वाली बोलचाल की भाषा को 'बोली' कहते हैं। बोली भाषा का प्रारम्भिक रूप होती है। यदि कोई बोली विस्तृत क्षेत्र में बोली जाए और उसमें साहित्य होने लगे, तो वह उपभाषा बन जाती है; जैसे-ब्रजभाषा, अवधी, खड़ीबोली आदि। ब्रजभाषा को काव्यभाषा भी कहते हैं। इसमें प्राचीन साहित्य सबसे अधिक मात्रा में उपलब्ध है।

हिन्दी की उपभाषाएँ व बोलियाँ

	उपभाषा	बोलियाँ	मुख्य क्षेत्र
1.	पश्चिमी हिन्दी	खड़ीबोली, हरियाणवी, ब्रज, कन्नौजी, बुन्देली	हरियाणा, उत्तर प्रदेश, दिल्ली
2.	पूर्वी हिन्दी	अवधी, बघेली, छत्तीसगढ़ी	मध्य प्रदेश, छत्तीसगढ़, उत्तर प्रदेश
3.	बिहारी हिन्दी	मैथिली, भोजपुरी, मगही	बिहार, उत्तर प्रदेश
4.	पहाड़ी हिन्दी	कुमाऊँनी, गढ़वाली	उत्तराखण्ड, हिमाचल प्रदेश
5.	राजस्थानी	मारवाड़ी, जयपुरी, मेवाती, मालवी	राजस्थान

अभ्यास प्रश्न

1. हिन्दी की विशिष्ट बोली ब्रजभाषा किस रूप में सबसे अधिक प्रसिद्ध है?
(a) राजभाषा (b) राष्ट्रभाषा
(c) तकनीकी भाषा (d) काव्यभाषा

2. विश्व हिन्दी दिवस कब मनाया जाता है?
(a) 2 अक्टूबर (b) 14 सितम्बर
(c) 10 जनवरी (d) 10 दिसम्बर

3. छत्तीसगढ़ की जननी कौन है?
(a) उत्तर प्रदेश (b) मध्य प्रदेश
(c) आन्ध्र प्रदेश (d) छत्तीसगढ़

4. "वैष्णव जन तो तेणे कहिए' किनका प्रिय भजन है?
(a) सुभाषचन्द्र बोस (b) विवेकानन्द
(c) महात्मा गाँधी (d) सरोजिनी नायडू

5. राष्ट्रगीत के रचयिता हैं
(a) रवीन्द्रनाथ टैगोर (b) बंकिमचन्द्र चटर्जी
(c) इकबाल (d) हरिवंश राय बच्चन

6. 'अवधी' भाषा के सुप्रसिद्ध कवि हैं
(a) सूरदास (b) तुलसीदास
(c) गिरिधरदास (d) केशवदास

7. आन्ध्र प्रदेश में कौन-सी भाषा बोली जाती है?
(a) तमिल (b) तेलुगू
(c) कन्नड़ (d) मलयालम

8. भाषा वाहिका होती है
(a) चरित्र की (b) मन की (c) भावों की (d) धन की

9. कौन-सी भाषा भारोपीय परिवार की नहीं है?
(a) अंग्रेजी (b) हिन्दी
(c) मराठी (d) मलयालम

10. 'बंगदूत' के सम्पादक कौन थे?
(a) ईश्वरचन्द्र विद्यासागर (b) केशवचन्द्र सेन
(c) नवीनचन्द्र राय (d) राजाराम मोहन राय

11. कौन-सा क्षेत्र हिन्दी भाषी नहीं है?
(a) जबलपुर (b) खड्गपुर
(c) गोरखपुर (d) समस्तीपुर

12. भारत की राजभाषा क्या है?
(a) संस्कृत (b) हिन्दी
(c) अंग्रेजी (d) मैथिली

13. भारतीय संविधान में कितनी भाषाओं को मान्यता प्राप्त है?
(a) 11 (b) 14
(c) 18 (d) 22

14. 'ब्रजभाषा' का केन्द्रीय क्षेत्र है
(a) लखनऊ (b) इलाहाबाद
(c) मथुरा (d) वाराणसी

15. हिन्दी को भारत की राजभाषा कब बनाया गया?
(a) 15 अगस्त, 1947 (b) 30 जनवरी, 1948
(c) 14 सितम्बर, 1949 (d) 26 जनवरी, 1950

16. कौन-सी प्राचीन भाषा नहीं है?
(a) अपभ्रंश (b) पंजाबी
(c) प्राकृत (d) संस्कृत

17. कौन-सी बोली बिहार की नहीं है?
(a) भोजपुरी (b) मगही
(c) जयपुरी (d) मैथिली

18. जयपुरी का स्थानीय नाम है
(a) दशार्णी (b) बागड़ी
(c) ढूढ़ाँडी (d) कूर्माञ्चल

19. निम्नलिखित में से कौन-सी लिपि 'देवनागरी' नहीं है?
(a) नेपाली (b) हिन्दी
(c) पंजाबी (d) संस्कृत

20. खड़ी बोली हिन्दी का अन्य सही नाम है
(a) भारती (b) कौरवी
(c) हरियाणवी (d) हिन्दी

21. हिन्दी की आदि जननी क्या है?
(a) पालि (b) संस्कृत
(c) अपभ्रंश (d) प्राकृत

22. कौन-सी हिन्दी की उपभाषा नहीं है?
(a) मराठी (b) पश्चिमी हिन्दी
(c) पूर्वी हिन्दी (d) राजस्थानी

23. हिन्दी किस परिवार की भाषा है?
(a) सामी हामी (b) भारोपीय
(c) काकेसी (d) पापुई

24. निम्नलिखित में से किस भाषा की लिपि देवनागरी नहीं है?
(a) संस्कृत (b) मराठी
(c) तमिल (d) हिन्दी

25. 'टकसाली भाषा' कहते हैं
(a) संस्कृतनिष्ठ भाषा को (b) ग्रामीण भाषा को
(c) परिनिष्ठित भाषा को (d) कृत्रिम भाषा को

26. भारत की सम्पर्क भाषा कौन-सी है?
(a) संस्कृत (b) अंग्रेजी
(c) हिन्दी (d) उर्दू

27. हिन्दी भाषा की उत्पत्ति हुई है
(a) वैदिक संस्कृत (b) लौकिक संस्कृत
(c) शौरसेनी अपभ्रंश (d) प्राकृत

28. मैथिली बोली के लोकप्रिय कवि हैं
(a) तुलसी (b) जायसी
(c) विद्यापति (d) नन्ददास

29. ब्रजभाषा है
(a) पूर्वी हिन्दी (b) पश्चिमी हिन्दी
(c) बिहारी हिन्दी (d) पहाड़ी हिन्दी

30. पश्चिमी हिन्दी की कितनी बोलियाँ हैं?
(a) 3 (b) 5
(c) 4 (d) 2

उत्तरमाला

1.	(d)	2.	(b)	3.	(b)	4.	(c)	5.	(a)	6.	(b)	7.	(b)	8.	(c)	9.	(d)	10.	(d)
11.	(b)	12.	(b)	13.	(d)	14.	(c)	15.	(c)	16.	(b)	17.	(c)	18.	(c)	19.	(c)	20.	(b)
21.	(b)	22.	(a)	23.	(b)	24.	(c)	25.	(c)	26.	(c)	27.	(c)	28.	(c)	29.	(b)	30.	(b)

छत्तीसगढ़ का सामान्य ज्ञान

01 छत्तीसगढ़ राज्य की मूलभूत जानकारी

छत्तीसगढ़ : सामान्य परिचय

छत्तीसगढ़ की स्थापना	1 नवम्बर, 2000
भारतीय संघ में राज्य का स्थान	26वाँ राज्य
राज्य का क्षेत्रफल	1,35,191 वर्ग किमी
राज्य का अक्षांशीय और देशान्तरीय विस्तार	17°46′ उत्तरी अक्षांश से 24°5′ उत्तरी अक्षांश तथा 80°15′ पूर्वी देशान्तर से 84°24′ पूर्वी देशान्तर के मध्य तक।
राज्य की राजधानी	नया रायपुर
राज्य की लम्बाई	उत्तर से दक्षिण की ओर 700-800 किमी
राज्य की चौड़ाई	पूर्व से पश्चिम की ओर 435 किमी
राज्य की जलवायु	उष्णकटिबन्धीय उपार्द्र महाद्वीपीय
राज्य का उच्च न्यायालय	बिलासपुर (देश का 19वाँ)
राज्य भाषा	हिन्दी तथा क्षेत्रीय भाषाएँ प्रमुखत: छत्तीसगढ़ी
राज्य की आकृति	सी-हॉर्स के समान (हिप्पो कैम्पस)
राज्य का राजकीय प्रतीक वाक्य	विश्वसनीय छत्तीसगढ़

छत्तीसगढ़ के प्रतीक चिह्न

राजकीय पशु जंगली भैंस

- मान्यता-4 जुलाई, 2001
- स्थानीय भाषा में कहते हैं-अरना (नर) या अरनी (मादा)।
- पाए जाते हैं-छत्तीसगढ़ के बस्तर जिले में **इन्द्रावती राष्ट्रीय उद्यान** और **उदन्ती अभयारण्य** में पाए जाते हैं।

राजकीय वृक्ष साल (सराय)

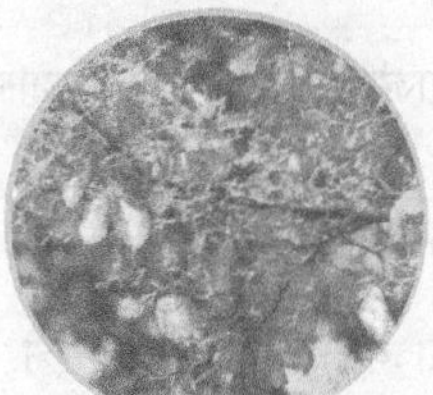

- इस वृक्ष की पत्तियाँ 10-25 सेमी लम्बी और 5-15 सेमी चौड़ी होती हैं।
- नमी वाले क्षेत्रों में यह सदाबहार और शुष्क क्षेत्रों में पर्णपाती है।

राजकीय चिह्न

- छत्तीसगढ़ शासन ने 4 सितम्बर, 2001 को राज्य का प्रतीक चिह्न के रूप में अपनाया।
- यह प्रतीक एक गोलाकार मुहर है, जिसमें चावल की बालियों से घिरे अशोक के सिंह स्तम्भ को दर्शाया गया है।

राजकीय पक्षी पहाड़ी मैना

- छत्तीसगढ़ शासन ने जुलाई, 2001 में राज्य पक्षी के रूप में **बस्तरिया पहाड़ी मैना** को अपनाया।
- वैज्ञानिक नाम-***ग्रेट पेनिन्सुलेरिस***
- **कांगेर घाटी राष्ट्रीय उद्यान** में पहाड़ी मैना की संरक्षित किया जा रहा है।

छत्तीसगढ़ की भौगोलिक सीमा	–	7 राज्य (झारखण्ड, उत्तर प्रदेश, ओडिशा, मध्य प्रदेश, महाराष्ट्र आन्ध्र प्रदेश एवं तेलंगाना) से स्पर्श करती है।
अधिकतम सीमा वाला राज्य	–	ओडिशा
न्यूनतम सीमा वाला राज्य	–	आन्ध्र प्रदेश
राज्य का सबसे बड़ा जिला (क्षेत्रफल)	–	सरगुजा (33 जिलों के अनुसार)

राज्य का सबसे छोटा जिला (क्षेत्रफल)	–	महेन्द्रगढ़-चिरमिरी-भरतपुर
राज्य के कर्क रेखीय जिले	–	महेन्द्रगढ़, चिरमिरी, भरतपुर, कोरिया, बलरामपुर एवं सूरजपुर
राज्य में भारतीय मानक समय रेखा वाले जिले	–	कोरिया, गरियाबन्द, सूरजपुर, कोरवा, जांजगीर चम्पा, बलौदा बाजार, महासमुन्द
राज्य में सम्भाग	–	5 (बिलासपुर, रायपुर, दुर्ग, बस्तर एवं सरगुजा)
राज्य में प्रथम विश्वविद्यालय	–	इन्दिरा कला एवं संगीत विश्वविद्यालय
राज्य के प्रथम राज्यपाल	–	श्री दिनेश नन्दन सहाय
राज्य के प्रथम मुख्यमन्त्री	–	श्री अजीत प्रमोद कुमार जोगी
राज्य के प्रथम मुख्य न्यायाधीश	–	श्री डब्ल्यू.ए. शशांक
राज्य के प्रथम निर्वाचन आयुक्त	–	श्री अजय कुमार सिंह
राज्य के प्रथम विधानसभा अध्यक्ष	–	श्री राजेन्द्र प्रसाद
राज्य के प्रथम लोकायुक्त	–	श्री न्यायमूर्ति कृष्ण मुरारी अग्रवाल
राज्य के प्रथम मुख्य सूचना आयुक्त	–	श्री. ए. के. विजयवर्गीय
राज्य की प्रथम महिला आयोग के अध्यक्ष	–	श्रीमति हेमवन्त पोर्ते
राज्य की प्रथम महिला मन्त्री	–	श्रीमती गीता देवी सिंह
राज्य की प्रथम महिला सांसद	–	मिनीमाता (रायपुर)
राष्ट्रीय उद्यान	–	3 (इन्द्रावती, कांगेर घाटी, गुरु घासीदास)
सर्वाधिक बड़ी नदी	–	महानदी
सर्वाधिक ऊँचा बाँध	–	मिनीमाता बांगों परियोजना (हसदो नदी)
वन्यजीव अभयारण्य	–	11
सर्वाधिक ऊँची चोटी	–	गोरलाटा, सामरीपाट (सरगुजा) (1,225 मी)
राज्य का प्रमुख ध्येय वाक्य	–	'सत्य तथा पारदर्शिता'
राज्य पुलिस वाक्य	–	परित्राणाय साधुनाम
राज्य नगर सेना वाक्य	–	'निष्काम सेवा'
राज्य का स्वास्थ्य नारा	–	समृद्ध और स्वस्थ छत्तीसगढ़

छत्तीसगढ़ का प्राचीन इतिहास

प्रागैतिहासिक काल	पुरापाषाण काल, मध्यपाषाण काल, नवपाषाण काल	रायगढ़ की महानदी घाटी बालोद, कोण्डागाँव छत्तीसगढ़ के अर्जुनी (दुर्ग), चितावडोंगरी
वैदिक काल	ऋग्वैदिक काल (1500-100 ई.पू.), उत्तर वैदिक काल (1000-600 ई.पू.)	छत्तीसगढ़ का कोई विवरण आर्यों का प्रसार छत्तीसगढ़ में कौषितिकीय उपनिषद् में विन्ध्य पर्वत का वर्णन।
रामायण काल	800 ई.पू.-600 ई.पू.	छत्तीसगढ़ का नाम दक्षिण कोसल
महाभारत काल	400 ई.पू.	छत्तीसगढ़ का नाम प्राक्कोसल तथा बस्तर का नाम अरण्य क्षेत्र मिलता है।
बौद्ध काल	छठी शताब्दी ई.पू.	छठी शताब्दी में बौद्ध भिक्षु प्रभु आनन्द ने सिरपुर में **स्वास्तिक विहार** एवं **आनन्द कुटी विहार** का निर्माण।
जैन काल	छठी शताब्दी ई.पू.	भागवती सूत्र के अनुसार कोसल महाजनपद उत्तर कोसल तथा दक्षिण कोसल में बँटा हुआ था।
मौर्यवंश	322-185 ई.पू.	रामगढ़ की पहाड़ी में स्थित **जोगीमारा** की गुफा मौर्यकालीन है। अशोक (मौर्य सम्राट) का मौर्यकालीन प्रतिमा स्थल 'कोटाडोल' महेन्द्रगढ़ चिरमरी-भरतपुर में स्थित है।
क्षेत्रीय राजवंश		राजर्षितुल्य वंश शरभपुरीय वंश, श्रीपुर का पुण्ड वंश, सोमवंश, वाण वंश।

छत्तीसगढ़ का मध्यकालीन प्राचीन इतिहास

कल्चुरि वंश (1000-1741 ई.)	–	• छत्तीसगढ़ का कल्चुरि त्रिपुरी के कल्चुरियों से सम्बन्धित है • संस्थापक-वामराज देव (1000 ई.)
कल्चुरि शाखा	–	रतनपुर के कल्चुरि वंश (कलिंगराज) रायपुर के कल्चुरि वंश (केशवदेव)

महत्त्वपूर्ण कार्य	–	रतनदेव द्वारा रतनपुर नगर की स्थापना का, महामाया मन्दिर का निर्माण, रतनपुर को तालाबों की नगरी के रूप में जाना जाता है।
नाग वंश	–	• संस्थापक – नृपतिभूषण • राजधानी – चक्रकोट • प्रमुख शासक – नृपतिभूषण, धारवर्ष, मधुरान्तक देव, सोमेश्वर देव, सोमेश्वर द्वितीय, जगदेव भूषण, नरसिंह देव
प्रमुख कार्य	–	प्रसिद्ध मन्दिर 'मामा-भाँजा' का निर्माण धार वर्ष के सेनापति चन्द्रादित्य द्वारा कराया गया।
बस्तर के काकतीय वंश	–	• संस्थापक-अन्नम देव था। • अन्तिम काकतीय शासक-प्रवीरचन्द्र भंजदेव
महत्त्वपूर्ण तथ्य	–	• राजा अन्नम देव द्वारा डंकिनी नदी के संगम पर, दन्तेश्वरी मन्दिर का निर्माण करवाया • पुरुषोत्तम देव द्वारा भगवान जगन्नाथ रथ यात्रा व गोचा पर्व आरम्भ किया।

आधुनिक भारत

- छत्तीसगढ़ का अंग्रेजी साम्राज्य में विलय-मार्च, 1854
- प्रथम डिप्टी कमिश्नर — चार्ल्स सी इलियट
- तहसीलदारी व्यवस्था — 1854 ई.
- राजस्व व्यवस्था — 1855 ई.
- 1858 ई. में पुलिस मेन्युअल लागू किया गया।
- 1857 ई. में छत्तीसगढ़ में डाक व्यवस्था का पुनर्गठन किया गया।
- 1862 ई. में ग्रेट ईस्टर्न रोड NH-6 का निर्माण हुआ और वर्ष 1905 में NH-130 का निर्माण

महत्त्वपूर्ण तथ्य छत्तीसगढ़

- छत्तीसगढ़ की सबसे लम्बी नदी — महानदी
- भाण्डदेबल जैन मन्दिर **आरंग** में स्थित है।
- अर्जुन के पुत्र बभ्रुवाहन ने अपनी राजधानी **सिरपुर** बनाई थी।
- महात्मा बुद्ध के दक्षिण कोसल आने का उल्लेख **अवदान शतक** में है।
- छत्तीसगढ़ के राजा विक्रमादित्य 'वाण वंश' से सम्बन्धित थे।
- छत्तीसगढ़ में आदिकालीय अवशेष काबरा **पहाड़** से प्राप्त हुए।
- हजार वर्ष पुराना भीरमदेव शिवाल **कवर्धा** में स्थित है।
- वाल्मीकि ऋषि का आश्रम **तुमसनार** में है।

अभ्यास प्रश्न

1. **छत्तीसगढ़ राज्य का क्षेत्रफल कितना है?**

(a) 1,35,191 (b) 2,35,361
(c) 1,34,363 (d) 1,38,361

2. **छत्तीसगढ़ की उत्तर से दक्षिण की कुल लम्बाई कितनी है?**

(a) 400-500 किमी (b) 300-500 किमी
(c) 700-800 किमी (d) 650-700 किमी

3. **छत्तीसगढ़ राज्य का निम्नलिखित में से अक्षांशीय विस्तार कितना है?**

(a) 17°46′ से 24°5′ उत्तरी अक्षांश
(b) 17°46′ से 25°5′ उत्तरी अक्षांश
(c) 80°15′ से 84°51′ उत्तरी अक्षांश
(d) 18°46′ से 25°5′ उत्तरी अक्षांश

4. **छत्तीसगढ़ राज्य की सबसे लम्बी सीमा किस राज्य के साथ लगती है?**

(a) ओडिशा (b) झारखण्ड
(c) उत्तर प्रदेश (d) मध्य प्रदेश

5. **छत्तीसगढ़ राज्य की जलवायु निम्नलिखित में से किस प्रकार की है?**

(a) उष्णकटिबन्धीय उपार्द्र महाद्वीपीय
(b) उष्णकटिबन्धीय आर्द्र जलवायु
(c) उपोष्ण कटिबन्धीय जलवायु
(d) उपरोक्त में से कोई नहीं

6. **छत्तीसगढ़ का उच्च न्यायालय भारत का कौन-सा न्यायालय है?**

(a) 18वाँ (b) 19वाँ
(c) 20वाँ (d) 24वाँ

7. **निम्नलिखित में से छत्तीसगढ़ राज्य के प्रथम राज्यपाल कौन हैं?**

(a) दिनेश नन्दन सहाय (b) ई.एल.एस. नरसिंहन
(c) के.एम.सेठ (d) शेखर दत्त

8. **छत्तीसगढ़ राज्य का राजकीय प्रतीक वाक्य निम्नलिखित में से कौन-सा है?**

(a) विश्वसनीय छत्तीसगढ़ (b) महान छत्तीसगढ़
(c) विशाल छत्तीसगढ़ (d) सबसे आगे छत्तीसगढ़

9. छत्तीसगढ़ की राजकीय पशु जंगली भैंस का वैज्ञानिक नाम क्या है?

(a) *वैबुलस क्यूवैलिस* (b) *बोस टॉरस*
(c) *इक्वस कैबेलस* (d) इनमें से कोई नहीं

10. छत्तीसगढ़ का राजकीय पक्षी निम्नलिखित में से कौन-सा है?

(a) जंगली गौरेया (b) पहाड़ी मैना
(c) सारस (d) जंगली बत्तख

11. छत्तीसगढ़ की भौगोलिक सीमा कितने राज्यों से लगती है?

(a) 8 (b) 6 (c) 7 (d) 5

12. छत्तीसगढ़ राज्य से लगने वाली सबसे छोटी सीमा किस राज्य की है?

(a) झारखण्ड (b) पश्चिम बंगाल
(c) आन्ध्र प्रदेश (d) मध्य प्रदेश

13. राज्य का प्रथम विश्वविद्यालय निम्नलिखित में से कौन-सा है?

(a) पण्डित रविशंकर शुक्ल विश्वविद्यालय
(b) इन्दिरा कला एवं संगीत विश्वविद्यालय
(c) महर्षि विश्वविद्यालय
(d) छत्तीसगढ़ महाविश्वविद्यालय

14. भारतीय संघ में छत्तीसगढ़ का स्थान कौन-सा है?

(a) 24वाँ (b) 25वाँ (c) 27वाँ (d) 26वाँ

15. छत्तीसगढ़ के प्रथम मुख्य न्यायाधीश निम्नलिखित में से कौन हैं?

(a) श्री डब्ल्यू. ए. शशांक (b) राम नरेश यादव
(c) बलरामजी दास टण्डन (d) सुश्री अनुसूईया उइके

16. छत्तीसगढ़ के प्रथम निर्वाचन आयुक्त निम्नलिखित में से कौन हैं?

(a) अजय कुमार सिंह (b) वी.एस. रामदेवी
(c) ठाकुर राम सिंह (d) रीना बाबासाहेब कंगाले

17. छत्तीसगढ़ राज्य की सर्वाधिक लम्बी नदी कौन-सी है?

(a) महानदी (b) शिवनाथ
(c) खारून (d) माण्ड

18. भाण्डदेवल जैन मन्दिर कहाँ स्थित है?

(a) सारंगगढ़ (b) आरंग
(c) कवर्धा (d) बालोद

19. किस नलवंशी राजा ने 'राजीवलोचन मन्दिर' राजिम में बनवाया?

(a) अर्थपति (b) विलासतुंग
(c) रत्नदेव (d) भवदत्त

20. अर्जुन के पुत्र बभ्रुवाहन ने अपनी राजधानी बनाई

(a) रतनपुर (b) कवर्धा
(c) लीलर (d) सिरपुर

21. कल्चुरि साम्राज्य की स्थापना हुई थी

(a) 1000 ई. (b) 1200 ई
(c) 600 ई. (d) 100 ई.

22. छत्तीसगढ़ का उल्लेख 'प्राक्कोसल' के रूप में किया गया है

(a) रामायण में (b) महाभारत में
(c) पुराण में (d) इनमें से कोई नहीं

23. छत्तीसगढ़ में 1854 ई. से कौन-सा काल प्रारम्भ हुआ?

(a) गुप्तकाल (b) मुगलकाल
(c) ब्रिटिश काल (d) मौर्यकाल

24. चीनी यात्री ह्वेनसाँग सिरपुर कब आया था?

(a) 1639 ई. (b) 69 ई.
(c) 639 ई. (d) 63 ई.

25. अशोक (मौर्य सम्राट) का मौर्यकालीन प्रतिमा स्थल 'कोटाडोल' कहाँ स्थित है?

(a) सरगुजा (b) महेन्द्रगढ़-चिरमिरी-भरतपुर
(c) कोरबा (d) रायगढ़

26. महात्मा बुद्ध के दक्षिण कोसल आने का उल्लेख किस बौद्ध ग्रन्थ में है?

(a) दिव्यावदान (b) अवदान शतक
(c) मिलिन्दपन्हो (d) ललित विस्तार

27. 'रतनपुर राज' के नाम से यह क्षेत्र कब जाना जाता था?

(a) गुप्तकाल में (b) मुगलकाल में
(c) रामायण काल में (d) इनमें से कोई नहीं

28. छत्तीसगढ़ के राजा विक्रमादित्य किस वंश से सम्बन्धित थे?

(a) राजर्षितुल्य कुल (b) सोमवंश
(c) बाणवंश (d) शैलवंश

29. महाकान्तार की पहचान किस क्षेत्र से की जाती है?

(a) महानदी घाटी का क्षेत्र
(b) बस्तर-सिहावा का जंगली प्रदेश
(c) रायगढ़ का क्षेत्र
(d) उपरोक्त में से कोई नहीं

30. छत्तीसगढ़ को पौराणिक काल में कहा जाता था

(a) उत्तर कोसल (b) कोसल
(c) दक्षिण कोसल (d) झारखण्ड

31. महापाषाणयुगीन अवशेष मिले हैं

(a) सिंघनपुर (b) टेरस (रायगढ़)
(c) रामगढ़ (सरगुजा) (d) धनौरा (दुर्ग)

32. आदिकालीन अवशेष पाए जाते हैं

(a) डोंगरगढ़ में (b) मैकल में
(c) रामगढ़ में (d) काबरा पहाड़ में

33. हजार वर्ष पुराना भोरमदेव शिवालय कहाँ स्थित है?

(a) कवर्धा (b) सिरपुर
(c) आरंग (d) रतनपुर

34. 'तारा' सर्वश्रेष्ठ धातु प्रतिमा वर्तमान में किस संग्रहालय में है?
(a) अमेरिका के संग्रहालय
(b) रूस के संग्रहालय
(c) दुर्ग संग्रहालय
(d) महन्त घासीदास संग्रहालय रायपुर

35. वर्ष 1947 की स्थिति में छत्तीसगढ़ में कितनी रियासतें थीं?
(a) 14 (b) 33 (c) 36 (d) 13

36. स्वतन्त्रता के समय छत्तीसगढ़ की सबसे बड़ी रियासत थी?
(a) रायगढ़ (b) सक्ती (c) बस्तर (d) सरगुजा

37. छत्तीसगढ़ मे शैलवंश के संस्थापक कौन थे?
(a) पृथ्वीवर्धन (b) जयवर्धन
(c) श्री वर्धन (d) इनमें से कोई नहीं

38. मिनीमाता का जन्म किस प्रदेश में हुआ था?
(a) छत्तीसगढ़ (b) मध्य प्रदेश
(c) असम (d) राजस्थान

39. छत्तीसगढ़ के प्रथम सूबेदार कौन थे?
(a) विट्ठलराव दिनकर (b) महीपतराव दिनकर
(c) यादवराव दिवाकर (d) कृष्णाराव अप्पा

40. वाल्मीकि ऋषि का आश्रम कहाँ था?
(a) तुमगाँव (b) तुमसनार (c) तुस्तुरिया (d) खरौद

41. राजा चक्रधरसिंह का सम्बन्ध किस रियासत से था?
(a) सरगुजा (b) सारंगगढ़
(c) रायगढ़ (d) चित्तौड़गढ़

42. फणि नागवंशियों की राजधानी कहाँ थी?
(a) सम्बलपुर (उड़ीसा) (b) कवर्धा (कबीरधाम)
(c) सिरपुर (महासमुन्द) (d) अन्तागढ़ (कांकेर)

43. मिनीमाता का वास्तविक नाम था?
(a) शताक्षी (b) साक्षी (c) मीनाक्षी (d) रजमन

44. महात्मा गाँधी की छत्तीसगढ़ यात्रा हुई थी
(a) वर्ष 1920 और 1933 में (b) वर्ष 1920 और 1930 में
(c) वर्ष 1930 और 1933 में (d) वर्ष 1920 और 1944 में

45. छत्तीसगढ़ की पुरानी राजधानी थी
(a) तुम्मान (b) रतनपुर
(c) सिरपुर (d) ये सभी

46. छत्तीसगढ़ की राजधानी है
(a) रायपुर (b) बिलासपुर
(c) सिरपुर (d) रतनपुर

47. किस किले को 'छत्तीसगढ़ का चित्तौड़गढ़' कहते हैं?
(a) फिंगेश्वर (b) लाफागढ़ (c) रामगढ़ (d) विजयपुर

48. शहीद गेंद सिंह की जमींदारी थी
(a) परलकोट (b) पानाबरस
(c) सोनाखान (d) अकलतरा

49. शहीद वीरनारायण सिंह की जमींदारी थी
(a) परलकोट (b) पानाबरस
(c) सोनाखान (d) अकलतरा

50. भूमकाल विद्रोह के नायक थे
(a) हनुमान सिंह (b) बीर गुण्डाधूर
(c) गेंद सिंह (d) अर्जुन सिंह

51. 'भगवान राम' का ननिहाल कहाँ माना जाता है?
(a) उत्तर प्रदेश (b) छत्तीसगढ़
(c) उत्तरांचल (d) मध्य प्रदेश

52. ह्वेनसाँग के सिरपुर आने का कारण था?
(a) उद्योग (b) बौद्ध धर्म
(c) धार्मिक प्रचार (d) व्यापार

53. गुप्तकाल की मुद्राएँ प्राप्त हुई हैं
(a) बानाबरद (दुर्ग) (b) रामगढ़ (सरगुजा)
(c) कोटाडोल (कोरिया) (d) सिंघनपुर (रायगढ़)

54. बाणासुर की राजधानी किस नगरी को कहते हैं?
(a) सिरपुर (b) बारसूर (c) कवर्धा (d) रतनपुर

55. 'मेघदूत' में उल्लेखित रामगिरि कहाँ है?
(a) जशपुर (b) सरगुजा
(c) कोरिया (d) कबीरधाम

उत्तरमाला

1. (a)	2. (c)	3. (a)	4. (a)	5. (a)	6. (b)	7. (a)	8. (a)	9. (a)	10. (a)
11. (c)	12. (c)	13. (b)	14. (d)	15. (a)	16. (a)	17. (a)	18. (b)	19. (b)	20. (d)
21. (a)	22. (b)	23. (c)	24. (c)	25. (b)	26. (b)	27. (b)	28. (c)	29. (b)	30. (c)
31. (d)	32. (d)	33. (a)	34. (a)	35. (a)	36. (c)	37. (c)	38. (c)	39. (b)	40. (c)
41. (c)	42. (b)	43. (c)	44. (a)	45. (d)	46. (a)	47. (b)	48. (a)	49. (c)	50. (b)
51. (b)	52. (b)	53. (a)	54. (b)	55. (b)					

02 भौगोलिक सीमाएँ, स्थिति एवं विस्तार

छत्तीसगढ़ की भौगोलिक स्थिति

छत्तीसगढ़ का क्षेत्रफल	1.35 लाख वर्ग किमी, सम्पूर्ण भारत के क्षेत्रफल का 4.11%
स्थिति एवं विस्तार	छत्तीसगढ़ 17°46' उत्तरी अक्षांश से 24°5' उत्तरी अक्षांश तथा 80°15' पूर्वी देशान्तर से 84°25' पूर्वी देशान्तर रेखाओं के मध्य स्थित है।
आकृति	राज्य की आकृति समुद्री घोड़े (सी हॉर्स) या हिप्पोकैम्पस की आकृति के समान है।
राज्य की स्थिति	यह राज्य मध्य प्रदेश के दक्षिण-पूर्व में स्थित है।
कर्क रेखा	राज्य के चार 4 जिलों मनेन्द्रगढ़-भरतपुर, चिरमिरी-कोरिया, सूरजपुर और बलरामपुर से गुजरती है।
भारतीय मानक समय	7 जिलों से होकर गुजरता है।
भौगोलिक सीमा	छत्तीसगढ़ **7 राज्यों के साथ सीमा** बनाता है। इसके उत्तर में उत्तर प्रदेश, उत्तर-पूर्व में झारखण्ड, उत्तर-पश्चिम में मध्य प्रदेश, दक्षिण में आन्ध्र प्रदेश, पूर्व में ओडिशा, पश्चिम में महाराष्ट्र एवं दक्षिण-पश्चिम में तेलंगाना राज्य स्थित हैं।

महत्त्वपूर्ण तथ्य

सीमा विस्तार	• 3 राज्यों के साथ सीमा बनाने वाले जिले-बलरामपुर व सुकमा • 2 राज्यों के साथ सीमा बनाने वाले जिले-जशपुर,, राजनान्दगाँव तथा बीजापुर • छत्तीसगढ़ का **घमतरी** सबसे कम अन्तर्राज्यीय सीमा वाला जिला है।
विभिन्न राज्यों से लगने वाली सीमा	• उत्तर प्रदेश-(1 जिला) बलरामपुर • झारखण्ड-(2 जिले) बलरामपुर, जशपुर • आन्ध्र प्रदेश-(1 जिला) सुकमा • ओडिशा-(9 जिले) जशपुर, रायगढ़, महासमुन्द, धमतरी, गरियाबन्द, बस्तर, सुकमा, कोण्डगाँव, सारंगठ • महाराष्ट्र-(5 जिले) रामनान्दगाँव, नारायणपुर, मोहला-मानपुर-अम्बागढ़ चौकी, बीजापुर, कांकेर

अभ्यास प्रश्न

1. छत्तीसगढ़ राज्य भारत के क्षेत्रफल का कितना प्रतिशत है?

(a) 2.12% (b) 0.14% (c) 4.11% (d) 7.18%

2. कर्क रेखा निम्न में से कौन-से जिले से गुजरती है?

(a) कोरिया (b) सूरजपुर (c) बलरामपुर (d) ये सभी

3. छत्तीसगढ़ राज्य का सबसे अधिक अन्तर्राज्यीय सीमा वाला जिला कौन-सा है?

(a) धमतरी (b) दन्तेवाड़ा
(c) बलरामपुर (d) बलौदा बाजार

4. छत्तीसगढ़ राज्य के कितने जिलों की सीमा किसी भी राज्य को स्पर्श नहीं करती?

(a) 12 जिले (b) 11 जिले
(c) 7 जिले (d) 14 जिले

5. क्षेत्रफल की दृष्टि से भारत के राज्यों में छत्तीसगढ़ का कौन-सा स्थान है?

(a) 12वाँ (b) 13वाँ
(c) 9वाँ (d) 11वाँ

6. छत्तीसगढ़ राज्य कितने उत्तरी अक्षांश के मध्य स्थित है?

(a) 17°46' उत्तरी अक्षांश से 24°5' उत्तरी अक्षांश तक
(b) 15°43' उत्तरी अक्षांश से 25°11' उत्तरी अक्षांश तक
(c) 85°52' उत्तरी अक्षांश से 43°18' उत्तरी अक्षांश तक
(d) 45°13' उत्तरी अक्षांश से 56°12' उत्तरी अक्षांश तक

7. भौतिक विभाजन के आधार पर छत्तीसगढ़ राज्य स्थित है

(a) प्रायद्वीपीय पठार (b) दक्षिण का मैदान
(c) उत्तर का मैदान (d) पश्चिम का पठार

8. छत्तीसगढ़ राज्य की आकृति किसके समान है?

(a) ऊँट के समान (b) जेबरा के समान
(c) शेर के समान (d) समुद्री घोड़े के समान

9. भारतीय मानक समय रेखा (IST) छत्तीसगढ़ के कितने जिलों से होकर गुजरती है?

(a) 6 (b) 5
(c) 7 (d) 2

10. छत्तीसगढ़ के उत्तर-पश्चिम में कौन-सा राज्य स्थित है?

(a) झारखण्ड (b) मध्य प्रदेश
(c) आन्ध्र प्रदेश (d) ओडिशा

11. छत्तीसगढ़ राज्य कितने देशों की सीमा को स्पर्श करता है?

(a) 2 (b) 4
(c) 3 (d) एक भी नहीं

12. छत्तीसगढ़ राज्य कितने राज्यों की सीमा को स्पर्श करता है?

(a) 5 (b) 6
(c) 7 (d) 8

13. IMT और कर्क रेखा किस जिले से गुजरती है?

(a) बलरामपुर (b) सूरजपुर
(c) कोरिया (d) सरगुजा

14. छत्तीसगढ़ में पूर्ण जैविक जिलों की संख्या है

(a) 10 (b) 11
(c) 14 (d) 5

15. कर्क रेखा की स्थिति के अनुसार, छत्तीसगढ़ किस कटिबन्ध में स्थित है?

(a) उष्णकटिबन्ध व शीतोष्ण कटिबन्ध
(b) उष्णकटिबन्ध
(c) शीतोष्ण कटिबन्ध
(d) शीतोष्ण एवं उष्णकटिबन्ध

16. झारखण्ड की सीमा पर अवस्थित जिले हैं

(a) रायगढ़ व जाँजगीर (b) महासमुन्द व रायगढ़
(c) बलरामपुर व जशपुर (d) कोरबा व बिलासपुर

17. छत्तीसगढ़ राज्य में पंखाकार आकृति किसकी है?

(a) महानदी मैदान (b) विशाल पठार
(c) सम्पूर्ण राज्य (d) सरगुजा जिला

18. कौन-सी मिट्टी को भवन निर्माण मिट्टी कहा जाता है?

(a) काली मिट्टी (b) लैटेराइट मिट्टी
(c) लाल-पीली मिट्टी (d) बलुई-मिट्टी

19. सरगुजा बेसिन में कौन-सा महत्त्वपूर्ण खनिज प्रमुख रूप से पाया जाता है?

(a) लोहा (b) कोयला
(c) चूना (d) अभ्रक

20. छत्तीसगढ़ की सीमा किस राज्य से लगती है?

(a) उत्तर प्रदेश (b) बिहार
(c) गुजरात (d) राजस्थान

21. छत्तीसगढ़ राज्य की सीमा किस राज्य से नहीं लगती है?

(a) उत्तर प्रदेश (b) झारखण्ड
(c) ओडिशा (d) बिहार

22. छत्तीसगढ़ का हृदयस्थल किस प्राकृतिक प्रदेश को माना जाता है?

(a) महानदी बेसिन (b) बस्तर बेसिन
(c) सरगुजा बेसिन (d) शबरी बेसिन

23. नक्सली घटना में चर्चा में आई 'दरभाघाटी' किस जिले में है?
(a) बस्तर (b) दन्तेवाड़ा
(c) सुकमा (d) बीजापुर

24. बीजापुर जिले में किस समूह की चट्टानें पाई जाती हैं?
(a) कड़प्पा शैल समूह (b) गोण्डवाना शैल समूह
(c) धारवाड़ शैल समूह (d) विन्ध्यन शैल समूह

25. छत्तीसगढ़ मध्य प्रदेश व महाराष्ट्र को मिलाकर मध्य प्रान्त का गठन कब हुआ?
(a) 1861 ई. (b) 1862 ई.
(c) 1863 ई. (d) 1864 ई.

26. महाराष्ट्र की सीमा पर कौन-सा जिला अवस्थित नहीं है?
(a) राजनान्दगाँव व कांकेर (b) नारायणपुर व बीजापुर
(c) 'a' और 'b' दोनों (d) कोरिया व बिलासपुर

27. छत्तीसगढ़ राज्य का ढाल किस ओर है?
(a) पूर्व (b) पश्चिम
(c) उत्तर (d) दक्षिण

28. छत्तीसगढ़ के किस जिले में तेलिन घाटी स्थित है?
(a) बस्तर (b) नारायणपुर
(c) कांकेर (d) कोण्डागाँव

29. जशपुर पाट प्रदेश महानदी अपवाह तन्त्र में शामिल है, इसका मुख्य खनिज क्या है?
(a) बॉक्साइट (b) चूना
(c) लौह (d) कोयला

30. प्राकृतिक विभाजन के आधार पर छत्तीसगढ़ को कितने भागों में बाँटा गया है?
(a) 3 (b) 4
(c) 5 (d) 6

31. जैव-भौगोलिक दृष्टिकोण से छत्तीसगढ़ राज्य किस क्षेत्र का हिस्सा है?
(a) भूमध्य सागरीय क्षेत्र (b) आर्कटिक जैव क्षेत्र
(c) दक्कन जैव क्षेत्र (d) अरब जैव क्षेत्र

32. छत्तीसगढ़ राज्य का क्षेत्रफल कितना है?
(a) 1,34,363 (b) 2,35,361
(c) 1,38,361 (d) 1,35,191

33. छत्तीसगढ़ मध्य प्रान्त का एक सम्भाग कब बना?
(a) 1861 ई. (b) 1862 ई.
(c) 1863 ई. (d) 1864 ई.

34. झारखण्ड व तेलंगाना से छत्तीसगढ़ के कितने जिलों की सीमा लगती है?
(a) 1 (b) 2 (c) 3 (d) 4

35. बैकुण्ठपुर किस रेखा के सर्वाधिक निकट है?
(a) कर्क रेखा (b) मकर रेखा
(c) भूमध्य रेखा (d) इनमें से कोई नहीं

36. उत्तर प्रदेश की सीमा पर अवस्थित जिला है
(a) कोरिया (b) सरगुजा
(c) जशपुर (d) बलरामपुर

37. कड़प्पा शैल समूह से निर्मित है
(a) छत्तीसगढ़ का मैदान (b) कन्हार बेसिन
(c) मैकाल श्रेणी (d) सतपुड़ा श्रेणी

38. आन्ध्र प्रदेश की सीमा पर अवस्थित जिला है
(a) बस्तर (b) नारायणपुर
(c) सुकमा (d) रायपुर

39. छत्तीसगढ़ राज्य में कितने जिलों को पूर्ण रूप से अनुसूचित क्षेत्र में शामिल किया गया है?
(a) 12 (b) 13
(c) 14 (d) 15

40. छत्तीसगढ़ राज्य किस प्राकृतिक सम्पदा से सम्पन्न राज्य है?
(a) खनिज (b) वन
(c) पशुधन (d) जल

41. छत्तीसगढ़ की भू-संरचना में आर्कियन/आद्य महाकल्प का सर्वाधिक हिस्सा है, यह कितना प्रतिशत है?
(a) 20% (b) 35%
(c) 50% (d) 100%

42. छत्तीसगढ़ के मानचित्र को देखने से आकृति दिखती है?
(a) समुद्री मछली (b) समुद्री घोड़ा
(c) ऊँट जैसी (d) हाथी के समान

43. सोनभद्र, बदरगढ़ तथा देवसानी किस पर्वत श्रेणी की प्रमुख चोटी है?
(a) मैकाल पर्वत (b) सतपुड़ पर्वत
(c) रामगढ़ पर्वत (d) कुदरगढ़ पर्वत

44. मैकाल श्रेणी का ढाल किस ओर है?
(a) दक्षिण से उत्तर (b) पश्चिम से पूर्व
(c) उत्तर से दक्षिण (d) इनमें से कोई नहीं

45. छत्तीसगढ़ मे दक्षिण की ओर किस पठार का ढाल है?
(a) बस्तर पठार (b) सरगुजा पठार
(c) जशपुर पठार (d) इनमें से कोई नहीं

46. छत्तीसगढ़ में कौन-सा जिला सर्वाधिक 7 जिलों को स्पर्श करता है?
(a) रायपुर (b) कोरबा
(c) बलौदा बाजार (d) धमतरी

47. छत्तीसगढ़ में किस पठार का विस्तार 29 प्रतिशत भाग में है?
(a) सरगुजा पठार (b) जशपुर पठार
(c) दण्डकारण्य पठार (d) मैनपाट

48. छत्तीसगढ़ के पड़ोसी राज्यों में सबसे बड़ा राज्य है
(a) झारखण्ड (b) मध्य प्रदेश
(c) ओडिशा (d) महाराष्ट्र

49. 23 – 5° उत्तरी अक्षांश वाली कर्क रेखा कहाँ से गुजरती है?
(a) प्रतापपुर (b) रायपुर (c) जशपुर (d) कवर्धा

50. छत्तीसगढ़ की पूर्व-पश्चिम कुल लम्बाई है
(a) 200 किमी (b) 300 किमी
(c) 435 किमी (d) 500 किमी

51. वर्ष 1962 में तिब्बतियों को किस पाट में बसाया गया है?
(a) सामरी पाट (b) जशपुर पाट
(c) मैनपाट (d) लहसुन पाट

52. छत्तीसगढ़ राज्य का पूर्वी देशान्तरीय विस्तार है
(a) 18°15' से 24°5' देशान्तर
(b) 80°15' से 83°51' देशान्तर
(c) 80°15' से 84°25' देशान्तर
(d) 17°46' से 24°6' देशान्तर

53. कर्क रेखा छत्तीसगढ़ के किस जिले से नहीं गुजरती?
(a) मनेन्द्रगढ़-भरतपुर (b) जसपुर
(c) चिरमिरी-कोरिया (d) सूरजपुर

54. नवनिर्मित मनेन्द्रगढ़-चिरमिरी-भरतपुर जिला राज्य के किस दिशा में स्थित है?
(a) पश्चिम (b) उत्तर-पश्चिम
(c) पूर्व (d) उत्तर

55. छत्तीसगढ़ राज्य के साथ सबसे कम सीमा है
(a) उत्तर प्रदेश (b) ओडिशा
(c) मध्य प्रदेश (d) झारखण्ड

56. निम्नलिखित में से कौन-सा विन्ध्यन श्रेणी से सम्बन्धित है?
(a) कैमूर (b) बैलाडीला
(c) महादेव (d) मिकिर

57. छत्तीसगढ़ का कौन-सा जिला पूर्व में स्थित है?
(a) रायगढ़ (b) महासमुन्द
(c) जशपुर (d) बलरामपुर

58. निम्नलिखित में से कौन सामरी पाट का सर्वोच्च शिखर है?
(a) बैलाडीला (b) डोंगर
(c) गौरलाटा (d) धारीडोंगर

59. छत्तीसगढ़ मध्य प्रदेश के किस दिशा में है?
(a) उत्तर (b) दक्षिण-पूर्व (c) दक्षिण (d) पश्चिम

60. सोनबरा पहाड़ किस जिले में स्थित है?
(a) गरियाबन्द (b) बिलासपुर
(c) रायगढ़ (d) मुंगेली

61. गोदावरी नदी बेसिन का भाग है
(a) छत्तीसगढ़ का मैदान (b) दण्डकारण्य
(c) उत्तरी सरगुजा (d) कोरिया पठार

62. छत्तीसगढ़ राज्य के साथ सबसे लम्बी सीमा है
(a) उत्तर प्रदेश (b) ओडिशा
(c) मध्य प्रदेश (d) झारखण्ड

63. रामगिरि की पहाड़ियाँ किस पर्वत शृंखला का भाग हैं?
(a) सतपुड़ा (b) मैकाल
(c) विन्ध्याचल (d) बस्तर की पहाड़ी

64. जशपुर-सामरी पाट प्रदेश का ढाल किस दिशा में है?
(a) पूर्व-पश्चिम (b) उत्तर-दक्षिण
(c) दक्षिण-पूर्व (d) दक्षिण-उत्तर

65. छत्तीसगढ़ राज्य के प्रतीक चिह्न में शामिल हैं
(a) अशोक स्तम्भ (b) ऊर्जा के प्रतीक
(c) सत्यमेव जयते (d) ये सभी

66. छत्तीसगढ़ के पूर्वोत्तर में स्थित प्रदेश (राज्य) है
(a) झारखण्ड (b) उत्तर प्रदेश
(c) ओडिशा (d) महाराष्ट्र

67. छत्तीसगढ़ के कुल कितने जिले भू-आवेष्ठित अन्तर्राज्यीय सीमा विहीन हैं?
(a) 7 (b) 9
(c) 11 (d) 13

68. छत्तीसगढ़ में पाया जाने वाला चूना-पत्थर किस समय का है?
(a) निम्न विन्ध्यन (b) ऊपरी विन्ध्यन
(c) गोण्डवाना (d) टर्शियरी

69. सबसे ऊँची चोटी वाला पाट प्रदेश है
(a) सामरी पाट (b) मैनपाट
(c) जशपुर पाट (d) जारंग पाट

70. 'मधेश्वर पहाड़' किस जिले में है?
(a) सूरजपुर (b) जशपुर
(c) सरगुजा (d) कांकेर

71. छत्तीसगढ़ में सबसे बड़ा पाट प्रदेश कौन-सा है?
(a) मैनपाट (b) जशपुर पाट
(c) पण्डरा पाट (d) सामरी पाट

72. विश्व का सबसे बड़ा लौह-अयस्क निक्षेप कहाँ है?
(a) छत्तीसगढ़ (बैलाडीला) (b) झारखण्ड (धनबाद)
(c) केरल (d) ओडिशा

73. छत्तीसगढ़ में सबसे छोटा प्राकृतिक प्रदेश है
(a) जशपुर-सामरी पाट (b) महानदी बेसिन
(c) सरगुजा बेसिन (d) बस्तर बेसिन

74. विन्ध्याचल पर्वत श्रृंखला छत्तीसगढ़ राज्य की किस दिशा में है?
(a) उत्तर (b) दक्षिण (c) पूर्व (d) पश्चिम

75. छत्तीसगढ़ में किन जिलों के नाम और मुख्यालय में अन्तर है
(a) सरगुजा (b) कोरिया (c) बस्तर (d) ये सभी

76. ओडिशा से सर्वाधिक लम्बी सीमा बनाने वाला जिला है
(a) गरियाबन्द (b) जशपुर
(c) महासमुन्द (d) रायगढ़

77. छत्तीसगढ़ राज्य के देशान्तरीय विस्तार की तुलना में अक्षांशीय विस्तार कैसा है?
(a) कम है (b) अधिक है
(c) बराबर है (d) अतिरिक्त है

78. छत्तीसगढ़ राज्य के पश्चिम में स्थित राज्य है
(a) उत्तर प्रदेश व झारखण्ड (b) आन्ध्र प्रदेश व ओडिशा
(c) मध्य प्रदेश व महाराष्ट्र (d) गुजरात व महाराष्ट्र

79. छत्तीसगढ़ राज्य के किस नगर में प्रदेश के प्रथम सोलर पार्क की स्थापना की गई है?
(a) कवर्धा (b) भिलाई (c) सूरजपुर (d) रायपुर

80. छत्तीसगढ़ राज्य की मुख्य पहचान है
(a) नगरीयकरण (b) नक्सली समस्या
(c) आदिवासी संस्कृति (d) छोटा राज्य

81. छत्तीसगढ़ राज्य की किस दिशा में आन्ध्र प्रदेश है?
(a) उत्तर (b) दक्षिण
(c) पूर्व (d) पश्चिम

82. निम्न में से कौन-सा कर्क रेखा के सर्वाधिक निकट है?
(a) बैकुंठपुर (b) रायगढ़ (c) कवर्धा (d) कोरबा

83. दुबे आयोग की सिफारिश के बावजूद किस जिले को बनने में 9 वर्ष लगे?
(a) बलरामपुर (b) नारायणपुर
(c) बिलासपुर (d) बलौदा बाजार

84. 'छाता पहाड़' किस जिले में है?
(a) राजनान्दगाँव (b) बलौदा बाजार
(c) कवर्धा (d) बस्तर

85. छुरी की पहाड़ियों का अधिकांश भाग किस जिले में विस्तृत हैं?
(a) कोरबा (b) मुंगेली
(c) बिलासपुर (d) कबीरधाम

86. छत्तीसगढ़ में सबसे ऊँचा प्राकृतिक प्रदेश कौन-सा है?
(a) महानदी बेसिन (b) जशपुर-सामरी पाट
(c) दण्डकारण्य (d) हसदो बेसिन

87. गोण्डवाना कल्प में मुख्य खानें हैं
(a) कोयला (b) यूरेनियम
(c) सोना (d) लोहा

88. छत्तीसगढ़ राज्य किसकी सीमा से नहीं लगा है?
(a) आन्ध्र प्रदेश व ओडिशा (b) झारखण्ड व उत्तर प्रदेश
(c) महाराष्ट्र व मध्य प्रदेश (d) राजस्थान एवं उत्तराखण्ड

89. रामानुजगंज स्थित है
(a) कर्क रेखा के उत्तर में
(b) कर्क रेखा के दक्षिण में
(c) कर्क रेखा के पूर्व में
(d) कर्क रेखा के पश्चिम में

उत्तरमाला

1. (c)	2. (d)	3. (c)	4. (b)	5. (c)	6. (a)	7. (a)	8. (d)	9. (c)	10. (b)
11. (d)	12. (c)	13. (b)	14. (d)	15. (b)	16. (c)	17. (a)	18. (b)	19. (b)	20. (a)
21. (d)	22. (a)	23. (a)	24. (c)	25. (a)	26. (d)	27. (a)	28. (d)	29. (a)	30. (b)
31. (c)	32. (d)	33. (b)	34. (b)	35. (a)	36. (d)	37. (a)	38. (c)	39. (b)	40. (a)
41. (c)	42. (b)	43. (a)	44. (b)	45. (a)	46. (c)	47. (c)	48. (b)	49. (a)	50. (c)
51. (c)	52. (c)	53. (b)	54. (b)	55. (a)	56. (a)	57. (c)	58. (c)	59. (b)	60. (a)
61. (b)	62. (b)	63. (c)	64. (c)	65. (d)	66. (a)	67. (c)	68. (a)	69. (a)	70. (b)
71. (b)	72. (a)	73. (a)	74. (a)	75. (d)	76. (a)	77. (b)	78. (c)	79. (d)	80. (c)
81. (b)	82. (a)	83. (b)	84. (b)	85. (a)	86. (b)	87. (a)	88. (d)	89. (a)	

03 राज्य निर्माण सम्बन्धित तथ्य

- छत्तीसगढ़ राज्य का गठन **1 नवम्बर, 2000** को हुआ था।
- मध्य प्रदेश से पृथक् होकर यह भारत का **26वाँ राज्य** बना।
- राज्य के गठन के समय राज्य में **3 सम्भाग**, **16 जिले**, **96 तहसील** एवं **146 विकासखण्ड** थे।
- राज्य का गठन भारतीय संविधान के **84वें संविधान संशोधन** अधिनियम के तहत किया गया।
- राज्य के प्रथम मुख्यमन्त्री **अजीत जोगी** तथा गवर्नर **दिनेश नन्दन** सहाय थे।
- छत्तीसगढ़ राज्य क्षेत्र का गठन मध्य प्रदेश पुनर्गठन अधिनियम के तहत् किया गया था।
- मध्य प्रदेश के दक्षिण-पूर्व भाग को पृथक् कर छत्तीसगढ़ राज्य का निर्माण किया गया था।
- रायपुर कमिश्नरी का निर्माण **1862 ई.** में किया गया था।
- छत्तीसगढ़ को 1866 ई. में ब्रिटिश क्षेत्र के मध्य प्रांतों के रूप में समाहित किया गया था।
- कांग्रेस द्वारा पृथक् छत्तीसगढ़ की माँग **त्रिपुरी कांग्रेस** के अधिवेशन में की गई थी।
- छत्तीसगढ़ राज्य निर्माण के चरण में छत्तीसगढ़ अस्मिता की स्थापना वर्ष **1995 में** हुई थी।
- छत्तीसगढ़ राज्य का निर्माण मध्य प्रदेश के **30.47% भाग** को अलग करके किया गया है।
- छत्तीसगढ़ वर्ष 1947 में **सेण्ट्रल प्रौविन्स** एवं **बरार** का हिस्सा था।
- वर्ष 1956 में ठाकुर रामकृष्ण सिंह ने विधानसभा में भाषायी आधार पर छत्तीसगढ़ को अलग राज्य बनाने की माँग की थी।
- वर्ष 1924 में छत्तीसगढ़ राज्य के गठन की सर्वप्रथम प्रस्तुति प्रान्तीय कांग्रेस कमेटी पं. सुन्दरलाल शर्मा द्वारा की गई थी।
- मध्य प्रदेश विधानसभा में छत्तीसगढ़ राज्य निर्माण हेतु संकल्प वर्ष 1994 में पारित हुआ था।
- साहित्य में **छत्तीसगढ़** शब्द का प्रथम बार प्रयोग दलराम राव ने किया था।
- छत्तीसगढ़ वर्ष **1956 में** मध्य प्रदेश का हिस्सा बना था।
- राजनान्दगाँव में छत्तीसगढ़ महासभा का गठन खूबचन्द बघेल ने किया था।
- शंकर गुहा नियोगी ने पृथक् छत्तीसगढ़ हेतु 'छत्तीसगढ़ मुक्ति मोर्चा' का गठन वर्ष 1976 में किया था।

अभ्यास प्रश्न

1. नवम्बर, 2000 में गठित भारत के राज्यों में छत्तीसगढ़ का क्रम है?
(a) 26वाँ (b) 27वाँ
(c) 28वाँ (d) इनमें से कोई नहीं

2. पृथक छत्तीसगढ़ राज्य के लिए सुनियोजित संघर्ष कब प्रारम्भ हुआ?
(a) 1955 में (b) 1956 में
(c) 1965 में (d) 1975 में

3. छत्तीसगढ़ राज्य क्षेत्र निम्नांकित अधिनियमों में से किसका परिणाम है?
(a) राज्य पुनर्गठन अधिनियम
(b) राजस्थान और मध्य प्रदेश (राज्य क्षेत्र अन्तरण) अधिनियम
(c) मध्य प्रदेश पुनर्गठन अधिनियम
(d) उपरोक्त में से कोई नहीं

4. पृथक् छत्तीसगढ़ राज्य के लिए जनवरी, 1956 में डॉ. खूबचन्द बघेल ने निम्नलिखित में से कौन-सा संगठन स्थापित किया था?
(a) छत्तीसगढ़ पंचायत
(b) छत्तीसगढ़ महासभा
(c) छत्तीसगढ़ मोर्चा
(d) छत्तीसगढ़ संघर्ष समिति

5. छत्तीसगढ़ राज्य कब अस्तित्व में आया था?
(a) 1 नवम्बर, 2000 (b) 9 नवम्बर, 2000
(c) 10 नवम्बर, 2000 (d) 15 नवम्बर, 2000

5. छत्तीसगढ़ राज्य कब अस्तित्व में आया था?

(a) 1 नवम्बर, 2000 (b) 9 नवम्बर, 2000
(c) 10 नवम्बर, 2000 (d) 15 नवम्बर, 2000

6. मध्य प्रदेश के किस भाग को पृथक् कर छत्तीसगढ़ राज्य का निर्माण किया गया है?

(a) दक्षिण-पूर्व
(b) दक्षिण-पश्चिम
(c) उत्तर-पश्चिम
(d) उपरोक्त में से कोई नहीं

7. मध्य प्रदेश, छत्तीसगढ़ और महाराष्ट्र के कुछ भागों को मिलाकर 1861 ई. में निर्मित केन्द्रीय प्रान्तों की राजधानी थी?

(a) सम्बलपुर (b) रायपुर (c) बिलासपुर (d) नागपुर

8. रायपुर कमिश्नरी कब बना?

(a) 1862 (b) 1876
(c) 1913 (d) 1885

9. निम्नलिखित में से कब इस राज्य के ब्रिटिश क्षेत्र को मध्य प्रान्तों में समाहित किया गया?

(a) 1818 (b) 1830
(c) 1861 (d) 1862

10. निम्नलिखित में से कब इस राज्य के ब्रिटिश प्रदेशों को मध्य प्रान्त के एक सम्भाग में सम्मिलित किया गया था?

(a) 1858 (b) 1862
(c) 1870 (d) 1872

11. कांग्रेस द्वारा पृथक् छत्तीसगढ़ की माँग किस अधिवेशन में रखी गई?

(a) त्रिपुरी (b) कोलकाता
(c) लाहौर (d) इनमें से कोई नहीं

12. छत्तीसगढ़ राज्य निर्माण के चरण में छत्तीसगढ़ अस्मिता संस्थान की स्थापना कब हुई थी?

(a) 1985 (b) 1990
(c) 1995 (d) 2000

13. 28 अगस्त, 2000 को छत्तीसगढ़ राज्य विधेयक पर मुहर किस राष्ट्रपति ने लगाई?

(a) प्रणब मुखर्जी (b) प्रतिभा देवी सिंह पाटिल
(c) के. आर. नारायणन (d) ए. पी. जे. अब्दुल कलाम

14. 'तीन लहराती रेखाएँ' राज्य चिह्न में किसकी प्रतीक हैं?

(a) जल संसाधन एवं नदियाँ (b) हरियाली
(c) राज्य के विकास (d) अक्षय ऊर्जा

15. छत्तीसगढ़ राज्य का निर्माण मध्य प्रदेश के कितने प्रतिशत भाग को अलग करके किया गया?

(a) 30.47% (b) 40.47%
(c) 30.90% (d) 50%

16. छत्तीसगढ़ वर्ष 1947 में किसका हिस्सा रहा?

(a) झारखण्ड (b) मध्य प्रदेश
(c) सेण्ट्रल प्रॉविन्स एवं बरार (d) ओडिशा

17. नया रायपुर (मन्त्रालय भवन) कहाँ बना है?

(a) कोटराभाठा राखी (b) अभनपुर
(c) करूद (d) कटोरा तालाब

18. वर्ष 1956 में किसने विधानसभा में भाषायी आधार पर छत्तीसगढ़ को अलग राज्य बनाने की माँग की थी?

(a) खूबचन्द बघेल (b) सुन्दरलाल शर्मा
(c) वामनराव लाखे (d) ठाकुर रामकृष्ण सिंह

19. छत्तीसगढ़ की रियासतों में एकमात्र रियासत कौन-सी थी, जिसने सर्वप्रथम भारत संघ में प्रवेश की स्वीकृति दी?

(a) रायगढ़ (b) खैरागढ़ (c) सक्ती (d) चांगभखार

20. किस अनुच्छेद के तहत छत्तीसगढ़ की स्थापना की गई?

(a) अनुच्छेद-1 (b) अनुच्छेद-2
(c) अनुच्छेद-3 (d) अनुच्छेद-4

21. वर्ष 1924 में छत्तीसगढ़ राज्य के गठन की सर्वप्रथम प्रस्तुति प्रान्तीय कांग्रेस कमेटी को कौन-से व्यक्ति द्वारा दी गई थीं?

(a) डॉ. खूबचन्द बघेल (b) पं. रविशंकर शुक्ल
(c) पं. सुन्दरलाल शर्मा (d) बैरिस्टर छेदीलाल

22. छत्तीसगढ़ के साथ और कौन-कौन-से राज्यों का निर्माण किया गया?

(a) उत्तराखण्ड (b) झारखण्ड
(c) 'a' और 'b' दोनों (d) मिजोरम

23. छत्तीसगढ़ राज्य गठन सम्बन्धी विधेयक राज्यसभा में पारित हुआ

(a) 9 अगस्त, 2000 (b) 31 अगस्त, 2000
(c) 1 नवम्बर, 2000 (d) 31 अक्टूबर, 2000

24. छत्तीसगढ़ राज्य गठन सम्बन्धी विधेयक लोकसभा में कब पारित हुआ?

(a) 31 अगस्त, 2000 (b) 30 जुलाई, 2000
(c) 29 जुलाई, 2000 (d) 31 जुलाई, 2000

25. सविनय अवज्ञा आन्दोलन प्रारम्भ होने पर सरकार ने 'रायपुर जिला काउन्सिल' को कब भंग किया था?

(a) 13 अप्रैल, 1930 (b) 21 मई, 1930
(c) 2 जून, 1930 (d) 12 जून, 1930

26. वर्ष 1924 में छत्तीसगढ़ राज्य के गठन की सर्वप्रथम प्रस्तुति की गई थी?

(a) रायपुर जिला कांग्रेस समिति द्वारा
(b) रायगढ़ जिला कांग्रेस समिति द्वारा
(c) दुर्ग जिला कांग्रेस समिति द्वारा
(d) बिलासपुर जिला कांग्रेस समिति द्वारा

27. इस राज्य में राजनीतिक संगठन स्टेट कांग्रेस सर्वप्रथम कब स्थापित हुई?
(a) 1938 (b) 1922 (c) 1930 (d) 1940

28. छत्तीसगढ़ के राजकीय पक्षी 'पहाड़ी मैना' का वैज्ञानिक नाम क्या है?
(a) पावो क्रिस्टेसस
(b) ग्रेकुला रिलिजियोसा पेनिन्सुलेरिस
(c) बैबुल्स ब्यूबैलिस
(d) ग्रेटिकुला मैना

29. छत्तीसगढ़ राज्य के गठन के समय भारत में कौन-सी पंचवर्षीय योजना लागू थी?
(a) छठी (b) सातवीं (c) आठवीं (d) नौवीं

30. राज्य चिह्न में सुनहरे रंग में क्या दर्शाया गया है?
(a) गढ़ (b) बालियाँ (c) ऊर्जा चिह्न (d) राष्ट्रीय चिह्न

31. छत्तीसगढ़ का राज्य वृक्ष है?
(a) सागौन (b) तेन्दू (c) महुआ (d) साल

32. छत्तीसगढ़ का राज्य पक्षी है?
(a) तोता (b) पहाड़ी मैना (c) मोर (d) कबूतर

33. छत्तीसगढ़ का प्रतीक चिह्न अपनाया गया?
(a) 1 नवम्बर, 2000 (b) 3 सितम्बर, 2001
(c) 10 नवम्बर, 2001 (d) 4 सितम्बर, 2001

34. मध्य प्रदेश विधानसभा में छत्तीसगढ़ राज्य निर्माण हेतु संकल्प कब पारित हुआ?
(a) 1998 (b) 1996 (c) 1994 (d) 2000

35. साहित्य में 'छत्तीसगढ़' शब्द का प्रथम प्रयोग किसने किया था?
(a) लक्ष्मीनिधि (b) दलराम राव
(c) रेवाराम (d) गोपाल मिश्र

36. छत्तीसगढ़ के पहले सूचना आयुक्त थे?
(a) श्री ए. के. विजय वर्गीय (b) श्री अरुण कुमार
(c) श्री मोहन शुक्ल (d) इनमें से कोई नहीं

37. राज्य चिह्न में ऊर्जा चिह्न को किस रंग में दर्शाया गया है?
(a) पीला (b) लाल
(c) हरा (d) नीला

38. साहित्य में दूसरी बार 'छत्तीसगढ़' शब्द का प्रयोग किसने किया था?
(a) लक्ष्मीनिधि (b) दलराम राव
(c) रेवाराम (d) गोपाल मिश्र

39. पृथक् छत्तीसगढ़ राज्य की प्रथम कल्पना किसने की थी?
(a) पं. सुन्दरलाल शर्मा (b) पं. रविशंकर शुक्ल
(c) डॉ. रमन सिंह (d) अजीत जोगी

40. छत्तीसगढ़ राज्य के प्रथम मुख्य न्यायाधीश थे
(a) बिहारीलाल शर्मा (b) मोहन शुक्ल
(c) डब्ल्यू. ए. शशांक (d) सुरेन्द्र कुमार

41. छत्तीसगढ़ के प्रथम लोक सेवा आयोग के अध्यक्ष थे
(a) मोहन शुक्ल (b) अरुण कुमार
(c) अशोक दरबारी (d) अमित शुक्ल

42. छत्तीसगढ़, मध्य प्रदेश का हिस्सा बना था?
(a) 1956 (b) 1950 (c) 1947 (d) 1957

43. राजनान्दगाँव में छत्तीसगढ़ महासभा का गठन किसने किया था?
(a) पं. सुन्दरलाल शर्मा (b) खूबचन्द बघेल
(c) राजेन्द्र प्रसाद (d) वामन राव लाखे

44. शंकर गुहा नियोगी ने पृथक् छत्तीसगढ़ हेतु छत्तीसगढ़ मुक्ति मोर्चा का गठन कब किया था?
(a) 1955 (b) 1967 (c) 1976 (d) 1994

45. छत्तीसगढ़ के प्रथम मन्त्रिमण्डल ने शपथ कब ली?
(a) 8 नवम्बर, 2000 (b) 12 नवम्बर, 2000
(c) 1 नवम्बर, 2000 (d) 31 अक्टूबर, 2000

46. छत्तीसगढ़ राज्य गठन अधिनियम पर राष्ट्रपति के हस्ताक्षर कब हुए?
(a) 29 अगस्त, 2000 (b) 25 अगस्त, 2000
(c) 31 जुलाई, 2000 (d) 31 अक्टूबर, 2000

47. मध्य प्रदेश विधानसभा में पृथक् छत्तीसगढ़ राज्य की माँग उठाने वाला प्रथम व्यक्ति कौन था?
(a) डॉ. रामकृष्ण सिंह (b) नरेशचन्द्र सिंह
(c) पं. श्यामाचरण शुक्ल (d) द्वारिकाप्रसाद मिश्र

48. पृथक् छत्तीसगढ़ राज्य गठन हेतु केन्द्र सरकार ने लोकसभा में कब बिधेयक प्रस्तुत किया?
(a) 25 अगस्त, 2000 (b) 25 जुलाई, 2000
(c) 31 जुलाई, 2000 (d) 31 अगस्त, 2000.

49. राज्य गठन हेतु राजनीतिक प्रयास कब प्रारम्भ हुआ ?
(a) 1934 (b) 1998 (c) 1955 (d) 2000

50. छत्तीसगढ़ की वर्तमान सीमा का निर्धारण कब हुआ था ?
(a) 1904 (b) 1905
(c) 1956 (d) 2000

51. छत्तीसगढ़ महासभा का गठन हुआ था
(a) वर्ष 1952 में (b) वर्ष 1954 में
(c) वर्ष 1956 में (d) वर्ष 1958 में

52. राज्य चिह्न में रंग हैं
(a) 6 (b) 5
(c) 8 (d) 36

उत्तरमाला

1. (a)	2. (d)	3. (c)	4. (b)	5. (a)	6. (a)	7. (d)	8. (a)	9. (c)	10. (b)
11. (a)	12. (c)	13. (c)	14. (a)	15. (a)	16. (c)	17. (a)	18. (d)	19. (b)	20. (c)
21. (c)	22. (c)	23. (a)	24. (d)	25. (d)	26. (a)	27. (a)	28. (b)	29. (d)	30. (b)
31. (d)	32. (b)	33. (d)	34. (c)	35. (b)	36. (a)	37. (d)	38. (d)	39. (a)	40. (c)
41. (a)	42. (a)	43. (b)	44. (c)	45. (b)	46. (b)	47. (a)	48. (b)	49. (b)	50. (b)
51. (c)	52. (b)								

04 | छत्तीसगढ़ की जननांकीय संरचना

जनसंख्या वितरण

- वर्ष 2011 की जनगणना के अनुसार, छत्तीसगढ़ राज्य की कुल जनसंख्या 2,55,45,198 है, जो भारत की कुल जनसंख्या का 2.11% है।
- राज्य की जनसंख्या में पुरुष जनसंख्या 1,28,32,895 तथा महिला जनसंख्या 1,27,12,303 है।
- जनसंख्या के आधार पर छत्तीसगढ़ राज्य का देश में 16वाँ स्थान है।
- राज्य की जनसंख्या वृद्धि दर में 22.61% की वृद्धि दर्ज हुई है।

सर्वाधिक जनसंख्या वाले जिले		न्यूनतम जनसंख्या वाले जिले	
जिले	**जनसंख्या**	**जिले**	**जनसंख्या**
रायपुर	4063872	नारायणपुर	1,39,820
दुर्ग	3343872	बीजापुर	2,55,230
बिलासपुर	2663629	दन्तेवाड़ा	5,33,638

जनसंख्या घनत्व

- वर्ष 2011 की जनगणना के अनुसार, छत्तीसगढ़ राज्य का जनसंख्या घनत्व 189 व्यक्ति प्रतिवर्ग किमी है।
- राज्य के सर्वाधिक जनघनत्व वाले जिले क्रमशः जाँजगीर-चाम्पा (420), दुर्ग (392) एवं रायपुर (328) हैं।
- राज्य के न्यूनतम जनघनत्व वाले जिले बीजापुर (30), नारायणपुर (30), दन्तेवाड़ा (64) एवं कोरिया (100) हैं।

लिंगानुपात

- राज्य का वयस्क लिंगानुपात 991 है तथा शिशु लिंगानुपात 969 है।
- राज्य के सर्वाधिक लिंगानुपात वाले जिले बस्तर (1023), दन्तेवाड़ा (1020) एवं महासमुन्द (1017) हैं।
- राज्य के न्यूनतम लिंगानुपात वाले जिले कोरिया (968), कोरबा (969) एवं बिलासपुर (971) हैं। दन्तेवाड़ा का शिशु लिंगानुपात सर्वाधिक (1012) तथा रायगढ़ का न्यूनतम (947) है।

नगरीकृत

सर्वाधिक नगरीकृत प्रतिशत वाले जिले	दुर्ग (38.42%), कोरबा (36.99%), रायपुर 36.50%), कोरिया (31.61%)
न्यूनतम नगरीकृत प्रतिशतता वाले जिले	जशपुर (8.92%), कांकेर (10.25%), सरगुजा (10.29%), कबीर धाम (10.63%), बीजापुर (11.60%)

धर्म आधारित जनगणना 2011

धार्मिक समूह	जनसंख्या % में (2011)
हिन्दू	93.25
मुस्लिम	2.02
ईसाई	1.92
बौद्ध	0.28
सिख	0.27

धार्मिक समूह	जनसंख्या % में (2011)
जैन	0.24
अन्य	1.94

साक्षरता

- राज्य की साक्षरता दर 70.28% है।
- राज्य के सर्वाधिक साक्षर जिले दुर्ग (79.06), धमतरी (78.36) व राजनान्दगाँव (75.96) हैं।
- न्यूनतम साक्षरता वाले जिले—बीजापुर (40%), दन्तेवाड़ा (92%) तथा नारायणपुर (48%) है।
- सर्वाधिक शिशु लिंगानुपात वाले प्रमुख जिले — दंतेवाड़ा (1005), बस्तर (994), नारायणपुर (989), राजनांदगाँव (986), कबीर धाम (983)
- न्यूनतम शिशु लिंगानुपात वाले जिले — रायगढ़ (947), जांजगीर-चाम्पा (950), बिलासपुर (961), सरगुजा (962), दुर्ग (963)

अभ्यास प्रश्न

1. वर्ष 2011 की जनगणना के अनुसार छत्तीसगढ़ राज्य में अनुसूचित जनजाति की जनसंख्या है

(a) 55,14,000 (b) 56,12,000
(c) 66,16,596 (d) 55,12,000

2. जनगणना 1881 के आधार पर वर्ष 2011 की गणना भारत की कौन-सी जनगणना है?

(a) 13वीं (b) 14वीं (c) 12वीं (d) 15वीं

3. भारत में पहली जनगणना ब्रिटिश हुकूमत लॉर्ड मेयो के समय कब कराई गई?

(a) 1872 (b) 1881 (c) 1890 (d) 1888

4. वर्ष 2011 की जनगणना के अनुसार, छत्तीसगढ़ की कुल जनसंख्या का कितना प्रतिशत अनुसूचित जनजाति की जनसंख्या का है?

(a) 30.6% (b) 12.8%
(c) 20.8% (d) 10.8%.

5. छत्तीसगढ़ में पृथक् राज्य के रूप में प्रथम जनगणना कब हुई?

(a) 2000 (b) 2001 (c) 2002 (d) 2003

6. वर्ष 2011 की जनगणना के अनुसार, सबसे कम जनसंख्या वाला छत्तीसगढ़ का सीमावर्ती राज्य है?

(a) झारखण्ड (b) मध्य प्रदेश (c) उत्तर प्रदेश (d) महाराष्ट्र

7. जनगणना 2011 के अन्तिम आँकड़ों के अनुसार, छत्तीसगढ़ की ग्रामीण जनसंख्या कितनी है?

(a) 1 करोड़ 96 लाख 7 हजार 961
(b) 1 करोड़ 70 लाख 7 हजार 961
(c) 1 करोड़ 96 लाख
(d) 1 करोड़ 50 लाख

8. वर्ष 2001 की जनगणना में कुल जनसंख्या थी

(a) 2, 08, 33, 803 (b) 2,55,40,196
(c) 2,08,34,803 (d) 2,56,40,196

9. एक हजार से अधिक लिंगानुपात वाला जिला कौन-सा है?

(a) जशपुर (b) बस्तर
(c) राजनान्दगाँव (d) ये सभी

10. जनगणना 2011 के अनुसार, राज्य में शिशु लिंगानुपात कितना है?

(a) 975 (b) 991
(c) 969 (d) 989.

11. छत्तीसगढ़ की कुल जनसंख्या का कितना प्रतिशत अनुसूचित जनजाति का है?

(a) 21% (b) 26% (c) 29% (d) 30.62%

12. छत्तीसगढ़ में सर्वाधिक एवं सबसे कम महिला साक्षरता दर वाले जिले क्रमशः हैं

(a) दुर्ग एवं सुकमा (b) धमतरी एवं बस्तर
(c) जाँजगीर-चाम्पा एवं सुकमा (d) दुर्ग एवं धमतरी

13. छत्तीसगढ़ में सर्वाधिक नगरीकृत जिला कौन-सा है?

(a) दुर्ग (b) जशपुर
(c) बस्तर (d) कोण्डागाँव

14. छत्तीसगढ़ में सबसे अधिक तथा सबसे कम जनसंख्या वाले जिले क्रमशः हैं

(a) रायपुर तथा नारायणपुर (b) नारायणपुर तथा रायपुर
(c) धमतरी तथा सरगुजा (d) सरगुजा तथा दुर्ग

15. भारत में छत्तीसगढ़ राज्य का साक्षरता में कौन-सा स्थान है?

(a) 21वाँ (b) 23वाँ (c) 25वाँ (d) 27वाँ

16. वर्ष 2011 की जनगणना के अनुसार, छत्तीसगढ़ का लिंगानुपात में कौन-सा स्थान है?

(a) चौथा (b) पाँचवाँ (c) छठा (d) सातवाँ

17. छत्तीसगढ़ के किस जिले में 0-6 आयु वर्ग में लिंगानुपात सर्वाधिक है?

(a) कोण्डागाँव (b) मुंगेली
(c) सरगुजा (d) बिलासपुर

18. छत्तीसगढ़ का सबसे अधिक लिंगानुपात वाला जिला कौन-सा है?
(a) दन्तेवाड़ा (b) कोण्डागाँव (c) गरियाबन्द (d) जशपुर

19. छत्तीसगढ़ में 0-6 वर्ष आयु वर्ग की जनसंख्या है
(a) 35,54,916 (b) 35,54,516
(c) 35,65,600 (d) 36,61,689

20. निम्नलिखित में से किस एक जिले का लिगानुपात सबसे कम है?
(a) बलरामपुर (b) मुंगेली (c) सूरजपुर (d) दुर्ग

21. किस जिले का लिंगानुपात एक हजार से अधिक है?
(a) महासमुन्द (b) दन्तेवाड़ा (c) बस्तर (d) ये सभी

22. छत्तीसगढ़ में सबसे अधिक तथा सबसे कम जनसंख्या घनत्व वाले जिले क्रमशः हैं
(a) जाँजगीर-चाम्पा एवं दुर्ग (b) जाँजगीर-चाम्पा एवं बीजापुर
(c) दुर्ग एवं नारायणपुर (d) बस्तर एवं कोरबा

23. जनसंख्या जनगणना (2011) की दृष्टि से छत्तीसगढ़ के तीन सबसे छोटे जिलों का क्रम है
(a) नारायणपुर, सुकमा, बीजापुर (b) कोरिया, कबीरधाम, धमतरी
(c) कवर्धा, कांकेर, राजनान्दगाँव (d) कांकेर, कवर्धा, दुर्ग

24. छत्तीसगढ़ में सर्वाधिक जनसंख्या वृद्धि दर वाला जिला कौन-सा है?
(a) सुकमा (b) जाँजगीर-चाम्पा
(c) दुर्ग (d) बलौदाबाजार

25. निम्नलिखित में से किस जिले में पुरुष जनसंख्या सर्वाधिक है?
(a) जशपुर (b) कांकेर (c) बेमेतरा (d) धमतरी

26. वर्ष 2011 की जनगणना के अनुसार, छत्तीसगढ़ में स्त्री-पुरुष का अनुपात कितना है?
(a) 969 (b) 940 (c) 991 (d) 963

27. वर्ष 2011 की जनगणना के अनुसार, छत्तीसगढ़ की जनसंख्या कितनी है?
(a) 2,56,40,196 (b) 2,55,45,198
(c) 2,57,40,196 (d) 2,55,41,256

28. छत्तीसगढ़ की साक्षरता दर है
(a) 70.28% (b) 82.56% (c) 75.09% (d) 71.25%

29. छत्तीसगढ़ की कुल जनसंख्या का कितना प्रतिशत अनुसूचित जाति का है?
(a) 17.8% (b) 12.9% (c) 12.82% (d) 13.5%

30. छत्तीसगढ़ में तिब्बती शरणार्थियों को कब बसाया गया था?
(a) 1972 (b) 1962 (c) 1982 (d) 1992

31. छत्तीसगढ़ में महिलाओं की जनसंख्या (जनगणना 2011) कितनी है?
(a) 1,27,12,281 (b) 1,27,12,303
(c) 1,28,32,895 (d) 59,37,237

32. छत्तीसगढ़ की नगरीय जनसंख्या, जनगणना 2011 के अनुसार कितनी है ?
(a) 1,20,12,300 (b) 59,37,237
(c) 1,96,07,961 (d) 1,40,12,303

33. सर्वाधिक जनसंख्या घनत्व (420 व्यक्ति प्रति वर्ग किमी) वाला जिला कौन-सा है? (जनगणना 2011 के अनुसार)
(a) जाँजगीर-चाम्पा (b) कवर्धा
(c) जशपुर (d) रायपुर

34. छत्तीसगढ़ में पुरुषों की जनसंख्या (जनगणना 2011) कितनी है?
(a) 1,96,07,961 (b) 1,90,07,950
(c) 1,75,07,861 (d) 1,28,32,895

35. वर्ष 2011 की जनगणना में राजनान्दगाँव का लिंगानुपात चौथा है। वर्ष 2001 की जनगणना में इसका लिंगानुपात छत्तीसगढ़ में कौन-से स्थान पर था?
(a) प्रथम (b) द्वितीय (c) तृतीय (d) चतुर्थ

36. वर्ष 2011 की जनगणनानुसार 10 लाख से कम जनसंख्या वाला जिला है
(a) सरगुजा (b) जशपुर (c) रायगढ़ (d) दुर्ग

37. जनगणना 2011 में छत्तीसगढ़ के कितने जिलों का लिंगानुपात एक हजार से अधिक है? (27 जिलों के अनुसार)
(a) 8 (b) 13 (c) 10 (d) 16

38. जनगणना 2011 के अनुसार, पुरुष साक्षरता प्रतिशत कितना है?
(a) 80.27% (b) 71.04% (c) 90% (d) 70.3%.

39. वर्ष 2011 की जनगणना में बस्तर जिले का लिंगानुपात कितना है?
(a) 1017 (b) 1005 (c) 1010 (d) 1020

40. वर्ष 2011 के अनुसार, छत्तीसगढ़ में ग्रामीण जनसंख्या का प्रतिशत है
(a) 78.79% (b) 76.76% (d) 70.70% (d) 74.36%.

41. छत्तीसगढ़ राज्य गठन के बाद वर्ष 2011 की जनगणना कौन-सी है?
(a) तीसरी (b) पहली (c) दूसरी (d) चौथी

42. वर्ष 2011 की जनगणना में सम्भाग एवं विकासखण्ड छत्तीसगढ़ में है।
(a) 3 एवं 146 (b) 3 एवं 145
(c) 4 एवं 146 (d) 4 एवं 145

43. वर्ष 2011 की जनगणना में जनसख्या घनत्व कितना है?
(a) 154 (b) 189 (c) 989 (d) 991

44. वर्ष 2011 की जनगणना में महिला साक्षरता प्रतिशत है?
(a) 51.85 (b) 60.24 (c) 65.59 (d) 58.85

45. वर्ष 2011 की जनगणना में दशकीय जनसंख्या वृद्धि है?
(a) 18.27% (b)22.61% (c) 23.59% (d) 20.27%

46. वर्ष 2011 की जनगणना के अनुसार छत्तीसगढ़ राज्य की जनसंख्या, भारत की कुल जनसंख्या का कितने प्रतिशत है?
(a) 3.11% (b) 2.11% (c) 3.22% (d) 4.22%

47. स्वतन्त्रता प्राप्ति के पश्चात् वर्ष 2011 की जनगणना कौन-सी है?
(a) 14वीं (b) 12वीं (c) 7वीं (d) 15वीं

48. वर्ष 2011 की जनगणना में कुल साक्षरता प्रतिशत है
(a) 71.04 (b) 64.66 (c) 75.04 (d) 70.30

49. वर्ष 2001 की जनगणना में सम्भाग, तहसील एवं विकासखण्ड छत्तीसगढ़ में क्रमशः थे
(a) 3,96 एवं 146 (b) 2,98 एवं 146
(c) 4,146 एवं 146 (d) 4,98 एवं 147

50. जनगणना 2011 के अनुसार राज्य में सर्वाधिक दशकीय वृद्धि वाला जिला कौन-सा है?
(a) कबीरधाम (b) रायपुर (c) सरगुजा (d) बस्तर

51. वर्ष 2011 की जनगणना के अन्तिम आँकड़ों में छत्तीसगढ़ में जिले हैं
(a) 7 (b) 16 (c) 18 (d) 9

52. वर्ष 2001 की जनगणना में छत्तीसगढ़ में जिले थे
(a) 7 (b) 16 (c) 18 (d) 9

उत्तरमाला

1. (c)	2. (d)	3. (a)	4. (a)	5. (b)	6. (a)	7. (a)	8. (a)	9. (d)	10. (c)
11. (d)	12. (a)	13. (a)	14. (a)	15. (d)	16. (b)	17. (a)	18. (a)	19. (d)	20. (a)
21. (d)	22. (b)	23. (a)	24. (d)	25. (a)	26. (c)	27. (b)	28. (a)	29. (c)	30. (b)
31. (a)	32. (b)	33. (a)	34. (d)	35. (a)	36. (b)	37. (b)	38. (a)	39. (a)	40. (b)
41. (c)	42. (c)	43. (b)	44. (b)	45. (b)	46. (b)	47. (c)	48. (d)	49. (a)	50. (a)
51. (c)	52. (b)								

05 छत्तीसगढ़ के प्रमुख पर्यटन स्थल

- छत्तीसगढ़ राज्य में ऐतिहासिक, धार्मिक, प्राकृतिक एवं सांस्कृतिक दृष्टि से प्रमुख पर्यटन स्थल हैं। राज्य के प्रमुख ऐतिहासिक व धार्मिक स्थलों में वल्लभाचार्य धाम, सिरपुर, मण्डलदेव, बाघेश्वर मन्दिर, आनन्द प्रभु कुटीर, स्वास्तिक विहार, वाल्मीकि आश्रम, रुद्री, जैन मन्दिर, अपूर्ण विष्णु मन्दिर, दन्तेश्वरी देवी मन्दिर, मड़वा महल, छेर की महल, विवेकानन्द आश्रम, गहिरा गुरु आश्रम आदि हैं।
- राज्य के प्रमुख प्राकृतिक स्थलों में मैनपाट पठार, तान्दुला दुर्ग, तीरथगढ़ जलप्रपात, चित्रकूट जलप्रपात, अमृतधारा, पंचवटी, जोगीमारा गुफाएँ, सीता बेंगरा गुफा, कबरा गुफा, कुटुमसर गुफा एवं गुप्तेश्वर गुफा आदि हैं।

छत्तीसगढ़ में स्थित आश्रम

आश्रम	स्थान
शबरी आश्रम	शिवरीनारायण (जांजगीर-चाम्पा)
शृंगी आश्रम	सिहावा (धमतरी)
गहिरा गुरु आश्रम	जशपुर
सत्याग्रह आश्रम	रायपुर
विवेकानन्द आश्रम	नारायणपुर (1985 में आत्मानन्द द्वारा निर्मित)
स्वामी विवेकानन्द सेवा आश्रम	रायपुर (1958 में आत्मानन्द द्वारा निर्मित)
लोमेश ऋषि आश्रम	राजिम (गरियाबन्द)
तुरतुरिया आश्रम	बलौदा बाजार

छत्तीसगढ़ के प्रमुख पुरातात्विक स्थल

स्थल	जिला
खरौद	जांजगीर-चाम्पा
पचराही	कवर्धा

स्थल	जिला
सिरपुर	महासमुन्द
डीपाडीह	बलरामपुर
मदकूदीप	मुंगेली (बिलासपुर, मुंगेली तथा बलौदाबाजार की सीमा पर)
पलारी	बलौदाबाजार
पाली	कोरबा

राज्य के प्रमुख पर्यटन स्थल

पर्यटन स्थल	श्रेणी	पृष्ठभूमि
रायपुर प्रक्षेत्र		
राजिम	धार्मिक	महानदी, राजीव लोचन मन्दिर, रामचन्द्र जगन्नाथ मन्दिर, कुलेश्वर/सोमेश्वर महादेव
चम्पारण्य	धार्मिक	वैष्णव सम्प्रदाय के प्रवर्तक वल्लभाचार्य का जन्म स्थान
आरंग	धार्मिक/ऐतिहासिक	भांडलदेव (जैन मन्दिर), चम्पकेश्वर महादेव मन्दिर, ऐतिहासिक अवशेष
चन्द्रखुरी	धार्मिक	प्राचीन शिव मन्दिर, भगवान राम की माता कौशल्या का मन्दिर
सिरपुर	ऐतिहासिक/धार्मिक	ईंटों से निर्मित लक्ष्मण मन्दिर, बौद्धशती गन्धेश्वर मन्दिर, आनन्द प्रभु कुटी विहार, स्वास्तिक विहार
तुरतुरिया	धार्मिक/ऐतिहासिक	वाल्मीकि आश्रम, लव-कुश की जन्म स्थली, बौद्ध विहार
बारनवापारा	वन क्षेत्र/आश्रम	वन्य पशु अभयारण्य, वाल्मीकि आश्रम
गिरौधपुरी	धार्मिक	सतनामियों के धर्मगुरु सतनाम पन्थ के प्रवर्तक सन्त घासीदास की जन्म स्थली
पलारी	ऐतिहासिक	ईंटों से निर्मित लक्ष्मण मन्दिर
रविशंकर जलाशय बाँध		महानदी पर निर्मित सिंचाई, जलापूर्ति हेतु बहुद्देशीय बाँध
सिहावा	वन व रमणीक स्थल	महानदी का उद्गम, शृंगी ऋषि का आश्रम
दामाखेड़ा	सामाजिक	कबीरपन्थियों की पीठ
नन्दनवन	उद्यान	खारून नदी के तट पर वन विभाग द्वारा निर्मित उद्यान, चिड़ियाघर
सीतानदी	अभयारण्य	शेर, तेन्दुए, चीतल इत्यादि जंगली पशु देखे जा सकते हैं
उदन्ती	अभयारण्य	मुख्य रूप से जंगली भैंस, गोदना जल प्रपात
रुद्री	बाँध/जलाशय	बाँध के अतिरिक्त रुद्री ग्राम में कुद्रेश्वर महादेव का मन्दिर दर्शनीय है। यह कबीरपन्थियों का धार्मिक स्थल

राज्य संरक्षित अन्य स्मारक

प्राचीन स्मारक	अवस्थिति
जगन्नाथ मन्दिर	खल्लारी (महासमुन्द)
कौशल्या माता मन्दिर	चन्द्रखुरी (रायपुर)
बत्तीसा मन्दिर	बारसूर (दन्तेवाड़ा)
शिव मन्दिर	गुगड़ापाल
ध्वस्त मन्दिर	डीपाडीह (बलरामपुर)
नागदेव मन्दिर	नगपुरा (दुर्ग)
अमेरीकापा-गला	शिवनाथ-मनियारी नदियों के संगम पर अवस्थित
अमेरीकापा-तालागाँव	तालागाँव, मनियारी नदी के तट पर

छत्तीसगढ़ राज्य के द्वारा संरक्षित स्मारक

प्राचीन स्मारक	अवस्थिति
चन्द्रचूड़ मन्दिर	शिवरीनारायण, (जांजगीर-चाम्पा)
महादेव मन्दिर	तुमान (कठघोरा) कोरबा
माँ अष्ट भुजी मन्दिर (अड़भार मन्दिर)	अड़भार (सक्ती)
चित्तौड़गढ़ लाफा	पाली
कोटगढ़ किला	बरगवाँ
अजमेरगढ़ किला	आमनाला (बिलासपुर)
काशीगढ़ किला बावनबाड़ी	जांजगीर

प्राचीन स्मारक	अवस्थिति
मन्दिर बेलपान	बिलासपुर
भग्न मन्दिर	कठघोरा (बिलासपुर)
कोष्ठ निर्मित मृतक स्मृति स्तम्भ	डिलमिली (जगदलपुर)
ईंटों का टीला	गढ़धनौरा (बस्तर)
महापाषाणीय स्मारक (उर्सकल)	गमावाड़ा (दन्तेवाड़ा)
नारायण मन्दिर	नारायणपाल (जगदलपुर)
कारली महादेव मन्दिर	समलूर (दन्तेवाड़ा)
महादेव मन्दिर, पाली	कठघोरा
रतनपुर स्थित समस्त स्मारक	रतनपुर (बिलासपुर)
पाली अभिलेख	सेमरसल (मुंगेली)
डीपाडीह	बलरामपुर
प्राचीन गन्धेश्वर महादेव मन्दिर	सिरपुर
मैनपाट	सरगुजा
केशव नारायण मन्दिर	शिवरीनारायण (जांजगीर-चाम्पा)
चन्द्रादित्य मन्दिर	बारसूर (दन्तेवाड़ा)
गणेश प्रतिमा	बारसूर (दन्तेवाड़ा)
मामा-भांजा मन्दिर	बारसूर (दन्तेवाड़ा)
दन्तेश्वरी मन्दिर में रखी प्राचीन प्रतिमाएँ	दन्तेवाड़ा
भैरवदेव मन्दिर	भैरवगढ़ (बीजापुर)
विशाल विष्णु मन्दिर	जांजगीर-चाम्पा

प्राचीन स्मारक	अवस्थिति
छोटा मन्दिर	जांजगीर-चाम्पा
ईंट निर्मित शबरी मन्दिर	खरौद (जांजगीर-चाम्पा)
ईंट निर्मित इन्दल देउल मन्दिर	खरौद (जांजगीर-चाम्पा)
प्राचीन गढ़ मल्हार	बिलासपुर
पातालेश्वर महादेव मन्दिर	मल्हार (बिलासपुर)
राजीव लोचन मन्दिर	राजिम (गरियाबन्द)
सीताबाड़ी चित्रकूट	राजिम (गरियाबन्द)
रामचन्द्र मन्दिर	राजिम (गरियाबन्द)
लक्ष्मण मन्दिर	सिरपुर (महासमुन्द)
सिरपुर स्थित समस्त टीले	महासमुन्द
सीता बेंगरा गुफा	उदयपुर (अम्बिकापुर)
जोगीमारा गुफा	उदयपुर (अम्बिकापुर)
कोटमी किला	कोटमी (जांजगीर)
शिव मन्दिर	देवबालोंद (दुर्ग)
सीता देवी मन्दिर	देवरबीजा (बेमेतरा)
शिव मन्दिर	धमधा (दुर्ग)
सती स्तम्भ	देवरबीजा (बेमेतरा)
भांडलदेव	आरंग (रायपुर)
महादेव मन्दिर	नारायणपुर (बलौदाबाजार)
आदित्य को समर्पित मन्दिर	नारायणपुर (बलौदाबाजार)

अभ्यास प्रश्न

1. छत्तीसगढ़ का प्रसिद्ध 'लक्ष्मण मन्दिर' कहाँ स्थित है?
(a) रतनपुर (b) रायपुर (c) सिरपुर (d) जगदलपुर

2. छत्तीसगढ़ का चित्तौड़गढ़ कहा जाता है
(a) लाफागढ़ (b) चैतुरगढ़ (c) आरंग (d) भोरमदेव

3. छत्तीसगढ़ का कश्मीर कहा जाता है
(a) लाफागढ़ (b) चैतुरगढ़
(c) आरंग (d) भोरमदेव

4. प्रसिद्ध दन्तेश्वरी माता मन्दिर कहाँ है?
(a) जगदलपुर (b) दन्तेवाड़ा
(c) कांकेर (d) बीजापुर

5. किले में रावण की ऐसी मूर्ति संस्थित है, जिसमें वह अपना सिर काट रहा है
(a) मल्हार (b) राजिम (c) रतनपुर (d) सिरपुर

6. नड्डापल्ली गुफा कहाँ स्थित है?
(a) नारायणपुर जिला (b) दन्तेवाड़ा जिला
(c) सुकमा जिला (d) बीजापुर जिला

7. सतमहला पुरातात्विक स्थल किस जिले में स्थित है?
(a) दुर्ग (b) राजनान्दगाँव (c) धमतरी (d) सरगुजा

8. तुमानखोल, नलखोल, देवीखोल, भैरवखोल एवं वराहखोल किस पुरातात्विक पर्यटन केन्द्र में स्थित है?
(a) दन्तेवाड़ा (b) राजिम (c) चम्पारण (d) रतनपुर

9. छत्तीसगढ़ का खजुराहो कहा जाता है
(a) लाफागढ़ (b) चैतुरगढ़ (c) आरंग (d) भोरमदेव

10. निम्नलिखित में से कौन-सी प्रतिमा रतनपुर किले के सिंह द्वार के पास एक तरफ की दीवार को सजाती है?
(a) खजुराहो के समान प्रेमियों की कामुक तस्वीरें
(b) ताण्डव नृत्य करते शिव
(c) रावण शिवलिंग पर अपने सिर अर्पित करता है
(d) विष्णु के दस अवतार

11. छत्तीसगढ़ में लोमश ऋषि के आश्रम के रूप में अभिहित स्थल किस स्थल के साथ सम्बन्धित है?
(a) तुरतुरिया (b) सिहावा (c) सिरपुर (d) रतनपुर

12. विश्व की प्राचीनतम नाट्यशाला कहाँ है?
(a) रामगढ़ (कोरिया) (b) रामगढ़ (सरगुजा)
(c) बगीचा (जशपुर) (d) बारसूर (दन्तेवाड़ा)

13. भारत की प्रथम भूगर्भित गुफा है
(a) कुटुमसर (b) कैलाश गुफा
(c) लक्ष्मण गुफा (d) बिलद्वार गुफा

14. छत्तीसगढ़ का काशी कहा जाता है
(a) खरौद (b) राजिम
(c) रामगढ़ (d) शिवरीनारायण

15. कहाँ के दर्शनीय स्थल को 'विश्व धरोहर' बनाया जा रहा है?
(a) सिरपुर (महासमुन्द) (b) रामगढ़ (सरगुजा)
(c) कैलाश गुफा (जशपुर) (d) पचराही (कबीरधाम)

16. रतनपुर में किस देवी का प्रसिद्ध मन्दिर है?
(a) महामाया देवी (b) बमलेश्वरी देवी
(c) दन्तेश्वरी देवी (d) बंजारी देवी

17. तालाबों का शहर कहा जाता है
(a) रतनपुर (b) बिलासपुर (c) डीपाडीह (d) पचराही

18. बिल (पाताल द्वार) गुफा कहाँ है?
(a) सूरजपुर (b) जशपुर (c) कोरिया (d) रायगढ़

19. सीताबेंगरा गुफा कहाँ है?
(a) रामगढ़ (सरगुजा) (b) लाफागढ़ (कोरिया)
(c) जगदलपुर (बस्तर) (d) राजिम (गरियाबन्द)

20. कैलाश गुफा कहाँ है?
(a) रायगढ़ (b) सरगुजा (c) जशपुर (d) रायपुर

21. लक्ष्मण गुफा कहाँ है?
(a) बस्तर (b) सरगुजा
(c) रायगढ़ (d) जशपुर

22. जोगीमारा गुफा कहाँ है?
(a) बिलासपुर (b) सरगुजा
(c) कोरिया (d) जशपुर

23. विश्व प्रसिद्ध आदिवासी मेला कहाँ लगता है?
(a) सरगुजा (b) बस्तर
(c) जशपुर (d) नारायणपुर

24. छत्तीसगढ़ का नाग लोक कहा जाता है
(a) सरगुजा (डीपाडीह) (b) जशपुर (तपकरा)
(c) कबीरधाम (पचराही) (d) बस्तर (जगदलपुर)

25. छत्तीसगढ़ में ज्ञान की राजधानी किसे कहा जाता है?
(a) रायपुर (b) भिलाई
(c) अम्बिकापुर (d) बिलासपुर

26. सिंघनपुर गुफा कहाँ है?
(a) जशपुर (b) बस्तर (c) रायगढ़ (d) कोरिया

27. निम्नलिखित में से कौन-सी गुफा 'पाषाणकालीन शैलचित्रों' के लिए प्रसिद्ध है?
(a) कुटुमसर गुफा (b) सिंघनपुर गुफा
(c) गुप्तेश्वर गुफा (d) कैलाश गुफा

28. जाजल्यदेव देव लोक महोत्सव कहाँ मनाया जाता है?
(a) जशपुर (b) जाँजगीर (c) चाम्पा (d) कोरबा

29. राजनान्दगाँव जिले का 'चितवा डोंगरी' क्यों प्रसिद्ध है?
(a) चीता अभयारण्य (b) जलप्रपात
(c) प्रागैतिहासिक शैलचित्रों (d) मन्दिर

30. कबरा शैल चित्र कहाँ है?
(a) रायगढ़ (b) जशपुर
(c) सरगुजा (d) कोरिया

31. कुटुमसर गुफा की खोज किसने की?
(a) प्रो. शंकर तिवारी (b) प्रो. रघुनाथ
(c) गोपालराव मुखर्जी (d) शरद जोशी

32. जगन्नाथ मन्दिर अवस्थित है
(a) नवागाँव (b) खल्लारी (c) सिहावा (d) चौरा

33. बहादुर कलारिन की माची निम्न में से क्या है?
(a) प्राचीन स्मारक (b) प्राचीन नगर
(c) प्राचीन धर्मशाला (d) प्राचीन तालाब

34. औद्योगिक पार्क 'हर्बल पार्क' स्थित है
(a) तिल्दा (रायपुर) (b) लवन (बलौदाबाजार)
(c) इन्दामारा (राजनान्दगाँव) (d) बमौद (धमतरी)

35. छत्तीसगढ़ के किस जिले से सूर्य मन्दिर की संरचना मिली है?
(a) सूरजपुर (b) सरगुजा (c) कोरबा (d) जशपुर

36. कौन-सी जोड़ी सुमेलित नहीं हैं?
(a) कर्णेश्वर महादेव मन्दिर-धमतरी
(b) सिद्धेश्वर मन्दिर-बलौदाबाजार
(c) फणिकेश्वरनाथ महादेव मन्दिर-गरियाबन्द
(d) लक्ष्मणेश्वर मन्दिर-मुंगेली

37. निम्न जोड़ों में से कौन-सा सही है?
(a) कुटुमसर गुफा-बस्तर (b) कैलाश गुफा-सरगुजा
(c) जोगीमारा-रायगढ़ (d) सीताबेंगरा-कांकेर

38. बलरामपुर किसके लिए प्रसिद्ध है?
(a) वाल्मीकि आश्रम (b) जोगीमारा गुफा
(c) लक्ष्मणेश्वर मन्दिर (d) डीपाडीह पुरातात्विक स्थल

39. 'कुटुमसर' गुफा किस जिले में स्थित है?
(a) सरगुजा (b) जशपुर (c) बस्तर (d) दन्तेवाड़ा

40. कौशल्या माता का मन्दिर कहाँ स्थित है?
(a) सिहावा (b) चन्द्रखुरी (c) छुरा (d) आरंग

41. खरौद क्यों प्रसिद्ध है?
(a) छत्तीसगढ़ का काशी (b) कामुक तस्वीरें
(c) ताण्डव नृत्य करते शिव (d) विष्णु के दस अवतार

42. अन्धी मछलियों का निवास स्थान है
(a) सिंघनपुर की गुफाएँ (b) जोगीमारा गुफा
(c) कुटुमसर गुफा (d) इनमें से कोई नहीं

43. खैरागढ़ किस श्रेणी के लिए जाना जाता है?
(a) पुरातात्विक (b) धार्मिक
(c) ऐतिहासिक (d) शैक्षणिक

44. 'लाफागढ़' किसके लिए जाना जाता है?
(a) छत्तीसगढ़ का कश्मीर (b) छत्तीसगढ़ का काशी
(c) छत्तीसगढ़ का खजुराहो (d) छत्तीसगढ़ का चित्तौड़

45. छत्तीसगढ़ पर्यटन मण्डल द्वारा संचालित 'गोंचा' टूरिस्ट शिल्पग्राम स्थित है?
(a) कांकेर (b) दन्तेवाड़ा (c) केशकाल (d) जगदलपुर

46. 'कबरा' गुफा स्थित है
(a) रायगढ़ (b) बस्तर (c) सरगुजा (d) कोरबा

47. 'बगीचा हिल स्टेशन' किस जिले का प्रसिद्ध पर्यटन स्थल है?
(a) सरगुजा (b) कोरिया
(c) रायगढ़ (d) जशपुर

48. बस्तर का प्रसिद्ध विशाल भव्य मन्दिर नारायणपाल किस शैली में बनाया गया है
(a) चालुक्य शैली (b) द्रविड़ शैली
(c) नागर शैली (d) वेशर शैली

49. बादल महल किस जिले में स्थित है?
(a) कोरिया (b) बस्तर
(c) बिलासपुर (d) रायगढ़

50. निम्नलिखित में से किस घाटी को फूलों की घाटी के नाम से जाना जाता है?
(a) चिल्फी घाटी (b) दरभा घाटी
(c) झीरम घाटी (d) लोरो घाटी

51. 'तेलासीबाड़ा' निम्न में से किससे सम्बन्धित है?
(a) अघोर पन्थ (b) कबीर पन्थ
(c) पुष्टमार्ग (d) सतनाम पन्थ

52. विश्व की प्राचीनतम नाट्यशाला को किस नाम से जाना जाता है?
(a) कैलाश गुफा (b) कबरा पहाड़ की गुफा
(c) सीता बेंगरा गुफा (d) सिंघनपुर की गुफा

53. बीजापुर किस जिले में स्थित है?
(a) कबरा गुफा (b) सीता बेंगरा गुफा
(c) जोगीमारा गुफा (d) नडापल्ली गुफा

54. 'चितवाडोंगरी गुफाएँ ' किस जिले में स्थित हैं?
(a) कांकेर (b) गरियाबन्द
(c) राजनान्दगाँव (d) कवर्धा

55. 'खरखरा' किस श्रेणी के लिए जाना जाता है?
(a) ऐतिहासिक (b) धार्मिक (c) पुरातात्विक (d) जलाशय

56. छत्तीसगढ़ के प्राकृतिक स्थल है
(a) मैनपाट पठार (b) तीरथगढ़ जलप्रपात
(c) तान्दुला दुर्ग (d) ये सभी

57. छत्तीसगढ़ में तुरतुरिया किस ऋषि से सम्बद्ध है?
(a) लोमेश (b) विश्वामित्र
(c) वाल्मीकि (d) वशिष्ठ

58. 'चन्द्रादित्येश्वर' मन्दिर कहा स्थित है?
(a) रतनपुर (b) सिरपुर
(c) बारसूर (d) ताला

59. सुतनुका देवदासी और कलाकार देवदत्त के प्रेमशक्ति का अभिलेख किस पुरास्थल के उत्कीर्ण से प्राप्त हुआ है?
(a) हाथीगुफा में (b) जोगीमारा गुफा में
(c) बाराबर गुफा में (d) उदयगिरि गुफा में

60. भाण्ड देउल जैन मन्दिर कहाँ स्थित है?
(a) रतनपुर (b) आरंग
(c) नागपुर (d) मल्हार।

61. निम्नलिखित युग्मों में से कौन-सा सही सुमेलित है?
(a) दन्तेश्वरी देवी मन्दिर- डोंगरगढ़
(b) बमलेश्वरी देवी मन्दिर दन्तेवाड़ा
(c) नर-नारायण मन्दिर- शिवरीनारायण
(d) डिडनेश्वरी देवी मन्दिर-दुर्ग

62. प्राचीन गन्धेश्वर महादेव मन्दिर कहाँ स्थित है?
(a) मल्हार (b) ताला
(c) रतनपुर (d) सिरपुर

63. केवटिन मन्दिर किस वंश से सम्बन्धित है?
(a) हैहय (b) सोम
(c) चालुक्य (d) चन्द्र

64. राजिम कुम्भ मेला किस हिन्दू तिथि से प्रारम्भ होता है?
(a) माघ पूर्णिमा (b) कार्तिक पूर्णिमा
(c) पौष पूर्णिमा (d) बैशाख पूर्णिमा

65. 'छत्तीसगढ़ का प्रयाग' निम्नलिखित में से किस स्थल को कहा जाता है?
(a) चम्पारण्य (b) देवभोग (c) राजिम (d) धमतरी

66. सिरपुर किस मन्दिर के लिए प्रसिद्ध है?
(a) प्राचीन गन्धेश्वर मन्दिर (b) महात्मा बुद्ध द्वारा भ्रमण
(c) लक्ष्मण मन्दिर (d) उपरोक्त सभी

67. बौद्ध ग्रन्थ अवदान शतक के अनुसार, महात्मा बुद्ध ने महासमुन्द जिले के किस स्थान पर भ्रमण किया था?
(a) सिरपुर (b) बसना (c) सरायपाली (d) खल्लारी

68. पर्यटन स्थल 'बिलाईमाता' एवं 'जगदीश मन्दिर' किस जिले में स्थित है?
(a) बिलासपुर (b) रायपुर (c) धमतरी (d) जशपुर

69. ऐतिहासिक स्थल 'देवगढ़' किस जिले में स्थित है?
(a) राजनान्दगाँव (b) रायगढ़
(c) जाँजगीर (d) सरगुजा

70. कवर्धा महल के मुख्य प्रवेश द्वार को निम्न रूप में भी जाना जाता है
(a) सिंह दरवाजा (b) ऊँट दरवाजा
(c) हाथी दरवाजा (d) बुलन्द दरवाजा

71. शिवनाथ तथा खारून नदियों का संगम किस स्थान पर है?
(a) राजिम (b) शिवरीनारायण
(c) सोमनाथ (d) अंगारमोती

72. आनन्दप्रभुकुटी विहार में स्थापित मुख्य प्रतिमा किसकी है?
(a) विष्णु (b) शिवलिंग (c) आदिनाथ (d) बुद्ध

73. छत्तीसगढ़ पर्यटन मण्डल द्वारा संचालित 'धनकुल' टूरिस्ट कॉलेज स्थित है
(a) बस्तर (b) कांकेर (c) कोण्डागाँव (d) केशकाल

74. गुरु घासीदास का जन्म किस ग्राम में हुआ?
(a) भण्डारपुरी (b) तेलासी (c) लालपुर (d) गिरौदपुरी

75. श्रृंगी ऋषि का मेला लगता है
(a) बस्तर (b) रायपुर (c) धमतरी (d) सरगुजा

76. मुगलकालीन स्वर्ण मुद्राएँ प्राप्त हुईं
(a) पचराही (कबीरधाम) (b) महेशपुर (सरगुजा)
(c) लोलर (धमतरी) (d) शिवरीनारायण (जाँजगीर)

77. 14वीं सदी में निर्मित 'छेरकी महल' कहाँ है?
(a) कवर्धा (b) राजिम (c) सिरपुर (d) चम्पारण्य

78. 'मडवा महल' कहाँ है?
(a) कबीरधाम (b) रायपुर
(c) बिलासपुर (d) महासमुन्द

79. तमोर पहाड़ और पिंगला नदी के नाम पर बना तमोर पिंगला अभयारण्य किस जिले में है?
(a) जशपुर (b) रायगढ़
(c) सूरजपुर (d) बस्तर

80. भोरमदेव मन्दिर का निर्माण
(a) ग्यारहवीं शताब्दी में चोल वंश द्वारा
(b) ग्यारहवीं शताब्दी में नागवंशी वंश द्वारा
(c) तेरहवीं शताब्दी में चालुक्य वंश द्वारा
(d) तेरहवीं शताब्दी में चोल वंश द्वारा

81. नागर शैली में बना मन्दिर है
(a) लक्ष्मण मन्दिर (b) मामा-भांजा मन्दिर
(c) भोरमदेव (d) देवरानी-जेठानी मन्दिर

82. छत्तीसगढ़ का प्रसिद्ध मुस्लिम तीर्थ है
(a) दामाखेड़ा (b) गिरौदपुरी
(c) राजिम (d) लुथरा शरीफ

83. छत्तीसगढ़ में भारत का प्रसिद्ध विशाल गिरिजाघर कहाँ है?
(a) कुनकुरी (जशपुर) (b) बैरन बाजार (रायपुर)
(c) नवापारा (अम्बिकापुर) (d) धरमजयगढ़ (रायगढ़)

84. महाभारतकालीन भव्य मन्दिर है
(a) गुरूर (b) धमया
(c) सहसपुर (d) सरदा

85. 'चित्रांगदपुर' किसे कहा जाता था?
(a) सिरपुर (b) शिवरीनारायण
(c) खरौद (d) राजिम

86. महन्त गुरु घासीदास संग्रहालय 1875 ई. में कहाँ स्थापित हुआ?
(a) बस्तर (b) सरगुजा
(c) बिलासपुर (d) रायपुर

87. पुरातात्विक स्थल देवगढ़ (देउर टिकरा) किस जिले में है?
(a) सरगुजा (b) सूरजपुर
(c) बलरामपुर (d) जशपुर

88. गाँधीजी की 150वीं जयन्ती पर कण्डेल के माडम सिल्ली बाँध का नामकरण निम्नलिखित में से किनके नाम पर किया गया?
(a) पं. सुन्दरलाल शर्मा (b) छोटेलाल श्रीवास्तव
(c) खूबचन्द बघेल (d) इनमें से कोई नहीं

89. सात घोड़ों पर सवार त्रिमुखी सूर्य की प्रतिमा है
(a) जशपुर (b) रायगढ़ (c) लाफागढ़ (d) बारसूर

90. चन्द्रपुर का प्रसिद्ध चन्द्रहासिनी मन्दिर किस जिले में है?
(a) सक्ति (b) सम्बलपुर (उड़ीसा)
(c) कोरबा (d) बिलासपुर

91. विश्व के सबसे प्राचीनतम भित्ति चित्र (ई.पू. 300 ई.) की है
(a) जोगीमारा गुफा (सरगुजा) (b) सिंघनपुर (रायगढ़)
(c) कैलाश गुफा (जशपुर) (d) इनमें से कोई नहीं

92. डोंगरगढ़ का प्रसिद्ध बमलेश्वरी मन्दिर किस जिले में है?
(a) जाँजगीर-चाम्पा (b) राजनान्दगाँव
(c) जशपुर (d) रायपुर

93. बैलाडीला पर्वत श्रेणी का सबसे उच्च शिखर है
(a) गौरलाटा (b) नन्दीराज (c) नागराज (d) डीला श्रेणी

94. चन्द्रादित्य मन्दिर कहाँ है?
(a) बारसूर (दन्तेवाड़ा) (b) मल्हार (बिलासपुर)
(c) खरौद (जाँजगीर-चाम्पा) (d) पचराही (कबीरधाम)

95. विश्वविख्यात 'डिडनेश्वरी मन्दिर' कहाँ है ?
(a) खरौद (b) राजिम
(c) मल्हार (d) शिवरीनारायण

96. भारत की प्राचीनतम चतुर्भुज विष्णु मूर्ति है
(a) मल्हार (b) आरंग (c) खरौद (d) राजिम

97. गरम पानी का स्रोत 'तातापानी' कहाँ है ?
(a) बलरामपुर (b) बगीचा (जशपुर)
(c) धरमजयगढ़ (रायगढ़) (d) सिरपुर (महासमुन्द)।

98. मानव निर्मित गुफा 'हरचौका' किस जिले में है?
(a) सरगुजा (b) मनेन्द्रगढ़ चिरमिरी भरतपुर
(c) जशपुर (d) कोरबा

99. बुलन्दशाह द्वारा निर्मित किला है
(a) रामगढ़ (सरगुजा) (b) मुरेरगढ़ (कोरिया)
(c) 'a' और 'b' दोनों (d) इनमें से कोई नहीं

100. प्रसिद्ध पुरातात्विक स्थल डीपाडीह किस जिले में है?
(a) सूरजपुर (b) बलरामपुर
(c) सरगुजा (d) जशपुर

101. अशोक मौर्य का सिंह स्तम्भ लेख कहाँ से प्राप्त हुआ?
(a) कोटाडोल (b) देवगढ़
(c) रामगढ़ (d) रायगढ़

102. छत्तीसगढ़ का सबसे बड़ा चिड़ियाघर है
(a) मैत्रीबाग (भिलाई) (b) मोती बाग
(c) नन्दन वन (d) संजय वाटिका

103. देवरानी-जेठानी मन्दिर किस जिले में है?
(a) रायपुर (b) बिलासपुर
(c) कोरबा (d) जाँजगीर-चाम्पा

104. लव-कुश का जन्म स्थल माना जाता है
(a) चम्पारण्य (b) आरंग (c) राजिम (d) तुरतुंरिया

105. छत्तीसगढ़ में बौद्ध स्थल है?
(a) सिदेसर (b) भोंगापाल (c) सिरपुर (d) ये सभी

106. छत्तीसगढ़ में सबसे पुराना मन्दिर माना जाता है?
(a) देवरानी-जेठानी (b) मामा-भांजा
(c) सिरपुर (d) कुलेश्वर नाथ

107. शिवरीनारायण को कहा जाता है?
(a) प्रयाग (b) काशी (c) गुप्त प्रयाग (d) चित्रकूट

108. पौष पूर्णिमा में मनाया जाने वाला पर्व है?
(a) छेर-छेरा (b) हलषष्ठी
(c) तीजा (d) इनमें से कोई नहीं

109. 'शैलाश्रयों का गढ़' कहा जाता है
(a) जशपुर (b) रायगढ़ (c) सरगुजा (d) कोरिया

110. चक्रधर समारोह कहाँ होता है?
(a) जशपुर (b) रायगढ़ (c) सरगुजा (d) खैरागढ़

111. प्रदेश का प्रसिद्ध जैन तीर्थ स्थान है?
(a) नगपुरा (b) आरंग
(c) राजिम (d) दामाखेड़ा

112. छत्तीसगढ़ का प्रसिद्ध हिन्दू तीर्थ है
(a) दामाखेड़ा (b) गिरौदपुरी (c) नगपुरा (d) राजिम

113. ऋषभ तीर्थ कहाँ है?
(a) दमऊ-दरहा (b) दामाखेड़ा (c) आरंग (d) गिरौदपुरी

114. शबरी माता का निवास माना जाता है
(a) शिवरीनारायण (b) खरौद
(c) सिरपुर (d) शिवपुर

115. छत्तीसगढ़ का प्रसिद्ध तीर्थ है
(a) गिरौदपुरी (b) जशपुर (c) मदकू द्वीप (d) दामाखेड़ा

116. नृजातीय म्यूजियम किस जिले में स्थित है?
(a) रायपुर (b) बिलासपुर
(c) जगदलपुर (d) राजनान्दगाँव

117. महादेव घाट किसलिए प्रसिद्ध है?
(a) दूधाधारी मन्दिर (b) हटकेश्वर मन्दिर
(c) बंजारी मन्दिर (d) काली मन्दिर

118. सतनामियों का प्रसिद्ध तीर्थ स्थान है
(a) गिरौदपुरी (b) दामाखेड़ा (c) अन्तागढ़ (d) मैनपाट

119. 'गज' किला छत्तीसगढ़ में कहाँ स्थित है?
(a) जशपुर (b) बस्तर (c) रतनपुर (d) मैनपाट

120. कबीरपन्थियों का तीर्थ स्थान है
(a) राजिम (b) गिरौदपुरी (c) दामाखेड़ा (d) अन्तागढ़

121. विशाल गणेश की प्रतिमा स्थापित है
(a) राजिम (b) बारसूर
(c) खरौद (d) शिवरीनारायण

122. चित्रकोट जलप्रपात की अनोखी बात क्या है?
(a) मौसम के बदलाव के अनुसार, पानी का रंग बदलता है।
(b) यह संगीत के साथ गिरता है।
(c) यह केवल रात के समय में गिरता है।
(d) यह अत्यन्त ऊँचाई से गिरता है।

123. 'मामा-भांजा' मन्दिर कहाँ है?
(a) बारसूर (बस्तर) (b) बारसूर (दन्तेवाड़ा)
(c) बारसूर (बीजापुर) (d) बारसूर (कांकेर)

124. महारानी वासटा द्वारा स्थापित सिरपुर के (विष्णु मन्दिर) लक्ष्मण मन्दिर की प्रशस्ति रचना किसने की थी?
(a) कवि नारायण (b) कवि ईशान
(c) कवि तेज बान्धव (d) कवि रेवाराम

125. भगवान राम ने छत्तीसगढ़ के किस जिले में प्रवेश किया था ?
(a) जशपुर (b) सरगुजा
(c) मनेन्द्रगढ़ चिरमिरी (d) इनमें से कोई नहीं

126. ईंटों के मन्दिर का गाँव है
(a) बारसूर (b) अन्तागढ़ (c) गढ़धनौरा (d) बीजापुर

127. छत्तीसगढ़ पर्यटन मण्डल का गठन कब किया गया?
(a) 8 जनवरी, 2002 (c) 18 जनवरी, 2002
(b) 8 जनवरी, 2003 (d) 18 जनवरी, 2003

128. छत्तीसगढ़ पर्यटन विभाग द्वारा विकसित मुक्त आकाश संग्रहालय सह-पार्क पुरखौती मुक्तांगन का लक्ष्य दिखाना है
(a) राज्य की पुश्तैनी परम्पराएँ
(b) जनजातीय संस्कृति, कला और क्रियाएँ
(c) औद्योगिक विकास का परिदृश्य
(d) राज्य के ग्रामीण जीवन की झाँकी

129. मल्हार एवं तालागाँव कहाँ स्थित है?
(a) मुंगेली (b) बिलासपुर
(c) राजिम (d) गरियाबन्द

130. 'अबूझमाड़' क्षेत्र किस जिले में है
(a) बस्तर (b) नारायणपुर
(c) बीजापुर (d) दन्तेवाड़ा

131. छत्तीसगढ़ में विश्व प्रसिद्ध दशहरा मेला कहाँ लगता है?
(a) सरगुजा (b) बस्तर
(c) जशपुर (d) नारायणपुर

132. छत्तीसगढ़ की गंगा है
(a) महानदी (b) शबरी नदी
(c) हसदो नदी (d) अरपा नदी

133. इस्पात की नगरी के नाम से जाना जाता है
(a) दन्तेवाड़ा (b) भिलाई
(c) जगदलपुर (d) ये सभी

134. मन्दिरों की नगरी किसे कहते हैं?
(a) आरंग (b) सिरपुर
(c) महासमुन्द (d) पचराही

135. छत्तीसगढ़ का नियाग्रा कहा जाता है?
(a) चित्रकोट (b) तीरथगढ़
(c) मलाजकुण्डम (d) गुप्तेश्वर

उत्तरमाला

1. (c)	2. (a)	3. (b)	4. (b)	5. (c)	6. (d)	7. (d)	8. (d)	9. (d)	10. (c)
11. (b)	12. (b)	13. (a)	14. (a)	15. (a)	16. (a)	17. (a)	18. (a)	19. (a)	20. (c)
21. (b)	22. (b)	23. (d)	24. (b)	25. (a)	26. (c)	27. (b)	28. (b)	29. (c)	30. (a)
31. (a)	32. (b)	33. (a)	34. (d)	35. (b)	36. (d)	37. (a)	38. (d)	39. (c)	40. (b)
41. (a)	42. (c)	43. (d)	44. (d)	45. (d)	46. (a)	47. (d)	48. (a)	49. (c)	50. (d)
51. (d)	52. (c)	53. (d)	54. (c)	55. (d)	56. (d)	57. (c)	58. (c)	59. (b)	60. (b)
61. (c)	62. (d)	63. (b)	64. (a)	65. (c)	66. (d)	67. (a)	68. (c)	69. (d)	70. (c)
71. (c)	72. (d)	73. (c)	74. (d)	75. (c)	76. (a)	77. (a)	78. (a)	79. (c)	80. (b)
81. (c)	82. (d)	83. (a)	84. (a)	85. (a)	86. (d)	87. (a)	88. (b)	89. (d)	90. (a)
91. (a)	92. (b)	93. (b)	94. (a)	95. (c)	96. (a)	97. (a)	98. (b)	99. (b)	100. (b)
101. (a)	102. (c)	103. (b)	104. (d)	105. (d)	106. (d)	107. (c)	108. (a)	109. (b)	110. (b)
111. (a)	112. (d)	113. (a)	114. (a)	115. (c)	116. (c)	117. (b)	118. (a)	119. (c)	120. (c)
121. (b)	122. (a)	123. (b)	124. (b)	125. (c)	126. (c)	127. (a)	128. (a)	129. (b)	130. (b)
131. (b)	132. (a)	133. (b)	134. (a)	135. (a)					

06 शिक्षा, स्वास्थ्य एवं खेल

शिक्षा

- जनगणना वर्ष 2011 के अनुसार, छत्तीसगढ़ राज्य की साक्षरता दर 70.28% है।
- छत्तीसगढ़ में 'भिलाई' को ज्ञान की राजधानी कहा जाता है।
- छत्तीसगढ़ राज्य में स्वतन्त्र शिक्षा विभाग की स्थापना सर्वप्रथम वर्ष 1910 में की गई थी।
- वर्ष 1937 में रायपुर में छत्तीसगढ़ शिक्षण समिति की स्थापना की गई। इसके प्रथम अध्यक्ष ठाकुर प्यारेलाल सिंह थे।

प्राथमिक व माध्यमिक शिक्षा

- आर्थिक सर्वेक्षण 2023-24 के अनुसार, राज्य में मान्यता प्राप्त हाईस्कूलों की संख्या 7114 तथा हायर सेकण्डरी विद्यालयों की संख्या 4271 है।
- आदिवासी क्षेत्रों में शिक्षा के प्रसार हेतु **एकलव्य विद्यालय** स्थापित किए गए।
- 6 से 14 वर्ष तक के सभी बच्चों को नि:शुल्क व अनिवार्य शिक्षा प्रदान की जा रही है।

उच्च शिक्षा

- राज्य का सबसे पुराना महाविद्यालय 'छत्तीसगढ़ महाविद्यालय रायपुर' है। इसकी स्थापना वर्ष 1938 में हुई।
- राज्य के प्रमुख शासकीय विश्वविद्यालय –**इन्दिरा कला एवं संगीत विश्वविद्यालय**, पण्डित रविशंकर शुक्ल विश्वविद्यालय तथा गुरु घासीदास केन्द्रीय विश्वविद्यालय आदि हैं।

राज्य सरकार द्वारा स्थापित विश्वविद्यालय

विश्वविद्यालय	वर्ष	विशेषता
सरगुजा विश्वविद्यालय	2008	अम्बिकापुर
छत्तीसगढ़ आयुष एवं स्वास्थ्य विज्ञान विश्वविद्यालय, रायपुर	2008	राज्य का एकमात्र चिकित्सा विश्वविद्यालय
बिलासपुर विश्वविद्यालय, बिलासपुर	2012	—
कामधेनु विश्वविद्यालय, दुर्ग	2012	राज्य का एकमात्र पशु चिकित्सा विश्वविद्यालय
दुर्ग विश्वविद्यालय	2015	—
हिदायतुल्ला राष्ट्रीय विधि विश्वविद्यालय, रायपुर	2003	राज्य का प्रथम विधि विश्वविद्यालय
पं. सुन्दरलाल शर्मा (खुला) विश्वविद्यालय, बिलासपुर	2005	राज्य का एकमात्र खुला विश्वविद्यालय
कुशाभाऊ ठाकरे पत्रकारिता एवं जनसंचार विश्वविद्यालय, रायपुर	2005	राज्य का एकमात्र पत्रकारिता विश्वविद्यालय
स्वामी विवेकानन्द तकनीकी विश्वविद्यालय, भिलाई	2005	राज्य का एकमात्र प्रौद्योगिकी विश्वविद्यालय
बस्तर विश्वविद्यालय, जगदलपुर	2008	—

केन्द्र सरकार के राज्य में संचालित अन्य महत्त्वपूर्ण विश्वविद्यालय एवं संस्थान

प्रमुख विश्वविद्यालय	स्थान
ऑल इण्डिया मेडिकल साइंस इंस्टीट्यूट (AIIMS)	रायपुर
राष्ट्रीय फार्मेसी शिक्षा एवं अनुसन्धान संस्थान	नया रायपुर (2015-16)
अन्तर्राष्ट्रीय सूचना प्रौद्योगिकी संस्थान (IIIT)	नया रायपुर
भारतीय प्रबन्धन संस्थान (IIM)	रायपुर (2010-11)

स्वास्थ्य

- छत्तीसगढ़ सरकार द्वारा लोगों को स्वास्थ्य सेवाएँ प्रदान करने के लिए विभिन्न प्रयास किए गए हैं।
- राज्य के प्रमुख चिकित्सालय एवं स्वास्थ्य विद्यालय हैं—प्राकृतिक चिकित्सा व योग महाविद्यालय, दन्त चिकित्सा, महाविद्यालय, छत्तीसगढ़ आयुर्वेद चिकित्सा संस्थान, छत्तीसगढ़ इन्स्टीट्यूट ऑफ मेडिकल साइंसेज (CIMS) बिलासपुर आदि हैं।
- राज्य की प्रमुख स्वास्थ्य सम्बन्धी योजनाएँ—
मुख्यमन्त्री बाल हृदय सुरक्षा योजना, आयुष (AYUSH), राष्ट्रीय

ग्रामीण स्वास्थ्य मिशन (NRHM), जननी शिशु सुरक्षा योजना, चिरायु योजना एवं स्वास्थ्य बीमा योजना आदि हैं।

छत्तीसगढ़ की स्वास्थ्य सम्बन्धी योजनाएँ

योजनाएँ	वर्ष	उद्देश्य
मुख्यमन्त्री बाल हृदय सुरक्षा योजना	2008	0-15 वर्ष तक के आयु वर्ग के बच्चों को उत्कृष्ट निजी चिकित्सा संस्थानों में चिकित्सा सुविधा प्रदान करना
राष्ट्रीय ग्रामीण मिशन (NRHM)	2020	ग्रामीण स्वास्थ्य में सुधार करना
आयुष (AYUSH)	1995	राज्य में आयुर्वेद चिकित्सा पद्धति को बढ़ावा देना
जिला स्तरीय परिवार सुविधा सर्वेक्षण	1997	जिला स्वास्थ्य को प्रभावी बनाना
जन्म सहयोगी कार्यक्रम	2016	महिला स्वास्थ्य पर ध्यान केन्द्रित करना
जननी शिशु सुरक्षा योजना	—	गर्भवती महिला को निःशुल्क सहायता प्रदान करना
स्वास्थ्य बीमा योजना	2017	प्रति परिवार स्वास्थ्य बीमा कवर प्रदान करना
महतारी जतन योजना	2016	गर्भवती महिला को कुपोषण मुक्त करना

खेल

- छत्तीसगढ़ में खेलकूद के प्रति विशेष आकर्षण है।
- छत्तीसगढ़ की खेल राजधानी **भिलाई** को कहा जाता है।
- छत्तीसगढ़ राज्य ओलम्पिक संघ का गठन 15 जुलाई, 2001 को किया गया था। राज्य में खेले जाने वाले प्रमुख खेल क्रिकेट, वॉलीबॉल, बॉक्सिंग, बास्केटबॉल एवं बैडमिण्टन आदि हैं।
- राज्य खेल नीति, 2017 ने राज्य के बालकों एवं युवाओं में खेल के प्रति रुचि एवं छुपी सम्भावनाओं को उभारा है।
- राज्य की प्रमुख खेल प्रतियोगिताएँ–महन्त सर्वेश्वर दास स्मृति (हॉकी), सुब्रतो मुखर्जी कप (फुटबॉल), नजीर अहमद स्मृति (क्रिकेट), गोण्डवाना कप (लॉन टेनिस) आदि हैं।
- राज्य के प्रमुख खेल पुरस्कार—गुण्डाधूर पुरस्कार, छत्तीसगढ़ खेल अलंकरण सम्मान, महावीर प्रवीरचन्द्र भंजदेव सम्मान, वीर हनुमान सिंह पुरस्कार आदि हैं।

अभ्यास प्रश्न

1. छत्तीसगढ़ में ज्ञान की राजधानी किसे कहा जाता है?
(a) रायपुर (b) भिलाई (c) अम्बिकापुर (d) बिलासपुर

2. जिलों के आधार पर अनुसूचित जाति की सर्वाधिक जनसंख्या कहाँ है?
(a) जाँजगीर-चाम्पा (b) रायपुर
(c) बिलासपुर (d) इनमें से कोई नहीं

3. शहीद वीरनारायण सिंह अन्तर्राष्ट्रीय क्रिकेट स्टेडियम का उद्घाटन कब हुआ था?
(a) 16 जून, 2006
(b) 12 दिसम्बर, 2007
(c) 11 सितम्बर, 2008
(d) 11 सितम्बर, 2009

4. गुरु घासीदास विश्वविद्यालय को केन्द्रीय विश्वविद्यालय कब घोषित किया गया?
(a) वर्ष 2008 (b) वर्ष 2009
(c) वर्ष 2011 (d) वर्ष 2007

5. किशोरी बालिकाओं के लिए संचालित पूरक पोषण आहार आयोजन व्यय में केन्द्र और राज्य का अंश कितना है?
(a) 75:25 (b) 50:50
(c) 60:40 (d) 90:10

6. संस्कार अभियान किस विभाग द्वारा संचालित है?
(a) सामान्य प्रशासन विभाग
(b) गृह विभाग
(c) स्वास्थ्य विभाग
(d) महिला एवं बाल विकास विभाग

7. नोनी सुरक्षा योजना की शुरुआत कब हुई?
(a) वर्ष 2012 (b) वर्ष 2013
(c) वर्ष 2014 (d) वर्ष 2015

8. प्रधानमन्त्री मातृ वन्दना योजना में कितनी सहायता राशि उपलब्ध कराई जाती है?
(a) ₹ 5,000 (b) ₹ 6,000
(c) ₹ 7,000 (d) ₹ 8,000

9. वर्ष 1937 तक छत्तीसगढ़ में कितने महाविद्यालय थे?
(a) एक (b) दो
(c) सात (d) एक भी नहीं

10. बस्तर विश्वविद्यालय कहाँ स्थापित है?
(a) जगदलपुर (b) बस्तर
(c) सुकमा (d) इनमें से कोई नहीं

11. छत्तीसगढ़ में क्षेत्रीय बोली शिक्षा कब प्रारम्भ हुई?
(a) वर्ष 2010-11 (b) वर्ष 2009-10
(c) वर्ष 2011-12 (d) वर्ष 2007-08

12. NTEP कार्यक्रम के तहत TB ECHO HUB कब लॉन्च किया गया ?
(a) 28.05.2017 (b) 15.03.2012
(c) 28.12.2020 (d) 15.04.2022

13. स्व. जनस्वामी योगानीदम् का नाम किस कॉलेज को दिया गया है?
(a) लोहड़ी विश्वविद्यालय (b) छत्तीसगढ़ महाविद्यालय
(c) दुर्ग महाविद्यालय (d) बस्तर महाविद्यालय

14. छत्तीसगढ़ में दृष्टिहीन नियन्त्रण कार्यक्रम कब से प्रारम्भ किया गया?
(a) वर्ष 1971 (b) वर्ष 1977
(c) वर्ष 1978 (d) वर्ष 1991

15. छत्तीसगढ़ में राष्ट्रीय क्षय उन्मूलन कार्यक्रम कब से शुरू हुआ?
(a) 15.08.2022 (b) 10.08.2009
(c) 09.08.2014 (d) 05.08.2019

16. राष्ट्रीय वेक्टर जनित रोग नियन्त्रण कार्यक्रम के तहत छत्तीसगढ़ में कितनी बीमारियों को चिह्नांकित किया गया है?
(a) 6 (b) 4
(c) 8 (d) 10

17. सतत् विकास लक्ष्य (SDG-2030) में शिशु मृत्युदर का लक्ष्य क्या रखा है?
(a) 13 (b) 14
(c) 15 (d) 17

18. प्रदेश में संचालित 'महतारी एक्सप्रेस' का टोल फ्री नम्बर क्या है?
(a) 108 (b) 1099
(c) 104 (d) 102

19. मुख्यमन्त्री विशेष स्वास्थ्य सहायता योजना के अन्तर्गत पात्र परिवारों को इलाज हेतु कितनी राशि दी जाती है?
(a) पचास हजार (b) बीस हजार
(c) बीस लाख (d) पाँच लाख

20. प्रधानमन्त्री सुरक्षित मातृत्व अभियान की शुरुआत छत्तीसगढ़ में कब से की गई?
(a) 02.10.2020 (b) 18.09.2021
(c) 13.04.2018 (d) 09.05.2016

21. प्रथम छत्तीसगढ़िया ओलम्पिक खेलों का आयोजन कब से कब तक किया गया था?
(a) 02.10.2022 से 31.11.2022
(b) 06.10.2022 से 26.1.2023
(c) 06.10.2022 से 06.01.2023
(d) 28.11.2022 से 06.01.2023

22. 'शुचिता योजना' का शुभारम्भ कब किया गया?
(a) वर्ष 2017 (b) वर्ष 2018 (c) वर्ष 2019 (d) वर्ष 2020

23. NFHS-5 सर्वेक्षण के तहत वर्ष 2020-21 में संस्थागत प्रसव कितना हो गया है?
(a) 70.2% (b) 85.7% (c) 92.3% (d) 78.6%

24. राष्ट्रीय शिक्षा प्रोन्नति योजना कब से प्रारम्भ की गई थी?
(a) वर्ष 2014 (b) वर्ष 2016
(c) वर्ष 2018 (d) वर्ष 2020

25. मुख्यमन्त्री उच्च शिक्षा ऋण ब्याज अनुदान योजना कब से प्रारम्भ की गई है?
(a) वर्ष 2009-10 (b) वर्ष 2010-11
(c) वर्ष 2011-12 (d) वर्ष 2012-13

26. सरस्वती साइकिल योजना के तहत किन परिवारों के छात्रों को प्रोत्साहित किया जा रहा है?
(a) SC-ST-BPL परिवार (b) SC-ST-APL परिवार
(c) SC-ST अन्त्योदय परिवार (d) SC-ST निराश्रित परिवार

27. छत्तीसगढ़िया ओलम्पिक खेलों में एकल खेल क्षेत्र में कौन-सा खेल शामिल है?
(a) गिल्ली डण्डा (b) पिट्ठूल
(c) रस्साकसी (d) बिल्लस

28. अन्तर्राष्ट्रीय खेल प्रतियोगिताओं में अपना स्थान बनाने वाले इस राज्य के खिलाड़ी रुस्तम सारंग किस खेल के हैं?
(a) बास्केटबॉल (b) दौड़
(c) भारोत्तोलन (d) तीरन्दाजी

29. छत्तीसगढ़ सरकार द्वारा कौशल विकास का अधिकार अधिनियम किस वर्ष लाया गया था?
(a) वर्ष 2011 (b) वर्ष 2012 (c) वर्ष 2013 (d) वर्ष 2014

30. छत्तीसगढ़ में भारतीय खेल प्राधिकरण का प्रशिक्षण केन्द्र कब से आरम्भ हुआ था?
(a) 11.06.2011 (b) 09.06.2011
(c) 12.06.2011 (d) 10.06.2011

31. राज्य बनने के बाद वर्ष 2016 के रियो ओलम्पिक खेल में भाग लेने वाली पहली छत्तीसगढ़ खिलाड़ी थी
(a) सबा अन्जुम (b) रेणुका यादव
(c) नेहा बजाज (d) नीता डुमरे

32. निम्न में से कौन नेटबॉल खिलाड़ी नहीं है?
(a) प्रीति बन्छोर (b) सरिता यादव
(c) रीना साहू (d) नेहा बजाज

33. छत्तीसगढ़ की पहली खिलाड़ी जिसने थाई बॉक्सिंग चैम्पियनशिप में स्वर्ण पदक जीता
(a) दानेश्वरी (b) भाग्येश्वरी
(c) टिकेश्वरी (d) डिगेश्वरी

34. छत्तीसगढ़ की ग्रामीण महिलाओं का पारम्परिक खेल कौन-सा है?
(a) राजा-रानी (b) आँख-मिचौली
(c) खो-खो (d) फुगड़ी

35. महिला पुलिस स्वयं सेविका योजना कब से लागू की गई?
(a) वर्ष 2017-18 (b) वर्ष 2018-19
(c) वर्ष 2019-20 (d) वर्ष 2021-22

36. वर्ष 2011 की जनगणना के आधार पर छत्तीसगढ़ में अनुसूचित जाति का प्रतिशत कितना है?
(a) 10% (b) 11%
(c) 12.82% (d) इनमें से कोई नहीं

37. राष्ट्रीय माध्यमिक शिक्षा अभियान किस आयु समूह के लिए है?
(a) 6 से 14 वर्ष (b) 14 से 18 वर्ष
(c) 16 से 20 वर्ष (d) 6 से 18 वर्ष

38. छत्तीसगढ़ शासन द्वारा जारी महिला हेल्पलाइन नम्बर क्या है?
(a) 181 (b) 104
(c) 108 (d) 1099

39. छत्तीसगढ़ में गुण्डाधूर पुरस्कार में दी जाने वाली राशि है
(a) ₹ 1 लाख (b) ₹ 3 लाख
(c) ₹ 2 लाख (d) ₹ 2.5 लाख

40. 16वें अखिल भारतीय खेलकूद में छत्तीसगढ़ प्रथम रही, जिसमें निम्न पदक रहें
(a) स्वर्ण-35, रजत-21, काँस्य-18
(b) स्वर्ण-40, रजत-25, काँस्य-10
(c) स्वर्ण-10, रजत-11, काँस्य-14
(d) कोई स्थान नहीं रहा

41. 19वें राष्ट्रमण्डल खेल में स्वर्ण पदक प्राप्तकर्ता हैं
(a) सुभाजीत साह (टेबल टेनिस)
(b) विन्सेण्ट लकड़ा (हॉकी)
(c) नीता डुमरे (हॉकी)
(d) सबा अंजुम (हॉकी)

42. 'तीरन्दाजी' किस समाज की देन है?
(a) आदिवासी समाज (b) पिछड़ी जाति समाज
(c) हरिजन समाज (d) अंग्रेजों की

43. बिलासपुर के हॉकी खिलाड़ी लेजली क्लाडियस ने कितनी बार ओलम्पिक खेले?
(a) एक बार (b) दो बार (c) चार बार (d) नहीं खेले

44. वर्ष 1951 में एक पूर्ण विकसित आश्रम 'धर्म सभा आदिवासी सेवा मण्डल' की स्थापना किनके द्वारा की गई थी?
(a) पं. सुन्दरलाल वर्मा (b) पं. रविशंकर शुक्ल
(c) राजमोहिनी देवी (d) मिनीमाता

45. छत्तीसगढ़ के ओलम्पिक खिलाड़ी हैं
(a) हनुमान सिंह (b) विन्सेण्ट लकड़ा
(c) एस. चक्रवर्ती (d) ये तीनों

46. अर्जुन पुरस्कार प्राप्त खिलाड़ी हैं
(a) हनुमान सिंह (b) राजेन्द्र प्रसाद
(c) देवेन्द्र सिंह (d) ये तीनों

47. छत्तीसगढ़ से राष्ट्रीय महिला हॉकी टीम की सदस्य हैं
(a) सबा अंजुम (दुर्ग) (b) नीता डूमरे
(c) 'a' और 'b' दोनों (d) डॉ. मंजू शर्मा

48. 'बायोमास रिसर्च सेण्टर' की स्थापना किस विश्वविद्यालय में की गई है?
(a) गुरुघासीदास विश्वविद्यालय
(b) सरगुजा विश्वविद्यालय
(c) पं. रविशंकर शुक्ल विश्वविद्यालय
(d) बस्तर विश्वविद्यालय

49. सर्वाधिक महाविद्यालय किस विश्वविद्यालय के अन्तर्गत हैं?
(a) गुरुघासीदास विश्वविद्यालय
(b) पं. रविशंकर शुक्ल विश्वविद्यालय
(c) सरगुजा विश्वविद्यालय
(d) बस्तर. विश्वविद्यालय

50. छत्तीसगढ़ आयुष एवं स्वास्थ्य विज्ञान विश्वविद्यालय रायपुर की स्थापना कब की गई?
(a) वर्ष 2008 (b) वर्ष 2000
(c) वर्ष 2010 (d) वर्ष 2009

51. छत्तीसगढ़ राज्य के एकमात्र अन्तर्राष्ट्रीय क्रिकेट स्टेडियम का निर्माण किया गया है
(a) परसदा (नवा रायपुर) (b) भिलाई (दुर्ग)
(c) कवर्धा (कबीरधाम) (d) इनमें से कोई नहीं

52. खैरागढ़ का संगीत एवं कला विश्वविद्यालय किसके नाम पर है?
(a) इन्दिरा गाँधी (b) राजा की बेटी इन्दिरा
(c) इन्द्रदेव (d) इनमें से कोई नहीं

53. वर्ष 1947 के पूर्व राज्य में कितने महाविद्यालय थे?
(a) 13 (b) 2 (c) 5 (d) 10

54. इस राज्य की अमिता श्रीवास का सम्बन्ध निम्न में से किससे है?
(a) भारोत्तोलन (b) पर्वतारोहण
(c) कुश्ती (d) खो-खो

55. छत्तीसगढ़ महाविद्यालय स्थापना के समय किस विश्वविद्यालय से सम्बन्धित था?
(a) गुरु घासीदास विश्वविद्यालय
(b) पं. रविशंकर शुक्ल विश्वविद्यालय
(c) बस्तर विश्वविद्यालय
(d) नागपुर विश्वविद्यालय

56. छत्तीसगढ़ के आयुष माखीजा किस खेल से सम्बन्धित हैं?
(a) क्रिकेट (b) वॉलीबॉल
(c) बैडमिण्टन (d) कबड्डी

57. विश्व प्रसिद्ध एथलेटिक्स दूतीचन्द को छत्तीसगढ़ में किस पुरस्कार से सम्मानित किया गया?
(a) छत्तीसगढ़ शेरनी पुरस्कार (b) छत्तीसगढ़ वीरनी पुरस्कार
(c) छत्तीसगढ़ सिंहनी पुरस्कार (d) इनमें से कोई नहीं

58. गोण्डी में खेल को क्या कहते हैं?
(a) कर्सना (b) शुभम्कर (c) नाचा (d) गम्मत

59. छत्तीसगढ़ महाविद्यालय के प्रथम प्राचार्य कौन थे, जिनके नाम पर यह महाविद्यालय वर्तमान में संचालित है?
(a) जनस्वामी योगानन्द (b) जनस्वामी ब्रह्मानन्द
(c) गुरु घासीदास (d) अंग्रेज अधिकारी

60. छत्तीसगढ़ का प्रथम महाविद्यालय, छत्तीसगढ़ महाविद्यालय कब खोला गया?
(a) 16 जुलाई, 1938 (b) 26 जनवरी, 1938
(c) 16 जुलाई, 1937 (d) 26 जनवरी, 1937

61. छत्तीसगढ़ माध्यमिक शिक्षा मण्डल का गठन हुआ
(a) 20 जुलाई, 2001 (b) 20 जुलाई, 2000
(c) 26 जनवरी, 2001 (d) 26 जनवरी, 2000

62. इन्दिरा कला एवं संगीत विश्वविद्यालय खैरागढ़ के प्रथम कुलपति कौन थे?
(a) राजा विरेन्द्रबहादुर सिंह (b) जूदेव सिंह
(c) कृष्णनारायण रातंज नकर (d) श्रीमती ममता चन्द्राकर

63. राज्य का पहली महिला इन्जीनियर हैं
(a) वासुमत्री तामस्कर (b) कुसुम जाधव
(c) गीता देवी (d) मिनीमाता

64. छत्तीसगढ़ का प्रथम विश्वविद्यालय 'पं. रविशंकर शुक्ल विश्वविद्यालय' कब स्थापित हुआ?
(a) 14 अक्टूबर, 1956 (b) 1 मई, 1964
(c) 16 जून, 1983 (d) 26 जनवरी, 1964

65. बिलासपुर में नवनिर्मित एस्ट्रोटर्फ स्टेडियम का नाम बदलकर क्या रखा गया है?
(a) वीरनारायण सिंह हॉकी स्टेडियम
(b) बी. आर. यादव हॉकी स्टेडियम
(c) सरदार पटेल हॉकी स्टेडियम
(d) अरुण जेटली हॉकी स्टेडियम

66. हॉकी की नर्सरी के नाम से कौन-सा शहर विख्यात है?
(a) जशपुर (b) रायगढ़
(c) भिलाई (d) राजनान्दगाँव

67. सेण्ट्रल इन्स्टीट्यूट ऑफ प्लास्टिक इंजीनियरिंग टेक्नोलॉजी (CIPET) का स्थापना वर्ष है?
(a) 2014 (b) 2016
(c) 2018 (d) 2020

68. छत्तीसगढ़ राज्य का एकमात्र सैनिक स्कूल किस जिले में है?
(a) सरगुजा (अम्बिकापुर) (b) बस्तर (जगदलपुर)
(c) कोरिया (बैकुण्ठपुर) (d) कबीरधाम (कवर्धा)।

69. जस्टिस हिदायतुल्ला राष्ट्रीय विश्वविद्यालय रायपुर की स्थापना कब हुई?
(a) वर्ष 2003 (b) वर्ष 2005
(c) वर्ष 1956 (d) वर्ष 1983

70. छत्तीसगढ़ एकमात्र शासकीय दुग्ध प्रौद्योगिकी महाविद्यालय है
(a) सरगुजा (b) दन्तेवाड़ा
(c) जशपुर (d) रायपुर

71. छत्तीसगढ़ के हॉकी खिलाड़ी हैं
(a) आर बेस्टियन (b) वीरेन्द्र साहू
(c) प्रभा नायर (d) इनमें से कोई नहीं

72. राज्य की पहली महिला आर्किटेक्ट हैं
(a) वासुमती तामस्कर (b) कुसुम जाधव
(c) गीता देवी (d) मिनीमाता

73. एशिया का प्रथम संगीत विश्वविद्यालय इन्दिरा कला एवं संगीत विश्वविद्यालय खैरागढ़ की स्थापना कब हुई?
(a) 14 अक्टूबर, 1956 (b) 1 मई, 1964
(c) 14 अक्टूबर, 1856 (d) 1 मई, 1956

74. प्रदेश का एकमात्र 'कामधेनु विश्वविद्यालय' कहाँ है?
(a) अंजोरा दुर्ग (b) मेण्ड्राकला (सरगुजा)
(c) भिलाई (दुर्ग) (d) राजिम (गरियाबन्द)

75. छत्तीसगढ़ को भारतीय क्रिकेट सेण्ट्रल बोर्ड द्वारा पूर्णकालिक सदस्यता कब से दी गई है?
(a) वर्ष 2017-18 (b) वर्ष 2015-16
(c) वर्ष 2014-15 (d) वर्ष 2016-17

76. छत्तीसगढ़ रणजी ट्रॉफी टीम के पहले कप्तान कौन थे?
(a) राजेश दव (b) अमनदीप सिंह
(c) राजेश चौहान (d) मोहम्मद कैफ लेस्ली

77. मृणाल चौबे, लेस्ली क्लॉडियस, विसेण्ट लकड़ा, सबा अंजुम, नीता डुमरे, दिलीप तिर्की, जिन्हें विश्व प्रसिद्धि प्राप्त है, किस खेल से सम्बन्धित हैं?
(a) भारोत्तोलन (b) हॉकी (c) क्रिकेट (d) दौड़

78. छत्तीसगढ़ का प्रथम खेल विश्वविद्यालय का बनना प्रस्तावित है
(a) रायपुर (b) दुर्ग (c) राजनान्दगाँव (d) बालोद

79. गुण्डाधूर पुरस्कार के प्रथम प्राप्तकर्ता हैं
(a) आशीष अरोरा (वॉलीबाल) (b) विन्सेण्ट लकड़ा (हॉकी)
(c) राजेश चौहान (क्रिकेट) (d) कृष्णा साहू (पावर लिफ्टिंग)

80. छत्तीसगढ़ के किस जिले में प्रथम हॉकी एस्ट्रोटर्फ स्टेडियम का निर्माण हुआ है?
(a) रायपुर (b) बिलासपुर
(c) रायगढ़ (d) राजनान्दगाँव

81. छत्तीसगढ़ का प्रसिद्ध दिग्विजय स्टेडियम किस जिले में स्थित है?
(a) रायपुर (b) बिलासपुर
(c) राजनान्दगाँव (d) बस्तर

82. छत्तीसगढ़ की ख्याति प्राप्त खिलाड़ी 'पूनम चतुर्वेदी' का सम्बन्ध किस खेल से है?
(a) हॉकी (b) वॉलीबॉल
(c) बास्केट बॉल (d) क्रिकेट

83. छत्तीसगढ़ का प्रसिद्ध गोडवाना कप किस खेल से सम्बन्धित है?
(a) झुगड़ी (b) दौड़ (c) क्रिकेट (d) लॉन टेनिस

84. राज्य का प्रथम लाईवलीहुड कॉलेज वर्ष 2010-11 में सर्वप्रथम कहाँ स्थापित हुआ था?
(a) बस्तर (b) दन्तेवाड़ा (c) नारायणपुर (d) सुकमा

85. छत्तीसगढ़ के प्रथम कृषि महाविद्यालय की स्थापना रायपुर में कब हुई थी?
(a) वर्ष 1951 (b) वर्ष 1961 (c) वर्ष 1971 (d) वर्ष 1991

86. छत्तीसगढ़ के प्रसिद्ध राजकुमार कॉलेज की स्थापना कब हुई?
(a) 1782 (b) 1882 (c) 1982 (d) 2000

87. शारदा संगीत महाविद्यालय किस जिले में स्थित है?
(a) रायपुर (b) दुर्ग
(c) कबीरधाम (d) दन्तेवाड़ा

88. छत्तीसगढ़ में पत्रकारिता से सम्बन्धित विश्वविद्यालय है, नाम बताइए।
(a) पं. रविशंकर (b) चन्दूलाल साहू
(c) कुशाभाऊ ठाकरे (d) अटल बिहारी वाजपेयी

89. छत्तीसगढ़ के रायपुर में स्थित I.I. M. का भारत में क्रम है
(a) 5वाँ (b) 10वाँ
(c) 15वाँ (d) 20वाँ

90. पं. रविशंकर शुक्ल विश्वविद्यालय के प्रथम कुलपति थे
(a) पं. रविशंकर शुक्ल (b) दिनेश नन्दन सहाय
(c) बाबूलाल सक्सैना (d) एस.के. पाण्डेय

91. राज्य में सरदार वल्लभभाई पटेल अखिल भारतीय आयुर्विज्ञान संस्थान (एम्स) रायपुर में चिकित्सा शिक्षा कब प्रारम्भ की गई?
(a) 24 सितम्बर, 2012 (b) 24 सितम्बर, 2013
(c) 24 सितम्बर, 2011 (d) 24 सितम्बर, 2010

92. पं. रविशंकर शुक्ल विश्वविद्यालय की स्थापना किस वर्ष हुई?
(a) वर्ष 1962 (b) वर्ष 1963
(c) वर्ष 1964 (d) वर्ष 1965

93. राज्य में स्टेट ब्लड ट्रान्सफ्यूजन कॉउन्सिल का गठन कब किया गया था?
(a) 15 अप्रैल, 2002 (b) 26 मार्च, 2003
(c) 26 मार्च, 2005 (d) 11 अप्रैल, 2008

94. जिला स्तरीय परिवार सुविधा सर्वेक्षण कार्यक्रम कब प्रारम्भ किया गया?
(a) वर्ष 1997 (b) वर्ष 2000
(c) वर्ष 1998 (d) वर्ष 2002

95. राज्य में मुख्यमन्त्री बाल हृदय सुरक्षा योजना में कितने वर्ष तक के बच्चों को उत्कृष्ट निजी चिकित्सा संस्थानों में चिकित्सा सुविधा प्रदान की जाती है?
(a) 6-14 (b) 8-18 (c) 0-15 (d) 8-17

96. हृदय रोग से ग्रस्त निर्धन परिवार के बच्चों को निःशुल्क चिकित्सा किस योजना के अन्तर्गत दी जाती है?
(a) मुख्यमन्त्री बाल हृदय सुरक्षा योजना
(b) चिरायु योजना
(c) शिशु सुरक्षा योजना
(d) उपरोक्त में से कोई नहीं

97. पाँचवें राष्ट्रीय परिवार एवं स्वास्थ्य सर्वेक्षण, 2019-21 के अनुसार, छत्तीसगढ़ में सकल प्रजननता दर (TFR) निम्न में से कितनी है?
(a) 1.8 (b) 2.0 (c) 2.2 (d) 2.4

98. वर्ष 2011 की जनगणना के अनुसार, छत्तीसगढ़ में शिशुओं की मृत्युदर कितनी है?
(a) 28 (b) 38 (c) 48 (d) 58

99. छत्तीसगढ़ में महिलाओं की औसत प्रजनन दर (2011) प्रतिव्यक्ति कितनी है?
(a) 2.7 (b) 2.4 (c) 2.5 (d) 3.2

100. छत्तीसगढ़ में कौन-सी योजना के अन्तर्गत शिक्षा से वंचित लोगों को मुख्य धारा में लाने के लिए प्रयास किया गया?
(a) मध्याह्न भोजन योजना (b) सरस्वती योजना
(c) हम होंगे पाँचवीं पास योजना (d) राजीव गाँधी शिक्षा योजना।

101. मध्याह्न भोजन योजना के अन्तर्गत कितने दिनों तक पका हुआ भोजन उपलब्ध कराया जाता है?
(a) 100 दिन (b) 150 दिन (c) 200 दिन (d) 354 दिन

102. बालिका प्रोत्साहन योजना के अन्तर्गत छात्राओं को कितनी धनराशि प्रदान की जाती है?
(a) ₹ 2000 (b) ₹ 3000 (c) ₹ 4000 (d) ₹ 5000

103. सर्वशिक्षा अभियान के माध्यम से किस कक्षा तक के बच्चों को नि:शुल्क पुस्तकें प्रदान की जाती हैं?
(a) 1 से 5 (b) 1 से 6 (c) 1 से 8 (d) 1 से 10

104. 'छत्तीसगढ़' सूचना शक्ति योजना कब प्रारम्भ की गई?
(a) 8 अगस्त, 2007 (b) 15 अगस्त, 2005
(c) 10 दिसम्बर, 2009 (d) इनमें से कोई नहीं

105. एशिया का सबसे प्राचीन औद्योगिक प्रशिक्षण संस्थान कहाँ स्थित है?
(a) बस्तर (b) सरगुजा
(c) बिलासपुर (d) रायपुर

106. तकनीकी शिक्षा संचालनालय की स्थापना कब हुई थी?
(a) 1 नवम्बर, 2000 (b) 1 दिसम्बर, 2001
(c) 1 सितम्बर, 2002 (d) 1 जुलाई, 2003

107. छत्तीसगढ़ आयुष एवं स्वास्थ्य विज्ञान विश्वविद्यालय किस वर्ष स्थापित किया गया?
(a) 2006 (b) 2007
(c) 2008 (d) 2005

108. निम्नलिखित में से कौन राजनान्दगाँव के राष्ट्रीय विद्यालय की स्थापना से सम्बन्धित नहीं है?
(a) राजूलाल शर्मा (b) पदुमलाल पुन्नालाल बख्शी
(c) ठाकुर प्यारेलाल सिंह (d) बलदेव प्रसाद मिश्र

109. निम्नलिखित में से कौन-सा युग्म सुमेलित नहीं है?
(a) हिदायतुल्ला राष्ट्रीय विधि विश्वविद्यालय (रायपुर), 1987
(b) पं. सुन्दरलाल शर्मा मुक्त विश्वविद्यालय (बिलासपुर), 2005
(c) बस्तर विश्वविद्यालय, 2008
(d) उपरोक्त में से कोई नहीं

110. कामधेनु विश्वविद्यालय .... में है।
(a) दुर्ग (b) भिलाई (c) रायपुर (d) बिलासपुर

111. भातखण्डे संगीत महाविद्यालय स्थापित है
(a) कबीरधाम (b) बिलासपुर
(c) जगदलपुर (d) रायपुर

112. छत्तीसगढ़ का संगीत विश्वविद्यालय किसके नाम पर है?
(a) श्रीमती इन्दिरा गाँधी (b) पं. रविशंकर शुक्ल
(c) गुरु घासीदास (d) इनमें से कोई नहीं

113. छत्तीसगढ़ के आदिवासी क्षेत्रों में शिक्षा के प्रसार के लिए कौन-सी योजना लागू की गई?
(a) एकलव्य विद्यालय योजना (b) पृथक् शालेय शिक्षा योजना
(c) सरस्वती योजना (d) बी.पी.एल.बुक बैंक योजना

114. राज्य में 'पढ़बो पढ़ाबो, स्कूल जाबो' योजना कब लागू की गई?
(a) 3 जुलाई, 2001 (b) 5 अगस्त, 2002
(c) 8 अक्टूबर, 2003 (d) 10 दिसम्बर, 2006

115. छत्तीसगढ़ में स्वतन्त्र शिक्षा विभाग की स्थापना किस वर्ष की गई थी?
(a) वर्ष 1910 (b) वर्ष 1915 (c) वर्ष 1920 (d) वर्ष 1925

उत्तरमाला

1.	(b)	2.	(a)	3.	(c)	4.	(b)	5.	(b)	6.	(d)	7.	(c)	8.	(a)	9.	(d)	10.	(a)
11.	(a)	12.	(c)	13.	(b)	14.	(c)	15.	(a)	16.	(b)	17.	(c)	18.	(d)	19.	(c)	20.	(d)
21.	(c)	22.	(a)	23.	(b)	24.	(b)	25.	(d)	26.	(a)	27.	(d)	28.	(c)	29.	(c)	30.	(a)
31.	(b)	32.	(c)	33.	(c)	34.	(d)	35.	(a)	36.	(c)	37.	(b)	38.	(a)	39.	(c)	40.	(a)
41.	(a)	42.	(a)	43.	(c)	44.	(c)	45.	(d)	46.	(d)	47.	(c)	48.	(c)	49.	(b)	50.	(a)
51.	(a)	52.	(b)	53.	(b)	54.	(b)	55.	(d)	56.	(c)	57.	(b)	58.	(a)	59.	(a)	60.	(a)
61.	(a)	62.	(c)	63.	(b)	64.	(b)	65.	(b)	66.	(d)	67.	(b)	68.	(a)	69.	(a)	70.	(d)
71.	(a)	72.	(a)	73.	(a)	74.	(a)	75.	(d)	76.	(d)	77.	(b)	78.	(c)	79.	(a)	80.	(d)
81.	(c)	82.	(c)	83.	(d)	84.	(b)	85.	(b)	86.	(b)	87.	(c)	88.	(c)	89.	(b)	90.	(c)
91.	(a)	92.	(c)	93.	(b)	94.	(a)	95.	(c)	96.	(a)	97.	(a)	98.	(c)	99.	(a)	100.	(c)
101.	(c)	102.	(b)	103.	(c)	104.	(b)	105.	(c)	106.	(a)	107.	(c)	108.	(a)	109.	(a)	110.	(a)
111.	(b)	112.	(d)	113.	(a)	114.	(a)	115.	(a)										

07 छत्तीसगढ़ भाषा (बोली), साहित्य एवं कला (फिल्म)

छत्तीसगढ़ की भाषा

- छत्तीसगढ़ भाषा का जन्म अर्द्धमागधी अपभ्रंश से हुआ है। यह पूर्वी हिन्दी की बोली है।
- छत्तीसगढ़ी बोली का प्रारम्भिक व्याकरण 1890 ई. में **हीरालाल काव्योपाध्याय** ने लिखा था।
- हीरालाल काव्योपाध्याय छत्तीसगढ़ के पाणिनि के नाम से प्रसिद्ध है।
- राज्य में बोली जाने वाली कुल बोलियों की संख्या 162 है।
- राज्य में सर्वाधिक बोली जाने वाली बोली 'छत्तीसगढ़ी' है। यह आर्य भाषा परिवार की बोली है।
- राज्य में सर्वाधिक बोली जाने वाली जनजातीय बोली 'गोण्डी' है।

छत्तीसगढ़ का साहित्य

छत्तीसगढ़ साहित्य को साहित्यिक विशेषताओं एवं कालक्रम के आधार पर तीन भागों में विभाजित किया गया है

1. **प्राचीन** या **गाथा युग** (1000–1500 ई.) इस काल के प्रमुख साहित्य अहिमन रानी, रेखा रानी (प्रेम गाथा), फूलवासन व पण्डवानी (धार्मिक गाथाएँ) तथा लक्ष्मीनिधि कर्णराय की गाथा (वीरगाथा) थी।
2. **मध्यकाल** या **भक्ति युग** (1500-1900 ई.) इस काल के प्रमुख साहित्य में कल्याणसाय की गाथा, फूल कुँवर की गाथा, गोपल्ला गीत व ढोलामारू (वीरगाथा) आदि हैं।
3. **आधुनिक काल** (1900 ई. से प्रारम्भ) इस काल में शिवायन (छत्तीसगढ़ की प्रथम कविता) व दानलीला (छत्तीसगढ़ का प्रथम खण्ड काव्य) लिखा गया।

छत्तीसगढ़ गद्य साहित्य

- छत्तीसगढ़ गद्य लेखन परम्परा का संस्थापक पण्डित लोचन प्रसाद पाण्डेय को माना जाता है।
- केयूर भूषण को छत्तीसगढ़ का प्रथम निबन्धकार माना जाता है। इनकी प्रमुख कृतियाँ-राणी ब्राह्मण की दुर्दशा (1968), गयाराम साहू कृत निबन्ध आदि हैं।
- राज्य के प्रमुख साहित्यकार हीरालाल काव्योपाध्याय (प्रथम व्याकरण लेखक), पण्डित सुन्दरलाल शर्मा, पण्डित लोचन प्रसाद पाण्डेय, प्यारे लाल गुप्त, बंशीधर पाण्डेय, पदुमलाल पुन्नालाल बख्शी आदि हैं।

प्रमुख साहित्य समिति एवं संगठन

समिति/संगठन	स्थान
भारतेन्दु साहित्य समिति	बिलासपुर
छत्तीसगढ़ी राज्य भाषा आयोग	रायपुर
हिन्दी साहित्य परिसर	रायपुर
साकेत साहित्य परिसर	राजनान्दगाँव
वातायन साहित्य एवं विचार मंच	दुर्ग
श्री पदुमलाल पुन्नालाल बक्शी सजन पीठ	भिलाई

छत्तीसगढ़ के साहित्यकार एवं उनकी रचनाएँ

साहित्यकार	रचनाएँ
श्यामलाल चतुर्वेदी	पर्राभर लाई (कहानी), भोलवा भोलाराम बनिस
विनय कुमार पाठक	छत्तीसगढ़ी साहित्य अऊ साहित्यकार, धान का कटोरा (पत्रिका), एक रुख एकेच शाखा (निबन्ध), छत्तीसगढ़ी लोककला (कहानी)
विनोद कुमार शुक्ल (प्रथम सुन्दर लाल शर्मा प्राप्तकर्ता)	वह आदमी चला गया, नौकर की कमीज, दीवार में एक खिड़की रहती थी, लगभग, जयहिन्द, खिलेगा तो देखेंगे
दानेश्वर शर्मा	बेटी की बिदा, लवकुश, हर मौसम में छन्द लिखूँगा
दयाशंकर शुक्ल	छत्तीसगढ़ लोक साहित्य का अध्ययन
कपिलनाथ मिश्र	खुसरा चिरई के बिहाव
पालेश्वर शर्मा	तिरिया जनम झन दे (कहानी), गोरसी के गोठ, सूरज साथी है, सुसक झन कुर्री सुरता ले (कहानी), छत्तीसगढ़ परिदर्शन, सासों की दस्तक (उपन्यास)

साहित्यकार	रचनाएँ
राजेन्द्र सोनी	खोरबहरा तोला गाँधी बनाबो (कहानी), दुब्बर ला दु असाढ़
रामदयाल तिवारी (छत्तीसगढ़ के विद्यासागर)	गाँधी मीमांसा
नन्दकिशोर तिवारी	परेमा (एकांकी)
लखनलाल गुप्त	बेटी की मनसूबा और बर की खोज, हाथी घोड़ा पालकी, संझौती के बेरा, चन्दा अमृत बरसाईस, सोनपाल, सुआ हमर संगवारी
डॉ. खूबचन्द बघेल	करमा छड़हा, ऊँच-नीच, लेड़गा सुजान, बेटवा बिहाव, जनरैल सिंह (सभी नाटक हैं)
केयूर भूषण (प्रथम रविशंकर शुक्ल पुरस्कार प्राप्तकर्ता)	फूटहा करम (उपन्यास), राणी ब्राह्मण की दुर्दशा, आंसूम किले अंचरा (कहानी), कुल के मरजात
शिवशंकर शुक्ल	दियना के अंजोर (उपन्यास), मोंगरा (उपन्यास), रधिया
पण्डित मलिक राम त्रिवेदी	रामराज्य (नाटक)
संजीव बक्शी	भुलन कान्दा

साहित्यकार	रचनाएँ
विमल पाठक	गँवई के गीत
निरंजन लाल गुप्त	किसान के करलई
नारायण लाल परमार	सुरुज नई मरे, काँवर भर धूप, मतवार
परदेशी राम वर्मा	मैं बेला नो हं,आँवा (उपन्यास)
मेदनी प्रसाद पाण्डेय	कछेरी (व्यंग्य रचना)
गंगाधर मिश्र	रामायण सार संग्रह, केशलानन्द
विमल मिश्र	सुरसुतिया

छत्तीसगढ़ की फिल्में

- राज्य की पहली फिल्म 'कहि देबे सन्देश' (ब्लैक एण्ड व्हाइट) थी, जो वर्ष 1965 में रिलीज हुई। इसके निर्माता एवं निर्देशक मनु नायक थे।
- राज्य की प्रथम रंगीन फिल्म, 'मोर छईयाँ-भुईयाँ (रिलीज 2000) थी। इसके निर्माता शिवदाय जैन व निर्देशक सतीश जैन थे।
- राज्य के फिल्म जगत से सम्बन्धित प्रमुख कलाकार कान्तिलाल राठौड़, श्री सत्यदेव दुबे, डॉ. शंकर शेष, अशोक मिश्र व भैया लाल हेड़ाऊ आदि हैं।

अभ्यास प्रश्न

1. छत्तीसगढ़ी बोली व्याकरण और कोश के रचनाकार हैं?
(a) लोचन प्रसाद पाण्डेय (b) कान्तिकुमार जैन
(c) रमेशचन्द्र महरोत्रा (d) मन्नूलाल यदु

2. पूजा के फूल किनकी कृति है?
(a) मुकुटधर पाण्डेय (b) श्यामलाल चतुर्वेदी
(c) पदुमलाल पुन्नालाल बख्शी (d) लाला जगदलपुरी

3. हम लिख रहे थे का छत्तीसगढ़ी वाक्य होगा
(a) हमन लिखत रहिबो (b) हमन लिखेन
(c) हमन लिखत रहेन (d) हमन लिख डारे रहेन

4. निम्नलिखित में से किन्हें सोनाबाई के नाम से जाना जाता है?
(a) निरुपमा शर्मा (b) मिनी माता
(c) बिन्नी बाई (d) सुधा वर्मा

5. 'कुई बोली' कौन बोलते हैं?
(a) कोंध (b) कमार
(c) कोरवा (d) कँवर

6. "छत्तीसगढ़ लोक साहित्य का अध्ययन" निम्नलिखित में से किसकी कृति है?
(a) विनोद कुमार शुक्ल (b) नरेन्द्र वर्मा
(c) दयाशंकर शुक्ल (d) अरुण कुमार शर्मा

7. निम्नलिखित में से किसे छत्तीसगढ़ी का प्रथम उपन्यासकार माना जाता है?
(a) बंशीधर पाण्डेय
(b) हीरालाल काव्योपाध्याय
(c) पण्डित लोचन प्रसाद पाण्डेय
(d) गजानन माधव मुक्तिबोध

8. छत्तीसगढ़ी में रचित प्रथम नाटक के रचयिता निम्नलिखित में से कौन हैं?
(a) पण्डित गजानन माधव मुक्तिबोध
(b) पण्डित बंशीधर पाण्डेय
(c) पण्डित मुकुटधर पाण्डेय
(d) पण्डित लोचन प्रसाद पाण्डेय

9. बिलासपुर के साहित्यकार जो सांसद भी रहे निम्न में से कौन हैं?
(a) श्रीकान्त वर्मा (b) पण्डित रविशंकर शुक्ल
(c) सरयू प्रसाद त्रिपाठी मधुकर (d) डॉ. सुरेन्द्र दुबे

10. 'पंचायत कोठी' नामक पुस्तक निम्नलिखित में से किनके द्वारा लिखी गई?
(a) पण्डित सुन्दरलाल शर्मा (b) पण्डित रविशंकर शुक्ल
(c) नारायणराव मेघावाले (d) ठाकुर प्यारेलाल

11. निम्नलिखित में से कौन-सी कृति विनोद कुमार शुक्ल की नहीं है?
(a) हरी घास की छप्पर वाली झोपड़ी
(b) बौना पहाड़
(c) नौकर की कमीज
(d) कलिकाल

12. बैगानी बोली कौन बोलते हैं?
(a) कोरवा (b) कोरकू (c) कमार (d) बैगा

13. 'बस्तर का इतिहास और संस्कृति' के लेखक कौन हैं?
(a) केदार ठाकुर (b) लाला जगदलपुरी
(c) केयूर भूषण (d) हरि ठाकुर

14. निम्नलिखित में से किन्हें छत्तीसगढ़ का विद्यासागर कहा जाता है?
(a) हीरालाल काव्योपाध्याय (b) गोपाल प्रसाद मिश्र
(c) गजानन माधव मुक्तिबोध (d) पण्डित रामदयाल तिवारी

15. 'गाँधी मीमांसा' की रचना निम्नलिखित में से किसके द्वारा की गई?
(a) विद्याभूषण मिश्र (b) पण्डित सुन्दरलाल शर्मा
(c) विनोद कुमार शुक्ल (d) रामदयाल तिवारी

16. छत्तीसगढ़ का प्रथम खण्डकाव्य निम्नलिखित में से कौन-सा है?
(a) दानलीला (b) कंस वध
(c) पतरेंगी (d) साकेत सन्त

17. निम्न में कौन-सी रचना लाला जगदलपुरी की है?
(a) लाल अँधेरा (b) सालवनों के द्वीप
(c) बोगदा (d) दहाड़ते परिवेश

18. छत्तीसगढ़ परिचय पुस्तक के लेखक कौन हैं?
(a) पदुमलाल पुन्नालाल बख्शी (b) गजानन माधव मुक्तिबोध
(c) बलदेव प्रसाद मिश्र (d) प्यारेलाल गुप्त

19. बैगाओं पर 'ट्राइबल इकोनॉमी' पुस्तक की रचना किसने की है?
(a) वैरियर एल्विन (b) दयाशंकर नाग
(c) मधुकर नाग (d) मणिशंकर लाल

20. गोण्डवनतिला प्रियंवदा और ब्राह्मण कन्या नामक उपन्यास छत्तीसगढ़ में किस विद्वान् ने लिखे हैं?
(a) डॉ. श्रीधर व्यंकटेश केतकर (b) विनोद कुमार शुक्ल
(c) क्रान्ति त्रिवेदी (d) सुरेन्द्र दुबे

21. हिन्दी साहित्य में छायावाद के प्रवर्तक माने जाते हैं?
(a) माधवराव सप्रे (b) सुन्दरलाल शर्मा
(c) मुकुटधर पाण्डेय (d) गोपाल प्रसाद मिश्र

22. छत्तीसगढ़ी बोली की लिपि कौन-सी है?
(a) रोमन (b) देवनागरी लिपि
(c) हिन्दी (d) इनमें से कोई नहीं

23. छत्तीसगढ़ शासन द्वारा छत्तीसगढ़ी बोली को राजभाषा बनाने का विधेयक कब पारित किया गया?
(a) नवम्बर, 2008 (b) नवम्बर, 2007
(c) दिसम्बर, 2003 (d) दिसम्बर, 2001

24. 'हर मौसम में छन्द लिखूँगा।' निम्नलिखित में से किनकी कृति है?
(a) विनोद कुमार शुक्ल (b) पण्डित श्यामलाल चतुर्वेदी
(c) दानेश्वर शर्मा (d) श्रीकान्त वर्मा

25. छत्तीसगढ़ी में रचित प्रथम नाटक है?
(a) विक्रम शशिकला (b) सीता परिणय
(c) परेवा (d) कलिकाल

26. छत्तीसगढ़ के साहित्यकार 'शुकलाल प्रसाद पाण्डेय' का जन्म निम्नलिखित में से किस स्थान पर हुआ?
(a) कांकेर (b) जाँजगीर-चाम्पा
(c) सरगुजा (d) शिवरीनारायण

27. छत्तीसगढ़ी बोली का प्रथम व्याकरण किसने लिखा?
(a) हीरालाल काव्योपाध्याय (b) बाबू रेवाराम
(c) लोचन प्रसाद पाण्डेय (d) नरेन्द्र देव

28. छत्तीसगढ़ी शब्द का प्रथम प्रयोग 1487 ई. में किसने किया?
(a) दलपत राव (b) रेवाराम
(c) पण्डित सुन्दरलाल शर्मा (d) पण्डित रविशंकर शुक्ल

29. 'कुड़ुख बोली' कौन बोलते हैं?
(a) कोरवा (b) कौंध (c) कमार (d) उराँव

30. उपन्यास 'सच्चा सरदार' निम्नलिखित में से किसकी कृति है?
(a) पण्डित रविशंकर शुक्ल
(b) पण्डित सुन्दरलाल शर्मा
(c) शुकलाल प्रसाद पाण्डेय
(d) लोचन प्रसाद पाण्डेय

31. 'कोसलानन्द' काव्य निम्नलिखित में से किसकी कृति है?
(a) गंगाधर मिश्र (b) तेजनाथ शास्त्री
(c) बाबू रेवाराम (d) पण्डित बंशीधर पाण्डेय

32. सुदामा चरित के रचयिता कौन हैं?
(a) गोपाल प्रसाद मिश्र (b) माखन चन्द्र
(c) रेवाराम बाबू (d) भास्कर भट्ट

33. छत्तीसगढ़ी भाषा का प्राचीन नाम क्या था?
(a) मागधी (b) अर्द्धमागधी
(c) कोसली (d) खल्हाटी

34. 'द बैगास' के रचनाकार कौन हैं?
(a) ग्रियर्सन (b) वेरियर एल्विन
(c) हरिठाकुर (d) माधवराव सप्रे

35. 'छत्तीसगढ़ भाषा का उद्‌विकास' के रचनाकार निम्न में से कौन है?
(a) डॉ. नरेन्द्र देव वर्मा (b) कान्तिकुमार
(c) मुकुटधर पाण्डेय (d) लोचन प्रसाद पाण्डेय

36. छत्तीसगढ़ी दानलीला किस पर केन्द्रित है?
(a) कर्ण (b) राम (c) कृष्ण (d) शिव

37. 'टोकरी भर मिट्टी' के रचनाकार हैं
(a) हरि ठाकुर (b) माधवराव सप्रे
(c) पण्डित सुन्दरलाल शर्मा (d) केदारनाथ ठाकुर

38. श्यामलाल चतुर्वेदी द्वारा रचित 'राम वनवास' कैसी रचना है?
(a) खण्डकाव्य (b) महाकाव्य
(c) गेयकाव्य (d) नाट्य काव्य

39. प्रथम बार छत्तीसगढ़ का इतिहास प्रस्तुत करने वाला कवि कौन है?
(a) बाबू रेवाराम (b) दलपतराव
(c) केदारनाथ ठाकुर (d) वेरियर एल्विन

40. डब्ल्यू. व्ही ग्रियर्सन की रचना है
(a) मारिया गोण्ड्स ऑफ बस्तर (b) छत्तीसगढ़ी कल्चर
(c) हिस्ट्री ऑफ छत्तीसगढ़ (d) ये सभी

41. 'बस्तर भूषण' पुस्तक के लेखक हैं
(a) रमेश याक्षिक (b) शानी जी
(c) पण्डित केदारनाथ ठाकुर (d) दिनेश ठाकुर

42. निम्नलिखित में कौन-सी कृति कवि खाण्डेराव की है?
(a) गंगा लहरी (b) विक्रम विलास
(c) माता के भजन (d) राधा विनोद

43. प्रसिद्ध छत्तीसगढ़ी प्रहसन 'मोला गुरु बनई लेते' के लेखक साहित्यकार का नाम बताइए
(a) डॉ. बलदेव (b) डॉ. नरेन्द्र देव वर्मा
(c) डॉ. विमल पाठक (d) डॉ. देवधर महन्त

44. नरसिंहदास वैष्णव की छत्तीसगढ़ी का प्रथम काव्य है
(a) शिवायन (b) छत्तीसगढ़ी गीत माला
(c) महारु (d) लरिया

45. रतनपुर के गोपाल कवि द्वारा लिखित पुस्तक कौन-सी है?
(a) जैमिनी अश्वमेघ (b) रामप्रताप
(c) भक्ति चिन्तामणि (d) ये सभी

46. भूलन कान्दा किस साहित्यकार की रचना है?
(a) पदुमलाल पुन्नालाल बख्शी (b) विनोद कुमार शुक्ल
(c) इन्दिरा राय (d) संजीव बख्शी

47. छत्तीसगढ़ में निम्न में से कौन-सा लेखक बाल साहित्यकार के रूप में प्रसिद्ध है?
(a) श्यामलाल चतुर्वेदी (b) लक्ष्मण मस्तुरिया
(c) नारायण लाल परमार (d) बच्चू जाँजगिरी

48. पण्डित मुकुटधर पाण्डेय की साहित्यिक संगीत साधना के लेखक कौन-कौन हैं?
(a) डॉ. विनय कुमार पाठक, डॉ., कावेरी दाभड़कर
(b) डॉ. विनय कुमार पाठक, डॉ. जयश्री शुक्ल
(c) डॉ. पालेश्वर प्रसाद शर्मा, दानेश्वर शर्मा
(d) डॉ. विनय कुमार पाठक, डॉ. विमल कुमार पाठक

49. हीरालाल काव्योपाध्याय के छत्तीसगढ़ व्याकरण को डॉ. ग्रियर्सन ने किस वर्ष में छपवाया?
(a) वर्ष 1930 (b) वर्ष 1890
(c) वर्ष 1900 (d) वर्ष 1901

50. छत्तीसगढ़ राजकीय गीत के रचयिता कौन हैं?
(a) डॉ. नरेन्द्र देव वर्मा (b) डॉ. ओमप्रकाश वर्मा
(c) डॉ. के. एल. वर्मा (d) डॉ. एम. वर्मा

51. करम छड़हा नाटक के लेखक कौन हैं?
(a) पण्डित सुन्दरलाल शर्मा (b) डॉ. खूबचन्द बघेल
(c) श्यामलाल चतुर्वेदी (d) गोपाल चन्द्र

52. 'छन्द प्रभाकार' के रचयिता थे?
(a) बाबू रेवाराम (b) गोपाल मिश्र
(c) जगन्नाथ प्रसाद भानु (d) ठाकुर जगमोहन सिंह

53. मेघदूत पुस्तक के छत्तीसगढ़ी अनुवादक कौन हैं?
(a) पण्डित मुकुटधर पाण्डेय (b) पण्डित लोचन प्रसाद पाण्डेय
(c) पण्डित सुन्दरलाल शर्मा (d) पण्डित बलदेव प्रसाद मिश्र

54. पण्डित सुन्दरलाल शर्मा ने दुलरुवा पत्रिका कहाँ से निकाली थी?
(a) राजिम (b) रायपुर
(c) बेमेतरा (d) जेल

55. 'नौकर की कमीज' के लेखक कौन हैं?
(a) विमल मित्र (b) हरि ठाकुर
(c) अमृत प्रीतम (d) विनोद कुमार शुक्ल

56. 'पद्मश्री' सम्मान प्राप्त छत्तीसगढ़ के कवि हैं?
(a) पण्डित मुकुटधर पाण्डेय
(b) डॉ. सुरेन्द्र दुबे
(c) पण्डित लोचन प्रसाद पाण्डेय
(d) 'a' और 'b' दोनों

57. नया थियेटर से प्रशिक्षित किस कलाकार ने पीपली लाइव फिल्म में काम किया है?
(a) ओंकारदास मानिकपुरी (b) बिलवाराम
(c) आलम गौरी (d) अनुज शर्मा

58. प्रथम छत्तीसगढ़ी व्याकरण कब प्रकाशित हुआ?
(a) 1880 ई. (b) 1980 ई. (c) 1890 ई. (d) 1850 ई.

59. पदुमलाल पुन्नालाल बख्शी का जन्म खैरागढ़ में कब हुआ?
(a) 1894 ई. (b) 1890 ई.
(c) 1918 ई. (d) 1880 ई.

60. छत्तीसगढ़ी गद्य लेखन के संस्थापक कौन हैं?
(a) नरेन्द्र देव (b) पण्डित सुन्दरलाल शर्मा
(c) पण्डित लोचनप्रसाद पाण्डेय (d) मुकुटधर पाण्डेय

61. छत्तीसगढ़ी प्रथम मौलिक कविता वर्ष 1909 में किसने लिखी थी?
(a) पण्डित लोचन प्रसाद पाण्डेय (b) पण्डित सुन्दरलाल शर्मा
(c) डॉ. सुरेन्द्र दुबे (d) पण्डित मुकुटधर पाण्डेय

62. छत्तीसगढ़ी का प्रारम्भिक लिखित रूप कब से माना जाता है?
(a) 1890 ई. (b) 1857 ई. (c) 1885 ई. (d) 1703 ई.

63. निम्नलिखित में से कौन-सी जोड़ी (छत्तीसगढ़ी इतिहासकार एवं उनकी कृतियाँ) सुमेलित नहीं है?
(a) गोपाल मिश्र - खूब तमाशा
(b) बाबू रेवाराम - तारीख ए हैहयवंशी
(c) माखन मिश्र - रत्नदेव चरित
(d) लक्ष्मण कवि - भोंसला वंश प्रशस्ति

64. इस राज्य की बोली में रचित 'सुरता के चन्दन' के गीतकार इनमें से कौन हैं?
(a) प्यारेलाल गुप्त (b) अमृतलाल दुबे
(c) श्यामलाल चतुर्वेदी (d) हरि ठाकुर

65. हिन्दी साहित्य की प्रसिद्ध हृदयस्पर्शी लघुकथा 'झलमला' के लेखक हैं?
(a) मुक्तिबोध (b) बख्शी
(c) प्रसाद (d) मुकुटधर पाण्डेय

66. छत्तीसगढ़ी भाषा की लोकगाथा 'फूलबासन' में किसकी कथा है?
(a) सीता और फूलबासन (b) सीता और रावण
(c) सीता और राम (d) सीता और लक्ष्मण

67. 'सुबह की तलाश' (उपन्यास) किसकी रचना है?
(a) डॉ. नरेन्द्र देव वर्मा (b) परदेशी राम वर्मा
(c) देवी प्रसाद वर्मा (d) विनोद कुमार वर्मा

68. छत्तीसगढ़ी भाषा की प्रथम महिला साहित्यकार कौन हैं?
(a) निरुपमा शर्मा (b) ऋचा शर्मा
(c) रंजना द्विवेदी (d) भावना परगनिहा

69. नर्तन सर्वस्व के लेखक हैं?
(a) राजा चक्रधर सिंह (b) राजा शिवेन्द्र बहादुर सिंह
(c) राजा नरेश सिंह (d) राजा वीरेन्द्र बहादुर सिंह

70. छत्तीसगढ़ उपन्यास 'चन्दा अमरित बरसाइस' के लेखक कौन हैं?
(a) शिवशंकर (b) बंशीधर पाण्डेय
(c) कृष्ण कुमार शर्मा (d) लखनलाल गुप्त

71. छत्तीसगढ़ी उपन्यास 'मोंगरा' के रचनाकार कौन हैं?
(a) पण्डित लोचन प्रसाद पाण्डेय
(b) शिवशंकर शुक्ल
(c) पण्डित सुन्दर लाल
(d) केयर भूषण

72. प्रथम छायावादी कविता 'कुररी के प्रति' के कवि हैं?
(a) मुकुटधर पाण्डेय (b) पन्त
(c) महादेवी वर्मा (d) प्रसाद

73. लतीफ घोंघी किस विधा के रचनाकार हैं?
(a) करुण (b) व्यंग्य (c) हास्य व्यंग्य (d) शृंगार

74. डॉ. बलदेव प्रसाद मिश्र की रचना है
(a) साकेत (b) साकेत सन्त
(c) पलाश वन (d) उर्मिला

75. निम्नलिखित में से कौन-सी जोड़ी (छत्तीसगढ़ी साहित्यकार एवं कृतियाँ) सुमेलित है?
(a) लखनलाल गुप्त - मोंगरा
(b) कृष्ण कुमार शर्मा - चन्दा अमरित बरसाइस
(c) केयूर भूषण - फुटहा करम
(d) शिवशंकर शुक्ला - छेरछेरा

76. निम्नलिखित में से कौन-सी जोड़ी (इस राज्य के साहित्यकार एवं उनकी रचना) सुमेलित नहीं है?
(a) बंशीधर पाण्डेय - हीरू के कहिनी
(b) श्यामलाल दुबे - तुलसी के बिरवा जगाय
(c) श्यामलाल चतुर्वेदी - लवंगलता
(d) हरि ठाकुर - सुरता के चन्दन

77. निम्नलिखित में से किसने प्रसिद्ध उपन्यास 'कुल के मरजाद' लिखा था?
(a) त्रिभुवन पाण्डेय (b) सुशील वर्मा
(c) केयूर भूषण (d) सरयू प्रसाद तिवारी

78. 'प्राचीन छत्तीसगढ़' पुस्तक के लेखक कौन हैं?
(a) डॉ. बलदेव प्रसाद मिश्रा (b) श्री प्यारेलाल गुप्त
(c) डॉ. परदेशी राम वर्मा (d) डॉ. रोमिला थापर

79. पीपली लाइव में प्रमुख भूमिका (नत्था किसान) किसने की है?
(a) ओंकारदास मानिकपुरी (b) चेन्दरुराम
(c) हबीब तनवीर (d) इनमें से कोई नहीं

80. छत्तीसगढ़ का पाणिनी कहा जाता है
(a) पण्डित सुन्दरलाल वर्मा (b) रेवाराम
(c) हीरालाल काव्योपाध्याय (d) दलपतराव

81. छत्तीसगढ़ी लोक साहित्य के अध्ययन के रचनाकार कौन हैं?
(a) डॉ. नरेन्द्र देव वर्मा (b) डॉ. चितरंजन
(c) डॉ. दयाशंकर शुक्ल (d) डॉ. विनय कुमार पाठक

82. विदेशी फिल्म 'द जंगल सागा' में किसने भूमिका निभाई है, जो छत्तीसगढ़ का निवासी है?
(a) ओंकारदास मानिकपुरी (नत्था)
(b) चेन्दरुराम (छत्तीसगढ़ का मोगली)
(c) हबीब तनवीर (रंगकर्मी)
(d) उपरोक्त में से कोई नहीं

83. छत्तीसगढ़ कलाकारों को लेकर बनी विश्व प्रशंसित फिल्म निम्नलिखित में से कौन है?
(a) पीपली लाइव (b) दिल्ली-6
(c) जंगल साशा (d) मोर छईयाँ भुईयाँ

84. सर्वाधिक सफल छत्तीसगढ़ी पहली रंगीन फिल्म है
(a) मया देदे मया लेले (b) परदेशी के मया
(c) मोर छईयाँ भुईयाँ (d) जय माँ बमलेश्वरी

85. 'पीपली लाइव' फिल्म के निर्माता-निर्देशक हैं
(a) हबीब तनवीर/सुर जैन (b) मोहन सुन्दरानी/आमिर खान
(c) अनुषा रिजवी/आमिर खान (d) आमिर खान/हबीब तनवीर

86. 'सोनहा बिहान' नाट्य संस्था किसने स्थापित की?
(a) हबीब तनवीर (b) दुलार सिंह मन्दराजी
(c) दाऊ महासिंह चन्द्राकर (d) रामचन्द्र देशमुख

87. दुलार सिंह मन्दराजी ने किस कला को सर्वप्रथम प्रोत्साहन दिया?
(a) नाचा (b) नाटक (c) फिल्म (d) गीत

88. घर-द्वार फिल्म के गायक हैं
(a) मो. रफी (b) ममता चन्द्राकर
(c) लक्ष्मण मस्तुरिया (d) केदार यादव

89. 'नया थियेटर' नाट्य संस्था किसने स्थापित की थी?
(a) दुलार सिंह मन्दराजी (b) दाऊ महासिंह चन्द्राकर
(c) हबीब तनवीर (d) रामचन्द्र देशमुख

90. छत्तीसगढ़ी के रंगकर्मी को विश्व रंगमंच तक पहुँचाने वाले व्यक्ति थे
(a) हबीब तनवीर (b) झाड़ूराम देवांगन
(c) तीजन बाई (d) रघुवीर यादव

91. बिलासपुर शहर के रंगकर्मी तथा फिल्मकार हैं
(a) डॉ. शंकर शेष (b) सत्यदेव दुबे
(c) 'a' और 'b' दोनों (d) एम.ए. रहीम

92. निर्देशक मनुनायक एवं संगीतकार मलय चक्रवर्ती की पहली छत्तीसगढ़ी फिल्म है?
(a) घर-द्वार, 1969 (b) कहि देबे सन्देश, 1965
(c) मोर छईयाँ भुईयाँ, 2000 (d) जय माँ बमलेश्वरी, 1991

93. दूसरी छत्तीसगढ़ी फिल्म है
(a) कहि देबे सन्देश, 1965 (b) घर-द्वार, 1969
(c) मोर छईयाँ भुईयाँ, 2000 (d) जय माँ बमलेश्वरी, 1991

94. गोविन्द निर्मलकर का प्रसिद्ध नाटक तथा फिल्म है
(a) चरणदास चोर (b) हरेली
(c) लोरिक चन्दा (d) घर-द्वार

95. 'गोंदा फूलगे मोर राजा' गीत मो. रफी ने किस फिल्म में गाया है?
(a) कहि देबे सन्देश (b) मया देदे मया लेले
(c) मोर छईयाँ भुईयाँ (d) घर-द्वार

96. प्रथम छत्तीसगढ़ी फिल्म है
(a) मोर छईयाँ भुईयाँ (b) कहि देबे सन्देश
(c) पर बुधिया (d) लोरिक चन्दा

97. चदैनी गोन्दा को किसने लोकप्रिय किया?
(a) दाऊ रामचन्द्र देशमुख (b) लल्लूराज
(c) लक्ष्मण मस्तुरिया (d) दाऊ महा सिंह चन्द्राकर

98. गोण्डी भाषा का प्रथम व्याकरण मद्रास के मिशनरीज ने लन्दन से कब प्रकाशित किया था?
(a) 1890 ई. (b) 1990 ई. (c) 1847 ई. (d) 1850 ई.

99. राजभाषा आयोग के अध्यक्ष श्री श्यामलाल चतुर्वेदी किस स्थान से सम्बद्ध हैं?
(a) रायपुर (b) बिलासपुर
(c) राजनान्दगाँव (d) रायगढ़

100. माखनलाल चतुर्वेदी ने 'पुष्प की अभिलाषा' छत्तीसगढ़ की किस जेल में रहकर लिखी थी?
(a) रायपुर (b) बिलासपुर
(c) अम्बिकापुर (d) दुर्ग

101. जुलाई, 2008 में स्थापित छत्तीसगढ़ी राजभाषा आयोग के प्रथम अध्यक्ष कौन थे?
(a) श्यामलाल चतुर्वेदी (b) रमेश नैयर
(c) डॉ. सुरेन्द्र दुबे (d) रमेन्द्रनाथ मिश्र

102. 'ससुराल गेंदा फूल' किस फिल्म का गीत है?
(a) पीपली लाइव (b) दिल्ली-6
(c) दमाद बाबू दुलरु (d) घर-द्वार

103. 'चोला माटी के हे राम' किस फिल्म का गीत है?
(a) पीपली लाइव (b) दिल्ली-6
(c) घर-संसार (d) घर-द्वार

104. "मोर छईयाँ भुईयाँ" सर्वाधिक सफल फिल्म के लेखक एवं निर्देशक हैं
(a) मनुनायक (b) मलय चक्रवर्ती
(c) सतीश जैन (d) मोहन सुन्दरानी

105. छत्तीसगढ़ फिल्म उद्योग का नाम क्या है?
(a) हॉलीवुड (b) छालीवुड
(c) रायपुर वुड (d) इनमें से कोई नहीं

106. छत्तीसगढ़ राज्य शासन द्वारा 28 नवम्बर को छत्तीसगढ़ी राजभाषा दिवस मनाने की अधिसूचना जारी की गई
(a) जुलाई, 2013 (b) जुलाई, 2008
(c) जुलाई, 2010 (d) जुलाई, 2011

107. छत्तीसगढ़ में कितनी बोलियाँ हैं?
(a) 110 (b) 162 (c) 200 (d) 150

108. नया थियेटर के छत्तीसगढ़ के किस कलाकार को वर्ष 2009 में पद्मश्री सम्मान मिला?
(a) ओंकारदास मानिकपुरी (b) गोविन्द निर्मलकर
(c) हबीब तनवीर (d) ये सभी

109. छत्तीसगढ़ के आदर्श प्रेमी युगल हैं
(a) चदैनी-गोन्दा (b) चमेली-गोन्दा
(c) लोरिक-चन्दा (d) चमेली-चन्दा

110. सर्वप्रथम आर. पी. फिल्म द्वारा 'छत्तीसगढ़ फिल्म फेयर अवार्ड' किस फिल्म को दिया गया?
(a) मोर छईयाँ भुईयाँ (b) घर-द्वार
(c) कहि देबे सन्देश (d) मयारु भौजी

111. 'राम वनवास' व 'पर्रा भर लाई' नामक प्रसिद्ध कृति किसकी है?
(a) पण्डित श्यामलाल चतुर्वेदी (b) पण्डित सुन्दरलाल शर्मा
(c) विनोद कुमार शुक्ल (d) शिवनारायण पाण्डे

112. छत्तीसगढ़ी भाषा के युग प्रवर्तक कवि माने जाते हैं?
(a) पण्डित रविशंकर शुक्ल (b) पण्डित सुन्दरलाल शर्मा
(c) पण्डित लोचन प्रसाद (d) बाबू रेवाराम

113. जनवरी, 2006 में स्थापित छत्तीसगढ़ हिन्दी ग्रन्थ अकादमी के प्रथम निर्देशक कौन थे?
(a) श्यामलाल चतुर्वेदी (b) रमेश नैयर
(c) डॉ. सुरेन्द्र दुबे (d) रमेन्द्रनाथ मिश्र

114. छत्तीसगढ़ में ब्रेल लिपि प्रेस कहाँ स्थित है?
(a) रायपुर (b) बिलासपुर
(c) दुर्ग (d) जाँजगीर-चाम्पा

115. छत्तीसगढ़ का प्रसिद्ध समाचार-पत्र 'दण्डकारण्य' की भाषा नहीं है?
(a) हिन्दी (b) अंग्रेजी (c) हल्बी (d) संस्कृत

116. छत्तीसगढ़ के किस कवि को 'अन्तर्मत के कवि' नाम से भी जाना जाता है?
(a) पण्डित सुन्दरलाल शर्मा (b) गजानन माधव मुक्तिबोध
(c) माधवराव सप्रे (d) केदार ठाकुर

117. छत्तीसगढ़ी भाषा के लुप्त हो रहे शब्दों के संरक्षण, संग्रह व जाग सम्बन्धी अभियान का नाम क्या है?
(a) खोज (b) बिजहा (c) रखवार (d) टोकना

118. 'अरपा पैरी के धार' के रचयिता हैं
(a) नरेन्द्र देव वर्मा (b) ममता चन्द्राकर
(c) श्यामलाल चतुर्वेदी (d) परदेशी राम वर्मा

119. 'घरौंदा' किनकी कृति है?
(a) श्री केदार ठाकुर (b) डॉ. शंकर शेष
(c) विनोद कुमार शुक्ल (d) परदेशी राम वर्मा

120. छत्तीसगढ़ का सर्वाधिक प्रचलित लोकगीत है
(a) करमा (b) सुआ
(c) ददरिया (d) भोजली

121. छत्तीसगढ़ फिल्मों के प्रथम संगीतकार कौन थे?
(a) मलय चक्रवर्ती (b) विष्णुकृष्ण जोशी
(c) केदार यादव (d) लक्ष्मण मस्तुरिया

उत्तरमाला

1. (b)	2. (a)	3. (c)	4. (a)	5. (a)	6. (c)	7. (a)	8. (d)	9. (a)	10. (c)
11. (d)	12. (d)	13. (b)	14. (d)	15. (d)	16. (a)	17. (d)	18. (c)	19. (b)	20. (a)
21. (c)	22. (b)	23. (b)	24. (c)	25. (d)	26. (d)	27. (a)	28. (a)	29. (d)	30. (b)
31. (a)	32. (a)	33. (c)	34. (b)	35. (a)	36. (c)	37. (b)	38. (a)	39. (a)	40. (a)
41. (c)	42. (d)	43. (b)	44. (a)	45. (d)	46. (d)	47. (c)	48. (a)	49. (b)	50. (a)
51. (b)	52. (c)	53. (a)	54. (d)	55. (d)	56. (c)	57. (a)	58. (c)	59. (a)	60. (c)
61. (a)	62. (d)	63. (c)	64. (d)	65. (b)	66. (d)	67. (a)	68. (a)	69. (a)	70. (d)
71. (b)	72. (a)	73. (c)	74. (b)	75. (c)	76. (c)	77. (c)	78. (b)	79. (a)	80. (c)
81. (c)	82. (b)	83. (a)	84. (c)	85. (c)	86. (c)	87. (a)	88. (a)	89. (c)	90. (a)
91. (c)	92. (b)	93. (b)	94. (a)	95. (d)	96. (b)	97. (a)	98. (a)	99. (b)	100. (b)
101. (a)	102. (b)	103. (a)	104. (c)	105. (b)	106. (a)	107. (b)	108. (b)	109. (c)	110. (a)
111. (a)	112. (b)	113. (b)	114. (b)	115. (d)	116. (b)	117. (b)	118. (a)	119. (b)	120. (c)
121. (a)									

08 वन, राष्ट्रीय उद्यान, अभयारण्य एवं वन्यजीव संरक्षण

छत्तीसगढ़ में वन स्थिति

- छत्तीसगढ़ राज्य प्राकृतिक वन सम्पदा के मामले में सम्पन्न है।
- राज्य में उष्णकटिबन्धीय शुष्क पर्णपाती वन अधिक पाए जाते हैं।
- 'इण्डिया स्टेट ऑफ फॉरेस्ट रिपोर्ट', 2021 के अनुसार, राज्य के 55,716 वर्ग किमी भाग पर वनों का विस्तार है।
- नवीनतम आर्थिक सर्वेक्षण 2023-24 के अनुसार, राज्य में 59,772.40 वर्ग किमी वन क्षेत्र है।
- आर्थिक सर्वेक्षण 2023-24 के अनुसार राज्य में 24,036.10 वर्ग किमी संरक्षित वन है।
- राज्य में सर्वाधिक वन क्षेत्र **सरगुजा** जिले में तथा न्यूनतम वन क्षेत्र **जाँजगीर-चाम्पा** में हैं।
- राज्य में प्रमुख वन-साल वन, सागौन वन एवं मिश्रित वन हैं।
- राज्य में वनों के संरक्षण हेतु सरकार द्वारा विभिन्न योजनाएँ चलाई जा रही हैं, जिनमें से कुछ योजनाएँ हैं—मुख्यमन्त्री वृक्ष सम्पदा योजना, वन-धन विकास केन्द्र योजना, पौधा प्रदाय योजना, इन्दिरा हरेली-सहेली योजना आदि हैं।
- छत्तीसगढ़ राज्य को वनों की अधिकता के कारण 4 जुलाई, 2001 को **हर्बल स्टेट** पोषित किया गया था।

राष्ट्रीय उद्यान एवं वन्यजीव अभयारण्य

- वर्तमान में राज्य में 3 राष्ट्रीय उद्यान व 11 वन्यजीव अभयारण्य हैं।
- राज्य के राष्ट्रीय उद्यान-इन्द्रावती राष्ट्रीय उद्यान (स्थापित वर्ष 1982, बीजापुर जिला), गुरु घासीदास राष्ट्रीय उद्यान (स्थापित वर्ष 1981, कोरिया जिला) तथा कांगेर घाटी राष्ट्रीय उद्यान (स्थापित वर्ष 1982, बस्तर जिला) हैं।
- राज्य के प्रमुख वन्यजीव अभयारण्य हैं सीतानदी अभयारण्य (सबसे प्राचीन, स्थापित वर्ष 1974), गोमर्दा अभयारण्य (स्थापित वर्ष 1975), अचानकमार अभयारण्य (स्थापित वर्ष 1957), भैरवगढ़ अभयारण्य स्थापित वर्ष 1983), उदन्ती अभयारण्य (स्थापित वर्ष 1985) तथा भोरमदेव अभयारण्य (स्थापित वर्ष 2001) हैं।
- अचानकमार अभयारण्य को वर्ष 2009 में टाइगर रिज़र्व में शामिल किया गया तथा यह राज्य का सबसे बड़ा टाइगर रिज़र्व है।

वन्यजीव संरक्षण

- राज्य में वन्यजीवों के संरक्षण हेतु विभिन्न परियोजनाएँ चलाई जा रही हैं। जिनमें से कुछ महत्त्वपूर्ण परियोजनाएँ हैं—जामवन्त परियोजना, जंगल, सफारी, गजराज परियोजना एवं गौ अभयारण्य आदि हैं।

छत्तीसगढ़ में वन विकास संस्थाएँ

संस्था	स्थापना वर्ष
छत्तीसगढ़ क्षतिपूर्ति वनीकरण कोष प्रबन्धन एवं योजना प्राधिकरण	2009
छत्तीसगढ़ जैव विविधता बोर्ड	2006
छत्तीसगढ़ राज्य औषधीय पादप बोर्ड	28 जुलाई, 2004
छत्तीसगढ़ राज्य का विकास निगम	22 मई, 2011

अभ्यास प्रश्न

1. राज्य का सबसे बड़ा टाइगर रिज़र्व कौन-सा है?
(a) गुरु घासीदास राष्ट्रीय उद्यान (b) उदन्ती अभयारण्य
(c) कांगेर घाटी राष्ट्रीय उद्यान (d) अचानकमार अभयारण्य

2. छत्तीसगढ़ राज्य के इन्द्रावती राष्ट्रीय उद्यान को किस वर्ष टाइगर रिज़र्व का दर्जा दिया गया?
(a) 2007 में (b) 2008 में
(c) 2009 में (d) 2010 में

3. राज्य में कितनी मुख्य प्रजातियों को इमारती लकड़ी की श्रेणी में रखा गया है?
(a) 12 (b) 13 (c) 14 (d) 15

4. राज्य में औषधीय पादपों के साथ संरक्षण तथा संवर्द्धन से सम्बन्धित नीति बनाने के उद्देश्य से छत्तीसगढ़ औषधीय पादप बोर्ड का गठन कब किया गया?
(a) जून, 2003 (b) जुलाई, 2004
(c) अगस्त, 2005 (d) सितम्बर, 2006

5. राज्य में निम्नलिखित में से अधिक किस प्रजाति के वन पाए जाते हैं?
(a) साल (b) सागौन (c) शीशम (d) बाँस

6. साल वनों का द्वीप किसे कहा जाता है?
(a) सरगुजा (b) कबीरधाम
(c) कोरिया (d) बस्तर

7. छत्तीसगढ़ के अधिसूचित बायोस्फियर रिज़र्व का क्या नाम है?
(a) गुरु घासीदास (b) कांगेर घाटी
(c) तमोर पिंगला (d) अचानकमार-अमरकण्टक

8. छत्तीसगढ़ राज्य में जनता में वृक्षारोपण के प्रति अभिरुचि उत्पन्न कर वनोत्तर क्षेत्रों में वृद्धि हो, किस योजना के अन्तर्गत शामिल है?
(a) हरियाली प्रसार योजना (b) पौधा प्रदाय योजना
(c) लाख विकास योजना (d) ये सभी

9. वनाच्छादित क्षेत्रफल प्रतिशत के दृष्टिकोण से छत्तीसगढ़ राज्य का भारत में क्या क्रम है?
(a) 4 (b) 5
(c) 3 (d) इनमें से कोई नहीं

10. 'इण्डिया स्टेट ऑफ फॉरेस्ट रिपोर्ट', 2021 के अनुसार, छत्तीसगढ़ राज्य के किस जिले में सर्वाधिक खुले वन पाए जाते हैं?
(a) जशपुर (b) सरगुजा (c) रायपुर (d) दुर्ग

11. छत्तीसगढ़ के किस जिले में वन क्षेत्र का प्रतिशत सबसे अधिक है?
(a) बस्तर (b) कोण्डागाँव
(c) नारायणपुर (d) बीजापुर

12. किस राष्ट्रीयकृत वनोत्पाद का छत्तीसगढ़ में समर्थन मूल्य पर संग्रहण किया जाता है?
(a) हर्रा (b) साल बीज (c) लाख (d) तेन्दुपत्ता

13. छत्तीसगढ़ का सबसे बड़ा अभयारण्य निम्न में से कौन है?
(a) बादलखोल (b) तमोर पिंगला
(c) पामेड़ (d) उदन्ती

14. महावृक्ष पुरस्कार के अन्तर्गत दी जाने वाली धनराशि है?
(a) ₹ 25,000 (b) ₹ 26,000
(c) ₹ 27,000 (d) ₹ 51,100

15. 'छत्तीसगढ़ राज्य कैम्पा' की स्थापना का विशिष्ट उद्देश्य क्या है?
(a) वन संरक्षण
(b) वन्य प्राणी संरक्षण व प्रबन्धन
(c) अधोसंरचना विकास एवं प्रबन्धन
(d) उपरोक्त सभी

16. छत्तीसगढ़ में हरियाली के लिए किस योजना के अन्तर्गत अनुसूचित जाति व जनजाति को लाभान्वित किया गया?
(a) हरियाली प्रसार योजना (b) इन्दिरा हरेली-सहेली योजना
(c) वन-धन योजना (d) पौधा प्रदाय योजना

17. छत्तीसगढ़ में बारनवापारा वन्यजीव अभयारण्य की स्थापना किस वर्ष हुई?
(a) 1976 (b) 2001 (c) 1978 (d) 1975

18. क्षेत्रफल की दृष्टि से छत्तीसगढ़ राज्य का सबसे छोटा वन्यजीव अभयारण्य है
(a) सेमरसोत (b) गोमर्दा
(c) उदन्ती (d) बादलखोल

19. आर्थिक सर्वेक्षण 2022-23 के अनुसार, राज्य का वन क्षेत्रफल है
(a) 60,038 वर्ग किमी (b) 59,772 वर्ग किमी
(c) 59,702 वर्ग किमी (d) 57,972 वर्ग किमी

20. छत्तीसगढ़ राज्य में पहला वन-धन विकास केन्द्र कहाँ स्थापित किया जाना है?
(a) बीजापुर (b) कोरिया
(c) राजनान्दगाँव (d) दुर्ग

21. छत्तीसगढ़ का सबसे बड़ा राष्ट्रीय उद्यान कौन है?
(a) गुरु घासीदास राष्ट्रीय उद्यान (b) इन्द्रावती राष्ट्रीय उद्यान
(c) कांगेर घाटी राष्ट्रीय उद्यान (d) ये सभी

22. गरियाबन्द जिले में अवस्थित उदन्ती (वन भैंसा) अभयारण्य की स्थापना किस वर्ष की गई?
(a) 1981 (b) 1983 (c) 1985 (d) 1984

23. क्षेत्रफल की दृष्टि से छत्तीसगढ़ राज्य का सबसे छोटा राष्ट्रीय उद्यान है
(a) कुटरु (b) कांगेर घाटी
(c) इन्द्रावती (d) संजय

24. निम्न में से कौन-सा छत्तीसगढ़ राज्य का राष्ट्रीय उद्यान है?
(a) इन्द्रावती (b) कांगेर घाटी
(c) गुरु घासीदास (d) ये सभी

25. गोमर्दा अभयारण्य राज्य के किस जिले में स्थित है?
(a) कोरबा (b) रायगढ़ (c) दुर्ग (d) रायपुर

26. राज्य में वन विकास निगम का गठन कब हुआ था?
(a) 15 मई, 2001 (b) 21 सितम्बर, 2001
(c) 22 मई, 2001 (d) 22 अगस्त, 2001

27. छत्तीसगढ़ राज्य में सबसे अधिक इमारती लकड़ी किस जिले में पाई जाती है?
(a) दन्तेवाड़ा (b) महासमुन्द
(c) कबीरधाम (d) बस्तर

28. पामेड़ अभयारण्य किस जिले में स्थित है?
(a) बस्तर (b) कांकेर (c) बीजापुर (d) धमतरी

29. निम्नलिखित में से कौन-सा वृक्ष छत्तीसगढ़ का राजकीय वृक्ष निम्न में से कौन है?
(a) सागौन (b) यूकेलिप्टस
(c) बाँस (d) साल

30. छत्तीसगढ़ का सबसे प्राचीन अभयारण्य निम्न में से कौन है?
(a) अबूझमाड़ (b) सीतानदी
(c) सायकोट (d) भोरमदेव

31. 'इण्डिया स्टेट ऑफ फॉरेस्ट रिपोर्ट', 2021 के अनुसार, छत्तीसगढ़ राज्य में सबसे कम अति सघन वन वाला जिला कौन-सा है?
(a) दुर्ग (b) कोरबा
(c) बस्तर (d) जाँजगीर-चाम्पा

32. सर्वाधिक अभयारण्य एवं राष्ट्रीय उद्यान किस सम्भाग में है?
(a) सरगुजा (b) रायपुर (c) बिलासपुर (d) बस्तर

33. मगरमच्छों का प्राकृतिक आवास 'भैंसा दरहा' किस जिले में है?
(a) बीजापुर (b) बस्तर
(c) नारायणपुर (d) दन्तेवाड़ा

34. अमरकण्टक बायोस्फियर रिजर्व किस अभयारण्य से जुड़ेगा?
(a) अचानकमार (b) सेमरसोत
(c) भोरमदेव (d) बादलखोल

35. सेमरसोत अभयारण्य किस जिले में है?
(a) सरगुजा (b) सूरजपुर
(c) बलरामपुर (d) जशपुर

36. तेन्दुपत्ता के सकल उत्पादन का निम्नलिखित में से कितना प्रतिशत उत्पादन छत्तीसगढ़ में होता है?
(a) 15% (b) 17% (c) 25% (d) 27%

37. सर्वाधिक वन प्रतिशत किस जिले (27 जिलों के आधार पर) में है?
(a) सूरजपुर (b) सरगुजा
(c) बीजापुर (d) नारायणपुर

38. राज्य बनने के बाद प्रथम अभयारण्य कौन-सा बना है?
(a) गोमर्दा (b) पामेड़
(c) भोरमदेव (d) भैरमगढ़

39. छत्तीसगढ़ राज्य में औषधि पादप बोर्ड का गठन कब किया गया?
(a) जुलाई, 2004 (b) जुलाई, 2002
(c) जुलाई, 2003 (d) जुलाई, 2009

40. निम्न में से कौन-सा अभयारण्य सबसे बड़ा है?
(a) भोरमदेव अभयारण्य (b) बादलखोल अभयारण्य
(c) पामेड़ अभयारण्य (d) अचानकमार

41. छत्तीसगढ़ में लकड़ी काटने तथा पशु चराने पर प्रतिबन्ध किस प्रकार के वनों में होता है?
(a) आरक्षित (b) संरक्षित
(c) सघन वन (d) इनमें से कोई नहीं

42. भौगोलिक क्षेत्रफल की दृष्टि से छत्तीसगढ़ के किस जिले का वन क्षेत्रफल सर्वाधिक है?
(a) धमतरी (b) मुंगेली
(c) दन्तेवाड़ा (d) इनमें से कोई नहीं

43. किस राष्ट्रीय उद्यान को टाइगर प्रोजेक्ट के अन्तर्गत लिया गया है?
(a) कांगेर घाटी (b) गुरु घासीदास
(c) इन्द्रावती (d) कुटरु

44. किस पर्व में कर्मदेवती वृक्ष की डाली की पूजा की जाती है?
(a) करमा (b) दशहरा
(c) होली (d) छेरता

45. वन भैंसा (राज्य पशु) के लिए प्रसिद्ध अभयारण्य निम्न में से कौन है?
(a) उदन्ती (गरियाबन्द) (b) गोमर्दा (रायगढ़)
(c) पामेड़ (बीजापुर) (d) अचानकमार (मुंगेली)

46. छत्तीसगढ़ एवं मध्य प्रदेश में फैले संजय गाँधी राष्ट्रीय उद्यान का नया नाम क्या है?
(a) गुरु घासीदास (b) महात्मा गाँधी
(c) राजीव गाँधी (d) संजय गाँधी

47. छत्तीसगढ़ में साल वृक्षों को नष्ट करने वाला एक घातक कीड़ा है
(a) कोसा (b) दीमक
(c) साल रेमी (d) इनमें से कोई नहीं

48. छत्तीसगढ़ वनपाल प्रशिक्षण विद्यालय कहाँ है?
(a) जगदलपुर (बस्तर) (b) प्रेमनगर (सूरजपुर)
(c) करकाभाटा (बालोद) (d) माना (रायपुर)

49. छत्तीसगढ़ के क्रेडा द्वारा ऊर्जा पार्क कहाँ स्थापित किया गया है?
(a) रायपुर (b) सरगुजा (c) बस्तर (d) बिलासपुर

50. टाइगर प्रोजेक्ट राष्ट्रीय उद्यान इन्द्रावती का क्षेत्रफल है
(a) 1258.37 वर्ग किमी (b) 200.00 वर्ग किमी
(c) 1440.75 वर्ग किमी (d) 1158.37 वर्ग किमी

51. छत्तीसगढ़ के किस जिले में सर्वाधिक वन क्षेत्र है?
(a) धमतरी (b) बिलासपुर
(c) सरगुजा (d) इनमें से कोई नहीं

52. वन भैंसों का संरक्षण किस अभयारण्य में होता है?
(a) उदन्ती (b) भैरमगढ़
(c) पामेड़ (d) तीनों अभयारण्यों में

53. छत्तीसगढ़ राज्य में बाँस प्रजाति के वृक्षों का क्षेत्रफल है
(a) 6,500-7000 वर्ग किमी (b) 6000-6500 वर्ग किमी
(c) 5000-5500 वर्ग किमी (d) 7000-7500 वर्ग किमी

54. छत्तीसगढ़ का सबसे छोटा अभयारण्य कौन-सा है, जिसका क्षेत्रफल 104.35 वर्ग किमी है?
(a) भैरमगढ़ (बीजापुर) (b) उदन्ती (गरियाबन्द)
(c) भोरमदेव (कबीरधाम) (d) बादलखोल (जशपुर)

55. छत्तीसगढ़ में डॉ. जयालक्ष्मी गांगुली कौन हैं?
(a) प्रथम महिला कृषि वैज्ञानिक (b) प्रथम महिला इंजीनियर
(c) प्रथम महिला डॉक्टर (d) प्रथम महिला हॉकी खिलाड़ी

56. छत्तीसगढ़ में वन प्रशिक्षण संस्थान है
(a) जगदलपुर, सक्ती, महासमुन्द (b) कवर्धा, दुर्ग, रायपुर
(c) कोरिया, सरगुजा, जशपुर (d) बस्तर, कांकेर, रायगढ़

57. छत्तीसगढ़ का सबसे छोटा राष्ट्रीय उद्यान कौन-सा है, जिसका क्षेत्रफल 200 वर्ग किमी है?
(a) इन्द्रावती (b) कांगेर घाटी (बस्तर)
(c) गुरु घासीदास (d) इनमें से कोई नहीं

58. जामवन्त परियोजना सम्बन्धित है
(a) भालुओं से (b) चीतल से
(c) बन्दरों से (d) पहाड़ी मैना से

59. टाइगर प्रोजेक्ट के अन्तर्गत, 2007 से किस अभयारण्य को शामिल किया गया?
(a) सेमरसोत एवं पामेड़
(b) उदन्ती एवं भोरमदेव
(c) अचानकमार, उदन्ती एवं सीतानदी
(d) उपरोक्त में से कोई नहीं

60. छत्तीसगढ़ का प्रसिद्ध स्थल 'तुरतुरिया आश्रम' किस अभ्यारण्य के मध्य स्थित है?
(a) बादलखोल (जशपुर)
(b) बारनवापारा (बलौदाबाजार)
(c) सीतानदी धमतरी
(d) तमोर पिंगला (सूरजपुर)

61. छत्तीसगढ़ का सबसे बड़ा चिड़ियाघर है
(a) नन्दनवन (b) मैत्रीबाग
(c) बारनवापारा (d) मोतीबाग

62. वन एवं वन्यजीव संरक्षण पुरस्कार 'अमृता देवी स्मृति पुरस्कार' कब प्रारम्भ किया गया?
(a) वर्ष 1994 (b) वर्ष 1995
(c) वर्ष 2000 (d) वर्ष 2001

63. छत्तीसगढ़ के प्रथम वन संरक्षक हैं
(a) रमेशचन्द्र शर्मा (b) ओ.पी. अग्रवाल
(c) अजीत जोगी (d) डॉ. रमन सिंह

64. सर्वाधिक सोन कुत्ता कहाँ पाया जाता है?
(a) गोमर्दा (रायगढ़) (b) सीतानदी (धमतरी)
(c) भोरमदेव (कबीरधाम) (d) बादलखोल (जशपुर)

65. छत्तीसगढ़ में टमाटर की राजधानी किसे कहते हैं?
(a) बगीचा (b) लुड़ेग
(c) पत्थलगाँव (d) कटघोरा

उत्तरमाला

1. (d)	2. (c)	3. (b)	4. (b)	5. (a)	6. (d)	7. (d)	8. (b)	9. (c)	10. (b)
11. (c)	12. (d)	13. (b)	14. (a)	15. (d)	16. (a)	17. (a)	18. (d)	19. (b)	20. (a)
21. (a)	22. (b)	23. (b)	24. (d)	25. (b)	26. (c)	27. (d)	28. (c)	29. (d)	30. (b)
31. (d)	32. (d)	33. (b)	34. (a)	35. (c)	36. (b)	37. (d)	38. (c)	39. (a)	40. (a)
41. (a)	42. (c)	43. (c)	44. (a)	45. (a)	46. (a)	47. (c)	48. (a)	49. (a)	50. (a)
51. (c)	52. (d)	53. (a)	54. (d)	55. (a)	56. (a)	57. (b)	58. (a)	59. (c)	60. (b)
61. (a)	62. (a)	63. (a)	64. (a)	65. (b)					

09 छत्तीसगढ़ की कला एवं लोक संस्कृति: लोकगीत, नृत्य, त्योहार एवं पर्व

- छत्तीसगढ़ राज्य की कला एवं संस्कृति अत्यन्त प्राचीन है।
- राज्य की लोक संस्कृति में लोकनाट्य, लोकनृत्य, लोकगीतों, त्योहारों एवं पर्वों का अपना विशेष महत्त्व रहा है।
- राज्य के प्रमुख **लोकगीत** हैं— सेवा गीत, जँवारा गीत, गौर गीत, नागमत गीत, पन्थी गीत एवं जस गीत आदि।
- राज्य के प्रमुख **लोकनृत्य** हैं—पन्थी नृत्य, सुआ नृत्य/ द-गौरा नृत्य, राउत नाचा, मान्दरी नृत्य, करमा नृत्य, सरहुल नृत्य, डण्डारी नृत्य एवं दशहरा नृत्य आदि। राज्य के प्रमुख **लोकनाट्य** हैं— नाचा, रहस, गम्मत, पण्डवानी, भतरा नाट एवं माओ पाटा आदि।
- लोककला में योगदान के लिए सरकार द्वारा दाऊ मंदार जी सम्मान दिया जाता है, जो लोककला के क्षेत्र में सर्वोच्च सम्मान है।
- वर्ष 1971 में स्थापित की गई **रवेली नाचा पार्टी** छत्तीसगढ़ की प्रथम नाचा पार्टी है। इसके संस्थापक दाऊ दुलार सिंह मन्दार जी थे, जिन्हें नाचा का भीष्म पितामह कहा जाता है।
- राज्य के प्रमुख **वाद्ययन्त्र** हैं— मोहरी, दफड़ा, मान्दर, ताशा, खड़ताल, अलगोजा, गुन्दुम एवं धनकुल वाद्य आदि।
- राज्य के प्रमुख **त्योहार** एवं **पर्व** हैं—छेरछेरा, मेघनाद, नवरात्रि, सरहुल, करमा, गोंचा, हरेली, नागपचमी, तीजा (हरित तालिका), कोरा, दशहरा, आमा खाई, मातर, बीज मोहनी एवं ककसार आदि।
- राज्य के प्रमुख **मेले** हैं—राजिम मेला, शिवरीनारायण का मेला, सिरपुर का मेला, मड़ई का मेला, प्राणेश्वर मेला एवं भोरमदेव का मेला आदि।

राज्य के अन्य प्रमुख मेले

मेला	पर्व	स्थान/जिला
गिरौधपुरी मेला	बसंत पंचमी/माघ पंचमी	गिरौदपुर (बलौदाबाजार)
काम्पू का मेला	शिवरात्रि	काम्पू (रायगढ़)
बस्तर दशहरा	हरियाली अमावस्या से आश्विन शुक्ल पक्ष	बस्तर
लाखनघाट का मेला	मकर संक्रान्ति	लाखनघाट (जांजगीर-चाम्पा)
पिथमपुर का मेला	होली	पिथमपुर (जांजगीर-चाम्पा)
सुदी दशमी मेला	आश्विन	भण्डारा (रायपुर)
मल्हार, सेमरताल के मेले	सभी महाशिवरात्रि पर	बिलासपुर
बिल्हा, उपका, सेतगंगा, बेलपान, सागर, घुठली, मदकू के मेले	सभी माघ पूर्णिमा पर	बिलासपुर
प्राणेश्वर मेला	माघ पूर्णिमा	रायपुर
भोरमदेव का मेला	रामनवमी	कबीरधाम (कवर्धा)

- राज्य की लोक चित्रकाल में गोबर चित्रकारी, हरतालिका, चौक लीपना, आठे कन्हैया, सवनाही, बालपुर चित्रकला एवं विवाह चित्र आदि सम्मिलित हैं।
- राज्य की प्रमुख शिल्पकलाओं में मिट्टी शिल्प, काष्ठ शिल्प, कन्घी, कला, बाँस शिल्प, पत्ता कला, धातु कला, घड़वा कला एवं घोड़ा शिल्प आदि सम्मिलित हैं।

अभ्यास प्रश्न

1. 'तिलरी' किस अंग का आभूषण है?
(a) गला (b) सिर (c) पैर (d) कलाई

2. छेरछेरा पर्व किस दिन मनाया जाता है?
(a) श्रावण माह की अमावस्या (b) पौष माह की पूर्णिमा
(c) माघ माह की पूर्णिमा (d) पौष माह की अमावस्या

3. 'जस गीत' क्या है?
(a) जन्म गीत
(b) विवाह गीत
(c) दीपावली
(d) देवी पूजन गीत

4. छत्तीसगढ़ में प्रचलित कौन-सी लोककला गीली मिट्टी पर बनाई जाती है?
(a) हरतालिका (b) सवनाही (c) नोहडोरा (d) चौक लीपना

5. अक्ति को त्योहार कब मनाया जाता है?
(a) वैशाख (b) श्रावण (c) भाद्र (d) ये सभी

6. बाँस गीत गायन में निम्न में से किस वाद्ययन्त्र का उपयोग होता है?
(a) मृदंग (b) मंजीरा
(c) ढोल (d) इनमें से कोई नहीं

7. पड़ौनी गीत किस अवसर पर गाया जाता है?
(a) जन्म (b) मृत्यु
(c) फसल कटाई (d) विवाह

8. 'सुआ गीत' किस त्योहार से सम्बन्धित है?
(a) दशहरा (b) हरेली (c) दीपावली (d) होली

9. पन्थी नृत्य मूलतः किस समाज से सम्बन्धित है?
(a) सतनामी (b) गोण्ड (c) कबीरपन्थी (d) बैगा

10. हेरा गुरु किस जनजाति से सम्बन्धित थे?
(a) कमार (b) गोण्ड (c) कँवर (d) उराँव

11. हरेली नामक पर्व किस दिन मनाया जाता है?
(a) कार्तिक अमावस्या (b) श्रावण अमावस्या
(c) पौष पूर्णिमा (d) बैशाख पूर्णिमा

12. भरथरी गीत का मुख्य वाद्ययन्त्र क्या है?
(a) सारंगी (b) तम्बूरा (c) वीणा (d) नारंगी

13. दीपावली के अवसर पर छत्तीसगढ़ का सर्वाधिक लोकप्रिय लोकनृत्य है
(a) करमा (b) डोमकच (c) सुआ (d) नाचा

14. वेदमती एवं कपालिक शैली किसकी शाखाएँ हैं?
(a) ककसाड़ (b) पण्डवानी
(c) चन्दैनी (d) इनमें से कोई नहीं

15. श्रृंगार रस का प्रधान गीत में से कौन है?
(a) करमा गीत (b) सुआ गीत
(c) पन्थी गीत (d) ददरिया

16. आदिवासी स्त्रियों का नृत्य गीत है
(a) सुआ गीत (b) बैना गीत (c) पहकी गीत (d) पन्थी गीत

17. बिलमा नृत्य आयोजित होता है
(a) ग्रीष्म ऋतु में (b) वर्षा ऋतु में
(c) शीत ऋतु में (d) बसन्त ऋतु में

18. छत्तीसगढ़ का सर्वाधिक प्रचलित लोकनृत्य/लोकगीत है
(a) सुक्षा (b) पन्थी (c) करमा (d) चन्दैनी

19. छत्तीसगढ़ के किस नृत्य में केवल पुरुष भाग ले सकते हैं?
(a) सुआ (b) कर्मा
(c) सैला (d) राउत नाचा

20. छत्तीसगढ़ में 'गौरा गीत' कब गाते हैं?
(a) दीपावली (b) नवरात्रि (c) तीज (d) होली

21. किस पारम्परिक छत्तीसगढ़ी लोकगीत में गंगा का नाम बार-बार आता है?
(a) भोजली (b) जवारा (c) सोहर (d) सुआ

22. चन्दैनी गोन्दा है
(a) लोकनाट्य (b) संगीत
(c) लोकनृत्य (d) इनमें से कोई नहीं

23. रहस के रंगमंच को क्या कहा जाता है?
(a) बेड़ा (b) गीत (c) हेमारु (d) होल

24. 'गौरा' नृत्य' कहा जाता है?
(a) पन्थी नृत्य (b) चन्दैनी नृत्य
(c) सुआ नृत्य (d) राउत नाचा

25. निम्न में से कौन-सा पकवान एवं उनका स्वाद सुमेलित नहीं है?
(a) ठेठरी-नमकीन (b) खुरमी-नमकीन
(c) पपची-मीठा (d) अइरसा-मीठा

26. ददरिया किस प्रकार का लोकगीत है?
(a) विरह गीत (b) प्रेम गीत
(c) शान्त गीत (d) करुण गीत

27. धोबी समाज के शुभ अवसरों पर किया जाने वाला नृत्य है
(a) चन्दैनी (b) कानड़ा (c) माण्डरी (d) डिटोंग

28. नवरात्रि में देवी माँ की स्तुति गीत है
(a) गौरा गीत (b) सेवा गीत (c) माता गीत (d) देवी भजन

29. किस नृत्य गीत में केवल पुरुष भाग लेते हैं?
(a) वाच (b) ददरिया (c) सैला (d) सुआ

30. मड़ई गीत कब गाया जाता है?
(a) मड़ई के समय (b) करमा में
(c) विवाह के समय (d) मृत्यु के समय

31. भतरा जाति के गीत नाट्य में किसका प्रभाव पड़ा है?
(a) ओडिशा (b) झारखण्ड (c) उत्तर प्रदेश (d) राजस्थान

32. कार्तिक माह में कुँवारी कन्याओं द्वारा गाए जाने वाला गीत है
(a) सोहर गीत (b) भोजली गीत
(c) कार्तिक स्नान गीत (d) गौरा गीत

33. छत्तीसगढ़ में प्रथम वर्ष की शुरुआत किस पर्व से होती है?
(a) पोला (b) करमा (c) हरेली (d) दीयारी

34. पण्डवानी गायन किस ग्रन्थ पर आधारित है?
(a) श्रीमद्भागवत् (b) रामायण
(c) महाभारत (d) शिवपुराण

35. मुड़िया जनजाति का 'माओ पाटा' नृत्य है
(a) प्रणय नृत्य (b) शिकार नृत्य
(c) सरहुल नृत्य (d) पूजा नृत्य

36. 'पन्थी नृत्य' किनके द्वारा किया जाता है?
(a) उराँव (b) बैगा (c) सतनामी (d) सौंता

37. हबीब तनवीर का सम्बन्ध है
(a) साहित्य (b) पत्रकारिता (c) राजनीति (d) रंगमंच

38. छत्तीसगढ़ में प्रेमकथा गीत ढोलामारू के गायक हैं
(a) सुरूजबाई खाण्डे (b) जगन्नाथ कुम्हार
(c) 'a' और 'b' दोनों (d) तीजन बाई

39. मृत्यु के समय मुड़िया जनजाति के लोग गीत गाते हैं
(a) गम्मत गीत (b) शोक गीत
(c) घोटुल पाटा गीत (d) बिरह गीत

40. बाँस गीत में क्या बजाया जाता है?
(a) बाँस (b) ढोल (c) मृदंग (d) माँदर

41. 'दहका' नृत्य छत्तीसगढ़ की किस जनजाति का प्रमुख नृत्य है?
(a) परधान (b) दोरला
(c) कोल (d) उराँव

42. जातीय समूह 'कुरुख' में कुजूर उपनाम का क्या अर्थ है?
(a) फलों का पौधा (b) सजावटी पौधा
(c) औषधीय पौधा (d) मसाले का पौधा

43. किस जनजाति में विवाहित महिलाएँ सफेद साड़ी पहनती हैं?
(a) गोण्ड (b) मुण्डा (c) उराँव (d) भुंजिया

44. छत्तीसगढ़ के आदिवासियों का सबसे लोकप्रिय नृत्यगीत निम्न में से कौन है?
(a) राउत (b) करमा (c) सुआ (d) होली

45. मिट्टी के तोते को टोकनी में रखकर गाया जाने वाला गीत है
(a) करमा (b) सुआ गीत
(c) तोता गीत (d) छेरछेरा गीत

46. निम्नलिखित में से कौन-सा कुरुख का वाद्ययन्त्र है?
(a) मान्दर (b) करताल
(c) नगाड़ा (d) ये सभी

47. छत्तीसगढ़ में कबीर गायन के प्रसिद्ध कलाकार कौन हैं?
(a) श्रीमती तीजन बाई (b) भारती बन्धु
(c) देवदास बंजारे (d) श्रीमती ममता चन्द्राकर

48. बिलासपुर में राउत नाचा का प्रारम्भ कब हुआ था?
(a) वर्ष 1998 (b) वर्ष 2001
(c) वर्ष 2008 (d) वर्ष 1978

49. बैगा जाति के करमा नृत्य को कहते हैं
(a) नाचा (b) बैगानी करमा
(c) माण्डरी (d) ककसार

50. छत्तीसगढ़ के लोकगीतों का राजा कहा जाता है
(a) सुआ गीत (b) करमा गीत (c) ददरिया गीत (d) सैला गीत।

51. बैगा जनजाति का बारात के समय का गीत है
(a) परघौनी गीत (b) ककसार
(c) पाटा नृत्य (d) बैगानी करमा

52. उराँव जनजाति द्वारा चैतमास पूर्णिमा का नृत्य है
(a) सरहुल (b) करमा (c) सैला (d) सोन्दो

53. जशपुर पहाड़ी के आदिवासियों को कौन-सा गीत भारत महोत्सव (रूस) में प्रदर्शित हुआ?
(a) माँझी गीत (b) करमा गीत
(c) ककसार गीत (d) नगमत गीत

54. छत्तीसगढ़ में नवरात्रि के समय गाया जाता है
(a) जसगीत (b) देवारी गीत
(c) गम्मत गीत (d) भोजली गीत

55. सरगुजा अंचल के पहाड़ी कोरकुओं का प्रसिद्ध नृत्य है
(a) कोडाकू करमा (b) सोन्दो नृत्य
(c) दमनच नृत्य (d) लोकड़ी नृत्य

56. 'कुटी घाट' का मेला कब लगता है?
(a) कार्तिक पूर्णिमा (b) रामनवमी
(c) बसन्त पंचमी (d) माघ पूर्णिमा

57. गाय के गले में बाँधी जाने वाली मोरपंख या पलाश की माला कहलाती है
(a) गुन्ता (b) सुतई (c) सुर्रा (d) सुहई

58. उपनयन संस्कार का गीत है
(a) सोहर गीत (b) भड़ौनी गीत
(c) बरूआ गीत (d) पठौनी गीत

उत्तरमाला

1. (a)	2. (b)	3. (d)	4. (c)	5. (a)	6. (d)	7. (d)	8. (c)	9. (a)	10. (c)
11. (b)	12. (a)	13. (c)	14. (b)	15. (d)	16. (a)	17. (c)	18. (c)	19. (d)	20. (b)
21. (a)	22. (a)	23. (a)	24. (c)	25. (b)	26. (b)	27. (b)	28. (b)	29. (c)	30. (a)
31. (a)	32. (c)	33. (c)	34. (c)	35. (b)	36. (c)	37. (d)	38. (c)	39. (c)	40. (a)
41. (c)	42. (c)	43. (d)	44. (b)	45. (b)	46. (d)	47. (b)	48. (d)	49. (b)	50. (c)
51. (a)	52. (a)	53. (a)	54. (a)	55. (b)	56. (c)	57. (d)	58. (c)		

10 छत्तीसगढ़ के प्रमुख जनउला (पहेलियाँ), मुहावरे एवं लोकोक्तियाँ

विभिन्न विषयक प्रमुख जनउला (पहेलियाँ)

विषयक पहेलियाँ	प्रमुख पहेलियाँ तथा उनके अर्थ
प्रकृति विषयक पहेलियाँ	पर्रा भर लाई अकास म बगराई (तारे), फूले-फूले रींगी-चींगी फर प लमडोरा (भुनगा), छत्तीसगढ़ी जनउला-कारी गाय, कलिन्दर खाय/दुहते जाए, पनहाते जाए (कुआँ)।
जीव-जन्तु विषयक पहेलियाँ	बीच तरिया म गोबर चौथा (कछुवा)
मनुष्य विषयक पहेलियाँ	ऊपर पचरी, तरी पचरी, बीच म मोंगरी मछरी (जीभ)।
वस्त्रालंकार विषयक पहेलियाँ	आय लुलू जाय लुलू पानी ल डराय लुलू (जूता)।
विविध वस्तु विषयक पहेलियाँ	कान्धे आय, कान्धे जाए, नेग-नेग में जारे जाय (मृदंग)।
लेखन विषयक पहेलियाँ	गोरिया खेत के करिया बीज (कागज, स्याही)।
खाद्य पदार्थ फल विषयक पहेलियाँ	कटोरा ऊपर कटोरा, बेटा बाप ले गोरा (नारियल)।
कृषि पदार्थ पहेलियाँ	नानकुल मटुकदास, ओन्हा पहिरे सौ पचास (प्याज), बोवत देखेंव बटुरा, जामत में कुसियार, ढाई महिना के छोकरा, दाढ़ी मेंछा म हुसियार (भुट्टा)।

प्रमुख मुहावरे एवं लोकोक्तियाँ

लोकोक्ति/मुहावरे	अर्थ
अड़हा के लेखे रड़हे डड़हा	अशिक्षित के लिए सब अक्षर बराबर हैं।
अपने टेंटा ल देखय नहीं, आन के फूला ल हांसथय	अपना दोष दिखाई नहीं देता, दूसरे का जल्दी दिख जाता है।
अपन मरय बिन सरग नइ दिखय	महत्त्वपूर्ण कार्य स्वयं के बगैर सम्पादित नहीं होते।
ऊना-ऊना गाँव म कानी भुटियारी	अन्धों में काना राजा।
ऐक तो करेला करू, ऊपर ले नीम चढ़े	पूर्व से ही स्तरहीन का और बिगड़ जाना।
कनखजुरा के एक गोड़ टुटे ले कुछु नइ होय	छोटी-मोटी हानि से धनी व्यक्ति का कुछ नहीं बिगड़ता।
करनी दिखय मरनी के बेर	कर्म का प्रतिफल मृत्यु के समय मिल जाता है।
कुकुर के पूछ जब रही त टेड़गा	व्यक्ति अपनी प्रवृत्ति नहीं छोड़ पाता।
गाँव के जोगी जोगिया, बहीर के जोगी सिधिया	अपने गाँव में बाहर के लोग अधिक प्रतिष्ठा पाते हैं।
धान अउ बाम्हन के एके हाल	धान तथा ब्राह्मण में अनेक भेद होते हैं।
आदमी के नउवा अऊ चिरई में कउवा	मनुष्य में नाई और पक्षियों में कौवा चतुर होता है।

अभ्यास प्रश्न

1. प्रस्तुत 'हाना' किस अर्थ में बोला जाता है? सही उत्तर लिखें।
'तीन तिखार, महा बिचार।'
(a) तीन लोगों से पूछना (b) फैसले को टाल देना
(c) अन्तिम निर्णय लेना (d) सहमत होना

2. 'ए ग्रामर ऑफ छत्तीसगढ़ी डायलिक्ट' नामक पुस्तक के लेखक का नाम क्या है?
(a) लोचन प्रसाद पाण्डेय (b) वेरियर एल्विन
(c) कुँज बिहारी चौबे (d) हीरालाल काव्योपध्याय

3. "फूले-फूले रिंगी-चिंगी, फर फरे कटघेरा।"
उपरोक्त पहेली का अर्थ बताइए।
(a) ककड़ी (b) मुनगा
(c) केला (d) बरबट्टी

4. प्रस्तुत 'हाना' किस बात का संकेत है?
"फूटहा करम के फूटहा दोना, पेज गँवागे चारों कोना।"
(a) नि:शक्त होना (b) अभागे को सहारा न मिलना
(c) लापरवाह होना (d) अन्धा होना

5. "आठो पहर चौसठ घड़ी, नर पर नारी चढ़ी जनउला है"
(a) तुलसी वृक्ष (b) महिला
(c) दुर्गा (d) ये सभी

6. सींग जामना
(a) जादू होना (b) बीमारी होना
(c) साहस बढ़ना (d) कायरता बढ़ना

7. लोहा जान के पानी पियाना
(a) डरकर सम्मान देना (b) ताकतवर को सम्मान देना
(c) धनी को सम्मान देना (d) योग्यतानुसार सम्मान देना

8. आगी लगाना
(a) खाना बनाना (b) कलह पैदा करना
(c) उजाला करना (d) ठण्ड भगाना

9. डाण्ड देना का क्या अर्थ है?
(a) जुर्माना देना (b) आवाज लगाना
(c) रेखा खींचना (d) ऐलान करना

10. आय लुलु जाय लुलु, पानी ल डराय लुलू
(a) आग (b) बच्चा (c) जूता (d) मेंढक

11. अदरमा फाटना मुहावरे का अर्थ है
(a) मन से उतर जाना (b) मृत्यु होना
(c) विधवा होना (d) वज्रपात होना

12. कटोरा ऊपर कटोरा, बेटा बाप ले गोरा
(a) पपीता (b) नारियल
(c) अण्डा (d) लहसुन

13. हात पियर करना
(a) इलाज कराना (b) रंग लगाना
(c) विवाह करना (d) सजा देना

14. गाय न गरू, सुख सुते हरू
(a) निश्चित जीवन (b) दु:खम जीवन
(c) निर्धन जीवन (d) आलसी जीवन

15. ऊँट के चोरी अरू सूपा के ओधा
(a) जंगली क्रियाकलाप करना (b) छोटे अपराध का नहीं छिपना
(c) बड़े अपराध का नहीं छिपना (d) चोरी और ऊपर से सीना जोरी

16. चलनी म दुध दुहै, भाग्य ल दोष देवै
(a) दुर्भाग्यशाली होना (b) भाग्यशाली होना
(c) कर्म सही ढंग से करना (d) कर्म गलत ढंग से करना

17. कोरा मा लइका, गाँव भर गोहार
(a) स्वयं के समीप न देखकर अन्यत्र तलाशना
(b) चिल्लाकर अपनी प्रतिष्ठा दर्शाना
(c) पागल हो जाना
(d) अच्छा कार्य करना

18. चट मँगनी पट बिहाव
(a) प्यार करना (b) रिश्ता बनाना
(c) कार्य तुरन्त करना (d) कार्य न करना

19. जरे मा नून डारना
(a) इलाज करना (b) दु:खी को सम्भालना
(c) दु:खी को और कष्ट देना (d) काम बनाना

20. टठिया न लोटिया, फोकट के गौटिया
(a) सच्ची शान दिखाना (b) सच्ची गरीबी दिखाना
(c) झूठी गरीबी दिखाना (d) झूठी शान दिखाना

21. सूखा डबरी मा बकुला फड़फड़ावे
(a) मुर्रा (b) मछली
(c) कछुआ (d) रोटी

22. पोटा अंइठना
(a) बहुत भूख लगना (b) बीमार होना
(c) ताकतवर होना (d) बेचैन होना

23. मनखे कमाना
(a) सम्मान बढ़ना (b) धन बढ़ना
(c) परिवार बढ़ना (d) रत्न बढ़ना

24. 'निश्चित रूप से' के लिए छत्तीसगढ़ी में एक शब्द है
(a) निश्चित (b) बिल्कुल
(c) खचित (d) एकदम

25. लउठी मा तेल चुपरना
(a) शान्ति स्थापित करना (b) बदलें का अवसर ढूंढना
(c) चापलूसी करना (d) मित्रता करना

26. गदहा के मुड़ी मा सींग नई जागै
(a) मूर्ख बुद्धिमान हो सकता है
(b) बुद्धिमान मूर्ख हो सकता है
(c) जानवरों का प्राकृतिक रूप में ही होना
(d) मूर्ख, बुद्धिमान नहीं हो सकता है

27. डूमर के फूल होना
(a) सुलभ होना (b) सुन्दर होना (c) दुर्लभ होना (d) कुरूप होना

28. निम्नलिखित 'जनउला' का उत्तर बताइए।
''बिना पंख के सुवना, उड़ि चलत आकास।
रूप रंग नहीं ऐकर, मरै न भूख प्यास।।''
(a) पलंग (b) पवन
(c) आत्मा/जीवात्मा (d) सूरज

29. अण्डा सेना
(a) समय का सदुपयोग करना (b) समय को व्यर्थ गंवाना
(c) भलाई का काम करना (d) लाभकारी कार्य करना

30. खीरा चोर, जोंधरी चोर, धीरे-धीरे सेन्ध कोर
(a) अवगुणों का निरन्तर बढ़ना
(b) अवगुणों का निरन्तर कम होना
(c) सम्पन्नता की ओर अग्रसर होना
(d) गरीबी की ओर अग्रसर होना

31. ठड़गा नाचे टींगे-टींगे जनउला इंगित करता है
(a) मेंढ़क (b) ढेंकी
(c) बछड़ा (d) अकेला व्यक्ति

32. पानी छीतना
(a) समय का सदुपयोग (b) समय का दुरुपयोग
(c) उदासीनता का प्रदर्शन (d) शक्ति का प्रदर्शन

33. पानी पियाना
(a) परोपकार करना (b) खर्च करना
(c) जीने का प्रबन्ध (d) परास्त करना

34. चार घाट के पानी पीना
(a) बहुत धनी होना (b) बहुत गरीब होना
(c) अनुभवहीन होना (d) अनुभवी होना

35. अन्धवा पीसे, कुकुर खाय
(a) सामर्थ्यहीन की मेहनत का फल कोई और ले
(b) मनुष्य का फायदा जानवर उठा ले
(c) अपंग/विकलांग को कुत्ता परेशान करे
(d) काम कोई करे मौज कोई उड़ाए

36. अन्धियार मा राखना
(a) सच बताना (b) पाप करना
(c) सच छिपाना (d) पुण्य करना

37. अड़हा बइद परान घात
(a) अनुभवी से हानि होना (b) अनुभवी के कुछ न होना
(c) अनुभवहीन से हानि होना (d) अनुभवहीन से लाभ होना

38. नीम के छाँव महतारी के पाँव सम्बन्धित है
(a) मातृसेवा (b) पर्यावरण समर्थन
(c) पर्यावरण विरोध (d) स्वप्रेरित कार्य कुशलता

39. एक फकीर, जेकर पेट मा हावै लकीर
(a) गेहूँ (b) अक्षर
(c) गरीब (d) साधू

40. करिया बइला बइठे हे, लाल बइला भागत हे-जनउला इंगित करना है
(a) रेलगाड़ी (b) आगी
(c) परछाई (d) नांगर

41. 'बगई काटना' छत्तीसगढ़ी मुहावरा के मतलब का होथे?
(a) बकर-बकर करना (b) समय काटना
(c) व्याकुल होना (d) बेकार होना

42. 'अधिक खुशामद करना' हेतु मुहावरा
(a) झोली भरना (b) जी देना
(c) जी परना (d) तेल लगाना

43. महतारी के परसे अरू मघा के बरसे
(a) कम आपूर्ति (b) भरपूर आपूर्ति
(c) बराबर आपूर्ति (d) अनापूर्ति

44. अँगूठा दिखाना
(a) मित्रता करना (b) धोखा देना
(c) इलाज कराना (d) दूर जाना

45. 'कथरी ओढ़ घी खाय'
(a) कथरी ओढ़ना (b) घी खाना
(c) सम्पन्नता छिपाना (d) कंजूस

46. कब बबा मरही ता बरा चुरही
(a) लालची होना (b) कार्य का अनिश्चित होना
(c) कार्य का निश्चित होना (d) प्रयोजन बनाना

47. 'अंजोरी पाख आना' का अर्थ है
(a) शुक्ल पक्ष आना (b) रात में अंजोर होना
(c) अच्छे दिन आना (d) इनमें से कोई नहीं

48. ओरी के छाँव
(a) बड़ा सुख (b) क्षणिक सुख
(c) प्राकृतिक सुख (d) कृत्रिम सुख

49. अपन मरे बिना सरग नई दिखै
(a) स्वर्ग पाने के लिए मरना
(b) दूसरे के भरोसे काम होना
(c) दूसरे के भरोसे काम न होना
(d) खुद के भरोसे काम न होना

50. नानकुन मदुकदास, ओन्हा पहिरे सौ पचास
(a) लहसुन (b) प्याज (c) भुट्टा (d) बीज

51. 'रानी कीरा होना' छत्तीसगढ़ी मुहावरा के मतलब होथे
(a) कीरा असन बेवहार करना (b) रानी बन के तंगना
(c) रानी ल कीरा काटना (d) सुख-सुविधा म पलना

52. करिया हे पर कौआ नहीं, लम्बा हे पर साँप नहीं तेल चढ़ते लेकिन हनुमान नहीं, फूल चढ़ते लेकिन भगवान नहीं-अर्थात्
(a) भौंरा (b) रस्सी
(c) बाल (d) भगवान

53. नानकुन टूरी, कूद-कूद के पार बाँधै।
(a) दर्जी (b) किसानिन
(c) सुई (d) जीभ

54. मरे बाघ के मेछा उखानना
(a) बहादुरी का कार्य करना
(b) प्राण ले लेना
(c) प्राण दे देना
(d) दिखावे की बहादुरी का कार्य करना

55. हाथ मइल न गोड़ मइल
(a) कष्टपूर्ण कार्य (b) सुख-सुविधापूर्ण कार्य
(c) चिकना कार्य होना (d) कुछ काम न होना

56. पाँच झन भाई मन के एकेच ठन अंगना
(a) पाण्डव (b) हाथ (c) पंच (d) गाँव

57. छत्तीसगढ़ जनऊला-कारी गाय, कलिन्दर खाय। दुहते जाए, पनहाते जाए का क्या अर्थ है
(a) कलिन्दर खाना (b) जाँता
(c) कुआँ (d) गाय

58. चार भाई पड़े, चार भाई खड़े
(a) खाट (b) पड़ोसी
(c) शराबी (d) दमरू

59. पर्रा भर लाई अकास म छाइस अर्थात्
(a) तारें (b) बीज (c) दाल (d) बादल

60. एक ठन हड़िया जेमा दु रंग के पानी
(a) मटका (b) अण्डा (c) शराब (d) पसीना

61. छत्तीसगढ़ी शब्द 'फुसर-फुसर' का क्या अर्थ है?
(a) करारा जवाब देना (b) कानाफूसी करना
(c) हवाई बात करना (d) दिखावा करना

62. कुकरी उड़ान
(a) दूर तक पहुँच (b) कम दूर तक पहुँच
(c) बहुत तेज पहुँच (d) पक्षी तक पहुँच

63. केरा पान कस डोलना से आशय है
(a) पान में कीड़ा पड़ जाना (b) पान खाकर मस्त रहना
(c) विचलित रहना/घूमना (d) बात मुँह से निकलना

64. 'गोरसी में आग होना' से आशय है
(a) ज्यादा भाव खाना (b) ज्यादा प्रेम होना
(c) एकदम दु:खी होना (d) मन में ईर्ष्या होना

65. 'कान के कीरा झर्राना' का अर्थ है
(a) कान का मैल साफ करना
(b) कान का कीड़ा निकालना
(c) दीक्षा देना
(d) खरी-खोटी सुनाना

66. गरी बाँधना से आशय है
(a) विवाद करना (b) याद रखना
(c) भूल जाना (d) विवाह करना

67. 'गोड़ म आँखी होना' का आशय है
(a) व्यवस्था गड़बड़ा जाना (b) असावधान रहना
(c) खुशामद करना (d) सदा सतर्क रहना

68. चाउंर छींचना मुहावरे का अर्थ है
(a) चावल छिड़कना (b) चावल को बिखेरना
(c) जादू करना (d) चिड़िया को दाना डालना

69. जरूरत ले जादा बोलइया बर जउन छत्तीसगढ़ी शब्द हवय,
(a) पचर्रा (b) मिठलबरा
(c) लपरहा (d) बेलबेलहा

उत्तरमाला

1. (d)	2. (a)	3. (b)	4. (b)	5. (a)	6. (c)	7. (d)	8. (b)	9. (a)	10. (c)
11. (d)	12. (b)	13. (c)	14. (a)	15. (c)	16. (d)	17. (a)	18. (c)	19. (c)	20. (d)
21. (a)	22. (a)	23. (a)	24. (c)	25. (b)	26. (d)	27. (c)	28. (c)	29. (b)	30. (b)
31. (b)	32. (b)	33. (d)	34. (d)	35. (a)	36. (c)	37. (c)	38. (a)	39. (a)	40. (b)
41. (c)	42. (d)	43. (b)	44. (b)	45. (c)	46. (c)	47. (c)	48. (c)	49. (c)	50. (c)
51. (d)	52. (c)	53. (c)	54. (d)	55. (b)	56. (b)	57. (c)	58. (a)	59. (a)	60. (b)
61. (b)	62. (b)	63. (c)	64. (c)	65. (d)	66. (c)	67. (d)	68. (c)	69. (c)	

11 छत्तीसगढ़ के प्रमुख व्यक्तित्व

व्यक्ति	जन्म	क्षेत्र
बाबा गुरु घासीदास	18 दिसम्बर, 1756	छत्तीसगढ़ में सतनाम पन्थ के संस्थापक
शहीद वीरनारायण सिंह	1795	छत्तीसगढ़ में स्वतन्त्रता संग्राम के प्रथम शहीद
पं. सुन्दरलाल शर्मा	21 दिसम्बर, 1881	धमतरी, राजित, रायपुर में खादी आश्रम की स्थापना
वीर गुण्डाधूर	–	छत्तीसगढ़ का तात्याँ टोपे कहा जाता है। इनके नाम पर राज्य खेल रत्न पुरस्कार दिया जाता है।
मिनीमता	1913	छत्तीसगढ़ की प्रथम महिला सांसद
ठाकुर प्यारेलाल सिंह	दिसम्बर, 1891	असहयोग आन्दोलन में सक्रिय भागीदारी
डॉ. खूबचन्द बघेल	जुलाई, 1900	छत्तीसगढ़ से राज्यसभा के प्रथम संसद पुरस्कार प्राप्तकर्ता (कृषि क्षेत्र में)
गहिरा गुरु मूल नाम-रामेश्वर	–	कैलाश गुफा की स्थापना
हनुमान सिंह	–	छत्तीसगढ़ का 'मंगल पाण्डेय' कहा जाता है। 1858 ई. में सार्जेण्ट मेजर सिडवेल की हत्या कर सेना में विद्रोह की ज्वाला भड़काई।
महाराजा प्रवीरचन्द भजदेव	–	बस्तर जिला आदिवासी किसान मजदूर सेवा संघ बनाया।
चन्दूलाल चन्द्राकर	जनवरी, 1921	पत्रकारिता के क्षेत्र में विशेष योगदान। छत्तीसगढ़ शासन ने इनकी स्मृति में पत्रकारिता के क्षेत्र में 'चन्दूलाल चन्द्राकर सम्मान' स्थापित किया है।
शहीद राजीव पाण्डेय	अप्रैल, 1962	इन्हें 'वीर चक्र' से सम्मानित किया गया है।
राजा चक्रधर सिंह	अगस्त, 1905	तबला वादक
हाजी हसन अली	अक्टूबर 1913	छत्तीसगढ़ शासन ने इनकी स्मृति में उर्दू भाषा की सेवा के लिए 'हाजी हसन अली सम्मान' स्थापित किया है।
हाजी हसन अली	अक्टूबर 1913	छत्तीसगढ़ शासन मे उनकी स्मृति मे उर्दू भाषा की सेवा के लिए 'हाजी हसनअली सम्मान' स्थापित किया है।
दुलार सिंह मन्दराजी	अप्रैल, 1910	लोक कलाओं के संवर्द्धन के लिए ''छत्तीसगढ़ राज्य शासन ने 'दाऊ मन्दराजी सम्मान' शुरू किया।
स्वामी आत्मानन्द	अक्टूबर, 1929	रामपुर में रामकृष्ण आश्रम के संस्थापक।
माता राजमोहिनी देवी	1951	इन्होंने छत्तीसगढ़ में भूदान आन्दोलन में भाग लिया।
माधवराव सप्रे	1871	इन्होंने वर्ष 1900 में प्रथम समाचार-पत्र 'छत्तीसगढ़ मित्र' का प्रकाशन पेण्ड्रा रोड से किया।
हीरालाल काव्योपाध्याय	–	छत्तीसगढ़ के 'पाणिनी' कहलाते हैं। छत्तीसगढ़ी भाषा में 'छत्तीसगढ़ी व्याकरण' लिखा था।
ममता चन्द्राकर	–	छत्तीसगढ़ की लोकगायिका
केयूर भूषण	मार्च, 1928	इन्होंने गाँधीजी के आह्वाहन पर वर्ष 1942 के असहयोग आन्दोलन में भाग लिया और गिरफ्तार हुए तथा ये जेल में सबसे कम आयु के थे।